Gruppenpsychotherapie – die interpersonale Behandlungsebene	I
Ausbildung in Gruppenpsychotherapie und Supervision	II
Vor Beginn der Gruppe	III
Aspekte der Gruppenleitung – Rollen in der Gruppe	IV
Der Gruppen-Prozess	V
Behandlungseffekte durch Gruppenpsychotherapie	VI
Formen gruppenpsychotherapeutischer Arbeit	VII
Gruppenpsychotherapie in speziellen Settings	VIII
Gruppenpsychotherapie mit speziellen Patienten-Populationen	IX
Basale Konzepte der Gruppenpsychotherapie	X
Literatur	XI

Praxis der Gruppenpsychotherapie

Herausgegeben von Volker Tschuschke

Mit Beiträgen von

Y.M. Agazarian	M. Hayne	M. Leszcz	K. Ratzke
A.P. Beck	A. Heigl-Evers	S. Ligabue	K. Rodewig
E.-M. Biermann-Ratjen	R. Heinzel	J. Lindner	W.L. Roller
H. Brandes	S. Herpertz	K.R. MacKenzie	N. Rüsch
J. Burmeister	H. Hess	J. Malat	J.T. Salvendy
B. Dechert	G. Heuft	D. Mattke	M. Sambin
R.R. Dies	P.L. Janssen	M. McCallum	H.-C. Schimansky
J. Eckert	A.S. Joyce	M.L. Moeller	G. Schneider
U.T. Egle	N. Kanas	V. Nelson	J. Schoenholtz-Read
H. Enke	E. Keil-Kuri	R. Nickel	B. Strauß
P. Fiedler	H. Kibel	J. Ogrodniczuk	V. Tschuschke
B. Glier	K. König	J. Ott	R. Vauth
U. Günther	A. Kwong	W.E. Piper	R. Weber
T. Haag	G. Lehmkuhl	A. Pritz	B. Zander

13 Abbildungen
49 Tabellen

Georg Thieme Verlag
Stuttgart · New York

Die Deutsche Bibliothek – CIP-Einheitsaufnahme

Praxis der Gruppenpsychotherapie / hrsg.
von Volker Tschuschke. Mit Beitr. von Y.M. Agazarian
... – Stuttgart ; New York: Thieme, 2001

Wichtiger Hinweis: Wie jede Wissenschaft ist die Medizin ständigen Entwicklungen unterworfen. Forschung und klinische Erfahrung erweitern unsere Erkenntnisse, insbesondere was Behandlung und medikamentöse Therapie anbelangt. Soweit in diesem Werk eine Dosierung oder eine Applikation erwähnt wird, darf der Leser zwar darauf vertrauen, dass Autoren, Herausgeber und Verlag große Sorgfalt darauf verwandt haben, dass diese Angabe **dem Wissensstand bei Fertigstellung des Werkes** entspricht.

Für Angaben über Dosierungsanweisungen und Applikationsformen kann vom Verlag jedoch keine Gewähr übernommen werden. **Jeder Benutzer ist angehalten**, durch sorgfältige Prüfung der Beipackzettel der verwendeten Präparate und gegebenenfalls nach Konsultation eines Spezialisten festzustellen, ob die dort gegebene Empfehlung für Dosierungen oder die Beachtung von Kontraindikationen gegenüber der Angabe in diesem Buch abweicht. Eine solche Prüfung ist besonders wichtig bei selten verwendeten Präparaten oder solchen, die neu auf den Markt gebracht worden sind. **Jede Dosierung oder Applikation erfolgt auf eigene Gefahr des Benutzers.** Autoren und Verlag appellieren an jeden Benutzer, ihm etwa auffallende Ungenauigkeiten dem Verlag mitzuteilen.

© 2001 Georg Thieme Verlag
Rüdigerstraße 14
D- 70469 Stuttgart
Unsere Homepage: http://www.thieme.de

Printed in Germany

Zeichnungen: Joachim Hormann, Stuttgart
Umschlaggestaltung: Thieme Marketing
Satz: Photocomposition Jung, F-67420 Plaine
gesetzt auf TypoScript
Druck: Druckhaus Götz GmbH, Ludwigsburg
Verarbeitung: Buchbinderei Koch, Tübingen

ISBN 3-13-127971-0   1 2 3 4 5 6

Geschützte Warennamen werden **nicht** besonders kenntlich gemacht. Aus dem Fehlen eines solchen Hinweises kann also nicht geschlossen werden, dass es sich um einen freien Warennamen handelt.

Das Werk, einschließlich aller seiner Teile, ist urheberrechtlich geschützt. Jede Verwertung außerhalb der engen Grenzen des Urheberrechtsgesetzes ist ohne Zustimmung des Verlages unzulässig und strafbar. Das gilt insbesondere für Vervielfältigungen, Übersetzungen, Mikroverfilmungen und die Einspeicherung und Verarbeitung in elektronischen Systemen.

*Für Ursula
in Liebe und Dankbarkeit*

Vorwort

Leitgedanke dieses Buches ist, die Praxis der Gruppenpsychotherapie auf eine neue theoretische Grundlage zu stellen und ihr neues Ansehen zu verschaffen. Dies berechtigt den Herausgeber, neben dem Buch von Yalom (1995; 1996) und der Praxisanleitung von Kadis et al. (1982) einen Leitfaden zur Praxis der Gruppenpsychotherapie herauszugeben, der mehr den neueren Entwicklungen Rechnung trägt. Die Entwicklung in der psychotherapeutischen Versorgung in Deutschland fordert auch die Vertreter der Gruppenpsychotherapie heraus, ihre Spezialität klar zu definieren.

Mit Beginn der Gruppenbewegung in Westdeutschland Ende der 60er Jahre stellte sich die Frage, ob die Gruppenpsychotherapie eher ein Spezialgebiet der Sozialpsychologie oder Soziologie ist oder „nur" eine Methode im Rahmen der psychoanalytischen bzw. verhaltenstherapeutischen Verfahren. Die Gruppenbewegung verstand die „Gruppe" eher als Medium zur Einflussnahme auf gesellschaftliche Entwicklungen. Horst-Eberhard-Richter (1972) gab seinem Buch „Die Gruppe" den Untertitel „Hoffnung auf einen neuen Weg, sich selbst und andere zu befreien". Er verband Gruppenarbeit mit den vielfältigen Aktivitäten in Wohngemeinschaften, Elterngruppen, sozialpolitischen Gruppeninitiativen u.a. mehr. Die Gruppenbewegung definierte das Individuum als psychosoziales bzw. als mit familialer Struktur versehen und untersuchte nicht Individuen und deren Schicksale, wie die Individualpsychotherapie, sondern Gruppen, Institutionen, Organisationen, Teams, Arbeitsgruppen, Selbsterfahrungsgruppen, Lerngruppen usw. Damals wurde die Gruppe zum „Heilsbringer" für die angestrebten individuellen, familiären, institutionellen, politischen und gesellschaftlichen Veränderungen, insbesondere auch für die Bewältigung gesellschaftlicher Konflikte und aggressiver Auseinandersetzungen. Sie schienen über einen individuellen Weg in der Psychotherapie nicht lösbar. Die Gruppe sollte mehr als eine Psychotherapie sein. Die Gruppe ist daher auch immer ein soziologisches Thema mit Bezug zur menschlichen Entwicklung und Fehlentwicklung in gruppalen Kontexten, mit dem Spannungsfeld von Individualität und Gesellschaft (Gfäller 1996). Der Leser dieser Praxisanleitung sollte diesen anthropologischen Hintergrund im Bewusstsein haben.

Dieses Buch, das den **Patienten in der Gruppe** in den Mittelpunkt stellt, kommt zu einem Zeitpunkt, in der die Psychotherapie in einem erheblichen Wandel begriffen ist. Durch das Psychotherapeutengesetz ist die Zahl der Therapeuten sprunghaft auf fast 25000 in Deutschland gestiegen. Das Psychotherapeutengesetz bzw. die dazu verfasste Ausbildungs- und Prüfungsordnung sieht leider keine spezielle Qualifikation für die Ausübung der Gruppenpsychotherapie vor. In der ärztlichen Psychotherapie, z. B. beim Facharzt für Psychotherapeutische Medizin, ist diese Qualifikation festgeschrieben. Qualifikationsunterschiede dürften sich langfristig auf die Praxis auswirken und müssten ausgeglichen werden. Weitere Auswirkungen auf die Praxis werden die Entscheidungen des wissenschaftlichen Beirats nach dem Psychotherapeutengesetz haben. Er spricht Empfehlungen über die wissenschaftliche Anerkennung von Verfahren aus. Er hat dazu differenzierte Kriterien erarbeitet. Wird er auch über die wissenschaftliche Anerkennung der Gruppenpsychotherapie beraten? Insofern kann das Ziel dieses Buches auch sein, neben der Anleitung für Psychotherapeuten, die mit Gruppen arbeiten wollen, neben dem Ziel, ein neues Interesse an Gruppenpsychotherapie zu wecken, **wissenschaftliche Grundlagen für die Anerkennung eines eigenständigen Verfahrens zu schaffen**.

Der Weg von der Anwendung der Psychoanalyse und anderer Psychotherapieverfahren in Gruppen bis zur Formulierung des Anspruchs, ein eigenständiges Psychotherapieverfahren zu sein, war ein langer. Ich selbst war als klinisch tätiger Psychiater und Psychoanalytiker an der Gruppenbewegung beteiligt. Ich habe zunächst die gruppendynamische Trainerausbildung absolviert und war identifiziert als Teilnehmer wie als Leiter mit den Zielen des gruppendynamischen Laboratoriums. Später wandte ich mich über eine eigene Gruppenanalyse mehr dieser zu. Mir sind die Diskussionen um die verschiedenen Richtungen, die im Wesentlichen die analytische Gruppenpsychotherapie heute noch bestimmen, vertraut, wie das Göttinger Modell (vgl. Heigl-Evers und Heigl 1973; König und Lindner 1991), wie auch das Netzwerkmodell von Foulkes (vgl. Hayne 1997 u.a.). Die Verhaltenstherapie hat nach meinem Verständnis kein eigenes Gruppenmodell entwickelt. Die zentralen Inhalte der heutigen Gruppenpsychotherapie formulierten die Psychoanalyse, insbesondere die Gruppenanalyse und die Gruppendynamik mit ihrer sozialpsychologischen Orientierung. Die heutige Gruppenpsychotherapie hat wesentlich von der Gruppenbewegung von vor 30 Jahren profitiert. Bis Ende der 80er Jahre hatte sie in der Praxis einen Aufschwung, um danach – sicher aus Finanzierungsgründen – weniger Anwendung zu finden. Sie ist jedoch ein zentrales Verfahren in der stationären Psychotherapie (Janssen et al. 1999) geblieben.

Ihre Methodik ist ausgearbeitet, insbesondere was ambulante und stationäre Gruppenpsychotherapie psychoanalytische Ausrichtungen angeht. Sie kann als eigenständiges, psychoanalytisch begründetes Verfahren verstanden werden mit den Kernkriterien wie Mehr-Personen-Übertragung, Inszenierung, projektiver Identifikation, Diskrepanzerfahrung zur Welt der anderen Gruppenmitglieder. Sie lässt sich aus psychoanalytischer Sicht deutlich von der Individualpsychoanalyse abgrenzen.

Herausgeber und Mitautoren verstehen die Gruppenpsychotherapie nicht ausschließlich als Setting im Rahmen einer psychoanalytisch begründeten Psychotherapie, einer Verhaltenstherapie oder anderer konzeptueller Ansätze, sondern als ein eigenständiges Verfahren, das auf der interpersonellen Theorie gründet. Ausgangspunkt, diese Auffassung expliziter zu formulieren, waren die Diskussion um das Psychotherapeutengesetz und die Psychotherapie-Richtlinien. Sie anerkannten nur die Grundorientierungen *psychoanalytisch, tiefenpsychologisch-fundiert* und *verhaltenstherapeutisch*. Ist nun die Gruppenpsychotherapie ein eigenständiges therapeutisches Verfahren („Dritte Säule") oder eine Methode im Rahmen des psychoanalytisch begründeten Verfahrens bzw. der Verhaltenstherapie? Es wurden Positionen formuliert, die auf der Basis der Psychotherapieforschung die interpersonelle Perspektive als eigenständige Grundorientierung formulieren. In der Gruppenpsychotherapie beschrieb Yalom erstmals integrative Ansätze, die die Schulen überwinden sollten. Ausführlich wird in diesem Buch auf diese Position eingegangen, die explizit Anfang der 90er Jahre z. B. von Heigl-Evers und Gfäller (1993) und von Schneider-Düker (1992) formuliert wurden, Tschuschke und Mattke (jeweils 1999) vertiefen diese Ideen. Anlass dazu sind die in den letzten Jahren intensiv betriebenen Forschungen zur Gruppenpsychotherapie, insbesondere auch vom Herausgeber und vielen der Mitautoren. Die Gruppenpsychotherapie hatte es immer schwerer als die Individualpsychotherapie, ihre Wirkungsweisen und Effekte nachzuweisen. Das komplexe Medium hat es lange Zeit verhindert, verwertbare klinische und experimentelle Forschung an psychotherapeutischen Gruppen durchzuführen. Mittlerweile ist dies in hervorragender Weise gelungen. Zusammenfassend wird dies im Buch dargelegt.

Aber nicht nur die theoretischen Standpunkte in der Gruppenpsychotherapie haben sich gewandelt, auch die Praxis hat sich gewandelt. Das Buch gibt einen guten Überblick über Kriterien wie Größe der Gruppen, Zusammensetzung der Gruppen, Kurzzeit- und Langzeitbehandlung, störungsspezifische Gruppen. In der Gruppenpsychotherapie spiegelt sich die gesamte Entwicklung der Psychotherapie hin zu einer integrativen Psychotherapie wider. Wird sie damit noch effektiver, als sie jetzt schon ist?

Das vorliegende Buch zur Gruppenpsychotherapie ist ein Beitrag zur Neubewertung der Gruppenpsychotherapie. Es realisiert selbst die Wirkfaktoren in der Gruppenpsychotherapie wie z. B. Hoffnung vermitteln und interpersonales Lernen. Die Intervention in das bestehende psychotherapeutische Versorgungssystem ist unverkennbar und sehr zu unterstützen.

Ich wünsche dem Buch weite Verbreitung und Wirkung, damit Gruppenpsychotherapie ein eigenständiges Standardverfahren im Rahmen der psychotherapeutischen Versorgung bleibt.

Dortmund, im Frühjahr 2001   Paul L. Janssen

Einleitung

Ein großer Teil psychotherapeutischer Hilfen und Maßnahmen erfolgt in psychotherapeutischen Gruppen. Längst ist die Gruppenpsychotherapie ein geschätztes psychotherapeutisches Medium und Setting, in dem weltweit zwischen einem Drittel und der Hälfte aller in psychotherapeutischer Behandlung befindlichen Menschen geholfen werden kann. Dabei spielt es keine Rolle, welcher Art das Problem ist, die (kleine) Gruppe als Ansammlung verschiedener Individuen scheint ein dem Menschen natürlicher Rahmen zu sein, in dem Vieles angezielt und erreicht werden kann.

Die (kleine) psychotherapeutische Gruppe von bis zu 10 oder 12 Personen inkl. Gruppenleiter(n) steht in ihrer psychotherapeutischen Potenz den Behandlungseffekten der Einzelpsychotherapie nicht nach. Dennoch scheint es heutzutage zuweilen schwierig zu sein, Individuen dazu zu motivieren, sich anstelle einer Einzelbehandlung in der Gruppe behandeln zu lassen, wie man derzeit noch allenthalben hören kann. Der Zeitgeist der 90er Jahre des vergangenen Jahrhunderts sprach eindeutig die Sprache der Individualität, man verlangte im Bedarfsfalle nach der individuellen psychotherapeutischen Behandlung, Gruppenbehandlung wurde de facto weniger nachgefragt. Hierzu mag auch die Situation in der Kassenhonorierung einen großen Beitrag geleistet haben – der Punktwertverfall für ambulante Gruppenpsychotherapie trieb die Existenzgrundlagen ambulant praktizierender Gruppenpsychotherapeuten[1] an den Rand des Erträglichen bzw. überschritt offenbar bereits die Grenze zum Unerträglichen: Das Ergebnis sind von Jahr zu Jahr stetig sinkende Zahlen der Kassenanträge im ambulanten Bereich, und zwar sowohl für die analytische bzw. tiefenpsychologisch fundierte wie auch für die Verhaltenstherapie. Dennoch dürfte es schwer sein, Ursache und Wirkung hier auseinander zu halten – der so genannte Zeitgeist sprach gegen die Form der psychotherapeutischen Behandlung in der Gruppe und vielmehr für die Einzelbehandlung. Erste Zeichen einer gesellschaftsweiten Umorientierung weg von der Konzentration auf den Einzelnen und hin zu mehr sozialer Nähe zeichnen sich allerdings bereits am Horizont ab.

Dem beschriebenen Phänomen im ambulanten Bereich steht in Deutschland aber eine Situation im stationären Bereich gegenüber, die konträrer kaum sein könnte: Hier findet Psychotherapie regelmäßig und als **die** Form psychotherapeutischer Hilfe im Rahmen von – konzeptuell – allen möglichen therapeutischen Gruppen statt. Stationäre Psychotherapie heißt in aller Regel Gruppenpsychotherapie, ungeachtet der Klinikspezifität: Reha-Kliniken, psychosomatisch-psychotherapeutische oder psychiatrische Kliniken, sie alle nutzen – mehr oder weniger notgedrungen bzw. sogar bewusst – das ökonomische Behandlungssetting der Gruppe, wie dies die Beiträge in diesem Werk verdeutlichen.

Diese heutige Situation war einmal ganz anders. In den 70er Jahren war der Zeitgeist offenbar anders gepolt: Alle wollten in Gruppen, alles wurde in sozialen Bezügen diskutiert und versucht zu leben – Wohngemeinschaften gaben ein beredtes Zeugnis dieser Lebensformen ab, die man nur vor dem Hintergrund bestimmter Zeitströmungen verstehen und einordnen kann. Paul Janssen führt dies in seinem Vorwort zu diesem Buch aus. Es folgte eine längere Periode der Vereinzelung und ein Rückzug in die so genannte Privatsphäre – wie dies in Makrobereichen eben immer in Zyklen und Antizyklen abläuft (Ökonomie, gesellschaftliche Strömungen): auf Bewegung folgt Gegenbewegung und so fort. Die Gruppe als Medium der Veränderung und Hilfe geriet zunächst aus dem Blickwinkel.

Es ist nicht zu bestreiten, dass „der" Gruppe als Lebens- und Veränderungsform vor 30 Jahren zuviel angedichtet wurde. Eine missbräuchliche Verwendung und Verabsolutierung der Gruppe als soziales Aggregat par excellence führte zu einer kurzfristigen euphorischen Blüte und übersprunghaften Betonung und Überbewertung, sodass eine Gegenbewegung ins Individualistische quasi einsetzen musste und vorgezeichnet war.

Völlig ungeachtet der gesellschaftlichen Strömungen aber erwies sich bis heute die psychotherapeutische Potenz der kleinen sozialen Gruppe bei psychischen Problemen in zahllosen wissenschaftlich fundierten Studien. Die Gruppe ist – unabhängig von Modeströmungen – ein Medium menschlicher Begegnung, das psychotherapeutisch in höchstem Maße genutzt werden kann. Der Mensch ist in der Tat ein soziales Wesen – an dieser Erkenntnis führt heute kein Weg mehr vorbei, Zeitgeist hin oder her. Der Mensch wächst in mehr oder weniger funktionierenden sozialen Bezügen auf und wird in seiner Persönlichkeit fundamental und – man möchte fast sagen – ausschließlich durch soziale Beziehungserfahrungen geformt. Insofern muss man Martin Buber zustimmen, der sagte, der Mensch wird „am Du zum Ich". Raymond Battegay, als einer der großen deutschsprachigen Psychiater, Gruppentheoretiker und -praktiker, modulierte diesen Ausspruch um in „der Mensch wird an der Gruppe zum Ich". In der Tat würde niemand bezweifeln, dass Individuen von Beginn ihres Lebens an in soziale Bezüge eingebettet sind, die sie formen, beeinflussen und ihnen Identität vermitteln. Genau dies macht sich die therapeutische Gruppe zu Nutze.

Man kann darüber spekulieren, ob letztlich nicht alle Theoretiker der Psychotherapie der Persönlichkeit des Menschen und der seelischen Krankheitsentstehung ein interpersonales Modell zu Grunde gelegt haben, auch wenn dies nicht immer explizit erfolgt ist. Selbst Freud, der das Individuum als einem monadischen und selbstbezogenen Trieb folgend beschrieb, postulierte am Grunde des neurotischen

---

[1] Mit den Bezeichnungen „Therapeut", „Helfer", „Klient", „Patient", „Gestaltungstherapeutin" ist jeweils auch das andere Geschlecht gemeint.

Leidens missgeleitete, unerfüllte, enttäuschte Liebesansprüche, die das Individuum zur Befriedigung am und durch das Objekt antrieben, als krankheitsbestimmend. Andere, Freud nachfolgende Theoretiker der Psychoanalyse haben viel expliziter die soziale Natur des Menschen in ihrem Persönlichkeits- und Krankheitskonzept berücksichtigt. Wie Janssen dies im Vorwort – und Enke in seinem Kapitel (Kap. 1) – ausführen, hat die psychoanalytische Theorienbildung die soziale Natur des Menschen in gruppale Behandlungskonzepte umgesetzt: „Die zentralen Inhalte der heutigen Gruppenpsychotherapie formulierten die Psychoanalyse, insbesondere die Gruppenanalyse und die Gruppendynamik mit ihrer sozialpsychologischen Orientierung" (Janssen).

Aber die Gruppenpsychotherapie ist längst sehr viel mehr als ein „Ableger" psychoanalytisch-tiefenpsychologischen Gedankenguts. Sie ist ein psychotherapeutisches Setting, in dem die soziale Natur des Menschen durch die interpersonale Sicht- und Arbeitsweise der Entstehung – und Veränderbarkeit – von psychischen Störungen berücksichtigt wird. Dies hat sich in der internationalen Forschung in die Untersuchungen der Gruppe immanenter, der Gruppe spezifischer Wirkfaktoren umgesetzt. In diesem Sinne ist das Verständnis von gruppalen therapeutischen Veränderungsprozessen schon lange schulenübergreifend. Gruppenpraktiker, -theoretiker und -forscher eint hier mehr und schon länger, als dies im Bereich der Einzelpsychotherapie der Fall ist. Insofern hat auf dem Felde der therapeutischen Gruppe eine integrative Bewegung Platz gegriffen, die erst jetzt in der Einzelpsychotherapie verstärkt zu beobachten ist.

Zwar gibt es vergleichsweise noch weniger Forschung an psychotherapeutischen Gruppen, als dies im Bereich der Einzelpsychotherapie der Fall ist. Dennoch ist hier mittlerweile ein empirischer Fundus gegeben, der keine Zweifel an der Wirksamkeit professionell betriebener Gruppenpsychotherapie zulässt. Es gibt zahlreiche und genügend kontrollierte, vergleichende Studien, die mindestens eine vergleichbare Wirksamkeit der Gruppenpsychotherapie im Vergleich zur Einzelpsychotherapie bei vergleichbaren Behandlungsklientelen dokumentieren. Dabei erhalten Patienten in therapeutischen Gruppen tendenziell eher weniger Therapiesitzungen als in den Vergleichsstudien mit Einzelbehandlung. Darüber hinaus ist die Gruppenbehandlung sogar ökonomisch noch eine deutlich günstigere Behandlungsform, als dies die Einzelbehandlung ist. Dies sind Fakten, die der Öffentlichkeit und den Krankenversicherungen anscheinend nicht ausreichend nahe gebracht worden sind, sonst könnte man sich den Punktwertverfall und die damit einhergehende dramatische Verschlechterung der Honorierung der ambulanten Gruppenpsychotherapie kaum erklären.

An dieser Stelle möchte ich Herrn Dr. med. Thomas Scherb herzlich danken, der die Idee hatte, einen dem Erfolgsbuch von Senf und Broda analogen Band über die „Praxis der Gruppenpsychotherapie" herauszubringen. Von unserem ersten Gespräch im März 1998 bis zur Realisierung nunmehr Ende 2000 sind fast drei Jahre vergangen, in denen die Struktur des Buches zu bedenken und vor allem die Kolleginnen und Kollegen zu gewinnen waren, die zu den vielen und wichtigen Teilaspekten der gruppenpsychotherapeutischen Praxis im ambulanten und stationären Bereich Wesentliches beizutragen haben. Diese sehr langfristige und kontinuierlich zu erfolgende Arbeit konnte ich nur mit der sehr großen und stets warmherzigen Hilfe von Frau Marion Ueckert M.A. vom Georg Thieme Verlag, der betreuenden Redakteurin, in einem stets kooperativen und motivierenden Klima realisieren. Dafür meinen großen Dank.

Die internationale Autorenschaft dieses Werkes dokumentiert zum einen sicherlich die internationale Anerkennung der Gruppenpsychotherapie innerhalb der Psychotherapie und zum anderen drückt sie auch die Verbundenheit von Psychotherapeuten aus, die gerne in Gruppen arbeiten. Sie treffen sich auch gerne auf sehr anregenden und stimmungsmäßig immer intensiven Tagungen, sie „gruppen" eben gerne, wie Helmut Enke dies auszudrücken pflegt. So war es auch möglich, geschätzte Kollegen und Kolleginnen aus Kanada, den USA oder Europa (Italien, Österreich, Schweiz) zu gewinnen. Sie haben auf ihren Gebieten Maßgebliches beizutragen, sei es als Gruppentheoretiker und Gruppentheoretikerinnen, die eigene Behandlungskonzepte entwickelt und untersucht haben und sie natürlich auch praktizieren – wie etwa Ariadne P. Beck, Helmut Enke, Annelise Heigl-Evers und Jürgen Ott, Helga Hess, Paul L. Janssen, Nick Kanas, Karl König, Gerd Lehmkuhl, Michael-Lukas Moeller, Ralf Nickel und Ulrich T. Egle oder vielleicht Barbara Glier und Klaus Rodewig, von denen man vielleicht in ein paar Jahre sagen wird, sie seien die Wegbereiter einer Integration psychoanalytischer und verhaltenstherapeutischer Gruppenkonzepte. Oder seien es die international renommierten Forscherinnen/Forscher oder die Forschung nachhaltig fördernden Kolleginnen/Kollegen, die wesentliche Elemente effektiver gruppenpsychotherapeutischer Arbeit identifizieren konnten und die den Nachweis der Wirksamkeit gruppenpsychotherapeutischer Arbeit und Konzepte erbrachten wie Jochen Eckert, Bob Dies, Peter Fiedler, Tony Joyce, Molyn Leszcz, K. Roy MacKenzie, Mary McCallum, Bill Piper, John Salvendy oder Bernhard Strauß. Ihnen und allen anderen Kolleginnen und Kollegen, die mitgewirkt haben, sei sehr herzlich gedankt. Das Buch wäre nicht „rund", wenn nicht genügend Fragen alltäglicher Gruppenpraxis behandelt würden. Deshalb lebt es vor allem durch die engagierten, lebendigen Beiträge jener Kolleginnen und Kollegen, die aus ihrer gruppenpsychotherapeutischen Ausbildung und Praxis berichten. Nicht zuletzt ihnen gilt mein ganz besonderer Dank.

Die Struktur dieses Buches für die gruppenpsychotherapeutische „Praxis" hat mit den Zielgruppen zu tun, an die sich das Buch wenden will. Es ist natürlich zuallererst für diejenigen geschrieben, die sich für die Gruppenpsychotherapie ganz allgemein interessieren und sich entweder in Teilbereiche vertiefen oder sich einen Überblick verschaffen wollen. Darüber hinaus ist es geschrieben:

- für an Gruppenpsychotherapie Interessierte, Studenten z.B. oder Ärzte, Psychologen und Sozialwissenschaftler, die sich über Ausbildung und Praxis informieren wollen, weil sie vielleicht eine Zusatzausbildung/-qualifikation erwägen,
- für die in Aus- und Weiterbildung Befindlichen, die alle Fragen in, um und über gruppenpsychotherapeutische Praxis hier behandelt finden,
- für alle Praktiker, die sich über neueste Ergebnisse und Entwicklungen im Bereich der Gruppenpsychotherapie informieren wollen,
- für alle Lehrenden und Forschenden, die sich über neueste Forschungsergebnisse und -fragen ausführlich informieren wollen und entsprechende Literaturreferenzen finden können,
- für alle prinzipiell an einer Orientierung des Standes der Professionalisierung der Gruppenpsychotherapie Interessierten, die sich einen erschöpfenden Überblick verschaf-

fen wollen über den „State of the Art" und über vermutlich zukünftige Entwicklungen im Bereich der Gruppenpsychotherapie (gesundheitspolitisch Tätige, Politiker, Kostenträger),
- für alle interessierten Laien, die sich über Gruppenpsychotherapie informieren wollen.

Manche Kapitel beschreiben die Entwicklungen der Etablierung und Konsolidierung sowie der Professionalisierung gruppenpsychotherapeutischen Handelns, andere werfen Fragen bezüglich der real praktizierten Tätigkeit in und mit therapeutischen Gruppen auf oder befassen sich mit Aspekten zukünftiger Entwicklungen. Was die amerikanischen und kanadischen Kolleginnen und Kollegen in manchen Beiträgen beschreiben bzw. was von den europäischen Kolleginnen und Kollegen zitiert wird, ist in Nordamerika längst reale Praxis. Angesichts der rapiden Veränderungen in unserem Gesundheitssystem stellt sich die Frage, inwieweit wir die in den USA oder Kanada erfolgten Entwicklungen mit etwas Zeitverzug bei uns werden adaptieren oder übernehmen müssen. Es seien nur Stichworte genannt wie „Managed Care", Kurzzeittherapiegruppen aus vorwiegend ökonomischen Gründen (Versicherungen leisten nicht oder kaum für psychotherapeutische Behandlungen) – in den USA gibt es praktisch keine Langzeit-Gruppenpsychotherapie mehr, sie ist quasi ausgestorben –, Gruppenpsychotherapie mit Migranten und ethnischen Gruppierungen (in den USA ein alltägliches Phänomen, das bei uns lange vernachlässigt wurde!) oder feministische Konzepte in der Gruppenbehandlung, wie sie Judith Schoenholtz-Read beschreibt. Teilaspekte des letztgenannten Beitrags dürften derzeit noch nicht so ohne Weiteres auf unsere Verhältnisse übertragbar sein, da die gesellschaftliche Debatte so vergleichsweise radikale Konsequenzen in der psychotherapeutischen Behandlung seelischer Störungen auf Grund des „Gender-Faktors" noch nicht vorangetrieben hat. Es ist aber zweifellos ein Gewinn, sich über mögliche Entwicklungen bereits jetzt Gedanken zu machen, da man den Gang zukünftiger Entwicklungen substanziell begleiten und eventuell beeinflussen kann, sodass erwünschte von unerwünschten, hilfreiche von weniger hilfreichen Entwicklungen geschieden und mündig und wach begleitet werden können. Alle kanadischen und US-amerikanischen Beiträge sowie der italienische Beitrag wurden vom Herausgeber übersetzt und konnten demzufolge direkt auf inhaltlich korrekte Übersetzung geprüft werden.

Schließlich möchte dieses Buch ein Beitrag sein zur Darstellung des Wissensstandes und der real praktizierten Gruppenpsychotherapie und damit ein Forum bereitstellen, das die aktuelle Professionalisierung der Gruppenpsychotherapie beleuchtet und den zukünftigen Stellenwert der Gruppenpsychotherapie im Rahmen unseres Gesundheitssystems zu verbessern hilft.

Köln, im Frühjahr 2001   Volker Tschuschke

Anschriften

Ed. D. Yvonne M. Agazarian
553 N. Judson Street
USA – Philadelphia, PA 19130

Ariadne P. Beck M.A.
6357 Blackhawk Trail
USA – Indian Head Park, IL 60525

Dipl.-Psych. Eva-Maria Biermann-Ratjen
Loehrsweg 1
20249 Hamburg

Prof. Dr. phil. Dipl.-Psych. Holger Brandes
Ev. Hochschule
für soziale Arbeit Dresden (FH)
Postfach 200 143
01191 Dresden

Dr. med. Jörg Burmeister
Besmerstr. 27
CH-8280 Kreuzlingen

Dipl.-Psych. Dipl.-Soz. Bernd Dechert
Klinik am Hainberg
Ludwig-Braun-Str. 32
36251 Bad Hersfeld

Ph. D. Robert R. Dies
5610 Grand Boulevard
USA – New Port Richey, FA 34652-3811

Univ.-Prof. Dr. phil. Dipl.-Psych. Jochen Eckert
Psychologisches Institut III
Universität Hamburg
Von-Melle-Park 5
20146 Hamburg

Univ.-Prof. Dr. med. Ulrich T. Egle
Klinik und Poliklinik für Psychosomatische
Medizin und Psychotherapie
Klinikum der Universität Mainz
Untere Zahlbacher Str. 8
55131 Mainz

Univ.-Prof. Dr. med. Dipl.-Psych. Helmut Enke
Anna-Peters-Str. 49
70597 Stuttgart

Univ.-Prof. Dr. phil. Peter Fiedler
Psychologisches Institut
Universität Heidelberg
Hauptstr. 47 – 51
69117 Heidelberg

Dr. phil. Dipl.-Psych. Barbara Glier
Internistisch-Psychosomatische Fachklinik Hochsauerland
Zu den drei Buchen 2
57392 Schmallenberg-Bad Fredeburg

Dr. med. Uwe Günther
Klinik am Hainberg
Ludwig-Braun-Str. 32
36251 Bad Hersfeld

Dr. med. Thomas Haag
Gemeinschaftskrankenhaus
Witten-Herdecke
Gerhard-Kienle-Weg 8
58313 Herdecke

Univ.-Prof. Dr. D. Michael Hayne
Rauschendorfer Str. 9a
53639 Königswinter-Stieldorf

Univ.-Prof. Dr. med. Anneliese Heigl-Evers
Johann-Heinrich-Voss-Weg 4
37085 Göttingen

Dr. med. Roland Heinzel
Reitergässle 15
78256 Steißlingen

Priv.-Doz. Dr. med. Sabine Herpertz
Abteilung für Psychiatrie und Psychotherapie
Universitätsklinikum der Universität Aachen
RWTH Aachen
Pauwelsstr. 30
52074 Aachen

Dr. rer. soz. Helga Hess
Lessingstr. 67
39108 Magdeburg

Univ.-Prof. Dr. med. Gereon Heuft
Klinik und Poliklinik für Psychosomatik
und Psychotherapie
Domagkstr. 11
48129 Münster

Univ.-Prof. Dr. med. Paul L. Janssen
Westfälisches Zentrum für Psychiatrie,
Psychotherapie und Psychosomatik
Dortmund
Abteilung Psychosomatik und
Psychotherapeutische Medizin
Marsbruchstr. 179
44287 Dortmund

Ph. D. Anthony S. Joyce, Professor
University of Alberta Hospitals
Department of Psychiatry
1E1.01 Walter Mackenzie Centre
8440–112 Street
CDN – Edmonton, Alberta T6G 2B7

M. D. Nick Kanas
9 Idlewood Road
USA – Kentfield, CA 94904

Dr. med. Eva Keil-Kuri
Etterschlagerstr. 7
82234 Weßling

M. D. Howard Kibel
503 Grasslands Road, Suite 104
USA – Valhalla, New York 10595–1503

Univ.-Prof. Dr. med. Karl König
Hermann-Föge-Weg 6
37073 Göttingen

B.A. Agnes Kwong
University of Alberta Hospitals
Department of Psychiatry
1E1.01 Walter Mackenzie Centre
8440–112 Steet
CDN – Edmonton, Alberta T6G 2B7

Univ.-Prof. Dr. med. Gerd Lehmkuhl
Klinik und Poliklinik für Psychiatrie
und Psychotherapie des Kindes- und
Jugendalters der Universität zu Köln
Robert-Koch-Str. 10
50931 Köln

M.D. Molyn Leszcz
University of Toronto
Department of Psychiatry
Mount Sinai Hospital, 927
600 University Avenue
CDN – Toronto, Ontario M5G 1X5

Dr. phil. Susanna Ligabue, Psychologin
Centro di Psicologia e Analisi Transazionale
Via Archimede 127
20129 Mailand – ITALIEN

Joachim Lindner, Arzt
Klinik am Hainberg
Ludwig-Braun-Str. 32
36251 Bad Hersfeld

M.D. K. Roy MacKenzie, Professor
University of British Columbia
Department of Psychiatry
2255 Westbrook Mall
CDN-Vancouver, B.C., V6T 2A1

M.D. Jan Malat
University of Toronto
Mount Sinai Hospital
Department of Psychiatry
600 University Avenue
CDN – Toronto, Ontario M5G 1X5

Dr. med. Dankwart Mattke
Rheinklinik
Abteilung I
Luisenstr. 3
53604 Bad Honnef

Ph. D. Mary McCallum, Professor
University of Alberta Hospitals
Department of Psychiatry
1E1.01 Walter Mackenzie Centre
8440–112 Street
CDN – Edmonton, Alberta T6G 2B7

Univ.-Prof. Dr. med. Michael Lukas Moeller
Universitätsklinikum
Abteilung Medizinische Psychologie
Theodor-Stern-Kai 7
60596 Frankfurt/Main

M.D. Vivian Nelson
1104 Shattuck Avenue
USA – Berkeley, CA 94707

Dr. med. Ralf Nickel
Klinik und Poliklinik für Psychosomatische
Medizin und Psychotherapie
Klinikum der Universität Mainz
Untere Zahlbacher Str. 8
55131 Mainz

Ph.D. John Ogrodniczuk
University of British Columbia
Department of Psychiatry
2255 Westbrook Mall
CDN – Vancouver, B.C. V6T 2A1

Univ.-Prof. Dr. med. Dr. phil. Jürgen Ott
Klinik für Psychosomatik
und Psychotherapie
Universität Düsseldorf
Bergische Landstr. 2
40629 Düsseldorf

Ph.D. William E. Piper, Professor
University of British Columbia
Department of Psychiatry
2255 Westbrook Mall
CDN – Vancouver, B.C. V6T 2A1

Hon.-Prof. Dr. med. Alfred Pritz
Krieglergasse 11/5
A–1030 Wien

Dr. phil. Dipl.-Päd. Katharina Ratzke
Schillerstraße 64
37083 Göttingen

Dr. med. Klaus Rodewig
Internistisch-Psychosomatische Fachklinik Hochsauerland
Zu den drei Buchen 2
57392 Schmallenberg-Bad Fredeburg

M.A. William L. Roller
1104 Shattuck Avenue
USA – Berkeley, CA 94707

Dr. med. Nicolas Rüsch
Universitätsklinikum Freiburg
Klinik für Psychiatrie und Psychosomatik
Abteilung Allgemeine Psychiatrie und Psychotherapie
Hauptstr. 5
79104 Freiburg

M.D. John T. Salvendy
120 Eglinton Avenue East, Suite 170
CDN – Toronto, Ontario M4P 1E2

Prof. Dr. Marco Sambin, Psychologe
Universita degli Studi di Padova
Dipartimento di Psicologia Generale
Via Venezia 8
I – 35131 Padova

Dr. med. Hans-Christoph Schimansky
Villigster Str. 24
58239 Schwerte

Dr. med. Gudrun Schneider
Klinik für Psychosomatik
und Psychotherapie
Universitätsklinikum Münster
Domagkstr. 11
48129 Münster

Ed. D. Judith Schoenholtz-Read
The Fielding Institute
2112 Santa Barbara Street
USA – Santa Barbara, CA 93105

Univ.-Prof. Dr. phil. Dipl.-Psych. Bernhard Strauß
Klinikum der Friedrich-Schiller-Universität
Institut für Medizinische Psychologie
Stoystr. 3
07740 Jena

Univ.-Prof. Dr. rer. biol. hum. Dipl.-Psych. Volker Tschuschke
Institut und Poliklinik für Psychosomatische
Medizin und Psychotherapie
Arbeitsgruppe Medizinische Psychologie
der Universität zu Köln
Joseph-Stelzmann-Str. 9
50924 Köln

Dr. med. Dipl.-Psych. Roland Vauth
Universitätsklinikum Freiburg
Klinik für Psychiatrie und Psychosomatik
Abteilung Allgemeine Psychiatrie und Psychotherapie
Hauptstr. 5
79104 Freiburg

Dipl.-Psych. Rainer Weber
Institut und Poliklinik für Psychosomatische
Medizin und Psychotherapie
Arbeitsgruppe Medizinische Psychologie
der Universität zu Köln
Joseph-Stelzmann-Str. 9
50924 Köln

Dr. phil. Dipl.-Psych. Britta Zander
Institut für Beratung und Therapie
von Eltern und jungen Menschen
Adelheidstr. 28
65185 Wiesbaden

Inhaltsverzeichnis

I Gruppenpsychotherapie – die interpersonale Behandlungsebene

1. Sozialpsychologische Grundlagen des Settings Gruppe
H. Enke

Psychotherapie – Wirkfaktoren – Setting 2
Sozialpsychologie – Umsetzungen 3
Persönlichkeitsvariablen 3
Problematik der realen Anwesenheit anderer 3
Interaktionsvariablen 4
Systemvariablen 5

2. Gruppenpsychotherapie – Vergleich mit der Einzelpsychotherapie
V. Tschuschke

Grundsätzliche Überlegungen 8
Die spezifisch gruppenpsychotherapeutischen Wirkfaktoren 8
Gruppenpsychotherapie – Wirksamkeitsvergleich mit der Einzelpsychotherapie 8
Gruppenpsychotherapie – ökonomischer als die Einzelpsychotherapie? 10
Gruppenpsychotherapie – kein Setting, sondern eine eigenständige psychotherapeutische Grundorientierung? 11

3. Ethisch-moralische Probleme und Qualitätssicherung in der Gruppenpsychotherapie
V. Tschuschke

Grundlegende Überlegungen zu Ethik und Moral in der Psychotherapie 12
Ethisch-moralische Aspekte in der Gruppenpsychotherapie 13
Ethisch-moralische Fallstricke aufgrund gruppaler Phänomene 14
Ethnisch, religiös und kulturell bedingte Probleme ... 15
Einschränkungen der Vertraulichkeit 15
Ethische Probleme durch Supervison der Gruppenbehandlung 15
Konkurrierende Einzelpsychotherapie 15
Konflikte zwischen Kotherapeuten in der Gruppe 16
Komplikationen aus ungelösten Problemen des Gruppenleiters 16
Konflikte zwischen Bedürfnissen der Gruppe und Bedürfnissen des Individuums 16
Weitere Problembereiche 17
Aspekte der Qualitätssicherung in der Gruppenpsychotherapie 17
Integration und Ausblick 18

II Ausbildung in Gruppenpsychotherapie und Supervision

4. Ausbildung in Gruppenpsychotherapie – Ausbilderperspektive
M. Hayne

Aufgeschlossenheit und Toleranz für andere beginnt beim Lehrenden selbst 22
Ausbildung in analytischer Gruppenpsychotherapie in „klassischer" Form 24

5. Ausbildung in Gruppenpsychotherapie – Kandidatenperspektive
T. Haag

Grundsätzliches zur Ausbildung in Gruppenpsychotherapie 27

Die berufspolitische Situation und ihre Auswirkungen auf die Ausbildung 27
Motive der Ausbildungskandidaten für die Gruppenpsychotherapieausbildung 28
Selbsterfahrung in der Gruppenpsychotherapieausbildung 28
Kleingruppen 29
Großgruppen 30
Auseinandersetzung mit den theoretischen Grundlagen der Gruppenpsychotherapie 31
Leitung von Therapiegruppen im Rahmen der Ausbildung 31

6. Lerneffekte in gruppenpsychotherapeutischen Weiterbildungen
V. Tschuschke

(Ohn-)Macht und Abhängigkeit
in der Psychotherapieweiterbildung 33
Weiterbildung in Gruppenpsychotherapie –
Stand der Forschung 34
Altaussee-Studie (Hayne 1997) 34
Kanadische Gruppenpsychotherapieweiterbildung
(CGPA) – die 1981/1982er Untersuchung von Piper
u. Mitarb. (1984) 35
Amerikanische Gruppenpsychotherapieweiterbildung
(AGPA) – die 1984er Untersuchung von MacKenzie
u. Mitarb. (1987) 37
Amerikanische Gruppenpsychotherapieweiterbildung
(AGPA) – die 1996er Untersuchung von Tschuschke
und Greene (2002) 38
Integration und Resümee 41

7. Supervision der Gruppenbehandlung
H.-C. Schimansky

Einleitende Bemerkungen und Definitionen 42
Bedingungen der Gruppenbehandlung –
Konsequenzen für den Supervisor 42
Methodische Ansätze von Supervision 44
Die Persönlichkeitsstruktur des
Gruppenpsychotherapeuten (und des Supervisors) ... 46
Qualitätssicherung, Gutachterverfahren
und Supervision von Gruppenbehandlung 46
Rechtliche Aspekte von Therapie und Supervision 47

8. Teamsupervision
D. Mattke

Begriffsklärungen 48
Team 48
Teamarbeit 48
Supervision 48
Fallstudie 49
Prozessaspekt 49
Strukturaspekt 49
Gruppendynamische Effekte in der Interaktion
Teamgruppe – Patientengruppe 50
Gruppenfantasien im Team 50
Interaktionsanalytische Studien zur Teamdynamik ... 51
Modelle der Teamsupervision 51
Verbesserung der professionellen Kompetenz
der einzelnen Supervisanden 51
Veränderung der „Selbstbeschreibung" des Teams ... 51
Institutionsanalyse 51
Kombinationsmöglichkeiten 52
Entwicklung – Perspektiven 52

III Vor Beginn der Gruppe

9. Indikation und Prognose in der Gruppenpsychotherapie
J. Eckert

Zur Unterscheidung von Indikation und Prognose ... 56
Indikation und Prognose in der Praxis
der Gruppenpsychotherapie 57
Indikatoren für Gruppenpsychotherapie 57
Die Art der Störung als Indikator 58
Psychiatrische Störungen 58
Interpersonale Probleme 58
Der akute Krankheitszustand des Patienten
als Indikator 58
Persönlichkeitsmerkmale und strukturelle Merkmale
als Indikatoren 58
Probleme mit Kontakt und Nähe 59
Angst vor emotionaler Infektion 59
Differenzielle Indikatoren
für Gruppenpsychotherapie 60
Wahl zwischen Einzel- oder
Gruppenpsychotherapie 60
Motivation für Gruppenpsychotherapie 60
Die Gruppe als geeigneter Ort
für die Darstellung von Problemen und Konflikten ... 60
Merkmale der Persönlichkeitsstruktur 60
Wann ist welches gruppentherapeutische Verfahren
indiziert? 60
Die Störung als ein Indikator
für eine spezifische Gruppenpsychotherapie 60
Gruppenverfahrensspezifische Indikationen 61
Prognostische Merkmale in der
Gruppenpsychotherapiepraxis 61
Indikatoren, die auch prognostische
Aussagekraft haben 61
Motivation für eine Gruppenbehandlung 61
Prognostische Merkmale,
die in der Therapiesituation erhoben werden 62
Der Anziehungsgrad der Gruppe
und die Beliebtheit des Patienten 62
Ergebnisse der empirischen Überprüfung von
Indikatoren und prognostischen Merkmalen 62

10. Patientenmerkmale
V. Tschuschke

Grundsätzliche Überlegungen 65
Persönlichkeitsmerkmale 65
Interpersonelle Variablen als Prädiktoren 68
Realisierung therapeutischer Arbeit in der Gruppe ... 69

11. Patientenauswahl und Gruppenzusammensetzung
M. McCallum

Gruppentherapie als Behandlung der Wahl 70
Allgemeine Auswahlkriterien 71

Forschung zu Auswahlkriterien 71
Gruppensichtung als Auswahlmethode 71
Einsatz von theoriespezifischen
Einschätzungsmethoden bei der Patientenauswahl . . . 72

12. Gruppenvorbereitung
W. E. Piper und J. Ogrodniczuk

Aspekte der Gruppenvorbereitung 74
Vorgehensweisen 74
Interviewbeispiel 74
Beispiel für schriftliches Material 75
Beispiel für das Erlebnis
einer Gruppenvorbereitung 75
Bedeutung des PTG (pregroup training) 76
Forschungsergebnisse 76
Überlegungen und Erklärungsversuche
zur Forschungslage 77
Schlussfolgerungen 78

13. Therapeutischer Kontrakt
J. T. Salvendy 79

Einleitung 79
Grundprinzipien 79
Rahmenbedingungen 80
Inhalt des Kontrakts 80
Schlussfolgerungen 81

14. Der Kassenantrag in der Gruppenpsychotherapie
E. Keil-Kuri

Antrag auf tiefenpsychologisch fundierte
Gruppenpsychotherapie 82
Antrag auf analytische Gruppenpsychotherapie 83
Antrag auf verhaltenstherapeutische
Gruppenpsychotherapie 83
Verlängerungsanträge 84

IV Aspekte der Gruppenleitung – Rollen in der Gruppe

15. Die Rolle des Therapeuten in der Gruppenpsychotherapie (Teil I) – Vorbereitung der Bedingungen für therapeutische Veränderung
R. R. Dies

Einleitende Überlegungen 88
Gruppenvorbereitung 89
Herstellung eines kohärenten Rahmens
für Veränderung in der Gruppe 90
Schaffung eines positiven Veränderungsklimas 91

16. Die Rolle des Therapeuten in der Gruppenpsychotherapie (Teil II) – Förderung individueller Veränderung
R. R. Dies

Einleitende Überlegungen 94
Arbeit an den Affekten 95
Arbeit an den Kognitionen 97
Arbeit an der Verhaltensänderung 98
Zusammenfassung 100

17. Techniken der Gruppenleitung
K. R. MacKenzie

Die Rolle des Gruppenleiters 102
Basale Therapeutenfunktionen 103
Konzeptualisierung der Gruppe 103
Basistechnik 103
Anpassung der Technik an die Stufe
der Gruppenentwicklung 106
Engagementphase 106
Differenzierungsphase 108
Phase der interpersonellen Arbeit 108
Abschlussphase 109

18. Ist der Gruppenleiter Teil der Gruppe – wenn ja, warum nicht?
R. Heinzel

Einführung 111
Persönliche Anmerkungen zum Verhältnis
von Theorie und Praxis 111
Gegenübertragung 111
Der Gruppentherapeut als „Wirkfaktor" 112
Gruppenfähigkeit des Gruppenpsychotherapeuten . . . 113
Die Angst des Gruppenpsychotherapeuten
vor der Gruppe? 114
Fragen an uns selbst 114

19. Koleitung in der Gruppenpsychotherapie
W. L. Roller und V. Nelson

Definition der Koleitung 116
Gleichheit als ein essenzielles Merkmal
eines kotherapeutischen Teams 116
Ungleiche und nicht therapeutische Teams 117
Theorien zur Entwicklung
eines Kotherapeutenteams 119
Reifungsebenen und die Effektivität
des kotherapeutischen Teams 119
Nutzen für Patienten und Therapeuten 120
Sackgassen 121
Rückblick und Ausblick 121

20. Geschlechtszugehörigkeit und Gruppenpsychotherapie
J. Schoenholtz-Read

Allgemeine Überlegungen 122
Theoretische Beiträge 123
Geschlecht und Machtbeziehungen 124
Frauen- und Männergruppen 125
Schlussfolgerungen: Gruppentherapeuten als Analytiker der Geschlechterprobleme 126

21. Gruppenrollen und informelle Gruppenleitung in der Gruppenpsychotherapie
A. P. Beck

Einleitende Bemerkungen zum Thema Gruppenführung – Begriffsklärungen 127
Formelle und informelle Leiterrollen 127
Phasen der Gruppenentwicklung – ein neunstufiges Modell 128
Funktionen der Leiterrollen 130
Bedeutung der Leiterrollen für den Gruppenpsychotherapeuten 131

V Der Gruppen-Prozess

22. Klinische Berücksichtigung von Phasen der Gruppenentwicklung
K. R. MacKenzie

Zyklische Entwicklungsmuster 134
Voranschreitende Entwicklungsmuster 135
Entwicklungsstadien 135
Eine integrative Perspektive 136
Ein grundlegendes Vierstufenmodell der Gruppenentwicklung 136
Klinische Anwendung von Konzepten zur Gruppenentwicklung 137
Externe strukturelle Faktoren 137
Therapeuteneinfluss 138
Die Verfolgung zyklischer und progressiver Entwicklungsmuster 139

23. Wirkfaktoren der Gruppenpsychotherapie
V. Tschuschke

Kontroverse Auffassungen zur Erkenntnisproblematik innerhalb der Gruppenpsychotherapie 140
Zur Problematik des fehlenden Nachweises von Spezifität in der Psychotherapie 141
Was wirkt in der Gruppenpsychotherapie? – Zum Konzept der therapeutischen Heil- oder Wirkfaktoren 142
Objektive Prozess-Ergebnis-Forschung 146
Ausblick 147

24. Der schwierige Patient in der Gruppe
H. Kibel

Einführung 148
Psychodynamische Ansätze 149
Gruppenzusammensetzung und Behandlungsaspekte 150
Gruppenatmosphäre 151
Behandlungsprozess 153

25. Widerstand in der Gruppenpsychotherapie
H. Kibel

Einführung 154
Der Bereich des Widerstands 154
Anwendungen auf die Gruppenpsychotherapie 155
Umgang mit Widerstand 157
Einfluss des Leiters 158
Abwesenheit von Widerstand 159

26. Übertragung und Gegenübertragung
K. König

Allgemeines zur Übertragung 160
Übertragung in Gruppen 161
Allgemeines zur Gegenübertragung 161
Gegenübertragung in Gruppen 162
Projektive Identifizierungen 163

27. Der Umgang mit Träumen in der Gruppenpsychotherapie
H. Brandes

Psychoanalytische Tradition 164
Die Übertragung der einzelanalytischen Technik der Traumarbeit auf die Gruppe 164
Traumarbeit aus einer gruppenorientierten Perspektive 165
Theoretische Implikationen einer gruppenbezogenen Traumarbeit 166
Ein Fallbeispiel 168
Diskussion des Fallbeispiels 169

28. Prozessmessmethoden in der Gruppenpsychotherapie
A. S. Joyce und A. Kwong 171

Prozessmessmethoden für die Forschung in der Gruppenpsychotherapie 171
Inhaltsanalytische Methoden 172

Gruppenmitglieder- und
Therapeutenselbsteinschätzung 172
Beobachtungen durch Forscher 173
Methoden zur Verhaltenseinschätzung 173
Gruppenmitglieder- und
Therapeutenselbsteinschätzung 173
Beobachtungen durch Forscher 173
Methoden zur Einschätzung der Art der Interaktion .. 174
Gruppenmitglieder- und
Therapeutenselbsteinschätzung 174

Beobachtungen durch Forscher 174
Methoden zur Einschätzung
der Qualität der Interaktion 176
Gruppenmitglieder- und
Therapeutenselbsteinschätzung 176
Beobachtungen durch Forscher 177
Abschließende Bemerkungen 177

VI Behandlungseffekte durch Gruppenpsychotherapie

29. Behandlungseffekte in therapeutischen Gruppen
B. Strauß

Forschung in der Gruppenpsychotherapie 180
Schwerpunkte der Forschung
in der Gruppenpsychotherapie 180
Behandlungseffekte therapeutischer Gruppen 180
Stand der Ergebnisforschung
in der Gruppenpsychotherapie 181
Differenzielle Effekte gruppenpsychotherapeutischer
Behandlungen 182
Konzepte der Ergebnisforschung
in der Gruppenpsychotherapie 182
Beispiel: Evaluation einer stationären Langzeit-
Gruppenpsychotherapie 185

30. Schonzeit zum Wachsen – Erfahrungsberichte ehemaliger Gruppenpsychotherapiepatienten
R. Heinzel

Was geschieht in einer therapeutischen Gruppe? 188
Der Mitpatient 188
Stille Teilhabe 189
Wohlwollende Konfrontation 189

Selbstregulation in der Vertrautheit 190
Das Energiefeld der Gruppe 190
Schatten von gestern 190
Ein neues Selbstbild 191
Durchs Fegefeuer zur Autonomie 191
Eine Schicksalsgemeinschaft 192
Wandlungsprozesse in der Zeit 193

31. Behandlungsökonomische Aspekte der Gruppenpsychotherapie
R. Heinzel

Wirksamkeit der Gruppenpsychotherapie 195
Inside- und Outside-Tradition 195
Qualität und Quantität 196
Gesundheitsökonomische Verfahren 196
Kosten-Effektivitäts-Analyse
(cost-effectiveness analysis – CEA) 197
Kosten-Nutzwert-Analyse
(cost-utility analysis – CUA) 197
Kosten-Nutzen-Analyse
(cost-benefit analysis – CBA) 197
Eine eigene Katamnesestudie 197
Der Zeitfaktor in der Therapie 199
Ausblick 199

VII Formen gruppenpsychotherapeutischer Arbeit

32. Geschlossene versus offene Gruppen
V. Tschuschke

Grundsätzliche Überlegungen zur
gruppenpsychotherapeutischen Praxis 202
Überlegungen zur Dynamik
kleiner sozialer Gruppen 203
Gruppenformat (geschlossen oder halb offen)
unter dem Zeitaspekt 203
Zusammenfassung 205

33. Heterogene versus homogene Gruppenzusammensetzung
A. Pritz

Einführende Überlegungen 206
Motivation des Patienten 206
Diagnostische Überlegungen 206
Interaktionsfähigkeit von Patienten 206
Gruppenzusammensetzung (Gruppenkomposition) .. 207
Vorteile homogener Gruppen 207
Vorteile heterogener Gruppen 207
Zusammenfassung 208

34. Kurzzeit- versus Langzeit-Gruppenpsychotherapie

D. Mattke und V. Tschuschke

Indikation 209
Gruppenvorbereitung („pregroup training") 210
Komposition 210
Fokusbildung 211
Rolle und Technik der Gruppenleitung 211
Aktivität des Gruppenleiters 212
Aufrechterhalten eines Fokus/Themas 212
Therapeutenflexibilität 212
Thematisierung der Beendigung/
der Zeitbegrenzung 212
Zeitpunkt der Intervention („timing") 213
Deutungstechnik 213
Zusammenfassung und Perspektiven 213

VIII Gruppenpsychotherapie in speziellen Settings

35. Ambulante Gruppenpsychotherapie

H. Hess und V. Tschuschke

Einleitung 216
Psychotherapeutische Organisations- und
Behandlungsstrukturen in der ehemaligen DDR 216
Aktuelle Situation der Psychotherapie
in den neuen Bundesländern 218
Erfahrungen aus der eigenen Niederlassungspraxis
für tiefenpsychologische und psychoanalytische
Behandlung 219
Zusammenfassung 221
Situation der ambulanten Gruppenpsychotherapie
in Deutschland 222
Historische Entwicklung 222
Ergebnisse ambulanter Gruppenpsychotherapie-
Behandlung in Deutschland 224

36. Stationäre Gruppenpsychotherapie

B. Strauß und D. Mattke

Organisationsmodelle stationärer
Gruppenpsychotherapie 225
Strukturqualität stationärer
Gruppenpsychotherapie 226
Gruppenpsychotherapeutische Konzepte
im stationären Rahmen 227
Forschungsergebnisse zur stationären
Gruppenpsychotherapie 227
Bedeutung von Teamprozessen
in der stationären Behandlung 229

37. Stationäre analytische Borderline-Therapie in Einzel- und Gruppensettings

P. L. Janssen

Allgemeines 230
Generelle Psychodynamik und Beziehungsdynamik
der Borderline-Patienten aus analytischer Sicht 231
Ambulante analytische Gruppenpsychotherapie
mit Borderline-Patienten 231
Stationäre analytische Gruppenpsychotherapie
mit Borderline-Patienten 232

38. Erfolgsprädiktion psychiatrischer Gruppenpsychotherapien und ihre Implikationen am Beispiel schizophrener Störungen

R. Vauth und N. Rüsch

Einleitung 234
Zum Stellenwert gruppenpsychotherapeutischer
Intervention in der Behandlung der Schizophrenie ... 234
Interventionen zur Kompensation
kognitiver Hemmnisse 236
Kognitive Beeinträchtigungen:
Implikationen für die Gruppenpsychotherapie 236
Strategien zur Kompensation kognitiver
Beeinträchtigung gruppenpsychotherapeutischer
Lernprozesse 236
Interventionen zur Kompensation sozial-emotionaler
Hemmnisse bei gruppenpsychotherapeutischen
Interventionen 238
Sozial-emotionale Verarbeitungsstörungen
und ihre prädiktive Bedeutung 238
Schlussfolgerungen 239

39. Teilstationäre Behandlung von chronischen und schweren psychiatrischen Störungen

A. S. Joyce

Rational des teilstationären Behandlungsansatzes ... 240
Methodologische Aspekte in der DT-Forschung 240
Forschung an teilstationären
Behandlungsprogrammen 241
Untersuchungen mit schizophrenen Patienten
im Rahmen von DT-Programmen 241
Untersuchungen mit nicht schizophrenen Patienten
im Rahmen von DT-Programmen 243
Fazit 245

40. Psychoanalytisch begründete Gruppenpsychotherapie in der psychosomatischen Rehabilitation

J. Lindner, U. Günther und B. Dechert

Einleitung 247
Gruppenrelevante Aspekte
rehabilitativer Psychotherapie 247

Anwendung und Weiterentwicklung
gruppenpsychotherapeutischer Konzepte
in der psychoanalytisch orientierten Abteilung
einer Rehabilitationsklinik 248
Psychoanalytisch-interaktionelle Gruppen-
psychotherapie in Kombination mit themenzentriert-
interaktioneller Gestaltungstherapie 249
Theoretische Grundlagen 249
Indikation, Pregroup-Training und Zentrierung
auf rehabilitations-relevante Problembereiche 250
Praxis der kotherapeutischen Gruppenleitung 251
Kasuistik 252
Nachgespräch zum Gruppenpsychotherapieverlauf ... 253
Psychoanalytisch orientierte
Kurzzeit-Gruppenpsychotherapie
mit rehabilitationsbezogenem Fokus 253
Konstituierung des Gruppenfokus 254
Kasuistik 254
Technik der Gruppenleitung 254
Gruppenprozess 255
Zusammenfassung und Ausblick 255

41. Selbsthilfegruppen
M. L. Moeller

Die praktisch vollzogene Zweiteilung
der medizinischen Versorgung 257
Erlernte und erlebte Kompetenz 257
Geschichte der Selbsthilfebewegung 257
Die dynamische Idee der Selbsthilfegruppen
und ihre Abwehr 258
Gruppenkompetenz für Selbsthilfeunterstützer
durch Fortbildung 258
Selbsthilfegruppe ist nicht gleich Selbsthilfegruppe .. 259
Vielfalt und Einheit der Selbsthilfegruppen 259
Gesprächsgemeinschaften 260
Die Gruppe kann mehr als der Einzelne 260
Sechs Kernprobleme der Gruppenselbsthilfe 261
Wechselseitige Gruppenberatung
im monatlichen Gesamttreffen 261
Die Zukunft des Helfens:
Schleuse zur Gruppenselbsthilfe 262

IX Gruppenpsychotherapie mit speziellen Patienten-Populationen

Teil A
42. Gruppenpsychotherapie bei Essstörungen
B. Zander und K. Ratzke

Einleitung 264
Konzepte und Ergebnisse ambulanter und stationärer
Gruppenpsychotherapie bei Essstörungen 264
Gruppenpsychotherapeutische Praxis
am Beispiel ambulanter Gruppen 265
Essstörungen aus systemischer Sicht 265
Indikation und Kontraindikation 266
Gruppenzusammenstellung 266
Verschiedene Settings 267
Durchführung und Ablauf der ambulanten,
symptomorientierten Gruppenpsychotherapie 267

43. Die Behandlung sexueller Probleme in der Gruppe
B. Strauß

Systematik sexueller Störungen 271
Psychotherapie sexueller Störungen 271
Gruppenpsychotherapeutische Ansätze
bei der Behandlung sexueller Störungen 273
Sexuelle Funktionsstörungen 273
Sexuelle Devianz und Sexualstraftaten 274
Störungen der Geschlechtsidentität 274

44. Gruppenpsychotherapie somatoformer Schmerzstörungen
R. Nickel und U. T. Egle

Einleitung 276
Diagnose und Differenzialdiagnose 276
Ätiologie und Pathogenese 276
Behandlungsrational 277
Bedeutung der Symptomklage 277
Traumatisierung 278
Bindung 278
Erweiterte Schmerz-Affekt-Differenzierung 278
Behandlungskonzept 278
Informations- und Motivationsphase 280
Arbeitsphase 280
Transferphase 280

45. Gruppentherapie mit onkologischen Patienten
V. Tschuschke

Bedarf an psychologischer Hilfe
bei Krebserkrankungen 282
Welche psychologischen Hilfen gibt es? 282
Die Gruppe als ideales psychosoziales Hilfsmittel
bei Belastungen aufgrund einer Krebserkrankung 283
Auswirkungen einer Krebserkrankung
auf interpersonelle Bezüge 283
Supportive versus explorative Gruppentherapie
mit Krebspatienten 283
Ziele der supportiv-expressiven Gruppentherapie 285
Effekte gruppentherapeutischer Interventionen
bei onkologischen Patienten 286
Gruppen- versus individualpsychologische
Intervention 289
Ausblick 289

46. Behandlung von Suchterkrankungen in der Gruppe
R. Weber und V. Tschuschke

Einleitung 290
Zum Begriffsspektrum der Sucht 290
Gruppenpsychotherapie bei Suchterkrankungen 291
Konflikt-, störungs- und interaktionelle
Gruppenpsychotherapie 292
Störungs-, methoden- und zielorientierte
Gruppenpsychotherapie 292
Wirkfaktoren in der gruppenpsychotherapeutischen
Behandlung Suchtkranker 293
Effektivität der Gruppenpsychotherapie
bei der Behandlung Suchtkranker 294
Schlussfolgerungen 295

47. Gruppenpsychotherapie bei Patienten mit Borderline-Persönlichkeitsstörung
S. Herpertz

Symptomatik der Borderline-Persönlichkeitsstörung .. 296
Allgemeines zur Gruppenpsychotherapie
bei der Borderline-Persönlichkeitsstörung 297
Spezifische Verfahren der Gruppenpsychotherapie
bei der Borderline-Persönlichkeitsstörung 298
Psychoanalytische Gruppenpsychotherapie 298
Dialektisch-behaviorale Gruppenpsychotherapie 299
Gruppenpsychotherapie
im stationären Behandlungssetting 299
Therapieeffekte in der Gruppenpsychotherapie 300
Schlussfolgerungen 300

48. Gruppenpsychotherapie für Patienten mit Schizophrenie und bipolaren Störungen
N. Kanas

Einführung 301
Hintergrund 301
Klinische Aspekte – der integrative Ansatz 302
Gruppen mit Schizophrenen 302
Bipolare Gruppen 303
Effektivität des integrativen Ansatzes 304
Gruppen mit Schizophrenen 304
Bipolare Gruppen 304

Teil B
49. Gruppenpsychotherapie mit Kindern und Jugendlichen
G. Lehmkuhl

Stand der Evaluation von Gruppenverfahren
im Kindes- und Jugendalter 306
Definition und Systematik
gruppenpsychotherapeutischer Konzepte
für das Kindes- und Jugendalter 306
Planung und Durchführung 307
Allgemeine Aspekte der Indikationsstellung 307
Störungsbezogene Indikationsstellung 307
Gruppenspezifische Indikationsstellung 308
Gruppenpsychotherapie im Kindesalter 308
Schwierigkeiten in der Anfangsphase 308
Behandlungstechnik 308
Verhaltenstherapeutische Ansätze
am Beispiel des sozialen Kompetenztrainings 309
Gruppenpsychotherapie mit Jugendlichen 309
Wirkfaktoren 310
Verlauf 310
Tendenzen und mögliche Entwicklung 311

50. Gruppenpsychotherapie mit alten Menschen
G. Schneider und G. Heuft

Allgemeines 312
Spezielle Gruppenpsychotherapie – Methoden in den
beiden Grundverfahren 313
Psychodynamisch-psychoanalytische
Gruppenpsychotherapie 313
Kognitiv-behaviorale Gruppenpsychotherapie 315
Weitere gruppenpsychotherapeutische Methoden ... 316
Lebensrückblick (life review), Reminiszenz
(reminiscence) und Erinnerungstherapie 316
Psychodrama 317
Kreativtherapien 317
Kombinationen und Integration
verschiedener Verfahren, Methoden und Techniken .. 317
Vergleichende Gegenüberstellung
verschiedener Verfahren und Methoden 318
Vergleichende Therapiestudien 318
Metaanalysen 318
Schlussfolgerungen 318

51. Gruppenpsychotherapie mit Migranten
K. Rodewig und B. Glier

Warum stellt sich dieses Thema? 322
Bedeutung der kulturellen Differenz 322
Gruppenkohäsion 323
Psychotherapiemotivation 323
Gruppenpsychotherapie in der psychosomatischen
Rehabilitation türkischer Migranten 323
Soziodemographische Merkmale 324
Schul- und Berufsbildung 324
Soziale Bindungen 324
Kausal- und Kontrollattribution 324
Kulturspezifische Merkmale und ihre Bedeutung
für die Struktur der Gruppenpsychotherapie 324
Spezifische gruppenpsychotherapeutische
Interventionsstrategien 325
Störungsspezifische Gruppe 325
Suggestive Techniken in der Gruppe 325
Themenzentrierte interaktionelle Gruppe 325
Schlussfolgerungen 325

X Basale Konzepte der Gruppenpsychotherapie

52. Entwicklung und Konzepte der psychoanalytischen Gruppenpsychotherapie
A. Heigl-Evers und J. Ott

Soziale Aspekte der Gruppenpsychotherapie 328
Konzeptualisierung einer psychoanalytischen
Gruppenpsychotherapie durch Foulkes 329
Göttinger Modell der Anwendung
der Psychoanalyse in Gruppen 330

53. Klientenzentrierte Gruppenpsychotherapie
J. Eckert und E.-M. Biermann-Ratjen

Abriss der Geschichte
der klientenzentrierten Gruppenpsychotherapie 335
Die Gruppe als Lebensform: Encountergruppen 335
Die Gruppe als Ort der Behandlung
psychischer Störungen: Gruppenpsychotherapie 336
Gegenwärtiger Stand der Gruppenkonzepte
und -konzeptionen 336
Gegenwärtiger Stand der Entwicklungs-
und Störungstheorien 336
Sullivans interpersonale Theorie der Psychiatrie als
Grundlage von gruppenpsychotherapiebezogenen
Störungs- und Therapietheorien 337
Die klientenzentrierte Entwicklungs- und
Störungstheorie als eine interpersonale Theorie 338
Das interpersonale Geschehen in der Gruppe
aus der klientenzentrierten Perspektive 339
Auf dem Weg zu einer klientenzentrierten Theorie
der Gruppenpsychotherapie 339
Taxonomie der klientenzentrierten Therapietheorie .. 339
Regeln für den klientenzentrierten
Gruppenpsychotherapeuten 340
Leistet klientenzentrierte Gruppenpsychotherapie
mehr (Effektivität) oder anderes (Spezifität) als andere
Gruppenpsychotherapieverfahren? 341
Welche Möglichkeiten eröffnet klientenzentrierte
Gruppenpsychotherapie? – Erweitert sie z. B.
das Indikationsspektrum im Rahmen
von Gruppenbehandlungen? 342

54. Verhaltenstherapie in und mit Gruppen
P. Fiedler

Phänomen- und störungsspezifische
Verhaltenstherapiegruppen 343
Prävention 343
Psychotherapie und Rehabilitation 344
Grundkonzept störungsspezifischer
Verhaltenstherapiegruppen 344
Rahmenbedingungen und Wirkfaktoren 345
Transfer-, Übungs- und Hausaufgaben 345
Wirkfaktoren 346
Zieloffene Gruppenverhaltenstherapie 346
Interaktionelle Verhaltenstherapie 347

55. Integration verhaltenstherapeutischer und tiefenpsychologisch orientierter Gruppenpsychotherapie
B. Glier und K. Rodewig

Grundkonzepte psychotherapeutischer Gruppen –
Einleitung 349
Verhaltenstherapeutische Gruppen 349
Tiefenpsychologisch orientierte
Therapiegruppenkonzepte 350
Verhaltenstherapeutische und tiefenpsychologisch
orientierte Gruppenpsychotherapien im Vergleich –
zwei unvereinbare Welten? 351
Integration verhaltenstherapeutischer und
tiefenpsychologisch orientierter Therapiegruppen ... 352
Konzeptuelle Überlegungen 352
Differenzielle Indikationsstellung
und integrative Therapieplanung 352

56. Interpersonale Gruppenpsychotherapie
M. Leszcz und J. Malat

Einleitende Bemerkungen 355
Theoretische Grundannahmen 355
Ergebnisse der Kleinkindforschung 356
Unbewusste Pläne, maladaptive Schemata
und Transaktionszyklen 356
Das interpersonale Modell als Grundlage
psychopathologischer Entwicklungen 358
Interpersonale Reziprozität 359
Der maladaptive Transaktionskreis (MTC) 359
Behandlungskonstrukte 360
Gruppenvorbereitung 361
Die Gruppe als sozialer Mikrokosmos 362
Arbeiten im Hier und Jetzt 363
Das korrigierende emotionale Erlebnis 365
Die interpersonale Lernabfolge 365
Therapeutische Metakommunikation 368
Schlussfolgerungen 369

57. Psychodramatische Gruppenpsychotherapie
J. Burmeister

Psychodrama – Definition und Kurzbeschreibung 370
Psychodramatische Anthropologie 370
Psychodramatische Entwicklungstheorie
(Rollentheorie) 371
Psychodramatischer Gesundheits-
und Störungsbegriff 372
Methodik und Struktur
des klassischen Psychodramas 372
Indikationsbereich und Diagnostik im Psychodrama .. 373
Basale therapeutische Prinzipien 374
Basistechniken des Psychodramas 375
Doppeln 375
Spiegeln 375
Rollentausch 375
Monolog, Selbstgespräch (Soli loquii) 375

Maximierung 375
Anwendungsperspektive 375

58. Transaktionsanalytische Gruppenpsychotherapie
S. Ligabue und M. Sambin

Konzeptueller Ansatz 377
Setting 378
Patienten 378
Eingangsdiagnostik, Tests
und patientenbezogene Daten 378
Therapeut 378
Interaktionen zwischen Therapeut und Patient
in der Gruppe 379
Therapiekontrakt 379
Grundlegende konzeptuelle Hilfsmittel 380
Intrapsychischer Bereich der jeweiligen Struktur
des Individuums 380
Bereich der interpersonellen Kommunikation ... 380

Gruppenprozess 381
Initialphase der Gruppenentwicklung 381
Zweite Phase der Gruppenentwicklung 382
Dritte Phase der Gruppenentwicklung 382
Abschließende Phase der Gruppenentwicklung ... 383
Beenden der Gruppe 383

59. Systemzentrierte Gruppenpsychotherapie – Konzepte der Theorie lebender menschlicher Systeme
Y.M. Agazarian

Einführende Überlegungen 384
Theorie lebender menschlicher Systeme
und ihre systemzentrierte Praxis 385
Hierarchie 385
Isomorphie 386
Funktion 387
Energie 387
Entwicklung von Hypothesen 388

XI Literatur

Literatur 392

Sachverzeichnis 433

I Gruppenpsychotherapie – die interpersonale Behandlungsebene

1. Sozialpsychologische Grundlagen des Settings Gruppe

H. Enke

Psychotherapie – Wirkfaktoren – Setting

Es dürfte sinnvoll sein, am Anfang eines psychotherapeutischen, praxisbezogenen Handbuchs eine Verständigung über den Hauptgegenstand, die Psychotherapie, vorzuschlagen. Eine allgemeine und auch, wie sich zeigte, sehr weitgehend konsensfähige **Definition der Psychotherapie**, stammt von Hans Strotzka (1975, S. 4). Sie umreißt die Gesamtproblematik von Psychotherapie und lautet:

„Psychotherapie ist ein bewusster und geplanter interaktioneller Prozess zur Beeinflussung von Verhaltensstörungen und Leidenszuständen, die in einem Konsensus (möglichst zwischen Patient(en), Therapeut(en) und Bezugsgruppe(n) [Pluralisierungen – bezogen auf die Gruppe] für behandlungsbedürftig gehalten werden, mit psychologischen Mitteln (durch Kommunikation) meist verbal oder auch averbal, in Richtung auf ein definiertes, nach Möglichkeit gemeinsam erarbeitetes Ziel (Symptomminimalisierung und/oder Strukturänderung der Persönlichkeit) mittels lehrbarer Techniken auf der Basis einer Theorie des normalen und pathologischen Verhaltens. – In der Regel ist dazu eine tragfähige, emotionale Bindung notwendig."

Wie wirkt Psychotherapie? – Welches sind ihre kennzeichnenden **Wirkfaktoren**? (Tschuschke und Czogalik 1990). Generell wird unterschieden in **allgemeine** und **spezifische** (= **methodengebundene**) Wirkfaktoren (Czogalik und Enke 1997). Als nachgewiesene, bedeutsame allgemeine Wirkfaktoren gelten im Wesentlichen die Elemente einer guten, verlässlichen, von Sympathie getragenen und Empathie bereitstellenden Patient-Therapeut-Beziehung einschließlich von Echtheit (Authentizität) und der „Passung" von Patient, Therapeut und angewandter Methode.

Die methodengebundenen Wirkfaktoren siedeln in jenem Bereich, von dem angenommen wird oder auch nachgewiesen ist, dass die therapeutischen Wirkungen Ergebnis der Anwendung bestimmter Methoden (Psychoanalyse, Verhaltenstherapie, Psychodrama etc.) sind. Die Diskussion über die Gewichtung – allgemeine versus methodengebundene Wirkfaktoren – ist noch im Fluss. Sehr pauschalisierend aber kann man sagen, dass die allgemeinen Wirkfaktoren einen hohen, wenn nicht höheren Einfluss auf die Effektivität von Psychotherapie auszuüben scheinen. Die entscheidende Bedeutung des Methodengebundenen ist in der vorstehenden Psychotherapiedefinition aufgefangen in der Passage „mittels lehrbarer Techniken auf der Basis einer Theorie". Die einzelnen Methoden sind unverzichtbar für Lehren und Lernen, Professionalisierung und Professionalität von Psychotherapie. Sie ermöglichen die – auch ethisch erforderliche – interkollegiale Verständigung/Kontrolle. Sie erschließen die Falsifikationschance und erleichtern entscheidend Überprüfungen und wissenschaftliche Vergleiche.

Selbstverständlich gibt es zwischen den allgemeinen und speziellen Wirkfaktoren im realen therapeutischen Vollzug viele Überlappungen (s. oben z. B. „Passung").

Spezifisch für die Gruppenpsychotherapie ist das Hinzukommen einer dritten Wirkfaktorengattung. Es sind die settinggebundenen Wirkfaktoren. (Der Leser sollte hier und im Folgenden als heuristische „Hintergrundsvorstellung" eine Gruppe von 5 bis 12 Personen mit oder ohne einem oder zwei Leitern/Leiterinnen – Therapeuten, Therapeutinnen – vor Augen haben.)

Die Mehrpersonensituation erzeugt als solche mehr oder minder regelhafte (auch gesetzmäßige) Vorgänge und Prozesse, die ihrerseits spezielle therapeutische (oder auch antitherapeutische) Wirkungen haben, und zwar sowohl in den Interaktionen zwischen den Gruppenteilnehmern als auch in der Gruppenbezogenheit der Teilnehmer. Vorgänge dieser Art sind Gegenstand der Sozialpsychologie. Die Sozialpsychologie ist die Grundlagenwissenschaft für die settinggebundenen Wirkfaktoren.

Fraglos enthalten auch die Settings der Einzelpsychotherapie (besser: der dyadischen Psychotherapie) ihre settingspezifischen Wirkfaktoren. Aus sozialpsychologischer Sicht kann beispielsweise das Couchsetting der Psychoanalyse als unmittelbar bahnend für einen komplementären Interaktionsstil (Watzlawick u. Mitarb. 1969) dekuvriert werden. Komplementäre Interaktionsstile führen im Gegensatz zu den „symmetrischen" auch zur Ermöglichung langsamer Entwicklungen, von Reifungsprozessen. Schon Hofstätter (1963) hatte die Couchkonstellation als „kommunikationspsychologischen Geniestreich" bezeichnet. Die Sozialpsychologie, in ihr speziell die Informationstheorie, lehrt, dass die Personwahrnehmung sehr oft gestört ist durch ein Zuviel an Informationen, eine Informationsschwemme, vergleichbar dem Wellensalat beim Radioempfang. Nicht nur die Couchsituation, sondern auch andere psychotherapeutische Settings, die Zentrierung auf Methoden, Techniken und Strategien, ausgeprägt in den Verhaltenstherapien, dienen auch und wesentlich der wünschenswerten Informationsreduktion und der gleichfalls wünschenswerten Ermöglichung von Ähnlichkeiten, Wiederholungen und Redundanzen. Dennoch dürfte es möglich und aus ökonomischen Gründen zulässig sein, für die Einzelpsychotherapie die Bedeutung der Settingfaktoren (im engeren Sinne) als nachgeordnet zu sehen.

Für die Gruppenpsychotherapie erlangen die Settingfaktoren grundlegende und zentrale Beachtung. Sie sind überdies das Verbindende und Gemeinsame für alle Formen und Anwendungen von Gruppenpsychotherapie.

Sozialpsychologie – Umsetzungen

Das, was als Sozialpsychologie bezeichnet wird, erstreckt sich über ein vielförmiges (Völkerpsychologie bis Personenwahrnehmung), randunscharfes, sich mit anderen Bereichen (z. B. Feldtheorie, Lernpsychologie, Psychoanalyse) überlappendes Gebiet. Die Versuche, Sozialpsychologie definitorisch einzufangen, gerieten oft komplikationsreich und sehr szientistisch (Stroebe u. Mitarb. 1996). Es ist deshalb hilfreich, auf die „klassische" Aufgabenbestimmung durch Allport (1968, S. 72) zu rekurrieren. – Aufgabe der Sozialpsychologie sei es, „zu verstehen und zu erklären, wie das Denken, Fühlen und Verhalten von Individuen durch die reale, vorgestellte oder implizite Anwesenheit anderer beeinflusst wird".

In der Gruppe finden sozialpsychologisch relevante Vorgänge sowohl **in** den Individuen (implizite Anwesenheit anderer) als auch **zwischen** den Individuen und in der Beziehung der Individuen zur Gruppe (jeweils: reale Anwesenheit anderer) statt. Es bietet sich als Orientierungssystem für die Gruppenprozesse eine Differenzierung in Persönlichkeits-, Interaktions- und Systemvariablen an. (Der Terminus „Variable" wird hier ausdrücklich nicht im strengen Sinne der experimentellen Psychologie benutzt.)

Die **Persönlichkeitsvariablen** umfassen die genetische, psychogenetische und auch situative individuelle Eigenart (Verhalten, Motivationen, Emotionen, Kognitionen) der an der Gruppenpsychotherapie Teilnehmenden, selbstverständlich auch der Therapierenden und Leitenden.

Die **Interaktionsvariablen** umfassen den latenten und/oder manifesten Vollzug der Beziehungen der an der Gruppentherapie Teilnehmenden untereinander, ggf. auch *partiell* miteinander und gegeneinander.

Die **Systemvariablen** oder auch „Gruppenvariablen im engeren Sinne" umfassen die Bindungskräfte zu der Gruppe (Kohäsion) versus Lösungskräfte von der Gruppe sowie das Gemeinsame der Gruppe, ihre Selbstdefinition, die Gruppennormen und ihre Grenzbestimmung.

Persönlichkeitsvariablen

An dieser Stelle sei zunächst an die bekannte Aussage Sigmund Freuds (1920/1976) zur Sozialpsychologie erinnert:

„Im Seelenleben des Einzelnen kommt ganz regelmäßig der Andere als Vorbild, als Objekt, als Helfer und als Gegner in Betracht, und die Individualpsychologie ist daher von Anfang an auch gleichzeitig Sozialpsychologie in diesem erweiterten, aber durchaus berechtigten Sinne."

Dieser Vermerk hat in der Psychoanalyse leider aber auch mit zu der langjährigen Vernachlässigung des **Inter**personalen beigetragen, weil er die Illusion nährte, Psychoanalytiker seien eo ipso auch Sozialpsychologen (und könnten deshalb beispielsweise auch ohne weitere Schulung Gruppenpsychotherapie betreiben). Freud hatte sich nur auf die „implizite Anwesenheit anderer" im Sinne Allports, auf die **intra**psychischen Vorgänge, auf die Introjekte bezogen.

Für die sozialpsychologische Grundlegung der Gruppenpsychotherapie aber reicht die Perzeption der **inneren** „Anwesenheit" **einzelner** anderer nicht aus. Vieles spricht nämlich dafür, dass es nicht nur Objektintrojekte, also Introjekte einzelner Personen (z. B. Mutter, Vater) gibt, sondern auch Beziehungsgeflechtintrojekte, gewissermaßen introjizierte dynamische Soziogramme. Dies wurde besonders von der Familienforschung/Familientherapie herausgearbeitet, sehr klar bei Laing (1974, S. 16), wenn er schreibt:

„Die Familie ist kein introjiziertes Objekt, sondern ein introjiziertes Set von Beziehungen. ... Was verinnerlicht wird, sind nicht Objekte, sondern Modelle der Beziehung ..., auf deren Grundlage eine Person eine inkarnierte Gruppenstruktur entwickelt."

Diese und andere ähnliche Überlegungen aus der Familientherapeutik sind von der allgemeinen Gruppenpsychotherapie merkwürdigerweise nur sehr unzulänglich aufgenommen worden. Denn eigentlich ist es selbstverständlich, dass eine Gruppe, bezogen auf die so genannten multipersonalen Übertragungen nicht nur mehrere Personen als Übertragungsobjekte bereitstellt, sondern dass darüber hinaus das Beziehungsgeflecht der Gruppe als solches Übertragungsobjekt sein kann und also biographisch frühere Beziehungsgeflechtserfahrungen reaktiviert, die ihrerseits projektiv das Gruppengeflecht mit konstellieren können.

> Die für die Gruppenpsychotherapie spezifische Wahrnehmungseinstellung der Therapierenden besteht – bezogen auf die Persönlichkeitsvariablen – in der zusätzlichen, gleichermaßen kontrollierend-reflektierenden wie empathischen Ausrichtung auf die Beziehungsintrojekte.

Problematik der realen Anwesenheit anderer

Bei der Darstellung der Bedeutung der Persönlichkeitsvariablen im Rahmen der Gruppenpsychotherapie kam es nur zu einer Erweiterung herkömmlicher tiefen- bzw. kognitionspsychologischer Konzepte durch die Ergänzung der Objektintrojekte um die Beziehungsintrojekte. Wenn aber auf die **realen** Interaktionen in der Gruppe fokussiert wird, kommt es zu einem qualitativen Sprung, der eine ernst zu nehmende Problematik von Gruppenpsychotherapie erschließt.

Psychotherapie (wie im Übrigen jede Therapie) zielt auf **Veränderung**, speziell auf die Umstellung von im **Alltagsleben** fixierten, nicht anders gekonnten, vermeintlich bewährten Verhaltens- und Erlebensweisen. Es ist dementsprechend konsequent, dass fast alle psychotherapeutischen Konzepte und Richtungen eine **Alltagsferne** herstellen, sei es durch die Rollenzuweisungen (Therapeut/Patient), sei es durch ganz unalltägliche Besonderheiten des Settings (Psychoanalyse), sei es durch die Anwendung gleichfalls ganz unalltäglicher Strategien und Methoden (Verhaltenstherapie). Die auf die Psychoanalyse bezogene Feststellung Freuds lässt sich erweitern: „Psychotherapie ist ein Weg, für den das alltägliche Leben kein Vorbild hat."

Sehr prononciert hat Fürstenau (1977, S. 852) wie folgt formuliert:

„Im Sinne des Alltagserlebens (und der darauf basierenden nicht-psychoanalytischen Sozialpsychologie der Interaktion) ist die Beziehung zwischen Analytiker und Analysand keine ‚Interaktion ...,' sondern eine Beziehung der Nichtbeziehung: eine Beziehung, die sich weit möglichst darauf beschränkt, dem Patienten zu helfen, seine Beziehungsstruktur von sich aus zu entfalten und bewusst affektiv-kognitiv aufzuarbeiten."

In der Tat gründen die meisten Beobachtungen und Erkenntnisse der Sozialpsychologie auf Beobachtungen und Erkenntnissen aus dem (sozialen) Alltag einschließlich vieler alltagssimulierender Experimente.

Im Sinne eines Kompromisses versucht selbstverständlich auch die Gruppenpsychotherapie in ihrem therapeutischen Vollzug Alltagsferne herzustellen. Sie findet gewöhnlich ohne Tisch statt, Konventionen (z. B. „man redet nicht über Abwesende") und Alltagsnormen werden durch therapiebezogene, spezifische, auch ungewöhnliche Normen ersetzt (s. Kap. 21). Doch bleibt es dabei: durch die realen Interaktionen enthält die therapeutische Gruppe im Vergleich zur Einzelsituation ein „**Mehr an Alltag**": soziale Vergleiche, soziales Lernen, Rollen- und Funktionsverteilungen. Es bestand und besteht allgemein eine gewisse Scheu, diesen Tatbestand konstruktiv zu reflektieren und therapieförderlich zu akzeptieren.

Interaktionsvariablen

Hier handelt es sich um die dynamischen Vorgänge **innerhalb der Gruppe**, dem - immer in Bewegung zu sehenden - Beziehungsgeflecht. Das betrifft die **Einstellung**: Wie sehen sich die Gruppenmitglieder untereinander?, das **Gefühl**: Wer mag wen, wer wen nicht?, die **Wünsche** und **Befürchtungen** übereinander und das **Verhalten**: Wer macht was mit wem?

Im Hinblick auf Art und Ablauf der Interaktionen und der Interaktionsebenen sei auf die Erkenntnisse der Kommunikationspsychologie der Palo-Alto-Gruppe (Watzlawick u. Mitarb. 1969) hingewiesen: digitale (ausdrückliche, in ihrem Informationsgehalt, ihrer Absicht unmittelbar erkennbare) Kommunikationen versus analoge (indirekte, mittelbare, auch kaschierte) Kommunikationen. Die Differenzierung in digital und analog ist verwandt, aber nicht identisch mit der für den psychoanalytischen Zugang wichtigen Unterscheidung in bewusste (vorbewusste) und unbewusste Interaktions- und Kommunikationsebenen.

Watzlawick u. Mitarb. (1969) unterscheiden ferner in symmetrische und komplementäre Interaktionen. Die symmetrischen Interaktionen - von „gleich zu gleich" - können zu Rivalität, Wettbewerb, Produktivität und Fortschritt führen, im Extremfall auch zur Eskalation. Die komplementären Interaktionen - von anders zu anders, auch von oben nach unten oder umgekehrt - bringen eher Ruhe, vermehren die Rezeption, können aber auch zu Langeweile und Erstarrung führen.

Die zur systematischen Beobachtung und zur differenzierten Beschreibung von Interaktionsprozessen am meisten angewandten wissenschaftlichen Verfahren sind die Interaktionsprozessanalyse nach Bales (1950) und ihre Weiterentwicklung, die SYMLOG-Methode (Bales und Cohen 1982; Tschuschke 2000b).

Für das Interaktionsgeschehen haben selbstverständlich die Rollen**positionen** und die Rollen**funktionen** eine wesentliche Bedeutung. Die Positionen betreffen das skalare Gefüge: sozialer Status der Einzelnen in der Gruppe, Überordnungen versus Unterordnungen. Die Rollenfunktionen sind qualitativer Natur, zum Beispiel: Spezialist, Helfer, Mahner, Ermutiger, Skeptiker (zur Rollenübernahme s. Kap. 21).

Von der Übernahme einer **sozialen Rolle** wird dann gesprochen, wenn der Einzelne mit seinem Verhalten die Erwartungen der anderen erfüllt.

Besondere Beachtung findet bis heute mit Recht die Position des „schwarzen Schafs", des **Omegas** im Sinne Raoul Schindlers (1960/61). Das Omega kann innerhalb der Gruppe Repräsentant des „Gruppengegners" sein. Es kann, wenn es nicht „ausgestoßen" wird und beharrlich-freundlich seinen abweichenden Standpunkt vertritt, Veränderungen, auch Fortschritte, anstoßen, in der Regel dadurch, dass es zur Keimzelle von Minoritäten (s. u.) wird.

Bedeutung und Positionierung der/des **Gruppenleitenden** werden in diesem Buch in Kap. 15–19 ausführliche Betrachtung finden. An dieser Stelle sollen aus sozialpsychologischer Sicht nur zwei Hinweise erfolgen. Der Begriff „Macht" hat in unserer Gesellschaft, prononciert in der „Gesellschaft der Psychotherapeuten", einen negativen, pejorativen Hof. Die Begriffe „Einfluss", „Einflussgröße", „Einflussnahme" gelten eher als wertneutral. Gleichwohl ist es in erster Linie eine Frage der Terminologiewahl, welcher Begriff Anwendung findet. Machtausübung oder Einflussnahme bezeichnen den gleichen Grundvorgang. Selbstverständlich ist in Gruppen das Ausmaß des Einflusses der einzelnen Gruppenmitglieder oder von Untergruppen von sehr vielen Faktoren abhängig, zum Beispiel – das ist trivial – von dem vorgegebenen oder im Gruppenprozess erworbenen Status und durch Kompetenzen (Rollenfunktion).

Innerhalb des Interaktionsgeschehens gibt es aber noch eine andere, immer wieder auch experimentell dargestellte Variable: Diejenigen, die von dem durchschnittlichen Interaktionsanteil für die Gruppe spürbar abweichen, gewinnen vorübergehend an Einfluss, konkret also jene, die auffallend wenig oder auffallend viel reden. Das hält nicht an, denn nach einer Weile können sie die „Rollenfunktion" des Schwätzers oder des Schweigers bekommen. Ihr Einfluss geht mehr oder minder verloren. Dies gilt auch für die Leitenden/Therapierenden. Qua „Amt" sind diese mit sehr viel Macht ausgestattet und wenn sie sich als überwiegend schweigende, passive Therapierende verhalten, so verstärkt dies also noch diese Macht. Doch auch ihnen kann passieren, dass die übrigen Gruppenmitglieder sich der Einflussnahme der Leitenden dadurch entziehen, dass ihnen die **Rolle** des Schweigenden/Zuhörenden zugewiesen wird und sie – was sie selbst leider manchmal gar nicht bemerken – aus der Rolle der Leitenden bzw. Therapierenden „entlassen" werden. Dann kann es zu jenen konflikträchtigen Kollusionen kommen, die als mögliche Folge einer zu hohen „Passivität" der Leitenden beschrieben werden.

Auch die **Bildung von Untergruppen** im Zuge des Gruppenprozesses hat interaktionsdynamische Bedeutung.

Der französische Sozialpsychologe Moscovici, dessen umfang- und gedankenreiches, zugegebenermaßen auch schwieriges Gesamtwerk sehr ungenügend Beachtung gefunden hat, obwohl es an vielen Stellen von hoher Relevanz für die (Gruppen-)Psychotherapie ist, hat sich in besonderer Weise mit dem sozialen Wandel durch Minoritäten (Moscovici 1979) befasst. An zahllosen Beispielen und über viele systematische Untersuchungen belegt er die These, dass unter bestimmten Umständen, die im Einzelnen beschrieben werden, Minoritäten **Veränderungsprozesse** anstoßen bzw. bewirken können. Der analytische Gruppenpsychotherapeut Bion (vgl. Kap. 22) hatte in seinem **Pairing** auch kreatives und generatives Potential beschrieben. Zweifellos ist das Paar in sozialpsychologischer Sicht eine Minorität. Es gibt noch sehr ausbaubare Brücken zwischen Therapeutik und Sozialpsychologie. Viele Gruppenpsychotherapeuten pflegen beunruhigt zu sein, wenn sie in den Gruppen Untergruppenbildungen ausmachen. Andere wissen das Veränderungspotential zu nutzen.

Zur Diagnostik des Interaktions-/Positionsgeflechts können die **soziometrischen Verfahren** (Nehnevajsa 1955) Anwendung finden. Die Soziometrie als Methode der Kleingruppendiagnostik wurde insbesondere durch Moreno (z. B. 1967) propagiert und bekannt. Es gibt vielfältige Untersuchungen. In der Gruppenpsychotherapie blieb die Bindung an das Psychodrama erhalten mit der zu bedauernden Folge, dass dieses leicht handhabbare und ausgesprochen klinische Soziodiagnostikum relativ selten verwendet wird, obwohl es – unabhängig von seinen umstrittenen testtheoretischen Gütekriterien – sehr geeignet ist als Kontrollinstrument für die jeweiligen Interaktions- und Kommunikationskonfigurationen im Gruppenprozess (Kap. 57).

Die Gruppenpsychotherapie hat sich primär und auch einseitig aus der Einzelpsychotherapie entwickelt. So bestand und besteht eine Tendenz, Gruppenpsychotherapie wie Einzelpsychotherapie durchzuführen. Während man vielleicht noch die Illusion haben kann, die Gruppe als Ganzes könne wie **ein** Therapiepartner gesehen werden (Kohäsionsvoreingenommenheit) und man aus dieser Sicht eher noch einen gewissen Zugang zu den „Systemvariablen" der Gruppenpsychotherapie fand, erfordert die Arbeit an den Interaktionsvariablen einen ganz eigenständigen Zugang, für den die Einzelpsychotherapie als Vorbild nicht taugt.

In der Geschichte der Gruppenpsychotherapie spielen die beiden Konzeptionen: „die Therapie des Einzelnen in der Gruppe" und „die Therapie der Gruppe als Ganzes" eine hervorgehobene Rolle. Unschwer auszumachen ist die Tendenz zur „Dyadisierung" (Enke 1999), um unter Nachordnung des Multipersonalen die Zweiersituation der Einzeltherapie annäherungsweise „herzustellen". Glücklicherweise jedoch gibt es in der Gruppenpsychotherapie mehr und mehr Ansätze, die Pluralität zu akzeptieren und therapeutisch zu nutzen. Sie werden im Einzelnen in diesem Buch dargestellt.

Aktuell besteht der Eindruck, dass die **Verhaltenstherapie in Gruppen** in dieser Beziehung die Geschichte der überwiegend psychoanalytisch begründeten Gruppenpsychotherapie wiederholt, wenn auch auf reflektierterem Niveau. Fiedler (1996, siehe auch Kap. 54) setzt sich mit der Unübersichtlichkeit, der mangelnden Steuerbarkeit und den Gefahren von „Gruppendynamik" auseinander und möchte in einer Verhaltenstherapiegruppe „die **methoden- und zielbezogene Gruppenarbeit** im Vordergrund" sehen.

Fiedler sieht Gefahren bei einer „Arbeit an den Interaktions**problemen** der Teilnehmer" und fürchtet konfliktträchtige – und arbeitsbehindernde – Gruppendynamik.

Der Begriff **Gruppendynamik** stammt von Lewin, der ihn schon in den 30er Jahren zur Bezeichnung des wissenschaftlichen Studiums kleiner Gruppen gebrauchte (Schneider 1975, S. 262 ff.). Später wurde er für „Trainingsprogramme" verwendet. Sader konnte 1972 (S. 114) vermerken:

„Der Zusammenhang der gruppendynamischen Methoden mit dem gegenwärtigen Stand der Kleingruppenforschung ist schwach. ... Es handelt sich eher um Ad-hoc-Erfindungen von gruppendynamischen Praktikern, als um Übertragungen gesicherter Erkenntnisse aus der Kleingruppenforschung."

Hiermit und auch mit gewissen politisch-gesellschaftlich-ideologischen Implikationen mag zusammenhängen, dass der Begriff Gruppendynamik im unreflektierten Sprachgebrauch leider einen überwiegend negativen Konnotationshof bekommen hat: Man assoziiert unwillkürlich unerfreuliches und destruktives Hickhack in Gruppen.

Das nicht ganz seltene Abgleiten wenig strukturierter Kleingruppen in therapeutisch schwer beherrschbare eigendynamische Kollusionen dürfte mit der zuvor beschriebenen Vernachlässigung der Interaktionsvariablen durch die Psychotherapeutik zusammenhängen. Es fordert zu mehr Forschung und mehr Schulung auf, nicht zum resignativen Verzicht auf das therapeutische Potenzial der Interaktionsprozesse.

Fiedler (1996, S. 491) hatte aber auch ein in seiner trivialen Plausibilität **schlagendes** Argument **für** die reflektierte Arbeit an und mit Interaktionsvariablen, wenn er als „wichtigen Unterschied zwischen Einzel- und Gruppentherapie" konstatiert:

„In der Einzeltherapie gibt es per definitionem *keinen* Außenseiter" und vermutet „vielleicht liegt es nur in der Unkenntnis dieses Unterschiedes begründet, weshalb einige Gruppenverhaltenstherapeuten regelhaft konfliktträchtige Situationen in ihren Gruppen ‚provozieren'".

> Der basale Parameter für die gruppenpsychotherapeutische „Wahrnehmungseinstellung" der Therapierenden ist, bezogen auf die Interaktionsvariablen, die gleichermaßen reflektierend-kontrollierende wie empathische Ausrichtung auf die Strukturen und Abläufe des Interaktionsgeflechtes unter Beachtung der jeweiligen skalaren und funktionalen Rollenpositionen der Einzelnen mit besonderem Augenmerk auf die Minoritätspotenziale.

Systemvariablen

Die System- oder Gruppenvariablen waren bereits bestimmt worden, als jener Bereich, der die Beziehungen der Gruppenmitglieder und der Interaktionen **zur Gruppe als Gruppe** umreißt.

Ein entscheidendes Thema der Gruppenpsychologie und der Kleingruppenforschung war naturgemäß die Frage nach der **Gruppenbildung**: Wie entsteht eine Gruppe? Welche Voraussetzungen müssen erfüllt, welche Kennzeichen gegeben sein, um von einer Gruppe sprechen zu können (und z. B. nicht mehr nur von einer unspezifischen Gesellung, einer informellen Ansammlung)?

Das vor allem anderen Entscheidende für eine Gruppenbildung ist das Vorhandensein oder das Entstehen eines **gemeinsamen Ziels**. Für Therapiegruppen ist dieses Ziel klar und eindeutig definiert: Es geht um die Beseitigung und Milderung von Krankheit, Störung, Symptomatik, Behinderung, ggf. auch Förderung und Entwicklungserschließung bei den einzelnen Gruppenmitgliedern/Patienten. Gemeinsames Ziel ist die **jeweils individuelle** gesundheitsförderliche Veränderung. Hierfür werden im Falle der Gruppenpsychotherapie auch die spezifischen Möglichkeiten der Gruppe ausdrücklich, aber immer zielgerichtet genutzt.

Von Gruppe kann nur dann gesprochen werden, wenn sich **Binnenstrukturen** gebildet haben (s.o. Rollen- und Funktionsverteilung), wenn die **Grenze der Gruppe** markiert ist gegenüber der umgebenden Gesellung und/oder gegenüber anderen Gruppierungen und schließlich, wenn die kohäsionsmehrenden zentripetalen Kräfte, die die Gruppe zusammenhalten, ein Übergewicht haben über die stets auch vorhandenen kohäsionsmindernden zentrifugalen Kräfte, die in Richtung Auflösung der Gruppe wirksam sind.

Zu den **zentripetalen Kräften** gehört neben wechselseitiger Sympathie und Zusammenarbeitsbereitschaft – beides kann u.a. soziometrisch abgebildet werden – auch ein gewisses Maß an Meinungsübereinstimmung, an Konformität.

Die **Konformitätsforschung** erlangte eine (zu) hohe Bedeutung. Immer wieder wurde auf die „berühmten" Experimente von Sherif (autokinetisches Phänomen) und Asch (Linienschätzung) verwiesen, obwohl durch spätere Untersuchungen deren Ergebnisse zwar nicht grundlegend widerlegt, doch aber relativiert und differenziert wurden (Stroebe u. Mitarb. 1996).

Das Prinzip des Experimentes von Sherif (1971) mit dem **autokinetischen Phänomen**, welches in zahlreichen Varianten durchgeführt wurde, ist Folgendes: In einem dunklen, isolierten Raum werden mit einem feststehenden Projektor den Versuchspersonen Lichtpunkte gezeigt. Diese scheinen sich (aufgrund der unwillkürlichen minimalen Augenmotorik) zu bewegen (autokinetisches Phänomen). Werden Versuchspersonen in einer Einzelsituation nach der wahrgenommenen Art (Richtung, Ausmaß) der Bewegung gefragt, so gibt es prinzipiell keine Übereinstimmung. Werden sie aber in einer Gruppensituation befragt (und sollen sich äußern, diskutieren), so kommt in mehr oder weniger kurzer Zeit eine Übereinstimmung zustande. Die Versuchspersonen „sehen" die gleiche Bewegung und behalten im Übrigen diese Sicht auch in einem anschließenden Einzelversuch bei. Über einen ganz unspezifischen Reiz entsteht also Urteilskonformität, worin eine (unter anderen) Konstituente für die Bildung von Gruppennormen gesehen wurde.

Auch das **Linienvergleichexperiment** von Asch (1969) wurde mit differenzierten Fragestellungen (z. B. Gruppengröße, Status, Einfluss) vielförmig durchgeführt. Der Grundversuch ist dieser: Vorgegeben wurden eine Standardlinie sowie drei Vergleichslinien. Es sollte jene Vergleichslinie ausgesucht werden, die in ihrer Länge mit der Standardlinie übereinstimmt. Innerhalb der Gruppe war eine instruierte Pressure Group, die sogleich eine falsche Vergleichslinie aussuchte und vertrat. Etwa ein Drittel der Versuchspersonen gab wenigstens einmal dem Einfluss dieser Gruppe nach und übernahm – entgegen der eigenen Wahrnehmung – das Gruppenurteil. Hier ist also der Vorgang der Einflussnahme auf die Entstehung von Konformität abgebildet.

Es besteht eine gewisse Beziehung zu den bekannten und erschütternden **Versuchsanordnungen von Milgram** (1974), dem es zwar in erster Linie um die Darstellung der "Gehorsamkeitsbereitschaft gegenüber Autorität" ging, der aber auch systematisch den Einfluss des Gruppendrucks (group pressure) mit einbezog. Der Nachweis, dass es unter bestimmten Bedingungen möglich war, Versuchspersonen dazu zu bewegen, (vermeintlich) fast tödliche elektrische Schläge anderen Versuchspersonen zu erteilen, hatte auch zu dem Vergleich mit den Gräueln in deutschen Konzentrationslagern geführt.

Die schlimmen Folgen der wechselseitigen Bestärkung von Autorität/Macht/Einflussnahme und exzessiver Gruppenkonformität sind immer wieder bei bestimmten Sekten offenkundig, die bis hin zum gemeinsamen Gruppensuizid führen.

Werden Skepsis und Widerstände gegenüber der Gruppenpsychotherapie, bezogen auf die Interaktionsvariablen, durch die gegebene **Entgleisungslinie der** Konflikte generierenden **Kollusionen** (destruktives Hickhack) genährt, so geschieht dies, bezogen auf die Systemvariablen (Gruppe als Gruppe), durch die zweifellos ebenfalls gegebene Entgleisungslinie des Konformismus, der „**Gleichschaltung**".

Exemplarisch sei C. G. Jung (1980, S. 451) zitiert: „Auch eine kleine Gruppe ist regiert von einem suggestiven Gruppengeist, ... die Gruppe *erhöht das Ich*, d. h. man wird mutiger, anmaßender, sicherer, frecher und unvorsichtiger, das *Selbst* aber wird vermindert und zugunsten des Durchschnitts in den Hintergrund gedrängt."

Die **Sozialpsychologie** hat ja neben anderen auch eine Abstammungslinie aus der Massenpsychologie, die Mitte des vorigen Jahrhunderts (Le Bon) einen hohen Beachtungsgrad hatte. Moscovici hat im Mainstream der Sozialpsychologie, in ihr der Kleingruppenforschung, eine „**Konformitätsvoreingenommenheit**" ausgemacht. Die Forschung habe sich „vorwiegend auf *nomische* Mehrheiten und *anomische* Minderheiten konzentriert". Dem tradierten funktionalistischen Modell stellt er sein genetisches Modell entgegen. Dieses enthält, zusätzlich zu den traditionellen, folgende Topics für sozialen Einfluss: soziale Veränderung, Verhandlung von Konflikten, Präferenz, Originalität, Normalisierung, Innovation. (Zu diesen Gegenständen haben er und seine Arbeitsgruppen auch entsprechende empirische Untersuchungen vorgestellt).

Für die Gruppenpsychotherapie ist wichtig, dass hier die Sozialpsychologie sich in besonderer Weise den Konfliktpräparations- und Lösungsprozessen, den Vergleichs- sowie den Veränderungs- und Innovationsvorgängen in Gruppen zuwendet.

In die **Gruppenpsychotherapie** hat weniger der Begriff der Konformität als jener der Kohäsion Eingang gefunden. **Kohäsion** bezeichnet die Valenz (Lewin 1948) bzw. die Attraktivität einer Gruppe für ihre Mitglieder (Festinger u. Mitarb. 1950) und damit das Ensemble gruppenbindender Kräfte (Kaufmann 1973). Bezeichnenderweise gibt es keinen vergleichbar prägnanten Gegenteilbegriff und das (auch: therapeutische) Potential der kohäsionsmindernden „zentripetalen" Kräfte pflegt weniger gewürdigt zu werden. Kohäsion genießt in den unterschiedlichen gruppenpsychotherapeutischen Konzepten eine sehr hohe Wertschätzung. Sie wird sogar als Gruppenwirkfaktor sui generis diskutiert (z. B. Tschuschke 1987).

Gewissermaßen als Pendant zur sozialpsychologischen Konformitätsvoreingenommenheit kann man der Gruppenpsychotherapie eine gleichfalls tradierte Kohäsionsvoreingenommenheit attestieren. Diese hat ja nicht nur zur oben erwähnten voreiligen und vorsätzlichen Perzeption/Konzeption der „Gruppe als Ganzes" beigetragen, sondern auch zu einer Tendenz zur Gruppenverklärung, wenn beispielsweise das Normensystem „Gruppenkultur" genannt wird oder im Blick auf die sozialpsychologisch unerlässliche Bestimmung der Gruppengrenzen von der „Gruppe als Mikrokosmos" die Rede ist.

Eine Gruppe kann selbstverständlich nur arbeiten, wenn sie erhalten bleibt, so dass die Bekundung, ein Überwiegen kohäsiver Kräfte sei eine conditio sine qua non für die Gruppenpsychotherapie, trivial ist. Ob aber ein immer weiter gesteigertes Maß an Kohäsion stets therapeutisch günstig ist, muss gewiss hinterfragt und dementsprechend auch weiter untersucht werden. Verwiesen sei in diesem Zusammenhang auf das Kapitel über Gruppenablaufvorgänge und -phasen (s. Kap. 22).

Mit den soziometrischen Verfahren wurde neben anderen auch ein **Index für Kohäsion** gebildet, in dem die Anzahl der gegenseitigen soziometrischen Wahlen (A wählt B und B wählt auch A) in rechnerische Beziehung zu der Anzahl der nicht gegenseitigen Wahlen (A wählt C, C wählt B usw.) gesetzt wird.

Ein gewisses Maß an Kohäsion und Konformität (!) ist auch deshalb erforderlich, weil es – insbesondere zu Beginn eines therapeutischen Gruppenprozesses – ganz unerlässlich ist, dass sich in der Gruppe therapieförderliche **soziale Normen** etablieren. Die Bildung gemeinsamer Verhaltensrichtlinien (Normen) ist ein definierendes Kennzeichen jeder Gruppe. Es gibt allgemein oder mehrheitlich erwünschte und unerwünschte Einstellungen/Verhaltensweisen, die entweder von allen Mitgliedern oder von bestimmten Rolleninhabern erwartet werden. Eingehaltene – erklärte oder auch unerklärte – Vorschriften werden belohnt, bei Abweichungen werden vielförmige, mehr oder weniger milde Sanktionen verhängt.

Für die therapeutische Arbeit in der Gruppe ist ein – möglichst kleines – konsistentes, überdauerndes Normensystem durch die Vorgaben des „therapeutischen Gruppenarbeitsvertrages" unerlässlich (Kap. 8). Ansonsten sind im Gruppenverlauf die Normensysteme wünschenswerten Wandlungen und Umstellungen unterworfen, deren reflektierte Perzeption von den Therapierenden erwartet werden muss.

> Der basale Parameter für die gruppentherapeutische Wahrnehmungseinstellung der Therapierenden ist – bezogen auf die Systemvariablen – die ständige, gleichermaßen kontrollierend-reflektierende wie empathische Ausrichtung auf die Dialektik zwischen den zentripetalen, kohäsionsmehrenden und den zentrifugalen, kohäsionsmindernden Kräften unter Beachtung der dynamischen Normensysteme. Die zentripetalen Kräfte erhalten die Gruppe und sichern die Weiterarbeit, die zentrifugalen Kräfte ermöglichen Entwicklung, Veränderung und fördern die Individuation der einzelnen Gruppenmitglieder.

2. Gruppenpsychotherapie – Vergleich mit der Einzelpsychotherapie

V. Tschuschke

Grundsätzliche Überlegungen

Die beiden unterschiedlichen Behandlungssettings Einzel- und Gruppenpsychotherapie fordern manchen interessanten Vergleich heraus. Man könnte sich fragen, wer eigentlich in einer individualpsychotherapeutischen Behandlung und wer besser in einer therapeutischen Gruppe behandelt werden sollte. Man könnte geneigt sein, sich zu fragen, ob beide Settings prinzipiell vergleichbar in ihrer Wirksamkeit sind oder nicht. Oder man könnte sich bezüglich der therapeutisch wirksamen Ingredienzen bzw. Wirkfaktoren befragen, ob es ähnliche oder ganz verschiedene Wirkmechanismen in den beiden unterschiedlichen Settings gibt. Eine weitere Frage könnte die nach der Effizienz sein: Welche Therapieform ist kostengünstiger?

Wie in Kapitel 9 ausführlich dargelegt wird, steht und fällt der Erfolg in der Psychotherapie u.a. mit den nachfolgend genannten Punkten, mithin auch der Erfolg in der Gruppenpsychotherapie:

- der Motivation des Patienten für eine bestimmte Behandlungsform bzw. für ein bestimmtes Behandlungssetting,
- der Ansprechbarkeit des betreffenden Patienten für ein bestimmtes psychotherapeutisches Angebot,
- der richtigen Indikation.

Die Frage, ob bei einer gegebenen Indikation für eine psychotherapeutische Behandlung eher eine Einzel- oder eher eine Gruppenpsychotherapie empfohlen werden sollte, ist bei Eckert ausführlich erörtert worden, deshalb sei in diesem Punkt auf Kap. 9 verwiesen.

Was aber macht die Gruppenpsychotherapie – im Unterschied zur Einzelpsychotherapie – aus?

Die spezifisch gruppenpsychotherapeutischen Wirkfaktoren

Die Gruppenpsychotherapie hat den wesentlichen Unterschied zur Einzelbehandlung in der **Pluralität der Personen**, die Einzelpsychotherapie arbeitet in und mit der Dyade. Dieser Unterschied ist grundlegend für alle nachfolgend genannten Aspekte. Die Mehrpersonensituation verändert alle Ingredienzen radikal. Die sozialpsychologische Forschung (z.B. Stroebe u. Mitarb. 1996) hat überzeugend herausgearbeitet, dass die Anwesenheit mehrerer Menschen soziale Gesetze zum Tragen kommen lässt, die ganz anderer Natur als die in der Zweierbeziehung sind (Enke hat dies im ersten Kapitel überzeugend dargelegt, so dass dies hier nicht wiederholt werden muss). Dies bedeutet in der Konsequenz, dass die psychotherapeutische Situation in der Gruppe eine andere sein muss als die in der therapeutischen Dyade.

Soziale Gesetzmäßigkeiten spielen in sozialen Aggregaten – und die kleine therapeutische Gruppe ist ein solches – immer eine Rolle, ganz gleich, welches psychotherapeutische Konzept vom Therapeuten zur Anwendung gebracht wird (s. auch Kap. 15 und 16). Dies ist ganz entschieden nicht zwischen zwei Personen der Fall. Die Zweiersituation bietet ganz andere **Konfliktmöglichkeiten** als die Mehrpersonensituation. Die **Dynamik** ist grundsätzlich eine andere zwischen zwei Menschen als in sozialen Situationen, in denen sich potenziell jederzeit eine andere Person in den Vordergrund schieben kann. Es können potenziell ganz andere **Ängste** zum Tragen kommen in beiden Settings. Die soziale Situation der therapeutischen Gruppe bringt einen anderen **Anforderungscharakter** an den individuellen Patienten mit sich als die therapeutische Dyade.

Die Pluralität in der Gruppe bringt weitgehend andere **Wirkfaktoren** zum Tragen als dies in der Einzelpsychotherapie der Fall ist (Eckert 1996a; Tschuschke 1989, 1999c) (Tab. 2.1 und ausführlicher in Kap. 23).

Es ist klar ersichtlich, dass es sehr spezifische Wirkfaktoren der Gruppenpsychotherapie gibt, die **spezifisch für das Setting** sind, deren Spezifitätsnachweis für schultheoretisch unterschiedliche Gruppenkonzepte aber noch aussteht (Tschuschke 1990). Die meisten der aufgeführten Wirkfaktoren sind nicht im einzelpsychotherapeutischen Setting realisierbar, ihre Wirksamkeit im Hinblick auf psychotherapeutische Veränderungen ist empirisch mittlerweile wissenschaftlich für die überwiegende Zahl der in Tab. 2.1 genannten Faktoren überzeugend nachgewiesen.

Gruppenpsychotherapie – Wirksamkeitsvergleich mit der Einzelpsychotherapie

Es gibt einige wenige Metaanalysen, die methodisch ausreichend gute, kontrollierte Studien, die einen Wirksamkeitsvergleich zwischen Einzel- und Gruppenpsychotherapie durchgeführt haben, einbeziehen (Fuhriman und Burlingame 1994a; Tschuschke 1999a). Das Fazit kann vorweggenommen werden:

> Gruppenpsychotherapie ist gleich wirksam wie Einzelpsychotherapie.

Dies klingt nach dem in der Psychotherapieforschung bekannten „Äquivalenzparadox", wonach unterschiedliche

Tabelle 2.1 Wirkfaktoren in der Psychotherapie (am Beispiel der Wirkfaktoren zur Gruppenpsychotherapie bei Bloch und Crouch 1985; Yalom 1996) (nach Tschuschke 1999b)

Interpersonale (gruppenspezifische Wirkfaktoren)	Nicht notwendigerweise gruppenspezifische Wirkfaktoren	Nicht gruppenspezifische Wirkfaktoren
Altruismus (anderen Hilfen geben)	Anleitung (Ratschläge, Hilfestellungen, Anweisungen, Hausaufgaben etc.)	Einsicht
Interpersonales Lernen – Input (Feedback erhalten)	Identifikation (mit anderen in der Gruppe oder dem Therapeuten in der Dyade)	Existenzielle Faktoren (grundlegende Aspekte, Sinn des Lebens und des Daseins, des Sterbens, des Todes)
Interpersonales Lernen (Verhaltensänderungen im sozialen Feld der Gruppe)	Einflößen von Hoffnung	
Katharsis (emotionale Affektabfuhr durch dynamische Gruppenprozesse gefördert)	Selbstöffnung (Mitteilung scham- oder schuldbesetzter privater oder intimer Einzelheiten vor anderen Menschen)	
Kohäsion (Zusammenhalt der Gruppe, Zugehörigkeits- und Akzeptanzgefühl)		
Rekapitulation der Primärfamilie (unbewusste Wiederholung des Erlebens oder Reinszenierung früher Familienstrukturen in der Gruppe)		
Universalität des Leidens (Erlebnis des nicht Alleinseins mit den eigenen Problemen und Schwierigkeiten)		

konzeptuelle Behandlungsformen im Großen und Ganzen – über viele Studien hinweg – gleiche Wirksamkeitseffekte erzielt haben. Dieses Ergebnis ist zuweilen bezweifelt worden, indem z. B. der Verhaltenstherapie eine Überlegenheit über andere Therapieverfahren zugestanden wurde (Grawe u. Mitarb. 1994), was aber in der breiten forschenden Fachöffentlichkeit auf Grund methodischer Fehler bei Grawe u. Mitarb. kritisiert wurde (Rüger 1994; Leichsenring 1996b; Tschuschke u. Mitarb. 1994, 1998). Das bisherige Äquivalenzparadox der vergleichenden Forschung (unterschiedliche psychotherapeutische Verfahren kommen zum gleichen Behandlungseffekt) wurde wiederholt von Psychotherapieforschern bestätigt und gilt derzeit als Konsens (Lambert und Bergin 1994; Luborsky u. Mitarb. 1993).

Dies heißt jedoch nicht, dass dieses Paradoxon als gegeben hingenommen werden muss. Es kann sein, dass es tatsächlich für bestimmte Problemfelder differenziell wirksame psychotherapeutische Verfahren oder Methoden gibt: Die Forschung war entweder bisher unzureichend, weil methodisch nicht adäquat genug (siehe hierzu im Folgenden) oder sie ist bislang schlicht nicht hinreichend erfolgt, um konsistent Vorteile eines bestimmten Verfahrens bei gegebenen psychischen Problemen bzw. Erkrankungen nachzuweisen. Eine dritte Möglichkeit wäre, dass eine tatsächliche Äquivalenz unterschiedlicher psychotherapeutischer Verfahren als gegeben angenommen werden müsste. Dies hätte weitreichende Folgen für die psychotherapeutische Methodenlandschaft: Es wäre nicht länger zu rechtfertigen, dass es längerfristig arbeitende Verfahren mit erhöhtem Zeit- und Kostenaufwand gibt, während andere mit wesentlich kürzerer Therapiedauer und mindestens gleich guten Effekten aufwarten könnten. Auch würden weitreichende Überlegungen angestellt werden müssen in Richtung auf eine Überwindung des althergebrachten Schulendenkens, und Diskussionen um eine integrative, eklektische oder „allgemeine" Psychotherapie würden weiter vertieft werden müssen, als dies bereits jetzt schon der Fall ist (Norcross und Goldfried 1992; Grawe 1995a, 1997, 1998; Tschuschke 1999d).

Die vergleichende Forschung bezüglich der Gleichwertigkeit oder Unterschiedlichkeit zwischen Einzel- und Gruppenpsychotherapie hat unter ähnlichen Problemen zu leiden wie die übrige Psychotherapieforschung: Es gibt zu wenig gute kontrollierte Studien, die es erlauben würden, für bestimmte Problemfelder zu klären, ob sich die betreffenden Patienten besser im Einzel- oder im Gruppensetting behandeln ließen. Fuhriman und Burlingame (1994a) beklagen, dass einige Metaanalysen die Einzelpsychotherapie als wirksamer einstufen. Denn bei genauerem Hinsehen ließe sich feststellen, dass die so genannten gruppenpsychotherapeutischen Verfahren, die in diesen kontrollierten Studien zur Anwendung kamen, gar keine gruppenpsychotherapeutischen Verfahren im eigentlichen Sinne darstellten.

„Ein Beispiel … sind die von Fuhriman und Burlingame (1994a) kritisierten Metaanalysen von Dush et al. (1983) und Nietzel et al. (1987). Diese Autoren verwendeten das Setting der Gruppentherapie als bequeme (‚convenient') und kostengünstige Kontroll-Bedingung, um die Wirksamkeit kognitivbehavioraler Einzeltherapie nachzuweisen. … Die Gruppen-Bedingung wurde in zahlreichen Studien nicht wirklich „therapeutisch" realisiert, indem hier ausgebildete Therapeuten die Wirkfaktoren des spezifischen Gruppen-Settings hätten zum Tragen kommen lassen. Man könne (so Fuhriman und Burlingame) die Gruppenbedingung in diesen Studien bestenfalls als Einzelbehandlung in der Anwesenheit anderer bezeichnen (‚individual treatment in the presence of others', S. 16). Die Intention der Studien-Autoren lag darin, die Wirksamkeit ihres je spezifischen einzeltherapeutischen Behandlungsansatzes zu demonstrieren. Den Kontroll-Bedingungen – mithin der häufig als Kontrolle verwendeten Gruppenbedingung – widerfuhr so keine Gerechtigkeit." (Tschuschke 1999a, S. 269).

Eine neuere Übersicht (Tschuschke 1999a) zeigt bei 22 kontrollierten Studien, dass in einigen der Vergleichsuntersuchungen von Einzel- versus Gruppenbehandlungen die Gruppenbedingung lediglich als bequemer Vergleich dienen sollte und eigentlich gar keine echte kontrollierte Studie stattfand (mit randomisierter Zuweisung der Patienten zu einer Bedingung und in beiden Settings gleich gut ausgebildeten und mit ihrer Methode identifizierten Therapeuten). Die verbleibenden 18 Studien weisen beide Settings als nicht systematisch überlegen über das andere aus: In 11 Studien geht der Vergleich unentschieden aus, in drei Studien ist die Einzelpsychotherapie der Gruppenbehandlung und in vier Untersuchungen die Gruppenpsychotherapie der Einzelbehandlung überlegen.

Damit ist – vorbehaltlich einer noch zu realisierenden präziseren Psychotherapieforschung – für die behandelten Problembereiche kein systematisch erkennbarer Unterschied, was die psychotherapeutische Effektivität angeht, zwischen Einzel- und Gruppenbehandlungen feststellbar. In den interpretierbaren Metaanalysen, die bei Fuhriman und Burlingame (1994a) berichtet werden, ergibt sich ebenfalls ein Gleichstand (Smith u. Mitarb. 1980; Shapiro und Shapiro 1982; Miller und Berman 1983; Robinson u. Mitarb. 1990; Tillitski 1990).

Gruppenpsychotherapie – ökonomischer als die Einzelpsychotherapie?

Gibt es schon wenige Studien, die methodisch akzeptable kontrollierte Vergleichsstudien zwischen den beiden Settings Einzel- und Gruppenbehandlung bereit gestellt haben, so gibt es noch weniger Untersuchungen in der Psychotherapie, die die **Kosten-Nutzen-Relationen** einer eingehenderen Überprüfung zugeführt hätten. Dies gilt noch eingeschränkter für den Vergleich der Einzel- mit der Gruppenpsychotherapie.

Piper u. Mitarb. (1984) haben einen höchst interessanten Vergleich zwischen Einzel- und Gruppenpsychotherapie angestellt, indem sie zusätzlich noch Kurzzeit- mit Langzeitbehandlungen verglichen: Kurzzeit-Einzelbehandlung, Kurzzeit-Gruppenbehandlung, Langzeit-Einzelbehandlung und Langzeit-Gruppenbehandlung.

Die Therapieergebnisse waren – klinisch gesehen – am besten im Falle der Langzeit-Gruppenpsychotherapie, vor der Kurzzeit-Einzelbehandlung. Von der Kostenseite her betrachtet, erwies sich die Kurzzeit-Gruppenpsychotherapie als die kostengünstigste und die Langzeit-Einzelpsychotherapie als die weitaus teuerste Behandlungform (Tab. 2.2).

Die Anlage der Studie erlaubte aber auch die Überprüfung von Interaktionseffekten zwischen **Art der Behandlung (Setting)** (Gruppe versus Einzel) und **Zeit (Behandlungsdauer)** (Langzeit- versus Kurzzeitbehandlung).

Wenn man die vom Patienten aufgewendete Zeit berücksichtigt, dann schneidet der Patient mit dem geringsten Zeitaufwand in der Kurzzeit-Einzelpsychotherapie am besten ab. Berücksichtigt man die vom Therapeuten aufgewendete Zeit, so schneidet die Kurzzeit-Gruppenpsychotherapie am günstigsten ab. Jedoch ist die Langzeit-Gruppenpsychotherapie im Vergleich die wirksamste Behandlungsform auch und gerade in der Patientenselbsteinschätzung (Fragebögen). Der Zeitaufwand müsste demnach für die Patienten die Sache wert gewesen sein, wie Piper u. Mitarb. (1984, S. 276) anmerken:

„Zunächst kann festgehalten werden, dass KEP-Therapie und LGP-Therapie kosteneffektiver als LEP-Therapie waren. Im Bezug auf das Therapie-Ergebnis, erreichten KEP- und LGP-Therapien Ergebnisse, die so gut waren (oder sogar besser) als LEP-Therapie. ... Es ist jedoch auch möglich, die für den Patienten aufzuwendende Zeit als Kostenfaktor zu betrachten. ... Dieses Zeit-Verhältnis war ungefähr 1 (KEP) zu 2 (KGP) zu 4 (LEP) zu 7 (LGP). In diesem Falle gibt es keinen Zweifel, dass die KEP die kosteneffektivste Form von Psychotherapie war. Jedoch waren die besten Ergebnisse, von den Patienten eingeschätzt, auf Seiten der LGP, sie müssen also ein Gefühl gehabt haben, dass die längere Zeit es wert war."

Eine ähnliche Analyse der Kosten-Nutzen-Relationen von ambulanten einzel- und gruppenpsychotherapeutischen Behandlungen im psychoanalytischen Bereich wurde von Heinzel u. Mitarb. durchgeführt (1996, 1998; s. auch ausführlich

Tabelle 2.2 Therapeut pro Patient-Zeit-Verhältnis und Patient-Zeit-Verhältnis für die vier Therapieformen (nach Piper u. Mitarb. 1984). Einzelsitzungen dauerten 55 Minuten, Gruppensitzungen 90 Minuten. Kurzzeit-Gruppenpsychotherapie umfasste 24 Sitzungen, Langzeit-Gruppenpsychotherapie 96 Sitzungen. Die Gruppen umfassten 8 Patienten. Durchschnitt für die Kurzzeit-Behandlungsformen: 22 Sitzungen, Durchschnitt für die Langzeit-Behandlungsformen: 76 Sitzungen. KGP = Kurzzeit-Gruppenpsychotherapie, LGP = Langzeit-Gruppenpsychotherapie, KEP = Kurzzeit-Einzelpsychotherapie, LEP = Langzeit-Einzelpsychotherapie

Behandlungsform	Kalkulation
	Therapeutenzeit pro Patient
KGP	24 Sitzungen x 1,5 h: 8 Patienten = 4,5 h
LGP	96 Sitzungen x 1,5 h: 8 Patienten = 18,0 h
KEP	24 Sitzungen x 0,9 h: 1 Patient = 21,6 h
LEP	96 Sitzungen x 0,9 h: 1 Patient = 86,4 h
	Ungefähres Verhältnis der Therapeutenzeiten pro Patient: 1 (KGP) : 4 (LGP) : 5 (KEP) : 20 (LEP)
	Patientenzeit
KEP	24 Sitzungen x 0,9 h = 21,6 h
KGP	24 Sitzungen x 1,5 h = 36,0 h
LEP	96 Sitzungen x 0,9 h = 86,4 h
LGP	96 Sitzungen x 1,5 h = 144,0 h
	Ungefähres Verhältnis der Patientenzeiten: 1 (KEP) : 2 (KGP) : 4 (LEP) : 7 (LGP)

Kapitel 31 in diesem Buch). Dabei erwies sich – bei vergleichbarer therapeutischer Effizienz – die Gruppenpsychotherapie als 13fach kostengünstiger als die Einzelbehandlung:

„Aus gesundheitsökonomischer Sicht ergab sich bei einer Berechnung der Wirtschaftlichkeit durch die geringen Kosten der Gruppentherapie im Vergleich zur Einzeltherapie (Honorar 1:3, Sitzungszahl 1:2,4) und durch die von uns gemessenen Kosteneinsparungen im Verhältnis 1:1,7 nach einer durchschnittlichen Zeit von $2^{1}/_{4}$ Jahren nach Beendigung der Therapien eine Gesamtrelation von etwa 1 : 13, d. h., die Einzeltherapie hat nach 27 Monaten ca. $1^{1}/_{4}$ ihrer Kosten, die Gruppentherapie das 3,3fache ihrer Kosten eingespart." (Heinzel 2001, S. 198 in diesem Band).

Bezüglich der Details dieser Untersuchung sei auf das Kap. 31 verwiesen.

Gruppenpsychotherapie – kein Setting, sondern eine eigenständige psychotherapeutische Grundorientierung?

Wenn man von einer interpersonellen Genese der menschlichen Persönlichkeit ausgeht, d. h., dass die menschliche Persönlichkeit im Austausch mit anderen Menschen, durch das Aufwachsen in Verbindung mit anderen und das Eingebettetsein in eine soziale Umgebung geformt und geprägt wird, der Mensch also nach Aristoteles ein **Zoon politicon** ist und „am Du zum Ich wird" (Martin Buber 1936), dann ist der Weg nicht weit, die Gruppenpsychotherapie als die angemessene Form psychotherapeutischer Hilfe und Veränderung bei Problemen anzusehen, die vemutlich durch maladaptive sozialinteraktive Prozesse entstanden sind.

Bei genauerer Analyse haben praktisch alle psychologischen Theoretiker, die Schulen gegründet und Gefolgschaft gefunden haben, ein interpersonales Menschenbild und damit auch ätiologisch gesehen eine **interpersonelle Theorie der Krankheitsentstehung** (Tschuschke 1999b). Selbst Freud, **der** Theoretiker des Individuums, sieht zwar das Individuum durch seinen Trieb als selbstbezogen und somit monadisch konzipiert, gleichwohl suche der Trieb stets die Befriedigung am und durch das Objekt. Am Grunde seines neurotischen Leidens wurden demnach missgeleitete, unerfüllte, enttäuschte Liebesansprüche als krankheitsbestimmend angesehen (Bally 1961). Alle anderen psychoanalytischen Theoretiker seit Freud, alle humanistischen und alle behavioralen Theoretiker haben nachweislich ein aus interpersonalen Situationen gespeistes Menschen- und Persönlichkeitsbild, das die Ätiologie psychopathologischer Abweichungen mit einschließt.

Die Gruppenpsychotherapie ist die Therapieform, die ganz speziell die interpersonale Situation der kleinen sozialen Gruppe psychotherapeutisch nutzt, indem sie es gestattet, das der soziale Mikrokosmos der Gruppe die – sozial entstandenen – Probleme der einzelnen Gruppenmitglieder über kurz oder lang zum Tragen kommen lässt (Yalom 1996). So werden sie – wiederum mit Hilfe des sozialen Raums – bearbeitbar. Die Interaktionen der Gruppenmitglieder untereinander erlauben bewusste und unbewusste Reinszenierungen früher sozialer Erfahrungen und Konstellationen qua Übertragungen und Projektionen, die in Folge deutbar und somit bearbeitbar werden. Die Individuen können im geschützten Raum der Gruppe quasi emotional korrigierende Erfahrungen machen. Sie können neues Verhalten aufgrund von Einsicht, Verstehen oder Identifikation ausprobieren. Sie können Bekräftigung und Bestätigung erfahren. All diese Prozesse sind in der Einzelpsychotherapie nicht möglich, schlicht aufgrund der dyadischen Situation nicht: Ein Patient befindet sich dort einem Experten gegenüber, keinen Peers, keinen „Geschwistern".

„Die Gruppenpsychotherapie hat sozialpsychologische, psychoanalytische, humanistische, lerntheoretische und nicht zuletzt interpersonelle Theorie- und Therapieelemente zur Grundlage. Sie stützt sich ferner auf kommunikations- und systemtheoretische Erkenntnisse. Die Grundlagen aller genannten Theorien und Forschungsfelder werden in den verschiedenen einzelpsychotherapeutischen Situationen *nicht* umgesetzt, wohl aber in der Gruppenpsychotherapie. In diesem Sinne kann der gruppenpsychotherapeutische Behandlungsansatz nur als eine eigenständige Grundform psychotherapeutischer Behandlung aufgefasst werden …" (Tschuschke 1999b, S. 139).

3. Ethisch-moralische Probleme und Qualitätssicherung in der Gruppenpsychotherapie

V. Tschuschke

Grundlegende Überlegungen zu Ethik und Moral in der Psychotherapie

Ethisch-moralische Aspekte spielen eine immense Rolle im menschlichen Leben. In aller Regel allerdings ist dies dem Individuum nicht bewusst. Ethisch-moralische Entscheidungen sind „automatisch, spontan" und sind auf einem reiferen Persönlichkeitsniveau „internalisiert" (Mullan 1987).

Ethik (griechisch ethos = Sitte, Gewohnheit) als philosophische Wissenschaft vom Sittlichen befasst sich laut Brockhaus (1988) mit den Fragen nach dem höchsten Gut, dem richtigen Handeln und nach der Freiheit des Willens. **Moral** ist im moderneren Verständnis eine Sammelbezeichnung für als gesellschaftlich insgesamt oder von Subgruppen akzeptierte und als verbindlich angesehene ethisch-sittliche Normensysteme des Handelns und der Werturteile, der Tugenden und Ideale (Brockhaus 1991). Bei Kant wurden Ethik und Moral praktisch noch identisch gesetzt. Ihre Verbindlichkeit, d. h. die Verpflichtung zum moralischen Handeln – evtl. auch über gesellschaftliche Normen hinausgehend –, wurde vor allem in Gott (christlicher Glaube) und der menschlichen Vernunft des Individuums begründet gesehen (Kant 1956).

Für Erich Fromm (1947, S. 7, Übers. d. Verf.) „… ist es unmöglich, den Menschen und seine emotionalen und geistigen Störungen zu verstehen, ohne die Natur der Werte und moralischen Konflikte zu verstehen."

Eine der Kardinalregeln der Psychotherapieausbildung ist, dass angehende Psychotherapeuten lernen müssen, dass wir als Psychotherapeuten grundsätzlich nicht unsere eigene Moralität dem Patienten überstülpen dürfen (Nicholas 1993). In gewisser Weise tun sich Dilemmata auf: Wohl kein Psychotherapeut strebt diesen „unmöglichen Beruf" ohne ethisch-moralische Motive an. Psychotherapeuten wollen idealerweise ein guter Therapeut bzw. eine gute Therapeutin werden, was mit einer verinnerlichten moralischen Ethik zu tun hat. Von der Entscheidung bis zur beruflichen Tätigkeit wird eine Karriere in Gang gesetzt, deren Hauptingredienz Güte bzw. Wohlwollen ist (Mullan 1991). Das heißt, wir haben es im psychotherapeutischen Geschehen stets mit einer Moralität und Ethik auf Seiten des Behandlers zu tun, die dieser gleichwohl seinem Patienten nicht überstülpen soll.

Auf der anderen Seite haben wir den Patienten, auch sie/er ist – wohl ganz überwiegend – unbewusst von moralischen Imperativen getrieben, an deren Inadäquatheit oder Rigidität womöglich die Störung festzumachen ist (Fromm 1947). In der Konsequenz heißt dies, dass dem psychotherapeutischen Arbeitsprozess die Beschäftigung mit den untergründigen moralisch-ethischen Standards des Patienten immanent und damit grundsätzlich unvermeidlich ist.

Umso irritierender ist die Tatsache, dass das Thema Moral zwar von Theologen, Philosophen und Erziehern explizit thematisiert wird, im Allgemeinen jedoch nicht von Psychiatern und Psychotherapeuten (Birnbacher und Kottje-Birnbacher 2000). Könnte es sein, dass die Themen Ethik und Moral in Verbindung mit Psychotherapie Tabuthema sind? Zumindest scheint es so, weil doch Patienten wie Psychotherapeuten diesbezüglich eine solch offensichtliche Scheu an den Tag legen, die womöglich durch Ängste genährt werden, deren Grundlage wiederum Gefühle von Schuld und Scham sein könnten, wie Mary Nicholas (1993) vermutet.

Mullan (1987, S. 405) erwähnt, dass immer wieder von psychotherapeutischen Praktikern, wenn die Sprache auf ethische Aspekte der Behandlungen gelenkt werde – z. B. wie ethische Aspekte die Behandlung günstig beeinflussen könnten –, Argumente wie die Folgenden kämen:

„Ich praktiziere analytische Gruppenpsychotherapie. Ich bin dafür ausgebildet und berechtigt. Ich besuche regelmäßig Workshops und Weiterbildungsveranstaltungen. Ich sehe die Fortschritte bei den Patienten, die ich behandle; ich kenne meine therapeutischen Strategien, die richtigen Techniken für jeden Patienten – warum also sollte ich mich mit ethischen Überlegungen zusätzlich belasten?"

Dieser Kollege hat Mullan zufolge den wesentlichen Punkt des **nicht technischen** oder **nicht therapeutischen Verhaltens dem Patienten gegenüber** außer Acht gelassen. Gerade als Psychoanalytiker wissen wir um den dringenden permanenten (bewussten) Reflektionsbedarf während der Behandlung, dazu gehören auch im Wesentlichen die der eigenen Persönlichkeit zugrunde liegenden ethischen Standpunkte, denn nur das Individuum selbst kann dies für sich selbst tun (Kierkegaard 1974). Sehr einfach gesagt, wäre es für den oben zitierten Kollegen wichtig, neben seiner gelernten Technik die Person in ihrem So-sein zu akzeptieren, durch Respekt und selbstverständliche Gewährung von Autonomie, wann immer möglich (Mullan 1987).

Ein weiterer Grund der Vernachlässigung moralisch-ethischer Aspekte in der Psychotherapie könnte in den Einflüssen durch das medizinische Modell liegen, demzufolge moralisch-ethische Aspekte in der psychotherapeutischen Behandlung auf Artefakte von Gesundheit und Krankheit reduziert wurden.

„‚Gut' und ‚Böse' wurden generell von Psychotherapeuten umdefiniert als ‚gesund' und ‚krank', damit implizierend, dass der therapeutische Erfolg gleichzeitig das Unmoralische an den geistigen oder emotionalen Störungen korrigiert." (Nicholas 1993, S. 205, Übers. v. Verf.).

Die amerikanischen Medizinethiker Beauchamp und Childress (Birnbacher und Kottje-Birnbacher 2000) haben für den Medizinbereich ein **Vierprinzipienmodell** eines so bezeichneten **ethischen Common Sense** dargelegt, der es gestatten soll, auf einer sehr breit angelegten Grundlage eben zu einem gemeinsamen ethischen Grundverständnis

des Handelns zu gelangen. Es handelt sich dabei um die folgenden vier Prinzipien des Handelns in der Medizin:
- Prinzip der Nichtschädigung,
- Prinzip der Autonomie,
- Prinzip der Fürsorge,
- Prinzip der Gleichheit.

Es leuchtet ein, dass sich unbestrittenere (Nichtschädigung) und umstrittenere Prinzipien (Gleichheit) (Birnbacher und Kottje-Birnbacher 2000) darunter finden lassen, auf die im Weiteren noch im Zusammenhang mit der klinischen Praxis in der Gruppenpsychotherapie zurückzukommen sein wird.

Ethisch-moralische Aspekte in der Gruppenpsychotherapie

In der Psychotherapie tut sich ein großes Spektrum ethisch-moralischer Fallstricke auf, die hier nicht alle im Einzelnen behandelt werden können (ausführlicher in Birnbacher und Kottje-Birnbacher 2000). Eine ganze Reihe davon spielt auch in der Gruppenpsychotherapie eine Rolle. Hinzu kommen aber noch weitere ethisch-moralische Aspekte, die dem gruppenpsychotherapeutischen Setting genuin sind, d. h., nur hier auftreten können. Es handelt sich um alle diejenigen moralischen und ethischen Implikationen, die – nur und ausschließlich – durch die spezielle Situation des Mehrpersonensettings bedingt sind.

Gruppen generieren in moralisch-ethischer Hinsicht ein sehr breites Spektrum von Einflüssen. Es reicht von verheerenden Auswirkungen des **Mobs** und der **Vermassung** auf die beteiligten Individuen, über das neuerdings bekannter gewordene **Mobbing** und **sozialen Druck** in kleineren Gruppen bis hin zur Vermittlung von **Akzeptanz**, **Selbstwert** und **Identität** und letztlich **höheren ethischen** und **moralischen Standards**.

Dass es ethische und moralische Spezifika in der Gruppenpsychotherapie gibt, lässt sich anhand zahlloser klinischer Berichte und einiger empirischer Studien belegen (Haeseler 1992; Nicholas 1993). Gleichwohl gibt es zu letzteren ganz wenige Untersuchungen, die aber die untergründige Wirksamkeit moralischer und/oder ethischer Standards der Beteiligten im gruppentherapeutischen Prozess deutlich nachweisen.

Nach der Auffassung von Nicholas ist es zwar nicht der primäre Zweck von Psychotherapie, moralische Werte zu vermitteln, die Autorin hat gleichwohl über die Jahre ihrer Arbeit mit therapeutischen Gruppen erkannt, dass die therapeutische Gruppe – von Zeit zu Zeit – einen überaus starken Einfluss auf die Werte ihrer Gruppenmitglieder ausübt. Es mag hilfreich sein, sich kurz die klassischen sozialpsychologischen Experimente von Asch (1951) und von Sherif (1936) zur individuellen Meinungsbildung im Rahmen von Gruppen in Erinnerung zu rufen (vgl. auch Kap. 1). Sozial mehr oder weniger subtile Einflussnahmen finden im Mehrpersonenverbund von Gruppen – seien es Kleingruppen oder größere soziale Aggregate – immer statt. Menschen als soziale Wesen vollziehen Lern- und Reifungsprozesse immer über oder in sozialen Verbänden, angefangen mit der Kleinfamilie, über Klassenverbände in Schulen, Peer-Gruppen usw. Hier finden identifikatorische Prozesse auf unbewusste Art statt, dies gilt im Wesentlichen auch für moralische und ethische Aspekte.

Die psychotherapeutische Gruppe stellt quasi im **sozialen Mikrokosmos** (Yalom 1995, 1996) die Bedingungen für Individuen bereit, sie selbst zu sein und ihre Probleme auszuagieren, was dann die Möglichkeit der Bearbeitung und Veränderung eröffnet:

„Eine frei interagierende Gruppe mit wenigen strukturellen Einschränkungen entwickelt sich mit der Zeit zu einem sozialen Mikrokosmos der teilnehmenden Mitglieder. Alle Gruppenmitglieder werden, wenn man ihnen genug Zeit lässt, anfangen, sie selbst zu sein. Sie werden mit den anderen Gruppenmitgliedern so interagieren, wie sie mit anderen in ihrer sozialen Umgebung interagieren; sie werden in der Gruppe das gleiche interpersonale Universum erschaffen, in dem sie immer gelebt haben. Mit anderen Worten: mit der Zeit beginnen die Patienten unwillkürlich und unvermeidbar, in der Therapiegruppe ihr unangepasstes interpersonales Verhalten zu zeigen; sie brauchen ihre Krankheit nicht zu beschreiben oder eine detaillierte Krankengeschichte davon zu liefern: *früher oder später werden sie die Krankheit vor den Augen der Gruppenmitglieder ausleben.*" (Yalom 1996, S. 48).

Gruppen sind primär die sozialen „Agenten", die moralische Standards vermitteln. Soziale Gruppen und Gruppierungen – Familien, Bürger einer Stadt, Alte oder Junge, Katholiken oder Protestanten, Frauenverbände, Handwerker, Beamte, Deutsche, Europäer etc. – bilden moralische Imperative aus und transportieren sie an ihre Mitglieder weiter. Es sind bestimmte gesellschaftliche Gruppierungen, die zunächst für ihre Mitglieder und später mehr oder weniger auch für den Rest der Gesellschaft meinungsbildend sind und moralisch-ethisch grundlegende Überzeugungen entwickeln, propagieren und per Sanktionen kontrollieren. So gewonnene – moralisch-ethisch fundierte – Wertmaßstäbe gerinnen in weiteren subtilen sozialen Prozessen zu kulturellen Werten.

In der logischen Konsequenz bietet sich gerade das gruppenpsychotherapeutische Setting für die Überdenkung und mögliche Korrektur moralischer oder ethischer Konflikte an, wenn man den von Fromm (1947) eingangs erwähnten Zusammenhang zwischen psychischem Leiden und unbewussten moralischen Konflikten ernst nimmt, von denen Letztere eben durch soziale Gruppierungen vermittelt worden sind und sich vielleicht gerade mit der Auseinandersetzung mit sozialen anderen und – vermeintlichem oder echtem – sozialem Druck am besten lösen lassen. In diesen Zusammenhang gehört auch die Überlegung, ob seelisches Leiden nicht generell und stets eine interpersonelle Wurzel hat, welches am besten im interpersonellen Setting zu behandeln wäre (Tschuschke 1999b).

Nach Nicholas bietet überhaupt nur die Gruppenpsychotherapie die Basis für die Arbeit an moralischen und ethischen Charakteristiken der Patienten, mit denen diese Probleme hätten. Es sei die psychotherapeutische Aufgabe schlechthin, eine akkuratere Selbstbewertung auf Seiten der Patienten aufzubauen; diese Aufgabe involviere zwangsläufig die Analyse unmoralischer Punkte im Rahmen ihrer moralischen Konnotationen.

„Patienten in der Gruppenpsychotherapie können moralisch sensibler werden, können ihre moralischen Werte klären und lernen, stimmiger innerhalb ihres eigenen Wertesystems zu handeln, ohne überhaupt zu bemerken, dass sich diese Prozesse abspielen. Damit diese Veränderungen eintreten können, braucht der Therapeut überhaupt nicht moralisch beurteilend („judgemental") zu sein. Wenn er oder sie die Gruppe angemessen leitet, wird sich automatisch in vielen Patienten eine positive Moral einstellen." (Nicholas 1993, S. 210).

Ethisch-moralische Fallstricke aufgrund gruppaler Phänomene

Die Gruppenpsychotherapie bringt spezifische Wirkfaktoren ins Spiel, die in der einzelpsychotherapeutischen Situation der Dyade nicht auftreten können (Tschuschke 1990, 1996a, 1999b). Diese Wirkfaktoren sind als so genannte **„Heilfaktoren"** (Bloch und Crouch 1985; Yalom 1995) demnach benigner Natur. Sie sollen vom Gruppenleiter bewusst und gezielt ins Spiel gebracht bzw. in der Gruppeninteraktion gefördert oder einfach genutzt werden, weil sie sich im gruppalen Setting automatisch einstellen.

Neben diesen benignen Wirkungen von Gruppen gibt es für den Gruppenleiter gruppenspezifische **maligne Prozesse**, die er/sie sehr im Augenmerk haben und bei denen er/sie eventuell strikt intervenieren muss. Zu den negativen Wirkungen und Behandlungseffekten in Gruppen zählen:
- Phänomene der Urhorde, Vermassung, Mobbildung, Primitivierung,
- Prozesse der Schwarzes-Schaf-Bildung (scapegoating),
- Konformitätsdruck.

Phänomene der Urhorde, Vermassung, Mobbildung und Primitivierung

Die sozialpsychologisch gesicherte Erkenntnis, dass eine größere Ansammlung von Individuen zur **Masse** und zum **Mob** regredieren kann, war bereits eine von Freuds Beobachtungen. Seine Beobachtung, dass Menschen in größeren Gruppierungen ihren Charakter verändern und ganz außergewöhnliche Verhaltensweisen an den Tag legen könnten, sich sogar wie wilde Tiere verhalten könnten, beantwortete er mit seiner Arbeit über „Totem und Tabu" (Freud 1912b) und dort mit dem Gleichnis der „Urhorde". Die darin enthaltene Annahme, dass wir alle eine Art von kollektivem Unbewussten des Urmenschen in uns tragen, führt zur gemeinsamen Schuld der Urhorde – einer Ansammlung von Brüdern, die den Vater töteten, um sich an die Stelle seiner Macht zu setzen. Eine fortgesetzte Führertötung allerdings würde zur Ausrottung führen, so war die Gruppe gezwungen, sich zusammenzuschließen, die totemische Gemeinschaft der Brüder zu schaffen. Quasi als Reaktionsbildung wird der gefürchtete und gehasste Vater idealisiert, und es wird sich mit ihm identifiziert. Die ambivalente Haltung gegenüber der Autorität – sie zu fürchten und sie abschaffen zu wollen, sie aber gleichzeitig zu brauchen und sie idealisieren zu müssen – führt zu dem in Gruppen immer wieder zu beobachtenden Phänomen der anfänglichen Überhöhung und Idealisierung des Leiters, was plötzlich in Aufstand gegen die Gruppentherapie, die Leitungsfunktion und den Leiter ganz persönlich umschlagen kann.

Hier ist ein besonderer Balanceakt der Gruppenleiterin bzw. des Gruppenleiters vonnöten, die Demontagebedürfnisse der Gruppe – aufgrund einer vorangegangenen natürlichen Frustration der Gruppe durch Nichterfüllung ihrer idealen Projektionen auf den Gruppenleiter – im Prinzip zuzulassen (Fight-Aspekt bei Bion). Gruppen benötigen die Entwicklungsphase des „Sturms", des Kampfes, der Aggressivitätsäußerung und nicht der Unterdrückung derselben (s. auch Kap. 22), sonst entwickeln sie nicht die nötige therapeutische Potenz, um als soziales System überleben und die therapeutischen Potenzen für die Mitglieder entwickeln zu können (Tschuschke und MacKenzie 1989; Tschuschke 1997). Dennoch ist es zugleich sehr wichtig, dass der Gruppenleiter bzw. die Gruppenleiterin strukturierend eingreift, um Ableger oder Verschiebungen der eigentlich dem Leiter geltenden aggressiven Strömungen auf den Leiter zu beziehen und bearbeitbar zu machen. Nur so kann die Gruppe diesen wichtigen Entwicklungsaspekt lösen und zu tiefergehender gruppenpsychotherapeutischer Arbeit fortschreiten (Kap. 22).

Freuds (1921, S. 6) Position war skeptisch, so schrieb er, dass „... das Individuum in einer Gruppe unter Bedingungen gebracht wird, die es ihm erlauben, die Unterdrückungen seiner unbewussten instinkthaften Impulse aufzuheben ... dass es dann ... Manifestationen des Unbewussten ausspielen kann, in denen all das Übel des menschlichen Wesens als Prädisposition enthalten ist."

Die Gefahren für das Individuum, in einem regressiven, vermassten Gruppenprozess bzw. in einer entartenden Gruppe unterzugehen, führte Buys (1978) sogar zu der Auffassung, dass Menschen besser ohne Gruppen lebten, denn diese führten zu negativen Effekten einschließlich Deindividuation, Schwinden von Verantwortlichkeit und Druck hin zu Uniformität, Gruppendenken, Ausagieren und überhaupt impulsivem Verhalten.

Kernberg (2000, S. 21) unterstellt, dass jegliche Art von Gruppe – Klein-, Großgruppe und Massen – „... eine elementare Bedrohung der persönlichen Identität konstituieren, eine Bedrohung, die damit zusammen hängt, dass primitive psychische Ebenen – einschließlich primitiver Objektbeziehungen, primitiver Abwehroperationen und primitiver Aggression mit vorwiegend prägenitalen Merkmalen – in Gruppensituationen leichter aktiviert werden."

Prozesse des Scapegoatings

Ähnliches gilt für den Scapegoating-Prozess (Kap. 17 und 21). Wenn man die Dynamiken in Jugendcliquen oder -banden betrachtet, das Anschwärzen in der Schule, das Mobbing am Arbeitsplatz (Hitler-Jugend, Ku-Klux-Klan, Sekten usw.), so ist klar, dass Gruppenmitglieder potenziell schädlich aufeinander wirken können. Im Kohäsionsinteresse der Gruppe sollte die Gruppe nach Konformität ihrer Mitglieder streben und eine Norm etablieren, die den Ausdruck von individuellen Bedürfnissen oder Konflikten auf Kosten der gesamten Gruppe nicht ermöglicht (Haeseler 1992). Es ist augenfällig, dass hierbei unmittelbar moralische Komponenten wirksam werden – und offensichtlich zum Überleben der Gruppe – wichtig sind. Letzteres heisst nicht, dass individuelle Konflikte nicht thematisierbar sein sollten. Im Gegenteil. Aber es ist ein Unterschied, ob man einen unreflektierten Prozess der Identifikation und Zusammenrottung gegen Minderheiten in der Gruppe (Omega- oder Scapegoat-Position) zulässt oder konfrontiert und damit bearbeitbar und lösbar macht.

Eine Viktimisierung eines einzelnen Gruppenmitglieds kann leicht auch deshalb erfolgen, weil es in eine habituelle Position von Inferiorität geraten kann, eine deviante, inflexible Rolle in der Gruppe einzunehmen, so dass der „ethische Gruppenleiter" (Lakin 1986) intervenieren muss, damit das einzelne Gruppenmitglied nicht in der Wahrnehmung der Gruppe fixiert und im obigen Sinne viktimisiert werde.

Konformitätsdruck

Therapeutische Gruppen, wie alle kleinen sozialen Gruppen, neigen zur Bildung eines Konformitätsdrucks. Subtile Druckausübung durch die Mehrheit in Gruppen kann einzelne Gruppenmitglieder unter Druck setzen (s. o. Asch und Sherif) und die therapeutisch notwendige Gewährleistung der Teilnahme aus freiem Willen (Prinzip der Autonomie bei Beauchamp und Childress, s.o.) und aus der Gruppe zu jeder Zeit aussteigen zu können, ist gefährdet. Therapeuten müssen hier korrigierend Einfluss nehmen. Im günstigen Falle kann Konformitätsdruck aber durchaus hilfreich sein: nicht zu wenig, aber auch nicht zu viel sei die Devise (Haeseler 1992).

Ethnisch, religiös und kulturell bedingte Probleme

Ethnische Gruppierungen haben ihre **spezifischen kulturell-ethischen Wertvorstellungen** und Maßstäbe, die es zu berücksichtigen gilt. Dies ist ganz besonders in den modernen westlichen Gesellschaften der Fall, in die unterschiedliche ethnische und religiöse Gruppen migrieren und gegebenfalls um psychotherapeutische Hilfe nachsuchen (Kap. 51). Psychotherapeutischen Angeboten – auch oder speziell gerade Gruppenangeboten – für ethnisch-kulturell differente Patienten wird in näherer Zukunft eine zunehmend größere Relevanz in unserer psychotherapeutischen Versorgung zukommen. Hier stellt sich die Frage der moralisch-ethischen Einflussnahme für jeden Psychotherapeuten sehr deutlich. Ein Psychotherapeut oder Gruppenpsychotherapeut ist gut beraten, sich kulturell-ethnischer Unterschiede sehr bewusst zu sein, damit er/sie umso wahrscheinlicher nicht die Werte und Probleme seiner gesellschaftlich-kulturellen Umgebung auf den Patienten projiziert. Ausführlicher wird dieses Problem von Rodewig und Glier in Kap. 51 behandelt.

Einschränkungen der Vertraulichkeit

Gruppenpsychotherapeuten sind gehalten, Vertraulichkeit zu gewährleisten bezüglich dessen, was in ihren Therapiegruppen geschieht (s. auch Kap. 13 zum therapeutischen Kontrakt). Dennoch kann und muss es Ausnahmen geben.

Wenn ein Patient sich oder andere gefährdet, müssen Therapeuten dann ihre Verschwiegenheit wahren? Wie sieht es in der Kinder- und Jugendlichengruppenpsychotherapie aus (Kap. 49)? Eltern haben ein legales Recht, über ihre Nachkommenschaft informiert zu werden. Behörden müssen informiert werden, wenn es Hinweise gibt, dass ein Kindesmissbrauch stattfindet, eine ansteckende Krankheit verschwiegen wird, eine Gewalttat geschehen ist usw. Psychotherapeuten, die mit speziellen Populationen arbeiten wie z. B. Gefängnisinsassen oder Vergewaltigern sollten sich sehr genau mit den legalen Grenzen ihrer Verschwiegenheit auseinander setzen. Patienten haben ein Recht darauf, rechtzeitig zu erfahren, dass Details der Behandlung von Anwälten, Richtern oder der Polizei in ganz speziellen Fällen eingesehen werden dürfen.

Einige Gerichte in den USA haben entschieden, dass die Arzt-Patient-Beziehung über alles geht, während andere Gerichte urteilten, dass es die Pflicht des Therapeuten bzw. der Therapeutin sei, ein speziell identifiziertes potenzielles Opfer zu informieren. Ein Beispiel für den letztgenannten Aspekt ist ein Schuldspruch gegen einen kalifornischen Psychotherapeuten, der es versäumt habe, ein ausgesuchtes Opfer zu warnen, nachdem eine entsprechende Drohung von einem Patienten in einer Gruppe ausgesprochen worden war.

Der Gruppenleiter muss die Vertraulichkeit des in der Gruppe ausgelebten oder ausgesprochenen Materials in aller Regel dadurch gewährleisten, dass er/sie darüber wacht, dass einzelne Gruppenmitglieder keinen Missbrauch mit privatem Material treiben. Die Arbeit der Gruppe und der Kohäsion würde entscheidend unterminiert. Am besten geschieht dies durch vorbereitende Maßnahmen vor Gruppenbeginn (Kap. 12), die Schließung eines therapeutischen Kontrakts, in dem dieser Punkt explizit enthalten ist (Kap. 13) sowie durch sorgfältige Beobachtung des Gruppenprozesses in dieser Hinsicht.

Ethische Probleme durch Supervison der Gruppenbehandlung

Hat ein Gruppenpsychotherapeut seine Gruppe rechtzeitig über die Tatsache informiert, dass der Gruppenprozess Gegenstand von **Supervision** oder **Teambesprechung** sein kann?

Lakin (1986, S. 460) spricht davon, dass „… kein Gruppenpsychotherapeut der Gruppe verantwortlich Vertraulichkeit garantieren …" könne. Es sei deshalb nützlich, die Bedeutung der Aufrechterhaltung der Vertraulichkeit zu einem ethischen Prinzip zu machen, und sich so eng wie möglich an diesem Prinzip zu orientieren. Es wäre aber unethisch, etwas zu versprechen, was man in toto nicht einhalten könne.

Konkurrierende Einzelpsychotherapie

Manche Patienten haben parallel zur Gruppenbehandlung eine einzelpsychotherapeutische Behandlung – vor allem im stationären Bereich – mit einem anderen Therapeuten. Es ist sinnvolle und übliche Praxis, sich vom Patienten eine Blankovollmacht einzuholen, damit der Therapeut der vorangegangenen bzw. parallelen Behandlung im Bedarfsfall kontaktiert werden kann, wobei die Vertraulichkeit zwangsläufig verletzt wird (Haeseler 1992).

Gruppenleiter sollten sich über die ethisch-moralischen Probleme, die entstehen, wenn Gruppenpatienten auch mal in Einzelsitzungen zwischendurch behandelt werden, im Klaren sein. Sie könnten – unbewusst – diese Patienten in der Gruppe bevorzugen oder sie ignorieren, beides typische Fehler. Sie müssen sich auch der entstehenden Problematik für den Rest der Gruppenmitglieder im Klaren sein und informieren über die Rahmenbedingungen der Gruppenarbeit am besten im Vorfeld des Gruppenbeginns sehr ausführlich und intensiv.

Konflikte zwischen Kotherapeuten in der Gruppe

Komplexe Übertragungs- und Gegenübertragungsprozesse in einer Gruppe bereiten den Boden für **neidvolle** und **aggressive Gefühle zwischen Kotherapeuten**. Solche Probleme können, wenn sie ungelöst bleiben, die therapeutische Effektivität der Gruppe sehr behindern und ein ethisches Dilemma kreieren (Haeseler 1992). Am besten lassen sich Probleme, die sich auf einer kotherapeutischen Zusammenarbeit in Gruppen ergeben, durch eine umfangreiche Vorbereitung auf die kotherapeutische Arbeit verhindern bzw. lösen (Kap. 19).

Komplikationen aus ungelösten Problemen des Gruppenleiters

Gruppenpsychotherapeuten sollten – **bei paralleler oder aufeinander folgender Behandlung** zu einer Einzeltherapie – den Respekt für die gleichzeitig behandelnde Kollegin bzw. den Kollegen behalten. Dies ist nicht immer einfach, weil sehr unterschiedliche behandlungstechnische Maßnahmen oder konzeptuelle Vorstellungen in jeder Therapie zum Tragen kommen.

Im Falle eines begründeten Verdachts einer **Verletzung ethischer Praxis** sollte der betreffende Kollege bzw. die Kollegin kontaktiert werden. Sollte dies nichts nutzen, sollte man die Angelegenheit vor die Ethikkommission der betreffenden Berufsorganisation, zu der die besagte Kollegin bzw. der Kollege gehört, bringen (Haeseler 1992).

Der **Ehrgeiz des Gruppenpsychotherapeuten** kann in einen Konflikt geraten mit den Bedürfnissen der Gruppe. Es gibt ein natürliches Bedürfnis für den Gruppenleiter, seine Arbeit gut zu machen, auch um Befriedigung aus ihr zu ziehen – dies ist das individuelle Motiv des Therapeuten. Es muss aber Gruppenleitern bewusst bleiben, dass die Bedürfnisse der Patienten und der Gruppe zuerst kommen. Zuweilen kann es sein, dass Gruppenleiter den Ehrgeiz haben, Forschungen in ihren und mit ihren Gruppen durchzuführen. Hier liegt ein Konfliktpotenzial zwischen dem Interesse der Gruppe und den Individuen in der Gruppe sowie dem Gruppenleiter vor, wenn er nicht nur Praktiker, sondern auch Forscher sein will (z. B. im universitären Bereich). In diesem Fall muss bereits in den ersten Kontakten deutlich gemacht werden, dass Forschungen beabsichtigt sind, ob der jeweilige Patient bereit wäre, daran teilzunehmen oder nicht. Falls nicht, muss in jedem Fall Sorge getragen werden, dass der betroffene Patient einen alternativen Behandlungsplatz erhält, der dem Ersten nicht nachsteht (wiederum Gruppenplatz bei Bedürfnis, in einer Gruppe behandelt zu werden).

Überzeugte Gruppenpsychotherapeuten erleben derzeit häufiger, dass potenzielle Patienten einer Gruppenbehandlung gegenüber abgeneigt sind und sich bevorzugt in Einzeltherapien behandeln lassen wollen. Der Therapeut gerät dann in ein ethisches Dilemma, wenn er den nicht geneigten Patienten motivieren will, sich in einer seiner Gruppen behandeln zu lassen.

Man sollte in einem solchen Fall den Willen des Patienten in jedem Falle respektieren, ihm zwar – bei eigener Überzeugung der Wirksamkeit von gruppenpsychotherapeutischer Behandlung im gegebenen Fall – jede Information geben, das Empfinden und Gefühl des Patienten aber danach respektieren und ihm den Behandlungsplatz anzubieten, den der Patient wünscht, falls dem keine indikativen Kriterien im Wege stehen sollten. Dies dürfte normalerweise kein großes Problem sein, da praktisch alle Gruppenpsychotherapeuten auch eine einzelpsychotherapeutische Ausbildung haben und Einzelbehandlung praktizieren.

Ein praktiziertes **paternalistisches Prinzip** auf Seiten des Therapeuten entsteht dann, wenn der Gruppenpsychotherapeut allein definiert, was dem Patienten nützt und was ihm schadet.

„Paternalismus ist das Konzept, dass der Professionelle besser qualifiziert ist als der Patient, um zu bestimmen, was ‚nützlich' und was ‚schädlich' ist." (Renshaw und Ryan 1986, S. 142).

Paternalismus kreiert Abhängigkeit, schafft weniger Autonomie, was eigentlich das Therapieziel ist.

Konflikte zwischen Bedürfnissen der Gruppe und Bedürfnissen des Individuums

Manchmal können die Bedürfnisse der Gruppe und die eines Gruppenmitglieds auseinander klaffen, insbesondere dann, wenn das Gruppenmitglied spezielle Vorstellungen bezüglich seiner Teilnahme hat. Es muss eine Balance gefunden werden zwischen dem Recht eines Individuums, ob und wie oft es an der Gruppe teilnehmen will und dem Recht und Bedürfnis der Gruppe nach Stabilität und Verlässlichkeit. Es ist daher sinnvoll und allgemein üblich, als Gruppenleiter die Bedeutung einer regelmäßigen Teilnahme von Beginn an zu betonen, d. h. seiner „Gatekeeper-Funktion" nachzukommen (Yalom 1995).

Die individuelle Freiheit des Patienten ist es, zu jeder Zeit die Gruppenteilnahme beenden zu können. Die **vorzeitige Beendigung** der Gruppenteilnahme (dropout) stellt eines der Probleme in der Gruppenpsychotherapie dar. Man schätzt auf Grund von Untersuchungen, dass mit ca. einem Drittel vorzeitiger Abbrüche in der Gruppenpsychotherapie zu rechnen ist (Yalom 1966). Die genauen Gründe hierfür kennt man nicht. Es könnte sein, dass es sich um falsche Indikationen gehandelt hat, dass die Zusammensetzung der Gruppe nicht adäquat erfolgt ist, dass es versäumt wurde, eine adäquate Vorbereitung auf die Gruppe durchzuführen oder dass der betreffende Patient nicht ausreichend aktiv in den Gruppenprozess einbezogen wurde (über Patientenmerkmale im Zusammenhang mit gruppenpsychotherapeutischen Behandlungen siehe Kap. 10).

Eine vorzeitige Beendigung sollte – darauf ist im Vorfeld bei der Gruppenvorbereitung hinzuweisen, und es sollte auch im Behandlungskontrakt stehen – der Gruppe mindestens eine Sitzung vorher (besser zwei) angekündigt werden, damit die Gruppe die Möglichkeit besitzt – wie auch der Patient – die Gründe für den Gruppenausstieg näher zu erörtern. Es kann ja immerhin sein, dass es sich um Gründe handelt, die in der Krankheit des Patienten begründet liegen, die also nicht einfach ausagiert werden sollten, sondern einer Bearbeitung zugeführt werden müssen. Es kommt nämlich durchaus vor, dass sich einzelne Patienten ihren Ausstieg überlegen, dann doch bleiben und davon später sehr profitieren. Nach Mullan (1987) ist es aber am Rande der Unethik, Behandlungskontrakte auszufertigen, denen zufolge der Patient mindestens ein paar Monate der Gruppe angehören müsse und viele Wochen vorher seinen geplanten Abschied in der Gruppe ankündigen und seinen Entschluss damit zur Disposition stellen müsse.

Es kann aber auch sein, dass der Entschluss des Ausstiegs beibehalten wird. In diesem Fall bleiben dem betreffenden Gruppenmitglied wie auch der Gruppe das gute Gefühl, eine Art Abschied herbeigeführt zu haben. Es kann etwas verarbeitet werden, auf der Seite des Abbrechers und auf der Seite der Gruppe. Die Gruppe hat ein moralisches Recht darauf, von einem Teil ihrer selbst Abschied zu nehmen. Hier stehen sich die Rechte von verschiedenen Individuen gegenüber, und der Gruppenleiter hat die ethische Verpflichtung, allen so weit wie möglich gerecht zu werden.

Einem Gruppenkonformitätsdruck, auf jeden Fall zu bleiben, muss vom Leiter ebenso aktiv begegnet werden wie dem averbalen Agieren des Patienten, der sich ohne Klärung verabschieden will.

Ein anderes Problem psychotherapeutischer Behandlung ist regelmäßig **der Prozess der normalen Beendigung der Gruppenteilnahme**. Wie viel Behandlung benötigt der seelisch kranke Mensch? Wann kein ein organisches Ende der Behandlung gefunden und vollzogen werden? Dies sind Fragestellungen, die hoch individuellen Charakter haben. Es gibt keine generelle Antwort, weil die Probleme, die Individuen und das Schicksal einer jeden Gruppenpsychotherapie sehr individuell sind. Es kann daher nur um einen individuell auszuhandelnden Prozess innerhalb der Gruppe gehen. Es kann eine sehr gesunde Entscheidung sein, ab einem bestimmten Zeitpunkt für sich selbst zu entscheiden, dass die Weiterarbeit in einer gegebenen Gruppe nicht weiter von Nutzen wäre. Am besten lässt sich dies eben auch in der Interaktion mit den anderen in der Gruppe be- und verarbeiten. Es ist eine sehr wichtige und heikle Aufgabe für den Gruppenleiter, diesen Prozess zu begleiten, weil sich automatisch für den Rest der Gruppe die Frage nach dem Verbleib und damit die Frage nach der weiteren Existenz der Gruppe stellt. Druckausübung zu bleiben wäre genauso unethisch wie die Unterlassung der offenen Diskussion über den weiteren Bestand der Gruppe oder das mögliche Ende der Gruppe insgesamt.

Weitere Problembereiche

Es gibt noch weitere, jedes für sich genommen genauso wichtige Probleme im Zusammenhang mit Gruppenpsychotherapie, die an ethisch-moralische Fragen rühren, hier aber – aus Platzgründen – nicht im Einzelnen behandelt werden sollen. Dazu zählen u.a.:
- die Verantwortlichkeit des Gruppenleiters über die Dauer der Gruppe hinaus,
- die Handhabung von (suizidalen) Krisen einzelner Gruppenmitglieder,
- Ausbildungsfragen, die den Gruppenleiter betreffen,
- Dokumentationspflichten während der Behandlung.

Diese Fragen werden bei Haeseler (1992) und Mullan (1987) ausführlich behandelt.

Aspekte der Qualitätssicherung in der Gruppenpsychotherapie

Zur Qualitätssicherung besteht im Gesundheitsbereich – damit auch in der klinisch-psychotherapeutischen Praxis – in der Bundesrepublik Deutschland seit dem 1. 1. 1989 eine gesetzlich vorgeschriebene Pflicht (Broda und Senf 2000). Das Gesundheitsreformgesetz (1989) und das Gesundheitsstrukturgesetz (1993) schreiben eine **„gesetzliche Verpflichtung zur Qualitätssicherung"** (Sozialgesetzbuch V) vor (Härter u. Mitarb. 1999, S. 1003). Die Sicherung der Qualität in der gruppenpsychotherapeutischen Behandlung von Patienten steht damit in einem engen Zusammenhang mit einem ethischen Handeln in der Gruppenpsychotherapie.

Verbunden mit dem Begriff „Qualitätssicherung" sind verschiedene praxisrelevante Aspekte, die im Folgenden kurz angesprochen und für die gruppenpsychotherapeutische Praxis spezifiziert werden sollen.

Die Durchführung qualitätssichernder Maßnahmen, die vom Gesetzgeber für alle Bereiche der Medizin zur Pflicht gemacht wurde, geht auf die Initiative der Weltgesundheitsorganisation (WHO) im Jahre 1984 zurück. 1988 schloss sich der Deutsche Ärztetag an und verpflichtete jeden Arzt zur Teilnahme an qualitätssichernden Maßnahmen (Härter u. Mitarb. 1999). Der damalige Staatssekretär und jetzige Chef der Bundesanstalt für Arbeit (Jagoda 1990, S. 5, Hervorhebungen im Original) soll auszugsweise zitiert werden:

„Die Qualitätssicherung steht in einem unmittelbaren inhaltlichen Zusammenhang mit einer humanen Krankenversorgung der Versicherten.

Die Verpflichtung der Krankenkassen und der Leistungserbringer, auf eine humane Krankenbehandlung hinzuwirken, ist in § 70 Absatz 2 des Fünften Buches Sozialgesetzbuch gesondert bestimmt. Auch mit diesem ausdrücklichen Bekenntnis zur Qualität **und** Humanität ... hat der Gesetzgeber deutlich gemacht, dass es beim Gesundheits-Reformgesetz nicht allein um die finanzielle Sicherung der gesetzlichen Krankenversicherung geht, sondern um die Gewährleistung der humanen, zeitgemäßen und wirksamen Krankenbehandlung."

Die Begriffe „human", „zeitgemäß" und „wirksam" stellen denn auch die Essenz der intendierten Qualitätssicherung dar. In § 137 a, Absatz 2 hat die Bundesärztekammer die Aufgaben der Qualitätssicherung festgelegt mit dem Ziel einer:
„... Verbesserung der Patientenversorgung im Sinne einer ergebnisorientierten, unaufwendigen Qualitätssicherung ..." (Deutsches Ärzteblatt 1997, S. 1705 f.; zit. nach Broda und Senf 2000, S. 339).

Broda und Senf (2000) fassen die Qualitätssicherung in die operationalen Ebenen:
- Strukturqualität: Hier geht es um die Qualifikation der Leistungserbringer, die Gestaltung des Versorgungsangebots (Setting) und die Sicherung der Weiter- und Fortbildung.
- Prozessqualität: Gemeint ist die sachgerechte Durchführung diagnostischer und therapeutischer Maßnahmen, wobei Basisdokumentation, Diagnose- und Klassifikationsschema sowie Erfassung der Behandlungsdosis Grundlage sind.
- Ergebnisqualität: Berücksichtigt werden hier Aspekte der Heilung, Besserung oder Verschlechterung, katamnestische gesicherte Heilungsdauer, behandlungsbedingte Komplikationen. Grundlage zur Sicherung der Ergebnisqualität sind Effektivitäts- und Effizienzstudien, Evalua-

tionsstudien, Erfassung therapeutischer Zielsetzungen sowie Zufriedenheitsangaben der Patienten.

Die **Strukturqualität** definiert sich demnach in erster Linie über *Aus- und Weiterbildungscurricula* und schließt Möglichkeiten der externen und internen (bei stationärer Tätigkeit) *Supervision* mit ein.

Die **Prozessqualität** meint die Erfassung und Kontrolle der während der Behandlung erfolgenden wirksam werdenden Ingredienzen der spezifischen Behandlung. Dies ist sicher der am schwierigsten zu realisierende Teil, da es zum einen nicht geklärt ist, wie einzelne Behandlungselemente (im stationären Bereich z. B.) ineinander greifen. Und zum anderen, wie soll ein einzelner Kliniker im ambulanten Bereich seine eigenen Behandlungswirkungen objektiv nachweisen, die ist ja kaum bei selbst aufwendigster Prozessforschung bislang gelungen!? Am ehesten ist dies durch eine regelmäßige und präzise *Dokumentation* diagnostischer und therapeutischer Maßnahmen möglich.

Die **Ergebnisqualität** betrachtet die *Aspekte der Zielerreichung der Behandlung*. Nach Broda und Senf besteht Einigkeit darüber, dass dies die entscheidende Dimension der Qualitätssicherung darstellt und deshalb diesem Aspekt verstärkte Aufmerksamkeit zukommen sollte. Für den gruppenpsychotherapeutischen Praktiker hieße dies, dass ein Dokumentationssystem zum Einsatz kommen muss. Es gibt unterschiedliche Systeme, von denen einige bei Broda und Senf aufgeführt sind (2000), z. B.
- das Basisdokumentationssystem, das an den Fachkliniken Bad Dürkheim und Windach entwickelt worden ist (Zielke 1993),
- ein Basisdokumentationssystem der Arbeitsgruppe des Deutschen Kollegiums für Psychosomatische Medizin (Broda u. Mitarb. 1993),
- das System der Europäischen Arbeitsgruppe für Konsiliar-Liaison-Psychiatrie (Herzog u. Mitarb. 1995),
- das in der Klinik Schömberg entwickelte System (Schmidt u. Mitarb. 1992),
- die PsyBaDo (psychologische Basisdokumentation) der in der Arbeitsgemeinschaft Wissenschaftlich-Medizinischer Fachgesellschaften (AWMF) vertretenen Fachgesellschaften sowie der Vereinigung leitender Ärzte der psychosomatisch-psychotherapeutischen Krankenhäuser und Abteilungen in Deutschland (Heuft und Senf 1998),
- die CORE-Battery der American Group Psychotherapy Association (AGPA) (MacKenzie und Dies 1981),
- die Ergebnis-Batterie der PAGE-Studie des Deutschen Arbeitskreises für Gruppenpsychotherapie und Gruppendynamik (DAGG) (Tschuschke und Anbeh 2000a).

Die CORE-Battery und die in der PAGE-Studie verwendete Ergebnis-Batterie stellen Fragebögen, darunter globale klinische Einschätzungen seitens des Behandlers, Patienteneinschätzungen bezüglich ihrer Beschwerden und Symptome sowie selbstgesteckte Behandlungsziele zur Verfügung, die speziell für den gruppenpsychotherapeutischen Bereich von Wichtigkeit sind. Ihre Bedeutung beruht darauf, dass sie Vergleichbarkeiten zu den Behandlungseffekten anderer gruppenpsychotherapeutischer Behandlungen, z. B. zu den Ergebnissen ambulanter Behandlungen im Rahmen von analytischen oder psychodramatischen Gruppenpsychotherapien, ermittelt im Rahmen der PAGE-Studie, herstellen. Darüber hinaus sind sie kompatibel mit den anderen gängigen Dokumentationssystemen, da sie entweder in Teilen identisch sind bzw. eine Untermenge darstellen.

Es ist wichtig für praktizierende Gruppenpsychotherapeuten, nicht die von Härter u. Mitarb. (1999) nachfolgend genannten Verwechslungen zu begehen:
- Verwechslung mit Datenerfassung,
- Verwechslung mit Forschung,
- Verwechslung mit Kontrolle.

Demnach sind Datenerfassung und -aufbereitung (**Qualitätsmonitoring**) eben nur ein Teil der Qualitätssicherung, hinzu kommen **Qualitätsmanagement** (Bemessung des Grads der Übereinstimmung zwischen Erreichtem und nach derzeitigem Wissen Erreichbaren ergibt für das Qualitätsmanagement das Ziel, die erreichbare Qualität tatsächlich zu verwirklichen) und **Qualitätssicherung** (Sicherung des Erreichten, falls mit dem Erreichbaren Übereinstimmung besteht) (Härter u. Mitarb. 1999, S. 1005 f.).

Integration und Ausblick

Die Reflektion zugrunde liegender ethisch-moralischer Komponenten innerhalb psychotherapeutischer Behandlung, mithin auch in der Gruppenpsychotherapie, ist bislang mit Sicherheit viel zu wenig – falls überhaupt – erfolgt. Nefiodow (2000) spricht ein Phänomen an, dass sich unter Psychologen und Psychotherapeuten verbreitet finden lässt, nämlich die weltanschaulich neutrale Orientierung der Wissenschaften vom Seelenleben des Menschen am ausschließlich Vitalen und dessen Zusammenhang mit dem Schwinden des Einflusses kirchlicher Religiosität in den westlichen Gesellschaften.

„Psychologie versteht sich als die Wissenschaft von den Erscheinungsweisen des bewussten und unbewussten Seelenlebens sowie des Verhaltens. Sie präsentiert sich meistens als weltanschaulich neutral und leugnet demzufolge – sieht man von einigen Ausnahmen ab – den Einfluss spiritueller Kräfte auf das Seelenleben. Die Prämisse, Psychologie als Wissenschaft sei weltanschaulich neutral, ist allerdings eine Selbsttäuschung. Der Psychotherapeut kann bei existenziellen Fragen seiner Patienten gar nicht anders, als sie mit seinen Wertvorstellungen und seinem Menschen- und Weltbild zu konfrontieren. Psychologie ist keine ethisch und weltanschaulich neutrale Wissenschaft und wird es auch nie sein können." (Nefiodow 2000, S. 100)

Es ist nicht gemeint, dass der Psychotherapeut seine Ethik und Moral dem Patienten überzustülpen habe, wie dies bereits eingangs ausdrücklich betont wurde. Der Psychotherapeut hat sich permanent seiner eigenen Persönlichkeitsaspekte bewusst zu sein, um nicht seine Welt mit der des Patienten zu verwechseln. Es kann in der Psychotherapie aber nicht geleugnet werden, dass moralisch-ethische Haltungen jeglichem menschlichen Erleben und Verhalten grundlegend immanent sind, sie müssen nur **bewusst reflektiert** werden. Der Respekt gebührt den herauszuarbeitenden grundlegenden Überzeugungen des Patienten, die seine persönliche Identität konstituieren. Es erhebt sich nur die Frage – und es ist Gegenstand der psychotherapeutischen Arbeit –, warum dieser individuelle Mensch nicht seine inhärenten Begabungen und Potenzen zur völligen Blüte bringen kann und welche seiner – in der Regel wohl unbewussten – grundlegenden Überzeugungen pathogen wirken und welche nicht, unter der Voraussetzung, dass eine strukturell gefestigte Persönlichkeit im Wesentlichen bereits vorhanden ist und nicht eine grundlegende Reifung von ich-strukturellen Aspekten im Vordergrund der Behandlung steht. Es dürfte aber eine sehr spannende Frage sein, welchen Einfluss der Psychotherapeut gerade bei schweren Persönlichkeitsdefiziten in moralisch-ethischer Hinsicht spielt – und hier spielen muss, bei Behandlungen also, die wenig „klassische" Psychotherapien darstellen, und bei denen es eher um ein Wachstum und Werden der Persönlichkeit gehen muss, das über Jahre therapeutischer Begleitung und Einflussnahme bei einer sich erst zu bildenden Identität geht? Ein heikles Thema, dessen Vertiefung den Rahmen des hier zur Verfügung stehenden Raums bei weitem sprengen würde.

Das Schwinden der Bedeutung der traditionellen Religionen in unserer westlichen Welt und die Frage, was davon an Hoffnung – und auch an unreflektierter Einstellung auf therapeutischer Seite – in die Psychotherapien hineingetragen wird, ist kaum bis gar nicht Gegenstand der Reflektion unter Psychotherapeuten. Hilfe suchende Menschen wenden sich an psychotherapeutische Hilfsangebote, deren grundlegendes Problem, häufig maskiert durch eher oberflächliche Symptome und Beschwerden, der Verlust an **Sinn**, **Glaubwürdigkeit** und **Vertrauen** ist (was manchmal, wenn überhaupt, erst nach vielen Behandlungsstunden auch dem Patienten deutlich wird), welches mithin eine nachhaltige Beeinflussung ethischer und moralischer Eckpfeiler ihrer menschlichen Existenz mit sich bringt.

Menschen brauchen wie die Luft zum Atmen die Gefühle von **Bedeutung** (Yalom 1980) und **Sinn des Lebens**. Es handelt sich hier nicht um eine Indoktrination irgendeiner Religion. Allein die Tatsache, dass es nirgends auf der Welt und zu keiner Zeit eine Kultur **ohne** irgendwelche totemistische, quasi religiöse oder höher entwickelte Religionsformen gegeben hat, deutet zweifelsfrei auf eine nicht weiter hinterfragbare Grundbedürftigkeit menschlicher Existenz hin, die nichts mit Neurose oder Fehlentwicklung zu tun hat, sondern schlicht unserem Wesen genuin ist. Und exakt hier muss sich für jeden Psychotherapeuten die Frage stellen: Wie gehst du mit diesem Bedürfnis deines Patienten im Rahmen deiner (weltlichen) Behandlung um?

Die Entstehung der Religionen und ihrer Bedeutung für das menschliche Seelenleben können bei Freud in „Die zukünftigen Chancen der psychoanalytischen Therapie" (1911) und „Totem und Tabu" (1912b) nachgelesen werden. Freuds Haltung zur Religion erscheint insgesamt zwiespältig: Einerseits erachtet er sie als „universelle Zwangsneurose", andererseits lässt er keinen Zweifel, dass der Schwund verinnerlichter Autorität mit einer eklatanten Zunahme an Neurose einhergeht:

„Ich sagte, wir hätten viel zu erwarten durch den Zuwachs an Autorität, der uns im Laufe der Zeit zufallen muss. Über die Bedeutung der Autorität brauche ich Ihnen nicht viel zu sagen. Die wenigsten Kulturmenschen sind fähig, ohne Anlehnung an andere zu existieren oder auch nur ein selbständiges Urteil zu fällen. Die Autoritätssucht und innere Haltlosigkeit der Menschen können sie sich nicht arg genug vorstellen. Die außerordentliche Vermehrung der Neurosen seit der Entkräftung der Religionen mag Ihnen einen Maßstab dafür geben." (Freud GW. Bd. VIII, 1911, S. 109)

Die anklingende Kritik an der basalen menschlichen **Bedürftigkeit** nach Stützung und Orientierung an glaubwürdiger Autorität ignoriert gleichwohl die existierende **Notwendigkeit** eines solchen Bedürfnisses als offenkundig **natürliches Element** menschlicher Existenz.

Warum braucht der Mensch **Bedeutung** und **Werte**? Warum ist dies an sich nicht zu kritisieren und nicht zu pathologisieren? Warum ist der Mensch – egal wo auf dieser Welt – dann unglücklich oder in angespanntem, unwohlem Zustand, wenn die genannten Aspekte fehlen? Viktor Frankl (1966) insistierte auf die Bedeutung von „Bedeutung": „… Bedeutung ist, was mit einer Situation verknüpft ist, die eine Frage stellt und nach einer Antwort fragt … Es gibt eine Lösung für jedes Problem, die Richtige; und es gibt eine Bedeutung für jede Lösung, und das ist die richtige Bedeutung." (Frankl 1966, zit. bei Yalom 1980, S. 463).

Nach Yalom gibt es einen weiteren vitalen Grund, warum wir Bedeutung brauchen:

„Wenn einmal ein Sinn für Bedeutung entwickelt worden ist, stellt dies die Geburt von *Werten* dar … Was sind Werte und warum brauchen wir sie? Tolstoi hat in seiner Sinnkrise nicht nur danach gefragt ‚Warum Fragen' (‚Warum leben wir?'), sondern auch danach gefragt ‚Wie Fragen' (‚Wie sollte ich leben? Aber was werde ich leben?') – sie alle drückten das Verlangen nach Werten aus …

… Werte konstituieren einen Code, an dem sich ein Handlungssystem orientiert. Werte erlauben uns, mögliche Wege des Verhaltens im Rahmen einer Anerkennungs-Ablehnungs-Hierarchie zu suchen … Werte geben dem Individuum nicht nur eine Blaupause für persönliches Handeln an die Hand, sie ermöglichen es auch Individuen, in sozialen Gruppen zu existieren: ‚Soziales Leben', so Clyde Kluckholm, sage uns, ‚… wäre unmöglich ohne sie … Werte fügen ein Element der Voraussagbarkeit sozialen Lebens hinzu.' Diejenigen, die zu einer bestimmten Kultur gehören, teilen gemeinsame Auffassungen über das ‚was ist' und … entwickeln ein gemeinsam geteiltes System von Auffassungen bezüglich dessen, ‚was getan werden muss.' Soziale Normen entstehen aus einem Bedeutungs-Schema, das den Konsensus der Gruppe widerspiegelt, und offeriert die Voraussagbarkeit, die notwendig ist für soziales Vertrauen und Zusammenhalt." (Yalom 1980, S. 464).

Hier schließt sich der Kreis mit dem anfänglichen Zitat von Erich Fromm, wonach psychotherapeutische Hilfe – ohne ein Verständnis der Natur der Werte und der moralischen Konflikte des Individuums – unmöglich ist.

Speziell der gruppenpsychotherapeutische Zugang zur Veränderung bei psychischen Problemen stellt eine Reihe von zu berücksichtigenden Fallstricken bereit, die es im Sinne einer human-ethischen, optimierten Krankenbehandlung unbedingt zu berücksichtigen gilt und denen es zu begegnen gilt, nicht nur auf Grund der gesetzlichen Verpflichtung zur Qualitätssicherung, sondern auch, weil die Berücksichtigung dieser Aspekte eine optimale Anwendung der psychotherapeutischen Potenzen des Mediums Gruppe darstellt.

Mary Nicholas (1993, S. 219 f.) spricht davon, dass wir erst am Anfang stünden, zu verstehen, welche moralischen Einflüsse die therapeutische Gruppe auf ihre Mitglieder ausübe:

„Als Gruppenpsychotherapeuten müssen wir eine Menge mehr verstehen über die Macht der Therapiegruppe in der moralischen Beeinflussung der Patienten. Wir müssen uns speziell bewusster werden über die inhärenten moralischen Fallstricke und spezifischen Werte, die in unseren Gruppen gefördert werden … *Mein* Punkt … ist, dass die Gruppe speziell dann therapeutisch ist, wenn sie – zusätzlich zu allem, was sie für die Patienten tut – außerdem ihren Altruismus, ihre Verantwortlichkeit, Gerechtigkeit, Gleichheit und Ehrlichkeit in der Öffentlichkeit wie auch im Privaten fördert. Glücklicherweise kann dies meistens stattfinden, ohne dass der Therapeut strenge moralische Urteile fällen oder den Patienten auf irgendeine Art beschämen muss."

Deutlicher kann man den „Wert von Werten" im menschlichen Leben kaum machen. Der therapeutischen Gruppe scheint bei der Förderung solcher Werte ein sehr hoher Stellenwert zuzukommen. Nicholas betont die Verbindung zwischen der therapeutischen Wirkung der Gruppe und der Förderung ethisch-moralischer Prinzipien in den Individuen. Damit wäre die untrennbare Beziehung zwischen ethisch-moralischer Reifung und psychischer Gesundung auf der einen und der Aufgabe der Psychotherapie auf der anderen Seite, ethisch-moralische Aspekte in die therapeutische Arbeit mit einzubeziehen, evident.

II Ausbildung in Gruppenpsychotherapie und Supervision

4. Ausbildung in Gruppenpsychotherapie – Ausbilderperspektive

M. Hayne

Aufgeschlossenheit und Toleranz für andere beginnt beim Lehrenden selbst

Wenn ich als Psychoanalytiker und als Gruppenanalytiker versuche, etwas Brauchbares zu Ausbildungsfragen in der Gruppenpsychotherapie zu äußern, habe ich natürlich nahe liegende Schwierigkeiten. Ich kann und will nicht nur für die psychoanalytische Schule reden, bin aber dennoch für die Ausbildungssituation in den Nachbarschulen kein wirklicher Experte. Freilich kann ich zumindest sagen, dass ich schon einige Blicke über den eigenen „Tellerrand" geworfen habe. So konnte ich Erfahrungen in Gruppendynamik, Psychodrama, Transaktionsanalyse, Körpertherapie und Gestalttherapie (und zwar jeweils als Gruppenverfahren) sammeln. Außerdem fühle ich mich einigermaßen vertraut mit der psychoanalytisch-systemischen Gruppen- und Familientherapie (Fürstenau 1992) sowie insbesondere mit der kontextuellen Familientherapie (Boszormenyi-Nagy und Krasner 1986): Ich erwähne hier auch die Familientherapie, weil sie natürlich ebenfalls als eine Form der Gruppenpsychotherapie gesehen werden kann. Foulkes (1964) betrachtete die Familientherapie sogar als die eigentliche Grundform der Gruppenpsychotherapie. In der Psychotherapie der Familie wie auch anderer natürlicher Gruppen sah er die sinnvollste Anwendung der von ihm entwickelten gruppenpsychotherapeutischen Methode. Die Therapiegruppen, die sich aus einander zunächst fremden Patienten zusammensetzen, stellen nach Foulkes nur eine Verlegenheitslösung dar. Da es vielfach nicht gelingt, eine ganze Familie über längere Zeit zu gemeinsamen Sitzungen zu gewinnen, arbeite man eben mit aus verschiedenen Einzelpatienten zusammengesetzten Gruppen, die er auch als „Stellvertretergruppen" bezeichnete.

Es bleibt aber zu betonen, dass ich in vielen anderen Gebieten keine Ausbildungskompetenz habe, so dass meine Urteile von begrenzter Aussagekraft sind.

Was kann nun aber zum Thema Ausbildung in Gruppenpsychotherapie im Rahmen der gemachten Einschränkungen, z. B. aus meiner Perspektive eines Ausbilders in analytischer Gruppenpsychotherapie, gesagt werden?

Es ist üblich, dass die Vertreter der verschiedenen therapeutischen Schulen die eigene Richtung besonders herausstellen. Nicht selten wird gegen die Nachbardisziplinen in polemischer Ton angeschlagen – ein Phänomen der Selbstabgrenzung, wie es im Rahmen von Rivalitätsbeziehungen wohl natürlich ist (Lorenz 1963).

Wenn wir aber weniger an Rivalitätsbeziehungen der Fachleute untereinander, sondern vornehmlich daran interessiert sind, wie unseren Patienten im Rahmen von Gruppenpsychotherapie möglichst effektiv geholfen werden kann, werden wir Unterschiede und Gemeinsamkeiten vor allem unter dem Blickwinkel der therapeutischen Wirksamkeit betrachten. Hierbei mag behilflich sein, dass man auch die Psychoanalyse als eine Theorie ansehen kann, die der Lerntheorie nicht grundsätzlich widerspricht. Man kann die Art, wie Freud seelische Krankheiten rekonstruierte, jedenfalls ganz allgemein als die Geschichte eines jeweils falschen, zu Fehlanpassungen führenden Lernens ansehen. In der Art, wie angesichts solcher Fehlentwicklung Abhilfe geschafft werden soll, scheiden sich dann allerdings die Geister.

In der psychoanalytischen Gruppenpsychotherapie versuchen wir, im Hier und Jetzt der Gruppe, d. h. unter Übertragungsbedingungen ähnliche Erfahrungen nochmals machen zu lassen, und zwar jetzt mit einem möglichst gesunden Ausgang. Dabei ist das Entscheidende, dass für jeden Patienten die Gruppe sozusagen ein offenes Erlebens- und Agierfeld wird, offen für erneutes Durchleben von eventuell dramatischen früheren Situationen. Zu solch einem Erlebens- und Agierfeld wird die Gruppe dadurch, dass im analytischen Setting so wenig wie möglich strukturiert wird, d. h., dass so wenig wie möglich an Handlungsabläufen von Leiterseite vorgegeben wird. In solch einer extrem diffusen Lage (in der wir als Leitende natürlich doch letztlich eine Minimalstrukturierung einbringen, indem wir einen Rahmen zu Zeit und Ort setzen, Grundregeln mitteilen und Interpretationen äußern) können nun durch vage Anklänge an schädigende frühere Situationen die Krankheiten sozusagen in Statu nascendi noch einmal nacherlebt werden. Das Nacherleben bleibt nun natürlich kein Selbstzweck, sondern es geht um ein besseres situatives Bewältigen des betreffenden Ereignisses und damit um eine korrigierende neue Lösung.

In diesen Vorgängen wird der Wert anderer gruppenpsychotherapeutischer Schulen deutlich, und zwar insbesondere beim Umgang mit **Affekten**.

Für Freud bereits war es von Beginn an von entscheidender Bedeutung für die analytische Krankenbehandlung, dass nicht nur intellektuelle Rekonstruktionen einem Patienten vermittelt werden sollten. Vielmehr war Freud der Meinung, dass jeder psychotherapeutische Erfolg entscheidend von der Welt der Gefühle abhängt: Nur wo der zugehörige Affekt in der therapeutischen Situation in seiner notwendigen Heftigkeit erlebt wird, hat der Patient eine hinreichende Chance auf Heilung (Freud 1895, S. 85). Je nachdem, wie affektgehemmt eine Therapiegruppe ist – und das kann zu einem erheblichem Teil an uns als den Gruppenleitern und unseren eigenen Hemmungen liegen –, können die so genannten humanistischen Gruppenpsychotherapieschulen von großer Hilfe sein. Dort wird bekanntlich größter Wert auf emotionale Wärme und eine vertrauensvolle Atmosphäre gelegt (z. B. Rogers 1951; s. auch Kap. 53), und zwar als Basis und Ermöglichung starker emotionaler Erlebnisse in der Gruppe. Sowohl die atmosphärische Wärme als auch die dadurch ermöglichten heftigeren emotionalen Erlebnisse kommen aber im Rahmen der psychoanalytischen Gruppenpsychotherapie nicht selten zu kurz. Das kann, wie gesagt, an eigenen unbewussten Hemmungen der Gruppenleiter liegen. Wir dürfen aber nicht übersehen, dass die in einer Weise sehr wichtige Abstinenzhaltung in der Psychoanalyse ein Klima schafft, das Gefühle hemmen kann.

Dass sowohl Patienten als auch analytische Gruppenpsychotherapeuten die Entwicklung stärkerer Affekte bei den Gruppenmitgliedern meiden, hängt oft auch mit einer Überforderung der Patienten zusammen. Falls sie sich dem regressiven Prozess einer größeren Gefühlsentladung ausliefern würden, würden sich ichschwache Patienten von katastrophalen Zusammenbrüchen oder von unsteuerbaren Impulsen bedroht fühlen.

Man kann Affekte so verstehen, dass wir dabei von anderen Personen und besonders aufreizenden Wirkungen, die von ihnen ausgehen, mit überwältigender Macht ergriffen werden. Wir wehren uns gegen dieses Ergriffenwerden durch den anderen, das sich in uns ausbreitet, indem wir elementare und möglichst wirksame Verfahren der Gegenbemächtigung einsetzen. So kann es typischerweise zum Einsatz von regressiv-körperlichen Maßnahmen kommen, wie Gewalt oder sexuelle Handlungen. Der Übergang zu solchen Verhaltensweisen liefert uns tieferen Schichten unserer eigenen Person aus und ist dazu geeignet, uns relativ leicht zu beschämen. Umgang mit Affekten fordert von jedem Menschen daher wohl die Entwicklung von gesellschaftlich und mitmenschlich brauchbaren Bewältigungsformen sowie immer auch die Bereitschaft zur Toleranz gegenüber der Macht, die andere Personen und die auch eigene Tiefenschichten in uns selbst über unser steuerndes Ich erlangen können (Hayne 1997, S. 102–107).

Hier ist es äußerst wichtig, dass die Arbeit mit Einzelpatienten in der Gruppe sowohl von der kontextuellen Familientherapie als auch von den oben erwähnten Verfahren der Transaktionsanalyse oder der Gestalttherapie sowie auch von der Verhaltenstherapie favorisiert wird. Ich habe häufig die Erfahrung gemacht, dass labilere Patienten – und anfänglich sind alle Kranken mehr oder weniger labil – den Schutz einer strukturierteren Situation benötigen. Hier sollte von Leiterseite klargemacht werden, worum es in der Therapie geht, wie Veränderungen möglich sind, dass im Sinne von zu erlernenden Grundschritten bestimmte Übungen durchgeführt werden können, was die Gruppenteilnehmer bei einer bestimmten Übung zu tun haben usw. (sehr hilfreich ist hier die Vorbereitung auf die Gruppe; Kap. 12). Auf diese Weise wird den Patienten vermittelt, dass sie sich bei alldem auf eine differenziertere Weise als Person wahrgenommen fühlen können. Es kann daher am Anfang bei einer schwerer belasteten Gruppe bzw. bei einer Gruppe mit schwerer gestörten Patienten ganz unerlässlich sein, auf einzelne oder auf paarweise zusammengestellte Patienten in der Gruppe mit gezielten Übungen einzugehen, etwa, um die Motivation zu klären bzw. zu festigen oder um Interesse und Vertrauen zu wecken. Der damit oft erreichbare Abbau von Angst kann dann die wichtigste Basis für die oben schon skizzierte analytische Vorgehensweise im engeren Sinne sein.

Anderenfalls besteht die Gefahr, dass wir als Gruppenanalytiker z. B. glauben, es müssten alle Störungen und auch alle Patienten in unsere Gruppen passen, die wir ein für alle Mal in der klassischen Form durchführen: Wir setzen uns als Therapeuten nach kurzer Einleitung zur Grundregel schweigend und abwartend hin und wundern uns dann eventuell, wenn einige Patienten in einer solchen Situation unter für sie unerträglichen Druck geraten und entweder eine Symptomverschärfung oder gar eine Dekompensation zeigen. Es ist bekannt, dass nicht wenige Kollegen in der Vergangenheit in dieser Weise verfahren sind und z.T. bis heute verfahren. Schnell ist man dann auch damit bei der Hand, solche Patienten, die von einer solchen Gruppenbehandlung eher Schaden als Nutzen davontragen, als „nicht gruppenfähig" zu bezeichnen. Dabei wäre es hier viel nahe liegender, den Fehler im eigenen unangemessenen Vorgehen als Leiter zu suchen (Hayne 1999).

Bevor ich nach diesen einschränkenden Bemerkungen nun zur Ausbildung in der „klassischen" Form der analytischen Gruppenpsychotherapie komme, möchte ich noch etwas Prinzipielles über die Behandlung von Krankheiten sagen. Wenn wir es nämlich mit Krankenbehandlung (und nicht etwa z. B. mit Selbsterfahrung) in der Gruppe zu tun haben, ist es meines Erachtens ein Gewinn, uns mit der **Verhaltenstherapie** als Gruppenverfahren auseinander zu setzen (zur Verhaltenstherapie in Gruppen s. Kap. 54).

Das gilt z. B. für die schon erwähnte therapeutische Zielsetzung in der Psychoanalyse, um für eine misslungene, pathologische Konfliktlösung bei einem Patienten einen besseren und angepassteren Lösungsweg zu erarbeiten.

Es ist das große Verdienst der Verhaltenstherapie, solche Prozesse anschaulich zu machen. Das heißt, das Ziel mit ganz besonderer Konsequenz zu verfolgen, dem bewussten Ich mit seinen steuernden Kräften die vorher unbewusst ablaufenden pathologischen Prozesse deutlich zu machen und die erwünschten besseren Lösungen verfügbar zu machen („psychoedukative" Gruppenkonzepte, Fiedler 1996, S. 29). Freuds Äußerung „wo Es war, soll Ich werden" (Freud 1933, S. 86) sowie die folgerichtige psychoanalytische Vorstellung von der Bedeutung der Ichfunktionen für die Krankenbehandlung finden hier eine interessante Ausgestaltung.

Gewinn aus der Verhaltenstherapie mit Gruppen zu erwarten gilt aber noch für einen weiteren Aspekt, nämlich den der Spezifität im Umgang mit Erkrankungen. Es ist nämlich von großem Nutzen, sich nach differentiellen Krankheitsbildern, ihrer Ätiologie und den sich daraus ergebenden Veränderungs- und Heilungsmöglichkeiten in der Gruppenpsychotherapie auszurichten. Damit kann einer allzu „generalistischen" Tendenz vorgebeugt werden („generalistisch" etwa nach der Überzeugung, dass das analytische Verfahren im Prinzip bei allen Störungen hilft), zu der manche Publikation und manch vorgelebtes Vorbild der gruppenanalytischen Schule verführen können.

An dieser Stelle möchte ich betonen, wie wichtig für die Ausbildung auch in analytischer Gruppenpsychotherapie daher die ausgiebige Beschäftigung mit der tiefenpsychologischen Krankheitslehre ist.

Es würde den hier gegebenen Rahmen sprengen, auf die Ausbildung in den humanistischen Methoden und denen der Verhaltenstherapie im Einzelnen näher einzugehen. Kenntnisse auf dem Gebiet der Nachbardisziplinen zu erwerben, ist meiner Meinung nach aber für jeden Gruppenpsychotherapiekandidaten dringend ratsam. Eingehende Kenntnisse im Bereich der jeweiligen Krankheitslehre – auch der „Nachbarn" – sind konsequenterweise unerlässlich.

Ausbildung in analytischer Gruppenpsychotherapie in „klassischer" Form

Die psychoanalytische Sicht von Gruppenprozessen besitzt ihren Reiz darin, dass wir lernen, uns als Individuen in Gruppen in unauflösbaren Widersprüchen zu sehen, dies zu ertragen und damit umzugehen.

Solche Widersprüche bestehen zwischen uns selbst als einem Individuum, als einem eigenen Zentrum der Welt einerseits und den stets erfahrbaren verschiedenen Kollektiven, deren Teile wir sind. Andererseits existieren sie zwischen der prinzipiellen geheimnisvollen Undurchdringlichkeit einer Person und der in der Kommunikation auch auftauchenden großen Ähnlichkeit, die Menschen untereinander haben sowie zwischen einer nie wirklich überwindbaren hierarchischen Ordnung, die sich unter Menschen spontan einstellt und dem Gefühl einer grundsätzlichen Gleichberechtigung usw.

Ausbildung bedeutet vor diesem Hintergrund, sich zwischen solchen Spannungspolen bewegen zu lernen. Die Kollegen in der Ausbildung sollten lernen, wie sie sich eigene Standpunkte erarbeiten, die zugleich aber professionell sind in dem Sinne, dass die bewährten Standards der „Zunft" hinreichend berücksichtigt sind.

Das bedeutet allerdings, dass ein bestimmtes gruppenpsychotherapeutisches Verfahren erst einmal richtig gelernt werden sollte. Dies heißt nicht, dass wir so etwas wie eingeschworene Gefolgsleute werden, die sich nicht trauen, nach links oder rechts zu schauen. Vielleicht verführt jede Psychotherapieschule etwas zur Scheuklappenmentalität – das mag an manchen charismatischen Ausbildern oder deren Eitelkeit liegen oder auch an unseren eigenen Bedürfnissen nach einem überschaubaren beruflichen Weltbild, in dem Gut und Böse, Richtig und Falsch gesicherte Kontinente bilden. Wir sollten nicht verkennen, dass wir es hier auch mit unbewussten aber wahrscheinlich recht mächtigen Resten von angelegten Instinkten des Revierverhaltens zu tun haben, welches oben im Zusammenhang mit Lorenz schon angedeutet wurde. Die „Welt" wurde immer schon geordnet und aufgeteilt: Wir können es zurückverfolgen bis in unheimliche Tiefen unserer tierischen Stammesvorgeschichte.

Und dennoch: Als Gruppenpsychotherapeuten haben wir gerade die Aufgabe, festgesetzte Verbindungen und Bewertungen in Frage zu stellen und umzubewerten. Und wir haben als Gruppenpsychotherapeuten die Aufgabe, für diese Vorgänge die Rolle eines Mentors zu übernehmen.

Wer allzu festgefahren ist auf quasi ideologische Standpunkte, wird für ein Umorientieren und Neustrukturieren bei seinen Patienten nicht besonders tauglich sein. Wer andererseits keinen eigenen Standpunkt hat, wird von den Patienten nicht genügend akzeptiert werden.

Es überrascht also nach dem Gesagten nicht und ist also auch typisch für eine psychoanalytische Ausbildung, mit Fragen bei sich selbst anzufangen.

Die werden am besten in der **Selbsterfahrung** aufgeworfen und bearbeitet. Gegenstand dieser – wichtigsten – Phase der Ausbildung sollte sein, einige der eigenen neurotischen Fehlbildungen und damit auch der entsprechenden mitmenschlichen Verstrickungen kennen zu lernen. Es war Freud (z. B. 1911, S. 108) ja ein wichtiges Anliegen, die Störungen der Therapeuten auch diesen selbst bewusst zu machen und damit die prinzipielle Begrenztheit aller Behandlungsbemühungen.

Weiter ergibt sich hieraus eine Grundüberzeugung, dass Ausbildungskandidaten manche pathologische Formen des Seelenlebens an der eigenen Person kennen lernen können, dass gerade daher aber kein Anspruch abgeleitet werden kann, Patienten als Objekte der distanzierten Beobachtung, wie Wesen von einer ganz anderen, uns Gesunden fremden Kategorie, zu betrachten. Eine grundlegende mitmenschliche Verbundenheit ist in dieser Haltung ganz zentral (Freud 1937, S. 80).

Eng damit verknüpft ist die Bereitschaft, sich für das Konzept der Gegenübertragung zu öffnen, das bei Freud selbst noch enger verstanden wurde als bei einigen seiner Nachfolger. Während bei ihm nämlich noch die Vorstellung vorherrschte, es handelte sich hierbei um die psychischen Regungen in den Behandlern, die von den Übertragungen der Patienten herrühren, wurde später angenommen, dass auch ganz andere psychische Regungen in den Therapeuten, d. h., die eigenen unbewussten seelischen Prozesse bei den Therapeuten als Gegenübertragung aufgefasst werden können (Moeller 1977, der diese verschiedenen Strömungen kritisch revidiert; Gysling 1995).

Es ist üblich, solche Prozesse in den Beziehungen der Selbsterfahrungsgruppe sorgfältig kennen zu lernen, zusätzlich hat sich in unserem (Internationale Arbeitsgemeinschaft für Gruppenanalyse, Bonn) und in einigen anderen gruppenanalytischen Ausbildungsinstituten aber bewährt, manches davon in der Intimität einer Einzelselbsterfahrung zu vertiefen. Das entspricht der Beobachtung, dass es auch für viele Patienten, die stärker verunsichert sind, notwendig erscheint, eine sorgfältige therapeutische Vorbereitungszeit zu erhalten und manche Thematik im Rahmen einer Einzeltherapie später weiter zu bearbeiten.

Ich möchte aber hier nicht weiter auf die Einzelselbsterfahrung eingehen, vielmehr noch einige Bemerkungen zum Gruppenprozess machen, der als Selbsterfahrung das Herzstück der gruppenanalytischen Ausbildung darstellt.

Natürlich müssen die prinzipiellen Beobachtungen und die entsprechenden Empfehlungen von Freud über mögliche eigene Verwicklungen in der Therapie, auf die ich zuvor hinwies, in der Ausbildung zum analytischen Gruppenpsychotherapeuten berücksichtigt werden. Wir haben dies aber heute zu präzisieren und zu ergänzen. Es gilt, in der Gruppenpsychotherapieausbildung nicht nur die individuellen neurotischen Blockaden zu beachten und zu bearbeiten, auf die Freud aufmerksam machte. Wir sehen heute gruppenspezifische Ver- und Entwicklungsprobleme, die zu bearbeiten die eigentliche Essenz der Gruppenselbsterfahrung darstellen.

Nachdem immer wieder in der Literatur ganz bestimmte Phasen der Gruppenprozesse herausgearbeitet worden waren (Kap. 22), die vor allem Anklänge an Phasen der frühen Kindheit, wie sie die Tiefenpsychologie herausgearbeitet hatte, zeigten, war es mir selbst wichtig, die Prozessstadien von Gruppen kompletter zu beschreiben. Anhand der Ausarbeitung von langjährigen Beobachtungen durch sorgfältig geschulte Kollegen kann ich inzwischen einige besonders wichtige Erlebensformen zusammenfassen, in die sich Gruppenteilnehmer immer wieder verstricken. Es ist natürlich zugleich besonders wichtig, diese Erlebensdimensionen kennen zu lernen und ihre Verbindungen mit problematischen Beziehungen in der Lebensgeschichte, die die Gruppenteilnehmer bis heute durchlaufen haben, zu untersuchen. Es ergibt sich auf diese Weise so etwas wie eine Landkarte von Beziehungen, die sich in Gruppen immer wieder einstellen, durchlebt werden und dabei eine Vielzahl von Zuspitzungen aus der Beziehungsgeschichte der Gruppenteilnehmer zu erkennen geben.Diese typischen Stadien genauer kennen zu lernen ist im Rahmen der Ausbildung besonders wichtig, weil sich so ein Leitfaden für das Verständnis der Patienten und damit auch ein Stück mehr Sicherheit für den eigenen therapeutischen Einsatz ergibt. Ich fasse diese sechs Dimensionen des Erlebens und Verhaltens in Gruppen im Folgenden kurz zusammen (Hayne 1997). (Die hier dargestellte Reihenfolge ergibt sich am ehesten in geschlossen beginnenden und endenden Gruppen. Bei halbgeschlossenen Gruppen, in denen freiwerdende Plätze wieder durch neu aufgenommene Gruppenmitglieder besetzt werden, treten die Dimensionen in unregelmäßiger Folge auf. Werden z. B. mehrere Neue aufgenommen, entsteht auch bei einer Gruppe, die schon jahrelang zusammenkommt, häufig die Dimension Nidation.)

Die erste Dimension, die ich hervorheben möchte, ist die **Nidation**. Damit ist ein Zustand gemeint, der sich am Beginn einer geschlossen arbeitenden Gruppe typischerweise einstellt. Sie ist gekennzeichnet durch die Frage der Teilnehmer, ob sie zum Ganzen der Gruppe überhaupt dazugehören. Die gemeinsame Atmosphäre ist von tiefen Ängsten beseelt, unbeachtet unterzugehen. Die Leiter (und zwar entweder die offiziellen Leiter oder auch spontan in der Gruppe entstehende Gegenleiter aus dem Kreis der Teilnehmer) werden hier besonders wichtig: Von ihnen wird sozusagen das Heil erwartet. Die übrigen Anwesenden projizieren besondere Kräfte auf sie und orientieren sich an ihnen.

Nun kann sich eine Gruppe auf die Nidation zusammen mit ihrem Leiter in übertriebener Weise verlegen. Alles, was geäußert wird, soll die Verbundenheit und das gutartige Wirgefühl stärken. Als Leiter müssen wir sehr wohl die mit der Nidation zusammenhängenden Bedürfnisse der Gruppenmitglieder unterstützen, und zwar umso mehr, je gestörter die Gruppenmitglieder sind. Eine sinnvolle Unterstützung ist aber natürlich nicht gleichbedeutend mit einem übertriebenen Mitagieren, wenn in einer Gruppe z. B. über die Maßen lange versucht wird, jedwede Kritikäußerung zu unterbinden. Bei den Leitern kann in solchen Situationen als eine Reaktionsbildung hierauf nun durchaus eine Kehrtwendung ihrer Haltung aufkommen: Die Leiter werfen der Gruppe in der Folge dann z. B. in gereizter Weise ihre saugende Abhängigkeit und Unselbstständigkeit vor.

Hierdurch können bei manchen Gruppenpatienten aber wichtige ichstützende Bedürfnisse nach Identifizierung mit den Leitern gestört werden. Narzisstische Krisen mit verschiedenen Symptombildern oder aber auch einfacher Therapieabbruch können die Folge sein.

Über eine Krise, in die die Nidation gerät, bildet sich die Dimension **Kontrolle** heraus. Jetzt ist schon deutlich geworden, dass unterschiedliche Teilnehmer unterschiedliche Möglichkeiten, Wertigkeiten und Chancen in der Gruppe haben (s. „Differenzierung" Kap. 22). Auf der Suche nach neuer Absicherung gegenüber eigenen zerstörerischen Kräften im Sinne von Neid und Hass und aus Angst vor der Verfolgung durch die anderen versuchen Gruppenteilnehmer, so etwas wie Gesetz und Ordnung für alle einzurichten, woran sich alle halten sollen. Bei den zugehörigen Auseinandersetzungen über Folgsamkeit und Abtrünnigkeit wird das Klima in offener oder versteckter Weise doch aggressiv, so dass die Ängste des Anfangs sich als nicht besiegt erweisen. Ernsthaftere Fehlentwicklungen können darin liegen, dass Gruppenmitglieder und Leiter zwanghaft angestrengt versuchen, Regeln und Vorschriften nachzueifern, die sie verinnerlicht ha-

ben. Solche Passagen werden bald ermüdend und allzu lustfeindlich. Wenn Versuche beginnen, „Schädlinge", die besonders für eine Fehlentwicklung verantwortlich zu sein scheinen, aus der Gruppe auszustoßen (wir können uns als Leiter unter ganz „honorigen" Indikationserwägungen am Ausstoßen beteiligen), laufen unbewusste Sündenbocktechniken ab, in die die Betroffenen oft auch im Leben „draußen" verwickelt sind (Kap. 21).

Es hängt mit dem Scheitern der Kontrolle, aber auch mit einer fortschreitenden Reifung der Teilnehmer zusammen, dass jetzt im Rahmen der Dimension **Initiation** Unzufriedenheit und Protest gegenüber der Leitung aufkommen. Dies geht typischerweise in eine Revolte über, in deren Verlauf zerstörerische Kräfte gegen die Leiter so gewendet werden, dass diese gewissermaßen überflüssig werden bzw. sich abgesetzt sehen. Die Leiter wiederum können nun verstärkt mit ihren Gruppenteilnehmern rivalisieren, sie gar regelrecht bekämpfen und damit evtl. Beiträge zu phobischen oder depressiven Exazerbationen bei einigen Gruppenmitgliedern leisten. Andere Leiter werden vielleicht sogar im Gegensatz hierzu ihre eigene Kompetenz aus den Händen geben, um sich dadurch aus einer allzu brenzligen Situation zu retten. Im letzteren Fall sehen wir dann im weiteren Verlauf oft ratlos zurückgezogene Leiter, die mit dieser Haltung nicht selten erneute größere Ängste in der Gruppe auslösen können. Es ist eine gewisse Kunst, sich als Leiter in der Initiation den Wünschen der Teilnehmer nach einem Leitersturz, die ja im Prozess durchaus willkommen sind, zur Verfügung zu stellen, ohne sich wirklich besiegen zu lassen. Betroffenheit über ihren Aufstand und Reue führen dann oft die Teilnehmer dazu, sich mit den Normen, die sie bei der Leitung vertreten sahen, zu identifizieren.

Damit wird das Klima der Gruppe gesicherter. Durch die übernommenen Normen haben die Gruppenzusammenkünfte meist etwas prinzipiell Akzeptiertes erhalten.

Die Teilnehmer beginnen jetzt, in der Dimension der **Ökodomee** (Hausbau) sich gegeneinander zu profilieren. Es ist, als ruhte das ideologische Dach des „Hauses" sicher auf den Grundmauern, so dass die Einzelnen beginnen, sich ihre Räume zu gestalten und damit auch Abgrenzungs- und Rivalitätskämpfe auszutragen.

Hier, wie bei allen Dimensionen, kann eine pathologische Entwicklung sich dadurch anbahnen, dass sich die Beteiligten auf die betreffende Dimension fixieren. Wir können jetzt mit einer zänkisch-zerstrittenen Gruppe rechnen, deren Teilnehmer zur Aufnahme von intensiveren Beziehungen nicht in der Lage sind. Leiter können an besonderen eigenen Reizthemen gepackt und verwickelt werden. Nachteile für manche der Beteiligten können in der dazugehörigen Belastung des Selbstwertgefühls mit allen hierzu passenden Folgen liegen.

In der Dimension **kollektive Gruppenassoziation** geht das Rivalisieren in Formen des Nebeneinanderstellens über. Äußerungen erscheinen jetzt weniger ausschließlich, und durch ein Klima von „reden und reden lassen" wird die Relativität von Standpunkten klarer: Es kommt eine Ahnung davon auf, dass einander scheinbar ausschließende Widersprüche sich in Wirklichkeit ergänzen und bereichern können. Restspannungen aus Gruppenzeiten, in denen Feindschaft und Rivalisieren vorherrschten, geben den Motor ab für kreative Prozesse in dieser Dimension. Wo solche Spannungen erfolgreich bearbeitet und überwunden werden, kann das Nebeneinander der Personen und ihrer Beiträge schließlich auch zur Gleichgültigkeit werden.

Es folgt die Dimension **Ablösung**, in der die vitalen Kräfte in der Gruppe nicht mehr gespürt werden. Die Gruppe kann in dieser Dimension jetzt zunehmend entwertet oder zumindest als gleichgültig angesehen werden. Teilnehmer tendieren dazu, sich für intime Paarbeziehungen zu interessieren oder auch andere Therapieveranstaltungen kennen zu lernen. Darüber ergeben sich triumphale Gefühle bei ihnen, aber auch Trauer und Bedrücktheit über die Verluste, die mit dem angestrebten Neugewinn einhergehen werden. Hier ist es möglich, dass depressive Rückzüge bei den beteiligten Personen aufkommen bzw. auch eventuell eine manische Abwehr, indem Teilnehmer vermehrt wegbleiben, „Besseres" vorhaben usw. Als Leiter mögen wir vielleicht schon beginnen, die Nachfolgegruppe zu planen, uns auf eine neue Stelle oder den Urlaub einzurichten.

Es ist vielleicht deutlich geworden, dass die Verwicklungen in bestimmte Aspekte dieser Dimensionen sowohl Gefahren als auch Chancen für die Gruppenteilnehmer wie auch für die Leiter beinhalten. Die Gefahren können darin gesehen werden, sich in dem betreffenden Geschehen zu fixieren, zu anderem Erleben nicht mehr in der Lage zu sein und sich in einem pathologischen unbewussten Wiederholungszwang zu verlieren. Zugleich liegt in diesen Vorgängen aber auch eine entscheidende Chance: Es können jetzt Wiederholungen von pathologischen Beziehungsformen gesehen und bearbeitet werden.

Auf der Grundlage dieser Dimensionen ist es in therapeutischen Gruppen daher möglich (und therapeutische Situationen ergeben sich auch genügend oft in jeder Selbsterfahrungsgruppe), möglichst klare Krankheitskonzepte zu verfolgen und an der Ätiologie sowie an möglichen Umstrukturierungen im Sinne von weniger pathologischen Lösungen zu arbeiten.

Für die Ausbildung ist es aber bei alldem auch von entscheidender Bedeutung, den Teilnehmern erfahrbar zu machen, dass ein Gruppenleiter in der Regel nicht wirklich über den Dimensionen steht, sondern dass die seelischen Prozesse von allen Beteiligten miteinander im Gruppenprozess verwoben sind. Foulkes (1964) ist daher durchaus zuzustimmen, der meinte, wir sollten als Gruppenleiter quasi das „beste" Gruppenmitglied sein: Wir sollten zu starkem Miterleben und Mitfühlen in der Lage sein, aber zugleich am besten in der Lage sein, das Gefühlte und Erlebte unter Verknüpfung mit allen relevanten Zusammenhängen in der Gruppe in Kommunikation zu verwandeln. „Bestes Gruppenmitglied" muss dann auch heißen, dass wir diese Funktion in Bescheidenheit ausüben, d. h., uns nicht in den Vordergrund spielen, sondern schließlich dabei behilflich sind, dass unser Einsatz verzichtbar wird (Foulkes 1964, S. 81 ff.).

Im Übrigen gilt das zum Wert der Orientierung an den Erlebensdimensionen Gesagte analog für andere Phasen- oder Verlaufsmodelle, die anhand von Gruppenbeobachtungen bereits von anderen Autoren vorgelegt wurden. Meist berücksichtigen die Verlaufsmodelle allerdings nur solche Entwicklungsschritte im Gruppenprozess, die als Parallelen zu frühkindlichen Entwicklungsphasen gesehen werden können. So verhält es sich auch mit den sogenannten Basic Assumptions in Gruppen, die Bion (1961) herausgearbeitet hat. Sie stellen spezielle Formen der Beziehungsgestaltung in Gruppen dar, die den Modalitäten der oralen, der analen und der ödipalen Phase aus der individuellen Entwicklung kleiner Kinder ähneln. Phasen im Gruppenverlauf oder Basic Assumptions in Gruppen, die über Modalitäten der frühen Kindheit hinausgehen, fehlen dort aber. Bei Bion wird lediglich eine jede Verfassung in Gruppen, die über die Basic Assumptions hinausgeht, ganz allgemein und ohne jede weitere Differenzierung als Zustand der „Working Group", der Arbeitsgruppe also, beschrieben (Tuckman 1965).

Aufgrund von entsprechenden Beobachtungen halte ich es übrigens für sehr wahrscheinlich, dass die grundlegenden Erlebensdimensionen, die ich anhand der Auswertung von über 200 analytischen Gruppenverläufen herausgearbeitet habe, auch für Gruppenprozesse anderer Psychotherapieschulen von Bedeutung sind (Hayne 1997). Wichtig ist aber jedenfalls, dass unsere Ausbildungsteilnehmer von uns lernen, für Erkenntnisse, die die eigenen Verwicklungen betreffen, wirklich offen zu sein.

Hierin und in unserer Fähigkeit, auch bei anderen Schulen – wo erforderlich – Hilfestellung zu holen, können wir eine entscheidende Vorbildfunktion übernehmen.

Ich möchte nicht verschweigen, dass meine eigenen gruppentherapeutischen Ausbilder, so weit sie für mich Vorbilder wurden, in der Lage waren, ihre eventuellen Verwicklungen in der Gruppe zuzugeben, auch wo das nicht schmeichelhaft war. Von hier aus konnten sie, wenn ihnen problematische Verhaltensweisen auffielen, warm, zugewandt und ohne Verurteilung Einzelne oder auch die ganze Gruppe konfrontieren, und zwar sowohl mitfühlend als auch klar. Mitfühlend schienen sie zu sein vor dem Hintergrund einer sehr tiefen Beschäftigung mit ihren eigenen Problemen und klar waren sie aufgrund einer intensiv durchlebten Lehre von menschlichen Beziehungen und ihren möglichen Störungen.

Schließlich möchte ich noch die wichtige Beobachtung erwähnen, dass eine fortlaufende, möglichst weitgehende Klärung unserer eigenen Verwicklungen uns dabei hilft, als Therapeuten im richtigen „Takt" zu sein. Das heißt, so zu intervenieren, wie es den Störungen, aber auch der jeweiligen Belastbarkeit der Patienten und der Gruppe entspricht.

5. Ausbildung in Gruppenpsychotherapie – Kandidatenperspektive

T. Haag

Grundsätzliches zur Ausbildung in Gruppenpsychotherapie

Interessierten bietet sich ein breites Spektrum von Therapieformen in und mit Gruppen. Gemeinsam ist allen Gruppenpsychotherapierichtungen ein über die Dyade hinausgehendes und damit wesentlich von der Einzelpsychotherapie abweichendes Therapiesetting. Auf die längste Tradition blicken heute psychoanalytische und daraus abgeleitete Therapieschulen zurück. Entsprechend ihrer langen Erfahrung im therapeutischen Umgang mit gruppendynamischen Prozessen verfügen sie über die am weitesten ausgearbeiteten Ausbildungskonzepte.

Für Ausbildungskandidatinnen und -kandidaten ergeben sich zunächst allgemeine Fragen und Probleme der psychotherapeutischen Ausbildung. Dazu gehören:
- Schwierigkeiten bei der Orientierung auf dem „Markt" der Therapieformen, bei der Auswahl einer passenden theoretischen Ausrichtung und einer geeigneten Ausbildungsinstitution,
- die Auseinandersetzung mit der prinzipiellen Kränkung, die darin liegt, sich nach erfolgreichem Ausbildungsabschluss, z. B. als Psychologe oder Arzt, wieder in die Position des unerfahrenen „Anfängers" zu begeben,
- die Öffnung für die Bearbeitung eigener intrapsychischer und interpersoneller Probleme im Rahmen von Selbsterfahrung, Ausbildungsgruppen und Supervision,
- die Schaffung geeigneter Rahmenbedingungen der Ausbildung (z. B. in der Klinik bzw. in der eigenen Praxis, Umgang mit institutionellen Zwängen und „gewachsenen" institutionellen Strukturen, Finanzierung der Ausbildung).

Spezifisch für die Ausbildung in Gruppenpsychotherapie ist schulenübergreifend die Notwendigkeit, dass die Ausbildungskandidaten sich – mit unterschiedlichen Schwerpunkten – in Ausbildungs-, Selbsterfahrungs- und selbst geleiteten Therapiegruppen mit der Struktur und Dynamik von Gruppenprozessen vertraut machen müssen. Diese Prozesse orientieren sich nicht am Konzept einer Gruppenleitung oder -therapie. Vielmehr zeigt die (gruppenanalytische) Erfahrung, dass „die Psychodynamik eines Gruppenprozesses ... durch die individuelle Problematik und die Persönlichkeitsstruktur der einzelnen Mitglieder einer Gruppe bestimmt (wird), nicht durch die Theorie des Leiters" (Kutter 1976, S. 126).

Ein weiteres Spezifikum der Situation von Ausbildungskandidaten für Gruppenpsychotherapie allgemein ist die derzeitige, schwierige berufspolitische Lage der Gruppenpsychotherapie.

Die Ausbildungscurricula für Gruppenpsychotherapie beinhalten in der Regel, analog zur Einzelpsychotherapieausbildung, als wesentliche Elemente Theorievermittlung, Selbsterfahrung sowie Behandlungstechnik und -praxis unter Supervision. Abhängig vom zu Grunde liegenden Theoriekonzept, den methodenspezifischen Ausbildungszielen und den Besonderheiten der Ausbildungsinstitution ergeben sich spezielle Fragen und Gesichtspunkte. Im Folgenden wird im Wesentlichen die Situation von Ausbildungskandidaten in gruppenanalytischer Ausbildung dargestellt. Die meisten der dabei angesprochenen Probleme und Erfahrungen betreffen allgemeine Grundfragen der Ausbildung und des Umgangs mit Gruppen. Das heißt, sie begegnen ebenso und in vergleichbarer Form auch Kandidaten in theoretisch und konzeptionell anders fundierten Ausbildungsgängen.

Die berufspolitische Situation und ihre Auswirkungen auf die Ausbildung

Aus berufspolitischer Sicht lassen sich im Hinblick auf die Gruppenpsychotherapieausbildung drei Problemfelder benennen:
1. die mangelnde Anerkennung von Gruppenpsychotherapie als effektive und eigenständige Therapieform durch psychotherapeutische Fachgesellschaften und Kostenträger,
2. ihre ungenügende Berücksichtigung in den psychotherapeutischen Ausbildungscurricula,
3. ihre deutliche Benachteiligung gegenüber der Einzelpsychotherapie in der Kostenübernahmepraxis.

Zu 1 und 2: Obwohl Gruppenpsychotherapie, wie in vielen Untersuchungen nachgewiesen wurde, der Einzelpsychotherapie an Effektivität keineswegs nachsteht (Tschuschke 1999a) und zu den verbreitetsten Verfahren in der stationären psychiatrischen, psychotherapeutischen und psychosomatischen Behandlung gehört, ist die Erfahrung vieler Ausbildungskandidaten in ärztlicher oder psychologischer psychotherapeutischer Weiterbildung, dass Gruppenpsychotherapie in der fachlichen Wertschätzung und im psychotherapeutischen Ausbildungscurriculum eher ein Schattendasein führt. In Lehrbüchern, im Rahmen der Ausbildungsveranstaltungen und in den Richtlinien zur Kostenerstattung werden Gruppenpsychotherapien als Sonderform der einzelpsychotherapeutischen Basistherapiemethoden geführt. Die Hervorhebung der Einzelpsychotherapie als der „eigentlichen" Therapieform und manche von Desinteresse und Unverständnis geprägte Kollegenäußerungen veranlassen Weiterbildungsteilnehmer häufig dazu, die spezifischen Möglichkeiten und den therapeutischen Wert von Gruppenpsychotherapien zu unterschätzen und sich nicht weiter um eine qualifizierte Gruppenpsychotherapieausbildung zu bemühen. Immer wieder gehörte Vorurteile gehen z. B. dahin,

Gruppenpsychotherapie sei grundsätzlich weniger wirksam als Einzelpsychotherapie oder sie sei nur bei „weniger gestörten" Patienten bzw. zur Erreichung begrenzter Therapieziele (z. B. soziale Kompetenz) indiziert.

Zur Illustration: Noch 1992 beginnt in der „Einführung in die Neurosenlehre" von Hoffmann und Hochapfel der dreiseitige Abschnitt über „Psychotherapie in Gruppen" (Buchumfang: 329 Seiten) mit dem Satz: „Die psychotherapeutischen Gruppenverfahren haben eine erstaunliche Entwicklung und Aufwertung erfahren, die oft in keinem Verhältnis zu ihrer Wirksamkeit steht" (Hoffmann und Hochapfel 1992, S. 324).

1996 werden in dem Lehrbuch „Psychotherapeutische Medizin" von Rudolf (Buchumfang: 432 Seiten) der psychoanalytischen Gruppenpsychotherapie immerhin schon 8 Seiten für einen kurzen und differenzierten Überblick eingeräumt (Seidler 1996).

Zu 3: Im Hinblick darauf, dass bei den meisten Ausbildungskandidaten die spätere therapeutische Praxis die wirtschaftliche Existenz sichern soll, ist es von erheblicher Bedeutung, ob die erlernte Methode von den gesetzlichen und privaten Kostenträgern anerkannt und die Kosten übernommen werden. Nach den geltenden Regelungen der gesetzlichen Krankenkassen (Psychotherapie-Richtlinien vom 11. 12. 98, Abschnitt B II 2. und 6.; Faber u. Mitarb. 1999, S. 110 f.), an denen sich auch private Versicherer und Beihilfe orientieren, gilt, dass die Kosten für Gruppenpsychotherapie auf Antrag und für eine begrenzte Sitzungszahl übernommen werden, wenn es sich um eines der anerkannten Verfahren (tiefenpsychologisch fundierte/analytische Therapie oder Verhaltenstherapie) handelt und der Therapeut als Kassentherapeut anerkannt ist. Dies setzt voraus, dass er eine abgeschlossene Einzelpsychotherapieausbildung und eine Gruppenpsychotherapieausbildung nachweisen kann.

Hinsichtlich der Erlöse und des Verwaltungsaufwandes wird die Gruppenpsychotherapie gegenüber der Einzelpsychotherapie derzeit deutlich benachteiligt. Die Gebührenordnungen schreiben deutlich geringere Honorarsätze vor. Im Bewilligungsverfahren sind wegen der kleineren Stundenkontingente häufiger Verlängerungsanträge mit entsprechendem Zeitaufwand erforderlich. Ökonomisch gesehen erscheint ambulante Gruppenpsychotherapie daher wenig attraktiv. Enke, ein Kenner der Materie, resümiert in überspitzter Form: „... heute lohnt sie sich nicht mehr" (Enke 1998, S. 68).

Von gruppenpsychotherapeutischer Seite werden die fehlende Anerkennung als eigene und effektive Therapieform und die Praxis der Kostenübernahme kritisiert. Die Anerkennung von Gruppenpsychotherapie als „Psychotherapie sui generis" (Heigl-Evers und Gfäller 1993) und eine Überarbeitung der bestehenden Kostenerstattungsbestimmungen werden angemahnt (Enke 1998).

Zusammenfassend haben die gegenwärtigen Rahmenbedingungen zur Folge, dass Ausbildungskandidaten erst nach Abschluss einer Einzelpsychotherapieausbildung von den Kostenträgern als Gruppenpsychotherapeut anerkannt werden. Im Hinblick auf die Abrechnungsmöglichkeiten in der Praxis sollten sie eines der anerkannten Verfahren wählen und sich darauf einstellen, dass die Durchführung von Gruppenpsychotherapie in der Praxis für sie – noch – wenig lukrativ und mit relativ hohem Verwaltungsaufwand verbunden sein wird.

Motive der Ausbildungskandidaten für die Gruppenpsychotherapieausbildung

Im Unterschied zur Einzelpsychotherapieausbildung stehen Gruppenpsychotherapie-Ausbildungskandidaten meist nicht am Beginn ihrer psychotherapeutischen Ausbildung, sondern sind anerkannte oder in der Ausbildung fortgeschrittene Einzeltherapeuten. Oft haben sie ausgibige eigentherapeutische Erfahrungen und jahrelange Tätigkeit in der eigenen Praxis oder in der Klinik hinter sich. Dies hängt zum einen damit zusammen, dass die Anerkennung als Gruppenpsychotherapeut durch die Kostenträger an den Abschluss einer Einzelpsychotherapieausbildung gebunden ist, und zum anderen mit den Zulassungsbedingungen der gruppenpsychotherapeutischen Ausbildungsinstitutionen, die meist eine abgeschlossene oder weit fortgeschrittene Einzelpsychotherapieausbildung als Voraussetzung fordern.

Die Motivation dieser berufserfahrenen Ausbildungskandidaten zur gruppenpsychotherapeutischen Ausbildung speist sich sowohl aus dem professionellen Interesse an einem „neuen" Therapieverfahren und -setting als auch aus dem persönlichen Anliegen, die Situation als Einzeltherapeut zu verändern (persönliche Mitteilungen von Ausbildungsteilnehmern einer gruppenanalytischen Einrichtung).

Häufig geäußerte **professionelle therapeutische Motive** sind:
- das Interesse an einer Erweiterung des therapeutischen Spektrums über die dyadische Konstellation hinaus,
- die Absicht, interpersonelle und soziale Prozesse stärker in die Therapie hereinzunehmen,
- das Bedürfnis, einer größeren Zahl von Patienten ein Therapieangebot machen zu können.

Auf **persönlicher Ebene** ist vielen Kandidaten der eigentherapeutische Selbsterfahrungsanteil der Ausbildung im Sinne einer therapeutischen Psychohygiene sehr wichtig. Insbesondere bei in einer Einzelpraxis tätigen Kandidaten besteht häufig ein starker Wunsch, einen Weg aus der professionellen Einsamkeit des Einzeltherapeutendaseins zu finden.

Selbsterfahrung in der Gruppenpsychotherapieausbildung

Wie schon Foulkes betonte, hat die Gruppenselbsterfahrung einen besonderen Stellenwert in der gruppenanalytischen Ausbildung: „Erfahrungen in der Gruppensituation ermöglichen einen Ausbildungsgrad, den niemand, der nur in der Zweipersonensituation geschult ist, erlangen kann" (Foulkes 1978, S. 149).

Und: „Am wichtigsten ist die Teilnahme des Kandidaten als Vollmitglied an einer therapeutischen Gruppe" (Foulkes 1978, S. 150).

Entsprechend nimmt die Selbsterfahrung in den Curricula für analytische Gruppenpsychotherapie viel Raum ein. Aus einer Übersicht zu 10 Curricula (2 aus der BRD, 8 aus anderen europäischen Ländern) ergibt sich: „Selbsterfahrung wird von vielen als zentraler, höchst entscheidender Teil der Ausbildung angesehen ... – der Selbsterfahrungsanteil ist signifikant größer als die Zeiträume für Theorie und Supervision" (Hutchinson 1996, S. 49).

In nicht analytischen, z. B. verhaltenstherapeutischen Gruppenpsychotherapie-Ausbildungen wird Selbsterfahrung vergleichsweise geringer gewichtet.

Es ist bekannt, dass Selbsterfahrung bei Therapeuten spezifische Probleme und Widerstände hervorruft. Das Auftreten professionalisierter Abwehr stellt eine besondere Schwierigkeit in der Gruppenselbsterfahrung mit Therapeuten dar. In einer langjährigen analytischen Therapeuten-Selbsterfahrungsgruppe wurde von Teilnehmern formuliert: „Therapeuten sind von Natur aus schwierige Patienten, weil es so schwer für sie ist, vertrauensvolle Kinder zu werden" (Moeller 1995, S. 11).

Gruppenanalytische Selbsterfahrung ist durch spezifische Grundannahmen geprägt, wie die, dass die soziokulturelle Umwelt und die Matrix zwischenmenschlicher Beziehungen die menschliche Entwicklung entscheidend prägen und dass „das individuelle Unbewusste ... vor dem Hintergrund eines gemeinsamen Unbewussten in der Gruppe verstanden und in seiner Abhängigkeit von historischen und kulturellen Kontexten gesehen [wird]" (Forst und Mies 1996, S. 79 f.).

Anders als in der analytischen oder tiefenpsychologischen Einzellehrtherapie bildet die Arbeit an Gruppenprozessen den Fokus: „Indem wir unsere eigene Persönlichkeit kennen lernen, unsere Geschichte der internalisierten Gruppenbeziehungen, unsere wechselseitige Wirkung aufeinander, unsere Muster von Identifizierung, von Bindung und Lösung, entwickeln wir die Fähigkeit, Blockierungen und blinde Flecken wahrzunehmen, die zur Unbeweglichkeit in der Therapie führen können. Indem wir von einem Setting, einer Rolle zur nächsten gelangen (vom Studenten zum Patienten zum Therapeuten zum Supervisanden), ist es uns möglich, etwas über Grenzphänomene zu erfahren, können wir unser Selbst auflockern und rekonstruieren. Das vergrößert und vervollständigt den Lerneffekt von Theorie und Supervision" (Hutchinson 1996, S. 49).

Für Ausbildungskandidaten stellt die Selbsterfahrung im Rahmen der Ausbildung damit eine Möglichkeit zur Bearbeitung eigener psychischer Belastungen dar, die sich vom Einzelselbsterfahrungssetting deutlich unterscheidet. Vor diesem Hintergrund ist es zu verstehen, dass selbst berufserfahrene Ausbildungsteilnehmer mit langjähriger Lehranalyse bzw. Einzellehrtherapie häufig feststellen, dass sie das gruppenanalytische Setting als wichtige und wertvolle Anregung und Ergänzung zur vorherigen Eigentherapie erleben (persönliche Mitteilungen von Ausbildungsteilnehmern).

Praktisch findet die gruppenanalytische Selbsterfahrung in Klein- und Großgruppen statt.

Kleingruppen

Kleingruppen bieten ein für Therapiegruppen übliches Setting. Allerdings ist im Ausbildungssetting, anders als in „echten" Therapiegruppen, eine Trennung von Therapie- und Realraum nur beschränkt möglich. Dies führt zu spezifischen Verzerrungen des Übertragungs- und Gegenübertragungsgeschehens, die sowohl die Beziehungen der Teilnehmer untereinander als auch das Verhältnis zu den Gruppenleitern betreffen. Die Auswirkungen auf den Gruppenprozess können sich z. B. dadurch äußern, dass Teilnehmer sich innerhalb der Gruppe zurückziehen. Eine Ausbildungsteilnehmerin fasst ihre diesbezüglichen Erfahrungen zusammen: „Die Ausbildungswirklichkeit bleibt auch und gerade während des gruppenanalytischen Prozesses bestehen. Es ist nicht gefahrlos, die Beziehungen zu anderen zu erforschen. Die Entwicklung von Übertragungen findet unter unsicheren Bedingungen statt" (Mester 1996, S. 58).

Es lassen sich drei durch die Ausbildungssituation bedingte **Problemkonstellationen** erkennen:
1. Berufliche und/oder private Verbindungen mit anderen Ausbildungsteilnehmern,
2. Kontakte der Selbsterfahrungsteilnehmer außerhalb der Selbsterfahrungssitzungen,
3. Vermischung von therapeutischen und Ausbildungsfunktionen bei den Gruppenleitern.

Zu 1: Grundsätzlich wird bei der Zusammenstellung von Selbsterfahrungskleingruppen darauf geachtet, dass außerhalb der Ausbildung keine privaten oder beruflichen Verbindungen zwischen den Teilnehmern bestehen. Dies betrifft jedoch nicht die Gesamtgruppe der Ausbildungsteilnehmer. Zwischen den Teilnehmern einer Großgruppe oder anderer Veranstaltungen mit Selbsterfahrungscharakter außerhalb der Kleingruppe können durchaus solche Verknüpfungen bestehen. In Anbetracht der geringen Zahl der gruppenpsychotherapeutischen Ausbildungsmöglichkeiten ist dies häufig auch der Fall. Trotz der üblichen Verpflichtung zur Nichtweitergabe von Informationen ergeben sich bei den Teilnehmern Fantasien und Befürchtungen darüber, dass ihre Äußerungen nicht im geschützten Therapieraum bleiben, sondern sich auf die realen privaten und beruflichen Beziehungen auswirken. Ein Beispiel dafür, wie die realen Verbindungen von Teilnehmern und Leitern im Hinblick auf die Verbindungen zwischen den psychoanalytischen Instituten minimiert werden können, findet sich in einer Ausbildung, bei der die Gruppenleiter aus dem Ausland kommen (in diesem Fall werden sie vom Institute of Group Analysis in London gestellt). Wie die Erfahrung zeigt „ist es bei der engen professionellen Verflechtung und häufig auch persönlichen Bekanntschaft der Psychoanalytiker in Deutschland von nicht zu unterschätzendem Wert, dass die Neutralität der Selbsterfahrungsgruppenleiter auf diese Weise garantiert ist" (Moeller 1995, S. 3).

Zu 2: Aufbau und Ablauf der Ausbildung machen es unvermeidlich, dass sich die Teilnehmer im Verlauf nicht nur in der Selbsterfahrung, sondern in den verschiedensten Kontexten und Rollen immer wieder begegnen: in der Großgruppe, den Theorie- und Supervisionsseminaren, während der Pausen, beim gemeinsamen Essen usw. Dies kann Anlass zu Ängsten und Befürchtungen sein und hemmt die freie unzensierte Äußerung in der Gruppe: „Wird man den beobachtenden Kollegen nach der Blocktherapie noch in die Augen schauen können – und werden die das überhaupt wollen?" (Mester 1996, S. 59).

Zu 3: Die Beziehungen zwischen Ausbildungsteilnehmern und Gruppenleitern sind dadurch belastet, dass Letztere auch als Ausbilder fungieren und damit an Entscheidungen bezüglich des Fortgangs und Abschlusses der Ausbildung beteiligt sind: „Ein Leiter, der zwei Hüte trägt (Gruppenleiter und Ausbildungsleiter) macht das Problem für die Gruppenmitglieder noch schwieriger; sie fühlen sich durch die Gegenwart einer Person eingeengt, die hinsichtlich ihrer Karriere eine bewertende Rolle spielen wird" (Yalom 1996, S. 542).

Bei den Teilnehmern spiegelt sich dies z. B. in Befürchtungen darüber „ob sie mich für den Beruf der Therapeutin geeignet hält. Um sie zu einem positiven Urteil zu bewegen, könnte ich versucht sein, alles, was ich in dieser Hinsicht für problematisch halte, aus dem Gruppenprozess herauszuhalten" (Mester 1996, S. 56).

Je nach Ausbildungskonzept sind gruppenanalytische Selbsterfahrungskleingruppen homogen aus Ausbildungskandidaten oder gemischt aus Ausbildungskandidaten und Patienten zusammengesetzt. Befürworter **gemischter Gruppen** argumentieren:

- Dass es darin besser gelingt, „die Trainees davon abzuhalten, ihre Berufsrolle als Abwehr gegen zwischenmenschliche Begegnung zu nutzen. …
- Die narzisstische Verletzung, nicht anders zu sein, als „diese Leute", muss ertragen werden und wird hoffentlich transformiert in einen tieferen Respekt für die menschlichen Möglichkeiten. …
- Der Hass auf Schwache und Schwäche (eingeschlossen unsere eigene) ist in jedem bzw. jeder von uns viel tiefer verankert, als wir normalerweise wagen, einzugestehen. Selbsterfahrung in gemischten Gruppen ist ein starkes Gegengift … gegen diese Illusion des ‚Ich-nicht' und bringt uns sehr schnell in Kontakt mit den oben genannten Gefühlen" (Scholz 1996, S. 37).

Tsegos weist auf den Aspekt hin, dass „die Anwesenheit realer Patienten in Gruppen den Vorteil (hat), dass sie … per Definition den Mangel an medizinischem Denken, dafür aber das Denken von Patienten mitbringen. Dadurch werden sie zu wertvollen gruppenanalytischen Experten" (Tsegos 1996, S. 71 f.).

Auch Foulkes befürwortet eine Mischung: „Wenn es die Möglichkeiten … erlauben, ist es wohl zweckmäßiger, die zukünftigen Kandidaten in Gruppen normaler Patienten unterzubringen" (Foulkes 1978, S. 150).

Im Erleben der Ausbildungskandidaten ruft die Selbsterfahrung in einer gemischten Kleingruppe Verunsicherung bezüglich der eigenen Identität und Rolle hervor. So stellen sich z. B. Ausbildungsteilnehmer am Beginn der Gruppe die Frage, „wie wohl die ‚eigentlichen' Patienten damit umgehen werden, dass wir keine ‚richtigen' Patienten, nicht ihresgleichen sind? Wird man überhaupt in die Gruppe aufgenommen werden oder droht der Ausschluss?" (Mester 1996, S. 53).

Manchen Teilnehmern fällt es schwer, sich auf den Selbsterfahrungsprozess einzulassen und sich in die „Patientenrolle" einzufinden: „Sie bleiben im Schweigen oder hilfstherapeutischen Herumfragen und Belehren von anderen stecken und finden für sich keinen Weg in die Gruppe" (Mester 1996, S. 54).

Als ein Grund wird vermutet, „dass für viele die strukturelle Gleichheit, die sie in einer gemischten Gruppe mit Patienten vorfinden, so beängstigend ist, dass sie sich umso mehr in ihrer Rolle als Auszubildende verschanzen müssen. … Ist es wirklich so, … dass sich Ärzte/Pflegekräfte von den Patienten im Wesentlichen dadurch unterscheiden, dass die einen einen weißen Kittel tragen und die anderen nicht?" (Mester 1996, S. 54).

Als positive Erfahrung im Verlauf gemischter Gruppen wird von Teilnehmern, beschrieben, dass die „richtigen" Patienten häufig einen hohen Leidensdruck haben, „wodurch der therapeutische Prozess enorm an Intensität gewinnt" (Mester 1996, S. 53).

Andere analytische Ausbildungskonzepte arbeiten mit **homogenen Selbsterfahrungskleingruppen**. Beispielhaft soll ein Konzept genannt werden, das auf die Zielgruppe Psychoanalytiker ausgerichtet ist. Homogene Ausbildungsgruppen wurden hier gewählt, um den Ausbildungsgang entsprechend der besonderen Situation von Psychoanalytikern zu strukturieren: „Psychoanalytiker bringen ein fundiertes Wissen, z. B. über unbewusste Prozesse, Übertragung und Widerstand mit und haben typische, professionell bedingte Schwierigkeiten und natürlich auch spezielle Widerstände gegenüber Gruppenbehandlung. … Die speziellen Probleme einer solchen Berufsgruppe können intensiver bearbeitet werden" (Moeller 1995, S. 3 f.).

Die Ziele der Selbsterfahrung beziehen sich in diesem Kontext neben der unmittelbaren Erfahrung gruppenanalytischer Behandlungstechnik deutlich auf die Bearbeitung der spezifischen professionellen und privaten Problematik von Psychoanalytikern, also Aspekte, die über die Ausbildung hinausgehen. Die positiven Erfahrungen der Teilnehmer mit dieser Form der Selbsterfahrung haben zur Entstehung von leiterlosen „autonomen Gruppen" aus ehemaligen Teilnehmern geführt.

Großgruppen

Großgruppen mit 20 und mehr Teilnehmern sind aus soziologischer Perspektive durch die Paradoxie gekennzeichnet, dass „mit zunehmender Größe … jedes Mitglied aufgefordert [ist], immer mehr Beziehungen herzustellen, wobei dafür aber immer weniger Zeit und Raum zur Verfügung stehen" (Bardé 1994, S. 254).

Systematisch wird hierdurch eine für alle Mitglieder belastende Krisensituation erzeugt, in der, unter analytischen Gesichtspunkten betrachtet, primärprozesshaftes Erleben begünstigt wird und sekundärprozesshafte Funktionen, insbesondere die der Realitätskontrolle, weitgehend außer Kraft gesetzt sind. Psychodynamisch kann die Großgruppe als „archaische Angstsituation" aufgefasst werden, in der das „primäre" Objekt zugleich angestrengt gesucht und wieder verloren wird. Der Gruppenprozess ist durch Regression und das Auftreten archaischer Abwehrformen wie projektive Identifikation und Spaltung gekennzeichnet. Eine durch eingeschränkte Realitätsprüfung zunehmend entdifferenzierte Wahrnehmung der Gruppe als Ganzes und die „Verstärkerwirkung" der Gruppe bezüglich Regression und Affekten (Greussing und Haubl 1994, S. 226) können bei den Teilnehmern ein paranoides psychoseähnliches Erleben erzeugen (zusammenfassende Darstellung s. Bardé 1994).

Unter dem Gesichtspunkt der gruppenanalytischen Ausbildung besteht in der Großgruppe die Möglichkeit zur intensiven Selbsterfahrung gruppenspezifischer Prozesse. Entsprechend wird die Teilnahme an Großgruppen allgemein befürwortet, „da sie einen radikalen Einblick in das Unbewusste, insbesondere die archaischen Objektbeziehungskonflikte ermöglicht" (Bardé 1994, S. 266).

Ausbildungskandidaten sollten aber darauf vorbereitet sein, dass sie hier in heftiger, oft in diesem Ausmaß unerwarteter Weise mit eigenen und fremden Affekten und den Grenzen der eigenen Belastbarkeit und Abgrenzungsfähigkeit konfrontiert werden.

Auseinandersetzung mit den theoretischen Grundlagen der Gruppenpsychotherapie

Die Theoriebildungen zu Gruppenpsychotherapien stellen diejenigen Ausbildungskandidaten, deren bisherige therapeutische Sozialisation durch das dyadische Setting der Einzelpsychotherapie geprägt wurde, vor besondere Herausforderungen. Wie sich bald herausstellt, bedeutet die Ausbildung in Gruppenpsychotherapie nicht (nur) eine Ergänzung des therapeutischen Repertoires, sondern sie erfordert auch eine wesentliche Erweiterung des Blickwinkels durch eine veränderte Einstellung des Wahrnehmungsfokus und die Einbeziehung sozialwissenschaftlicher und systemischer Perspektiven.

Um die Besonderheit der gruppalen Situation zu kennzeichnen, zogen Heigl-Evers und Heigl den durch Arendt geprägten Begriff der „Pluralität" heran. Als wesentlichen Unterschied zwischen dem Menschen in der singulären Situation und in der pluralen Situation der Gruppe hoben sie hervor: „der Mensch, das Individuum in der Singularität, mit sich allein, ist mit Gruppe im Sinne der **inneren** Realität konfrontiert, d. h. mit seinen **Fantasien** von den **anderen**, während er in der Pluralität einer real existierenden Gruppe mit den **anderen** konfrontiert ist, so **wie diese wirklich sind**" (Heigl-Evers, Heigl und Ott 1993, S. 224).

Tschuschke führt diesen Ansatz fort und fokussiert darauf, dass sich im gruppenpsychotherapeutischen Behandlungssetting „psychotherapeutische Veränderungsprozesse notwendigerweise der **interpersonellen Beziehungsstrukturen** bedienen. Genau dies ist der spezifisch gruppenpsychotherapeutische Ansatz im Unterschied zur dyadischen Struktur der Einzelpsychotherapie" (Tschuschke 1999b, S. 116).

In die gruppenanalytische Theoriebildung fließen, in Abgrenzung zur Einzelpsychotherapie, zur Beschreibung von Gruppenprozessen und des „gesamten inter- und transpersonalen Beziehungsfeldes" beginnend mit der frühen Kindheit neben der Psychoanalyse als weitere Theoriesysteme u. a. Gruppen- und Familiendynamik, Soziologie, Sozialpsychologie, Systemtheorie und Kulturanthropologie ein (Heigl-Evers und Gfäller 1993). Basis ist die Grundannahme, dass „Gruppenkommunikation als Grundlage jeder individuellen Entwicklung" anzusehen ist: „Um ein Individuum zu verstehen, ist es notwendig, seine früheren und aktuellen Gruppenzusammenhänge zu verstehen und nicht umgekehrt" (Scholz 1996, S. 34).

Innerhalb des analytisch fundierten gruppentherapeutischen Ansatzes lassen sich verschiedene Richtungen differenzieren. Im Konzept der „gruppenanalytischen Psychotherapie" von Foulkes, dem derzeit am weitesten verbreiteten Verfahren, wird dieses Verständnis mit dem Modell der „Gruppenmatrix" weiter ausgeführt und auf die Therapiesituation übertragen. Nach Foulkes stellt die „Interaktions-Matrix in der therapeutischen Gruppe" ein „Netzwerk von untereinander verbundenen transpersonalen Prozessen" dar.

„Das Individuum nimmt teil an seiner Bildung und errichtet dabei wieder die Bedingungen des Netzwerkes seiner eigenen Primärgruppe, wie es sie erfahren hat. Das ist das Äquivalent der Übertragungsneurose, wie sie … in der psychoanalytischen Situation beobachtet wurde" (Foulkes 1992, S. 33).

Aus den grundlegenden Konzeptualisierungen zur Entstehung und Behandlung psychischer und psychogener Störungen ergeben sich zahlreiche und gewöhnungsbedürftige Besonderheiten der analytisch fundierten Gruppenpsychotherapie. Dazu gehören in der Behandlungstechnik z. B.

- Rolle und Aufgaben des Therapeuten im Gruppenprozess,
- die „oszillierende" Wahrnehmungseinstellung (König und Lindner 1991, S. 37),
- die Abwandlung der Grundregel der „freien Assoziation" zur „freien Interaktion" (Lamott 1994, S. 63),
- der Umgang mit Übertragung, Gegenübertragung und Abwehr im Gruppensetting,
- die Annahmen über die Wirkfaktoren der Gruppenpsychotherapie.

Leitung von Therapiegruppen im Rahmen der Ausbildung

Die Gruppenleitung unter Supervision, ggf. in der Position der Koleitung, stellt einen wichtigen Teil der gruppenanalytischen Ausbildung dar. „Einzig" die praktische Auseinandersetzung mit den Patienten in der Gruppenpsychotherapie ermöglicht es, wie Haubl betont, den angehenden Gruppenanalytikern, Erfahrungen mit ihrer Wirkung und den von ihnen ausgehenden „unvermeidbaren individuellen Übertragungsangeboten" sowie mit ihren eigenen Gegenübertragungsreaktionen in der Gruppe zu machen (Haubl 1994, S. 73). Dabei ist qualifizierte Supervision „unentbehrlich" (Yalom 1996, S. 533), denn in der Dynamik des Gruppenprozesses „entsteht eine Unzahl von Situationen, von denen jede ein vielfältiges, fantasievolles Vorgehen erfordern kann. Genau an dieser Stelle leistet ein Supervisor einen wertvollen und einzigartigen Beitrag zur Ausbildung eines Kandidaten. …. Ohne fortlaufende Supervision können anfängliche Fehler durch einfache Wiederholung verstärkt werden" (Yalom 1996, S. 536).

Yalom weist auch darauf hin, dass es von Vorteil ist, wenn Ausbildungskandidaten ihre ersten Erfahrungen in der Gruppenleitung als Coleiter machen können, denn „Ausbildungskandidaten haben enormen Nutzen davon, wenn sie einem erfahrenen Gruppentherapeuten bei der Arbeit zuschauen" (Yalom 1996, S. 533).

Die Begegnung mit der Gruppe in der Leiterposition wird von vielen Therapeuten anstrengender als die dyadische Situation der Einzelpsychotherapie empfunden. „Dies liegt nicht nur an der größeren Komplexität des psychodynamischen Prozesses … sondern auch an der ungleich größeren Exponiertheit des Gruppenleiters. Sie umfasst mehr als die Tatsache, dass in der Gruppe alle Augen auf ihn gerichtet sind" (Haubl 1994, S. 74).

Der Therapeut „muss sich auf die Inszenierung innerseelischer Konflikte im Geflecht mehrerer Personen einstellen und auch ein Stück weit einlassen … Dabei ist er in einer weniger geschützten Position als in der Einzelanalyse" (König und Lindner 1991, S. 37).

Einen weiteren Aspekt beschreibt Foulkes: „Bei der Gegenüberstellung mit Gruppen gibt es gewisse typische Ängste, besonders bei Anfängern, die mit der unbewussten Annahme des Leiters zusammenhängen, dass er vollkommen, allgegenwärtig oder sogar allmächtig sein muss. Das sind seine eigenen Mutmaßungen und es ist kein Wunder, dass er Angst hat." (Foulkes 1978, S. 146 f.).

Mittelsten-Scheid fokussiert in ihrem Beitrag mit dem provozierenden Titel „Macht die Couch den Analytiker und die Analytikerin gruppenunfähig?" (Mittelsten-Scheid 1993) auf die Kränkung der Einzelanalytikerin bzw. des Einzelanalytikers im Gruppensetting: Diese ist dadurch bedingt, dass die „größere soziale Realität ... [in der Gruppe und] ... die vielfältigeren Wahrnehmungs- und Handlungsmöglichkeiten ... [der Gruppe einen] ... großen Machtverlust der Therapeuten ihren inneren und äußeren Objekten gegenüber" (Mittelsten-Scheid 1993, S. 370) zur Folge hätten und sie zur Aufgabe von Omnipotenzfantasien zwängen. Positiv gewendet kann das Erkennen und Ertragen dieser Kränkung und des drohenden Machtverlusts des Leiters ggf. zum Gegenstand der Bearbeitung gemacht werden und den Entwicklungsprozess der Patienten entscheidend voranbringen.

Ausbildungskandidaten machen somit in ihrer „Anfängerphase" der Gruppenleitung wichtige Erfahrungen mit der Gruppenleiterposition. **Typische technische Schwierigkeiten** dieser Phase (nicht nur) in der Ausbildung zur analytischen Gruppenpsychotherapie sind:
1. der Umgang mit der Komplexität des Gruppengeschehens,
2. die Verteilung von therapeutischer Kompetenz und Aktivität zwischen Gruppe und Gruppenleiter,
3. der Umgang mit Affekten und Regression im Gruppengeschehen.

Zu 1: Das vieldimensionale Gruppensetting erfordert eine besondere Wahrnehmungseinstellung, bei der der Therapeut auf die vielfältigen und komplexen Übertragungsauslöser achten muss, die eine Gruppe bietet und „sich in seiner Wahrnehmung darin übt, zwischen den einzelnen Gruppenteilnehmern und der Gruppe als Ganzes wie auch seinen Gegenübertragungsgefühlen und Gegenübertragungseinstellungen, die er per Introspektion wahrnimmt, zu oszillieren" (König und Lindner 1991, S. 37).

Für Anfänger ist es zunächst schwer, sich in der Fülle der inneren und äußeren Eindrücke zu orientieren. Schwierigkeiten äußern sich häufig durch „eine starre Position" bei der Gruppenleitung (König und Lindner 1991, S. 76) oder dadurch, dass „[der Anfänger] oft dazu [neigt], sich an den manifesten Wahrnehmungsinhalten des Hörens und Sehens und seinen vielen Einzelheiten ... sozusagen festzuhalten. Er schützt sich damit vor dem Sich-Einlassen auf die Gruppe als Gesamtheit ... [und] ... vor den eigenen Gefühlen und Vorstellungen, die eine Gruppe als Globalobjekt bei ihm hervorruft und der Regression, die sie auslösen kann" (König und Lindner 1991, S. 37).

Mit wachsender Erfahrung in der Leitung nehmen Sicherheit und Orientierungsfähigkeit zu, so dass die Leiter dem Gruppenprozess freier und gelassener folgen können.

Zu 2: Im Vergleich zur Einzelpsychotherapie, in der die Rollenverteilung zwischen Therapeut und Patient ein bedeutendes Gefälle an Macht und therapeutischer Kompetenz vorgibt, werden in der Gruppenpsychotherapie **wesentliche therapeutische Kompetenzen der Gruppe zugeordnet**. Dies zu akzeptieren und zu fördern, gehört zu den wichtigsten Aufgaben des Therapeuten und ist wesentliche Voraussetzung eines therapeutischen Fortschritts. Therapeuten benötigen daher „ein unerschütterliches Vertrauen in die Selbststeuerungskompetenz der Gruppe. ... Im Vertrauen auf ihre Kreativität hilft der Gruppenleiter, sie zu erweitern, nimmt den Gruppenteilnehmern ansonsten keine Aktivität ab. Er interveniert erst dann, wenn die Interaktionen der Gruppe so blockiert sind, dass die verfügbare Selbststeuerungskompetenz nicht ausreicht, die Widerstände zu überwinden. Streng genommen muss er **bestrebt sein, sich überflüssig zu machen**" (Haubl 1994, S. 80).

Bei Anfängern, die dieses „unerschütterliche Vertrauen" mangels Erfahrung (noch) nicht haben, kann ein Gefühl von Spannung und Unsicherheit über die eigene Rolle und die Angemessenheit von Interventionen entstehen. Sowohl übertriebene Zurückhaltung als auch therapeutische Überaktivität können als Reaktion und Versuch, den Grad der eigenen Belastung zu mindern, auftreten. Günstiger ist die Situation für angehende Leiter, die ihre ersten Erfahrungen in Koleitung machen und sich dabei am Stil der erfahreneren Kollegen orientieren können.

Zu 3: Gruppen zeigen eine ausgeprägte Affektdynamik: „Starke Affekte begünstigen Regressionsprozesse, die ihrerseits stärkere Affekte hervorrufen. Diese **Verstärkerwirkung der Gruppe** macht sich meist dadurch bemerkbar, dass der Affektausdruck eines Gruppenteilnehmers, der mit der unbewussten Phantasie der Gruppe assoziiert ist, andere Teilnehmer ,ansteckt'. Diese mobilisieren dann dieselben Affekte, wobei sich immer wieder beobachten lässt, dass jeder weitere Teilnehmer, der sich einreiht, einen stärkeren Affekt zum Ausdruck bringt" (Greussing und Haubl 1994, S. 226).

Solche Prozesse der affektiven Ansteckung lassen sich als „kollektive Ich-Regression" beschreiben. Wichtige Aufgaben des Therapeuten sind ein behutsamer Umgang mit Affekten und die Steuerung der Regression in der Gruppe mit dem Ziel, „die Affekte, die die Teilnehmer im Gruppenprozess verbalisieren, ... zu differenzieren" (Greussing und Haubl 1994, S. 226 f.).

Ausbildungskandidaten sind u. U. unzureichend auf das Ausmaß der in der Gruppe möglichen Affekte und die geschilderte „Verstärkerwirkung" vorbereitet. Wenn es zu „außerordentlich dramatischen Szenen mit ungeheuer starker Emotionalisierung" seitens der Patienten (Mester 1996) und heftigen eigenen Affekten kommt, kann dies eine subjektiv erhebliche Belastung sein. Es ist hilfreich, auf solche Situationen prinzipiell eingestellt zu sein, über ausreichende eigene Gruppenselbsterfahrung zu verfügen, die behandlungstechnischen Mittel zur Steuerung des Regressionsniveaus der Gruppe zu kennen und Supervision zur Aufarbeitung des Geschehens zur Verfügung zu haben.

Zwar treten viele der genannten Schwierigkeiten verstärkt bei Ausbildungskandidaten auf, doch ist festzuhalten, dass es sich um behandlungstechnische Probleme handelt, die ebenso und immer wieder auch erfahrene Therapeuten betreffen: „Nicht nur Anfänger, sondern auch erfahrene analytische Gruppenpsychotherapeuten empfinden die Komplexität des Gruppengeschehens neben der stärkeren Induktion zur Regression als anstrengend" (König und Lindner 1991, S. 38).

Der Lohn der Bemühungen ist eine für Therapeuten und Patienten befriedigende und fruchtbare therapeutische Arbeit: „... dann lebt es sich gut mit der größeren Lebendigkeit und Kreativität der Gruppe" (Mittelsten-Scheid 1993, S. 372).

Mit zunehmender Sicherheit und Erfahrung von Therapeuten ändert sich ihr Umgang mit dem erlernten Konzept. König und Lindner beschreiben, wie erfahrene Therapeuten häufig über die Grenzen des zunächst „schulmäßig" erlernten und angewandten Konzepts hinausgreifen und empfehlen dies ausdrücklich. Allerdings fordern sie, dass es sich nicht, im Sinne von „anything goes" um ein „beliebiges und willkürliches" Vorgehen handeln darf, sondern, dass es um ein „variantenreiches und flexibles" Therapeutenverhalten, bei dem der Therapeut weiß, „warum er etwas tut oder es zumindest im Nachhinein gut begründen" kann, gehen muss: „... die Patienten sollten spüren, dass der Therapeut sich variantenreich verhält, weil er sich an die Gegebenheiten adaptiert und mit ihnen kompetent umgeht ..." (König und Lindner 1991, S. 131).

6. Lerneffekte in gruppenpsychotherapeutischen Weiterbildungen

V. Tschuschke

Die Veränderungen durch Psychotherapie oder Gruppenpsychotherapie **können** immense Ausmaße annehmen und weitgefasste Lebensbereiche betreffen. Patienten bzw. Klienten in psychotherapeutischer Behandlung können sehr unterschiedliche Lernerfahrungen machen und Nachreifungen vornehmen, die auf Grund von höchst komplexen Prozessen im zwischenmenschlichen/dyadischen (Einzelpsychotherapie) oder multipersonalen/interaktiven Raum (Gruppenpsychotherapie) zustande kommen. Die Schwierigkeiten, die therapeutischen Veränderungsprozesse möglichst objektiv „dingfest" zu machen, werden in den Kap. 23, 28 und 29 eingehend beschrieben.

Wissenschaftlich abgesicherte Überprüfungen der schulengebundenen Konzepte nebst ihrer jeweils empfohlenen Techniken sind im Hinblick auf ihre spezifischen Wirkungen bei klinisch relevanten Klientelen jedoch kaum ausreichend bis gar nicht überprüft (Grawe u. Mitarb. 1994; Roth und Fonagy 1996; Tschuschke u. Mitarb. 1998). Sogar noch schlechter ist die Situation im Weiterbildungsbereich für Psychotherapeuten. Die Lern- und Reifungsprozesse von Psychotherapeuten in der Aus- und Weiterbildung wurden bisher zuweilen auf Metaebenen reflektiert und problematisiert (Cremerius 1992; Ferchland-Malzahn 2000; Kernberg 1998; Thomä 1991). Sie wurden aber kaum empirisch beleuchtet, von ganz wenigen erwähnenswerten Ausnahmen abgesehen (Petzold u. Mitarb. 2000). Von den wenigen empirischen Studien gibt es interessanterweise relativ mehr empirische Substanz in der Ausbildung zum Gruppenpsychotherapeuten bzw. zur Gruppenpsychotherapeutin als für die Ausbildung zum Einzeltherapeuten (Dies 1983; Hayne 1997; MacKenzie u. Mitarb. 1987; Piper u. Mitarb. 1984; Stone u. Mitarb. 1994; Tschuschke und Greene 2002).

Ist es mit der Evaluation der Psychotherapie im Allgemeinen – und im Besonderen bei spezifischen Schulkonzepten – schon nicht sehr gut bestellt, so ist die Situation bei der Ausbildungsbewertung noch sehr viel schlechter. Dabei wäre dies eigentlich eine Apriori-Forderung.

„Für *psychotherapeutische Aus- bzw. Weiterbildungen*, die in standardisierten Curricula angeboten werden, ergibt sich die unbedingte Forderung nach Evaluation, weil nur diese Maßnahme sicher stellt, dass die hohe Qualität, die man von derartigen Ausbildungsangeboten verlangen muss, gewährleistet wird. Immerhin geht es um Ausbildungen für einen Beruf, in dem „Fachleute" Ärzte, Psychologen, Absolventen humanwissenschaftlicher Studiengänge, die schon im Berufsleben stehen, *berufsbegleitend* für den fachlichen Umgang mit Menschen weitergebildet werden, die schwere psychische und psychosomatische Beschwerden haben … " (Petzold u. Mitarb. 2000, S. 353).

(Ohn-)Macht und Abhängigkeit in der Psychotherapieweiterbildung

Ärzte und Psychologen, die sich einer psychotherapeutischen Weiterbildung unterziehen, sind zwangsläufig – wie später ihre Patienten/Klienten – in **temporären Abhängigkeitsverhältnissen**. Diese bringen – wie auch die Behandlung von psychisch Kranken und Bedürftigen – zahlreiche ethisch-moralische Probleme mit sich (vgl. Kap. 3). Auswüchse und Fehlentwicklungen institutionalisierter Ausbildungsroutinen sind im Rahmen der Sozialisation zum Psychotherapeuten von besonderer Brisanz, wie man sich leicht denken kann. In beiden Settings – der realen Therapiesituation wie in der Ausbildung zum Psychotherapeuten – geht es um das Ziel der Entwicklung einer freien und selbstbestimmten reifen Persönlichkeit (im letzteren Falle noch zusätzlich um den Erwerb professionellen Wissens), was gleichwohl innerhalb des Rahmens von abhängigen Beziehungsstrukturen erfolgt (Kap. 4, 5). Ein scheinbares Paradox: Wo Abhängigkeit besteht, ist Macht im Spiel (Portele und Roessler 1994). Kann dennoch Freiheit und Autonomie entstehen, wo Macht im Spiel ist?

Es dürfte keine Fehlannahme sein, zu behaupten, dass jegliche Ausbildung, jeglicher Lernprozess in aller Regel im Leben innerhalb von Rahmenbedingungen erfolgt (und vermutlich auch erfolgen muss), die hierarchisch strukturiert sind. Dies kann nur mit dem Gefälle an Wissen und den unterschiedlichen Rollen – hier Lernender, dort Lehrender – erklärt werden. Eine volle „Ich-Du-Mutualität" (Buber 1979) kann und darf es in Erziehung und Psychotherapie nicht geben.

„… Erziehung, Psychotherapie sind besondere Ich-Du-Verhältnisse ohne das sonst im Ich-Du-Verhältnis gegebene volle Mutualität. Der Erzieher und der Psychotherapeut üben ‚Umfassung', sie ‚bestätigen' ihr Gegenüber, aber nicht umgekehrt" (Portele und Roessler 1994, S. 97).

Macht in diesem Sinne muss nach Buber dennoch nicht zwangsläufig negative Auswirkungen haben, nämlich exakt und gerade dann nicht, wenn auf Seiten des Ausbilders **Akzeptanz** im Spiel ist. Aber dies scheint leider – ausgerechnet – in psychotherapeutischen Ausbildungssystemen und -strukturen eher selten der Fall zu sein (Lohmann 1983).

Ausbildung in der Psychotherapie wird zusehends bewusster reflektiert und Auswüchse werden zunehmend offener kritisiert. Am ehesten scheinen die Ausbildungsstrukturen im Rahmen der Ausbildung zum Psychoanalytiker kritisiert zu werden. Dies mag zum einen an der längeren Tradition der Ausbildung und der länger gegebenen Etabliertheit der Methode und zum anderen aber vermutlich auch an den rigideren und dogmatischeren Strukturen institutionalisierter psychoanalytischer Ausbildung liegen (Cremerius 1992; Kernberg 1998; Lohmann 1983; Thomä 1991).

„In zweierlei Hinsicht sind Psychoanalytiker unglücklich: wenn sie in die Lage kommen, selber Macht auszuüben und wenn sie in Konflikt mit der Macht, mit mächtigen Institutionen oder irgendwelchen Machtansprüchen geraten. ..."

Die Frage, warum man an das Verhältnis von Psychoanalytikern zur Macht besondere Ansprüche stellen muss und es nicht so wie bei irgendwelchen Bürgern betrachten und beurteilen kann, ergibt sich aus einem grundlegenden Erfordernis der Psychoanalyse. Jeder, der sie ausübt, muss die eigenen Machtgelüste kennen, das narzisstische Bedürfnis, Macht über andere auszuüben, und seine eigenen Allmachtsansprüche aus dem Unbewussten, muss diese bei seinen Analysanden wahrnehmen und vor allem durchschauen, wenn sich aus der Übertragung auf seine Person die Verführung ergibt, eine aggressive, auch narzisstisch befriedigende Macht über den Analysanden auszuüben. Darüber hinaus muss er imstande sein, jene oft verborgenen Machtansprüche klar zu erkennen, denen alle Analysanden im Milieu ihrer Kindheit ausgesetzt waren, denen die meisten weiterhin ausgesetzt sind, ohne sie alle von alleine wahrnehmen zu können" (Parin und Parin-Matthèy 1983, S. 17 f.).

Macht und Psychotherapie ganz generell sind zwei schwierig miteinander einhergehende Aspekte in der therapeutischen Beziehung, die sich eigentlich per definitionem ausschließen müssten. Psychotherapie soll zur Nachreifung, zur Emanzipation, zur vollen Autonomie und Entfaltung persönlicher Freiheit führen und erfolgt ihrerseits selbst in hierarchischen Strukturen, die erzieherischen/edukativen Maßnahmen inhärent und unvermeidbar sind. Die einzige Abhilfe scheinen **bewusste Reflektionen** und permanente **kritische Selbstbefragungen** auf Seiten des Ausbilders/der Ausbilder zu sein, um unbewusste primitiv archaische Machtgelüste im Sinne Parin und Parin-Matthèys (auf Seiten des Ausbilders) zu bewältigen und auf Seiten des Auszubildenden unbewusste identifikatorische Prozesse mit der Macht (dem Aggressor) zu verhindern.

Ferchland-Malzahn (2000) ist – trotz der in den letzten 15 Jahren zunehmenden Kritik am Klima psychoanalytischer Ausbildungsinstitute – nicht erstaunt über die Probleme mit dem **Selbsterfahrungsanteil** in der Ausbildung: immer länger werdende Ausbildungsanalysen, Nichterreichung eines Grades an Emanzipation wie ursprünglich gewünscht und erwartet, wenig kreativitätsförderndes Klima in den Ausbildungsinstituten. Sie hebt den menschlichen Faktor in den Fokus der Betrachtung:

„Dennoch scheint mir nicht erstaunlich zu sein, dass gerade dieser Teil der Ausbildung [der Selbsterfahrungsanteil] so in die Kritik gekommen ist. Verknüpft er doch am stärksten und eindrücklichsten die Probleme der Ausbildung, dass nämlich im Erlernen und Verstehen der psychischen Prozesse objektive und subjektive Wahrnehmungen schwer voneinander zu trennen sind, die Verstrickungen immens sind" (Ferchland-Malzahn 2000, S. 20).

Weiterbildung in Gruppenpsychotherapie – Stand der Forschung

Die Weiterbildung in der Psychotherapie im Allgemeinen – mithin üblicherweise in der Weiterbildung zum Einzelpsychotherapeuten – ist hier nicht Gegenstand der Betrachtung. Es muss an dieser Stelle eine Beschränkung auf die **Besonderheiten der gruppenpsychotherapeutischen Weiterbildung** erfolgen. Was wissen wir derzeit über die Effekte der Ausbildung zum Gruppenpsychotherapeuten?

Es hat bisher einige empirische Studien zu dieser Frage gegeben. Erfreulicherweise scheint es sogar mehr empirische Substanz bezüglich der Gruppenweiterbildung als zur Ausbildung in der Einzelpsychotherapie zu geben.

Im deutschsprachigen Bereich gibt es eine Studie, die hermeneutisch die Lerneffekte von Ausbildungskandidaten in Gruppenanalyse (Altaussee) studiert hat (Hayne 1977). Daneben steht eine Reihe von empirischen Untersuchungen, die Lerneffekte von kanadischen und US-amerikanischen Gruppenpsychotherapeuten in der Weiterbildung untersucht haben (MacKenzie u. Mitarb. 1987; Piper u. Mitarb. 1984; Stone u. Mitarb. 1994; Tschuschke und Greene 2001).

Altaussee-Studie (Hayne 1997)

Hayne (1997) hat 12 Gruppen in gruppenanalytischer Weiterbildung im Ausbildungszentrum Altaussee empirisch-hermeneutisch untersucht. Alle Teilnehmer der Gruppen haben an **Selbsterfahrungsgruppen** in Altaussee teilgenommen. Im Rahmen dieses Selbsterfahrungsabschnitts in Altaussee werden Theorie- und Fallseminare angeboten, es werden Beobachter-, Koleiter- und Leiterfunktionen gelehrt, dies alles zusätzlich zu einer Einzel- und kontinuierlichen **Gruppenanalyse**, die der Teilnehmer am Heimatort durchführt. Einschränkend muss gesagt werden, dass also auch nur eine Aussage über die Altausseer Ausbildungskomponente gemacht werden kann und nicht über den Beitrag der regelmäßigen Ausbildung am Heimatort.

Hayne (1997) kommentiert die analytische Ausbildung als ein womöglich niemals endgültiges „Ankommen", ein „Ans-Ende-Kommen", so dass es einen endgültigen Abschluss wohl niemals geben kann, was bei ihm zu einer Art „Spannung zwischen Bewunderung und Anerkennung für die analytischen Lehrer einerseits sowie einer ausgeprägten Skepsis gegenüber manchen autoritären Lehrmethoden ... andererseits" geführt hat (S. 97).

■ Methodik

Hayne hat die **Fremdprotokolle** aus 20 Jahren Altausseer Workshops gesichtet und ausgewertet, dennoch versucht er, zur Darstellung der Ergebnisse nur seine „eigene Arbeit als Gruppenleiter" heranzuziehen. Er hat auf diesem Wege seine Beziehung zu seiner jeweiligen Koleiterin (die anonym bleibt) untersucht und mit den Ergebnissen der auch stattfindenden Großgruppe verglichen und interpretiert. Darüber hinaus wurden von ihm etwaige persönliche Informationen so unkenntlich gemacht, dass kein Teilnehmer erkennbar wird. Er äußert sich folgendermaßen:

„Damit kehre ich zu der eingangs gemachten Charakterisierung der vorliegenden Untersuchung zurück, nämlich dass es sich um eine Studie handelt, in der vor allem meine eigenen Verwicklungen, meine Verarbeitungsversuche, meine Deutungsarbeit und deren Auswirkungen herangezogen werden. Dabei betrachte ich Wechselwirkungen mit den Teilnehmern als Gruppe sowie als Einzelne ... mit der Koleiterin und mit der Institution als Ganzes" (Hayne 1997, S. 103).

Das empirisch vorliegende Material waren Protokolle und Notizen der „verbalen, nonverbalen und außerverbalen Äu-

ßerungen innerhalb der Gruppen" (Hayne 1997, S. 119). Material, das in Staff-Konferenzen und z.T. Theorieseminaren nach der Methode der **Tiefenhermeneutik** (Habermas 1968) gewonnen worden war, wurde „übergeleitet" (interpretiert) in gruppenanalytische Sichtweisen „unter mehrfach im Verlauf überprüfter Rater-Einigungen" (Hayne 1997, S. 120). Die eigenen Auswertungsschritte des Autors bestanden darin, dass anhand des analytischen Materials nun weitere Auswertungsschritte vorgenommen werden sollten:
- Gibt es Grundmotive, die sich im Erleben der Gruppe durchgängig zeigen und auf der Abstraktionsebene von Grundkategorien anzusiedeln sind? (Gemeinsam mit einem anderen Ausbildungsleiter wurde ein wissenschaftlicher Diskurs geführt.)
- Charakterisieren sich in einem zusätzlichen Abstraktionsprozess Typen oder bestimmte Konstellationen heraus? (Hierzu wurden Rater-Übereinstimmungen mit einer in Gruppenpsychotherapie erfahrenen Psychologin angestrebt.)
- Die sechs gefundenen Dimensionen sollten nun mit Hilfe der „vier psychoanalytischen Psychologien" charakterisiert werden.
- Können die für Gruppen wichtigen Konflikte im Rahmen der gefundenen Dimensionen verstanden werden?

Ergebnisse

Hayne findet eine durchgängige Dialektik zwischen **Liebeswünschen** und **Macht**, die sich durch alle gefundenen sechs Phasen der Gruppenentwicklung hindurchziehen:
- **Nidation** (anfängliches Sicheinnisten ins Netz der Gruppe).
- **Kontrolle** (gestärktes Selbstwertgefühl der Gruppenmitglieder) aufgrund eines gewachsenen Machtgefühls)
- **Initiation** (Auflehnung/Revolte gegen den Leiter) führt zu einer Zusammenrottung der Gruppe gegen den Leiter.
- **Ökodemee** (Aufbau des „Hauses", analog zur biblischen Gemeinschaft, die sich unter dem göttlichen Geist und im Bund mit Gott einte). Es gehe hier um eine Einigung, eine Vergemeinschaftung unter dem zentralen Anliegen der Gruppenanalyse, eine kohäsivere Arbeit an gemeinsamen Themen.
- **Vollständige Kommunikation.** Die weit fortgeschrittene Gruppe erreicht ein Niveau an Kommunikation, auf dem Barrieren zwischen psychischen Instanzen durchlässig und kreative Prozesse (Einfälle, Fantasien, Erinnerungen, Gefühle und Affekte) freigesetzt werden; eine Phase sehr intensiver therapeutischer Arbeit.
- **Ablösung.** Die schmerzhafte Phase von Verlust und Trennung ermöglicht die Bearbeitung von archaischen Verlustängsten (wie z. B. beim Thema Tod).

Kanadische Gruppenpsychotherapieweiterbildung (CGPA) – die 1981/1982er Untersuchung von Piper u. Mitarb. (1984)

Die **Canadian Group Psychotherapy Association (CGPA)** veranstaltet jedes Jahr einen Kongress mit begleitendem so genannten **Institut**. Das heißt, eine große Zahl von Personen in den psychotherapeutischen Berufen, deren Tätigkeit die Durchführung von therapeutischen Gruppen einschließt, nimmt an 2-tägigen intensiven **Selbsterfahrungsgruppen** teil, die dem jährlichen Kongress der CGPA unmittelbar vorausgehen (ganz analog zu den AGPA-Tagungen s.u.). Die Gruppen werden üblicherweise als psychodynamische, prozessorientierte oder allgemein als psychodynamische Gruppen im Rahmen der Weiterbildung zum zertifizierten Gruppenpsychotherapeuten durchgeführt. Sitzungen dauern jeweils drei Stunden und finden am ersten und zweiten Tag jeweils vormittags und nachmittags statt (insgesamt also 12 Stunden verteilt auf vier Sitzungen).

Piper u. Mitarb. (1984) haben die Lernerfahrungen der Teilnehmer der Institutsgruppen der Jahrestagungen 1981 und 1982 empirisch untersucht. Es handelt sich um die Daten von insgesamt 119 Teilnehmern (aus 18 Gruppen: 13 von der 1981er Tagung in Toronto, 5 Gruppen von der 1982er Tagung in Montreal). Das Ziel der Untersuchung war die Klärung der Frage, welche Bedeutung eine Reihe von vermutlichen Variablen für die Weiterbildung aus Sicht der Teilnehmer haben würde:
- demographische Merkmale (objektiv),
- Wahrnehmungen des Gruppenklimas (Sicht der Teilnehmer),
- Wahrnehmungen der Gruppenkohäsion,
- Wahrnehmungen der Leiterqualität und des Leitungsstils

Methodik

Alle folgenden Variablen wurden über Fragebögen am Ende der Sitzungen des 2. Tages erhoben.

Vier Merkmale wurden operational über den **Gruppenklimafragebogen** „Group Climate Questionnaire (GCQ-S)" (MacKenzie 1981, 1996b) erfasst:
- Arbeit,
- Engagement,
- Konflikt,
- Vermeidung (insgesamt 12 Items).

Zur **Erfassung der Kohäsion** wurden drei weitere Variablen eingesetzt:
- gegenseitige Stimulation und Wirkung,
- Verbundenheit mit der Gruppe,
- Eignung (der Individuen) zur Gruppenteilnahme.

Sie waren jeweils mit fünf Items repräsentiert.

Leitervariablen waren:
- Bedeutungszuschreibung (Interpretation durch den Leiter),
- Fürsorge (der Leiter sorgt sich und unterstützt),
- emotionale Stimulierung (der Leiter stimuliert durch persönliche Selbstöffnung),
- exekutive Funktion (der Leiter leitet an und kontrolliert die Gruppenprozesse).

Alle diese Variablen waren durch jeweils zwei bis vier Items operationalisiert.

Weitere drei Variablen bezogen sich auf **Beziehungsaspekte mit dem Leiter**:
- positive Qualitäten (der Leiter besitzt eine Reihe von positiven Merkmalen),
- Unzufriedenheit mit dem Leiter (der Leiter entzieht sich),
- persönliche Kompatibilität mit dem Leiter.

Tabelle 6.1 Fragebogen zur Einschätzung des Lernerfolgs (nach Piper u. Mitarb. 1984; deutschprachige Version)

Bewertungsbogen zum Lernerfolg in Gruppen Code:

Gruppe: _____
Sitzung: _____ Datum: _____

Die folgenden Fragen versuchen, Ihre Sicht des Lernens in verschiedenen Bereichen zu erfassen.

Bitte kreisen Sie nur **eine** Zahl hinter jeder Frage ein.
(0 = nichts gelernt, 1 = geringfügig, etwas gelernt, 2 = wenig gelernt, 3 = durchschnittlich viel gelernt, 4 = ziemlich viel gelernt, 5 = sehr viel gelernt)

Ich glaube, dass ich als Ergebnis der Teilnahme an meiner Institutsgruppe …

1. mir mehr bewusst über die Gefühle bin, die ich in einer Gruppe erlebe.	0	1	2	3	4	5
2. mehr darüber gelernt habe, was mir leicht und was mir schwer fällt, in einer Gruppe auszudrücken.	0	1	2	3	4	5
3. mir mehr darüber bewusst bin, wie ich mit anderen in der Gruppe zurechtkomme.	0	1	2	3	4	5
4. mir mehr darüber im Klaren bin, welche Rollen ich in einer Gruppe einnehme.	0	1	2	3	4	5
5. nun mehr über grundlegende Prozesse und Dynamiken weiss, die in Gruppen auftreten.	0	1	2	3	4	5
6. mehr darüber gelernt habe, wie ich das, was in einer Gruppe abläuft, beeinflussen kann.	0	1	2	3	4	5
7. mir mehr darüber bewusst bin, in welcher Beziehung ich zum Gruppenleiter in einer Gruppe stehe.	0	1	2	3	4	5
8. als Teilnehmer in einer Gruppe nun mehr über meine eigenen Stärken und Schwächen weiß.	0	1	2	3	4	5
9. mir nun mehr darüber bewusst bin, wie es anderen in einer Gruppe geht	0	1	2	3	4	5
10. nun eine bessere Vorstellung darüber habe, was andere in einer Gruppe erleben.	0	1	2	3	4	5
11. mehr verstehe, warum ich/wie ich auf bestimmte Leute in einer Gruppe reagiere.	0	1	2	3	4	5
12. gelernt habe, wie ich persönlich mehr aus einer Gruppenerfahrung gewinnen kann.	0	1	2	3	4	5
13. gelernt habe, wie ich anderen helfen kann, mehr Nutzen aus einer Gruppe zu ziehen.	0	1	2	3	4	5
14. einige Vorstellungen gewonnen habe, wie ich als Gruppenleiter meine Technik verbessern kann.	0	1	2	3	4	5
15. Verschiedenes gelernt habe, das die Effektivität meiner professionellen Arbeit verbessern wird.	0	1	2	3	4	5
	schlecht	gering	gemäßigt	durchschnittlich	gut	sehr gut
Meine allgemeine Zufriedenheit mit dem, was ich in der Institutsgruppe gelernt habe, ist	0	1	2	3	4	5

Falls Sie Kommentare bzgl. Ihrer Gruppenerfahrung ergänzen möchten, geben Sie diese bitte auf der Rückseite dieses Fragebogens an.

Der **Lernerfolg** wurde über einen separaten Fragebogen ganz am Ende der Selbsterfahrung erfasst. Hierzu wurden 16 Fragen (15 spezifische, eine globale) konstruiert, die eine Anzahl von Lernaspekten in Selbsterfahrungsgruppen abfragt (Tab. 6.1; derselbe Bogen wurde in der 1996er AGPA-Untersuchung verwandt, s.u.).

Ergebnisse

Es resultierten zunächst zwei Faktoren des Lernens:
- Lernen über sich selbst in einer Gruppe,
- Lernen, wie man ein effektiver Gruppenleiter mit professionellen Fertigkeiten wird.

Damit werden offenbar ein Selbsterfahrungsaspekt wie auch ein professioneller Aspekt der antizipierten Gruppenleiterrolle in den Selbsterfahrungsgruppen dieses Instituts vermittelt.

Die **wichtigsten Lernitems** waren:
- Ich habe Verschiedenes gelernt, dass die Effektivität meiner professionellen Arbeit verbessern wird (Item 15, Mittelwert – MW = 3,9).
- Ich bin mir mehr bewusst über die Gefühle, die ich in einer Gruppe erlebe (Item 1, MW = 3,9).
- Ich habe einige Vorstellungen darüber gewonnen, wie ich als Gruppenleiter meine Technik verbessern kann (Item 14, MW = 3,8).

Die drei am geringsten gewichteten Lernitems waren:
- Ich habe nun eine bessere Vorstellung darüber, was andere in einer Gruppe erleben (Item 10, MW = 3,4).
- Ich bin mir mehr darüber bewusst, in welcher Beziehung ich zum Gruppenleiter in einer Gruppe stehe (Item 7, MW = 3,3).
- Ich habe gelernt, wie ich anderen helfen kann, mehr Nutzen aus einer Gruppe zu ziehen (Item 13, MW = 3,3).

Die Verbesserung der Professionalisierung spielte demnach durchschnittlich eine größere Rolle (alle drei wichtigsten Items reflektieren erwünschte rollenbezogene Aspekte) denn Aspekte der eigenen Person als Gruppenmitglied unter vielen anderen (Peers).

Die **Beziehungen zwischen Gruppenvariablen und Lernen** verdeutlichen, dass eine gute Arbeitsatmosphäre und ein Klima des Engagements mit günstigen Lerneffekten (bei allen drei Lernfaktoren, also auch dem globalen Lernen) signifikant korreliert waren (Pearson-Korrelationen zwischen 0,22 [p < 0,05] und 0,36 [p < 0,01]). Eine verbesserte Neigung in der Gruppe zu gegenseitiger Stimulation und eine bessere erlebte Kompatibilität miteinander wirkten sich ebenfalls hoch signifikant auf die Lerneffekte aller drei Faktoren aus (Pearson-Korrelationen zwischen 0,30 [p < 0,001] und 0,49 [p < 0,001]).

Demographische Aspekte spielten bei den Gruppenleitern keine Rolle: Das **Geschlecht des Gruppenleiters** wirkte sich nicht auf Lerneffekte aus, weder bei Frauen noch bei Männern. Das **Geschlecht der Gruppenteilnehmer** allerdings wirkte sich dahingehend aus, dass Frauen größere Lernerfahrungen berichteten, selbst wenn Alter und Berufserfahrung als Variablen statistisch kontrolliert wurden. Wenn das Alter auch noch hinzugenommen wurde, dann berichteten speziell jüngere Frauen über die größten Lernzuwächse durch die Gruppenselbsterfahrung innerhalb des untersuchten Kontextes.

Leitervariablen erwiesen sich weiterhin als bedeutsam. Speziell die auf Seiten der Gruppenmitglieder als **positive Qualitäten** eingeschätzten Leitermerkmale korrelierten hoch signifikant mit Lerneffekten (bei allen drei Lernfaktoren) (von +0,41 bis +0,47; alle p < 0,001). Auch wichtig war die Aktivität der Gruppenleiter, wenn sie Gruppengeschehnissen „Bedeutung zuschrieben" (sie interpretierten) (Zusammenhang mit dem globalen Lernen: +0,52 [p < 0,001]; mit dem Lernen über sich selbst: +0,45 [p < 0,001]; mit dem professionellen Lernen: +0,34 [p < 0,001]).

Amerikanische Gruppenpsychotherapieweiterbildung (AGPA) – die 1984er Untersuchung von MacKenzie u. Mitarb. (1987)

Ganz ähnlich wie die CGPA führt die **American Group Psychotherapy Association (AGPA)** in den USA bereits schon seit noch längerer Zeit jährliche Tagungen mit assoziierten Institutsgruppen durch, in deren Rahmen Weiterbildungen in Form von Selbsterfahrungsgruppen durchgeführt werden.

MacKenzie u. Mitarb. (1987) haben die 2-tägigen Trainingsgruppen – ähnlich wie Piper u. Mitarb. (1984) – auf Lerneffekte hin untersucht. Hierfür konnten 54 Gruppen mit insgesamt 555 Teilnehmern einbezogen werden.

An zwei Tagen wurden wiederum vier Sitzungen – wie bei den kanadischen Institutsgruppen – durchgeführt. Nach der ersten Sitzung nahmen 555 Teilnehmer (von insgesamt 563 Teilnehmern aus allen Institutsgruppen; eine erstaunlich hohe Compliancerate von 98,6%) an der Untersuchung teil und füllten die Fragebögen (s.u.) aus; nach der zweiten Sitzung füllten n = 549, nach der dritten Sitzung n = 535 und nach der vierten und letzten Sitzung n = 525 (immerhin noch 93.3%) die Fragebögen aus.

28 so genannte **Specific Interest Groups** (**SIG**, das sind Gruppen, die sich mit einem Schwerpunktthema befassen wie z. B. Koleitung, Geschlechtsaspekte in Gruppen) und 26 so genannte **General Psychodynamic Groups**, also psychodynamische Selbsterfahrungsgruppen, wurden durchgeführt.

Methodik

Der **Lernerfolg** wurde über ein globales Maß operationalisiert: Die Teilnehmer sollten (1) den Gruppenleiter und (2) die Gruppe selbst auf einer siebenstufigen Likert-Skala von „ausgezeichnet" bis „sehr schlecht" und (3) das Lernausmaß auf einer vierstufigen Skala einschätzen.

Leitervariablen waren anhand eines so genannten **Leader Adjective Measure** (**LAM**) nach der vierten Sitzung einzuschätzen. Es handelte sich hierbei um eine Ansammlung von 40 Items zum Erleben des Gruppenleiters (s. u. das fast identische LAM in der 1996er Untersuchung in Tab. 6.2). **Gruppenadjektive** wurden in ähnlicher Weise (10 positive und 10 negative) nach dem Ende der zweitägigen Gruppenerfahrung vorgegeben, um die Gruppen zu beschreiben.

Der **Gruppenklimabogen** von MacKenzie (1981, 1996b) wurde wiederum für das subjektiv erlebte Gruppenklima eingesetzt, wie in der kanadischen Untersuchung.

Ergebnisse

Zur übersichtlicheren Auswertung wurden Extremgruppen miteinander verglichen. In den erfolgreichsten acht Gruppen bewerteten 67% der Gruppenmitglieder ihre Gruppe als sehr erfolgreich, während 65% der acht am wenigsten erfolgreichen Gruppen ihre Gruppe als „sehr schlecht" einstuften. Die Anzahl der Mitglieder in den Gruppen, das Geschlecht des Gruppenleiters und die Art der Gruppen (SIG oder psychodynamische Gruppe) spielten keine Rolle bei der Erfolgsbeurteilung.

Die Beurteilung der **Leitereigenschaften** erbrachte über Faktorenanalysen fünf Faktoren an Leitereigenschaften:
- der **sorgende Gruppenleiter** (Faktor I, „caring") (klassische Rogerianische Konzepte wie „akzeptierend", „empathisch", „echt" usw. laden auf diesem Faktor),
- der **charismatische Gruppenleiter** (Faktor II, „charismatic"), was auch als „stimulierend" aufgefasst werden könnte (hier laden Items wie „brillant", „inspirierend" und „charismatisch"),
- der **kenntnisreiche Gruppenleiter** (Faktor III, „skillful"), die technischen Aspekte der Gruppenleitung widerspiegelnd, z.B. „kenntnisreich", „reich an Fertigkeiten", „mit Gespür/wahrnehmend" usw.,
- der **hemmende Gruppenleiter** (Faktor IV, „inhibiting"): der „defensive" Leiter wird hier beschrieben, der vielleicht sogar „unangemessen" (re)agiert,
- der **kontrollierende Gruppenleiter** (Faktor V, „controlling"): gleichfalls eine negative Skala, in der solche Items wie „kontrollierend", „manipulativ" eine besondere Rolle spielen.

Die Ergebnisse zeigen ganz klar, dass bestimmte Ausprägungen in den zuvor genannten fünf Leiterskalen (wie der Leiter von den Gruppenmitgliedern erlebt wird) in sehr hohem Maße mit dem Lernerfolg der Weiterbildungsteilnehmer korreliert ist. In absteigender Reihenfolge hatte das Charisma der Gruppenleiter den größten Einfluss auf den Lernerfolg: In Gruppen mit besserem Lernergebnis wurde der Gruppenleiter bzw. die -leiterin als signifikant charismatischer erlebt als in den Gruppen mit niedrigem Lernerfolg, wo der Gruppenleiter bzw. die Gruppenleiterin als wenig charismatisch erlebt wurde. Danach kam der kenntnisreiche Gruppenleiter: Je mehr der Gruppenleiter als kenntnisreich erlebt wurde, desto größer war der Lernerfolg und umgekehrt.

Die negativen Skalen (hemmender Gruppenleiter) wurden in erfolgreichen Gruppen praktisch nicht angekreuzt, dagegen wohl in den wenig oder nicht erfolgreichen Gruppen. **Gruppeneigenschaften** waren höchst positiv mit dem Lernerfolg korreliert, wenn sie hohe Werte in der Skala „Kohäsion" aufwiesen (über solche Adjektive wie „offen", „enthusiastisch", „wichtig" operationalisiert), während die Skala „Abwehr" Gruppenatmosphären mit Spannung beschreibt, die in wenig erfolgreichen Gruppen ausgeprägt und in erfolgreichen Gruppen wenig ausgeprägt waren. Die dritte Skala „Oberflächlichkeit" beinhaltet Items wie „enttäuschend" und „richtungslos" und war in wenig erfolgreichen Gruppen sehr ausgeprägt.

Das subjektiv erlebte **Gruppenklima** – erfasst über den Gruppenklimabogen (s.o.) – trennte erfolgreiche von wenig erfolgreichen Gruppen ebenfalls deutlich. Die Skala „Arbeit" klärt in den erfolgreichen Gruppen die meiste Varianz über alle vier Sitzungen auf, während der „negative Angstfaktor" die meiste Varianz in den wenig erfolgreichen Gruppen aufklärt. Auch haben die erfolgreichen Gruppen ein ausgeprägtes Klima des „Engagements", während dies bei wenig erfolgreichen Gruppen nicht der Fall ist.

Amerikanische Gruppenpsychotherapieweiterbildung (AGPA) – die 1996er Untersuchung von Tschuschke und Greene (2002)

Stone u. Mitarb. (1994) haben eine weitere Auswertung von AGPA-Institutsgruppen, die in 1987 stattfanden, vorgenommen, wobei im Wesentlichen eine Beschränkung auf die Überprüfung der Faktorenstruktur der 12 Yalomschen Wirkfaktoren vorgenommen wurde.

Eine ähnliche Erhebung wie die von MacKenzie u. Mitarb. (1987) erfolgte 1996 mit den Teilnehmern der Institutsgruppen im Rahmen der AGPA-Jahrestagung in San Francisco. Hierzu wurden einige der Erfassungsbögen der 1987er Veröffentlichung wieder eingesetzt, zusätzlich allerdings noch der **Stuttgarter Bogen** (SB) (Lermer und Ermann 1976; Tschuschke 1996e) in seiner amerikanischen Version als **Group Relationship Questionnaire** (GRQ) (MacKenzie und Tschuschke 1997) und eine verbesserte Version der Erfolgsbewertung hinsichtlich der Lerneffekte (die **Bewertungsform zum Lernerfolg in Gruppen**, wie sie in der kanadischen Studie verwandt worden war, Tab. 6.1).

Insgesamt nahmen 434 von 456 Teilnehmern der Institutsgruppen (das sind 95,2%) an der Untersuchung teil. Die Ergebnisse der Studie sind ausführlich an anderer Stelle beschrieben (Tschuschke und Greene 2002) und sollen hier nur gerafft dargestellt werden. 39 Gruppen waren angeboten worden, von denen nur 37 stattfinden konnten (wegen mangelnder Nachfrage fielen zwei Gruppen aus). Von den 37 Gruppen waren 19 psychodynamische Selbsterfahrungsgruppen und 18 Special Interest Groups (SIG) zu Spezialthemen (s.o.). Wiederum fanden vier Sitzungen an zwei Tagen statt, jeweils 3,5 Stunden an Vormittag und 3,5 Stunden am Nachmittag, so dass insgesamt vier Sitzungen mit insgesamt 14 Stunden durchgeführt wurden.

Die Gruppenleiter waren sämtlich – wie auch die der 1984er Untersuchung von MacKenzie u. Mitarb. – sehr namhafte und sehr erfahrene Gruppenleiter, die in Nordamerika führend für die theoretische Konzeptualisierung und praktische Weiterentwicklung ihrer jeweilig praktizierten Konzepte sind.

Methode

Erfolg wurde – wie schon erwähnt – über die Bewertungsform, die in Tab. 6.1 in ihrer deutschsprachigen Version abgebildet ist und bereits in der kanadischen Untersuchung von Piper u. Mitarb. (1984) Verwendung gefunden hatte, operational erfasst.

Das Spezifische an der 1996er Untersuchung war die Erfassung der zwei ersten Gruppensitzungen mit allen Fragebögen (mit Ausnahme des abschließend den Erfolg bewertenden Bogens), um den Einfluss der frühen Sitzungen auf den Lernerfolg abzuschätzen. Wir waren davon ausgegangen, dass – analog zu Forschungsergebnissen mit Patientengruppen – die ersten Sitzungen den Lerneffekt (bzw. bei den Pa-

Tabelle 6.2 Deutschsprachige Version des Leader Adjective Measure (LAM) (Tschuschke und Greene 2001)

Liste zur Einschätzung der Leitermerkmale

Name: _____
Gruppe: _____ Datum: _____

Anweisungen: Bitte markieren Sie **eine** Antwort in jeder Reihe mit Ihrer ersten spontanen Reaktion, so wie Sie die Leistung der Gruppenleiterin bzw. des Gruppenleiters in der letzten Gruppensitzung erlebten. Wählen Sie die zutreffende Abstufung zwischen den Beschreibungen links und rechts in jeder Reihe.

In der vergangenen Sitzung war der/die Leiter/in …

	1	2	3	4	5	6	7	
Ermutigend	1	2	3	4	5	6	7	Nicht ermutigend
Offen	1	2	3	4	5	6	7	Nicht offen
Engagiert	1	2	3	4	5	6	7	Nicht engagiert
Nicht behindernd	1	2	3	4	5	6	7	Behindernd
Nicht kontrollierend	1	2	3	4	5	6	7	Kontrollierend
Einfallsreich	1	2	3	4	5	6	7	Nicht einfallsreich
Inspirierend	1	2	3	4	5	6	7	Nicht inspirierend
Kompetent	1	2	3	4	5	6	7	Nicht kompetent
Liebenswert	1	2	3	4	5	6	7	Nicht liebenswert
Einzigartig	1	2	3	4	5	6	7	Nicht einzigartig
Empathisch	1	2	3	4	5	6	7	Nicht empathisch
Flexibel	1	2	3	4	5	6	7	Nicht flexibel
Nicht defensiv	1	2	3	4	5	6	7	Defensiv
Nicht manipulativ	1	2	3	4	5	6	7	Manipulativ
Sensibel	1	2	3	4	5	6	7	Nicht sensibel
Nicht selbstzentriert	1	2	3	4	5	6	7	selbstzentriert
Nicht vage	1	2	3	4	5	6	7	Vage
Spontan	1	2	3	4	5	6	7	Nicht spontan
Brillant	1	2	3	4	5	6	7	Nicht brillant
Wahrnehmend	1	2	3	4	5	6	7	Nicht wahrnehmend
Angemessen	1	2	3	4	5	6	7	Nicht angemessen
Kenntnisreich	1	2	3	4	5	6	7	Nicht kenntnisreich
Hilfreich	1	2	3	4	5	6	7	Nicht hilfreich
Entschieden	1	2	3	4	5	6	7	Nicht entschieden
Charismatisch	1	2	3	4	5	6	7	Nicht charismatisch
Akzeptierend	1	2	3	4	5	6	7	Nicht akzeptierend
Unterstützend	1	2	3	4	5	6	7	Nicht unterstützend
Nicht verwirrend	1	2	3	4	5	6	7	Verwirrend
Informativ	1	2	3	4	5	6	7	Nicht informativ
Konzentriert	1	2	3	4	5	6	7	Nicht konzentriert

Vielen Dank für das vollständige Ausfüllen.

©MacKenzie, Dies, Coché, Rutan, Stone (1987). Deutsche Version: Tschuschke (1998) tienten den Therapieeffekt) am stärksten zu prognostizieren in der Lage sein würden. In Untersuchungen mit stationären Gruppenpsychotherapiepatienten hatte sich gezeigt, dass die frühe gute objektale Beziehung zur Gruppe die meiste prognostische Relevanz hatte (hohe Werte in der Skala „emotionale Bezogenheit" des Stuttgarter Bogens) (Tschuschke 1993). Hohe Werte in dieser Skala bereits in den ersten Therapiesitzungen ebneten den Weg für weitere Wirkfaktoren, was schließlich insgesamt zum Therapieerfolg führte (Tschuschke 1996a, 1999e; Tschuschke und Dies 1994a, 1997).

Die Sitzungsbögen waren (verteilt jeweils nach den ersten beiden Sitzungen):
- Gruppenklimabogen (**Group Climate Questionnaire** – GQQ-S; 12 Items, drei Skalen: Engagement, Konflikt, Vermeidung) (MacKenzie 1981, 1996b),
- Stuttgarter Bogen (**Group Relationship Questionnaire** – GRQ; 15 Items, zwei Skalen: emotionale Bezogenheit und aktive Kompetenz) (MacKenzie und Tschuschke 1997),
- **Leader Adjective Measure** (LAM) (nach MacKenzie u. Mitarb. 1987, ergänzt um einige neu hinzugefügte Items, faktorenanalytisch neu berechnet, Tab. **6.2**).

Ergebnisse

Zunächst war es auffällig, dass professionelle Gruppenpraktiker anders erleben als Patienten in Gruppen. Die **individuelle positive objektale Beziehung** zur Gruppe spielte hier keine statistisch diskriminierende Rolle, einfach weil alle eine hohe Motivation für Gruppenteilnahme mitbrachten und insofern diese positive objektale Beziehung keinen Unterschied für das Outcome (in diesem Fall das Lernen) ausmachte wie bei Patienten, für welche die Fähigkeit zur frühzeitig guten Beziehung zur Gruppe den Ausschlag für Arbeitsbereitschaft und -fähigkeit in der Gruppe und späteren Therapieerfolg zu geben scheint (Tschuschke 1993). Konkret heißt dies, dass der Group Relationship Questionnaire (GRQ) keine statistisch bedeutsame Rolle bei der Prädiktion des Lernerfolgs in der Weiterbildung von Gruppenpsychotherapeuten bei der AGPA-Tagung spielte.

Wichtig waren das erlebte **Gruppenklima** (Group Climate Questionnaire), hier insbesondere eine Engagementatmosphäre, welche die Arbeitshaltung der Gruppe ausdrückt und mit gutem Lernerfolg korreliert war.

Die bedeutsamsten Lerneffekte (auf der Ebene einzelner Korrelationen wie auch bei multiplen Regressionsanalysen) wurden allerdings durch **Leitermerkmale** erzielt. Die Leiterpersönlichkeit erzielte in ihrer Wahrnehmung durch die Gruppenmitglieder **den** entscheidenden Effekt im Hinblick auf die subjektiv eingeschätzte Lernwirkung. Tab. **6.3** verdeutlicht dies.

Es war nicht so wichtig, ob der Leiter den Gruppenprozess „kontrollierte" oder sogar „manipulativ" war. Entscheidend war, ob der Gruppenleiter als „kompetent", sensibel („wahrnehmend"), „kenntnisreich", „hilfreich" und „entschieden", strukturgebend im Sinne von „nicht verwirrend" und sogar „brillant" oder „charismatisch" erlebt wurde. Gruppenleiter, die zwar als „kenntnisreich" und mit Fertigkeiten („skillful") erlebt wurden, erzielten signifikant geringere Lerneffekte bei ihren Adepten, wenn sie zugleich nicht als „charismatisch" oder „brillant" erlebt wurden. Im Gegenteil: Gruppenleiter der 37 Gruppen, die deutlich „manipulativ" oder „kontrollierend" eingestuft wurden, erzielten mit die besten Lernergebnisse bei ihren Gruppenteilnehmern, wenn sie als hoch „kompetent", „kenntnisreich" usw. erlebt wurden.

Tabelle 6.3 Rangkorrelationen zwischen den Einzelmerkmalen des Leitererlebens und dem Lernerfolg (Tschuschke und Greene 2002)

Der Leiter war	
Nicht kontrollierend	+0,21
Kompetent	+0,75***
Nicht manipulativ	+0,39*
Brillant	+0,66***
Wahrnehmend	+0,73***
Kenntnisreich	+0,69***
Hilfreich	+0,70***
Entschieden	+0,68***
Charismatisch	+0,54**
Nicht verwirrend	+0,63***

* p < 0,05
** p < 0,01
*** p < 0,001

Drei Faktoren resultierten aus den Faktorenanalysen des Leader Adjective Measure (LAM):
- der idealisierte Leiter,
- der kontrollierende Leiter,
- der kenntnisreiche, kompetente Leiter.

Auch die Skalenwerte zeigten eindeutig: Wenn der Gruppenleiter kontrollierte und Macht ausübte, dann hatte dies keine beeinträchtigenden Auswirkungen auf die Lerneffekte in allen Skalen, sofern zugleich die Fertigkeiten des Leiters als hervorragend eingestuft wurden und seine Kompetenz unstreitig war. Im Gegenzug waren die Lernergebnisse am schlechtesten, wenn zwar der Leiter nicht kontrollierte bzw. nicht manipulierte, er aber wenig idealisiert wurde. Am schlechtesten schnitt der kontrollierende und manipulierende Gruppenleiter ab, der zugleich weniger idealisiert und mit den geringsten Kenntnissen und Fertigkeiten erlebt wurde. Er erzielte bei seinen Gruppenteilnehmern in allen Skalen die geringsten Lerneffekte.

Der wesentliche Unterschied zwischen Sitzung 1 und 2 – im Hinblick auf den nach vier Sitzungen erhobenen gesamten Lerneffekt – betraf die Tatsache, dass Sitzung 1 mehr prognostische Relevanz (über multiple Regressionsanalysen) als Sitzung 2 aufwies. Das heißt, dass die Wahrnehmung des Gruppenleiters in der ersten von den vier Sitzungen bereits in einem größeren Ausmaß den Lernerfolg nach allen vier Sitzungen voraussagen konnte als das Erleben des Gruppenleiters in der zweiten Sitzung. Im Klartext: Der Gruppenleiter hinterließ in der ersten Sitzung mehr Wirkung in seiner Gruppe im Hinblick auf das Gruppenklima und damit den späteren gesamten Lernerfolg, so dass die Erfahrung in der zweiten Sitzung mit diesem spezifischen Leiter nicht mehr so entscheidend war. Noch anders ausgedrückt, die ganz frühen Eindrücke sind weichenstellend und werden kaum noch in weiteren Sitzungen modifiziert, jedenfalls nicht grundlegend.

In diesem Punkt gibt es Übereinstimmungen zwischen Weiterbildungsgruppen mit professionellen Gruppenleitern und Gruppen mit Patienten. Auch bei den Letzteren sind die frühesten Sitzungen mehr richtungweisend für den späteren Therapieerfolg als spätere (Tschuschke 1993).

Integration und Resümee

Es ist nicht leicht, aus diesen unterschiedlichen Evaluationsansätzen zur Weiterbildung von Gruppenpsychotherapeuten ein einheitliches Bild zu formen. Die methodischen Ansätze zwischen der hermeneutischen Hayne-Studie und den nomothetisch-empirischen Untersuchungen in Kanada und den USA sind sehr unterschiedlich. Dennoch taucht in den verschiedenen Untersuchungsansätzen als Ergebnis ein Faktor auf, den man mit der Bezeichnung **Macht** belegen kann. Hayne (1997) beschreibt die ständige Wechselwirkung zwischen „Liebeswünschen" und „Macht", die einander durch die verschiedenen Stadien der Gruppenentwicklung hindurch abgelöst haben. Ähnlich könnte man die empirisch gefundenen Faktoren „Idealisierung" des Leiters und „Kontrolle" durch den Leiter in der 1996er Untersuchung der AGPA-Institutsgruppen (Tschuschke und Greene 2002) betrachten. Auch die 1984er AGPA-Studie von MacKenzie u. Mitarb. (1987) arbeitete auf der Leiterebene – neben anderen – den charismatischen und den kontrollierenden Gruppenleiter heraus, die Einfluss auf die Lerneffekte nehmen. Selbst in der kanadischen Studie (Piper u. Mitarb. 1984) ist von „exekutiven Funktionen" des Leiters die Rede (Anleitung und Kontrolle).

Das zentrale Element in den verfügbaren Studien zur Weiterbildung von Gruppenpsychotherapeuten scheint die von den Weiterbildungsteilnehmern erlebte Macht der Gruppenleiter bzw. Ausbilder zu sein, mit der offensichtlich eine Identifikation erfolgt (Tschuschke und Greene 2002). Von idealisierten Leitern wird mehr und besser gelernt, sie dürfen durchaus mehr Macht und Kontrolle ausüben. Sie werden auch als kompetenter erlebt. Umgekehrt werden kaum idealisierte Leiter auch als inkompetenter erlebt, man lernt weniger von ihnen, wohl weil man sich weniger mit ihnen identifiziert.

Ein heikler Punkt bei der 1996er AGPA-Studie ist der Faktor der **Kontrolle** bzw. der **Manipulation** der Gruppe durch den Gruppenleiter. Wenn der Gruppenleiter zugleich kompetent („skillful") erscheint und idealisiert wird, ist der Lerneffekt als gut bis sehr gut eingeschätzt worden, wobei es keine Rolle spielte, wie kontrollierend/manipulierend der Leiter war. Die Macht des Gruppenleiters wurde nur dann – so zusagen – „übel" genommen, wenn die Kompetenz relativ gering und die Idealisierung schwach bis kaum ausgeprägt waren: In diesem Fall war der Lerneffekt deutlich geringer.

Das heißt letztlich, dass selbst Gruppenprofis, und nur solche waren in die Untersuchungen einbezogen worden, dem Charisma und der Brillanz – fachlich, persönlich – ihres Gruppenleiters (ihrer Gruppenleiterin) erliegen können. Dieses Ergebnis umfasst in seiner Tragweite viele Fragen, die hier nur angerissen und nicht abschließend beantwortet werden können:
- Benötigen Gruppenpsychotherapeuten Charisma und Aura als wesentliches Merkmal ihrer Persönlichkeit, um auf ihre Gruppen(-mitglieder) „glaubhaft" und damit hilfreich einwirken zu können?
- Ist die Therapeutenpersönlichkeit ein ganz wichtiger – vielleicht sogar der wichtigste Faktor – im Veränderungsprozess von therapeutischen Gruppen?
- Ist die Manipulation durch den Gruppenleiter eigentlich gewünscht?
- Sehnen sich selbst Gruppenprofis – bewusst oder unbewusst – nach Macht, um in einer (eine) Gruppe erfolgreich behandeln zu können?
- Ist Macht ein unverzichtbares Mittel im psychotherapeutischen Prozess?

Wie Petzold u. Mitarb. (2000) beschreiben, kehrt sich die Machtsituation bei der Evaluation von Weiterbildungen durch die Weiterbildungskandidaten kurzfristig um, was die Schwierigkeiten und Widerstände erklären könnte, die zu bisher so wenigen Evaluationsstudien geführt haben: „Psychotherapie wird von den Lehrtherapeuten/Lehrtherapeutinnen in der Arbeit mit WeiterbildungskandidatInnen ‚gezeigt'. Eine Bewertung dieser ‚Leistung' bringt den Lehrtherapeuten in die Situation, dass das habituelle Dependenzmuster ‚AusbilderIn – AusbildungskandidatIn', ‚LehrtherapeutIn – LehranalysandIn' durchbrochen wird und für eine Zeit lang – zumindest für den Vorgang der Evaluation – umgekehrt wird. Damit werden *strukturelle* Machtkonstellationen, die sich in psychotherapeutischen Settings und auch in Ausbildungssettings finden (Petzold und Orth 1999) perforiert. Verständlicherweise löst dies Widerstände und Ängste aus, es werden Schwellen aufgerichtet, und hier mag einer der gewichtigsten Gründe dafür liegen, dass sich kaum Evaluationsstudien im Bereich der Psychotherapieausbildung finden" (Petzold u. Mitarb. 2000, S. 353).

Der Befund, dass subjektive Auskünfte von Patienten manchmal wenig deckungsgleich mit Behandlerbeurteilungen sind (Rudolf 1991; Stolk und Perlesz 1990; Tschuschke 2000a) – und ganz Ähnliches wohl auch im Rahmen der Weiterbildung zu erwarten ist –, wirft die Frage auf, wie denn dann Evaluation valide betrieben werden könnte (Petzold u. Mitarb. 2000)? Petzold u. Mitarb. (2000) fordern die Einbeziehung der vielen am Prozess beteiligten Facetten, worunter die **Klientenperspektive** nur eine ist. **Objektive Begleitforschung** ist ihrer Meinung nach ein weiterer Mosaikstein, den es zu berücksichtigen gilt. „Vor allen Dingen – es sei nochmals betont – darf nicht vergessen werden, dass die Evaluation von Therapieausbildungen nicht losgelöst von der Wirksamkeitsforschung bei Patienten gesehen werden darf. Ausbildung von Therapeuten ist darauf gerichtet, professionelle Kompetenz und Performanz für die *Behandlung* von Menschen in Krankheit und Problemen zu vermitteln und nicht nur *Techniken* weiterzugeben, die im schlechtesten Fall einen Selbstzweck darstellen, ohne eine „heilende Wirkung" zu zeigen" (Petzold u. Mitarb. 2000, S. 361 f.).

Im Fall der 1996er AGPA-Studie (Tschuschke und Greene 2002) ist die Erhebung nur indirekt erfolgt: Die Antworten der Teilnehmer wurden nur im Rahmen einzelner Fragen in verschiedenen Fragebögen erhoben – über die immanente Skalenstruktur der Fragebögen hatten weder Untersucher noch Teilnehmer zum Zeitpunkt der Erhebung Kenntnis, die komplexen Zusammenhänge wurden erst über statistische Prüfverfahren erhellt, die Faktoren- und Regressionsanalysen. Der soziale Erwünschtheitsfaktor bei den angekreuzten Antworten konnte somit zumindest minimiert werden, auch war die Durchführung anonym, so dass eine Post-hoc-Zuordnung der Antworten zu der Teilnehmerpersönlichkeit nicht möglich war, was die Wahrscheinlichkeit valider Antworten erhöhte.

Es bleibt eine ganze Reihe von ungeklärten bzw. neu aufgeworfenen Fragen, die hier exemplarisch anhand von Gruppenpsychotherapie-Weiterbildungsstudien gewonnen wurden. Inwieweit es sich um **gruppenspezifische** Fragen handelt und wie sie zukünftig beantwortet werden können, muss anhand von dringend erforderlichen weiteren Evaluationsstudien von psychotherapeutischer Weiterbildung geklärt werden (Petzold u. Mitarb. 2000).

7. Supervision der Gruppenbehandlung

H.-C. Schimansky

Einleitende Bemerkungen und Definitionen

Das Zauberwort der Gruppenbehandlung heißt **Pluralität**. Da sie für Gruppenleiter und Patienten gleichermaßen beunruhigend ist, wird sie durch Theorien, Konzepte, Zielsetzungen und gruppendynamische Manöver eingeengt – und bricht sich doch immer wieder Bahn. So wirkt sie sich auch mannigfaltig im Arbeitsfeld des Supervisors von Gruppenbehandlung aus. Einige der kaleidoskopartigen Farbsplitter der Supervisorenrealität trage ich im Folgenden zusammen.

Wer ist ein Supervisor? (das Maskuline unserer Muttersprache verberge ich nicht):

- ein Psychoanalytiker, der von seinem analytischen Institut als Supervisor anerkannt ist,
- ein Verhaltenstherapeut, der von seinem verhaltenstherapeutischen Institut als Supervisor anerkannt ist,
- ein Absolvent des Studiengangs Diplomsupervision der Universität Gesamthochschule Kassel,
- ein Absolvent einer der zahllosen privaten Supervisionsausbildungen,
- ein Arzt, der von seiner Ärztekammer (ÄK) als Supervisor für Einzel- und Gruppenpsychotherapie anerkannt ist,
- ein Arzt, der von seiner Kassenärztlichen Vereinigung (KV) als Supervisor für analytische/tiefenpsychologisch fundierte oder verhaltenstherapeutische Gruppenpsychotherapie im Rahmen der von der KV seit 1988 geforderten Zusatzqualifikation für Gruppenpsychotherapie anerkannt ist,
- einer, der sich eine Methode angeeignet hat, die sich mit Menschen, Gruppen, Organisationen, Systemen, Kommunikation, einer Ideologie oder Weltanschauung beschäftigt und mit dieser Methode Supervision anbietet,
- ein Chefarzt einer psychiatrischen/psychotherapeutischen Klinik, auch oft die Oberärzte qua Status,
- einer, der die Standards der Deutschen Gesellschaft für Supervision (DGSv) erfüllt,
- jeder, der von anderen um Supervision gebeten wird,
- jeder, der sich Supervisor nennt.

In vielen sozialen und therapeutischen Bereichen wird Supervision betrieben, teils methodisch strikt und schulenorientiert, teils theoriegeleitet abstrakt, aber auch pragmatisch, und das alles für Einzelne und Einzelne in Gruppen, so für Teams, Arbeitseinheiten, Organisationen, Leitungen.

> Der Begriff Supervisor ist nicht geschützt, die Methoden der Supervision sind beliebig, die Ziele der Supervisanden heterogen und oft diffus, die Anliegen vielfach verborgen hinter den primär angegebenen Supervisionszielen.

Besonders im **Wirtschaftsleben** bieten Supervisoren artverwandte Methoden wie *Coaching* und *Moderation* an, nennen sich dann auch so oder z. B. Berater und steuern teilweise Supervisionsziele an, unter Verwendung methodischer Anleihen vor allem bei sozialpsychologischen Erkenntnissen.

Supervisoren für **Gruppenbehandlung**, die in Institutionen supervidieren, müssen neben den Gruppenverfahren auch einiges von Organisationen verstehen. Wenn sie ambulante Gruppenbehandler supervidieren, müssen sie deren Arbeitsbedingungen genau kennen, auch die Folgen des Psychotherapeutengesetzes in wirtschaftlicher Hinsicht. Supervisoren mit Gehalt sind mitunter wenig informiert und allergisch gegenüber dem Jammern der Niedergelassenen, aber empfindlich bei finanziellen Einschränkungen in ihrer eigenen Institution.

Für die meisten Supervisoren bringt die Supervisionstätigkeit deutlich mehr Geld pro Zeiteinheit als die Tätigkeit im originär erlernten sozialen oder therapeutischen Feld, hierin vergleichbar der Bezahlung der Aus-, Fort- und Weiterbilder. Von daher kollidiert ein oft angegebenes Supervisorenziel, sich nämlich überflüssig zu machen, mit den wirtschaftlichen Interessen des Supervisors.

Bedingungen der Gruppenbehandlung – Konsequenzen für den Supervisor

Was ist eine Gruppenbehandlung, unter welchen Bedingungen geschieht sie, und was folgt daraus für den Supervisor?

Der größte Teil der Gruppenbehandlungen psychisch kranker Menschen in der BRD dürfte vom Konzept und von der Finanzierung her nicht oder nur angenähert der Richtlinienpsychotherapie entsprechen, also deren verhaltenstherapeutischen oder analytischen/tiefenpsychologisch fundierten Gruppenpsychotherapieformen (9 Teilnehmer, 100 Minuten). Viele Methoden werden ohne eigentliches Gruppenkonzept in Gruppen angewendet als Einzelbehandlung in der Gruppe, als Themendiskussion (oft zu Unrecht themenzentrierte Interaktion nach Ruth Cohn [TZI] genannt), als Problemdiskussion, als Körpererfahrung oder als gemeinsames Handeln. Einige Methoden wie Psychodrama, TZI und Rollenspieltechniken haben ein Gruppenkonzept und sind sehr verbreitet, aber von der Kassenfinanzierung als Psychotherapie ausgeschlossen, jedoch als psychiatrische Gruppentherapie einsetzbar. Skurril ist, dass das Psychodrama von Ärztekammern in der Psychotherapieausbildung teilweise als Zweitverfahren anerkannt war, in den Psychotherapierichtlinien der Krankenkassen/Kassenärztlichen Bundesvereinigung (KBV) aber ausdrücklich zu den nicht anerkannten Verfahren gehört.

Die weiter bestehenden Kommunikationsstörungen zwischen Ärztekammern und regionalen KVen haben auch bewirkt, dass bei der „kleinen" Psychotherapieausbildung die KV seit 1988 eine gesonderte Qualifikation für Gruppenpsychotherapie nachweispflichtig macht, die Ärztekammern dies aber nicht zur Kenntnis geben. Daher erfahren insbesondere Klinikärzte nichts davon und haben dann nach der Niederlassung Probleme, die erforderlichen 60 selbst geleiteten Gruppensitzungen ohne Bezahlung zu organisieren, die sie in der Klinik oft als Alltagsarbeit absolvieren.

Es gehört zu den Ausnahmen, dass Klinikärzte in der Gruppenbehandlung so angeleitet werden, dass diese ein sicheres therapeutisches Handwerkszeug wird, obwohl die Weiterbildungsordnung zum Facharzt für Psychiatrie/Psychotherapie dies nahe legt. Zudem werden in psychiatrischen Kliniken in der Regel die Schwerkranken von den Anfängern in verschiedenen Gruppensettings „behandelt", häufig ohne jede schriftliche Konzeption oder sonstige Anleitung. Die „reiferen" bzw. „gesünderen" Patienten werden psychotherapeutisch von Oberärzten oder Diplompsychologen mit spezifischen Verfahrenskenntnissen betreut.

Die Richtlinienverfahren sind aufwendig zu lernen und für viele Behandler dann den „reiferen" Neurotikern vorbehalten; in der alltäglichen stationären und ambulanten **psychiatrischen Versorgung** gelten sie vielen als ungeeignet.

Gruppenpsychotherapieausbildungen gibt es viele, besonders nach dem Göttinger 3-Schichten-Modell, nach Foulkes und an den von der KBV anerkannten psychotherapeutischen Ausbildungsinstituten. Die so ausgebildeten Gruppenleiter bieten jedoch eher selten Gruppenbehandlungen an. Nach der Häufigkeitsstatistik der KBV nehmen die Zahlen für ambulante Gruppenpsychotherapien seit 1994 bis Mitte 1997 ab und für ambulante psychiatrische Gruppenbehandlungen ebenfalls, eventuell ergibt sich eine ansteigende Tendenz für 1997. Bei den tiefenpsychologisch fundierten Gruppenpsychotherapien dominieren die Kurzzeitpsychotherapien gegenüber der Langzeittherapie, sicher Folge des Kurzantrags ohne Gutachterverfahren.

Ein Grund für das zurückhaltende Angebot von Gruppenpsychotherapie könnte der schulenorientierte Normendruck in der Ausbildung sein, der Insuffizienzgefühle eher anwachsen lässt, ob „man alles richtig macht, wie es sein muss". Nach allen Gruppenpsychotherapieausbildungen scheint bei den Ausgebildeten häufig eine größere Unsicherheit in der praktischen Umsetzung zu persistieren als bei den Einzeltherapien (auch ohne Ausbildung!). In der psychiatrischen Gruppentherapie mit fehlendem Curriculum halten sich eher unkritisches Handeln im Klinikalltag und pragmatischer Wagemut in den Praxen von Niedergelassenen die Waage. Dies legen die Antworten von stationär und ambulant arbeitenden Kolleginnen und Kollegen nahe.

Enke (1998) beschreibt das Dilemma der rückläufigen ambulanten Gruppenpsychotherapie und vermutet als einen Grund die unzureichende Bezahlung angesichts des höheren Zeitaufwandes auch außerhalb der Sitzung gegenüber der Einzeltherapieentlohnung. Ein weiterer Grund seien die Auswirkungen der Psychotherapierichtlinien und des Gutachterverfahrens; Letzteres ist leider von Gruppenskeptikern dominiert.

Stationär Tätige bringen dies auch mit institutionellen Hindernissen in Verbindung, z. B. mit Ängsten der Leitung, dass Gruppenbehandlung Chaos bei den Patienten erzeugen könnte oder dass nur die besonders schwierigen Patienten die „Gruppe verordnet" bekämen. Überhaupt seien für die erlernte Richtliniengruppenmethode nicht die geeigneten Patienten vorhanden. Auch fühlen sich diese Kollegen alleingelassen, wenn niemand in der Institution „für die Gruppenbehandlung ist" und keiner kompetent ist als Anleiter oder Supervisor. Zudem behindern die ritualisierten, oft wochenplanmäßig festgelegten Einzelgespräche die Gruppenbehandlung mit Verschiebung von relevanteren Problemen in das „Gepäckschließfach" der Einzelpsychotherapie (jedenfalls wenn kein schlüssiges Konzept dies plausibel macht – auch für die Patienten!). Die hohe Fluktuation der Patienten in vielen Kliniken lasse insbesondere eine analytische/tiefenpsychologisch fundierte Gruppenpsychotherapie nicht zu, ist ein weiteres zu hörendes Argument. In kleineren Psychotherapiestationen ist oft „die Gruppe" identisch mit den Stationspatienten, die aber nicht nach der Eignung für die aktuell vorhandene Gruppenbehandlung nach Methode und Zusammensetzung selektiv aufgenommen werden („Dass man etwas tut, heißt noch nicht, dass es vernünftig ist." Pers. Mitteilung Heigl-Evers).

Ambulant Tätige finden die Gruppenzusammenstellung schwierig, insbesondere männliche Gruppenteilnehmer seien kaum aufzutreiben. Sie scheuen die aufwendigen 9 Kassenanträge für die 9 Gruppenpatienten im Rahmen des Gutachterverfahrens (ab 2000 ist für die Neulinge unter den ärztlichen und psychologischen Psychotherapeuten, nach dem Psychotherapeutengesetz zugelassen, auch für Kurzzeitpsychotherapien die Erstellung von 35 Anträgen im Gutachterverfahren vorgeschrieben, falls diese bisher nicht gestellt und genehmigt wurden). Gruppenbehandlung wird oft als anstrengender bezeichnet („alle Patienten im Blick haben, jedem gerecht werden") als Einzelgespräche. Die meisten Patienten seien doch stärker „frühgestört" und könnten eine Gruppe oder die erlernte Richtlinienmethode nicht aushalten oder nutzen. Auch die Ausfallfinanzierung, wenn ein Patient nicht kommt, sei ein frustrierender Kampf. Und was soll passieren, wenn das Limit der beantragten Gruppensitzungen nach den KBV-Bestimmungen erreicht ist und der Patient weitere Gruppenbehandlungen braucht, besonders eben die „Frühgestörten"?

Von den verhaltenstherapeutischen Gruppen sind am ehesten die Selbstsicherheitstrainings verbreitet, sonst diagnosebezogene Trainings. Auch Verhaltenstherapeuten arbeiten häufiger und lieber einzelpsychotherapeutisch.

Eine methodische Mittelstellung nimmt die übungsorientierte psychoanalytisch-interaktionelle Gruppenpsychotherapie des Göttinger Modells ein, die vorrangig auf die Besserung der Entwicklungspathologie, nicht die Bearbeitung der Konfliktpathologie zielt (Heigl-Evers u. Mitarb. 1993) (vgl. auch Kap. 52). Es ist wohl noch nicht Konsens, dass sie unter die tiefenpsychologisch fundierten Richtlinienmethoden subsumiert werden darf.

Während sich nun die Richtliniengruppenpsychotherapie eines strengen Regelwerks mit angeschlossenem Gutachterverfahren erfreut und die Kontrollbedürfnisse der schulenorientierten Gutachter befriedigt, tauchte im Oktober 1994 überraschend eine Ziffer für die ambulante **psychiatrische** Gruppentherapie auf (Ziffer 823, nun 827 EBM; 8 Teilnehmer, 50 Minuten). Für diese gab es kein allgemein eingeführtes Curriculum, welches übrigens seit jeher auch für das psychiatrische Einzeltherapiegespräch fehlt (im Anschluss an Diagnostik und Medikation). Die private GOÄ zog für die psychiatrische Gruppentherapie mit der Analogziffer A 888 und gleicher Legende 1997 nach. Schließlich gibt es noch die privat GOÄ-Ziffer 20 für Gruppenberatung bei chronischen Krankheiten (12 Teilnehmer, 50 Minuten). Interessant ist, dass diese „kleinen" privaten Ziffern, bezogen auf die Zeit von 50 Minuten, mehr Geld bringen als private Antragsbehandlungen der „großen" Einzel- und Gruppenpsychotherapie (in der Gruppe 8 Teilnehmer) – und in 50 Minuten etwa so viel wie krankenkassenfinanzierte Antragsgruppenpsychotherapien in 100 Minuten. Zudem haben diese Ziffern keine methodischen Vorschriften und Sitzungszahlbegrenzungen.

In dieser Situation beschlossen die Fach- und Berufsverbände DGPPN, DAGG und BVDN ein Projekt mit Pilotveranstaltungen zur psychiatrischen Gruppentherapie (Mattke und Schimansky 1999). Dabei wurden in 3 Regionen unterschiedliche Angebote an niedergelassene und auch Klinikkollegen gemacht. Die ersten Erfahrungen legen nahe, dass verschiedene Methoden zur Verfügung gestellt werden sollten, um sowohl die Passung des Therapeuten als auch der Patienten zur jeweiligen Methode aufspüren zu können. Auch wurde rasch deutlich, dass die Hürde eines aufwendigen Curriculums die Verbreitung von Gruppenbehandlung behindern würde und ein „On-the-Job-Training" mit dichter Begleitung günstiger sei. Allerdings ist mit Einführung der Praxisbudgets 1997 die Ziffer 827 in der „Resteecke" des roten Budgets C mit sehr niedrigem Punktwert gelandet und so nur für verwegene Idealisten erträglich.

Im Pilotprojekt wurde geprüft, wie niedergelassene und Klinikkollegen an die Gruppenbehandlung herangeführt werden könnten. Vier hoch strukturierte Verfahren für die Gruppenbehandlung psychiatrischer Patienten wurden angeboten:

- **Psychoanalytisch-interaktionelle Gruppenpsychotherapie** mit dem Prinzip „Antwort statt Deutung" auf einer manifesten Interaktionsebene mit Vermeidung deutlicherer Regression (Heigl-Evers u. Mitarb. 1993). Defizitäre Ich-Funktionen und Objektbeziehungsstörungen (Was kann der Patient nicht?) lassen sich damit per Übung verbessern. Sie scheint für Therapeuten mit mütterlich-fördernd-fordernden Eigenschaften und für Ärzte, die lieber sprechen als handeln, geeignet.
- **Trainierendes Rollenspiel**, vor 30 Jahren in der Psychiatrischen Klinik der Medizinischen Hochschule Hannover entwickelt (Kayser u. Mitarb. 1981). Kleinschrittig werden Alltagssituationen so lange geübt, bis der Transfer in die Realität gelingt. Für kreative, spielfreudige und geduldige Gruppenleiter geeignet.
- **Personal Effectiveness Training (PET)** nach Liberman (1975, 1986) als ein festes Programm mit Planung von Hausaufgaben, mit Belohnungen (Selbstverstärkern) und Rollenspielen zu beliebigen Situationen, mit gesteuertem positivem Feedback unter besonderer Beachtung hilfreicher Änderungen des averbalen Verhaltens. Der rasche Zuwachs an Selbstsicherheit und situationsbezogenem Transfer mit klarem Ablauf der Gruppensitzung dürfte vielen Ärzten liegen.
- **Lösungsorientierte systemische Gruppenpsychotherapie** nach de Shazer (1996), Berg (1995), Fürstenau (1994) und Angermaier (1994), bei der analytische, systemische, hypnotherapeutische und kurztherapeutische Konzepte mit dem Ziel zusammenfließen, rasch und suggestiv gesünderes Verhalten zu mobilisieren, nicht die Problemfixierung zu verstärken. Die Einbindung in die Gruppenarbeit bedarf noch weiterer Überlegungen, besonders hinsichtlich des Lernens von Beziehungswirkungen in der Gruppe, um realistischer zu werden. Für Ärzte geeignet, die weg wollen von der immer erneuten Erörterung der „Kindheitsmisere", hin zum „Projekt Gesundheit" (Fürstenau).

In diesem Kapitel ist unter Gruppenbehandlung jede Form von Behandlung zu verstehen, in der ein oder mehrere Behandler Patienten in einer Gruppe therapieren. Ausgeklammert sind hier programmgesteuerte hochstrukturierte Gruppenangebote wie psychoedukative Verfahren oder das IPT bei Psychosekranken.

Die Vielfalt der unterschiedlichen Methoden und Qualifikationen bedeutet für den Supervisor, dass er

- mehrere Gruppenbehandlungsmethoden aus eigener Praxis kennen sollte,
- diese auch vermitteln sollte, falls sie günstig sein könnten und bisher fehlen, mit Mut zu niedrigschwelligem Einstieg der Supervisanden in die Gruppenbehandlung, auf jeden Fall jedoch, wenn Gruppenbehandlung ohne Konzept schon erfolgt,
- dabei die Passung der Methode zum jeweiligen Gruppenleiter prüfen muss,
- über Feldkompetenz bezüglich des Praxisfeldes der Behandler verfügen sollte, um dort anleiten zu können,
- schließlich auch die o.g. Fakten der stationären und ambulanten Behandlungsbedingungen kennen sollte.

Methodische Ansätze von Supervision

Fürstenau (1990a) vertritt die These, dass Leitung auch Anleitung einschließen soll und Supervision – am besten der Leitung **und** der Teams oder wenigstens der Leitung – diese Anleitungsfunktion vorübergehend übernehmen muss zur Verbesserung der beruflichen Kompetenz aller Supervidierten. Damit soll sich der Supervisor irgendwann überflüssig machen. Fürstenau hält dies jedoch selbst angesichts der Fluktuation der Behandler in Institutionen für idealistisch.

Die Trägerkriterien für die Berufung von Chefärzten, auch Oberärzten, sind zudem nicht unbedingt mit deren Kompetenz und Fähigkeiten zur Anleitung begründet, besonders augenfällig bei spezieller wissenschaftlicher Brillanz der Berufenen. Leitungen haben nicht immer eine Ausbildung in einem oder mehreren Gruppenverfahren.

Supervision in Institutionen wird allgemein von Teams, Leitungen oder Trägern gewünscht, meist als Fall- und/oder Teamsupervision (vgl. Kap. 8). Spezifische Supervision für Gruppenbehandlung wird selten nachgefragt, außer von Gruppenpsychotherapeuten, die der Gruppenbehandlung einen größeren Wert beimessen. Dies ist in Kliniken und ambulant aber eher selten.

Eine wichtige, aber von den Behandlern kaum geprüfte Frage ist dabei, ob psychisch kranke Menschen eher Einzel- oder Gruppenbehandlung brauchen (Kap. 2, 9, 10). Da die meisten Ärzte und Patienten die Gruppenarbeit angesichts der Pluralität mit verständlichen Befürchtungen verbinden und vielen Ärzten die fachliche Kompetenz zur Gruppenleitung fehlt, ergibt sich in der Regel ein Einverständnis, dass Einzelgespräche sinnvoller seien. Wenn es aber stimmen sollte, dass Gruppenbehandlung zwar weniger Symptome bessert, dafür aber sozial wendiger macht, und dass viele Erkrankungen durch Verwicklungen mit anderen Menschen entstehen und unterhalten werden, ist sicher ein breiterer Einsatz von Gruppenbehandlung angezeigt.

Klinikbehandlungen mit additiven, miteinander unverbundenen Bausteinen werden in Supervisionen meist anhand der Einzelgespräche vorgestellt, selten bezüglich der Erfahrungen in den parallel laufenden Gruppenbehandlungen. Anleitung durch den Supervisor der Gruppenbehandlung hätte also sowohl die Tätigkeit des Gruppenleiters als auch die Einbettung der Gruppenbehandlung in das Setting der Institution zu fördern, gegebenenfalls auch zu initiieren.

Fengler (1996a) definiert Supervision als psychosoziale Beratung von – vorwiegend in helfenden Berufen tätigen – Personen, die die Klärung ihrer beruflichen Identität im Kontext von Klienten, Kollegen, Institution, Familie und Gesellschaft sowie die Bewahrung und Steigerung ihrer beruflichen Handlungskompetenz anstreben. Sie ist unerlässlich, da man in Helferberufen nie auslernt und nie einen Zustand dauerhafter Souveränität erreicht. Eine Supervisandengruppe entlastet den Supervisor davon, für jeden vorgetragenen Fall selbst den Hauptimpuls zur Klärung zu liefern. Weiter beschreibt er Paradigmen, an denen sich Supervisoren je nach Vorbildung orientieren:

- **gruppendynamische Supervision**: arbeite heraus, welche Gruppenprozesse im Einklang mit den Sachzielen der Supervisanden stehen, welche ihnen hinderlich sind, und entwickele Handlungsalternativen,
- **psychoanalytisch konzipierte Balintgruppe**: mache vor allem die unbewussten Gefühle und Impulse des Supervisanden seiner Zielgruppe gegenüber sichtbar,
- **themenzentrierte Interaktion**: bringe Sacharbeit, Gefühle der Beteiligten und Bezug zur Gemeinschaft in eine balancierte Form, die allen drei Aspekten gerecht werde,
- **klientenzentrierte Supervision**: strebe eine lebendige Begegnung zwischen Supervisand und Zielgruppe an und betone die Bedeutung einer grundlegenden Akzeptierung und eines tief gehenden Verstehens,
- **psychodramatische Supervision**: gib die Möglichkeit, das Arbeitsgeschehen in wechselnder Rollenübernahme nachzuspielen, spüre Spontaneitäts- und Gestaltungsmängel auf und erprobe in der Gruppe erarbeitete neue Handlungsabläufe,
- **gestalttherapeutische Supervision**: versuche, die Arbeitsprobleme als Blockierungen des Supervisanden zu erkennen und abgespaltene Erlebnisse des Betreffenden sowie biographisch erzeugte Gegensätze und ihre späteren Abkömmlinge zu reintegrieren,
- **transaktionsanalytische Supervision**: prüfe, ob in der Beziehung zwischen Supervisand und Zielgruppe korrekturbedürftige Haltungen einer tief greifenden Missbilligung bestehen und ob doppelbödige Botschaften und Spiele die Arbeit behindern,
- **organisationstheoretische Supervision**: setze vorrangig bei den Belastungen an, die zwischen Bedürfnissen und Positionen von Personen sowie zwischen Fähigkeiten und Aufgaben innerhalb komplexer Funktionsgefüge auftreten,
- **systemtheoretische Supervision**: beachte vor allem die wechselseitigen Abhängigkeiten und Verhaltenssteuerungen von Menschen, die Kommunikationsformen und Kommunikationsstörungen und die Möglichkeit, klare Vereinbarungen zu treffen,
- **verhaltenstherapeutische Supervision**: korrigiere den vom Supervisanden praktizierten Modifikationsplan hinsichtlich Verhaltensanalyse, Auswahl der Verstärker und Setzung von Konsequenzen usw. und frage nach seinen eigenen unter Umständen verdeckten Kognitionen, Wünschen und Absichten.

Gute Supervisoren, schließt Fengler, werden von den Supervisanden als kompetent, glaub- und vertrauenswürdig, unterstützend, klar in ihren Erwartungen und in ihrem Feedback, zugewandt, aktiv, fähig zur Motivklärung, entwicklungsfördernd, konkret, einfühlsam, klar in ihren Zielen und Vorgehensweisen und einfallsreich beschrieben. Der Wunsch der Supervisanden ist auch: die Fähigkeit des Supervisors, beratend **und** therapeutisch zu intervenieren, ohne den Supervisanden eine Klientenrolle aufzudrängen.

Belardi (1994) zitiert Freuds Satz von den „drei unmöglichen Berufen – als da sind: Erziehen, Kurieren, Regieren". Diese Berufe könnten den an sie gestellten Anforderungen unmöglich genügen. Sozialberufe vereinten häufig zwei dieser drei Tätigkeiten, Supervision alle drei, nämlich auch das Regieren als Umgang mit der Macht. Es wird auch der Hinweis von Ernst Federn zitiert, dass der übernommene Begriff Supervision aus amerikanischer und englischer Tradition des 19. Jahrhunderts (!) die **Praxisberatung** meint, nicht die in der BRD gelegentlich diskutierte, narzisstisch-direkte Ableitung aus der lateinischen Bedeutung, die eher eine **Überwachung** suggeriert.

Der historische Ablauf, dass komplexe Ansätze immer wieder Reduktion nach sich ziehen mit eingeengter Spezialisierung, bis dann gegenläufig Komplexität gefordert wird, zur Zeit „bio-psycho-sozial", hat auch die Supervisionsentwicklung geformt. Die oben zitierte Auflistung von Fengler hat die jeweiligen Spezialisten immer wieder nach integralen Strategien rufen lassen. In den neueren Hand- und Lehrbüchern zur Supervision bleibt die methodische Herkunft der Autoren doch deutlich dominierend, auch wenn Breite gefordert wird. Einen Überblick gibt Rappe-Giesecke (1994).

Auf der anderen Seite wird Supervision in psychiatrischen und psychotherapeutischen Lehrbüchern kaum beschrieben, am ehesten als kurzer Hinweis auf Hilfe bei der inneren Verknotung eines Therapeuten im Behandlungsverlauf.

Fiedler (1996) hat eine Fülle von Literatur über Verhaltenstherapie in und mit Gruppen zusammengefasst und schlussfolgert, dass am besten formal und inhaltlich strukturierte Supervisionsmodelle geeignet seien, um die Fortführung einer breiten verhaltenstherapeutischen Ausbildung in der alltäglichen Berufspraxis zu gewährleisten – so seine Definition von Supervision.

Dörner (1993) lehnt in einem kontroversen Interview Supervision in jeder Form ab und hält in Teams die Austauschmöglichkeiten für ausreichend und zumutbar – anstatt der Haltung „mir geht's schlecht und wir können nicht miteinander arbeiten, wir haben einen Rechtsanspruch auf Supervision". Ambulante Einzelkämpfer bräuchten eher Rücksprache. Er beschreibt den Abbau von Autorität in Institutionen durch einen wechselseitigen Erosionsprozess der vertikalen Strukturierung, der durch Supervision verstärkt werden kann. Den Verlust der dienenden Haltung deutet er an und dass sich die Sozialbilität von Gesellschaften daraus ergibt, dass Menschen anderen Menschen helfen. Die Professionalisierung des Helfens schafft diese Haltung ab, die Supervision der Helfer institutionalisiert diesen Vorgang ebenfalls. Er sieht deshalb die Helfertätigkeit als Ersatzspielertätigkeit, bis die natürlichen Hilfen der Bezugspersonen wieder greifen.

Mir ist dabei wichtig, als Supervisor und als Gruppenbehandler nicht bei methodischer Präzision stecken zu bleiben, sondern den beunruhigenden Blick für die gesellschaftliche Wirklichkeit immer wieder zu wagen, sowohl als Sozialagent der Gesellschaft als auch als politisch verantwortlicher Bürger.

Die Persönlichkeitsstruktur des Gruppenpsychotherapeuten (und des Supervisors)

Battegay (1999) fasst die Grundlagen, Methoden und Resultate der Gruppenpsychotherapie bündig zusammen und zitiert zum Leiterverhalten Lieberman u. Mitarb. (1973): Unabhängig von der Theorie des therapeutischen Vorgehens waren erfolgreiche Gruppenleiter der emotionale Versorger (provider), der Sozialingenieur (social engineer) und der Ansporner (energizer). Erfolglose Therapeuten waren der Laissez-Faire-Typ, der direktiv Leitende (Manager) und der Unpersönliche (impersonal style).

Fiedler (1996) diskutiert diese Untersuchung mit der Beschreibung von fünf markanten schädigenden Handlungsmustern, aber auch protektiven Faktoren. Der wichtigste schädigende Prädiktor ist fehlende Solidarität des Therapeuten mit den Außenseitern einer Gruppe. Diese wertschätzende Solidarität fördert das Vertrauen der Patienten in die Gruppenarbeit und in eigene Wagnisse.

Hier wie auch sonst bei methodischen Problemen wird eher auf das Einüben richtigen Verhaltens abgestellt. Supervisionserfahrung und eine jedem geläufige Erfahrung ist die Tatsache, dass man nur begrenzt aus seiner Haut kann, die Menschen verschieden sind und deshalb nicht jede Methode jedem liegt. In den Ausbildungen (abgesehen von den analytischen Vorinterviews bei Ausbildungsbewerbern) wird dies fast nie thematisiert, die Patientenprobleme stehen im Vordergrund. Hierdurch entstehen viele handfeste Probleme bei den Behandlern mit viel Arbeit für Supervisoren, auch mit Etiketten wie Helfersyndrom, Burn-Out-Syndrom. Auch für Patienten hat dies Folgen.

Es ist das Verdienst von König (1992, 1993), der in seinen Büchern immer wieder auf die Strukturanteile der Therapeuten in ihren Auswirkungen eingeht, in der Nachfolge von Riemanns „Grundformen der Angst" (1976), allgemein verständliche Beschreibungen an die Hand gegeben zu haben, die relativ schmerzfrei aufgenommen werden können, ohne dass die Leser sich pathologisch stigmatisiert fühlen müssen. Riemann schrieb mehr mit Herzblut und einem Schuss Astrologie, König schreibt eher aphoristisch mit sanftem Spott, beide sehr anschaulich.

Ich habe mir seit Jahren angewöhnt, diese Strukturanteile in der Rolle als Patient oder als Arzt vorzuspielen, damit die Supervisanden eigene Anteile am Modell identifizieren können und auch die entstehenden Gegenübertragungen diagnostisch verwerten lernen. Richtig daneben tippen nur ausgeprägt depressiv strukturierte Menschen, die sich bezichtigen, doch noch viel zu schizoid zu sein, was von den anderen sofort richtig gestellt wird.

Wenn dies klarer ist, lässt sich in der Supervision auch plausibler begründen, welcher Therapeut zu welchem Verfahren passt, um effektiv zu arbeiten und selbst dabei zurecht zukommen.

Qualitätssicherung, Gutachterverfahren und Supervision von Gruppenbehandlung

Wenn Supervision die berufliche Kompetenz der Behandler verbessern soll, läuft dies quer zu anderen Versuchen, Kompetenz festzustellen:

- Die Qualitätssicherung, den Kliniken und ambulanten Behandlern per Gesetz auferlegt, hat eine eigene Industrie entwickelt. Stationär wächst die Datenflut, ambulant gründen sich Qualitätszirkel, um sich auszutauschen und fortzubilden.
- Das Gutachterverfahren wurde 1969 mit Einführung der Psychotherapie als Krankenkassenleistung installiert, um die Seriosität und Steuerung zu gewährleisten. Einige behaupten bis heute, dass dies den Krankenkassen eine Conditio sine qua non sei. Das reale Verhalten der Kassen, besonders im ausgedehnten Erstattungsverfahren für Diplompsychologen über Jahre hin, spricht dagegen. Eine Recherche von mir für das Jahr 1990 ergab, dass tiefenpsychologisch fundiert/analytisch je Gutachter 855 Anträge bearbeitet wurden, verhaltenstherapeutisch je Gutachter 733 Anträge. Die Primärkassen vergüteten dafür 60,- DM, die Ersatzkassen 66,- DM, also ein Jahresdurchschnitt von 50.000,- DM je Gutachter. Auffallend war die schlechte Datenlage dieses für Antragsteller extrem durchgeregelten Verfahrens: Schon früher war es der KBV nicht gelungen, die Gutachter zu vollständigen Rückmeldungen über Zustimmungen und Ablehnungen zu bewegen. Zum 1.7. 1988 wurde die Rückmeldung an die KBV ganz abgeschafft! 1990 wurden von 61.700 Anträgen ca. 46.000 rückgemeldet. Ablehnungsquote bei PT-Anträgen 3,02%, bei VT-Anträgen 5,41%. Es ist sehr fraglich, ob sich der ganze Aufwand lohnte und was dadurch erreicht wurde.
- Private Krankenkassen haben dieses Gutachterverfahren zügig nachentwickelt und schätzen intern, dass der erhebliche Aufwand für die Ärzte einen Vogelscheucheneffekt von etwa 30% nicht gestellter Anträge bewirke!

Nun unterscheidet man ja **Strukturqualität** als Ausbildungsergebnis, **Prozessqualität** als Beurteilung fachlich kompetenter Durchführung und **Ergebnisqualität** als Nutzen für die Behandelten (vgl. auch Kap. 3). Die Qualitätssicherung wird eher Ergebnisse, teilweise auch den Prozess, beurteilen. Das Gutachterverfahren hilft bei keiner der drei Qualitäten und wird ohnedies schon lange unterlaufen durch Redaktionshilfen und Computerprogramme. Es weist eigentlich nur nach, dass der Antragsteller weiß, wie er einen Antrag „richtig" schreiben soll. Für Gruppenbehandler ist die Vorstellung von 9 Anträgen immer wieder eine Vogelscheuche.

Ich versuchte deshalb zu klären, weshalb nicht stattdessen eine Pflichtsupervision, z. B. einmal im Quartal, eingeführt wurde, um den Behandlungsprozess zu beflügeln und dadurch eventuell die Ergebnisse zu verbessern. Ich erfuhr von der KBV, dass dies intensiv beraten worden sei. Drei Gründe hätten dagegen gesprochen: Probleme, geeignete Supervisoren zu definieren und zu finden, Kostenprobleme und schließlich die Angst vor regionaler „Nesterbildung" mit Gefälligkeitsbescheinigungen. Hier sollte offen noch einmal neu nachgedacht werden.

Ob die Gruppenbehandlung effektiv ist für die Patienten, ist nach Tschuschkes Literaturüberblick (1999c) im Vergleich zu Einzelpsychotherapien von der Forschung ungenügend geklärt (Kap. 2): „Verhaltenstherapeutische Gruppenstudien favorisieren eindeutig Ergebnis- und psychoanalytische Gruppenstudien klar Prozess-(Ergebnis-)Studien und sind daher blind für den ausgeblendeten Aspekt, der die jeweils andere Therapieform interessiert." (Tschuschke 1999c, S. 1).

Ein Supervisor sollte dies wissen bei der Förderung von Kompetenz. Er benötigt dabei etwas von der „verwegenen Zuversicht", wie Martin Luther den Glauben nannte.

Rechtliche Aspekte von Therapie und Supervision

Gruppenbehandlung setzt wie jede Therapie eine ausführliche **Aufklärung** über den Inhalt, das Ziel, die Chancen und die Risiken voraus, um eine rechtswirksame **Einwilligung** des Patienten zu ermöglichen, um dadurch als **Körperverletzung** straffrei zu bleiben. Hier sind das **Selbstbestimmungsrecht** der Patienten nach dem Grundgesetz und die ärztliche **Berufsordnung** zwingend. Neben Ärzten und Heilpraktikern sind ab 1.1.1999 auch approbierte Diplompsychologen und Kinder-Jugendlichen-Therapeuten als Psychotherapeuten eigenständige Heilberufe.

Eine **Teilnahmeverpflichtung** als Supervisand kann bei Beamten, nicht bei Angestellten, erzwungen werden (Fieseler und Lippenmeier 1985). Letzteres ist wegen des Weisungsrechts des Arbeitgebers umstritten.

Die **Schweigepflicht** nach § 203 StGB bedeutet, dass über Patienten vom Supervisanden nur anonymisiert oder mit deren Einverständnis (z. B. Videoaufnahmen einer Gruppe) berichtet werden darf und Supervisand und Supervisor nichts nach außen tragen dürfen, auch nicht gegenüber dem Anstellungsträger des Supervisanden (Kap. 3).

Problematisch ist in der Supervision die Güterabwägung bei **Straftaten**, insbesondere die in der Supervisionsliteratur öfter zitierten Fälle von sexuellem Missbrauch, die in der Supervision bekannt werden. Seit 1.4.1998 gilt ja, von manchen Therapeuten unbemerkt, der neue § 174 c StGB: Sexueller Missbrauch unter Ausnutzung eines Beratungs-, Behandlungs- oder Betreuungsverhältnisses bei Personen mit geistiger oder seelischer Krankheit oder Behinderung, auch Suchtkranken, wird mit Freiheitsstrafe bis zu fünf Jahren oder Geldstrafe bestraft. Gleiches gilt bei psychotherapeutischer Behandlung. Bestraft wird auch, wenn der Behandler sexuelle Handlungen an sich vornehmen lässt. Auch der Versuch ist strafbar! § 176 und 176 a beziehen sich entsprechend auf Kinder.

Hier wäre der Supervisor wohl zur Güterabwägung bezüglich der Schweigepflicht berechtigt, also eventuell zur Anzeige einer Straftat (Kap. 3).

Häufige Supervisionsthemen von Gruppenbehandlern werden im Folgenden nur in Stichworten angeführt (als „Kochbücher": Christ und Hoffmann-Richter 1997; Kayser u. Mitar. 1981; Yalom 1996). Auch erfahrene Gruppenleiter kommen immer wieder auf Grundfragen des Handwerkszeugs zurück, die in diesen Werken behandelt werden, was für Anfänger in der **Gruppensupervision von Gruppenbehandlern** vielleicht entlastend wirken kann.

Die folgenden Themen werden ausführlich in eigenen Kapiteln dieses Buchs behandelt:
- Indikation (Kap. 9),
- Gruppenzusammenstellung (Kap. 11),
- Vorbereitung auf die Gruppenarbeit (Kap. 12),
- Koleitung von Gruppen (Kap. 19),
- schwierige Patienten in der Gruppe (Kap. 24),
- Probleme mit neuen Gruppenmitgliedern, Fluktuation in Gruppen (Kap. 32).

Und dann gibt es noch den Abschied des Supervisors, Fengler (1996b) hat dazu lesenswert sein Herz geöffnet.

8. Teamsupervision

D. Mattke

Begriffsklärungen

Team

Die Selbstbeschreibung „wir arbeiten im Team" findet derzeit inflationäre Verwendung: „Ihr DSG-Team" im Intercity, die „Racing-Teams" in den Vermarktungsstrategien der Automobilindustrie, das „Camel-Team", das „Marlboro-Team" in der Werbung der Zigarettenindustrie, Architekten, Werbebüros, Friseur- und Massagesalons, Hotelrezeptionen, Fluggesellschaften, Arztpraxen, Familienberatungsstellen und andere Beratungsdienste – sie alle arbeiten „in Teams".

In der aktuellen Alltagssprache werden mit dem Begriff „Team" Arbeitsabläufe bei Dienstleistungen umschrieben, die von einer Gruppe erbracht werden. Zwei weitere Aspekte definieren Teamarbeit, wie ich sie im Kontext dieses Textes verstehe:
- die Arbeit geschieht **interdisziplinär** bzw. multiprofessionell bezogen auf ein gemeinsames Arbeitsobjekt bzw. Klientel,
- es bestehen **Arbeitsstrukturen** wie z. B. regelmäßige, gemeinsame Besprechungen.

Teamarbeit

Detailliertere Kriterien als Voraussetzungen für **effektive Teamarbeit** geben Becker und Langosch (1995, zit. bei Pühl 1999) an:
- Gruppengröße und -zusammensetzung:
  - in der Praxis „ideal": 5–8 Personen,
  - gemeinsame Ziele (Interesse an „Resultaten"),
  - organisatorische Einheit (Interdependenz der Aufgaben).
- Kontinuität der Arbeits- und Entscheidungsprozesse:
  - regelmäßige Treffen: „Jour Fix" (ideal 1 mal/Woche),
  - Termin als „Tabu" (Anwesenheit obligatorisch),
  - keine Stellvertreter (wie in „policy meetings"),
- Balance von Information, Meinungs- und Entscheidungsbildungen:
  - klar unterscheiden,
  - zeitlich trennen,
  - wissen, was man tut,
- Balance von Tagesgeschäften und Grundsatzfragen:
  - klar unterscheiden,
  - zeitlich trennen,
  - wissen, was man tut.
- regelmäßige, gemeinsame kritische Auswertung:
  - Teamentwicklung durch institutionalisierte „Manöverkritik",
  - inhaltliche „Zwischenbilanz": Was haben wir erreicht?,
  - persönliches „Feedback": Wie ist es gelaufen?.

Supervision

Nun zur Definition von Supervision: Die Deutsche Gesellschaft für Supervision (DGSv) definiert sie wie folgt:

> „Supervision ist eine Beratungsmethode, die zur Sicherung und Verbesserung der Qualität beruflicher Arbeit eingesetzt wird. Supervision bezieht sich dabei auf psychische, soziale und institutionelle Faktoren. Supervision unterstützt
> - die Entwicklung von Konzepten,
> - bei der Begleitung von Strukturveränderungen,
> - die Entwicklung der Berufsrolle" (DGSv 1996, zit. n. Pühl 1999, S. 128).

Zu klären ist weiterhin der Unterschied von **Fallsupervision** und **Teamsupervision**. Unter Fallsupervision wird verstanden, dass die Beziehungen zwischen Helfern und Klienten Gegenstand der Beratung sind. Teamsupervision meint dagegen eine Untersuchung der Beziehungen der Helfer untereinander, damit Untersuchung und Veränderung der Kooperation und damit zusammenhängender Teamstrukturen. Rappe-Giesecke (1994) hat in ihrem Buch ein eigenes Konzept vorgestellt, das durch die drei Programme und ihre Handhabung bekannt wurde: **Fallarbeit**, **Selbstthematisierung** und **Institutionsanalyse**. In beiden Definitionen wird die sensible Nahtstelle zwischen Individuum und Institution markiert.

In der einschlägigen Literatur wird außerdem Wert gelegt auf die Unterscheidung von **externer** versus **interner Supervision**. Pühl (1999, S. 129) nennt als „gravierenden Prüfstein ... [für beide Formen von Supervision die Frage der] ... jeweiligen Verantwortung in Bezug auf die Arbeit der Supervisanden."

Mit der **Verantwortungsfrage** korrespondiert – besonders in sozialen Organisationen – die Frage, wie viel **Fachaufsichtsfunktionen** übernommen und ausgefüllt werden.

Nach Berker (1994, zit. n. Pühl 1999, S. 129) ist internen und externen Supervisionen Folgendes gemeinsam:
- sie müssen die Spannung zwischen Autonomie und Abhängigkeit aufrecht erhalten,
- ihre prinzipielle Akzeptanz der Organisationsaufgaben wird gefordert,
- sie befinden sich in einem Abhängigkeitsverhältnis: der interne Supervisor ist direkt von der Organisation und der externe vom Markt abhängig.

Fallstudie

Nach diesen allgemeinen Definitionen von Team und Supervision möchte ich mich nun im Speziellen der Supervision von **therapeutischen Teams** zuwenden, die in Institutionen wie Krankenhäusern, Tageskliniken, Beratungsstellen arbeiten. Dazu stelle ich zunächst eine Studie (Bardé und Mattke 1993) vor, die in einem Krankenhaus für Psychotherapie und psychosomatische Medizin durchgeführt wurde. Untersuchungsgegenstand war das Transkript einer Supervisionssitzung eines der Stationsteams der Klinik.

Die Supervision wurde von einem externen Supervisor durchgeführt. Aus mit Tonband aufgenommenen und transkribierten Supervisionssitzungen wurde eine Sitzung ausgewählt, in der eine psychosomatisch erkrankte Patientin (Colitis ulcerosa) vorgestellt wurde. Man ging davon aus, dass die Analyse einer Teamsupervision einen zentralen Einblick nicht nur in die faktische Arbeitsweise eines integrierten Teams (**Strukturaspekt**) gibt, sondern auch einen Einblick in den Behandlungsprozess ermöglicht, in die Behandlung einer psychosomatisch erkrankten Patientin (**Prozessaspekt**).

Das Textprotokoll der Teamsupervisionssitzung wurde zum einen nach der von Oevermann (1981) entwickelten Methode der „objektiven Hermeneutik" analysiert. Diese Methode erhebt den Anspruch, in der textförmig erfassten sozialen Wirklichkeit den latenten (objektiven) Sinn herauszuarbeiten zu können. Diese latente Sinnstruktur, die Struktur des kommunikativen Geschehens, wird von den Handelnden selbst zwar realisiert (aus ihr heraus wird gesprochen), aber nicht ohne weiteres bewusst intentional wahrgenommen.

Zum anderen wurde das Textprotokoll von Kutter (1993) vor dem Hintergrund seiner „Basis-Konflikt-Hypothese" der psychosomatischen Störung klinisch-pragmatisch interpretiert. Das publizierte Verbatimtranskript (Bardé und Mattke 1993) wurde in weiteren „polyzentrischen Analysen" untersucht (Buchholz und Hartkamp 1997). Zwei Ergebnisse der Untersuchung möchte ich herausgreifen.

Prozessaspekt

Mit beiden Untersuchungsmethoden wird evident, wie deutlich sich in dem Text der Supervisionssitzung die von vielen Autoren beschriebenen **Spiegelphänomene** abzeichnen (Dabei wird angenommen, dass Probleme aus der Therapeut-Patient-Beziehung, die noch nicht sprachlich-begrifflich präsentiert werden können, in den Interaktionen in der Teamgruppe „inszeniert" werden. Man spricht von der „Spiegelung" der problematischen Ereignisse aus der professionellen Praxis in der Supervisionsgruppe. Es können sich in der Supervisionsgruppe weiterhin „spiegeln": problematische Beziehungen mit Arbeitskollegen und auch problematische Beziehungen zwischen Team und Institution.): Die für die Patientin relevanten libidinösen und aggressiven Objektbeziehungen werden im stationären Raum inszeniert, sie werden in der Teamgruppe von verschiedenen Teammitgliedern repräsentiert und mit Hilfe des Supervisors behandlungstechnisch interpretiert. Durch den von außen (institutionsimmanente Gesetzmäßigkeiten) aufgenötigten Abschluss der Behandlung werden dann vor allem aggressiv-destruktive Komponenten in den Objektbeziehungen aktiviert. In dieser Teamdynamik erhalten die Klinik und das in ihr operierende Team die Bedeutung einer Mutter, die die Patientin am Ende der Behandlung unvermittelt vor die Tür setzen. Das Ende der stationären Therapie wird im Erleben der Patientin von außen gesetzt und nicht in erster Linie aus der Entwicklung der Übertragungsbeziehungen abgeleitet.

Am sprachlichen Material des Textes ist deutlich zu erkennen, dass es im Team „brodelt". Es gehört zu den Paradoxien von derartigen Teamprozessen – falls vom Supervisor so geleitet –, dass das Team zeitweise mehr mit den Fantasien zum vorgestellten Fall arbeitet als an der Klärung des faktischen, so genannten realen Geschehens. So weit zum Prozessaspekt der zitierten Klinikbehandlung.

Strukturaspekt

Der behandelnde Einzeltherapeut beschäftigt sich an einer Textstelle mit dem Kompromiss, nach der Entlassung eine eingeschränkt ambulante Behandlung in der Klinik anzubieten.

Dadurch konnte er sich dann im weiteren Verlauf der Teamsitzung von der negativen „Klinikmutter", die von außen das Ende der Behandlung setzt, distanzieren. Damit waren dann aber wiederum die Klinik und das Stationsteam in der Übertragung der Patientin mit der unbewussten Bedeutung einer negativen kontrollierenden, das Kind nicht beachtenden Mutter ausgestattet. Die Aspekte der guten, versorgenden, schützenden Mutter wurden strukturell abgespalten und auf Teammitglieder, die mehr pflegerisch versorgende Strukturaspekte der stationären Psychotherapie vertreten, übertragen. Dabei war es interessant zu sehen, so weit anhand des Textes identifizierbar, dass diese strukturellen Aspekte sowohl von Schwestern als auch von Therapeutinnen und Therapeuten vertreten wurden.

Hiermit ist ein Strukturaspekt des Interaktionsgeschehens zwischen Patientin und Team beleuchtet, der häufig in Kliniksupervisionen von Bedeutung ist: Es lässt sich mit dem praktizierten Supervisionsmodell, das eindeutig auf der Widerspiegelung von inneren psychischen Strukturen fußt, nicht unterscheiden, ob es sich um Widerspiegelungen internalisierter Objektbeziehungen oder aber um durch institutionelle und konzeptuelle Strukturen bewirkte interaktionelle Inszenierungen handelt. Es gelingt im untersuchten Fall, auch mit Hilfe der Supervision nicht, diese Übertragungsaspekte zu trennen und zu benennen. Es zeichneten sich zwei Komplexe ab, die die Interaktionen im Team einmal unter dem Prozessaspekt wie dann auch unter dem Strukturaspekt prägen:
- eine Spaltung in der Übertragung des primären Objekts („Mutter") in den unterschiedlichen Einstellungen von therapeutischen und pflegerischen Strukturelementen im Team,
- eine Intensivierung dieser Übertragungsspaltung durch die organisatorische Struktur der Klinikbehandlung, die das Ende der Behandlung prägnant von außen setzt.

Die zitierte empirische Studie gibt Anlass zu einigen Reflektionen über Grundprobleme des Teameinsatzes in der Klinikbehandlung.

Gruppendynamische Effekte in der Interaktion Teamgruppe – Patientengruppe

Eine Teamgruppe entwickelt gegenüber den in der Institution behandelten Patienten besondere **Reaktionsbereitschaften**, die nicht ohne weiteres und immer im Sinne der „Widerspiegelung" der Innenwelt von Patienten aufzufassen sind. Reiss u. Mitarb. (1984) untersuchten Wahrnehmungsmuster von 31 Teammitgliedern gegenüber 21 Patienten. Sie konnten faktorenanalytisch drei Gefühlsdimensionen ermitteln, in welchen das Team auf einen Patienten reagiert:
- Dysphorie,
- Distanzierung,
- Argwohn.

Die **Beziehungsdynamik** zwischen Team und Patientengruppe zu untersuchen, hatte eine Studie von Enke-Ferchland (1969) zum Ziel. Es wurde zunächst eine Patientengruppe in einer psychosomatischen Klinik soziometrisch unter drei Kriterien eingeschätzt:
- Beliebtheit (mit wem ist man am liebsten zusammen?),
- Tüchtigkeit (mit welchen drei Mitpatienten möchte man in einer Gruppe sein?),
- Gruppenführung (welcher Patient wäre am besten geeignet, die Führung der Gruppe zu übernehmen?).

Die Psychotherapeuten der Station sollten nun ihrerseits jeden Patienten auf der Station nach zwei Kriterien einstufen:
- therapeutische Mitarbeit in Bezug auf das gesetzte Behandlungsziel,
- Schweregrad der Gestörtheit.

Die Studie wurde in zwei Durchgängen mit unterschiedlichen Patientengruppen durchgeführt. Ihr Ergebnis ist, dass ein Zusammenhang zwischen dem soziometrischen Status eines Patienten, wie er im Rahmen der Patientengruppe erfasst wird, und dem Einschätzungsurteil der Psychotherapeuten der Station hinsichtlich der therapeutischen Mitarbeit besteht. Es ergab sich die Tendenz, dass die von den Psychotherapeuten als schwerer gestört eingeschätzten Patienten zugleich auch einen niedrigeren soziometrischen Status innerhalb der Patientengruppe hatten. Die Hypothese der Untersuchung, dass Rangpositionen innerhalb der Patientengruppe mit dem Schätzurteil der Psychotherapeuten korrelieren, bestätigte sich.

Die soziodynamische Konsequenz ist: Beliebt und tüchtig im Erleben der Patientengruppe ist derjenige, der nach dem Urteil der Therapeuten gut mitarbeitet und relativ wenig gestört ist. Bereits Stanton und Schwarz (1954) haben solche **gruppendynamischen Effekte** in Institutionen untersucht und nachdrücklich darauf hingewiesen, dass Patienten mit einem niedrigeren Status keine oder schlechtere Behandlungserfolge erzielen, als Patienten, die im Stationsteam einen hohen Status zugewiesen bekommen, was einem **Rosenthal-Effekt** gleich kommt. Es muss wohl im klinisch-stationären Feld mit Prestigehierarchien und dem Druck von Gruppennormen in Teams gerechnet werden. Für die Supervision von Klinikteams besteht hier die Aufgabe, solche vorbewusst oder sogar unbewusst wirkenden gruppendynamischen Effekte herauszuarbeiten.

Gruppenfantasien im Team

„Ein Team, in dem persönliche und subjektive Erfahrungen aus den Interaktionen [mit dem Patienten] durchgearbeitet werden, befindet sich in einem kontinuierlichen gruppendynamischen Prozess, der sowohl von der patienteninduzierten wie auch der teameigenen Dynamik gespeist wird" (Janssen 1987, S. 140).

Sowohl die Teamgruppe, wie Janssen sie hier beschreibt, wird durch unbewusste Fantasien integriert wie auch die Institution als organisierter Gruppenverband. Sie wird nicht nur durch rationale Regeln, sondern eben auch durch unbewusste Übertragungen ihrer Mitglieder stabilisiert. Organisierte Abläufe in Institutionen können durch Abwehrbedürfnisse gegenüber ängstigenden individuellen Konfliktkonstellationen der verschiedenen Organisationsmitglieder zusammengehalten werden.

Volk (1980) hat kollektive Wünsche und Fantasievorstellungen von Teamtherapeuten einer Klinik erforscht. Sie stellen seiner Meinung nach eine wichtige strukturelle Determinante für die Organisation der Klinik und für die Behandlungsprozesse in einer Klinik dar. Der Autor führte mit neun Therapeuten und zehn Mitarbeitern des medizinischen Bereichs eine freie Gruppendiskussion über die „Wunsch- und Traumklinik" durch. Volk zieht aus seinen Befunden den Schluss, dass die Indikation für eine stationäre Behandlung das Ergebnis einer persönlichen Gegenübertragung des/der Kliniktherapeuten sein könnte, einer Gegenübertragung, die auf eigenen unbewältigten infantilen Versorgungsfantasien beruhen könnte.

Ähnlich wie der US-amerikanische Autor Berlin (1970) stellt Volk Vermutungen an über die Therapeutenpersönlichkeit, die in spezifischer Weise dafür prädestiniert ist, in einer Klinik zu arbeiten. Beide Autoren beschreiben Übertragungs- und Gegenübertragungskonstellationen von stationären Teams und resümieren, dass Klinikteams in ihrer Gruppenarbeit durch Fantasien integriert werden, die dazu geeignet sind, vor allem aggressive und ödipale Triebkonflikte abzuwehren. Weiterhin wird resümiert, dass die Konzeptualisierung der stationären Psychotherapie als ein „Holding" bzw. die Bereitstellung eines „Übergangsraums" sich im Dienste der Abwehr von infantilen Versorgungswünschen bzw. deren Fantasien bei den Therapeuten entwickelt haben könnte. Zu ähnlichen Ergebnissen mit einer empirischen Untersuchung von Behandlungsteams auf einer medizinischen Intensivstation kommt Klapp (1985).

Diese empirischen Befunde zur Teamdynamik bzw. zu **integrierenden Gruppenfantasien** von Teams, die bei Bildung und Erhaltung des Teams eine Rolle spielen, legen folgende Hypothese nahe: Teamgruppen werden nicht so sehr auf einer reflexiv-interaktionellen, auch nicht in erster Linie auf einer ödipalen, sondern eher auf einer präödipalen, oral-symbiotisch-narzisstischen Fantasieebene integriert (Mattke u. Mitarb. 1998).

Paar und Diercks (1985) haben am Entwicklungsprozess einer Balintgruppe gezeigt, wie in einer solchen Gruppe die gleichen unbewussten Entwicklungsprozesse stattfinden, wie sie auch in Therapiegruppen beschrieben werden.

Interaktionsanalytische Studien zur Teamdynamik

Caudill (1958) untersuchte mit Hilfe der Interaktionsprozessanalyse von Bales 63 Stationskonferenzen in einem psychoanalytisch geführten Krankenhaus. Er stellte fest, dass die Untergruppe der Schwestern den niedrigsten Status in der Teamgruppe hat und dass mit dieser strukturellen Rolle eine große Unsicherheit verknüpft ist. Dieser strukturelle Konflikt führte zu Selbstwertstörungen und Rückzugsverhalten. Mit dem niedrigen Status der Pflegerollen ist nach Untersuchungen von Caudill zugleich eine Hemmung in der affektiven Expressivität und eine Steigerung von unstrukturierten Spannungen verbunden. Es bildet sich eine informelle Subkultur im Team heraus, in der die Erfahrungen mit dem Patienten ausgetauscht werden, die im offiziellen Team gegenüber den statushöheren „Seniors" nicht geäußert werden, weil man der Meinung ist, dass die eigenen Äußerungen dort nicht wahrgenommen werden oder die Erfahrungen unwichtig sind. Affektive Expressivität ist ihrer Meinung nach den ranghöheren Rollen vorbehalten. Diese hätten gelernt frei zu sprechen, auch über ihre Gefühle. Caudill zieht aus diesen Befunden den Schluss, dass

- die psychoanalytische Behandlung in der Klinik nicht alleine eine Frage der Übertragung und Gegenübertragung sein könne, sondern dass die Eingebundenheit in den Rahmen des sozialen Systems der Station unbedingt mit berücksichtigt werden müsse,
- angesichts der Vernetzung der Pflegerollen im analytischen Behandlungsprozess eine systematische Professionalisierung dieser Rollen unbedingt erforderlich sei, damit das Team als ein stabiler integrierter Behandlungsrahmen für die Patienten gewährleistet sei.

Modelle der Teamsupervision

Die vorgestellten Untersuchungen und langjährigen Erfahrungen von Teamsupervision, die inzwischen vorliegen, haben zu einer Weiterentwicklung der Konzeption von Teamsupervision geführt. Stellvertretend für diese neueren Konzepte möchte ich das von Rappe-Giesecke (1994) entwickelte Modell vorstellen.

Dieses Modell enthält sowohl die Perspektive auf die psychischen Prozesse in der Therapeut-Patient-Beziehung – im **Team** bzw. der **Teamsupervisionsgruppe** – als auch auf die sozialen Strukturen und Prozesse in der Therapeut-Patient-Beziehung, im Team und in der Supervisionsgruppe.

Die grundlegenden **Ziele** dieses Supervisionsmodells sind:
- Verbesserung der professionellen Kompetenz der einzelnen Supervisanden,
- Veränderung der „Selbstbeschreibung" des Teams.

Verbesserung der professionellen Kompetenz der einzelnen Supervisanden

Die Verbesserung der professionellen Kompetenz soll durch Fallarbeit erreicht werden, also durch die Bearbeitung der psychodynamischen Vorgänge in der Therapeut-Patient-Beziehung. Dabei wird ein Kennenlernen der unbewussten Anteile der Persönlichkeit des Supervisanden angepeilt, so weit diese Anteile sich störend auf die Beziehung zu Klienten und Kollegen auswirken (Seidler 1998). Zur Erreichung des Ziels gehört weiterhin ein Kennenlernen der durch die berufliche Spezialisation erworbenen professionellen Deformationen in der Selbst- und Fremdwahrnehmung.

Durch die Supervision werden die Supervisanden zu beständiger Selbstreflexion und Selbstveränderung befähigt, die sie von der Supervision unabhängig machen.

Veränderung der „Selbstbeschreibung" des Teams

Dieses Ziel wird erreicht durch eine Rekonstruktion der oftmals ideologischen und dysfunktionalen Selbstbeschreibung und die Erarbeitung einer realitätsnahen und funktionalen Selbstbeschreibung. Damit ist die Erstellung einer **„Diagnose"** über den momentanen Stand bzw. ein Prozess des Zusammenwirkens gemeint von: Zielen der Institution – Funktion der Institution für die Umwelt – typische Rollen und ihre Aufgaben in und von Institution/Team – die in Aufgaben und Arbeitsabläufe umgearbeiteten Ziele der Institution/Team – die Regelung der Beziehungen zwischen den Rollen – die Identität des Teams als Subsystem einer Organisation, dem die Supervisanden angehören.

Diese „Diagnose" wird fortlaufend im Supervisionsprozess überprüft im Zusammenspiel der von der Teamgruppe selbst formulierten Vorstellungen mit den von der vorgesetzten Organisation formulierten Vorstellungen. In einem dritten Schritt wird, falls erforderlich, von der Teamgruppe eine neue Selbstbeschreibung erarbeitet, und es werden die Bedingungen für ihre Durchsetzbarkeit überprüft.

Institutionsanalyse

Die beiden Ziele – Verbesserung der professionellen Kompetenz der Supervisanden und Veränderung der Selbstbeschreibung der Teamgruppe – können nach Rappe-Giesecke nicht mit einem einzigen Konzept erreicht werden. Mit der Beschreibung des zweiten Ziels (der „Selbstthematisierung") ist wohl schon deutlich geworden, dass Supervision/Supervisor eines wissenschaftlichen Relevanzsystems (zur Reduktion der Über-Komplexität der beobachteten Phänomene) für die Beschreibung des Supervisionsmodells sowie eine Anleitung für die **Analyse institutioneller Prozesse** bedarf.

Dazu führt Rappe-Giesecke ein drittes Konzept ein – bzw. sie spricht jetzt bei der praktischen Anwendung dieser Konzepte in der konkreten Teamsupervision von **Programmen**. Das Programm **„Institutionsanalyse"** hat die Veränderung der „Selbstthematisierung" zum Ziel. Um die Prozesse in sozialen Systemen zu analysieren – und das Programm „Institutionsanalyse" durchzuführen – verwendet Rappe-Giesecke die **Systemtheorie**, wie sie von Luhmann (1975) ausgearbeitet und vertreten wurde. Giesecke (1988) hat diese Theorie unter kommunikationswissenschaftlichen Fragestellungen weiter entwickelt und eine Anleitung zur systemischen Analyse von Kommunikation in sozialen Systemen bzw. in Institutionen gegeben.

Ich kann in diesem kurzen Text die Grundzüge der **Theorie sozialer Systeme**, wie sie von diesen beiden Autoren vertreten wird, leider nicht ausführlich darlegen. Beispielhaft möchte ich allerdings versuchen zu illustrieren, wie im Supervisionsmodell von Rappe-Giesecke diese Vorstellungen in einem Orientierungsrahmen umgesetzt werden, der „Menschenbild" und „Selbstthematisierung" des Supervisors umfasst.

Der „Mensch" wird verstanden als selbstregulatives, zur Selbstreflexion befähigtes komplexes System, das über immense Möglichkeiten verfügt, sich in einer überkomplexen Umwelt zu orientieren und zu handeln, obwohl er die Folgen seines Tuns kaum absehen kann, und der sich außerdem seiner Abhängigkeit von der ihn umgebenden Welt bewusst ist. Der Mensch ist in diesem Bild vom Menschen das Gegenbild zum rational planenden und intentional handelnden Individuum.

Der „Supervisor" kann lediglich Veränderungs- und Lernprozesse anleiten und unterstützen, wenn sie von den Supervisanden gewollt und verantwortlich mitgetragen werden. Da auch er die Prozesse nicht in der Hand hat und auch die Wirkungen seines Tuns unabsehbar sind, so kann auch er nur einen Beitrag zum Gelingen des Veränderungsprozesses leisten. Der andere Teil muss von den Supervisanden kommen. Der Supervisor kann ein Lernen durch Erleben und Erfahrung unterstützen und den Supervisanden eine Anleitung zum Erlernen von Selbstreflexion geben. Diese „Selbsttypisierung" des Supervisors wird in der Literatur zusammengefasst unter dem Begriff des „**Katalysators**" (z. B. French und Bell 1982; Wellendorf 1986; Rappe-Giesecke 1994).

Kombinationsmöglichkeiten

Je nachdem, auf welches Ziel sich Team und Supervisor zu Beginn der Supervision geeinigt haben, wird eine der folgenden drei Kombinationsmöglichkeiten der Programme ausgewählt. Es spielt hierbei keine Rolle – eine Stärke des vorgestellten Supervisionsmodells –, ob die Supervisionsgruppe als Team einer Institution angehört oder ob eine frei zusammengestellte Gruppe als Supervisionsgruppe zusammenkommt, deren Mitglieder verschiedenen Institutionen angehören.

Die drei Varianten von Teamsupervision nach Rappe-Giesecke sind:
- Die **erste Kombinationsmöglichkeit**: Alle drei Programme werden angewandt. Diese Variante ist indiziert bei Teamsupervisionen, die zum Ziel haben, sowohl die professionelle Kompetenz der Teammitglieder zu verbessern, also Fallarbeit zu machen, als auch das eigene Selbstverständnis als Team zu klären, also die Selbstbeschreibung zu verändern.
- Die **zweite Kombinationsmöglichkeit**: Die beiden Programme „Fallarbeit" und „Selbstthematisierung" werden kombiniert. Wenn die Supervision als vereinbartes Ziel die Verbesserung der professionellen Kompetenz hat, dann ist diese Variante angezeigt. Fallarbeit alleine ist in diesem Supervisionsmodell nicht vorgesehen. „Selbstthematisierung" ist ein notwendiger „Reparaturmechanismus" (Rappe-Giesecke 1990, S. 11), über den das Modell verfügt und der angewendet wird, wenn es Probleme im unbewussten Gruppenprozess gibt, also Fallarbeit, wie es heißt, in den Dienst des Gruppenprozesses tritt.
- Die **dritte Kombinationsmöglichkeit**: Die beiden Programme „Institutionsanalyse" und „Selbstthematisierung" werden kombiniert. Diese Variante ist für die Supervision von Teams gedacht, die sich lediglich mit der Veränderung ihrer Selbstbeschreibung befassen wollen. Auch hier gilt für Rappe-Giesecke, dass „Institutionsanalyse" nur in Kombination mit „Selbstthematisierung" angewendet werden sollte. Gibt es Probleme bei der eher rationalen Analyse der Strukturen des Teams, dann können die Arbeitsschwierigkeiten, die emotionaler Natur sind, im Rahmen dieses Programms bearbeitet werden.

Die vier „Wurzeln" des Modells von Teamsupervision, wie es Rappe-Giesecke(1990) entwickelt hat, sind die Folgenden:
- Balintgruppenarbeit,
- Konzepte der analytisch orientierten Gruppentherapie,
- Organisationsentwicklung und angewandte Gruppendynamik,
- soziologische Systemtheorien.

Auch andere Supervisionsmodelle – in unterschiedlicher Prägnanz und unterschiedlicher Gewichtung wie Mischung – basieren auf diesen vier Konzepten.

Entwicklung – Perspektiven

Wie bereits im Eingangskapitel definiert, wird heute in der Alltagssprache unter „Teamarbeit" verstanden: Arbeitsabläufe bei Dienstleistungen, die von einer Gruppe erbracht werden.

Gerade weil nicht von Einzelnen, sondern von einer Gruppe angeboten, verspricht die von einem Team erbrachte Dienstleistung mehr Zuverlässigkeit, Effizienz, Kreativität, Sicherheit und Vertrauen. Unvollkommenheit und Begrenztheit des einzelnen und dessen mögliches Scheitern werden durch die Existenz der zusätzlichen anderen im Team kompensiert und die Arbeit vielleicht doch einer idealen Perfektion näher gebracht. Solche auf ein Team projizierten (Objekt)-Fantasma helfen, archaische Abhängigkeits- und Vernichtungsängste auf der Seite der um die Dienstleistung Nachsuchenden zu beschwichtigen. Ein Subjektfantasma könnte sich auf die innere Realität eines Teams beziehen, die durch Vorstellungen geprägt wird, das alle Mitglieder gleichberechtigt, tolerant, geachtet, herrschaftsfrei und im guten Einvernehmen sich engagiert einer schwierigen Arbeitsaufgabe widmeten und diese in einem demokratischen Stil besonders wirkungsvoll bewältigten.

Ideengeschichtliche Brücken, über die der Teambegriff in die Organisation von Dienstleistungen bei der Krankenversorgung Eingang fand, sind möglicherweise zu sehen in der englischen und italienischen antipsychiatrischen Bewegung wie in der boomartigen Entwicklung verschiedenster Formen von Gruppenpsychotherapie in den 60er und 70er Jahren. Diese beiden Entwicklungen – Antipsychiatrie und Gruppenbewegung – beluden zunehmend traditionelle Psychiatrie in ihren hierarchisch organisierten Arbeitsabläufen und ihren eingegrenzten medizinisch-ideologischen Denkweisen mit einer Vorstellung des Alten, Überholten, ja, des Schlechten und Bösen, während moderne, demokratisch organisierte und teamorientierte Psychotherapie die Bedeutung des Modernen, Progressiven, ja, des Guten zugeschrieben erhielt und teilweise auch für sich in Anspruch nahm und noch nimmt.

Der amerikanische Sozialpsychologe Sennett (1998) hat in einem anderen Kontext auf ähnliche Kehrseiten der Fremd-

und Selbstidealisierung von Teams und Teamarbeit hingewiesen. Sennett beschreibt in seinem Essay „Der flexible Mensch", wie in der heutigen Ökonomie der Teamarbeit eine zentrale Rolle zugewiesen werde. Er sieht diese Rolle allerdings sehr kritisch als „Gruppenerfahrung der erniedrigenden Oberflächlichkeit" (Sennett 1998, S. 133). Damit meint er, dass das, was in vielen Arbeiten zur Teamsupervision als Entwicklung von „reflexiver Kompetenz" beschrieben wird, auch „nur angelernte Schauspielerei" sein kann. Gegenseitiges Zuhören, Diskutieren, gemeinsam Entscheidungen treffen fänden unter dem „Postulat der Effektivität" statt. Die Grenzen der Offenheit und Kritik seien begrenzt und jedem Beteiligten bewusst, denn wer nicht mitmacht, falle über kurz oder lang aus dem Team heraus.

Kontroll- und Sanktionsdruck seien von der Hierarchie auf die Teamebene verschoben worden. Kontrolle finde gegenseitig statt und der Druck entstehe nun durch den Vergleich mit anderen Teams. Autorität verschwinde, wenn niemand mehr verantwortlich gemacht werden könne (S. 153).

Während diese alarmierenden Beschreibungen der Bedeutung von Teamarbeit von Sennett wohl von US-amerikanischen Erfahrungen im Profitbereich ausgehen, habe ich mich in meiner Darstellung hauptsächlich auf Erfahrungen von Teamarbeit und Supervision im Nonprofitbereich bezogen. Zumindest auf den europäischen Nonprofitbereich ließe sich die von Sennett beschriebene Entwicklung der Bedeutung und Bewertung von Teamarbeit nicht so bruchlos übertragen. Allerdings könnte „gute" Teamsupervision dazu beitragen, dass sich Teamarbeit, aufgrund einer von Idealisierungsdynamik getragenen Entwicklung (s.o.), nicht in den Dienst der von Sennett beschriebenen Dynamik stellen ließe.

Ich möchte besonders in diesem Kontext auf die eminent wichtige Analyse institutioneller Prozesse verweisen. Buchinger (1997) analysiert eindrucksvoll Beispiele von „Organisationsblindheit" bei Supervisoren, die nicht selten mit den Supervisanden geteilt wird. Ja, auf ihr beruhe bisweilen sogar die Tragfähigkeit des Arbeitsbündnisses zwischen Supervisor und Supervisand. Rappe-Giesecke (1994) spricht von „dysfunktionalen und ideologischen Selbstbeschreibungen" von Teams, die durch Supervision noch gestützt würden, wenn der Supervisor ohne eine Theorie sozialer Systeme arbeite.

Zur Weiterentwicklung unserer in der europäischen Kultur entwickelten Supervisionsmodelle und entsprechender Teamstrukturen kann einerseits die Klarheit eines Modells von Teamsupervision helfen, wie Rappe-Giesecke (1994) es entwickelt hat. Andererseits, dies zähle ich zu den ethischen Fragen von Supervision, darf es nicht beim allgemein beklagten Mangel an Forschungsergebnissen über Teamarbeit und Supervision von Teamarbeit bleiben.

III Vor Beginn der Gruppe

9. Indikation und Prognose in der Gruppenpsychotherapie

J. Eckert

Zur Unterscheidung von Indikation und Prognose

Die Begriffe Indikation und Prognose, Prädiktor und prognostisches Merkmal werden in der Literatur nicht einheitlich verwendet. Um Missverständnissen entgegenzuwirken, soll deshalb einleitend kurz dargelegt werden, in welcher Bedeutung sie im Folgenden verwendet werden.

Im psychotherapeutischen Bereich ist eine **Indikationsstellung** eine Aussage darüber, ob eine Psychotherapie bei einer gegebenen Person mit einer bestimmten psychischen Störung helfen kann oder nicht.

Wird in dieser Aussage nicht allein Psychotherapie als Behandlung der Wahl empfohlen, sondern erstreckt sich die Empfehlung auf ein bestimmtes psychotherapeutisches Verfahren, z. B. Gesprächspsychotherapie, und/oder auf ein bestimmtes Setting, z. B. Gruppenpsychotherapie und nicht Einzelpsychotherapie, dann spricht man von einer **differentiellen Indikation**.

Weiterhin wird zwischen adaptiver und selektiver Indikation unterschieden. Auch wenn uns diese Unterscheidung im Folgenden nicht weiter beschäftigen wird, sei sie der Vollständigkeit halber kurz benannt: Bei der **selektiven Indikation** werden die für ein bestimmtes psychotherapeutisches Verfahren geeigneten Patienten ausgesucht, bei der **adaptiven Indikation** werden die für einen bestimmten Patienten geeigneten therapeutischen Interventionen ausgewählt.

Im psychotherapeutischen Bereich ist eine **Prognose** die Vorhersage des zu erwartenden Therapieerfolgs für einen bestimmten Patienten bei Anwendung einer bestimmten Psychotherapie bzw. psychotherapeutischen Intervention.

Die Kriterien für eine Indikationsstellung werden häufig „Ausschlusskriterien" genannt (z. B. Yalom 1996), die Kriterien für die Prognose „Aufnahmekriterien" (Yalom 1996). Als gemeinsamer Oberbegriff für Ausschluss- und Aufnahmekriterien soll hier der Begriff **Prädiktor** Verwendung finden.

> Ein Prädiktor ist ein Merkmal (Variable, Faktor), das einen empirisch nachgewiesenen oder theoretischen Zusammenhang mit dem Therapieerfolg aufweist. Ein Prädiktor kann vor oder zu Beginn einer Behandlung erhoben werden, in jedem Fall wird eine Vorhersage über erwartete Veränderungen (Therapieerfolg) getroffen.

Prädiktoren im Bereich der Psychotherapie sind nicht nur Merkmale von Patienten, z. B. der Grad der Chronifizierung der Störung, sondern auch Merkmale des Therapieprozesses, z. B. das Ausmaß an Gruppenkohäsion, die einen theoretischen und/oder empirischen Zusammenhang mit dem Therapieerfolg haben.

Es lassen sich zwei Gruppen von Prädiktoren unterscheiden.

Die eine Gruppe sind Prädiktoren, die eine Aussage darüber zulassen, ob eine Psychotherapie indiziert ist oder nicht. Zu diesen Prädiktoren gehören auch die so genannten Ausschlusskriterien, mit denen Aussagen über Kontraindikationen gemacht werden. Ein solches Ausschlusskriterium für eine Gruppenbehandlung ist z. B. eine akute paranoide Störung oder das Vorliegen einer paranoiden Persönlichkeitsstörung. Wir möchten diese Gruppe von Prädiktoren **Indikatoren (I)** nennen. Ein Indikator ist ein Merkmal, das eine Aussage darüber zulässt, ob eine bestimmte Behandlung indiziert ist oder nicht. Ein Indikator zeigt also auch einen Zusammenhang mit dem Therapiemisserfolg an, z. B. einen Therapieabbruch.

Lässt ein Indikator nicht nur eine Aussage darüber zu, ob eine Gruppenpsychotherapie die Behandlung der Wahl ist, sondern auch, dass sie einer Einzelpsychotherapie vorzuziehen ist, oder ob ein bestimmtes gruppentherapeutisches Verfahren geeigneter ist als andere, dann spricht man von einem **differentiellen Indikator (DI)**. Ein Beispiel für einen DI im Bereich der psychoanalytischen Therapie ist das Ausmaß der Regressionsbereitschaft eines Patienten (s. u.).

Die zweite Gruppe von Prädiktoren lässt eine Aussage über den Erfolg einer bestimmten Behandlung zu. Deshalb sollen sie als **prognostische Merkmale (P)** bezeichnet werden. Eine Prognose setzt also voraus, dass die Frage der Indikation bereits positiv entschieden worden ist. Da eine positive Indikationsstellung davon ausgeht, dass ein Patient in jedem Fall von der ins Auge gefassten Behandlung profitieren wird, erstreckt sich die Prognose nur noch auf die Frage, in welchem Umfang die angestrebten Therapieziele bei welchem Therapieaufwand – sowohl zeitlich als auch im Hinblick auf die Therapiedosis – erreicht werden.

Prognostische Merkmale sind in der Regel verfahrensspezifisch. Beispielsweise ist in Gesprächspsychotherapien das Ausmaß der Selbstexploration eines Patienten mit dem Therapieerfolg korreliert. In Verhaltenstherapien findet sich dagegen keine Korrelation mit dem Therapieerfolg (Grawe 1976, Plog 1976).

Verfahrensunabhängige prognostische Merkmale gibt es vermutlich nicht. Sie werden aber immer wieder postuliert. Am häufigsten wird in diesem Zusammenhang die Motivation eines Patienten für eine Psychotherapie genannt. Bei genauerem Hinsehen erweist sich aber auch die Motivation als nicht unabhängig vom Therapieverfahren bzw. Setting. Alle Gruppentherapeuten kennen den für eine Psychotherapie hoch motivierten Patienten, der dies aber leider nur für eine Einzelbehandlung ist, nicht für eine Gruppenpsychotherapie.

Zu den prognostischen Merkmalen gehören auch die so genannten Einschlusskriterien. Zu den Einschlusskriterien für eine Gruppenpsychotherapie wird z. B. gezählt, dass ein

Patient seine Symptomatik, z. B. eine krankheitswertige Depression, auf das Vorliegen von interpersonalen Problemen zurückführt.

Nach diesen einleitenden Begriffsklärungen soll im Folgenden ausgeführt werden, welche Indikationsregeln in der Praxis der Gruppenpsychotherapie gelten, bevor dann abschließend ein Überblick über die empirisch gesicherten Merkmale von Indikation und Prognose gegeben wird.

Indikation und Prognose in der Praxis der Gruppenpsychotherapie

Die folgenden Ausführungen beziehen sich auf eine bestimmte Art von Gruppenpsychotherapie, nämlich die in Gruppen mit folgenden Merkmalen:
- Die Gruppen sind bezüglich der Diagnosen heterogen zusammengesetzt,
- die Gruppendauer beträgt mehr als 20 Sitzungen,
- die Behandlung erfolgt ambulant,
- das Gruppenkonzept ist interaktionell und nicht symptomzentriert.

Dieser Gruppenkonzeption folgen u.a. die psychoanalytisch interaktionelle Gruppenpsychotherapie, die tiefenpsychologisch fundierte, die psychoanalytische und die klientenzentrierte Gruppenpychotherapie.

Folgt man Yaloms Beobachtungen, dann beschränkt sich die Auswahl von Patienten für eine Gruppenpsychotherapie bei vielen Klinikern auf die Beantwortung der Frage, ob es Hinweise für eine Kontraindikation gibt oder nicht: „Die meisten Kliniker wählen ihre Patienten für die Gruppenpsychotherapie nicht aus. Stattdessen schließen sie Patienten aus." (Yalom 1996, S. 240)

Mit anderen Worten: In der Praxis der Indikationsstellung finden vor allem Indikatoren Beachtung, prognostische Merkmale spielen hingegen keine große Rolle. Ein solches Vorgehen hat Vor- und Nachteile. Der Vorteil ist sicherlich darin zu sehen, dass dadurch auch Patienten in die Behandlung genommen worden sind und werden, für die eine Gruppenpsychotherapie theoretisch nicht die Behandlung der Wahl war oder ist und für die man theoretisch keine günstige Prognose stellen konnte. Die Aufnahme anscheinend nicht geeigneter Patienten in die Gruppenpsychotherapie hat in der Vergangenheit sicherlich dazu beigetragen, dass der Rahmen für manche Indikatoren neu bestimmt werden musste. Ein Beispiel für ein heute nicht mehr gültiges Ausschlusskriterium sind Patienten mit psychotischen Symptomen, die sich im Rahmen einer Borderlinepersönlichkeitsstörung manifestieren (Kap. 37, 47). Ein Beispiel für ein heute nicht mehr gültiges ungünstiges prognostisches Merkmal ist das Lebensalter eines Patienten. Während Freud noch davor warnte, Patienten jenseits des 40. Lebensjahres in eine Psychoanalyse zu nehmen, weiß man heute, dass das Alter für den Behandlungserfolg keine generelle Rolle spielt.

Die Gefahr, die mit der stiefmütterlichen Behandlung der prognostischen Frage durch Kliniker verbunden ist, ist die, dass eine Psychotherapie, die einem Patienten nicht oder nicht ausreichend hilft, ihm damit auch schaden kann. Im mildesten Fall wird der Patient mit einer Enttäuschung auf die Erfolglosigkeit reagieren. Die Praxis lehrt aber, dass die Reaktionen auf eine erfolglose Behandlung auch bedrohlicher sein können: Patienten können sich als hoffnungslose Fälle einstufen und suizidal werden, die unveränderte Symptomatik kann sich chronifizieren oder sich verstärken, oder es entwickeln sich neue Symptome.

Im Allgemeinen bezieht sich die Indikationsstellung auf einen individuellen Patienten. So wie es sehr erfolgreich und weniger erfolgreich behandelte Patienten gibt, so gibt es auch mehr oder weniger erfolgreiche Gruppen. Dieser Umstand wird vor allem dann deutlich, wenn es sich bei den Gruppen um geschlossene handelt. Den größten Einfluss darauf, wie erfolgreich eine Gruppe als Ganzes ist, scheint die Zusammensetzung der Gruppe zu haben. Wichtig ist in diesem Zusammenhang der Hinweis darauf, dass der individuelle Therapieerfolg auch davon abhängt, wie erfolgreich die Gruppe als Ganzes den Therapieprozess durchläuft und abschließt.

Indikatoren für Gruppenpsychotherapie

Bei der Darstellung der Indikationsregeln in der Praxis kann natürlich nicht der Anspruch erhoben werden, die von allen Praktikern zu erwähnen. Dennoch soll versucht werden, einen gemeinsamen Nenner zu finden. Der Autor wird sich bei der Darstellung an den von Yalom (1996) gesammelten und von vielen Gruppentherapeuten geteilten Erfahrungen orientieren. Die nachfolgend dargestellten Indikationsregeln sollen in erster Linie für ambulante, heterogen zusammengesetzte Gruppen gelten.

Der wichtigste Indikator ist zugleich auch der anscheinend unspezifischste, da jede Form von Psychotherapie ihn als Voraussetzung nennt: die Motivation des Patienten. Es ist korrekter, von der Notwendigkeit einer ausreichenden **„Motivation des Patienten für eine Gruppenpsychotherapie"** zu sprechen. Diese Motivation sollte sich auf die gruppenspezifischen Ziele richten. Die hier gemeinten Gruppen haben die folgenden dem Therapiekonzept immanenten Ziele:
- Entwicklung einer gewissen Nähe der Teilnehmer und Vertrautheit untereinander,
- Entwicklung eines introspektiven bzw. selbstreflexiven Umgangs mit sich selbst,
- Entwicklung eines verstehenden Umgangs mit den anderen Gruppenteilnehmern,
- Entwicklung von interpersonaler Aufrichtigkeit.

> Der Jungmanager, der zwar hoch motiviert ist, seine Schlafstörungen mittels einer Gruppenpsychotherapie zu beheben – Medikamente, Meditation und NLP hatten bereits versagt –, scheidet aus einer klientenzentrierten Gruppenpsychotherapie mit dem Vorwurf an Therapeut und Gruppenmitglieder aus: „Ihr redet hier immer nur über Probleme, ich kenne keine Probleme, ich kenne nur Lösungen – und die finde ich hier so nicht." Dieser Patient hatte mit seiner Entscheidung, zu gehen, recht: Offensichtlich war mit ihm vor seiner Aufnahme in die Gruppe nicht ausreichend geklärt worden, welchen therapeutischen Weg zur Behebung seiner Schlafstörungen er sich vorstellt.

Die Art der Störung als Indikator

Psychiatrische Störungen

Bestimmte psychiatrische Störungen machen Patienten psychotherapeutisch weitgehend – d. h. ohne spezifischere Berücksichtigung der Störung – unerreichbar (Kap. 38, 39 und 48). Dazu zählen:
- hirnorganische Verletzungen,
- paranoide Störungen,
- hypochondrische Störungen,
- Drogen- oder Alkoholsucht,
- akut psychotische Störungen,
- soziopathische Symptome.

Diese Kontraindikatoren gelten in der Regel sowohl für die Einzel- als auch für die Gruppenpsychotherapie, aber nicht in jedem Fall für jede Form von psychotherapeutischer Behandlung. Für einzelne dieser Störungen, z. B. Alkoholsucht, gibt es spezielle Therapieprogramme (Kap. 46).

Für Patienten mit diesen Störungen ist Gruppenpsychotherapie meist deshalb kontraindiziert, weil die Art der Störung mit den gruppenpsychotherapiespezifischen Prozessmerkmalen bzw. Wirkfaktoren kollidiert. Prozessziele, z. B. die Erfahrung von Einsicht bzw. von Selbstempathie, werden z. B. von einem paranoiden Gruppenpatienten nicht erreicht, der seine Befürchtung nicht aufgeben kann, dass sich drei Gruppenmitglieder gegen ihn verschworen haben, und der vom Gruppentherapeuten verlangt, diese Verschwörung aufzudecken. Weigert sich der Therapeut, die paranoiden Annahmen des Patienten zu teilen, droht, dass der Patient ihn als Mitverschwörer verdächtigt. Geht der Therapeut den paranoiden Annahmen – scheinbar oder aus Überzeugung – nach, teilt er das Symptom des Patienten und fällt als Therapeut auch für die anderen Gruppenmitglieder aus. Solange der Patient seine paranoiden Vorstellungen nicht als Symptom ansieht und sie auch als solches nicht behandeln lässt, kann sich der Therapeut nur falsch verhalten, d. h. seine therapeutischen Aufgaben nicht wahrnehmen.

Interpersonale Probleme

Ein weiterer Indikator ist das Vorliegen von interpersonalen Problemen, wobei ein im Vergleich zu impersonalen Problemen (Symptomen) hohes Ausmaß an interpersonalen Problemen als prognostisch günstig angesehen wird (s.u.). Eine Gruppenpsychotherapie gilt als indiziert – in Anlehnung an Yalom (1996) – bei folgenden interpersonalen Problemen:
- soziales Rückzugsverhalten und (unfreiwillige) Einsamkeit,
- Schüchternheit und Gehemmtheit,
- Unfähigkeit zu Nähe und Liebe,
- unangemessenes Konkurrenzverhalten,
- Autoritätsprobleme,
- übertriebene Aggressivität und Streitsucht bzw. chronisch provozierendes Verhalten,
- übertriebenes Misstrauen,
- Narzissmus, einschließlich der Unfähigkeit, zu teilen und sich einzufühlen oder Kritik zu akzeptieren, sowie einem ständigen Bedürfnis nach Bewunderung,
- Angst, sich durchzusetzen,
- Unterwürfigkeit und Abhängigkeit,
- Angst, in dem Bedürfnis, Liebe zu geben, ausgenutzt zu werden.

Als eine gute Hilfe bei der Indikationsstellung hat sich die Selbsteinschätzung bezüglich der interpersonalen Probleme auf einem eigens dafür entwickelten Fragebogen, dem „Inventar zur Erfassung interpersonaler Probleme" (IIP, Horowitz u. Mitarb. 1994) erwiesen. Für Indikationszwecke wurde ein Maß entwickelt, nämlich der Prognoseindex „I-S". I-S ist die Differenz zwischen dem Summenwert des IIP (= Ausmaß interpersonaler Probleme) und dem Summenwert der SCL-90 (= Ausmaß impersonaler Probleme; zur SCL-90 s. CIPS 1986). Während sich die I-S-Differenz in der psychodynamischen Kurztherapie wiederholt als ein indikationsrelevantes Maß herausgestellt hat, sind die Befunde für stationäre Gruppenpsychotherapien nicht so einheitlich positiv (Strauß u. Mitarb. 1993). Für die Praxis kann aus diesen Ergebnissen die Regel abgeleitet werden:

> Für eine Indikation für eine Gruppenpsychotherapie spricht, wenn sich Patienten im IIP belasteter darstellen als in der symptomzentrierten SCL-90.

Der akute Krankheitszustand des Patienten als Indikator

Gruppentherapeuten sind sich weitgehend einig bezüglich der Regel, dass Patienten in einer akuten Krise, z. B. wechselnde Zustände von Angst und Depression begleitet von Schlaflosigkeit nach dem unerwarteten Verlust einer geliebten Bezugsperson, in einer Langzeit-Gruppenpsychotherapie mit ihrem Problem nicht gut aufgehoben sind. Sie brauchen rasche und gezielte Unterstützung im Sinne einer Krisenintervention bei der Bewältigung der akuten Symptomatik, um zu verhindern, dass diese sich „festsetzt". Erfahrungsgemäß ist es häufig so, dass sich die Frage nach einer längerfristigen psychotherapeutischen Behandlung nach dem Abklingen der Akutsymptomatik gar nicht mehr stellt.

Auch Patienten, die akut suizidal sind, gelten in der Regel nicht als geeignete Kandidaten für eine gruppentherapeutische Langzeitbehandlung. Die Gruppe ist überfordert, ihnen die Aufmerksamkeit zu geben, die sie brauchen, und die Ängste, die akut suizidale Patienten auslösen, behindern die Arbeit an den eigenen Problemen.

Persönlichkeitsmerkmale und strukturelle Merkmale als Indikatoren

Bestimmte einzelne Persönlichkeitsmerkmale, die im Zusammenhang mit dem Erfolg bzw. Misserfolg einer Gruppenpsychotherapie gesehen werden könnten, fehlen in der Literatur. Das hängt sicherlich damit zusammen, dass es nicht einzelne isolierte Persönlichkeitsmerkmale, z. B. Extraversion, oder einzelne strukturelle Merkmale, z. B. Ichstärke, sind, die systematisch Einfluss auf das Therapieergebnis nehmen, sondern dass sich ihr Einfluss erst entfaltet, wenn sie in gebündelter und überdauernder Form, z. B. als Persönlichkeitsstörungen, wie die oben erwähnte Soziopathie, auftreten.

Generell scheinen eher solche Merkmale Einfluss auf den Therapieverlauf und das Therapieergebnis zu nehmen, die mit den Therapieprozessvariablen interagieren und damit eine komplexe Dynamik in Gang setzen. Ein Beispiel für eine solche Dynamik gibt Yalom (1996), der verschiedene Indikatoren für den Therapieabbruch als eine Form des Misserfolgs darstellt. Abbruchgefährdet sind z. B. Patienten, die von der jeweiligen Gruppennorm abweichen bzw. auf Grund ihrer Persönlichkeitsstruktur die spezifischen Ziele einer Gruppenpsychotherapie nicht erreichen können.

Patienten mit einem Mangel an „psychologischer Aufgeschlossenheit" und „interpersonaler Feinfühligkeit" oder denen es an „persönlicher psychologischer Einsicht" (Yalom 1996) fehlt, sind nicht oder nicht ausreichend in der Lage, sich selbst und ihren Erfahrungen introspektiv reflektierend und/oder den anderen empathisch zuzuwenden. Auf der Grundlage klinischer Beobachtungen, aber auch von experimentellen Beweisen, kann festgestellt werden, dass „... der von der Gruppennorm Abweichende, verglichen mit anderen Gruppenmitgliedern, von der Gruppe weniger Befriedigung erfährt, Angst empfindet, von der Gruppe weniger geschätzt wird, mit geringerer Wahrscheinlichkeit von der Gruppe beeinflusst wird oder Nutzen von ihr hat und sehr viel eher dazu neigt, vorzeitig aus der Gruppe auszuscheiden." (Yalom 1996, S. 250).

Weitere Indikatoren der Gefahr eines vorzeitigen Therapieabbruchs hat Yalom in einer älteren empirischen Studie (Yalom 1966) identifiziert. Er untersuchte 97 Gruppenpatienten (davon 71 ursprüngliche Mitglieder und 26 später – nach Drop-out anderer Patienten – aufgenommene) aus neun Therapiegruppen. Die Therapie wurde von 35 Patienten vorzeitig, d. h. innerhalb von 12 oder weniger Sitzungen bei einer vorgesehenen Therapiedauer von mindestens sechs Monaten, abgebrochen. Die Abbruchquote von ca. $1/3$ entspricht den durchschnittlich zu erwartenden Abbruchquoten bei ambulanter Langzeit-Gruppenpsychotherapie.

Außer der bereits erwähnten Abweichung von der Gruppennorm spielen für den Abbruch folgende Indikatoren eine Rolle:
- Probleme mit Kontakt und Nähe,
- Angst vor emotionaler Infektion.

Probleme mit Kontakt und Nähe

Probleme mit der in Gruppenpsychotherapien erwünschten und sich in der Regel auch einstellenden Nähe haben unterschiedliche Ausdrucksformen und Hintergründe. Häufige Ausdrucksformen sind:
- der schizoide Rückzug (der beharrlich schweigende, unerreichbar erscheinende Patient),
- fehlangepasste Formen der Selbstöffnung (die Patientin, die in der 4. Gruppenstunde ausführlich den sexuellen Missbrauch durch den Vater darlegt),
- unrealistische Forderungen nach sofortiger Nähe („und willst du nicht mein Bruder sein, dann schlag' ich dir den Schädel ein").

Hintergrund der Probleme mit Nähe sind nicht selten Kontaktstörungen als Ausdruck einer Persönlichkeitsstörung, z. B. der paranoiden oder narzisstischen Persönlichkeitsstörung, aber auch interpersonale Erfahrungsmuster, wie das des „parentifizierten" Patienten, der sehr früh die Rolle des Kindes aufgeben musste, um für einen Elternteil oder beide die Rolle von Mutter oder Vater zu übernehmen. Diese Patienten findet man in der Gruppe in der Rolle des Kotherapeuten, der den Therapeuten unterstützt und sich nachhaltig für seine Mitpatienten einsetzt und sich um sie kümmert.

Es gibt die Erfahrung, dass die Gruppe für Patienten mit Näheproblemen trotz der hohen Gefahr eines Abbruchs auch eine Chance darstellt, und zwar dann, wenn der Therapeut das Therapieziel für diese Patienten nicht zu hoch steckt. Die Teilnahme an einer Gruppenpsychotherapie bedeutet für eine Reihe von Patienten die erste Chance, sich im Schutze des Therapeuten im Kontakt mit anderen Menschen auszuprobieren, Erfahrungen zu machen, die sie bisher strikt vermieden haben. Für einige dieser Patienten, wenn nicht für die meisten, ist jedoch die Möglichkeit, diese Chance auch zu nutzen, begrenzt. Nicht untypisch ist die Klage einer Patientin, die sie an die anderen Gruppenmitglieder richtet: „Wenn ihr über eure ,Gefühle' hier in der Gruppe redet, weiß ich nicht, was ihr damit meint. Ich habe hier keine Gefühle. Vielleicht bekäme ich welche, wenn wir den Raum abdunkelten und eine Kerze aufstellten."

Da für solche Patienten die Gruppe langfristig eine Überforderung darstellen kann, sollte der Therapeut „mutig" genug sein, zu einem geeigneten Zeitpunkt frühzeitig die Behandlung abzuschließen.

Angst vor emotionaler Infektion

Obwohl vorzeitig aus einer Gruppenbehandlung ausgeschiedene Patienten manchmal als Grund für ihr Ausscheiden Angst vor „Ansteckung" angeben, ist die Angst vor der emotionalen Ansteckung kein besonders geeigneter Indikator. In Indikationsgesprächen werden eher andere Ängste geäußert, z. B. die, dass die anderen Gruppenmitglieder nicht bereit und in der Lage sein würden, die Probleme, die man selbst habe, zu verstehen und dass man mit seinem eigenen Anliegen zu kurz kommen könnte.

Stellt sich eine Angst vor Ansteckung während einer Gruppenbehandlung ein, dann ist sie vorrangig zu thematisieren und zu bearbeiten, um ein Drop-out zu verhindern. Zu beachten sind vom Therapeuten die Quellen dieser Angst. Sehr häufig ist sie Ausdruck von instabilen Ichgrenzen im Sinne der Psychoanalyse bzw. eines instabilen Selbstkonzepts im Sinne des klientenzentrierten Konzepts.

In diesem Fall stellt sie in aller Regel eine existenzielle Bedrohung für den Patienten dar: Er oder sie hat Angst vor Verschmelzung, davor, verschlungen zu werden, nicht mehr er/sie selbst zu sein. Mit diesen Ängsten ist bei Patienten mit einer Borderlinepersönlichkeitsstörung zu rechnen, aber auch bei anderen so genannten psychosenahen Persönlichkeitsstörungen.

Der Autor hat bei seiner Arbeit mit Borderlinepatienten in Gruppen die Beobachtung gemacht, dass Patienten mit besonders ausgeprägten Verschmelzungsängsten sich in einer Gruppe sicherer fühlten als in einer Einzelpsychotherapie. Die Wahl zwischen Einzel- und Gruppenpsychotherapie soll im folgenden Abschnitt behandelt werden.

Differenzielle Indikatoren für Gruppenpsychotherapie

Differenzielle Indikatoren (DI) liefern Hinweise auf alternative Behandlungsmöglichkeiten. Zu unterscheiden sind hier die Wahl zwischen Einzel- und Gruppenpsychotherapie und die zwischen verschiedenen Formen von Gruppenpsychotherapie.

Wahl zwischen Einzel- oder Gruppenpsychotherapie

Motivation für Gruppenpsychotherapie

Generell gilt, dass das wichtigste Kriterium für die Indikation einer Gruppenbehandlung darin besteht, dass der Patient dafür auch motiviert ist, und zwar mindestens in dem Maße, in dem er für eine Einzelpsychotherapie motiviert ist. Besser ist es jedoch, wenn der Patient die Gruppenbehandlung der Einzelpsychotherapie sogar vorzieht.

Die Gruppe als geeigneter Ort für die Darstellung von Problemen und Konflikten

Unabhängig von der Diagnose, der vorherrschenden Symptomatik oder der Therapieschule gilt als allgemein anerkannte klinische Regel, Gruppenpsychotherapie den Patienten zu empfehlen, für die eine Gruppe eine bessere Möglichkeit bietet, sich und ihre Probleme zur Darstellung zu bringen, als eine Zweierbeziehung. Das gilt für die Behandlung von Konflikten, die ihren Ursprung nicht in der frühen dyadischen Beziehung haben, z. B. „... insbesondere Rivalitäts-, Rangordnungs- und Autoritätskonflikte" (Rüger 1993, S. 447).

Merkmale der Persönlichkeitsstruktur

Einige psychoanalytische Autoren, z. B. König (1994), sehen im Ausmaß der Regressionsbereitschaft einen differentiellen Indikator für eine Zuweisungsempfehlung zur Gruppen- oder Einzelpsychotherapie. Er empfiehlt, Patienten mit „starker Regressionsneigung und eingeschränkter Regressionstoleranz" für eine Gruppenbehandlung zu motivieren.

Einen weiteren differentiellen Indikator sieht dieser Autor in den „ich-syntonen Anteilen einer Charakterneurose". Er empfiehlt im Hinblick auf deren spezifische Prozesse, solche Patienten gruppenpsychotherapeutisch und nicht einzeltherapeutisch zu behandeln: Die Gruppe sei für diese Patienten hilfreicher, weil sie vielfältigere Konfrontationsmöglichkeiten biete sowie das Kennenlernen neuer Beziehungsformen ermögliche.

Ähnlich fasst Yalom (1996, S. 256f.) seine Erfahrungen zusammen: „Manche Kliniker meinen, dass impulsive Patienten, die das Bedürfnis, jederzeit ihren Gefühlen entsprechend zu handeln, schwer beherrschen können, in der Gruppenpsychotherapie viel besser zu behandeln sind als in der Einzelpsychotherapie. In der Arbeit mit diesen Patienten fällt es dem Einzeltherapeuten oft schwer, sowohl Teilnehmer als auch Beobachter zu bleiben; in der Gruppe verteilen sich diese Rollen auf die Mitglieder ..."

Der Autor kann diese Erfahrung aus der klientenzentrierten Behandlung von Borderlinepatienten in Gruppen bestätigen (z. B. Eckert 1996b, Eckert u. Biermann-Ratjen 1998).

In einer empirischen Untersuchung von 447 Erstinterviews mit 37 Interviewern (Eckert u. Mitarb. 1997) wurde deutlich, dass Indikationssteller, d. h. Ärzte und Psychologen von psychosomatischen und psychiatrischen Ambulanzen (Polikliniken), die nach einem Erstinterview eine Behandlungsempfehlung aussprechen, von ähnlichen Überlegungen ausgehen.

Untersucht wurde die Hypothese, dass sich Gruppenpatienten von Einzelpsychotherapiepatienten nicht im generellen **Ausmaß** der interpersonalen Probleme unterscheiden, wohl aber in der **Art** der interpersonalen Probleme.

Die Ergebnisse zeigen, dass sich – erwartungsgemäß – einzel- und gruppenpsychotherapieindizierte Patienten nicht bezüglich des generellen Ausmaßes interpersonaler Probleme (gemessen mit dem IIP, Horowitz u. Mitarb. 1994) unterscheiden. Hingegen spielt für die Interviewer die Art der interpersonalen Probleme eine Rolle bei ihrer Entscheidung, Einzel- oder Gruppenpsychotherapie zu empfehlen:

> Patienten, die von den Interviewern als ausgeprägt streitsüchtig/konkurrierend und kalt/abweisend erlebt werden, wird eher zu einer Gruppenbehandlung als zu einer Einzelpsychotherapie geraten. Patienten, die als deutlich ausnutzbarer/nachgiebiger eingeschätzt werden, wird eher zu einer Einzelpsychotherapie geraten.

Wann ist welches gruppentherapeutische Verfahren indiziert?

Die Störung als ein Indikator für eine spezifische Gruppenpsychotherapie

Für eine Reihe von Störungen sind spezielle Gruppenpsychotherapieprogramme entwickelt worden. Die Indikationsfrage tritt dabei in den Hintergrund. Im Vordergrund steht die Frage nach der Prognose. Spezielle Gruppenprogramme gibt es seit langem vor allem für Abhängigkeitserkrankungen: Alkohol- und Drogenabhängigkeit sowie für alle Formen von Essstörungen. Bei diesen Therapiegruppen handelt es sich also um diagnostisch homogene Gruppen (Kap. 42, 46).

Die Einrichtung von störungsspezifischen homogenen Gruppen geht nicht allein auf störungsspezifische Therapiekonzepte, wie die Verhaltenstherapie, zurück. Schon sehr früh hatten Kliniker beobachtet, dass Abhängigkeitspatienten von einer Behandlung in homogenen Gruppen mehr profitieren können als von einer in heterogenen Gruppen. Einer der wichtigen Gründe dafür scheint zu sein, dass die mit der Störung verbundenen Scham- und Schuldgefühle erheblicher sind als bei anderen Störungen und die Gesellschaft Suchtkranken weiterhin nur bedingt verständnisvoll, d. h. zumindest ambivalent, gegenüber steht. Sind Abhängigkeitspatienten unter sich, können sie mit mehr gegenseitigem Verständnis rechnen und sich dann auch leichter öffnen.

Spezielle Gruppenpsychotherapieprogramme gibt es nicht nur für Abhängigkeitserkrankungen. Verhaltenstherapeutische Gruppenprogramme gibt es u.a. für Ängste, Depressionen und Schizophrenie sowie für die meisten psychosomatischen Störungsbilder (Kap. 54, z.B. Fiedler 1996). Schon lange werden mit viel Erfolg Selbstsicherheits-Trainingsprogramme in Gruppen durchgeführt. Dabei geht es um das systematische Einüben von adäquatem Verhalten in sozialen Situationen in der Behandlung von Problemen, die im interpersonalen Kreismodell (z. B. Kiesler 1983) auf der Achse „Dominanz-Unterwerfung" abgebildet werden. Auch Patienten mit sozialen Ängsten scheint es in homogenen Gruppen leichter zu fallen, ihre Probleme – Schüchternheit und Schamgefühle – zu bearbeiten.

Yalom (1996, S. 240) bewertet die Vielfältigkeit der Gruppenangebote positiv: „Fast alle Patienten passen in *irgendeine* Gruppe. Eine verschlossene, nicht mitteilsame anorektische Patientin zum Beispiel ist im Allgemeinen eine schlechte Anwärterin für eine interaktionelle Langzeitgruppe, kann aber für eine homogene, kognitiv-verhaltenstherapeutisch ausgerichtete Gruppe für Menschen mit Essstörungen ideal geeignet sein."

Auch innerhalb der tiefenpsychologisch fundierten Psychotherapie haben sich unterschiedliche Gruppenkonzepte entwickelt. König empfiehlt im Rahmen des „Göttinger Modells der Gruppenpsychotherapie" (Heigl-Evers 1978) unter Bezugnahme auf das psychoanalytische Neurosenstrukturmodell:

- „psychoanalytisch interaktionelle Therapie" für „Frühgestörte" (ichstrukturell Gestörte),
- analytisch orientierte (tiefenpsychologisch fundierte) Gruppenpsychotherapie für Charakterneurosen,
- analytische Gruppenpsychotherapie für neurotische Patienten mit „durchschnittlicher Regressionstoleranz" (König 1994, S. 156).

Gruppenverfahrensspezifische Indikationen

Schwieriger gestaltet sich die Suche nach allgemein anerkannten und erprobten differentiellen Indikationsregeln für Gruppenverfahren verschiedener Therapieschulen. Die wissenschaftliche Grundlage für eine Empfehlung, einem bestimmten Gruppenpsychotherapieverfahren gegenüber einem anderen den Vorzug zu geben, ist mehr als dürftig.

Als ein Ergebnis von Forschungen zur differentiellen Indikation in der Einzelpsychotherapie hat sich ein Patientenprozessmerkmal wiederholt als geeigneter DI herausgestellt: die **Ansprechbarkeit des Patienten für das therapeutische Angebot** (Eckert u. Biermann-Ratjen 1990).

Mit „Ansprechbarkeit" ist gemeint, dass der Patient das jeweilige therapeutische Angebot so wahr- und annehmen kann, dass er sich davon emotional angesprochen fühlt und in der Reaktion darauf eine emotionale und/oder kognitive Veränderung bei sich registriert.

Das „therapeutische Angebot" umfasst sowohl alle Charakteristika einer Therapiemethode (Art der Interventionen, angestrebte Gestaltung der therapeutischen Beziehung, die als bedeutsam angesehenen Therapieprozessmerkmale, theoretische Annahmen über die Entstehung, Aufrechterhaltung und Behebung von Störungen, verfahrensimmanente Therapieziele usw.), als auch das Setting (z. B. Einzel- oder Gruppenpsychotherapie, Behandlung im Sitzen oder im Liegen).

Die Orientierung an der „Ansprechbarkeit des Patienten für das therapeutische Angebot" kann auch eine gute Leitlinie bei der Beantwortung der Frage sein, welches gruppenpsychotherapeutische Verfahren für welchen Patienten das geeignetere ist.

Die Erfassung der Ansprechbarkeit im Erstgespräch, d. h. vor der Behandlungsaufnahme, setzt aufseiten des Interviewers fundierte Kenntnisse der wichtigen therapeutischen Prozesse in den verschiedenen Gruppenpsychotherapieverfahren voraus. Einfacher und sicherlich auch reliabler ist die Feststellung der Ansprechbarkeit in den Anfangskontakten einer Gruppenpsychotherapie, z. B. in Probesitzungen vor einem endgültigen Therapiekontrakt. Zur Erfassung der Ansprechbarkeit des Patienten durch das Gruppengeschehen gibt es Fragebögen (z. B. Eckert 1996c), die eine ausreichend valide Aussage erlauben. Allerdings ermöglicht die Erhebung der Ansprechbarkeit zu Gruppenbeginn bzw. in der Probetherapiephase nur eine prognostische Aussage. Sollte sich eine ungünstige Prognose abzeichnen, wäre die Frage nach einer geeigneteren Form von Psychotherapie erneut zu stellen.

Prognostische Merkmale in der Gruppenpsychotherapiepraxis

Die Forschung hat bisher zahlreiche Ausschlusskriterien (Indikatoren), aber nur wenige Aufnahmekriterien bzw. prognostische Merkmale identifizieren können, die auch bei einer individuellen Indikationsentscheidung anwendbar wären. Das rechtfertigt das Vorgehen in der gruppentherapeutischen Praxis: Gruppentherapeuten schließen aufgrund der bekannten Ausschlusskriterien gewisse Patienten als Kandidaten für ihre Gruppe aus und akzeptieren alle anderen (Yalom 1996).

Indikatoren, die auch prognostische Aussagekraft haben

Motivation für eine Gruppenbehandlung

Einige Indikatoren sind aber zugleich auch prognostische Merkmale, z. B. die Motivation des Patienten für eine Gruppenpsychotherapie. Die Prognose ist gut, wenn die vor dem Beginn der Behandlung festgestellte Motivation des Patienten für eine einsichtsorientierte Gruppenpsychotherapie auch nach Aufnahme der Gruppensitzungen, d. h. nachdem der Patient die anderen Teilnehmer kennen gelernt und erste Erfahrungen mit dem Verlauf von Gruppensitzungen gemacht hat, erhalten bleibt. Erfahrungsgemäß gibt es nach einer ersten „Hochphase" am Anfang der Gruppenbehandlung häufig eine erste Enttäuschung, wenn z. B. die erhofften sofortigen Besserungen ausbleiben und die Motivation abflacht. Für die Bewältigung dieser ersten regelhaften Krise scheint wichtig zu sein, dass der Patient die Hoffnung nicht verliert, dass ihm diese Gruppenpsychotherapie doch „irgendwie" helfen wird. Diese Hoffnung zu nähren, zählt Yalom zu den „Grundaufgaben" eines Gruppenpsychotherapeuten.

Prognostische Merkmale, die in der Therapiesituation erhoben werden

Der Anziehungsgrad der Gruppe und die Beliebtheit des Patienten

Nach vielen empirischen Überprüfungen der Merkmale, die vermutlich einen substanziellen Beitrag zur Prognose des Behandlungserfolgs von Gruppenpsychotherapiepatienten leisten, sind nur wenige übrig geblieben (s.u. Tab. 9.1).

Eigentlich wäre es wünschenswert, prognostische Merkmale zu haben, die vor der Behandlungsaufnahme erhoben werden können. Dem Patienten blieben dann probatorische Sitzungen erspart und das Unbehagen, frühzeitig wieder auszuscheiden, und die Gruppe müsste sich nicht mit dem frühzeitigen Verlust eines neu aufgenommenen Gruppenmitglieds befassen.

Die Forschungsergebnisse zeigen aber sehr eindeutig, dass substanzielle Prognosen nur mit Merkmalen gemacht werden können, die in der therapeutischen Situation selbst erhoben werden: Die Reaktion des Patienten auf den Gruppenprozess und die Reaktion der anderen Gruppenmitglieder auf den Patienten bieten die bisher beste Grundlage für prognostische Aussagen (Kap. 12). Damit bestätigt die Forschung die Praxis, vor einer endgültigen Therapievereinbarung mit dem Patienten probatorische Sitzungen durchzuführen.

Yalom (1996) stellt zwei prognostische Merkmale als gesichert heraus:
- der Grad, in dem ein Patient sich von der Gruppe angezogen fühlt,
- die allgemeine Beliebtheit des Patienten in der Gruppe.

Es leuchtet unmittelbar ein, dass ein Patient eine umso bessere Prognose hat, je attraktiver die Gruppe für ihn ist, denn Mitglieder finden ihre Gruppe dann attraktiv, wenn
1. „... sie meinen, die Gruppe erfülle alle ihre Bedürfnisse – d. h., sie fördere ihre Therapieziele;
2. sie aus ihren Beziehungen zu den anderen Mitgliedern Befriedigung gewinnen;
3. sie aus ihrer Beteiligung an der Gruppenaufgabe Befriedigung gewinnen;
4. sie gegenüber der Außenwelt Befriedigung aus ihrer Gruppenmitgliedschaft beziehen" (Yalom 1996, S. 261).

Die allgemeine Beliebtheit eines Patienten in der Gruppe hängt von den Qualitäten des Patienten ab, die auch etwas mit der Fähigkeit zur Bewältigung der Gruppenaufgabe zu tun haben: die Fähigkeit des Patienten zur Selbstöffnung, eine aktive Beteiligung am Gruppengeschehen und die Fähigkeit zur Introspektion.

Im Hinblick auf die Vorhersage eines guten Therapieergebnisses lassen sich Forschungsergebnisse und klinische Erfahrungen wie folgt zusammenfassen: „Je mehr Nutzen ein Klient von der Therapie – sowohl Gruppen- als auch Einzelpsychotherapie – erwartet, desto besser wirkt sie." (Yalom 1996, S. 259)

Die oben erwähnte „Ansprechbarkeit des Patienten für das therapeutische Angebot" geht zwar nicht von dem erwarteten „Nutzen" als maßgeblichem Motor für die Wirksamkeit der Therapie aus, kommt aber im Prinzip zu demselben Ergebnis: Je mehr sich ein Klient von der Therapie angesprochen fühlt, desto besser wirkt sie.

Der Grad der Ansprechbarkeit hängt unmittelbar damit zusammen, ob der Patient die jeweiligen therapeutischen Prozesse plausibel findet, er sich auf sie einlassen kann und dabei unmittelbare Veränderungen erlebt, z. B. eine veränderte Wahrnehmung der eigenen Erfahrungen, körperliche Ent- und Anspannung, Rückgang von Angst.

Die besten prognostischen Kriterien beschreiben letztlich eine gelungene Interaktion oder eine gute „Passung" (Orlinsky 1994) des einzelnen Patienten mit der Gruppe, den Gruppenprozessen, der Störungs- und Therapietheorie und der Person des Therapeuten. Daher verwundert es nicht, wenn die Versuche, Vorhersagen des Therapieerfolgs nur auf der Grundlage von Merkmalen von einem der drei Interaktionspartner – Patient, Gruppe und Therapeut – zu machen, regelmäßig scheitern.

Ergebnisse der empirischen Überprüfung von Indikatoren und prognostischen Merkmalen

Die meisten der oben beschriebenen Indikatoren und prognostischen Merkmale sind auch empirisch untersucht worden. Den derzeit umfassendsten Überblick über die Ergebnisse der empirischen Gruppenpsychotherapieforschung findet man im Handbuch der Gruppenpsychotherapie von Fuhriman und Burlingame (1994b). Dort findet sich auch eine Zusammenstellung von Dies (1994a, S. 144) über die Prädiktoren, die wiederholt, d. h. in mehr als einer Studie, als mit dem Therapieerfolg signifikant korrelierend gefunden wurden.

Ein signifikanter Zusammenhang zwischen einem Prädiktor und dem Therapieerfolg sagt bekanntlich noch nichts über die klinische Relevanz des Prädiktors aus, d. h. über seine Nützlichkeit für die Praxis der Indikationsstellung. Eine Bewertung der Praxisrelevanz von Prädiktoren findet sich ebenfalls in dem Handbuch (Piper 1994). Diese Informationen wurden in einer Tabelle zusammengeführt (Tab. 9.1), die bereits anderenorts unter mehr methodischen Gesichtspunkten publiziert wurde (Eckert 1996d).

Die Tabelle verdeutlicht die Vielzahl von Faktoren, die auf den Verlauf einer Gruppenpsychotherapie mehr oder minder starken Einfluss nehmen. Wir schließen uns der Meinung von Dies (1994a) an, der dazu nüchtern feststellt, dass es wohl nie eine Regressionsgleichung geben werde, der verbindlich zu entnehmen sei, welche Merkmale mit welchem Gewicht zur Vorhersage von welchen Therapieerfolgsmerkmalen beitrügen.

Dennoch enthalten die in Tab. 9.1 aufgelisteten Ergebnisse generelle Hinweise für die Praxis der Indikationsstellung:
- Die meisten soziodemographischen Merkmale, wie Geschlecht oder Bildungsstand, haben keinen oder nur einen geringen Einfluss auf die Vorhersagbarkeit des Therapieerfolgs.
- Die Prädiktion des Therapieerfolgs gelingt besser,
  - wenn die Prädiktoren in einem theoretischen Zusammenhang mit Merkmalen des Therapieprozesses stehen; so ist die „Fähigkeit zur Selbstöffnung" eines Patienten ein besserer Prädiktor als sein Intelligenzquotient,
  - wenn die Prädiktoren in einem theoretischen Zusammenhang mit Merkmalen der Beziehung zwischen Pati-

Tabelle 9.1 Prädiktoren des Behandlungserfolgs in der Gruppenpsychotherapie. P = prognostisches Merkmal, I = Indikator, DI = differenzieller Indikator (Erläuterungen im Text), * = zusätzlich aufgenommene Prädiktoren (nach Eckert 1996d)

Kategorien	Merkmale	Bewertung im Hinblick auf Therapieprozess und Therapieerfolg	Art des Prädiktors
Patient		**Zeitpunkt der Erhebung/Messung: Vor der Behandlung**	
		Soziodemographische Merkmale	
	Alter	kein Einfluss auf den Therapieprozess und den Verbleib in der Behandlung, aber auf den Therapieerfolg, der mit zunehmendem Alter abnimmt	P
	Geschlecht	geringe Evidenz für einen Einfluss	
	Familienstand	geringe Evidenz für einen Einfluss	
	Bildungsstand	nur minimale Evidenz für einen Einfluss	
	beruflicher Status	geringe Evidenz für einen Einfluss	
	sozialer Status	nur minimale Evidenz für einen Einfluss	
		Persönlichkeitsmerkmale	
	Intelligenz	geringe Evidenz für einen bedeutsamen Einfluss	
	Erwartungshaltung	ist von Bedeutung, aber bisher schwer zu messen	P
	Psychological Mindedness	Einfluss auf das Verbleiben in der Therapie und den Erfolg	P, I
	Ich-Stärke	Einfluss ist zu wenig gesichert	
	Suggestibilität	Einfluss ist zu wenig gesichert	
	Motivation	hat Einfluss, bedeutsam auch für differenzielle Therapieindikation	P, I, DI
	Art und Ausmaß interpersonaler Probleme*	spielt eine Rolle bei der Indikation und differenziellen Indikation	I, DI
		Merkmale der Störung	
	Diagnose	Die formale Diagnose scheint im Zusammenhang mit Drop-out und Therapieerfolg zu stehen. Beispielsweise sind die Abbruchraten für Patienten mit den Diagnosen „Angst" und „Depression" geringer als für Patienten mit den Diagnosen Persönlichkeitsstörung, paranoide oder hysterische Störung	I, P
	Therapieerfahrung (ja/nein)	Evidenz für einen inversen, nicht sehr ausgeprägten Zusammenhang mit dem Erfolg; aber eine erfolgreiche frühere Therapie scheint ein positiver Indikator zu sein (Moreno 1994)	I
	Schwere und Chronizität	Evidenz für einen inversen, nicht sehr ausgeprägten Zusammenhang mit dem Erfolg	
	Differenz zwischen im- und interpersonaler Belastung*	noch nicht ausreichend untersucht, vermutlich Indikator bezüglich Drop-out bei ambulanter Therapie und Prädiktor bei spezifischen Störungen.	I, P
Patient x Therapeut	Therapiekontrakt	Therapieverträge gehören zu den Maßnahmen, die zu einer Struktur bzw. Strukturierung der Behandlung beitragen. Sie wirken sich positiv auf das Verbleiben in der Therapie und den Therapieerfolg aus (Kaul und Bednar 1994).	I, P
	therapeutische Allianz		I, P
	Vorbereitung auf die Gruppe	bei sehr unterschiedlichen Formen der Vorbereitung auf eine Gruppentherapie konnte festgestellt werden, dass sich Prätraining günstig auf den Therapieprozess und -erfolg auswirkt (Kaul und Bednar 1994)	I, P
Gruppe x Patient	Auswahlfaktoren	bestimmte Störungen sind in homogenen Gruppen erfolgreicher als in heterogenen zu behandeln, z. B. Essstörungen (Moreno 1994)	I, P

(Fortsetzung nächste Seite)

64   9. Indikation und Prognose in der Gruppenpsychotherapie

Tabelle 9.1 (Fortsetzung) Prädiktoren des Behandlungserfolgs in der Gruppenpsychotherapie. P = prognostisches Merkmal, I = Indikator, DI = differenzieller Indikator (Erläuterungen im Text), * = zusätzlich aufgenommene Prädiktoren (nach Eckert 1996d)

Zeitpunkt der Erhebung: Erstinterview oder während der Behandlung bzw. Probetherapie			
Kategorien	Merkmale	Bewertung im Hinblick auf Therapieprozess und Therapieerfolg	Art des Prädiktors
Patient	Abwehrverhalten		P
	Ausmaß der Psychopathologie		P
	Stresslevel		P
	Ansprechbarkeit auf das therapeutische Beziehungsangebot*	Prädiktor, der in Abhängigkeit von der Gruppenmethode variiert	P
Patient x Therapeut	Qualität der therapeutischen Beziehung		P
	Neufestsetzung von Therapiezielen		P
	Übertragung		P

ent und Gruppenmitgliedern bzw. zwischen Patient und Therapeut stehen. So scheinen die interpersonalen Probleme eines Patienten für eine Prädiktion relevanter zu sein als das Ausmaß seiner Somatisierungstendenz.
- Die verlässlichsten prognostischen Informationen können aus den Reaktionen des Patienten auf den Gruppenprozess in probatorischen Therapiesitzungen bzw. zu Behandlungsbeginn gewonnen werden (Kap. 12).
- Das Indikationsverhalten der Praktiker wird durch die Forschungsergebnisse gestützt: hohe Beachtung der Ausschlusskriterien und Zurückhaltung bei der Anwendung prognostischer Merkmale.

10. Patientenmerkmale

V. Tschuschke

Grundsätzliche Überlegungen

Patientenmerkmale bzw. -variablen müssen jeden Kliniker deshalb interessieren, weil sie im Vorfeld jeglicher psychotherapeutischen Behandlung Auskunft darüber erteilen sollen,
- welcher Patient von welcher Art psychotherapeutischer Hilfe Nutzen ziehen kann,
- von welcher Behandlungsmethode er bzw. sie vielleicht eher weniger profitieren würde bzw. zu diesem Zeitpunkt vielleicht nicht,
- ob überhaupt eine basale Fähigkeit **und** Motivation für eine bestimmte Form von Behandlung gegeben ist oder nicht.

Vorausgegangen sein muss dabei natürlich die Feststellung einer behandlungsbedürftigen Problematik und der Ausschluss rein somatischer Verursachung im Rahmen der probatorischen Sitzungen (Kap. 9, 11 und 14).

Die Anamnese in der Psychotherapie diente schon immer der Gewinnung von patientenseitigen Informationen über die Entstehung der psychischen Problematik und von Informationen des individuellen Lebenshintergrunds (Argelander 1970b). Das Ziel des Gruppenpsychotherapeuten muss in den probatorischen Sitzungen darüber hinaus sein, sicherzustellen, ob der behandlungsbedürftige und motivierte Patient nicht nur für das grundsätzliche schultheoretische Konzept, das der Therapeut gelernt hat, geeignet ist, sondern ob der Patient darüber hinaus auch für eine **gruppenpsychotherapeutische Behandlung überhaupt** und dann voraussichtlich auch noch **vom schultheoretischen Behandlungskonzept** her gesehen, das der Therapeut zu praktizieren gelernt hat, profitieren kann.

Eckert hat in Kap. 9 ausführlich über **indikative** und **prognostische Aspekte** im Zusammenhang mit einer gruppenpsychotherapeutischen Behandlung geschrieben, unter anderem auch über einige Patientenmerkmale. In diesem Kapitel wird der derzeitige Kenntnisstand zur Forschung über Patientenmerkmale vertieft reflektiert, die im Zusammenhang mit einer Behandlung in gruppenpsychotherapeutischen Settings und deren Bedeutung in Verbindung mit dem Therapieergebnis untersucht worden sind.

Grundsätzlich muss es in den Erstgesprächen für den Kliniker darum gehen, festzustellen, ob der Patient in der Lage sein wird,
- in der Gruppe zu bleiben,
- in der Gruppe zu arbeiten,
- von der Therapiegruppe profitieren zu können (Piper 1994).

Damit sind bereits Hürden angesprochen, denen gemeinhin wenig Beachtung geschenkt wird.

Der **Verbleib in der Therapiegruppe** berührt ein zentrales Problem gruppenpsychotherapeutischer Arbeit, nämlich dass über alle Therapiegruppen hinweg mit einer ziemlichen Rate von vorzeitigem Ausstieg (**Drop-out-Rate**) gerechnet werden muss, die bis zu 55% ausmachen kann (Yalom 1966; Kordy und Senf 1992). Es erhebt sich also im Vorfeld die Frage, wie können wir Patienten erkennen, die potenzielle Aussteiger sein könnten bzw. wahrscheinlich in der Gruppe verbleiben werden?

Die **Fähigkeit, therapeutische Arbeit in der Gruppe zu realisieren** ist ein anderes indikativ und prognostisch günstiges Merkmal, das selten im Rahmen von Erstgesprächen überprüft wird.

Nutzen aus der gruppenpsychotherapeutischen Behandlung ziehen zu können setzt eine Einschätzung von Patientenfähigkeiten im Vorfeld der Behandlung voraus, die ohne Zweifel bislang schon von Gruppenpraktikern vorgenommen wird, allerdings wohl eher auf einem intuitiven Erfahrungslevel basierend, der – wiewohl dies keineswegs abgewertet werden soll – klare operationale Kriterien in aller Regel vermissen lässt.

Es kann nun mit Sicherheit den praktizierenden Gruppenpsychotherapeuten nicht vorgeworfen werden, was allgemein in der Psychotherapie noch ein **Manko** darstellt, nämlich das unzureichende Wissen darüber, wer überhaupt von welcher Behandlung bei welchem Therapeuten, zu welchem Zeitpunkt und in welchem Ausmaß profitiert. Hierbei handelt es sich um **die** Frage der Psychotherapie ganz generell und nicht nur ein Problem der Gruppenpsychotherapie. Doch gibt es mittlerweile etwas mehr Wissen darüber, dass nicht jeder Patient von einer therapeutischen Gruppe profitieren kann bzw. einige Patienten speziell von Gruppen zu profitieren scheinen. Um die Berücksichtigung solcher Merkmale, die bereits im Rahmen probatorischer Sitzungen mehr oder weniger leicht erfass- und bewertbar sind, muss es für den Gruppenpraktiker gehen.

Persönlichkeitsmerkmale

Die Tatsache, dass wir in der Psychotherapie zwar generell von Verbesserungsquoten zwischen 40% und 70% ausgehen können, aber generell eben auch von einer Verschlechterungsquote von bis zu 15% ausgehen müssen (Lambert und Bergin 1994), kann uns nicht entspannt zurücklehnen lassen. Auch wenn Psychotherapie „ein glänzendes Zeugnis" (Grawe 1992) ausgestellt werden kann, dass sie nämlich in aller Regel chronifizierte Patienten zur Behandlung erhält, die bereits bis zu sieben Jahren ihre Probleme aufweisen und oft in den Arztpraxen durchgereicht worden sind und die dennoch in beeindruckendem Ausmaße Verbesserungen erfahren, so muss uns die Beantwortung der Frage antreiben, welche Patienten es eigentlich sind, die von unseren spezifischen Angeboten und Settings profitieren und welche nicht. Die statistisch gesehen durchschnittlich zu erwartende Drop-out-Rate der Gruppenpsychotherapie von rund 1/3 der Patienten verweist darauf, dass zu viele Patienten wahrscheinlich gar nicht in Gruppen zurechtkommen können oder diese ihnen zu viel Angst machen, so dass sie vorzeitig abbrechen.

Leider existiert viel zu wenig Forschung über Patientenauswahlkriterien für die Gruppenpsychotherapie (Kap. 11) bzw. über die Merkmale, die indikativ oder prognostisch in günstigem Zusammenhang mit einer Gruppenbehandlung stehen (Dies 1993; Kaul und Bednar 1986; Piper 1994; Roback und Smith 1987; Woods und Melnick 1979).

Formale **demografische Merkmale** stehen praktisch in keinerlei Zusammenhang mit indikativen und/oder prognostischen Erwägungen (Kap. 9, Eckert 1996d).

Intelligenz steht in keinem Zusammenhang mit dem Verbleib in Gruppen oder dem Ergebnis in therapeutischen Gruppen (Eckert 1996d).

Überraschend ist, dass auch die formale **Diagnose** in nur geringem Zusammenhang mit den Kriterien „Verbleiben in der Gruppe" und „Therapieergebnis" steht. Persönlichkeitsstörungen (z. B. paranoide und hysterische Störungen) erwiesen sich in einigen Studien als invers verknüpft mit den genannten Kriterien, d. h., sie waren ungünstig (Piper 1994).

Patienten mit **vorangegangenen psychotherapeutischen Behandlungen** und mit **chronischen Problemen/Störungen** weisen in einigen Studien eine ungünstige Prognose auf, in anderen nicht. Es gibt also leichte Hinweise darauf, dass chronisch psychisch Kranke wenig von Gruppenpsychotherapie profitieren – darin gibt es wohl keinen Unterschied zur Individualpsychotherapie. Wir fanden in ersten Ergebnissen der PAGE-Studie (Studie zu den Wirkungen ambulanter Gruppenpsychotherapie im deutschen Sprachbereich) gleichfalls, dass Patienten mit Vorerfahrungen in psychotherapeutischen Behandlungen (Einzelbehandlungen ambulant und/oder stationär und/oder Gruppenbehandlungen einzeln und/oder stationär) hoch signifikant weniger in frühen Behandlungsabschnitten profitierten als Patienten, die sich erstmals in der Behandlung befanden (Tschuschke und Anbeh 2000b). Von diesen gering profitierenden Patienten hatten die meisten eine Persönlichkeitsstörung.

Diese Ergebnisse deuten darauf hin, dass man wahrscheinlich allgemein weniger deutliche Verbesserungen von bestimmten Störungsbildern erwarten kann als von anderen. Es ist nicht gänzlich geklärt, ob es sich um bestimmte diagnostische Kategorien handelt oder um Mischdiagnosen, die darüber hinaus über Jahre und Jahrzehnte chronifiziert sind und eine starke Modifikation der Behandlung – auch der Gruppenbehandlung – erforderlich machen (Kap. 23), was womöglich bisher zu selten geschieht.

Auf der anderen Seite zeigen klinische Erfahrungen, dass Patienten von vorangegangenen Behandlungen nicht oder wenig profitiert haben, aber nun aus der aktuellen Behandlung durchaus Nutzen ziehen. Es könnte sich hier durchaus um eine falsche Indikation in der vorangegangenen Behandlung gehandelt haben; in diesem Fall wäre die Indikation zur Gruppenpsychotherapie wohl günstiger gewesen.

Eine hoffnungsvolle, optimistische **Erwartungshaltung** auf Seiten der Patienten allerdings ist in Studien mehrheitlich mit einem günstigen Ergebnis in Gruppenpsychotherapien verknüpft (Piper 1994), ebenso die **Motivation** für eine Behandlung in Gruppen.

König (1994) hat einige Patientenmerkmale aufgeführt, die es zu berücksichtigen gilt, weil sie den Erfolg der Gruppenteilnahme erheblich, wenn nicht entscheidend, beeinflussen:
1. Ist der Patient ausreichend für eine Behandlung in der Gruppe **motiviert**?
2. Ist seine **Regressionstoleranz** für eine Einzelpsychotherapie zu gering?
3. Zeigt sich die Störung des Patienten vor allem in einem **gestörten Interaktionsverhalten** bzw. in seinen Beziehungen?

Der erste Punkt ist ganz wichtig und vom Therapeuten bzw. von der Therapeutin in den Erstgesprächen sehr zu beachten. Auch wenn viele Patienten heute einer Gruppenbehandlung skeptischer gegenüberzustehen und lieber eine Einzelbehandlung vorzuziehen scheinen, wird doch immer wieder berichtet, dass Psychotherapeuten, die vom Wert der Gruppenbehandlung überzeugt sind und selbst gerne Gruppen behandeln, Patienten vom Wert der Behandlung in der Gruppe durchaus noch überzeugen können. Aber hier genau setzt die Sensibilität ein, selbstkritisch genug zu bleiben und zu „erspüren", ob der Patient nicht doch skeptisch bleibt und sich dem Therapeuten eher unterordnet anstatt seiner Sorge oder seinem Unbehagen weiterhin Ausdruck zu geben. In diesem Falle dürfte eine trotzdem durchgeführte Zuweisung zu einer Gruppe höchstwahrscheinlich zu einem Abbruch oder zu einem Misserfolg führen.

Der zweite Punkt spricht die Möglichkeit der therapeutischen Gruppe an, die eigene Regression in Gruppen besser steuern zu können als in der Einzelpsychotherapie und die Unfähigkeit des Patienten, die Belastung durch eine einzelpsychotherapeutische Behandlung zum gegebenen Zeitpunkt überhaupt tolerieren zu können.

Der dritte Punkt spricht ein Indikationskriterium an, das speziell für die Gruppenbehandlung von Bedeutung ist: Gerade Störungen im sozialen Bereich werden als eines der wichtigsten indikativen Kriterien für Gruppenbehandlungen angesehen (Eckert u. Mitarb. 1997).

Tab. 10.**1** liefert eine Zusammenfassung über allgemein in Überblicksstudien (Dies 1993; Piper und McCallum 1994; Roback und Smith 1987) gefundene günstige und ungünstige Auswahl- bzw. Indikationskriterien für gruppenpsychotherapeutische Behandlungen.

„Viele Autoren haben dagegen votiert, paranoide, drogenabhängige, akut psychotische, antisoziale Patienten oder organisch Kranke in Gruppen zu behandeln, andere Autoren haben ihre Erfahrungen dagegen gesetzt, insbesondere unter dem Aspekt, solche Patienten in *homogen* zusammen gesetzten Gruppen mit darauf abgestelltem Konzept und entsprechender Technik zu behandeln (Horwitz 1974; Kanas 1996; Stone 1996)." (Tschuschke 2000a, S. 305).

Die genannten ungünstigen indikativen Kriterien legen den Schluss nahe, dass bestimmte Störungen im gruppenpsychotherapeutischen Kontext nicht behandelbar sind. Dies muss unter dem vorläufigen Vorbehalt gesehen werden, dass es mittlerweile Erfahrungen gibt, dass speziell auf bestimmte Probleme abgestellte Konzepte durchaus Erfolge aufweisen können. Das heißt, homogene Gruppen mit stark modifizierter Leitertechnik können im Rahmen realistischer Erwartungen vermutlich relative Erfolge erzielen, so dass Gruppenpsychotherapie nicht generell ungünstig für diese Klientelen erscheint, sondern wohl eher bei Anwendung hergebrachter Behandlungstechniken und -konzepte und in heterogen zu-

Tabelle 10.1 Auswahl-/Indikationskriterien für bzw. gegen eine Gruppenpsychotherapie (aus Tschuschke 2000a)

Negative/ungünstige Kriterien	Positive/günstige Kriterien
Unfähigkeit, die Gruppensituation zu tolerieren	Fähigkeit, das Gruppenziel/die Gruppenaufgabe erreichen/erfüllen zu können
Wahrscheinlichkeit, eine abweichende Rolle zu übernehmen	Motivation, an der Behandlung teilnehmen zu wollen
Potenzielle Noncompliance mit Gruppennormen	Bekundung/Zustimmung, an den Sitzungen regelmäßig teilnehmen zu wollen
Deutliche Inkompatibilität mit einem oder mehreren Gruppenmitgliedern	Übereinstimmung der Patientenprobleme mit den Zielen der Gruppe
Probleme mit Selbstöffnung	Minimumniveau an interpersonellen sozialen Fähigkeiten
Schwierigkeiten mit Nähe/Intimität	positive Erwartungen, die an die Gruppenbehandlung geknüpft werden
Allgemeines soziales Misstrauen	Vorliegen eines sozialen, interpersonellen Problems
Exzessiver Gebrauch von Verleugnung	Bereitschaft, anderen helfen zu wollen
Tendenz, verbal unterwürfig oder feindselig zu sein	

sammengesetzten Gruppen, wo diese Patienten „untergehen" drohen, ungünstige Effekte erzielt werden. Vor Jahren noch wäre man auch nicht davon ausgegangen, dass Borderline- oder Psychosepatienten in homogen zusammengesetzten Gruppen relativ gut behandelbar sein könnten, was mittlerweile mit modifizierten Gruppenbehandlungskonzepten zunehmend Standard wird (Horwitz 1977; Horwitz u. Mitarb. 1996; Linehan 1993a;b; s. auch Kap. 23, 37, 39, 47, 48).

Kontraindikationen auf Seiten des Patienten für eine **Kurzzeit**-Gruppenpsychotherapie werden von MacKenzie (1997) angeführt:
- beschränkte Fähigkeit („capacity") zur Teilnahme,
- suizidale Vorstellungen,
- akuter Stress,
- emotionale Dyskontrolle,
- Typ-A-Persönlichkeit,
- hoher Abwehrpersönlichkeitstypus,
- antisoziale und psychopathische Merkmale,
- Mangel an Fokus.

Kurzzeitgruppen stellen psychotherapeutische Interventionsformen dar, die sehr genaue Indikationsmaßnahmen erfordern, um unter zeitbegrenztem, fokalen Blickwinkel sehr umgrenzte Konflikt- oder Problembereiche bearbeit- und lösbar zu machen (Kap. 34; MacKenzie 1997; Mattke und Tschuschke 1977; Tschuschke und Mattke 1997). Schwerere Persönlichkeitspathologien oder bezüglich diagnostischer Kategorien oder Problembereiche sehr heterogen zusammengesetzte Gruppen können unter zeitlich sehr limitierten Auflagen keine günstigen Wirkungen erzielen, weil erstens in aller Regel sehr viel mehr Zeit für eine zunächst sehr strukturierende und viel später erst konfliktorientierte Therapie einzuplanen wäre und zweitens mit sehr modifizierter Technik auf die spezifischen Defizite und Schwierigkeiten dieser Patienten einzugehen wäre (Kap. 24).

Weitere Aspekte von Persönlichkeitsmerkmalen, die für oder gegen eine gruppenpsychotherapeutische Behandlung sprechen, liegen in **psychologischen Merkmalen**, die offenbar völlig unabhängig von formalen Diagnosen zu sein scheinen.

Eines dieser Konzepte betrifft die so genannte **Psychological Mindedness** – vielleicht mit psychologischer Sensibilität zu übersetzen –, die sehr eng verwandt gesehen wird mit Konzepten wie **Self-consciousness**, **Personal Intelligence**, **Social cognition** oder **Social Perspective Taking** (McCallum und Piper 1997). Sie alle meinen eine Art „psychologischer Intelligenz" oder „Sensibilität", bezogen auf das soziale Umfeld.

Das **Psychological-Mindedness-Verfahren (PMAP)** von McCallum und Piper (1996) verwendet kurze Videovignetten, in denen eine fiktive Patientin Konflikte darlegt, während sie über eine Situation in einem Warenkaufhaus (Version A) einen Tag zuvor schildert (Version B: Konflikt am Vorabend in einem Restaurant), in einem fiktiven Gespräch mit ihrem Therapeuten. Echten Patienten kann nun im Rahmen von probatorischen Sitzungen eine der Vignetten gezeigt werden. Sie werden danach standardmäßig befragt: „Was ist das Problem dieser Frau?" Die Einlassungen der echten Patienten werden – mit Erlaubnis – günstigerweise per Tonbandmitschnitt festgehalten und können später mit Hilfe eines kleinen Manuals anhand einer 9-stufigen Skala bezüglich des Niveaus der psychologischen interpersonellen Sensibilität eingeschätzt werden (Tschuschke 1996b).

Das Verfahren erlaubte es, in verschiedenen Studien in Kanada den Verbleib von Patienten in psychodynamisch orientierten Gruppenpsychotherapien vorauszusagen. Patienten mit einer niedrigeren Einschätzung auf der PMAP-Skala (Stufen 1–4) waren diejenigen Patienten, die mit einer sehr hohen Wahrscheinlichkeit vorzeitige Aussteiger aus psychodynamisch orientierten Kurzzeittherapiegruppen waren (über 50%; McCallum und Piper 1990). Patienten mit einem höheren Skalen-Score (5–9) waren diejenigen Patienten, die weniger aus der Kurzzeit-Gruppenpsychotherapie ausstiegen (Abbrecherquote nur über 10%) und auch psychodynamische Arbeit in der Gruppe realisieren konnten (Piper und McCallum 1990).

Es konnte ein allgemeiner Zusammenhang zwischen dem Niveau an psychologischer Sensibilität und dem therapeutischen Nutzen aus der Teilnahme an psychodynamischer Kurzzeit-Gruppenpsychotherapie festgestellt werden: je höher das Niveau in der PMAP-Einschätzung, desto eher ein Verlust an allgemeiner Symptomatologie und Beschwerden, desto deutlicher die Reduzierung sozialer Fehlanpassung und allgemeiner Unzufriedenheit. Außerdem wurde signifikant pathologische Abhängigkeit reduziert. Das heißt, je höher das Eingangsniveau bei der PMAP-Einschätzung war, desto mehr waren diese Patienten in der Lage, im Verlauf der Gruppenbehandlung pathologische Abhängigkeiten von psychologischen Objekten zu reduzieren und umgekehrt. Je niedriger das PMAP-Niveau der Patienten eingangs der Behandlung war, desto weniger waren sie in der Lage, unreife Abhängigkeiten zu reduzieren (Piper u. Mitarb. 1992; McCallum und Piper 1996).

Ebenfalls von der Forschergruppe aus Edmonton in Kanada stammt das Verfahren zur Einschätzung der **Qualität der**

Objektbeziehungen. Die **Quality-of-Object-Relations-Skala (QORS)** (Piper und McCallum 1994, 2000) gestattet es – ebenfalls im Rahmen probatorischer Sitzungen – eine Einschätzung der Qualität der Geschichte sozialer Beziehungen bzw. – in der Terminologie der Objektbeziehungstheorie – der Geschichte der objektalen Beziehungen des jeweiligen Patienten im Vorfeld der Behandlung vorzunehmen. Auf einer fünfstufigen Skala können die vorherrschenden Beziehungsstrukturen des Patienten eingeschätzt werden:
- reife Beziehungsmuster (Ebene 9),
- trianguläre Beziehungsmuster (Ebene 7),
- kontrollierende Beziehungen (Ebene 5),
- suchende Beziehungen (Ebene 3),
- primitive Beziehungen (Ebene 1).

Je weniger reif sich die Beziehungsgestaltungen des Patienten in seinem Leben darstellen (Kindheit, Adoleszenz, Beruf, Partnerschaft, Freizeit etc.), desto ungünstiger ist die therapeutische Arbeitsbeziehung und desto geringer der therapeutische Nutzen aus tiefenpsychologischer Gruppenpsychotherapie. Und umgekehrt gilt: je höher das Einschätzungsniveau auf der QOR-Skala, desto besser die therapeutische Allianz und desto größer der Nutzen aus einer psychodynamischen Gruppenbehandlung (Piper und McCallum 2000).

Interpersonelle Variablen als Prädiktoren

Die Idee, Informationen aus sozialen Situationen des Patienten für eine Indikation zur Gruppenpsychotherapie zu nutzen, erscheint frappierend einfach und auf der Hand liegend, sie ist dennoch bislang kaum in entsprechenden Untersuchungen umgesetzt worden.

„Noch immer gibt es nur wenig empirisch gesichertes Wissen über Merkmale, auf deren Basis eine zuverlässige Indikationsstellung im Bereich Psychotherapie erfolgen könnte. Dies gilt sowohl für die Indikation zur Einzelpsychotherapie (z. B. Garfield 1994) als auch für die zur Gruppenpsychotherapie (Eckert 1996d). Eine der möglichen Ursachen dafür wird darin gesehen, dass vielfach versäumt wurde, solche Merkmale für eine Indikationsstellung heranzuziehen, die in einem klar theoretisch begründeten Zusammenhang mit dem Therapieprozess und damit auch mit den therapeutisch intendierten und erzielten Veränderungen stehen." (Eckert u. Mitarb. 1997, S. 2).

Für die Gruppenpsychotherapie hieße dies konkret für den Kliniker, ob er auf bestimmte Informationsquellen zurückgreifen könnte, die ihm Aufschlüsse darüber liefern würde, ob der Patient, den er in einer Gruppe behandeln will, auch das spezifische therapeutische, weil interaktionell arbeitende, Setting für sich nutzen könnte, um daraus therapeutischen Nutzen zu ziehen.

Es gibt hierzu fünf verschiedene Ansätze, um dies anzugehen (Piper 1994):
1. Einschätzungen aus direkten Beobachtungen des dyadischen Verhaltens in der Erstinterviewsituation,
2. Beurteilungen aus direkter Beobachtung sozialen Verhaltens in Gruppen,
3. Einschätzungen des interpersonellen Verhaltens aus Informationen der Erstgespräche,
4. Tests zu interpersonellen Aspekten der Persönlichkeit,
5. Psychologische Tests zu interpersonellen Problemen

Zu 1: Die wenigen verfügbaren Untersuchungen zu diesem Aspekt erbringen sämtlich keine Auskünfte darüber, ob der Patient bzw. die Patientin auf Grund des Verhaltens in der Erstinterviewdyade von Gruppenpsychotherapie profitieren wird oder nicht (Piper 1994). Dieses Ergebnis, dass das Verhalten eines Patienten in der dyadischen Gesprächssituation von Erstgesprächen keine prognostische Relevanz aufweist, sollte zum Nachdenken Anlass geben!

Zu 2: Vier Studien, die systematisch Patientenverhalten in gruppalen Situationen vor Beginn der eigentlichen Therapiegruppe einschätzten, konnten sämtlich die prognostische Bedeutung des eingeschätzten Verhaltens für den späteren Gruppenpsychotherapieerfolg bestätigen. Giedt (1961) untersuchte das Verhalten von Patienten auf psychiatrischen Stationen. Trainierte Schwestern schätzten das Verhalten der Patienten nach Beweglichkeit, Affekt, Kooperation und Kommunikation (MACC-Skalen) ein. Das Verhalten der Patienten war von prädiktivem Wert für späteres Verhalten in der Therapiegruppe. Pattison und Rhodes (1974) verwendeten einen ähnlichen Ansatz, indem Krankenschwestern nach der „Nurses' Observation Scale For Inpatient Evaluation" (NOSIE) Einschätzungen vornahmen. Auch hier waren die Bewertungen signifikant mit späteren Gruppentherapieergebnissen der Patienten korreliert.

Piper und Marrache (1981) und Connelly und Piper (1989) untersuchten aufgabenbezogenes Verhalten in Vorbereitungsgruppen (so genanntes Pregroup-Training, Kap. 12) auf seine prädiktive Bedeutung für einen späteren Therapieerfolg. Beide Studien erbrachten signifikante Zusammenhänge zwischen aufgabenbezogenem Verhalten in den vorbereitenden Sitzungen und späterem aufgabenbezogenen Verhalten in den Therapiegruppen.

Damit bestätigen diese wenigen Untersuchungen durchgängig, dass die besten Prädiktoren für eine gruppenpsychotherapeutische Behandlung Erkenntnisse aus gruppalen bzw. sozialen und nicht dyadischen Situationen sind.

Zu 3: Aus den Berichten von Patienten im Rahmen von Erstgesprächen werden gewöhnlich Informationen über interpersonelle Probleme oder Haltungen des Patienten gewonnen. Hier gehört auch der bereits weiter oben angesprochene Einsatz der QORS hin. Vier eher ältere Untersuchungen wiesen in drei Fällen keine signifikanten Bezüge zwischen Informationen aus Berichten von Patienten und späterem Therapieerfolg in Gruppen auf, während von drei neueren Untersuchungen zwei signifikante Beziehungen zwischen Berichten von Patienten über interpersonelle Probleme und Erfahrungen aufweisen (Piper 1994) – ein eher gemischtes Ergebnis bezüglich der Validität patientenseitiger Auskünfte.

Zu 4 und 5: Piper (1994) berichtet von sehr gemischten Ergebnissen. Die meist verwandten Fragebögen über interpersonelles Verhalten hätten in verschiedenen Untersuchungen negative Befunde zwischen erhobenen Fragebogenvariablen und späterem Gruppenpsychotherapieerfolg oder Verbleiben in der Gruppe erbracht (Yalom u. Mitarb. 1967; Koran und Costell 1973; McCallum u. Mitarb. 1992; Steinmetz u. Mitarb. 1983), während andere Untersuchungen positive Zusammenhänge nachwiesen (Connelly u. Mitarb. 1986; Budman u. Mitarb. 1980).

Eine deutsche Studie (Eckert u. Mitarb. 1997) untersuchte die Einflüsse auf indikative Entscheidungen seitens der Behandler mittels des **Inventars zur Erfassung interpersoneller Probleme (IIP)** (Horowitz u. Mitarb. 1994; Strauß und Kordy 1996). Patienten mit ausgeprägt „streitsüchtig/konkurrierendem" und „kalt/abweisendem" Verhalten wurden eher einer Gruppenbehandlung zugewiesen als Patienten mit ausgeprägten Werten in den Dimensionen „ausnutzbar/nachgiebig". Die Autoren schließen aus den Untersuchungen mit immerhin bis zu 447 Patienten in verschiedenen Zentren, dass die Empfehlung zur Behandlung in einer Gruppenpsychotherapie versus Einzelpsychotherapie „... nicht vom *generellen Ausmaß* interpersonaler Probleme abhängt, sondern von der *Art* der interpersonalen Probleme aus der Sicht der Interviewer." (Eckert u. Mitarb. 1997, S. 15).

Ein Zwischenfazit an dieser Stelle bestätigt Piper (1994), wenn er davon spricht, dass die besten Prädiktoren für die richtige indikative Entscheidung ganz deutlich Beobachtungen aus Verhalten in sozialen oder gruppalen Kontexten seien: „Zusammengefasst, die vielversprechendsten Maße interpersoneller Variablen beziehen Bewertungen von Gruppenverhalten aus direkter Beobachtung ein; die am wenigsten aussagekräftigen umfassen Einschätzungen des dyadischen Verhaltens aus direkter Beobachtung, und in der Mitte liegen die Maße interpersoneller Persönlichkeitszüge und Probleme, gewonnen aus Interview-Informationen oder psychologischen Testwerten." (Piper 1994, S. 98).

Es zeigt sich anhand dieser Ergebnisse, dass die spezifische Eignung von Patienten für die gruppenpsychotherapeutische Situation von Klinikern in keiner Weise unterschätzt werden sollte, und dass in den Erstgesprächen sichergestellt werden sollte, dass der Patient – in genau dieser Reihenfolge – in der Gruppe verbleiben, arbeiten und dann auch Nutzen aus der Behandlung in Gruppen ziehen kann, wie dies schon eingangs angesprochen wurde. Ohne ein Verbleiben in der Gruppe entsteht kein Nutzen aus der Gruppe, ohne Fähigkeit zur Mitarbeit im sozial-interaktiven Geschehen ebenfalls nicht. Die beiden ersten Aspekte sind nicht hinreichende, aber in jedem Fall notwendige Bedingungen für die Wahrscheinlichkeit eines Therapieerfolgs in der therapeutischen Gruppe.

Realisierung therapeutischer Arbeit in der Gruppe

Der Verbleib in der therapeutischen Gruppe wird solchen Patienten eher möglich oder wichtig sein, die irgendeinen Nutzen aus ihrer Gruppenzugehörigkeit ziehen können. Und dies ist speziell bei den Patienten der Fall, die therapeutische Arbeit realisieren können. Das heißt, die die interpersonelle Situation mit ihren vielfältigen Facetten von dynamischem Gruppenverhalten (zu den Wirkfaktoren s. Kap. 23) therapeutisch für sich nutzen können.

„Therapeutisch für sich nutzen" meint den Mut, sich in die Gruppe einzubringen, d. h., sich zu öffnen, aktiv zu bleiben, also Risiken einzugehen, Feedback zu erhalten – nicht unbedingt immer günstiges oder erwünschtes – und dennoch nicht zu flüchten; hergebrachte Standards bezüglich der eigenen Selbstwahrnehmung in Frage zu stellen und irgendwann Änderungen durchzuführen, innerlich und äußerlich.

Piper und McCallum (1990) haben mit aufwendigen Ratings die Realisierung psychodynamischer Arbeit von Patienten in therapeutischen Gruppen untersucht. Patienten, die in der Lage waren, **selbstbezogene Arbeit** zu realisieren, also über sich zu sprechen, waren erfolgreich in psychodynamischen Kurzzeit-Gruppenpsychotherapien.

Der Autor fand ähnliche Ergebnisse in stationären analytischen Langzeit-Gruppenpsychotherapien (Tschuschke 1993). Nur Patienten, die von Beginn an initiativ wurden, **Selbstöffnungen** kontinuierlich über viele Sitzungen riskierten, erhielten ausreichendes **Feedback**, durchaus sehr kritisch und aggressiv, aber waren dadurch in der Lage, von der Therapie zu profitieren (Tschuschke und Dies 1997; Tschuschke u. Mitarb. 1996). Es waren interessanterweise auch dieselben Patienten, die intrapsychisch signifikante Veränderungen von **Objekt-** und **Selbstrepräsentanzen** vornehmen konnten (Catina und Tschuschke 1993), was sich in anschließenden günstigen **Verhaltensänderungen** ausdrückte (Tschuschke 1993; Tschuschke und Dies 1994a).

Es ließ sich ferner zeigen, dass eine intial gute „Objektbeziehung" zur therapeutischen Gruppe bzw. zur Therapie insgesamt offenbar den Weg für die anderen Wirkfaktoren bahnte und erst dann gestattete, die anderen Wirkfaktoren ins Spiel zu bringen, damit für diese Patienten Therapieerfolg resultieren konnte (MacKenzie und Tschuschke 1993; Tschuschke 1993; Tschuschke und Dies 1997). Es könnte sein, dass die Patienten, die ziemlich früh – innerhalb der ersten Sitzungen – in der Lage sind, innerlich eine gute objektale Beziehung zur Gruppe aufzubauen (erfasst über Sitzungsbögen, Tschuschke 2000a), auch diejenigen sind, die in anderen Einschätzungsmaßen bereits vor der Therapie – z. B. über das PMAP oder die QORS – als geeignet für gruppenpsychotherapeutische Arbeit und damit für einen potenziellen Therapieerfolg durch die therapeutische Gruppe erkannt werden könnten.

11. Patientenauswahl und Gruppenzusammensetzung

M. McCallum

Durch den Eintritt eines Patienten in eine Therapiegruppe drückt sich das Einverständnis zwischen Patient, Therapeut und zuweisendem Kliniker aus, dass der Patient in einer Gruppe arbeiten will und von der Gruppentherapie profitieren kann. Dennoch reflektiert die Entscheidung wahrscheinlich auf jeder Seite sehr unterschiedliche Überlegungen. Für den Patienten ist Gruppentherapie vermutlich eine neue Erfahrung – und verunsichernd. Die Entscheidung des Patienten basiert zum Teil auf vergangenen Erfahrungen mit Gruppen, beginnend mit der Familiengruppe, der Schulklasse, Sportgruppen und so weiter. Studien, die die Compliance von Patienten bei Einzel- versus Gruppentherapiezuweisungen untersuchten, zeigen, dass die Patienten eher das Einzeltherapieangebot dem Gruppentherapieangebot vorziehen (Piper und Joyce 1996; Budman u. Mitarb. 1988; Klein und Carroll 1986). Zur Erklärung dieser Neigung führen Piper und Joyce (1996) die größere antizipatorische Angst auf Grund von vermindertem Kontrollgefühl, geringerer Individualität, geringerem Verständnis, verringerter Intimität und geringerem Sicherheitsgefühl an, die mit Gruppentherapie verbunden ist. Es liegt am zuweisenden Gruppentherapeuten, diese Angst beim Patienten zu zerstreuen und die Möglichkeiten der Gruppentherapie „zu verkaufen" (zu den hiermit zwangsläufig verbundenen ethischen Problemen s. Kap. 3).

Der Therapeut, der die Indikation zur Gruppentherapie stellt, hat routinemäßig festzustellen, ob ein bestimmter Patient am ehesten von Gruppentherapie, Einzeltherapie, einem anderen alternativen Behandlungssetting oder gar nicht von Psychotherapie profitieren würde. Es liegt also im Ermessen – in den Vorlieben und Auffassungen – des zuweisenden bzw. für die Behandlung ausgewählten Klinikers, wer an eine Gruppe überwiesen wird bzw. wer für eine Auswahl durch den Gruppentherapeuten zur Verfügung steht. Der Entscheidung, ob ein Patient einer Gruppe zugewiesen wird, liegen Beurteilungen von Klinikern zu Grunde, die die wahrscheinlichen Qualitäten, die der Patient mitbringt, berücksichtigt, z. B. in der Gruppe zu verbleiben, mitarbeiten und von der Therapiegruppe profitieren zu können. Die genannten Aspekte konstituieren die Auswahlkriterien (Kap. 9, 10).

Im Unterschied zum individuellen Fokus des Patienten liegt der Fokus des Gruppentherapeuten überwiegend auf der Gruppe. Der Gruppenleiter bestimmt, ob die Gruppe von einem bestimmten weiteren Patienten Nutzen zur gegebenen Zeit ziehen kann (im Falle von offenen Gruppen s. Kap. 32). Diese Entscheidung muss die aktuelle Zusammensetzung der Gruppe berücksichtigen. Eine Gruppe mit überwiegend sehr agilen Gruppenmitgliedern wird einen schweigsamen Patienten gut tolerieren, während auf der anderen Seite eine Gruppe mit vorwiegend depressiven Mitgliedern einen aktiven und aus sich herausgehenden Patienten, der etwas Leben in den Gruppenprozess bringt, gut gebrauchen kann.

Der Gruppenleiter bestimmt quasi auch, ob der Kandidat für eine Gruppe von einer bestimmten Gruppe Nutzen ziehen wird. Zusätzlich zur Gruppenzusammensetzung involviert seine Entscheidung auch die Abschätzung, ob der Patient mit den Gruppenzielen, dem Behandlungskonzept, der therapeutischen Technik sowie strukturellen Aspekten wie Häufigkeit der Sitzungen und Dauer der Gruppentherapie umgehen kann bzw. kompatibel sein wird. Das Zusammenspiel dieser verschiedenen Selektionskriterien legt mal nahe, dass der Kandidat für eine Art von Gruppentherapie ungeeignet und für (eine) andere Art(en) von Gruppe(n) geeignet sein würde. So haben z. B. Bond und Lieberman (1978, S. 682) bemerkt, dass „... abweichendes Verhalten, sei es Delinquenz, Alkoholismus oder Kindesmissbrauch ...", die gemeinhin als Ausschlusskriterien für dynamisch orientierte Langzeitgruppen angesehen werden, „... in einer Anzahl von Gruppen durchaus erfolgreich behandelt werden können ..." Diese Auffassung spiegelt die wachsende Erkenntnis, dass es wenige Patienten gibt, für die eine bestimmte Art von Gruppen nicht angemessen ist. Während eine Anzahl von allgemeinen Auswahlkriterien in der klinischen Literatur als wichtig für alle Formen von Gruppentherapie angesehen wird, geht der gegenwärtige Trend zu einem Matching spezifischer Selektionskriterien mit bestimmten Formen von Gruppentherapie. Eine Debatte über Auswahlkriterien für gruppentherapeutische Behandlungen ist deshalb stets im Kontext mit den anderen Aspekten zu sehen, d. h. mit dem theoretischen und technischen Behandlungsansatz des Therapeuten, der Struktur der Gruppe, ihren Zielen und ihrer Zusammensetzung.

Gruppentherapie als Behandlung der Wahl

Eine Strategie der Patientenauswahl ist es, Patienten auszuwählen, die sowohl von Einzel- als auch von Gruppentherapie profitieren könnten. Eine andere Strategie ist es, Patienten auszuwählen, die speziell aus Gruppentherapie einen Nutzen ziehen, den sie nicht aus einzeltherapeutischen Behandlungen ziehen könnten. Die letztgenannte Perspektive betrachtet Gruppentherapie als ein einzigartiges Behandlungsangebot, von dem bestimmte Patienten ganz spezifisch profitieren können. Für einige Patienten ist die Gruppentherapie die Therapie der Wahl. Rutan und Stone (1993) sehen Gruppentherapie als den natürlichen Gegenspieler zu den dominierenden Störungen unserer Zeit an: nämlich als den Erwerb und die Aufrechterhaltung einer authentischen Intimität. Übereinstimmung mit Rutan und Stone (1993) empfehlen Grunebaum und Kates (1977), Sadock (1983) und Klein (1993) sämtlich die Auswahl von Patienten, die Schwierigkeiten in ihren interpersonellen Beziehungen aufweisen,

z. B. Patienten, deren Beziehungen charakterisiert sind durch Rückzug, übermäßige Abhängigkeit oder ein Muster aus multiplen und flüchtigen Beziehungen. Weiterhin können Patienten mit paranoiden Reaktionsmustern gegenüber Autoritätspersonen womöglich von Gruppentherapie profitieren. Ihre paranoide Reaktionsneigung kann abgebaut und zum Verschwinden gebracht werden, wenn sie mit differierenden Eindrücken anderer Gruppenmitglieder konfrontiert werden.

Patienten mit den größten Schwierigkeiten mit Intimität, die wahrscheinlich ihr ganzes Leben lang schwierige Beziehungen erlebt hatten, sind dennoch die am meisten geeigneten Patienten für eine Gruppentherapie. Sie verspüren wahrscheinlich eine erhöhte antizipatorische Angst vor der Gruppentherapie. Auf der anderen Seite gibt es Patienten, für die die Gruppentherapie die Behandlungsmethode der Wahl darstellt, obwohl ihre interpersonellen Hemmungen so intensiv sein mögen, dass sie vorzeitig verschreckt werden und aussteigen. Um dieses Paradox zu überwinden, legten Rutan und Stone (1993) dem Gruppenleiter nahe, die Beziehung zwischen den vom Patienten dargestellten Sorgen und Problemen und seinen interpersonellen Beziehungen darzulegen. Falls der Patient in der Lage sein sollte, diese Beziehung ebenfalls zu erkennen, würde er/sie an der Gruppe teilnehmen. Gleichwohl könnte man genauso argumentieren, dass es gleich wahrscheinlich ist, dass er angesichts dieser Verbindungen zwischen Problemen und interpersonellen Schwierigkeiten eine Wiederholung von Demütigung und Schmerz von früheren Gruppenerlebnissen fürchten könnte und von einer Gruppenzuweisung zurückschreckt.

Ein alternativer Ansatz für eine Patientenauswahl für Therapiegruppen im Vergleich zur Einzeltherapie ist es, Patienten mit größeren interpersonellen Fähigkeiten und Möglichkeiten auszuwählen. Diese Strategie kann uns jedoch zu einer anderen Seite desselben Paradoxes von vorhin führen: Diejenigen, die ausgewählt werden, sind genau die, die am wenigsten bedürftig sind. Anstatt Patienten mit besonders hohen oder niedrigen interpersonellen Fertigkeiten auszuwählen, haben Woods und Melnick (1979) empfohlen, dass Minimalfähigkeiten für eine effektive Gruppenteilnahme ein Auswahlkriterium sein sollten.

Allgemeine Auswahlkriterien

Zusätzlich zu einem minimalen Niveau an interpersonellen Möglichkeiten empfehlen Kliniker verschiedene Charakteristika, die allgemeine Auswahlkriterien für eine Gruppentherapie darstellen. Sie umfassen:
- Motivation für die Behandlung,
- positive Erwartungen hinsichtlich eines Nutzens der Behandlung,
- aktueller Leidensdruck,
- interpersonales Problem,
- Zustimmung zur Änderungsbereitschaft interpersonellen Verhaltens,
- offen gegenüber Gruppeneinfluss (nach Möglichkeit höchstens eine moderate Abhängigkeit von Anerkennung),
- Bereitschaft, anderen zu helfen.

Kliniker haben bislang traditionsgemäß eher auf Ausschlusskriterien denn auf Einschlusskriterien geachtet. Die üblicherweise ausgeschlossenen Patienten sind Patienten mit hirnorganischen Schäden, paranoide, hypochondrische, drogenabhängige, psychotische, soziopathische, suizidale, schwer depressive und in aktuellen Krisen befindliche Patienten (vgl. Kap. 10). Der übliche Gedankengang dabei ist, dass solche Patienten höchstwahrscheinlich nicht in der Lage sind, an dem erforderlichen interpersonellen Gruppenprozess teilzunehmen. Der aktuelle Trend jedoch, wie oben bereits erwähnt, geht dahin, spezifische Auswahlkriterien für spezifische Gruppenkonzepte zu berücksichtigen. Als möglicherweise in einer heterogenen Gruppe deviant eingeschätzte Patienten mögen sehr wohl von homogen zusammengesetzten Gruppen mit ähnlicher Problematik profitieren.

Forschung zu Auswahlkriterien

Es gibt eine lange Reihe von klinischen Studien, um den therapeutischen Prozess und das Behandlungsergebnis aufgrund von Patientencharakteristika vorauszusagen. Ausgehend von dieser Fülle an Daten ist es nicht überraschend, dass viele statistisch signifikante Beziehungen gefunden wurden. Viele dieser Ergebnisse machen konzeptuell und klinisch gesehen Sinn; z. B. Hinweise darauf, dass eine Beziehung besteht zwischen Motivation und wünschenswertem Therapieprozess. Dennoch muss die Brauchbarkeit dieser Art von Forschung wegen der zugrunde liegenden Probleme angezweifelt werden. Erstens überwiegt die Zahl der nicht signifikanten Beziehungen die signifikanten. Es ist daher sehr wahrscheinlich, dass viele der signifikanten Ergebnisse zufällig sind. Zweitens: Obwohl viele Korrelationen statistisch signifikant waren, blieben diese dennoch meistens niedrig und stellen von daher Ergebnisse von zweifelhafter klinischer Bedeutung dar. Drittens wurden Ergebnisse kaum je repliziert.

Eine Erklärung für die schwache empirische Unterstützung der Patientenprädiktorvariablen wurde von Woods und Melnick (1979) angeboten. Die Autoren führen aus, dass das dyadische Eingangsinterview zwar das übliche und weit verbreiteteste Vorgehen sei, dass es sich hierbei aber um eine der ungeeignetsten Methoden handelt, um prädiktive Hinweise zu erhalten. Ähnlich waren die beiden Autoren auch nicht beeindruckt durch den Gebrauch verschiedenster anderer Verfahren und psychologischer Tests zu Auswahlzwecken. Woods und Melnick beklagten weiterhin die Brauchbarkeit formaldiagnostischer Kategorien, Persönlichkeitsprofile oder aktuell üblicher Angepasstheitsskalen, die selten signifikant mit Verbleib und Arbeit in Gruppentherapien oder Nutzen aus Gruppenbehandlungen assoziiert waren. Stattdessen empfahlen sie behaviorale und interpersonelle Variablen aktuellen Gruppenverhaltens. Tatsächlich haben sich die genannten Variablen als bessere Prädiktoren nachfolgenden Gruppentherapieverhaltens erwiesen (Goldstein u. Mitarb. 1996; Piper und Marrache 1981). Der Vorteil solcher Variablen liegt in der Ähnlichkeit zwischen Auswahlprozedur und der Gruppenerfahrung. Patienten erlangen ein erfahrungsbasiertes Verständnis von dem, was in der Gruppentherapie auf sie wartet. In gleicher Weise kann der Therapeut die Patienten in einer Gruppensituation beobachten, bevor er endgültige Entscheidungen bezüglich der Gruppentherapie trifft.

Gruppensichtung als Auswahlmethode

Der Gruppentherapeut benötigt erfahrungsbasiertes Wissen über die Fähigkeit des Patienten, in einer Gruppe und mit dem Gruppenleiter in einer gruppalen Situation arbeiten zu können. Die Sichtungsgruppe („group screen") ermöglicht diese Art von Erfahrungsgewinn. Sichtungsgruppen können mit drei oder vier Patienten zugleich durchgeführt werden. Auf diese Weise hat der Therapeut ausreichend Zeit, den einzelnen Patienten daraufhin zu betrachten, ob er oder sie besonderer Aufmerksamkeit bedarf. Er kann jedes Patienten Fähigkeit einschätzen, sich zu öffnen, die Bereitwilligkeit, anderen zuzuhören, die Fähigkeit, Feedback zu geben und von anderen zu akzeptieren und so weiter (Power 1985).

Einzelne Kliniker mögen Zeit und Energie, die solche Gruppen beanspruchen, als Nachteil empfinden. Um Zeit zu sparen, können solche Screeningprozesse mit Gruppenvorbereitungsmaßnahmen (Kap. 12) kombiniert werden. Auf diese Weise können zwei Aufgaben gleichzeitig erledigt werden. Vorbereitungsmaßnahmen verbessern nachweislich die Teilnahme, die Compliance und bestimmte Arten von therapeutischen Prozessen (Budman u. Mitarb. 1981; Piper u. Mitarb. 1982; Piper und Perrault, 1989; s. auch Kap. 12). Wenn Patienten gut vorbereitet sind für die Gruppenerfahrung, sind sie meistens weniger ängstlich, weniger enttäuscht und weniger unzufrieden mit der Gruppe. Ideal ist es, wenn sie das Gefühl haben, in die Gruppe zu passen und schneller arbeiten zu können, ein Bewusstsein über ihre anvisierte Aufgabe vorausgesetzt. Auch kann der überweisende Kliniker, der weiß, dass der Patient bezüglich seiner Gruppenfertigkeiten einem „Screening" ausgesetzt werden wird, etwas weniger stringent mit seiner Überweisungspraxis sein und damit dem Gruppentherapeuten mehr Raum lassen. Sollte ein unwilliger Patient von dieser weiteren „Überprüfung" auf dem Weg zur Gruppe wissen, kann er oder sie die Überweisung zu einer Gruppe leichter akzeptieren.

Tasca u. Mitarb. (1994) weiteten die Idee einer Screeninggruppe zu der einer „Versuchstherapie" aus. Im Gegensatz zur Auswahl von Patienten durch den Therapeuten, ermöglichte der Ansatz von Tasca u. Mitarb. (1994) den Patienten die Wahl zwischen verschiedenen Arten von Therapiegruppen, wie sie im Rahmen des Programms einer Tagesklinik offeriert wurden. Die Wahl seitens der Patienten basierte auf der versuchsweisen Teilnahme an bis zu vier Sitzungen in jeder Art von Gruppe. Diese Art von Auswahl mag Patienten helfen, eine auf mehr Information basierende Entscheidung zu treffen (Manthei 1988) und sich für eine Therapie zu entscheiden, für die sie besser geeignet sind. Die verbesserte Teilnahme könnte ihrerseits zu einem Gefühl von Kooperation und Verantwortlichkeit zwischen den Patienten führen. Es bleibt jedoch noch ungeklärt, ob solche Zusammenstellungen von Gruppen sich auf ambulante Gruppen übertragen lassen. Solch ein „Probesingen" könnte als eine Unterbrechung des Gruppenprozesses empfunden werden.

Die Idee, Patienten mit der Therapie zu matchen, für die sie am meisten geeignet sind, reflektiert einen allgemeinen Trend in der Gruppentherapieforschung. Die Herausforderung für Forscher ist es, Messmethoden für Verhalten vor Therapiebeginn zu entwickeln, die relevantes Verhalten während der Behandlung vorauszusagen gestatten. Diese Methoden sollten das abdecken, was vom Patienten in speziellen Gruppen erwartet wird. Zusätzlich zur Bedeutung interpersonellen Verhaltens, wurde die Wichtigkeit der Entwicklung theoriekonformer Maße betont. Der letztgenannte Aspekt basiert auf der Annahme, dass was als angemessenes Therapieverhalten angesehen wird, übereinstimmen muss mit dem Behandlungskonzept, zu dem sich der Patient entschließt.

Einsatz von theoriespezifischen Einschätzungsmethoden bei der Patientenauswahl

In unserem Behandlungssetting ist der theoretische Gruppentherapieansatz vornehmlich psychodynamisch. Zwei Patientenerlebnisdimensionen werden gemeinhin als wünschenswerte Attribute für Kandidaten irgendwie gearteter psychodynamisch orientierter Psychotherapie angesehen. Psychologische Sensibilität („Psychological Mindedness") und die Qualität der Objektbeziehungen („Quality of object relations"). Zu diesen beiden Dimensionen haben wir Methoden entwickelt und sie in einer Reihe von klinischen Versuchen eingesetzt. Wir definieren psychologische Sensibilität (PM) als die Fähigkeit, intrapsychische Komponenten zu identifizieren und sie in Beziehung zu den Schwierigkeiten einer Person setzen zu können (vgl. auch Kap. 10). Die PM wird mittels der **„Psychological Mindedness Assessment Procedure"** (PMAP; McCallum und Piper 1996, 1997) eingeschätzt. Ein Patient beobachtet eine kurze videoaufgezeichnete Vignette einer simulierten Patienten-Therapeuten-Interaktion, die so gehalten ist, dass sie verschiedene Komponenten eines intrapsychischen Konflikts enthält. Der zu beurteilende Patient wird gefragt: „Was scheint das Problem dieser Frau zu sein?" Die Antwort des Patienten wird daraufhin eingestuft, in welcher Weise sie psychoanalytische Annahmen wie z. B. psychischen Determinismus, intrapsychischen Konflikt und den Gebrauch von Abwehrmechanismen reflektiert. Dieser ganze Einschätzungsvorgang beansprucht circa 15 Minuten.

Wir definieren die **Qualität der Objektbeziehungen** als die dauerhafte Tendenz eines Patienten, bestimmte Arten von interpersonellen Beziehungen herzustellen, entlang einer Dimension von primitiv bis reif. Die Qualität der Objektbeziehungen wird über die **„Quality-of-Object-Relation-Skala"** (QORS) eingeschätzt. Während eines einstündigen semistrukturierten Interviews wird das lebenslange Muster von Beziehungen eines Patienten berücksichtigt. Das erkannte Muster des Patienten wird entsprechend dem Ausmaß bewertet, in dem es Kriterien auf fünf Niveaus reflektiert:
- primitive Beziehungen,
- suchende Beziehungen (nach einem begehrten verlorenen Objekt),
- (gut gemeinte) kontrollierende Beziehungen,
- trianguäre Beziehungen,
- reife Beziehungen.

Bezogen auf die Auswahlkriterien für Patienten, die in dynamisch orientierten Gruppentherapien arbeiten sollen, glauben die Autoren, dass das PMAP und die QORS brauchbare klinische Hilfsmittel darstellen. Sie sind effektiv, leicht anzuwenden und zuverlässig. Das PMAP hat durchgängig vorausgesagt, wer in Therapiegruppen „arbeitet" (McCallum und Piper 1997). Es sagt außerdem den Verbleib von Patienten mit einer pathologischen Trauerreaktion in Kurzzeitgruppen voraus (Piper u. Mitarb. 1992) sowie günstige Behandlungsergebnisse in einem intensiven Tagesklinikprogramm (Piper u. Mitarb. 1996). Die QORS wurde vorwiegend in unseren Untersuchungen von zeitbegrenzten Einzeltherapien verwendet, in denen sie die therapeutische Allianz und das Behandlungsergebnis vorauszusagen gestattete. In der Tagesklinikstudie war sie assoziiert mit dem Verbleib in der Behandlung sowie mit dem Therapienutzen. Gegenwärtig verwenden die

Autoren diese Verfahren in einer Studie, in der interpretative versus supportive Konzepte bei Kurzzeitgruppen für pathologische Trauerreaktionen miteinander verglichen werden.

Denjenigen klinisch tätigen Gruppentherapeuten, die vor dem Einsatz von so genannten Forschungsmethoden zurückschrecken, sei gesagt, dass die Vertrautheit mit den Kriterien für hohe Werte in den beiden Verfahren hilfreich sein könnte. Es ist ja doch normaler klinischer Alltag, dass von psychodynamisch orientierten Praktikern anlässlich jeglicher klinischer Einschätzungsmaßnahmen routinemäßig Beziehungen zwischen den subjektiven patientenseitigen Einschätzung ihrer Probleme und ihrer Geschichte an sozialen Beziehungen exploriert werden. Die PMAP- und QORS-Manuale stellen Methoden zur Klassifikation von Information zur Verfügung. Indem das PMAP und die QORS zur Bestimmung des optimalen Matchings von Patient und geeigneter Therapie verwendet werden, hoffen die Autoren, weniger Auswahlfehler zu begehen, obwohl eine „unfehlbare" Auswahl zweifellos unwahrscheinlich bleiben wird. Therapiegruppen stellen für Patienten in vielfältiger Hinsicht eine echte Herausforderung dar, so dass es wahrscheinlich ist, dass einige Patienten stets verängstigt oder entmutigt werden und sich gegen eine Fortsetzung der Behandlung entscheiden werden. Eine erfolgreiche Behandlung umfasst eine komplexe Beziehung zwischen Patient, Gruppe und Therapeutenfaktoren (s. auch Kapitel 9, 10, 12, 15, 16). Dennoch möchten wir auf zwei Aspekte aufseiten des Patienten fokussieren, bei dem Versuch, emotionale und finanzielle Kosten zu reduzieren, die mit inadäquaten Behandlungszuweisungen verknüpft sind. Deshalb laden wir Gruppenpraktiker dazu ein, selbst einzuschätzen, was sie glauben, welche Qualitäten aufseiten des Patienten zu einer erfolgreichen Teilnahme an seiner Therapiegruppe beitragen und Patienten auszuwählen, die jene Qualitäten aufweisen.

12. Gruppenvorbereitung

W. E. Piper und J. Ogrodniczuk

Vorbereitende Trainings für Gruppenpsychotherapien („pregroup trainings", **PTG**) umfassen alle Maßnahmen vor der Gruppentherapie, die darauf abzielen, den Patienten für die Arbeit in der Gruppe vorzubereiten. Der Beginn einer Gruppenpsychotherapie ist eine echte Herausforderung für fast alle Patienten, sogar für diejenigen, die bereits vorher eine vergleichbare Erfahrung gemacht haben. Es muss von Angst, Unsicherheit und falschen Erwartungen ausgegangen werden. Verglichen mit der Situation in der Einzelpsychotherapie ist die Gruppensituation in typischer Weise assoziiert mit größeren Bedrohungen der Kontrollbedürfnisse, der Individualität, der Intimität und des Sicherheitsgefühls der Patienten. Für viele Patienten stellen Vertrauen und private Beziehungen zu anderen zugleich ein Problem wie auch einen notwendigen Aspekt der Prozesse in der Gruppe dar. Wegen dieser Herausforderungen einer beginnenden Gruppenpsychotherapie an die einzelnen Gruppenmitglieder und um einen gelungenen Beginn der Gruppe zu erreichen, sind Maßnahmen sehr hilfreich, die den Patienten vor dem eigentlichen Gruppenbeginn unterstützen.

Aspekte der Gruppenvorbereitung

Viele Aspekte bezüglich des PTG sind beschrieben worden. Langfristige Aspekte schließen die Sitzungsteilnahme, Verbleiben in der Gruppentherapie, das Engagement in die therapeutischen Prozesse und das Erleben günstiger Behandlungseffekte mit ein. Kurzfristige Aspekte können in affektive, verhaltensbezogene und kognitive Kategorien unterteilt werden. Affektive Punkte schließen die Reduzierung von Angst und die Gestaltung positiver interpersoneller Beziehungen zwischen den Gruppenmitgliedern ein. Verhaltensbezogene Bereiche umfassen eine zunehmende verbale Teilnahme, Selbstöffnungen, Mitarbeit und interpersonelles Feedback. Kognitive Aspekte umfassen die Förderung realistischer Erwartungen bezüglich der Rollen von Patienten und Therapeut (bzw. Therapeuten bei Kotherapie), Aktivitäten in der Gruppe, entstehende Probleme und wahrscheinliche Behandlungsergebnisse. Im Allgemeinen involvieren kognitive Bereiche die Aneignung von unterschiedlichen, relevanten Informationen. Yalom (1995) hat weitere Punkte der Klärung von üblichen Misskonzeptionen über Gruppenpsychotherapien beschrieben, z. B. dass die Gruppenpsychotherapie unvorhersagbar, weniger effektiv als Einzeltherapie (zur vergleichenden Effektivität von Gruppen- und Einzelpsychotherapie s. Kap. 2) und das Zusammensein mit anderen Patienten in einer Gruppe schädlich sein könnte. Rutan und Stone (1993) heben noch den Aspekt der Etablierung von „Gruppen-Agreements" hervor, d. h. jenen Hinweis, dass Gruppenmitglieder bei der Arbeit mit anderen in der Gruppe zusammenarbeiten.

Vorgehensweisen

Viele Vorgehensweisen für das PTG sind beschrieben worden. Sie umfassen verschiedene Aktivitäten und Anreize. Einige werden einzelnen Patienten vermittelt und andere Gruppen von Patienten. Die meisten Strategien sind relativ kurz (eine Stunde oder weniger) und können mit klinischen Routineaufgaben integriert werden, wie z. B. der Durchführung von Eingangstests und -einschätzungen oder der Besprechung von Behandlungsalternativen. Informationsvermittlungen und die Besprechung von Interviews sind häufig begleitet von schriftlichen Materialien, die der Patient mit nach Hause nehmen kann. Manchmal wird auch audiovisuelles Material verwendet, um Informationen und Modelle (Demonstrationen) typischer Gruppenprozesse zu vermitteln. Weitere elaborierte Verfahren, die die Teilnahme des Patienten in Erfahrungen mit einbeziehen, die ihrerseits therapieähnliche Erfahrungen simulieren, wurden ebenfalls in der Literatur beschrieben. Es ist üblich geworden, vielfältige Aktivitäten und Stimuli zu verwenden, die die Möglichkeiten der Anwendung multipler vorbereitender Aspekte hat anwachsen lassen.

Interviewbeispiel

In einem typischen Interview wird dem Patienten eine ganze Anzahl von Informationen vermittelt. Ein Aspekt betrifft die vom Therapeuten erwartete Rolle. Dem Patienten mag mitgeteilt werden, realistischerweise einen relativ inaktiven Therapeuten zu erwarten, der sich auf Gefühle konzentriert und Deutungen abgibt. Ein zweiter Aspekt betrifft die vom Patienten erwartete Rolle. Er mag ermutigt werden, verbal aktiv, offen und introspektiv zu sein. Ein dritter Aspekt zielt auf die strukturellen Aspekte einer Therapie, wie z. B. die Sitzungslänge und -häufigkeit sowie in ähnlicher Weise die gesamte Behandlungsdauer. Ein vierter Aspekt betrifft das erwartbare Behandlungsergebnis. Dies erfordert gewöhnlich die Vermittlung von Optimismus, speziell die Beschreibung von angemessenen und realistischen Behandlungszielen. Ein fünfter Aspekt betrifft mögliche Schwierigkeiten. Zum Beispiel können starke Gefühle gegenüber dem Therapeuten, unerwartete Affektschwankungen und Zweifel bezüglich des Fortschritts als typische Reaktionen des Patientenerlebnisses auftreten. Ein sechster Aspekt betrifft die Empfehlungen bezüglich des Patientenverhaltens außerhalb der Therapie. Diese können Ratschläge, konkurrierende Psychotherapien zu vermeiden, die Verschiebung wichtiger Lebensentscheidungen und die Aufrechterhaltung von Vertraulichkeit umfassen. Schließlich bezieht sich ein siebter Informationsaspekt auf die Klärung des Rationals der Therapie und wichtiger Behandlungsgrundlagen. Die Bedeutung solcher Konzepte und Grundlagen wie das Unbewusste, Konflikte, Abwehrstrategien und interpersonelles Feedback sollten definiert und besprochen werden.

Beispiel für schriftliches Material

Kurz gehaltenes schriftliches Material, das die Informationen eines Erstinterviews noch einmal zusammenfasst, kann leicht erstellt und für die Patienten verwandt werden. In dem Projekt der Autoren über Kurzzeit-Gruppenpsychotherapie mit Patienten, die eine schlechte Anpassung an Verluste von wichtigen Personen in ihrem Leben vollzogen hatten (Piper u. Mitarb. 1992) haben wir routinemäßig einen einseitigen Handout verwendet, der die folgenden drei Bereiche anspricht:
- Verpflichtung,
- Verantwortungen in der Gruppe,
- Verantwortungen außerhalb der Gruppe.

„**Verpflichtung:** Ich bestätige, dass meine Teilnahme an der Gruppe für alle 12 Sitzungen gilt. Die Gruppe wird sich jede Woche für 90 Minuten treffen. Gruppenteilnahme hat oberste Priorität; wenn nicht gewichtige Gründe wie z. B. eine schwerere Erkrankung dagegen sprechen, werde ich jede Woche teilnehmen. Im Falle einer solchen Abwesenheit werde ich den Therapeuten vor der nächsten Gruppensitzung informieren, und bei der folgenden Sitzung werde ich meine Gründe mit der Gruppe besprechen. Ich erkenne außerdem die Notwendigkeit meiner pünktlichen Anwesenheit an, da Verspätungen sich mit der Arbeit der Gruppe nicht verträgt. Sollte ich darüber nachdenken, die Gruppe verlassen zu wollen, so lasse ich es die anderen in der Gruppe wissen. Im Falle meiner Entscheidung, die Gruppe vorzeitig zu beenden, werde ich für eine letzte Sitzung anwesend sein, um mich von den anderen zu verabschieden.

Verantwortungen in der Gruppe: Ich bestätige, dass ich daran mitarbeiten möchte, mehr über meine und die Probleme anderer zu erfahren. Ich will versuchen, offen zu sein und mich zu befragen. Dabei will ich so ehrlich wie möglich bezüglich dessen sein, was mir in der Gruppe bewusst wird, den anderen gegenüber anzusprechen, d. h. Gedanken, Gefühle und Fantasien über mich selbst, andere Gruppenmitglieder (einschließlich des Therapeuten) sowie andere Menschen in meinem Leben. Ich stimme zu, dass ich nicht unter dem Einfluss von Alkohol oder Drogen an der Gruppe teilnehmen kann. Es ist außerdem nicht gestattet, in der Gruppe zu rauchen, zu trinken oder zu essen. Ich akzeptiere auch, dass physische Gewalt nicht in der Gruppe toleriert werden würde.

Verantwortungen außerhalb der Gruppe: Vertraulichkeit ist oberstes Gebot, so dass jedes Gruppenmitglied sich sicher fühlen kann, sich mitzuteilen. Ich bestätige hiermit, dass ich nichts außerhalb der Gruppe wiedergeben werde, was in der Gruppe angesprochen wurde, außer es betrifft mich selbst. Ich werde keinerlei Informationen weitergeben, die irgendein Gruppenmitglied zu identifizieren gestatten würde. Treffen der Gruppe außerhalb der Therapie könnte die Arbeit in der Gruppe verhindern. Ich bestätige, dass der Kontakt mit einem anderen Gruppenmitglied (einschließlich des Therapeuten) außerhalb der Therapiegruppe meine eigene Behandlung sabotieren könnte und stimme zu, dass Details zufälliger Kontakte außerhalb in der Gruppe angesprochen werden können."

Beispiel für das Erlebnis einer Gruppenvorbereitung

Die Selbsterfahrung einer Gruppenvorbereitung für Patienten geht über das Vermitteln von Informationen durch Einzelgespräche und schriftliches Material hinaus; solche Vorbereitungsmaßnahmen des Trainings für Patienten wurden in der Literatur bereits beschrieben (Budman u. Mitarb. 1981; Piper u. Mitarb. 1979). Die Arbeit der Autoren umfasste die Vorbereitung von Patienten für Langzeittherapiegruppen (Piper u. Mitarb. 1979). Das Vorgehen basierte auf einer Gruppensituation, die einen voraussichtlichen Stamm von Gruppentherapiepatienten und einen Leiter einbezog, der nicht der Gruppentherapeut sein würde. Jede dieser vorbereitenden Sitzungen fokussierte auf ein bestimmtes Konzept. Kognitives Material bezüglich des Behandlungskonzepts war ein paar Tage vorher ausgehändigt worden. Dann wurde eine strukturierte Gruppenübung dazu benutzt, ein Erlebnis bezüglich des Konzepts zu ermöglichen sowie eine Gelegenheit zu geben, kognitives Material mit dem persönlichen Erlebniseindruck zu verknüpfen. Wir konzentrierten uns auf vier basale Aspekte von Gruppentherapie mit Sitzungen von je einer Stunde (jeweils zwei pro Woche) über einen Zeitraum von 2 Wochen. Die vier Aspekte waren:
- das Hier und Jetzt,
- sich einbringen und arbeiten,
- der Austausch von Ressourcen,
- der Gruppenleiter.

Die Autoren beabsichtigten, Hier-und-Jetzt-Ereignisse, interpersonelle Prozesse, Gruppenprozesse und Mitglieder-Leiter-Beziehungsaspekte in einer sicheren, strukturierten Situation anzusprechen, die nicht auf den Problemen basierten, die die Patienten zur Gruppe geführt hatten. Wir gingen davon aus, dass der Einsatz von selbst erlebten Vorbereitungsmaßnahmen einen günstigen Einfluss auf die Teilnahme und den Verbleib der Patienten haben würde. Eine Zusammenfassung des kognitiven Materials und der strukturierten Gruppenerfahrung für den Aspekt des Hier und Jetzt soll das Vorgehen illustrieren.

■ Kognitives Material

1. Die Autoren gehen davon aus, dass die Fähigkeit, in der Lage zu sein, Hier-und-Jetzt-Ereignisse erkennen und berichten zu können, Patienten in die Lage versetzt, besser sein (ihr) Verhalten gegenüber anderen zu verstehen.
2. Das Hier und Jetzt ist definiert als der vollständige Satz von Ereignissen, denen eine Person in der gegenwärtigen Situation und zum jetzigen Zeitpunkt ausgesetzt ist. Somit umfasst es beides, eine Orientierung auf die Gegenwart und die Situation.
3. Für jede Person umfasst das Hier und Jetzt zweierlei, private (interne) Ereignisse wie Gedanken und Gefühle und öffentliche (externe) Ereignisse bezüglich dessen, was andere tun oder sagen.
4. Das Hier und Jetzt ändert sich kontinuierlich, manchmal langsam, manchmal schnell.
5. Normalerweise ist einer Person nur teilweise das Hier und Jetzt bewusst.
6. Ist einer Person teilweise das Hier und Jetzt bewusst, kann es sein, dass er (sie) anderen gegenüber nicht mitteilt, was er (sie) anderen gegenüber empfindet.

7. Das Ausmaß, in dem eine Person sich des Hier und Jetzt bewusst ist oder darüber spricht, ist häufig auf Grund von Scham oder Angst bestimmt, das damit verbunden ist. Zuweilen wird sich eine Person gegen die Wahrnehmung oder die Mitteilung von Teilen des Hier und Jetzt wehren, eben wegen einer solchen erlebten oder antizipierten Scham.
8. Gefühle sind ein Teil des Hier und Jetzt, weshalb manche Schwierigkeiten haben, sie wahrzunehmen oder darüber zu sprechen.
9. Manchmal haben Menschen in einer Gruppe ähnliche Hier-und-Jetzt-Erlebnisse. Dies wird als das „allgemeine" Hier und Jetzt bezeichnet.

Strukturierte Gruppenübungen

1. Weil dies die erste vorbereitende Sitzung war, wurde eine kurze allgemeine Einführung über die gesamte Vorbereitung gegeben.
2. Die Patienten wurden gebeten, aufzuschreiben, welche Gedanken und Gefühle sie während der Einführung wahrgenommen haben, d. h. während der ersten Minuten der Sitzung.
3. Sie wurden gebeten, aufzuschreiben, welche Auswirkung ihre initialen Gedanken und Gefühle auf ihr Verhalten während der weiteren Sitzung gehabt haben könnten.
4. Die Patienten wurden dann aufgefordert, 15 Minuten lang anzuwenden, was sie aufgeschrieben hatten, um etwas über das Hier und Jetzt zu lernen.
5. Sie wurden dann gebeten, zu untersuchen, welche Hier- und-Jetzt-Gedanken und -Gefühle sie während der vorangegangenen 15 Minuten wahrgenommen hatten. Der Leiter benutzte dann spezielle Fragen, um die Patienten in Teilen ihrer Übung zu unterstützen. Welche Art von Gedanken und Gefühlen hatten sie wahrgenommen? Welche wurden berichtet? Welche nicht? Was hielt sie vom Berichten ab? Waren die Teilnehmer besorgt darüber, einen schlechten Eindruck zu machen? Welche Auswirkungen hatten solche Besorgnisse? Welche Ähnlichkeiten und Unterschiede gab es unter den Teilnehmern?
6. Schließlich wurden die Patienten gebeten, die Gedanken und Gefühle zu besprechen, die sie während der letzten Minuten der Sitzung hatten, als diese endete. Die Teilnehmer wurden ermutigt, Veränderungen in den Hier-und- Jetzt-Gefühlen zu überdenken, die während der einstündigen Sitzung aufgetreten waren.

Bedeutung des PTG (pregroup training)

In der Gruppentherapie-Forschungsliteratur hat es viele Hinweise auf die Bedeutung des PTG gegeben, speziell in klinischen Berichten, Überblicksarbeiten und Handbüchern. Die nachfolgenden Zitate vermitteln, was allgemeiner Konsens ist.

In einem Überblick über die Literatur zu Vorbereitungstrainings führt Salvendy (1993, S. 72) aus: „Ob Patienten, die einer Gruppentherapie zugewiesen wurden, von dem Behandlungs-Setting profitieren, hängt in großem Ausmaß von einer sorgfältigen Auswahl und Vorbereitung ab."

Rutan und Stone (1993, S. 125) verweisen in ihrem Buch darauf, dass für potenzielle Gruppenpatienten „eine sorgfältige Vorbereitung für ihren Eintritt in eine Gruppe eine Notwendigkeit ist, wenn eine erfolgreiche therapeutische Arbeit folgen soll."

Bednar und Kaul (1994, S. 646) haben in ihrem Überblickskapitel über die Vorbereitungsliteratur für Therapie- und Selbsterfahrungs-Gruppen ausgeführt: „Wir haben substanzielle Hinweise aus einer Vielzahl von Veröffentlichungen, dass vorbereitendes Gruppentraining signifikante Effekte haben kann, sowohl auf die Gruppenprozesse als auch auf die Therapieergebnisse."

In der neuesten Ausgabe seines Lehrbuchs schließt Yalom (1995, S. 278 f.), dass „starke klinische Übereinstimmung und hoch überzeugende Forschungsergebnisse ... dafür [argumentieren], dass die Vorbereitung des Patienten auf die Gruppe eine absolut essenzielle Aufgabe des Therapeuten sein muss."

Schließlich führt MacKenzie (1997, S. 135) in seinem Buch über zeitbegrenzte Gruppentherapie aus: „Irgendeine Form von systematischer Orientierung [des Patienten] sollte ein notwendiger Teil professioneller Gruppen-Praxis sein."

Forschungsergebnisse

Solch positive Äußerungen wie die vorangegangenen münden in die Erwartung, dass die Anwendungspraxis des PTG ausreichend durch Forschungsergebnisse gestützt wird. Dies war die Erwartung der Autoren, bevor sie 1989 einen umfangreichen Überblick über die PTG-Literatur vornahmen (Piper u. Perrault 1989). Sie fanden jedoch, dass dies überhaupt nicht der Fall war. Stattdessen entdeckten sie, dass über einen Zeitraum von 25 Jahren die Zahl der methodisch anspruchsvollen PTG-Studien sehr beschränkt war, nämlich nur neun Studien, um exakt zu sein. Aus diesen wenigen Untersuchungen konnten wir das Fazit entnehmen, dass die Hinweise auf günstige Effekte von Gruppenvorbereitungsmaßnahmen (PTG) für die Aufnahme einer Gruppenbehandlung stark waren, dass die Hinweise auf den vorbeugenden Charakter gegenüber vorzeitigem Gruppenabbruch (dropout) und einem wünschenswerten Therapieprozess inkonsistent waren und der Nachweis für ein günstiges Behandlungsergebnis gering war. Unabhängig von diesen Erkenntnissen und der offensichtlichen Diskrepanz zwischen klinischen Bestätigungen einerseits und mangelnden Forschungsnachweisen andererseits, beschlossen die Autoren, dass das PTG einen Untersuchungsaufwand rechtfertigen würde. Die entstehenden Kosten sind relativ gering und die Ziele, selbst im beschränkten Umfang, waren es wert. Der Eindruck der Autoren des gegebenen Forschungsstandes sowie der daraus abzuleitenden Implikationen wurde von anderen Autoren geteilt. Zimpfer (1991, S. 267) schlussfolgerte: „Vorbereitendes Training scheint vertretbar bereits auf ökonomischer Basis. Es ist wahrscheinlich, dass buchstäblich alle mit Gruppen Arbeitende irgendeine Form von Vorbereitung anwenden." In ihren periodischen Überblicksarbeiten identifizierten Kaul und Bednar (1986, 1994) viele methodologische Schwächen in der vorangegangenen PTG-Forschung wie auch viele basale und wichtige Fragen bezüglich des PTG, die bislang nicht von Forschern untersucht wurden. Bei der Vorbereitung dieses Kapitels haben die Autoren eine aktuelle Überarbeitung ihres früheren Überblicks vorgenommen. Sie waren daran interessiert, herauszufinden, ob die Zahl methodologisch akzeptabler Studien angewachsen ist und ob viele der grundsätzlichen Fragen der Kritiker aufgegriffen worden sind.

In ihrem Update verwendeten sie eine ähnliche Methodik der Literaturbewertung und auch einen ähnlichen Satz an Einschlusskriterien wie in ihrem 1989er-Überblick. Für den 11-jährigen Zeitraum von 1988 bis inklusive 1998 verwendeten sie zwei Computersuchsysteme (MEDLINE, PsycINFO). Zusätzlich untersuchten sie Überblicksartikel, Literaturverzeichnisse, Buchkapitel und Tabellen der führenden Gruppenzeitschriften. Fünf Einschlusskriterien wurden verwandt:
- die Teilnehmer waren Gruppentherapiepatienten,
- PTG wurde mit einer Kontrollbedingung verglichen,
- die Patienten waren randomisiert den verschiedenen experimentellen Bedingungen zugeordnet worden,
- es gab mehr als eine Therapiegruppe für jede experimentelle Bedingung,
- die Untersuchung war veröffentlicht worden in einer Fachzeitschrift mit Gutachterverfahren (peer-review).

Die Suche der Autoren ergab ein Gesamt von nur zwei Studien, die alle fünf Kriterien erfüllten (Meadow 1988; Palmer u. Mitarb. 1997). Meadow wies nach, dass Patienten, die ein informatives Vorbereitungsgespräch erhielten, nach dem Gespräch eine realistischere Einschätzung ihrer Gruppenteilnahme und ihres Verständnisses bezüglich des Gruppenzwecks aufwiesen. Diese Untersuchung zielte nicht auf die Überprüfung der Teilnahme, des Verbleibs, den Therapieprozess oder das Therapieergebnis. Palmer u. Mitarb. wiesen nach, dass Patienten, denen relevantes schriftliches Infomaterial bezüglich der geplanten Therapiegruppe ausgehändigt worden war, außerhalb der Gruppe nach vier und acht Therapiesitzungen über mehr Selbstöffnung berichteten. Diese Studie untersuchte nicht Teilnahme, Verbleib oder Therapieergebnis. In beiden Untersuchungen waren andere untersuchte abhängige Variablen nicht signifikant assoziiert mit PTG.

Zwei andere Untersuchungen erfüllten vier der Einschlusskriterien, bezogen allerdings nur eine Therapiegruppe pro Bedingung mit ein und hatten darüber hinaus einen sehr knappen Stichprobenumfang (Hoag u. Mitarb. 1996; Latour und Cappeliez 1994). Während der ursprüngliche Literaturüberblick der Autoren insgesamt neun methodologisch akzeptable Untersuchungen unter 20 gefundenen über einen Zeitraum von 25 Jahren identifiziert hatte, ergab die Updatesuche über den Zeitraum von 11 Jahren zwei methodisch akzeptable Untersuchungen unter vier insgesamt gefunden. Somit hatte sich – zur Überraschung der Autoren – der jährliche Studienoutput über den jüngsten Zeitraum (1988–1998) auf die Hälfte des jährlichen Outputs im früheren Zeitraum (1962–1987) verringert. Ähnlich dem vorangegangenen früheren Überblick hatten die Autoren gehofft, dass die jüngere Forschung den Nachweis spezifischer Beziehungen zwischen einzelnen Formen des PTG und bestimmten günstigen Ergebnissen erbracht haben könnte. Zum Beispiel könnte eine Form des PTG hilfreich bei der Reduzierung von Drop-out-Raten sein und eine andere Form hätte hilfreich sein können für die Förderung von Arbeitsfähigkeit in der Gruppe. Oder bestimmte Formen des PTG könnten vielleicht hilfreich sein für bestimmte Formen von Gruppentherapiebehandlungen. Leider gestattet die geringfügige Anzahl von durchgeführten Studien über die gesamte Spanne von 36 Jahren (1962–1998) nicht derartige Schlussfolgerungen.

Die beiden Überblicksrecherchen der Autoren der gesamten Literatur bezüglich PTG haben verschiedene Aspekte ergeben. Klinische Annahmen über den Wert von vorbereitenden Maßnahmen (PTG) überragen klar die Forschungsnachweise, speziell im Hinblick auf die Auswirkungen auf das spätere Therapieergebnis. Die Forschungsliteratur ergibt nur schwache Bestätigung für einige der verschiedenen relevanten Variablen. Zusammengefasst, es gibt nur wenig Forschung und sogar noch weniger methodisch aussagefähige Forschung. Diese geringe Zahl scheint sogar noch weiter zu schrumpfen. Die Autoren glauben, dass mögliche Erklärungen für diese Phänomene miteinander zusammenhängen und werden sie nachfolgend aufgreifen.

Überlegungen und Erklärungsversuche zur Forschungslage

Die klinischen Annahmen über den Wert des PTG scheinen aus verschiedenen Gründen plausibel zu sein:

1. Das Rational für die Anwendung von PTG ist zwingend. Kliniker sind sich darin einig – gesetzt den Fall, alle anderen Variablen blieben vergleichbar –, dass die meisten Patienten eine Einzeltherapie einer Gruppentherapie vorziehen würden. Der Gedanke an eine Offenlegung privater Probleme in einer Gruppensituation, zusammengesetzt aus lauter ziemlich Unbekannten, ist weit einschüchternder als wenn dies in einer privaten Umgebung geschieht. Die Besorgnis über eine Gruppentherapieteilnahme ist gewöhnlich hoch. PTG ermöglicht eine Gelegenheit, solche Besorgnisse zu reduzieren und Fehlannahmen über Gruppentherapie, die in den Medien und der allgemeinen Öffentlichkeit entstehen, zu korrigieren. Vorbereitende Maßnahmen sind Standard in anderen Bereichen des Gesundheitswesens. Während zum Beispiel vorbereitende physikalische Techniken bei chirurgischen Eingriffen seit vielen Jahren üblich sind, werden vorbereitende psychologische Maßnahmen bei Operationen – zum Beispiel über den Einsatz von Videos – immer normaler. Sie sollen informieren, Sicherheit vermitteln und den Patienten beruhigen. Die Auffassung hat sich durchgesetzt, alle Patienten, die sich irgendeiner Behandlung unterziehen müssen, auf diese Behandlung vorzubereiten.

2. Einige eindeutig positiven Auswirkungen des PTG wurden nachgewiesen, z. B. ein günstiger Einfluss auf die Teilnahme an einer Gruppe. Wenn Patienten nicht regelmäßig teilnehmen, enthalten sie sich und anderen in der Gruppe die Gelegenheiten vor, Beziehungen aufzunehmen und Wege der Zusammenarbeit zu finden. Unregelmäßige Teilnahme vermindert die Kohäsion in der Gruppe. Sollte die Steigerung der Teilnahmerate der einzige Effekt des PTG sein, so würde sie bereits hierdurch gerechtfertigt sein.

3. Die entstehenden Kosten für die meisten Formen des PTG sind recht gering. Die meisten können leicht mit den klinischen Routineprozeduren integriert werden, so dass geringfügig mehr Zeit erforderlich wird. Der geringe finanzielle Mehraufwand scheint somit gerechtfertigt.

Es gibt Grund für die Annahme, dass einige unserer klinischen Verfahren empirisch gut abgesichert sind. Kliniker sind zweideutiger Schlussfolgerungen von Forschern zunehmend überdrüssig. Ausgehend von diesem Stand der Dinge, kann selbst moderate Bestätigung durch Forschung leicht als akzeptabler Nachweis gelten, speziell dann, wenn sie konsistent mit der klinischen Erfahrung ist. Genau dies, so glauben die Autoren, ist bei der PTG-Forschungsliteratur der Fall.

Schwache Auswirkungen des PTG auf verschiedene der bedeutsamen, bereits genannten Variablen sollten uns nicht überraschen, wenn man die Methodologie berücksichtigt, die in den meisten Untersuchungen verwandt wurde. Zunächst vermindert ein schmaler Stichprobenumfang die Chancen, signifikante Unterschiede unter experimentellen Bedingungen zu erhalten. Der Stichprobenumfang steht in direkter Beziehung zu der statistischen Power. Bislang untersuchen Forscher meist signifikante Effekte in Studien, die nur eine Therapiegruppe pro Bedingung aufweisen und/oder schmale Stichprobenumfänge haben. Es verwundert daher nicht, dass die Untersuchungen von Hoag u. Mitarb. (1996) und Latour und Cappeliez (1994) aus dem Literaturupdate der Autoren überwiegend nicht signifikante Ergebnisse fanden. Weiterhin sind die meisten der PTG-Verfahren, die untersucht wurden, unzureichend. Sie sind gewöhnlich kurz und umfassen nur passive (beobachtende) Teilnahme auf der Patientenseite. Die Aufforderung an Patienten, kurz gehaltene schriftliche Instruktionen über Gruppentherapierichtlinien zu lesen, kann nicht als eine hilfreiche Prozedur angesehen werden, solange sie nicht in Kombination mit anderen, den Patienten einbeziehenden Methoden wie der Einbezug in einen interaktiven Dialog als Teil eines Interviews oder das Vorführen eines Videobandes, gefolgt von einer Diskussion, erfolgt. Schwache Methoden generieren schwache Effekte.

Ein weiterer zu beachtender Punkt ist, dass die Wirkungen sogar elaborierter Formen des PTG erwartungsgemäß gemindert werden können durch starke andere Einflüsse wie die Technik des Therapeuten und der Einfluss der anderen Patienten. Starke Beziehungen zwischen PTG und dem letztendlichen Gruppenbehandlungsergebnis erscheinen von daher einfach als unrealistisch. Realistischer ist die Möglichkeit, dass PTG die therapeutischen Gruppenprozesse erleichtern könnte, die dann ihrerseits zu günstigen Therapieergebnissen führen.

Die gegebene Kargheit substanzieller Studien über PTG-Effekte ist höchst wahrscheinlich den mangelnden Ressourcen zuzuschreiben, die für solche Untersuchungen erforderlich sind. Eine größere klinische Versuchsanordnung erfordert in der Gruppentherapie kostspielige multiple experimentelle Bedingungen, ein größeres Team qualifizierter Forscher und Kliniker sowie eine größere Klinik mit zuweisendem System, um eine Patientenpopulation untersuchen zu können. Dass eine Kombination solcher Ressourcen zutrifft, ist relativ selten. Falls sich doch einmal Ressourcen solcher Art an einem Ort vereinigten, wurden häufig andere Forschungsfragen als vorrangig betrachtet, z. B. welche Gruppentechnik ist effektiver mit welchen Patienten?

Schlussfolgerungen

Vorbereitendes Training für Gruppentherapie ist eine unverzichtbare Prozedur. Sie ist von Klinikern wie Forschern gleichermaßen empfohlen. Obwohl es keinen verlässlichen Überblick über den Gebrauch des Verfahrens unter Klinikern gibt, kann mit einiger Sicherheit davon ausgegangen werden, dass es in der Praxis im angloamerikanischen Bereich allgemein üblich ist. Seine Popularität kann der allgemeinen Übereinstimmung zugeschrieben werden, dass eine Therapiegruppe ein stressvolles Erlebnis ist und dass erleichternde Schritte unternommen werden sollten, den Patienten in diesem Prozess zu unterstützen. Es wurde eine Vielfalt von Methoden empfohlen, die beträchtlich in Länge und Komplexität variieren. Die meisten beschriebenen Verfahren sind jedoch eher einfach und kurz. Sie sind Teil der Routineeingangsinterviews und werden meist durch eine schriftliche Information ergänzt. Der allgemeine Trend zu kürzeren Formen von Gruppentherapiebehandlungen (Kap. 34) hat wahrscheinlich auch zu kürzeren Formen des PTG geführt. Die stärkste empirische Unterstützung der Nützlichkeit des PTG betrifft die Gruppenteilnahme. Vorbereitete Patienten nehmen an mehr Sitzungen teil als nicht vorbereitete Patienten. Es gibt weiterhin empirische Unterstützung für die Annahme, dass erfolgtes PTG mit produktiveren Gruppensitzungen verbunden ist, auch wenn diesbezügliche Forschungsergebnisse nicht alle konsistent sind. Auch gibt es Vermutungen, dass PTG mit einer geringeren Drop-out-Rate – einem Problem der Gruppentherapie (Kap. 10) – verknüpft ist, gleichwohl ist auch dieses Ergebnis inkonsistent. Eine geringe Unterstützung gibt es für die Annahme, dass PTG ein besseres Behandlungsergebnis in Therapiegruppen mit sich bringt. Die insgesamt relativ geringe empirische Untersuchungsbasis hat jedoch nicht zu einer Abkehr von der Annahme geführt, dass es sich um ein brauchbares Verfahren handelt, das routinemäßig angewandt werden sollte.

Dieser Glaube hat leider dazu geführt, dass die nützlichen Wirkungen des PTG bereits als empirisch gut genug dokumentiert erscheinen, so dass dies weitere Forschung verhindert hat. Die Literaturübersicht der Autoren hat einen starken Abfall an publizierten Studien während der letzten 11 Jahre dokumentiert. Dennoch gibt es immer noch viele zu klärende Punkte. Sie betreffen Fragen bezüglich der verschiedenen Effekte der unterschiedlichen Formen der PTG mit verschiedenen Patientenproblemen und unterschiedlichen Therapiekonzepten. Es gibt noch viel zu lernen über den optimalen Einsatz viel versprechender klinischer Techniken, die weithin im Einsatz sind.

13. Therapeutischer Kontrakt

J. T. Salvendy

Einleitung

Der Begriff des therapeutischen Kontrakts in der Gruppenpsychotherapie umfasst das schriftlich fixierte Einverständnis zwischen behandelndem Gruppenleiter und Gruppenkandidaten über eine Vielzahl von Informationen und Regeln, die die Grundlage einer erfolgreichen Behandlung bilden. Der therapeutische Kontrakt kann auch als letzte Phase bei der Patientenauswahl und der Gruppenvorbereitung aufgefasst werden (Kap. 11, 12). In den meisten Fällen wird mit jedem Patienten einzeln über mehrere Sitzungen hinweg gesprochen. In der Kurzzeit-Gruppenpsychotherapie bleibt die Vorbesprechung aus Zeitgründen gewöhnlich auf eine Sitzung beschränkt und wird gelegentlich auch in schriftlicher Form noch einmal zusammengefasst (Hoffman 1988; Spitz 1996). Obwohl die Bedeutung eines Kontrakts für den Erfolg der Einzelpsychotherapie schon seit längerem bekannt ist, wurde dies für die Gruppenpsychotherapie erst in den letzten zwei Jahrzehnten bewiesen und anerkannt (Dublin 1998; Friedman 1989; Klein 1985; König und Lindner 1991; Rutan und Stone 1984; Salvendy 1993; Spitz 1996; Yalom 1995).

> Der therapeutische Kontrakt bezweckt die formelle Errichtung eines therapeutischen Bündnisses zwischen Therapeut und Gruppenanwärtern.

Die Festsetzung eines Kontrakts ist psychologisch bedeutsam, da er eine therapeutische Richtlinie für gemeinsame Erwartungen und einen gemeinsamen Bezugspunkt bezüglich eines Therapiefortschritts etabliert. Dieser Vertrag zwischen Gruppenpsychotherapeut und Gruppenkandidat sollte eindeutig, nicht aufgezwungen sein und auf gegenseitigem Einverständnis beruhen, damit eine möglichst ungehinderte und optimale Ausführung der therapeutisch notwendigen Aufgaben in der Gruppe ermöglicht werden kann (Weiner 1981). Ein Kontrakt sollte klar gehalten sein und kann – falls erforderlich – aufgefrischt werden, um Missverständnisse auszuschalten oder Versäumnisse auszugleichen.

Grundprinzipien

Bei gegenseitigem Einverständnis ermöglicht der Kontrakt die Teilnahme des Patienten an der Gruppenpsychotherapie mit objektiver Kenntnis, realistischeren Erwartungen und geringerer Angst. Er bereitet die zukünftigen Gruppenmitglieder auf die Gruppennormen vor und bietet Richtlinien für die Gruppeninteraktion. Gleichzeitig lernen die Patienten über gegenseitige Verantwortlichkeiten in der Gruppe. Kontrakte schaffen eine Art von „**Holding Environment**", was besonders den Neulingen hilft, die anfängliche Angst in der Gruppe besser zu bewältigen (Feiner 1998).

Durch die Erarbeitung des Kontrakts lernen die zukünftigen Gruppenmitglieder, sich zu den Mitmenschen nicht negativ, passiv-aggressiv oder manipulativ zu verhalten, sondern viel mehr Wert auf Zusammenarbeit und Reziprozität zu legen. Der therapeutische Vertrag oder Kontrakt erkennt den Einfluss des Patienten auf den therapeutischen Prozess an und motiviert ihn, einen Teil der Verantwortung für das Gelingen der Behandlung zu übernehmen (Weiner 1983).

Die Besprechung des Kontrakts, zuzüglich der verbalen und nicht verbalen Reaktionen des Patienten, bietet eine hervorragende Gelegenheit, einiges über die Motivation, die Abwehrmechanismen und Widerstände des Patienten in Erfahrung zu bringen. Im Laufe der Kontraktbesprechung tritt bei den Gruppenkandidaten eine Reihe von Reaktionen an den Tag, etwa Zustimmung, Akzeptanz, Angst, Widerspenstigkeit, Ablehnung u. a. m.

Die Herstellung eines therapeutischen Vertrags ist vor allem deshalb nötig, um Abwehrmechanismen klinisch interpretieren zu können. Dies ist besonders bei schwierigen Patienten mit einer Tendenz zum Agieren wertvoll (Hansson 1984). Therapeutischer Stillstand hat nicht selten seine Gründe im unklaren therapeutischen Kontrakt (Helmchen 1998; Weiner 1983) oder in der fälschlichen Annahme seitens des Therapeuten, dass der Patient sich über alles im Klaren sei und/oder alles akzeptiert habe.

> Um Geschwisterrivalität und Agieren nicht zu fördern, sollten Änderungen oder individuell maßgeschneiderte Kontrakte für den einen oder anderen Patienten vermieden werden (Counselman und Gans 1999; Spitz 1996).

Der Prozess zur Herstellung eines Arbeitsbündnisses soll mehrere Funktionen gleichzeitig erfüllen. Er demonstriert die Ziele und therapeutischen Techniken, die zum Gelingen der Therapie benötigt werden, er dient zur Identifizierung und Handhabung des Widerstands und ermächtigt den Therapeuten zur Arbeit mit dem Patienten. Hierbei werden die Kernprobleme des Patienten dargelegt, die praktisch-strukturellen Einzelheiten bezüglich der Gruppe erörtert sowie Grundregeln, Behandlungsprozess und Therapiefokus klargestellt (Klein 1985).

Laut Poey (1985) sollte der therapeutische Kontrakt einen Gruppenfokus haben, falls die Therapiedauer bis zu 12 Sitzungen geht, und einen Einzelfokus bei Gruppenpsychotherapien mit einer höheren Sitzungszahl.

Rahmenbedingungen

Da es sich bei jedem therapeutischen Vorgang um einen kollaborativen Prozess zwischen Patient und Therapeut handelt, ist Übereinstimmung bezüglich der spezifischen Ziele unumgänglich. Sie sollten klar identifizierbar und realistisch sein, sie können im Laufe der Behandlung erweitert oder modifiziert werden, jedoch ausschließlich im gemeinsamen Einverständnis aller an der Therapie Beteiligten (Corder u. Mitarb. 1980).

Obgleich die meisten Therapeuten sich mit einem mündlichen Kontrakt, der in einem oder mehreren Sitzungen besprochen wird, begnügen, kann dieser auch schriftlich festgelegt werden (mit identischem Text für Patienten und Therapeuten); vor allem, wenn es sich um Jugendliche handelt (Corder u. Mitarb. 1980), zum Agieren neigende (Hansson 1984) oder um Borderlinepatienten (Salvendy 1989c). Die Rolle des Patienten in der Gruppe wird mit der des Therapeuten und den Rollen der anderen Gruppenmitglieder gemeinsam definiert. Der Gruppenkandidat sollte zu der Auffassung gelangen, dass in seinem Denken, Fühlen und Verhalten gewisse Änderungen eintreten müssen, dies als Voraussetzung für seine Teilnahme an der Gruppe. Er muss sich darüber im Klaren sein, dass es sich hierbei um eine ausschließlich therapeutische und nicht gesellschaftliche Gruppe handelt, der er beitritt, um in erster Linie Abhilfe für seine Probleme zu finden.

Wegen der erhöhten Komplexität des gruppenpsychotherapeutischen Prozesses sind sowohl die Qualität als auch Quantität der Informationen umfangreicher als in der Einzelbehandlung (König und Lindner 1991). Vielen Patienten kommt die Erkenntnis zugute, dass interne psychische und zwischenmenschliche Schwierigkeiten miteinander im Zusammenhang stehen. Die Besprechung des therapeutischen Vertrags, wie oben bereits gesagt, unter Miteinbeziehung aller verbalen und nonverbalen Reaktionen des Patienten, bietet eine gute Gelegenheit, weitere Informationen über den Patienten zu erhalten, vor allem bezüglich der Eignung des Patienten für die Gruppe. Wird der Gruppenkandidat im Hinblick auf die Einhaltung des Kontrakts richtig eingeschätzt, bietet dies die beste Garantie für ein konstruktives und sicheres Arbeitsklima in der Gruppe. Dazu gehört, dass Übertragungs- und Gegenübertragungsprobleme rechtzeitig identifiziert und im optimalen Fall bereits vor Beginn der Therapie durchgearbeitet werden. In dieser vorbereitenden Phase sollte man erforschen, wie der Gruppenkandidat auf die Interpretationen reagiert.

Inhalt des Kontrakts

Die Mehrzahl der Autoren ist sich über die Hauptpunkte einig, die jeder Kontrakt beinhalten sollte (Friedman 1989; Hoffman 1988; Klein 1985; König und Lindner 1991; Poey 1985; Rutan und Stone 1984; Salvendy 1993; Spitz 1996; Yalom 1995):

- Hinsichtlich der spezifischen **Ziele der Behandlung** sollte Übereinstimmung erreicht werden.
- Bezüglich der **Aufgabe des Patienten**, sich im Sinne des Feedbacks in der Gruppe zu ändern und so offen wie möglich zu sein, sollte Einigkeit hergestellt werden.
- Der **Therapeut** (bzw. die **Kotherapeuten**) sollte(n) seine (ihre) **Rolle** so klar wie möglich machen: auf Einzel- und Gruppenebene zu interpretieren, Änderungen und Fortschritte in der Gruppe anzuerkennen, empathische Stützung zu geben, die Gruppenmitglieder bei einer Abweichung vom Thema zurückzuleiten und bei der Überwindung von Sackgassen im Prozess zu helfen.
- Der Therapeut (bzw. die Kotherapeuten) sollte(n) sich vergewissern, dass die Gruppenkandidaten die **logische Grundlage** für das Funktionieren der Gruppe **verstehen** und **akzeptieren**; dass sie hierbei Einsicht in ihre Gedanken und Handlungsvollzüge sowie in das Verhalten von anderen gewinnen, dass ihre Vorstellung über sich selbst, ihr Selbstvertrauen und ihre zwischenmenschlichen Beziehungen durch empathische Kommunikation Verbesserung erfahren.
- Der Therapeut (bzw. die Kotherapeuten) sollte(n) sich vergewissern, dass die Patienten die **Informationen über die organisatorischen und administrativen Seiten** der Gruppenpsychotherapie nicht nur verstanden, sondern auch akzeptiert haben. Regelmäßige Teilnahme an den Sitzungen ist eine weitere Voraussetzung für eine funktionierende Gruppe. Der Patient muss lernen, einzusehen, dass sich Zuspätkommen oder Fernbleiben abträglich auf das Gruppenklima auswirken und dass dergleichen Phänomene in der Gruppe analysiert werden müssen. Gibt es gerechtfertigte Gründe für ein Fehlen, etwa eine schwere Krankheit oder gewichtige private Ereignisse (z. B. Tod eines nahe stehenden Menschen), sollte dies klar zur Sprache gebracht werden. Von gleicher Wichtigkeit ist die Besprechung von urlaubsbedingten Abwesenheiten der Gruppenmitglieder oder des Therapeuten. Es muss betont werden, dass physische Gewaltakte in der Gruppe inakzeptabel sind.
- Von **sexuellen Beziehungen** untereinander ist den Gruppenmitgliedern dringend abzuraten. Gleichzeitig sollten die ungünstigen Auswirkungen solcher Handlungen erklärt werden, so dass diese Grundregeln nicht als kontrollierende oder autoritäre, eigenmächtige Übergriffe des Therapeuten aufgefasst werden können. Ist bei der Kontraktbesprechung von Seiten des Patienten starker und unbehebbarer Widerstand spürbar, so empfiehlt es sich, von einer Zuweisung zur Gruppe Abstand zu nehmen, da solche Personen häufig Unstimmigkeiten in die Gruppe bringen oder in destruktives, oft unbeeinflussbares Agieren verfallen.
- Der Therapeut (bzw. die Kotherapeuten) sollte(n) sich vergewissern, dass die Gruppenkandidaten hinsichtlich **Alter**, **Geschlecht**, **sexueller Orientierung**, **ethnischer Herkunft** (diese beiden letztgenannten Aspekte stellen bislang im nordamerikanischen Raum wichtige Kriterien dar und noch weniger bei uns; d. Hrsg.) und **gesellschaftlicher Funktionsfähigkeit** informiert sind. Werden kritische Reaktionen auf eine dieser Komponenten beobachtet, muss auf diese speziell eingegangen und ihr Gefahrenpotential für die Gruppe eingeschätzt werden, da sie antitherapeutische Wirkungen in der Gruppe entfalten könnten.
- Die **Vertraulichkeit der Gruppengespräche** muss besonders hervorgehoben werden. Ohne sie vermögen Vertrauen und Offenheit in der Gruppe nicht zustande kommen. Der Patient soll zur Wahrung der Anonymität der anderen Gruppenmitglieder verpflichtet werden. Der Therapeut soll die Vertraulichkeit des in der Gruppe Thematisierten garantieren und nur mit Erlaubnis der Patienten Informationen an Familienmitglieder, Arbeitgeber, Versicherungsgesellschaften oder andere Instanzen weitergeben. Der

Verfasser dieses Kapitels befürwortet, Auskunft an Partner und Familienmitglieder nur im Beisein des betroffenen Patienten zu geben, um Verzerrungen oder Manipulationen entgegenzuwirken. Allerdings setzt gerade die parallele Entwicklung bei staatlichen und privaten Versicherungsgesellschaften (Feststellung des Autors für den nordamerikanischen Raum, d. Hrsg.) sowie die massive Verbreitung von Computern und elektronischer Post den Geheimhaltungsmöglichkeiten des Therapeuten Grenzen; deshalb sollte dieser Punkt gleich von vornherein mit dem Patienten geklärt werden (Roback u. Mitarb. 1992).

- Die **Klärung der Finanzierung der Behandlung** sollte für alle Gruppenmitglieder klar und nach Möglichkeit einheitlich sein, inklusive Vergütung bei Verspätungen oder versäumten Sitzungen (Ausfallhonorar) bzw. Abwesenheit wegen Urlaubs oder Erkrankung. Im Allgemeinen wird regelmäßige Teilnahme für die Gesamtdauer der Gruppenbehandlung erwartet. Weiß der Patient von vornherein, dass er an einer bestimmten Sitzung nicht teilnehmen kann oder verspätet zur Gruppe stoßen wird, sollte er den Therapeuten darüber informieren. Das Nichterscheinen eines Gruppenmitglieds – ohne triftige Erklärung – wirkt sich auf die Gruppe häufig negativ aus.
- Es wird von den Gruppenmitgliedern erwartet, dass sie bei den Sitzungen aktiv an ihren Problemen mitarbeiten.
- Gruppenmitglieder sollten in ihrer Gruppe verbleiben, bis die Probleme, derentwegen sie sich in die Behandlung begaben, gelöst sind (dies gilt nicht für geschlossene und kurzzeitorientierte Gruppen, s. Kap. 32, 34). Die Terminierung der Behandlung wird im Einverständnis mit dem jeweiligen Patienten, dem Therapeuten und der Gruppe getroffen werden. Ein geplanter Ausstieg aus der Gruppe sollte in der Gruppe besprochen und nicht einfach agiert werden, indem man der Gruppe fern bleibt.
- Bedeutsame Entscheidungen im Leben der Gruppenmitglieder sollten erst nach Absprache mit der Gruppe getroffen werden.
- Es sollte geklärt werden, unter welchen Umständen ein Gruppenmitglied eine gleichzeitig verlaufende einzelpsychotherapeutische Behandlung, sei es mit dem Gruppen- oder mit einem anderen Psychotherapeuten, beginnen kann (Salvendy 1993).

Schlussfolgerungen

Die Folgen des Nichtbeachtens oder des Agierens bezüglich der Gruppenregeln sollten unmissverständlich klargestellt werden. Zum Beispiel, dass Gruppenmitglieder, die zu einem anderen Gruppenmitglied eine sexuelle Beziehung aufnehmen, damit rechnen müssen, aus der Gruppe entfernt zu werden. Diese Maßnahme ist mit dem Risiko zu begründen, dass wichtige, den Patienten betreffende Informationen in der intimen Beziehung statt in der Gruppe besprochen werden würden, dass die Objektivität zwischen den Partnern in der Therapie verloren ginge, und dass die Gefahr einer Spaltung durch Gruppenmitglieder auftreten würde, da sie sich ausgeschlossen fühlen oder neidvolle Reaktionen empfinden könnten. Physische Gewalttätigkeit gegen andere Gruppenmitglieder oder Therapeuten führt in der Regel zu einem Ausschluss aus der Gruppe, da die resultierende Einschüchterung anderer unerwünscht ist. Vergehen gegen die Diskretion bezüglich gruppeninterner Vorgänge werden ebenfalls oft mit einer Entfernung des schuldigen Teilnehmers geahndet.

Während der Kontraktbesprechungen soll den verbalen und nonverbalen Reaktionen des Gruppenkandidaten auf die Erwähnung der verschiedenen Erwartungen und Regeln besonderes Augenmerk geschenkt werden. Negative Stellungnahmen sind relativ häufig (Crown 1983), können aber, wenn sie rechtzeitig erkannt werden, in den meisten Fällen bearbeitet oder zumindest stark gemildert werden.

Die Patienten sollten ermutigt werden, Pläne oder Entschlüsse frühzeitig kundzutun, um ihnen und der Gruppe Gelegenheit zu geben, die dahinter steckenden Motive zu prüfen und möglicherweise eine unangepasste Entscheidung rechtzeitig zu vermeiden.

Klinische Erfahrung und empirische Studien weisen gleichermaßen darauf hin, dass die gründliche Vorbereitung, zusammen mit einem klaren Therapiekontrakt, entscheidend für den Erfolg der therapeutischen Arbeit in einer Gruppe ist (Salvendy 1993). Diese Erkenntnis verpflichtet sowohl Ausbildungsprogramme als auch Gruppenpraktiker, die Handhabung des therapeutischen Kontrakts als eine ihrer wichtigsten Funktionen anzusehen, um die Herstellung und Gewährleistung des therapeutischen Rapports zu sichern.

14. Der Kassenantrag in der Gruppenpsychotherapie

E. Keil-Kuri

Ein sicher nicht unwesentlicher Grund für den Rückgang der **ambulanten Gruppenpsychotherapie** in den letzten Jahren ist der Aufwand für den Therapeuten, bis zu neun Kassenanträge pro Gruppe schreiben zu müssen, wenn alle Gruppenteilnehmer Kassenpatienten sind. Dies war für viele Therapeuten schon immer ein Hemmschuh; mit dem Sinken der Honorare in den einzelnen KVen verloren jedoch viele Kollegen, die sich vorher noch zum Schreiben der Anträge stöhnend durchrangen, vollends die Lust zur Fleißarbeit in der ohnehin begrenzten Freizeit. Nun liegt dem Bundesgesundheitsministerium (BMG) und der Kassenärztlichen Bundesvereinigung (KBV) ein Antrag des DAGG (Deutscher Arbeitskreis für Gruppenpsychotherapie und Gruppendynamik; Fachverband für Gruppenpraktiker) sowie des BAG (Bundesverband der Approbierten Gruppenpsychotherapeuten) vor, den Kassenantrag zu vereinfachen und auf etwa die Hälfte des bisherigen Umfangs zu kürzen. Derzeit ist eine Entscheidung noch nicht gefallen. Daher müssen wir uns dem stellen, was derzeit (noch) ist:

Der Kassenantrag für Gruppenpsychotherapie ist – je nach dem geplanten Therapieverfahren – verschieden: Die Anträge auf tiefenpsychologisch fundierte und analytische Gruppenpsychotherapie sind prinzipiell ähnlich (auf die Unterschiede gehe ich unten genauer ein) und entsprechen in Umfang und Inhalt einem Antrag auf Einzeltherapie mit dem zusätzlichen Punkt, dass der Antragsteller eine gruppenspezifische Indikation herausarbeiten und detailliert zur Gruppenzusammensetzung Stellung nehmen muss und wie er glaubt, dass der Patient seine Konflikte in der Gruppe bearbeiten kann (Faber und Haarstrich 1989; Faber und Mitarbeiter 1999; Schröder und Glücksmann 1993). Der Antrag für eine Verhaltenstherapie in der Gruppe ist grundsätzlich anders zu stellen, wobei natürlich ebenso dargestellt werden muss, wie der Therapeut hofft, dass sein Patient seine Probleme in der Gruppe lösen kann.

Antrag auf tiefenpsychologisch fundierte Gruppenpsychotherapie

Das Kassenrecht erlaubt, nach der biografischen Anamnese, fünf probatorische Sitzungen wie bei der Einzeltherapie. Diese probatorischen Sitzungen werden als Einzelsitzungen durchgeführt; probatorische Gruppensitzungen gibt es (noch) nicht. Dies würde einen laufenden Gruppenprozess zu empfindlich stören; der Moment des Eintritts eines neuen Teilnehmers in eine laufende Gruppe ist ohnehin immer ein heikler, der vom Therapeuten besondere Wachsamkeit und Behutsamkeit verlangt.

In diesen probatorischen Einzelsitzungen muss der Therapeut klären, ob sein Patient **gruppenfähig** ist oder nicht und ob er ggf. in eine seiner derzeitigen Gruppen passt (zu den Überlegungen bei der Gruppenindikation s. Kap. 9, zur Gruppenzusammensetzung s. Kap. 11). Außerdem muss er begründete Hoffnung haben, dass der Patient seinen aktuellen Konflikt, der Anlass für sein Therapieersuchen ist, in der begrenzten Zahl der kassentechnisch möglichen Sitzungen (40, mit zweimaliger Verlängerung allenfalls 80) auflösen kann. Andernfalls kann eine Gruppenpsychotherapie zwar indiziert sein, aber mit der größeren Stundenzahl nur analytisch möglich (s. u.) oder tiefenpsychologisch nur dann, wenn der Patient bereit und in der Lage ist, evtl. weitere notwendige Sitzungen selbst zu bezahlen. Dies muss zum Schutz des Patienten unbedingt vorab geklärt werden, damit er nicht am Ende „mit einer halb fertigen Geschichte im Regen steht" (Adler und Hemmeler 1986; Heigl 1992).

Von dieser Indikationsstellung hängt in der Regel fast der ganze Erfolg der Therapie ab. Daher sollte ein Therapeut auch mindestens zwei Gruppen parallel haben, da ein Patient vielleicht in eine passt, während dies bei der anderen vielleicht nicht der Fall ist. Was heißt das genau? In der ambulanten Gruppe sollten, wenn möglich, annähernd gleich viele männliche und weibliche Teilnehmer sein. Das Alter sollte ebenso breit gestreut sein wie die Symptome und die Arten der Störung. Damit sich kein Teilnehmer allein fühlt, ist es sinnvoll, wenn er oder sie noch einen „Bruder" oder eine „Schwester" im Symptom oder im Alter findet. Dies erleichtert die Arbeit. Soziale Unterschiede können dagegen breit gefächert sein und wirken sich meist belebend aus. Ob dadurch allerdings die Bearbeitung des häufig stark vermiedenen Themas Geld und Besitz erleichtert wird, ist fraglich.

Die folgenden Punkte werden nur kurz angerissen, da sie ausführlicher in den Kap. 9, 10 und 11 behandelt werden. Zum Beispiel eignen sich Einzelkinder meist besonders für eine Gruppenpsychotherapie, da sie dort die evtl. dringend notwendige Geschwistererfahrung nachholen können und rivalisieren lernen, was sie nicht nur am Arbeitsplatz brauchen können. Auch Teilnehmer aus geschwisterreichen Familien können in der heilenden Matrix der Gruppe viel profitieren und evtl. alte Rivalitäten in der Übertragung wieder durchleben und bearbeiten.

Ein heikler Punkt ist die Frage, ob ein Kandidat, für den die Gruppe zwar hilfreich wäre, der für das Gesamt der Gruppe aber eine zu große Belastung darstellen würde, aufgenommen werden sollte. Dabei können Gründe der verschiedensten Art ursächlich sein: So muss der Leiter überlegen, ob er einen Stotterer oder einen Schwerhörigen der Gruppe zumuten kann oder evtl. einen logorrhoischen Borderliner oder eine Teilnehmerin mit perseverierender Jammerdepression (Keil-Kari 1996). Diese Beispiele fallen der Autorin ein, weil sie sie nach reiflicher Überlegung ihren Gruppen zugemutet hat und es – zwar mit viel Stress für alle Beteiligten – gut ging. Mit wachsender Erfahrung des Leiters und guter Kohäsion der Gruppe ist mehr und mit Gewinn machbar, als ein Anfänger sich vielleicht vorstellen kann.

Wenn der Therapeut also intensiv genug das Erstgespräch und die probatorischen Sitzungen überdacht hat, dürfte ihm der Antrag eigentlich keine großen Probleme mehr machen: Er kann die Fleißarbeit nach den Punkten des Informationsblatts, das er von der KV bekommen hat, der Reihe nach abarbeiten (Keil-Kuri 1999). Beginnend mit **Spontanangaben und Klagen des Patienten**, wird er die **biografische Anamnese** so entwickeln, dass er den Patienten in seinen sozialen Gruppenbeziehungen seit Kindheit mit Stärken wie auch mit Defiziten der sozialen Entwicklung darstellt (Geschwistersituation, Kindergarten, Schule und Ausbildung, Arbeitsbeziehungen und private Beziehungen im Jugendlichen- und Erwachsenenalter, Aufwachsen in Klein- oder Großfamilie, evtl. mit Betreuungspersonen wie Kindermädchen oder Großeltern, evtl. Broken-Home-Situation mannigfacher Genese, längere Krankenhausaufenthalte, Internat etc.). Auffälligkeiten der körperlichen und psychischen Entwicklung gehören ebenfalls zur Biografie. Wie hat der Patient bisher Schwellensituationen bewältigt? Neigt er zu sozialem Rückzug und depressiver Isolation in Stresssituationen oder stürzt er sich in hektische Betriebsamkeit?

Nach der biografischen ist eine **Krankheitsanamnese** unter Beifügung evtl. vorliegender **somatischer Befundberichte** oder Klinikbriefe aus den letzten drei Jahren sowie ein **aktueller körperlicher Befund** aus dem letzten Vierteljahr erforderlich. Hierher gehören unabdingbar auch eine evtl. **Medikation** sowie **Nikotin-**, **Alkohol-** und **Drogen**konsum. War der Patient schon einmal in Psychotherapie, ambulant und/oder stationär und wenn ja, wann und wie lange und mit welchen Effekten?

Jetzt folgt der **psychische Befund zum Zeitpunkt der Antragstellung**: Welche Art von emotionalem Kontakt stellt der Patient zu Ihnen her, was für Abwehrmechanismen und welche Persönlichkeitsstruktur werden deutlich, wie ist seine Stimmung, sein affektiver Zustand, sein Denken? Ist er suizidal? (Wenn ja und sehr akut, ist eine Gruppenpsychotherapie ambulant normalerweise nicht indiziert, aber auch da gibt es Ausnahmen je nach Erfahrung des Therapeuten und Kohäsion der Gruppe.) Zeigt er eindeutige psychotische Symptome (Gegenindikation)?

Während dieser Teil des Antrags dem Verfasser relativ wenig Angst macht, bekommen viele – auch erfahrene – Kollegen Herzklopfen, wenn es an die Abfassung des Punktes **Psychodynamik** geht, wie wenn es nicht ihr tägliches Brot wäre, sich darüber Gedanken zu machen, wieso ein Patient dieses oder jenes Symptom entwickelt hat. Und nichts anderes wird vom Gutachter verlangt, als dass der Autor des Antrags eine schlüssige Vorstellung darüber entwickelt, wieso der Patient Zwänge oder eine Colitis oder eine Depression entwickelt hat und in welchem zeitlichen Zusammenhang die Symptomatik mit evtl. auslösenden Ereignissen steht. (Manchmal habe ich mich gefragt, wenn Kollegen für ihre Anträge bei mir Hilfe suchten, ob das Wort Psychodynamik einen magischen Charakter hat und bei den Kollegen das sonst mögliche logische Denken außer Kraft setzt, ähnlich wie bei einer gefürchteten Prüfung?).

Wenn die psychodynamische Hürde endlich genommen ist, kann der Antragsteller gelassen den nächsten Punkt **Diagnose** angehen (obligat ab 1.1.2000 **mit Nennung der ICD-10-Klassifikation**) und dann noch die beiden letzten Punkte abhandeln: den **Behandlungsplan** und die **Prognose**. Bei Letzterem wird meist „nach oben korrigiert": Schließlich braucht auch der Therapeut einen gewissen Optimismus, um arbeiten zu können, also verzeihen die Gutachter das Beschönigen in der Regel großherzig, wenn es nicht zu sehr im Widerspruch zum vorher Geschriebenen steht.

Wenden wir uns also noch kurz dem **Behandlungsplan** zu: Hier muss die **gruppenspezifische Indikation** kurz und klar dargelegt werden, so wie der Therapeut sie sieht; außerdem die Zusammensetzung der Gruppe, in die der Patient soll, und wie der Therapeut glaubt, dass der Patient seinen Konflikt in dieser Gruppe und im zeitlich vorgegebenen Rahmen bearbeiten kann.

Antrag auf analytische Gruppenpsychotherapie

Der Antrag für analytische Gruppenpsychotherapie ist in Abfolge und Inhalt ziemlich gleich. Er ist im Grunde einfacher als der für tiefpsychologisch fundierte Gruppenpsychotherapie, da die zeitliche Grenze nicht so eng ist und der aktuelle Konflikt nicht so entscheidend (mit dem aktuellen Konflikt gibt es ähnliche Stressphänomene bei den Antragstellern wie bei der Psychodynamik), sondern die Darlegung der neurotischen Entwicklung insgesamt. Es sollten allerdings schon genauso akkurat die gruppenspezifische Indikation und ein klares Behandlungsziel herausgearbeitet werden, das auch realistisch erscheint. Der Gutachter sollte ein klares Bild gewinnen können von der Konfliktpathologie und Struktur des Patienten, ebenso wie von der Psychodynamik in der evtl. schleichenden oder auch akuteren Entwicklung. Behandlungsplan und Prognose sollten zusammen passen und der geschilderten Symptomatik angemessen sein.

Kurz erwähnt werden soll schließlich noch das rein Formale der Anträge: Der Patient muss ein Formblatt PTV 1 ausfüllen, der Therapeut ein PTV 2 in doppelter Ausfertigung und ein PTV 3a E. Vom Formblatt PTV 1 (= Antrag des Versicherten) sollte sich der Therapeut ebenso eine Kopie machen wie von den von ihm ausgefüllten Formularen. Dann kommt sein Bericht zusammen mit dem Original des PTV 2 und des PTV 3a E in den **roten** Umschlag an den Gutachter und dieser wird zusammen mit dem PTV 1 des Patienten und der selbstdurchschreibenden Kopie des PTV 2 in einen zusätzlichen Umschlag gesteckt, der an die Zweigstelle der Krankenkasse geschickt wird, bei der der Versicherte geführt wird. Für diese Arbeit kann der Therapeut die Ziffern 868 und 7122 oder 7123 in Anrechnung bringen. Dies nimmt dennoch einige Zeit in Anspruch, auch wenn er locker und flüssig schreiben kann, weil allein das Ausfüllen der zusätzlichen Formulare seine Zeit braucht.

Außerdem ist seit 1.1.1999 zu allen Anträgen von psychologischen Psychotherapeuten ein ärztlicher Konsiliarbericht obligatorisch, aus dem hervorgeht, dass der Patient körperlich eine Gruppenpsychotherapie verkraften kann.

Antrag auf verhaltenstherapeutische Gruppenpsychotherapie

Alle genannten Formalia sind beim Antrag auf eine verhaltenstherapeutische Gruppenpsychotherapie praktisch identisch: Lediglich der Umschlag an den Gutachter ist **gelb** statt rot und die Formulare sind mit Antrag auf Verhaltenstherapie bedruckt.

Was ist nun inhaltlich anders beim **Antrag auf Verhaltenstherapie in Gruppen (VT)**? Der wichtigste Unterschied ist, dass es keinen isolierten Antrag auf VT in Gruppen gibt, sondern Gruppenpsychotherapie in der VT nur integrierter Bestandteil der Einzeltherapie sein kann: Der Erstantrag auf VT kann z. B. auf 25 Einzel- und 20 Gruppensitzungen lauten, nie mehr Gruppensitzungen. Der Antrag wird also als Einzeltherapieantrag geschrieben mit einem Zusatzteil für die Gruppenpsychotherapie, wenn der Verhaltenstherapeut eine solche integrieren möchte. Es ist schon paradox: Bei den tiefenpsychologischen Methoden ist nach wie vor die Kombination von Einzel- und Gruppenpsychotherapie verboten. Es geht allenfalls in Sonderfällen nacheinander. Bei der VT dagegen geht es nur kombiniert oder gar nicht! Eine Änderung ist dahingehend von den Berufs- und Fachverbänden beantragt, dass auch tiefenpsychologische Verfahren eine Kombination von Einzel- und Gruppenbehandlung – bei Bedarf – realisieren können.

Beim Abfassen des Antrags sind die ersten Punkte Spontanangaben, Symptomatik und lebensgeschichtliche Entwicklung sowie die Krankheitsanamnese analog dem oben Gesagten. Auch der psychische Befund zum Zeitpunkt der Antragstellung und der somatische Befund sind entsprechend zu erheben und aufzuführen.

Dann folgt ein zusätzlicher Punkt **Verhaltensanalyse**, von dem die Tiefenpsychologen einiges lernen könnten: Zunächst werden in der **Bedingungsanalyse** detailliert die lebensgeschichtlichen Bedingungen für die Entstehung der Symptome dargestellt und auf ihre jetzige Relevanz hin überprüft. Was vermeidet der Patient, wie versucht er Spannung zu reduzieren, welche Befürchtungen hat er und welche pathologischen Konfliktbewältigungsstrategien hat er entwickelt? Welches Verhalten hat sich im Lauf der Zeit verstärkt und wiederholt frühe Erfahrungen etc? Was sind die Auslösebedingungen, unter denen die Symptomatik verstärkt auftritt, aber auch: Unter welchen Bedingungen tritt die Symptomatik nicht oder vermindert auf?

In einem weiteren Schritt wird die **Phänomenologie** der Störung in mehrerer Hinsicht untersucht: Die **Kognitionen** des Patienten werden ebenso beschrieben (was denkt er selbst über sich und was denken die anderen über ihn?) wie seine **Emotionen**, die damit verbundenen **physiologischen Reaktionen** und das daraus resultierende **Verhalten** (z. B. häufige Arztbesuche, Grübeln).

Schließlich wird in diesem Teil noch die so genannte **Funktionsanalyse** erhoben: Welche Funktion hat die Symptomatik für den Betroffenen, welchen sekundären Krankheitsgewinn hat er, was bezweckt er in seinem Umfeld, ersetzt sein Symptom, welches Alibi liefert es? Schließlich wird noch nach weiteren Einflussfaktoren gefragt und nach den Ressourcen des Patienten. Diese sind sehr wichtig für den Behandlungsplan.

Nach der gründlichen Verhaltensanalyse ist es in der Regel nicht schwer, die korrekte **Diagnose** zu stellen und ein **Störungsmodell** zu entwerfen. Welches ist die übergeordnete Störung, welche Untergruppen können unterschieden werden?

Hat der Therapeut dies alles geklärt, lassen sich in der Regel die **Therapieziele** leicht formulieren und die **Prognose** abschätzen. Der letzte, arbeitsaufwendige Teil ist der **Behandlungsplan**, in dem der Verhaltenstherapeut im Einzelnen die geplanten Strategien aufführt und insbesondere darlegt, warum er die Einzeltherapie mit einer **Gruppenpsychotherapie** kombinieren möchte, z. B. zum besseren Aufbau sozialer Kompetenzen und Abbau sozialer Phobien.

Waren die Erstanträge in der derzeit noch geforderten Ausführlichkeit schon eine ausgiebige Übung im Sinne von **Qualitätssicherung**, so sind die **Verlängerungsanträge** dies noch mehr. Akzeptiert können sie eigentlich nur werden, wenn wir sie als Bilanz des bisher Erreichten und erneuten, am bisherigen Verlauf orientierten Entwurf der noch zu erreichenden Ziele verstehen. Sonst ist es wirklich ärgerlich, nach wenigen Monaten schon wieder ein literarisches Opus für neun Gruppenteilnehmer zu schreiben. Wenn ein Therapeut mehrere Gruppen hat, kommt er aus dem Antragschreiben kaum mehr heraus! Was die Bemühungen um eine Vereinfachung der Anträge (s.o.) sinnvoll erscheinen lässt.

Verlängerungsanträge

Prinzipiell sind die Verlängerungsanträge analog den Einzeltherapie-Verlängerungsanträgen abzufassen: Es ist also Stellung zu nehmen zum **bisherigen Therapieverlauf**,
- bei den tiefenpsychologischen Verfahren zur **Entwicklung von Übertragung und Gegenübertragung**, für den Patienten **typischen Widerständen** in der Gruppe wie Zuspätkommen, ständiges Schweigen oder Monologe halten etc.,
- in der Verhaltenstherapie zur **Entwicklung der Motivation**: wie hat der Patient seine Hausaufgaben erledigt, welches Vermeidungsverhalten aufgegeben, welche Ängste abtrainiert, welches neue Verhalten eingeübt, wie steht es mit seinem **Selbstsicherheitstraining** und der **Entwicklung seiner sozialen Kompetenzen**? Wie hat sich die Prognose ggf. verändert, wie muss der ursprüngliche Behandlungsplan evtl. abgeändert werden, wie war die Mitarbeit des Patienten, was ist weiter zu erwarten? Wie hat sich die körperliche Symptomatik ggf. verändert; mit wie viel weiteren Sitzungen ist mindestens zu rechnen?

Wenn nach einer ersten Verlängerung evtl. noch eine zweite notwendig wird, ist zu einem erneuten Verlängerungsantrag noch ein so genannter **Ergänzungsbericht** abzufassen, in dem drei Fragen beantwortet werden müssen (bei den tiefenpsychologischen Verfahren), nämlich:
- Welche Erwartungen knüpft der Patient an weitere Behandlung?
- Was möchte er noch erreichen? Hält der Therapeut dies für realistisch und was für Zielvorstellungen hat er seinerseits?
- Wie viele Sitzungen werden dafür vermutlich nötig sein?

Auch bei der **VT** müssen die **Verlängerungsanträge** alle diese Punkte enthalten, natürlich auch evtl. neu hinzugetretene neurosenpsychologisch relevante Fakten aus der Biografie und evtl. Änderungen von Diagnose, Symptomatik und Verhaltensanalyse. Oft lässt der Verhaltenstherapeut seinen Patienten ein **Bilanzblatt** schreiben, das er dem Antrag beifügen kann. Dadurch wird das Geschehen plastisch, auch für den Gutachter. Außerdem ist ein solches Bilanzblatt sehr wertvoll für die Formulierung weiterer Therapieziele.

Die rein formale Seite der Anträge entspricht der bei den Erstanträgen: Der Patient muss jedes Mal wieder ein **Form-

blatt PTV 1 ausfüllen, der Therapeut die **Formblätter PTV 2** und **PTV 3b/c E** und sie wie oben beschrieben zusammen mit seinem Bericht (im roten Umschlag für die tiefenpsychologischen, im gelben für die VT-Anträge) an die Zweigstelle der Krankenkasse schicken, bei der der Patient geführt wird. Dabei ist auf dem Formblatt PTV 2 der Name des Erstgutachters und das Datum seines Entscheids zusätzlich anzuführen. Schließlich sollten Sie keinen der zahlreich geforderten Stempel und Ihre Unterschrift vergessen, wenn Sie nicht riskieren wollen, Ihren Antrag noch einmal zurückzubekommen.

IV Aspekte der Gruppenleitung – Rollen in der Gruppe

15. Die Rolle des Therapeuten in der Gruppenpsychotherapie (Teil I) – Vorbereitung der Bedingungen für therapeutische Veränderung

R. R. Dies

Einleitende Überlegungen

Gruppenpsychotherapie stellt eine einzigartige Herausforderung für Kliniker dar, die den subjektiv von ihren Patienten empfundenen Disstress, die dysfunktionalen Gedanken, falsche Grundannahmen und maladaptive interpersonelle Verhaltensstile durch intensive Gruppeninteraktion verändern wollen. Eine umfangreiche Kenntnis über Psychopathologie und die in der Eins-zu-Eins-Situation der Einzelbehandlung gewonnenen Fertigkeiten, um Veränderungen herbeizuführen, stellen für den Kliniker noch kein ausreichendes Rüstzeug für Gruppenbehandlungen dar. In der Tat lassen sich viele der Fertigkeiten, die Praktiker im Einzelsetting erworben haben, nicht auf die Gruppenmodalität übertragen und aktuelle Prozesse können mit der Kapazität, eine Gruppe effektiv zu leiten, interferieren (Dies 1994a).

Die Bemühungen eines Therapeuten z. B. einen depressiven Patienten dazu einzuladen, offen seine Gefühle zu äußern, kann einen frühen Drop-out bewirken, weil dieser Patient zusätzlichen „Druck" fürchten mag, weitere private Einzelheiten äußern zu müssen, er fühlt sich belästigt oder er verspürt mangelndes Verständnis von anderen in der Gruppe. Ähnlich könnten verfrühte Versuche des Gruppenleiters, individuelle Konflikte anzusprechen, spontane Interaktionen zwischen den Gruppenmitgliedern behindern, was auf diese Weise das therapeutische Potenzial der Gruppe einschränken würde, da die Gruppenmitglieder passiv abwarten, dass der Gruppenleiter versucht, jedes Individuum in der Gruppe reihum zu „reparieren".

Es ist eine **spezielle Ausbildung in Aspekten des Gruppenprozesses erforderlich**, um die Fertigkeiten zu erwerben, die es gestatten, Gruppenbehandlungen kompetent zu ermöglichen. Der Therapeut muss lernen, wie er „Gruppe denken" kann, er muss lernen, der Unterstützung und Konfrontation durch Gruppenmitglieder zu trauen, die wirkungsvoller sein können als weise Interpretationen durch den Gruppenleiter (Tschuschke und Dies 1997), und er muss lernen, auf eine einfühlsame Weise einzelne Gruppenmitglieder zu unterbrechen, die im Begriffe sind, frühe Risiken in der Gruppe einzugehen, die für andere bedrohlich oder schädlich sein könnten.

Der Gruppenpsychotherapeut muss lernen, wie er hilfreiche Gruppenprozesse fördern und kontraproduktive Dynamiken konfrontieren kann, die im Rahmen von Einzelbehandlungen nicht auftreten (z. B. Aspekte um die Vertraulichkeit und Sichtreffen außerhalb von Gruppensitzungen, die Auswirkungen von Zuspätkommen auf diejenigen, die pünktlich sind oder die Handhabung möglicher Cliquenbildungen innerhalb der Gruppe). Gruppenleiter müssen ihr eigenes Aktivitätsniveau sehr sorgfältig handhaben und danach trachten, die Beiträge von Gruppenmitgliedern zu „balancieren" und müssen gleichzeitig auf heftigere „Attacken" auf ihren Leitungsstil und auf Einforderungen nach offenerer und persönlicher Involviertheit vorbereitet sein, als sie dies in Einzelbehandlung erleben. Dem Gruppendruck nach mehr Anleitung, „real" und transparent zu sein, zu widerstehen und den Wünschen der Gruppenmitglieder nachzukommen (z. B. der Diskussion von Problemen außerhalb anstelle von „Hier-und-Jetzt-Interaktionen") kann oft sehr schwierig sein. Aus diesen Gründen ist Gruppenpsychotherapie für viele Kliniker viel komplexer, anfordernder und sogar einschüchternder als individualpsychotherapeutische Behandlungen (s. auch Kap. 17).

Gruppenmitglieder sehen sich ganz neuen Herausforderungen gegenüber. Die meisten Patienten treten in die Gruppenpsychotherapie mit **bestimmten Ängsten und Vorurteilen gegenüber einer Gruppe** ein (z. B. mit Ängsten, attackiert, belästigt, zurückgewiesen oder emotional vergiftet zu werden). Sie haben große Missverständnisse darüber, wie sehr Gruppenmaßnahmen von der Behandlung ihrer Wahl – nämlich Einzelpsychotherapie – abweichen. In der Regel fand ihr erster sehr persönlicher Austausch mit einem Freund ihres Vertrauens oder einem geliebten Menschen statt, aber nicht mit einer Gruppe von Fremden. Einmal in der Behandlung, werden die Patienten gewöhnlich davon ausgehen, dass der Fokus der Gespräche auf den externen Problemen liegen wird und dass der Gruppenleiter hauptsächlich die Rolle einnehmen wird, ihnen zu helfen, Symptome abzuschwächen und Konflikte in ihrem Leben zu lösen. Die Tatsache, dass **das therapeutische Potenzial der Gruppe** primär auf die **Qualität der Interaktion zwischen den Gruppenmitgliedern** zurückzuführen ist und dass sowohl wachsendes Selbstverständnis, Einsicht und klinische Verbesserung hauptsächlich von einem gegenseitigen Teilen, interpersonellem Feedback und Risiken bezüglich der Selbstöffnung herkommen werden (Tschuschke und Dies 1997), ist ihnen fremd.

Mehr noch, die Patienten werden nicht direkt die Grundregeln in Gruppenbehandlungen verstehen, die in der Eins-zu-Eins-Psychotherapie nicht gegeben sind (z. B. gemeinsame Zeit miteinander teilen, Vermeiden von Ratschlägen, Untersuchung des Hier und Jetzt). Sie lassen häufig die sozialen Fertigkeiten vermissen, die in der Einzelpsychotherapiebehandlung wesentlich weniger wichtig sind (z. B. empathisches Zuhören, das Geben von konstruktivem Feedback, das Gewähren von Unterstützung). Wie der Gruppenleiter müssen die Patienten neue Fähigkeiten erwerben, um sinnvoll am Gruppenprozess teilnehmen zu können, und es kann sein, dass sie gar nicht wahrnehmen, dass dieselben Fähigkeiten gemeinhin ihre Effektivität in ihren Beziehungen auch außerhalb der Gruppe verbessern.

Somit sehen sich Therapeuten wie Patienten ganz spezifischen Herausforderungen gegenüber, die nicht nur ängstigen können, sondern die darüber hinaus auch noch schwierig zu meistern sind. Zum Glück offeriert Gruppenpsychotherapie auch bestimmten Nutzen, den es so in der Einzelbehandlung nicht gibt. In der Gruppenbehandlung spricht man weit weniger über interpersonelle Schwierigkeiten, dafür aber mehr über Aspekte des Durcharbeitens von Beziehungen innerhalb des Behandlungsrahmens. Die gruppenpsychotherapeutische Situation ist weniger künstlich und viel eher der alltäglichen Realität des Patienten angenähert, und sie stimuliert genau die Konflikte, die das Individuum dazu gebracht haben, Hilfe durch Behandlung zu suchen. Der Gruppenansatz hat außerdem das Potenzial, ganz eigene starke Prozesse in Gang zu setzen (z. B. konsensuelle Validierung, geteilte unbewusste Fantasien und multiple Übertragungen), die Veränderungen in den maladaptiven Mustern bewirken.

Das Teilen von Selbstzweifeln, ärgerlichen Gefühlen oder Hemmungen in intimen Bereichen **mit** einer Gruppe von Zeitgenossen ist ziemlich anders als dieselben Gefühle **an** einen individuellen Therapeuten weiterzugeben, der nicht ähnlich zurückkommuniziert. Auf ähnliche Weise stellt die Auseinandersetzung mit den anderen („peers") zwecks Verständnis gemeinsamer interpersoneller Dilemmata, während gleichzeitig um erleichternde Gruppennormen gerungen wird, ein einzigartiges Lernambiente mit Charakteristiken dar, das im Eins-zu-Eins-Behandlungssetting nicht zu finden ist. Die Korrespondenz dieser interpersonellen Prozesse mit externen Beziehungen erhöht die Wahrscheinlichkeit, dass das Gelernte sich über den gegenwärtigen Behandlungskontext hinaus verallgemeinern wird.

In diesem Kapitel wird der Autor die Rolle des Klinikers diskutieren, die er oder sie auszufüllen hat, wenn er/sie das therapeutische Potenzial der **Gruppe** etablieren will, indem er/sie einen kohärenten Rahmen für Veränderung und den Aufbau einer sicheren und nicht bedrohlichen Umgebung für ein gegenseitiges Teilen, Explorieren und persönliche Risikoübernahme herstellt. Der zweite Teil (Kap. 16) im Anschluss wird sich mit den Interventionen des Gruppenpsychotherapeuten befassen, um individuelle Veränderung durch intensivierte Arbeit mit Emotionen, Gedanken und Verhaltensweisen zu fördern.

Gruppenvorbereitung

Die drei prinzipiellen Punkte, mit denen sich Kliniker bei der Organisation einer Gruppenbehandlung zu befassen haben, sind:
- Patientenauswahl (Kap. 11),
- Gruppenzusammensetzung (Kap. 11),
- Therapiekontrakt (Kap. 13).

Das grundsätzliche Ziel ist es natürlich, eine optimale therapeutische Balance zwischen den Patienten, dem/den Therapeut(en) und dem Gruppensystem herzustellen. Obwohl diese Punkte detailliert in anderen Kapiteln dieses Buchs behandelt werden (s.o.), kann ein kurzer Überblick hilfreich sein, einen Rahmen für dieses Kapitel bereitzustellen.

Patientenauswahl umfasst ein Verständnis der Symptome von jedem in Frage kommenden Individuum und der Störung, um sicher zu stellen, dass eine Behandlung in der Gruppe durchführbar ist, die Einschätzung der Motivation für und die Erwartungen bezüglich der Behandlung, primäre Ziele mit der Behandlung, das In-Gang-Setzen der therapeutischen Beziehung, die Einschätzung der Bereitschaft zur Kooperation mit anderen und die Einschätzung der Kapazitäten des Patienten, Probleme in Beziehungszusammenhängen sehen zu können. Patienten, die nicht über diese emotionalen, behavioralen und interpersonellen Ressourcen verfügen, um effektiv an einer Gruppenpsychotherapie teilnehmen zu können, laufen ein hohes Risiko, vorzeitig abzubrechen, Verschlechterungen zu erfahren oder auf andere Weise so zu interagieren, dass die Gruppenpotenziale, sich um andere in der Gruppe zu kümmern, limitiert werden.

Die **Gruppenzusammensetzung** betrifft Überlegungen zu Systemebenen wie dem demografischen Mix der Gruppe, potenziell interpersonellem Harmonieren und relativ kongruenten diagnostischen oder Beziehungsdimensionen. Die vorherrschende Richtlinie ist, dass die Gruppenzusammensetzung eine angemessene Balance zwischen ein interpersonelles Lernen maximierenden Bedingungen einerseits (Heterogenität) und jenen Kräften andererseits herstellen sollte, die den Gruppenerhalt fördern (Homogenität). Es scheint einigermaßen Konsens zwischen den Gruppenpsychotherapeuten zu bestehen, dass die Bemühungen, Kriterien dafür aufzustellen, wie Gruppen effektiv komponiert werden könnten, nicht besonders produktiv gewesen sind. Yalom (1985) hat z. B. argumentiert, dass Kliniker mehr Zeit und Energie für eine sorgfältige Patientenauswahl und die Gruppenvorbereitung vor der Behandlung aufwenden sollten.

Die **Kontraktschließung** vor der Gruppenbehandlung dient vielen Zwecken (Kap. 13; Dies 1994a). Da viele Patienten ein breites Spektrum an negativen Erwartungen bezüglich der Gruppenmaßnahme haben, ist es hilfreich, ihre Sorgen zu mindern, indem man die sichere und unterstützende Natur der Gruppenerfahrung hervorhebt. Die Korrektur von Vorurteilen und die Beschwichtigung von Ängsten, das Korrigieren von Fehlwahrnehmungen bezüglich des eigenen Verhaltens und der Arbeitsweise der Gruppe, die Hervorhebung der speziellen Vorteile der Gruppenbehandlung und die Etablierung optimistischer Erwartungshaltungen können bedeutsam den therapeutischen Prozess und das Ergebnis der Behandlung beeinflussen. Es ist sogar hilfreich, mit Patienten zu arbeiten, um Ziele festzulegen, die innerhalb des Zeitrahmens, der der Behandlung zur Verfügung steht, erreicht werden können. Kurzzeitbehandlung z. B. hat nicht genügend Zeit für detaillierte Erklärungen von Konflikten zur Verfügung, die weniger zugänglich für das Bewusstsein sind, um maladaptive Verhaltensmuster durchzuarbeiten, die rigide abgeschottet sind, oder um Einsicht in pathogene Entwicklungserfahrungen zu gewinnen, die die Patienten für persönliches Leiden und interpersonelle Zwistigkeiten disponieren. Es ist jedoch möglich, ein größeres Selbstverständnis und symptomatologische Entlastung, gewachsene soziale Fertigkeiten und die Akzeptanz durch andere (peers) sowie verbesserte Problemlösestrategien zu gewinnen.

Es ist gleichfalls hilfreich, Informationen bezüglich des **Rollenverhaltens** an Patienten zu vermitteln (z. B. Selbstöffnung, aktives Zuhören, Verhaltensweisen), **Grundregeln** (z. B. Vertraulichkeit, regelmäßige Teilnahme) und über den **Gruppenprozess** (z. B. Grenz- und entwicklungsbezogene Aspekte, therapeutische Wirkfaktoren, Fokus auf dem Hier und Jetzt) (Kap. 17). Am wichtigsten ist – ausgehend von den diffusen Ängsten der Patienten bezüglich der Gruppenmaßnahme – das Bedürfnis, ein solides Rational für die Behandlung im Gruppenformat zu geben. Mayerson (1984, S. 194) informiert seine Patienten z. B., dass „das Gruppenpsychotherapie-Setting … ein Setting [ist], das eine ganz besondere Gelegenheit bietet, mit anderen in Kontakt zu treten, damit man Einsicht über die aktuellen eigenen interaktionellen Muster gewinnt, um mit neuen experimentieren zu können."

Die interpersonelle Natur der psychischen Störung sollte in Bezug auf ihre Ätiologie, Manifestation und Auflösung betont werden.

Diese Vereinbarungen mit den Patienten vor Gruppenbeginn bilden die Basis für aktive und bedeutungsvolle Teilnahme am Gruppenprozess, aber die wirkliche „Arbeit" der Therapie wird einen viel nachhaltigeren Einfluss auf den Gruppenprozess und das Therapieergebnis nehmen. Der Therapeut muss den Patienten helfen, zu verstehen, wie individuelle Veränderung durch intensive Gruppeninteraktion ermöglicht wird, und er muss die Bedingungen herstellen, die die Bereitschaft für Risiken, Selbstöffnung und konstruktives interpersonelles Feedback fördern.

Herstellung eines kohärenten Rahmens für Veränderung in der Gruppe

Die Aufgabe des Therapeuten ist es, eine Ansammlung von Fremden in eine Gruppe von Individuen umzuwandeln, die miteinander auf eine bedeutsame und vertrauensvolle Art kommunizieren. Es ist klar, dass die Patienten nicht wissen, wie sie „gute" Gruppenmitglieder sein können, deshalb muss der Therapeut sie durch die Schwierigkeiten der Entwicklung hilfreicher Normen für das Funktionieren als Gruppe geleiten.

Dies geschieht am besten, indem der Therapeut bestimmte **Prozessrichtlinien** hervorhebt, die dazu dienen, die Qualität der Gruppeninteraktion zu verbessern. Zum Beispiel begegnet er unmittelbar allgemeinen Äußerungen wie „man" sich in einer Situation fühlt mit der Befragung wie sich der jeweils spezifische Patient in diesem Moment fühlt (d. h. der Kliniker erbittet „Ich"-Äußerungen). Der Therapeut begegnet „Sollte"-Bemerkungen mit der Bitte um persönliche Gefühle, die sich direkt auf den kritischen Aspekt beziehen. Indem die Patienten damit beginnen, ihre Gründe für das Aufsuchen der Behandlung gemeinsam zu reflektieren, ermutigt und verstärkt der Therapeut ehrlichere Ausdrücke von Gefühlen oder Erfahrungen und versucht, **so viele Gruppenmitglieder wie möglich in die Interaktion einzubeziehen.** Die Patienten werden angehalten, ähnliche Gefühle und Erlebnisse zu äußern, anstatt den Patienten zu befragen, der den Dialog eröffnete. Die Interventionen dienen der Herstellung eines Gefühls von Universalität zwischen den Gruppenmitgliedern (zu den Wirkfaktoren der Gruppenpsychotherapie s. Kapitel 23) und der Umgehung eines Frage-Antwort-Formats der Gruppeninteraktion.

Der Gruppenleiter hilft den Gruppenmitgliedern zu lernen, dass eine extensive Beschreibung von Ereignissen außerhalb der Gruppe oder von wichtigen Bezugspersonen nicht erforderlich ist (z. B. verlieren Gruppenmitglieder das Interesse, die angesprochenen Personen sind nicht hier in der Gruppe und können sowieso nicht geändert werden). Der wirkliche **Fokus** sollte auf der **persönlichen Betroffenheit** oder den **Erfahrungen der Gruppenmitglieder** liegen. Daher wird das „Geschichtenerzählen" in ein Teilen von Gefühlen umgewandelt bzw. zu Äußerungen über ungewünschte persönliche Einstellungen oder wiederkehrende Konflikte. Die Exkursionen von einzelnen Gruppenmitgliedern in persönliche Offenbarungen – zu einem frühen Zeitpunkt der Gruppenentwicklung – wird im Allgemeinen Angst darüber aufwerfen, wie wohl die anderen reagieren werden: „Werden sie denken, dass ich verrückt bin?", „Was, wenn keiner hier so empfindet?", „Werden die anderen mich akzeptieren oder kritisch reagieren?" Der Therapeut lädt die Gruppenmitglieder ein, zu diskutieren, wie sie dieses Teilen von persönlichen Aspekten empfinden, damit Ähnlichkeiten in den Reaktionen auf den Prozess der Selbstöffnung festgestellt werden können und damit irgendwelche unverbalisierten Ängste über das In-die-Gruppe-hinein-Tragen aufgedeckt werden können. Die Besprechung dieser Besorgnisse kann es ermöglichen, subtile Gruppenprozesse zu identifizieren, die den offenen Ausdruck von Gefühlen be- oder verhindern (z. B. zu sehen, wie andere miteinander Empfindungen bzw. Erlebnisse teilen, aber nur symbolisch Interesse oder Ratschläge erhalten).

In den frühen Phasen der Gruppenentwicklung kommt ein Patient ständig zu spät oder verpasst eine Sitzung. Dies stellt eine Gelegenheit dar, ein potenzielles Problem anzusprechen (in diesem Falle **Grenzverletzungen**) (zu den mit den Entwicklungsphasen verbundenen Leiteraspekten s. Kap. 21, 22). Die meisten Patienten denken nur darüber nach, was sie persönlich verpasst haben und nicht darüber, was ihr Einfluss auf andere ist. Diejenigen, die es versäumen, pünktlich zu sein oder gar nicht erscheinen, sehen vielleicht gar nicht, dass es schwierig war, die Sitzung in ihrer Abwesenheit zu beginnen und dass die anderen sich über ihre Gründe der Abwesenheit oder darüber den Kopf zerbrechen, was in der Gruppe vorgefallen sein musste, was der Entscheidung des Verpassens der Sitzung voranging. Offene Gespräche dieser Punkte erhöhen die Sensibilität der Patienten bezüglich ihres Einflusses auf andere und bahnen den Weg für ein besseres Verständnis von Dynamiken in der Gruppe, die das therapeutische Potenzial der Gruppe beeinflussen.

Die Literatur zeigt deutlich, dass die Behandlungsergebnisse bedeutsam verbessert sind, wenn **Behandlungsziele** klar festgelegt sind und wenn die Gruppenmitglieder verstehen, was in den Sitzungen in direkter Beziehung zu ihren Behandlungszielen steht (Dies 1994a). Der Gruppenleiter unterstützt diese Aufgabenorientierung, indem er Fragen stellt, die kontinuierlich Behandlungsziele präzisieren: „Wie steht das in Beziehung zu dem, warum Sie hier sind?", „Ist das etwas, das Sie für sich ändern möchten?", „Hilft Ihnen das, was gerade hier in der Gruppe geschieht, dabei, Fortschritte bezüglich Ihrer Behandlungsziele zu machen?" Die Anstrengungen, die Gruppeninteraktionen zu fokussieren, werden erleichtert, wenn jeder Patient nur ein paar wenige zentrale Ziele auswählt und der Therapeut in der Lage ist, eine Gemeinsamkeit zwischen den Patienten bezüglich dieser Ziele herstellen zu können.

Eine ganz wichtige Herausforderung und **Aufgabe** ist es, **Beschwerden von Patienten in interpersonelle Konzepte zu übersetzen.** Zum Beispiel kann bei Depression untersucht werden, welche sozialen Kontexte gewöhnlich den negativen Affekten oder dysfunktionalen Gedanken vorausgehen oder was von den interpersonellen Situationen traurig und bedrückt macht (z. B. sozialer Rückzug, Verletzbarkeit, exzessive Abhängigkeit). Buchstäblich jedes Problem kann verstanden werden als entweder ausgelöst durch soziale Ereignisse oder als sich auf die Qualität von Beziehungen auswirkend (Tschuschke 1999b). Wenn diese Übersetzungen in interpersonelle Aspekte erfolgt sind, werden die Grundlagen der Gruppenpsychotherapie verständlicher, insbesondere, wenn klar ist, dass diese „Outside-Probleme" unbezweifelbar innerhalb der Gruppe wieder aufgelegt – reinszeniert – werden. Als **sozialer Mikrokosmos** (Yalom 1985) nähert sich die

Gruppenpsychotherapie wahrscheinlich der Alltagsrealität der Patienten an und stimuliert die Kernkonflikte, die die Patienten ursprünglich dazu motiviert hatten, die Gruppenbehandlung aufzusuchen. Glücklicherweise besitzt die Gruppe auch das Potenzial, einzigartig wirkungsvolle Prozesse zu evozieren (z. B. **Universalität [des Leidens], Altruismus, konsensuelle Validierung**) (s. Kap. 23), damit Veränderungen in maladaptiven Mustern bewirkt werden.

Der Therapeut hilft den Patienten, „Dort-und-Dann-Probleme" in „Hier-und-Jetzt-Aspekte" zu konvertieren. Gruppenmitglieder, die darüber klagen, Probleme damit zu haben, anderen zu trauen, werden unweigerlich ihre vorsichtige, ängstliche Haltung innerhalb der Gruppe replizieren. Die Frau, die darüber klagt, dass andere anscheinend niemals ihre Gefühle verstehen, kann diese Auffassung in der Gruppe überprüfen und sie entweder bestätigt fühlen und dann dazu angeleitet werden, zu untersuchen, wie ihre Kommunikationsweise das Problem hervorrief oder – falls andere sie verstanden – kann sie die Basis ihrer falschen Annahmen untersuchen. Auf ähnliche Weise kann der Mann, der wegen einer Entlastung von seiner Depression die Behandlung aufsuchte, die interpersonellen Schwierigkeiten besprechen, die zu seiner Traurigkeit beitragen, oder er kann den Einfluss seiner Bedrücktheit auf sein Verhalten gegenüber anderen untersuchen. Unbezweifelbar werden ihn Ereignisse innerhalb der Gruppe veranlassen, mit derselben Art von negativem, kontraproduktivem Verhalten wie außerhalb der Gruppe zu reagieren, was verdeutlicht, wie er sich in anderen Kontexten verhält. In den allermeisten Fällen ist die enge Korrespondenz zwischen Inside- und Outside-Verhalten frappierend, sodass die wiederholte Demonstration der Parallelen auf eine dramatische Weise illustriert, wie wirksam eine Gruppenbehandlung helfen kann.

Bemühungen des Therapeuten, einen hilfreichen Rahmen für Veränderung zu etablieren, dienen dazu, die **Ambivalenz bezüglich der therapeutischen Aufgabe** zu reduzieren, sodass die Patienten ein besseres Verständnis darüber haben, wie sie sich selbst in konstruktive Interaktionen einbringen können. Allerdings wird diese Aufgabenklarheit so lange nicht automatisch erhöhte Selbstöffnungsraten, mehr Risikoverhalten und angewachsenes interpersonelles Feedback bewirken, bis die Patienten darauf vertrauen, dass eine sichere und unterstützende Gruppenatmosphäre existiert. Das heißt, Patienten können **wissen**, dass eine Selbstöffnung notwendig ist, aber so lange sie sich nicht „sicher" **fühlen**, werden sie ihre Schwierigkeiten nicht offen ansprechen. Befürchtungen hinsichtlich einer Nichtakzeptanz, Kritik, Demütigung oder Attacken entweder durch den Gruppenleiter oder durch andere Gruppenmitglieder werden substanzielle Aufgabenerfüllung verhindern. Aspekte der Vertraulichkeit, der Verantwortung des Gruppenleiters für die Beschützung der Gruppenmitglieder vor schädlichen Konfrontationen, die Bemerkung, dass niemand unter Druck gesetzt werde, auf für ihn bedrohliche Weise in der Gruppe teilzunehmen, wie auch die Vorstellung, dass das Eingehen von Risiken eine gegenseitige Verpflichtung zwischen den Gruppenmitgliedern darstellt, ist wiederholt während der frühen Gruppensitzungen anzusprechen.

Schaffung eines positiven Veränderungsklimas

Indem Gruppenmitglieder ihre Gedanken, Gefühle und Erfahrungen äußern, versucht der Gruppenleiter ein günstiges Klima durch Kommentare bei wahrgenommenen Ähnlichkeiten zu schaffen, durch Bestärken der Patienten, miteinander in konstruktive Beziehung zu treten, durch ein Einladen der Gruppenmitglieder, ähnliche Erfahrungen miteinander zu teilen und durch Versuche, zu verdeutlichen, wie Gruppeninteraktion ultimativ Veränderung in bestimmten Problembereichen fördern kann (z. B. durch **Einflößen von Hoffnung**). Der Gruppenleiter widmet dem Bemühen vergleichsweise viel Aufwand, sicherzustellen, dass alle Gruppenmitglieder die Gelegenheit haben, zu der Interaktion beizutragen und zu lernen, dass andere genuin an ihren Selbstöffnungen interessiert sind. Die Patienten sind darin zu bestärken, ihre Stärken und gewünschten Qualitäten zu besprechen, nicht nur auf Symptome und interpersonelle Konflikte zu fokussieren. Die initiale Betonung sollte auf „sanfteren" Affekten wie Angst, Furcht, Schuld und Depression anstatt auf Ärger liegen; die zuerst Genannten bringen Menschen eher zusammen und die Letztgenannten fördern Spannung und Entfremdung.

Kritische Kommentare über die Gruppe sind willkommen als ein natürliches Phänomen im frühen Gruppenprozess, wenn man weiss, dass negative Gefühle bezüglich der Gruppe an die Seite treten werden, wenn die Individuen sich mit der Zeit vertrauter miteinander fühlen. Abwertende Bemerkungen über Einzelne werden hinterfragt, um die mögliche konstruktive Intention zu finden, die zu der Reaktion Anlass gab, oder den Einfluss auf jedes Gruppenmitglied zu klären, sodass jeder, inklusive der Person, die die kritische Äußerung tätigte, sensibler werden kann für die potenziellen Risiken negativer Äußerungen in einem zu frühen Stadium der Gruppenentwicklung.

Der Gruppenleiter arbeitet permanent an der **Errichtung einer positiven Gruppenkultur**, auch bezüglich seiner eigenen Involvierung in den Prozess. Eine größere Zahl von Untersuchungen weist nach, dass von Patienten als warmherzig, echt und empathisch erlebte Gruppenleiter, die eine positive Involviertheit in den Gruppenprozess demonstrieren, einen starken Einfluss auf die Etablierung von konstruktiven Gruppennormen ausüben. Im Kontrast dazu produzieren wenig engagierte oder – noch schlimmer – offen provozierende und herausfordernde Therapeuten kontraproduktive Gruppenprozesse und schädigende Behandlungsergebnisse (Dies 1994a).

Therapeuten, die offen mit ihren Gruppenmitgliedern umgehen, speziell bezüglich der Hier-und-Jetzt-Gefühle und ihres Rationals für therapeutische Interventionen, erleichtern viel eher eine Entwicklung gegenseitig bestärkender Beziehungen innerhalb ihrer Gruppen. Durch ihren Modellcharakter erleichtern Therapeuten Selbstöffnung zwischen den Gruppenmitgliedern. Eine Öffnung seitens des Therapeuten sollte moderat sein, da viele Patienten eine extreme Öffnung des Therapeuten nicht erwarten oder verschreckt werden könnten. Deshalb ist es für den Gruppenleiter wichtig, Patienten zu identifizieren, die als **effektive Rollenmodelle** dienen können und diese Gruppenmitglieder aufzufordern, den Weg zu beobachtendem und konstruktivem Teilen zu zeigen.

Die Betonung sollte zu einem frühen Zeitpunkt der Gruppenentwicklung auf **Selbstöffnung** und weniger auf **Feedback** liegen, da gegenseitiges Teilen noch mehr Offenheit inspirieren wird, während frühes Feedback dazu neigt, oberflächlich und urteilend zu sein, was Abwehrhaltung innerhalb der Gruppe Vorschub leisten würde. Extrem intime Selbstöffnungen sollten vom Gruppenleiter unterbrochen werden, allerdings mit einer Erklärung, dass solcherlei Enthüllungen zurückgestellt werden sollten, bis ein Klima des Vertrauens fest in der Gruppe etabliert worden sei. Verfrühte Selbstöffnung bewirkt bei einigen Patienten Gefühle der Verletztbarkeit. Diese Patienten steigen eventuell vorzeitig aus der Gruppe aus (drop-out), wobei sie einen **wellenartigen Effekt** („ripple effect") auslösen könnten, der andere Gruppenmitglieder zu Fragen bewegen könnte, was ihr Engagement im Gruppenprozess ist.

Der Therapeut bemüht sich früh um eine Art von **Homogenisierung der aktiven Beteiligung der einzelnen Gruppenmitglieder,** um die Entstehung von maladaptiven Rollen im Verlaufe der Zeit zu verhindern. Zum Beispiel haben ruhige Gruppenmitglieder generell Schwierigkeiten, involviert zu werden, da ihre passive Haltung innerhalb der Gruppe eine Vereinzelung bewirkt. Es ist auch wichtig für andere Mitglieder der Gruppe, ihre Reaktionen auf den wenig aktiven Teilnehmer miteinander zu teilen, da sie häufig davon ausgehen, dass das Individuum weniger involviert ist oder die anderen verurteilt. Die Rolle des monopolisierenden Gruppenmitglieds wird ebenfalls durch die anderen zu untersuchen sein, um zu erörtern, wie jeder in der Gruppe eventuell zu seiner Haltung beiträgt, oder jedwede Voreingenommenheit, die Mitglieder insgeheim gegenüber den eher aktiven anderen in der Gruppe hegen, zu besänftigen. Ein Gruppenleiter, der sensibel dafür ist, eine positive Gruppenatmosphäre zu errichten, sollte schneller ein dominantes Gruppenmitglied unterbrechen, um sein oder ihr Zuhören zu verbessern und andere dazu einzuladen, ähnliche Gefühle und Erfahrungen einzubringen. Es wird in späteren Gruppenphasen zahlreiche Gelegenheiten geben, solche abweichenden Rollen direkter zu konfrontieren. Das initiale Ziel bleibt es, Sicherheit im Gruppenraum zu etablieren.

Ähnlich wird der Gruppenleiter eine Art „Auszeit" einfordern, um Gruppenmitgliedern die Gelegenheit zu bieten, darüber nachzudenken, was in der Gruppe geschieht, wenn andere kontraproduktive Prozesse bereits zu lange in der Gruppe in Gang gekommen sind. Frage-Antwort-Format und Ratschläge geben, sind insofern willkommen, als sie Anlass dazu geben, den Wert dieser Art von Arbeit zu hinterfragen. Die Gruppenmitglieder werden dazu angehalten, über Alternativen nachzudenken, die hilfreicher sein könnten wie z. B. über die wechselseitige Öffnung. Sollte ein bestimmtes Gruppenmitglied einmal ein deutliches Risiko eingegangen sein, das mit Schweigen oder einem Wechsel der Thematik beantwortet wird, interveniert der Therapeut, um zu klären, was gerade geschehen ist. Ständige Bemühungen durch den Gruppenleiter, die Gruppenmitglieder dazu anzuhalten, Aspekte auf der Ebene der Gruppenphänomene zu untersuchen und sich ihre Gefühle über die Art der Kommunikation mitzuteilen, erhöht die Sensibilität in der Gruppe.

Das Ziel ist natürlich nicht, Patienten für falsches Interaktionsverhalten „einen Denkzettel zu verpassen", sondern sie dabei anzuleiten, eine effektivere Art der Kommunikation herzustellen. Indem die Gruppenmitglieder darüber informiert werden, dass ehrliche Exploration der Schwierigkeiten möglich und hilfreich ist, bahnt der Therapeut den Weg für die Entwicklung von hilfreichen Gruppennormen und bereitet die Patienten auf schwierigere Arbeit vor, die noch vor ihnen liegt, wenn individuellem Austausch über persönliche Konflikte intensiver nachgegangen werden kann (s. Kap. 16). In den frühen Gruppensitzungen wird der individuelle Inhalt zwar nicht ignoriert, die Betonung seitens des Therapeuten liegt jedoch auf den geteilten Gemeinsamkeiten bezüglich des aktuellen Gruppenprozesses und der Ähnlichkeiten im Inhalt, damit ein Gefühl der **Kohäsion in der Gruppe** entsteht.

Der Therapeut ist generell das einzige Individuum im Raum, der diese Art intensiver Gruppeninteraktion zuvor schon erlebt hat. Dieses praktische Wissen über die Belange der Patienten (Ängste, Befürchtungen, Verdächtigungen) im frühen Gruppenstadium sowie die Kenntnis über die Gruppenentwicklungsphänomene (Kap. 21, 22) (z. B. Potenzial für vorzeitige Selbstöffnung, Widerstand, ärgerliche Gefühle nach der „Honeymoon-Phase"), gekoppelt mit einer Basis an theoretischen Konzepten und Techniken, positioniert den Therapeuten in eine einzigartige Situation innerhalb der Gruppe, um die verschiedenen Aspekte zu antizipieren, die sich über die Zeit entfalten werden. Dieser spezielle Status erlaubt dem Therapeuten, Ereignisse vorauszusehen, was zu einer präventiven Intervention führt, den Erscheinungen in einer zeitlich geeigneten und konstruktiven Weise zu begegnen.

Es ist unausweichlich, dass Schwierigkeiten während der Gruppenentwicklung auftreten werden. Neben den Bemühungen des Klinikers, eine supportive und hilfreiche therapeutische Struktur zu kreieren, ist die Herausforderung für die Patienten gewaltig. Im Kern fordern wir sie auf, sich Dilemmata zu stellen, die sie in ihren Beziehungen außerhalb der Gruppe nicht in der Lage waren zu meistern. Das heißt, sie sollen Gefühle mitteilen, sich Konfrontationen stellen, neues Verhalten riskieren, sich anderen zur Verfügung stellen usw. Der Gruppenleiter nimmt eine aktive Rolle ein, indem er durch aktive Interventionen oberflächlich gemeinsame Belange anspricht und indem er die Gruppenmitglieder ermutigt, ihre Gedanken und Gefühle auszudrücken. Das offene Teilen zwischen den Mitgliedern der Gruppe bringt die Gruppe dazu, ihre Sorgen zu beschwichtigen und sich des gemeinsamen Verständnisses bezüglich der Beschützung der Integrität der Gruppe und der Sicherheit der individuellen Gruppenmitglieder zu versichern.

Es ist außerordentlich schwierig für Gruppenmitglieder, Gruppenprozessen die Aufmerksamkeit zu widmen, die eine Entwicklung konstruktiver Normen behindern, deshalb ist dies die Aufgabe des Gruppenleiters. Yalom (1985, S. 146) bemerkt hierzu, dass „... Kräfte Gruppenmitglieder von einer vollständigen Teilung dieser Aufgabe mit dem Therapeuten abhalten. Jemand, der den Gruppenprozess kommentiert, setzt sich selbst von den anderen Gruppenmitgliedern ab und wird angesehen als ‚einer, der nicht zu uns gehört'."

Viele Psychotherapeuten drücken Sorgen über eine übermäßige Aktivität in den frühen Gruppensitzungen aus. Sie befürchten oft, dass sie wahrgenommen werden als drängend, manipulativ oder rüde. Deshalb sind sie gegenüber vielen direkten Interventionen skeptisch. Aktives Strukturieren jedoch, speziell während der frühen formierenden Phasen der Gruppe, wird vonseiten der Gruppenmitglieder eher als willkommen angesehen, ganz besonders dann, wenn der Fokus darauf liegt, ein positives Gruppenklima aufzubauen und den Rahmen für therapeutische Veränderung zu klären. Im Gegenteil, wenn der Gruppenleiter um die Gruppe sorgend, echt und offen bezüglich seiner therapeutischen Intentionen ist, neigen die Gruppenmitglieder weniger dazu, die Interventionen abzulehnen. Auf der anderen Seite wird Gruppenleitern mit negativem Touch, deren aktiver Stil als begrenzend empfunden wird, die Regeln aufstellen, die Zeit wie Manager behandeln und die Individuen in der Gruppe konfrontierend angehen, wahrscheinlich mit Widerstand begegnet, was Bedingungen in der Gruppe kreiert, die kontraproduktiv und potenziell schädigend sein können (Dies 1994a).

Der Therapeut muss zunehmend die Gruppenmitglieder ermutigen, Verantwortung für therapeutische Arbeit zu übernehmen. In der Tat sollten viele Interventionen Fragen und Reflektionen über Gefühle sein, die Mitglieder der Gruppe dazu anleiten, sich in subtile Gruppenprozesse einzuklinken und so aktiver engagiert zu sein: „Wie fühlen Sie sich bei dem, was stattfindet?", „Was glauben Sie, würde passieren, wenn Sie ausdrücken würden, was Sie denken?", „Warum fragen wir nicht einmal reihum, wie das gesehen wird?" Klarifikation, Interpretationen und Selbstöffnungen werden gefolgt von Bemühungen, die Patienten dafür zu gewinnen, ihre eigenen Gefühle und Reaktionen mitzuteilen. Eine explizite Botschaft ist es, dass Gruppenmitglieder die Verantwortung dafür haben, was während der Gruppenbehandlung auf den Tisch kommt. Falls sie nicht davon angetan sind, wie sich die Sitzungen entwickeln oder wie sie voranschreiten, haben sie die Gelegenheit, den Fokus neu zu justieren. Eine Sensibilität gegenüber den Reserviertheiten der Patienten ist essenziell, obwohl die Individuen dazu „angestoßen" werden müssen, ihre therapeutischen Ziele zu verbessern, speziell dadurch, dass sie ihre zentralen Konflikte oder ängstigenden interpersonellen Sorgen thematisieren.

Die grundlegende Idee ist es, eine „Gruppe voller Leiter" (Yalom 1985) zu schaffen. Anstatt die prinzipielle Verantwortlichkeit auf dem designierten Therapeuten abzuladen, ist es viel wertvoller, dass jeder Patient für jeden anderen Patienten Therapeut ist, nicht als ein Experte in Psychopathologie oder Gruppendynamik, aber als jemand, der – zusammen mit anderen – emotionale Unterstützung und konsensuelle Validierung interpersoneller Muster gewähren kann (Dies und Dies 1993b, 1993c). Patienten fühlen sich weniger bedroht beim Eingehen persönlicher Risiken, wenn sie wissen, dass andere sie auf einem ähnlichen Niveau an Selbstöffnung begleiten. Es ist daher hilfreich für den Therapeuten, nach gemeinsamen Themen Ausschau zu halten, damit unterschiedliche Individuen gemeinsam persönliches Material explorieren können. Obwohl die spezifischen Gründe weithin differieren können, die die Patienten jeweils zur Therapie führten, so können die zugrunde liegenden emotionalen Aspekte und Zweifel bezüglich ihrer Fähigkeit, mit den Problemen umzugehen, ähnlich sein. Somit ist es das Ziel, nach dem untergründigen Affekt und/oder den Gefühlen im Zusammenhang mit sich selbst zu suchen, die die Probleme hervorgerufen haben.

Ein Mensch, der im Angesicht von Konflikten stets zurückschreckt, und ein anderer, der wiederholt bei konfrontativem Austausch aufbraust, scheinen auf den ersten Blick ziemlich unterschiedlich zu sein. Sie könnten gleichwohl die gleichen Ängste und Vorbehalte wie auch die gleichen profunden Probleme mit ihrem Selbstwert haben. Ähnlich könnten der Patient, der es mit wiederholten depressiven Zuständen und derjenige, der es mit Alkoholabusus zu tun hat, gleiche Probleme haben. Da die Beschwerden der vier Personen (Rückzug, Streitsüchtigkeit, Depression und Alkoholismus) sehr unterschiedlich sind, können diese Patienten sich bezüglich des Kerns schmerzlicher Affekte und/oder Selbstunzufriedenheit zueinander in Beziehung setzen, wie auch im Hinblick auf die Neigung, selbstdestruktiv zu sein.

Obwohl Therapeuten dahingehend intervenieren sollten, so viele Patienten wie möglich in den Gruppenprozess einzubeziehen, ist es unwahrscheinlich, dass jedes Gruppenmitglied sich bei jedem Thema einbeziehen lassen wird. Dennoch wird es wichtig sein, in dem Maße, in dem sich der Fokus der Konversation ändern wird, diejenigen einzubinden, die bislang weniger aktiv waren. Mit der Zeit werden diese sich wandelnden Themen alle Gruppenmitglieder einbeziehen (Dies und Dies 1993b, 1993c). Während ein ziemliches Ausmaß an Beobachtungslernen in Gruppenbehandlungen stattfindet, legen Forschungen nahe, dass die Patienten, die es riskieren, sich anderen mitzuteilen und die ständig in ein Geben und Nehmen investieren – in beiderlei Hinsicht, positives und negatives Feedback erhalten –, diejenigen sind, die ultimativ den größten therapeutischen Nutzen davontragen (Tschuschke und Dies 1994a, 1997).

Ein ziemliches Ausmaß an Arbeit wurde erledigt, wenn die Gruppe zu der Phase der Gruppenentwicklung gelangt, die man typischerweise als die **Arbeitsgruppe** bezeichnet (Kap. 22). Es geschieht nichts dramatisch Neues, allerdings gibt es einen wahrnehmbaren Wechsel im Fokus des Therapeuten von gruppenzentrierten und prozessorientierten Interventionen hin zu mehr individualisierten, inhaltsbezogenen Techniken. Das supportive und kohäsive Gruppensystem, das sich entwickelt hat, eröffnet eine Grundlage für Beziehungen zwischen Gruppenmitgliedern, die es der Gruppe gestattet wird, tiefer den speziellen persönlichen Stress und maladaptive interpersonelle Verhaltensweisen zu thematisieren, was sie eigentlich zur Gruppe gebracht hat. Frühe, aber unspezifische Wirkfaktoren wie **Hoffnung**, **Altruismus**, **Universalität des Leidens** und **Kohäsion** bahnen den Weg für solche Wirkfaktoren wie **Katharsis**, **interpersonelles Lernen** und **Einsicht** (MacKenzie 1987). Der Therapeut interveniert nur, um die Intimität der Selbstöffnungen der Patienten zu erhöhen, um den Wert des interpersonellen Feedbacks zu erhöhen und um die Art der Interaktionen zu modifizieren, die eine verhaltensbezogene Konsequenz, eine kognitive Umstrukturierung und emotionale Entlastungen nach sich ziehen. Dieser Typus mehr individualbezogener Arbeit ist der Fokus des folgenden Kapitels (Kap. 16).

16. Die Rolle des Therapeuten in der Gruppenpsychotherapie (Teil II) – Förderung individueller Veränderung

R. R. Dies

Einleitende Überlegungen

Das vorhergehende Kapitel unterstellt, dass die meisten **Patienten**, die eine Gruppenbehandlung beginnen, **keine klaren Vorstellungen** davon haben, wie Gruppenbehandlungen symptomatische Beschwerden reduzieren, Selbst- und soziales Bewusstsein anheben und interpersonelle sowie Problemlösefertigkeiten zu erwerben helfen. Patienten nehmen gewöhnlich an, dass der Fokus der Behandlung auf dem persönlichen Leiden und externen Konflikten liegen wird und dass primär der Therapeut die Verantwortung dafür hat, die therapeutische Verbesserung herbeizuführen. Die Patienten sehen andere Gruppenmitglieder oft als sekundär wichtig an und deren Rolle darauf beschränkt, Fragen zu stellen, Ratschläge zu geben, ähnliche Erfahrungen zu teilen und eine „Schulter zum Ausweinen" anzubieten. Die anderen Gruppenmitglieder wiederum – so wird von Gruppenunerfahrenen angenommen – würden dann ihre Gelegenheiten für therapeutisches Wachstum haben, wenn der Fokus zum nächsten Gruppenmitglied wechselt. Häufig gibt es die Erwartung, dass sich mit ausreichend Übung und Selbstbefragung **Einsicht** einstellen und eine emotionale Katharsis oder Befreiung erreicht sein wird.

Der Gruppenpsychotherapeut muss den Gruppenmitgliedern helfen, zu verstehen, dass es **gegenseitiges Explorieren und Teilen** ist – nicht Geschichten erzählen, sich abwechseln, Ratschläge geben und Frage-Antwort-Muster – was therapeutische **Einsicht** und Selbstverbesserung ermöglicht. Die ergänzenden Prozesse der **Selbstöffnung** und des **interpersonellen Feedbacks** sind zentral bei der Arbeit an verbessertem Selbstbewusstsein, kognitiver Umstrukturierung, Einfühlung in andere, emotionalem Ausdruck und Verhaltensänderungen (Tschuschke und Dies 1997). Die Bemühungen des Therapeuten beides herzustellen – ein positives Klima und einen hilfreichen Rahmen für Veränderung innerhalb der frühen Gruppensitzungen – schaffen die Grundlagen für eine stärker individualisierte und intensivere Arbeit, die nachfolgt, wenn die Gruppe einmal ausreichend Stabilität und Kohäsion erreicht hat.

Die Patienten lernen bald, dass ein starker affektiver Ausdruck (**Katharsis**) tatsächlich zu einem Gefühl von Befreiung – wie ursprünglich angenommen – führen kann, speziell dann, wenn ihre persönlichen Selbstöffnungen mit echter Unterstützung, Versuchen des Verständnisses und gegenseitigem Teilen belohnt werden. Die Sorge und Akzeptanz zwischen den Gruppenmitgliedern kann eine größere Selbstakzeptanz fördern, während „Gefühle-auf-den-Tisch-Bringen" eine objektivere Untersuchung und Klärung von Konfusion bewirkt, was dann wiederum in ein gewachsenes Selbstverständnis münden kann. Patienten können ermutigt werden, die Intensität ihrer Gefühle einzuschätzen, ihre Reaktionen in eine realistischere Perspektive zu rücken und ihre Pros und Kontras bezüglich ihrer Aufrechterhaltung von plagenden Gefühlen im Lichte der Veränderungen zu sehen, die sich in ihrem Leben im Laufe der Jahre eingestellt haben. Sie können ebenfalls alternative Verhaltensmöglichkeiten untersuchen, die sie in Situationen einführen könnten, bevor ihre Gefühle unangemessen eskalieren. Zum Beispiel könnten sie, anstatt Ärger zu einem Berg von Wut anwachsen zu lassen, lernen, direkt zu reagieren, wenn wichtige andere (einschließlich anderer Gruppenmitglieder) ihre Unzufriedenheit hervorrufen.

Ähnlich kann die Gruppe dazu genutzt werden, Patienten zu ermöglichen, ihre interpersonellen Vermutungen zu untersuchen. Das heißt, Gruppenmitglieder könnten zunächst miteinander teilen, was sie sich von anderen am meisten in ihrem Leben wünschen (z. B. Respekt, Gefühl, Anerkennung) oder was sie sich wünschen, wie andere sie sehen sollten (z. B. als freundlich, ehrlich, kompetent). Sie könnten schildern, wie sie versuchen, diese Reaktionen hervorzurufen und was sie glauben, wie effektiv dieser Stil innerhalb der Gruppe gewesen ist. Der Patient kann gefragt werden: „Wie haben die anderen reagiert?", „Wurden Sie tatsächlich als freundlich oder ehrlich eingeschätzt?"

Um dies zu illustrieren, könnte eine Patientin, die ständig daran gearbeitet hatte, echtes Interesse an anderen zu zeigen, um so den Respekt und die Bewunderung der anderen in der Gruppe zu erlangen, entdecken, dass die anderen Gruppenmitglieder „abdrehen" auf Grund dessen, was sie als falsches Interesse ansehen. Das Ziel eines echten Interesses, das sie so fleißig verfolgte, hat sie quasi missachtet, was wahrscheinlich in vielen der außerhalb der Gruppe stattfindenden Beziehungen ebenso der Fall ist. Dies wird sich fortsetzen, bis sie realisiert, wie ihre selbstinszenierten Aktionen die so sehnlich verfolgten Ziele unterminieren. Konstruktives Feedback von anderen Gruppenmitgliedern kann es ermöglichen, dass sie neue Wege entdeckt, sich auszudrücken und dabei interpersonelle Akzeptanz zu erlangen.

Diese genannten Arten von Lernerfahrungen scheinen plausibel zu sein. Es ist aber schwierig, ihre volle Bedeutung zu erfassen, solange die Gruppenmitglieder nicht erlebt haben, wie die Veränderung erfolgen kann. Vorbereitende Maßnahmen (Kap. 12), Kontraktschließung (Kap. 13), frühe Gruppenstrukturierung und Kulturbildung innerhalb der Gruppe durch den Gruppenleiter (Kap. 15) sind – obwohl essenziell wichtig – noch nicht hinreichend, das oben beschriebene Verständnis herbeizuführen. Der Therapeut muss die gesamte Zeit auf geringste Zeichen eines patientenseitigen Fortschritts in Richtung therapeutischer Ziele achten, verbesserte soziale Fertigkeiten während der Behandlung verstärken und die Erwartung weiterer substanzieller Verbesserungen wecken, wenn die Gruppenmitglieder damit fortfahren, Risiken bei der Erkundung interpersoneller Probleme einzugehen.

„Ich weiß, dass wir erst die Spitze des Eisbergs gesehen haben, aber indem jeder von Ihnen mitteilt, was Sie ausmacht, mit all Ihren Unsicherheiten, Zweifeln und Enttäuschungen, und indem Sie offen legen, was Sie an sich als Person ändern wollen, können wir einige sehr hilfreiche Arbeit gemeinsam in der Gruppe vornehmen."

Patienten halten typischerweise Kernbereiche zu Beginn der Gruppe versteckt, sie sind verständlicherweise unwillig, in die Tiefen ihrer schmerzlichen Gefühle, ihrer ängstigenden Gedanken und wiederkehrenden interpersonellen Dilemmata einzudringen, bis ein gewisses Niveau an Vertrauen und Engagement innerhalb der Gruppe gewachsen ist.

Die Behandlung wird dann am effektivsten sein, wenn die Patienten in der Lage sind, eine klar umrissene Vorstellung ihrer persönlichen Prioritäten zu entwickeln. Wenn sie in eine Gruppenbehandlung eintreten, setzen sich die meisten Patienten Behandlungsziele, die ziemlich vage und unzureichend definiert sind: z. B. „Ich will lernen, wie ich meine Gefühle ausdrücken kann.", „Ich will lernen, wie ich anderen Menschen trauen kann.", „Ich will lernen, wie ich meine Panikattacken kontrollieren kann." Während der frühen Sitzungen erweisen sich Bemühungen, solche Ziele zu präzisieren, nur teilweise als erfolgreich. Späterhin haben die Patienten ein besseres Verständnis über die Gruppenprozesse und sind mit den anderen Gruppenmitgliedern besser vertraut. Außerdem gibt es solche Fragen des Therapeuten wie „In welcher Beziehung steht das mit dem Grund, weshalb Sie hier sind?" und ähnliche Fragen, um die Aufgabenorientierung zu verstärken. Es ist normalerweise möglich, ein oder zwei zentrale Themen für jede Person zu identifizieren, die zum Fokus der Behandlungsinterventionen werden können. Typischerweise laufen die ursprünglichen Ziele der Person, die Beschreibung der Probleme außerhalb der Gruppe und die interpersonellen Muster innerhalb der Gruppe aufeinander zu und beleuchten die Kernpunkte des Problems. Die Identifikation dieser subtilen Themen ist wichtig, um sicherzustellen, dass die Mehrheit der Gruppenmitglieder die affektive, kognitive und verhaltensbezogene Arbeit als produktiv erlebt.

Es ist klar, dass die Veränderung in Gruppenbehandlungen keine universellen Mechanismen beinhaltet, sondern ein **Spektrum an Wirkfaktoren**, die in verschiedenen klinischen Settings, diagnostischen Gruppenzusammensetzungen und Formen von Gruppenpsychotherapie operieren (Dies 1993). Verschiedene Patienten werden von unterschiedlichen therapeutischen Ingredienzien innerhalb derselben Gruppe profitieren (Lieberman 1989), und die Verfügbarkeit multipler Lernquellen in den Sitzungen mag wichtiger sein als ein eingeschränkter Satz gemeinsamer Lerndimensionen (Lieberman 1983). Es scheint ein Zusammenspiel von **nichtspezifischen Faktoren** (z. B. Kohäsion) und **affektiven, kognitiven und behavioralen Ingredienzien** in der Gruppenpsychotherapie zu geben (z. B. Katharsis, Selbstverständnis, interpersonelles Lernen), die therapeutischen Fortschritt fördern (zur Frage der Wirkfaktoren s. Kap. 23). Der Gruppenleiter interveniert auf allen diesen Ebenen, um das Gruppenpotenzial für jedes Gruppenmitglied zu optimieren.

Arbeit an den Affekten

Therapeuten von buchstäblich jeder theoretischen Überzeugung stimmen zu, dass es ganz essenziell ist, kathartische Prozesse oder intensiven emotionalen Ausdruck zu fördern. Yalom (1985, S. 85) hat jedoch darauf hingewiesen, dass „Katharsis Teil [ist] eines interpersonellen Prozesses; niemand wird jemals dauerhaften Nutzen aus dem Ausdruck von Gefühlen in einem leeren Wandschrank ziehen."

Es ist weiterhin sehr unwahrscheinlich, dass Patienten jemals ihre Gefühle in einer Gruppe wieder herauslassen können, wenn ihre affektive Öffnung mit Lachen, Spott oder tödlichem Schweigen quittiert wird. Anstatt ein Gefühl der Befreiung zu erleben, würden Patienten, die sich solch aversiven Reaktionen von anderen gegenüber sehen, sich wahrscheinlich entweder gedemütigt oder frustriert fühlen.

Sind die interpersonellen Konsequenzen jedoch konstruktiv, können Patienten verschiedene wertvolle Lektionen aus offenem emotionalem Ausdruck lernen, z. B.:

- dass ihre Gefühle nicht einzigartig sind, nicht abweichend oder unangemessen, da andere ähnliche Gefühle erleben (**Universalität des Leidens**),
- dass die Äußerung von starken Gefühlen nicht zu erwarteten desaströsen Konsequenzen führt (z. B. man verliert nicht die Kontrolle, weder hassen einen andere, noch ziehen sie sich zurück – sie könnten sich sogar näher zu einem hingezogen fühlen),
- dass der Ausdruck von Gefühlen Identifikation erleichtern kann, Klärung und Verständnis wie auch eine Reduktion der Intensität des affektiven Erlebens,
- dass es eine Vielzahl von Möglichkeiten gibt, einige effektiver als andere, zum Ausdruck starken emotionalen Erlebens,
- dass für einige Patienten die Tatsache, einfach mit den eigenen Gefühlen in Verbindung zu kommen – häufig aus Abwehrgründen über Jahre hinweg unterdrückt – einen enormen therapeutischen Nutzen bedeuten kann,
- dass auf falschen Annahmen basierende Gefühle abgebaut werden können, wenn die irrtümlichen Annahmen entdeckt und zurückgewiesen werden.

Es besteht kein Zweifel, dass es noch andere wichtige Ziele für affektiven Ausdruck gibt. Generell gilt, die Nutzen aus der Fähigkeit des Gefühlsausdrucks scheinen größeres Selbstbewusstsein, größere Selbstakzeptanz, mehr Selbstkontrolle und die Befreiung von Stress zu sein.

Während solche Fragen wie „Was löste das in Ihnen aus?", „Wie war das, sich so deprimiert zu fühlen?" und „Was bewirkt das in Ihnen im Bezug auf Ihr Selbstwertgefühl?" durchaus direkte emotionale Exploration und emotionalen Ausdruck zur Folge haben können, bewirken sie zu oft abgehobene Beschreibungen und intellektuelle Analyse. Es ist viel hilfreicher, Wege zu finden für die Aktivation des affektiven Ausdrucks. Zum Beispiel, wenn die Person schmerzliche Situationen von außerhalb der Gruppe aufzählt, zeigt sie häufig nonverbale Hinweise auf affektives Erleben (feuchte oder verschleierte Augen, Veränderungen im Gesichtsausdruck, Qualität der Vokalisation). Ein einfacher Kommentar wie „Ich habe das Gefühl, dass Sie einige der Gefühle gerade jetzt erleben," kann den Patienten ermutigen, Gefühle offener und unmittelbarer auszudrücken. Ähnlich ist ein Nachdenken über die Gefühle hinter einer Selbstöffnung oft hilfreich: „Das muss Ihnen einen großen Schmerz bereitet haben," oder „Das muss ziemlich überwältigend gewesen sein." Untersuchungen bezüglich der Implikationen für den Selbstwert sind ebenfalls sehr hilfreich: Zum Beispiel wenn die Person Gefühle von Angst oder Depression beschreibt, mag es hilfreich sein, zu kommentieren „Das muss Ihnen aber Gefühle von ziemlicher Unfähigkeit verursachen," um dann die Gefühle über den Selbstwert tiefer zu untersuchen.

Versuche, die Person wieder in die Situation zurückzuversetzen könnten Gefühle reaktivieren wie „Können Sie erinnern, wie es Ihnen ging, als Sie sich so ängstlich fühlten?" oder „Wie würde es sein, wenn Sie das Gefühl jetzt wieder erlebten?" Das **Was-Wenn-Szenario** stimuliert häufig ein Wiedererleben schmerzlicher Gefühle: „Was wäre, wenn jemand hier in der Gruppe Sie so behandeln würde?". Viele Kliniker haben die Bedeutung des Gebrauchs des Hier und Jetzt unterstrichen, um Parallelen zwischen Problemen in externen Beziehungen und denen, die in der Gruppe reinszeniert werden, hervorzuheben. Die Unmittelbarkeit des affektiven Erlebens, die konkrete Illustration der emotionalen Dynamiken und die Möglichkeit für andere Gruppenmitglieder, einbezogen zu werden und die emotionale Begegnung zu beurteilen, kann ein einzigartig wirkungsvolles Erlebnis sein (Yalom 1985, 1995).

Beispielsweise hat ein junger Mann namens John über viele Sitzungen viel Zeit damit verbracht, sich selbst als einen offenen, sorgenden und sensiblen Partner zu präsentieren, der es nicht versteht, warum er fortgesetzt Zurückweisungen in heterosexuellen Beziehungen erfährt. Seine Qualen und sein Elend scheinen recht echt zu sein. Anfänglich bieten andere Gruppenmitglieder Unterstützung und fühlen sich empathisch in ihn ein, da er scheinbar sehr schlecht in vielen dieser Situationen behandelt wird. Irgendwann jedoch werden Johns freundliche Fassade und seine tränenreichen Beschwerden als verzweifelte Manipulation verstanden, die Anerkennung der Gruppe zu erlangen, und sein Bedürfnis, über seine eigenen Probleme zu sprechen, seine Unsensibilität für die Konflikte anderer und seine Zurückhaltung bei Herausforderungen werden zunehmend als unakzeptabel und belastend erlebt. Bald beginnen Gruppenmitglieder, ihn zurückzuweisen – genau wie die Frauen in seinem Leben – auf Grund seines bedürftigen, selbstzentrierten und hoch emotionalen Stils. John hat innerhalb der Gruppe das maladaptive interpersonelle Muster wiederholt, das sein Leben außerhalb der Gruppe beherrscht, aber nun erleben es andere aus erster Hand und verstehen die Gründe für die konstanten Zurückweisungen durch andere. Eine Konfrontation dieses repetitiven, unbewussten und selbstdestruktiven Stils wird es dem jungen Mann ermöglichen, mehr konstruktive Alternativen für den Ausdruck seiner Emotionen zu testen, um seine Bedürfnisse zu befriedigen.

Durchgängig während der Gruppeninteraktionen äußern Patienten subtile Einladungen oder strecken ihre „Fühler" aus, um zu sehen, ob andere daran interessiert sein könnten, von ihren emotionalen Nöten und ihrem Durcheinander zu erfahren. In der Tat würden sie die Gelegenheit willkommen heißen, Gefühle miteinander zu teilen (falls andere interessiert und bereit zu sein scheinen, ähnliche Risiken einzugehen). Es ist wichtig für den Therapeuten, auf affektive Wörter zu achten und schnell zu reagieren. Ein Patient, der sagt „Ich war so **verletzt** und **verwirrt** über das, was geschah", liefert den Anlass. Das Aufgreifen der Konfusion kann zu einem kognitiven Fokus führen, aber eine allgemeine Reaktion (z. B. „Können Sie mehr darüber sagen?") kann den Fokus relativ deskriptiv oder oberflächlich halten. Es kann viel effektiver sein, die Verletzung (z. B. „Wie erlebten Sie die Kränkung?") oder Gefühle hinter der Beschreibung zu untersuchen wie „Das muss Sie aber ziemlich runtergezogen haben."

Es ist gleichfalls wichtig, „in Gruppe" zu denken und zu erinnern, dass es da andere gibt, die ähnliche Gefühle erlebt haben. Falls es schwierig ist für ein bestimmtes Gruppenmitglied, Emotionen auszudrücken, kann es möglich sein, sich einem anderen Gruppenmitglied zuzuwenden, das schneller starke emotionale Erlebnisse ausdrücken kann. Wenn die Gefühle einmal in den Raum gebracht worden sind, könnte das Individuum, das mit dem emotionalen Ausdruck Probleme hatte, in der Lage sein, direkter mit dem affektiven Ausdruck umzugehen.

Zum Beispiel war Mary (ein anderes Gruppenmitglied in Johns Gruppe) schweigsam geblieben, während andere John bezüglich seiner unsensiblen und narzisstischen Haltung gegenüber Frauen Feedback gaben. Mary war zu erschüttert, zu ängstlich und zu verärgert, um in die Diskussion einbezogen zu werden, war sie doch erst kürzlich das Opfer einer Vergewaltigung und war schwanger geworden von einem neuen Freund, der John sehr ähnlich war. Der Therapeut bemerkte Marys akuten Disstress und ihren abwehrenden Rückzug, er wendete sich bald an sie, um einen vorsichtigen Ausdruck ihrer Gefühle zu unterstützen. Diese direkte Einladung durch den Gruppenleiter und die aktive Unterstützung durch andere in der Gruppe öffnete die Tür für ein intensives Herausströmen von eingedämmten Emotionen – Marys Wut, ihr tiefreichendes Schamgefühl und die zugrunde liegende Depression, die sie seit dem sexuellen Missbrauch geplagt hatten. Sie hatte mit den sie plagenden Gedanken gekämpft bezüglich ihrer Rolle bei den Anschuldigungen durch ihren Freund, schmerzlichen Fragen über ihren Selbstwert und wiederkehrenden Ängsten, ob sie jemals wieder in der Lage sein würde, sich anderen anzuvertrauen. Mary hatte niemals zuvor mit irgendjemandem über diese Erlebnisse gesprochen.

Die Gelegenheit, ihre Wut rauszulassen, ihren schamhaften Rückzug von anderen anzusprechen, ihre heimtückischen Schuldgefühle über die Fehlgeburt mitzuteilen und ihre selbstbeschuldigenden Einstellungen, ermöglichten ihr ein enormes Gefühl von Befreiung. Die echte Sorge und die Zuwendung, die sie von den anderen Gruppenmitgliedern erhielt, machten es möglich, dass Mary ihr wachsendes Misstrauen anderen gegenüber überwand, dass sie objektiver ihre falschen Annahmen beleuchten konnte bezüglich ihres eigenen Beitrags zu der Vergewaltigung während ihres Rendezvous mit jenem Mann und dass sie ihre selbstbeschuldigenden Gedanken über ihre grundsätzliche „Schlechtigkeit" verändern konnte. Durch sensible Befragung, Nachdenken und andauernde Bemühungen, auch andere zum emotionalen Teilen ihrer Gefühle von Wut und Scham in ihren Beziehungen einzubeziehen, führte der Therapeut Mary (und andere) durch mächtige emotionale Erfahrungen.

Die Aufgabe des Gruppenpsychotherapeuten ist es, Gruppenmitgliedern dabei zu helfen, die Tiefen ihres Elends und ihrer Verzweiflung zu erkunden und ihnen bei der Befreiung vom inneren Aufruhr zu helfen, der ihre Gedanken verwirrt und sie von anderen Menschen forttreibt. Die Gruppenbehandlungsmodalität stellt ein einzigartiges Forum für solch ein mächtiges Teilen zwischen den Individuen dar, die sich emotional überwältigt, sich sozial ihrer Privilegien beraubt und unfähig fühlen, selbstständig ihre Konflikte zu lösen. Der Gruppenleiter interveniert, um die therapeutischen Faktoren ins Spiel zu bringen, die ihrerseits die mächtigen interpersonellen Prozesse fördern, die wiederum individuelles Wachstum fördern.

Falls der Therapeut den Gruppenmitgliedern nicht helfen kann, sich in Richtung emotionale Exploration zu bewegen, bleibt das Niveau der Interaktion oberflächlich und spekulativ.

Arbeit an den Kognitionen

Wachsendes **Selbstverständnis** oder **Einsicht** ist das Ziel der meisten Formen psychosozialer Intervention, aber die Bedeutung dieses Konzepts variiert unter den Klinikern. Für einige bedeutet Einsicht die Aufdeckung unbewusster Konflikte, die aus der Kindheit stammen. Für andere steht Einsicht für jede Form von gewachsenem Selbstbewusstsein auf Grund von interpersonalem Feedback. Dann gibt es Kliniker, die argumentieren, dass die Art von Einsicht, die viele Patienten erwerben, nicht verstärktes Selbstverständnis, sondern größere Akzeptanz des Verhaltens und der Intentionen von anderen ist.

Die Forschung zeigt eindeutig den Wert von Selbstverständnis für die therapeutische Veränderung (Orlinsky und Howard 1986), aber um die Natur von „Einsicht" ist es vergleichsweise still. Es scheint unbezweifelbar zu sein, dass jegliche Form verbesserten Bewusstseins das Potenzial besitzt, konstruktive Veränderungen in der Kapazität des Patienten herbeizuführen, um effektiver zu bewältigen (copen): die Entfernung blinder Flecken auf Grund von falscher Selbstwahrnehmung, die Modifikation dysfunktionalen und/oder irrationalen Denkens (z. B. selektive Unachtsamkeit, Katastrophisieren), das Erlernen spezifischer Fertigkeiten, ein gewachsenes Verständnis für andere und sogar der Erwerb allgemeiner Informationen über das Leben. Gruppenbehandlungen sind besonders effektiv bei der **Förderung von Einsichten in Aspekte der Beziehung des Selbst zu anderen**.

Die meisten Menschen, die in eine Psychotherapie eintreten, tun dies, weil sie sich wünschen, das subjektive Unbehagen und die fehlangepassten interpersonellen Muster zu überwinden, die ihr tägliches Leben behindern. Während wichtige andere häufig für ihre (der Patienten) wiederkehrenden Schwierigkeiten verantwortlich gemacht werden, gibt es auch ein Bewusstsein für das Bedürfnis nach Selbstveränderung/-verbesserung: Wären sie doch nur „stärker", „sensibler" oder „mehr fähig zum Gefühlsausdruck", dann könnten sie ihr Leben angemessener regeln. Ein wichtiger Fokus der Behandlung wird daher die Suche nach dem Selbstbild, das jeder Patient zu modifizieren hofft: „Wer bist du und was ist es, das du am meisten an dir ändern willst?", „Wie kommt es, dass du immer wieder in die gleichen Probleme in Beziehungen kommst?". Die Betonung liegt auf der Entdeckung der selbst beschuldigenden Muster und der sich selbst

erfüllenden Prophezeiungen, die wiederholt in sozialen Beziehungen gezeigt und gewöhnlich in der Hier-und-Jetzt-Situation der Gruppeninteraktion reinszeniert werden. Für viele Patienten haben persönliches Leiden und interpersonelle Unfertigkeiten zu einer heimtückischen Erosion des Selbstwerts beigetragen, dem in einer supportiven und reflektierenden Gruppenatmosphäre entgegengewirkt und so das erodierte Selbstwertgefühl korrigiert werden kann.

Der Gruppenrahmen gerät zu einem Spiegelsaal der Selbstreflektion. Das reziproke Teilen schmerzhafter Gefühle und interpersoneller Konflikte außerhalb der Gruppe sowie die Replikation kontraproduktiver Verhaltensweisen innerhalb der Gruppe geben die Basis ab für **interpersonelles Feedback** oder **konsensuelle Validierung**, die als grundsätzliche Quellen des Lernens in Gruppenbehandlungen fungieren (Yalom 1985). Obwohl die Qualität des Austauschs zwischen den Gruppenmitgliedern während des Lernprozesses nicht ohne Schwierigkeiten ist, gibt es substanzielle Hinweise darauf, dass der Therapeut eine zentrale Rolle für die Förderung therapeutischer Veränderung durch seine Interventionen spielt, die darauf zugeschnitten sind, Einsicht und Selbstverständnis durch Interpretation zu fördern (Dies 1994a). Es gibt eine Reihe von Anleitungen für den interpretativen Prozess:

> Interpretationen, die aus Interaktionen innerhalb der Gruppensitzungen stammen, fördern Verallgemeinerungen persönlicher Erfahrungen außerhalb der Behandlung und werden deshalb als höchst nutzbringend angesehen.

Der Nachweis dieser Innen-Außen-Parallelen erleichtert das Verständnis, da das Lernen unmittelbar und konkret ist. Der Gruppenleiter ermutigt die Gruppenmitglieder, nach Parallelen zu suchen, indem er fragt „Wie wirkt sich das Problem hier in der Gruppe für Sie aus?" oder „Geraten Sie in die gleichen Probleme in Ihren Beziehungen mit Freunden und Kollegen außerhalb der Gruppe?". Ständiges Bemühen, diese Gemeinsamkeiten zu klären, eröffnet einen Rahmen für Selbstbefragungen, der von anderen Gruppenmitgliedern geteilt werden kann, indem sie ähnliche Parallelen in ihrem eigenen Leben hinterfragen.

> Patienten begrüßen häufig pragmatische Interpretationen, Hinweise und Instruktionen mehr als abstrakte Analysen und „genetische" Einsicht, speziell in kürzeren Gruppenbehandlungen, in denen der Zeitdruck eine ausgedehnte Exploration früherer Erfahrungen verhindert.

Flowers und Booraem (1990) haben z. B. sorgfältig vier Arten von Interpretationen studiert, die während Gruppensitzungen von Gruppenleitern geäußert werden: Die Interpretationen fokussierten auf

- den Einfluss des Patienten auf seine Umgebung,
- Verhaltensmuster des Patienten,
- Motive für das Verhalten,
- historische Gründe für das Verhalten.

Die Interpretationen, die die meisten Veränderungen auf Seiten der Patienten bewirkten, waren die mit interpersonellem Einfluss und Verhaltensbezug.

> Interpretationen sollten supportiv und mit vorläufigem Charakter dargeboten werden, damit die Patienten nicht das Empfinden haben, dass der Therapeut urteilt, herablassend ist oder „Einen-Kopf-kürzer-machen-Spiele" mit ihnen spielt.

Daher sind vorbereitende Beobachtungen mit Kommentaren wie „Sie haben verschiedene Sachen gesagt, die mir unvereinbar miteinander zu sein scheinen, aber es kann auch sein, dass ich nicht verstanden habe, was Sie meinen" oder „Hier gibt es ein paar verschiedene Wege, die Sie versuchen könnten, um zu sehen, wie das auf die anderen in Gruppe wirkt" generell hilfreich. Auf ähnliche Weise kann es oft hilfreich sein, Widersprüche zwischen Meinung und Handeln oder zwischen verbalen und nonverbalen Ausdrucksformen zu identifizieren, aber dann dem Patienten den ersten Schritt zu überlassen bei Vermutungen bezüglich der zu Grunde liegenden Bedeutung. Falls dieser Schritt für den Patienten zu schwer sein sollte, könnte er gefragt werden, ob andere ihre Sicht der Dinge offerieren sollten. Indem er seine Einwilligung dazu gibt, ist der Patient weniger wahrscheinlich in einer defensiven Position.

> Für Therapeuten ist es sinnvoll, im Therapieprozess daran zu denken, markant zu sein anstatt tiefgründig.

Zu häufig sind psychologische Interpretationen in einen psychologischen Jargon eingewoben oder sind zu spekulativ, ohne dass ausreichende Information gegeben ist, um ihre Schlussfolgerungen zu unterstützen. Interventionen, die eindimensional und unkompliziert sind und durch konkrete Beispiele verankert werden können, werden bereitwilliger akzeptiert und verstanden. Patienten müssen nachvollziehen können, dass ihre konkreten Verhaltensweisen und falschen Annahmen tatsächlich ein sich wiederholenden Muster darstellen und keine Schlussfolgerungen auf einer minimalen Evidenzbasis durch andere sind.

> Interpretationen sind wahrscheinlich effektiver, wenn der Patient emotional in den Prozess investiert.

Häufig benötigt es eine Art von „Hineintauchen" in einen Affekt, bei dem der Patient zunächst mit Schmerz in Kontakt kommt, um danach die Bedeutung der Situation zu reflektieren (Yalom 1985). Ohne affektive Erregung verbleiben die Bemühungen, die persönliche Bedeutung problematischer Gedanken, Gefühle oder Verhaltensweisen zu ergründen, auf einer oberflächlichen, abstrakten und/oder intellektuellen Ebene.

Einsicht in die Probleme anderer stellt sich unvermeidlich während einer Gruppenbehandlung ein, da Patienten offen Gefühle, Gedanken, Motive und Handlungen diskutieren. Für die meisten Gruppenmitglieder ist diese Gelegenheit für ein intensives Teilen und für Selbstexploration mit gleich Betroffenen einzigartig; und für viele ist dies ihr erstes Erlebnis interpersoneller Nähe und Intimität. Innerhalb eines solch einzigartigen Kontextes, werden Patienten zahlreiche Gelegenheiten geboten, das Selbstbewusstsein zu verfeinern und Empathie und Verständnis anderen gegenüber wachsen zu lassen. Interpretationen durch den Therapeuten und Feedback von anderen dienen der Korrektur fehlgeleiteter Annahmen, der tiefgehenden Verminderung fehlerhafter und falscher Wahrnehmungen und dem Lernen adaptiver Problemlösefertigkeiten (Tschuschke und Dies 1997). Für die meisten Patienten ist die Aquisition von Einsicht eher ein gradueller Prozess denn ein plötzlicher „Blitz" von Bewusstsein, der zu einer dramatischen Veränderung in ihrem Selbst oder in ihrer Weltsicht führt. Ähnlich wird es wohl eher so sein, dass es seine Zeit für die gewonnene Einsicht braucht, bevor sie sich in konkreten Verhaltensänderungen manifestiert, und viele dieser Veränderungen bedürfen weiterer Verfeinerungen, bevor sie als das neue „Ich" akzeptiert werden.

Arbeit an der Verhaltensänderung

Für viele Kliniker hat die Förderung von **Einsicht** und **Katharsis** einen viel größeren Reiz als irgendein anderes Bemühen zur Verhaltensänderung, da davon ausgegangen wird, dass Modifikationen im Verhalten auf natürliche Weise mit gewachsenem Verständnis und emotionaler Befreiung einhergehen. Andere Therapeuten jedoch glauben, dass es oft einfacher ist, sich selbst in einer neuen Denkrichtung zu verhalten, als in eine neue Verhaltensrichtung zu denken (Dies 1995) und legen beträchtliches Bemühen auf Interventionen, die behaviorale Praxis sowohl in den Sitzungen als auch außerhalb zwischen den Sitzungen zu ermutigen. Es wird dabei davon ausgegangen, dass diese Versuche wachsende Gelegenheiten für Lernen darstellen, das wiederum eine Grundlage für gewachsenes Selbstbewusstsein abgibt.

Eine Teilnahme an dem Komplex „sozialer Mikrokosmos" der Gruppenpsychotherapie (Yalom 1985) bringt es mit sich, dass es ein **Lernen von sozialen Fertigkeiten** anstößt, das viele Patienten vermisst haben, bevor sie in die Behandlung eintraten: z. B. interpersonelle Kompromisse und Konfrontation, aktives Zuhören, Verpflichtung gegenüber anderen und Verantwortung, ehrliche Kommunikation und den Ausdruck von Gefühlen. Tatsächlich ist der Erwerb von sozialen Fertigkeiten häufig die wichtigste Errungenschaft während der Behandlung (Yalom 1985), und es gibt auch Hinweise, davon auszugehen, dass Patienten, die diese Verhaltensweisen sehr effektiv erwerben, diejenigen sind, die auch den meisten Nutzen aus der Behandlung ziehen (Tschuschke und Dies 1994a).

Viel Forschung über Gruppenbehandlungen wurde an Kurzzeitinterventionen durchgeführt, die dafür konzipiert sind, spezifische Problemlösefertigkeiten zu vermitteln. In der Tat wurden Dutzende von Behandlungsmanualen in den vergangenen Jahren geschrieben, die pragmatische Anleitungen dafür bereitstellen, wie Therapeuten Verhalten modellieren oder effektive interpersonelle Verhaltensweisen demonstrieren und dann Gruppenmitglieder in ihren Bemühungen, ihre eigenen Handlungen entsprechend zu verändern, verstärken können (Dies 1994a). Obwohl die Mehrzahl dieser Programme auf kognitiv-behavioralen Behandlungsmodellen aufbaut (Kap. 54), muss der Kliniker kein Behaviorist oder Psychodramatiker sein (Kap. 57), um eine sinnvolle Anwendung dieser handlungsorientierten Techniken vornehmen zu können.

Eine Alternative ist schlicht, dem Patienten nahe zu legen, ein neues Verhalten innerhalb der Gruppe auszuprobieren. Innerhalb des Kontextes eines unterstützenden Gruppenklimas kann ein unsicherer Patient seine Gefühle spontaner oder in einer forcierten Weise ausdrücken, um „zu sehen, wie es sich anfühlt", mit dem grundsätzlichen Verständnis, dass solche Experimente im Rahmen der Gruppe eine ausgezeichnete Gelegenheit sind, Feedback von den anderen zu erhalten. Patienten können darüber informiert werden, dass der Erwerb einer neuen Fertigkeit (z. B. selbstsicherer zu werden) ein wenig so ist, wie laufen zu lernen: Man kann ein paar Mal hinfallen, aber wenn man sich selbst wieder aufrappelt und es wieder versucht, wird es von Mal zu Mal besser. Ein Gruppenmitglied, das einen unsensiblen Kommentar abgegeben hat, könnte aufgefordert werden, eine mögliche Alternative zu überlegen, sich auszudrücken, die gegenüber anderen Gruppenmitgliedern weniger offensiv wäre, und dann in seinen Bemühungen bekräftigt werden. Einem anderen Patienten könnten verschiedene Alternativen angeboten werden und er könnte gebeten werden, eine davon zum Ausprobieren auszuwählen. In jedem Fall ist es wichtig, die Grundannahmen, die Patienten bezüglich ihrer Auswahl haben, zu befragen. Beispielsweise könnten folgende Annahmen zu Grunde liegen: „Wenn ich selbstbewusst auftrete, mögen mich die anderen vielleicht nicht", „Wenn ich stark auftrete, denken die anderen, dass ich schwach bin" oder „Wenn ich meine Gefühle zeige, mache ich mich zu angreifbar."

Die fälschlichen Annahmen, die den meisten maladaptiven Verhaltensstrategien zu Grunde liegen, können dann offen untersucht werden und ihre selbstdestruktive Natur kann direkt geändert werden. Für viele Patienten ist eine basale Botschaft: „Was, wenn es noch schlechter ist als es jetzt ist?". Das heißt, die antizipierten negativen Konsequenzen werden als weit schlimmer als die aktuellen Konsequenzen imaginiert. Viele Patienten entdecken erst, dass ihre Neigung, kurzfristige Nachteile zu vermeiden, häufig ernstere Probleme erst zur Folge hat als ihre kurzsichtige Perspektive fälschlich anizipierte. Zum Beispiel kann unserem selbstunsicheren Gruppenmitglied Mary gezeigt werden, dass sie potenzieller Kritik durch andere aus dem Weg geht, indem sie sich nicht äußert, und dass ihr permanenter Selbstmissbrauch durch ihre Passivität viel kostspieliger ist im Hinblick auf verminderten Selbstwert und chronisches Unglücklichsein. Patienten kann geholfen werden, ihr **neurotisches Paradox** zu verstehen, in dem sie vor befürchteten Konsequenzen zurückschrecken, sie gleichwohl dieselben Situationen vermeiden, die ihnen helfen könnten, ihre kontraproduktiven Muster zu verlernen. Auf ähnliche Weise könnten Patienten lernen, dass ihr Verhalten wie ein „Schuss nach hinten losgeht", dass die Person, die schweigsam bleibt, um eine Zurückweisung durch andere zu vermeiden, gerade durch ihr Schweigen die interpersonellen Konsequenzen hervorruft, die sie zu vermeiden bemüht ist. Patienten entdecken oft, dass der effektivste Weg zur Eliminierung unangepassten Verhaltens gerade ist, „die Zähne zusammenzubeißen" und sie „einfach" zu ändern. Gruppenbehandlung bietet dafür einen sicheren Rahmen, innerhalb dessen mit neuen Verhaltensweisen experimentiert werden kann.

Die Patienten sollten dazu eingeladen werden, ein außerhalb der Gruppe auftretendes Problem zu „demonstrieren" anstatt darüber zu reden: „Können Sie uns zeigen, wie Sie das machten?" oder „Was haben Sie tatsächlich gesagt?". Eine Simulierung externer Umstände könnte etwas offen legen – eher als ein sensibles Entgegenkommen und Umsorgen, was der Patient erhofft hatte –, andere Gruppenmitglieder können auf den kritischen Teil des Verhaltens reagieren. Auf diese Weise kann die Diskrepanz zwischen Intentionen und dem interpersonellen Einfluss untersucht werden. In anderen Situationen kann ein formelles **Rollenspiel** vorgenommen und der Patient ermutigt werden, unterschiedliche Beziehungsaspekte auszuprobieren. Der Einsatz von Rollenspielen erlaubt Gruppenmitgliedern, neues Verhalten zu praktizieren und aktive Ratschläge von anderen in der Gruppe für eine weitere Verbesserung zu erhalten. Das Gruppensetting stellt eine sichere Arena für **Versuch-und-Irrtum-Lernen** bereit. Der Einsatz von Gruppenmitgliedern als Ressourcen erleichtert den Lernprozess substanziell, da Patienten auf Grund der wahrgenommenen Gemeinsamkeiten mit Sicherheit mehr von ihren „Gruppengenossen" lernen, denn von ihrem Therapeuten, der mehr als ein distanziertes Rollenmodell erlebt wird (Tschuschke und Dies 1997).

Da Gruppenmitglieder in der Regel eher ungern negatives Feedback geben, muss der Gruppenleiter häufiger die Führung bei Konfrontationen von ungewünschten interpersonellen Verhaltensmustern übernehmen, indem er dieses Verhalten modelliert und die Bereitschaft und Fähigkeit der Gruppenmitglieder souffliert, verstärkt und formt, sich in konstruktiver Konfrontation zu engagieren (Dies 1995). Die verfügbare Literatur legt nahe, dass Patienten im Allgemeinen akzeptieren, dass eine **Konfrontation** durch den Therapeuten eine der wirksamsten Formen von therapeutischen Interventionen ist (Dies 1994a), besonders, wenn die Qualität der Patient-Therapeuten-Beziehung und das allgemeine Gruppenklima supportiv sind. Eine Konfrontation durch den Therapeuten muss nicht im Sinne eines „jetzt mache ich ihnen Feuer unter dem Stuhl" oder als eine Anschuldigung durch Gruppenmitglieder erlebt werden, wenn einige **Grundregeln** beachtet werden:

> Therapeuten sollten Interpretationen oder ein Abqualifizieren von Verhalten vermeiden und danach trachten, so beschreibend wie möglich zu bleiben.

Das Bemerken von bestimmten Verhaltensweisen, das Aufzeigen von Widersprüchen und die Beschreibung der Konsequenzen werden grundsätzlich wirkungsvoller sein als zu sagen „Ihre unsensible Unterbrechung …", „Ihr Bedürfnis, höchst wichtig zu sein …", „Sie versuchen **ständig** zu beweisen …" oder andere provokative Bemerkungen zu machen.

> Konfrontationen sollten aus einer Position der therapeutischen Neutralität heraus erfolgen.

Obwohl es sicherlich angemessene Gelegenheiten für ehrlichen Ausdruck von Ärger, Verletzung oder Frustration durch den Therapeuten gibt, ist es im Allgemeinen das Beste, von den Gruppenmitgliedern als objektiv wahrgenommen zu werden. In dieser Hinsicht ist es oft hilfreich, sich auf Gruppenmitglieder als Assistenten bei der Konfrontation eines schwierigen Patienten zu verlassen, da es wahrscheinlich ist, dass andere auf den schwierigen Patienten in gleicher Weise reagieren werden; es ist wichtig, die Gruppe die Arbeit machen zu lassen. Dennoch sollte der Therapeut sorgfältig darauf achten und nicht durch andere Patienten ausagieren lassen, dass ein offensives Gruppenmitglied zum Schweigen gebracht wird, noch sollte das besagte Individuum sich dem Gruppendruck beugen müssen.

> Therapeuten können ihre eigenen Reaktionen mit anderen teilen und die Gruppenmitglieder dazu einladen, ihre Gefühle über spezifische problematische Verhaltensweisen von Patienten darzulegen.

Beispiele sind: „Wenn Sie da so schweigsam sitzen, habe ich das Gefühl, dass es Sie nicht interessiert, was ich sage." oder „Jedes Mal, wenn Sie mich unterbrechen, fühle ich mich frustriert, weil ich glaube, dass Sie mir nicht zuhören ... haben andere auch diesen Eindruck?". Auf ähnliche Weise kann das aggressive Gruppenmitglied gebeten werden, die Implikationen seines Verhaltens zu reflektieren: „Welche Auswirkung hat dies Ihrer Meinung nach auf die anderen, wenn Sie ... (die anderen so häufig unterbrechen, so viel reden, so abwehrend reagieren, die anderen so scharf verurteilen usw.)?".

> Die selbstdestruktive Natur des problematischen Verhaltens sollte sensibel beleuchtet werden.

Der Ausdruck von Konfusion oder ein „Sich dumm stellen" können hilfreich sein: „Ich bin momentan perplex ... Sie kommen hierher, um Hilfe zu erhalten, aber es scheint mir so, als würden Sie hart daran arbeiten, sie unbedingt zu vermeiden. Können Sie uns helfen, zu verstehen, was hier vor sich geht?". Es ist gleichfalls wichtig, zu realisieren, dass einige der aggressiven Verhaltensweisen nicht gruppenspezifischer Widerstand sind, sondern verallgemeinerte unangepasste interpersonelle Verhaltensweisen. Die Konfrontation sollte daher die Patienten einladen, alternative Wege des Verhaltens zu finden. Ein schweigsames Gruppenmitglied kann immer wieder ermutigt werden, sich einzulassen, um zu sehen, wie der Versuch, sich anders zu verhalten, Gelegenheiten für neues Lernen schafft.

Es ist außerdem nützlich, **Hausaufgaben** für interpersonelle Projekte zu vergeben, die zwischen den Sitzungen durchgeführt werden können. Es wird argumentiert, dass einer der prinzipiellen Gründe für den Erfolg kognitiv-behavioraler Ansätze bei Kurzzeit-Gruppenpsychotherapie die Verschreibung spezieller Aufgaben zwischen den Therapiesitzungen ist (Graf u. Mitarb. 1986). Therapeuten anderer theoretischer Orientierungen haben gleichfalls herausgefunden, dass die Patienten, die zwischen den Sitzungen an den interpersonellen Erfahrungen arbeiten, die sie in der Gruppe erworben haben, diejenigen sind, die den meisten Nutzen aus der Behandlung ziehen (Lieberman u. Mitarb. 1973). Bei der Zuschreibung von Aufgaben, die in der individuellen Umgebung des Patienten angewandt werden sollen, ist es wichtig, als Therapeut in Begriffen wie „sukzessive Approximierung" an die gewünschten Ziele zu denken (Dies und Dies 1993a;b). Mit anderen Worten, beginnen Sie mit Aufgaben, die weniger bedrohlich sind und steigern Sie sie dann graduell mit dem Niveau. Dieses Vorgehen kann einen hilfreichen Zirkel in Gang bringen, indem frühere Errungenschaften das Vertrauen in sich verbessern, schwierigere Herausforderungen anzugehen. Praxis in der Wirklichkeit hat das Potenzial, unterstützende Reaktionen von wichtigen anderen zu erhalten, was belohnender ist als Feedback vom Therapeuten oder den anderen Mitgliedern der Gruppe. Mehr noch, der Transfer von neu gelernten Fertigkeiten wird unterstützt.

Die meisten Patienten akzeptieren Hausarbeiten unmittelbar, wenn sie die Hintergründe für deren Einsatz verstehen, – sie bekommen auch mit, dass die anderen Gruppenmitglieder an solchen Aktivitäten interessiert sind – und wenn sie wissen, dass diese Übungen mit den Problemen in direkter Verbindung stehen. Auch viele Therapeuten, die zunächst solchen „Sozialtechniken" aversiv gegenüberstanden, haben gelernt, diese behavioralen Strategien mehr zu akzeptieren, nachdem sie Zeuge der nachhaltigen Veränderungen und der deutlichen Zuwächse im Selbstwertbereich, die ja oft relativ simple behaviorale Veränderungen begleiten, geworden waren.

Zusammenfassung

Übersichten über Literatur zu den therapeutischen Wirkfaktoren legen **fünf Dimensionen** als die zentralen für die meisten Patienten nahe:
- interpersonelles Feedback,
- Katharsis,
- Selbstverständnis,
- Gruppenkohäsion,
- Entwicklung sozialer Fertigkeiten
(Dies 1994a) (vgl. auch Kap. 23).

Diese Wirkfaktoren beleuchten interpersonelle Prozesse, die für Gruppenbehandlungen typisch und ihnen immanent sind („unique to group treatments") und die nicht notwendigerweise direkte Patient-Therapeuten-Beziehungen umfassen müssen. Nach Yalom (1985, S. 115 f.) „ist es weitgehend die Gruppe, die der Agent der Veränderung ist. Hier ist der entscheidende Unterschied in den grundlegenden Rollen des Einzel- und des Gruppenpsychotherapeuten. Im Einselsetting arbeitet der Therapeut als direkter Agent der Veränderung; der Gruppenpsychotherapeut jedoch arbeitet viel indirekter."

Der Verfasser dieses Kapitels hat an anderer Stelle ausdrücklich betont, dass es dieser indirekte Beitrag ist, der häufig zu einer Unterbewertung der Bedeutung des Gruppenpraktikers während der Gruppenbehandlung führt (Dies 1994a). Sicherlich sind die Interventionen des Gruppenleiters zur Schaffung einer bedeutsamen und supportiven Lernumgebung durch vorbereitende Maßnahmen und vor der Behandlung zu schließende Behandlungskontrakte, das frühe Strukturieren in der Gruppe, Interpretationen, Konfrontationen, Verstärkungen und das Abgeben eines geeigneten Modells absolut vital für die Kreierung des therapeutischen Potenzials der Gruppe. Aber diese Aktivitäten werden nicht die **Intensität** des emotionalen Einflusses auf die individuellen Gruppenmitglieder haben wie es das gemeinsame Teilen schmerzlicher Erfahrungen, das couragierte Eingehen von Risiken oder die mächtige interpersonelle Validierung mit sich bringen, die die Gruppenmitglieder miteinander erleben. Daher erwähnen einzelne Patienten typischerweise die Bedeutung der Patient-Patient-Interaktionen eher als die Beiträge ihrer Therapeuten, wenn sie ihre Gruppenbehandlung als erfolgreich bewerten.

Dennoch werden durch die Literatur deutlich verschiedene Gemeinsamkeiten bezüglich der **direkten** und deutlichen Beiträge des Therapeuten bei Gruppenbehandlungen belegt, wie:

> Die unablässigen Bemühungen des Therapeuten, eine kohärente Struktur für die individuelle Veränderung durch intensive Gruppeninteraktion zu schaffen, verbessern substanziell den Behandlungsnutzen.

Bei der großen Mehrzahl der Fälle zeigten sich strukturierte Gruppenbehandlungen jenen überlegen, die primär auf interpersonelle Unterstützung durch die Gruppenmitglieder, bei gleichzeitig wenig therapeutischem Input, angewiesen waren (Dies 1994a). Interventionen mit einem basalen Rational, Grundregeln für die Interaktion, Klärung der Patienten- und Therapeutenrollen, Überprüfungen des Fortschritts in Richtung individuell vereinbarter Ziele und permanentem Bemühen, ein wechselseitiges Teilen und konstruktives Feedback sicherzustellen, fördern definitiv die Behandlungsqualität.

> Das Behandlungsergebnis war viel besser, wenn die Gruppenmitglieder ihren Therapeuten als aktiv involviert und positiv erlebten.

Werden Therapeuten als nicht engagiert oder distanziert erlebt, speziell, wenn sie aktiv kritisierend und provozierend erlebt werden, sind Gruppenpatienten viel wahrscheinlicher unzufrieden und potenziell geschädigt durch ihre Behandlungserfahrung. Dagegen werden Therapeuten, die aktiv Struktur vermitteln und bereit sind, innerhalb einer supportiven und sorgenden Haltung individuelle und Gruppenprobleme zu konfrontieren, eher ein konstruktives Engagement im Gruppenprozess und wichtige klinische Fortschritte fördern (Dies und Dies 1993a;b).

> Therapeuten, die bereit sind, durch die Konfrontation starker Emotionen, problematischen interpersonellen Verhaltens und kontraproduktiver Prozesse in der Gruppe die Initiative zu übernehmen, werden mit größerer Wahrscheinlichkeit effektiv sein.

Hinweise aus mannigfachen Studien deuten darauf hin, dass eine affektive Erregung bei Patienten und gleichzeitige Konfrontation ihrer Ängste kognitive und behaviorale Veränderungen bewirken (Beutler u. Mitarb. 1986). Da Gruppenmitglieder ängstlich sind, potenziell brisante Gefühle anzupacken und eher abgeneigt (und oft wenig befähigt), negatives Feedback zu geben, scheint der Gruppenpsychotherapeut einzigartig dazu qualifiziert zu sein, diese therapeutische Verantwortung zu schultern.

> Gruppenpsychotherapeuten, die geschickt im Darbieten wichtiger Interpretationen individueller Dynamiken und komplexer Gruppenprozesse sind, sind mit größerer Wahrscheinlichkeit erfolgreich.

Somit ist es essenziell, dass Kliniker Instruktionen und Interpretationen geben, um die Gruppeninteraktionen anzuleiten, sodass die Gruppenmitglieder ein Verständnis ihrer dysfunktionalen Gedanken, falschen Wahrnehmungen, der sie bedrängenden Gefühle und kontraproduktiven interpersonellen Verhaltensweisen erlangen.

17. Techniken der Gruppenleitung

K.R. MacKenzie

Das Gebiet der Psychotherapie ist mit theoretischen Vorstellungen gut versorgt. Jedoch ist die Umsetzung derselben in Behandlungstechnik mehr dem Zufall überlassen: „Ich weiß, warum ich dies tun sollte, aber wie mache ich es?"

Das „Wie" involviert allgemeine Prinzipien und spezifische Techniken, die alle durch die interpersonellen Fertigkeiten des Therapeuten vermittelt werden. Dieses Kapitel befasst sich mit den zentralen Fragen der Technik und ist doch erst der Anfang. Supervision, speziell eine Supervision, die den Einsatz von Videos berücksichtigt, wird die Entwicklung von technischen Fertigkeiten und ihre Anwendung verbessern (zur Supervision s. Kapitel 7 und 8). Ein Gruppenmitglied wird nur das Resultat angewandter Technik erleben. Eine gut konzeptualisierte Intervention wird vergebens sein, wenn sie – technisch gesprochen – auf unbeholfene Art und Weise erfolgt.

Die Rolle des Gruppenleiters

Die soziokulturelle Rolle des „Heilers" trägt in sich Erwartungen, die Möglichkeiten bieten und Probleme kreieren für eine effektive therapeutische Arbeit. Diese Position bringt an sie gerichtete Erwartungen mit sich, dass der Therapeut über angemessene Kenntnisse und Fertigkeiten verfügt und ethische Standards berücksichtigen wird. Es wird unterstellt, dass das Individuum, das die Rolle des Leiters übernimmt, den Gruppenmitgliedern gegenüber hilfreich und positiv motiviert sein und die Verantwortung für die Abwendung von beschädigenden Erfahrungen übernehmen wird. Diese Verantwortlichkeiten können im Rahmen des Gruppenkontextes etwas verwischt werden. So wird der Leiter sich von frühen und angemessenen Aktionen zurückhalten, da „die Gruppe dies tun wird". Der Gruppenkontext bringt außerdem viel mehr Grenzaspekte als die Einzelpsychotherapie ins Spiel, von denen ein jeder problematisch werden kann.

Manche wichtige Aktion wird mit der Abgrenzung zum Leiter („leadership boundary") zu tun haben (Abb. 17.1). Alle Gruppenmitglieder werden ihre eigene Sicht ihrer Beziehung mit dem Leiter haben. Der Leiter selbst hat es mit einem komplexen Set von Abgrenzungsaspekten zu tun: einer besteht der gesamten Gruppe gegenüber und einer in Bezug auf jedes Gruppenmitglied, und manchmal auch gegenüber einer Subgruppe von Gruppenmitgliedern. In Zeiten von Beanspruchung und Stress kann es schwierig sein, alle die genannten Punkte in einer angemessenen Balance zu halten. Zum Beispiel kann ein aus sich herausgehendes Gruppenmitglied, das die Gruppennormen auf eine Belastungsprobe stellt, dem Gruppenleiter Sorgen bereiten, wenn er gerade dabei ist, einer übermäßig passiven Gruppe wichtige Anreize für konstruktive Änderungen zu geben.

Die Erwartungen der Gruppenmitglieder an die Gruppenleiter mögen wenig zu tun haben mit der tatsächlichen Person oder dem realen Verhalten des Leiters. Jeder Gruppenleiter (oder Vorsitzende einer Arbeitsgruppe) wird über die erstaunlichen Effekte bezüglich der wirkungsvollen Reaktion, die durch das schlichte Sitzen auf dem Stuhl des Leiters hervorgerufen werden, berichten können. Viele Gruppenpsychotherapeuten sind in ihrer Weltsicht emanzipatorisch bzw. in Richtung auf Gleichberechtigung orientiert und fühlen sich wegen der auf sie projizierten Erwartungen an einen aktiven Leiter unwohl. Dies scheint dem Ideal einer Therapie durch die Gruppe gegenläufig zu sein. Dennoch ist die Rolle des designierten Gruppenleiters eine Machtposition, die weise benutzt werden sollte. Sie wird Reaktionen auf Seiten der Gruppenmitglieder stimulieren, die für ihre Beziehung zu parentalen oder Autoritätsfiguren typisch sind. Es ist eine technische Herausforderung für den Therapeuten, Gebrauch von diesem Material zu machen, ohne eine polarisierte Begegnung entstehen oder von der Bedeutung des Lernens durch Interaktion zwischen den Gruppenmitgliedern ablenken zu lassen.

Ein Gruppenmitglied umging z. B. alle Bemühungen des Therapeuten, ihn für die Arbeit zu engagieren, anscheinend eine Parallele zur Beziehung zu seinem unnahbaren und kritischen Vater. Jedoch war er anderen Gruppenmitgliedern sehr behilflich, und der Gruppenleiter war in der Lage, Gruppeninteraktion zu fördern, indem er über die Gruppenmitglieder ging, die den Patienten auf eine wirkungsvolle Weise in wichtige interpersonelle Arbeit einbezogen.

Es gibt eine ganze Reihe von Ansichten, wie man am besten auf Reaktionen gegenüber dem Gruppenleiter antworten sollte, die jenseits der realen Beziehung sind, d.h. Reaktionen, die durch die Rolle des designierten Gruppenleiters beeinflusst sind. Einige Therapeuten sehen die Gruppe als ein Setting, in dem die meisten, wenn nicht alle, Verhaltensweisen der Gruppenmitglieder im Hinblick auf die Beziehung zum Leiter gesehen werden sollten (s. auch Kap. 18). Diese Therapeuten leiten Gruppen, in denen viel Zeit für die Interpretation von parentalen und autoritätsbezogenen Themen verwendet wird. Andere Therapeuten betrachten ihre Rolle primär im Bezug auf das Management des Gruppensystems und leiten entsprechend Gruppen, bei denen die Spannungen hauptsächlich zwischen den Gruppenmitgliedern stattfinden. Grundsätzlich müssen Gruppenleiter sich permanent über ihre Rolle in der Gruppe und wie sie diese gestalten, bewusst sein.

Basale Therapeutenfunktionen

Konzeptualisierung der Gruppe

Die erste Aufgabe des Gruppenpsychotherapeuten ist die vollständige Akzeptanz des Konzepts der Gruppe als Ganzes. Gruppenpsychotherapie ist von der Konstruktion her gesehen vollständig konzipiert als eine Behandlung durch den Gruppenprozess. Diese Perspektive kann fast auf alle intensiven Gruppenformate übertragen werden, mit der möglichen Ausnahme der sehr strukturierten psychoedukativen Gruppen und einiger verhaltensbezogener Gruppen, in denen die individuellen Gruppenmitgliedern nacheinander „behandelt" werden. Selbst in diesen Settings aber gibt es eine inhärente Komponente, dass Individuen beobachtet, implizit unterstützt und von der Gruppe verstanden werden.

Eine Gruppensystemperspektive ist notwendig: Was tun die Individuen in der Gruppe **miteinander**? Diese Sichtweise hat einen profunden Einfluss auf die Gruppentechnik. Ein brauchbarer Ansatz ist es, die Gruppe als um eine Reihe von Grenzbereichen herumgebaut zu betrachten. Abb. 17.1 zeigt sieben dieser Grenzaspekte.

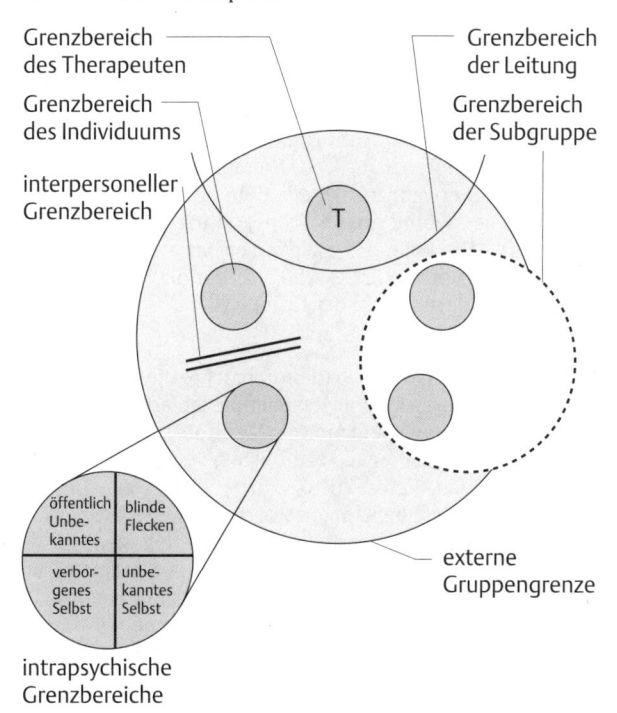

Abb. 17.1 Die Struktur des Gruppensystems.

Der Therapeut ist in einer Position, herauszufinden, welcher Grenzbereich zu einem gegebenen Zeitpunkt bezeichnend für den Gruppenprozess ist. Dieser Bereich könnte als die „heiße Zone" angesehen werden. Zum Beispiel bewirkt das Fokussieren auf Treffen von Gruppenmitgliedern außerhalb der Gruppe, dass der Grenzbereich der Gruppe verletzt wird, dass über die Gruppengrenze hinausgegangen, sie quasi missachtet wird. Es involviert außerdem einen Subgruppengrenzbereich. Eine psychodynamisch-interpretative Intervention, bezogen auf ein individuelles Gruppenmitglied, fokussiert auf individuelle interne Grenzbereiche. Herausforderungen des Leiters und seiner Rolle tangieren den Therapeutengrenzbereich, aber können auch Spannungen in der Koleitersubgruppe involvieren. Die Mehrheit der Gruppenaspekte überschreiten die interpersonellen Grenzbereiche zwischen zwei Gruppenmitgliedern.

Das Grenzbereichsschema in Abb. 17.1 hilft dem Therapeuten dabei, zu bestimmen, wohin eine Intervention zielen sollte. Indem auf einen speziellen Grenzbereich fokussiert wird, kann ein hilfreicher Dialog um die jeweiligen Aspekte gefördert werden, stets bilaterale Aspekte, die über die jeweilige Grenze hinweg betroffen sind. Der Therapeut sollte standhaft diesen Fokus beibehalten, da dieser – sofern gut gewählt – Elemente der Spannung positiver oder negativer Art in sich birgt. Die Idee der Vermittlung („messaging") eines Grenzbereichs beinhaltet die Vorstellung der Exploration einer spannungsgeladenen Zone, damit die darin enthaltenen Punkte geklärt und durch eine Diskussion Entspannung gefördert wird. Abb. 17.1 beinhaltet auch die Vorstellung von organisierten Gruppenniveaus innerhalb des Gruppenprozesses. In einer neuen Gruppe kann z. B. vom Therapeuten frühe Selbstöffnung entdeckt werden, die er als einen Indikator werten kann, dass die Gruppenmitglieder im Begriff sind, sich näher kennen zu lernen, ein gutes Zeichen dafür, dass die Mitglieder eine Arbeitsgruppe formen – ein eigenes Gruppenniveau innerhalb des externen Grenzbereichs. Selbstöffnungen später in der interaktionellen Arbeitsgruppenphase der Gruppe (Kap. 22) werden im Hinblick auf die Bedeutung für das Individuum in seiner Beziehung zu anderen außerhalb oder innerhalb der Gruppe thematisiert, indem entweder eine interne oder interpersonale Grenzbereichsebene gewählt wird. Die technische Entscheidung für einen bestimmten Grenzbereichsfokus bietet dem Therapeuten eine starke, gleichwohl unschädliche Technik zur Lenkung der Gruppeninteraktion in produktive Richtung. Dieser Ansatz hat inzwischen eine Resonanz in der Literatur zur Einzelpsychotherapie, wo sich neuere Arbeiten mit der Identifikation und Reparatur von bedrohlichen Unterbrechungen der therapeutischen Allianz befasst haben (Safran u. Muran 1998).

Basistechnik

Einige fundamentale Techniken konstituieren die Basis für erfolgreiche Gruppenleitung. Auf den ersten Blick scheinen sie offensichtlich zu sein, dennoch wird jeder Therapeut, der Videoaufzeichnungen seiner eigenen Sitzungen angesehen hat, überrascht sein, wie leicht diese Regeln außer Acht gelassen oder abgeschwächt werden.

Benutze kurze Interventionen!

Eine arbeitende Psychotherapiegruppe stellt ein effektives Vehikel dar für psychologische Veränderung. Die zentrale Aufgabe des Therapeuten ist es, eine Atmosphäre aufrechtzuerhalten, in der Therapie durch den Gruppenprozess erfolgt. Es liegt im Wesenskern ausgedehnter Interventionen, dass sie die Gruppeninteraktion dämpfen. Eine extensive, theoretisch korrekte Diskussion eines Gruppenereignisses durch den Therapeuten kann den paradoxen Effekt einer totalen Blockade der Gruppeninteraktion nach sich ziehen, weil die Gruppe sich an der Brillanz des Therapeuten wärmt. Der wirkungsvollste Lernprozess ergibt sich aus dem Erleben des

Verstandenwerdens und dem Lernen über sich selbst auf Grund von reflektierten, spontanen Reaktionen, die von anderen Gruppenmitgliedern kommen.

Der Therapeut kann die Rolle des Gruppenleiters als eine konzeptualisieren, bei der der Fluss des Gruppenprozesses auf subtile Weise in eine therapeutische Richtung gelenkt wird. Dies geschieht am besten durch leise Verstärkung von bestimmten Äußerungen und die Verbindung von gemeinsamen Punkten zwischen den Gruppenmitgliedern.

> Zum Beispiel wechselt ein Gruppenmitglied von der Beschreibung einer kürzlich beendeten Beziehung von kritischen Bemerkungen und Betrogenheitsaspekten hin zu andeutenden, vagen Äußerungen über den Schmerz durch Verlust. Der Gruppenleiter steuert leise hinzu: „Es muss Ihnen sehr viel bedeutet haben." Damit legt er eine tiefere affektive Exploration von Bindungsaspekten nahe. Indem sich dieses Thema entwickelt, wird es möglich, eine Verbindung zu einem anderen Gruppenmitglied mit den Worten herzustellen: „Ich glaube, dass Sie durch einen ähnlichen Prozess gingen, Herr X." Solche Interventionen sind beinahe unsichtbar, sie eröffnen eine Unterströmung für weitere fokale Aktivität, die die Gruppenarbeit aufrecht erhält und es erlaubt, tiefer zu arbeiten.

> Eine gute Faustregel wäre, sich stets zu fragen, ob es eine Notwendigkeit gibt für mehr als einen einfachen Satz bei jeder Therapeutenintervention.

Verwendung von klarer interpersoneller Sprache

Auf ähnliche Weise ist der Gebrauch der alltäglichen Sprache effektiver als technische Ausdrücke oder theoretische Formulierungen. Die große Mehrheit des Gruppenmaterials umfasst interpersonelle Themen, die Beziehungen aus der Vergangenheit, Gegenwart und in der Gruppe wie auch Aspekte des Verhältnisses zu sich selbst. Der Gebrauch einer interpersonell deskriptiven Sprache ermöglicht Gruppenmitgliedern auf schnelle Weise, eigene Belange zu anzusprechen. Dies ist eine übliche Herausforderung für beginnende Gruppenpsychotherapeuten, die sich schwer damit tun, theoretische Konstrukte auf die Gruppeninteraktion anzuwenden.

> Ein weibliches Gruppenmitglied beschreibt, wie sie sich immer wieder dabei ertappt, wie sie selbst auf kleinste Hinweise einer Missachtung durch ihren Ehemann überreagiert. Der Therapeut identifiziert das Muster korrekt als eins, das sich auch kürzlich in einer Gruppensitzung manifestiert hat. Indem der Leiter eine goldene Möglichkeit sieht, eine Interpretation wie aus dem Lehrbuch anbringen zu können, manövriert er sich in eine zweiminütige Äußerung, beginnend mit: „Was Sie anscheinend erleben, ist eine unbewusste Wiederholung eines introjizierten Bildes, das von einer prägenden Erfahrung stammt, als Sie noch Kind waren in ..., etc., etc."
> Das Gruppenmitglied hörte mit gespannter Aufmerksamkeit und einem versickernden Affekt zu. Um wie viel effektiver wäre es gewesen, in einen kurzen Kommentar zu schlüpfen wie: „Ich glaube, Frau Y hörte sich gerade wie ihre Mutter an."

Es ist sehr leicht möglich, dass ein verschlungenes fachliches Statement auf Grund der in professionellen Diskussionen verwendeten Sprache eine subtile kritische Qualität enthält.

Beobachten des eigenen Affekts

Therapeuten erwischen sich unvermeidlich von Zeit zu Zeit dabei, wie sie auf Gruppenereignisse mit einem Aufwallen von Affekten reagieren. Dies mag sich in positiver Richtung wie einer empathischen Einfühlung anlässlich einer schmerzhaften Geschichte oder in eine negative Richtung mit Ärger oder Unmut äußern. Zu solchen Gelegenheiten ist es leicht für den Therapeuten, das Gefühl für Neutralität zu verlieren und eine Überreaktion an den Tag zu legen. Eine gute allgemeine Regel ist, stets die eigenen affektiven Reaktionen zu beobachten (vgl. Kap. 26). Gruppenmitglieder können leicht die Bedeutung der emotionalen Äußerungen des Therapeuten überbewerten. Wenn Sie als Gruppenleiter bzw. Gruppenleiterin eine Welle von Emotionen erleben, ist es ratsam, dass Sie ein paar Mal langsam durchatmen und eine kurze Weile vergehen lassen, bevor Sie antworten.

Die Beobachtung eigener Reaktionen ist speziell wichtig, wenn die Reaktion in Richtung eines negativen Affekts geht. Es ist selten hilfreich für den Therapeuten, attackierende Techniken zu verwenden oder den Gebrauch derselben zu ermutigen. Dies würde einem **Scapegoating-Prozess** entgegensteuern (zur Rolle des „schwarzen Schafs" bzw. einem „Scapegoating-Prozess" s. Kap. 20, 21), der die Hauptursache für Verschlechterungen in der Gruppe ist.

> Eine redselige Gruppenpatientin brachte die Gruppe fortgesetzt mit ihren Monologen über die fehlende Unterstützung durch ihren Ehemann vom Wege ab. Die Gruppenleiterin erlebte sich – nach zahlreichen vergeblichen subtilen Versuchen, dieses Muster einzugrenzen – zunehmend ähnlich wie der Ehemann. Es war ganz offensichtlich, dass die Gruppenmitglieder zunehmend unruhig über die Situation wurden. Schließlich, mit einem gewissen Maß an Verzweiflung, rief die Patientin aus „Jasmin, kannst du nicht sehen, wie sehr du die Zeit der Gruppe mit deinen langatmigen Geschichten belastest? Lass' doch endlich die Gruppe mit ihrer Arbeit weitermachen." Es trat eine Stille ein, begleitet von deutlichem Grinsen bei einigen Gruppenmitgliedern. Jasmin errötete und saß während des Rests der Sitzung still da, die zunehmend gestelzt wurde, da Gruppenmitglieder und Therapeutin darum bemüht waren, was sie als Nächstes tun sollten, um die Spannung zu lösen, die sogar noch belastender wurde als Jasmins Monologe. Jasmin suchte in der folgenden Nacht mit einer Überdosis Medikamente die Notaufnahme eines Krankenhauses auf.

Man kann sich darüber Gedanken machen, was geschehen wäre, wenn die Intervention wie folgend gewesen wäre:

„Frau Z, ich weiß – und ich glaube, auch einige andere hier in der Gruppe –, wir sind uns über den Stress im Klaren, den Sie erlebt haben müssen (Einfühlung). Aber ich denke nicht, dass wir den besten Weg gefunden haben, Ihnen zu helfen (Fokus auf der Arbeit). Ich glaube, wir können nichts bezüglich Ihres Ehemannes tun, aber wir können uns ansehen, was Sie für sich selbst tun können (Selbst-Fokus). Ich frage mich, ob irgendjemand sonst in der Gruppe einen Weg gefunden hat, sich selbst in schwierigen Situationen wie der von Frau Z zu helfen (Empathie und Verallgemeinerung)."

Beobachten von externen Grenzbereichsaspekten

Der Therapeut hat die Verantwortung für die Aufrechterhaltung der Gruppenintegrität und die Förderung von Kohäsion. Eine wichtige Technik ist es, ständig bedrohliche Unterbrechungen, die die externen Grenzbereiche betreffen, zu thematisieren. Dies umfasst solche Punkte wie Teilnahme, Verspätungen, Vertrauensaspekte, Treffen außerhalb der Gruppensitzungen und Versäumnisse, in der Gruppe Erarbeitetes auf externe Umgebungen anzuwenden. Um dies zu gewährleisten, müssen Gruppenrollen und Erwartungen zu Beginn der Gruppe klar artikuliert und in den frühen Sitzungen regelmäßig betont werden. Sie können nachfolgend auf direkte und offene Art angesprochen werden. Es geht hierbei nicht um Disziplin oder Kritik, sondern eher um das Verständnis der involvierten Aspekte. Indem sie angesprochen werden, geraten Kernpunkte mehr in den Vordergrund. Um dies zu realisieren, muss der Therapeut eine aktive Haltung einnehmen. Es geht dabei wiederum nicht um eine Kontrolle seitens des Gruppenleiters, sondern darum, speziell Aktivität zu fokussieren.

Modulieren von Affekten der Gruppenmitglieder

Ein erhöhter emotionaler Zustand steigert das Potenzial für innere Veränderungen. Umgekehrt, eine Gruppe mit wenig Emotion mag in der Lage sein, Fakten zu lernen, allerdings mit wenig anhaltender persönlicher Relevanz (s. auch Kap. 16). Der Therapeut hat die wichtige Rolle inne, dem Gruppenmitglied bei der Modulation des Affekts zu helfen, damit ein maximaler therapeutischer Effekt resultiert. Prolongierte extreme Affekte können zu einem disorganisierten Status führen, in dem die Integration des Ereignisses gehemmt wird. Es könnte auch eine ängstigende Erfahrung bezüglich eines Kontrollverlustes resultieren, die zu einem vorzeitigen Gruppenabbruch führen würde. Der Therapeut hat die Verantwortung des Dämpfens der Intensität, wenn solche Umstände entstehen. Verschiedene Techniken sind hierbei hilfreich.

Die Ermutigung von Gruppenmitgliedern, auf die emotionalen Eindrücke eines Gruppenmitglieds zu reagieren, ist oft effektiv. Die Reflektion von ähnlichen Situationen bei anderen Gruppenmitgliedern hilft dabei, das Ereignis zu integrieren und zu normalisieren. Sie eröffnet auch die Gelegenheit, der Intensität die Spitze zu nehmen und den Stress des Gruppenmitglieds zu vermeiden. Manchmal ist es nur wichtig, dass der Therapeut einen Moment lang ruhig spricht, um den gleichen Effekt zu erzielen. Es ist auch angemessen, dem Gruppenmitglied nahe zu legen, dass es sich zurücksetzt, die Gruppe fortfahren lässt, um sich selbst die Gelegenheit zu geben, Abstand zu gewinnen bzw. die Sache sich etwas setzen zu lassen. Zusätzliche Unterstützung bei schwierigen Punkten kann günstig sein, die im Weiteren zu bearbeiten sein werden, wenn die Gruppe weiter voranschreitet. Alle diese Techniken intendieren die Förderung einer optimalen Integration des Affekts, nicht seine Vermeidung.

Eine Gruppe mit wenig spürbarem Affekt benötigt gleichfalls des Therapeuten Aktivität. Dieser Zustand mag gekoppelt sein mit Themen von geringer persönlicher Bedeutung in der Gruppe. Die Aufrechterhaltung eines Fokus gehört hierher. Detailliert dargebotenes, faktenreiches Material bei wichtigen Punkten maskiert häufig tiefergehende Bedeutung und ist quasi die Spitze des Eisbergs persönlicher Bedeutung. Die Aufgabe ist hier, diese Punkte mit den begleitenden Affekten zu integrieren.

Noch einmal: Eine Ermutigung der Gruppenmitglieder, doch zu sagen, wie sie die Situation sehen, ist eine bevorzugte Möglichkeit. Sie sind häufig stark daran interessiert, ihre eigenen Reaktionen bezüglich ihrer Übereinstimmung oder ihres Unmuts auszudrücken. Dieses therapeutische Modulieren eröffnet für das Gruppenmitglied einen Weg, in ein tieferes affektives Verständnis hineinzugelangen. Der Therapeut braucht einfach nur insistierend zu der Frage der emotionalen Bedeutung zurückzukehren, daran denkend, dass einige Patienten sich wegen ihrer Ängste, Schuldgefühle zu bekommen oder im Stich gelassen zu werden, wenn sie mehr offenbaren, langsam bewegen müssen.

Fördern von Interaktionen zwischen Gruppenmitgliedern

Gruppenpsychotherapie ist am effektivsten dann, wenn – therapeutisch gesehen – die Kernerfahrungen/-erlebnisse **zwischen den Gruppenmitgliedern** hergestellt werden. Genau dies ist es, Therapie durch den Gruppenprozess zu realisieren, mit dem Therapeuten einen Schritt dahinter. Der Therapeut spielt jedoch bei der Formung und Förderung von Gruppennormen eine wichtige Rolle, die die Interaktion zwischen den Gruppenmitgliedern unterstützt. Diese Verantwortlichkeit beginnt zu dem Zeitpunkt der Eingangsbeurteilungen, wenn die vorbereitende Information auf die Gruppe (Kap. 12) abklären sollte, wie eine Gruppe am besten arbeitet. Das Muster der Interaktion von Gruppenmitglied zu Gruppenmitglied kann von den ersten Minuten einer beginnenden Gruppe an verstärkt werden. Häufig werden die Gruppenmitglieder automatisch den Therapeuten ansprechen, da er die einzige Person ist, die sie kennen und mit der sie schon gesprochen haben. Der Therapeut wird den Auge-zu-Auge-Kontakt wegen des nonverbalen Aufforderungscharakters versuchen zu vermeiden. Dies könnte dann gefolgt werden von leichten Aufforderungen, mit denjenigen in der Gruppe zu sprechen, die ähnliche Punkte beschäftigen. Es ist niemals falsch, die Gruppe klar darauf hinzuweisen, dass das zentrale Lernen aus dem Teilen der Erlebnisse mit anderen stammt. Es ist normal in Zeiten von Anspannung oder erhöhtem Emotionsgehalt in der Gruppe, auf den auf den Gruppenleiter gerichteten Fokus zurückzukehren. Deshalb ist es gerade dann wichtig, die Mitglied-zu-Mitglied-Interaktionsmuster zu verstärken.

Beobachten supportiver Fähigkeiten

Effektive Psychotherapie baut auf supportiven Techniken auf. Dies bedeutet nicht, dass es sich um wohltuende Nettigkeiten oder das Weisswaschen von Problemen mit automatischer Zustimmung oder Akzeptanz geht. Supportive Techniken sind darauf zuzuschneiden, ein Gefühl für die Bewältigung und Kompetenz in Situationen, Beziehungen und für sich selbst zu fördern. Das bedeutet harte Arbeit und manche Herausforderung, sich zu ändern. Unterschiedliche theoretische Behandlungsmodelle verwenden für solche Ziele eine unterschiedliche Sprache

- kognitive Therapeuten benutzen Termini wie das Ändern von Gedankenmustern,
- interpersonelle Therapeuten fokussieren auf die Beziehungsmuster, die Beziehungsprobleme hervorrufen,
- psychodynamische Therapeuten betonen die Wichtigkeit eines besseren Verständnisses von internen konflikthaften Aspekten.

Sie alle haben das gemeinsame Ziel einer impliziten Verbesserung in interpersoneller Anpassung und erhöhtem Selbstwert. Kohäsive Gruppen sind im Allgemeinen sehr effektiv in der Offerierung supportiver Techniken und oft mit größerer Wirkung als in der Einzelpsychotherapie. Eine kohäsive interaktionelle Gruppe bietet konsistent unterstützende Qualität, Herausforderung und Motivation für Veränderung. Der Therapeut sollte stets beachten, dass diese Atmosphäre aufrechterhalten bleibt. Die Veränderungsarbeit ist nicht leicht und mit Widerstand muss gerechnet werden. Tatsächlich ist Widerstand ein guter Indikator dafür, dass wichtige Punkte angegangen werden.

Aufrechterhaltung eines Fokus

Die Effektivität von Psychotherapie wird erhöht durch einen konsistenten Fokus auf **Kernbereiche**. Die Auswahl solcher Kernbereiche ist Teil der initialen Einschätzungen vor dem Gruppenbeginn und ist gewöhnlich ein Aspekt permanenter Klarifikation während der ersten Sitzungen. Während die Gruppe voranschreitet, passiert es dem Therapeuten leicht, sehr in den Prozess einbezogen zu sein, tatsächlich sogar absorbiert zu sein durch die Verfolgung des Gruppenprozesses, und leicht die Ziele einzelner Gruppenmitglieder zu vergessen. Niedergeschriebene individuelle Behandlungsziele sind als konstante Erinnerung sehr hilfreich. Einige Gruppenkonzepte untersuchen ganz formal solche Ziele in regulären Zeitabständen, um alle Gruppenmitglieder noch einmal an ihre eigenen Ziele wie auch an die anderer Gruppenmitglieder zu erinnern. Solche fokussierenden Aktivitäten stimulieren Angst und ziehen Kritik auf den Gruppenleiter. Der Kern therapeutischer Arbeit dreht sich um kontinuierliche Bemühungen, solche Spannungen auf eine konstruktive Weise zu thematisieren. Der Gruppenleiter dient dabei als aktiver Erinnerer an den Aufgabenfokus.

Förderung der Anwendung des Gelernten

Der Zweck von Psychotherapie ist, Veränderungen in den persönlichen Bereichen zu bewirken. Da dies zunächst in der Gruppe geschehen wird, ist es wichtig, dass das Erworbene auf die Situationen in der realen Welt angewendet wird. Dieser Hinweis kann beim initialen Beurteilungsprozess angebracht und in den frühen Gruppensitzungen wiederholt werden. Empirische Ergebnisse zeigen, dass frühe Versuche der Anwendung des Erlernten ein gutes prognostisches Zeichen für ein eventuelles Therapieergebnis sind. Gruppen stellen eine gute Gelegenheit für Gruppenmitglieder dar, über solche Versuche der Umsetzung zu berichten und Gruppenreaktionen auf die Bemühungen zu erhalten. Deshalb ist eine wichtige Technik des Gruppenleiters, zu beobachten, wie die Gruppenmitglieder ihr Erlerntes beginnen, in der Außenwelt umzusetzen.

Prävention negativer Effekte

Verschiedene Aspekte des therapeutischen Stils und der Technik sind mit einer gewissen Wahrscheinlichkeit mit ungünstigen Wirkungen verknüpft und haben potenziell schädliche Wirkungen auf die Gruppenmitglieder. Viele dieser Aspekte lassen sich auch in der Einzelpsychotherapie finden, es gibt aber die Möglichkeit für die Gruppenmitglieder, das Verhalten an dem des Gruppenleiters zu orientieren, womit ungünstige Effekte noch verstärkt würden. Die am häufigsten kritisierte Leitercharakteristik ist der negative, kritische und autoritäre Stil. Er könnte einen malignen Scapegoating-Prozess (s.o.) in Gang setzen, an dem viele Gruppenmitglieder teilnehmen würden. Eine ähnliche Qualität ist die einer ausbeuterischen Haltung, die zu Grenzüberschreitungen führen würde. Beide werden am ehesten von einem niedrigen Niveau an Empathie begleitet. Ein ermahnend-charismatischer Stil, der die Patienten zur Arbeit motiviert und stimuliert, kann anfänglich als von Nutzen erscheinen. Er trägt in sich jedoch das Risiko, das individuelle Gruppenmitglied von seiner Verantwortung für den Anstoß zur und die Aufrechterhaltung von Veränderung zu befreien. Er könnte auch die Gruppenmitglieder auf ein Niveau der Teilnahme ziehen, mit dem sie nicht effektiv umgehen können und sie dem Gefühl aussetzen würde, die Erwartungen des Gruppenleiters nicht zu erfüllen. Die genannten Beispiele erfordern alle eine aktive Therapeutenhaltung. Ein passiver und wenig involvierter Stil wird in eine Absorbierung von Gruppenenergien und einen potenziellen Verlust von Gruppenmitgliedern mangels Interesse münden. Ein passiver Gruppenleiter wird womöglich versäumen, negative Patientenhaltungen oder nicht produktive Gruppeninteraktionen zu thematisieren.

Anpassung der Technik an die Stufe der Gruppenentwicklung

Engagementphase

Die relative Effektivität einer zeitbegrenzten Gruppe ist eng verknüpft mit der Schaffung einer strikten Arbeitsatmosphäre. Diese Engagementaufgabe muss oberste Priorität des Gruppenleiters in den ersten Sitzungen sein. Für die meisten Gruppen kann dies innerhalb der ersten sechs Sitzungen erreicht werden. Eine Gruppe, die bis dahin kein kohäsives und interaktionelles Klima entwickelt hat, befindet sich in Schwierigkeiten und es sollte eine Konsultation (Supervision) angestrebt werden. Verschiedene Schlüsselaspekte lassen sich identifizieren:

- die Entwicklung positiver Gruppennormen mündet in ein wachsendes Gefühl der Gruppenzusammengehörigkeit (Kohäsion),
- die Betonung liegt auf der Identifikation von Gemeinsamkeit von Symptomen und wie sie angegangen werden sollen,
- Information der Gruppenmitglieder über die hinter dem Gruppenansatz steckende Theorie und ihre Rolle während der Behandlung,
- Durchsicht der interpersonellen Ressourcen eines jeden Gruppenmitglieds und Herstellung einer Verbindung mit dem interpersonellen Kontext,
- Feststellung eines prinzipiellen Problembereichs und Abschließen eines Behandlungskontrakts.

Der Gruppenleiter verstärkt grundlegende Erwartungen, dass die Gruppe beginnen und pünktlich enden wird. Er wird dies in den ersten Gruppensitzungen zu Beginn gewissenhaft betonen und natürlich auch am Ende der Sitzungen. Eine Betonung der Bedeutung der regelmäßigen Teilnahme – und wie im gegebenen Fall der Leiter im Voraus über unumgängliche Sitzungsausfälle zu informieren ist – ist hilfreich. In einem zeitbegrenzten Therapiesetting kann es außerdem hilfreich sein, eine Regel zu implementieren, dass ein Gruppenmitglied bei mehr als drei fehlenden Sitzungen – bei 16 Sitzungen insgesamt oder bei vier fehlenden von 20 Sitzungen – dazu aufgefordert werden würde, nicht weiter an der Gruppe teilzunehmen. Diese Handhabung intendiert nicht eine Bestrafung; es könnten auch andere Vereinbarungen getroffen werden, auf jeden Fall eine Verpflichtung des Leiters, im Interesse der Gruppe zu handeln. Diese Strategien dienen allesamt der Schaffung eines festen strukturellen Rahmens, innerhalb dessen die Behandlung stattfinden kann.

Ein guter Start bei der Entwicklung einer Arbeitsgruppe ist dann getan, wenn man die Gruppenmitglieder sich selbst bezüglich der eigenen wichtigen Anliegen vorstellen lässt. Das Prinzip dabei ist, die wichtigsten individuellen Punkte bis zum Ende der ersten Sitzung aus Sicht der Teilnehmer dargelegt zu haben. Die Bedeutung einer sorgfältigen Beurteilung und eines vorbereitenden Prozesses (s. Kap. 12) werden sich jetzt erweisen. Eine Gruppenzusammensetzung mit ähnlichen Diagnosen oder Problemen wird die Offenlegung von persönlichen Therapiezielen viel leichter machen. Die Gruppenmitglieder werden unmittelbar eine Reduktion von Angst erleben, die das Gefühl von **Universalität (des Leidens)** begleitet (zu den Wirkfaktoren s. Kap. 23). Der Therapeut kann diesen Prozess verstärken, indem er die gemeinsamen Diagnosen und die Hoffnung auf Verbesserung angesichts der Ergebnisse in der empirischen Literatur unterstreicht (Kap. 29).

In den ersten Sitzungen kann der Gruppenleiter in unaufdringlicher Weise Informationen darüber liefern, wie eine Gruppenbehandlung läuft und wie man den Gruppenprozess für sich nutzen kann. Die Details werden von Konzept zu Konzept variieren. Ein kognitiv-behaviorales Gruppenmodell z. B. wird Gebrauch machen von Hausarbeitsaufgaben, die während der nachfolgenden Sitzung diskutiert werden (Kap. 54). Eine interpersonelle Gruppe mit einem ITP-Modellansatz (Kap. 56) wird der frühen Anwendung von Gelerntem auf Beziehungen und Situationen außerhalb der Gruppe höchste Bedeutung beimessen. Eine psychodynamische Gruppe wird die Bedeutung des Lernens durch nähere Betrachtung der Art, wie Gruppenmitglieder sich zueinander und zum Gruppenleiter verhalten, betonen (Kap. 52).

In den meisten Gruppenmodellen wird es für den Gruppenleiter wichtig sein, ein interpersonelles Muster zu fördern, bei dem die Gruppenmitglieder miteinander sprechen, und die Gespräche nicht primär an den Therapeuten richten. Dies muss evtl. durch strikte Anleitungen während der ersten Sitzungen geschehen, damit die Richtung der Diskussion in richtige Bahnen gelenkt wird. Der Gruppenleiter kann alle Gruppenmitglieder ermutigen, sich an der Diskussion ihrer interpersonellen Problembereiche und der damit verknüpften Therapieziele zu beteiligen. Die Vorbereitung schriftlich fixierter Behandlungsziele während der Eingangsbewertungsphase (vor der Gruppentherapie) kann dies erleichtern. Diese Ziele können in einer frühen Sitzung verteilt werden. Wenn Fragebögen vor der Behandlung ausgefüllt worden sind, können diese – speziell im Bezug zu interpersonellen Problemaspekten – in einer quasi-edukativen Weise besprochen werden (Tschuschke 1993; Ambühl und Strauß 1999).

In dem Maße, in dem die Engagementstufe voranschreitet, wird der Therapeut zunehmend die **Selbstöffnung** bezüglich persönlichen Materials der Gruppenmitglieder, das bedeutsam ist im Zusammenhang mit ihren Schwierigkeiten, erleichtern helfen. Selbstöffnungen sind höchst wirksam, wenn sie von einem intensivierten Affekt begleitet sind (zu den Wirkfaktoren s. Kap. 23). Wenn eindeutig wichtige Details ohne Affekt dargeboten werden, muss der Therapeut die Explorierung des privaten Materials hinsichtlich der persönlichen Bedeutung und der gefühlsmäßigen Reaktionen stimulieren. Indem er die Gruppe fragt, was sie aus dem Gesagten entnehmen, kann er diesen Prozess sehr effektiv fördern.

Die frühen Gruppensitzungen enthalten gewöhnlich viel Hintergrundinformation, die den Gruppenmitgliedern hilft, sich mit dem Leben der anderen zu befassen, das diese bislang geführt haben. Dies beeinflusst die **Gruppenkohäsion** günstig. Persönliches Hintergrundmaterial kann jedoch zu einem Muster der Fokussierung auf frühe Erlebnisse führen, als ob diese verändert werden könnten. In einer zeitbegrenzten Gruppe wird die Vergangenheit am besten nur als Hintergrund für ein Verständnis des Erlebens eines jeden Gruppenmitglieds in seinen gegenwärtigen Lebensumständen verwendet. Gewöhnlich können dysfunktionale Muster der Gegenwart direkt mit vergangenen Beziehungen in Verbindung gebracht werden. Die Konzentration auf die Anwendung älterer Lösungsmuster (Lösungsstrategien) auf gegenwärtige Problembereiche fördert die Bewältigung in der Gegenwart.

Während der ersten Sitzungen sollte der Therapeut die Gruppenmitglieder ermutigen, Probleme anzusprechen, die in den Eingangsgesprächen benannt worden sind. Dies muss meist wiederholt gemacht werden, da Fokussierungsaktivitäten seitens des Therapeuten zu einer gesteigerten Angst und zu damit verbundenen Bemühungen führen, das Thema auf weniger zentrale Punkte zu lenken. Gleichzeitig ist es oft der Fall, dass Gruppenmitglieder beginnen, über kleinere Veränderungen in ihrem Leben zu berichten. Diese frühen Umsetzungen sind ein positives Signal für ein günstiges Outcome und sollten vorsichtig verstärkt werden. Das Gespräch über die Therapieziele innerhalb der ersten Sitzungen kann ebenfalls zu einer Modifikation derselben führen.

Eine formale Benennung des Endes der Engagementphase zur fünften Sitzung signalisiert einen Wechsel hin zu Erwartungen bezüglich eines intensiveren Arbeitsniveaus.

Differenzierungsphase

Es kann vorausgesagt werden, dass Gruppen nach ein paar Sitzungen in eine Phase größerer Konfrontation und Kritik hineinkommen werden. Dies fällt mit einem Abschluss von Aufgaben der Engagementphase um die fünfte Sitzung zusammen. Der Therapeut ist gut beraten, diesen Wechsel in eine andere Phase als einen Wechsel von einer positiven Atmosphäre in eine mit mehr negativen Komponenten als eine notwendige und konstruktive Progression zu verstehen. Eine ruhige therapeutische Haltung ist zur Bewältigung dieser Stufe hilfreich. Die folgenden grundsätzlichen Richtlinien helfen bei der Handhabung dieser relativ kurzen Stufe der Gruppenentwicklung:
- Akzeptanz der gegebenen Spannung in der Gruppe und Feststellung der Ursache,
- Ermutigung zu einer Diskussion unterschiedlicher Standpunkte,
- Beobachtung möglicher Eskalierung von Negativität oder Scapegoating-Muster.

Die erste Aufgabe ist es, den Wechsel in eine radikale Diskussion zu akzeptieren, ja sogar willkommen zu heißen. Die Fähigkeit des Therapeuten, eine gespanntere Atmosphäre aushalten zu können, wird hilfreich dabei sein, den begleitenden Affekt begrenzt zu halten. Das Ziel dieser Stufe ist es, eine breitere Aufmerksamkeit der individuellen Autonomie und der Fähigkeit zu widmen, die Tatsache in Worte zu fassen, dass unterschiedliche Menschen unterschiedliche Standpunkte haben. Dies wird die verfügbaren Optionen für individuelle Arbeit vertiefen und mehr arbeitsbezogene Diskussionen zwischen den Mitgliedern ermutigen. Häufig stellt sich ein frohes Gefühl ein, wenn erkannt wird, dass die Gruppe sich auf intensivere Niveaus zu bewegt. Der Gruppenleiter muss diese Prozesse im Auge behalten und die Schnelligkeit dieser Bewegung kontrollieren. Regelmäßige, kurze informierende Gelegenheiten sind hilfreich. Zum Beispiel kann der Therapeut sagen: „Herr Y, dies ist eine ziemlich heftige Sitzung, wie ist sie für Sie?" oder „... was werden Sie denken, wenn Sie die Sitzung verlassen werden?" oder „... heute gab es mehr Herausforderungen, das ist zwar wichtig für die Gruppenarbeit, aber es kann auch belastend sein, wie geht es Ihnen hier?"

Das Thema der „Differenzierung" führt direkt zur wichtigsten technischen Strategie. Sie besteht darin, die Gruppe bei der Artikulierung unterschiedlicher Positionen zu helfen. Mit der Ermutigung zur Diskussion des spannungserzeugenden Konflikts eröffnet der Therapeut der Gruppe einen Weg, wie sie durch diese Phase hindurchgelangen kann. Einige typische Interventionen sind: „Frau A, Sie und Herr B scheinen die Situationen in sehr unterschiedliche Richtungen zu beurteilen, ich frage mich gerade, ob Sie beide die Position des jeweils anderen jetzt besser verstehen?" oder „... kann die Gruppe den beiden helfen, das Gemeinsame an beiden Positionen zu sehen?" oder „... es scheint wirklich wichtig zu sein, dass wir erkennen, dass unterschiedliche Personen hier in der Gruppe nicht immer übereinstimmen, aber dennoch weiterhin miteinander reden können."

Diese Stufe kann – wegen der in der Luft liegenden Spannung bzw. Aggressivität – sehr durch ein offen aus sich herausgehendes Gruppenmitglied (oder Gruppenmitglieder) in der gesamten Tonlage in eine kritische, anklagende und destruktive Richtung tendieren. Der Gruppenleiter muss eventuell sehr begrenzend eingreifen. Die Aufgabe ist es hierbei, das Niveau der Spannung begrenzt zu halten, aber dennoch nicht die Themen zu vermeiden. Gelegentlich mag dies feste Direktiven erforderlich machen. Eine Variante davon ist die Entwicklung eines Gefühls in der Gruppe, das es eine gute Gruppe wäre, wenn nur dieses eine Gruppenmitglied nicht dabei wäre. Dies kann einen **Scapegoating-Prozess** kreieren, der die meisten Gruppenmitglieder in das Thema des unakzeptablen Gruppenmitglieds mit einbeziehen würde. Dieses Geschehen muss unmittelbar angesprochen werden, da es der häufigste Grund für negative Effekte der Gruppenbehandlung ist. Die Gruppenatmosphäre ist eine mächtige Kraft, die sehr hilfreich in der Engagementphase ist, um Mitglieder in die Gruppe einzubeziehen. Sie kann ebenfalls in negativer Richtung sehr mächtig sein. Therapeuten erleben sich oft auf diese Atmosphäre reagierend, indem sie glauben, dass die Schuldigen die Gruppenteilnahme beenden sollten. Voraussichtlich führt dies aber dazu, dass ein anderes Gruppenmitglied in die Position des schwarzen Schafs (scapegoat) hineingedrängt wird.

Glücklicherweise durchlaufen die meisten Gruppen diese Stufe der Gruppenentwicklung innerhalb weniger Sitzungen und erleben die Gruppe als in ihren Möglichkeiten gewachsen, mit schwierigen Themen umzugehen.

Phase der interpersonellen Arbeit

Die Arbeit auf den ersten beiden Stufen bereitet die Gruppe für die Vertiefung der **Gruppenkohäsion** und einer Öffnung für ein sich Engagieren in einem veränderungsinduzierenden Prozess vor. Die nachfolgenden allgemeinen Techniken sind zentral für diese Aufgabe:
- halte ein supportives interpersonelles Milieu aufrecht,
- verstärke die therapeutischen Wirkfaktoren,
- behalte den Fokus auf den Therapiezielen,
- thematisiere intragruppale Spannungen bereits zu einem frühen Zeitpunkt,
- fördere die Anwendung von Erreichtem im gruppenexternen Raum.

Kohäsive interaktive Gruppen bieten beinahe automatisch ein stark supportives Milieu. Der Gruppenleiter sollte ständig das Ausmaß der **Kohäsion** beobachten und vorbereitet sein, es vorsichtig zu verstärken, falls erforderlich. Charakteristika, die ermutigt werden sollten, sind die Entwicklung eines offenen Konversationsstils, der konsistent zielgerichtet ist. Es sollte ein Wechselspiel geben zwischen herausfordernden dysfunktionalen Mustern und dem Anbieten von Unterstützung für das Individuum. Das führt oft zu Aspekten des Selbstwertgefühls, die den meisten Formen von Psychopathologie zu Grunde liegen. Das Ziel ist eher ein aktives interpersonelles Lernen zwischen den Gruppenmitgliedern als über den Gruppenleiter. In der Tat sollte der Gruppenleiter sorgfältig darauf achten, nicht zu sehr in den Prozess involviert zu werden und sich nicht zu sehr in den supportiven Prozess einzumischen. Meist sind die leichte Bestärkung wichtiger Äußerungen und Anerkennung positiver Anstrengungen alles, was benötigt wird, um der Gruppe zu helfen, auf ihrem Weg fortzufahren.

Verschiedene supportive therapeutische Wirkfaktoren sind hilfreich, ins Spiel gebracht und beachtet zu werden, wenn die Gruppe in anspruchsvollere Arbeit eintritt. In dem

Maße, in dem Gruppenmitglieder mehr über ihre Schwierigkeiten und damit assoziierte Selbstwertprobleme mitteilen, werden sie auch Befürchtungen hegen, wie andere auf diese Äußerungen reagieren werden. Sie werden sich als verletzlicher fühlen und den Sinn weiterer Exploration in Frage stellen. Dies ist speziell offensichtlich, wenn sie ansprechen – was sie ja müssen – wie sie ihr eigenes Verhalten in Schwierigkeiten bringt. Der therapeutische Wirkfaktor der **Akzeptanz** ist sehr wichtig, um ein Gegengift gegen die Befürchtungen zu haben. Ein eng verwandter Wirkfaktor ist der der **Universalität des Leidens**, einer Realisierung, dass andere ähnliche Erfahrungen gemacht, Gedanken oder Gefühle haben. Der Therapeut kann diese Faktoren fördern, indem er sich kontinuierlich bemüht, dass andere Gruppenmitglieder auf tiefere Selbstenthüllungen reagieren. Eine einfache Frage, z. B. „Was machen die anderen mit dem, was gerade gesagt wurde?" führt häufig zu ähnlichen Äußerungen. Oder eine etwas direktere Fragestellung ist: „Haben andere in der Gruppe auch diese Reaktion/Schwierigkeit/dieses Problem?" Solche geringfügigen Lenkungen des Gruppenprozesses eröffnen wichtige Aspekte von großem Wert für viele Gruppenmitglieder. Ein weiterer Faktor, der gefördert werden könnte, ist der des **Altruismus**, die Art, wie Gruppenmitglieder einander helfen. Alle drei der genannten supportiven Wirkfaktoren sind spezifisch für das Gruppensetting und haben eine viel geringere Bedeutung in der Einzelpsychotherapie. Sie dienen nicht nur zur Unterstützung, sondern helfen auch bei der zunehmenden Motivation, an Problemen zu arbeiten und der damit einhergehenden Hoffnung, dass eine Veränderung möglich ist.

Eine zentrale Funktion des Therapeuten auf der Stufe der interpersonellen Arbeit ist es, die Gruppenmitglieder bei der Zielverfolgung zu unterstützen. Wenn die Zielbereiche gut gewählt sind, wird der Versuch, sie zu thematisieren, Angst hervorrufen und in regelmäßige Versuche münden, das Gespräch auf weniger schmerzhafte Bereiche zu lenken. Dies muss erwartet werden und sollte nicht kritisiert werden. Eine kontinuierliche Verstärkung der wichtigsten Punkte ist eher hilfreich. Häufig sind Gruppenmitglieder bei dieser Aufgabe so effektiv wie der Therapeut, da sie frei sprechen können und ungehindert von der Rolle der Autorität sind, die eher negative Reaktionen hervorrufen könnte. Der Bezug auf während der anfänglichen Beurteilungs- und Testphase schriftlich fixierte Behandlungsbereiche erlaubt außerdem einen benignen Prozess der Refokussierung. Es ist ein therapeutischer Fehler, wenn ein Gruppenmitglied das Ende der Therapie erreicht, ohne in der Lage gewesen zu sein, sich mit wichtigen therapeutischen Zielen zu befassen. Zweifellos ist es unrealistisch, zu erwarten, dass alle Ziele erfolgreich gemeistert würden, doch die Gelegenheit, dies zu versuchen, sollte auf jeden Fall geboten werden. Dies macht es erforderlich, dass der Therapeut eine aktive Haltung einnimmt und dem Therapieprozess nicht gestattet, vom Thema abzuweichen. Ein üblicher Weg der Vermeidung relevanter Arbeit, ist es, an Symptomen und ihren Auswirkungen hängen zu bleiben. Der Therapeut ist hierbei aufgefordert, den Disstress anzuerkennen, aber die Diskussion auf assoziierte Punkte zu lenken. Gruppen, die in extremem Ausmaß bei Symptomen und Beschwerden verweilen, produzieren keine Veränderung und verstärken eher exzessive Abhängigkeit.

In der Arbeitsphase muss der Therapeut so aktiv wie möglich sein. Wenn die Gruppe sich den Aufgaben zuwendet, kann der Therapeut während der Sitzung relativ wenig sagen, aber die allgemeine Teilnahme und adäquate Annäherung an die Probleme beobachten. Wenn eine Gruppe vom Thema abkommt und auf weniger wichtige Felder gerät, sollte der Gruppenleiter für eine bestimmte Zeit sehr aktiv werden und die Diskussion wieder auf den Fokus lenken. Ein wichtiger Teil dieser Aufgabe ist es, Abschnitte negativer Gruppenspannung zu identifizieren. Sie repräsentieren nämlich eine Schwächung der therapeutischen Allianz. Für sich genommen sind sie nicht unnützlich, spiegeln sie doch ein aktives Engagement in das Gruppenerlebnis, allerdings müssen sie intensiv bearbeitet werden. In zeitbegrenzten Gruppen ist es besser, bereits zu einem frühen Zeitpunkt diese Punkte anzusprechen anstatt sie köcheln zu lassen bis sie explosiv werden. Eine sachliche Haltung ist hilfreich und das Ziel ist es, eine Klärung der Punkte zu erreichen. Sie haben nämlich oft einen Bezug zu wichtigen Themen der Beteiligten. So weit wie möglich sollte der Fokus auf die Bedeutung der angesprochenen Punkte wechseln sowie auf ihre Relevanz für Beziehungen und Umstände außerhalb der Gruppe: nicht aus Gründen der Verleugnung intragruppaler Anspannung, sondern im Dienste weitergehender persönlicher Arbeit.

Der Sinn von Psychotherapie ist die Förderung von Veränderung im Leben des betroffenen individuellen Gruppenmitglieds. Die oben angesprochenen Wirkfaktoren, die eine erfolgreiche Gruppe ausmachen, (ver)führen gleichwohl Gruppenmitglieder dazu, die Gruppe als eine Ersatzbeziehungswelt anzusehen. Deshalb muss der Therapeut ständig auf der Hut sein, Gelegenheiten zu finden, die Umsetzung in der Außenwelt zu fördern. Dieses Thema ist hoffentlich bereits mit dem Beginn der Beurteilungen und der Testphase vor der Behandlung angestoßen worden, doch wird der Therapeut – wie die Gruppenmitglieder – im Übermaß mit den intragruppalen Ereignissen beschäftigt sein. Es mag die implizite Vorstellung existieren, dass am Ende der Gruppentherapie Veränderung automatisch eintreten wird. Dies ist aber nicht der Fall und eine konstante Erinnerung bezüglich Veränderungen durch Anwendungen auf reale Situationen außerhalb der Gruppe muss gewährleistet sein. Dies ist bereits zu einem sehr frühen Zeitpunkt während der Gruppendauer möglich und steigt in der Intensität während der Arbeitsphase an.

Abschlussphase

Die Beendigung von Therapien ist ein etwas vernachlässigtes Thema in der Psychotherapieliteratur. In der Gruppenpsychotherapie umfasst es eine komplexe Umsetzung mit der einzigartigen Möglichkeit, die typischen Themen anzusprechen, die mit involviert sind. Häufige Abschlussthemen betreffen Trauer und Verlust, eine Analogie zum Tod, mit ein; Deprivation auf Grund von nicht genug erhalten zu haben oder ein Gefühl des Zurückgewiesenseins, ein Bindungsthema; das Bedürfnis, volle Verantwortung für sich selbst zu übernehmen, ein existenzielles Thema, und Nachträglichkeit und Ärger, verknüpft mit einem der vorgenannten Aspekte. Eine Reihe von strukturellen Interventionen ist hilfreich:

- lege den Endpunkt der Gruppe vor Gruppenbeginn fest,
- sage vorzeitigen Abbruch voraus,
- thematisiere Aspekte des Gruppenendes,
- strukturiere die letzte Sitzung.

Das Datum der letzten Sitzung ist gewöhnlich vor Gruppenbeginn festgelegt. Auf diese praktische Art weiß jeder, wann die Gruppe enden wird. Diese Information wird jedoch häufig aus dem Blick verloren. Es ist wertvoll, systematisch das Thema des Gruppenendes in Erinnerung zu rufen. Eine klare Identifikation der Hälfte der Gruppendauer ist ein guter Punkt, damit zu beginnen. Tatsächlich wäre dies auch ein guter Zeitpunkt, Ziele und Fortschritte einzuschätzen, wie auch „die Uhr für das Gruppenende einzustellen". Circa vier Sitzungen vor dem Ende ist eine klare Besinnung auf die Zeitachse hilfreich, sie macht die Vorstellung des Endes sehr konkret. Jede der noch verbleibenden Sitzungen zieht Nutzen aus dem Bemühen, die Bedeutung des Gruppenendes für die Teilnehmer zu untersuchen. Der oben erwähnte Ärgeraspekt wird häufig durch ein formales Statement vier Sitzungen vor dem Gruppenende stimuliert. Aus diesem Grunde ist es üblich, die Ankündigung bezüglich des Gruppenendes recht frühzeitig in der Sitzung zu machen, damit dieser Hinweis und seine Wirkung bearbeitet werden können.

Als Teil der Initiierung der Abschlusssequenz ist es auch üblich, vorzeitige Beendigung vorauszusagen. Viele Psychotherapiekandidaten haben auffallende Schwierigkeiten mit Themen, die Beziehungsverlust berühren. Es werden Anstrengungen unternommen, eine direkte Untersuchung der Bedeutung von Abschieden und Beendigungen durch Abbruch vor der letzten Sitzung zu umgehen. Eine einfache Intervention wie „... wir begannen die Gruppe gemeinsam, und es ist wichtig, dass wir sie gemeinsam beenden" wird die Diskussion um Abschluss und Ende anheizen.

Es ist voraussagbar, dass Variationen der oben erwähnten Beendigungsthemen auftreten werden und bearbeitet werden können während der letzten Sitzungen. Nicht außergewöhnlich ist es, dass vergangene Verluste erinnert werden und zusätzliche Trauerarbeit stattfindet. Um ein konstruktives und stabilisierendes Gefühl für den Abschluss anzubieten, sollte der Therapeut diesen Prozess aktiv fördern. Da die Themen Tod und Beziehung für uns alle fundamental sind, müssen affektive Reaktionen vorausgesehen und angesprochen werden. Dies bedeutet, dass der Gruppenleiter die Trennung von der Gruppe selbst im Griff hat. Wahrscheinlich brodelt neues Material hoch in den letzten Sitzungen. Es bedarf der gekonnten Handhabung, damit die Beendigungsthemen nicht verloren gehen. Unterstützung für die neu angesprochenen Punkte und die Ermutigung, sie zukünftig anzusprechen, mögen die besten Auswege aus dieser schwierigen Situation sein.

Die letzte Sitzung bietet eine Gelegenheit für ein klares und direktes Ende der Gruppe. Einige Strukturierung ist hilfreich, damit sicher gestellt wird, dass der Prozess der Verabschiedung stattfindet. Eine Möglichkeit ist, eine formelle Abschiedsrunde für jedes Gruppenmitglied, um jedem in der Gruppe auf Wiedersehen zu sagen. Dies könnte in der vorletzten Sitzung angekündigt werden, damit die Gruppenmitglieder sich darüber Gedanken machen können, wie sie sich verabschieden möchten. Der Therapeut muss wachsam auf die Zeit achten während der letzten Sitzung und die Abschiedsrunde zu einem frühen Zeitpunkt beginnen lassen. Für eine ziemlich aktive Gruppe von acht Gruppenmitgliedern erfordert dies gewöhnlich eine Stunde. Die Äußerungen der Einzelnen sind fast immer ausschließlich positiv und bestätigend. Der Prozess des speziellen Handhabens des Abschlusses kann für viele Gruppenmitglieder eine neue Erfahrung und ein gutes Modell für den Umgang mit zukünftigen Trennungen und Verlusten sein. Die Rolle des Therapeuten ist es, sicherzustellen, dass die Zeit beachtet wird, so dass alle an dem Prozess partizipieren können. Es ist hilfreich, ein oder zwei Gruppenmitglieder im Auge zu haben, die die Abschiedsprozedur sensibel handhaben werden und sie leise aufzufordern, damit zu beginnen. Die Gruppenmitglieder werden – oder werden nicht – den Gruppenleiter in ihren Bemerkungen erwähnen. Therapeuten sind gut beraten, mit ihren abschließenden Bemerkungen die ganze Gruppe anzusprechen und nicht Individuen.

18. Ist der Gruppenleiter Teil der Gruppe – wenn ja, warum nicht?

R. Heinzel

Einführung

Eines Tages sprach man in einer meiner Gruppen wieder einmal über die Chancen, ob man sich durch die Gruppenpsychotherapie verändern könne. Die „Altgedienten" sprachen sich alle für deutliche Veränderungsmöglichkeiten aus, die „neueren" Teilnehmer waren z.T. noch skeptisch. Plötzlich sprach mich eine Patientin (die, wie viele meiner Gruppenmitglieder, selbst im psychosozialen Sektor tätig ist) direkt an: „Wie ist es eigentlich mit Ihnen – verändert sich bei Ihnen auch noch was durch unsere Sitzungen hier?"
Ich war nach dieser unvermittelten Frage etwas perplex – vielleicht so wie der Leser beim Lesen der Kapitelüberschrift. Was hätten Sie als Gruppentherapeut geantwortet?
Im Rückblick halte ich diese Situation für geeignet, verschiedene „methodische" Spezifika daran aufzufächern. Man könnte z. B. „abstinent" bleiben und die Patientin fragen „Was glauben Sie selbst?" oder „Warum interessiert Sie diese Frage?". Bei bestimmten Patienten ist das sicher angebracht. Aber diese Patientin hatte (wie einige andere) schon relativ viel Erfahrung, außerdem schien sie mir bezüglich dieser Grundsatzfrage über die Bedeutung von Gruppenpsychotherapie ein berechtigtes Anliegen der Gruppe zu artikulieren, so dass mir ein Zurückfragen irgendwie unpassend erschienen wäre.
In der geschilderten Situation habe ich also auf ein rein „therapeutisches" Verhalten verzichtet und einfach geantwortet: „Natürlich lerne ich hier auch etwas, eigentlich in jeder Sitzung."
Daraufhin herrschte einen Moment lang skeptisches Schweigen. So fügte ich hinzu: „Aber da ich ja sozusagen nur ein halbes Gruppenmitglied bin, dauern die Veränderungen bei mir ungefähr doppelt so lang."
Allseits befreites Lachen – und die Gruppensitzung ging wieder ihren Gang.

Die paradoxe Doppelnatur des Gruppentherapeuten, mit der ich mich in diesem Beitrag befassen möchte, ist bereits lange bekannt, sie wurde schon von Foulkes (1992) und anderen beschrieben. Ich möchte gleichwohl auf einige Gegensätze und Widersprüche hinweisen, zwischen denen wir uns als Gruppentherapeuten befinden – ob wir uns dessen bewusst sind oder nicht. Und da man in diesem Setting erfahrungsgemäß noch weniger als in der Einzeltherapie die „fachlichen" von den „menschlichen" Aspekten trennen kann, will ich das Thema vorwiegend aus einem persönlichen Blickwinkel heraus beleuchten.

Persönliche Anmerkungen zum Verhältnis von Theorie und Praxis

Dieser ersten Polarität begegnete ich schon bei meiner Gruppenpsychotherapieweiterbildung Anfang der 80er Jahre, als ich feststellte, dass die großen Unterschiede zwischen den verschiedenen Schulrichtungen, die mir früher eher leichte Beklemmungen verursacht hatten, in unserem Curriculum kaum eine Rolle spielten. Auch in der psychotherapeutischen Klinik, in der ich damals arbeitete, vertraten wir ganz verschiedene theoretische Konzepte, deren Differenzen aber bei ihrer Anwendung im Gruppensetting gleichsam dahinschmolzen. Schon damals vermutete ich, dass das Phänomen „Gruppe" in gewisser Weise die Schulrichtungen „überlagert". Wohl auch aus diesem Grund konnte man 1998 bei einer Tagung bald einen Konsens finden für eine gemeinsame Plattform unter dem Oberbegriff „interaktionelle Verfahren".

Ein weiteres Phänomen beschäftigt mich seit langem unterschwellig: Zu meinem Leidwesen reizt es mich immer noch relativ wenig, gruppentherapeutische Lehrbücher und Fachartikel zu lesen. Erst nach Jahren schlechten Gewissens und nach einigen Gesprächen mit Kollegen, die auch therapeutische Gruppen leiten, keimte in mir der Verdacht auf, dass dieses spezifische Desinteresse auch damit zusammenhängen könnte, dass das konkrete Erleben von Gruppensitzungen, das ich ja täglich habe, mich mehr fasziniert als viele Bücher und Artikel, die „über" diese Phänomene berichten. Es ist gerade, als ob die Lebendigkeit und Vielfalt der Gruppe jeder genaueren Systematisierung und Theoretisierung trotze. Liegt es vielleicht auch daran, dass vom Erlebnishaften ausgehende Erzählungen und Reflexionen in der Gruppenliteratur immer noch rar sind?

Gegenübertragung

Was heißt das eigentlich für den Therapeuten, „Mitglied der Gruppe" zu sein? Grundsätzlich kann man sich sicher schnell darauf einigen, dass damit die Aspekte des Therapeuten gemeint sind, die er mit den Gruppenpatienten gemeinsam hat: Auch er kann Kommentare, „normal menschliche" Einfälle und aktuelle Gefühle einbringen, auch er ist emotional involviert. Und – wie man aus meinem Anfangsbeispiel ersehen kann – auch er kann direkt „als Mensch" angesprochen werden, nicht als Spezialist.

Seine Reaktionen auf das Gruppengeschehen subsumieren die tiefenpsychologisch Sozialisierten unter uns ja unter den Begriff der Gegenübertragung – ein Konzept, das wie kaum ein anderes geeignet ist, daran die Weiterentwicklungen der Psychoanalyse abzulesen. Spätestens seit dem vielbeachteten Vortrag von Little (1950) und unter dem Einfluss von Heimann (1950) setzt sich auch in der Mainstream-Psychoanalyse immer mehr die Auffassung durch, dass der Analytiker auch durch seine Professionalität grundsätzlich nie vor unbewussten Gefühlen und Vorstellungen geschützt ist, die entweder vom Patienten in ihm induziert werden oder die er primär auf diesen „überträgt" und in das therapeutische Geschehen einbringt. Auch Jung ist schon frühzeitig zu der Auffassung gelangt, dass man die eigene Übertragung auf den Patienten grundsätzlich nicht eindeutig von so genannten Gegenübertragungsreaktionen abgrenzen könne. Aus neuerer Zeit nenne ich nur beispielhaft eine gründliche Betrachtung von Bettighofer (1994), der sich mit archaischen Vorgängen im Übertragungsraum befasst – und damit (aus meiner Sicht unausweichlich) auch mit interaktionellen und systemischen Aspekten der Psychotherapie. Wir könnten also zunächst konstatieren, dass durch das gesamte komplexe Feld der Gegenübertragung der Therapeut in die Gruppe involviert ist – und bei den hier herrschenden multiplen Übertragungsphänomenen wird es ihm meines Erachtens weniger als in der Einzeltherapie gelingen, seine Reaktionen simultan zu analysieren. Er wird auf die größere Komplexität der Gruppensituation anders, vielleicht „intuitiver" reagieren – mit all seinen genuinen Persönlichkeitsanteilen und Vorerfahrungen. Noch augenfälliger wird dieses Phänomen in der Großgruppe, in der ja nach allgemeiner Erfahrung generell mehr „archaische" Gefühlsebenen angesprochen werden.

Wir befinden uns also in einer Polarität der „Subjekt-Subjekt-Beziehung"- und „Subjekt-Objekt-Beziehung". In der Subjekt-Subjekt-Dimension sind wir Teil der Gruppe, in der Subjekt-Objekt-Dimension stehen wir außerhalb. Das entspricht aber einer Grundparadoxie des bewussten Lebens überhaupt, denn genau genommen können wir **niemals gleichzeitig** „Teil eines Geschehens" sein **und** darüber reflektieren. Wir haben uns aber als denkende Menschen daran gewöhnt, zwischen diesen Modi ständig zu „oszillieren".

Für die Psychotherapie hat Schmidbauer (1980, S. 100 f.) dies als „Dialektik zwischen Übertragung und Beziehung" beschrieben und darauf hingewiesen, dass jeder Pol die Abwehr des anderen beinhaltet bzw. zu einem spezifischen Widerstand werden kann. Schmidbauer schreibt: „Viele neue, vor allem in der Gruppenselbsterfahrung und Gruppenpsychotherapie angewandte Verfahren haben das traditionelle Konzept der Übertragungsanalyse aufgegeben und die Vorzüge einer offenen, gegenseitigen Beziehungsklärung betont ... Wesentlich an der dialektischen Betrachtungsweise von Übertragung und Beziehung scheint mir, dass sie einen Ausweg aus dem Konflikt des Therapeuten oder Beraters anbietet, der sich fragt, ob es in einer bestimmten Situation „richtig" oder „falsch" war, seine persönliche Meinung zu äußern und dadurch ein Stück seiner Beziehung zum Klienten offen zu legen.

Wie diese Polarität konkret aussehen kann, möchte ich durch ein Beispiel aus meinen gruppentherapeutischen Anfängen beleuchten.

„Mitfühlen" und „Einordnen": Im Rahmen meiner Tätigkeit als Assistenzarzt einer psychotherapeutisch orientierten Klinik Ende der 70er Jahre führte ich wöchentlich mehrere therapeutische Gruppensitzungen durch, eine Psychologin fungierte als Kotherapeutin. Sie hatte schon mehr Erfahrung als ich und saß recht konzentriert in den Sitzungen. Bei unseren regelmäßigen Nachbesprechungen erklärte sie mir meistens detailliert, was das Gruppenthema gewesen sei, welche Art von Projektionen und Übertragungen zwischen den Gruppenmitgliedern und uns stattgefunden hätten, wie es um das jeweilige Angst- und Regressionsniveau der Einzelnen und der Gesamtgruppe bestellt gewesen sei u.v.a. Was sie beschrieb, konnte ich größtenteils theoretisch nachvollziehen – gelernt hatte ich das meiste ja auch schon. Trotzdem konnte ich bei ihren Ausführungen meist nur ergriffen staunen. Mein anfängliches schlechtes Gewissen ließ allmählich etwas nach, nachdem mir bewusst geworden war, dass meine Kollegin nicht nur nach den Sitzungen meist recht erschöpft, sondern während der Sitzungen oft nach meinem Empfinden gefühlsmäßig gar nicht ganz „in der Gruppe" war. Sie sprach manchmal wie in einen luftleeren Raum hinein, und nach ihren Interventionen herrschte oft respektvolles Schweigen, das ich dann manchmal mit einer flapsigen Bemerkung auflockerte. Dass wir unsere komplementären Haltungen erkannten und akzeptierten, erwies sich für unsere weitere Kooperation in der Gruppenarbeit als sehr hilfreich.

Es liegt nahe, diese Polarität mit der oben geschilderten Subjekt-Subjekt- und Subjekt-Objekt-Dialektik in Verbindung zu bringen, die ich einmal bildhaft den „Kumpan" und – in Anlehnung an die kontemplativen Traditionen – den „Zeugen" nennen will. Aus meiner Sicht ist es für den Gruppentherapeuten wichtig, beide Anteile zu pflegen und deren jeweilige Stärken an der richtigen Stelle einzusetzen. Bei mir darf der „Zeuge" abends ein Sitzungsprotokoll verfassen und bei den Vorgesprächen und beim Schreiben der Kassenanträge zur Geltung kommen, aber während der Gruppensitzungen bleibt er eher zurückgezogen. Seine Zurückhaltung erlaubt es mir, als eher unprofessioneller „Kumpan" ziemlich unbefangen in die Gruppensitzungen zu gehen, trotz der vielfältigen Hintergrundinformationen über jeden Patienten. Schmidbauer nennt diese Haltung „selektive Authentizität", ich sage dazu „sekundäre Spontaneität". Gelegentlich lasse ich aber auch den „Profi" zum Zuge kommen, nämlich wenn in der Gruppe etwas ganz Heikles bzw. Komplexes vor sich geht, z. B. etwas, das zentral mit Triangulierung in Zusammenhang steht oder wenn ein Konflikt zu stark ausagiert wird. Dann sage ich z. B. „Stopp! Dazu muss ich jetzt etwas sagen!". Das kommt selten vor, aber wenn, dann nehmen die Patienten meist meine Ausführungen begierig auf (aus welchen Gründen sie das jeweils tun, wäre natürlich eine weiterführende Frage).

Der Gruppentherapeut als „Wirkfaktor"

Als ich vor einigen Jahren mit meinen ehemaligen Gruppenpatienten eine katamnestische Untersuchung durchführte (Heinzel u. Breyer 1995), hatten wir uns dazu durchgerungen, auf der dritten Seite unseres Fragebogens einige Vorschläge zu machen, welchen „Wirkfaktoren" die Patienten ihre Veränderung zuschreiben. Aber während die Patienten die ersten zwei Seiten, wo es um die Art und Stärke der Verbesserungen ihres Zustandes ging, gewissenhaft ausfüllten, ging auf der Seite der Wirkfaktoren das meiste daneben. Viele füllten sie gar nicht aus, andere verstanden die Instruktionen nicht oder falsch, kurzum, wir entschlossen uns, diesen

Teil gar nicht auszuwerten. Und der Spezialist für Fragebogentechnik, der zu unserem Team stieß, als wir die Studie an einer bundesweiten Stichprobe wiederholten, empfahl uns, diesen Teil ganz wegzulassen – und der Rücklauf stieg von 45% auf 65%. Seit dieser Zeit stehe ich der Untersuchung von Wirkfaktoren besonders kritisch gegenüber. Auch in der gegenwärtig laufenden PAGE-Studie des DAGG über die Wirkungen von ambulanter Gruppenpsychotherapie (unter der Federführung von Tschuschke; Tschuschke und Anbeh 2000b), die einige deutsche Gruppentherapeuten durchführen, ist keine Erfassung spezifischer Wirkfaktoren vorgesehen.

Schon in der konkreten Einzelsituation ist nie letztgültig zu entscheiden, ob eher der „Inhalt" einer Deutung die entscheidende therapeutische Wirkung hatte oder die „emotionale Botschaft", die via Übertragung „ankam" („Aha, der Doktor kennt sich aus" oder „Wie schön, die Therapeutin macht sich Gedanken über mich" usw.). Und auch bei allem, was ich oben schilderte, ist ja nicht streng in „Zeuge" und „Kumpan" zu trennen. Dagegen kommt es sicher auf die Kooperation bzw. Interaktion dieser Anteile an, d. h., wie ich das in meiner Ausbildung Gelernte und meine therapeutischen Erfahrungen in meine Persönlichkeit integriert habe. Aus dieser Sicht berücksichtigt die Suche nach spezifischen Faktoren oft zu wenig die Tatsache, dass das, was in einer Therapie „wirkt", ja weniger ein abstrakter „Faktor" eines „Verfahrens" ist, sondern eher der **Mensch**, der dieses Verfahren anwendet. Deshalb dürften wohl auch in der Psychotherapieforschung die „spezifischen" Wirkfaktoren nie ausreichend von so genannten Therapeutenvariablen zu trennen sein (s. hierzu auch Eckert u. Biermann-Ratjen 1990).

Nach Meinung vieler Psychotherapieforscher sind ohnehin für fast alle Therapieerfolge im Wesentlichen unspezifische bzw. nach Meyer (1990a) „kommunale" Faktoren verantwortlich, wie z. B. Verständnis, Respekt, Interesse, Ermutigung, Anerkennung, Vergebung, Mobilisierung von Hoffnung usw. Butler und Strupp (1986) schlussfolgern, dass die Dichotomisierung zwischen spezifischen und unspezifischen Faktoren unberechtigt und unproduktiv sei, weil die eigentliche therapeutische Situation der **interpersonelle Kontext** sei. Und Bozok und Bühler (1988, S. 126) vermuten in ihrer Übersichtsarbeit „... unspezifische Faktoren sind das „Material", die spezifischen Faktoren die „Form". So wie Form und Material nicht trennbar sind ..., so muss jede unspezifische Wirkung in einer bestimmten Gestalt erscheinen."

Wohlgemerkt: Niemand behauptet, dass es solche spezifischen Wirkungen nicht gebe. Das Problem ist nur: Alle theoretischen Spezifika sind immer rettungslos mit unseren Persönlichkeitsfaktoren und unserer „Wirkung als Mensch" vermischt. Auch wenn ein Patient – vom Bewusstsein her – behaupten würde, diese oder jene Deutung hätte gewirkt – wer weiß, ob dem so ist?

So habe ich im letzten Abschnitt eine Situation angesprochen, in der ich plötzlich die „mitmenschlich erscheinende" Schiene verlasse und deute bzw. erkläre. Man könnte meinen, dies sei nun endlich eine Wirkung der Theorie bzw. meines theoretischen Backgrounds. Aber: Woher sollen wir wissen, dass nicht gerade mein Entschluss, die „Kumpan-Ebene" zu verlassen, oder die Bewunderung bzw. der Neid der Patienten wegen meiner „Kompetenz" oder meine Angst, das Gruppengeschehen einfach auszuhalten und „drinzubleiben", statt es zu unterbrechen, die eigentlichen Wirkfaktoren waren? Wie oft dient die (auch Distanz schaffende) Deutung auch als Widerstand? Wir werden es nie überprüfen können.

Denn, wie Heraklit sagt, man kann nicht zweimal in denselben Fluss steigen. In diesem Zusammenhang finde ich das Bild von Bozok und Bühler sehr hilfreich für unser Thema: Der Gruppentherapeut ist ja auch ein „Mischprodukt" aus Form und Inhalt, aus Fachmann und Mensch. Wir sehen, es geht also nicht um „Anteile", sondern um verschiedene **Dimensionen** derselben Sache, die aus **verschiedenen Blickwinkeln** sichtbar werden. Doch wo bleibt die gründliche Erforschung der so genannten Therapeutenvariablen? Und warum gelingt es den Gruppenpsychotherapeuten so wenig, in der Öffentlichkeit ihre Methode als wirksam darzustellen?

Woran das liegen könnte, soll im Folgenden kurz dargestellt werden.

Gruppenfähigkeit des Gruppenpsychotherapeuten

Ein klassisch einzeltherapeutisch ausgebildeter Psychoanalytiker oder Verhaltenstherapeut wird im Allgemeinen eher mit seiner einzeltherapeutischen Schulrichtung identifiziert sein und es schwer haben, gruppenpsychotherapeutische Grundlagen und Erkenntnisse wirklich in seine Persönlichkeit zu integrieren. Und selbst wenn er (nebenbei) in Gruppen arbeitet, ist damit noch nicht gewährleistet, dass er sich wirklich dem Phänomen „Gruppe" stellt. So gibt es wahrscheinlich viele Gruppenpsychotherapeuten, die in der Tiefe ihres Herzens eher Einzeltherapeuten sind, vielleicht ohne sich dessen bewusst zu sein. Für mich besteht dieser Verdacht meistens, wenn ein solcher Kollege zu mir sagt: „Ich möchte ja gerne eine Gruppe zusammenstellen, aber die Patienten, die sich bei mir melden, wollen fast alle Einzeltherapie – was soll ich machen?"

Ich kann dann nur antworten, bei mir sei das anfangs auch so gewesen, bis ich selbst wirklich von der Wirksamkeit dieses Settings überzeugt war. Seitdem gibt es kaum noch einen Patienten, der bei der telefonischen Anmeldung eine Gruppenpsychotherapie für sich von vornherein ausschließt. Sollte es also sogar einen unterschwelligen Zusammenhang geben zwischen unseren Neigungen und Ängsten und denen von unbekannten potenziellen Patienten?

Seit meiner Beschäftigung mit Aspekten der Chaos- und Komplexitätsforschung wurde mir in den letzten Jahren immer deutlicher, dass eine „echte Gruppenfähigkeit" vermutlich ein bestimmtes Maß an intuitivem **Vertrauen in Selbstregulations-** und **Selbstorganisationsprozesse** von Gruppen voraussetzt, die nicht nach klassischen einzeltherapeutischen Regeln gedeutet werden können, ob nun tiefenpsychologisch oder nach irgendeiner anderen Theorie, und die nicht oder kaum vorhersagbar sind. So kann es dazu kommen, dass der Leiter entweder die Gruppe zu sehr strukturiert oder das Setting zu rigide festlegt oder er sich emotional heraushält und die Gruppe „laufen lässt". Denn: Eine Gruppe ist **weder** ein homogener oder „harmonischer" Gesamtorganismus **noch** ein zufälliges Nebeneinander von Individuen. Chaostheoretisch gesehen befindet sie sich meist im Einzugsbereich „seltsamer Attraktoren", d. h., die Vorgänge in einer Sitzung sind weder genau geordnet und vorhersehbar noch rein zufällig fluktuierend, so dass weder vorwiegend Gruppendeutungen noch hauptsächlich Einzelarbeit vor der Gruppe das Potenzial der Gruppe ausschöpfen können. (Bions „basic assumptions" – s. Kap. 22 – könnten in einer künftigen chaos- und systemtheoretischen Annäherung an Gruppenphänomene möglicherweise den Status solcher seltsamen Attraktoren bekommen.)

An dieser Stelle möchte ich eine spekulative Verbindung zu dem herstellen, was den Tiefenpsychologen vom Konzept der „ödipalen" Entwicklung her bekannt ist: Je größer die Defizite bzw. Entwicklungsrückstände einer Person im Bereich der so genannten ödipalen **Triangulierung** sind, desto eher wird sie dazu neigen, Beziehungen letztlich primär im **Bezugsrahmen der Dyade** zu erleben. Ist sie ein Gruppentherapeut geworden, wird sie dann primär entweder die Dyade „Therapeut – Gruppenmitglied" oder die Dyade „Therapeut – Gesamtgruppe" wahrnehmen bzw. dazu neigen, triadische bzw. ödipale Komponenten zu verleugnen. Für die Wahrnehmung von gruppendynamischen Prozessen und für die Gegenübertragungsreaktionen darauf ist es aber gerade wichtig, die Nuancen in den „Zwischenräumen" zwischen den Gruppenpatienten, die „Beziehungen zwischen Beziehungen" und dergleichen intuitiv zu erfassen.

Wie wir aus der psychoanalytischen Entwicklungspsychologie wissen, ist die Triangulierung eine wichtige Komponente sowohl für die Identitätsbildung als auch für die erwachsene Beziehungsfähigkeit – und das beinhaltet letztlich auch die Gruppenfähigkeit (nicht die Identifizierung mit einer Gruppe, die viel früher besteht). Scheinbar paradox formuliert: Zur Entwicklung einer reifen Gruppenfähigkeit bedarf es des Heraustretens aus der Dyade und aus einer frühen Gruppenidentifizierung. Vielleicht verläuft ja auch die Entwicklung zum erfahrenen Gruppentherapeuten über das Identifiziertsein mit einer „Schule" (inkl. Dyaden mit Lehr- und Kontrollanalytikern bzw. Supervisoren) und einer späteren Entidentifizierung aus diesem System. Wie jemand diese Entwicklung absolviert hat, dürfte sich in seinem Verhalten in realen sozialen Gruppenkonstellationen niederschlagen, z. B. als Kandidat im Kreise der Studierenden, in der Familie, im Freundeskreis, unter Kollegen, bei Tagungen, in der Berufspolitik usw. Typisch erscheint mir die äußerliche Trennung von einem Ausbildungssystem (Institut, Lehrer etc.) bei unbewusst fortbestehender Identifizierung, was man häufig an Problemen im kreativen Umgang mit Rivalität, an Machtkämpfen zwischen „Schulen", Sündenbockmechanismen und Spaltungsvorgängen erkennen kann.

Sollte also gar die Einstellung zum Phänomen Gruppe so etwas wie eine Lackmusprobe der gelungenen Identitätsbildung sein, die nur eine gesellschaftliche Minderheit erreicht hätte, ohne dass sich die Mehrheit dieses Mangels bewusst wäre? Dann erschiene es mir nachvollziehbar, wenn heute die Gruppentherapeuten eine ähnliche, unterschwellig bedrohliche Position innerhalb der Gesellschaft und Therapeutengemeinschaft hätten wie weiland die Psychoanalytiker in der Gesamtgesellschaft, worauf schon Freud hinwies.

Die Vermeidung der (auch gesamtgesellschaftlich ubiquitären) Polarisierungen würde, um diesen Gedanken bis zum bitteren Ende zu führen, bei Patienten, Therapeuten und „Normalbürgern" eine besser absolvierte Triangulierung und damit reifere Gruppenfähigkeit voraussetzen, für die es in unseren Breiten nur wenig Entwicklungshilfen und Modelle gibt – auch nicht in Lehranalysen und Einzeltherapien. Ich meine damit **Spielräume für die Erprobung wechselnder Beziehungskonstellationen** und auch für Selbstregulations- und Selbstorganisationsphänomene – auch im Rahmen der Psychotherapieweiterbildungen. Auch Gruppenpsychotherapeuten bräuchten mehr Entfaltungsräume, anstatt ihre Zeit mit dem Verfassen von Kassenanträgen zu verbringen.

Die Angst des Gruppenpsychotherapeuten vor der Gruppe?

Auf Grund der bisherigen Überlegungen vermute ich, dass bei uns allen ein (verschieden großer) Anteil unserer Einstellungen gegenüber der Gruppe als Gesamtphänomen, also vor allem archaische Ängste, (im Jungschen Sinne) „im Schatten" liegen. Das heißt, dass unsere Haltung mehr von unserer eigenen Gestimmtheit, von unseren ganz persönlichen früheren Erfahrungen in Gruppen, also auch von neurotischen Anteilen, bestimmt ist, als durch wissenschaftliche Beschäftigung mit dem Thema Gruppe erfassbar ist. So könnte **sowohl** die Neigung eines Therapeuten, nur Einzelne in der Gruppe anzusprechen, **als auch** die Tendenz, die Gruppe vorwiegend mit Gruppendeutungen zu „erfassen" und zu konfrontieren, nicht nur auf seiner o.g. „dyadischen" Einstellung beruhen, sondern auch noch seiner unbewussten Angst vor der **Gruppe als Ganzes** entspringen, bzw. einer Tendenz, das „**Unvorhersehbare**" zu bannen in einem Konzept, das die unüberschaubare Komplexität des Gruppengeschehens auf ein handhabbares Maß reduziert. In beiden Fällen ist der Therapeut nicht Teil der Gruppe, auch wenn seine Haltung verstehbar ist: Sie hilft ihm, sowohl das Verhalten der Patienten in einem für ihn fassbaren Bezugsrahmen zu sehen und eventuell zu prognostizieren, als auch sein eigenes Verhalten passend zu diesem Rahmen zu „modellieren". Er ist dann weniger auf seine eigenen Stärken und Schwächen, momentanen Stimmungen usw. angewiesen und vermeidet, sich angesichts so mancher unvorhergesehener, unverständlicher Situationen und Verhaltensweisen von Patienten hilflos fühlen zu müssen.

Was nun die Spezifitätsforschung betrifft, so könnte – mutatis mutandis – die Suche nach spezifischen Wirkfaktoren **ebenfalls** einer derartigen Tendenz zur Komplexitätsreduktion entspringen: Denn je besser man erfasst, welche spezifischen Effekte ein **Verfahren** erzielt, desto weniger muss man sich darum kümmern, welche Wirkung vom **Therapeuten** ausgeht. Doch wenn wir ehrlich sind, müssen wir ja mittlerweile damit leben, dass letztlich „alles mit allem zusammenhängt". Und das bedeutet auch, dass wir, ob es uns gefällt oder ängstigt, **immer** ein „Teil der Gruppe" sind (vielleicht ja ein besonderer?).

Fragen an uns selbst

Unter Gruppenpsychotherapeuten herrscht wohl Einigkeit darüber, dass die wie gezielt erscheinende derzeitige finanzielle Unterbewertung der ambulanten Gruppenpsychotherapie in unserem Lande (die auch schon einmal bei Honorarverhandlungen schlicht „vergessen" wurde) sachlich nicht begründet und rational nicht erklärbar ist. Aber wenn wir bei uns selbst beginnen, das geschilderte Unbehagen besser zu erkennen und zu bearbeiten, dann könnten wir daraus vielleicht auch die schwer greifbare **Scheu vor Gruppenverfahren** besser verstehen, die z.T. bei Patienten und vor allem bei Therapeuten, Ärzteverbänden und Kassen nicht zu übersehen ist.

Wer aber nun einmal beschlossen hat, diese Therapieform, die er als sinnvoll und effektiv einschätzt, wie neueste Metaanalysen zeigen (Tschuschke 1999a), anzuwenden, dem bleibt nichts anderes übrig, als sich auch mit den ihr inhärenten Widerständen zu befassen. Und weil wir alle Künstler sind, die sich selbst als Instrument benutzen, müssen wir uns vor allem um die „Stimmung" dieses Instrumentes kümmern, mit dem wir Teil der Gruppe sind und das untrennbar verbunden ist mit dem Teil, der außerhalb steht und „reflektiert". Deshalb spielen aus meiner Sicht die Psychohygiene und Selbstanalyse des Gruppentherapeuten eine zentrale Rolle. Hier sind einige Beispiele für mögliche Fragen des Gruppentherapeuten an sich selbst:

- Bin ich eher ein Einzelgänger oder suche ich gerne Geborgenheit in einer Gruppe? Oder bin ich ambivalent zwischen beidem?
- Bin ich in gewohnten Gruppen, im Freundeskreis, in der Familie usw., eher ein Mitläufer, suche ich Randpositionen oder bin ich gern im Mittelpunkt?
- Wie geht es mir in sozialen Gruppen? Spüre ich manchmal Angst, wenn ich mit einer Gruppe von Fremden konfrontiert bin?
- Suche oder vermeide ich Rivalitätssituationen? Oder vermeide ich überhaupt natürliche Gruppen und ziehe den Schutz meines Behandlungszimmers vor – oder betreibe ich lieber Wissenschaft am Schreibtisch?
- Wie stehe ich zu Teamarbeit, Familie, Partnerschaft, Kindern usw.? Sind mir Verwandte ein Gräuel? Wie kam bzw. komme ich mit meinen Geschwistern bzw. etwa gleichaltrigen Verwandten aus?
- Habe ich einen Freundes- oder Kollegenkreis, in dem ich mich als Gleicher unter Gleichen wohlfühle? Oder bevorzuge ich vorstrukturierte Gruppen, die entweder durch Hierarchie oder durch klare Regeln definiert sind?
- Sind mir Institutionen lieber oder fühle ich mich in der „freien Wildbahn" wohler?
- Inwieweit suche ich mir die Gruppen, in denen ich mich bewege, selbst aus, und wie gut kann ich auch mit vorgegebenen Gruppierungen zurechtkommen?
- Wie stehe ich zu unvorhergesehenen Ereignissen? Plane und kontrolliere ich lieber alles so gut wie möglich oder macht es mir Freude, zu improvisieren?

All das schlägt sich sicherlich in meiner gesamten Gegenübertragung nieder und damit auch in meiner therapeutischen Haltung. Hier liegt noch ein weites Forschungsfeld brach – falls wir uns überhaupt selbst beforschen können. Aber für mich steht fest: Wenn wir all unsere hier lauernden eigenen Widerstände gründlich analysieren, so werden wir sicher noch eine Fülle von Hinweisen erhalten, warum gerade die ambulante Gruppenpsychotherapie so wenig betrieben, honoriert und gefördert wird.

Trotz des Handlungsbedarfs „im Außen" ist es für die Gruppentherapeuten also dringend erforderlich, die Besonderheiten ihres Settings „von innen" zu betrachten, und damit untrennbar verbunden ist die schonungslose Bewusstmachung und Einschätzung der Gefühle bei unserer Arbeit. Wie wir in der Psychotherapie aus der Analyse unserer Gegenübertragung möglicherweise eine Information für den Patienten gewinnen können, so müssen wir uns zum besseren Verständnis der gesellschaftlichen und kassentechnischen Bedingungen und Machtverhältnisse, vor allem der Widerstände gegen das Phänomen „Gruppe", gerade mit uns selbst befassen, mit unseren Ängsten und deren Abwehr, mit unserer Neigung, die Gruppe „handhabbar" zu machen, mit unserer Scheu, dem „freien Spiel der Kräfte" zu vertrauen.

19. Koleitung in der Gruppenpsychotherapie

W. L. Roller und V. Nelson

Definition der Koleitung

In der Geschichte von Psychiatrie und Psychologie gibt es eine merkwürdige Vernachlässigung der Beziehungen, die Therapeuten formen, wenn sie kollaborieren und kooperieren, während sie Patienten in Gruppen-, Familien-, Einzel- oder Paartherapien behandeln. Überraschenderweise hat es erst kürzlich systematische Versuche gegeben, den Standard der Praxis der Kotherapie zu definieren (Roller und Nelson 1991, 1993).

> Kotherapie ist eine spezielle Praxis der Psychotherapie, bei der zwei oder mehr Therapeuten einen oder mehrere Patienten in einer Gruppe, einer Familientherapie oder in der Einzelpsychotherapie zur selben Zeit – und manchmal am selben Ort – behandeln.

Die Diskussion der Kotherapie in diesem Kapitel bezieht sich auf kotherapeutische Teams, bestehend aus zwei Personen. Viele Therapeuten können in die Behandlung derselben Gruppe, Familie oder desselben Individuums über verschiedene Zeiten und Räume einbezogen sein. Solche therapeutischen Bemühungen können sehr von Nutzen sein, sie stellen aber nicht die Form von Kotherapie dar, die wir hier definieren.

Die Tatsache, dass Kotherapie eine spezielle Praxis der Psychotherapie darstellt, muss hervorgehoben werden. Zu oft ist Kotherapie als eine mindere Technik angesehen worden und war nicht integraler Bestandteil des therapeutischen Unternehmens. Weit entfernt davon, nur eine Technik zu sein, die die Konnotation der Verfügbarkeit in sich trägt, ist Kotherapie so fundamental für den Behandlungsprozess, dass das Ergebnis der Behandlung davon abhängig ist, wie gut die kotherapeutische Beziehung ist. Im Kontext der Gruppenpsychotherapie hat die Art und Weise, wie die Kotherapeuten miteinander und mit den Gruppenpatienten umgehen, weitreichende Konsequenzen dafür, wie sich die Gruppe während ihrer Dauer entwickelt. Die Beziehung der Kotherapeuten und die Beziehungen der Patienten untereinander, die die Therapeuten zu formen helfen, sind das primäre Vehikel für die Heilung über die Gruppe. Innerhalb dieser Interaktionsmatrix entfaltet sich die Bedeutung der Gruppe für ihre Mitglieder. Wenn man die Bedeutung der Kotherapie und ihres Beitrags zum Gruppenfortschritt unterstellt, ist es erschreckend zu sehen, wie wenig Aufmerksamkeit dieser Apekt in der Gruppenliteratur erfahren hat.

Gleichheit als ein essenzielles Merkmal eines kotherapeutischen Teams

Gleichheit ist ein definierendes Charakteristikum von Kotherapie. Kotherapeuten müssen sich ihre Aufgabe, ihre Macht und ihre Verantwortlichkeit für die Gruppe gleichberechtigt teilen. In der Praxis bedeutet dies, dass Kotherapeuten sich die Autorität hinsichtlich klinischer und praktischer Entscheidungen miteinander teilen. Gleichermaßen teilen bedeutet nicht, das Gleiche zu tun. Eine Befragung über eine Zufallsstichprobe unter Gruppenpsychotherapeuten in den Vereinigten Staaten von Amerika (Roller und Nelson 1991, 1993) ergab, dass die Schaffung einer ausgewogenen gegenseitigen Ergänzung von Fertigkeiten zwischen Therapeuten das wichtigste genannte Element beim Erfolg eines kotherapeutischen Teams war. Wie das einzelne kotherapeutische Gespann diese Aufgabe erfüllt, ist der zentrale Punkt in der Kunst der Etablierung einer kotherapeutischen Beziehung. Konkret schafft jedes Team für sich eine funktionale Definition von Balance. Für einige kotherapeutische Paare bedeutete dies die Herstellung einer Balance zwischen der Energie, die die Zusammenstellung der Gruppe kostete und dem Ausmaß an Enthusiasmus, das sie dazu brachte, eine Gruppe zu leiten. Für andere Teams bedeutete Ausbalanciertheit einen kreativen Verschnitt aus Fähigkeiten, die Notwendigkeiten eines Behandlungssettings zu berücksichtigen, so dass die Handlungen des Kotherapeuten die Arbeit seines/ihres Partners ergänzten.

> Wilfried und Elisabeth z. B. stellten eine sich gegenseitig ergänzende Balance her in einer Psychotherapiegruppe, die sie für Männer und Frauen mit unterschiedlichen Persönlichkeitsstörungen durchführten. Wilfrieds respektlose Einstellungen und schroffe Äußerungen sind effektive Manöver, um persönliche Sackgassen, in die Gruppenmitglieder von Zeit zu Zeit hineingeraten, aufzubrechen. Die Gruppe lacht und antwortet mit einer Leichtigkeit, die ihren eigenen Widerstand unterminiert. Elisabeths komplementäre Balance ist ihre sensible Aufmerksamkeit für das Detail und ihre exzellente Erinnerung bezüglich dessen, was jedes Gruppenmitglied sagt. Elisabeth inspiriert das Vertrauen der Gruppe in sie, da die Gruppe ihre Fähigkeit, zuzuhören und empathisch zu sein, wahrnimmt. Während Respektlosigkeit und Humor wichtig sind, geht man mit ihnen doch das Risiko ein, unverschämt zu sein, wenn die Gruppenmitglieder das Gefühl haben, nicht verstanden und nicht ausreichend beachtet zu werden. Auf der anderen Seite kann eine ausschließliche Aufmerksamkeit bezüglich der Ernsthaftigkeit des Zustandes eines jeden

Patienten langweilig werden, ohne die graziösen Gegenspieler Leichtfertigkeit und Ironie.

Die Kotherapeuten müssen nicht nur ihre Fähigkeiten gekonnt ausbalancieren, sie müssen auch eine Gleichheit in der Teilnahme in der Gruppe erreichen, was gleichbedeutend ist mit einem vollständigen Teilen der Leitungsautorität. Beide Kotherapeuten müssen aktiv engagiert bleiben und vom Beginn an versuchen, ihre Teilnahmeaktivität augeglichen zu halten. Dieses Verhalten hat für die Dauer der Zusammenarbeit tiefreichende Implikationen, da die Gruppen, die beide „kreieren", eine „Ko-Kreation" darstellen und keinem der beiden Leiter ein unangemessener Teil des Verdienstes oder der Schuld zukommt. Die meisten Kotherapeuten beginnen nicht als Gleiche, sie müssen es aber über die Zeit werden, wenn ihre Arbeit effektiv sein soll. Zum Beispiel kann ein Leiter die Ankündigungen und Eröffnungsbemerkungen in der Gruppe machen, während der andere Leiter dafür Sorge tragen kann, dass das Ende der Sitzungszeit beachtet wird. In einer anderen Kotherapeutendyade kann sich der weibliche Kotherapeut um die Rechnungsbegleichung von den Patienten kümmern, während der männliche Kotherapeut notwendige Telefonate entgegennimmt. In jedem Fall muss sich das Gefühl einstellen, dass die Aufteilung von Arbeit und Energie fair erfolgt ist und dass niemand einen Groll hegen muss, dass der andere zu viel oder zu wenig tut.

In der Praxis ist die Herstellung von Gleichheit zwischen Therapeuten komplex und viele emotionale Faktoren kommen dabei ins Spiel. So kann es z. B. sein, dass ein Therapeut in der Behandlung von depressiven Patienten mehr spricht als in der Behandlung von Patienten, die paranoid am familiären Hintergrund des Therapeuten und seiner Gegenübertragung hängen bleiben. Ein weiblicher Kotherapeut könnte kompetitive Gefühle spüren und verbal ziemlich aktiv angesichts eines starken männlichen Patienten und ein männlicher Kotherapeut könnte schweigsam werden in Anwesenheit einer verführerischen Patientin. In beiden Fällen muss der Kotherapeut in der Lage sein, offen mit seinem/ihrem Partner zu kommunizieren, damit deutlich gemacht werden kann, dass Verhaltensänderungen aus Gegenübertragungen resultieren könnten. In der Tat ist der freie Austausch von Informationen zwischen Kotherapeuten das Kennzeichen ihrer gleichgewichtigen Beziehung. Dies schließt die Möglichkeit für konstruktive Kritik wie auch eine großzügige Anerkennung von Leistungen mit ein. Falls jeder der beiden Kotherapeuten im Ausdruck von Scham oder Anerkennung gehemmt ist, muss die Gleichheit der Beziehung in Frage gestellt werden. Im Unterschied dazu geht in therapeutischen Paaren mit einem älteren und einem jüngeren Therapeuten der Fluss von Lob und Tadel gewöhnlich in eine Richtung und ist niemals gegenseitig gleich.

Zwei weitere Qualitäten müssen bei der Schaffung von gleichberechtigten Teams berücksichtigt werden. Zunächst werden Patienten ihre Kotherapeuten als gleichberechtigt erleben, wenn die klinischen Entscheidungen, die sie betreffen, von beiden Therapeuten geteilt werden. So können Patienten z. B. erleben, wie ihre Kotherapeuten während der Gruppensitzungen diskutieren und Entscheidungen treffen. Die Patienten werden gleichfalls die Ergebnisse der gemeinsamen Entscheidungsprozesse, die außerhalb der Sitzungen gefällt wurden, erleben und den kooperativen Geist verspüren, der zwischen den Therapeuten herrscht. Konsensuelle Entscheidungsprozesse sind imperativ, da sie sich direkt per Kommunikation den Patienten vermitteln. Diese Art des Modelllernens ist einzigartig aufgrund der kotherapeutischen Behandlung und stellt eine Quelle primären therapeutischen Nutzens für die Gruppenmitglieder dar. Zweitens müssen Kotherapeuten bereit sein, sich dem anderen mitzuteilen. Eine Hemmung zwischen den beiden würde ihre natürliche Spontaneität blockieren und ihre Verantwortung, eine authentische Person zu sein, schwächen. Starke Ängste, Fehler zu begehen, werden gleichfalls die Gegenseitigkeit zwischen den Kotherapeuten beeinträchtigen, da sie viel Energie aufbringen müssten, sich ganz bewusst zu beobachten, wobei sie Gelegenheiten verpassen würden, akkurat zuzuhören und angemessen zu antworten.

Ungleiche und nicht therapeutische Teams

Es gibt ausreichend gute Gründe für die Tatsache, dass Gruppenleitung durchaus von ungleichen oder nicht therapeutischen Teams geteilt bzw. durchgeführt werden kann. Ein Gespann aus ungleichen Leitern ist ziemlich normal in Trainings-Maßnahmen, wenn ein älterer Therapeut oder Mentor einen jungen Therapeuten oder Protegé einlädt, das Erlebnis einer Gruppenleitung gemeinsam zu haben. Eine Paarung aus Nichttherapeuten – z. B. von Studenten oder Ausbildungskandidaten – ist auch recht üblich als Trainingsmethode und schließt die Supervision des Studententeams durch einen klinischen Ausbilder, der sich mit den Auszubildenden trifft und ihre Arbeit in der Gruppenpsychotherapie beurteilt, mit ein. Die Verfasser dieses Kapitels sehen allerdings die Paararbeit zu edukativen Zwecken nicht als Kotherapie an. Im erstgenannten Fall ist die Mentor-Protegé-Beziehung keine Kotherapie, da sie nicht gleichberechtigt ist, und im zweiten Fall ist die Auszubildender-Auszubildender-Beziehung keine Kotherapie, da keiner der beiden ein vollständig ausgebildeter Therapeut ist.

Auch wenn solche Teams nicht die Kriterien für Kotherapeuten erfüllen, werden sie häufig verwendet und können für die Ausbildung von Gruppenpsychotherapeuten hilfreich sein, sollten aber eine eigene Bezeichnung haben. Wir schlagen deshalb eine spezielle Terminologie vor, um Leiterpaare zu bezeichnen, die tatsächlich keine Kotherapeuten sind, sondern mit dem primären Ziel der Ausbildung gemeinsam arbeiten.

Kolernende sind zwei Auszubildende, die unter der Anleitung eines Supervisors eine Gruppenpsychotherapie gemeinsam leiten. Sie sind gleich hinsichtlich ihrer Erfahrung und ihrer Kenntnis, da sie beide lernen, wie man eine Gruppenpsychotherapie leitet.

Ein Supervisor und ein Student, die gemeinsam eine Gruppenpsychotherapie leiten, sind so genannte Nequipos, ein Begriff abgeleitet vom spanischen Wort „equipo", was Team bedeutet. **Nequipos** sind weder gleich in Erfahrung noch gleichermaßen ausgestattet mit Kenntnis oder Autorität, um eine Psychotherapiegruppe zu leiten. Wir glauben, dass die Begriffe „Kolernende" und „Nequipos" helfen, die genannten populären Ausbildungsmethoden begrifflich zu klären und von Kotherapie unterscheiden zu können. Studenten und ihre Supervisoren können ihren Patienten als Kolerner und Nequipos gewisse Hilfen bzw. Entlastungen geben, aber hier steht das Lernen auf der Behandlerseite in gleichem

Tabelle 19.1 Neun Phasen der Entwicklung eines Kotherapeutenteams (Roller und Nelson 1991)

Phase 1: einen Vertrag ausarbeiten

In dieser Phase stellen die Kotherapeuten eine Grundlage her, indem sie einige formale Normen für kritische Punkte bei der Gestaltung ihrer Beziehung und für die Leitung der Gruppe definieren. Außerdem wird geklärt, auf welche Weise jeder von ihnen das Individuum und die Gruppendynamik konzeptualisiert. Mögliche Rollendifferenzierungen können nun begonnen werden zu klären. Das Ausmaß an Explizität oder Implizität des Kontrakts bestimmt das Ausmaß an Leichtigkeit oder Klarheit, mit dem das kotherapeutische Team in Zukunft zu leben hat.

Phase 2: eine gemeinsame Identität ausbilden

Basale Aufgabe für Kotherapeuten ist es, eine initiale Identität als Team zu etablieren und die Struktur ihrer Beziehung zu formen. Dieser Prozess erzeugt kompetitive Gefühle, Irritationen, Unterschiede in persönlichen und konzeptuellen Vorlieben und die Verführung, Konflikte durch den Gebrauch von Macht oder Manipulation zu lösen. Diese rivalisierenden Punkte müssen gelöst und Normen erstellt werden, die es gestatten, dass eine kooperative Haltung beginnt. Die Kotherapeuten sind aufgefordert, Punkte zu identifizieren, Gefühle zu klären und Strukturen zu vereinbaren, die beides respektieren: divergierende und konvergierende Perspektiven und Persönlichkeiten.

Phase 3: ein Team bilden

Nach der Festlegung grundlegender struktureller Aspekte zum Zwecke des Beginns einer wirklichen Arbeitsbeziehung beginnen die Kotherapeuten mit dem Lernen bezüglich des Spektrums und der Tiefe der Intuitionen des jeweils anderen, seinen konzeptuellen Orientierungen und Interventionsfertigkeiten, wie sie sich in der klinischen Realität mit Individuen und Gruppendynamiken zeigen. Das Lernen über den anderen wird Realität, während das Lernen vom anderen eine Möglichkeit wird. Gegenseitiger Respekt stellt sich im Zuge dieses Prozesses ein. Ein gemeinsam festgelegter Stil der Koleitung und der Kommunikation innerhalb der Gruppe wird während dieser Phase ausgearbeitet.

Phase 4: Entwicklung von Nähe

Die Kotherapeuten werden tieferes Interesse und Zuneigung entwickeln, die auf der aktuellen Kenntnis der Arbeit des jeweils anderen fußen. Dieser Prozess führt zu Gefühlen von Nähe und Attraktion auf der sexuellen oder anderen Ebenen. Die Art und Weise wie Nähe akzeptiert und Grenzen gesetzt werden, stellen die zentralen Aspekte dieser Phase dar. Das Potenzial der Beziehung als eines Kontextes für Wachstum und Veränderung wird offensichtlich.

Phase 5: Klärung von Stärken und Grenzen

Die wichtige Aufgabe dieser Phase ist es, realistische Wahrnehmungen der eigenen Stärken und Grenzen innerhalb der Beziehung und als Therapeuten in der Gruppe zu gewinnen. Dieser Prozess stimuliert das Hervortreten latenter Bedürfnisse und führt – falls nicht diskutiert und geklärt – zu intensiven Gefühlen und Agieren. Eine neue Verpflichtung für ein tieferes Verständnis von sich selbst und dem anderen resultiert aus dieser Auseinandersetzung.

Phase 6: die Erkundung von Möglichkeiten

Es gibt nun eine Überarbeitung des Kotherapiekontrakts, was die Erkundung neuen Verhaltens als Person und eine größere Flexibilität im Rollenverhalten als Therapeuten der Gruppe erlaubt. Diese Phase ist häufig eine konfliktfreie Periode persönlicher Exploration und Neuanpassung der Arbeitsbeziehung.

Phase 7: Selbstkonfrontation

Therapeuten übernehmen Verantwortung für die Herausforderung der persönlichen und professionellen Grenzen, indem die Punkte geklärt werden, die mit weiterem Wachstum interferieren. Regressive Aspekte im Rahmen dieser Explorationen können entweder thematisiert oder ausagiert werden, abhängig vom Bewusstsein und von der Fähigkeit des Gruppenleiters, sich selbst mit der eigenen Abwehr zu konfrontieren. Gegenseitige Unterstützung während dieses Prozesses, selbst wenn es schwierig wird, charakterisiert diese Phase.

Phase 8: Integration und Implementierung von Veränderungen

Persönliche Einsichten und Veränderungen, die aus der Phase 7 der Selbstkonfrontation stammen, müssen jetzt integriert werden. Dies führt mit hoher Wahrscheinlichkeit zu persönlichen und auch professionellen Veränderungen, was eine Neudefinition des Teams wie auch anderer Dimensionen der Beziehung erforderlich macht. Eine Hauptaufgabe von Phase 8 bezieht Entscheidungen über die Fortsetzung der Zusammenarbeit und/oder die Unterstützung des jeweils anderen bei der Entwicklung neuer Schritte mit ein.

Phase 9: Fazit

Das Bedürfnis nach einem Fazit existiert unabhängig davon, ob zu diesem Zeitpunkt eine Beendigung der Kotherapiebeziehung stattfindet oder eine Neudefinition derselben. Ein gesunder Übergang erfordert die Anerkennung des Partners bezüglich seines/ihres jeweiligen Beitrags im gemeinsamen Prozess sowie ein Fazit dessen, was erreicht und was nicht erreicht wurde.

Rang wie die Behandlung selbst. Psychotherapeuten lernen eine ganze Menge als Kotherapeuten, aber die Behandlung der Patienten ist das primäre Ziel, nicht ihr eigenes Lernen.

(Der Leser möge berücksichtigen, dass die folgenden Ausführungen spezifisch für die USA sein können, d. Hrsg.)

Innerhalb des Kontextes der Ausbildung müssen Supervisoren und erfahrene Gruppenpsychotherapeuten die Zeit einschätzen, die der Entwicklung von Teams von Kolernern und Nequipos eingeräumt werden muss. Solche Teams können reichhaltige Lernerfahrungen bieten, falls Auszubildende und Mentoren bereit sind, ein Jahr oder mehr für diesen Ausbildungsabschnitt bereitzustellen. Ausbildungskontrakte von weniger als einem Jahr sind – die Kürze der Beziehung erlaubt den Teilnehmern nicht, bis zu höheren Niveaus eines kotherapeutischen Teams voranzuschreiten – nicht ratsam. In dieser kurzen Zeit wäre ein Lernen über Videobänder von Selbsterfahrungsworkshops vorzuziehen.

Theorien zur Entwicklung eines Kotherapeutenteams

Viele Autoren haben versucht, Phasen der Entwicklung eines kotherapeutischen Teams herauszuarbeiten (Brent und Marine 1982; Dick u. Mitarb. 1980; Gallogly und Levine 1979; McMahon und Links 1984; Winter 1976). Die Forschungen von Beck (Roller und Nelson 1991, 1993; Beck 1974; Beck u. Mit. 1986) (Kap. 21) stellen nach unserer Auffassung das umfassendste Schema von Entwicklungsphasen bis heute dar. Dugo und Beck nehmen an, dass die Kotherapeuten spezielle Aufgaben erledigen müssen, damit der Übergang der Gruppe von einer Phase in die nächste erfolgen kann, und dass diese Phasen gekennzeichnet sind durch ihre jeweiligen Bezeichnungen (Tab. 19.1) (Beck und Mitarbeiter 1986).

Forschungen auf dem Gebiet der Kotherapie sind sehr begrenzt, und zwar aufgrund von falschen Annahmen. Kotherapeutische Teams sind eine sich über die Zeit entwickelnde Beziehung, sozusagen eine Einheit und eine Qualität, die über zwei Personen hinausgeht. Diese fehlende Sicht verhindert ein umfassenderes Verständnis von **Kotherapie als einer speziellen Praxis der Psychotherapie**.

Die Definition der Entwicklung eines kotherapeutischen Teams hat verschiedene praktische Implikationen:
- Kotherapeuten können die Parallelen zwischen ihrer Entwicklung als Team und der Entwicklung ihrer Therapiegruppe betrachten.
- Die Theorie hilft Kotherapeuten als Anleitung in der Praxis und bei der Einschätzung des tatsächlichen Fortschritts ihrer Beziehung.
- Forschung bezüglich der Effektivität von Kotherapeutenteams sollte nur mit Kotherapeuten unternommen werden, die zumindest das Niveau der kooperativen Zusammenarbeit erreicht haben, das ist die Phase 3 im Schema von Dugo und Beck (Tab. 19.1). Untersuchungen mit Therapeuten, die noch nicht dieses Niveau erreicht haben, wären unangebracht. In diesen Fällen untersuchen die Studien nicht Kotherapie, sondern das Verhalten von ungeübten Personen, die versuchen, in einer Anforderungssituation bzw. einem etwas einschüchternden Kontext zusammenzuarbeiten. Der Reifungsgrad eines Leiterteams muss von Forschern auf diesem Gebiet stets in Rechnung gestellt werden.

Reifungsebenen und die Effektivität des kotherapeutischen Teams

Die ersten drei Phasen der Entwicklung des kotherapeutischen Teams sind – wie auch von Dugo und Beck für ihr Modell der Gruppenentwicklungsphasen formuliert – kritisch für den späteren Erfolg des kotherapeutischen Teams. Die nachfolgenden Beispiele geben Hinweise für den notwendigen Fortschritt der Kotherapeuten beim Durchschreiten dieser Phasen.

In Phase 1 müssen die Koleiter eine Grundlage schaffen, indem sie formelle Normen ihrer Beziehung und der Therapie, die sie im Begriffe sind, durchzuführen, aufstellen.

Ulrich und Janine beschlossen, gemeinsam zu arbeiten bei der Durchführung einer Therapiegruppe. Sie begannen damit, ihre Gründe für die gemeinsame Arbeit zu benennen. Ulrich war Psychologe mit Erfahrungen bei der Durchführung von Gruppen mit Männern und wollte seine Praxis dahingehend ausdehnen, Gruppen mit Frauen und Männern durchzuführen. Er hatte einen Kursus bei Janine besucht und war beeindruckt von ihren Kenntnissen über Gruppenpsychotherapie und ihren Fähigkeiten, Männer-Frauen-Beziehungen zu verstehen. Janine war Familientherapeutin, die mit einem Mann deshalb zusammenarbeiten wollte, weil sie davon ausging, dass die Frauen in ihrer Praxis andere Anteile ihrer Persönlichkeit in Anwesenheit eines männlichen Therapeuten zeigen würden. Sie war von Ulrichs Offenheit und Freundlichkeit angetan und hoffte darauf, dass sie die Patienten aus ihren individuellen Praxen in einer gemischten Gruppe von Männern und Frauen kombinieren könnten. Die Tatsache, dass Ulrich und Janine sich gegenseitig ausgewählt hatten, warf ein günstiges Licht auf ihren gemeinsamen zukünftigen Erfolg. Dies ist bestätigt durch Forschungen der Autoren dieses Kapitels, die ergeben haben, dass die Auswahl eines Kotherapeuten oder eines Kolerners unbedingt einer zufälligen Zuordnung vorzuziehen ist (Roller und Nelson 1991, 1993).

Keiner der beiden besaß Erfahrungen als Kotherapeut, und so begannen sie ihre Zusammenarbeit mit dem Geist des Experimentierens, entsprechend auch mit moderaten Erwartungen. Als sie die Gruppe besprachen, die sie zusammenstellen wollten, realisierten sie, wie jeder von ihnen die Behandlung von Patienten in der Gruppe konzeptualisierte. Durch diesen Prozess erreichten sie etwas Vorausschau auf ihre potenziellen Konflikte als Kotherapeuten. Ulrich war eingenommen von der Gruppe-als-Ganzes-Theorie und machte Interventionen, die dazu neigten, abstrakt und intellektuell zu sein, während Janine ihre Aufmerksamkeit auf die Familiendynamik eines jeden Individuums in der Gruppe lenkte. Beide Therapeuten erkannten den Wert der Arbeit des jeweils anderen und sprachen offen über ihre Bewunderung. Und auf einmal stellten sie fest, dass sie die exzellente Kommunikation kultivieren und aufrechterhalten sollten, damit sie die therapeutischen Bemühungen des anderen unterstützen und so vermeiden konnten, nicht das fünfte Rad am Wagen des anderen zu sein und die Patienten nicht unnötig zu verwirren. Sie stuften ihre Unterschiedlichkeit als ein positives Element ein, aber verstanden die Notwendigkeit der Klärung ihrer Rollen und ihrer persönlichen Beziehung und wie genau sie ihre Unterschiede zu einem „Verschnitt" bringen könnten, damit sie in der Lage waren, als kotherapeutisches Team zu kooperieren.

Ulrich und Janine entdeckten, dass die erste Phase ihrer Kotherapiebeziehung tatsächlich begonnen hatte, bevor die Gruppenbehandlung startete. Indem sie diskutierten, wie sie die Patienten für die Gruppe in Erstgesprächen interviewen und die Maßnahmen, die sie ergreifen würden, wenn Gruppenmitglieder die Gruppe beenden würden, testeten sie die Qualität, mit der sie die Arbeitsbeziehung gestalten und wie sie zu Übereinstimmungen gelangen würden. Sie etablierten ein Muster für gruppenvorbereitende und -nachbereitende Sitzungen, damit sie ihre Wahrnehmungen bezüglich der Fortschritte ihrer Patienten teilen und Strategien entwickeln konnten für die zukünftige Behandlung. Im Kontext des Vergleichs ihrer theoretischen Ansätze diskutierten sie, wie sie die Verbindungen oder Nichtverbindungen beurteilen sollten, die sich zwischen Patienten und Therapeuten ergeben und in welchem Ausmaß sie die Übertragung analysieren sollten, die sich einstellt. Sie berücksichtigten auch die verschiedenen Leiteraufgaben, die es zwischen sich aufzuteilen galt und inwieweit diese Aufgaben zur Gleichheit, die durch die Kotherapie impliziert wird, beitragen würden. Viele dieser Gespräche werden immer wieder wiederholt werden während der Dauer dieses kotherapeutischen Teams, und Ulrich und Janine haben nunmehr die Grundlage geschaffen für die folgende Kooperation.

Während der zweiten Phase der Kotherapieteamentwicklung (Formung einer gemeinsamen Identität) bemühen sich die Leiter darum, eine anfängliche Identität als Team zu erlangen. Rivalisierende Gefühle, Unterschiede in persönlichen und konzeptuellen Überzeugungen und die Verlockung, Konflikte durch den Einsatz von Macht oder Manipulation zu lösen, treten auf. Die Aufmerksamkeit der Therapeuten ist auf den anderen gerichtet: „Wie bin ich im Vergleich zu meinem Partner? Bin ich so kompetent wie er/sie? Kann ich dir diesen Patienten anvertrauen? Ich kann es besser. Mein Weg ist der richtige." Diese kompetitiven Knoten müssen gelöst und Normen müssen erarbeitet werden, die kollaborativen Anstrengungen den Weg bahnen. Es ist eine Herausforderung für alle Teams, unabhängig von ihrem Erfahrungs- und Ausbildungsniveau. Sie müssen eine Beziehung vereinbaren, die sowohl divergierende als auch konvergierende Gesichtspunkte respektiert.

Mit der dritten Phase (Formung eines Teams) nehmen Dugo und Beck an, dass die Patienten vieles aus dem Leiterstil in einer Gruppe lernen können. Ein reifes Kotherapeutenteam bringt Energien in eine Gruppe und neues Leben in die Leiterfunktion. Während dieser Phase beginnen die Leiter über die Breite und Tiefe der Intuitionen des jeweils anderen zu lernen, seine konzeptuellen Überzeugungen und Interventionsfertigkeiten, wie sie sich in der klinischen Tätigkeit manifestieren. Kurz, sie beginnen eine echte Arbeitsgemeinschaft, die therapeutisch produktiv ist und sich mit der Zeit vertiefen kann, falls die Kotherapeuten sich dazu entschließen, miteinander weiterzuarbeiten.

Nutzen für Patienten und Therapeuten

Wenn ein kotherapeutisches Team erst einmal in eine kooperative und reife Phase der Entwicklung seiner Zusammenarbeit gelangt ist, profitieren beide davon, Kliniker und Patienten. In der Gruppenpsychotherapie können Gruppenmitglieder von den unterschiedlichen Perspektiven ihrer Kotherapeuten profitieren. Die Patienten können ein tieferes Verständnis ihrer Probleme erreichen, indem sie beide Therapeuten als Quellen nutzen. Wenn Kotherapeuten offener miteinander kommunizieren, werden ihre Interventionen, individuell und gemeinsam gesehen, wirkungsvoller. Wenn sie sich frei fühlen, auch ihre Vorstellungen und Beobachtungen spontan mitzuteilen, wird mehr klinisch relevantes Material generiert, was zu einem größeren Verständnis der Patienten führt. Das kotherapeutische Team wird ein Modell für die Gruppenmitglieder, wie man nicht defensiv interagiert. Wenn sich Kotherapeuten frei fühlen, einander auf eine nicht verurteilende Weise zu widersprechen, hilft dies, Normen in der Gruppe herzustellen, die jedem Gruppenmitglied erlauben, ein breiteres Spektrum an Gefühlen zu äußern. Da es zwei Therapeuten gibt, auf die die Gruppenmitglieder ihre womöglich archaischen Materialien projizieren können, wird der Prozess der Gruppe komplexer. Die Möglichkeit der gleichzeitigen libidinösen Übertragung beeinflusst die Gruppe in verschiedener Hinsicht. Gruppenmitglieder verwenden häufig den Abwehrmechanismus der Spaltung, wobei sie einen Therapeuten schlecht und den anderen gut machen. Die Kotherapeuten müssen gut aufeinander eingestellt sein und reif in ihrer Beziehung, um dem Druck standzuhalten, sich nicht auf die Seite der Gruppe und gegen den Therapeuten zu schlagen, der die negativen Projektionen der Gruppe auf sich zieht. In einer kogeleiteten Gruppe haben die Patienten korrigierende emotionale Erfahrungen wie z. B. Ärgerausdruck gegenüber einem Therapeuten mit der Unterstützung des anderen Therapeuten. Dies ist ein komplexes Geschehen, das viele Kenntnisse und Geschick aufseiten des Kotherapeutenteams erforderlich macht. Der eine Therapeut sollte nicht mit der Gruppe den Scapegoating-Prozess (schwarzes Schaf) gegenüber seinem/ihrem Kotherapeuten betreiben. Auch sollte der Therapeut nicht zusammen mit seinem/ihrem Kotherapeuten die Gruppe davon abhalten, Ärger gegenüber einen Therapeuten auszudrücken.

Reife Therapeuten geben einander Anerkennung für die Arbeit, die sie leisten. Anerkennung seitens der Gruppe trägt zu ihrer Zufriedenheit mit ihrer Arbeit bei. Im Kontext einer Institution beugt Kotherapie einem Burnout im Team vor. Im Rahmen einer privaten Praxis bietet Kotherapie Freundschaft und stellt einen Gegenpol zur professionellen Vereinsamung dar. Obwohl Therapeuten sich mit Menschen umgeben, ist ihre Rolle die des Zuhörens und Gebens. Eine Reziprozität ist weder erwartet noch angemessen von Seiten des Patienten. Nun sind Kotherapeuten Gleiche und sind daher in der Lage, sich gegenseitig die genannten emotionalen Hilfen zu geben. Ein anderer wichtiger Punkt der kotherapeutischen Zusammenarbeit ist ihr besonderer Enthusiasmus für Gruppenpsychotherapie. Kotherapeuten genießen die Gelegenheit permanenter Supervision untereinander, die ihre therapeutischen Fertigkeiten verbessern kann. Einen zweiten Therapeuten in derselben Gruppe anwesend zu haben, öffnet die Tür für neuartige und unerwartete therapeutische Interventionen. Eine andere Perspektive ist speziell hilfreich, wenn die Gruppe in einer Sackgasse ist.

Sackgassen

Kotherapeuten sehen sich manchmal einer ganzen Reihe von Sackgassen mit variierender Schwere gegenüber, von den vorhersagbaren Dilemmata eines jeden Teams bis hin zu extremen Fällen, in denen Kotherapeuten nicht länger behandeln oder als Kollegen kommunizieren können.

Die erste unter den Sackgassen ist **Rivalität**. Dugo und Beck sehen dieses Phänomen als ein natürliches bei der Entwicklung eines kotherapeutischen Teams an (Phase 2, Tab. 19.1), das durchgearbeitet werden muss, bevor eine bedeutsame kotherapeutische Behandlung beginnen kann. Jedoch sind auch erfahrene kotherapeutische Teams dafür anfällig. Beispielsweise können Kotherapeuten darin rivalisieren, wer das größere Ausmaß an positiver Übertragung erhält. So lange die Rivalität nicht nachlässt, kann die Gruppe keine voll entwickelte Beziehung mit beiden Therapeuten haben. Eine Akzeptanz der Tatsache einer Rivalität eröffnet die Möglichkeit des Kompromisses und des Wachstums innerhalb des therapeutischen Teams. Zum Beispiel können Kotherapeuten über die korrekte Interpretation eines Patientenverhaltens in der Gruppe streiten oder über die korrekte Interpretation eines Traums. In solchen Auseinandersetzungen ist es wichtig, sich den Wert der Idee des Partners bewusst zu machen, während gleichzeitig die Nichtübereinstimmung ausgedrückt wird. Kompetitives Verhalten kann außerdem die Form von Machtkämpfen annehmen und dreht sich dann um zwei Punkte: wie Entscheidungen getroffen werden und ob Konflikte gelöst oder vermieden werden. Der kotherapeutische Kontrakt impliziert einen gemeinsamen Entscheidungsprozess, und die Verlockung für ein unilaterales Entscheidungsprozedere – wie, wenn beide Kotherapeuten nur eine Person wären – kann die besten Abkommen unterminieren. Zu Beginn ihrer Zusammenarbeit sollten Kotherapeuten deshalb ein Abkommen treffen, das auch klärt, wie Konflikte im Falle der Nichtübereinstimmung angegangen werden sollen, wenn sie in der Beziehung auftreten.

Gegenübertragung ist ein essenzieller Teil des therapeutischen Prozesses und kann zur Sackgasse für die Gruppe werden, falls sie für jeden der beiden Therapeuten unerkannt bleibt oder falls ein Therapeut davor zurückschreckt, die Gegenübertragung des anderen Therapeuten zu benennen. Kotherapeuten können ihre ungelösten Familienkonflikte mit Patienten in der Gruppe ausagieren. Die persönliche gegenseitige Kenntnis hilft bei der Entdeckung solchen Verhaltens. Die Kotherapeuten müssen entscheiden, ob es angemessen ist, ihre internen Prozesse mit der Gruppe zu teilen. Würden solche Öffnungen das Verständnis der Patienten bezüglich deren Persönlichkeit voranbringen oder würden sie von der Arbeit abgehalten und würden die therapeutenseitigen Öffnungen zu einer Bürde für die Patienten werden? In jedem Falle könnte die Konsultation eines Dritten indiziert und eine willkommene Option sein. Solche Konsultationen sollten niemals als ein Fehler angesehen werden, sondern als eine Gelegenheit zu lernen.

Kotherapeuten sind manchmal in der Lage, eine ganze Reihe von theoretischen Auffassungen zugleich zur Verfügung zu haben und sich als Team zu koordinieren. Die Patienten, die sie behandeln, sind vielleicht nicht so flexibel. Kotherapeuten können die **Wirkungen ihrer divergierenden Auffassungen** auf die Gruppe unterschätzen. Macht z. B. ein Therapeut Gruppe-als-Ganzes-Interpretationen und der/die andere unterbricht den Prozess, indem er/sie individuelle Interpretationen vornimmt, wird die Gruppe in eine Double-Bind-Situation geworfen, was zur Konfusion führen kann. Im Allgemeinen sollten Kotherapeuten ein operationales Ausmaß an Übereinstimmung zeigen. Dieses Prinzip ist in Übereinstimmung mit der Erfahrung der Autoren dieser Ausführungen, dass die Kompatibilität der theoretischen Auffassungen eine Hauptkomponente im Erfolg eines kotherapeutischen Teams ist.

Rückblick und Ausblick

Die Praxis der Kotherapie ist nicht neu. In den 20er Jahren hat Adler als Erster mit zwei Professionellen experimentiert, indem er – um die Widerstände in der Behandlung von Kindern in Anwesenheit der Eltern in seiner Kinderklinik in Wien zu durchbrechen – anstelle von einem zwei Therapeuten einsetzte. Manchmal reagierte das Kind eher, wenn zwei Personen, ein Psychiater und entweder ein Sozialarbeiter oder ein Lehrer, die Lebensumstände des Kindes in seiner Anwesenheit besprachen. Die erste Psychotherapiegruppe mit Erwachsenen in einem Krankenhaussetting in den USA war kogeleitet. Die Gruppe wurde 1936 am New Yorker Bellevue Hospital von Schilder und Shaskan in geteilter Leitung durchgeführt (Shaskan und Roller 1985; Roller 1986).

Mit einer wachsenden Zahl von Psychotherapeuten, die eine Kotherapie durchführen, erscheinen die Aussichten für die Praxis besser. Eine neuere Untersuchung ausgebildeter Kotherapeutenteams und ihrer Leitung von zeitbegrenzten Gruppenpsychotherapien führte zu Videodokumenten und zur Demonstration von kotherapeutischen Leitercharakteristika, die es einer Gruppe ermöglichen, zu reiferen Phasen der Gruppenentwicklung voranzuschreiten (Roller 1997; Nelson und Roller 1997). Zukünftige Untersuchungen der Wirkungen von kotherapeutischen Teams können Nutzen aus diesen Videos ziehen, einerseits um Behandlungshypothesen zu überprüfen und andererseits, indem sie als Instrument zur Unterrichtung in kotherapeutischen Fertigkeiten dienen.

20. Geschlechtszugehörigkeit und Gruppenpsychotherapie

J. Schoenholtz-Read

Allgemeine Überlegungen

Das Geschlecht beeinflusst alle sozialen Interaktionen und spielt eine bedeutsame Rolle im Gruppenverhalten.

„Das Geschlecht einer Person ist nicht nur einfach ein Aspekt dessen, was man ist, sondern – grundlegender – es ist etwas, was man tut und was man wiederholt mit anderen tut." (West und Zimmerman 1991, S. 27).

In der Psychotherapiegruppe bringen die Mitglieder ihre persönlichen Historien, Konflikte und Leiden wie auch ihre sozialen Rollenaspekte, die mit dem Geschlecht verknüpft sind, ein. Eines der wichtigsten Ziele von Gruppenpsychotherapie ist es, individuell und gruppenbezogen, kulturell basierte geschlechtsbezogene Themen und Muster zu erkennen. Aufgabe des Gruppentherapeuten ist es, sensibel zu sein für die stereotypen Geschlechtsaspekte in den Problemen der Gruppenmitglieder und damit assoziierten Interaktionen in der ganzen Gruppe. Durch eine „geschlechtsanalytische Haltung" kann der Gruppenleiter bzw. die Gruppenleiterin Gruppenprozesse ermöglichen bzw. fördern, die negativen Effekte der Geschlechtsstereotypien zu mildern – bei gleichzeitiger Förderung des Bewusstseins der Gruppe für geschlechtsbezogene Grundannahmen, Glaubenssätze und Wertmaßstäbe. Die „Geschlechtsanalyse" nimmt einen wichtigen Platz im Repertoire des Gruppenpsychotherapeuten bzw. der – therapeutin ein.

Die sozialkonstruktivistische Perspektive (Flax 1989; Gergen 1985) betont den sozialpolitischen Kontext der menschlichen Interaktion. Während der letzten Dekaden haben Veränderungen in den sozialen Bedingungen neue soziale Rollen für Männer und Frauen eröffnet. Beispielsweise sind erzieherische und berufliche Möglichkeiten mit Veränderungen in den Familienstrukturen einhergegangen – es gibt mehr weibliche Haushaltsvorstände, höhere Scheidungsraten und mehr lesbische und schwule Eltern (Kravetz und Maracek 1996). Männer sahen sich gefordert, in Managementpositionen eng mit Frauen zusammenzuarbeiten und wurden dazu gedrängt, ihren Anteil an der Betreuung von Kindern und den Haushaltsaufgaben zu erhöhen (Belsky 1984). Obwohl Frauen von ihren erweiterten Rollen profitiert haben, fahren sie fort, primär die Verantwortlichen für die Aufrechterhaltung des Haushalts zu sein, indem sie die Sorge um andere behalten – den Ehemann, Kinder und alternde Angehörige. Zur selben Zeit erodieren Einkommens- und Statusungleichheiten am Arbeitsplatz das weibliche Selbstwertgefühl und können einen heimtückischen Effekt auf die geistig-seelische Gesundheit von Frauen haben (Root 1992). Die Erkrankungsrate steigt mit dem niedrigeren sozialen Status wie z.B. bei Immigranten, ethnischen Minderheiten. Die Unterschiede in der Gesundheit von Männern und Frauen geben empirische Unterstützung für das Wechselspiel zwischen sozialen und biologischen Faktoren. Frauen haben höhere Raten an Essstörungen (Lazerson 1986), Agoraphobie und depressiven Störungen (Kravetz und Maracek 1996; Hare-Mustin 1983; McGrath u. Mitarb. 1991). Frauen sind häufiger das Opfer verschiedener Formen physischen und sexuellen Missbrauchs wie auch von Gewaltkriminalität und Männer sind häufiger die Aggressoren. Entscheidungen von psychotherapeutischen Klinikern sind gleichfalls beeinflusst durch das Geschlecht (Cleary 1988).

Die Gruppe ist ein idealer sozialer Rahmen für die Untersuchung von Geschlechterbeziehungen, für das Verständnis ihres Einflusses und für die Veränderung stereotypen Geschlechtsverhaltens. Eins der mächtigen Geschlechterthemen, das in die Therapiegruppe Eingang findet, ist die kulturelle Definition von **physischer Attraktivität**. Die mächtige kulturelle Botschaft ist, dass Dünnsein schön ist (Bergeron und Senn 1998). Ein homosexuelles Gruppenmitglied begann beispielsweise darüber zu sprechen, wie unattraktiv es sich fühlte. Er beschrieb seine Scham bezüglich seines Körpers. Er zweifelte daran, dass er jemals für einen Mann attraktiv erscheinen könnte. In derselben Gruppe informierte eine heterosexuelle Frau die Gruppe zum ersten Male über ihre Fressattacken und Diätmaßnahmen. Sie hasste ebenfalls ihren Körper und erinnerte sich daran, von ihrem Vater kritisiert worden zu sein, der sie „Kuh" nannte. Eine andere Frau sprach über die Fixierung auf ihre „fetten" Oberschenkel, welche dem Gespött ihres Mannes ausgesetzt sind. Diese offensichtlichen „Makel" waren den anderen Gruppenmitgliedern nicht erkennbar. Aus der sozialkulturellen Perspektive nahmen die drei körpersensiblen Gruppenmitglieder an, sie würden die für ihr Geschlecht erwarteten Standards nicht erfüllen. Der Homosexuelle fühlte sich ohne breite Brust unmännlich und die Bulimikerin fühlte sich unweiblich ohne schmale Hüften. Die heterosexuelle Frau nahm an, dass sie ohne schlanke Waden nicht feminin sei. Körperbildstörungen sind eines von vielen sozial konstruierten Geschlechterthemen, die der Aufmerksamkeit der Gruppe bedürfen.

Hinweise für geschlechtsdifferenzielle Wirkungen von männlichen und weiblichen Interaktionen werden von der Forschung über **Gruppenzusammensetzung** und **Status** gestützt (Moreland und Levine 1992). Wenn Männer z.B. die Minorität sind in einer Gruppe mit überwiegend weiblichen Gruppenmitgliedern, erzielen sie bessere Ergebnisse als Frauen, wenn diese alleine in einer Gruppe mit Männern sind. Frauen sind benachteiligt mit abnehmender Zahl, während Männer im Gegenteil mit abnehmender Zahl im Vorteil sind. Es scheint als ob die Mehrheit der männlichen Gruppenmitglieder auf die einzige Frau reagierten, indem sie sie mittels stereotyper Störungsklischees kennzeichneten. Das Ergebnis ist eine abnehmende Leistung, weniger Konversation und weniger Leiterverhalten von der Frau. Wenn ein Mann allein in einer Gruppe ist, wird ihm mehr Aufmerksamkeit zuteil und er wird stereotyp als vorwiegend unabhängig von seinem tatsächlichen Verhalten angesehen. In Untersuchungen mit gemischter Zusammensetzung neigt männliches Gruppenverhalten dazu, aggressiver zu sein. Männer sind aktivere Teilnehmer und signalisieren ihre Kompetenz häufiger durch verbale und nonverbale Zeichen. Männer üben mehr Einfluss aus, erweisen sich als Führer; Frauen sind mehr beeinflusst durch und mehr fokussiert auf Beziehungsaspekte. Sogar bei gleichem Status werden Frauen so behandelt, als wären sie von niedrigerem Sozialstatus (Moreland und Levine 1992). Dennoch resultiert wachsende Geschlechtervielfalt in zunehmender Leistung. Geschlechtsbezogen heterogen zusammengesetzte Arbeitsgruppen sind tendenziell effektiver als homogen zusammengesetzte (männlich oder weiblich) bei unterschiedlichen Aufgaben (Moreland, Levine und Winegart 1996).

In klinischen Untersuchungen von Psychotherapiegruppen differieren männliche und weibliche Gruppenleiter. Reed (1983) führt aus, dass weibliche Gruppenleiter in gemischten Gruppen stereotyp in „nährende" Rollen hineingepresst und als „Mutter" oder als „Sexobjekt" angesehen werden. Es gibt jedoch genau so Hinweise, dass Frauen mit hohem Status als Gruppenleiter kompetenter erlebt werden als männliche Gruppenleiter (Taynor und Deaux 1973). Beide, männliche und weibliche Gruppenleiter erleben Schwierigkeiten mit **„kulturellen Gegenübertragungen"**. Bernadez (1996) unterstellt, dass weibliche Gruppenleiter mehr Sensibilität für weiblich-stereotypes Verhalten bei ihren weiblichen Patienten haben. Sie betont die Wichtigkeit für weibliche Therapeuten, weiblichen Aggressions- oder Ärgerausdruck zu akzeptieren und nicht Altruismus in ihren weiblichen Patienten überzubetonen. Männliche Therapeuten haben ebenfalls kulturelle Gegenübertragungsaspekte mit männlichen und weiblichen Gruppenmitgliedern, die sich außerhalb der Geschlechtsstereotypie verhalten. Es scheint, als ob Gruppenmitglieder in stereotyper Art auf Gruppenleiter reagieren, genau so wie Therapeuten auf stereotype Weise auf Verhalten der Patienten reagieren.

Theoretische Beiträge

Unterschiedliche Lebenserfahrungen für Männer und Frauen lassen vermuten, dass unsere Persönlichkeits- und Entwicklungstheorien eine ziemlich beschränkte Sichtweise der menschlichen Funktionen haben und in einigen Fällen mit Geschlechtsstereotypen befrachtet sind (Jordan 1997; Brown und Ballou 1992). Die Wirkung von Kultur auf die Persönlichkeitsentwicklung wurde von Horney (1973) und Thompson (1973) erkannt, die als erste Freuds phallozentrische Perspektive kritisierten. Fixiert auf frühe Mutter-Kind-Interaktionen vernachlässigte die psychoanalytische Theorie soziale und systemische Dimensionen der Familienkonstellation (Okun 1992). Chodorow (1978) bringt weibliche Aspekte in die Psychoanalyse ein und schlägt die theoretische Überlegung vor, dass Jungen sich von der Mutter separieren müssten, um sich mit dem Vater zu identifizieren, während Mädchen sich niemals vollständig von der Mutter trennten. Somit bliebe für Frauen Beziehung, anstatt Autonomie, ein zentrales Thema.

Aus der sozialkonstruktivistischen Perspektive (Gergen und Gergen 1986) besteht der mächtigste Einfluss darauf, wer wir als Männer und Frauen sind, in unserer Kultur und ihre Erwartungen. Die „Ways-Of Knowing-Kooperationsforschung" (Belenky u. Mitarb. 1986) über das Denken, Lernen und Wissen von Frauen fand, dass viele Frauen „stillgestellt" („silenced") sind. Dieser Prozess des Stillgestelltwerdens bei Nichtübereinstimmung und eigenen Überzeugungen scheint während der weiblichen Adoleszenz zu beginnen (Gilligan 1982), wenn Mädchen damit beginnen, sich gesellschaftlichen Normen anzupassen, die weibliche Selbstsicherheit und intellektuellen Ausdruck – bei gleichzeitiger Förderung von Sexualität und Unterwürfigkeit – entwerten. Mädchen reagieren, indem sie in den psychologischen Untergrund gehen und lernen, sich selbst zu unterminieren. Das „Stone Center Collaborative" (Jordan 1997) argumentiert ähnlich und konstruierte eine neue Theorie des Selbst, die hervorhebt, dass die vorangegangene psychologische Erfahrung von Frauen in den dominanten psychologischen Theorien vernachlässigt worden sei. Diese Sicht kritisiert die Annahmen, dass menschliches Wachstum das Selbst in Richtung Separation und Individuation treibe. Stattdessen nimmt das **Selbst-in-Beziehung-Modell** an, dass das weibliche Selbst „kontinuierlich in Verbindung mit anderen geformt wird und untrennbar verbunden ist mit Beziehungen" (Jordan 1997, S. 15). Der primäre Weg der Existenz ist charakterisiert durch „… empathische Aufgeschlossenheit im Kontext interpersoneller Gegenseitigkeit" (S. 15).

Ein depressives weibliches Gruppenmitglied z. B. ist zwischen seinen eigenen Bedürfnissen, den Forderungen seines Ehemanns und der Wahrung seiner Geschlechterrolle gespalten. Es denkt darüber nach, aus der Gruppenpsychotherapie auszusteigen, und beschreibt seine Gefühle in einem Tagebuch:
Ich bin erschöpft. Ich habe nicht mehr als fünf Stunden jede Nacht geschlafen, seitdem ich die Therapie begonnen habe. Ich fühle mich wegen der Kinder schuldig. Ich habe ihnen seit Wochen nichts mehr vorgelesen oder mit ihnen gespielt. Die Mahlzeiten, die ich mache, sind kaum noch adäquat. Ich bin mit all meinen Haushaltsaufgaben hinten dran. Ich schulde Leuten noch Antwortbriefe, Anrufe und einige Gefallen. Das Gras ist fast zwanzig Zentimeter hoch, und die Toiletten sind nicht sauber. Bob (der Ehemann) fühlt sich gestresst mit seinem Sport und seiner Arbeit. Ich glaube, er fragt sich, warum er mir hier hilft, **wenn er mich immer so egoistisch meine ganze Zeit für mich selbst verbringen sieht, ohne genug Zeit für meine Pflichten als Haushälterin und Mutter zu haben** (Hervorhebungen durch Patientin).
Diese Patientin fühlt sich schuldig, weil sie glaubt, dass sie nicht die Erwartungen bezüglich ihrer Mutterrolle erfüllt. Ihr Sohn war krank zu Hause, während sie täglich zur Gruppenpsychotherapie ging. Sie zerreibt sich zwischen traditionellen kulturellen Normen und ihren persönlichen Werten. In der geschlechtsmäßig gemischten Therapiegruppe exploriert sie Wege, wie sie offener mit ihren Bedürfnissen und denen anderer umgehen könnte.

Weibliche Hilfsbereitschaft und Orientierung an anderen wurde konzeptualisiert als **Abhängigkeit**, was inkorrekt pathologisiert und mit „weiblich sein" assoziiert wird. Stiver (1991) diskutiert die Pathologisierung von Abhängigkeitsbedürfnissen in der Kultur und ihre schädlichen Auswirkungen auf Männer und Frauen. Frauen erlebten den Ausdruck „wahres Bedürfnis" als selbstsüchtig sein und setzten andere zuerst. Sie würden als klammernd und fordernd angesehen, wenn sie ihr Bedürfnis nach Unterstützung äußerten. Männer dagegen würden als unabhängig und autonom angesehen, wenn sie ihr Bedürfnis nach anderen unterdrückten. Die therapeutische Gruppe wird somit zum idealen Setting, um gesunde Ausdrucksformen in emotionalen Verbindungen zu entwickeln, indem Frauen und Männern geholfen wird, ihre wahren Bedürfnisse und Kompetenzen zu erkennen. Frauen in der Gruppe können zu einem Verständnis gelangen, wie die Kultur eine pathologisierende Sicht bezüglich des Ausdrucks von Abhängigkeitsbedürfnissen bzw. der Sorge für andere aufrechterhält. Männer können lernen, wie die Kultur zu der Kollusion zwischen den Geschlechtern beiträgt, indem sie die Vorstellungen von Unverletzbarkeit aufrechterhalten.

Separation und Individuation, speziell von der Mutter, und die Bewältigung der Welt draußen durch Erfolge bei der Arbeit haben den männlichen Entwicklungsweg festgelegt. Männer lernen, sich gegen Gefühle der Verletzbarkeit und emotionalen Bedürftigkeit zu wehren; sie sind sozialisiert, nicht Sehnsüchten nach „Abhängigkeit" und Bindungen nachzugeben (Krugman und Osherson 1993). Konflikte mit kulturellen Erfordernissen stellen sich speziell ein, wenn Männer Vater werden und ihre Kinder gefüttert werden wollen.

In der Psychotherapiegruppe beispielsweise kämpft ein männlicher Patient damit, der sich von Alkoholabhängigkeit befreien will, mit seinem adoleszenten Sohn Kontakt aufzunehmen: „Ich habe keine Vorbilder, wie man Vater sein kann." Er beschreibt, wie wenig Kontakt sein eigener Vater zu ihm hatte und seine Verzweiflung, seinem Sohn helfen zu wollen, der zurückgezogen und arbeitslos lebt. Er weint, als er über seine Vernachlässigung des Jungen in der Vergangenheit spricht. Aber nach der Genesung von jahrelanger Alkoholabhängigkeit hat er nun die Kapazität, dem Jungen die Liebe und Sorge zu geben, die er glaubt, geben zu können. Die Gruppe ermutigt ihn, sich auf den Sohn zuzubewegen, „sich auf ihn einzulassen" und nicht ihn zu bevormunden. Der Patient lernt, dass er nicht die Fehler des Vaters oder seine eigenen Fehler ungeschehen machen kann. Die Gruppe unterstützt sein Verlangen und seinen Ausdruck von Wärme und Zuneigung für seinen Sohn. Während der Therapie wird die Beziehung mit seinem Sohn enger, indem er sich in der Gruppe in Richtung Gefühle öffnet und lernt, wie man sich anderen nähert.

Geschlecht und Machtbeziehungen

Machtbeziehungen sind eingebettet in Geschlechtskonstruktionen und schließen soziale, psychologische, ökonomische und politische Dimensionen mit ein (Maguire 1995). Die feministische sozialkonstruktivistische Perspektive hilft zu verstehen, wie Macht und ihre Manifestationen in traditionellen Theorien zur Persönlichkeit und Psychotherapie unterstellt anstatt explizit gemacht sind (Harding 1986, 1989). Forschungen über Macht und Geschlecht legen nahe, dass in Situationen, in denen Männer die Kompetenz besitzen, Frauen weniger Einfluss suchen und eher dazu neigen, zuzustimmen anstatt nachzufragen. Bei gleichem Status ändert sich die Beziehung und Frauen wie Männer benutzen ähnliche Beeinflussungsstrategien.

Traditionelle Familiensysteme fokussieren auf Balance und Harmonie, Gleichgewicht und Homöostase, während **ökonomische Ungleichheiten**, Hierarchie und der Missbrauch von Macht vernachlässigt werden. Wenn wir die Familie als Teil der sozialen Fabrik ansehen, so sind die sozialen und ökonomischen Bedingungen deutlich illustriert durch die Erfahrungen von Frauen, die meistens Haushalten vorstehen, die in Armut leben. Machtlosigkeit ist ein soziales Problem für Gesellschaften, in denen Frauen benachteiligt sind aufgrund von politischen, ökonomischen, religiösen und sozialen Strukturen. Als Therapeuten warnt uns Goodrich (1991) davor, Frauen wegen ihrer Furcht vor der Machtausübung zu pathologisieren. Sie fordert Männer wie Frauen in Familien dazu auf, gemeinsam mehr Macht anzustreben. Für Männer ist es das Problem, mehr gefühlshaft mit anderen verbunden zu sein und sich mit dem Machtverlust auseinanderzusetzen, der mit dem Teilen von Macht und einer Gegenseitigkeit mit ihren Partnerinnen einhergeht. Wenn ein Mann sich aus einer machtvollen Position hin zu einer gleichen, kooperativen Beziehung bewegt, hat diese Veränderung einen Verlust von Macht zur Folge. Neuere Untersuchungen über Gegenseitigkeit in Beziehungen ergaben, dass Gegenseitigkeit und stärkerer unausgedrückter oder inadäquat ausgedrückter Ärger für Frauen mit Depression assoziiert war (Sperberg und Stabb 1998). Die Therapiegruppe wird zum Vehikel eines Lernprozesses über die Quellen des Ärgers, wenn er in interpersonellen Beziehungen entsteht, und findet Wege, auf eine angemessene Art Ärger in einer auf Gegenseitigkeit aufgebauten Beziehung auszudrücken.

Das folgende klinische Beispiel aus einer Gruppenpsychotherapie illustriert die multiplen Aspekte von Geschlecht und Macht.

Ein Geschäftsmann, seit 15 Jahren verheiratet, fühlt sich bedrückt, wegen seiner Arbeit und seiner ehelichen Konflikte demoralisiert. Er beklagt sich wiederholt gegenüber der Therapiegruppe wegen seiner Kämpfe mit seiner Frau. Beide sind in den frühen 50ern und haben erwachsene Kinder. Er ist niemals zufrieden mit der Hausarbeit seiner Frau und ärgert sich über seine finanziellen Unterstützungen, und dass er nicht das kriegt, was er erwartet. Er beschreibt eine Auseinandersetzung, bei der sie seine Wäsche zusammenfaltet, sich aber weigert, sie in den Wäscheschrank zu stecken; stattdessen legt sie sie auf den Fußboden des Kleiderschranks oder auf die Seite seines Betts. Diese typischen Auseinandersetzungen sind seitens seiner Frau begleitet von Schreien, dann Rückzug und Schweigen.

Die Machtkämpfe des Paares zentrieren sich auf ökonomische Ungleichheit, der Ehemann kontrolliert das Geld. Die Antwort der Frau ist, ihr Missfallen wegen der Ungleichheit auszudrücken, indem sie indirekt zurückschlägt. Sie erfüllt halbherzig ihre Hausfrauenpflichten. Der Ehemann schlägt ebenfalls indirekt zurück, indem er versucht, ihr zu sagen, wie sie ihre Rolle auszufüllen habe. Dem Machtkampf zu Grunde liegend ist die anfängliche Übereinkunft, dass die Frau nicht außerhalb des Hauses arbeiten müsse.

In der Gruppenpsychotherapie erkennt der Ehemann, dass er das Tragen der vollen finanziellen Belastung übel nimmt. Die Frauen in der Gruppe drücken aus, wie sehr sie es – als Frauen – übel nehmen, von Männern abhängig zu sein und unterstellen, dass seine Ehefrau das Gleiche empfindet. Ohne das Verhalten der Ehefrau als passiv-aggressiv zu bezeichnen, wird es möglich, es als einen ziemlich ineffektiven Versuch zu verstehen, auf die ökonomische und emotionale Kontrolle des Ehemanns zu reagieren. Für die Ehefrau würde der Versuch, ökonomische Macht zu gewinnen und einen Job außerhalb des Hauses anzunehmen, einen Verlust von Freizeit und zusätzlichen beruflichen Stress bedeuten. Während der Ehemann einen Gewinn an Freizeit erreichen und seinen beruflichen Stress reduzieren könnte, indem er die auftretende ökonomische Belastung mit seiner Frau gemeinsam tragen würde, verharrt jede Seite auf ihrer Position. Beide fürchten die potenzielle Veränderung in der Machtbeziehung. Der Ehemann drückt seine Sorge durch äußere Kontrolle und Ermahnungen aus, und seine Frau sabotiert seine Bemühungen mit indirekten Machtmanövern. In der Gruppenpsychotherapie können die anwesenden Frauen dem männlichen Gruppenmitglied helfen, seine Ängste bezüglich sich verändernder Rollenbeziehungen und Verantwortlichkeiten, die zu einer Teilung der Haushaltsaufgaben führen würde, zu untersuchen. Ohne einen Wechsel von Machtbeziehungen in Richtung Gegenseitigkeit wäre seine Zukunft mit fortgesetzten Spannungen befrachtet.

Der Aspekt der Machtbeziehung ist speziell relevant in Familien mit Gewaltanwendungen und sexuellem Missbrauch. Goodrich (1991) führt hierzu aus, wie basale Konstrukte wie „Komplementarität" und „Zirkularität", oft verwendet, um Familiendynamik zu erklären, Untadeligkeit und Gerechtigkeit in Familie und Ehe voraussetzen. Sie zeigt auf, wie die Theorie versäumt, eine Analyse der kulturell basierten Machtbeziehungen in der Familie vorzunehmen.

Inzestgeschichten während der Kindheit stellen eine der schwersten Formen von Gewaltanwendungen dar, deren Auswirkungen in unseren Gruppenpsychotherapien behandelt werden. Die gemischtgeschlechtlich zusammengesetzten Gruppen befassen sich mit den Erzählungen von Gruppenmitgliedern über physischen und psychologischen Missbrauch und mit den Aspekten weiblicher Angst und Verletzlichkeit. Männer enttarnen ihre panische Angst, der Zerstörer oder der Zerstörte zu sein. Die Gruppen befassen sich mit Scham-, Schuld- und Verantwortlichkeitsgefühlen. Indem die Gruppenmitglieder auf dem Wege der Selbstöffnung Erlebnisse von Aggressivität und Ängsten vor Verletztwerden und selbst verletzend zu sein äußern, beginnen männliche und weibliche Gruppenmitglieder, Wege zu finden, wie sie miteinander zusammenarbeiten und zerstörtes Vertrauen und Beziehungen über Geschlechtsgrenzen hinweg wieder herstellen können.

Beispielsweise beschreiben Frauen, die als Kinder von ihren Vätern sexuell missbraucht worden sind, wie sie bedroht und bestochen worden sind.

Kathy war der Liebling ihres Vaters und ihre Brüder waren oft eifersüchtig. Er begann damit, im Badezimmer an ihr herumzufummeln, als sie sieben Jahre alt war. Sie war voller Angst, dass er sie so schlagen würde wie ihre Brüder. Sie fühlte sich „glücklich", denn „es war besser, seine sexuellen Bedürfnisse zu bedienen als geschlagen zu werden". Oft wünschte sie sich zu sterben. Sie hatte Träume, in denen sie Männer kastrierte und wünschte, dass ihr Vater starb. Sie fühlte sich schmutzig und „gezeichnet für das Leben". „Ich fühlte mich schuldig, weil ich die sexuelle Aufmerksamkeit meines Vaters geweckt hatte." Kathy war nicht in der Lage, sich in einer gemischtgeschlechtlichen Therapiegruppe über ihre Vergangenheit zu öffnen, Ärger gegenüber Männern auszudrücken und damit zu beginnen, eine korrigierende emotionale Erfahrung zu machen.

Die Gruppe wird zur neuen Familie, in der der Gruppentherapeut den kulturellen Kontext anspricht, in dem Gewalt gegenüber Frauen tägliche Wirklichkeit ist (Finkelhor u. Mitarb. 1990). In der Gruppe haben Männer und Frauen die Möglichkeit, Machtunterschiede zu thematisieren, indem sie die Erfahrungen der anderen hören. Frauen explorieren Wege in Richtung Machtzuwachs und Männer untersuchen Wege, Macht zu teilen. Mit der Bewegung hin zu Gegenseitigkeit können Männer eventuell das Teilen von Macht als Machtverlust erleben und entsprechend mit Ärger- und Machtlosigkeitsgefühlen reagieren, die bei Frauen häufig mit Depressionen verbunden sind.

Frauen- und Männergruppen

Separate Therapiegruppen für Frauen, geleitet von Frauen, nehmen eine wichtige therapeutische Rolle ein und können als Behandlungen der Wahl angesehen werden (Bernardez 1996). Ähnlich können Männergruppen, von Männern geleitet, als die Behandlung der Wahl aufgefasst werden. Das Rational für die Frauengruppen differiert von dem für Männergruppen, obwohl beide aus der Grundannahme erwachsen, dass Frauen und Männer signifikant einen unterschiedlichen Status, eine unterschiedliche Art des emotionalen Ausdrucks und verschiedene Entwicklungslinien haben. Bernardez (1996) und Oakley (1996) haben beide den Wert von Frauengruppen hervorgehoben. Die Frauengruppe wird als der ideale Platz für Frauen angesehen, ihre ganz spezifischen Konflikte im Bezug auf die weibliche Sozialisation zu entdecken. Die Sicherheit, die hergestellt wird, erleichtert das Lernen von direktem Ärgerausdruck, ermöglicht die offene Beschäftigung mit kompetitiven Gefühlen, die freie Thematisierung von Sexualität, die Hinwendung auf Körperbildaspekte und die Beschäftigung mit mehr subtilen Formen sozialer Diskriminierung. Oakley argumentiert weiter, dass eine Frauengruppe einen „weiblichen Raum" bieten würde, der klare und sichere Grenzen hat im Gegensatz zu jeder vorhergehenden Erfahrung der Frauen. Frauen, die sich von männlichen Räumen ausgesperrt erlebt haben, können Zuflucht in ihrem eigenen therapeutischen Raum finden. Oakley ist der Auffassung, dass ihr kurzzeittherapeutisches Gruppenmodell zahlreiche positive Wirkungen auf die beteiligten Frauen hatte. Dies schloss die Fähigkeit für offenere Interaktion und eines tiefergehenden Ansprechens ihrer Probleme, das Gefühl von Unterstützung, das Erleben von Verbindung mit anderen Frauen und gegenseitiges Mutmachen mit ein. Frauengruppen geben der Art weiblicher Interaktion, die sonst in der Gesellschaft womöglich Entwertung oder Vernachlässigung erfährt, Bedeutung. Frauen unterstützen sich bei ihrer Beschäftigung mit den negativen Aspekten dieser stereotypen Verhaltensweisen – Passivität und Abhängigkeit – durch gegenseitiges Ermuntern.

Männergruppen bieten ähnliche Abgrenzungsmöglichkeiten und offerieren Behandlung für Männer, die ansonsten therapieresistent sind (Brooks 1996). Das Verhältnis von 2:1 der Geschlechter bei der Nachfrage von Psychotherapie (zwei Drittel Frauen, ein Drittel Männer) wird mit dem Stereotyp der Zurückweisung von Hilfe seitens der Männer erklärt. Krugman und Osherson (1993) zitieren noch emotionale Reserviertheit, Ichbezogenheit und Überrationalisierung als weitere Gründe für die mangelnde Inanspruchnahme von Psychotherapie durch Männer. Brooks (1996) vermutet, dass die männliche Ambivalenz bezüglich Veränderung männliche Therapiegruppen zu einer exzellenten Alternative für Einzelbehandlungen macht. Ohne die Anwesenheit von Frauen könnten Männer offener ihre Ängste hinsichtlich Nähe und emotionalem Ausdruck ansprechen. Sie könnten in der Lage sein, sich sicherer zu fühlen, ihr Bedürfnis nach Wettbewerb und damit einhergehenden Identitätsaspekten zu beleuchten (McPhee 1996). Einige Männer fühlen sich freier, mit ihrer Abhängigkeit von Frauen nach emotionaler Versorgung, Vermittlung sozialer Kontakte und Anerkennung in einer nur männlichen Therapiegruppe, die dafür konstruiert ist, die „sozialisierten Tendenzen zur Vermeidung von Selbstenthüllungen" aufzubrechen (Brooks 1996).

Schlussfolgerungen: Gruppentherapeuten als Analytiker der Geschlechterprobleme

Wenn wir damit beginnen, die Beziehung zwischen Geschlecht und Macht in der sozialen, ökonomischen und politischen Arena zu klären, beginnen wir damit, die Person als mit ihrem Kontext verknüpft zu verstehen. Gruppenpsychotherapeuten schaffen therapeutische Ereignisse. Ihre Interaktionen und Interventionen können soziale Stereotype verstärken oder sie in Frage stellen. Therapeuten werden „Geschlechtsanalytiker", wenn sie sich den politischen und kulturellen Einflüssen der geschlechtsbezogenen Werte und Verhaltensweisen als Teil der Gruppenprozesse zuwenden. Der „Geschlechtsanalytiker" versteht die Komplexität der kulturellen Kräfte, die Geschlechterrollen einschränken und Stereotype verstärken. Die Unterstützung durch Gruppenpsychotherapeuten, geschlechtsbezogene Konflikte und Hemmungen zu entdecken, ist ein ganz wichtiger Aspekt der gruppenpsychotherapeutischen Interventionsstrategien.

21. Gruppenrollen und informelle Gruppenleitung in der Gruppenpsychotherapie

A. P. Beck

Einleitende Bemerkungen zum Thema Gruppenführung – Begriffsklärungen

Führung ist ein Thema, das Aufmerksamkeit erfahren hat seit den ersten Tagen geschriebener Dokumente – und wahrscheinlich sogar, bevor es schriftliche Dokumente gegeben hat. Die meiste Beachtung hat das Oberhaupt eines Systems erfahren, ob das nun in organisatorischen, religiösen, administrativen, Stammes- oder Familienverbänden der Fall gewesen sein mag. Es scheint sich um eines unserer Charakteristiken als Homo sapiens zu handeln, dass wir so beschäftigt sind mit dem Leiter und mit Dominanz im Allgemeinen. Tatsächlich sind beide Punkte wichtige Aspekte der strukturellen Charakteristika in allen gruppalen Lebensformen.

Es gibt eine Unmenge an Literatur bezüglich Führung und Leitung, in der die wichtigste konzeptuelle Unterscheidung zwischen Führung als einem Merkmal der Gruppe und Führung als einer Charakteristik des Individuums liegt. Die meisten heutigen Gruppenpsychotherapieleiter integrieren diese Sichtweisen, indem sie Führung als ein Derivat eines interaktiven Prozesses und nicht als a priori gegeben ansehen.

Dieses Kapitel basiert auf der Sicht, dass eine Theorie über die Gruppe als Ganzes beleuchtet und erklärt wird durch eine entwicklungsbezogene Perspektive (Entwicklungsphänomene in Gruppen s. Kap. 22). Meine Theorie der Gruppenentwicklung, die in einer Anzahl von Publikationen beschrieben worden ist (Beck 1974, 1981a, 1981b), dient als Rahmen, innerhalb dessen die Evolution von vier Führungsrollen über neun Entwicklungsphasen hinweg diskutiert werden soll.

In dieser Theorie wird Führung definiert als eine geteilte Funktion. Vier Teilnehmer spielen wichtige Rollen in einem dialektischen Prozess, durch den die Struktur der Gruppe sich entwickelt, aufrechterhalten, interpretiert, wieder interpretiert oder bei Bedarf modifiziert wird. Diese Sichtweise hat ihre Wurzeln in der soziologischen Theorie von Parsons und in der frühen Forschung von Bales (Parsons u. Mitarb. 1953; Bales 1953). Die Theorie der Gruppenentwicklung wiederum hat ihre Ursprünge in der allgemeinen Systemtheorie (von Bertalanffy 1968), der klientenzentrierten Theorie (Rogers 1959) und ganz speziell in der Entwicklungstheorie. Sie beschreibt die Phasen der Entwicklung in der Struktur der Gruppe als Ganzes und sieht das Auftreten von vier Führungs- bzw. Leiterrollen als einen integralen Teil des Entwicklungsprozesses an (Beck 1974, 1981a, 1981b). Es gibt beides zugleich in der Gruppe, **formelle** (Therapeut und Patient in einer Therapiegruppe) und **informelle Rollen**:

Formelle und informelle Leiterrollen

Formelle und informelle Rollen sind:
- aufgabenorientierte Leitung/Anführung (task oriented leader),
- emotionale Leitung/Anführung (emotional leader),
- Schwarzes-Schaf-Leitung/-Anführung (scapegoat leader),
- aufsässige Leiterrolle/Anführer des Widerstands (defiant leader).

Informelle Rollen werden durch nicht führende Gruppenmitglieder in jeder Gruppe besetzt.

Diese Theorie basiert auf sorgfältigen, intensiven Beobachtungen von vielen Psychotherapiegruppen durch mich selbst und Mitglieder meines Forschungsteams.

Zunächst möchte ich einige Begriffe klären. Der Begriff „**Gruppe als Ganzes**" bezieht sich auf einen kompletten Satz von Individuen (Patienten/Klienten) und Therapeut(en), die die Gruppe ausmachen. Der Terminus **Gruppe** bezieht sich auf eine Anzahl von Individuen:
- die sich einverstanden erklärt haben, an einem Prozess teilzunehmen, um eine Aufgabe zu lösen,
- deren Zusammensetzung stabil bleibt über einen bestimmten Zeitraum, sei es eine Stunde oder ein Jahr.

Wenn sich die Zusammensetzung ändert, wird sie als eine neue Gruppe betrachtet und die informellen Rollen können sich verändern. Diese Definition schließt nicht die Situation mit ein, wenn ein individuelles Gruppenmitglied nach Kontrakt Teil der Gruppe ist, eine oder mehr Sitzungen verpasst oder auslässt, aber plant, zur Gruppe zurückzukehren. Alle Gruppenmitglieder mit Einwilligung (und Therapiekontrakt) sind psychologisch den anderen Gruppenmitgliedern präsent, selbst wenn sie in einer bestimmten Sitzung physisch nicht anwesend sind.

Eine Therapiegruppe ist ein System mit einer Struktur, und es ist die Evolution dieser Struktur, die durch diese Theorie der Gruppenentwicklung beschrieben wird. Der Begriff **Struktur** meint die Rollen in der Gruppe, die Normen für das Funktionieren in der Gruppe, die Grenzen und Kriterien für die Mitgliedschaft, die gruppenbezogenen organisatorischen Aspekte und die gruppenbezogene Identität. Das **Gruppenniveau** bezieht sich auf die Aufgaben, die Kultur, die Identität und die emotionalen Belange der Gruppe als Ganzes, wie sie differenziert wird von einem parallelen Satz von Charakteristika von Individuen oder von Subgruppen. Die Struktur der Gruppe entsteht im Verlauf der Zeit und wird charakterisiert durch Muster der Interaktion. Sie bleibt über die Sitzungen hinweg erhalten. Es gibt eine ganze Reihe von anderen Dingen, die in einer Gruppe – neben der Entwicklung ihrer Struktur – ablaufen; dennoch nehmen wir an, dass diese Entwicklung eine fundamentale organisierende Kraft in der

Gruppe ist, das Vehikel, durch das alle anderen Einflüsse zusammengeführt werden (Beck 1974, 1981a).

Es gibt **fünf Bereiche**, die für das Verständnis der Kleingruppe relevant sind:
- die Personen, die die Gruppe ausmachen,
- die Gruppe selbst,
- der organisatorische Rahmen, innerhalb dessen die Gruppe sich trifft,
- das aktuelle sozioökonomische System,
- das kulturellhistorische System.

Phasen der Gruppenentwicklung – ein neunstufiges Modell

Jeder der o.g. Bereiche hat eine Anzahl eigener wichtiger Dimensionen (Beck 1981b). Wir werden hier versuchen, die Struktur der Kleingruppe und die Entwicklungsphasen, über die sie sich entwickelt, zu spezifizieren.

Die neun Phasen in der Entwicklung der Gruppenstruktur sind invariant in ihrer Erscheinung während der Dauer einer Gruppe, so lange die Mitgliedschaft der Gruppe unverändert bleibt. In den meisten Fällen, wenn sich die Mitgliedschaft ändert, erneuert sich die Gruppe, indem sie mit der ersten Phase wieder beginnt. Nicht alle Gruppen durchschreiten alle oder sogar nur einige der Phasen. Beides, positive und negative Gründe können Gruppen dazu veranlassen, für eine lange Zeit auf einer bestimmten Stufe stehen zu bleiben.

Von den **neun Phasen der Gruppenentwicklung** (Tab. 21.**1**) ist jede gekennzeichnet durch gruppenbezogene Aspekte oder Probleme, die speziell für eine ganz bestimmte Zeit in der Gruppenentwicklung für die Gruppenmitglieder relevant sind. Obwohl nicht jedes Gruppenmitglied einen ernsthaften Beitrag dazu liefert, sind alle Gruppenmitglieder betroffen durch die Genauigkeit, mit der diese Punkte betroffen sind.

Die neun Phasen des Gruppenentwicklungsmodells in Tab. 21.**1** haben einen typischen Prozess gemeinsam. Wenn jede Phase beginnt, wird ein Satz von gruppenbezogenen Aspekten präsentiert, auf den jedes Gruppenmitglied antwortet, jeder aus seiner Sicht, seinem Bedürfnis und seiner Rolle. Somit unterscheiden sie sich im Angesicht der präsentierten Punkte. Die Gruppe muss nun eine Lösung für diese Punkte finden, was den Bereich der Einstellungen – wie sie von den Gruppenmitgliedern ausgedrückt wurden – überschreitet. In Abhängigkeit von der Divergenz der ausgedrückten Meinungen, kann das Erreichen einer Lösung erfordern, zu einem höheren Niveau von Abstraktion fortzuschreiten, um ein „Regenschirmkonzept" zu finden, das eine Integration schafft. Wenn die Gruppenmitglieder dies erreichen, erleben sie ein intensives Ausmaß an Integration, Kohäsion und Nähe. Während dieses dialektischen Prozesses stellen sich Leiterfunktionen ganz natürlich ein.

Es gibt bestimmte Charakteristika in der Struktur der Beziehung zwischen einer Person in irgendeiner der Leiterrollen und ihrer Gruppe, die **über viele Gruppen hinweg** als **ähnlich** eingeschätzt wurden. So gesehen sind diese Phänomene nicht einzigartig für eine bestimmte Gruppe. Zusätzlich zu den strukturellen Komponenten sind einige der Erwartungen bezüglich spezifischer Rollen ebenfalls ähnlich in verschiedenen Gruppen. Beide Aspekte beeinflussen die Wahrnehmungen der wichtigen Leiterrollen und der Personen, die sie einnehmen, durch die Gruppenmitglieder.

Aus einer klinischen Perspektive repräsentieren diese Wahrnehmungen eine Mixtur aus realitätsorientierter Beobachtung, Annahmen und Projektionen sowie persönlichen Befangenheiten. Wenn die Gruppe sich entwickelt und reift, vermindern sich die Projektionen und die Einzigartigkeit eines jeden Individuums – unabhängig von seiner initialen Rolle – scheint durch. Die oben erwähnten Ähnlichkeiten wurden durch eine Untersuchung bestätigt, die einen soziometrischen Test für die Identifikation der vier Leiterrollen, basierend auf den Wahrnehmungen der Gruppenmitglieder, verwendete. Vorangegangene Veröffentlichungen bezogen sich auf diesbezügliche Literatur, Theorie, Methodik und erste Ergebnisse (Beck und Peters 1981; Brusa u. Mitarb. 1994). Der abschließende Satz an Fragen und Ergebnissen, der auf der Untersuchung von 40 Gruppen basiert (20 während einer frühen Phase getestet, 20 während späterer Phasen) wird in Kürze präsentiert werden (Brusa u. Mitarb., in Vorb.).

Die frühesten Arbeiten über auftretendes Leiterverhalten (Bales 1958) identifizierten aufgabenorientierte und sozioemotionale Leiter in für Laboruntersuchungen zusammengestellten Aufgabengruppen. Die gegenwärtigen Untersuchungen beziehen zwei weitere Leiteraspekte mit ein, den Scapegoat- und den widerständigen, aufsässigen Leiter (defiant leader). In der Vergangenheit wurde Gruppenleitung bzw. -führung generell auf Personen angewandt, die mächtig, einflussreich oder wohlgelitten waren. Die hier dargelegte Definition ist breiter. Sie kann Personen mit einschließen, die keine formelle Macht haben und in der Gruppe nicht gemocht werden, deren Verhalten dennoch instrumental für die Lösung von Gruppenentwicklungsaufgaben ist. Weiterhin basiert diese Definition auf Teilen der Identifikation von wichtigen, laufenden Leiterfunktionen von jeder der vier Leiterrollen. Die Einführung des Leiters der Schwarzes-Schaf-Rolle und des Widerstands als Personen, die permanent die Gruppe beeinflussende, anleitende Funktionen ausüben, ist eine klare Abkehr von der Art und Weise, wie der Begriff Leitungsfunktion bisher üblicherweise verwendet worden ist. Dennoch handelt es sich nicht um eine ganz neue Sichtweise. Andere einflussreiche Rollen neben denen der aufgabenorientierten und emotionalen Leiter wurden ebenfalls durch andere Forscher identifiziert.

Das Spektrum an geäußerten Meinungen innerhalb der Gruppe wird gewöhnlich in jeder Phase der Entwicklung der Gruppe von zwei der vier Leitern/Anführern „gebahnt", Initiativen ergreifen, über die Dauer der Gruppe hinweg diese Funktion gemeinsam auszuüben. Diese beiden Leiter übernehmen die polarisierten Positionen und führen die dialektische Diskussion, auf dass die phasenspezifisch relevanten Punkte thematisiert und – hoffentlich – gelöst werden. Aus einer entwicklungsbezogenen Perspektive des Gruppenprozesses stellen sich die Leiterfunktionen auf natürliche Weise ein. In Ergänzung zur Führung der dialektischen internen Diskussion übernehmen alle vier Leiter bedeutsame Rollen, indem sie laufend benötigte Funktionen zur Erhaltung des Gruppenlebens übernehmen.

In einer der Gruppen unserer Pilotstudie über Prozessmethoden beobachteten wir, wie in den ersten drei Phasen der Gruppenentwicklung die interaktionale Dynamik zwischen den Leitern bestimmte kritische Entwicklungsaspekte ans Tageslicht förderte. Dies ermöglichte dann einen Dialog, eine Analyse und eine Lösung, bei der die gesamte Gruppe beteiligt war (Beck 1983a).

Beispielsweise attackierten in der Phase II dieser Gruppe zwei Gruppenmitglieder ohne Leitungsfunktion ernsthaft

Tabelle 21.1 Phasen in der Entwicklung von Therapiegruppen (Beck 1974, Beck und Mitarb. 1986)

Phase I	fokussiert auf die Erstellung eines „Kontrakts", damit eine Arbeitsgruppe entstehen kann, basierend auf einer initialen gegenseitigen Versicherung und den anfänglichen Äußerungen über ihre Ziele. Die ersten, vorläufigen Schritte bei der Auswahl von informellen Leitern beginnt hier.
Phase II	enthält die vorrangigen Aufgaben der Bildung einer Gruppenidentität, das Klären von Langzeitzielen, das Formulieren eines anfänglichen Grundstocks von Normen zum Funktionieren der Gruppe, die Auswahl der Leiter und das Handhaben von negativen Emotionen, die durch den kompetitiven Arbeitsstil der Gruppe während dieser Periode hervorgerufen werden. All dies muss konstruktiv gelöst werden, bevor die Gruppe sich weiter entwickeln kann. Die meisten Gruppen arbeiten an diesen Punkten durch einen dialektischen Prozess, der von den Leitern der Aufgabenorientierung, Emotionalität und Schwarzes-Schaf-Position (scapegoat) angeführt wird.
Phase III	ist der Beginn der kooperativen Arbeit. Gruppenmitglieder öffnen sich und definieren weitere persönliche Behandlungsziele. Sie experimentieren mit Arbeits- und Kommunikationsstilen. Eine grundsätzliche Gleichheit unter den Gruppenmitgliedern wird in dieser Phase etabliert. Eine starke Abhängigkeit vom aufgabenorientierten Leiter ist jetzt charakteristisch. Die Krise des emotionalen Leiters führt zu einem „Wachstumsspurt", welches den Veränderungsprozess abbildet.
Phase IV	ist die Intimitätsphase, in der ein positives Beziehungsband der Mitglieder untereinander herausgebildet wird. Die Patienten/Klienten explorieren Verschlossenheit in und außerhalb der Gruppe. Kreativität und Humor beginnen, einen größeren Teil des Gruppenlebens einzunehmen. Die Patienten/Klienten ziehen es vor, präsent zu sein, anstatt miteinander zu arbeiten, was die Abhängigkeit vom aufgabenorientierten Leiter lockert.
Phase V	erkundet die Implikationen von Intimität in der Gruppe, indem auf Abhängigkeits- und Unabhängigkeitsaspekte fokussiert wird. Gegenseitigkeit wird auf eine operationale Art etabliert. Persönliche Verletzlichkeiten werden mitgeteilt und Verhandlungen finden statt, die tiefergehende Verpflichtungen erlauben. Der Leiter des Widerstandes (aufsässiger Leiter) wird gewöhnlich konfrontiert und attackiert seinerseits die Gruppe und speziell den aufgabenorientierten Leiter, damit die Normen flexibler gehandhabt werden.
Phase VI	findet die Gruppenmitglieder – auf der Basis einer Verpflichtung – in der Vorwärtsbewegung aufeinander zugehend. Der Therapeut ist als Person in die Gruppe integriert, obwohl er versucht, die Rolle des Aufgabenleiters/Kommunikationsspezialisten aufrechtzuerhalten. Die Patienten/Klienten übernehmen Verantwortung für die Gruppe und ihren Fortschritt, geführt vom emotionalen Leiter.
Phase VII	ist die intensivste Phase von tief gehender Therapie in einer Gruppe. Die Gruppenmitglieder verfolgen eine tief gehende Selbstkonfrontation in einem gegenseitig unterstützenden, interdependenten Kontext, in dem formelle und informelle Rollen verschwunden sind und durch flexible Antworten – basierend auf der momentanen Einschätzung der Bedürfnisse der Gruppenmitglieder und der Bereitschaft, auf jeden anderen zu antworten – ersetzt werden. Die Patienten/Klienten übernehmen Verantwortung für die Arbeit an Kernproblembereichen. Gruppenmitglieder unterstützen einander beim Erreichen wichtiger Ziele, sodass die Gruppe auf diese Weise zu einer wirklichen Hilfe wird.
Phase VIII	befasst sich mit einer Übersicht und einer Bewertung dessen, was erreicht und gelernt wurde, mit einem Fokus auf der Umsetzung des Gelernten bei Personen außerhalb der Gruppe. Diese Phase kann auch eingeplant werden zu jedem Zeitpunkt, an dem die Gruppe enden muss oder die Mitgliedschaft sich ändert.
Phase IX	ist eine Zeit, in der Gruppenmitglieder ihre Bedeutung für andere erkennen müssen, während sie mit Verlust, Trennung und Abschluss beschäftigt sind. Oder sie können sich dazu entschließen, eine neue Gruppenmitgliedschaft anzuschließen und an einer neuen Gruppenrunde teilzunehmen.

den Leiter der Schwarzes-Schaf-Position. Diese Attacke stammte aus einer wachsenden Angst bezüglich des formativen Prozesses der Gruppe und führte zu einem Versuch, eine Norm auszubilden, die den Scapegoat-Leiter (SL) aus der Gruppe ausstoßen sollte. An diesem Punkt mischte sich der emotionale Leiter (EL) in die Interaktion ein, indem er Nichtübereinstimmung mit dem geäußerten Standpunkt zeigte und die Aufmerksamkeit der Gruppenmitglieder auf das lenkte, was sie im Begriff waren zu tun. Dies führte zu einem effektiven Stopp bei der Entwicklung dieser Norm und hielt die Gruppe beisammen. Die diesem Ereignis folgende Diskussion explorierte eine Reihe von Punkten, die alle relevant für die Aufgaben der Phase II waren:
- Was sind akzeptable Wege, um mit ärgerlichen Gefühlen in der Gruppe umzugehen?
- Wie sollten Gefühle der Rivalität ausgedrückt und thematisiert werden?
- Was sind die langfristigen Ziele und zu erwartenden Ergebnissen der Therapie? (Hier nahmen der SL und der EL entgegengesetzte Auffassungen ein.)
- Was erwarten die Patienten/Klienten von engen Beziehungen in ihrem Leben?
- Was sind angemessene Themen oder Materialien für die Arbeit in der Gruppe?

Vieles von der Diskussion fand statt, indem die SL und EL eigene Standpunkte darboten, die um die Gunst der Gruppe miteinander rivalisierten. Dies führte vermutlich zu einer direkteren Konfrontation zwischen den beiden. Andere stimulierte das wiederum, indem sie Front gegen den Scapegoat-Leiter machten. Die Kotherapeuten versuchten, zu intervenieren, konnten gleichwohl den Schwung nicht aufhalten. Die Sitzung endete damit, dass der EL den SL damit konfrontierte, dass er nicht hinhöre, was ihm gesagt wurde.

Die genannte Gruppe hatte ein beträchtliches Ausmaß an Arbeit zu erledigen, um ihre Wünsche, Bedürfnisse und Anliegen zu klären und zu einigen Lösungen der Punkte zu gelangen, die durch die Dynamiken der Phase II in den Vordergrund gelangt waren. Vieles von dieser Arbeit wurde in der nächsten Sitzung erledigt. So lange dies nicht abgeschlossen war und so lange die Gruppenmitglieder ihren konfrontativen Stil nicht verändert hatten, so lange waren sie nicht in der Lage, zur nächsten therapeutisch relevanten, aufgabenorientierten Phase III voranzuschreiten.

Meine klinischen Beobachtungen zeigen, dass der Prozess in dieser Gruppe ganz ähnlich dem in anderen Gruppen ist. Deshalb scheint der Prozess nicht determiniert zu sein durch spezifische Persönlichkeiten oder die therapeutischen Probleme der Teilnehmer. Außerdem stützen die Ergebnisse der Pilotstudie des Forschungsteams zur Gruppenentwicklung die Annahme, dass der phasische, strukturformende Prozess ähnlich bei allen Gruppen ist (Beck u. Mitarb. 1986). Der Stil und die qualitative Tiefe, mit der die Gruppenphasen zum Tragen kommen, variieren, bedingt durch die Persönlichkeiten der Teilnehmer, den substantiellen Gehalt, den die Gruppendiskussion annimmt und das Niveau der Problemlösefertigkeiten aller Teilnehmer, aber im Speziellen die der vier Leiterfunktionen.

Funktionen der Leiterrollen

Es ist mir wichtig, zu betonen, dass der Prozess auf dem strukturellen Niveau der gleiche in nicht therapeutischen wie in therapeutischen Gruppen ist. Nicht therapeutische Gruppen können zusätzliche Komplikationen haben. Die Individuen können multiple Gründe haben, um sich zu anderen in Beziehung zu setzen, z. B. als Paar, als Mitglieder verschiedener Gruppen mit unterschiedlicher Zusammensetzung oder als Mitglieder einer Organisation, in der sie Positionen auf unterschiedlichen Verantwortungsebenen einnehmen.

Tab. 21.2 zeigt die Hauptcharakteristika jeder der vier Rollen. Jeder Leiter hat fortlaufend eine stützende Funktion für die strukturelle Entwicklung in der Gruppe.

Jede der Rollen hat eine charakteristische Krise zu einem bestimmten Zeitpunkt im Leben der Gruppe und scheint einen spezifischen Konflikt für die Gruppe als Ganzes zu modellieren. Die Erhaltungsfunktionen sind kurz in der Spalte „Rolle" beschrieben. Die typischen Krisen stehen im Zusammenhang mit den strukturellen Problemen, die von der Gruppe thematisiert werden, was sich mit der jeweiligen Rolle in der Gruppe überschneidet. Dies bedeutet nicht, dass das Individuum, das eine Rolle ausfüllt, nicht auch zu anderen Zeiten Krisen haben kann auf Grund von persönlichen Problemen oder Dynamiken. Die Konflikte der vier Leiter sind Probleme, die jeder in einem gewissen Ausmaß verspürt, alleine auf Grund der Tatsache der Mitgliedschaft in der Gruppe. Es handelt sich dabei um Aspekte, die der interpersonellen Situation inhärent sind. Die genannten Krisen in Tab. 21.2 stellen die bedeutungsvollen Zeitpunkte der Rollen dar, die im Bezug zu den strukturbildenden und sich entwickelnden Funktionen der Leiter stehen. Es ist wichtig, zu verstehen, dass es viele andere Dinge gibt, die in einer Therapiegruppe ablaufen und im Leben dieser vier Personen. All dies mündet in den fortlaufenden Prozess der Gruppe. Der Ent-

Tabelle 21.2 Auftretende informelle Leiter in der Gruppenpsychotherapie

Leiterrolle	Krisenphase	Rolle	Konfliktmodell
Aufgabenorientierter Leiter (task leader)	IV, VI	Versammlungsleiter, wählt Mitglieder aus, Kommunikationsexperte, beeinflusst Normen und Ziele, handelt mit den Gruppengrenzen innerhalb ihres Kontextes und außerhalb	Ausüben eigener Macht und Kontrolle oder Macht zuteilend oder mit anderen Mitgliedern teilend
Emotional Leader	III, IV	Modell für den Veränderungsprozess, am meisten in der Gruppe gemocht, motiviert, an der Aufgabe teilzunehmen, beobachtet den emotionalen Prozess in der Gruppe, bedeutsamstes Gruppenmitglied	entscheidet, ob tiefe Bande mit anderen hergestellt oder das Bedürfnis für tiefe Bande geleugnet werden müssen, ob mit anderen Verbindung entsteht oder andere zurückgewiesen werden
Schwarzes-Schaf-Leiter (scapegoat leader)	II	kreiert einen Gegenpunkt zur Formung von Normen in der Gruppe, agiert als Gralshüter bzgl. der Klarheit von Problemen und Äußerungen während der Gruppendiskussion, beobachtet den Phasenwechsel, schützt die Rechte von anderen	selbstversichernd oder Konformität gegenüber der Gruppe, kämpft mit Aggression und Unterwerfung
Widerstandsleiter (defiant leader)	V	ambivalent bzgl. der eigenen Mitgliedschaft in der Gruppe, ambivalent bzgl. des eigenen Wunsches nach Unabhängigkeit oder Abhängigkeit von Autorität, ambivalent gegenüber Nähe zu den anderen und Selbstöffnung	identifiziert sich mit anderen bis zu dem Punkt, an dem die Erfahrungen von anderen als relevant oder unrelevant für sich selbst angesehen werden vs. offen sein für das Lernen von anderen, während er sich selbst schützt

wicklungsprozess, durch den die Gruppenstruktur entsteht, formt den Rahmen, innerhalb dessen der Rest des Prozesses stattfindet. Auf diese Weise bestimmt er die Art, in der und in welchem Ausmaß eine Gruppe hilfreich für individuelles Wachstum, Heilung und interpersonales Verständnis wird.

Die vier Rollen werden eindeutig während der ersten zwei Phasen im Leben der Gruppe etabliert. Die Rollen sind Teil der basalen Struktur, die hergestellt werden muss, bevor eine Gruppe komplexe therapeutische Arbeit verrichten kann. Von der zweiten bis zur fünften Phase spielen die vier Leiter eine signifikante, couragierte oder sogar überwältigende Rollen bei der Führung der Gruppe als Ganzes durch ihre strukturelle Evolution hindurch und bei der Erfüllung ihrer therapeutischen Aufgabe. Schließlich, in der sechsten und siebten Phase, teilen sich Therapeuten und Patienten/Klienten in einen Prozess auf hohem Niveau, in dem Individuen mit der Unterstützung ihrer Gruppenkollegen an Kernprobleme herankommen. Viele Durchbrüche können in diesem Abschnitt stattfinden, sowohl auf persönlichen als auch auf interpersonellen Ebenen. Diese Phase ist der Gipfel der Gruppenarbeit und des -prozesses, in der die intensivste Therapie stattfindet.

Bedeutung der Leiterrollen für den Gruppenpsychotherapeuten

Wie ist die vorangegangene theoretische Formulierung für den praktizierenden Kliniker/Gruppenleiter brauchbar? Für den designierten Gruppenleiter ist es zu allererst einmal wichtig, zu erkennen, dass er nicht allein bestimmend ist für den Prozess oder den Fortschritt in der Therapiegruppe. Es gibt Gruppenmitglieder, die in die sich herausbildende Leiterrolle hineinschlüpfen. Die Arbeit der Gruppe wird ermöglicht durch die Kooperation der vier Leiterrollen untereinander sowie mit den restlichen Gruppenmitgliedern, wobei sich die Rollen auf eine subtile Art und für die Gruppenmitglieder in aller Regel unbemerkt ergeben. Natürlich werden das Niveau und die Qualität der Teilnahme der Gruppenmitglieder/Leiter vom Niveau der Gruppen- oder Einzeltherapieerfahrung (oder -eignung) abhängen, wie auch von ihren Kommunikationsfertigkeiten und Lebenserfahrungen. Eines der großen Vergnügen bei der Durchführung einer Langzeit-Gruppenpsychotherapiebehandlung ist, die Entwicklung der Klienten-/Patientenfertigkeiten in den Leiterrollen innerhalb der Gruppe zu erleben.

Die meisten Psychotherapeuten sind intensiv im Verständnis der individuellen Dynamik und in der Durchführung von Einzelpsychotherapie ausgebildet. Eine viel geringere Minorität besitzt ebenfalls eine Ausbildung in Gruppenpsychotherapie und eine noch geringere Minorität in Gruppendynamik. Das Ergebnis eines solchen Hintergrundes ist, dass die meisten Gruppenpsychotherapeuten in der Reaktion auf Patientenverhalten primär die individuelle Dynamik und persönliche Probleme sehen. Wenn Sie jedoch – die Gruppe oder Sie als Gruppenleiter – ein Gefühl des Steckenbleibens haben oder wiederholtes oder regressives Verhalten in der Gruppe beobachten, wäre es weise, innerlich einen Schritt zurückzugehen und über die Gruppe als Ganzes nachzudenken, wo sie entwicklungsmäßig steckt und was für das strukturelle Gruppenniveau dysfunktional sein könnte. Dieses Vorgehen könnte dann zu einer konstruktiven Intervention auf dem adäquaten Level, auf dem sich die Gruppe eigentlich befindet, führen. Beispielsweise waren die Kotherapeuten in der bereits früher beschriebenen Gruppe auf individuelle Dynamik fokussiert. Wenn sie deutlich die wachsende Angst in der Gruppe und die Tatsache, dass es sich um eine normale und natürliche Reaktion auf die Formierung einer neuen Gruppe handelte, angesprochen hätten, würde das eine „Prachtstraße" für die Patienten/Klienten kreiert haben, ihre Gefühle direkt anzusprechen. Da dies aber nicht geschah, wurden die starken Gefühle auf einem Individuum abgeladen.

Es ist weiterhin für den Aufgabenleiter während der Phase II wichtig, zu bestimmen, wer der Scapegoat-Leiter in der Gruppe ist und sich der Person gegenüber mit Empathie zu verhalten. Vielleicht ist die Bereitschaft des Aufgabenleiters – häufig vom Therapeuten eingenommen – am wichtigsten, destruktives Verhalten, das auf ein Individuum in der Gruppe zielt, zu unterbinden. Dieses Verhalten bedroht die Grundlagen der Gruppenbehandlung und jede Person denkt, sie könnte das nächste Opfer sein.

Es gibt angemessene und wichtige Interventionen, die in jeder Phase der Entwicklung der Gruppe gemacht werden können, falls dies erforderlich ist. In einer vollständig neuen Gruppe muss der Aufgabenleiter mehr von dieser Art von Arbeit übernehmen. Wenn die Patienten/Klienten mehr mit dem Gruppenprozess vertraut werden, möchten sie tendenziell mehr Verantwortung übernehmen und übernehmen auch tatsächlich mehr Verantwortung für diese Art von Arbeit. Und im Prozess der Gruppenarbeit erreichen beide, die Qualität des Gruppenlebens und die therapeutischen Veränderungen, höhere Niveaus.

V Der Gruppen-Prozess

22. Klinische Berücksichtigung von Phasen der Gruppenentwicklung

K. R. MacKenzie

Eine grundlegende Erfordernis bei der Ausübung von Gruppentherapie ist die Anerkennung der Tatsache, dass die Gruppe mehr ist als die Summe ihrer Teile. Für den klinischen Praktiker, der in Einzeltherapie ausgebildet ist, ist genau dieser Aspekt der wesentliche Punkt bei der Anpassung an die Herausforderungen durch die therapeutische Gruppe. Dieses Gefühl der „Gruppenheit" (groupness) macht die Gruppentherapie zugleich komplizierter, aber vielleicht auch faszinierender und herausfordernder als die Einzeltherapie. Ein wesentlicher Weg zum Verständnis von Gruppen ist der über die Identifizierung von Phasen der Gruppenentwicklung.

Die empirischen Literaturberichte bezüglich Aspekten der Gruppenentwicklung begannen mit den Untersuchungen zur Gruppendynamik in den 40er Jahren des vorigen Jahrhunderts (Lewin 1951). Diese ersten Ansätze befassten sich mit einer großen Spannbreite an Arten von Gruppen; die meisten waren aufgabenorientierte Gruppen, andere basierten auf dem Selbsterfahrungsprozess. Die gruppendynamische Forschung konzentrierte sich während der vergangenen zwei Dekaden speziell auf klinische Gruppenarbeit. Die Literatur zu Gruppenprozessen kann in drei grundsätzliche Bereiche unterteilt werden:
- Die Gruppe kann als ein in einem kontinuierlichen Zyklus zwischen zwei Stadien befindliches Gebilde angesehen werden: einer Aufgabenorientierung versus einer emotionalen Orientierung, was eine Berücksichtigung der Spannung erforderlich macht, wenn die Aufgabe thematisiert wird.
- Die Gruppe kann auch über die Themen des Gruppenprozesses konzeptualisiert werden, die über die Dauer der Gruppe kontinuierlich zunehmen, z. B. wenn die interpersonelle Intimität anwächst.
- Die Gruppe kann auch als sich über verschiedene voraussagbare Stadien der Gruppenentwicklung hinweg entwickelndes soziales Gebilde verstanden werden, das notwendige Schritte unternimmt bzw. notwendige Punkte berührt, indem es höhere Niveaus von Gruppenarbeit erreicht.

Dieses Kapitel wird sich damit befassen, wie sich die genannten drei Perspektiven in ein komplexes Verständnis der Natur der sich entwickelnden Gruppe integrieren lassen.

Zyklische Entwicklungsmuster

Es gibt substanzielle Literatur, die wiederkehrende, zyklische Muster in Gruppenprozessen beschreibt. Bales und Mitarb. (Bales 1950; Bales und Slater 1955) weisen ein wiederkehrendes Muster in Prozessen kleiner Gruppen nach, die auf zwei Phänomenen gründen. Instrumentelle Funktionen beziehen sich auf Aktivitäten, die mit dem festgelegten Ziel der Gruppe in Zusammenhang stehen. Expressive Funktionen hängen mit dem Management der emotionalen Spannungen in der Gruppe zusammen. Diese beiden Funktionen tendieren dazu, sich über die Zeitdauer der Gruppe abzuwechseln.

Bion (1959), in seiner Sicht etwas an Bales' erwähnte Muster erinnernd, beschreibt Gruppen als fluktuierend zwischen „Arbeitseinstellung" (work state) und „Grundeinstellungen" (basic assumptions states): Eine arbeitende Gruppe hat eine klare Vorstellung ihrer zu bewältigenden Arbeiten und ist in der Lage, auf einer rationalen Basis zu beurteilen, ob sie ihre Aufgaben erfüllt. Die Gruppenatmosphäre könnte durch Haltungen unterbrochen werden, in denen primitive Triebe und affektiv aufgeladene Reaktionen die Gruppe von der Verfolgung ihrer Aufgaben lösenden Aktivitäten abhält. Man kann eine Analogie herstellen zwischen den Grundeinstellungsphänomenen in der Gruppe und Widerstand in der Einzelpsychotherapie. Bion beschreibt die drei **Grundeinstellungen**, indem er davon ausgeht, dass sie Hinweise darauf liefern, dass die Gruppenmitglieder ihre individuelle Verantwortung für den therapeutischen Prozess vermeiden:

- **Abhängigkeit:** Die Gruppe agiert als ob sie nur funktionieren könne, wenn eine überlegene und weise Person sie anleitet. Gar nicht überraschend wird der designierte Leiter häufig als die geeignete Quelle einer solchen Führungskraft angesehen. Gruppenmitglieder verhalten sich auf dieser Stufe so, „als ob" sie hilflos wären, ihre Aktivitäten selbst lenken zu können, und gehen ihre Probleme stattdessen aus einer Position der Passivität an.
- **Kampf/Flucht:** In diesem Zustand schart sich die Gruppe zusammen, „als ob" sie durch eine gefährliche Macht bedroht wäre. Die Gespräche der Gruppe drehen sich um Themen wie Bedrohung und das Bedürfnis nach Verteidigung oder Flucht. Es kann Verbindungen nach außerhalb der Gruppe geben, die die Quelle der Schwierigkeiten darstellen. Alternativ können einzelne Gruppenmitglieder als Ursache der Schwierigkeiten ausgemacht werden. Solche Gruppen können rapide Wechsel zwischen Angst- und Rachethemen erfahren. Die Gruppe wendet sich wegen seines Versagens eventuell an den Gruppenleiter, um die Probleme zu lösen oder Antworten zu finden. Es wird ein starker, absoluter Leiter gesucht.
- **Paarbildung:** Hierbei handelt es sich um die simpelste Grundeinstellung in Bions Modell. Die Gruppe ist beherrscht von Aspekten, die um zwei ihrer Mitglieder zentriert sind und agiert, „als ob" die Lösung der Probleme – wie sie von dem Paar präsentiert wird – von therapeutischem Wert für die gesamte Gruppe wäre. Dabei mag dies eine hoffnungsvolle wie auch voyeuristische Qualität, mit sexuellen Untertönen, haben. Wie bei den beiden anderen Grundeinstellungen wird die Verantwortung für die

zu verfolgende Richtung vom einzelnen Mitglied der Gruppe auf eine andere Quelle verlagert.

Die Beschreibungen der Grundeinstellungen porträtieren auf eine lebendige Art allgemeine Gruppenerfahrungen. Im Sinne eines Signals sind sie hilfreich, dass sich die Gruppe von produktiver Arbeit weg in eine emotional aufgeladene Widerstandshaltung oder eine regressive Position hineinbewegt. Bions „Einstellungen" bieten vielleicht keine adäquate allgemeine Theorie der Gruppenfunktionen an und die Annahme, dass alle Gruppenmitglieder präokkupiert seien von der gleichen defensiven Haltung, mutet eher unrealistisch an. Dennoch beschreiben sie die Essenz der später beschriebenen Gruppenentwicklungsphasen recht gut. Bion selbst beschrieb keine Entwicklungsmuster von Gruppen. Wie Bales betrachtete er die Gruppe als zwischen Aufgabe und emotionalem Fokus oszillierend.

Schutz (1958) extrapolierte Vorstellungen der Literatur über das Individuum in Verbindung mit grundlegenden menschlichen Bedürfnissen. Er beschreibt Gruppen als zunächst mit den Problemen befasst, wie das Bedürfnis nach **Akzeptanz** („inclusion") zu lösen sei, dann als zu Aspekten von **Kontrolle** („control") übergehend, um sich schließlich auf das Bedürfnis nach **Zuneigung** („affection") zu konzentrieren. Schutz behauptet, dass sich Gruppen wiederholt in derselben Reihenfolge durch diese drei Stufen bewegen, um sich schließlich zum Ende der Gruppe hin in umgekehrter Reihenfolge durchzuarbeiten. Es handelt sich hierbei um ein etwas komplexeres Verständnis von zyklischen Mustern.

Eine andere Perspektive zyklischer Bewegungen könnte auf die Intensität von Intimität fokussieren. Aus einem Blickwinkel kann die Gruppe als zwischen der Furcht vor Isolation und der Furcht vor Verstrickung („enmeshment") alternierend aufgefasst werden. Aus einem anderen Blickwinkel könnte sie betrachtet werden als hin und her wechselnd zwischen Abwehr und Offenheit oder vielleicht von Zustimmung und einander ähnlich sein zu Ablehnung und Unterschiedlichkeit.

Voranschreitende Entwicklungsmuster

Verschiedene Aspekte des Gruppenprozesses wurden als in ihrer Intensität zunehmend beschrieben im Verlaufe der Lebenszeit einer Gruppe.

Die meisten Gruppentheoretiker stimmen darin überein, dass – über die Zeit gesehen – die Intimität in einer Gruppe zunimmt (Barker 1991). Einige Autoren beschreiben dies als eine wachsende Abhängigkeit (Walster u. Mitarb. 1978). Zum Beispiel mag es sein, dass anfänglich Themen verfolgt werden, weil sie als wichtig für die Gruppe angesehen werden und/oder gegenseitige Zustimmung und Ähnlichkeiten finden (**Universalität** als Wirkfaktor, zu den Wirkfaktoren s. Kap. 23). Späterhin wird sich die Gruppe auf ein individuelles Gruppenmitglied konzentrieren, um z. B. eine größere persönliche **Einsicht** (ein weiterer Wirkfaktor der Gruppentherapie) zu entwickeln. Wiederum andere Autoren betrachten Intimität als eine Reflexion wachsender Kenntnis über jeden anderen in der Gruppe, indem man von faktischen Problemen zu mehr persönlichen Belangen überwechselt (Clark und Reiss 1988). Diesem Phänomen wird in den Messungen zur Gruppen**kohäsion** (einem weiteren Wirkfaktor) Rechnung getragen (Drescher u. Mitarb. 1985).

Es gibt eine sehr umfangreiche Literatur zu Veränderungsmessungen in der Psychotherapie, die sich auf Konstrukte bezieht, z. B. wenn ein Individuum persönliche Beziehungen oder Veränderungen derselben im Laufe der Behandlung beschreibt (Neimeyer und Merluzzi 1982), ein Ansatz, der mit dem Konzept von der narrativen Therapie in Verbindung steht (White und Epston 1990). Die **Repertory-Grid-Technik** stellt hierbei die Hauptmethode dar (Kelly 1955). Generell haben diese Studien herausgefunden, dass die von Patienten verwendeten Konstrukte in ihrer Komplexität über die Zeit zunehmen, von eher konkreten (offen benannten) zu eher abstrakten (selbstbezogenen) oder von weniger komplexen und faktischen zu eher komplexeren, personenzentrierten. Neimeyer (1997) bietet einen kritischen Überblick über dieses Untersuchungsgebiet. Ein anderer Ansatz, diese Phänomene zu beschreiben, bezieht sich auf die interpersonelle Wahrnehmung einschließlich der Wahrnehmung des Selbst, wie sie sich von einer eindimensionalen stereotypen Rollenwahrnehmung hin zu einem Verständnis komplexer Personen verändert. Diese Mischung aus interpersonellen Haltungen zwischen den Gruppenmitgliedern beeinflusst ebenfalls die Gruppenentwicklung (Kivlighan und Mullison 1988; Kivlighan und Goldfine 1991; Kivlighan und Angelone 1992; Shaughnessy und Kivlighan 1995).

Entwicklungsstadien

Es gibt einige spezifische Aspekte, die ein Gruppenentwicklungsmodell charakterisieren. Die Entwicklung wird regelhaft und erkennbaren Mustern folgen. Die gleichen Entwicklungsmuster werden in allen Gruppen zu finden sein, auch wenn Unterschiede hinsichtlich Intensität und Geschwindigkeit, in Abhängigkeit von der Gruppenzusammensetzung (s. Kap. 11), dem therapeutischen Konzept, den Gruppenzielen und dem Wachstumskonzept, gegeben sein mögen. Spätere Entwicklung wird auf der Bewältigung früherer Entwicklung basieren, ein standardisiertes epigenetisches Wachstumsmodell also. Unterschiedliche Ebenen des Gruppensystems reflektieren diese entwicklungsbezogenen Effekte einschließlich der Gesamtgruppe, des interpersonellen Verhaltens und intrapsychischer psychologischer Phänomene einzelner Gruppenmitglieder. Verschiedene Modelle von Gruppenentwicklung werden im Folgenden diskutiert. Sie alle sind in grundsätzlicher Übereinstimmung mit den frühen, oben genannten Entwicklungstheorien.

Tuckman (1965) legte eine größere Literaturübersichtsarbeit vor, die über 50 Artikel bezüglich Gruppenentwicklung in einer Vielzahl von Gruppenarten umfasste. Allgemein fand er ein vier Stufen präferierendes Modell für Gruppenentwicklung: Formung der Gruppe („forming"), Affektaufruhr („storming"), Normenbildung („norming") und Leistung („performing"). Tuckman und Jensen (1977) fügten später noch eine fünfte Stufe hinzu: Vertagen („adjourning"). Zur selben Zeit zogen Garland u. Mitarb. (1965) ein ähnliches Fazit auf Grund einer Literaturauswertung mit parallelen Ergebnissen zu Tuckman: unreife Beziehungsaufnahme („preaffiliation"), Macht/Kontrolle („power/control"), Nähe („intimacy"), Differenzierung („differentiation") und Beendigung/Trennung („termination/separation"). Diese beiden Veröffentlichungen können als eine wichtige Zusammenfassung in einem breiten Feld von Untersuchungen angesehen werden, von denen viele auf Untersuchungen von artifiziellen Gruppen fußten, die wiederum nur sehr kurz bestanden und eine externe Aufgabe zu bewältigen hatten. Abgesehen von diesen Einschränkungen kann ein roter Faden erkannt werden.

Ein komplizierteres Schema von Gruppenstadien – mit zwei Hauptphasen, jede davon mit drei Unterphasen – wird von Bennis und Shepard (1956) beschrieben. Phase 1 handelt von Abhängigkeit und Beziehungen zur Macht, mit Subphasen von Abhängigkeit/Unterwerfung, Gegenabhängigkeit und Machtbeziehungen. Phase 2 wechselt über zu Aspekten der Interdependenz und persönlicher Beziehungen mit den Subphasen Verzauberung, Entzauberung und schließlich konsensueller Validierung.

Beck (1974) beschreibt ein differenziertes und komplexes neunstufiges Entwicklungsmodell, das auf Inhaltsanalysen von klientenzentrierten Psychotherapiegruppen basiert (s. auch Kap. 21). Die frühen Stufen der Gruppenentwicklung folgen prinzipiell dem Modell von Tuckman, aber zusätzliche Stufen dehnen die Vorstellung einer Gruppenentwicklung dahingehend aus, die wachsende Unabhängigkeit vom designierten Gruppenleiter mit einzubeziehen, somit das Modell auf neun Stufen der Entwicklung ausweitend. Das Modell ist dadurch angereichert, dass zusätzliche Gruppencharakteristika wie die Entwicklung von Normen, Grenzen und Kriterien der Mitgliedschaft sowie Niveau der Gruppenidentität berücksichtigt wurden (s. Kap. 21). Ein spezieller Fokus liegt dabei auf der Identifikation des Beitrags, den die Gruppenrollen während des Gruppenprozesses spielen, um die Aufgaben jeder Entwicklungsstufe zu lösen. Außerdem werden die Phänomene des Übergangsprozesses zwischen den einzelnen Stufen näher beleuchtet (Beck u. Mitarb. 1986).

Eine integrative Perspektive

Wie oben bereits erwähnt basiert die verfügbare Literatur auf drei Hauptmodellen von Veränderungen von Prozessen im Verlauf der Lebenszeit von Gruppen: einem repetitiven, zyklischen Gruppenprozess, einem normal progressiven Kontinuum, sowohl im Individuum als auch innerhalb der Gruppeninteraktion, und schließlich die Gruppenentwicklungsphasen. Können diese drei Sichtweisen miteinander integriert werden? Abb. 22.1 porträtiert die Muster des progressiven und des zyklischen Modells und verdeutlicht, wie eine zusätzliche Kombination in ein Veränderungsmuster münden würde, das kompatibel sein würde mit der Beschreibung der Stufen oder Phasen der Gruppenentwicklung.

Natürlich handelt es sich um ein theoretisches Modell, es fasst jedoch – grob gesehen – integrativ die empirischen Ergebnisse diverser Untersuchungstraditionen zusammen. Es unterstützt die Annahme, dass beide Phänomene, zyklische und progressiv-lineare, im Verlauf von Psychotherapiegruppen entstehen, dass dies in einer bedeutsamen und voraussagbaren Art und Weise geschieht, und dass diese Kräfte in die Phänomene der sequentiellen Stufenabfolgen münden. In Kurzzeitgruppen würde sich dieses Modell vereinfacht in vier Phasen ausdrücken, wie sie unten beschrieben werden. In Langzeitgruppen würde man erwarten, ähnliche Phänomene zu sehen, allerdings mit einer graduellen Intensivierung der psychologischen Arbeit im Verlauf der Zeit. Leider gibt es nur sehr beschränkte empirische Untersuchungen für die letztgenannte Form der Gruppentherapie.

Ein grundlegendes Vierstufenmodell der Gruppenentwicklung

Der obige kurz gefasste Überblick über die Literatur zur Gruppenentwicklung hat einen allgemeinen Konsens offenbart bezüglich zumindest vier konsistent erkennbarer Phasen: Engagement, Differenzierung (Konflikt), interpersonelle Arbeit und Beendigung/Trennung. Zusätzliche Phasen wurden beschrieben, die entweder als Untereinheiten einer breit gefassten Stufe interpersoneller Arbeit oder als die erkennbaren Bestrebungen in Richtung einer größeren Unabhängigkeit vom Gruppenleiter angesehen werden könnten. Die Gruppenentwicklungsperspektive ist eine ganz wichtige Metaposition, die sehr wertvoll für den Entwurf von strategisch hilfreichen Interventionen sein kann, die auf diesem Rahmen aufbauen und damit das therapeutische Potenzial jeder Phase zu maximieren gestattet. Das folgende **Vierstufenmodell** repräsentiert die minimale Anwendung von Gruppenentwicklungsannahmen. Es wird hier ausführlicher dargestellt, weil es für die Anwendung auf eine klinisch weithin praktizierte Art von therapeutischen Kurzzeitgruppen von drei bis sechs Monaten Dauer bestens geeignet ist. Unter diese Art von Gruppen fallen kognitiv-behaviorale, interpersonelle und psychodynamische Gruppenkonzepte (MacKenzie 1994a, 1997; s. auch Kap. 52, 54, 56).

1. **Engagement:** Die initiale Aufgabe einer Gruppe ist es, ein Gefühl von Zusammengehörigkeit herzustellen. Ohne dieses Gefühl ist Gruppentherapie nicht möglich. Die faktisch initial auftretenden **Selbstöffnungen** (Wirkfaktoren der Gruppentherapie werden fett gesetzt, d. Hrsg.) sind wichtig, nicht so sehr wegen ihres Inhalts, als vielmehr für den Prozess der Teilnahme und für die Feststellung gemeinsamer Anliegen und Probleme. Dieser Mechanismus der **Universalität** fördert ein Gefühl von Sicherheit und Akzeptanz, das sich in einer zunehmenden **Gruppenkohäsion** ausdrückt. Generell wird der Gruppenleiter eine dezent aktive Haltung einnehmen, speziell wird er die kommunikativen Aspekte zwischen den Gruppenmitgliedern stimulieren und die hilfreichen therapeutischen Wirkfaktoren (Kap. 23) verstärkend ins Spiel bringen: **Universalität des Leidens, Akzeptanz, Altruismus** und **Einflößen von Hoffnung**. Auf einem internen Niveau ist die Teilnahme am Gruppenprozess begleitet von einem frühen Gefühl von Wohlbefinden, wenn man entdeckt, dass man ak-

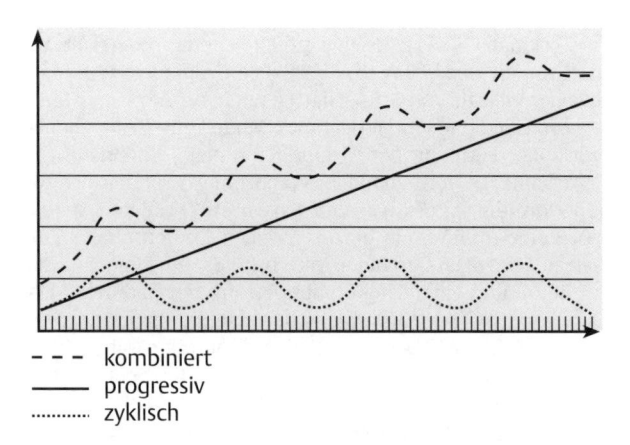

- - - kombiniert
—— progressiv
······· zyklisch

Abb. 22.1 Theoretischer Verlauf von Phasen, basierend auf wiederholt-zyklischen und progressiv-linearen Effekten.

zeptiert und verstanden wird, was wiederum den Effekt hat, dass Mut gemacht wird für mehr **Selbstöffnung** wie auch dass das Gefühl für Wohlbefinden verbessert wird. Die Aufgaben dieser Phase der Gruppenentwicklung können damit beschrieben werden, sich kennen gelernt zu haben, wenn alle Gruppenmitglieder ein deutliches Signal ihrer Verpflichtung demonstriert und sich mehr oder weniger in wichtiger **Selbstöffnung** engagiert haben.

2. **Differenzierung:** Die positive Zusammenarbeit in der Engagementphase verändert sich in Richtung einer Atmosphäre interpersoneller Spannung, die durch eine konfrontative und ärgerlich-nachtragende Qualität charakterisiert ist. Die grundlegende Aufgabe ist es, Möglichkeiten der Konfliktlösung und eine Toleranz gegenüber einer negativen emotionalen Atmosphäre zu entwickeln. Diese Stufe der Gruppenentwicklung wird in der Literatur gemeinhin als die „Konfliktphase" bezeichnet. Der hier verwandte Terminus „Differenzierung" beleuchtet die Wichtigkeit der Selbstsicherheit und -definition, die diesem Prozess zu Grunde liegen. Die interaktionellen Themen verändern sich von solchen mit Gemeinsamkeiten zu solchen mit Unterschieden. Damit wird die potenzielle Anfälligkeit in der Engagementstufe tangiert, schwierige, aber wichtige Aspekte zu vermeiden. Die Herausforderung in der Gruppe wird begleitet von einer inneren Herausforderung im Hinblick auf eigene negative oder schambesetzte Gefühle. Generell wird der konfrontative Stil auch gegenüber dem Gruppenleiter demonstriert, indem die Gruppe kollektiv versucht, sich vom Leiter zu unterscheiden. Diese Qualität umfasst eine neuerliche Klärung der Gruppennormen, die nunmehr „Besitz" der Gruppe werden und nicht mehr im Besitz des Gruppenleiters sind. Häufig hat diese Stufe adoleszente Qualitätsaspekte in der Herausforderung um der Herausforderung willen.

Die zwei beschriebenen Stufen ermöglichen Erfahrungen, die notwendig sind, um einen tieferen Sinn in der Gruppenmitgliedschaft und -teilnahme zu erkennen. Die Gruppe ist in der Lage, Unterstützung und Akzeptanz zu bieten, während sie zugleich in der Lage ist, einzelne Punkte konfrontativ anzugehen. In der Sprache der Gruppenentwicklung sind dies so genannte frühe Phänomene, aber sie beziehen sich durchaus auch auf Kernschwierigkeiten bezüglich Vertrauen und Akzeptanz sowie Selbstsicherheit, wie sie häufig gefunden werden bei Menschen, die psychologischen Distress erleben. In den ersten vier bis acht Wochen wird der Selbstwert oft verbessert und Symptome beginnen, sich zu vermindern. Es gibt einige Hinweise in der empirischen Literatur darauf, dass Gruppen, die ein frühes starkes Engagement zeigen, das von einer ausgiebigen Periode von konfrontativen, herausfordernden Mustern gefolgt ist, ein besseres Therapieergebnis aufweisen (Tschuschke und MacKenzie 1989; MacKenzie und Tschuschke 1993; MacKenzie 1994b).

3. **Interpersonelle Arbeit:** Die Gruppe ist nunmehr in der Lage, individuell problematische Bereiche auf eine kräftige Art und Weise anzupacken. Der Fokus verändert sich in Richtung größerer Introspektion und persönlicher Herausforderung. Dies wiederum resultiert in einer gewachsenen Geschlossenheit unter den Mitgliedern der Gruppe, indem sie sich in der Exploration schwieriger gemeinsamer Themen engagieren. Diese Stufe der Gruppenentwicklung wird wahrscheinlich zentrale Themen der interpersonellen Auseinandersetzung fördern, wie z. B. die Toleranz gegenüber Intimität, den Umgang mit Kontrolle/Abhängigkeit in Beziehungen und Ängsten bezüglich eines zu starken Einbezugs in die Interaktion und eines Verlustes des Selbst. Einige Modelle der Gruppenentwicklung beschreiben solche Themen in einer sequentiellen Abfolge (Beck u. Mitarb. 1986), doch werden sie in den meisten klinischen Gruppen in verschiedenen, variierenden Abfolgen in Abhängigkeit von den gemeinsam vorhandenen Belangen auftreten.

4. **Beendigung/Trennung:** Diese Phase kann zu unterschiedlichen Punkten im Leben einer Gruppe auftreten, die abhängig sind von den Umständen, die eine Entwicklung fördern oder behindern. Sie wird stärker betont sein in Gruppen, die ein starkes interaktives Milieu entwickeln, die sich über mehrere Monate hinweg und häufig getroffen haben und die gemeinsam enden. Abschluss und Ende sind problematische Bereiche für Menschen, die psychotherapeutische Hilfe suchen. Ein systematisches Herangehen an diesen Prozess wird sicherstellen, dass alle Gruppenmitglieder an diesem Beendigungsprozess beteiligt sein werden. Eine Reihe wichtiger Themen ist zu erwarten: nicht genug bekommen zu haben, ein Gefühl der Zurückweisung, die Auseinandersetzung mit Verlust und Trauer sowie die Handhabung der Verantwortlichkeit für sich selbst. Es handelt sich also um grundlegende Reifungsthemen, die für das menschliche Leben zentral sind. Auf eine paradoxe Weise generiert gerade der Aspekt der begrenzten Zeit eine Arena, in der solche lebenslang relevanten Punkte direkt erlebt und behandelt werden können. Trennungsaspekte werden in der Psychotherapie häufig vermieden. Das Beenden einer zeitlich begrenzten Gruppe offeriert die Möglichkeit, systematisch eine Exploration dieser relevanten Aspekte, die mit Verlust in Verbindung stehen, zu maximieren.

Klinische Anwendung von Konzepten zur Gruppenentwicklung

Die Entwicklungsperspektive ist als Leitfaden für den Kliniker hilfreich und kann außerdem zu einem Entwurf von Gruppentherapie-Behandlungsprogrammen beitragen, bei dem Gruppenmodelle und Zeitkategorien, unter Berücksichtigung ihrer entwicklungsbezogenen Potenzen, ausgewählt werden. Der Gruppenleiter ist in der Position zu beurteilen, wie weit die Gruppe, ihrem Plan entsprechend, voranschreiten kann oder inwieweit sie blockiert ist oder sogar zurück schwingt zu früheren Mustern. Diese Information erlaubt dem Leiter zu beobachten, anzuregen oder auf stufenadäquates Material zu reagieren. Indem er dies tut, demonstriert er der Gruppe „akkurate Empathie".

Externe strukturelle Faktoren

Klinische Erfahrung zeigt, dass zahllose externe Faktoren einen maßgeblichen Einfluss auf den Fortgang der Gruppenentwicklung haben. Die Zahl der verfügbaren Sitzungen bestimmt zu einem Teil, wie weit die Gruppe voranschreiten kann. Eine Gruppe, die z. B. begrenzt ist auf sechs oder acht Sitzungen wird wahrscheinlich nicht über die Aufgaben der

Engagementphase hinausgelangen. Stationäre oder Kriseninterventionsgruppen haben fast jede Sitzung eine wechselnde Mitgliedschaft und werden nicht in der Lage sein, über die Engagementphase hinauszukommen, wobei der Therapeut noch sehr aktiv bleiben muss, um die Gruppe auf diesem Niveau zu halten. Hoch strukturierte Gruppen, die für psychoedukative Zwecke oder für spezielle Fertigkeitentrainings wie Selbstsicherheitserwerb geplant wurden, sind wahrscheinlich im Umfang ihrer Interaktionsmöglichkeiten begrenzt und werden nur schwache Entwicklungsfortschritte aufweisen. Der Leiter muss seine Interventionen daher darauf abstellen, auf frühe Phasen bezogene Aufgaben zu unterstützen, die eine volle Anwendung jener supportiven therapeutischen Wirkfaktoren gestatten, die Gruppeninteraktion unterstützen und **Kohäsion** fördern, damit Probleme oder Themen angegangen werden können, die für die Gruppe externer Natur sind. Der Versuch, solche Gruppen in eher konflikthafte oder introspektive Arbeit zu „pushen", wird sich als destruktiv für die Gruppe erweisen, da er zu vorzeitigem Gruppenabbruch einzelner Mitglieder („drop-outs") führen würde, da Struktur und Ziele der Gruppe solchen Entwicklungen entgegenstehen.

Die interaktionelle Kapazität der Gruppenmitglieder, die für die Gruppe ausgewählt wurden, hat ebenfalls einen Einfluss auf die Geschwindigkeit, mit welcher die Gruppe sich entwickeln kann. Zum Beispiel haben Gruppen für schizophrene Patienten generell einen Entwicklungsprozess, der sich in Monaten oder Jahren bemisst (Stone 1996). Gruppen, die in einem korrigierenden Milieu operieren, in denen es ein hohes Ausmaß an Kontrolle und Misstrauen gibt, werden Schwierigkeiten haben, eine initial kohäsive Gruppe zu entwickeln. Bond und Shiu (1997) diskutieren den Einfluss der Persönlichkeiten der Gruppenmitglieder auf die Leistung und den Austausch in aufgabenorientierten Studentengruppen. Dieser interessante Aspekt bedarf weiterer Untersuchungen in therapeutischen Gruppen.

Ein traditionelles Format in der Gruppenpsychotherapie war bislang das langfristig orientierte Format der offenen („slow/open") Gruppe, in die nur neue Mitglieder aufgenommen werden, wenn ein Platz verfügbar wird. In diesen Gruppen wird die Arbeitsatmosphäre aufrecht erhalten, indem die Fluktuationen in Bezug zu Spannung und Widerstand als wichtige Aspekte thematisiert werden. Jede Änderung der Gruppenmitgliedschaft wird die Gruppe forcieren, sich mit Engagementaspekten zu befassen. Nur in einer fortlaufenden Arbeitsgruppe – mit einer notwendigen Akkomodation auf geringfügige Mitgliederwechsel – wird sich kein wesentlicher Wechsel in der Arbeitsatmosphäre einstellen. Vielmehr wird realistischerweise das neue Gruppenmitglied in einer solchen Gruppe durch die Phasenprozesse schreiten, um das Niveau der interaktionellen Arbeit der bestehenden Gruppe zu erreichen.

Einige Gruppenprogramme bieten ein Format an, bei dem Gruppenmitglieder einer geringen Zahl von Sitzungen, sagen wir acht oder zehn, zustimmen, mit der Option, die Abmachung auf ein Maximum von 16 oder 20 Sitzungen ausdehnen zu können. Diese Vorgehensweise ist dafür bestimmt, Behandlungsbedürfnisse zu berücksichtigen und Überweisungen prompt unterbringen zu können. Der Vorteil jedoch geht auf Kosten der Thematisierung von Engagement- und Beendigungsaspekten, wobei in jedem Abschnitt somit die Möglichkeit interpersoneller Arbeitszeit deutlich vermindert wird. Eine bessere Lösung wäre, zwei zeitlich versetzte Gruppen mit jeweils 16 oder 20 Sitzungen durchzuführen.

Therapeuteneinfluss

Der Therapeut ist in der Lage, entweder ein spezifisches theoretisches Gruppenkonzept oder Gruppenformat auszuwählen oder durch den Einsatz unterschiedlicher, gezielt ausgewählter Interventionsstrategien Gruppenentwicklung zu fördern. Er sollte vor dem Gruppenbeginn berücksichtigen, in welchem Ausmaß die Stufe der Differenzierung im Laufe der Entwicklung der Gruppe zum Tragen kommen wird. Gruppen, die einem hoch strukturierten psychoedukativen Format folgen, werden ganz allgemein in ihrem Verlauf in einer Klassenraum- oder Seminaratmosphäre verbleiben und weniger Gebrauch von Interaktionen zwischen den Gruppenmitgliedern machen. Kognitiv-behaviorale Gruppenkonzepte verwenden im Allgemeinen mehr Engagementstufeninteraktionen, um aktiv das Lernen durch interpersonelle Prozesse zu verstärken. Zugleich gehen sie mit Inhalten der Differenzierungsstufe um, indem sie sie nicht im Detail explorieren (zu den unterschiedlichen Gruppenkonzepten s. Abschnitt X in diesem Buch). Das Ziel dieser Art von Gruppen ist primär, die Aufmerksamkeit auf Umstände außerhalb der Gruppe zu richten, wobei die Gruppe dazu dient, neues Verhalten auszuprobieren. Der Gruppenleiter wird vermutlich die entstehenden intragruppalen Herausforderungen dadurch handhaben, dass er die Probleme und Sichtweisen in der Gruppe akzeptiert, dennoch unterschiedliche Standpunkte als hilfreich hervorhebt und für die Wichtigkeit der Erkenntnis negativer kognitiver Stile den Gruppenprozess verwendet.

Interpersonelle Gruppen ermutigen die Mitgliederinteraktion von einem frühen Zeitpunkt an und fördern so einen starkes Gefühl von „Gruppenheit" („groupness"). Psychodynamisch oder interaktionell konzipierte Gruppen sind so angelegt, dass sie den Gruppenprozess als den wichtigsten therapeutischen Transmissionsriemen verwenden. Deshalb wird der Gruppenleiter die Differenzierungsstufe strategisch nutzen wollen und betonen, um sie als eine Gelegenheit für interaktionelles Lernen zu verwenden. Das Ziel wäre demnach, die Gruppe intensiv – ohne Verzug – durch die ersten beiden Stufen zu bringen, damit eine maximale Zeit für interpersonelle Arbeit verbleibt, bevor die Trennungs- und Ablösungsaspekte bearbeitet werden können. Die Entwicklungsperspektive formt demnach einen semistrukturierten Hintergrund, der die Interventionen des Gruppentherapeuten anleitet.

Hilfestellungen durch etwas mehr Strukturierung innerhalb der ersten Sitzungen hat sich als förderlich für die Bereitschaft erwiesen, mehr **Selbstöffnung** zu betreiben, obwohl gleichzeitig beachtet werden muss, dass Strukturierungen nicht die individuellen Initiativen dämpfen (Bednar und Battersby 1976; Rose und Bednar 1980). In allen Arten von Kurzzeitgruppentherapien ist es von Vorteil, dass durch ein moderates Niveau an Strukturierung in frühen Sitzungen schnell eine kohäsive Atmosphäre geschaffen wird. Die ersten zwei oder drei Sitzungen einer interpersonellen Gruppe für depressive Patienten mögen um die Besprechung zentriert sein, wie die Gruppenmitglieder Depression erleben, wie auch um eine Diskussion darüber, welche Faktoren involviert sein mögen beim Entstehen oder bei der Aufrechterhaltung der Depression. Auch wird etwas psychoedukativer Input bezüglich der Zeichen und Symptome einer Depression sinnvoll sein. Eine solche Strukturierung hat zwei Ziele: an den Punkten zu arbeiten, die für die gegebenen Symptome verantwortlich sind, und ein Vehikel für eine zügige Einbeziehung in die Gruppeninteraktion bereitzustellen.

Der Therapeut ist gleichfalls in der Lage, seine Interventionen an Phasenaufgaben zu orientieren. Beispielsweise wird er empathische und supportive Techniken frühzeitig in der Gruppe einsetzen, um eine interaktionelle Atmosphäre des Vertrauens zu etablieren (zur spezifischen Leitertechnik s. Kapitel 15–17). Wenn die Gruppe in die Differenzierungsstufe wechselt, kann der Gruppenleiter einen etwas konfrontativeren Stil modellieren. In der interaktionellen Arbeitsphase wird der Therapeut in günstiger Weise – falls überhaupt erforderlich – das Niveau der Interventionen dadurch anheben, dass er einen größeren Fokus auf Aspekte der individuellen Gruppenmitglieder richtet. Während der Beendigungsphase könnte der Gruppenleiter ein Modell für eine Offenheit gegenüber Beendigungs- und Abschiedsaspekten abgeben sowie die direkte Besprechung und Bearbeitung dieser Themen erleichtern. Viele Patienten setzen sich nur widerstrebend mit Abschieden auseinander (s. Kap. 34). Dabei beinhalten diese gerade ganz wichtige Aspekte von Selbstzufriedenheit und Verlusterlebnissen. MacKenzie (1996a) stellt einen Leitfaden bereit, der den Therapeuten durch eine Serie von Aufgaben geleitet, der u.a. eine offene Diskussion von Beendigungs- und Abschlussaspekten erlaubt.

Die Verfolgung zyklischer und progressiver Entwicklungsmuster

Die wichtigste Sequenz für den Gruppenleiter ist die Verfolgung der Gruppenbewegung vom Engagement über Differenzierung hin zu einer intensiveren interaktionellen Arbeitsatmosphäre. Dieser Prozess mag auch als eine Abfolge angesehen werden, die höhere Niveaus an Interaktion und Verständnis zwischen den Gruppenmitgliedern mit einbezieht. Beziehungen werden persönlicher und jedes Mitglied wird komplexer wahrgenommen. Parallel dazu wird die Gruppe als eine Einheit als wichtiger angesehen und der Bedeutung der Gruppeninteraktionen wird mehr Aufmerksamkeit geschenkt. Der Leiter wird in der Lage sein, diesen Prozess progressiver Intensivierung zu beobachten und alle Gruppenmitglieder in diese Entwicklung mit einzubeziehen.

Die Entwicklung durch die eher negative Atmosphäre der Differenzierungsphase ist häufig der erste bedeutsame Hinweis auf einen zyklischen Prozess. Die Vertiefung der Kenntnisse und die Intimität der Gruppenmitglieder untereinander bringt eine Vorsichtsreaktion hervor, die dem Bedürfnis nach größerer eigener Absicherung im Bezug zu anderen Gruppenmitgliedern und gegenüber dem Gruppenleiter entspringt. In Bions Terminologie würde sich die Gruppe von der Grundeinstellung der Abhängigkeit zu der Grundeinstellung von Kampf/Flucht weiterentwickeln, indem sie von einem Aufgaben bezogenen zu einem emotionalen Fokus wechselt.

Indem die Gruppe in eine interpersonelle Arbeitsphase wechselt, werden die progressiven Muster sich weiterhin vertiefen, während die zyklischen Aspekte mit einer geringeren Voraussagbarkeit fluktuieren werden. Der Leiter muss darauf vorbereitet sein, mit Gruppenmitgliedern zu arbeiten, die anscheinend in der Majorität der Gruppe unterzugehen drohen, indem er ihr Gruppenerleben intensiviert. Der besagten Haltung einzelner Gruppenmitglieder liegt oft eine Angst vor einer Vertiefung persönlicher Aspekte zu Grunde. Ein Versäumnis, diese Gruppenmitglieder einzubeziehen, kann sich dahingehend auswirken, dass sie noch weiter zurückbleiben während der Anspannungen der Beendigungsphase oder sogar vorzeitig aussteigen. Der Gruppenleiter kann auch das gezeitenartige An- und Abfluten der Gruppeninteraktion als das grundlegende Phänomen einer Notwendigkeit der Bewegung in affektiven Widerstand, gefolgt von einer Periode der Beschäftigung mit wichtigen interpersonellen Themen, ansehen. Eine Arbeitsatmosphäre in der Gruppe ermutigt gegenseitige interpersonelle Arbeit, die recht schnell an Intensität zunimmt. Der Leiter sollte sich über diese Vorgänge bewusst sein, so dass die Reaktionen nicht als eine negative Phase gesehen werden, sondern eher als eine Notwendigkeit der Integration und Bewältigung von Erfordernissen. Indem sich die Gruppe voranbewegt, tendieren die Zyklen dazu, zunehmend auf persönlichere Dinge zu fokussieren. Beispielsweise verändert sich die Angst vor der **Selbstöffnung** in der Gruppe in eine Angst vor Verlust/Ärger/Scham bezüglich spezifischer persönlicher Details, bis hin zu einer Angst vor Veränderung.

Der Gruppenleiter hat die komplexe Aufgabe, diese Aspekte für jedes Gruppenmitglied im Blick zu behalten, und doch zugleich auch die sich verändernde Natur des Gruppenklimas. Das Konzept der Gruppenentwicklungsphasen erlaubt die Einnahme einer Metaposition des Gruppenverständnisses. Innerhalb dieser allgemeinen Theorie können auch die Phänomene progressiver und zyklischer Muster gesehen werden. Diese Muster können in sinnvoller Weise nach jeder Sitzung betrachtet werden und vielleicht sogar in einer Verlaufsgrafik festgehalten werden. Ein schlicht systematisches Denken in diesen Termini ist gewöhnlich ausreichend, um die vorherrschenden Muster identifizieren zu können.

Die Darstellung in diesem Kapitel bezieht sich speziell auf den Kontext geschlossener zeitbegrenzter Gruppen, die ausreichend Zeit haben, sich intensiver in persönliche Arbeit hineinzuentwickeln. Das trifft auf viele kognitiv-behaviorale Gruppen und die meisten interpersonellen sowie psychodynamischen Gruppen zu, die sich für die Dauer von 12–24 Sitzungen treffen. Kürzere und noch mehr strukturierte Gruppen basieren durchgängig und vorwiegend auf einer Engagementatmosphäre mit nur geringem Fokus auf Beendigungsaspekten. Längerfristig arbeitende Therapiegruppen zeigen ein progressives Muster, das abhängig ist von der Veränderung der Mitgliedschaft und regelhafte zyklische Phänomene können beobachtet werden.

23. Wirkfaktoren der Gruppenpsychotherapie

V. Tschuschke

Kontroverse Auffassungen zur Erkenntnisproblematik innerhalb der Gruppenpsychotherapie

Psychotherapie will verändern, mithin auch die Gruppenpsychotherapie. **Was** sich ändern soll bzw. was verändert werden soll, respektive verändert werden muss, damit Lebensqualität im Allgemeinen oder im Spezifischen wieder hergestellt werden bzw. überhaupt sich erstmals entwickeln kann für ein gegebenes Individuum, hängt vollständig von dem/den klinischen Problem(en) dieses einen Menschen, seiner Lebensgeschichte, seinem Lebenshintergrund und seinen individuellen Ressourcen ab. Insofern sind alle Menschen einzigartig und keiner gleicht vollständig irgendeinem anderen. Diese **Idiosynkrasie** bringt viele Kliniker immer wieder dazu, die nach **Nomothetik** suchende empirische Wissenschaft mit Geringschätzigkeit zu strafen und ihre Forschungsergebnisse als irrelevant für die eigene alltägliche klinische Praxis abzutun (Tschuschke und Dies 1994b).

Es besteht überhaupt kein Zweifel, dass psychotherapeutische Konzepte und Settings Individuen behandeln. Auch besteht kein Zweifel daran, dass die empirische Forschung in der Psychotherapie lange Zeit tatsächlich irrelevante, zum Teil triviale Details zu Tage gefördert hat, die in manchem Praktiker Déjà-Vu-Erlebnisse bewirkten. Dennoch ist gerade in den Humanwissenschaften ein Spagat erforderlich, der beiden Sichtweisen – der **hermeneutischen** wie der **nomothetischen**, der **Inside-** wie der **Outside-Tradition** (s. Kap. 31) – gerecht werden muss. Eine wissenschaftlich fundierte und damit seriös-professionelle psychotherapeutische Interventionsmaßnahme muss sich die Erkenntnisse und Fundierung durch empirisch-nomothetische Forschung zunutze machen, hierin unterscheidet sie sich – und muss sich unterscheiden – von Esoterik und zuweilen religiös verbrämten Heilsbringern und Scharlatanen.

Die Gründe für den gerade dargelegten Standpunkt sind sehr einfach:
- Psychotherapie wurde in Deutschland anerkannte Kassenleistung nur durch den faktischen Nachweis ihrer Wirksamkeit (zunächst die Psychoanalyse in 1967 durch die bahnbrechende Arbeit von Dührssen und Jorswieck 1965, dann die Verhaltenstherapie 1987; Geyer 2000), der empirisch-statistisch erfolgte.
- Die Ethik des psychotherapeutischen Handelns macht es bereits erforderlich, dass so objektiv wie möglich Überprüfungen der Effekte der einzelnen Behandlungskonzepte erfolgen müssen, und zwar ständig neu.
- Eine Weiterentwicklung des Wissens über psychische Erkrankungen und deren Beeinflussungsmöglichkeit verlangt nach permanenter Hinterfragung üblicher Praxis, ohne kritische Infragestellungen gibt es auf keinem Gebiet Fortschritt.
- Psychotherapien sind insgesamt nicht so erfolgreich, wie sie sein könnten, wenn mehr systematisches Wissen zur Verfügung stünde; immerhin ist von durchschnittlich 10–15% Verschlechterungen in psychotherapeutischen Behandlungen auszugehen; wissenschaftliche Studien können hier Aufschlüsse liefern.
- Vieles an der psychotherapeutischen Situation ist banaler Alltag und bedarf mitnichten mythologischer Verbrämungen. Diese Faktoren lassen sich empirisch sehr leicht überprüfen: z. B. ob die Effekte von zeitlich intermittierenden Therapien denen von regelmäßigen Sitzungen bei bestimmten Patientenklientelen nachstehen oder nicht (Kordy und Kächele 1995), ob Kotherapie in Gruppen andere Wirkungen mit sich bringt (Roller und Nelson 1993), ob Übertragungsdeutungen zu jedem Zeitpunkt in psychodynamischer Behandlung von Nutzen sind oder sogar von Schaden sein können (Piper u. Mitarb. 1991), ob vergleichbare Patienten die Behandlung in ambulanten psychodramatischen Gruppen suchen wie z. B. in ambulanten analytischen Gruppen (Tschuschke und Anbeh 2000a;b) und tausend andere Fragen mehr. Solche Fragen lassen sich nicht von einzelnen Klinikern überprüfen und beantworten, sie stellen sich gleichwohl und müssen empirisch beantwortet werden.
- Zahllose Falldarstellungen in der klinischen Literatur haben nicht zu einem objektiv verlässlichen Wissensfundus für die psychotherapeutisch tätigen Kliniker geführt, weil idiosynkratische Wahrheiten Zirkelschlüsse darstellen, die für den jeweiligen Kliniker hermeneutische Bedeutsamkeiten bedeuten, die auch, individuell gesehen, für das jeweils individuelle praktisch-klinische Handeln wichtig und unverzichtbar sind, mit objektivierten Wahrheiten allerdings nichts gemein haben und keine fundierte Basis für zukünftiges klinisches Handeln ergeben. So viele Wahrheiten, wie klinische Meinungen über einen gegebenen Patienten oder eine Gruppe abgerufen werden können, kann es nicht geben.
- Ein weiterer, sehr trivialer Grund für die Notwendigkeit empirisch-nomothetischer Forschung in der Psychotherapie ist die relativ neue Pflicht zur Qualitätssicherung in der Praxis von Psychotherapeuten. Die Solidargemeinschaft der Versicherten zahlt für psychotherapeutisch erbrachte Leistungen (Psychoanalyse, Verhaltenstherapie, stationäre Psychotherapie) und hat ein Recht auf den Nachweis der Wirksamkeit der zur Anwendung zu bringenden bzw. gebrachten psychotherapeutischen Leistungen.

Zum Thema „Qualitätssicherung" – und hier speziell der Pflicht des einzelnen Praktikers zur **Prozess-** und **Ergebnisqualität** – und zu **ethischen** und **moralischen Aspekten** innerhalb psychotherapeutischen Handelns ist im Kapitel 3 ausführlicher Stellung genommen worden. Es sei an dieser Stelle noch einmal zusammenfassend deutlich gemacht: Psychotherapeuten müssen generell objektive Dokumentationen zur Anwendung bringen, um Behandlungsverläufe zu dokumentieren und -effekte nachzuweisen, dies ist **gesetzliche Pflicht** (Härter u. Mitarb. 1999). Damit wird es zur „Bringschuld" von Praktikern, Methoden aus dem Kanon der empirisch-quantitativen Messverfahren routinemäßig in ihrer Praxis prozessbegleitend und was das Ergebnis betrifft (Prä-Post-Messungen) mitlaufen zu lassen und die Ergebnisse den Krankenkassen und den Betroffenen als eine Rückmeldung über die Wirksamkeit der von ihnen eingesetzten Methodik und ihres Behandlungskonzepts zu geben.

Zur Problematik des fehlenden Nachweises von Spezifität in der Psychotherapie

Die Frage nach den so genannten **Wirkmechanismen, Heilfaktoren** oder therapeutischen **Wirkfaktoren** ist die Frage nach den im therapeutischen Sinne verändernden Strukturen während einer Behandlung und nicht, ob ein bestimmtes Verfahren hilfreich ist oder nicht. Der letztgenannte Punkt fällt in den Bereich der so genannten Outcome- oder Ergebnisforschung. Man kann leichter die Frage danach stellen, ob eine bestimmte Maßnahme – im Vergleich zu einer anderen oder einer Placebo-Bedingung – überhaupt wirkt, dies wäre das **Paradigma der vergleichenden Evaluation** (Hager 2000) oder die **Prüfung der Wirksamkeit** (Patry und Perrez 2000), wie dies in den letzten Jahren die vergleichende Psychotherapieforschung beschäftigt hat (Grawe u. Mitarb. 1994). Es ist mit Sicherheit um ein Vielfaches aufwendiger, die wahren Wirkprinzipien einer bestimmten Methode bzw. eines Behandlungskonzepts präzise zu untersuchen wie bei der **Prüfung des Wirkmodells** (Patry und Perrez 2000)(s. Kap. 28), der Frage, warum also die Wirkung eintritt.

Ist die **Prozessforschung** in der Einzelpsychotherapie schon sehr aufwendig, so dürfen wir mit Sicherheit die Behauptung aufstellen, dass sie in der Gruppenpsychotherapie noch umfangreicher, komplexer und schwieriger durchzuführen ist. Dies dürfte auch der Grund dafür sein, warum die Forschung innerhalb der Gruppenpsychotherapie quasi als „Stiefkind der Psychotherapieforschung" (Strauß u. Mitarb. 1996b) bezeichnet werden kann.

Bednar und Kaul (1994, S. 632) haben die Notwendigkeit der Prozessforschung für die Gruppenpsychotherapie auf einen klaren Nenner gebracht: „Die Reklamierung von Erfolg bei gleichzeitiger Abwesenheit vom Verständnis, wie er zustande kam, ist grundsätzlich gefährlich ähnlich den Umständen, die einigen erlaubten, Bärenfett gegen Glatzenbildung oder Habichtblut gegen Kurzsichtigkeit zu verschreiben, da dies vielleicht manchmal in der Vergangenheit gewirkt haben könnte. Gute Prozessforschung zwingt uns, die spezifischen Behandlungselemente zu untersuchen, die in effektiven Formen der Gruppenbehandlung wirksam sind."

Nun ist die Prozessforschung in der Psychotherapie schon eine Rarität, in der Gruppenpsychotherapie aber ist sie dies noch viel mehr. Wie an anderer Stelle ausführlicher beschrieben (Tschuschke 1996a) scheint die detaillierte Prozessforschung eher eine europäische und hier wiederum eine eher deutsche Domäne zu sein. Die bisherigen, z.T. extrem aufwendigen, Prozessuntersuchungen haben durchaus klinisch brauchbare Ergebnisse produziert, die auch Anlass zu theoretischen Reflexionen geben können (s. im Überblick Tschuschke 1996a, 2000a). Sie benötigen allerdings der Replikation durch ähnlich angelegte Studien mit demselben Methodeninventar, was zumeist an dem erheblichen personellen und finanziellen Aufwand scheitert.

Angesichts der Tatsache, dass vielleicht mehr als 80% der weltweiten Forschung zur Psychotherapie in den USA und Kanada getätigt wurde, muss es verblüffen, zu sehen, dass Prozessstudien im eigentliche Sinne in der Gruppenpsychotherapie in Europa zu Hause sind (Dies 1993). Von 14 Prozessstudien seit 1980 sind in einer Literaturdurchsicht 11 europäischen und nur 3 nordamerikanischen Ursprungs (Tschuschke 1996a). Dies (1993) spricht davon, dass die nordamerikanische „Big-Is-Better-Forschung" in der Gruppenpsychotherapie große Stichproben von Patienten im Hinblick auf ihr Profitieren von gruppenpsychotherapeutischen Behandlungen untersuchte, während die europäischen Forscherkollegen eher die subtileren, zugrunde liegenden Gruppenprozesse, mithin die verändernden Ingredienzien, zu untersuchen bemühten (was zu einer Erforschung von Einzelfallanalysen, also einzelnen Gruppen im Verlauf (vgl. Tschuschke 1996a) geführt hat im Sinne des „Small-Is-Better-Ansatzes").

Nun hat jedes schulgebundene psychotherapeutische Konzept seine eigenen Vorstellungen bezüglich der Wirkfaktoren seines spezifischen Ansatzes. Der Nachweis **spezifischer Wirkfaktoren** innerhalb der Psychotherapie jedoch steht – empirisch gesehen – noch aus. Das heißt, der Nachweis von Wirkelementen, die nur und ausschließlich dem jeweiligen Behandlungskonzept immanent sind, ist bislang noch nicht erbracht worden, ja, es wird zuweilen angezweifelt, ob es sie überhaupt gibt (Bozok und Bühler 1988; Kächele 1988). Es wird gefragt, ob es sich nicht nur um eine heuristische Konstruktion der einzelnen Schultheorien handele, die es Psychotherapeuten gestatte, Sicherheit, Identität und Bedeutungshöfe zu gewinnen, die wiederum Ruhe, Gelassenheit und Verlässlichkeit gewährten, ohne die ein verantwortungsvolles Handeln Hilfesuchenden gegenüber nicht möglich wäre (Czogalik und Enke 1997).

Entgegen der Grundannahme der Schulen über ihren Theorien zu Grunde liegende genuine, spezifische Wirkfaktoren wurden eher immer wieder **unspezifische Wirkfaktoren** empirisch nachgewiesen, Wirkelemente also, die unterschiedlichen Konzepten und Ansätzen zu Eigen sind und die vermutlich allen Formen psychotherapeutischer Hilfe und Behandlung gemein sind, mithin „unspezifisch" (Bozok und Bühler 1988; Frank 1981; Garfield 1984; Gomes-Schwartz 1978). Hierzu zählen basale menschliche Qualitäten, die sich in interpersonellen Beziehungen als wichtig und hilfreich erwiesen haben: Verständnis, Respekt, Wärme, Interesse, Ermutigung, Anerkennung, Vergebung, Empathie, Akzeptanz, Unterstützung etc. Diese grundlegenden **humanen** Aspekte der psychotherapeutischen Begegnung sollten günstigerweise in allen therapeutischen Maßnahmen zum Tragen kommen, wie ja auch das **Generic Model of Psychotherapy** (Orlinsky u. Mitarb. 1994), das auf Tausenden von empirischen Untersuchungen fußt, hervorhebt: Es ist die geglückte therapeutische Beziehung oder therapeutische Allianz, die für eine psychotherapeutische Veränderung im eigentlichen Sinne zentral und unverzichtbar ist.

Grawe (1995a, 1997, 1998) ist einer der Hauptprotagonisten der letzten Jahre gewesen, der einer **allgemeinen Psychotherapie** oder **psychologischen Therapie** und damit verbunden einer Abkehr von den herkömmlichen Psychotherapieschulen das Wort geredet hat. Er begründet dies mit einer – wie er es ausdrückt – unzureichenden empirischen Fundierung theoretisch postulierter Wirkmomente der Therapieschulen und der mittlerweile umfangreich gegebenen empirischen Fakten der Psychotherapieforschung, die ein eigenes theoretisches Gedankengebäude des psychischen Apparates und seiner Veränderung bereitstellten. Er ignoriert aber verschiedene elementare Aspekte, die einem einheitlichen Behandlungsmodell auf Grund einer allgemeinen Psychotherapie, basierend ausschließlich auf empirischen Erkenntnissen, entgegenstehen (Tschuschke 1999d):

- historische Unterschiede (zwischen empirischer und klinischer Tradition), damit auch unterschiedliche Herangehens- und Sichtweisen,
- unterschiedliche Erfahrungsgrundlagen, die sich nicht gegenseitig ausschließen, sondern eher ergänzen,
- verschiedene Zugangswege zum Menschen und seiner Störung,
- nicht isomorphe Perspektiven, damit Informationsverlust bei Vereinheitlichung,
- theoretische Einengung und Verarmung möglicher Behandlungswege.

Die Tatsache, dass bislang die herkömmlichen, klassischen Schulpsychotherapien nicht ausreichend empirisch untersucht worden sind, kann nicht bedeuten, dass sie im Sinne ihrer theoretischen Postulate nicht wirken würden (Tschuschke u. Mitarb. 1997) – dies kann, aber es kann auch nicht sein. Sie sind empirisch schlicht nicht adäquat untersucht worden. Mithin kann über ihren spezifischen und differenziellen Wert nichts ausgesagt werden. Dies kann man als sehr betrüblich und eigentlich „als einen Skandal ansehen" (Kordy und Kächele 1995, S. 203), es kann dennoch nicht dazu führen, etwas als untauglich abzutun, was noch nicht ausreichend untersucht worden ist, aber immerhin zum Nachweis der Wirksamkeit von Psychotherapie generell geführt hat (Meyer u. Mitarb. 1991; Grawe 1992).

Es ist zweifellos so, dass die alltägliche Praxis bei vielen, falls nicht den meisten Psychotherapeuten mehr oder weniger Abweichungen von schultheoretischen Postulaten und puristisch angewandten Konzepten mit sich bringt und eklektischer oder integrativer Pragmatik Raum lässt. Dies ist nichts anderes als nachvollziehbar und wohl auch angezeigt, stellt doch keine Theorie einen allumfassenden Ansatz bereit, der es gestatten würde, das ganze Spektrum psychischer Beschwerden zu behandeln. Auch kann nicht jeder Patient mit jedem Konzept arbeiten. Hinzu kommt, dass sich einzelne Techniken in der bisherigen Forschung als geeigneter erwiesen haben und andere als wenig oder gar nicht (Roth und Fonagy 1996; Köthke u. Mitarb. 1999).

Auch die Propagierung einer neuartigen „psychologischen Therapie" (Grawe 1998) macht die „alten" Therapieschulen noch nicht überflüssig. Die alten Konzepte, die ja bisher sehr hilfreich für die Praxis waren, und aus der sich die eklektischen und integrativen Richtungen immer sehr gerne theoretisch, konzeptuell und technisch bedient haben, müssen eingehender Forschung unterzogen werden. Erst im Falle der mehrfachen Verwerfung der Nullhypothese wären sie einer „Entsorgung" zuzuführen (Tschuschke 1999d). Zuvor müssten allerdings folgende Forschungsdesigns mit klassischen Therapiekonzepten realisiert werden:

- randomisierte Studien im **Kontrollgruppendesign**,
- **faire Untersuchungssettings**, in denen kein theoretisches Behandlungskonzept a priori präferiert wird (kein „Partisanensetting", s. Luborsky u. Mitarb. 1993),
- echte klinische Patientenklientels (**klinische Relevanz**),
- **im angewendeten Konzept ausgebildete** und per Praxis ausgewiesene, **erfahrene Therapeuten**,
- **manualisierte Behandlungskonzepte**, was sicherstellt, dass auch tatsächlich eine bestimmte verhaltenstherapeutische, kognitive oder psychodynamische Therapie realisiert wird (kontrolliert durch Anwendung von Adherence-Skalen),
- **adäquate Behandlungsdosis**, den jeweiligen theoretischen Grundannahmen der Konzepte angemessen,
- klinisch relevante, diagnostisch **homogene Patientenklientels** im Vergleich der unterschiedlichen Behandlungskonzepte,
- **Prozessergebnisstudien**, die nicht nur über Outcome Rechenschaft ablegen, sondern auch gestatten würden, die Behandlungsprozesse auf Spezifität hin zu überprüfen,
- adäquate **Follow-Up-Untersuchungen**.

Was wirkt in der Gruppenpsychotherapie? – Zum Konzept der therapeutischen Heil- oder Wirkfaktoren

Die Forschung in der Gruppenpsychotherapie hat – ähnlich der Situation in der Einzelpsychotherapie – bisher keinen Nachweis von Spezifität erbracht. Das heißt, wir wissen immer noch nicht, was an analytischen, verhaltenstherapeutischen, gesprächspsychotherapeutischen oder psychodramatischen Gruppen spezifisch für die therapeutische Veränderung steht (Tschuschke 2001b). Wir wissen nur – falls es sich um kontrollierte Studien handelt –, dass sie wirken, dass ihre Teilnehmer jedenfalls mehr als unbehandelte Kontrollgruppenpatienten profitieren und dass Gruppenpsychotherapien im Großen und Ganzen Einzelbehandlungen nicht nachstehen (Fuhriman und Burlingame 1994a; Tschuschke 1999a).

Dennoch gibt es eine sehr umfangreiche Forschungstradition zu den so genannten **Heilfaktoren** oder **Wirkfaktoren der Gruppenpsychotherapie** (Yalom 1995, 1996; Tschuschke 1993). Es handelt sich hier um einen Satz von 12 bzw. 13 Wirkfaktoren, die im Rahmen des gruppenpsychotherapeutischen Settings als – dem Gruppensetting – spezifisch aufgefasst werden und zu denen es eine umfangreiche empirische Forschung gibt (Bloch und Crouch 1985; Crouch u. Mitarb. 1994; MacKenzie 1987; Tschuschke 1993). Sie sind in Tab. 23.1 aufgeführt.

Die genannten Faktoren sind nicht als sich gegenseitig vollständig ausschließend anzusehen, sie überlappen sich oder bedingen sich zum Teil (Eckert 1996a). Es kann sein, dass der eine Faktor eine Voraussetzung für einen anderen zum Tragen kommenden Faktor sein muss. Zum Beispiel kann es sein, dass „Elemente der primären Familie wiederbelebt" werden und dies mit einem Gewinn an „Einsicht" gekoppelt ist (Eckert 1996a) oder dass eine „Selbstöffnung" auf sehr „kathartischem" Wege erfolgt, was beides entlastende Funktion haben und ein günstiges „Feedback" durch die an-

Tabelle 23.1 Wirkfaktoren der Gruppenpsychotherapie: Konzeptionen verschiedener Autoren (in alphabetischer Reihenfolge, nach Tschuschke 1993)

Faktor-nummer	Corsini und Rosenberg (1955)	Bloch und Crouch (1985)	Yalom (1970, 1975, 1985, 1995)	Allgemein meistbenutzte Taxonomie und
1	Acceptance (Akzeptanz)	Acceptance (Akzeptanz)	Altruism (Altruismus)	Akzeptanz/Kohäsion (acceptance/cohesion)
2	Altruism (Altruismus)	Altruism (Altruismus)	Catharsis (Katharsis)	Altruismus (altruism)
3	Intellectualization (Intellektualisierung, Einsicht)	Catharsis (Katharsis)	Cohesiveness bzw. Cohesion (Kohäsion)	Anleitung (guidance)
4	Interaction (Interaktion)	Guidance (Anleitung)	Existential Factors (existenzielle Faktoren)	Einflößen von Hoffnung (instillation of hope)
5	Miscellaneous (Verschiedenes)	Instillation of Hope (Einflößen von Hoffnung)	Family Reenactment (Wiederbeleben der Primärfamilie)	Einsicht (insight, self-understanding)
6	Reality Testing (Überprüfung an der Wirklichkeit)	Learning From Interpersonal Action (Interaktionslernen)	Guidance (Anleitung)	existenzielle Faktoren (existential factors)
7	Spectator Therapy (teilnehmende Beobachtung)	Self-Disclosure (Selbstöffnung)	Identification (Identifikation)	Feedback (erhaltenes) (learning from interpersonal action bzw. interpersonal learning input)
8	Transference (Übertragung)	Self-Understanding (Einsicht)	Instillation of Hope (Einflößen von Hoffnung)	Identifikation (Identification)
9	Universalization (Universalität des Leidens)	Universality (Universalität des Leidens)	Interpersonal Learning Input (Lernen aus interpersoneller Aktion/erhaltenem Feedback)	Interaktion bzw. Verhaltensänderung (interpersonal learning output)
10	Ventilation (aus sich herausgehen bzw. Selbstöffnung)	Vicarious Learning (stellvertretendes Lernen)	Interpersonal Learning Output (Interaktion bzw. Verhaltensänderung)	Katharsis (catharsis)
11			Self-Understanding (Einsicht)	Rekapitulation der Primärfamilie (family reenactment)
12			Universality (Universalität des Leidens)	Selbstöffnung (self-disclosure)
13				Universalität des Leidens (universality)

deren Gruppenmitglieder zur Folge haben kann, was wiederum zu einer „Einsicht" führt usw.

Es scheint, dass das Spezifische an den genannten Faktoren die **Gruppenspezifität** ist und der Nachweis der speziellen Wirksamkeit innerhalb bestimmter gruppenpsychotherapeutischer Konzepte noch aussteht. Es deutet allerdings einiges darauf hin, dass die Kombination bestimmter Wirkfaktoren oder die Abfolge des In-Kraft-Tretens bestimmter Wirkfaktoren mit den konzeptuellen Realisierungen der Gruppenarbeit zu tun haben könnte (Tschuschke 1993).

Tab. 23.2 zeigt, dass die Bedeutung der einzelnen Wirkfaktoren in verschiedenen Settings – zumindest in einem gewissen Ausmaß – unterschiedlich sein kann, was darauf hinweist, dass Patienten von Gruppen mit unterschiedlichem Störungspotenzial auch unterschiedliche Wirkmechanismen als hilfreich bzw. weniger hilfreich erlebt haben.

Die Auflistung der Rangfolgen der von den Patienten (bzw. Studenten in Selbsterfahrungsgruppen) selbst beurteilten Wichtigkeit im Hinblick auf therapeutische Hilfe durch ihre Gruppenteilnahme ergibt einige Einblicke in die Wirkungen von therapeutischen Gruppen bzw. Selbsterfahrungsgruppen aus der Sicht der Betroffenen. Immerhin werden in Tab. 23.2 verschiedene Studien mit insgesamt 1012 Personen aus mehr als 100 Gruppen abgebildet.

Als am hilfreichsten wurde demnach ein Quintett von Wirkfaktoren erachtet, dass sich in fast allen Bereichen regelmäßig auf den ersten fünf Rängen finden lässt und ähnlich der Rangfolgen von Wirkfaktoren ist, wie sie bereits 1989 gefunden wurden (Tschuschke 1989) (wenn man einmal davon absieht, dass rangskalierte Daten exakterweise nicht gemittelt werden dürften).

Alle in Tab. 23.2 aufgeführten Studien oder Studienzusammenstellungen weisen eine signifikante Rangkorrelation mit der durchschnittlichen Rangfolge von Tab. 23.3 auf, am ehesten jedoch die Studie von Yalom (1985) über ambulante Gruppen (R = 0,95), dann die vier Untersuchungen zur statio-

Tabelle 23.2 Rangfolgen von Wirkfaktoren anhand einzelner Untersuchungen bzw. Studienzusammenstellungen (über Q-Sort von Yalom bzw. über Fragebogen nach Yalom) (aus Tschuschke 1996a)

Rang	Yalom (1985), ambulante Gruppen (n = 9 Untersuchungen mit 383 Patienten)	Lieberman u. Mitarb. (1973) Selbsterfahrungsgruppen (n = 210 Studenten aus 18 Gruppen)	Stationäre Therapiegruppen (n = 4 Untersuchungen mit 363 Patienten) (aus Tschuschke 1989)	Stationäre Therapiegruppe (n = 23 Patienten aus einer Slow-Open-Gruppe (Strauß und Burgmeier-Lohes 1994b)	Stationäre Reha-Gruppen (n = 33 Patienten aus 4 Gruppen) (Rudnitzki u. Mitarb. 1998)
1	Interpersonelles Lernen, Input (Feedback)	interpersonelles Lernen, Input (Feedback)	Katharsis	Kohäsion	Universalität des Leidens
2	Katharsis	Universalität des Leidens	Kohäsion	Katharsis	Katharsis und Kohäsion
3	Kohäsion	Katharsis	interpersonelles Lernen, Input (Feedback)	Einsicht	
4	Einsicht	Anleitung	Einsicht	Interpersonelles Lernen, Output	Einflößen von Hoffnung
5	interpersonelles Lernen, Output	Einsicht[1]/interpersonelles Lernen, Output	existenzielle Faktoren und Altruismus	existenzielle Faktoren	Existenzielle Faktoren
6	existenzielle Faktoren			interpersonelles Lernen, Input (Feedback)	Interpersonelles Lernen, Output
7	Universalität des Leidens	Kohäsion[1]	Einflößen von Hoffnung	Rekapitulation der Primärfamilie	interpersonelles Lernen, Input (Feedback)
8	Einflößen von Hoffnung	Altruismus	Universalität des Leidens	Universalität des Leidens	Einsicht
9	Altruismus	Identifikation	Anleitung	Einflößen von Hoffnung	Anleitung
10	Rekapitulation der Primärfamilie	Einsicht[1] bzw. Kohäsion[1]	Interpersonelles Lernen, Output	Anleitung und Altruismus	Altruismus
11	Anleitung	Einflößen von Hoffnung	Rekapitulation der Primärfamilie		Rekapitulation der Primärfamilie
12	Identifikation	Rekapitulation der Primärfamilie	Identifikation	Identifikation	Identifikation

[1] Die Wirkfaktoren „Einsicht" und „Kohäsion" sind über verschiedene Items wiederholt erfasst und eingeschätzt worden.

nären Gruppenpsychotherapie (Tschuschke 1989) (R = 0,92). Am geringsten ist die Ähnlichkeit mit den studentischen Selbsterfahrungsgruppen (Lieberman u. Mitarb. 1973) (R = 0,65).

Das heißt, man kann tendenziell davon ausgehen, dass die durchschnittlich gefundene Rangfolge der Bedeutsamkeit der therapeutischen Wirkfaktoren in der Gruppenpsychotherapie – besonders die erstgenannten (Ränge 1–5) und die letztgenannten Faktoren (Ränge 11 und 12) – wie sie sich aus der Sicht der Patienten darstellt, einem durchschnittlich im klinischen Feld zu findenden Patientenklientel entspricht (ambulante und stationäre psychotherapeutische Gruppen). Leichtere Probleme, wie sie in studentischen Selbsterfahrungsgruppen zutage treten, spiegeln sich offenkundig darin, dass von den betreffenden Studenten andere Prioritäten bei ihrer Gruppenerfahrung als hilfreich angesehen wurden: vor allem Feedback, Katharsis und Anleitung (Letzteres findet sich bei keiner anderen Stichprobe in so hoher Einschätzung und könnte im Hinblick auf beratende Hilfe und Orientierungsbedürftigkeit im Zusammenhang mit dem Studium zu sehen sein), wie auch Universalität des Leidens, was vermutlich eher vor dem Hintergrund intellektueller Reflektionen gesehen werden muss, zumal kein echter Leidensdruck gegeben zu sein schien (s. die niedrige Bedeutung des Faktors „Einflößen von Hoffnung").

Auf der anderen Seite ist die Rangfolge der Studie von Rudnitzki u. Mitarb. (1998) zu sehen, bei der Adoleszente mit schwersten Persönlichkeitsstörungen bzw. Psychosen im Remissionsstadium untersucht wurden: Hier und in psychiatrischen Gruppen dürfte der Stellenwert des Faktors „Universalität des Leidens" vermutlich mit echten schwer wiegenden Problemen der betreffenden Patienten in Verbindung stehen, wie auch der Faktor „Einflößen von Hoffnung" nirgendwo sonst einen solchen Stellenwert gewinnt.

Über alle klinisch relevanten Studien hinweg finden sich Katharsis und Kohäsion (Ausnahme die studentischen Selbsterfahrungsgruppen) an vorderster Stelle in der subjektiven Bedeutsamkeit für die betreffenden Patienten. Demnach

Tabelle 23.3 Durchschnittliche Ränge auf Grund der in Tab. 23.2 aufgeführten Studien im Vergleich zu früheren Rangfolgen (nur bis Rang 5; Tschuschke 1989)

	Aktuelle Aufstellung		Aufstellung 1989	
Rang	Wirkfaktor	∅ Rang	Wirkfaktor	∅ Rang
1	Katharsis	2,4	Interpersonelles Lernen	1,9
2	Kohäsion	3,0	Einsicht und Katharsis	2,4
3	interpersonelles Lernen, Input (Feedback)	3,6		
4	Einsicht	4,8	Kohäsion	2,6
5	existenzielle Faktoren	5,3	Universalität des Leidens	3,0
6	Universalität des Leidens	5,4		
7	interpersonelles Lernen, Output	6,0		
8	Einflößen von Hoffnung	7,8		
9	Altruismus	8,4		
10	Anleitung	8,6		
11	Rekapitulation der Primärfamilie	10,2		
12	Identifikation	11,4		

stellt die therapeutische Gruppe ein kathartisches Vehikel dar, in dem Gefühle auf intensivere Weise ausgedrückt werden können, als dies vermutlich in der Einzelbehandlung der Fall ist. Und dies wird als „hilfreich" erlebt. Ebenfalls als sehr „hilfreich" wird der Faktor Kohäsion erlebt, d. h. die Kraft, die die Gruppe zusammenhält bzw. die Individuen dazu motiviert, in der Gruppe zu verbleiben (Tschuschke 1987). Das Gefühl der Zugehörigkeit, der Akzeptanz scheint an sich ein elementarer Wirkfaktor der therapeutischen Gruppe zu sein. Patienten mit einer besseren emotionalen Bezogenheit bzw. Objektbeziehung zu ihrer Therapiegruppe erzielen offenbar bessere Therapieergebnisse in Gruppen (MacKenzie und Tschuschke 1993; Tschuschke 1987, 1993).

Sehr interessant ist die Tatsache, dass die Wirkfaktoren „Identifikation" und „Rekapitulation der Primärfamilie" praktisch durchgängig auf den beiden letzten Plätzen in der Bedeutungszuschreibung landen. Hier zeigt sich ein sehr ernst zu nehmendes Problem der Erhebung der vermeintlichen therapeutischen Wirkfaktoren in der Gruppenpsychotherapie über die subjektive Auskunft der Betroffenen. Yalom (1995, 1996) ist der Überzeugung, dass der Faktor „Identifikation" als relevanter Wirkfaktor – kein Gruppenpsychotherapeut würde die Bedeutung identifikatorischer Vorgänge in der Gruppe bestreiten – von Patienten schlicht abgelehnt wird: „Bewusste Angleichung an die Umwelt ist bei den Patienten als Therapiemodus besonders unbeliebt, da sie sich einem Verzicht auf die Individualität annähert – eine fundamentale Furcht vieler Gruppenpatienten." (Yalom 1996, S. 105).

Auch der Wirkfaktor „Rekapitulation der Primärfamilie" ist von Patienten praktisch vollständig in seiner Bedeutung vernachlässigt, jedenfalls in der Bedeutung, die die meisten Gruppenpraktiker diesem Faktor zuschreiben. Yalom (1996, S. 107) sagt hierzu: „Der Umstand, dass dieser Faktor von Patienten nicht häufig genannt wird, sollte uns jedoch nicht überraschen, da er auf einer anderen Bewusstseinsebene wirkt als solche Faktoren wie Katharsis oder Universalität des Leidens ... Wenige Therapeuten werden leugnen, dass die Primärfamilie jedes Gruppenmitglieds ein allgegenwärtiges Gespenst ist, das den Gruppentherapieraum heimsucht. Die Erfahrungen der Patienten in ihren Ursprungsfamilien bestimmen natürlich in hohem Maße die Art ihrer interpersonellen Verzerrungen, die Rolle, die sie in der Gruppe einnehmen, ihre Einstellungen zu den Gruppenleitern usw.... Ich zweifle nicht daran, dass die Therapiegruppe die primäre Familie wieder erstehen lässt, die Gruppe wirkt wie eine Zeitmaschine, die die Patienten um Jahrzehnte zurückversetzt und tief verwurzelte alte Erinnerungen und Gefühle an die Oberfläche holt. Tatsächlich ist dieses Phänomen eine der Hauptkraftquellen der Therapiegruppe."

Alles in allem können wir wohl konstatieren, dass es basale Faktoren in der genannten Taxonomie gibt, die von den Patienten als wichtig erlebt werden, während sie andere Faktoren als gar nicht wichtig einstufen, die Gruppenpsychotherapeuten als überragend wichtig ansehen. In der Mitte changieren Wirkfaktoren, die mal als relativ bedeutsam, mal als weniger wichtig angesehen werden.

Insgesamt lässt diese Befundlage Unzufriedenheit entstehen. Die immer wieder gefundenen Rangfolgen therapeutischer Wirkfaktoren ähneln sich über sehr unterschiedliche Settings mit sehr verschiedenen Klientelen hinweg so elementar, dass die Erhebung der tatsächlich zum Tragen kommenden Wirkelemente gruppenpsychotherapeutischer Praxis über Fragebögen oder Q-Sorts wahrscheinlich keine wirkliche Aussagekraft hat. Die Gründe wurden von Yalom z.T. genannt: Patienten neigen dazu, bestimmte Faktoren in ihrer Bedeutung und Wirksamkeit anzuerkennen und andere nicht. Der Bewertung auf Grund sozialer Erwünschtheit sind damit Tür und Tor geöffnet.

Weiterhin scheinen einige der in der Taxonomie enthaltenen Wirkfaktoren auf einem hohen Abstraktionsniveau zu stehen, das viele Patienten schlicht überfordert, so dass sie den Wert der betreffenden Faktoren einfach nicht erkennen können. Eine Forschung, die sich ausschließlich auf subjektive Auskünfte der betreffenden Patienten beschränkt, wird immer zu kurz greifen, weil sie subjektive Verzerrungen und Wahrnehmungsfilterungen erfasst, die nur in sehr eingeschränktem Ausmaß mit der therapeutischen Wirklichkeit korrelieren (Tschuschke 1996a). Was Fragebögen über subjektiv erlebte Gefühle während der Behandlung wahrscheinlich valide erfassen, nämlich die subjektive Betroffenheit und die Gefühle, über die nur das betreffende Individuum Auskunft geben kann, das erfassen Fragebögen bezüglich **objektiv verändernder therapeutischer Wirkungen** nicht, wenn sie von den Betroffenen selbst ausgefüllt werden sollen: Hier üben Abwehrprozesse, soziale und subjektive Wahrnehmungsfilter eine verzerrende Wirkung aus, die am besten kompensiert werden kann über objektive Begleitforschung (über teilnehmende Beobachtung, Auswertungen von Tonband- oder Videoaufzeichnungen), bei der trainierte Rater Therapieprozesse von außen bewerten (Tschuschke 1996a).

Objektive Prozess-Ergebnis-Forschung

Wie eingangs erwähnt gibt es nur sehr wenige Studien, die den zeitlichen und personellen Aufwand betrieben haben, um eine möglichst detaillierte und objektive Sicht der im therapeutischen Sinne veränderungsrelevanten Wirkmechanismen von Gruppenpsychotherapien zu erhalten. Anknüpfend an das bereits erwähnte Ergebnis der Umfrage von Dies (1993) neigen nordamerikanische Forscher eher zum „Big-Is-Better-Ansatz", der allerdings nur Aussagen auf der Outcome-Ebene zulässt und den Prozess der Veränderung ausblendet. Der nordamerikanische Ansatz zur Prozessforschung hat sich fast ausschließlich auf die Applizierung irgendwelcher Wirkfaktorenfragebögen im Sinne von Yalom – wie oben dargestellt – beschränkt. Was herausgekommen ist, trug ohne Zweifel zu dem beklagenswerten Ergebnis des so genannten **Äquivalenzparadoxons** bei, wonach sich keine konsistenten Unterschiede zwischen verschiedenen Behandlungskonzepten über zahlreiche Studien hinweg nachweisen lassen. Vermutlich ist dieses Paradoxon auch auf unzureichende Studien in der Psychotherapieforschung zurückzuführen (Tschuschke u. Mitarb. 1998).

Prozessforschung in der Gruppenpsychotherapie ist eher eine europäische – und hier speziell deutsche – Domäne. Vermutlich auf Grund der speziellen Situation einer besonderen Tradition der stationären Psychotherapie (Schepank und Tress 1988), fanden die meisten Untersuchungen an stationären Gruppen statt (Rüger 1981; Deneke 1982; Eckert und Biermann-Ratjen 1985; Hess 1990; Tschuschke 1993; Strauß und Burgmeier-Lohse 1994a). Zwei sehr gute Studien aus den USA (Budman u. Mitarb. 1990) bzw. Kanada (Piper u. Mitarb. 1992) haben akribisch Gruppenprozesse untersucht und den Wert des Wirkfaktors „Kohäsion" in Verbindung mit Erfolg in der gruppenpsychotherapeutischen Behandlung (Budman u. Mitarb. 1990) bzw. den Stellenwert der Realisierung psychodynamischer Arbeit (speziell der Arbeit an Selbstaspekten) während der Sitzungen von psychodynamischen Kurzzeitgruppen nachgewiesen (Piper und McCallum 1990; Piper u. Mitarb. 1992).

Wenn man ein Fazit der verfügbaren Prozessergebnisstudien ziehen will, so kann man mit Sicherheit festhalten, dass offenbar nur solche Studien, die in die Mikroprozesse der therapeutischen Abläufe von Gruppen hineinsehen, Zusammenhänge zu Tage fördern können – und zwar auf eine objektive Art und Weise, die theoretisch fundierend sein können für eine empirisch zu begründende Gruppenpsychotherapie im Sinne Grawes (1997; 1998) bzw. zu einer Bestätigung oder Falsifikation basaler theoretischer Annahmen bestehender Gruppenkonzepte. Es wäre bei weitem zu früh, dies jetzt schon zu konstatieren, die frappierenden Zusammenhänge, die eine solche Forschung generieren kann, lassen jedoch hoffen.

Einige der Ergebnisse der bereits zitierten Studien seien hier nur kurz erwähnt (bzgl. einer ausführlicheren Darstellung sei verwiesen auf Tschuschke 1996a, 1999e; 2000a):

- Eine frühe und **gute emotionale Bezogenheit** zur Gruppe scheint den initialen Punkt zu setzen: Ohne eine solche günstige Beziehungsaufnahme (Objektbeziehung) ergibt sich kein späterer Therapieerfolg, weil nur sie den Weg für weitere Wirkfaktoren zu bahnen scheint (Budman u. Mitarb. 1990; MacKenzie und Tschuschke 1993; Tschuschke und Dies 1994a).
- Patienten mit einer besseren Objektbeziehung zur Gruppe gehen mehr Risiken ein und **öffnen sich frühzeitig** mehr, sind aktiver in der Gruppe und **realisieren eher therapeutische Arbeit**, indem an Selbstaspekten gearbeitet wird (Piper u. Mitarb. 1992; Tschuschke und Dies 1994a; Tschuschke u. Mitarb. 1996).
- Die Resonanz auf diese frühen **Selbstöffnungen** seitens der gut bezogenen Gruppenmitglieder drückt sich in einem deutlich erhöhten **Feedback** aus, das vom Rest der Gruppe erhalten wird (Tschuschke und Dies 1997). Selbstöffnung und erhaltenes Feedback sind signifikant positiv miteinander korreliert (Tschuschke u. Mitarb. 1996).
- Erhaltenes Feedback führt offensichtlich zu günstigen therapeutischen Veränderungen, was sich in ersten **Verhaltensänderungen** ausdrückt (Tschuschke 1993; Tschuschke und Dies 1994a).
- Schließlich zeigen sich, noch einmal leicht zeitlich nach hinten versetzt, **Veränderungen** in den inneren Strukturen – man kann sagen in den **Objekt- und Selbstrepräsentanzen** (Catina und Tschuschke 1993) (s. Abb. 23.**1**).

Aus diesen detailliert untersuchten Einzelfällen (zwei stationäre analytische Gruppen mit jeweils acht Patienten) schält sich ein Muster des Ineinandergreifens therapeutischer Wirkfaktoren heraus, das in Zukunft an anderen Gruppen auf seinen Bestand hin überprüft werden muss (Abb. 23.**1**). Es scheint, als ob die frühe, günstige objektale (innere) Beziehungsaufnahme zur Therapiegruppe den Weg für eine Risikobereitschaft bahnte, sich in die Gruppen einzubringen und an Selbstaspekten zu arbeiten. Dies führt in der Folge zu einem vermehrten Feedback seitens der anderen Gruppenmitglieder, keineswegs nur zu einem freundlichen, sondern einem eher sehr kritischen, zuweilen aggressiven Feedback. Dies scheint aber gerade innere Veränderungen anzustoßen, was sich fast in gleichzeitig sich einstellenden Verhaltensänderungen und inneren Umstrukturierungen (Objekt- und Selbstrepräsentanzen) auswirkt.

Es wird am Beispiel der beschriebenen Untersuchung deutlich, dass die Wirkfaktoren offenbar zeitabhängig und auch davon abhängig sind, ob bestimmte andere Wirkfaktoren als „Vorläufer" zur Wirkung gelangt sind oder nicht. Demnach wäre die therapeutische Veränderung im Rahmen eines Gruppenprozesses ein sukzessives Auftreten von ineinander greifenden bzw. aufeinander folgenden Wirkfaktoren, die mitnichten zum selben Zeitpunkt auftreten. Es wäre höchst interessant, zu untersuchen, ob diese Phänomene sich

```
nicht erfolgreiche Patienten          erfolgreiche Patienten
            │                                   │
            ▼                                   ▼
   geringe bis mäßige                  sehr gute bis gute
   Beziehungsaufnahme                  Beziehungsaufnahme
            │                                   │
            ▼                                   ▼
   geringe Selbstöffnung              starke und kontinuierliche
                                          Selbstöffnung
            │                                   │
            ▼                                   ▼
      wenig Feedback                    starkes Feedback,
                                        durchaus kritisch
            │                                   │
            ▼                                   ▼
   keine Verhaltens- und              günstige Verhaltens-
   keine intrapsychischen             und intrapsychisch
     Veränderungen                    günstige Veränderungen
```

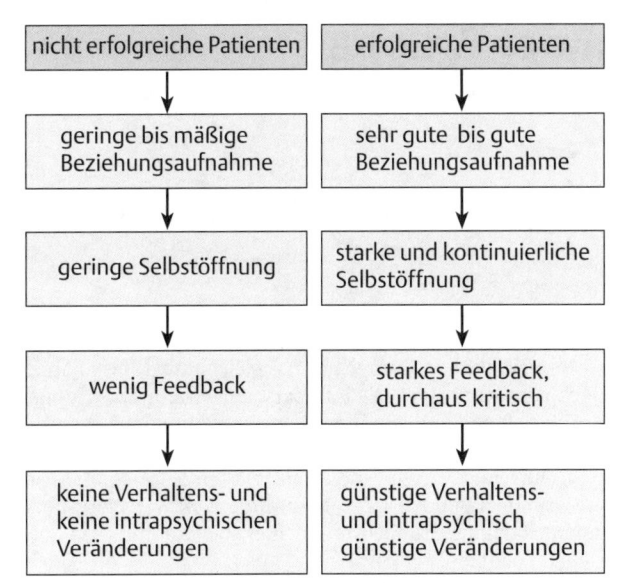

Abb. 23.1 Ablaufdiagramm für die Abfolge des Wirksamwerdens verschiedener Wirkfaktoren (nach Tschuschke 1999e; 2000a).

replizieren ließen und falls dies der Fall sein sollte, ob diese Mechanismen in unterschiedlichen Settings und bei unterschiedlichen Gruppenkonzepten mit unterschiedlichen Patientenklientels im Zusammenhang mit günstigen oder ungünstigen Therapieverläufen zu finden wären (wie bei der zitierten Untersuchung).

Faszinierend war auch die Analyse der stufenweisen Berechnung (über Regressionsanalysen) des Zusammenhangs zwischen Wirkfaktoren und späterem Therapieerfolg. Es bestätigte sich das hypothetische Veränderungsmodell (Abb. 23.1), indem in den ersten Sitzungen nur der Faktor „Kohäsion" mit späterem Erfolg verknüpft war, darauf folgend dann Feedbackprozesse, später Verhaltensveränderungen und intrapsychische Veränderungen (Tschuschke und Dies 1997).

Ausblick

Die zuletzt zitierten empirischen Prozessergebnisstudien über therapeutische Gruppen können Aufschlüsse über die konzeptimmanenten und/oder patienten-/gruppenspezifischen Veränderungsmechanismen geben. Sie können somit theoretische Grundannahmen überprüfen und ggf. ergänzen oder modifizieren. Sie liefern weiterhin darüber Aufschluss, welche Patienten bzw. Gruppenmitglieder die Zeit, die der Gruppe zur Vefügung steht, für sich nutzen können und auf Grund welcher Gegebenheiten. Schließlich kann solche Forschung in Empfehlungen münden, welche Patienten überhaupt von therapeutischen Gruppen bzw. von welcher Art Gruppe profitieren können.

24. Der schwierige Patient in der Gruppe

H. Kibel

Einführung

Der Begriff „schwieriger Patient" wurde ungefähr vor 25 Jahren von Malcolm Pines geprägt (1975). Er beschrieb Patienten, die zu jener Zeit üblicherweise nicht in Gruppen behandelt wurden. Diese Patienten waren charakterisiert durch extreme Selbstzentriertheit (bzw. -bezogenheit) und ihre schmerzhafte Existenz war beherrscht von der Angst vor dem Ausgeschlossenwerden durch andere. Sie waren fordernd, Aufmerksamkeit heischend und suchten nach unmittelbarer Entlastung, wenn sie einmal unter größeren Stress als üblich gerieten. Sie schienen keine ernsthafte Kommunikation zu eröffnen und erlebten, dass „... sie für andere ein Ziel für eine Attacke oder zumindest ein Instrument der Verfolgung" waren (Pines 1975, S. 103).

Pines nahm an, dass es sich bei diesen Patienten weitgehend um Borderline-Patienten handelte (zur Borderline-Gruppenpsychotherapie s. Kap. 37 u. 47). Er fand die Theorien von Kernberg und Kohut sehr hilfreich, um die Symptome der Patienten erklären und sie behandeln zu können. Von Kernberg lieh er sich das Verständnis des schwachen Ichs und seiner Neigung zur spaltenden und projektiv-identifikatorischen Abwehr aus. Andererseits, in Übereinstimmung mit Kohut, meinte Pines, dass diese Patienten permanent darum kämpften, ein kohärentes Selbstgefühl aufrechtzuerhalten und dass ihre Ressourcen für den Erhalt ihres narzisstischen Gleichgewichts sehr beeinträchtigt seien.

Die zwei genannten Theoretiker haben unser Verständnis besonders der Borderline-, speziell der narzisstischen Persönlichkeitsstruktur bereichert, wie auch die Kenntnis der schweren Charakterpathologie ganz allgemein.

Heute wird der Terminus „schwieriger Patient" letzten Endes mit Borderline- und narzisstischen Persönlichkeitsstörungen in Verbindung gebracht (Roth u. Mitarb. 1990). Aber häufig bezieht er sich auch auf ein breites Spektrum an schweren Persönlichkeitsstörungen, unter ihnen die schizoiden, paranoiden, histrionischen, vermeidenden, abhängigen und manchmal auch sogar die antisozialen Persönlichkeiten. Viele von ihnen zeigen Elemente der Borderline- und narzisstischen Pathologie, einschließlich der Projektion von Schuld, Misstrauen und paranoidem Denken, narzisstischer Wut und haben ein zu Grunde liegendes Potential narzisstischer Fantasien. Was diese Patienten „schwierig" macht, ist die Art und Weise, wie sie sich verhalten, speziell in der Behandlung. Sie sind für dichotome, häufig einander widersprechende Verhaltensweisen in der Einzelpsychotherapie bekannt. Sie haben solche tief sitzenden Beziehungskonflikte, dass sie unnormale „Berge von Hilfe" suchen, wobei sie die aber gleichzeitig zurückweisen. Einige von ihnen können nicht einmal ertragen – aus lauter Angst –, von den eigenen regressiven Wünschen überflutet zu werden. Scheinbar halten sie sich von allem fern und verbleiben relativ unerreichbar.

Ihr Verhalten in Gruppen ist das gleiche, allerdings häufig noch gesteigert durch die interpersonelle Natur der Gruppe. Auf der einen Seite können sie der Begegnung mit anderen widerstehen, werden hypersuggestiv oder offen misstrauisch. Auf einer extrem entgegengesetzten Seite können sie die Gruppe monopolisieren, in selbstdestruktiver Weise ausagieren oder die Gruppe gar mit einer Suiziddrohung „in Geiselhaft" nehmen.

Dennoch können viele dieser Patienten in Gruppen behandelt werden, und einige können sogar eine Hilfe für andere sein. Diese Patienten sind dafür bekannt, dass sie den Gruppenprozess in vielfältiger Weise günstig beeinflussen können. Einige der Patienten haben die Fähigkeit, Punkte anzusprechen, die andere fürchten. Sie neigen dazu, mehr Risiken einzugehen und ihre Peers herauszufordern. Schließlich können sie Aspekte der Persönlichkeit evozieren, die andere in sich verleugnen. In diesem Sinne können sie wie eine Art Bildschirm fungieren, auf den Gruppenmitglieder unerwünschte Seiten der eigenen Persönlichkeit projizieren und damit loswerden können, dann aber später – da sie der „schwierige" Patient ständig daran erinnert – diese abgespaltenen Teile als zu sich gehörig anerkennen.

Während Kernberg (wie alle Theoretiker der Objektbeziehungen) die Rolle der Aggression bei der schweren Charakterpathologie betont hat, hat Kohut (Selbstpsychologie) die fragile Natur des Selbstwertgefühls bzw. der Selbstsysteme hervorgehoben. Wo Kernberg den Gebrauch der traditionellen psychoanalytischen Techniken wie Klarifikation, Konfrontation und Interpretation betont, hebt Kohut die Bedeutung des Angebots von hilfreichen Selbst-Objekt-Erfahrungen hervor. In der Praxis machen Kliniker bei beiden Anleihen, verwenden Techniken, die Unterstützung gewähren und gehen dann dazu über, die Aggression zu thematisieren und an ihr zu arbeiten.

Dieses Kapitel wird sich mit einigen Behandlungsaspekten befassen, die von den genannten psychoanalytischen Theorien stammen.

Tatsächlich gibt es eine ganze Reihe von Theorien bezüglich der Kernpathologie bei schwierigen Patienten. Es wird im Folgenden der Versuch gemacht, diese verschiedenen Theorien zu synthetisieren. In der Praxis sind nicht alle Gruppenbehandlungen schwerer Charakterpathologie psychoanalytisch orientiert. Einige sind kognitiv und andere sind behavioral orientiert (z. B. Linehan 1993a;b). Dennoch ist die Gruppenliteratur diesbezüglich spärlich. Die meisten kognitiv-behavioralen Behandlungen fokussieren auf Symptome, vor dem Hintergrund des hauptsächlichen Störungsbildes, wie etwa Angst- oder affektive Störungen (Fay und Lazarus 1993). Andere fokussieren auf zerstörerisches Verhalten (Springer und Silk 1996). Selbst der Architekt der kognitiven Therapie Beck (1997) führt aus, schwere Persönlichkeitsstörungen könnten nicht anders beeinflusst werden als

„… durch nichts anderes als wirklich kontinuierliche, energische Langzeitbehandlung."

Jene Behandlungen mit psychodynamischer Grundlage sind bestens geeignet, eine Orientierung für ein breites Spektrum gegenwärtiger Gruppentherapieansätze zu bieten. Aus diesem Grund wird sich dieses Kapitel mit den Fehleinschätzungen (s. die kritische Gegenposition in Kap. 38; d. Hrsg.) gegenüber diesem Ansatz befassen. In der Praxis gibt es eine Unmenge von Behandlungsansätzen. Diese Patienten haben sich in (Einzel-)Therapien als notorisch schlecht behandelbar erwiesen und die Erfolgsraten waren sehr gering. Psychodynamische Gruppenpsychotherapie verspricht – wegen ihrer flexiblen Natur – mehr Erfolg als festgelegte Methoden.

Psychodynamische Ansätze

Unabhängig von der eigenen theoretischen Orientierung ist es zunächst wichtig, mit den psychoanalytischen Theorien der genannten Störungen vertraut zu werden. Psychodynamiken beeinflussen den Gruppenprozess. Ein psychodynamisches Verständnis kann darüber hinaus hilfreich bei der Beurteilung des Schweregrads der Charakterpathologie und ihres Potentials für Veränderung sein. Diagnostische und prognostische Faktoren beeinflussen nicht nur die Art der Gruppenpsychotherapiebehandlung, sondern tragen auch stark zu differentiellen Behandlungsentscheidungen, wie z. B. Pharmakotherapie, bei (Koenigsberg 1994).

Beide Ansätze, **Objektbeziehungstheorie** und **Selbstpsychologie**, offerieren systematische Strukturen für das Verständnis der Psychopathologie der Patienten und der dynamischen Unregelmäßigkeiten der Persönlichkeit im Verlaufe der Behandlung. Beide fokussieren auf die unterentwickelten Aspekte der Persönlichkeit. Beide schließen, dass es eine innere Welt von Beziehungen gibt, die sowohl die individuellen Erfahrungen des Individuums als auch seine Beziehungen zu der externen Welt bestimmen. Der erstgenannte Aspekt postuliert, dass der Patient eine schwache Ichstruktur hat, die sich als anfällig erweist, sich gegen destruktive innere Kräfte zu wehren. Der letztgenannte Punkt legt Defizite in der frühen kindlichen Umgebung als zentrale Erlebnisse des Selbst in Situationen der Insuffizienz nahe, was zu einer lebenslangen Suche nach stabilisierendem Ersatz führt. Der erstgenannte Ansatz wäre ein konflikttheoretischer, der letztgenannte ein defizittheoretischer (Kernberg 1982).

Entsprechend der Objektbeziehungstheorie haben diese Patienten nicht die Stufe der Objektkonstanz erreicht, auf der sie in der Lage wären, Ambivalenz auszuhalten, die für die menschliche Natur essenziell ist. Sie sind tatsächlich nicht in der Lage, sich und andere als eine Mischung aus liebevollen und hasserfüllten Elementen zu sehen. Das Ich verharrt in einem fragilen Zustand, da die von libidinösen Strebungen dominierten Introjekte von denjenigen abgespalten sind, die von aggressiven Triebimpulsen dominiert sind. Dies ist die Grundlage der Identitätsstörung. Primitive Spaltung und ihre damit Hand in Hand gehende primitive Verleugnung und projektive Identifikation dominieren die defensive Struktur (Kernberg 1975). Das psychologische Hauptproblem ist also die Handhabung der Aggression. In der Sprache der Selbstpsychologie lassen diese Patienten ein kohärentes Selbstsystem vermissen. Das heißt, ihr Gefühl für Selbstachtung und Selbstgenügsamkeit ist nicht vorhanden. Sie haben nicht die Fähigkeit, sich selbst im Angesicht von normalen Stresssituationen des Lebens schützen zu können. Entwicklungspsychologisch gesehen gibt es ein Defizit bei der Introjektion nährender und haltender Objekte. Konsequenterweise sind sie übermäßig abhängig von anderen, damit ihnen gegeben wird, was sich normale Individuen selbst geben können. Dies ist der Mechanismus, wenn vom Verlangen nach anderen Selbstobjekten die Rede ist (Kohut 1977), ohne die sie sich verloren und vergessen fühlen. Das psychologische Hauptproblem ist also das Verlangen nach Beruhigung der chaotischen internen Zustände.

In der Praxis integrieren Kliniker Aspekte beider Theorien, der Objektbeziehungstheorie und der Selbstpsychologie. Sie tun dies, indem sie auf die projektive Identifikation – neben anderen primitiven Abwehrformen – fokussieren. Gleichzeitig versuchen sie, eine beruhigende Behandlungsatmosphäre zu schaffen. Whiteley (1994) bemerkte, dass die Unterschiede zwischen beiden Perspektiven mittels der Bindungstheorie überbrückt werden könnten. Sogar die Identitätsdiffusion des klassischen Borderline-Patienten könnte als eine Folge des Versagens früher Bindungen angesehen werden, ganz gleich ob dieses Versagen als ein Produkt von umgebungsbedingten Defiziten oder als eine Unfähigkeit aus sich selbst heraus angesehen wird. „Bindung gibt Identität durch die Erkenntnis und Akzeptanz der eigenen Existenz" (Whiteley 1994, S. 367).

Ohne dies ginge das Individuum durch das Leben, vergeblich nach Sinn und Bedeutung suchend, um ein Minimum an interner Kohärenz herzustellen. Whiteley nennt dies „soziale und psychische Landstreicherei".

Einer der wichtigsten Beiträge der Selbstpsychologie ist ihr systematisches Vorgehen bei der Beschreibung der Bedürfnisse dieser Patienten nach „psychologischer Nahrung". Bei der Objektbeziehungstheorie ist ein Hauptbeitrag die Beschreibung der internen Zustände, die zwischen der neurotischen Persönlichkeitsorganisation und der Psychose liegen. Schwierige Patienten konstituieren eine Gruppe von Persönlichkeitsstörungen, die alle eine Borderline-Persönlichkeitsorganisation aufweisen (Kernberg 1976). Gegenwärtig gibt es einen Konsens darüber, dass es ein Spektrum dieser Charakterpathologie gibt, das von hoch funktionierenden bis hin zu auf sehr niedrigem Niveau funktionierenden Patienten reicht (Horwitz u. Mitarb. 1996). Am oberen Ende sind jene Patienten mit zwanghafter und masochistischer Struktur angesiedelt. Am unteren Ende finden sich jene Patienten mit schizoiden, paranoiden und antisozialen Charakterzügen. Es ist die Kombination von Persönlichkeitsmerkmalen, die die Prognose bestimmt.

Horwitz und Mitarb. (1996) verglichen – nach einer Literaturanalyse zur Behandlung von Borderline-Patienten mit psychoanalytischer Einzelpsychotherapie – die Indikationen für supportive versus expressive Behandlungsansätze. Während die Autoren Kriterien für den einen oder anderen Behandlungsansatz fanden, gibt es eine wichtige Vorsichtsmaßnahme für die Gruppenpsychotherapie. Die Autoren beobachteten nämlich die Neigung der Patienten zu einem Sichverschließen oder zu Distanzwahrung sowie ihre Zugänglichkeit für expressive Arbeit: „Patienten, die speziell extremes Verhalten aufweisen, sind keine Kandidaten für Interpretationen. Jene dagegen, die zwischen den Extremen alterieren, sind eher bereit für aufdeckende Arbeit" (Horwitz u. Mitarb. 1996, S. 304).

Diese Annahme impliziert, dass diejenigen, die in einem von zwei Ichzuständen fixiert sind (libidinös oder aggressiv), in objektbeziehungstheoretischer Sicht, und jene, die ein unstillbares Bedürfnis nach Beruhigung und Halt (Selbstobjekte) haben, in selbstpsychologischer Terminologie, sich sehr wahrscheinlich nicht ändern lassen. Im Gegensatz dazu würden diejenigen mit eher flexiblen Beziehungsstilen wahrscheinlich einen größtmöglichen Gebrauch der vielen Facetten der Gruppenpsychotherapie machen können.

Gruppenzusammensetzung und Behandlungsaspekte

Homogene Gruppen mit „schwierigen" Patienten sind nicht leicht zu führen (zu homogener versus heterogener Gruppenzusammensetzung s. Kap. 33). Beispielsweise wird ein Gruppenleiter in einer homogenen Gruppe mit narzisstischen Patienten wegen der ungewöhnlich hohen Selbstzentriertheit sehr unter Druck sein, Interaktion dieser Patienten untereinander in Gang zu bringen. In einer Gruppe mit agierenden Borderline-Persönlichkeitsstörungen wird der Gruppenleiter hart zu arbeiten haben, um Grenzen zu ziehen und ausagierendes Verhalten einzuschränken. Und in einer Gruppe mit schizoiden, vermeidenden und abhängigen Patienten wird der Therapeut stark unter Druck sein, die Patienten zum Sprechen zu bringen. Heterogene Gruppen sind also gewünscht, mit schwierigen Patienten in deutlicher Minderheit. Nun werden solche schwierigen Patienten in Kliniken die Mehrheit stellen. In diesen Fällen ist es ratsam, die Gruppe bezüglich der Persönlichkeitstypen auszubalancieren. Wenn Gruppen entsprechend dem Funktionsniveau und weniger nach der Diagnose zusammengesetzt werden, können wahrscheinlich eher Mischungen entstehen.

Diese Patienten tun sich in der Gruppeninteraktion schwer und werden eher als andere in Minikrisen geraten. Zuweilen erleben sie es als schwierig, in einer heterogen zusammengesetzten Gruppe ohne zusätzliche Unterstützung zurechtzukommen. Dies gilt speziell für narzisstische Patienten und viele zurückhaltende Charaktere. Aus diesem Grund sind (nach Bedarf) Einzelsitzungen nicht ungewöhnlich, was ihnen häufig helfen kann, die in der Gruppe erlebten Frustrationen auszuhalten. Es ist oft ein schwieriger Punkt, inwieweit der Patient „die Gruppe aushalten" kann (Wolman 1960). Weniger ist es ein Problem, ob die Gruppe den Patienten ertragen kann. Wann immer ein Patient „nicht passt", wird die Gruppe sie/ihn isolieren, was dann zusätzliche Unterstützung durch den Therapeuten erforderlich macht.

Das Angebot, außerhalb der Gruppensitzungen zusätzliche Hilfe zu gewähren, obwohl notwendig für viele dieser Patienten, kann eine Bürde werden. Tatsächlich gibt es Zeiten, in denen es sogar antitherapeutisch wirkt. Bei ständig nachfragenden, steinerweichenden Patienten wird die Gegenübertragung des Therapeuten einer harten Belastungsprobe ausgesetzt. Als Faustregel mag gelten, dass der Therapeut nur anbietet, was er/sie noch als für sich erträglich ansieht. Jenseits dieser Grenze wird der Patient wahrscheinlich spüren, dass er/sie zur Last geworden ist. Dies wiederum würde das negative Selbstbild des Patienten verstärken. In vielen klinischen Situationen ist es die Fähigkeit des Therapeuten, Grenzen zu setzen, was einen extrem fordernden Patienten, der Gruppeninteraktion meidet, in ein produktives Gruppenmitglied verwandelt. Das Wissen, wann genährt und wann dies gestoppt werden muss, ist die Kunst der Therapie, für die es keine Anleitungen gibt.

Ganz allgemein zeigen diese Patienten eine geringe Frustrationstoleranz, können keine unangenehmen Affekte ertragen, wie auch nicht die Ängste in anderen, haben Schwierigkeiten, ein Aufmerksamkeitsniveau zu halten, sind ängstlich mit sich selbst befasst, zeigen wenig Kontrollfähigkeit ihrer Wut und sind Opfer ihrer paranoiden Ängste. Aber, wie Horwitz (1977, S. 404) ausführt: „Paradoxerweise sind genau die Qualitäten und Defizite, die ... den Patienten zu einem problematischen Gruppenmitglied machen, dieselben Defizite, die oft am besten in einem Gruppensetting behandelt werden."

Dies ist deshalb so, weil Gruppenpsychotherapie das Ausnahmemedium für die Betonung und Verbesserung der assoziierten Konflikte ist, die diese Patienten haben.

Es ist schon lange bekannt, dass diese Patienten mit chaotischen, fragilen Ichstrukturen für Gruppenpsychotherapie geeignet sind, und zwar auf Grund der verminderten Übertragungsintensität in der Gruppe, verglichen mit der in der Einzelpsychotherapie und der Gelegenheit für die Patienten, die Intensität ihrer Involviertheit in der Gruppe selbst zu bestimmen (Freedman und Sweet 1954). Die Gruppe besitzt eine eigene soziale Realität, die der Neigung der Patienten zur Regression entgegenarbeitet. Gruppenmitglieder können gegenseitig sehr unterstützend sein. Zur selben Zeit kann die Gruppe stellvertretende Gratifikation offerieren, indem schwierige Patienten beobachten, wie andere in der Gruppe Gefühle ausdrücken, über sich selbst reflektieren und versuchen, ihre Probleme zu bearbeiten. Horwitz (1977) schrieb dazu, dass sich viele gehemmte Patienten während feindseliger Interaktionen in der Gruppe gleichzeitig mit dem Aggressor und dem Opfer identifizieren. Man kann kaum den Nutzen stellvertretender Erfahrungen in der Gruppe überbewerten, den Patienten dann mit einzubeziehen, während gleichzeitig ein Mantel der Anonymität bereitgelegt wird.

Schwierige Patienten können für eine Psychotherapiegruppe in verschiedener Hinsicht hilfreich sein. Auf Grund ihrer interpersonellen Sensibilität können sie auf subliminale Affekte anderer reagieren und diese ins Bewusstsein rücken. Auf diese Weise können sie als eine Art „Kanal" für Affekte dienen, die bislang für andere noch nicht zugänglich waren. Auf ähnliche Weise erlaubt ihnen dieselbe Fähigkeit, die Affekte für andere aufzunehmen, um dann tiefe Bereiche emotionaler Erfahrung zu explorieren, vor denen andere zurückschrecken. Ihre interpersonelle Sensibilität, die sie geeignet macht, bezüglich projektiver Identifikationen für den Rest der Gruppe als „Behälter" zur Verfügung zu stehen, kann sie aber auch anfällig für die Rolle des schwarzen Schafs machen (zu den Gruppenrollen s. Kap. 21), obwohl es sie gleichzeitig befähigt, für die Gruppe deswegen eine Hilfe zu sein. Da sie als eine Art Barometer für die Gruppe dienen, können sie dem Gruppenleiter helfen, versteckte, unausgesprochene Eindrücke in der Gruppe zu erkennen (Schlachet 1998). In der Tat kann die Befragung der eigenen Gegenübertragung dem schwierigen Patienten gegenüber dem Therapeuten unschätzbar wichtige Einsichten in das geben, was in der Gruppe als Ganzes vor sich geht.

Die schwierigen Patienten haben große Probleme mit der Herstellung einer therapeutischen Allianz. Entsprechend hoch ist die Drop-out-Rate verglichen mit Patienten mit einer weniger schweren Charakterpathologie. Bei der Untersuchung von Borderline-Patienten fanden Skodol und Mitarb. (1982) die Abbruchrate in frühen Behandlungsabschnitten doppelt so hoch wie bei neurotischen oder anderen Persönlichkeitstypologien und viermal so hoch bei einer Gruppe mit schizophrenen Patienten. Man könnte nun darüber spekulieren, wie unterschiedlich die Abbruchraten beim Vergleich zwischen Einzel- und Gruppenpsychotherapie ausfallen würden. Jedoch sind die Raten überraschenderweise in beiden Settings ungefähr gleich, nämlich ca. 50% in den ersten zwölf Monaten der Einzelbehandlung und um die 60% in den ersten 20 Monaten (Gunderson u. Mitarb. 1989; Stiwne 1994). Natürlich variieren die Raten in Abhängigkeit von den Charakteristika eines jeden Patienten und der Gruppenzusammensetzung. Diese ziemlich hohe Drop-out-Rate mag mit der niedrigen Frustrationstoleranz dieser Patienten zu tun haben, ihrer interpersonellen Hypersensitivität, ihrer Paranoia, den masochistischen Bedürfnissen, Behandlung abzuwehren sowie mit ihrem variierenden Ausmaß an Selbstzentriertheit.

Selbst in den idealsten Bedingungen privater Praxis und mit Patienten, die sich eine Behandlung leisten können (Kibel spricht hier von den nordamerikanischen Bedingungen; d. Hrsg.), sowie bei der Unterstellung einer ausreichenden Ichstärke hatte Alonso (1992) in einer Gruppe mit ausschließlich narzisstischen Patienten innerhalb des ersten Jahres eine Aussteigerrate von 50%. Das Problem ist, dass es generell unmöglich ist, im Voraus zu sagen, welcher Patient in der Behandlung verbleiben und welcher aussteigen wird (Conelly u. Mitarb. 1986; Stiwne 1994). Nach der Berücksichtigung der offensichtlichen Faktoren wie ein zu geringes Ausmaß an Compliance, einer Unfähigkeit, auch nur ein fragmentiertes Arbeitsbündnis herzustellen, gegebener Impulsivität und einer Geschichte von ernsthaftem Ausagieren, wird der Kliniker nur darüber spekulieren können, wer in der Gruppe bleiben und wer vorzeitig aussteigen wird.

Das narzisstische Element in allen Charakterpathologien stellt langfristig eine spezielle Herausforderung dar, und zwar deshalb, weil es eine Tendenz zur Fluktuation zwischen einer Idealisierung und einer Entwertung der Gruppe gibt. Narzisstische Patienten, die für lange Zeit in der Behandlung verbleiben, sind in der Lage, unmittelbar aus der Gruppe auszusteigen, wenn der Kern ihres Narzissmus berührt wird.

> Eine ziemlich abhängige, narzisstische Frau begann die Behandlung auf Grund einer Geschichte mit gescheiterten Beziehungen mit unzuverlässigen Männern und einer Unfähigkeit, einen Schulabschluss zu erreichen. Über den Zeitraum von ein paar Jahren machte sie ziemliche Fortschritte. Sie schloss das College mit einem Zertifikat über Fertigkeiten in einem speziellen Beruf ab, beendete eine lang anhaltende destruktive Beziehung und heiratete schließlich einen stabilen, wenn auch etwas zwanghaften zurückhaltenden Mann. Während der Behandlungsdauer hatte sie eine abhängige Beziehung mit der Gruppe. Die Gruppenmitglieder gaben ihr Ratschläge, da sie sie häufig danach fragte, was sie „denken und tun" sollte. Sie fühlte sich oft wegen ihres Verhaltens herausgefordert und schien von Konfrontationen zu profitieren, obwohl sie sich darüber beklagte. Nach ihrer Hochzeit änderte sich ihr Verhältnis zur Gruppe. Sie zog sich zurück und erlebte die Gruppe als kritische, zurückweisende Mutter. Sie begann mit Ausagieren. Da sie Schwierigkeiten mit ihrem Ehemann erlebte, hatte sie prompt eine Affäre mit einem verheirateten Mann, beklagte sich über ihren Ehemann, widerstand aber seinem Drängen nach einer Paartherapie. Als sich aufgrund ihres Verhaltens eine Kontrontation mit der Gruppe ereignete, beendete sie aus einem Impuls heraus die Behandlung.

Während narzisstische Patienten schwierig in Gruppen zu behandeln sind, profitieren paranoide und antisoziale Persönlichkeiten oft kaum. Sind paranoide Patienten in der Einzelbehandlung misstrauisch, so ist ihre Paranoia in der Gruppe noch potenziert. In einer Gruppe sind viel mehr Leute, die sie beobachten und gegen die sie sich ständig in Acht nehmen müssen. Antisoziale Persönlichkeitszüge sind mit schlechten Behandlungsergebnissen assoziiert. In einer Untersuchung mit Borderline-Patienten ohne komorbide antisoziale Persönlichkeitsstörung, aber mit antisozialen Strukturen, fanden Clarkin et al. (1994, S. 311) „… dass antisoziales Verhalten die wichtigste Komponente der … Störung ist, die den Behandlungsverlauf voraussagt."

Kernberg (1989) hat uns auf ein Kontinuum der schweren Charakterpathologie vom Narzissmus über antisoziale Persönlichkeitszüge bis hin zur Paranoia aufmerksam gemacht. Je weiter der Patient in diesem Spektrum nach rechts einzuordnen ist, desto schlechter ist die Prognose. In diesem Zusammenhang gibt es keine Differenzen bezüglich der Behandlungsmodalität. Die Ausnahme mögen Gruppen sein, die speziell auf die Behandlung dieser schwereren malignen Charakterpathologien zugeschnitten sind.

Gruppenatmosphäre

Diese Patienten haben chaotische Vorstellungen von sich und anderen. Dies ist die Konsequenz der Identitätsdiffusion. In der Behandlung versuchen sie unbeabsichtigt, in anderen ein Chaos zu induzieren, wodurch sie sich selbst rückversichern, dass Konfusion, Gefühllosigkeit und andere unerwünschte Persönlichkeitszüge bei anderen entstehen und nicht bei sich selbst. Um diesem Effekt zu begegnen, muss die Gruppe flexibel sein. Ganz offensichtlich wird der Ton durch den Gruppenleiter geprägt. Stabilität und Konsistenz sind essenziell, um die Ängste dieser Patienten zu minimieren. Jedoch ist es für Gruppen nicht erreichbar, eine absolut benigne Atmosphäre zu haben. Zunächst kreieren die Gruppenmitglieder selbst einige Spannung. Dann ereignen sich Situationen, die immer Störungen der Behandlung mit sich bringen. Nun sind diese Patienten anfälliger, ablehnend zu reagieren, wann immer es Unterbrechungen im therapeutischen Prozess gibt, wie z. B. während Ferienunterbrechungen, beim Eintritt neuer Gruppenmitglieder, bei dem Verlust von lange mitarbeitenden Gruppenmitgliedern und während Perioden von Gruppeninstabilität. Es gibt diesbezüglich einige Hinweise, dass ein gleichförmiger, konsistenter Gruppenleiterstil wichtiger ist als die theoretische Orientierung des Gruppenleiters, gleichgültig, ob das Konzept mehr oder weniger rigide bzw. strukturiert ist (Luboshitzky und Sachs 1996). Eine Atmosphäre der Konstanz und Vorhersagbarkeit hilft diesen Patienten, sich sicher zu fühlen, auf dass sie sich miteinander in Beziehung setzen können.

Vieles ist geschrieben worden über die Notwendigkeit, auf die eigenen Gegenübertragungen zu achten, wenn mit diesen Patienten gearbeitet wird. Manchmal können sie dem Therapeuten sehr zusetzen, zuweilen setzen sie dem Therapeuten und den anderen Gruppenmitgliedern zugleich zu. Dann besteht die Gefahr, dass Feedback und Konfrontation exzessiv eingesetzt werden. Das Ergebnis könnte zur Einnahme der Rolle eines „schwarzen Schafs" („scapegoating" oder „Omegaposition", s. Kap. 21) führen. Auf der anderen Seite müssen Grenzen gesetzt werden, wenn diese Patienten – oder irgendwelche Patienten – beginnen auszuagieren. Der Therapeut muss eine feine Linie ziehen zwischen dem Gebrauch einer effektiven Kontrolle, die dem Patienten hilft, und dem Ausagieren der eigenen Gegenübertragung.

Einige Autoren sind gegenteiliger Auffassung. Sie führen an, dass die häufig unterbrechenden Gruppenereignisse, die durch solche Patienten initiiert werden, ein Produkt der Gruppe, ihrer Mitglieder, oder sogar des Therapeuten sind und auf diese Weise zusammen mit dem Patienten konstruiert worden sind. Diese so genannten intersubjektiven Theoretiker rekonzeptualisieren das Verhalten des „schwierigen" Patienten in der Gruppe als kodeterminiert (Gans und Alonso 1998). Für sie sind disruptive Verhaltensweisen eine Konsequenz der empathischen Fehler und erfolgt Heilung nur, wenn es eine optimale Einstellung auf die Erlebensweise des Patienten gibt. Es ist keine Frage, dass dies manchmal der Fall ist. Auf der anderen Seite ist es eine Tatsache, dass diese Patienten nicht ohne Grund die Bezeichnung „schwierig" erhalten.

Narzisstische Patienten sind die am schwersten in der Behandlung zu motivierenden. Sie haben die Neigung, eklatant die Gruppennormen zu missachten. Ihre Selbstzentriertheit ist dominant. In Alonsos Gruppe (s.o.) zeigte keiner innerhalb der ersten drei Sitzungen ein Interesse, die Namen der anderen zu erfahren. Diese Patienten bedürfen bereits frühzeitig in der Behandlung einer speziellen Aufmerksamkeit ihrer Nöte, während man zugleich wenig von ihnen selbst erwarten kann. Eine reife Gruppe kann mit solchen Patienten umgehen. Eine Gruppe in frühen Phasen kann dies jedoch nicht. In dieser Zeit muss der Gruppenleiter eine aktive Rolle spielen und den Narzissten unterstützen. Aber natürlich können sogar der geschickteste Therapeut und die reifste Gruppe zuweilen Fehler machen. Der kritische Punkt ist hier die Fähigkeit des Patienten, seine eigenen narzisstischen Kränkungen in einer supportiven Gruppe aushalten zu können. Weder der Therapeut noch die Gruppe sollten für empathische Fehler gescholten werden. Trotz allem bleibt schließlich ein Rest der Bedürftigkeit des Patienten unstillbar.

Wenn Gruppenpsychotherapie narzisstischen Patienten hilft, dann ist dies wegen Aspekten der Behandlung der Fall, die die Verbesserung des fehlerhaften Selbstsystems fördern und somit die narzisstischen Abwehrmaßnahmen auflösen. Eine kohäsive Gruppe kann wie ein schützender Kokon wirken, der die profunde innere Traurigkeit und Leere fern hält, bis der Patient in der Lage ist, dies den anderen zu zeigen. Das Gefühl, zu einer kohäsiven Gruppe zu gehören, zu etwas, das sich größer als das Selbst anfühlt, bietet Unterstützung für ein brüchiges Selbst. Die Gruppe kann im Kohutschen Sinne dann als eine Art nährendes Selbstobjekt dienen. In den meisten Gruppen gibt es ein breites Spektrum an empathischen und unempathischen Reaktionen, von denen der Patient Gebrauch machen kann. Die erstgenannten bieten psychologische Nahrung, die letztgenannten offerieren die Gelegenheit für narzisstische Fantasien, sich an der interpersonellen Realität überprüfen zu lassen. Mit anderen Worten, die Gruppe bietet Unterstützung, indem sie nur auf Grund des Prozesses die Möglichkeit des Erlernens einer Frustrationstoleranz bietet, während die Selbstzentriertheit herausgefordert wird. Auf diese Weise werden Erlebnisse mit anderen geteilt und der Tatsache ins Auge gesehen, dass niemand ständig auf die eigenen emotionalen Bedürfnisse eingehen kann. Schließlich können Patienten lernen, Demütigungen zu ertragen und Kritik nicht zu vermeiden, indem sie sich langsam schambesetzten Erfahrungen aussetzen.

Es gibt Einigkeit darüber, dass der Therapeut in Gruppen mit schwierigen Patienten supportiv sein und aktive Schritte der Neigung des Patienten entgegensetzen muss, sich nicht akzeptiert, zurückgewiesen und sogar verfolgt zu fühlen. Empathische Reaktionen und demonstratives Interesse müssen einen langen Weg gehen, um den Tendenzen des Patienten entgegenzuwirken. Zur selben Zeit bewirken das Bemerken von Ähnlichkeiten zwischen Gruppenmitgliedern und die Förderung von hilfreicher Haltung die Entstehung einer erhöhten Kohäsion in der Gruppe. Es wird ein Gefühl von Zusammengehörigkeit gefördert, was Vereinsamungsgefühlen entgegenwirkt. Der Therapeut ist ein konstantes Modell für die Identifikation innerhalb der Gruppe. Er unterstützt die Entwicklung einer therapeutischen Haltung bei den Gruppenmitgliedern. Dies schließt die Haltungen des Nachfragens, des Interesses und der Neugier mit ein. Aber zu allererst muss es eine empathische Haltung sein. Zunächst mag der Therapeut bevorzugen, selbst empathische Reaktionen zu zeigen. Aber dies ist nur ein vorläufiger Schritt, um eine empathische Haltung zwischen den Gruppenmitgliedern zu ermöglichen. Das fleißige Arbeiten an der therapeutischen Allianz ist so wichtig, dass Stone und Gustafson (1982, S. 45) forderten, dass dies „ein Ziel und kein Zwischenschritt" in der Behandlung sein müsse.

Eine Gruppenatmosphäre, die konsistent und vorhersagbar ist, gibt dem Patienten ein Gefühl von Sicherheit, auf dass er die innersten Aspekte des Selbst offenbaren und in die soziale Sphäre transportieren kann. Wenn sich im Gruppenprozess Unterbrechungen einstellen, wird sich der Patient im ungünstigsten Fall zurückziehen. Während dieser irritierenden Turbulenzen muss der Gruppenleiter daran arbeiten, die Bindungen wieder herzustellen. Während kohäsiver Zeiten kann der therapeutische Fortschritt funktionieren. Winnicotts (1971) Beschreibung des Spiels ist hier wichtig. Die Gruppe wird zum „potenziellen Raum", in dem der Patient „spielt", d. h. an den disruptiven Aspekten seiner Persönlichkeit arbeitet und sie offenbart. Wie ein Kind hat der Patient die Illusion, dass ein omnipotentes, protektives und hilfreiches Objekt (Mutter oder die Gruppe) in der Nähe bereitsteht, ihn zu retten, falls Chaos entsteht. Graduell, indem diese noxischen Aspekte der Persönlichkeit offen dargelegt, verstanden und toleriert werden, kann sich der Patient – wie das Kind – separieren. Das heißt, die beschützende Qualität der Gruppe wird nicht länger benötigt. Genau dies ist der Kern von Winnicotts Terminus „Übergangsraum" („transitional space").

Im Verlauf der Behandlung ist eine Verdeutlichung von individuellen und Gruppenaspekten vital. Der Gruppenleiter muss auf die Gruppenprozesse achten, damit negativistische, pessimistische und paranoide Haltungen die Behandlung nicht behindern. Konfrontation stellt sich eher in Gruppen als in Einzelbehandlung ein, da sie ein intrinsischer Aspekt des Feedbacks ist, das sich die Gruppenmitglieder gegenseitig geben. Sogar gewöhnliches Feedback kann manchmal sehr konfrontativ und stressinduzierend sein. Ja, Konfrontation kann sogar traumatisch sein. Das konfrontierte Individuum neigt dazu, sich exponiert zu fühlen und wird defensiv oder zieht sich zurück. Es ist daher wichtig, dass das konfrontierte Gruppenmitglied Unterstützung erhält. Patienten finden oft Unterstützung von irgendjemandem. Wenn dies nicht von Gruppenmitgliedern erfolgt, muss der Therapeut intervenieren. Dagegen sollte eine Konfrontation von Individuen vom Gruppenleiter vermieden werden. Mehr als jede andere Person in der Gruppe kann der Gruppenleiter jemanden bloßstellen und Gefühle entweder eines Attackiertseins oder einer Beschämung hervorrufen, also etwas, das diese Patienten als unerträglich empfinden. Es gibt hier allerdings zwei Ausnahmen. Konfrontationen müssen notwendigerweise erfolgen, um den Prozess des Scapegoatings (s.o.) zu verhindern und unakzeptablem Widerstand, speziell gruppenweitem Widerstand, entgegenzuwirken (vgl. Kap. 25).

Behandlungsprozess

Gruppenpsychotherapie ist potenziell geeignet, um die beiden Elemente Unterstützung und Konfrontation einzusetzen, derer diese Patienten bedürfen. In ihrer Untersuchung von psychoanalytischen Einzeltherapien fanden Horwitz und Mitarb. (1996) beide sehr nützlich. Die Autoren bemerkten in der Tat, dass alle supportiven Behandlungen Einsicht und alle expressiven Behandlungen Unterstützung vermitteln. Die psychotherapeutische Gruppe – mit ihren Beimischungen aus Halt und Feedback – ist eine Arena, in der sich beide Aspekte miteinander verbinden. Ihre spezielle Natur eignet sich – was im Zusammenhang mit Einzelbehandlung an anderer Stelle (Pine 1984) ausgeführt wurde – als eine „Interpretation innerhalb eines supportiven Kontextes."

Die Sichtweise, dass diese Patienten Unterstützung benötigen und Regression nicht tolerieren können, kann mit Sicherheit bei Praktikern psychoanalytischer Behandlungsformen gefunden werden, gleichwohl ist sie auch bei Praktikern kognitiver, interpersoneller und verhaltenstherapeutischer Ansätze zu finden. Sie alle unterstellen, dass pathologische Verhaltensmuster manchmal induziert, aber auf eine reziproke und komplementäre Art und Weise durch aktuelle Reaktionen auf das den Patienten umgebende soziale System unweigerlich gefördert werden (Allen 1997). Tatsächlich scheinen alle der Meinung zu sein, dass die therapeutische Interaktion als korrigierende emotionale Erfahrung dient. Nur psychoanalytische Behandlungen haben sich theoretisch damit befasst, zu ergründen, ob es möglich ist, ein komplexes Verständnis dieses Prozesses zu erreichen.

Psychoanalytische Theorien betrachten schwere Charakterpathologien als einen Ichdefekt, was immer die angebliche Ätiologie sein mag. Und die Behandlung der Charakterpathologie als ichstrukturelle Störung ist exakt das, was psychotherapeutische Gruppen anvisieren. Sie tun dies mittels dreier Dimensionen der Gruppe: die Beziehung der Gruppenmitglieder mit anderen Gruppenmitgliedern, mit dem Leiter und mit der Gruppe als Ganzem. Die Gleichheit der Erfahrung in der Gruppe fördert „Universalität" („universality"), nämlich das Gefühl, gleich zu sein mit anderen in derselben Umgebung (zu den Wirkfaktoren der Gruppenpsychotherapie s. Kap. 23). In Gruppen mit schwierigen Patienten kommt dem Gruppenleiter eine besondere Bedeutung zu, indem er die Atmosphäre durch die Moderierung disruptiven Verhaltens kontrolliert, Kohäsion fördert und eine therapeutische Haltung fördert. Das Letztere schließt Ermutigung für die Äußerung von intrapsychischer Turbulenz (und ihrer Verhaltenskorrelate) sowie deren Übersetzung in Sprache (als dem Agieren entgegengesetzt) mit ein, Toleranz für intragruppalen Konflikt und Verhaltensweisen, die durch Aggressivität gekennzeichnet sind, die Überzeugung, dass Letztere bearbeitet werden sowie eine Offenheit gegenüber Selbstbefragung. Durch Begleitung der Gruppe, das Fördern bestimmter Haltungen, die Ermutigung von Interaktion und die Betonung von Gemeinsamkeit der Erfahrung, fördert der Gruppenleiter gegenseitige Identifikationen zwischen den Gruppenmitgliedern, mit der therapeutischen Haltung und schließlich mit der Gruppe selbst.

Das Letztgenannte ist am wichtigsten. Die Bindung mit der Gruppe als Entität gibt dem Individuum ein Gefühl der intimen Verbindung mit etwas, das größer ist als es selbst. Diese Verbindung ist die Basis für die Inkorporation der Erfahrungen aus dem Gruppenleben. Wie bereits oben bemerkt funktionieren Interaktionen auf eine Art und Weise, die ein Analogon zum Spiel ist (Kosseff 1989). Wie eine Spielgruppe für Kleinkinder unter der schützenden Ägide eines Muttersurrogats geführt wird, können Gruppenmitglieder versuchsweise Beziehungen in einer Atmosphäre aufnehmen, in der es relativ wenig Sorge um die Folgen geben muss. Dies funktioniert deshalb, weil der Gruppenleiter die ultimative Verantwortung behält. Das Spiel erlaubt einem, selektiv Teile von sich in die unmittelbare Umgebung einzubringen und sie nach Laune wieder zurückzunehmen. Dies stellt die Basis dar für versuchsweise Identifikationen. Deshalb wurde für die Gruppenpsychotherapie auch gesagt, sie falle in den Bereich der Übergangsphänomene (Kosseff 1990).

Innerhalb eines psychoanalytischen Rahmens kann der therapeutische Prozess in Begriffen der projektiven Identifikation aufgefasst werden, wenn disruptive Aspekte der Persönlichkeit in der Gruppe ausagiert werden, was gefolgt ist von einer heilsamen Reintrojektion, sobald dies in Verbindung mit einer therapeutischen Haltung geschieht. Diese Verbindung meint, dass die Einstellungen der Toleranz, des Haltens („containment"), der Befragung und Reflexion in die Antwort der Gruppe auf projiziertes Material inkorporiert sein müssen. Wie bereits angemerkt ist der Therapeut hierbei behilflich. Der genannte Prozess wurde für die Einzelbehandlung von Ogden (1981) beschrieben, er kann aber unmittelbar auf die Gruppe extrapoliert werden. Projektiv-reintrojektive Bezogenheit ist ein psychoanalytisches Konzept, das den psychologischen Prozess beschreibt, der assoziiert ist mit Interaktion von Gruppenmitglied zu Gruppenmitglied sowie mit gewöhnlichem Feedback in einer Gruppe (Kibel 1991).

Über die Zeit werden die Erfahrung der Akzeptanz in der Gruppe, der Toleranz für eher störende Aspekte der eigenen Persönlichkeit und die Übernahme der therapeutischen Haltung dem Patienten erlauben, sich selbst in mehr benignen Perspektiven zu sehen. Dies konstituiert Internalisation. Mit anderen Worten, die Gruppenerfahrung gibt dem Patienten die Gelegenheit, neue partielle Identifikationen zunächst durch Inkorporierung vorzunehmen, um dann Internalisierungen von Elementen der Gruppenallianz zu ermöglichen (Kibel 1991). Dies wiederum kann frühere pathologische Identifikationen verändern oder sogar ersetzen.

Sobald Veränderung in der Gruppe einsetzt, erscheinen neue Verhaltensweisen, die sozial akzeptiert sind. Sie wirken auf eine reziprok-erleichternde Weise, zumindest in der Gruppe, indem sie das Selbstsystem, die Akzeptanz und die interpersonelle Effektivität stärken. Kurz, mehr angepasstes Verhalten wird belohnt. Das neue Selbsterleben in der Gruppe funktioniert wie eine rehabilitative Selbst-Objekt-Beziehung, die verfügbar ist, um internalisiert zu werden. Dieser Prozess findet im Herzen der korrigierenden emotionalen Erfahrung statt.

25. Widerstand in der Gruppenpsychotherapie

H. Kibel

Einführung

Widerstand ist ein zentraler Punkt in allen Psychotherapieformen. Jedes Verfahren hat seine eigenen Prozeduren und Phänomene, seine eigenen Techniken und seine eigene zugrunde liegende Theorie. Jedes beschreibt einen Prozess der Behandlung, der – falls er präzise von Therapeut und Patient befolgt wird – zu klinischer Verbesserung führt. Unglücklicherweise entwickelt sich der Prozess niemals so, wie er ursprünglich intendiert war. Das ist unvermeidlich, da die Methode, abstrakt gesehen, nicht die Eigenheiten der menschlichen Natur berücksichtigt. Wird der Therapeut unsicher, wird das **Gegenübertragung** genannt. Hält sich der Patient (oder die Gruppe) nicht an die Regeln der verschriebenen Behandlungsmethode, wird das **Widerstand** genannt. Der Terminus stammt aus der Psychoanalyse. Gleichwohl hat er allgemeine Bedeutung, da er sich auf Hindernisse anwenden lässt, denen in allen Behandlungen begegnet wird. Er ist somit in buchstäblich nicht unterscheidbarer Weise von behavioralen als auch von psychoanalytischen Therapeuten angewendet worden (Verhulst und van der Vijver 1990).

Das Konzept des Widerstands wurde von Freud eingeführt und benannt. Es umfasst beinahe jeden Aspekt der psychoanalytischen Behandlung, einschließlich der Übertragung, der Abwehrmanöver des Patienten, des Ausagierens, des Versäumnisses, mit dem Behandlungskontrakt oder der -prozedur übereinzustimmen sowie des Durcharbeitens. Der Begriff wurde in die frühen psychoanalytischen Schriften eingeführt, die Studien zur Hysterie (Breuer und Freud 1895). Danach wurde die kathartische Methode verwandt, um frühere, vielleicht traumatische Erlebnisse zu erinnern. Freud war der Meinung, dass Schweigeperioden während der Sitzungen dazu dienten, selbstkritische Gedanken, die in das Bewusstsein hätten treten können, zurückzuhalten. Er erachtete dies als Widerstand, den der Patient zeigte, wenn er versuchte, Erinnerungen zu produzieren. Damit war das Konzept geboren.

In diesem Zusammenhang war Widerstand definiert als ein Prozess, der primär verknüpft war mit Unterdrückung. Nur ein paar Jahre später, in der Traumdeutung, weitete Freud (1900) den Begriff aus und definierte Widerstand um auf alles, was den Fortschritt der Analyse unterbricht. Er akzeptierte bald Unterbrechungen als dem Prozess inhärent und als natürlicherweise ubiquitär. Auf diese Weise kam er zu folgender Erkenntnis: „Jeder Schritt der Behandlung ist von Widerstand begleitet; jeder einzelne Gedanke, jeder geistige Akt des Patienten muss dem Widerstand Tribut zollen und repräsentiert einen Kompromiss zwischen den Kräften, die in Richtung Heilung zielen und jenen, die sich dagegen versammeln" (Freud 1912a, S. 102).

Diese Formulierung wurde in der Psychoanalyse buchstäblich zu einem Geleitwort, wie Greenson (1978) bemerkte, und blieb untrennbar verbunden mit seiner ursprünglichen Einführung durch Breuer und Freud (Rosenthal 1993). Kurz gesagt, Widerstand schützt Psychopathologie, er hält Wache für das Alte und Vertraute und hält den Patienten somit von der Veränderung ab.

Der Bereich des Widerstands

Über einen Zeitraum von mehr als 30 Jahren definierte Freud das Ausmaß des Widerstands für die Praxis der Psychoanalyse. Im Fall Dora (1905) beschrieb er, wie die Übertragung der Rachegefühle der Patientin dem betrügenden Partner gegenüber auf ihn (Freud) zu einer bedeutsamen Quelle des Widerstands wurde, was dann zu einer vorzeitigen Beendigung der Behandlung führte. Neun Jahre später (1914) führte er das Konzept der **zwanghaften Wiederholung** als eine spezielle Kategorie des Widerstands ein, wobei der Analysand anscheinend eine vergangene Erfahrung anstelle einer Erinnerung zu wiederholen und auszuführen hatte. Er merkte weiterhin an, dass die Widerstände der zwanghaften Wiederholung besonders hartnäckig sind und extensiver und wiederholter Analyse bedürfen, eines Prozesses, den er **Durcharbeiten** nannte. Diese Konzepte ebneten den Weg für die Anerkennung des psychoanalytischen Purismus und für das Verständnis des Faktums, warum Veränderung so schwierig war. Das Konzept des Widerstands spielte eine Schlüsselrolle in der Entwicklung des topographischen Modells der Psyche und half Freud, die Wege zu untersuchen, auf welche Weise Patienten die fundamentale Regel vermeiden, zu sagen, was ihnen in den Sinn kommt. In späteren Jahren führten diese Einsichten zu einem Verständnis der Rolle der Abwehrmechanismen in der Behandlung und der Bedeutung, den Charakter als Widerstand zu analysieren (Reich 1933). Diese Einsichten hatten ebenfalls Implikationen für die Gruppenanalyse, was später noch behandelt wird.

Freud offerierte schließlich eine fünfteilige Klassifikation des Widerstands. Da Widerstand so breit definiert und mit anderen psychoanalytischen Phänomenen zusammengefasst worden war, half eine Nosologie des Widerstands, diese begrifflichen Unbeständigkeiten zu klären. Die fünf **Arten des Widerstands** wurden analog zu ihrem Auftreten in der Behandlung oder analog zur Struktur der Psyche definiert. Es handelt sich um:

- **Ich-Widerstand**; das sind jene Aspekte des Selbst, die wir heute als Persönlichkeitsstruktur bezeichnen würden und die einer Erinnerung und Verbalisierung von Material entgegenstehen,
- **Widerstand aufgrund eines sekundären Gewinns**, nämlich Manipulationen des Selbst, zu bewahren, was immer die Krankheit für einen speziellen Nutzen für den Patienten hat,

- **Über-Ich-Widerstand**, nämlich Hemmungen, die aus Scham und Schuld resultieren,
- **Es-Widerstand**, der aus der zwanghaften Wiederholung stammt und durch Ausagieren oder durch ein bloßes Verlangen nach Handeln ausgedrückt wird,
- **Übertragungswiderstand**, nämlich Aspekte der Übertragung, die den Behandlungsprozess durchkreuzen (als Gegenpol zum Auftreten einer Übertragungsneurose).

Sogar mit dieser Kategorisierung bleibt der breite Bereich des Widerstands offensichtlich.

Der nächste größere Beitrag, der für die Zwecke dieses Kapitels wichtig ist, kam von Fenichel (1945), der zwei Arten von Ich-Widerständen unterschied, den **akuten Widerstand** und den **Charakterwiderstand**. Der Erstere richtet sich gegen spezielle Suggestionen oder Interpretationen. Sie sind relativ unspezifisch in ihrer Natur und darin, dass jederman sie verwenden kann. Beispielsweise kann ein Patient sich von einer Konfrontation durch Schweigen zurückziehen, das Thema wechseln oder durch einen Haufen von Manövern schützen, von denen viele als Verstoß gegen den therapeutischen Kontrakt angesehen werden könnten. Charakterwiderstand auf der anderen Seite ist unabhängig von der unmittelbaren Situation und spiegelt sich in Aspekten der Persönlichkeit, die ursprünglich entwickelt wurden, um Unterdrückung aufrechtzuerhalten. Er wird in der Übertragung ausgedrückt. Während diese beiden Arten von Ich-Widerständen miteinander in Verbindung stehen, falls überhaupt eine Unterscheidung gemacht werden kann, hat dies technische Konsequenzen. Akute Widerstände sind eine Art von Notfallmaßnahme, die leichter enttarnt werden kann, um an zugrunde liegendes Material zu gelangen. Charakterwiderstände sind für den Patienten schwerer zu erkennen, da sie Teil seiner Persönlichkeitsstruktur sind. Die Unterscheidung hat eine Bedeutung für die Gruppenpsychotherapie, wie wir noch sehen werden.

Anwendungen auf die Gruppenpsychotherapie

Die frühen Einflüsse auf die Gruppenpsychotherapie kamen von der Psychoanalyse. Man kann sagen, dass die Praxis der Gruppenpsychotherapie psychoanalytisch beeinflusst worden ist. Autoren berichteten ständig darüber, dass die von Freud beobachteten **Widerstände in Gruppen** gefunden wurden und dass seine fünfteilige Kategorisierung des Widerstands direkt anwendbar war. Zwar wurden die spezifischen Aspekte der Gruppensituation verstanden, es wurden jedoch singuläre Perspektiven dargeboten. Eine davon bezog sich auf den Behandlungskontrakt und die andere auf die Darstellung der Charakterpathologie in Gruppen.

Aronson (1967) und Ormont (1968) stellten fest, wie Widerstand in Gruppen oft aus der Perspektive der **Verletzung des Behandlungskontrakts** betrachtet wurde, mehr als in der Einzelpsychotherapie. Die Elemente des Kontrakts umfassen Vertraulichkeit, Teilnahme und Verpflichtung gegenüber der Gruppe, Bezahlung der Behandlung und andere strukturelle Abmachungen (Kap. 13). All diese Aspekte sind in einer Gruppe komplizierter als in der Individualbehandlung. Vertraulichkeit in der Gruppe beispielsweise verpflichtet zu mehr als der Bemerkung, dass man über sich nicht außerhalb der Sitzungen reden sollte. Es schließt nämlich Respekt vor der Privatheit der anderen mit ein. Weiterhin können die Vereinbarungen bezüglich der Sitzungen nicht flexibel gehandhabt werden, wie das oft in der Einzelbehandlung der Fall ist. Eine Zustimmung zum Kontrakt ist häufig von Widerwillen oder Unfähigkeit gefolgt, ihn zu erfüllen. Dies konstituiert eine Variante des Ich-Widerstands, die gewöhnlich verhaltens- und nicht notwendigerweise charakterbezogen ist.

Ein anderer, weniger festgelegter Aspekt des Behandlungskontrakts bezieht sich auf die Rolle des Patienten als Gruppenmitglied und auf die gemeinsame Zeit. Der Patient wird aufgefordert, an einer Diskussion ohne eine Tagesordnung, einer Diskussion, die den Fokus wechselt, die abebbt und zurückflutet, die sogar alle Gruppenmitglieder mit einbezieht, teilzunehmen. Der Patient wird darum gebeten, sich spontan zu äußern und sein gegenwärtiges, vergangenes und zukünftiges Leben zu diskutieren, vielleicht sogar inklusive der Träume und Fantasien. Er wird aufgefordert, die Gruppe über aktuelle Lebensereignisse zu unterrichten und alle womöglich bedeutsamen Ereignisse mitzuteilen. Mehr noch, der Patient soll Gedanken und Gefühle bezüglich der Probleme und Persönlichkeiten der anderen Gruppenmitglieder und über alle Gruppenereignisse ausdrücken. Kurz: Der Patient wird aufgefordert, sich ähnlich der freien Assoziation in der Individualanalyse zu verhalten, während er zugleich als Quasitherapeut für seine Peers fungiert. Die Gebote der spontanen Verbalisation und der Reflexion über andere sind gegenseitig widersprüchlich. Idealerweise sollte diesen Forderungen nachgekommen werden und wird die Konversation in der Gruppe eine „frei flottierende Diskussion" (Foulkes und Anthony 1965). Allerdings, anders als die Empfehlung der freien Assoziation in der Psychoanalyse, kann diese Anforderung nicht in einer Gruppe erfüllt werden. Ein Gruppenmitglied kann nicht interaktiv und reflexiv zur selben Zeit sein, da die erforderliche Haltung für den einen Zustand der anderen entgegensteht. Somit setzt der wahre Gehalt des Gruppenkontrakts – speziell für eine Rolle, die in sich paradox ist – Bedingungen für das Auftreten eines unlösbaren Widerstands.

Wenn die Gruppenpsychotherapie ziemlich gut läuft, interagieren die Gruppenmitglieder miteinander, reagieren aufeinander und geben einander Feedback. Letzteres mag in Form von Meinungen über die Probleme eines anderen erfolgen, über Reaktionen auf die Art des Charakters eines anderen oder schlicht als reflexiver Bildschirm, eben wie ein „Spiegel" (Foulkes und Anthony 1965), durch den das Individuum sieht, wie es auf andere wirkt. Manchmal ähnelt das Feedback den Interpretationen, die man in dyadischen Therapien findet. Jedoch sind sie ausnahmslos weniger präzise und getönt durch Projektionen. Scheidlinger (1987) nennt sie Bedeutungszuordnungsäußerungen (meaning attribution statements). Foulkes (1975) ging noch weiter, indem er ausführte, wie viele Interaktionen in einer Gruppe mutierendes Potenzial haben. Er postulierte, dass „… in einer analytischen Gruppe zu jeder Zeit Interpretationen vorgenommen würden, bewusst und unbewusst" (S. 117).

Wenn man von der interpretativen Qualität der Mitglied-zu-Mitglied-Interaktion ausgeht, erscheint es als redundant für den Therapeuten, das Gleiche zu tun. Foulkes (1975, S. 125) formulierte die Rolle des Therapeuten vor dem Hintergrund einer Gruppe, die optimal funktioniert und in der nahezu eine frei flottierende Diskussion stattfindet, folgendermaßen: „Die Richtlinien für die Interpretationen durch den Therapeuten können wie folgt beschrieben werden: Eine Interpretation wird erforderlich, wenn es eine Blockade in der Kommunikation gibt. Sie wird speziell im Zusammenhang mit Widerständen, einschließlich der Übertragung auftreten."

Somit kann die Rolle des Gruppenpsychotherapeuten – analog zu Freuds Sicht des Widerstands in der Psychoanalyse als weitreichendes Phänomen und als primäres Ziel der Aufmerksamkeit des Analytikers – am besten definiert werden als primär an den Gruppenwiderständen zu arbeiten (Kibel 1977).

Es ist offensichtlich, dass eine psychotherapeutische Gruppe ein Medium für behaviorale Expression von Widerstand ist. Dies ist als „Acting In" (Agieren innerhalb der Sitzung) tituliert worden, im Unterschied zum „Acting Out" (Ausagieren außerhalb von Sitzungen). Klinisch muss der Therapeut zwischen jenen Widerständen, die charakterologisch und solchen, die akut sind, im Sinne von Fenichel (1945, s.o.) unterscheiden. Eine kurze Liste bestimmter Verhaltensweisen beleuchtet das Dilemma: Monopolisierung, übermäßige Compliance, Aufsässigkeit, Widerspenstigkeit, Verführungshaltung, Rückzug etc. Die Situation ist komplizierter, da in Gruppen ein Mitglied durch ein anderes dazu gebracht wird, zu reagieren, und dann kann wiederum ein Gruppenmitglied in eine Rolle hineingedrängt werden, irgendeinem ungünstigen Gruppenbedürfnis nachzukommen. Dies wurde als „Rollensaugwirkung" („role suction") bezeichnet (Redl 1963).

Die Bedürfnisse des Klinikers, viel mehr über die individuellen Gruppenmitglieder zu wissen – damit bestimmtes Verhalten eingeschätzt werden kann, ob es in seiner Natur nicht charakterbedingt ist – stehen zumindest in Beziehung zur Pathologie des Gruppenmitglieds. Wie viele Autoren beschrieben haben, stellen Gruppen ideale Medien für das Auftreten maladaptiver interpersoneller Verhaltensmuster dar (Yalom 1985). Es erscheint aus diesem Grunde nahe liegend, dass die Gruppenpsychotherapie ideal geeignet ist für Charakteranalysen.

Doch die Entblößung von Persönlichkeitsmustern ist komplizierter als es erscheint. Erstens wird es bei einer Ausdehnung des Konzepts der Rollensaugwirkung deutlich, dass bestimmte Mitglied-zu-Mitglied-Interaktionen gruppenweite Widerstände reflektieren. Das heißt, sie stellen mehr Gruppe-als-Ganzes-Phänomene dar, denn Handlungen von Individuen, die in der Gruppe miteinander agieren (*acting in*). Zweitens, da Gruppen soziale Medien darstellen, kann es sein, dass die Persönlichkeit deutlich wird, bevor sich Widerstände gegen therapeutische Arbeit entwickeln. In diesem Sinne ist der Nachweis von Charakterpathologie in Gruppen nicht gleichbedeutend mit der Charakteranalyse in der individualtherapeutischen Arbeit. In der Psychoanalyse erscheinen Aspekte des Charakters im Laufe der Zeit und ihre Analyse stellt das Vorspiel zur Entfaltung der Übertragungsneurose dar. Im Gegensatz dazu werden in einer Gruppe Persönlichkeitszüge oft dazu verwendet, Nähe aus dem Wege zu gehen, das heißt, der Entwicklung des **Mitglied-zu-Mitglied-Arbeitskontrakts** („member to member treatment alliance") zu widerstehen. Nähe in einer Gruppe ermöglicht die Entwicklung von einem gewissen Ausmaß an Vertrautheit im Prozess, was wiederum die Mitglieder einer Veränderung gegenüber aufgeschlossen macht. Und Veränderung ist die Essenz, gegen die Widerstände errichtet werden.

Eine andere Facette von Psychotherapiegruppen, die den Ausdruck von Widerstand kompliziert, ist ihr multidimensionaler Aspekt. Zumindest drei **Dimensionen** können identifiziert werden:

- die Dimension des Individuums in der Gruppe,
- die Dimension multipler Dyaden,
- die Dimension der Gruppe als Ganzes.

Nun handelt es sich um überlappende und miteinander verknüpfte Dimensionen. Die Sicht der Gruppe aus einer allgemeinen Systemtheorie hat Kernberg (1975) beschrieben, indem er bemerkte, dass sie aus einer Serie von Subsystemen mit dynamischen Komponenten zusammengesetzt sei, die sich wechselseitig durchdrängen und miteinander kommunizierten. Dies könnte diagrammartig als eine Art Amalgam visualisiert werden von nicht konzentrischen Kreisen, die nicht auf ein vereinigtes Ganzes reduziert werden können. Ereignisse, auf **einem** dynamischen Niveau allein betrachtet, würden somit unsichere und unvorhersagbare Auswirkungen auf die anderen Systeme der Gruppe haben. In der Sprache des Widerstands bedeutet dies, dass antitherapeutische Kräfte, die in einem Sektor der Gruppe beginnen, in einem anderen enden können. In einem gestuften System prallen diese komplexen Phänomene ab. Diese Sichtweise ist am besten durch ein illustrierendes Beispiel zu erläutern.

In eine offene psychoanalytische Gruppe wurden kürzlich drei neue Gruppenmitglieder aufgenommen. Herr D., ein Mann mittleren Alters, längere Zeit schon Gruppenmitglied, hatte in den Sitzungen eine Verhaltensänderung gezeigt. Während er gewöhnlich sehr aktiv mit anderen interagierte, wurde er nun ruhig und zog sich zurück. Wenn er danach gefragt wurde, antwortete er, dass er sich wenig angesprochen fühlte, er sich weniger für die Gruppe engagierte und sogar einen vorzeitigen Ausstieg erwog. Die Angelegenheit wurde über Wochen nicht näher besprochen, bis ihn ein anderes Langzeitgruppenmitglied, Herr S., darauf ansprach. Herr D. antwortete, dass er nicht viel darüber nachgedacht habe. Herr S. betonte aber, dass er das habe. Er erzählte Herrn D., dass er wütend darüber war, als er hörte, dass D. die Gruppe verlassen wollte. (Es war bekannt, dass die zwei eine ungewöhnliche Sympathie füreinander hatten). Dennoch versuche er, die Angelegenheit objektiv zu betrachten. Er merkte an, dass D. ziemlich gute Fortschritte in der Behandlung gemacht habe, dass er z. B. nicht mehr unter Angstsymptomen litte. Dennoch habe er sein Ziel einer gefühlsmäßigen Nähe zu anderen noch nicht erreicht. Er beobachtete, dass D. in Monaten keinen Fortschritt gemacht und viele Male versucht habe, über diesen Punkt hinauszukommen, und dass er wahrscheinlich niemals dieses Ziel erreichen würde. Aus diesem Grunde, so glaubte er, wäre es adäquat für D., eine Beendigung der Gruppenteilnahme zu erwägen. Nach diesem Wechselspiel ergab sich eine intensive Debatte zwischen allen Gruppenmitgliedern über das Wesen von Nähe und Intimität. Das setzte das Grundthema der Sitzung, und die Gruppe kehrte weder auf die Frage von Herrn D. Status' eines Mitglieds noch auf Herrn S. Reaktion auf ihn zurück.

Herr D. war ein zentrales Mitglied der Gruppe. Er wurde sehr respektiert, hatte Führungsqualitäten und fungierte oftmals wie ein Aushilfsgruppenleiter. Er war der Behandlung wirklich zugetan und sehr gut mit der Gruppe verbunden. Gerade für ihn war es etwas ungewöhnlich, eine Beendigung der Teilnahme zu erwägen, und dies war ein sehr wichtiges Ereignis für die Gruppe. Aber es war sogar noch bemerkenswerter, dass Herr S. zustimmte.

Die Debatte über die Natur von Nähe diente auf verschiedenen Ebenen dem Widerstand. Zunächst maskierte sie die Veränderungen, die sich in der Gruppe wegen der Einführung der drei neuen Gruppenmitglieder ergeben hatten. Zweitens mied sie die Gefühle, die mit der Achse zwischen Herrn D. und Herrn S. verknüpft waren. Die Abfolge der Ereignisse schien in Herrn D. zu beginnen, der eine spezifische Reaktion auf den Wechsel in der Mitgliedschaft zeigte, eine, die für ihn typisch war, die aber Elemente von anderen absorbiert haben könnte.

Dieses Beispiel demonstriert weiterhin die Schwierigkeit, ein multidimensionales System zu entschlüsseln. Die Erklärung, die hier gegeben wird, bezieht sich auf einen Prozess, der in einem Individuum entstand und der durch eine Dyade hindurch in eine Gruppe als Ganzes hinein Resonanz fand (speziell mit der Debatte über das Wesen von Nähe). Diese Entwicklung geht – linear betrachtet – von einem weniger komplizierten hin zu einem komplexen System. Es könnte jedoch umgekehrt verstanden werden, nämlich dass Herrn D.'s Reaktion eine Kondensation einer gruppenweiten Reaktion auf die Zuführung neuer Mitglieder darstellte. Diese bipolare Sicht des Prozesses demonstriert einen verwirrenden Aspekt des Widerstands in einer Gruppe, nämlich die Frage: **in welchem Sektor dieses multidimensionalen Organismus beginnt der Widerstand?**

Umgang mit Widerstand

Die Techniken, wie mit Widerständen umzugehen ist, variieren mit den Zielen der Gruppe, ihrer Zusammensetzung, der Natur des Widerstands und seinem Ausmaß. Es ist immer am besten, wenn die Gruppenmitglieder daran arbeiten, den Widerstand zu überwinden. In einer Gruppe mit gut arbeitenden Patienten kann vorausgesehen werden, dass Gruppenmitglieder die Widerstände der jeweils anderen ansprechen werden, und dass der Leiter lediglich die gruppenbezogenen Phänomene thematisieren muss. Dies ist besonders der Fall bei subtilen Abweichungen vom Behandlungskontrakt. Im Gegensatz dazu, wird der Leiter in einer Gruppe mit schwerer Psychopathologie sehr aktiv sein und muss oft die Initiative beim Umgang mit Widerstand oder – in letzter Instanz – bei der Anleitung der Mitglieder ergreifen, damit sie die Probleme angehen.

Unabhängig von der Gruppenzusammensetzung (Kap. 11) gibt es bestimmte Widerstände, die vom Therapeuten direkte Aktion verlangen. Es handelt sich dabei um so genannte **behandlungsdestruktive Widerstände** (Rosenthal 1993). Das ist jede Form nicht kooperativen Verhaltens, das – falls nicht Einhalt geboten wird – ernsthaft die Behandlung bedrohen oder unterbrechen würde. Es kann in offener Form, wie Abwesenheit, chronischem Zuspätkommen und Brüchen der Vertraulichkeit, auftreten. Die Aufforderung nach direktem Einschreiten muss nicht bedeuten, dass der Therapeut das Problem alleine klären muss. Der Therapeut könnte auch bloß die Aufmerksamkeit der Gruppenmitglieder bezüglich des Problemverhaltens einfordern und damit der Gruppe die Möglichkeit geben, den Punkt zu klären.

Eine Unterkategorie von behandlungsdestruktiven Widerständen ist das **Ausagieren**. Es erfordert spezielle Erwähnung, da es in seinem Wesen oft heimtückisch ist und die Gruppe über sein destruktives Potenzial hinwegtäuscht. Es nimmt häufig die Form von Kontakten von Gruppenmitgliedern außerhalb der Gruppe an, insbesondere wenn diese durch einen Therapiekontrakt ausgeschlossen werden sollten. Wenn Außenkontakte von Gruppenmitgliedern erfolgen, die fragil, einsam und mit fehlenden sozialen Erfahrungen behaftet sind, können sie dem Rest der Gruppe als harmlos und sogar als hilfreich erscheinen. Tatsächlich ermuntern Gruppenmitglieder manchmal sogar die einsamen, sich außerhalb der Sitzungen zu treffen. Das Letztere zeigt, dass solche Phänomene – während sie direkt nur zwei Gruppenmitglieder involvieren – einen **gruppenweiten Widerstand** konstituieren. Wann immer Ausagieren offenbar wird, bringt es ultimativ komplexe Gruppendynamiken hervor.

In einer halb offenen Gruppe mit Patienten mit einer milden Charakterpathologie, bemerkte der Therapeut zwei Gruppenmitglieder, einen Mann und eine Frau, die sich außerhalb des Gebäudes trafen. Dies wurde zwei weitere Male festgestellt. Da die beiden ihren Weggang nach den Sitzungen etwas verzögerten, bemerkten die anderen diese Treffen nicht. Nach dem dritten Mal ging der Therapeut zu den beiden und forderte sie auf, ihre Gespräche in die Sitzungen einzubringen. Sie taten dies, und es wurde bald offensichtlich, dass ihre Kontakte tiefer gingen als zunächst angenommen. Mehr noch, sie wollten sie fortsetzen. Sie hatten häufige Telefonkontakte und trafen sich zweimal zum Mittagessen. Der Mann hatte sich in die Frau verliebt. Die Gruppenmitglieder nahmen irrtümlich an, dass dies eine wichtige Erfahrung für ihn war, da er sich anscheinend so danach gesehnt hatte. Die Gruppenmitglieder waren verärgert darüber, dass sie seine Bedürfnisse nicht befriedigen konnten und anstatt sich mit diesem Aspekt zu befassen, hofften sie insgeheim, die Frau würde dies tun. Natürlich geschah das nicht. Sie wurde ängstlich wegen ihres Verhältnisses und beendete die Behandlung. Er war verletzt, blieb in der Gruppe, war aber nicht in der Lage, an seinen Gefühlen von Leere und Einsamkeit zu arbeiten. Das Versagen der anderen Gruppenmitglieder, seine Bedürftigkeit und die Bedeutung für sie alle anzusprechen, wurde nicht thematisiert.

Kollektive oder Gruppenwiderstände variieren in ihrer Form. Zuweilen sind sie in ihrer Art einheitlich, durchdringen alle Aspekte der Gruppe auf eine konsistente Weise. Die frühen Gruppendynamiker sprachen von ihnen in Begriffen wie „gemeinsame Gruppenspannung" (Ezriel 1952) oder „fokaler Gruppenkonflikt" (Whitman und Stock 1959). Spätere Autoren haben diese Komplexität der Begriffe durchaus begrüßt. Dies kam wohl durch den Einfluss der Objektbeziehungstheorie und die Akzeptanz von Bions (1959) Auseinandersetzung mit den Gruppe-als-Ganzes-Erfahrungen, die entwicklungspsychologisch frühe Schichten der psychischen Funktion – sogar in relativ gut integrierten Patienten und in ganz normalen Menschen – stimulieren.

In Übereinstimmung mit dieser Theorie durchdringen primitive Introjekte das psychische Erleben der Gruppe und verbinden sich, wenn Gruppenmitglieder zusammenarbeiten, um diese tief sitzenden Bedürfnisse zu befriedigen. Hier beginnen sich Fantasien über die Gruppe zu entwickeln. Sie stammen aus Projektionen von diesen frühen Introjekten. Sie sind zentral, und die Gruppe nimmt Gestalt an und entwickelt sozusagen ihren Charakter. So wie Fantasien das intrapsychische Leben des Individuums organisieren und seinem geistigen Leben Struktur geben, seinen Charakter formen und die ausführenden Funktionen seines Selbst stützen, so organisieren kollektive Fantasien über die Gruppe ihre Strukturen und bestimmen ihr Funktionieren (Kibel 1992). Das Ergebnis sind Gruppenprozesse, die manchmal bloß den Charakter einer bestimmten Gruppe definieren, die aber auch einen Widerstand für reflexive Arbeit darstellen können.

Die Beziehung zwischen Prozessen auf Gruppenebene und den Beiträgen eines jeden Gruppenmitglieds sind äußerst komplex, und zwar aus zwei basalen Gründen. Erstens variiert die Beziehung von jedem Mitglied zur Gruppe als Ganzes permanent. Für einige gibt eine gruppenweite Reaktion zentrale Aspekte der Persönlichkeit wider, während für andere die Bindung nicht spezifisch ist. Zweitens sind selbst die meisten uniformen kollektiven Reaktionen ohne Charakter und formbar, da sie aus primitiven Schichten des Selbst stammen. Während jedes Gruppenmitglied psychologisch mit der Reaktion und der Gruppe verbunden sein kann, kann es die Einzelheiten als ich-dyston erleben. Dies ist häufig beim Scapegoating der Fall und steht für das Auftreten primitiver Verleugnung in Gruppen, d. h., wenn Gruppenmitglieder Gruppenaktionen und Ereignisse abstreiten, zu denen sie maßgeblich beigetragen haben.

Es hat einige Versuche gegeben, gruppenweite Konfigurationen zu kategorisieren, beginnend mit dem Werk von Bion, der so genannte **Grundeinstellungsgruppen** (basic assumption groups) beschrieben hat (ausführlich s. Kap. 22). Jedoch wurden die genannten Phänomene seinerzeit so global beschrieben, dass sie kaum anwendbar waren auf psychotherapeutische Situationen. Ein neuerer Beitrag kommt von Anzieu (1984), der schreibt, dass die Struktur einer Gruppe um die **unbewusste Fantasie eines Gruppenmitglieds** herum organisiert sein kann, das die Gruppenkultur dominiert. Da in Gruppen Kämpfe um die Dominanz allgegenwärtig und Hierarchien in den Beziehungen unausweichlich die Folge sind, stellt sich das genannte Phänomen häufig ein. Mit anderen Worten wird die Gruppenfunktion durch die unbewussten Konflikte eines ihrer einflussreichsten Mitglieder oder einer Subgruppe beeinflusst. Somit wird die Gruppenstruktur ein isomorpher Ausdruck der Fantasie dieses Mitglieds oder dieser Subgruppe. In diesem Fall ist es die Aufgabe des Therapeuten, dafür zu sorgen, dass der Widerstand, ausgedrückt durch die dominante Fantasie, überwunden werden kann. Dies könnte auf einem von drei möglichen Wegen erfolgen:
- Überwindung der Gruppenakzeptanz der Fantasie, speziell durch Interpretationen, um die Fantasie ich-dyston zu machen,
- Hilfen für die Gruppenmitglieder gegen den Einfluss des dominanten Gruppenmitglieds bzw. der Subgruppe zu geben,
- direktes Arbeiten mit dem betreffenden Gruppenmitglied oder der Subgruppe in Gruppensitzungen.

Noch komplexere Gruppenkonfigurationen stellen sich ein, wenn **Teilobjekte** – mehreren Gruppenmitgliedern gemeinsam – auf der Ebene der Gruppe als Ganzes, zusammen mit ihren abgespaltenen Komponenten, ausgespielt werden. Dies wurde beschrieben als eine Externalisierung von internalisierten Teilobjektkonflikten. Man spricht davon, dass sie als „Dramatisierungen" (Hinshelwood 1987) interner Widersprüche fungierten. Oftmals haben sie eine generische Qualität, weil sie übliche soziale Interaktionsformen enthalten (Kibel 1992). Das gleiche Phänomen wurde aus einer Systemperspektive als „funktionelle Subgruppierung" (Agazarian 1992; s. auch Kapitel 59) beschrieben. Da jedoch Widerstand die psychologische Abwehr der Gruppenmitglieder stützt, mag es sein, dass es nicht funktional ist, dennoch aber ein soziales Abwehrsystem konstituiert, das der Veränderung trotzt (Kibel 1992). Wie bereits angesprochen, kann es sein, dass der Widerstand unspezifische Qualitäten aufweist. In diesem Sinne ist er analog aufzufassen zu dem, was Fenichel (1945) als akuten Widerstand beschrieb. Da er aber die Bedürfnisse der Mitglieder der Gruppe befriedigt, macht seine Elastizität es ähnlich schwer, zu ihm vorzudringen wie zu Charakterwiderständen in der Einzelbehandlung (Kibel 1977).

Der Schlüssel zur Bearbeitung solcher gruppenweiten Widerstände liegt in der Identifikation seiner internen Widersprüche. Über die Zeit gesehen wird irgendein Element unausweichlich – da Gruppenwiderstände aus Konflikten geboren werden – ich-dyston werden, zumindest für einige der Gruppenmitglieder. Um sich aus diesem Unbehagen herauszuziehen, suchen die Gruppenmitglieder die Hilfe des Therapeuten bzw. besinnen sich auf ihre eigenen Ressourcen der Selbstbefragung. In jedem Fall wird die Lösung durch einen Prozess herbeigeführt, bei dem alle Gruppenmitglieder mit dem Gruppenleiter an einem Strang ziehen. Indem sie sich mit seinem beobachtenden Auge identifizieren, „borgen" sie sich sozusagen Selbstreflexion aus und betrachten sich zaghaft selbst. Dieser Prozess unterbricht den kollektiven Widerstand und hilft den Gruppenmitgliedern, sich aus der Position des in der Gruppe Agierens (acting in) hin zu einer der Selbstbeobachtung zu bewegen (Kibel 1992).

Einfluss des Leiters

Wie beeinflusst der Therapeut die Veränderung? Es gibt keine einzelne Antwort auf diese Frage. In der Tat haben Therapeuten unterschiedliche Wege zur gleichen Zielerreichung gefunden. Einige arbeiten mit der Gruppe als Ganzes, einige mit Subgruppen und einige mit den Individuen innerhalb der Gruppe. Die Ergebnisse sind oftmals die gleichen. Die Auflösung des Gruppenwiderstands ist von ultimativer Bedeutung. Bei der Arbeit mit gruppenweiten Widerständen muss man flexibel sein. Es kann das Gegenteil von produktiv sein, bei einer einzigen Methode zu bleiben. Die Situation ist nicht wie in der Individualbehandlung, in der es wichtig für den Patienten ist, die Bedeutung von Widerstand zu verstehen. Dort – in der Einzelpsychotherapie – steht der Widerstand in Beziehung mit dem Charakter und/oder spezifischen Konflikten. Aber in der Gruppe ist der kollektive Widerstand ohne Charakter, etwa in dem Sinne, dass aus den Projektionen der Gruppenmitglieder ein Metasystem entsteht.

In einer offenen (slow open) Psychotherapiegruppe für Patienten mit einer Persönlichkeitsstörung entwickelte sich eine Sackgasse. Die Gruppenmitglieder zögerten alle miteinander, klinisch relevantes Material einzubringen. Sie warteten gewöhnlich auf das Ende der Sitzung, um wichtige Probleme von außerhalb der Gruppe anzusprechen und diskutierten selten intragruppale Konflikte. Dieses Widerstandsmuster wurde wiederholt vom Gruppenleiter angesprochen und oft konfrontiert. Eine kollektive Fantasie entstand. Jedes Gruppenmitglied sah die Gruppe als eine potenziell kritische Entität, gegenüber der es hilflos war. Inaktivität und Vorsicht dienten als Leitlinie gegen Fantasien über Attacken von Seiten des Gruppenimagos. Unabhängig von ihrer Furcht vor einem Engagement hatten sie aufgrund ihrer gemeinsamen Geschichte starke Beziehungen untereinander entwickelt. Sie hatten aber auch gelernt, auf eine oberflächliche Art miteinander in Beziehung zu stehen, einer Art, die im Moment als bedeutsam erschien, die aber gestellt war und bloß Raum weg nahm, bis die Sitzung kurz vor dem Ende war, wenn dann wichtiges Material eingebracht wurde. Die Interpretation der kollektiven Fantasie und die Konfrontation ihrer ausagierten Elemente erwiesen sich nicht als günstig. So hielt sich der Widerstand, da er den Bedürfnissen der Gruppenmitglieder diente, sich miteinander in Verbindung zu fühlen, bei gleichzeitiger Vermeidung von Veränderung. Schließlich stimmten die Gruppenmitglieder, unter Mithilfe des Therapeuten, der Einführung einer anfänglichen Runde in jeder Sitzung zu, einer Runde, in der jedes Gruppenmitglied aufgefordert war, irgendeinen Punkt aus dem eigenen Leben oder aus der Gruppenerfahrung für die Diskussion beizusteuern. Nach drei Monaten mit dieser Prozedur war die Sackgasse durchbrochen und die Spontaneität kehrte zurück. Effektive Arbeit stellte sich wieder ein und die Gruppenrunde zu jeder Sitzung wurde aufgegeben.

Es war schwierig gewesen, dieses Widerstandssystem anzugehen, da es unbewussten Bedürfnissen diente. Es hielt die Gruppenmitglieder beieinander, kreierte eine Atmosphäre von Pseudointimität und diente der Vergewisserung von jedermann, dass die noxischen Elemente außerhalb von ihnen zu suchen waren.

Lange Zeit vorher hatte Freud erkannt, dass das neurotische System schwierig aufzuknacken ist. Er beschrieb die Notwendigkeit des konstanten Interpretierens, der wiederholten Bewusstmachung von Konflikten und des Durcharbeitens. Dieser Prozess des wiederholten Wiederbearbeitens von Konflikten auf der individuellen Ebene ist analog zu sehen zu der anstrengenden Arbeit, die erforderlich ist, um gruppenweite Widerstände zu überwinden. Dies zu tun, ist die Kunst der Psychotherapie.

Abwesenheit von Widerstand

Kann es eine Gruppensitzung ohne Widerstand geben? Offensichtlich nicht, wenn wir bedenken, dass jeder Organismus – sei es ein Individuum oder eine Gruppe – ein vollständiges Ausgesetztsein nicht ertragen kann, d. h., ohne irgendwelche Abwehr nicht sein kann. Mehr noch, wie schon angesprochen, beinhaltet die Rolle eines Individuums in der Gruppe interne Widersprüche: Es muss beides zugleich sein, interaktiv und reflektierend gegenüber anderen; beides zusammen geht nicht zur selben Zeit. Somit wird eine vollständige Spontaneität nicht möglich sein. Dennoch gibt es Abschnitte, in denen eine Gruppe sich einem widerstandsfreien Zustand annähern kann. Wenn dies der Fall ist, gibt es keinen Bedarf für den Therapeuten, in den Prozess einzugreifen, er braucht bloß zu beobachten und den Dingen ihren eigenen Lauf zu lassen. Die Identifizierung dieses relativ widerstandsfreien Zustands ist genauso bedeutend wie die Identifikation von Widerständen, da es eben wichtig ist, zu wissen, wann nicht zu intervenieren ist.

Freud (1900) schlug vor, dass ein Patient kurz vor der Beendigung seiner Behandlung ist, wenn er in der Lage ist, die ganze Sitzung hindurch frei zu assoziieren. Das heißt, dass die Sitzung frei von Widerstand ist. Einige Gruppenpsychotherapeuten haben versucht, diese Auffassung auf die Gruppe zu übertragen und forderten, dass eine so genannte gut ausbalancierte Sitzung eine ist, an der alle Gruppenmitglieder aktiv teilnehmen (auch wenn ihre Beiträge nicht gleich verteilt sind), dass es einen frei flottierenden Wechsel von einem Fokus zu einem anderen gibt, und dass die jüngste Vergangenheit, die weiter zurück liegende Vergangenheit wie auch aktive Arbeit im Hier und Jetzt zur Sprache kommt. Andere – mit einem ähnlichen Standpunkt – scheinen beinahe ausschließlich auf dem Hier und Jetzt zu bestehen. Cohen (1997, S. 444) bemerkt: „Veränderung tritt ein als ein Ergebnis der Integration von Emotionen, Kognitionen und Verhalten."

Die Autorin arbeitet mit Widerständen, Emotionen zu verspüren, Widerstand, sie auszudrücken, und schließlich Widerständen, sie zu verstehen. Die entsprechende Implikation ist hier, eine relativ widerstandsfreie Sitzung als eine Sitzung anzusehen, in der Gefühl, Ausdruck und Verständnis im Hier und Jetzt auftreten.

Ormont (1999) fügt noch – aus einer ähnlichen Perspektive – einen weiteren zu definierenden Faktor hinzu. Er nennt ihn eine „fortschrittliche Sitzung". Nicht nur müssten Gefühle in Worte gebracht und im Hier und Jetzt der Beziehungen innerhalb der Gruppe ausgedrückt werden, es müsste sich auch der Charakter dieser Beziehungen verändern. Dies bedeutet, dass neue Aspekte von beiden, Persönlichkeit und Beziehungen, erörtert werden müssten, auf dass – im wahren Sinne des Wortes – neue Wege der Beziehung vor unseren Augen entstehen.

Das Konzept einer relativ widerstandsfreien Sitzung ist insofern wichtig, als es dem Kliniker hilft, erkennen zu können, wann Behandlung gut verläuft. Diese Sicht geht zurück auf das ursprüngliche Konzept von Widerstand, nämlich dass es als jene Faktoren definiert ist, die unverträglich mit dem Fortschritt des Patienten sind und einer Bewegung in Richtung Gesundheit entgegenstehen. In einem psychoanalytischen Sinne ist das kurative Potenzial dann maximiert, wenn es einen ungehinderten Austausch von Information gibt. Dies ermöglicht wiederum neue Erfahrungen, die latent in der Gruppe vorhanden waren. Dann könnten Mitglieder von solch einer Erfahrung lernen, wie Bion (1961) dies ausdrückte. Neu geäußerte Gefühle, Beziehungsaspekte und damit zusammenhängende Gedanken – einmal in der Gruppe erlebt – können erhalten, transformiert, ihnen kann neue Bedeutung gegeben und sie können dann integriert werden (Kibel 1992). Alles, was dem Genannten entgegensteht, konstituiert Widerstand und fordert die Aufmerksamkeit des Gruppenleiters heraus.

26. Übertragung und Gegenübertragung

K. König

Allgemeines zur Übertragung

Übertragung ist ein ubiquitäres Phänomen, es gibt sie in allen Beziehungen (König 1998; vgl. auch Freud 1905b). Dementsprechend kommt sie nicht nur in Gruppen vor, die nach einem psychoanalytischen Konzept geleitet werden.

Unsere Beziehungserfahrungen sind in unserer inneren Welt des Selbst und der Objekte in der Form von Selbstrepräsentanzen und Objektrepräsentanzen und ihren Beziehungen zueinander gespeichert. Beziehungserfahrungen bedingen Erwartungen und Befürchtungen beim Fantasieren einer Beziehung, beim Aufnehmen einer Beziehung, während einer Beziehung und nach einer Trennung.

Selbstrepräsentanzen und Objektrepräsentanzen kann man sich wie eine russische Puppe vorstellen: die rezenten Beziehungserfahrungen liegen außen, die früheren innen.

Ein Individuum kann in seinem Erleben in der Beziehung gegenüber jemand anderem und teilweise auch in seinem Verhalten auf die Säuglingsstufe regredieren. Er kann sich als klein, hilflos, gierig und leicht frustrierbar erleben und verhalten, er kann sich ähnlich wie ein Kleinkind erleben und verhalten oder wie ein Schulkind oder ein Adoleszenter.

Wie jemand die Beziehung erlebt, hängt auch vom Zustand des Selbst ab; wenn ein Mann durch einen Unfall hilflos gemacht wird, wird er die Krankenschwester in einer Klinik unter ihren mütterlichen Aspekten erleben. Wird er wiederhergestellt, sieht er sie vielleicht eher wie eine erwachsene Frau, die als Partnerin auf einer gleichen Ebene in Frage kommt. Wie er generell Frauen gegenüber empfindet, hängt von der psychischen Entwicklung ab, die ein Mann im Laufe seines Lebens genommen hat. So gibt es Männer, die Frauen gegenüber habituell so empfinden, wie sie als vier- oder fünfjähriges Kind empfunden haben.

Sie werden z. B. besonders von Frauen angezogen, die schon einen Partner haben; ähnlich wie das in der so genannten ödipalen Entwicklungsphase der Fall war, wo der Junge eine enge Beziehung zur Mutter wünschte und fantasierte und den Vater als Rivalen empfand. Dass die Frau schon gebunden ist, macht sie der Mutter aus dieser Entwicklungsphase ähnlich. Solche Frauen bieten einen Übertragungsauslöser für die Übertragung von Beziehungserfahrungen aus jener Zeit.

Übertragungsauslöser können in einem bestimmten Verhalten, bestimmten Beziehungskonstellationen, einer bestimmten sozialen Position oder einem bestimmten Beruf eines Menschen bestehen. Aussehen, Alter und Geschlecht spielen eine Rolle. Beziehungserfahrungen vor dem vierten Lebensjahr sind von dem Geschlecht der Beziehungsperson relativ unabhängig; hier kommt es mehr auf das Verhalten an. Im vierten und fünften Lebensjahr werden Geschlechtsunterschiede wichtig. Der ödipale Vater ist ein junger oder relativ junger Mann; jünger als der reale Vater einer erwachsenen Frau. Dass Frauen sich zur Vermeidung von Inzestfantasien Männern zuwenden, die ihr Vater sein könnten, hängt vielleicht auch damit zusammen, dass solche Männer wie ein Großvater aus der ödipalen Entwicklungsphase erscheinen, mit dem sie weniger verwandt sind als mit dem Vater (König und Kreische 1991).

Dass die beschriebene Dreieckskonstellation gerade im vierten oder fünften Lebensjahr aktuell wird, hängt mit der biologischen Entwicklung des Kindes zusammen; sie kann durch die Art der Beziehungen beeinflusst werden, die Eltern in dieser Zeit anbieten. So kann eine Mutter, die eine enge Beziehung zu ihrem Sohn sucht und mit dem Vater nicht viel im Sinn zu haben scheint, in dem Jungen die Illusion nähren, dass er für Frauen besonders attraktiv ist und dass er die Kompetenzen eines Erwachsenen nicht erwerben muss, die der Vater hat, die ihm aber in der Beziehung mit der Mutter nicht viel zu nützen schienen. Später wird es für den Jungen besonders wichtig sein, von Frauen akzeptiert zu werden; berufliche Ausbildung und Berufserfolg werden für ihn eine im Vergleich zu anderen Männern geringere Rolle spielen.

Das Speichern bestimmter Beziehungserfahrungen bewirkt bestimmte Übertragungsdispositionen. Der Betreffende sucht in seinem späteren Leben entsprechende Beziehungskonstellationen immer wieder auf und dies selbst dann, wenn sie für ihn unangenehme Aspekte haben. Freud sprach von **Wiederholungszwang**. Nach Sandler (1960) spielt eine große Rolle, dass vertraute Beziehungen ein Gefühl der Sicherheit erzeugen. Der Autor (König 1982a, 1982b, 1992a) spricht von einem Gefühl der Familiarität, der Vertrautheit, die wiederum eine Art Heimatgefühl und damit Sicherheit erzeugt.

Wie stark die Übertragungswünsche sind, hängt unter anderem davon ab, wie weit sie schon befriedigt werden. So kann ein Arzt, der auf der Krankenstation, auf der er arbeitet, von einer Krankenschwester betreut wird, die ihm Kaffee kocht und Kuchen mitbringt, in seinen Wünschen nach einer nährenden Mutter abgesättigt sein. Lässt der Arzt sich in einer Praxis nieder, wird er diese Wünsche vielleicht auf die Helferinnen übertragen oder auf seine Frau, die auf die Wünsche eingehen kann oder nicht. Gehen die Frauen auf seine Wünsche nicht ein, kann das zu interpersonellen Konflikten führen.

Von Übertragung im engeren Sinne unterscheiden Sandler und Holder (1992) die so genannte **Charakterübertragung**. Unser Erleben und Verhalten ist nicht nur unmittelbar durch Beziehungserfahrungen bedingt, sondern auch durch deren Weiterverarbeitung in Charakter, an der die Abwehrmechanismen (A. Freud 1936; König 1996) beteiligt sind. So können aggressive Gefühle gegenüber einem Vater durch Gefühle besonderer Zuneigung unterdrückt werden. Diese so genannte Reaktionsbildung kann die Beziehung zu Männern wesentlich bestimmen; erst in einer therapeutisch induzierten oder sonst wie determinierten Regression kommen dann die aggressiven Gefühle wie von selbst zum Vorschein, oder sie werden frei gelegt, indem man den Abwehrmechanismus Reaktionsbildung bearbeitet, was durch Konfrontation und Deutung geschehen kann.

Übertragung in Gruppen

Gruppen bieten Übertragungsauslöser verschiedener Art. In Gruppen kann man einen übertragungsbedingten Verlauf beobachten (König 1976), der auch etwas mit den Informationen über die anderen Menschen in der Gruppe zu tun hat.

Zu Beginn einer Gruppe, deren Mitglieder ihre Arbeit gemeinsam aufnehmen, kennen sich die Patienten noch nicht; sie haben keine oder, in einem Krankenhaus, nur geringe Erfahrungen miteinander gemacht. In der Gruppe erzählen die Patienten voneinander, und sie verhalten sich auf eine für sie charakteristische Weise. Das differenziert sie voneinander. Zu Beginn der Gruppe konfluieren die Gruppenteilnehmer in der Wahrnehmung des einzelnen Gruppenmitglieds aber zu einem Globalobjekt, das Erinnerungen an die früheste postnatale Beziehung zur Mutter weckt. Die Mutter ist ja um ein Vielfaches größer und stärker als der Säugling. Mit der Erinnerung an frühe Zeiten sind auch Wünsche nach einer narzisstischen Symbiose verknüpft oder in einer anderen Terminologie (König 1992a) nach einer schizoiden Verschmelzung, gepaart mit der Angst davor, die eigene Identität zu verlieren. Dem kann zum Beispiel entgegengewirkt werden, indem sich die Gruppenmitglieder mit ihren Namen vorstellen und so ihre Identität als Individuum akzentuieren.

Dann wird der Therapeut bzw. die Therapeutin als jemand gesehen, der/die die Gruppe mit Worten füttert oder sie darben lässt. Später lösen der als mächtig erlebte Therapeut oder die als mächtig erlebte Therapeutin Autoritätskonflikte aus: dominierende Elternobjekte werden übertragen. Gegen Ende der Entwicklung einer geschlossenen Gruppe treten dann, nachdem frühere Erlebens- und Verhaltensweisen zur Darstellung gekommen sind, Geschlechtsunterschiede in den Vordergrund. Es kommt zur Prävalenz von Themen aus dem vierten oder fünften Lebensjahr oder auch aus der Adoleszenz. Für Letzteres ist ein Auslöser, dass die Gruppenmitglieder erwarten, aus der Gruppe in ihr erwachsenes Alltagsleben zurückzukehren. Die Trennungsphase aktiviert dann oft auch Erlebens- und Verhaltensweisen, die wieder etwas mit frühen Kind-Mutter-Erfahrungen zu tun haben: Befürchtungen treten auf, dass man allein nicht zurechtkommen wird; so wie ein kleines Kind fürchten muss, nicht zu überleben, wenn die Mutter es verlässt.

Übertragung kann von der gesamten Gruppe, den einzelnen Gruppenmitgliedern, vom Therapeuten und natürlich auch von Untergruppen innerhalb einer Gruppe ausgelöst werden. Welche Übertragung dann tatsächlich entsteht, hat auch etwas damit zu tun, wie die Übertragungswünsche zurzeit für jedes einzelne Gruppenmitglied abgesättigt sind, in der Gruppe und außerhalb der Gruppe.

Will ein Therapeut mit Regression arbeiten, um frühe Vorläufer des aktuellen Beziehungserlebens zu bearbeiten, kann er dies in Gruppen oft gefahrloser tun als in einer Einzeltherapie. In einer Einzeltherapie geschieht die Regression sehr allmählich, frühe Erlebensweisen werden oft erst im Laufe einer längeren, hochfrequenten Einzeltherapie erreicht. Die Regression persistiert aber auch zwischen den Sitzungen. Dagegen kommt es in therapeutischen Kleingruppen zwar schon in der ersten Sitzung zum Auftreten früher Übertragungen, weil die Gruppe einen starken Übertragungsauslöser dafür bietet. Die Regression geht aber zurück, wenn der Übertragungsauslöser Gesamtgruppe nach der Sitzung vor den Augen des einzelnen Teilnehmers zerfällt, weil die Gruppenmitglieder auseinander gehen.

Generell kann man sagen, dass eine Gruppe initial durch ihre Übertragungsauslöser umso mehr Regression induziert, je größer sie ist. So lässt Regression sich am eindrucksvollsten in unstrukturierten Großgruppen beobachten. Irrationales Verhalten während oder nach einem Fußballspiel hat oft etwas damit zu tun, dass die Zuschauer in einem Fußballstadion eine wenig oder gar nicht strukturierte Großgruppe bilden.

Will man Patienten in Gruppen von über 15 Teilnehmern behandeln, ist es wichtig zu überlegen, ob starke Regression erwünscht ist. Das hängt mit der Ich-Entwicklung der Patienten zusammen. Patienten mit einem schwachen Ich können weniger Regression aushalten. Die Regression kann dann auch schwerlich therapeutisch nutzbar gemacht werden.

In Großgruppen ist es üblich, eine Struktur einzuführen, die der Regression entgegenwirkt. So wird ein Gruppenleiter etabliert, der Wortmeldungen entgegennimmt und das Wort erteilt. Man hat meist eine Agenda, die abgearbeitet wird. Da die kognitive Arbeitsfähigkeit einer Gruppe durch Regression eingeschränkt wird (Bion 1974), ist es sinnvoll, auf eine Begrenzung von Regression zu achten. In therapeutischen Gruppen, in denen auch die frühen Vorformen aktuellen Erlebens und Verhaltens bearbeitet werden sollen, wird man wenig Struktur vorgeben. Je mehr man an der erwachsenen Oberfläche der inneren Repräsentanzen arbeiten will, und entsprechend auch an den so genannten abgeleiteten Konflikten (Gill 1954), umso mehr wird man den Einzelnen ansprechen. Wer in der Gruppe von „der Gruppe" spricht, betont Gemeinsamkeiten. Er fördert damit die Wahrnehmung der Gruppe als eines Globalobjektes. Wer Einzelne anspricht, akzentuiert die Unterschiede zwischen den Individuen. Das wirkt der Wahrnehmung einer Gruppe als Globalobjekt entgegen. Deshalb führen Ganzgruppendeutungen zu stärkerer Regression als Deutungen, die sich auf Einzelne beziehen. Das wird zum Beispiel im so genannten Göttinger Modell der Gruppenpsychotherapie (Heigl-Evers und Heigl 1973; König und Lindner 1991) genutzt.

Durch die Art seines Intervenierens kann der Therapeut also frühes oder späteres Erleben der Gruppenmitglieder verstärkt zur Darstellung bringen und dadurch den Entwicklungsprozess der Gruppe wesentlich beeinflussen. So kann es kommen, dass manche Gruppentherapeuten eine Gruppe für besonders geeignet halten, ödipale Konflikte zu bearbeiten und andere Gruppentherapeuten eher Chancen für die Bearbeitung früher Konflikte in der Gruppe sehen. Was sie in der Gruppe beobachten, hängt auch von ihrem Interventionsstil ab, was nicht immer reflektiert wird.

Allgemeines zur Gegenübertragung

Unter Gegenübertragung verstehen die meisten Psychoanalytiker heute alle Erlebensweisen und Handlungsimpulse, die Patienten in einem Therapeuten auslösen. Diese so genannte totalistische Auffassung (Kernberg 1965; König 1993) von Gegenübertragung differenziert die Reaktionen des Therapeuten nach den auslösenden Faktoren.

Der Therapeut kann auf die in einer Übertragung enthaltene Zuschreibung reagieren. Zum Beispiel kann es ihm mehr oder weniger recht sein, als warm und engagiert oder als kühl und gleichgültig erlebt zu werden. Es handelt sich oft um Verhaltensweisen eines übertragenen Objekts, das der Patient dem Therapeuten zuschreibt. Der Therapeut kann auf den Patienten als reale Person in seinem tatsächlichen Verhalten reagieren und jenes zum Beispiel mehr oder weniger sympathisch finden. Er kann selbst auf den Patienten übertragen, entsprechend den Übertragungsauslösern, die der Patient ihm bietet. Man zählt die Übertragung des Therapeuten auf Patienten also zur Gegenübertragung.

Wie ein Therapeut auf einen bestimmten Menschen reagiert, hängt wesentlich davon ab, ob er sich in der therapeutischen Rolle befindet oder nicht. So kann ein Therapeut im Alltagsleben durch umständliche Menschen irritiert werden und sich wünschen, mit ihnen nichts zu tun zu haben. Das umständliche Verhalten eines Patienten während einer therapeutischen Sitzung kann er aber interessant finden und den Ursachen nachspüren, ohne irritiert zu sein. Ein Therapeut, der im Alltagsleben eher kontaktempfindlich ist und zwischen sich und anderen einen großen Abstand herstellen möchte, kann sich im Schutze der therapeutischen Rolle im Umgang mit einem Patienten, der große Nähewünsche hat, wohl und sicher fühlen. Die therapeutische Aufgabe und die durch das angewandte therapeutische Konzept bedingten Einstellungen des Therapeuten haben einen wesentlichen Einfluss auf die Gegenübertragung.

Ursprünglich wurde die Gegenübertragung als nur störend angesehen. Später hat Heimann (1950) die positiven Aspekte der Gegenübertragung betont. Denn sie ermöglicht diagnostische Aufschlüsse. Ein Therapeut, der seine Reaktionsweisen kennt und der auf einen bestimmten Patienten in einer bestimmten Art und Weise reagiert, kann daraus Hinweise ableiten, was im Patienten vor sich geht. Freilich hat Heimann diesen Aspekt der Gegenübertragung zuungunsten ihres störenden Aspekts überbetont. Sie nahm an, die Gegenübertragung sei ausschließlich eine Schöpfung des Patienten. Ich nenne das die Lackmustheorie der Gegenübertragung: Der Therapeut wird als Indikator gesehen, der sich in einem bestimmten Milieu verlässlich rot oder blau färbt. Die Überbetonung der diagnostischen Aspekte von Gegenübertragung kann zu Fehlschlüssen führen. Man denke an das so genannte Praecoxgefühl in der Schizophreniediagnostik, auf das viele Psychiater sich zu sehr verlassen haben.

Gegenübertragung in Gruppen

In Gruppen sind die Gegenübertragungsreaktionen des Therapeuten in der Regel komplexer und intensiver als in der Einzelpsychotherapie. Je mehr der Therapeut die Gruppe als ein Ganzes sieht und die Beziehung zu ihr dyadisch auffasst, desto weniger komplex wird seine Gegenübertragung sein. Das kann er als einen Vorteil empfinden. Gruppentherapeutische Modelle, die die Gruppe wie eine Wesenheit auffassen, sind in Deutschland das Konzept von Argelander (1963) und das von Ohlmeier (1976). Auch die Bionschen Auffassungen von Gruppen (Bion 1974) sind in der Hauptsache dyadisch. Dagegen sind die Konzepte von Foulkes (1974, 1978) und von Heigl-Evers und Heigl (1973; s. König und Lindner 1991) Mehrpersonenkonzepte.

Foulkes sieht die Individuen in einer Gruppe wie Knoten in einem kommunikativen Netzwerk, Heigl-Evers und Heigl betonen die interpersonellen Vorgänge in einer Gruppe, die sich zum Beispiel durch die so genannten lateralen Übertragungen äußern: Übertragungen der Gruppenmitglieder aufeinander.

Je mehr ein Therapeut eine Gruppe als eine Wesenheit bzw. Entität auffasst, desto mehr wirkt die Gruppe auf ihn als ein früher Übertragungsauslöser. Dann spielen die Übertragungen des Therapeuten auf die Gesamtgruppe eine größere Rolle als die Übertragung des Therapeuten auf einen einzelnen Patienten.

Andererseits regrediert der Therapeut in der Gruppe weniger als die Gruppenmitglieder, weil er von den Patienten mehr weiß als die Gruppenmitglieder voneinander. Für ihn konfluiert die Gruppe deshalb weniger zu einem Globalobjekt. Er hat in der Regel die Indikation gestellt oder war zumindest, zum Beispiel in einer Klinik, an der Indikationsstellung beteiligt; aufgrund von Informationen, die ihm zugeleitet wurden. Er hat meist Kenntnis von der Anamnese der Patienten und hat sie im Einzelsetting gesprochen, ehe er sie in der Gruppe erlebt. Der Therapeut kann also in der Gruppe leichter die Übersicht behalten als die Patienten, weil er weniger auf die Gesamtgruppe überträgt und deshalb weniger regrediert. Auch stellt sich seine therapeutische Aufgabe einer unkontrollierten Regression entgegen, weil sie das Kognitive mehr akzentuiert als die Rolle des Patienten dies tut.

Andererseits identifiziert ein Therapeut sich mit den einzelnen Patienten. Er kann so die auseinander strebenden oder aber verclinchten Beziehungen der Gruppenmitglieder besser erfassen, beurteilen und durch Interventionen beeinflussen als in der Rolle eines abgegrenzten Aussenbeobachters. Man spricht von einer **Containerfunktion** des Therapeuten (Bion 1970) Dieser Begriff hat Eingang in die Mainstream-Psychoanalyse gefunden. Er wurde dabei von den idiosynkratischen theoretischen Vorstellungen Bions gelöst. Der Therapeut erlebt sich wie ein Behältnis, das die Beziehungsmanifestationen der Gruppenmitglieder in sich aufnimmt. In dem Verb „to contain" zeigt sich noch eine andere Bedeutung des Wortes „Container". Es hat die Bedeutung „begrenzen" oder „zusammenhalten", auch „umfassen". Man sagt zum Beispiel, dass bestimmte Emotionen „contained" werden: man behält sie bei sich, begrenzt sie, lässt sie das Handeln nicht ausschließlich bestimmen. Der Satz „He contained his anger" besagt, dass jemand seine Wut beherrsche.

Die Containerfunktion eines Therapeuten hat also auch begrenzende Aspekte. Diese begrenzende, haltende Funktion des Therapeuten trägt sicher dazu bei, dass Gruppen in der Regel als anstrengender empfunden werden als Einzelpsychotherapien. Die Gefühle mehrerer Personen müssen „contained" werden.

Je nachdem, welches Konzept ein Therapeut anwendet, wird er seine Aufmerksamkeit auf Übertragung und Gegenübertragung konzentrieren oder die Phänomene zu ignorieren geneigt sein. Dadurch, dass man sie ignoriert, werden sie aber nicht ausgelöscht. So hat auch ein Verhaltenstherapeut in einer Gruppe mit Übertragung und Gegenübertragung zu tun, auch wenn er diese Phänomene anders benennt. Übertragung und Gegenübertragung stellen sich in einer Familientherapie, wo die realen Eltern zugegen sind, anders dar als in einer Gruppe von Patienten, die nicht zusammen leben oder dies nur in einer Klinik für eine begrenzte Zeit tun. Psychoanalytiker, die mit Familien arbeiten, berichten, dass Übertragungen auf sie geringer sind (Simon, pers. Mitteilung). Sie sind aber auch vorhanden. In einer therapeutischen Gruppe, in der die Patienten bestrebt sind, ihre Familien zu reinszenieren, spielen sie eine größere Rolle. An ihnen kann dann gearbeitet werden.

Projektive Identifizierungen

Die Inszenierung der inneren Welt eines Patienten in einer Gruppe wird in letzter Zeit verstärkt beachtet (z. B. Haubl 1999). Patienten übertragen nicht nur, sie sind auch bemüht, ihre Übertragungserwartungen bestätigt zu erhalten. Argelander (1970a) sprach von der szenischen Funktion des Ich. Klein (1946) sprach von projektiver Identifizierung. Der letztgenannte Begriff hat in den Mainstream der Psychoanalyse Eingang gefunden und wurde von den theoretischen Vorstellungen Kleins gelöst; allerdings mit dem Ergebnis, dass es heute viele Definitionen von projektiver Identifizierung gibt (Sandler 1987). Ogden (1979) stellte wohl als Erster heraus, dass ein Patient durch sein interaktionelles Handeln bemüht ist, Übertragungserwartungen bestätigt zu finden, indem er Menschen, auf die er überträgt, so beeinflusst, dass sie den Erwartungen entsprechen. Der Autor selbst (König 1982a, 1982b, 1991, 1992b) spricht von projektiven Identifizierungen vom Übertragungstyp oder von Übertragung mit einem interaktionellen Anteil.

Reicht die Fantasie eines Menschen, der überträgt, aus, um sich davon zu überzeugen, dass die Übertragung zutrifft, hat er ein hohes Verkennungspotential. Dies kommt bei Patienten vor, die vorwiegend in ihrer inneren Welt leben und die äußere Realität wenig wahrnehmen. Ein solches Individuum braucht nicht so zu handeln, dass sich seine Übertragung bestätigt. Es nimmt nicht wahr, was ihm widersprechen würde. Nimmt aber jemand seine Umwelt genauer wahr; und damit auch solche Verhaltensmerkmale von Personen, auf die er überträgt, die darauf schließen lassen, dass seine Übertragung nicht zutrifft, kann er den interaktionellen Anteil der Übertragung einsetzen, um die Übertragung bestätigt zu erhalten.

Patienten mit so genannten Frühstörungen haben meist extreme Objektvorstellungen; zum Beispiel dann, wenn sie den Abwehrmechanismus der Spaltung einsetzen, wahrscheinlich ein Abwehrphänomen, das aus mehreren anderen Abwehrmechanismen zusammengesetzt ist (König 1996; Leichsenring 1996a). Sie erleben Menschen dann als nur gut oder nur böse.

Diese extremen Objektvorstellungen befinden sich in Widerspruch zu dem, wie Menschen tatsächlich sind. Um sie bestätigt zu erhalten, ist es für solche früh gestörten Patienten notwendig, ein extrem provozierendes oder stark verführendes Verhalten einzusetzen. Deshalb sind die projektiven Identifizierungen solcher Patienten leicht in ihrem interaktionellen Anteil erkennbar, was dazu geführt hat, dass die projektive Identifizierung von manchen Autoren (z.B. Kernberg u. Mitarb. 1989) als ein Phänomen dargestellt wird, das sich nur bei früh gestörten Patienten findet. Tatsächlich kann man es aber auch bei Patienten beobachten, deren Störung später im Leben entstanden ist, wie zum Beispiel Sandler (1976) in seiner Arbeit zur „Rollenübernahme" dargestellt hat. Die reiferen Übertragungsinszenierungen mit ihrem interaktionellen Verhalten bieten diagnostische Schwierigkeiten, weil die Objekte, die übertragen werden, dem realen Verhalten erwachsener Menschen näher sind als die frühen Objekte. Während eine projektive Identifizierung früh gestörter Patienten oft schwer auszuhalten ist, sind projektive Identifizierungen von Patienten mit Störungen, die aus dem ödipalen Bereich stammen, oft schwer zu diagnostizieren. Man wird durch die projektive Identifizierung beeinflusst, verhält sich aber nicht so abweichend vom Alltagsverhalten, dass es einem auffallen würde.

Wie sehr ein Therapeut auf eine projektive Identifizierung vom Übertragungstyp eingeht, hängt unter anderem davon ab, ob die Verhaltensdisposition, die sie induziert, der therapeutischen Rolle qualitativ entspricht oder ein Verhalten hervorrufen kann, das mit dieser Rolle prinzipiell im Widerspruch steht. So werden projektive Identifizierungen mit bösen Objekten meist leichter erkannt als projektive Identifizierungen mit guten Objekten. Ein Therapeut sollte sich nicht „böse" verhalten, zum Beispiel nicht verbal zurückschlagen, wenn er von einem Patienten durch einen Angriff provoziert wird. Er sollte sich aber für seine Patienten einsetzen. Die projektive Identifizierung mit einem guten Objekt (in diesem Fall also dem Therapeuten) bewirkt unter Umständen nur, dass der Therapeut sich besonders und dann oft dysfunktional einsetzt. Das lässt sich schwerer erkennen als ein nicht rollenkonformes aggressives Verhalten, das mit der Therapeutenrolle schon auf den ersten Blick unvereinbar ist.

An den projektiven Identifizierungen vom Übertragungstyp lässt sich besonders prägnant erkennen, wie wichtig es ist, Übertragung und Gegenübertragung als ubiquitäre Phänomene zu erkennen und im eigenen therapeutischen Handeln zu berücksichtigen; und dies auch dann, wenn man als Therapeut nicht nach psychoanalytischen Konzepten arbeitet.

Neben der projektiven Identifizierung vom Übertragungstyp kann man auch projektive Identifizierungen beobachten, die der inneren Konfliktentlastung dienen. Sie sollen einen inneren Konflikt außen inszenieren. Wenn ein innerer Konflikt, zum Beispiel zwischen dem Selbst und dem Überich, auch zu einem interpersonellen Konflikt gemacht wird, der leichter auszuhalten ist, lenkt er von dem analogen inneren Konflikt ab.

Schließlich gibt es projektive Identifizierungen vom kommunikativen Typ, die einen relativen Gleichklang des Erlebens von zwei Personen bedingen. Der projektiv Identifizierende kann dann hoffen, vom Gegenüber besser verstanden zu werden. Eine projektive Identifizierung vom Abgrenzungstyp soll das Gegenüber daran hindern, zu verstehen, wenn das Verstehen als eindringend erlebt wird.

Die Gruppenmitglieder sind den projektiven Identifizierungen meist mehr ausgesetzt als ein Therapeut, weil sie weniger gut verstehen können, was mit ihnen geschieht. Sie sind auch weniger als ein Therapeut gehalten, ihre Impulse zu beherrschen. Auch deshalb wirkt sich eine projektive Identifizierung mehr auf ihr Verhalten aus. Psychosoziale Kompromissbildungen (Heigl-Evers und Heigl 1979a) werden nicht nur durch Triebwünsche und die Abwehr gegen sie bestimmt, sondern auch durch die projektiven Identifizierungen der Gruppenmitglieder unter Einschluss des Therapeuten. Denn auch der Therapeut kann projektiv identifizieren, um seine Übertragungen bestätigt zu erhalten (König 1992b).

27. Der Umgang mit Träumen in der Gruppenpsychotherapie

H. Brandes

Psychoanalytische Tradition

Die Arbeit mit Träumen im Gruppensetting wird insbesondere von Gruppenansätzen thematisiert, die Verbindungen zur psychoanalytischen Tradition aufweisen oder unmittelbar auf ihr fußen. Grundlage hierfür ist die von Freud übernommene hohe Wertschätzung von Träumen als der „Via regia" zum Unbewussten. Die wichtigste Erkenntnis der Freudschen Traumauffassung besteht sicherlich darin, die Trauminhalte nicht mehr als Eingebung durch eine höhere, übernatürliche Instanz zu interpretieren wie die klassischen Traumauffassungen des Altertums und der Antike, sie aber auch nicht als zufällig und bedeutungslos abzutun, wie bis heute in einer positivistisch ausgerichteten Psychologie üblich ist, sondern sie als gebunden an die Sinndimension der individuellen Lebensgeschichte des Träumenden zu verstehen. Freud war bekanntlich der Auffassung, dass der vom Träumer reproduzierbare „manifeste" Trauminhalt als symbolische Verschlüsselung eines darunter liegenden „latenten" Trauminhalts aufzufassen sei, wobei sich dieser latente Trauminhalt durch den systematischen Bezug zur Lebensgeschichte des Träumers (Freud 1900) erschließe. Dabei bedient sich der Psychoanalytiker bei seiner Entschlüsselungs- oder Deutungsarbeit zusätzlicher freier Assoziationen des Träumers zu den manifesten Traumsymbolen. Aus Sicht der Einzelanalyse ist weitgehend unumstritten, dass Freud mit dieser Traumkonzeption, wie Kemper (1983, S. 35) es einmal formulierte, „... nicht nur ein genialer Wurf gelungen ist, sondern dass er auch nahezu sämtliche wirklich wesentlichen Daten zum Phänomen des Traums und seiner Deutung bereits zusammengetragen und zu einer strukturellen Einheit verknüpft hat, so dass der Nachwelt vergleichsweise nur noch wenig zu ergänzen übrig blieb."

Aus der gruppenpsychotherapeutischen Perspektive ist das psychoanalytische Traumverständnis freilich mit der Problematik behaftet, dass es den Traum als eine rein individuelle Schöpfung begreift, die primär nicht in soziale Kontexte und Kommunikationen eingebunden ist. Sowohl Freud (1900) wie auch Jung (1934, 1936) entdeckten zwar neben den über die Biographie des Träumers zu entschlüsselnden Traumelementen auch eine dem Mythos und der Kunst verwandte Bildwelt des Traums (Symbole und Archetypen), die nur schwerlich als individuelle Schöpfung angesehen werden konnte. Es gelang ihnen aber nicht, zu einer Konzeption vorzustoßen, die individuelles und kollektives Unbewusstes schlüssig verbindet.

Trotz aller Differenzen sind sich nämlich Freud und Jung darin einig, dass die kollektiven Archetypen oder Symbole im Grunde historisch unveränderlich sind und dass das Individuum nicht an seiner Hervorbringung beteiligt ist, sondern sie lediglich als bereits Gegebenes übernehmen kann (s. Mies 1989). Vor allem können sie keinen sozialen Mechanismus angeben, über den die historische Transformation der kollektiven Traumsymbolik erfolgt und beide greifen auf die wenig überzeugende Annahme einer biologischen Vererbung frühgeschichtlicher Erfahrungen zurück. Folglich bestehen bei beiden Autoren kaum Vermittlungen zwischen dem individuell und dem kollektiv Unbewussten im Traum. Dem entspricht, dass Freud wie Jung den therapeutischen Prozess primär als individuelle Selbstentfaltung gegen kollektive Zwänge auffassten und die Gruppe ihnen als Versinnbildlichung von Konformität erschien (Freud 1921).

Mit der Einführung des Gruppensettings in die Psychotherapie stellt sich grundsätzlich und nicht nur bezogen auf die Traumauffassung die Herausforderung, die individuumzentrierte Sichtweise und Behandlungspraxis der Psychoanalyse in Richtung auf einen sozialen Kontext zu erweitern. Je nachdem, ob die Gruppe lediglich als erweiterter Rahmen für die Anwendung der psychoanalytischen Theorie und Methodik betrachtet wird oder ob Gruppenpsychotherapie als ein eigenständiges, von der Gruppe und ihrer Dynamik ausgehendes Verfahren verstanden wird, stellt sich diese Herausforderung in unterschiedlicher Dringlichkeit.

Die Übertragung der einzelanalytischen Technik der Traumarbeit auf die Gruppe

Je stärker in der Gruppe die therapeutische Aktivität dadurch bestimmt ist, dass die Einzelnen und ihre Psychodynamik im Mittelpunkt stehen, desto weniger stellt sich die Notwendigkeit einer grundlegenden Anpassung und Modifikation der psychoanalytischen Theorie und Behandlungspraxis. Aus dieser Perspektive gibt es auch bezüglich der Behandlung von Träumen keinen prinzipiellen Unterschied zwischen der psychoanalytischen Einzelsituation und dem Gruppensetting. Die Gruppe kommt, wenn überhaupt, lediglich als erweiterter Resonanzboden für die jeweilige einzelne Traumerzählung zum Tragen.

Beispielhaft für eine auf den Einzelnen zentrierte analytische Traumarbeit in der Gruppe ist das von Rattner (1972, S. 51) geschilderte Vorgehen:

„Wir fangen konkret eine Gruppensitzung an, indem wir fragen, ob irgendjemand die Gruppe mit einem Problem in Anspruch nehmen möchte ... Hat sich einer ‚zum Erzählen' entschlossen, so ‚gehört die ganze Sitzung ihm', d. h., die anderthalb Stunden Gruppentherapie sind hauptsächlich ihm gewidmet. Meistens schließen sich dem noch ein bis zwei Sitzungen an, damit die aufgeworfene Problematik mit Hilfe von Anamnese, Gegenwartssituation, Deuten von Verhaltensfragmenten, Träumen, Kindheitserinnerungen usw. amplifiziert (bereichert) werden kann. Ein Fall gilt als ‚vorläufig abgeschlossen', wenn die Gesamtsituation des Analysanden ins Licht gerückt werden konnte."

Für Rattner dient „alle psychoanalytische Deutungsarbeit an Träumen" der Aufgabe, individuelle „Charakteranomalien durchsichtig zu machen und auf ihre Behebung hinzuarbeiten" (S. 118). Und er schließt an: „Dies ist in der Gruppentherapie nicht anders als in der Einzeltherapie".

Zwar gibt es eine Ausweitung der Deutungsarbeit auf andere Gruppenmitglieder, aber lediglich im Sinne einer Verbreiterung der vom Therapeuten eingeführten Deutungstechnik: „Haben sie [die Gruppenteilnehmer] vielfach am Therapeuten die Deutungstechnik ‚abgucken' können, so deuten sie Träume, Einfälle, Lebensschwierigkeiten mit einer Souveränität, die erschüttert" (S. 53).

Ganz ähnlich beschreiben Kadis und Mitarb. (1982) ihre Umgangsweise mit Träumen im Gruppensetting. Grundsätzlich übergeht auch in der Gruppe „der Therapeut keinen Traum, der erzählt wird, und widmet ihm in jedem Fall das notwendige Maß an Zeit und Aufmerksamkeit" (S. 213).

Dabei ergeht nach der Traumerzählung die Aufforderung vom Gruppenleiter an den Träumer, „zum Traum im Ganzen, aber auch zu den Details der Erzählung zu assoziieren" (S. 212) bzw. es werden Nachfragen zur aktuellen Realität (etwas des Tages vor dem Traum) gestellt. Erst nachdem der Therapeut so sein Interesse bekundet hat, wird auch die Gruppe einbezogen und die anderen Mitglieder werden aufgefordert, mitzuteilen was ihnen zu diesem Traum einfällt. Es fehlen in dieser praxisnahen Beschreibung auch nicht Hinweise darauf, dass der Therapeut besonders für jene Trauminhalte hellhörig sein muss, die direkt mit ihm in Zusammenhang stehen und dass er dafür Sorge zu tragen hat, dass keine Träume „unter den Tisch fallen" (S. 213 f.). Unschwer lässt sich ablesen, dass der Umgang mit dem Traum auch hier analog zur einzelanalytischen Praxis erfolgt. Der Traum wird als individuelle Schöpfung betrachtet, der Leiter beansprucht die wesentliche „Deutungsmacht" und der Gruppenprozess wird von ihm ganz im Sinne des psychoanalytischen Vorgehens strukturiert. Hieran ändert nichts, dass der Therapeut auch hier aufgefordert wird, als „Traumdeuter" zurückzutreten, „wenn die Gruppe gelernt hat, sich mit dem Material aus dem Unbewussten auseinander zu setzen" (S. 213).

Wie bei Rattner zielt diese Erweiterung lediglich darauf ab, das vom Therapeuten eingeführte Muster zu verallgemeinern und die anderen Gruppenmitglieder quasi zu „Hilfsdeutern" zu machen.

Es soll hier nicht in Abrede gestellt werden, dass ein solches Vorgehen legitim ist und auch therapeutische Effekte nach sich zieht. Es stellt sich aber die Frage, ob im Rahmen eines Ansatzes, der die Gruppe bestenfalls als erweiterten Resonanzboden für eine im Kern ungebrochen individuumzentrierte Traumarbeit nach dem Vorbild der psychoanalytischen Einzelbehandlung auffasst, die Potenz der Gruppe und die Möglichkeiten des Arbeitens mit Träumen in ihr noch voll zur Geltung kommen können.

Traumarbeit aus einer gruppenorientierten Perspektive

Autoren, die in der Gruppe mehr sehen als eine Ansammlung von einzelnen Individuen, sind sich darin einig, dass ein an der Einzelanalyse orientierter praktischer Umgang mit Träumen in der Gruppe wenig sinnvoll ist. Yalom (1970, S. 361) begründet dies ganz pragmatisch: „Die intensive, ausführliche, personalisierte Traumerforschung, die in der analytisch orientierten Einzeltherapie praktiziert wird, lässt sich in der Gruppentherapie kaum durchführen. Bei Gruppen, die ein- oder zweimal in der Woche zusammenkommen, würde ein solches Verfahren unverhältnismäßig viel Zeit für einen einzelnen Patienten erfordern; der Prozess wäre außerdem für die Übrigen nur von minimalem Nutzen; sie würden zu reinen Zuschauern werden."

Bei Grotjahn (1979, S. 141) wird der Unterschied zur einzelanalytischen Arbeitsweise bereits prinzipieller durch die Einbindung aller Akteure in das Gruppengeschehen begründet: „Die Gruppenmitglieder und ich reagieren auf die Träume mit unseren Assoziationen und Gefühlen. Die Gruppenreaktion tritt an die Stelle der Deutung. Man könnte auch sagen, die Reaktion ist die Deutung oder ist Träger der Deutung. Die Gruppe wartet nicht auf ausführliche oder bestätigende Assoziationen, wie es in der Einzelanalyse üblich ist. Dies gleicht dem direkten oder ‚wilden' Vorgehen, wie es manchmal für die Behandlung von Psychosen empfohlen wird. Der Traum eines Mitglieds einer arbeitenden Gruppe wird zum Traum aller Mitglieder, zu ihrem gemeinsamen Besitz, zum ‚Gruppentraum'."

König und Lindner (1991, S. 119) sprechen zwar nicht so generalisierend vom Gruppentraum, sie betonen aber die Notwendigkeit, **jeden** Traum, der in der Gruppe erzählt wird, „auf den Kontext der Gruppensituation" zu beziehen, und dies auch dann, „wenn der manifeste Trauminhalt und die Gruppensituation zunächst keine Beziehungen zu haben scheinen."

Die Erzählung von Träumen in der Gruppe kann sich aus dieser Perspektive auch als Ausdruck eines Widerstands darstellen und beispielsweise dazu dienen, einem aktuellen Konflikt in der Gruppe auszuweichen.

Richtungsweisend für Gruppenkonzepte, die sich von der Position einer bloßen Anwendung der Psychoanalyse auf die Gruppe absetzen, ist die von Foulkes begründete gruppenanalytische Methode. Foulkes geht von einer eigenständigen psychischen Dimension der Gruppe aus, die er „Matrix" nennt und die das Netzwerk der verbalen und nonverbalen Kommunikationen umfasst, vor deren Hintergrund jede Äußerung oder Aktion von Einzelnen erst ihre spezifische Bedeutung gewinnt (Foulkes 1992). Psychodynamik und Gruppendynamik bilden aus dieser Perspektive eine Einheit, und die Einzelnen sind durch ihre Kommunikation in der Gruppe aktiv an der Bildung eines dynamischen kollektiven Unbewussten beteiligt. In diesem Verständnis von Gruppenpsychotherapie besteht die Hauptaufgabe des Leiters nicht in der Deutung von Äußerungen Einzelner, sondern in der Förderung der Kommunikation in der Gruppe.

Bezogen auf den Traum nimmt Foulkes eine widersprüchliche Position ein. Einerseits hält er noch an der psychoanalytischen Auffassung fest, nach der der Traum eine individuelle Schöpfung ist, „nicht bestimmt für die Öffentlichkeit" (Foulkes 1992, S. 141 f.). Unter diesem Aspekt wird er leicht zu einem Ausdruck des Widerstandes gegen das Prinzip der freien Gruppenassoziation. Andererseits ordnet Foulkes den Traum in die Kommunikationsformen in der Gruppe ein und entwickelt den Gedanken des **Gruppentraums**: „Der Gruppenanalytiker meiner Orientierung weist Träume natürlich nicht zurück, aber behandelt sie wie andere Kommunikationen nach ihrer dynamischen Bedeutung. Vor allem ist unserer Ansicht nach jeder Traum, der in der Gruppe erzählt wird, Eigentum dieser Gruppe. Gruppen unterscheiden mit feiner Intuition zwischen dem, was sie Gruppenträume nennen, und anderen Träumen. Diese Gruppenträume sind manchmal wichtige Kommunikationen, die sich insbesondere auf aktuelle interpersonelle Dynamik, auf den Leiter, auf die Erkenntnis von allgemeinen, aber unbewussten Widerständen beziehen. Andere Träume werden manchmal von der Gruppe ignoriert, manchmal mit leichter Modifikation der spezifischen Bedeutung für den Träumer aufgenommen, jedenfalls werden sie bald in den Gruppenkontext absorbiert, wie er sich aus der Matrix entwickelt" (S. 141).

Diese Überlegungen von Foulkes sind von verschiedenen Autoren und mit unterschiedlicher Akzentuierung aufgegriffen worden. Dabei besteht der größte Konsens darin, dass **Gruppenträume im engeren Sinne** einen gruppenbezogenen Zugang und eine entsprechende Behandlung durch Einbeziehung anderer Gruppenteilnehmer und deren Assoziationen erfordern. In solchen Träumen spiegeln sich, wie Raymond Battegay (1985, S. 34) formuliert, „nicht nur die Probleme des Betroffenen, sondern auch der ganzen Gruppe" wider. Sie können dabei einen Gruppenkonflikt bzw. Abwehrformen der Gruppe symbolisch widerspiegeln, gelegentlich tauchen aber auch die Gruppenmitglieder selbst als Akteure in der Traumerzählung auf. Auf jeden Fall lassen sie, wie König und Lindner (1991, S. 117) meinen, „eine innere Auseinandersetzung eines Mitglieds mit der Gruppe erkennen [und erhellen] dabei oft Beziehungen innerhalb der Gruppe aus einer bisher nicht eingenommenen, neuen Perspektive".

Rauchfleisch (1995) betont, dass besonders in Phasen des Gruppenprozesses, die durch Verunsicherung und starke Spannungen gekennzeichnet seien, Träume berichtet würden, die von ihm wie folgt charakterisiert werden: „Im Allgemeinen stellen diese Träume nicht nur Träume dar, die einen persönlichen Konflikt des Träumers reflektieren, sondern die auch Ausdruck eines Aspekts sind, der die gesamte Gruppe beherrscht, was diese Träume zu ‚Gruppenträumen' macht." (S. 466)

Am unmittelbarsten in der Foulkes-Tradition steht Trappe (1989), die **generell** – und nicht nur bezogen auf Gruppenträume im engeren Sinne – die Traumarbeit in der Gruppe in den Kontext des Gruppenprozesses stellt und den Traum mit der Ebene des Spielerischen und Bildhaften von Gruppenkommunikationen verbindet. Aus ihrer Sicht (Trappe 1989, S. 100) differenziert der Leiter „nach Bedarf zwischen Einzelnem und Gruppe als Ganzem, sieht das einzelne Ereignis auf dem Grund von Konfigurationen, Interaktionen und Bedeutungszusammenhängen. Er handhabt die spielerische Ebene und geht in diesem Sinne mit Träumen um … Damit Träume überhaupt zum Gegenstand der Gruppenarbeit werden, muss der Leiter die Bewegungen der Matrix wahrnehmen und sich selbst integrieren können. Er muss die Ebenen, die sich herstellen, erkennen und sich anbahnende Kontexte erfassen, sie verstärken oder auch annullieren können. Er muss die Traumbilder integrieren und selbst mit Bildern in der Gruppe arbeiten können. Er muss das Spiel ins Spiel bringen, Paradoxien verstehen und Symptome im Bilde erkennbar machen können".

Es entspricht der Foulkesschen Sichtweise, wenn Trappe (1989, S. 101 f.) das **Hier und Jetzt** der Gruppe als wesentlichen Hintergrund der Traumerzählung definiert: „Das, worüber kommuniziert wird, findet zugleich in der Gruppe statt, d. h. hier, dass der zu der Traumfigur gehörende Grund, die allgemeine Atmosphäre, Stimmung, das Zurückgenommensein, gleichzeitig in der Gruppe vorbereitend und begleitend hergestellt wird."

Trappes Hinweis (1989, S. 101), die Voraussetzung für eine produktive Gruppenarbeit mit Träumen sei, „… dass die Gruppe auf keinen Fall leiterzentriert wird", führt zu dem aus ihrer Sicht entscheidenden Unterschied zum Einzelsetting: „Der Therapeut [in der Gruppe] muss der Versuchung widerstehen, die Übertragungssituation des Träumers im Hinblick auf den Leiter unter der Hand zu einem vorrangigen Prinzip werden zu lassen und somit die Bedeutung des Traums in der Gruppe zu entwerten, das heißt, zu verhindern, dass Träume als Material zur Analyse produziert werden und die infantile Abhängigkeit unter der Hand zementiert wird." (1989, S. 101).

Theoretische Implikationen einer gruppenbezogenen Traumarbeit

Eine solche Praxis der Traumarbeit in der Gruppe fordert heraus, auch ein theoretisches Verständnis von Träumen als Teil des Gruppenprozesses zu entwickeln.

Dabei kann insofern an das psychoanalytische Verständnis angeknüpft werden, als sich auch in Gruppen bestätigt, dass Träume eine Symbolik und Struktur aufweisen, die Freud als „primärprozesshaft" bezeichnete und zu Recht von der Logik der Struktur der gesprochenen Kommunikation absetzte. Aus einer sozialwissenschaftlich erweiterten Perspektive, wie sie Mies (1989, S. 86) vorschlägt, drückt sich im Traum eine Realitätserfahrung aus, die verwandt ist mit der Erfahrung in körpernahen Beziehungen wie dem Spiel und der Kunst: „Traum, Spiel und Kunst haben bei aller Unterschiedlichkeit ihrer sozialen und psychischen Funktion gemeinsam, dass sie die wachsende Distanz zwischen körpernaher und körperferner Realitätserfahrung überbrücken helfen und es dem kindlichen oder erwachsenen Individuum ermöglichen, die Vielfalt seiner Wirklichkeitsbezüge nicht abstrakt gedanklich, sondern sinnlich anzueignen und zu integrieren."

Mies spricht diesbezüglich auch von einem „mimetischen Verhältnis", was „eine fast unmittelbare, körperlich verinnerlichte Verbundenheit [meint], in der das Individuum die es umgebende Welt kognitiv und emotional als Erweiterung seiner Subjektivität, als quasi organische Fortsetzung des eigenen Körpers erlebt" (S. 87).

Aus dieser Sicht, die Winnicotts Gedanken aufgreift von den „Übergangsphänomenen" als „intermediärer Bereich von Erfahrungen, in denen in gleicher Weise innere Realität und äußeres Leben einfließen, drückt sich in Träumen eine wichtige Seite des Realitätserlebens aus, die nur teilweise in explizit sprachlich formulierbare Gedanken übersetzbar ist" (S. 88).

In der Sprache der Kommunikationstheorie von Watzlawick u. Mitarb. (1969) formuliert könnte man auch sagen, dass Träume wichtiger Bestandteil der **analogen** Kommunikation sind, die in der Hauptsache **Beziehungen** ausdrückt und aushandelt und die wie alle Formen der nonverbalen Kommunikation nur begrenzt in digitale Kommunikation zu übersetzen ist. Auf diesen Aspekt kann hier nicht dezidierter eingegangen werden. Wichtig ist aber, dass Watzlawick u. Mitarb. davon ausgehen, dass im menschlichen Bereich immer beide Kommunikationsformen gleichzeitig und in gewissem Sinne gleichwertig zur Anwendung kommen, wobei beide Formen charakteristische Vorzüge und Begrenzungen aufweisen: „Digitale Kommunikationen haben eine komplexe und vielseitige logische Syntax, aber eine auf dem Gebiet der Beziehungen unzulängliche Semantik. Analoge Kommunikationen dagegen besitzen dieses semantische Potential, ermangeln aber die für eindeutige Kommunikationen erforderliche logische Syntax" (Watzlawick u. Mitarb. 1969, S. 68).

Die Charakteristika der analogen Kommunikation (ihre Vagheit und Mehrdeutigkeit sowie der Rückgriff auf sinnlich prägnante Analogien oder Ähnlichkeitsbeziehungen) zeigen eine unmittelbare Verwandtschaft zu den „Primärprozessen" im Sinne Freuds – freilich mit dem wesentlichen Unterschied, dass hier von **Kommunikation** gesprochen wird – wenn man so will, von „primärprozesshafter Kommunikation". Dies zu betonen, scheint mir wichtig zu sein, weil hieran deutlich wird, dass Träume genauso wie Gesten und Mimik unter dem Aspekt körpernaher, durch sinnliche Wahrnehmung bestimmter Kommunikationsprozesse zu sehen sind und dass diese Ebene durchaus eine gewisse Eigenständigkeit gegenüber dem Inhaltsaspekt sprachlicher Kommunikation besitzt. An dieser Stelle kann auf Lorenzer (1970, 1984) verwiesen werden, der in Weiterentwicklung der psychoanalytischen Symboltheorie die Kluft zwischen sinnlicher Erlebniswelt und sprachlich symbolischer Verfügung schließt durch die Postulierung einer Zwischenschicht der „sinnlich-symbolischen Interaktionsformen". Diese Schicht liegt zum einen zwischen unmittelbarer Sinnlichkeit und sprachlicher Symbolverfügung (und damit Bewusstheit) und zum anderen liegt sie an der Nahtstelle zwischen Individualität und Kollektivität. Beide Linien treffen die Bewegungen des Individuums dort, „wo Körperlichkeit, Emotionalität und Bewusstsein noch ungetrennt zusammen sind: in den leiblichen Gesten" (Lorenzer 1984, S. 35).

Da die sinnlich symbolischen Interaktionsformen „die unbewussten Verhaltensmuster mit den sprachsymbolischen Interaktionsformen" (S. 166) verknüpfen und gleichzeitig die individuelle Erfahrung mit dem kollektiv Verbindlichen verklammern, besteht Grund zu der Annahme, dass sie „die Grundlage von Identität und Autonomie und insofern die Schaltstelle der Persönlichkeitsbildung überhaupt" (S. 163) bilden.

Sie konstituieren eine Tiefenschicht der Persönlichkeit, da sie leibnäher sind als die auf ihnen fußenden sprachsymbolischen Interaktionsformen. Insofern der Traum genauso wie Mythos, Märchen oder Tanz in den Kreis der sinnlich symbolischen Ausdrucksmittel gehört (Lorenzer 1984), ist von hier aus die Verbindung zur Traumarbeit in der Gruppe relativ einfach herzustellen: Die vielleicht wichtigste therapeutische Funktion von Träumen in der Gruppe besteht darin, dass sie, wie Mies (1989, S. 88 f.) sagt, dazu beitragen „den Kommunikationsstil in Richtung auf eine sinnlich konkretere, körpernähere und mehr metaphorisch-assoziative Sprechweise" zu verändern. Fixiert der Leiter die Gruppe im Umgang mit Träumen auf die kognitive Distanzierung in der sprachlichen Deutung, läuft er Gefahr, die gegenüber der Einzeltherapie erweiterte analoge Kommunikationsfähigkeit der Gruppe zu entwerten und einzuschränken. Behandelt er dagegen Träume und Assoziationen als vollwertige und nicht erst noch übersetzungsbedürftige kommunikative Beiträge, fördert er die Möglichkeiten der Gruppe zur Kommunikation auf der sinnlich symbolischen, körpernahen Ebene.

Aus dieser Perspektive stellt sich auch die Frage nach dem Traum als individueller Schöpfung in neuem Licht. Nimmt man die Bildhaftigkeit des Traums als Ausdruck sinnlich symbolischen Realitätserlebens und körpernaher, „mimetischer" Lernprozesse, entfällt die Notwendigkeit, sie als außerhalb sozialer Kontexte stehende Ausdrucksformen zu klassifizieren. Bei Mies entfällt damit auch die Notwendigkeit, diese Überindividualität über einen Vererbungsmechanismus erklären zu müssen, weil er anschließend an die Kultursoziologie Bourdieus davon ausgeht, dass das Hauptmaterial für den Traum angeeignet werde über körpernahe Lernprozesse im Sinne eines „sozialen Habitus": „Das Material, aus dem der Traum schöpft, entstammt danach dem kollektiven Erbe praktischer Metaphern und Analogiebildungen, an dem der Träumer aufgrund seiner Zugehörigkeit zu Klassen und Gruppen teilhat und das er sich durch die körperliche Verinnerlichung ihrer Existenzbedingungen erworben hat" (1989, S. 94).

Die charakteristische Verdichtung und Vielschichtigkeit von Traumsymbolen entspricht voll und ganz der Vagheit und Vieldeutigkeit des gestischen Ausdrucks und der an den sinnlichen Ausdruck gebundenen Symbolik. Damit entbehren sie zwar der Eindeutigkeit der sprachsymbolischen Ausdrucksformen, sie sind aber den leiblichen Prozessen und den daran gehefteten Emotionen entscheidend näher. „Das Soziale rückt uns hier näher auf den Leib", sagt Lorenzer (1984, S. 162).

Mies differenziert in seiner Diskussion theoretischer Traumkonzeptionen zwischen dem Material, aus dem der Träumer schöpft und der jeweiligen Konfiguration, die der Traum hieraus herstellt. Er geht dabei davon aus, dass die Traumphantasien durchaus als eine individuelle Schöpfung zu verstehen sind, betont aber, dass der Träumer dabei auf Inhalte und Symbolisierungen zurückgreift, die überindividuell und deshalb für andere verständlich sind. Die Gruppenmitglieder sind im therapeutischen Prozess intensiv miteinander verbunden und bilden nicht nur einen für sie spezifischen kollektiven Interaktionsstil aus, sondern sie schaffen sich auch „ein bestimmtes Inventar an Bedeutungen und Zeichen, das in dieser spezifischen Form ihre originäre Leistung ist" (Mies 1989, S. 96 f.).

Insofern ist es wenig plausibel, die im Traum produzierten Bilder lediglich auf die private Sinnebene der Biographie des Träumers zu beziehen und die Sinnebene des gemeinsamen Gruppenerlebens nicht in Rechnung zu stellen. Die Annahme einer fundamentalen Prägung des individuellen Traums durch den sozialen Kontext, in dem er geträumt wird, erklärt nicht zuletzt das Phänomen des Gruppentraums, der „schlaglichtartig die Gesamtkonstellation erhellt und in Bewegung bringt" (Mies 1989, S. 97) und zu einer erheblichen Verdichtung und einem häufig entscheidenden Kohärenzgewinn im Gruppenprozess führt.

Konnte Freud im einzeltherapeutischen Setting den sozialen Hintergrund des lebensgeschichtlichen Kontextes noch ignorieren, so ist meines Erachtens im Gruppensetting nur schwer zu übersehen, dass die Traumsymbolik in verdichteter Form immer zugleich eine **vertikale** (biographische) **und** eine **horizontale** (soziale) Sinndimension widerspiegelt. Während es durchaus Sinn macht, im Einzelsetting im Umgang mit Träumen die vertikale Sinnebene zu betonen und diese ergänzend lediglich auf die dyadische Übertragungskonstellation zu beziehen, gewinnt im Gruppensetting die horizontale Sinndimension eine entscheidende Bedeutung. Insofern ist es nahe liegend, Träume in der Gruppe zuerst einmal „als Fortsetzung der freien Gruppenassoziation zu betrachten" (Mies 1989, S. 97) und darüber hinaus jeden Traum „dem Kontext zuzuordnen, der sich in der Gruppe hergestellt hat und der den Traum wesentlich definiert" (Trappe 1989, S. 119).

Letzteres gilt sowohl für den Trauminhalt als auch für den Zeitpunkt, an dem der Traum als Erzählung in den Gruppenprozess eingebracht wird. Träume werden nämlich vermutlich nur erzählt, wenn sich die Gruppe „in ihrer aktiven Bewegung" auf den Trauminhalt hin konfiguriert hat (Trappe 1989, S. 102). In diesem Sinne gilt nicht nur für aktuell im Gruppenprozess produzierte Träume das Primat der Sinnebene der Gruppe. Sondern dies gilt auch für zu einem früheren Zeitpunkt geträumte und wiedererinnerte „alte" Träume, die durch die Platzierung im Gruppenprozess eine spezifische und nicht selten auch für den Träumer neue Sinndimension gewinnen.

Ein Fallbeispiel

Anhand einer Fallvignette aus meiner eigenen Arbeit will ich beispielhaft darstellen, wie eine Traumarbeit, die sich von theoretischen Überlegungen und praktischen Prämissen leiten lässt, wie sie in den vorhergehenden zwei Abschnitten umrissen wurden, konkret aussehen kann.

Es handelt sich bei dem folgenden Beispiel um eine Gruppe mit 18 männlichen Teilnehmern, die im Rahmen einer Fortbildung in kirchlicher Trägerschaft für ein Wochenende mit mir zur Selbsterfahrung zusammengekommen ist. Dieses Beispiel ist zwar insofern untypisch, als es sich auf einen für die gruppenanalytische Methodik ausgesprochen kurzen Zeitraum bezieht, andererseits erlaubt es, in komprimierter Weise einen Gruppenprozess, in dem Träume eine große Rolle spielen, exemplarisch darzustellen.

> In den ersten drei Sitzungen geht es thematisch um Wut und die Unfähigkeit, diese auszudrücken, um Trauer (ein Teilnehmer spricht vom Tod seines Bruders, ein anderer von seiner Traurigkeit beim Abschied von den Kindern) und um die Väter, insbesondere ihren behindernden Einfluss auf den Ausdruck von Gefühlen. Am Ende des Tages und dieser Sitzungssequenz mache ich das Angebot an die Teilnehmer, sie könnten auch Träume „mitbringen", die sie während des Wochenendes haben, und darüber sprechen.
>
> Am nächsten Morgen beginnt die Sitzung damit, dass ein Teilnehmer einen Traum berichtet: Er sei im Traum mit der Familie rausgegangen auf eine Wiese mit Schmetterlingen. Ganz viele wunderschöne und bunte Schmetterlinge. Ein besonders schöner habe auf den Flügeln Abbildungen von einem Jungen auf der einen und einem Mädchen auf der anderen Seite gehabt. Diesen wollte er fotografieren, und er sei weggegangen, um einen Fotoapparat zu holen. Dabei sei er in einen dunklen Gang gekommen, der wie ein Geburtskanal gewesen sei, – wie „eine Geburt rückwärts", sagt er. Um dort hindurchzukommen, habe er erst ein „Joch" wegräumen müssen und dann ein „Herz", ein schön bemaltes Holzherzchen, gesehen.
>
> Ich ermuntere die anderen Gruppenmitglieder, diesen Traum als einen „Gruppentraum" zu nehmen, d. h., sie könnten ihn nutzen, um eigene Assoziationen an ihn zu knüpfen. Einige Teilnehmer greifen das auf und äußern verschiedene Assoziationen, wobei das „Joch" mehrheitlich als ein Symbol für den einschränkenden Vater erscheint, womit die Gruppe an die vorherige Sitzung anknüpft.
>
> Dann berichtet ein anderer Gruppenteilnehmer seinerseits von einem Traum aus der letzten Nacht. Er sagt, er habe einen „Kastrationstraum" gehabt: ein riesengroßer Dinosaurier, der ihn entmannen wollte. Er sei aufgewacht und habe ihn gemalt. Er hat das Bild mitgebracht und zeigt es der Gruppe. Es ist ein Dinosaurier mit langem Hals und enorm dickem Bauch. Darunter hat er geschrieben: „Sie beißt mir die Eier ab." Ich frage nach, ob er gleich an „sie" gedacht habe, denn „der Dinosaurier" sei ja männlich. Er selbst schiebt als Interpretation nach, er wolle sich sterilisieren lassen. Er wolle kein Kind mehr, weil seine Frau dann noch dicker würde und zu Depressionen neige. Er habe aber Angst, dies würde seine Potenz einschränken. Die Gruppe greift das Thema der Sterilisation auf, wobei eine ganze Reihe von Männern eröffnet, sie habe sich sterilisieren lassen. Mehrere betonen, dass dies keinen negativen Effekt auf ihr sexuelles Erleben und ihre Potenz gehabt habe. Andere bringen dies mit ihrer Entscheidung zusammen, bei ihren jeweiligen Ehefrauen zu bleiben, verantwortungsvoll im Sexualverkehr mit Frauen geworden zu sein und insgesamt erwachsen.
>
> Der Prozess wird schleppender und mutiert zeitweilig zum wechselseitigen „Beratungsgespräch"; die Hälfte der Gruppe beteiligt sich nicht und wirkt abwesend, verschlossen. Letzteres spreche ich an, ohne wesentliche Reaktion. Dann ist die Sitzung zu Ende. Ich selbst bin am Ende dieser Sitzung unzufrieden. Ich denke, dass es Zeit ist für eine den Prozess beeinflussende Intervention, habe aber kein klares Bild vom Gruppenkontext. Vor allem bleibt mir das Sterilisationsthema in seiner Bedeutung für die Gruppe unklar.
>
> Es folgt dann eine Sitzung, in der sich die Gruppe im Protest gegen mich als Leiter zusammenfindet. Mein Stil wird als zu passiv empfunden; die Stimmung ist gespannt und gereizt. Es entwickelt sich eine Diskussion über meinen Stil der Gruppenleitung, die ich als Abwehr gegen das Prinzip der freien Gruppenassoziation und damit die Notwendigkeit, von sich selbst und eigenen Problematiken zu sprechen, interpretiere.
>
> Am nächsten Morgen wird die Abschlusssitzung wieder mit einem Traum eröffnet. Dieses Mal von einem Teilnehmer, der bislang kaum etwas von sich gesagt hat und stark am Widerstand der Gruppe gegen die von mir eingebrachte Minimalstrukturierung beteiligt war: Er habe geträumt, dass er aus seinem Zimmer heraus wollte, weil es so nahe an der Küche liege und so unruhig sei, und er habe mit dem Leiter der Fortbildung, der in den Gruppenprozess selbst nicht einbezogen sei, diskutiert. Im Traum sei das Problem aber offen geblieben und er würde jetzt gern in der Gruppe im Rollenspiel die Situation fortführen. Auf seine Frage, wer den Fortbildungsleiter spielen wolle, erfolgt aber keine Reaktion aus der Gruppe.
>
> Ich selbst hatte mir während der vorhergehenden Nacht ein Bild vom Prozess des gestrigen Tages gemacht, das mit seinem Traum korrespondiert. Deshalb nutze ich an dieser Stelle seinen Traum und interpretiere ihn in diesem Sinne: „Es geht nicht um das Zimmer – mein Verdacht ist, du willst aus etwas anderem heraus." Der Teilnehmer ist irritiert, die Gruppe schweigt aufmerksam. Um meiner Aussage besonderes Gewicht zu verleihen, sage ich dann, dass ich über die Sitzung gestern nachgedacht hätte und frage, ob sie interessiert seien, meine Meinung zu erfahren. Sie bestätigen dies erwartungsgemäß und ich sage: „Es geht um den Widerspruch und die Unvereinbarkeit

der heiligen Institution Ehe mit euren sexuellen Wünschen und Bedürfnissen. Ihr habt Angst, dieses Tabu zu brechen, das in Michaels Traum als das Joch auftaucht: das Joch der Ehe."

Daraufhin ist eine starke Bewegung in der Gruppe zu spüren, und es beginnt eine ganz andere Sitzung als noch am Tag zuvor. Mehrere Teilnehmer stimmen mir spontan zu: Mit dem „Joch der Ehe" könnten sie etwas anfangen. Es kommen dann in relativ schneller Folge Aussagen, die die Hilflosigkeit und das Leiden ausdrücken an dem Widerspruch, die Geborgenheit der Ehe und Familie zu wollen, aber auch hinter anderen Frauen herzuschauen und sich Abwechslung in der Sexualität zu wünschen. Zugleich wird die ganze Scham deutlich, die die Gruppe tags zuvor noch mit Hilfe des auf die Methode der Gruppenleitung verschobenen Konflikts zu verdrängen suchte. Ein Teilnehmer berichtet, dass seine Ehefrau lesbisch sei und wie ihn das gekränkt habe. Der Träumer des Dinosauriertraums macht deutlich, dass sein Dilemma nicht nur darin bestehe, die eine Frau zu begehren und mit der anderen – als Pfarrer – die Ehe zu führen. Vielmehr sei auch seine Frau Pastorin und sie teilten sich die Gemeinde, wobei seine Frau wesentlich anerkannter sei als er. Der Träumer des Jochtraums spricht davon, dass seine Frau ihn nicht mehr begehre und sexuell unattraktiv finde. Sie habe jetzt ein Verhältnis mit einem anderen Mann, das sie trotz seines Darunterleidens nicht aufgeben wolle. Sie bleibe zwar bei ihm, aber es gebe keine Leidenschaft mehr von ihrer Seite. Hinzu komme, dass er den Eindruck habe, dass andere Frauen ihn nicht begehrten.

Ein weiterer Teilnehmer schließt an, dass auch seine Frau fremdgehe und sich weigere, dieses Verhältnis aufzugeben, und das bringe ihn an den Rand des Wahnsinns. Ein Teilnehmer führt aus, dass er homosexuell sei und diese Neigung lebe, obwohl er verheiratet sei und zwei Kinder habe. Seine Frau wisse das und habe sich damit eingerichtet, aber gegenüber der Kirche sei es natürlich ein streng gehütetes Geheimnis. Andere betonen, dass es die Kinder seien, die sie in der Ehe hielten, aber auch das kirchliche Dogma und die Tatsache, dass sie existenziell von der Kirche abhängig seien. Der einzige nicht verheiratete Teilnehmer bringt sich damit in die Runde ein, dass er darunter leide, dass er generell von Frauen nicht sexuell begehrt werde. Er sei zwar ein gesuchter „Kumpel" und Gesprächspartner, aber sobald er sexuelles Interesse signalisiere, sei die Frau weg. Und überhaupt komme es zu keinen sexuellen Signalen von Frauen ihm gegenüber. Als ihn ein anderer Teilnehmer darauf aufmerksam macht, dass dies an dem Holzkreuz liegen könne, das er demonstrativ um den Hals trage, ist er zuerst völlig perplex, kann dann aber in das freundliche Lachen der ganzen Gruppe einstimmen. Zu offensichtlich ist der zuvor von allen registrierte, aber nicht ausgesprochene symbolische Zusammenhang: Er trägt für alle sichtbar auf der Brust, was das gemeinsame Problem ist. Damit schlägt die Stimmung um; Heiterkeit tritt an die Stelle der gespannten Betroffenheit; Assoziationen zum Zölibat kommen auf; herzhaftes Gelächter; Lachtränen fließen.

Den Abschluss macht ein Teilnehmer, der anfangs wegen seiner emotionalen Unbeweglichkeit und Verschlossenheit zur Projektionsfläche für das Bild des unerreichbaren Vaters geworden war und der sich während des ganzen Prozesses nur schwer einbringen konnte. Auch er habe einen Traum gehabt, den er noch mitteilen wolle: Auf der Wiese vor seinem Fenster seien über Nacht lauter wunderschöne Steinpilze gewachsen. Er sei eigentlich ein eifriger Pilzsucher, habe sich aber entschlossen, diese nicht zu pflücken, sondern stehen zu lassen, weil sie so schön wären. Mit diesem poetischen Bild, das unkommentiert stehen bleibt, mit dem aber dieser Teilnehmer zum ersten Mal in veränderter Weise in der Gruppe präsent ist, schließt das Selbsterfahrungswochenende.

Diskussion des Fallbeispiels

Diese Fallvignette soll veranschaulichen, dass Traumerzählungen und Traumarbeit im Gruppenprozess eine wesentliche, den Gruppenprozess tragende Bedeutung zukommen kann, wobei dies keineswegs immer so ausgeprägt ist, wie bei diesem Beispiel. Für die hieran deutlich werdende Umgangsweise mit Träumen in der Gruppe ist dabei von zentraler Bedeutung, dass der Leiter Träume nicht primär als individuelle Schöpfungen eines Einzelnen auffasst, sondern als Ausdruck des kollektiven Unbewussten in der Gruppe (Brandes 1992). Dabei wird diese „horizontale" Bedeutungsebene des Gruppenkontextes in den Träumen z.T. erst im Nachhinein sichtbar. In der Rückschau gewinnen der „Jochtraum" und der „Dinosauriertraum" ihre spezifische Bedeutung als individuelle Varianten einer gemeinsamen unbewussten Thematik in der Gruppe: der Schwierigkeit, sich innerhalb des kirchlichen Kontextes mit der Institution der Ehe zu arrangieren. In diesem Sinne ist jeder Traum, der im Zusammenhang mit dem Gruppenprozess geträumt wird oder der in der Gruppe berichtet wird, letztlich ein „Gruppentraum". Dass ich den ersten Traum im Fallbeispiel explizit auch so benannt habe, dient freilich nur dazu, dass die anderen Teilnehmer ermuntert werden, ihre **eigenen Assoziationen** zu äußern, wobei sie frei sind, sich von der Traumerzählung zu lösen, abzuschweifen oder eigene Träume anzufügen. Genauso wie ich mich selbst zurückhalte, dem Träumer seinen Traum zu deuten, versuche ich also einen Umgangsstil mit dem Traum zu etablieren, der diesen als eine Fantasie nimmt, an die andere mit ihren eigenen Fantasien anknüpfen können, ohne dass diese im Sinne einer Deutung auf den Ausgangstraum bezogen sein müssen. Ziel ist folglich nicht die möglichst weitgehende Ausdeutung eines einzelnen Traums, sondern die **Förderung der Gruppenkommunikation** auf einem möglichst konkret bildhaften und emotionsnahen Niveau.

Wie Träume darüber hinaus noch den spezifischen Charakter als „Gruppenträume im engeren Sinne" gewinnen können, wird im Fallbeispiel exemplarisch deutlich an dem „Zimmertraum", der – vor dem Hintergrund einer ausgeprägten Gruppenspannung geträumt – den Charakter eines symbolischen „Schlüssels" für den ganzen Gruppenprozess gewinnt. In ihm ist die von allen geteilte unbewusste Problematik auf höchst kreative Weise verknüpft mit dem, was im Hier und Jetzt der Gruppe die zeitweilige Abwehr in Gestalt der Methodendiskussion bewirkt hat. Man will aus dem heraus, was die Institution Kirche (als Lebensmittelpunkt der Teilnehmer, als Arbeitgeber und als Träger der Fortbildung) vorgesehen hat: einerseits die Ehe als verbindliche Lebensform und andererseits die Methode des Gruppenleiters, beides symbolisiert im unkomfortablen Zimmer. Hier verdichten sich charakteristisch die Träume mehrerer Ebenen zu einem

Thema, vor allem kommt es zu einer Verbindung des Hier und Jetzt der Gruppe, des institutionellen Kontextes und einer für alle zentralen lebensgeschichtlichen Problematik. Deshalb bekommt die hierauf bezogene Deutung auch so großes Gewicht für die anschließende Gruppenkommunikation: Sie wird zur expliziten Erlaubnis, das bislang tabuisierte Problem verbal und damit bewusst zu kommunizieren. Gleichzeitig erlaubt sie wegen der Nähe zum Bildhaftsymbolischen, auch andere nonverbale Ausdrucksformen, wie das Holzkreuz auf der Brust eines Teilnehmers, in diese Kommunikation einzubeziehen.

Bezogen auf die konkrete Handhabung von Träumen im Gruppenprozess und den Interventionsstil des Leiters, veranschaulicht das Fallbeispiel die Möglichkeit und Notwendigkeit eines variablen Leiterstils im Gruppenkontext. Im Unterschied zu einem Leitungsstil der auf die Gruppe übertragenen Einzelanalyse bieten sich aus gruppenanalytischer Perspektive sehr unterschiedliche Umgangsweisen mit Träumen an, deren Angemessenheit aber abhängig ist vom jeweils wahrgenommenen konkreten Gruppenkontext. Dies kann die Aufforderung an die anderen Teilnehmer sein, sich des Traumes quasi zu „bemächtigen" und ihre eigenen Assoziationen an ihn anzuschließen, ihn für sich zu modifizieren oder eigene Träume, Erinnerungen und Bilder anzuschließen wie beim Beispiel des „Jochtraums". Es kann sein, dass der Traum als Kommunikationsbeitrag völlig unkommentiert „stehen bleibt", wie es bei dem abschließenden „Pilztraum" der Fall ist, durch den sich der bisher am Rand des Gruppenprozesses verbliebene Träumer an den Kommunikationsstil der anderen anschließt. Es ist aber, wie beim „Zimmertraum", bei entsprechender Konfiguration der Gruppe auf einen thematischen Focus auch möglich, eine gezielte verbale Deutung für die ganze Gruppe abzugeben.

Wie angedeutet wäre es ein grobes Missverständnis, würde man diese Variabilität des Leitungsstils im Sinne weitgehender Beliebigkeit auslegen. Vielmehr setzt der gruppenanalytische Leitungsstil nach der Methode von Foulkes voraus, dass alle Interventionen unabhängig von ihrer jeweils konkreten Form an folgenden Prämissen orientiert sind:

- Erstens ist der Leiter gehalten, jeden Traum vor dem Hintergrund des Gruppenkontextes wahrzunehmen und entsprechend seiner Einschätzung der aktuellen Gruppenmatrix, dem Hier und Jetzt der Gruppe, mit ihm umzugehen.
- Zweitens sollte er dem Grundsatz folgen, Träume wie jede andere Form verbaler oder nonverbaler Kommunikation als Teil der freien Gruppenassoziation aufzufassen, wobei sie freilich insofern herausragen, als sie in besonderer Weise die Entwicklung der Gruppe zu einem bildlich symbolischen, emotionsnahen Kommunikationsstil fördern.

Der erste Punkt verdeutlicht, dass Edwards (1993) Recht hat, wenn sie kritisiert, dass wenig Reflexion in der Literatur zu Träumen in der Gruppenpsychotherapie darüber erfolgt sei, wie ein adäquater Übergang von der individuellen Arbeit zum Gruppensetting vonstatten gehen könnte. Im zweiten Punkt klingt auch eine zentrale Forderung von Edwards an, die spontanen Gruppenassoziationen als wesentliches Vehikel zur Traumbearbeitung in Gruppen zu nutzen, wobei hier dem Gruppenleiter die Aufgabe zufällt, im Fall ausbleibender Resonanz in der Gruppe diesen Prozess in Gang zu setzen.

Träume bleiben auch in der Gruppe die „Via regia" zum Unbewussten.

28. Prozessmessmethoden in der Gruppenpsychotherapie

A. S. Joyce und A. Kwong

Prozessmessmethoden für die Forschung in der Gruppenpsychotherapie

Der Praktiker, der daran interessiert ist, den Prozess der Gruppenpsychotherapie zu untersuchen, sieht sich zahlreichen zu treffenden Entscheidungen gegenüber. Nicht die einfachste ist die Auswahl geeigneter Prozessmessmethoden. Die wichtigeren Entscheidungen betreffen den Fokus der Forschung und das konzeptuelle Modell des Gruppenprozesses, von dem er (der Fokus) abgeleitet ist. Maße sind für sich genommen **Werkzeuge** – ohne eine Blaupause für ihre Anwendung erfüllen sie nur einen sehr begrenzten Zweck. Die Informationen, die wir aus Prozessmessmethoden erhalten, bedürfen eines **konzeptuellen Rahmens**, um bedeutungsvoll zu sein. Gruppenpraktiker müssen – nach einer sorgfältigen Formulierung des Fokus einer Untersuchung – Maße auswählen, die bei der Suche nach Unterstützung oder Zurückweisung eines spezifischen theoretischen Modells helfen können.

Die große und kritische Bedeutung von theoretisch relevanten Hypothesen für die Prozessforschung in der Gruppenpsychotherapie wurde von anderen Autoren innerhalb der vergangenen zwei Dekaden unterstrichen (Bednar und Kaul 1978; Fuhriman und Barlow 1994; Fuhriman und Burlingame 1990; Kaul und Bednar 1986). Um den Beginn des neuen Millenniums herum kann man sagen, dass klinische Theorie und empirische Stützung bezüglich der Veränderungen im Rahmen von Gruppenprozessen ein hohes Ausmaß an Sophistizierung erreicht haben. Prozessforschung fragt konsequenterweise nach viel mehr als simplen Auszählungen von Teilnehmerverhalten. Das ideale konzeptuelle Modell generiert **Hypothesen** bezüglich

- der Beziehungen zwischen verschiedenen Klassen von Prozessvariablen,
- der Manifestation dieser Beziehungen im Verhalten auf der Ebene des Individuums und der Interaktion,
- der Verbindung dieser Muster von Verhalten innerhalb des einzelnen Kontextes der Gruppenpsychotherapie (Fuhriman und Barlow 1994).

Zum Beispiel könnte unser hypothetischer Praktiker daran interessiert sein, nachzuweisen, dass bestimmte Arten von Interaktionen zwischen den Gruppenmitgliedern kontingent sind mit dem Ausmaß der Gruppenkohäsion in den ersten Sitzungen einer Gruppenmaßnahme. Diese frühen Interaktionsmuster sind nun hypothetisch direkt prädiktiv für Therapieergebnisse zum Ende der Behandlung. Prozessmaße sollten nun so ausgewählt werden, dass sie Einblicke in die Muster der Kovarianz zwischen multiplen Aspekten der Gruppeninteraktion erlauben.

Mit dem Fokus auf Mustern des Gruppenverhaltens kann leicht ein Modell für Prozessforschung entstehen, das eine **unbeherrschbare Zahl von Variablen** umfasst. Deshalb muss das konzeptuelle Modell sparsam genug bleiben, damit Methoden, die ein Ratertraining, spezielle Datenformatierungen und -verwaltungsprozeduren sowie eine statistisch anspruchsvolle Datenanalyse erforderlich machen, durchgeführt werden können. Die Forschungsliteratur ist reich an einzelnen Studien, die eine Erklärung von komplexen Gruppenphänomenen in Angriff genommen haben und die auch tatsächlich Ergebnisse gefunden haben, die es wert sind, erneut untersucht zu werden. Das Untersuchungsteam erlebt jedoch die intensive Laborarbeit der Prozessforschung als überwältigend groß und erlebt ein **Burn-Out-Phänomen** im Hinblick sich auf weiterhin anschließende Arbeiten. Eine Reihe von kleineren Untersuchungen, die bestimmte Aspekte desselben Phänomens untersuchen, verfolgt wahrscheinlich die klügere Strategie. Die richtige Balance zu finden zwischen dem Testen von Modellen, die sophistiziert genug sind, um die Komplexität der Gruppeninteraktion zu erfassen, aber auch einfach genug sind, um operationale Anforderungen innerhalb von vernünftigen Grenzen zu halten, ist schwierig, ergibt aber wahrscheinlich den größten Fortschritt für den Gruppenpraktiker und das gesamte Gebiet.

Wenn das zu testende Modell ausreichend entwickelt worden ist, ist die nächste Aufgabe unseres Praktikers, die in der **Literatur verfügbaren Prozessmessmethoden der Gruppenpsychotherapie** durchzusehen. Wie die Autoren dieses Beitrags versichern können, kann dies eine entmutigende Aufgabe sein. Viele Methoden wurden entwickelt und bei Aufgabengruppen, Trainingsgruppen oder persönlichen Wachstumsgruppen eingesetzt, zusätzlich wurde der Verallgemeinerbarkeit der Maße auch über Gruppensettings hinweg Aufmerksamkeit gewidmet. Eine Reihe von Bewertungsinstrumenten ist daher nicht direkt für den Gebrauch bei therapeutischen Gruppen geeignet. Eine Replikation von Ergebnissen ist bei einem Überblick über die Untersuchungen ebenfalls selten, was gleichbedeutend ist damit, dass essenzielle Reliabilitäts- und Validitätsinformation für viele Maße einfach nicht verfügbar ist. Kreuzvalidierende Untersuchungen, die evaluieren, ob verschiedene Maße dasselbe Konstrukt erfassen, sind gleichfalls selten. Der Praktiker wird häufig damit allein gelassen, zu spekulieren, welches Maß am besten geeignet sein könnte für die Zwecke der geplanten Forschung.

Prozessmaße können auf der Basis ihrer **Ratingquelle** unterschieden werden, d. h. Gruppenmitglied- oder Therapeutenselbsteinschätzung (subjektiv) versus Beobachtereinschätzung („objektiver"). **Selbsteinschätzungen** messen gewöhnlich ein Konstrukt von speziellem Interesse (z. B. das Gruppenklima, Wirkfaktoren). Im Gegensatz dazu berücksichtigen **Beobachtungsmethoden** die Interaktion, die sich während der Sitzung ergibt, sie sind flexibel im Hinblick auf die Maßeinheit (z. B. jede Minute, jeder Sprecherwechsel, diskrete Episoden) und können multiple Konstrukte im Gruppenprozess repräsentieren (Fuhriman und Packard 1986). Die zwei Maßarten können außerdem im Hinblick auf die **Einfachheit der Anwendung** betrachtet werden: Selbsteinschätzungen sind eher leicht darzubieten, auszufüllen und zu interpretieren, während die Interaktionskodierungsschemata ein grundlegendes Training erforderlich machen, sehr arbeitsintensiv in der Anwendung sind und ausgeklügelte Strategien bei der Datenanalyse und -interpretation verlangen.

Bei der Auswahl von Methoden ist es hilfreich, das Niveau der Gruppenkommunikation zu berücksichtigen, das man untersuchen will. Unser hypothetischer Praktiker ist vielleicht daran interessiert, den Inhalt der individuellen Beiträge in der Gruppe zu untersuchen, einschließlich der Inhalte des Therapeuten, und wie beide Seiten miteinander interagieren. Auf allgemeineren Ebenen könnte unser Praktiker wünschen, auf die reziproken Aktionen der Gruppenmitglieder und des Therapeuten, auf die Art der Interaktion zwischen verschiedenen Subgruppen oder das Klima der Gruppe als Ganzes zu fokussieren. In manchen Fällen können die Daten von einem einzelnen Messinstrument so aggregiert werden, dass sie Einblicke in Phänomene auf allgemeinerer Ebene erlauben. Fuhriman und Packard (1986) fanden heraus, dass Untersuchungen, die die **Hill-Interaktionsmatrix (HIM)** (Hill 1965; Czabala und Brykcynska 1996) – die die Interaktionsstile von Gruppenmitgliederinteraktionen erfasst – verwendeten, explizit das allgemeine Thema der Heilung im Gruppenprozess anvisierten. Mit anderen Worten, HIM-Ratings der Gruppentransaktionen sind aggregiert, um die Qualität des Gruppenprozesses zu definieren.

In diesem Kapitel beschreiben wir Messmethoden des Prozesses, die versprechen, spezifisch die Veränderungsmechanismen in der Gruppenpsychotherapie abzubilden (ein Buch über im deutschsprachigen Bereich eingesetzte und verfügbare Methoden wurde von Strauß u. Mitarb. 1996a herausgegeben). Wir haben nicht nur die Methoden mit guten psychometrischen Qualitäten bzw. einen Überblick über wichtige Ergebnisse ausgewählt, sondern haben stattdessen jene Methoden berücksichtigt, die offenbar Aspekte des gruppenkommunikativen Prozesses in einer Art untersucht haben, die originell oder komplex war. Unser Überblick umfasst Forschungsstudien über Gruppenpsychotherapien von 1975 bis heute. Die Maße in diesen Studien datieren zurück auf Quellen aus den 50er und 60er Jahren. Ein Gesamt von 53 verschiedenen Maßen oder Bewertungssystemen wurde einbezogen.

Um die Beschreibungen zu systematisieren, haben wir den **Prozessaspekt** (Elliott 1991) berücksichtigt, der von jeder Methode anvisiert wird. Der Aspekt des Prozesses bezieht sich auf den Kommunikationsaspekt, der bewertet oder beobachtet wird, und umfasst Inhalt, Handlung, Art oder Qualität.

Inhaltsmaße berücksichtigen, was gesagt oder worüber gesprochen wird, d. h. das semantische Element der Kommunikation. Ein Rating, ob die Äußerungen der Gruppenmitglieder persönliche oder unpersönliche Aspekte berühren, intra- oder extragruppale Aspekte (Nichols und Taylor 1975) oder Bezüge zu Formen der Angst entsprechend der psychoanalytischen Theorie (**Gottschalk-Gleser-Inhaltsanalyseskalen** z. B. Tschuschke 1996c; Tschuschke und MacKenzie 1989) herstellen, sind Beispiele für inhaltsbezogene Prozessmaße.

Verhaltensmaße berücksichtigen, was getan wird durch was gesagt wird, d. h. die Natur der kommunikativen Akte zwischen den Teilnehmern. Kodiersysteme für Therapeuteninterventionen (z. B. **Group-Therapist-Interventionsskala** von Nichols und Taylor 1975) oder für die Gruppenmitgliederinteraktion (z. B. die **Interaktionsprozessanalyse** nach Bales 1950; Kröger u. Mitarb. 1996) sind Beispiele handlungsorientierter Prozessmessmethoden.

Die **Stilmaße** berücksichtigen, wie Kommunikationen zwischen Teilnehmern ausgedrückt werden, d. h., der affektive Ton der Kommunikation wird berücksichtigt. Beispiele für stilorientierte Maße schließen das **Hostility-Support-Rating** von Beck (1983b) oder das Mitglied-zu-Mitglied-Bewertungssystem von Mann (1966, 1967) mit ein.

Nicht zuletzt untersuchen Maße der **Prozessqualität** wie gut Kommunikationen zwischen Teilnehmern durchgeführt werden, d. h. es werden Urteile über die Fertigkeiten des Therapeuten gefällt oder die „Arbeit", wie sie in der Gruppeninteraktion reflektiert wird. Die **Experiencing-Skala** (Lewis und Beck 1983) und die Maße für Gruppenklimata (z. B. MacKenzie 1981, 1996b; Silbergeld u. Mitarb. 1975) können als Indikatoren der Qualität auf der Ebene des individuellen Gruppenmitglieds bzw. der ganzen Gruppe fungieren.

Innerhalb eines jeden Aspekts der Prozesskategorie beschreiben wir zunächst Selbsteinschätzungsmaße und zählen dann Maße auf, die durch unabhängige Beobachter angewendet werden. Beobachtermaße sind in der Rangfolge ihres Abstraktionsniveaus angeordnet: Maße bezüglich eher allgemeinerer Konstrukte werden zuerst betrachtet, gefolgt von Maßen mit größerer Spezifität. Bei jeder Beschreibung benennen wir das Rational der Methode und ihre Anwendung und geben – falls möglich – Einschätzungen zur Brauchbarkeit der Methode, ihrer Reliabilität und Validität an.

Inhaltsanalytische Methoden

Gruppenmitglieder- und Therapeutenselbsteinschätzung

Der **Most Important Event Questionnaire** (Bloch u. Mitarb. 1979), auch bekannt als **Critical Incidents Questionnaire** (MacKenzie 1987; MacKenzie u. Mitarb. 1987) wurde als Methode zur Untersuchung von therapeutischen Wirkfaktoren der Gruppenpsychotherapie entwickelt (Berzon u. Mitarb. 1963; Bloch und Reibstein 1980). Nach den Sitzungen oder zu ausgewählten Zeitpunkten während der Therapie identifizieren die Gruppenmitglieder das Ereignis, das sie als Wichtigstes ansehen. Jede Ereignisbeschreibung wird dann unabhängig einem Set von 10 therapeutischen Wirkfaktoren zugeordnet. Das Verfahren kann von Gruppenmitgliedern oder -leitern ausgefüllt werden; beide – Darbietung der Fragebögen und Ratings der Narration – benötigen wenig Zeit. Die Zuverlässigkeit der Faktorenzuordnung erwies sich als ziemlich gut; die Kappakoeffizienten vergangener Studien (Bloch u. Mitarb. 1979; Kivlighan und Goldfine 1991; Kivlighan und Mullison 1988) liegen zwischen 0,58 und 0,83.

Beobachtungen durch Forscher

Die **Group-Immediacy-Skala** (**GIS**; Nichols und Taylor 1975) schätzt die persönliche Unmittelbarkeit von Patientenäußerungen ein. Die GIS kategorisiert Äußerungen, ob sie sich
- auf einen selbst oder andere,
- auf Erlebnisse innerhalb oder außerhalb der Gruppe beziehen.

Der Inhalt eines jeden Sprecherwechsels wird bewertet. Nichols und Taylor (1975) berichten von 75% perfekter Übereinstimmung zwischen den Ratern.

Anscheinend wurde die GIS nur in der Originalarbeit eingesetzt.

Methoden zur Verhaltenseinschätzung

Gruppenmitglieder- und Therapeutenselbsteinschätzung

Der **Group Therapy Questionnaire** (**GTQ**; Wile 1970, 1972, 1973, Wile u. Mitarb. 1970a, 1970b) beurteilt die Orientierungen der Gruppenteilnehmer (Mitglieder und Gruppenleiter) hinsichtlich der Gruppenleitung. Leiterstilvariablen wie Aktivität oder Inaktivität, Stil und Inhalt der Teilnahme werden selbst eingeschätzt. Das Maß besteht aus 20 Beschreibungen von Gruppenereignissen; das Individuum wählt die Antwort(en), die es verwenden würde, wenn es selbst die Gruppe leiten würde. Die Antworten werden anhand von 15 Leiterstilqualitäten analysiert. Korrelationen zwischen zwei Ratern über die 15 Skalen variierten von 0,66 bis 0,99, wobei zehn Korrelationen oberhalb von 0,80 lagen (Wile 1970). Der GTQ unterscheidet nachweislich zwischen Leiterstilorientierung und Änderungen in der Orientierung (Wile 1970); die Reliabilität des Retests rangiert zwischen 0,60 und 0,80. DePalma u. Mitarb. (1984) kürzten den GTQ auf 19 Items (jedes Item geratet auf einer 7-Punkt-Skala), um das **Group-Leader-Behaviour-Instrument** (DePalma 1979; Gardner u. Mitarb. 1982) zu kreieren.

Beobachtungen durch Forscher

Das **Goal-Dimension-Rating-Manual** (**GDRM**; O'Farrell 1986) wird eingesetzt, um drei Dimensionen von Gruppenereignissen zu bewerten, die bei Yalom (1975) beschrieben sind:
- abstrakt bis realistisch,
- dort und dann bis hier und jetzt,
- intrapsychisch bis interpersonal.

Kivlighan und Jauquet (1990) verwendeten das GDRM, um persönlich geführte Listen bei Mitgliedern von Wachstumsgruppen nach jeder Sitzung zu bewerten. Es konnte ermittelt werden, dass die Mitglieder kontinuierlich realistischere Ziele, interpersonelle und Hier-und-Jetzt-Listen während der Dauer der Gruppe aufstellten. Die durchschnittliche Interraterreliabilitäten über drei Raterdyaden hinweg ergaben (Pearson): +0,61 („Realismus"), +0,66 („hier und jetzt") und +0,71 („interpersonal").

Das **Normative-Organizational-Versus-Personal-Exploration-Rating** (Dugo und Beck 1983) wird verwendet, um den gruppenbezogenen Fokus struktureller versus persönlicher Belange zu verfolgen. Bei der Methode handelt es sich um ein Rating in drei Kategorien, angewendet auf Einheiten der Gruppeninteraktion, die um ein bestimmtes Thema gruppiert sind. Dugo und Beck (1983) berichten über eine Pearson-Korrelation zwischen zwei Ratern von +0,81. Das Maß zeigte eine Konvergenz mit zwei anderen Indizes: **Hostility-Support-** (Beck 1983b) und **Experiencing-Skalaratings** (Lewis und Beck 1983) bei der Identifikation von Phasenübergängen im Verlaufe der Gruppenentwicklung (Beck 1981b; Beck u. Mitarb. 1986).

Die **Group-Session-Ratingskala** (**GSRS**) (Getter u. Mitarb. 1992) wurde entworfen, um Elemente von Copingfertigkeiten versus interaktionelle Gruppenpsychotherapie für Alkoholikernachsorge differenzieren zu können (Cooney u. Mitarb. 1991; Kadden u. Mitarb. 1989). GSRS-Items werden geratet, ob sie während eines 1-minütigen Abschnitts in 15-Minuten-Segmenten der Gruppeninteraktion aufgetreten sind oder nicht. Vier Copingfertigkeitenitems thematisieren Edukations-/Fertigkeitentraining, Problemlöseverhalten, Rollenspiel und die Identifikation hoch riskanter Situationen; drei interaktionelle Items adressieren interpersonales Lernen, den Ausdruck/die Exploration von Gefühlen und den Hier- und-Jetzt-Fokus. Hohe Interraterreliabilitäten (+0,83 bis +0,97) konnten für jedes Item festgestellt werden. Jeder Itemsatz war intern konsistent und negativ mit jedem anderen korreliert, außerdem diskriminierte jeder für sich signifikant die beiden Gruppenansätze. Das Fertigkeitentraining war direkt assoziiert mit geringeren alkoholbezogenen Problemen. Gefühlsausdruck und der Hier-und-Jetzt-Fokus standen in inverser Relation zu dem Outcomeindex, was Fragen über den Wert interaktioneller Therapie für frisch abstinente Alkoholiker aufwirft.

Die **Group-Therapist-Interventions-Skala** (**GTIS**) (Nichols und Taylor 1975) wurde entwickelt, um den Einfluss der Therapeuteninterventionen in den frühen Sitzungen einer Gruppenpsychotherapie zu messen. Die Untersucher schätzen die Charakteristika der Interventionen bei jeder Gruppenleiterintervention (Sprechen des Gruppenleiters) ein. Die Ratings beziehen sich auf drei Komponenten:
- die Art der Intervention (7 Kategorien),
- Konfrontation (Ausmaß der Herausforderung bezüglich der Abwehrmaßnahmen eines Patienten),
- das Objekt der Intervention (individuelles Gruppenmitglied, Untergruppe, gesamte Gruppe oder Kotherapeut).

Die Autoren berichten von folgenden Reliabilitäten der GTIS: 88% Übereinstimmung für die Art der Intervention, ein Pearson-Koeffizient von r = +0,66 für die Konfrontationsskala und 93% Übereinstimmung für das Objekt der Intervention. Interventionen bei Individuen oder paarweisen Gruppenmitgliedern und nicht konfrontative Interventionen waren mit mehr selbstbezogenem Fokus bei Gruppenmitgliedern und mehr Involviertheit in den Gruppenprozess verknüpft.

Bales' (1950) **Interaction Process Analysis (IPA)** ist ein einflussreiches Interaktionskodiersystem, das eine Basis abgegeben hat für weitere zusätzliche Methoden (SYMLOG: Bales u. Mitarb. 1979; Bales und Cohen 1982; Farrell 1976; Polley 1987; Wälte und Kröger 2000). Obwohl primär für Aufgaben- oder Diskussionsgruppen verwendet, bietet die IPA klare Anwendungsmöglichkeiten für die gruppenpsychotherapeutische Situation. Beispielsweise wurde von Bales die

Tendenz von Gruppen, zwischen dem Bedürfnis, die Aufgabe zu beenden, und dem Bedürfnis, die Gruppe aufrechtzuerhalten und die Bedürfnisse der Gruppenmitglieder zu befriedigen, hin und her zu wechseln, als das „Equilibriumproblem" identifiziert. Die IPA gestattet die Einschätzung von aufgabenorientierten (Fragen und Antworten) und sozialemotionalen (positive und negative Affekte) Interaktionsdimensionen. Das System umfasst 12 Kategorien von Problemlösungsverhalten, die erschöpfend beschreiben, was in einer Gruppe vor sich geht. Die Ratings werden jedem Sprechakt eines Gruppenmitglieds zugeordnet (z. B. grammatikalischer Satz, Sprecherwechsel). Die IPA erstellt zwei Profile: eine Zusammenfassung der behavioralen Akte und Scores für jede der 12 Kategorien. Interraterreliabilitäten für intensiv trainierte Beobachter variieren zwischen +0,75 und +0,95 in Abhängigkeit von der Kategorie. McDermott (1988) verwendete die IPA, um die Interaktionen in aufgabenorientierten, Aktivitäts- und verbalen Gruppen mit erwachsenen Patienten im Rahmen eines teilstationären Programms miteinander zu vergleichen. Aufgabenorientierte Gruppen wiesen eine positivere sozialemotionale Kommunikation und mehr Interaktion zwischen den Gruppenmitgliedern auf. Verbale und Aktivitätsgruppen zeichneten sich durch mehr Gespräche über Gefühle und mehr Leiterinvolviertheit aus.

Methoden zur Einschätzung der Art der Interaktion

Gruppenmitglieder- und Therapeutenselbsteinschätzung

Die **Hill Interaction Matrix Questionnaires** (**HIM-A**, **- B** und **-G**) (Hill 1965, 1977) sind Selbstauskunftsfragebögen, die aus dem bekannten HIM-Kodierungssystem (s.u.) stammen. Wie der HIM charakterisieren die Fragebögen Interaktion anhand von zwei Dimensionen: der Ebene der Gruppenarbeit (Thema, Gruppe, Persönliches oder Beziehungsthemen) und die Qualität der Gruppenarbeit (konventionell, bestimmt, spekulativ und konfrontativ). Im HIM-System repräsentieren persönliche oder Beziehungsinhalte, auf spekulative oder konfrontative Weise ausgedrückt, die therapeutische Arbeit. Die HIM-A- und HIM-B-Versionen bestehen aus 64 Items, die auf einer 5-stufigen Skala (4 Items für jede der 16 Zellen) bewertet und dazu verwandt werden, Gruppenmitgliederauskünfte der „gewöhnlichen" Gruppeninteraktionsmuster zu erhalten (z.B. Rose und Bednar 1980). Der HIM-G ist eine 72-Item-Ratingmethode, die von Beobachtern nach jeder Gruppensitzung ausgefüllt wird. Eine gute Reliabilität (+0,80) wurde sogar mit relativ ungeübten Ratern erreicht (Hill 1977).

Beobachtungen durch Forscher

Die **Harvard-Community-Health-Plan-Cohesiveness-Skala** (**HCHP-GCS**) (Budman u. Mitarb. 1987) ist eine multidimensionale Kohäsionsskala. Die Skala besteht aus sechs bipolaren Subskalen:
- Rückzug versus Involviertheit,
- Misstrauen versus Vertrauen,
- Abbruch versus Kooperation,
- Beschimpfung versus ausdrückliches Sorgen,
- zerstreut versus fokussiert,
- Fragmentierung versus Kohäsion.

Jede Subskala fußt auf einer variierenden Zahl von 10-stufigen Ratings zwischen -5 und +5. Beobachter schätzen das offene Verhalten der Gruppe und den verbalen Inhalt von 30-minütigen per Video aufgezeichneten Sitzungsabschnitten ein. Bei Benutzung der Intraklassenkorrelation betrug die Interraterreliabilität für fünf Faktoren in der Originaluntersuchung:
- globale Kohäsion +0,77,
- Interesse/Involviertheit +0,84,
- Vertrauen +0,68,
- ausgedrückte Sorge +0,77,
- Fokus +0,85.

Die HCHP-GCS besitzt eine gute Face-Validität sowie eine vielversprechende prädiktive Validität (Budman u. Mitarb. 1989, 1993).

Ein anderes Maß, das von Budman u. Mitarb. entwickelt wurde, die **Individual-Group-Member-Interpersonal-Process-Skala** (**IGIPS**) (Soldz u. Mitarb. 1993), wurde zur Erfassung des Verhaltens von individuellen Gruppenmitgliedern und der Reaktionen auf andere Gruppenmitglieder entwickelt. Die IGIPS ist eine arbeitsintensive Methode und benötigt das Rating von 42 Items bei jedem Sprecherwechsel während der Sitzung. Die Items zielen entweder auf die Präsenz oder die Intensität eines Verhaltens, indem eine 9-stufige Likert-Skala zu Grunde gelegt wird. Die Autoren beschreiben eine Möglichkeit des Scorings der Originalitems entsprechend der 12 Unterskalen. Danach wurden die Subskalen einer Hauptkomponenten-Faktorenanalyse zugeführt, die fünf Faktoren ergab: Aktivität, interpersonelle Sensibilität, Selbstzufriedenheit, Selbstfokus und psychologische Sensibilität („psychological mindedness"). Unter Verwendung der Intraklassenkorrelation wurde eine Interraterreliabilität für die Faktoren ermittelt, die zwischen +0,53 und +0,95 – mit einem Mittel von +0,70 – rangierte. Disstress vor der Therapie wurde als direkt mit Selbstfokus assoziiert gefunden. Moderate Niveaus von Selbstfokus und Selbstzufriedenheit sagten das Therapieoutcome der nachfolgenden 15-stündigen Therapiegruppen voraus. Die IGIPS ist ein vielversprechendes Maß zur Identifizierung von Sitzungsverhaltensmustern über den Verlauf einer Gruppenpsychotherapie hinweg sowie zwischen diesen Mustern und dem Behandlungsergebnis.

Manns **Member-to-Leader-Scoring-System** ist eins der wenigen Verfahren, die quantifizieren, wie sich Gruppenmitglieder zu ihrem Gruppenleiter verhalten (Mann 1966, 1967). Beobachter verwenden 16 Inhaltskategorien, um die Gruppenmitglied-zu-Leiter-Interaktion zu klassifizieren; acht davon beschreiben die affektive Reaktion auf den Leiter (z. B. Rückzug, Zustimmung), drei beschreiben Gefühle, die durch den Status des Leiters in der Gruppe hervorgerufen werden (z. B. das Zeigen von Abhängigkeit) und die übrigen fünf Kategorien beschreiben Selbstaspekte in Beziehung zum Leiter (z. B. den Ausdruck von Angst). Die Ratingziele sind kommunikative „Akte", die von einem einzelnen Wort bis zu ausgedehnten Sprechanteilen reichen können; es sind bestimmte Entscheidungsregeln für die Unterteilung des Diskurses angegeben. Die durchschnittliche Übereinstimmung bei den Inhaltskategorien wird mit 73% angegeben. Frühe Anwendungen des Systems identifizierten Interaktionsfaktoren, die sehr den Bionschen Beschreibungen von Arbeits- und Grundeinstellungsgruppen (1961) ähneln (s. auch Kap. 22). Gibbard und Hartman (1973) verbesserten und erweiterten Manns System, indem sie es auf Gruppenmitglied-zu-Gruppenmitglied-Interaktionen ausdehnten. Diese Autoren wiesen nach, dass die Spannungen, die die Beziehungen der Gruppenmitglieder zum Gruppenleiter und der Gruppe als Ganzes charakterisieren, der Entwicklung von therapeutischen Normen inhärent sind.

Die **Hill-Interaction-Matrix** (**HIM**) (Hill 1965, 1977; Czabala und Brykcynska 1996) hat eine lange und besondere Geschichte eines Beitrags zur Gruppenpsychotherapieforschung. Als systematischer Kategoriensatz zur Klassifikation von Interaktion ist die HIM speziell geeignet für Therapiegruppen. Die „Matrix" repräsentiert ein Kreuz von zwei grundlegenden Dimensionen. Die erste reflektiert den inhaltlichen Fokus der Gruppe und schließt das Thema, die Gruppe, Persönliches oder Beziehungskategorien mit ein. Ein Fokus auf Persönlichem oder Beziehungsinhalten repräsentiert Material, das „auf Mitglieder zentriert" ist. Die zweite Dimension reflektiert den Stil der Gruppenarbeit und schließt antwortende, konventionelle, selbstsichere, spekulative und konfrontative Kategorien mit ein. Die ersten drei Ebenen der Arbeitsqualität werden als „Vorarbeit" und die beiden weiteren Ebenen als adäquate therapeutische Arbeit angesehen. Jede Mitgliederäußerung ist einer der 20 Zellen in der HIM-Matrix zugeordnet. Die Ratingeinheiten variierten über die verschiedenen Studien hinweg, wobei die Forscher variable Abschnittlängen aus verschiedenen Perspektiven wählten (Anfang, Mitte, Ende der Sitzungen), längere Sitzungsabschnitte aus jeder Gruppenstichprobe oder vollständige Sitzungen (Barlow u. Mitarb. 1982; Lee und Bednar 1977; Toseland u. Mitarb. 1990). Die Zellenwerte können aggregiert werden, um Quadrantenscores höherer Ordnung zu erhalten:
- Quadrant 1 umfasst nicht mitgliedbezogene Vorarbeit,
- Quadrant 2 mitgliedbezogene Vorarbeit,
- Quadrant 3 nicht mitgliedbezogene Arbeit,
- Quadrant 4 mitgliedbezogene Arbeit.

Effektive Therapie wird dann durchgeführt, wenn die Gruppe eine längere Zeit aktiv in Quadrant 4 verbringt.

Scores können auf der Ebene des individuellen Gruppenmitglieds oder mehreren Gruppenmitgliedern oder der Gruppe als Ganzes berechnet werden. Der Einsatz der HIM macht ein umfangreiches Ratertraining erforderlich. Die Reliabilität wurde aber als ausreichend festgestellt, wobei die mittleren Werte für drei Rater, die drei Gruppen bewertet hatten, 70% Übereinstimmung und eine Pearson-Korrelation von r = +0,76 zeigten. Die HIM brachte zahlreiche Einblicke in den Prozess von Gruppenpsychotherapien mit sich. Beispielsweise verglichen Toseland u. Mitarb. (1990) Kurzzeittherapiegruppen, die von Peers oder professionellen Klinikern geleitet wurden, und fanden, dass die HIM-Variablen, die die Erkundung von Gefühlen, gegenseitiges Verständnis, Bestätigung und Unterstützung abbildeten, bessere Outcomeprädiktoren waren als der Leiterstatus. Hill (1977) stellte eine Bibliographie von 143 Untersuchungen zur Verfügung, die die HIM über ein breites Spektrum an Gruppen zu Untersuchungen verwendet hatten (s. auch Fuhriman und Barlow 1994).

Wie die HIM und Bales' IPA, hatte das **System for Multiple Level Observation of Groups** (**SYMLOG**) (Bales u. Mitarb. 1979; Bales und Cohen 1982; Wälte und Kröger 2000) einen größeren Einfluss auf die Gruppeninteraktionsforschung.

SYMLOG ist ein hochauflösendes Ratingsystem, das 26 Kategorien verwendet, um Gruppenmitgliederverhalten in einem dreidimensionalen Raum zuordnen zu können:
- Aufgabenorientiertheit versus Emotionalität,
- Dominanz versus Unterordnung,
- positives versus negatives Verhalten.

Jeder Sprecherwechsel innerhalb eines definierten Abschnitts der Gruppensitzung wird nach verbalem Inhalt und der Form der Kommunikation bewertet. Als Alternative zu einem Act-By-Act-Rating können untrainierte Personen oder Gruppenmitglieder Adjektivratinglisten benutzen – ebenfalls aus 26 Items bestehend –, um retrospektiv das interpersonale Verhalten eines jeden Gruppenmitglieds während der vergangenen Sitzung einzuschätzen (Keyton und Springston 1990). Wenn man das SYMLOG-System verwendet, können solche Variablen wie Gruppenmitgliederinteraktion, „Feedback", „Selbstöffnung" und Wirkfaktoren generell untersucht werden. Das Act-By-Act-Kodierungssystem macht allerdings extensives Training erforderlich. Cohen (1960) trainierte drei Psychologen mehr als ein Jahr, um eine durchschnittliche Interraterreliabilität von +0,70 bis +0,75 (kappa) zu erreichen. Tschuschke und Dies (1994a) erreichten Interraterreliabilitäten von +0,64 bis +0,94 zur Messung von Yaloms Wirkfaktoren des „interpersonellen Lernens", des „Feedbacks" und der „Selbstöffnung". Tschuschke u. Mitarb. (1996) verwendeten die SYMLOG-Methode, um ein reliables Maß für interpersonelle Arbeit zu entwickeln und berichten davon, dass Arbeit in frühen Sitzungen von stationären Therapiegruppen direkt verknüpft war mit Outcome zu einem 18-Monate-Follow-Up, während spätere Therapiesitzungen diese Vebindung nicht aufwiesen. Die Reliabilität in anderen Untersuchungen streute zwischen +0,60 und +0,95 (Polley 1987), wobei Variablen aus retrospektiven Ratings tendenziell reliabler sind als jene, die aus direkten Beobachtungsratings stammen.

Polley (1991) entwickelte eine Revision, genannt die **Group-Field-Dynamics-Form**, die es ermöglicht, Subgruppen, Polarisierungen und Scapegoats (schwarze Schafe) zu identifizieren. Beide Systeme sind in idealer Weise für Gruppenfallstudienansätze geeignet, da sie detaillierte Informationen über das Verhalten von Individuen, interpersonelle Wahrnehmung und Gruppendynamiken liefern (z. B. Tschuschke 1988).

Das **Group-Emotionality-Rating-System** (**GERS**) (Karterud und Foss 1989) ist eine Modifikation von Stock und Thelens (1957) ursprünglichem Verhaltensratingsystem zur Einschätzung von Grundeinstellungsprozessen (der gesamten Gruppe) gemäß Bion (1961) (s. auch MacKenzie 1994b und Kap. 22). Da es einen kohärenten theoretischen Unterbau aufweist, betrachten die Autoren das GERS als brauchbarer für das Verständnis der Funktion der gesamten Gruppe als Bales' IPA. Das GERS ist bestimmt für die Bewertung von Äußerungen individueller Gruppenmitglieder (pro Minute) über die gesamte Sitzung hinweg. Zehn Interaktionskategorien sind berücksichtigt, wobei vier die Grundeinstellungsprozesse (Kampf, Flucht, Abhängigkeit und Pairing) repräsentieren. Eine rigorose Reliabilitätsanalyse ergab die folgenden Werte: eine generelle Übereinstimmung bei der Kategorienzuschreibung von 77%, spezifische Übereinstimmung (kappa) in den Subkategorien von +0,54 bis +0,64 und eine durchschnittliche Pearson-Korrelation für die vier Emotionalitätskategorien von +0,80. Karterud (1989) wendete die GERS auf Sitzungen von stationären Kurzzeit-, mittellangen und Langzeitgruppen an und identifizierte subtile Beziehungen zwischen einem qualitativen Maß des fokalen Gruppenkonflikts und dem GERS-Profil. Klinisch wichtige Unterschiede konnten zwischen Gruppensitzungen, die eine Kampf-Flucht- versus „Abhängigkeitskultur" reflektierten, gefunden werden.

Methoden zur Einschätzung der Qualität der Interaktion

Gruppenmitglieder- und Therapeutenselbsteinschätzung

Die **Perceived-Depth-of-Interaction-Skala** (**PDIS**) ist ein 10-Item-Fragebogen zur Selbstauskunft, der das wahrgenommene Ausmaß an Selbstöffnung und interpersonellem Feedback während Gruppensitzungen (Evensen und Bednar 1978) bewertet. Die Itemscores werden aufsummiert, um einen einzelnen Score für jedes Gruppenmitglied bilden zu können. Eine hohe interne Konsistenz der Items (+0,80) wird berichtet (Rose und Bednar 1980). PDIS-Scores wurden als invers mit HIM-Ratings von Quadranten-1-Verhalten korreliert und direkt korreliert mit Quadranten-4-Verhaltensweisen gefunden. Die Scores waren außerdem direkt assoziiert mit der Kohäsionssubskala der Group-Environment-Skala (GES) (Moos 1981). Diese Ergebnisse legen eine gute Konstruktvalidität nahe. Diese einfache, aber dennoch vielversprechende Methode wurde bisher offenbar nur in analoger Forschung angewendet.

Die **Group-Attitude-Skala** (**GAS**) (Evans und Jarvis 1986) wurde entwickelt, um die Gefühle der Gruppenmitglieder bezüglich der Attraktion der Gruppe zu erfassen. Die GAS umfasst 20 9-stufige nach Likert skalierte Items und wird nach jeder Sitzung dargeboten. Die interne Konsistenz scheint stark zu sein, mit Alphakoeffizienten > +0,90 (Evans 1978; Simutis 1983). In einer Untersuchung betrug die Pearson-Korrelation zwischen den Ratings von Forschern über die Attraktion der Gruppenmitglieder zur Gruppe und den GAS-Scores der Gruppenmitglieder selbst +0,66 (Evans und Jarvis 1986). Cox (1982) fand signifikante Beziehungen zwischen Scores der GAS und Dimensionen der GES (Moos 1981). Allgemein kann man sagen, dass die GAS als reliables und valides Maß mit einer Anwendbarkeit über verschiedene Gruppensettings hinweg angesehen werden kann.

Der **Group Climate Questionnaire** (**GCQ-S**) (MacKenzie 1981, 1983, 1996b; Tschuschke u. Mitarb. 1991) erfasst die Wahrnehmungen des Gruppenklimas innerhalb einer Gruppe durch die Gruppenmitglieder. Der Fragebogen ist verfügbar in einer langen Version mit 32 Items (GCQ-L) und in einer kurzen mit 12 Items (GCQ-S) (MacKenzie 1983). Beide Formen offerieren Scores in acht Skalen, die weiterhin in drei Dimensionen gruppiert werden können: Vermeidung, Konflikt und Engagement. Jedes Item ist auf einer 7-stufigen Likert-Skala einzuschätzen. Da der GCQ-S nur 5-10 Minuten Zeit in Anspruch nimmt, hat er eine sehr hohe Compliancerate (81%) (MacKenzie 1983). Er kann Gruppenentwicklungsphasen identifizieren (MacKenzie 1983; Tschuschke u. Mitarb. 1991) und offeriert Scores für individuelle Gruppenmitglieder, die leicht auf einen Score auf Gruppenebene aggregiert werden können. Der GCQ-S wurde für vielfältige Zwecke bei einer sehr großen Anzahl von Gruppen angewandt (z.B. Braaten 1990; Flowers 1987; Kanas und Barr 1986; Kivlighan und Goldfine 1991; Kivlighan und Jauquet 1990; MacKenzie 1996b; Tschuschke 1993). MacKenzie u. Mitarb. (1987) wiesen nach, dass GCQ-S-Variablen prädiktiv für das Gruppenoutcome sein können. Itemunterskalakorrelationen streuen zwischen +0,66 und +0,88 (Kivlighan und Jauquet 1990; Stockton u. Mitarb. 1992). Kivlighan und Goldfine (1991) erreichten ebenfalls hohe Alphakoeffizienten: +0,94 für Engagement, +0,92 für Vermeidung und +0,88 für Konflikt. Die drei Dimensionen sind relativ unabhängig voneinander; MacKenzie (1983) berichtet über Korrelationen von -0,44 für Vermeidung und Engagement, -0,18 für Konflikt und Engagement sowie +0,30 für Konflikt und Vermeidung.

Die **Group-Atmosphere-**Skala (**GAS**) (Silbergeld u. Mitarb. 1975) wurde aus der **Ward-Atmosphere-Skala** (Moos und Houts 1968) entwickelt, um die psychologische Umgebung von Therapiegruppen systematisch zu messen. Die GAS ist aus 12 Unterskalen zusammengesetzt: Aggression, Unterwerfung, Autonomie, Stellung, Verbindung, Involviertheit, Einsicht, Praktikabilität, Spontaneität, Unterstützung, Vielfalt und Klarheit – jede der Skalen umfasst 12 Richtig-Falsch-Aussagen über Gruppenverhalten. Der Fragebogen erfasst das Gruppenklima aus der Perspektive eines jeden Gruppenmitglieds und wird nach jeder Sitzung oder zu unterschiedlichen Zeitpunkten während der Therapie vorgegeben. Er diskriminierte zwischen verschiedenen Gruppenansätzen und besitzt eine starke Test-Retest-Reliabilität.

Die **Group-Environment-Skala** (**GES**) (Moos 1981) ist ein 90-Item-Fragebogen, der Scores in zehn Dimensionen offeriert: Kohäsion, Unterstützung durch den Leiter, Ausdrucksfähigkeit, Unabhängigkeit, Aufgabenorientierung, Selbstentdeckung, Ärger und Aggression, Status und Organisation, Leiterkontrolle und Innovation. Der Fragebogen wird jedem Gruppenmitglied nach jeder Sitzung oder in unterschiedlichen Phasen der Gruppenentwicklung vorgegeben. Die Gruppenmitglieder bewerten den Stil und die Qualität der Interaktion in der Gruppe als Ganzes. Toro u. Mitarb. (1987) wendeten den GES an, um das soziale Klima in Gruppen mit gegenseitiger Hilfe für psychisch Kranke und ambulante Psychotherapiegruppen miteinander zu vergleichen. Gruppen mit gegenseitiger Hilfe betonten ein aufgabenorientiertes Problemlösen und soziale Kontakte, während Psychotherapiegruppen größere Expressivität, Ärger und Aggression und Innovation aufwiesen.

Der **Stuttgarter Bogen** (**SB**) (Lermer und Ermann 1976; Czogalik und Költzow 1987; Tschuschke 1987, 1996e) erfasst die Qualitäten von Unterstützung und Akzeptanz, das ist Kohäsion innerhalb von Therapiegruppen. Acht der 15 Items des SB formen bei der 2-Faktorenlösung (Teufel und Költzow 1983) die Subskala „emotionale Bezogenheit zur Gruppe". Der Fragebogen wird nach jeder Gruppensitzung jedem Gruppenmitglied mit der Instruktion vorgegeben: „Ich fühl(t)e mich heute in der Gruppe …". Tschuschke (1987) berichtet, dass die SB-Kohäsionsscores in der ersten Hälfte von stationären Therapiegruppen direkt mit der Prädiktion von Therapieoutcome verknüpft waren und dass erfolgreichere Patienten ein höheres Ausmaß an „emotionaler Bezogenheit zur Gruppe" aufwiesen.

Drei **Maße für therapeutische Wirkfaktoren** in der Gruppenpsychotherapie sind verfügbar:
- der Yalomsche Q-Sort (1970, 1996) zu den Heilfaktoren der Gruppenpsychotherapie,
- die Therapeutic-Group-Interaction-Factors-Skala (Hastings-Vertino 1992),
- der Curative Factor Questionnaire (Butler und Fuhriman 1983).

In 1970 führte Yalom ein 12-Faktoren-Konstrukt des kurativen Prozesses in der Gruppenpsychotherapie ein. Die **kurativen Faktoren** schlossen ein (Yalom 1995, 1996; s. auch Kap. 23):
- Selbstverständnis,
- interpersonelles Lernen (Input/erhaltenes Feedback),
- interpersonelles Lernen (Output/Verhaltensänderungen),
- Universalität des Leidens,
- Einflößen von Hoffnung,
- Altruismus,
- Rekapitulation der Primärfamilie,
- Katharsis,
- Kohäsion,
- Identifikation,
- Anleitung,
- existenzielle Faktoren.

Der **Yalom Curative Factor Q-Sort** besteht aus 60 Items, mit fünf Items auf jedem der 12 Faktoren. Diese Fragen werden Gruppenmitgliedern entweder in Form eines Q-Sorts oder in Form eines Likert-Skalaformats dargeboten (Eckert 1996e). Die Ratings richten sich an das Gruppenmitglied, seine Erfahrung in der Gruppe zu beschreiben. Die Zeiten, zu denen die Darbietung vorgenommen wird, können in Abhängigkeit von der Forschungsfrage variieren. Der Q-Sort wurde bevorzugt bei ambulanten Psychotherapiegruppen, persönlichen Wachstumsgruppen und Gruppen für hospitalisierte oder teilweise hospitalisierte psychiatrische Patienten eingesetzt (Flowers 1987; Hurley 1976; Kivlighan und Mullison 1988; Marcovitz und Smith 1983). Der Q-Sort wurde als verallgemeinerbar entdeckt (Sherry und Hurley 1976), indem er eine gute Konstruktvalidität zeigte (Rohrbaugh und Bartels 1975) und indem er eine gute, die Gruppen statistisch diskriminierende Power aufwies (Kapur u. Mitarb. 1988). Die **Therapeutic-Group-Interaction-Factors-Skala** (**TGIF**) (Hastings-Vertino 1992; Hastings-Vertino u. Mitarb. 1996) wurde entwickelt, um das Ausmaß zu messen, in dem die therapeutischen Wirkfaktoren – definiert durch Yalom – im Gruppenprozess präsent oder abwesend sind. Ein Score von -2 bis +2 auf einer 5-stufigen Skala wird jeder Sitzung für jeden Faktor durch den Gruppenleiter zugewiesen, wobei sowohl der Inhalt, der von den Gruppenmitgliedern für jeden Faktor beigetragen wird, als auch das Ausmaß, in dem therapeutische oder nicht therapeutische Verhaltensweisen dominant waren, berücksichtigt werden. Die Methode wurde entwickelt, um Praktikern zu ermöglichen, die Beziehung zwischen Yaloms Wirkfaktoren und dem therapeutischen Ergebnis objektiver zu betrachten. Die Interraterreliabilität hat sich als problematisch erwiesen, die Koeffizienten für die einzelnen Faktoren streuen zwischen +0,09 und +0,84. Die Methode scheint für Gruppenleiter brauchbar zu sein, die bereit sind, sich einem rigorosen Ratertraining zu unterziehen. Der **Curative Factor Questionnaire** (**CFQ**) (Butler und Fuhriman 1983; Fuhriman u. Mitarb. 1986) ist eine Adaptation des ursprünglichen Yalom-Verfahrens. Es besteht aus 60 nach Likert skalierten Items, wobei 5 Items jeden der 12 kurativen Faktoren konstituieren. Die Test-Retest-Reliabilität nach einer Woche wurde als für jede Skala gut genug eingeschätzt (rangierte zwischen +0,55 und +0,86) und betrug für alle Skalen zusammen +0,88.

Beobachtungen durch Forscher

Obwohl durch klientenzentrierte Therapieforscher entwickelt, stellen die **Experiencing-Skalen** (Klein u. Mitarb. 1969, 1986) pantheoretische Verfahren dar, die das Ausmaß einschätzen, in dem Patient und Therapeut affektiv und kognitiv in die Therapieaufgabe involviert sind. Eine Patientenversion und zwei Therapeutenversionen (Inhalt und Art) sind verfügbar. Jede Version besteht aus sieben fortschreitenden Stufen: Niedrigere Stufen sind durch Diskussionen externer Ereignisse und durch unverbundene, unpersönliche Art gekennzeichnet, höhere Stufen beziehen erhöhtes Bewusstsein von Gefühlen und eine kognitiv-affektive Integration der Erfahrung mit ein. Patienten- oder Therapeutensprecherwechsel werden durch unabhängige Rater eingeschätzt. Die Maße können außerdem dazu verwendet werden, Subgruppen oder die Gruppe als Ganzes zu bewerten (Lewis und Beck 1983). Die Interraterreliabilität rangiert für die einzelnen Skalen zwischen +0,60 und +0,80 (Klein u. Mitarb. 1986). Nichols und Taylor (1975) benutzten die **Experiencing-Skalen**, um den Einfluss verschiedener Arten von Therapeuteninterventionen auf den Prozess der Gruppenpsychotherapie zu bestimmen.

Das **Psychodynamic-Work-And-Object-Rating-System** (**PWORS**) (Piper und McCallum 1990; Piper u. Mitarb. 1992) erlaubt die Einschätzung zweier grundlegender Konstrukte der analytisch orientierten Gruppenpsychotherapie. Die Anwesenheit und Qualität der psychodynamischen Arbeit ist eine Funktion der Bezugnahmen von Gruppenmitglied oder Therapeut auf dynamische Komponenten (Wünsche, reaktive Angst, defensiver Prozess und psychodynamische Äußerungen). Mit Objekten sind gruppeninterne (Patient, Therapeut, Dyade, Subgruppe oder Gruppe) oder gruppenexterne Personen gemeint (z. B. Elternteil, Geschwister, Familie, allgemeine Gruppen von Personen). Zwei Aspekte der Objektbezüge werden bewertet: der Objektfokus (Art) und die Objektverbindung. Die Ratings werden anhand jeder Äußerung von Gruppenteilnehmern während der gesamten Sitzung vorgenommen. Das System bietet Scores in zwei Nichtarbeitskategorien (Externalisierung und beschreibende Äußerungen) und zwei Arbeitskategorien (einzelne psychodynamische oder zwei oder mehr dynamische Komponenten). Es kann ein Maß für selbstbasierte Arbeit berechnet werden, indem die Zahl der Arbeitsäußerungen durch einen Patienten durch die Gesamtzahl der Äußerungen während der Sitzung dividiert wird. Um eine adäquate Interraterreliabilität zu erreichen, muss ein extensives Training durchgeführt werden. In der Originalstudie war die durchschnittliche Interraterreliabilität (kappa) in den vier Kategorien über zwölf Sitzungen +0,75. Piper u. Mitarb. (1992) identifizierten signifikante Beziehungen zwischen Patientencharakteristika in der **Psychological Mindedness Assessment Procedure** (**PMAP**) (Piper und McCallum 2000; McCallum und Piper 1996; s. auch Kap. 11) und selbstbasierter psychodynamischer Arbeit und Behandlungsergebnissen in Kurzzeittherapiegruppen, die pathologische Trauerreaktionen behandelten.

Abschließende Bemerkungen

Die Mehrzahl der von uns aufgezählten und beschriebenen Methoden bezieht sich auf die Art und die Qualitätsaspekte des Gruppenprozesses. Methoden, die die Art der Interaktion beurteilen, tendieren dazu, auf den Ratings von Interaktionsdimensionen von Gruppenmitgliedern und Gruppenleitern durch trainierte Beobachter zu basieren, während die Methoden, die die Qualität der Interaktion beurteilen sollen, dazu tendieren, auf den Selbstberichten von gut definierten Gruppenvariablen durch Teilnehmer zu fußen. Während Maße für den Inhalt und Handlungsaspekte des Gruppenprozesses in unserer Übersicht weniger repräsentiert sind, finden sich wichtige Merkmale des Veränderungsprozesses in therapeutischen Gruppen gut vertreten (z. B. kritische Ereignisse, Therapeuteninterventionen).

Gruppenpraktiker, die an empirischen Untersuchungen bezüglich therapeutischer Veränderung in therapeutischen Gruppen interessiert sind, sollten definitiv versuchen, Methoden zu verwenden, die mehr als einen einzelnen Aspekt des Prozesses erfassen, z. B. die Bündelung von Selbstauskünften über das Gruppenklima mit Beobachterratings der Gruppenmitgliederinteraktion. Dieses Vorgehen kann sehr den Ertrag aus einer einzelnen Prozessstudie erhöhen. Die Strategie, Methoden zur Erfassung verschiedener Prozessaspekte einzubeziehen, stellt sicher, dass mehr der multidimensionalen Phänomene, die dem Gruppenprozess inhärent sind, abgedeckt werden. Dieses Vorgehen ermöglicht außerdem die Identifikation von Beziehungen **zwischen** verschiedenen Aspekten des Gruppenprozesses (Burlingame u. Mitarb. 1984). Das heißt, der klinische Fokus auf den interaktiven Charakteristika von Gruppenprozessvariablen wird im Forschungsansatz reflektiert.

Multiple Maße sind gleichfalls erforderlich, falls verhaltensbezogene Daten auf dem Niveau des Individuums, dem des interaktiven Geschehens und der gesamten Gruppe gewünscht sind. Die Methoden, die in dieser Übersicht beschrieben sind, unterstreichen die Sichtweise, dass das Engagement des Individuums bei sich selbst und anderen, der interpersonelle Kontext und die Atmosphäre in der ganzen Gruppe die Kernkonstrukte der Gruppenpsychotherapie-Prozessforschung sind (Fuhriman und Barlow 1994). Der Einbezug von Methoden eines jeden der genannten Kernpunkte in eine Prozessuntersuchung wird nicht nur die Wahrscheinlichkeit erhöhen, dass wichtige empirische Beziehungen identifiziert werden, sondern dass diese Beziehungen auch Relevanz für die klinische Praxis haben werden.

Jenseits der Identifikation der Muster von Prozessvariablen in der Gruppenpsychotherapie muss dem Kontext der Gruppe, in dem diese Identifikation erfolgt, Beachtung geschenkt werden. Zum Beispiel können Prozessmuster, die sich in einer Gruppe von Patienten mit einer Persönlichkeitsstörung in frühen Sitzungen einstellen, eine radikal andere Bedeutung als ähnliche Muster haben, die sich in einer Beendigungsphase einer Gruppe mit depressiven Patienten einstellen. Wichtige kontextuelle Variablen schließen die Zusammensetzung der Gruppe (Patientenvariablen) (s. Kap. 10), objektive Rahmenbedingungen und zeitliche Erfordernisse (strukturelle Aspekte), den Leiterstil (Technik, Persönlichkeit) sowie Ergebniskriterien mit ein.

Der Einsatz multipler Methoden, um Muster des Therapieprozesses innerhalb eines Kontextes zu definieren, zielt ultimativ auf eine Identifikation von Merkmalen und Bedingungen von Gruppenpsychotherapie, die direkt verbunden sind mit dem Nutzen aus der Behandlung. Ein durchgängiges Thema dieser Übersicht ist, dass die Untersuchung des gruppenpsychotherapeutischen Prozesses die Komplexität der Erfahrung von Patienten und Therapeuten innerhalb des klinischen Settings berücksichtigen sollte. Indem wir die Komplexität des Gruppenprozesses in unseren empirischen Modellen berücksichtigen, wird unser Verständnis, warum und wie der Gruppenprozess Veränderung herbeiführen kann, vertieft.

> Eine Investition in theoretisch fundierte Gruppenprozessforschung wird unsere gruppenpsychotherapeutische Praxis fördern und unsere Fähigkeit, Patienten im Rahmen des gruppenpsychotherapeutischen Ansatzes erfolgreich zu behandeln, verbessern.

VI Behandlungseffekte durch Gruppenpsychotherapie

29. Behandlungseffekte in therapeutischen Gruppen

B. Strauß

Forschung in der Gruppenpsychotherapie

Verglichen mit der Psychotherapieforschung im Kontext von Einzelpsychotherapie ist die empirische Forschung zur Gruppe ungleich komplexer und letztendlich auch aufwendiger. Dies mag bedingen, dass die Forschungsdefizite im Bezug auf die Gruppe sicherlich ausgeprägter sind als in der Einzelpsychotherapie (Strauß u. Mitarb. 1996b; Tschuschke 1999c). Von Vorteil ist in diesem Feld allerdings der deutliche Bezug zu Forschungsergebnissen aus der Sozialpsychologie, die sich auf allgemeine Gesetzmäßigkeiten in Gruppen und Systemen beziehen und die teilweise gut übertragbar sind auf die therapeutische Anwendung der Gruppe, wie beispielsweise die Konzepte der Rollen und Regeln, der Gruppennormen, soziometrischer Rangpositionen, der Gruppenstruktur, des Leiterverhaltens und interpersonaler Prozesse.

Schwerpunkte der Forschung in der Gruppenpsychotherapie

Ergebnisse der empirischen Forschung im Rahmen von Gruppenpsychotherapien sind über viele Kapitel dieses Buches verteilt. Tab. 29.1 gibt einen systematischen Überblick über die Forschungsfelder der empirischen Gruppenpsychotherapieforschung. Detaillierte Zusammenfassungen der Ergebnisse finden sich beispielsweise bei Fuhriman und Burlingame (1994a) oder Bednar und Kaul (1994). Im deutschsprachigen Raum sind z. B. die Veröffentlichungen von Finger-Trescher (1991) sowie Strauß u. Mitarb. (1996a) zu nennen.

Behandlungseffekte therapeutischer Gruppen

Nachdem es in der Psychotherapieforschung eine Zeit lang so aussah, als würde man das Ergebnis, nach dem Psychotherapie – gleich in welchem Setting – wirksam ist, akzeptieren und sich mehr und mehr der Frage zuwenden, **wie** Psychotherapie wirkt, hat sich das Bild in jüngster Zeit gewandelt. Die Frage nach den Effekten **verschiedener Formen von Psychotherapie** ist wieder interessant geworden, was sicherlich mehrere Gründe hat.

Verbunden mit dem Schlagwort „Qualitätssicherung" ist die allgemeine Notwendigkeit akzeptabler geworden, die Qualität von Behandlungsergebnissen kontinuierlich zu belegen und deren Ökonomie nachzuweisen. Dies hat zu einer Fülle von Initiativen geführt, den Erfolg von Psychotherapie

Tabelle 29.1 Systematischer Überblick über die Schwerpunkte der Gruppenpsychotherapieforschung

Forschungsfokus	Fragestellungen
Patienten-/Klientenmerkmale	Kriterien der Indikation und Prognose für Gruppenpsychotherapien, Beschreibung von Therapieabbrechern
Gruppenzusammensetzung und -struktur	Determination von Prognosefaktoren, Beschreibung von Prozessaspekten
Wirkfaktoren	relative Bedeutung einzelner Wirkfaktoren
Interaktion	Beschreibung von Gruppenprozessen und Bedeutung für das Behandlungsergebnis
Kontextvariablen	Stellenwert der Gruppe im Alltag, in Relation zu anderen Behandlungen (z. B stationäre Gruppenpsychotherapie)
Kohäsion und therapeutische Beziehung	Bedeutung für den Gruppenprozess und das Therapieergebnis
Gruppenpsychotherapeutisches Modell	unterschiedliche Effekte in Abhängigkeit vom Modell
Therapeutenmerkmale	Auswirkungen auf Prozess und Ergebnis der Behandlung
Gruppenentwicklung	Gesetzmäßigkeiten, Entwicklung von idealtypischen Modellen

zu operationalisieren und dessen Erfassung zu vereinheitlichen (z. B. Schulte 1993).

Der ökonomische Druck, dem das gesamte Gesundheitswesen und die Psychotherapie ausgesetzt sind, wird mehr und mehr dazu beitragen, nur noch jene Behandlungsmethoden zuzulassen, die ihre Effektivität nach strengen Kriterien belegen können. Die in den USA geführte Debatte um die so genannten empirisch-validierten Behandlungsmethoden ist das beste Beispiel hierfür (Elliott 1998).

Wissenschaftliche Diskussionen bzw. Veröffentlichungen über die differenziellen Effekte bestimmter Therapieformen (z. B. Grawe u. Mitarb. 1994) haben gezeigt, dass etablierte und weniger etablierte Psychotherapiemethoden teilweise einen ausreichenden Nachweis ihrer Effektivität schuldig geblieben sind (Kächele 1995).

Ein Mangel an Effektivitätsforschung trifft natürlich auch für die Gruppenpsychotherapie zu. Es ist zu vermuten, dass verschiedene Formen von Gruppenpsychotherapie (Dies 1992) auch zu unterschiedlichen Ergebnissen führen werden.

Empirische Ergebnisse hierzu fehlen allerdings bislang weitgehend.

Für die Gruppenpsychotherapie hätten eindeutige Nachweise ihrer (differenziellen) Effektivität – abgesehen von all den „Unannehmlichkeiten", die Forderungen nach einer Sicherung der Ergebnisqualität auch mit sich bringen mögen – noch eine besondere Bedeutung, bietet sich hier doch die Chance des Nachweises, dass **gruppenpsychotherapeutische Behandlungen** ökonomische Formen von Psychotherapie sind, die **bislang zu Unrecht unterbewertet** werden.

Wie die Überblicke über die Ergebnisforschung zur Gruppenpsychotherapie in unterschiedlichem Kontext belegen (Brabender und Fallon 1993; Tschuschke 1999c), gibt es also einige reale Forschungs**defizite** im Hinblick auf die Evaluation gruppenpsychotherapeutischer Behandlung, wobei diese für die im weitesten Sinne psychodynamischen Therapiemethoden am ausgeprägtesten sind. Ergebnisforschung in der Gruppenpsychotherapie ist somit keineswegs nur als notwendiges Übel oder Vehikel zur Legitimation zu sehen, sondern als eine noch nicht befriedigend gelöste wissenschaftliche Aufgabe, die zu durchaus positiven Ergebnissen im Hinblick auf die Entwicklung einer Theorie der Gruppenpsychotherapie, zu einer gesundheitspolitischen Aufwertung der Gruppenpsychotherapie und zur weiteren Klärung indikationsbezogener Fragen führen könnte.

Stand der Ergebnisforschung in der Gruppenpsychotherapie

Trotz aller Defizite kann sich ein Überblick über Studien zur Effektivität und Effizienz von Gruppenpsychotherapie bereits auf eine Vielzahl von Studien beziehen. Bednar und Kaul, die im regelmäßg erscheinenden „Handbook of Psychotherapy and Behavior Change" für den Bereich Gruppenpsychotherapie zuständig sind, kamen in der zweiten Auflage des Handbuchs (Bednar und Kaul 1978) im Hinblick auf die Therapieergebnisse in Gruppen zu folgendem Schluss:

„Es gibt inzwischen eine gesicherte Anzahl an Nachweisen, die zeigen, dass Gruppenbehandlungen effektiver sind als keine Behandlungen oder als Placebos oder als unspezifische Behandlungen bzw. als andere anerkannte psychologische Behandlungen, zumindest unter bestimmten Umständen. Dieser Nachweis hat sich in einer ganzen Bandbreite von Behandlungsbedingungen mit einem großen Spektrum an Individuen und auf vielfältigen Wegen angesammelt. Auch wenn es nicht die richtige Frage sein mag, so gibt es doch mittlerweile zahllose Forschungsergebnisse, die darauf verweisen, dass Gruppenbehandlungen ‚wirken'. Diese Aussage muss jedoch differenziert betrachtet werden, da es empirisch und vom klinischen Eindruck her gesehen offensichtlich ist, dass nicht alle Gruppen gleichermaßen günstige Ergebnisse hatten. Wir mussten feststellen, dass es in der Forschung manchmal auch keine Zurückweisung der Null-Hypothese und es ebenso auch Verschlechterungen gab" (Bednar und Kaul 1978, S. 792).

1986 schlussfolgern dieselben Autoren (Kaul und Bednar 1986), dass Gruppenpsychotherapie effektiv ist, zumindest in gewissem Maße und unter bestimmten Bedingungen, die man bis heute aber leider nicht genau kennt. Acht Jahre später, in der vierten Auflage des Handbuchs (Bednar und Kaul 1994), wiederholen die Autoren ihre Feststellung aus dem Jahr 1978 (s.o.) und vermerken: „Es ist noch genauso gültig als wenn es gerade zum ersten Mal formuliert worden wäre" (Bednar und Kaul 1994, S. 632).

Etwas optimistischer ist die Einschätzung von Fuhriman und Burlingame (1994a), die den bisher aktuellsten und umfassendsten Überblick über die Literatur zur Effektivität von Gruppenpsychotherapien vorlegten. Die Autoren gehen dabei historisch vor und bezeichnen die Arbeit von Burchard u. Mitarb. (1948) als die erste, in der versucht wurde, die Studien zu den unterschiedlichen Formen gruppenpsychotherapeutischer Behandlungen zu systematisieren. Burchard u. Mitarb. kamen in ihrer Übersicht zu dem Schluss, dass es extrem schwierig gewesen ist, klare Trennungen zu ziehen zwischen Untersuchungen zur Gruppenpsychotherapie und den vielen Versuchen, das Verhalten, die Persönlichkeit und den Charakter von Menschen durch die „Teilnahme an Gruppen" zu verändern. Dieses Problem stellte sich auch in den folgenden Jahrzehnten, in denen nach Fuhriman und Burlingame (1994a) zwischen 1960 und den frühen neunziger Jahren insgesamt 22 „repräsentative" Übersichtsarbeiten zur Thematik erschienen.

In den 60er Jahren wurden mehr und mehr kontrollierte Studien durchgeführt, in denen Behandlungsbedingungen mit Kontrollbedingungen verglichen wurden, die allerdings meist nicht „äquivalent" (im Sinne von Cook und Campbell 1979) waren. In dieser Zeit überwiegen Untersuchungen in Institutionen (Kliniken, Gefängnissen). Die Ergebnisse wurden zunächst als wenig vielversprechend bezeichnet; allenfalls sah man in der Gruppe eine „sinnvolle Ergänzung" zur Einzel- oder Pharmakotherapie. Erst spätere Übersichten (z.B. Mann 1966; Anderson 1968) kamen zu optimistischen Schlussfolgerungen und berichteten über durchschnittliche Besserungsraten von 45% durch Guppenbehandlungen in unterschiedlichem Rahmen und unterschiedlichen theoretischen Orientierungen.

In der folgenden Dekade entsprachen die Studien strengeren methodischen Anforderungen. Gruppenpsychotherapien (ambulant und stationär) wurden – im Vergleich zu Kontroll- und Vergleichsbedingungen und zur Einzelpsychotherapie – einhellig als effektiv bewertet. Der konzeptuelle Rahmen wurde in dieser Zeit erweitert und elaboriert, wozu insbesondere die Arbeiten von Yalom beigetragen haben (Yalom 1975, 1985, 1995). Dennoch gab es einige Autoren, die zumindest für spezifische Störungsbilder der Einzelpsychotherapie gegenüber der Gruppenpsychotherapie den Vorzug gaben (Fuhriman und Burlingame 1994a).

In den 80er und in den frühen 90er Jahren bezogen sich Übersichtsarbeiten auf spezifischere Themen, z.B. Therapien bei bestimmten Störungen, oder auf die Beschreibung von umgrenzten Behandlungsmodellen. Auch wurden genauere Aussagen zur differenziellen Effektivität von Gruppenpsychotherapien möglich. Fuhriman und Burlingame (1994a) beschreiben die Quintessenz der Gruppenpsychotherapieergebnisforschung in dieser Periode wie folgt:

- Gruppenpsychotherapie ist effektiv im Vergleich zu Kontrollbedingungen ohne Behandlung,
- im Vergleich zur Einzelpsychotherapie bzw. zu anderen Behandlungsformen ist Gruppenpsychotherapie ebenbürtig, wenn nicht gar überlegen,
- im Hinblick auf spezifische Probleme (z.B. Menschen mit Verlusterlebnissen bei Piper und McCallum 1991) ist es immer noch nicht möglich, die Effektivität von Gruppen zu belegen (überwiegend aufgrund eines Mangels an entsprechenden Studien),

- möglicherweise ist die Abbruchrate in Gruppen höher als in der Einzelpsychotherapie (dies legt auch eine Übersicht von Kordy und Senf [1992] nahe, die für Gruppenpsychotherapien Abbrecherquoten zwischen 17% und 55,5% berichten).

Insgesamt gesehen ist aber aus circa 700 Studien der letzten zwei Jahrzehnte zu folgern, dass das Gruppensetting bei unterschiedlichen Störungsbildern und mit unterschiedlichen Behandlungsmodellen konsistent positive Effekte produziert.

Wie so viele Übersichten aus dem englischsprachigen Raum enthält auch jene von Fuhriman und Burlingame (1994a) keine einzige deutschsprachige Arbeit, obwohl sich einige weitere 100 Studien zur Effektivität von Gruppenpsychotherapie in deutschen Fachzeitschriften finden ließen.

Im Großen und Ganzen würde aber eine Zusammenfassung dieser Studien die Schlussfolgerungen von Fuhriman und Burlingame (1994a) bestätigen. Unter den deutschsprachigen Arbeiten zur Ergebnisforschung in der Gruppenpsychotherapie sind vor allem jene hervorzuheben, die sich mit Gruppenpsychotherapien im stationären Rahmen befassen (z. B. Pohlen 1972; Deneke 1982; Rüger 1981; Janssen 1987; Eckert und Biermann-Ratjen 1985; Tschuschke 1993; Strauß und Burgmeier-Lohse 1994a), die zahlreichen Untersuchungen zur Gruppenpsychotherapie, die in der ehemaligen DDR durchgeführt wurden (z. B. Hess 1986, 1991), oder Untersuchungen zur Kurzzeit-Gruppenpsychotherapie (Pritz 1990). Defizite in der Ergebnisforschung zeigen sich aber auch nach einer Durchsicht der deutschsprachigen Literatur, speziell für den Bereich der analytisch orientierten Gruppenbehandlung (Finger-Trescher 1991).

Die Ära der **Metaanalysen** hat auch die Gruppenpsychotherapie erfasst; Metaanalysen können z. B. herangezogen werden, um die Frage der **differenziellen Effektivität von Einzel- und Gruppenpsychotherapie** zu klären. Fuhriman und Burlingame (1994a) fassen (beginnend mit der Studie von Smith u. Mitarb. 1980) bis 1990 insgesamt sieben Metaanalysen zu dieser Frage zusammen. Vier dieser Analysen kommen zu dem Schluss, dass es keine bedeutsamen Unterschiede im Hinblick auf die differenzielle Effektivität von Einzel- und Gruppenpsychotherapie gibt (Smith u. Mitarb. 1980; Miller und Berman 1983; Robinson u. Mitarb. 1990; Tillitski 1990; s. auch Orlinsky u. Mitarb. 1994).

Toseland und Siporin (1986) berichten über eine Metaanalyse, die im Überblick von Fuhriman und Burlingame nicht enthalten ist. Diese Autoren kommen zu dem Schluss, dass unter 32 vergleichenden Untersuchungen, die bestimmten methodischen Ansprüchen genügen, 24 zu finden sind, die keinerlei Unterschiede im Hinblick auf die Effektivität von Einzel- bzw. Gruppenpsychotherapie nahe legen. 8 Studien dagegen (immerhin 25%) deuten auf eine Überlegenheit des Gruppensettings hin. (Budman u. Mitarb. [1988] konnten in einer Studie zum Vergleich von Einzel- und Gruppenbehandlung zeigen, dass sich beide Settings nicht im Hinblick auf die Effektivität unterschieden, dass die Patienten aber eine eindeutige Präferenz für Einzelbehandlungen zum Ausdruck brachten.) Shapiro und Shapiro (1982) folgern, dass die Einzelpsychotherapie zwar als am effektivsten erscheint, aber unmittelbar gefolgt werde von Gruppenbehandlungen. Die beiden verbleibenden Studien von Dush u. Mitarb. (1983) bzw. Nietzel u. Mitarb. (1987), die sich ausnahmslos auf kognitiv-behaviorale Behandlungsmodelle beziehen, zeigten, dass Einzelpsychotherapien den Gruppenbehandlungen bei weitem überlegen sind, dass Letztere sich in ihrer Effektivität sogar von Placebobedingungen kaum unterscheiden. Fuhriman und Burlingame (1994a), die diese beiden Arbeiten genauer sichteten, kommen allerdings zu dem Schluss, dass es sich bei den hier untersuchten „Gruppenpsychotherapien" lediglich um „Einzelbehandlungen in der Gegenwart anderer" gehandelt hat, also ein wirklicher Vergleich nicht möglich gewesen ist (Tschuschke 1999a; s. auch Kap. 2).

So kann man also nach dem bisherigen Stand der Forschung von einer vergleichbaren Effektivität von Gruppen- und Einzelpsychotherapien ausgehen (Kap. 2), ein Befund, der bei der Diskussion um die Ökonomie psychotherapeutischer Behandlungen – wenngleich sich die **Prozesse** der beiden Behandlungsmodalitäten sicher erheblich unterscheiden – mehr Beachtung finden sollte (Kap. 31).

Differenzielle Effekte gruppenpsychotherapeutischer Behandlungen

Anders als in der Einzelpsychotherapie, in der der Vergleich unterschiedlicher Therapiemethoden eine lange Tradition besitzt (z. B. Luborsky u. Mitarb. 1975; Grawe u. Mitarb. 1994), gibt es in der Gruppenliteratur nur wenige Veröffentlichungen, in denen die Effekte verschiedener Behandlungen gegenübergestellt werden. Tschuschke (1999c) beschreibt den Versuch, verhaltenstherapeutische und psychoanalytische Gruppenpsychotherapien vergleichend zu bewerten im Hinblick auf Forschungsstrategien. Die Übersicht zeigt, dass – wie in der Einzelpsychotherapie – verhaltenstherapeutische Studien den Fokus mehr auf die Effekte und psychoanalytische Studien mehr auf den Prozess oder Prozess-Ergebnis-Zusammenhänge legen. Daraus kann man folgern, dass die Effektivität von verhaltenstherapeutischen Gruppen besser abgesichert ist, wobei ein wirklicher Vergleich aufgrund des Mangels an Ergebnisstudien aus dem psychodynamischen Bereich nicht möglich ist.

Konzepte der Ergebnisforschung in der Gruppenpsychotherapie

Es wurde bereits erwähnt, dass nicht zuletzt aufgrund äußeren Drucks in jüngster Zeit einige Initiativen ergriffen wurden, die Sicherung von Qualität im Bereich der Psychotherapie zu diskutieren und zu konzeptualisieren. Hierzu gehören beispielsweise die Einführung einheitlicher Dokumentationssysteme für Patientenmerkmale (z. B. Broda u. Mitarb. 1993; Heuft und Senf 1998) oder Versuche, eine Vereinheitlichung von Instrumenten zur Erfassung des Behandlungserfolgs nach Psychotherapien vorzuschlagen, wie sie innerhalb der American Psychological Association (APA) unternommen wurden (Strupp u. Mitarb. 1997). Es ist anzunehmen, dass diese Vorschläge sich heute eher durchsetzen können als dies bei früheren Versuchen einer Vereinheitlichung von Evaluationsmethoden der Fall war (z. B. Waskow und Parloff 1975). Wenn es gelänge, zumindest einen gewissen Teil der Erhebungsmethoden zu parallelisieren, könnten Behandlungsergebnisse unterschiedlicher Schulen und unterschiedlicher Settings künftig besser verglichen werden, als dies heute der Fall ist. (Man bedenke in diesem Zusammenhang den Befund von Lambert [1989], der in 348 Psychotherapiestudien insgesamt 1430 verschiedene Maße zur Beschreibung des Behandlungserfolgs katalogisierte.)

In der Ära der Qualitätssicherung wurden auch wieder vermehrt methodische und konzeptuelle Überlegungen zur Evaluation von Psychotherapie angestellt. Wittmann sei in diesem Zusammenhang erwähnt, der mit der **Konzeption der fünf Datenboxen** ein anschauliches Modell zur Demonstration der Probleme und Strategien der Wirksamkeitsforschung entwickelte (Strauß und Wittmann 2000). Schulte (1993) hat sich mit den Konzepten der Psychotherapieevaluation inhaltlich auseinander gesetzt und versucht, die Frage zu beantworten: „Wie soll Therapieerfolg gemessen werden?". Der Autor verweist darauf, dass man sich mittlerweile einig ist, dass Therapieevaluation unter Zugrundelegung **multipler Kriterien** erfolgen muss, ebenso multidimensional, multimethodal und multimodal. Schulte (1993) fasst in seiner Arbeit bisherige Versuche der Klassifikation von Erfolgsmessungen zusammen. Im deutschsprachigen Raum ist wohl das Ordnungsschema von Seidenstücker und Baumann (1978) am bekanntesten, die drei wesentliche Bereiche für die **Systematik von Erfolgsmessungen** vorschlugen, nämlich

- die Datenquelle (z. B. Patient, Beobachter, Therapeut),
- die Datenebene (z. B. Erleben, Verhalten, Leistung, körperliche Funktionen),
- den Funktionsbereich, also den Inhalt der Erfolgsmessung (z. B. Wohlbefinden, Symptomatik, Persönlichkeit, Funktionsniveau in verschiedenen Bereichen; Lueger 1995).

Insgesamt gesehen sind die Versuche, Erfolgsmessungen zu systematisieren, äußerst vielfältig (z. B. Lambert u. Mitarb. 1992; Elliott 1992). Schulte meint dazu: „Die Vielfalt und Unterschiedlichkeit der Einteilungsversuche spiegelt ihre Unverbindlichkeit wider. Eine theoretische Verankerung wird nicht vorgenommen. ... Doch die Messung von Therapieerfolg ist grundsätzlich nicht anders zu bewerten als die Messung jedes anderen psychologischen Konstrukts in der psychologischen Forschung. Es ist zunächst theoretisch begründet, festzulegen, durch welche Indizes oder Variablen das Konstrukt inhaltlich erfasst werden soll, und im zweiten Schritt, wie diese Variablen operationalisiert und gemessen werden können. Zu unterscheiden ist also zwischen dem inhaltlichen und dem methodischen Aspekt der Definition von Therapieerfolg. Beide sind unabhängig voneinander: Die Methode muss der jeweils ausgewählten Variablen entsprechen" (Schulte 1993, S. 377 f.).

Schultes Modell geht von der Annahme aus, dass „ein einheitliches Maß für die Evaluation von psychologischer und pharmakologischer Therapie nicht möglich [ist], wenn das Ziel von Therapie in der Heilung oder Besserung von Krankheiten oder psychischen Störungen gesehen wird. Denn Krankheit oder Störung ist ein mehrschichtiges Konstrukt, das Operationalisierungen auf mehreren Ebenen erfordert" (Schulte 1993, S. 386).

Er schlägt vor, **inhaltlich** den Therapieerfolg auf folgenden drei Ebenen zu messen:
- auf der Ebene der Krankheitsursachen oder der „Defekte",
- auf der Ebene der Symptomatik,
- auf der Ebene der Krankenrolle bzw. der Krankheitsfolgen im Sinne der „Einschränkung normaler Rollen" (s. auch Lueger 1995).

Die **Methode** der Evaluation sollte von den zur „Kennzeichnung des Therapieerfolgs gewählten Variablen abhängig" gemacht werden. Zunächst ist hier die Operationalisierung wichtig und die Frage, welche Kriterien für die Effektivität der Behandlung gewählt werden. Schließlich ist die Methode durch das Design, also z. B. die Frage, in welchen Abschnitten der Behandlung gemessen wird, bestimmt. Schulte meint zu Recht, dass sich die Forderung nach allgemein verbindlichen Erfolgsmaßen nur teilweise einlösen lassen werde, dass sicherlich „theoriespezifische Maße" nötig seien, um dem einzelnen Therapieverfahren und seinen spezifischen Therapiezielen gerecht zu werden.

In diesem Zusammenhang ist die Reflexion der Ziele einer bestimmten Form von Psychotherapie sicherlich bedeutsam (Ambühl und Strauß 1999). Im neu entfachten Streit um die Wirksamkeit verschiedener Formen von Psychotherapie ist dieser Aspekt bisher zu wenig berücksichtigt. Wahrscheinlich wäre es nötig, die Ziele von Psychotherapien neuerlich zu diskutieren und auf dieser Basis über Methoden zur Erfassung dieser Ziele zu befinden. Vereinheitlichungen von Therapieerfolgsmaßen sind – so Schulte – wohl am ehesten auf der „Ebene des Krankseins" (z. B. Symptomatik, Funktionsniveau) möglich.

Ähnliche Versuche zur Entwicklung von Konzepten der Ergebnisforschung wurden speziell für die Gruppenpsychotherapie mehrfach versucht. Verwiesen sei beispielsweise auf die Arbeiten von Parloff und Dies (1978), Bednar und Moeschl (1981), Dies (1985) bzw. Dies und Dies (1993a), die versuchen, mit ihrer Konzeption eine Verbindung zur therapeutischen Praxis herzustellen.

Von Hartmann (1979) stammt die Übersicht, die Tab. 29.2 zugrunde liegt. Hier werden verschiedene Ebenen differenziert, auf denen eine Evaluation gruppenpsychotherapeutischer Maßnahmen zu empfehlen ist. Zunächst werden dabei verschiedene „Funktionsniveaus" unterschieden (symptomatische und verhaltensrelevante, interpersonale und intrapsychisch-strukturelle). Es besteht diesbezüglich mittlerweile

Tabelle 29.2 Ebenen der Evaluation gruppenpsychotherapeutischer Behandlungen (nach Hartmann 1979)

Funktionsniveau	Beobachtungsebene			
	Klient	Therapeut	Beobachter	Bedeutsame Bezugsperson
Symptomatisch, verhaltensorientiert	X	X	X	X
Interpersonal	X	X	X	X
Intrapsychisch, strukturell	X	X	X	X
Gruppenspezifisch	X	X	X	–

Konsens, dass bei der Erfassung von Behandlungsergebnissen mindestens nach diesen drei Ebenen unterschieden werden sollte, wobei die interpersonale Ebene bislang sicher vernachlässigt worden ist und dies, obwohl – so Hartmann – das „allen Gruppenmethoden gemeinsame Merkmal die Nutzung des interpersonalen Feldes für Veränderungen" ist. Zwischenzeitlich hat sich einiges an der Situation geändert, was u.a. daran liegt, dass Verfahren zur Erfassung der interpersonalen Ebene in größerer Anzahl verfügbar sind (z. B. Strauß u. Mitarb. 1993).

In der Übersicht Hartmanns werden auch verschiedene Ebenen der Beurteilung oder Beobachtung differenziert, die im Idealfall herangezogen werden sollten, um Behandlungserfolge zu klassifizieren. Das heißt, dass man sich nicht nur auf die Selbsteinschätzungen des Patienten und/ oder die Beurteilungen des Therapeuten verlassen, sondern auch unabhängige Beobachter in den Evaluationsprozess mit einbeziehen sollte, ebenso wie bedeutsame Bezugspersonen des Patienten, etwa bei der Einschätzung der sozialen Fähigkeiten bzw. der partnerschaftlichen oder familiären Situation.

Obwohl das in Tab. 29.2 gezeigte Schema von Hartmann für die Gruppenpsychotherapie entwickelt wurde, enthält es nicht explizit die Dimension gruppenspezifischer Ergebnisse, die deshalb als zusätzliche Zeile in die Matrix eingefügt wurde.

Es gab in der Vergangenheit immer wieder den Versuch, für die einzelnen Ebenen Methoden vorzuschlagen, im Sinne eines **Standardinventars zur Gruppenevaluation**. Die so genannte CORE-Battery der American Group Psychotherapy Association ist hier als Beispiel zu nennen (MacKenzie und Dies 1981). Dieses Standardinventar besteht aus einer Symptomliste (SCL 90-R), einer Skala zur Einschätzung der sozialen Situation und emotionaler Probleme (emotions profile index), einer Skala zur globalen Einschätzung der psychosozialen Beeinträchtigung (global assessment scale and general improvement rating) und schließlich der Skalierung von individualspezifischen Problemen durch den Patienten und durch den Therapeuten. Mit Letzterem wird der Forderung Rechnung getragen, dass man neben standardisierten Maßen des Behandlungserfolgs auch individuelle Maße mit berücksichtigen sollte, z. B. die für den Patienten wichtigsten Probleme oder individualspezifischen Therapieziele (etwa in Form des so genannten „goal attainment scalings"; Kordy und Scheibler 1984). Sicherlich hat Schulte (1993) mit der Auffassung recht, dass sich eine vollständige Vereinheitlichung von Erfolgsmaßen nicht werde erreichen lassen. Dennoch wäre es wünschenswert, um der besseren Vergleichbarkeit von Therapieergebnissen willen, wenigstens in Teilbereichen zu Standards zu gelangen.

Im gruppenpsychotherapeutischen Setting sollten nach Möglichkeit auch Erhebungsinstrumente eingesetzt werden, die den spezifischen „Nutzen" erfassen, den Patienten durch eine Gruppenbehandlung erzielen konnten. Bedauerlicherweise liegen hierzu sehr wenige elaborierte Methoden vor. Die „Behandlungsbeurteilung nach Froese" und die „Bewertungsskala nach Böttcher und Ott" stellen einen Versuch dieser Art dar (Hess 1986; 1996). Überlegungen über die spezifischen Ziele einer Gruppenpsychotherapie (bezogen auf die Gruppe und deren Mitglieder) sollten bei der Evaluation von Gruppen ebenfalls berücksichtigt werden. Auch hierzu liegen erst wenige Erfahrungen vor.

Generell ist bei der Evaluation von Gruppenpsychotherapien die Frage zu stellen, auf welcher **Ebene** der Behandlungserfolg erfasst werden soll, z. B. – was sicher einfacher zu bewerkstelligen ist – auf der Ebene des Individuums oder der Ebene der Gruppe. Die klinische Erfahrung lehrt, dass es „gute" und „schlechte" Gruppen gibt. Das heißt, Gruppen als Ganzes scheinen sich hinsichtlich ihres Behandlungserfolgs zu unterscheiden. Um die Ursachen dieser Unterschiede aufdecken zu können, ist es erforderlich, theoretisch fundierte Maße zu entwickeln, die den Therapieerfolg einer Gruppe als Ganzes erfassen. Versuche, Gruppen als Ganzes hinsichtlich des Behandlungserfolgs zu evaluieren, sind bisher noch rar. Zu nennen sind die Arbeiten von Hess (1986) oder von Kordy und von Rad (1990) im Rahmen des Heidelberger Katamneseprojekts. Auf dieser Ebene wären auch Versuche anzusiedeln, bestimmte (theoretisch postulierte) Phasen der Gruppenentwicklung zu bestimmen (MacKenzie 1994b; Karterud 1989) und sie zu messen (Ahlin 1996).

Auf der Basis der bisher vorliegenden Untersuchungen und aktueller Diskussionen in der Psychotherapieforschung lassen sich folgende **Kriterien** oder **Empfehlungen** für eine fundierte Erfolgsmessung in der Gruppenpsychotherapie formulieren:

- Die benutzten Methoden sollten einen Vergleich der Effekte anderer gruppenpsychotherapeutischer, aber auch einzeltherapeutischer Behandlungsmaßnahmen zulassen.
- Die Evaluation sollte sich auf „kliniknahe" Gruppen beziehen. Evaluationsforschung sollte möglichst wenig in die klinische Arbeit eingreifen, weshalb es nahe liegt, sich vermehrt naturalistischen (im Gegensatz zu experimentellen) Psychotherapiestudien zuzuwenden (Strauß und Kächele 1998).
- Die Merkmale der untersuchten Patienten sollten standardisiert und möglichst genau dokumentiert werden (z. B. mit Hilfe etablierter Basisdokumentationen und diagnostischer Klassifikationssysteme).
- Zur Erfassung der Effektivität sollten (zumindest auch) etablierte Erhebungsmethoden benutzt werden, die verschiedene Bereiche potenzieller Veränderungen tangieren, wie z. B. den symptomatischen, den interpersonalen und den intrapsychischen, und dabei – durch Benutzung individuumsorientierter Erfolgskontrollen – möglichst auch der individuellen Situation des einzelnen Gruppenmitglieds mit Rechnung tragen.
- Neben den genannten Bereichen sollte Evaluation auch objektive Kriterien mit einbeziehen, z. B. die Erhebung von Krankheitstagen oder Krankenhausaufenthalten, da derartige Indikatoren für den Behandlungserfolg sicher eine große gesundheitspolitische Bedeutung haben.
- In der Evaluation von Gruppenpsychotherapien sollten auch negative Effekte genau registriert werden (z. B. Merkmale von Abbrechern; Kordy und Senf 1992).
- Bei der Bewertung des Effektes einer Therapie im Sinne von Veränderung sollten nicht ausschließlich Kriterien statistischer, sondern auch oder primär „klinischer Signifikanz" berücksichtigt werden (Schulte 1993; Kordy 1996; Davies-Osterkamp u. Mitarb. 1996).
- Katamnesestudien sind – trotz ihres Aufwandes und der vorprogrammierten Selektion der dabei erfassten Patienten – unerlässlich, um die Langzeitwirkung einer therapeutischen Maßnahme nachweisen zu können.
- Die Erfassung von Behandlungseffekten sollte im Optimalfall den Bezug zu übergeordneten Theorien der Veränderung ermöglichen (eine Theorie, die sich speziell für die Gruppenpsychotherapie bestens eignen könnte, ist das in-

terpersonale Modell; Schneider-Düker 1992; Burgmeier-Lohse 1993; Mattke 1999).
- Es liegt nach dem heutigen Erkenntnisstand nahe, sich nicht ausschließlich auf die Untersuchungen des Effektes zu beziehen, sondern auch „Prozesskomponenten" der Behandlung zu berücksichtigen, wenigstens in Form der klassischen Wirkfaktoren- oder Heilfaktorenstudien, um prüfen zu können, ob der theoretische Anspruch einer Behandlung mit der Realität bzw. therapeutischen Realisierung im Einklang steht. Die Unterscheidung zwischen Prozess- und Ergebnisvariablen folgt dem herkömmlichen Kausalitätsprinzip von Ursache und Wirkung der Naturwissenschaften. Es ist jedoch fraglich, ob diese Wirksamkeitsannahme dem „Geschehen" Psychotherapie gerecht wird. Viele psychotherapeutische Veränderungen scheinen das Ergebnis interdependenter Prozesse zu sein. Daraus ergibt sich, dass auch die Bedeutung der Variablen bezüglich ihrer Abhängigkeit bzw. Unabhängigkeit neu bestimmt werden muss. Beispielsweise ist die „Gruppenkohäsion" sowohl eine Prozessvariable als auch eine Ergebnisvariable, z. B. bei der Definition einer erfolgreichen Gruppe.
- Nach Möglichkeit sollte, insbesondere in geschlossenen Gruppen, eine Individuumsorientierung mit einer Gruppenorientierung bei der Erfassung des Therapieeffektes kombiniert werden. Hierzu wird es aber sicher noch nötig sein, gangbare Wege zu entwickeln, Erfolgskriterien für die Gesamtgruppe zu definieren und diese zu erfassen.

Beispiel: Evaluation einer stationären Langzeit-Gruppenpsychotherapie

In einer sehr aufwendigen Studie an der psychotherapeutischen Klinik der Universität Kiel wurde zu Beginn der 90er Jahre der Versuch gemacht, die im vorigen Abschnitt aufgezählten Ansprüche an eine fundierte Erfolgsmessung von Gruppenpsychotherapien – so weit wie möglich – im Rahmen der Evaluation einer **stationären, analytisch orientierten Gruppenpsychotherapie** zu realisieren (für Details dieser so genannten Kieler Gruppenpsychotherapiestudie s. Strauß und Burgmeier-Lohse 1994a, b). Einige Ergebnisse aus dieser Studie mögen illustrieren, was mit Hilfe systematischer Effektivitätsforschung erreichbar ist.

Die Studie erfolgte in der 8 Betten umfassenden Psychotherapiestation der Klinik für Psychotherapie und Psychosomatik an der Universität Kiel. Das dort praktizierte **Behandlungsprogramm** lehnt sich eng an das von Janssen (1987) beschriebene integrative stationäre Psychotherapiekonzept an, mit der Eigenheit, dass alle therapeutischen Aktivitäten in Gruppen stattfinden. Kern des Behandlungsprogramms ist die fünfmal wöchentlich stattfindende 90-minütige Gruppenpsychotherapie. Die Patienten der Station bilden eine halb-offene Gruppe (slow open group) und leben wie in einer therapeutischen Wohngemeinschaft zusammen. Die Behandlungsdauer betrug während des Projekts in der Regel sechs Monate.

In der Studie wurden die Patienten, die in einem definierten Zeitraum auf der Station behandelt wurden (naturgemäß handelt es sich dabei um eine relativ kleine Gruppe), bei Behandlungsbeginn, zum Entlassungszeitpunkt und – so weit möglich – katamnestisch ausführlich untersucht. Daneben wurde eine Fülle von Verlaufserhebungen (Strauß und Burgmeier-Lohse 1994a) zur Analyse des Prozesses realisiert, auf die hier nicht weiter eingegangen wird.

Um die Effektivität der Therapie beurteilen zu können, wurden Auswirkungen der Behandlung auf **mehreren Ebenen** erfasst, wie dies von unterschiedlichen Autoren empfohlen wird (s.o.), nämlich im Rahmen einer globalen Beurteilung des Ergebnisses durch Patient und Therapeut, durch eine differenzierte Erfassung von Veränderungen (Prä-Post-Vergleiche), der Angaben in Fragebögen zur Symptomatik, Persönlichkeit und Konfliktbewältigung und durch Berücksichtigung individuumsorientierter Maße. Außerdem wurde eine differenzierte Abschlussbeurteilung des zentralen Elementes des Behandlungsprogramms, d. h. der analytisch orientierten Gruppenpsychotherapie erhoben. Dadurch sollte überprüfbar sein, welche differenziellen Effekte die untersuchte stationäre Therapie bewirkt, wobei primär **klinisch relevante** Veränderungen betrachtet werden sollten. Die Mehrzahl der in dieser Studie benutzten diagnostischen Methoden ist mittlerweile gut etabliert und bedarf keiner genaueren Beschreibung. Eine Zusammenstellung findet sich in Tab. 29.3.

Aus Tab. 29.3 geht hervor, dass entsprechend dem Schema in Tab. 29.2 differenziert wurde nach **symptomatischen, interpersonalen, intrapsychischen und gruppenspezifischen** Erfolgskriterien. Hier wird nur die Beobachtungsebene Patient und z.T. Therapeut berücksichtigt. Fremdbeurteilungen

Tabelle 29.3 Übersicht über die Variablen/Instrumente, die bei der Bestimmung des Behandlungserfolgs berücksichtigt wurden

Variablen	Instrumente
Persönlichkeit	Gießen-Test-S (Prä-Post-Vergleich)[a]
Selbstsystem	Narzissmusinventar (Prä-Post-Vergleich)[a]
Symptome	Symptom-Checklist-90 R (SCL-90 R, Prä-Post-Vergleich)[b]
Angst	State-Trait-Angstinventar (STAI, Prä-Post-Vergleich)[b]
Interpersonale Probleme	Inventar zur Erfassung interpersonaler Probleme (IIP, Prä-Post-Vergleich)[b]
Therapieziele (Patient)	Goal Attainment Scaling[c]
Therapieziele (Therapeut)	Goal Attainment Scaling[c]
Individuelle Beschwerden	Skalierung von „Target Complaints" durch Patient und Therapeut[d]
Globale Beurteilung	Abschlussbeurteilung des Behandlungserfolgs durch Patient und Therapeut[e]
Profit durch die Gruppe	Einschätzung durch den Therapeuten und den Patienten (u.a. in der Behandlungsbeurteilung nach Froese)[f]

Kriterien für klinisch signifikante Veränderungen:
[a] reliable Veränderung in mindestens 3 Subskalen,
[b] reliable Veränderung bezüglich des Gesamtwertes,
[c] Zielerreichung von mindestens 66%,
[d] $2/3$ der Symptome deutlich bis stark gebessert,
[e] deutliche bis starke Besserung,
[f] Gesamtwert > 27.

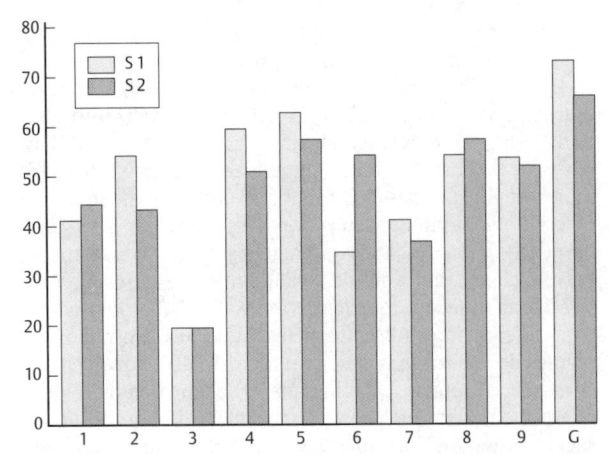

Abb. 29.1 Prozentsatz der Patienten aus Stichprobe 1 (S1) bzw. 2 (S2), die jeweils das Kriterium für klinische Signifikanz erreicht haben (1 = Gießen-Test, 2 = Narzissmusinventar, 3 = interpersonale Probleme, IIP-Gesamtwert, 4 = Symptomgesamtwert SCL-90 R, 5 = Trait-Angst, 6 = Therapiezielerreichung Patient, 7 = Therapiezielerreichung Therapeut, 8 = individuelle Beschwerden, 9 = globale Erfolgsbeurteilung, G = gruppenspezifisches Maß).

Tabelle 29.4 Ausgewählte Effektstärken – ES (Prä-Post-Vergleich) für die beiden Stichproben

Variable	ES Stichprobe 1	ES Stichprobe 2
Gesamtwert SCL-90 R	0,93	0,81
IIP-Gesamtwert	0,38	0,43
State-Trait-Angstinventar (STAI)	1,88	1,41
Gießen-Testskala: Depressivität	1,25	0,77
Narzissmusinventarskala „ohnmächtiges Selbst"	1,63	0,92

wurde, dass die „Regeldauer" der stationären Gruppen nur noch 3–4 Monate anstatt 6–7 Monate betrug, war es möglich, weitere 68 Patienten mit ähnlichen Charakteristika aber kürzeren Behandlungen (Durchschnitt 102 Tage) mit dem Inventar zu untersuchen.

Abb. 29.1 fasst die Ergebnisse zusammen. In der Abbildung ist angegeben, wie viele Patienten das vorab definierte Kriterium für eine Besserung in den einzelnen Bereichen in den beiden Stichproben erfüllten (längere versus kürzere Behandlungsdauer). Tab. 29.4 fasst ausgewählte Effektstärken für die beiden Stichproben zusammen.

Betrachtet man zunächst für die erste Stichprobe (längere Behandlung von 6–7 Monaten) die Anteile der Patienten, welche die klinischen Kriterien für eine Verbesserung in den einzelnen Aspekten erreichen, dann zeigt sich, dass die meisten Patienten eine Reduktion der psychischen Symptome (STAI, SCL-90 R) erzielen und eine Stabilisierung des Selbst, ausgedrückt in den Veränderungen der entsprechenden Skalen des Narzissmusinventars. Etwas weniger als die Hälfte der Patienten erfüllt das Kriterium für die Gesamtbewertung von FKS und Gießen-Test, wobei hier die deutlichsten Veränderungen in der Skala „Grundstimmung" zu verzeichnen waren. Auffällig ist, dass eine bedeutsame Reduktion interpersonaler Probleme von nur etwa einem Fünftel der Patientenstichprobe erreicht wird. An den Effektstärken, die Veränderungen zwischen Therapiebeginn und Katamnese beschreiben (Strauß und Burgmeier-Lohse 1994b), wird allerdings deutlich, dass bis zur Nachuntersuchung (zumindest in der entsprechenden Teilstichprobe) eine weitere deutliche Reduktion der Beschwerden interpersonaler Art erzielt wird.

In Abb. 29.1 ist auch der Anteil der Patienten wiedergegeben, der das definierte Kriterium für die „globale" Behandlungsbeurteilung erfüllt. Danach sind 55% der Patienten mit dem Therapeuten zum Entlassungszeitpunkt der Auffassung, dass die Behandlung ziemlich oder sehr hilfreich war. Nach den oben definierten Kriterien ergaben sich für die einzelnen, individuumsorientierten Maße folgende „Erfolgsraten":

- Therapieziele Patient = 35% (Katamnese: 77%),
- Therapieziele Therapeut = 42%,
- individuelle Beschwerden (target complaints; Patient und Therapeut) = 55% (Katamnese **nur** Patient: 92%).

wurden in der Studie ebenfalls durchgeführt (Strauß und Burgmeier-Lohse 1994b), bedeutsame Bezugspersonen konnten nicht zum Behandlungsergebnis befragt werden. Für jedes einzelne Erfolgsmaß wurden a priori klinische Kriterien für die Entscheidung über bedeutsame Veränderungen herangezogen (Kordy 1996), speziell für die Bewertung von Veränderungen im Therapieverlauf (Tab. 29.3).

Zunächst wurden in der Untersuchung Daten von 31 Patienten berücksichtigt, die in einem Zeitraum von etwas mehr als 2 Jahren in der Klinik stationär behandelt wurden. Die Mehrzahl der Patienten war zwischen 20 und 30 Jahre alt, Frauen überwogen in der Stichprobe leicht. Dem Anspruch des Behandlungskonzeptes entsprechend wiesen die meisten Patienten eine lange Dauer der Beschwerden auf und hatten oftmals Vorerfahrungen mit unterschiedlichen Formen von Psychotherapie. Diagnostisch überwogen in der Stichprobe Patienten mit Depression und Essstörungen (vornehmlich Bulimie). Die durchschnittliche Behandlungsdauer der 31 Patienten betrug 192 Tage. Nach Abschluss des Projektes wurde das Instrumentarium zur Erfolgsbeurteilung als Standardbatterie zur Qualitätssicherung beibehalten. Da als Folge der Studie das Behandlungskonzept insofern verändert

Das Kriterium wurde hier nicht erreicht von 35% der Patienten, in 3 Fällen ergaben sich zudem deutliche Diskrepanzen zwischen Therapeuten- und Patientenurteil. In beiden Stichproben zeigt das Ergebnis die große und positive Bedeutung der Gruppenpsychotherapie. Jeweils etwa 3/4 der Patienten erzielten in der Behandlungsbeurteilung nach Froese Werte, die deutlich über dem kritischen Wert lagen.

Stellt man die beschriebenen Ergebnisse aus der größeren Stichprobe 2 (jener Patienten, die „kürzer" behandelt wurden) jenen der 1. Stichprobe gegenüber, zeigt sich eine erstaunliche Stabilität der Effekte bezüglich der in Abb. 29.1 dargestellten Prozentsätze, wenngleich die Effektstärken durchweg (etwas) niedriger ausfielen. Hier zeigt sich der vielfach replizierte Befund, wonach die Dauer der Behandlung die Behandlungseffekte determiniert, wobei der Zusammenhang keineswegs linear, sondern durch eine Kurve mit negativer Beschleunigung darstellbar ist (McNeilly und Howard 1991). Die beiden „Behandlungsmodelle" (6–7 Monate versus 3–4 Monate) unterscheiden sich am deutlichsten im Hinblick auf persönlichkeitsbezogene Merkmale, wie sie mit dem Narzissmusinventar erfasst werden (längere Behandlung jeweils mit besseren Effekten) und im Hinblick auf individuelle Erfolgsmaße, bei denen die kürzere Behandlung überraschend zu etwas besseren Effekten führte. In beiden Modellen waren die Effekte im Hinblick auf die Reduktion interpersonaler Probleme gering ausgeprägt, wobei – wie oben und in anderen Studien gezeigt – hier die wesentlichen Veränderungen offensichtlich erst **nach** der Entlassung aus der stationären Gruppenpsychotherapie beobachtbar werden (z. B. Keller und Schneider 1993).

Die hier zur Illustration skizzierte Studie zur Evaluation einer stationären Langzeit-Gruppenpsychotherapie zeigt die Möglichkeiten einer Evaluation auf unterschiedlichen Ebenen und belegt insgesamt gesehen die Wirksamkeit der stationären gruppenpsychotherapeutischen Behandlung, wobei gleichzeitig deutlich wurde, dass – entsprechend einem Phasenmodell psychotherapeutischer Veränderung – das Ausmaß an Effekten auf symptomatischer, interpersonaler und persönlichkeitsbezogener Ebene sehr unterschiedlich ist. Wie Evaluation (verbunden mit prozessorientierter Forschung) für die Behandlungsplanung genutzt werden kann, wurde in dem Projekt daran sichtbar, dass aufgrund der Ergebnisse der Studie die Gesamtbehandlung deutlich verkürzt wurde (da wesentliche Effekte bereits nach kürzeren Zeiträumen zu beobachten waren). Diese Entscheidung erfolgte seinerzeit ohne ökonomischen Druck von Seiten der Kostenträger und hat sich allem Anschein nach – dies zeigt sich an der „Replikation" der Evaluationsstudie – bewährt. Große Teile des in Tab. 29.1 zusammengefassten Inventars zur Bestimmung des Behandlungserfolgs wurden als „Standardtestbatterie" zur Qualitätssicherung beibehalten und könnten hierfür als Modell fungieren.

30. Schonzeit zum Wachsen – Erfahrungsberichte ehemaliger Gruppenpsychotherapiepatienten

R. Heinzel

Was geschieht in einer therapeutischen Gruppe?

Immer wieder werde ich von künftigen Gruppenpatienten bei den Vorgesprächen gefragt, was eigentlich in einer Gruppenpsychotherapie geschieht, wie eine Sitzung abläuft, und vor allem, wie es möglich ist, dass „nur" durch das Zusammensitzen und Reden irgendetwas verändert werden oder gar Heilung stattfinden kann. Ich bin bei solchen Fragen immer noch etwas ratlos. Denn wenn schon das Geschehen in einer Einzelpsychotherapie so individuell und subjektiv ist, dass man es einem Außenstehenden kaum je verständlich machen kann – wie hoffnungslos muss erst der Versuch erscheinen, ihm das Wesen von hochkomplexen, nahezu unüberschaubaren Gruppenprozessen nahe zu bringen. Ich kann als Therapeut ja auch nur einen Bruchteil davon bewusst erfassen bzw. theoretisch „einordnen". Gleichzeitig wird diese Frage aber aus gesundheitsökonomischer Sicht immer drängender, denn immer mehr Vertreter von Wissenschaft, Kassen und Politik fragen zu Recht, ob, und vor allem, wodurch diese „Redekur" überhaupt wirkt – und ob sie nicht wesentlich abzukürzen, d. h. „effektiver" (= billiger) zu machen wäre.

In meinem Beitrag zu behandlungsökonomischen Aspekten der Gruppenpsychotherapie (Kap. 31) habe ich dargelegt, dass zwar dieses Anliegen ernst genommen, aber gleichzeitig als Teil eines mehrgleisigen Vorgehens betrachtet werden muss: Auf der einen Seite sind sicher statistische Erhebungen notwendig, die an großen Patientenzahlen die Wirksamkeit von Therapieverfahren aufzeigen, ebenso behandlungsbegleitende Studien an großen Stichproben; gleichwohl brauchen wir auch **inhaltliche** Darstellungen, Mikroanalysen, Fallbeschreibungen, die dem Außenstehenden an konkreten Beispielen zeigen, was **möglicherweise** in der Gruppenpsychotherapie wirken könnte. Obschon solche qualitativen Schilderungen naturgemäß subjektiv bleiben müssen und keine wissenschaftliche „Beweiskraft" haben, halten viele Fachleute sie dennoch für unverzichtbar, damit die Zahlen der Statistik mit Leben erfüllt werden und wir in Kontakt bleiben mit dem Wesen dessen, wofür wir arbeiten: Wachstums- und Heilungsvorgänge bei individuellen Menschen, die uns anvertraut sind.

Und da für mein Verständnis vieles von dem, was das Wesen eines psychotherapeutischen Prozesses ausmacht, am besten von denen zum Ausdruck gebracht werden kann, die ihn selbst erlebt haben, möchte ich in diesem Kapitel einige zufällig ausgewählte ehemalige Patienten zu Wort kommen lassen, die in den Jahren zwischen 1988 und 1998 jeweils 2–5 Jahre in einer analytischen Gruppenpsychotherapie mitgearbeitet haben (alle Namen sind verändert).

Die meisten Außenstehenden, aber auch die meisten Patienten haben zunächst eine Scheu vor der Gruppe, weil sie lieber „einen Menschen für sich allein" haben möchten und bei der Gruppe einfach befürchten, „zu kurz zu kommen". Mathematisch Begabte präsentieren mir gerne eine Divisionsrechnung, bei der in der Tat für den Einzelnen viel weniger „Redezeit" übrig bleibt als in der Einzelpsychotherapie. Auch im Verlauf des Prozesses gibt es manchmal Phasen, in denen ein Patient sich vernachlässigt fühlt und meint, nicht zu Wort zu kommen. Regelmäßig wird er dann aber von anderen darauf aufmerksam gemacht, dass jeder, der es braucht, hier Raum bekommt, und dass es andere Gründe hat, wenn jemand schweigt.

Der Mitpatient

Dessen ungeachtet hat der Gruppenprozess auch dann Wirkungen auf ein Gruppenmitglied, wenn es sich nicht aktiv „einbringt". Dies bestätigt der folgende Patient, der wegen depressiver Verstimmungen und Partnerproblemen von 1993–1996 an einer Gruppenpsychotherapie teilnahm.

Gerhard (43 Jahre, Techniker, geschieden, 2 Kinder):
„Damals, als ich zu den ersten Vorgesprächen kam, war ich der Überzeugung, nur eine Einzelanalyse könne mir meine „Vogel-Strauß-Methoden" näher bringen. Ich war damals auch recht ärgerlich, dass ich in eine Gruppe gesteckt werden sollte, nachdem ich schon in verschiedenen Beratungsstellen, auch in Gruppengesprächen, meine Erfahrungen gesammelt hatte, und dachte, nur „Einzel" könne mich wirklich weiterbringen. Sicher ist, dass mir am Anfang in der Gruppe zuerst mal ein Spiegel vorgehalten wurde und die Entwicklung, die da anfing, für mich erst ein Jahr später erkennbar wurde, als ein „Neuer" sich genauso aufführte, wie ich das wohl in meinen ersten Stunden auch getan hatte.

Es gab für mich wohl keine einzige Stunde, aus der ich nicht etwas mitgenommen hätte, das nicht irgendwie mit mir zu tun hatte. Besonders dankbar bin ich für die Themen, die von irgendjemand in der Gruppe hochgebracht wurden, die im ersten Moment nichts mit mir zu tun zu haben schienen, aber mich aggressiv machten. Wenn ich es aber schaffte, dazu eine Verbindung herzustellen, war das schon ein gutes Stück Weges. Rückblickend hätte ich mir gewünscht, von der Gruppe und vom Therapeuten mit weniger Samthandschuhen und umso mehr Beharrlichkeit behandelt worden zu sein. So wären vielleicht Fassaden und Mauern schneller eingestürzt. Aber: Gut Ding will Weile haben …"

Stille Teilhabe

Die emotionale Präsenz der anderen wirkt auch dann, wenn man sich selbst nicht aktiv beteiligt, durch Identifikationsvorgänge, Projektionen, Übertragungen u.a. Die Wirkung der schlichten Solidarität mit anderen „Leidensgenossen" in der Gruppe wird deutlich aus dem folgenden Bericht eines Patienten, der früher selbstständiger Gebrauchtwagenhändler war (dann Mitarbeiter in einer karitativen Organisation) und wegen multipler psychosomatischer Beschwerden und latenter Suizidgedanken 1994–1996 an einer therapeutischen Gruppe teilnahm.

Wilhelm (48 Jahre, geschieden, 3 Kinder): „Ich kam wegen mittelschwerer bis schwerer Erschöpfungsdepression und dem steten Drang, unbedingt – weiterhin – was Großartiges leisten zu müssen. Mein Vater litt an manisch-depressiven Verstimmungen bis hin zu Selbstmordgedanken. Ich hatte zeitweise damals auch solche Gedanken. Unter meinen Vorfahren väterlicherseits gab es 6 Selbstmorde.
Am Anfang kam ich mit der Erwartung, ‚Hilfe zu finden', die des Öfteren etwas enttäuscht wurde, da ich nun mal nicht der Einzige in der Gruppe war und sein konnte. Positiv und beruhigend empfand ich anfangs aber auch, dass andere Personen – aus den verschiedensten Hintergründen – auch Probleme und ‚Macken' ähnlich den meinen hatten, das war mir damals wirklich ein Trost gewesen. Andererseits gab es Sitzungen, da machte mir sehr zu schaffen, dass ich mich zusätzlich zu meinen eigenen Problemen nun auch noch mit den Sorgen und Ängsten anderer herumzuschlagen hatte. Es ging dabei wahrscheinlich für mich auch um das „Sich-durchsetzen-können" und darum, die Mitte zu finden zwischen dem ‚zu altruistisch' und dem ‚zu egoistisch' sein. Die Vielzahl der verschiedenen Kommentare, Meinungen, Reaktionen wurde mir dann im Laufe der Zeit doch wichtig und bewirkte kleine Veränderungen."

Hier wird allerdings deutlich, dass es auch um das „Sich-durchsetzen" geht, also um Rivalität. Diese kann tatsächlich mit der Konkurrenz um die Aufmerksamkeit des Gruppenleiters beginnen, im Sinne einer frühen Geschwisterrivalität, aber mit der Zeit kommen in dieses Gefühl auch Komponenten einer Herausforderung hinein, die – zur rechten Zeit – als Entwicklungsanreiz dienen können. Aber dazu ist in den meisten Fällen wirklich ein längerer Zeitraum notwendig.

Wohlwollende Konfrontation

So zeigt sich im Bericht von Silvia, die wegen schwerster Depressionen (die sie oft tagelang ans Bett gefesselt hatten) 1992–1996 an einer Gruppenpsychotherapie teilgenommen hatte, dass die Gruppenpsychotherapie oft erst durch ihre längere Dauer und durch die beharrliche wohlwollende Konfrontation durch die Mitpatienten ihre Wirkungen entfaltet.

Silvia (53 Jahre, Lehrerin, getrennt lebend, 2 Kinder): „Ursprünglich hatte ich auf regelmäßige Einzelgespräche gehofft, bei dem Psychiater, der mir im Vorgespräch sympathisch war. Doch er hatte lediglich einen Gruppenplatz für mich. Obwohl nach den Gruppenregeln jeder Teilnehmer nach außen zum Schweigen verpflichtet ist, erschreckte mich die Vorstellung, meine innersten Gefühle und meine Unsicherheiten vor beliebigen anderen Mitpatienten auszusprechen, zumal ich kaum wagte, in mich selbst so genau hineinzuschauen. So blieb ich an den ersten Gruppenabenden Zuhörer, obwohl mich doch meine eigene Verfassung sehr bedrückte. Was die anderen von sich erzählten, machte mich noch trauriger. Aber zugleich erfuhr ich zu meinem Erstaunen, wie der einzelne Mitpatient in dem Maße sympathischer wurde, in dem er offen von seinen schockierenden Erlebnissen erzählte oder auch weinte. Im Schutzraum der Gruppe fühlte ich eine Atmosphäre des Vertrauens. Allerdings empfand ich die anderen auch oft als Konkurrenten, besonders, wenn ich die Aufmerksamkeit der anderen, besonders des Therapeuten, für mich haben wollte.
Wenn es um andere ging, dachte ich anfangs: ‚Was habe ich mit den fremden Schicksalen zu tun? Das ist für mich doch nur Zeitverschwendung!' Aber allmählich entdeckte ich Einzelheiten in den Erzählungen, die ich auch schon gefühlt hatte. Dadurch angeregt, wagte ich auch, von mir zu berichten. Aber es kostet Mut, spontan von sich zu erzählen, weil die aufmerksamen Gruppenmitglieder einen sofort mit den eigenen Schwächen konfrontieren. Hier hilft keine oberflächliche Erklärung, die man selbst noch gern glauben würde, sondern die Mitpatienten lassen nicht locker mit bohrenden Fragen, auch nach den Gefühlen.
Um ‚alte Glaubenssätze' abzulegen oder falsche Selbsteinschätzung loszuwerden, hätte ich mir allerdings noch mehr Zeit und konstruktiven Zuspruch gewünscht. Ein Vorteil der Gruppe ist, dass sie die Vielfältigkeit der normalen Außenwelt spiegelt. Dadurch ist die Gruppe glaubwürdig als Streitpartner und als ‚Resonanzkasten'; immer mit der aufmerksamen Begleitung und Ergänzung durch den Therapeuten. Erkenntnisse und Bewusstsein über mich selbst konnten durch Spiegelung in der Gruppe auf eine natürliche Art entstehen. Dadurch war zum Schluss dann der Übergang in den Alltag möglich."

Silvia hat hier noch einen wichtigen Punkt angesprochen, der auf den ersten Blick im Gegensatz steht zu den Wünschen von Gerhard: Während jener sich mehr Konfrontation gewünscht hätte, meint sie, etwas mehr „Zuspruch" hätte ihr gut getan. Vermutlich gibt es in jedem Patienten diese zwei Seiten, und manchmal kommt eher die eine, manchmal die andere zum Tragen. Das nennt man dann „regressive" und „progressive" Impulse aus der Gruppe. Als Gruppenleiter spürt man aber meistens, welcher dieser Wünsche gerade „dran" ist, und man wird bald in der Lage sein, dem Patienten das zu geben, was er braucht – was ja nicht unbedingt das Gleiche sein muss wie das, was er sich wünscht. Hier kommt uns aber als Gruppenleiter ein wesentlicher Umstand zu Hilfe, den ich im Folgenden kurz schildern will.

Selbstregulation in der Vertrautheit

Für mich ist es immer wieder faszinierend, zu sehen, wie in jeder Gruppe, fast unabhängig von ihrer Zusammensetzung, gerade diese Prozesse in einer feinen Selbstregulation ablaufen. Wenn nicht mehrere Patienten mit schwereren narzisstischen Störungen in der Gruppe sind (für die die ambulante Gruppenpsychotherapie ohnehin eher kontraindiziert ist), spürt die große Mehrheit der Gruppenmitglieder intuitiv, wann ein Teilnehmer Zuspruch, wohlwollendes Schweigen, wann er mitfühlendes und wann er kritisches Nachfragen braucht. Ein großer Teil der Wirkungen auf den Einzelnen ergibt sich ohnehin aus dem nonverbalen Mitschwingen der Mitpatienten und aus ihrer Offenheit, die den Neuling entängstigt und zu eigener Offenheit ermuntert.

Dieses und vieles andere lässt sich miterleben im Bericht der folgenden Teilnehmerin, die selbst als Angestellte einer Krankenkasse Patienten berät. Sie nahm wegen massiver Panikattacken von November 1992 bis November 1996 an einer Therapiegruppe teil.

Rita (45 Jahre, geschieden, keine Kinder): „10 Jahre lang, ab dem 28. Lebensjahr, hatte ich Depressionen und Angstzustände in immer kürzer werdenden Abständen, die ich so gut wie möglich vor anderen Menschen verbarg, sogar vor meinem damaligen Ehemann. Ich fühlte mich aussätzig, nicht normal, ich lebte immer mit der Angst, in einer psychiatrischen Klinik zu landen. Die ersten Versuche mit Autogenem Training und ‚positivem Denken' halfen leider nur kurzfristig. Ich habe heimlich bei der Leiterin der psychologischen Beratungsstelle einen Kurs belegt, zusammen mit 12 Frauen: Konzentrative Bewegungstherapie. Der erste positive Kontakt mit einer Gruppe; die Erfahrung, dass es Menschen gibt, denen es ähnlich geht.
Nach dieser Gruppe führte ich mit der Leiterin eine Einzelpsychotherapie von 25 Stunden durch, ohne großen Erfolg. Daraufhin wollte ich die Sache wieder alleine in den Griff bekommen. Aber im Laufe der Jahre wurden die Angstzustände immer stärker und weiteten sich auf alle Lebensbereiche aus, vor allem am Arbeitsplatz. Als nichts mehr ging, wandte ich mich nochmals an meine ehemalige Therapeutin. Sie empfahl mir Klinik oder Gruppenpsychotherapie. Für mich ein totaler Schock. Klinik kam aus beruflichen Gründen nicht in Frage (dann wissen es alle!), und vor der Gruppe hatte ich absoluten Horror. Sich anderen preisgeben, Hilflosigkeit zu zeigen, zu weinen oder sogar auszuflippen? Auf keinen Fall! Dank meiner Angst blieb mir aber nur noch die Wahl: Selbstmord oder Gruppe. Ich entschied mich für die Gruppe.
Die erste Stunde war gleich eine große Überraschung. Alle Vorurteile über Gruppenmitglieder habe ich fallen gelassen. Es sind Menschen wie du und ich. Menschen, bei denen ich gelernt habe im Laufe der Jahre, ohne Scheu über meine innersten Gefühle und Gedanken zu reden. Die mir geholfen haben, überhaupt erst Gefühle zu spüren. Egal was in mir vorgeht, sie nehmen mich ernst, sie akzeptieren mich trotzdem. Sie sehen mich als Mensch, nackt. Ich wurde aber auch öfters gezwungen, mich Situationen zu stellen, z. B. meiner Mutter. Zum ersten Male Hass zu verspüren, zu erkennen, was sie mir angetan hat. Nochmals durch Situationen im Leben zu gehen, die man bereits vergessen oder eher verdrängt hat.
Es entwickelte sich im Laufe der Jahre eine starke Verbundenheit, eine Vertrautheit. Und jeder, der Vertrauen bisher zu wenig gelernt hat, weiß wovon ich spreche. Ein Familienersatz mit Herausforderung im positiven Sinne. Dort zu lernen, dass jeder Mensch, auch ich, eigene Werte hat und sogar ein Recht auf Leben. In der Gruppe gibt es mehrere Personen, die deine Situation beobachten, einhaken. Es gibt unterschiedliche Auffassungen, Meinungen und Gefühle. Du durchleuchtest die Thematiken mit diesen unterschiedlichen Empfindungen der einzelnen Gruppenmitglieder, also mehrfach. Das unterscheidet meiner Meinung nach Einzel- und Gruppenpsychotherapie wesentlich."

Das Energiefeld der Gruppe

Die angesprochene Polarität von Geborgenheit und Herausforderung, von aktiver Teilnahme und passivem Zugehörigkeitsgefühl, aber auch die wahrhaft therapeutische Wirkung der anderen Gruppenmitglieder im „Energiefeld" der Gruppe schildert ein Lehrer, gebürtiger Engländer, der nach 3 Jahren Einzelpsychotherapie und einer Pause noch einmal 150 Sitzungen Gruppenpsychotherapie absolvierte.

Jack (49 Jahre, geschieden, 2 Kinder): „Schön war es, die Dimensionen von Zeit und Raum zu erleben. Zeit, weil etwas in Ruhe, in seiner Zeit, keimen konnte. Die Freiheit, es keimen zu lassen. Ich konnte sitzen und zuhören und war Teil des Geschehens. Die Entscheidung, mich einzubringen oder lieber am unsichtbaren Zaun zu bleiben, war eine ausgesprochene Übung in Abgrenzung oder Engagement. Oft war es für mich gar nicht notwendig, etwas zu sagen, meine Uhr tickte trotzdem. Die Gruppe war entweder tragend oder herausfordernd. Das Verständnis der Einfühlung stand gegen Un-/Missverständnis oder Distanz, was stets eine wichtige Spannung erzeugte. Innerhalb dieser Spannung bewegte sich die Gruppe und erwies sich als authentisches Übungsfeld für die Welt.
Überhaupt war der Umgang mit Distanz und Nähe zentral in Beziehungen innerhalb der Gruppe. Diese besondere Atmosphäre schärfte meine Wahrnehmungsfähigkeit und führte zu einer ganzheitlicheren Wahrnehmung im Leben. Die tragenden Hände der Gruppe möchte ich betonen. Niemand wäre sehr lange geblieben, wenn er/sie sich nicht getragen gefühlt hätte. Ich habe dadurch die roten Fäden meines Lebens wieder erkannt. Die Führung durch den Therapeuten hatte Vorbildcharakter, so dass wir später oft selbst diese Führung übernehmen konnten. Das war für mich die Kunst der Therapie. Wir durften selbst die Therapeuten sein. Helfen und geholfen werden. Mal groß und mal Kind sein."

Schatten von gestern

Ein wesentliches Charakteristikum der Langzeitpsychotherapie in der Gruppe ist, wie schon mehrfach anklang, die Auseinandersetzung mit der Vergangenheit, vor allem mit den inneren Elternfiguren. Durch bestimmte Konstellationen zwischen Teilnehmern werden immer wieder einmal verschüttete Erinnerungen wachgerufen, die dann vorsichtig angegangen werden können, oft erst im Rahmen von multiplen Übertragungen zwischen den Patienten, dann aber zunehmend durch Berichte von realen Erlebnissen und Träumen – und durch die konkrete Besprechung dieser Thematik mit allen Gruppenmitgliedern.

Einiges davon geht aus dem folgenden Bericht hervor. Franz kam 1995–1997 in die Gruppenpsychotherapie wegen massiver Konflikte mit anderen Menschen, vor allem mit seinen Eltern, begleitet von Schuldgefühlen und Depressionen. Die Auseinandersetzung mit seiner Mutter, im Außen und Innen, wurde zur Leitlinie seines Therapieprozesses, in dem er auch die Mitpatienten wohlwollend und kritisch betrachtete. Mit „Tätern" meint er vor allem seine Eltern.

Franz (48 Jahre, Lehrer, verheiratet, keine Kinder): „Es war für mich zu Beginn der Therapie wichtig und tröstlich zu sehen, dass ich mit meinen Problemen nicht allein dastand, denn viele in der Gruppe litten an oder unter Ähnlichem wie ich: Das Gefühl der Solidargemeinschaft gab Mut und Willenskraft. Auch war es für mich interessant zu sehen, wie andere Gruppenmitglieder ihre bisherige Therapiezeit zum einen für sich positiv verändernd genutzt hatten oder andere eher passiv auf irgendwelchen hilfreichen Segen von außen wartend ihre Therapiezeit absaßen. Eine weitere Erkenntnis stellte sich ebenfalls als sehr hilfreich heraus: Hier in der Gruppe saßen nicht nur Opfer, die krank gemacht wurden; genau hier saßen auch Täter und die Vertreter von den Tätern, die mich so werden ließen, wie ich werden musste. Rückblickend gesehen wirkt die Therapie- und Folgezeit wie ein Serienkrimi auf mich, wobei Täter und Opfer manchmal klar und deutlich erscheinen und dennoch nicht von allen als solche erkannt werden, manchmal werden die Rollen unklar oder verschwommen, um sich plötzlich in einem völlig neuen Handlungsstrang zu zeigen."

Ein neues Selbstbild

Was durch die Gruppe an körperlich-seelischer „Wiederaufbauarbeit" am Selbstbild geleistet werden kann, kann man miterleben in der Schilderung von Maria, die an latenten Depressionen, Selbstunsicherheit und multiplen körperlichen Beschwerden wegen einer schweren Skoliose litt. Nach einer Folge von operativen Eingriffen zur Behebung der Skoliose und nach ihrer körperlichen Rehabilitation meldete sie sich zur Gruppenpsychotherapie an, an der sie von Ende 1994 bis Ende 1997 teilnahm.

Maria (49 Jahre, Familienberaterin, verheiratet, 4 Kinder): „Nach 5-monatigem Klinikaufenthalt mit anschließender Rehabilitation entschloss ich mich – nach einigen Stunden Einzelpsychotherapie – zur Gruppenpsychotherapie. Was war der Anlass? Während dreier langer Operationen war meine Wirbelsäule aufgerichtet worden. Das bedeutete äußerlich, dass ich 10 cm ‚gewachsen' war. Durch das Aufrichten entstand mehr Raum im Brust- und Bauchbereich. Diesen Raum wollte ich mit Hilfe der Therapie füllen.

Ich saß in der Gruppe aufrecht, und niemand sah mir an, wie ich vorher ausgesehen hatte, wie sehr ich über 30 Jahre darunter gelitten hatte, meinen ‚Hexenbuckel' vor anderen zu verbergen, chronische Rückenschmerzen in meinen Alltag zu integrieren und dabei ein fröhliches Gesicht zu machen. Jetzt, in der Gruppe, war es mir zum ersten Mal möglich, über die inneren Schmerzen und Ängste, nicht akzeptiert und gemocht zu werden, zu sprechen, hier musste ich nicht anderen gefallen. Das Sprechen darüber brauchte Zeit, erst nach 1 1/2 Jahren war es mir möglich. Mit Hilfe einer von mir geformten Tonfigur konnte ich mich den anderen zeigen – wie ich früher ausgesehen und wie ich mich in meinem Körper gefühlt hatte. Ich hatte die Skulptur mit den Schmerzen vor mir, konnte den Biegungen des Rückens mit den Händen nachgehen, und ich hatte die Figur nicht mehr in mir. Langsam konnte ich mich mit Abstand sehen. Die Betroffenheit und das Mitgefühl der Gruppenmitglieder haben mich gestärkt und getragen. Früher empfand ich mich als Zumutung für die anderen und fühlte mich dabei sehr einsam. Als Gegenreaktion habe ich dabei einen lächelnden Gesichtsausdruck entwickelt und nickte meist zustimmend, um mein Gegenüber als harmonisch zu erleben. In der Gruppe habe ich den Mut entwickelt, auch mal kritisch dreinzuschauen, die Gegenposition zu vertreten und zu meiner Ansicht zu stehen.

Durch dieses ‚Üben' war es mir möglich, auch männliche Gruppenmitglieder zur Auseinandersetzung herauszufordern. Dabei spürte ich, wie sich mein eingeknickter Brust-Bauch-Raum weitete und das Hinstehen eine lustvolle Komponente bekam. Auch im Alltag gewann ich dadurch mehr Klarheit. Dies zeigte sich z. B. im Verhalten meinem Schwiegervater gegenüber. Über 20 Jahre hatte ich durch Nettsein versucht, Harmonie herzustellen. Durch den inneren Abstand gewann ich jetzt einen klareren Blick, und mir kam mit der Zeit mehr Achtung und Respekt von seiner Seite entgegen. Ein Gefühl von Freiheit, Unabhängigkeit und Stärke entstand, und nicht mehr das Sichducken und Ausgeliefertsein. Von Seiten der Männer in der Gruppe und des Therapeuten hätte ich mir noch mehr Herausforderung und Konfrontation gewünscht. Oder zeigte ich noch zu deutlich die schonungs- und hilfsbedürftige Seite, und zu wenig die kämpferische? Diese Frage ist für mich noch offen."

Durchs Fegefeuer zur Autonomie

Die Auseinandersetzung mit der Vergangenheit schließt auch viele bislang verdrängte traumatische Erlebnisse ein, Trennungen, die noch nicht verarbeitet sind, Krankheiten, die „gekränkt" haben. Mit all dem befassen wir uns ausführlich in den Vorgesprächen – ich mache auch keinen Hehl daraus, dass die Therapie aus diesen Gründen schwer kalkulierbar ist, dass sie **auch destabilisierend** wirken kann. Dass der Einstieg in die Gruppenpsychotherapie immer ein Sprung ins Ungewisse ist, verschweige ich den Patienten am Anfang so gut wie nie. Niemand weiß, auf welche Mitpatienten er treffen und ob er zu ihnen Vertrauen fassen wird. Aber jede Nachreifung und Autonomieentwicklung ist eben eng mit der Erlangung einer solchen „Gruppenfähigkeit" verknüpft, also u.a. mit der Bereitschaft, sich bis zu einem gewissen Grad den

Mitpatienten auszuliefern. Anders als in der Einzelpsychotherapie stürmen ja auf den Patienten ständig Einflüsse, Themen und Bilder von anderen ein – und manche von diesen können schmerzhafte Erinnerungen wieder erwecken, die aus guten Gründen verdrängt waren.

Wie man an der folgenden Schilderung sieht, gelangt erstaunlicherweise meistens nur so viel ans Tageslicht, wie der Patient auch verkraften kann. Gleichwohl kommt es immer wieder zu „Hochs" und „Tiefs", die aber offenbar notwendig sind auf dem Reifungsweg, und vor denen man als Therapeut einen betroffenen Patienten möglichst wenig schützen sollte. Die Patientin war von 1990–1993 wegen schwerer depressiver Verstimmungen mit schizoiden Anteilen, massiven Arbeitsstörungen und Ängsten in einer analytischen Einzelpsychotherapie, in der sie sich so weit stabilisiert hatte, dass sie sich selbstständig machen konnte. Von 1996–1998 absolvierte sie dann weitere 120 Sitzungen Gruppenpsychotherapie. Aus ihrem Bericht wird auch deutlich, wie sich (ähnlich wie bei Jack) Einzel- und Gruppenpsychotherapie gegenseitig ergänzen können.

Pia (44 Jahre, ledig, keine Kinder): „Das Gewicht lag in der Gruppenpsychotherapie zwar weniger auf aktuellen Tagesproblemen, ging dafür aber mehr in die Tiefe. Vieles wurde durch die Erzählungen anderer Gruppenmitglieder erst ans Tageslicht geholt. Manchmal waren es Ereignisse, die ich total vergessen oder verdrängt hatte. Diesem Prozess konnte ich mich nicht entziehen. Vor allem nach den Sitzungen ging das Aufarbeiten erst richtig los. Ich war oft regelrecht erschöpft, so sehr ist das Gehörte unter die Haut gegangen. Eine Erfahrung, die ich während der Einzelsitzungen in der Intensität nicht hatte. Zumindest kann ich mich nicht daran erinnern. Allerdings hätte ich eine Gruppenpsychotherapie nicht ohne die Erfahrungen der Einzelpsychotherapie machen können. Oft kam über das Gehörte mehr in Bewegung, als wenn ich etwas von mir aus erzählte. Die Erfahrungen in der Gruppe haben meine eigenen Probleme relativiert. Zu erfahren, dass andere eigentlich gleiche oder zumindest ähnliche Schwierigkeiten haben, zeigte mir, dass ich nicht das einzige Wesen war, das sich damit herumschlug. Die dreijährige Gruppenpsychotherapie zeichnete sich durch immer wiederkehrende Höhen und Tiefen aus. Manchmal schien auch ein Stillstand dazwischen zu sein.

Im Nachhinein betrachtet waren die ruhigen Phasen eher die Ruhe vorm Sturm. Insgesamt wurden die Tiefs weniger, und ich empfand sie auch als weniger dramatisch – bis zu dem Zeitpunkt, als mir die Geschichte mit meinem Vater wieder ins Bewusstsein drang. Da schien alles von vorne loszugehen und überhaupt kein Ende finden zu wollen. Es war ein Punkt absoluter Hoffnungslosigkeit und Wut, und es schien ein ewiger Teufelskreis zu sein. Und genau hier, denke ich, hat die Therapie in der Gruppe Wirkung gezeigt. Weil auch andere Frauen in der Gruppe ähnliche Erfahrungen mit ihren Vätern gemacht haben, war es nicht mehr möglich, das Thema zu verdrängen. Im Laufe der Zeit ist es mir gelungen, eine gesunde Distanz dazu zu entwickeln. Für den Alltag hat das wiederum zur Folge, dass die ganz gewöhnlichen Ärgernisse mich nicht mehr so direkt anfliegen, oder wenn, dann bin ich in der Lage, nach kurzer Zeit alles mit Abstand zu betrachten. Gelegentlich kann ich dann zwar feststellen, dass ich eben im Begriff bin, wieder in alte Verhaltensmuster zu rutschen. Aber zu wissen, dass es dem einen oder anderen aus der Gruppe ebenso geht, finde ich beruhigend. Mit mir läuft jetzt ein kleiner Beobachter, der sich das von außen ansieht und mir gegebenenfalls eine Warnung zukommen lässt. Das gibt Sicherheit.

Mit der Gruppe habe ich gelernt, mich so zu nehmen, wie ich bin: Ich bin anders und habe andere Lebensziele als die Mehrheit. Ich muss mich auch nicht einem Gruppenzwang oder einer Norm unterwerfen, um akzeptiert und sogar gemocht zu werden. Zum ersten Mal in meinem Leben habe ich mich als vollwertiges Gruppenmitglied empfunden trotz meines Verschiedenseins. Die Therapie in der Gruppe hat mich darin bestärkt, dass mein jetziger Weg der richtige ist, auch wenn er von der Norm abweicht. Ebenso kann ich andere Einstellungen gelten lassen, auch wenn sie für mich nicht die richtigen sind. In der Auseinandersetzung mit den anderen habe ich gelernt, dass die eigenen Widersprüche zum Leben dazugehören. Und ich habe auch festgestellt, dass sehr viel von mir allein abhängt, wie ein Tag beginnt und was aus ihm wird. Ich blicke gelassener ins Leben und weiß, dass Zukunft und Vergangenheit nicht so wichtig sind wie das Hier und Jetzt."

Eine Schicksalsgemeinschaft

Einen kleinen Einblick in die berührende, alle Teilnehmer mit einbeziehende Dramatik mancher Gruppensitzungen, aber auch in die lebensverändernden Auswirkungen des „Abenteuers Gruppe" gibt uns die Schilderung des nächsten Patienten, der bei Beginn der Therapie Student war und kurz vor dem Diplom stand. Er litt unter massiven Ängsten und Zwangshandlungen, v.a. beim Autofahren, die ihn oft zwangen, dieselbe Strecke nochmals zu fahren (wegen der Angst, jemanden überfahren zu haben). Auch in seiner Diplomarbeit fand er kein Ende, so dass ihm die Gruppe als letzte Rettung erschien. Die Therapie dauerte von Herbst 1988 bis Frühjahr 1994. Inzwischen ist er erfolgreich in seinem Beruf, verheiratet und hat ein Kind. Sein Bericht zeigt nicht nur den Weg heraus aus Ängsten und Zwängen, sondern auch hinein in die Entwicklung erwachsener Männlichkeit und Väterlichkeit.

Michael (35 Jahre, zur Therapiezeit ledig, jetzt verheiratet, 1 Kind): „Mein Leben wurde immer eingeschränkter, immer mehr Ängste kamen einfach daher, die ich vermeiden wollte. Irgendwann musste ich mir eingestehen, dass ich irgendeine Art der Hilfe bräuchte, ‚natürlich nur ganz wenig'. Nach einigen sehr ermutigenden Einzelgesprächen kamen die Ängste dann doch zurück, und es blieb mir nur übrig, wirklich in die Gruppe zu gehen. Durch meine ‚Erkrankung' übte ich eine große Macht auf die mir emotional verbundene Umgebung aus, aber ohne dabei zu bemerken, wie mein Leben immer ärmer wurde. Ich spürte die echte Gefahr, meine Partnerin zu verlieren – auch ihrer Hilfe verdanke ich es, dass ich mir eingestehen konnte, in eine Gruppe zu müssen. Meine Therapiegruppe war eine offene Gruppe. Das war zwar mein Glück, dass ich schnell dort unterkam, weil ein anderer ging, aber gerade in der Anfangszeit tat ich mich schwer mit immer wieder neu reinkommenden Personen. Nach 5 Jahren Gruppe und auch heute noch halte ich diese Dynamik für sehr wichtig.

Abgekürzt gesagt, musste ich mich zunächst den Regeln der Gruppe unterwerfen. Das fiel schwer, weil ich die Dimension, ohne „Blabla" (Wortpanzer) zu existieren, nicht praktiziert hatte. Nach 4 Monaten verstand man mich zwar immer noch nicht, aber dafür habe ich – wenn ich mal zugehört habe – die anderen immer besser verstanden. Und da war dann noch Hermann, der Mann von natürlicher Autorität und Souveränität: Das Gegenteil von mir, ruhiger, älter und überlegen – ganz klar mein Angstgegner, der mich zurückrufen konnte, wenn ich zu viel quasselte! Ja mit ihm messe ich mich! Aber es wurde auf einmal auch wichtig für mich, von ihm in einer Situation der absoluten Schwäche, als ich all meine Panzer verlor, nicht zerquetscht, sondern in den Arm genommen zu werden. Es ist schwer zu beschreiben, wie wir auf dem Fußboden gesessen sind und geweint haben, da muss ich auch jetzt noch weinen, wenn ich das schreibe. Ein vergleichbar intensives Gefühl hatte ich später bei der Geburt meines Kindes, als ich es sofort nach der Geburt in den Händen hielt. Nur in der Gruppe war es eben meine eigene Geburt – meine soziale Geburt –, ich durfte leben ohne Bedingungen, so schwach, wie ich in diesem Moment gerade war. Bald danach fand ich eine Arbeitsstelle und bin am Tag des Antritts bei meinen Eltern ausgezogen. Das war sehr wichtig für mich und total angstbesetzt, aber da hatte ich ja noch die Gruppe, die das mittlerweile gut fand, was ich tat. Je mehr ich mich den Ängsten des wirklichen Lebens stellte, desto weniger ängstlich, auch weniger phobisch wurde ich. Auch wenn das ganz, ganz lang gedauert hat. Ich spürte, dass ich auf einem Weg war, der gut für mich war und aus heutiger Sicht der Beste war, den ich gehen konnte. Deshalb habe ich auch irgendwann die Gruppe aus eigenen Mitteln weiterbezahlt, als die Krankenkasse nicht mehr bezahlte. Damals war das viel Geld für mich. Später habe ich aber sehr schnell verstanden, dass dieses Geld wohl das am besten angelegte Geld in meinem ganzen Leben war.
Der Hermann ging aus der Gruppe raus, jetzt war ich Gruppenältester! Und es gab Opposition von einer starken weiblich-esoterischen Fraktion. Da eröffnete sich mir in schön/schauerlicher Weise die Erkenntnis, dass es Männer und Frauen gibt, und dass ich zwar männlich, aber kein Mann bin. Um diese Zeit, vielleicht ein Jahr vor Gruppenende, kam ich heim, und mein Vater war allein daheim. Da hab ich mich zu ihm gesetzt und nur geweint, und er auch – gesagt haben wir beide nicht viel, und das war gut so –, auch da muss ich weinen, wenn ich dran denke. Irgendwann habe ich gespürt, dass die Gruppe in dieser Form für mich zu Ende ging und vieles andere auch. Der Abschied aus der Gruppe war sehr schön für mich. Ich wurde emotional noch so reich beschenkt, dass ich mehrere Tage ganz durcheinander war. Das hat mir immense Kraft gegeben.
Auch später, bei der Arbeitssuche, bei Vorgesprächen, hat mir die Gruppe immer noch geholfen, ich hatte immer das Gefühl, dass alle fest mit mir zusammen wollen, dass ich es schaffe. Da hat es mich dann nicht mehr so beeindruckt, wenn mir drei Herren gegenüber saßen – und den Hermann hatte ich ja auch dabei, aber das wussten die ja nicht! Und dann habe ich all meinen Mut zusammengefasst und meine langjährige Freundin geheiratet. Gleichzeitig mit der Geburt unseres Kindes wechselte ich den Job, und viele berufliche Erfolge, für die ich vorher umsonst gekämpft hatte, fielen mir jetzt von selbst zu.

Sechs Jahre danach hat die Gruppe für mich nicht aufgehört zu existieren. Ich will auch wieder einmal an einer Selbsterfahrungsgruppe teilnehmen. Auf dem Höhepunkt meiner Symptome hatte ich formuliert: ‚Ich will nur noch ein durchschnittliches Leben führen, wenn nur die Symptome weg wären.' (Das war, mit damaligen Augen gesehen, ein echter Rückschritt.) Jetzt bin ich Durchschnitt, habe ein unauffälliges Leben. Ich glaube, den Weg zu kennen, den ich gehen muss. Ich habe erleben dürfen, dass ich als nackter kleiner Mensch von der Gruppe nicht verstoßen wurde, und dass ich mich entwickeln konnte. Ich glaube, dass es nur kleiner echter Veränderungen der Persönlichkeit bedarf sowie einiger wichtiger Erfahrungen, um vieles im Leben ganz bedeutend zu verändern."

Aus diesem Bericht kann man deutlich erkennen, wie die Gruppe – ähnlich wie die Herkunftsfamilie und zusätzlich zur Entwicklungsförderung in einem wohlwollenden Schutzraum – auch in Form von inneren Bildern und „inneren Objekten" weiter wirkt, die (auch noch später) als Gegengewicht zu früheren Objekten oder Teilobjekten fungieren. Es versteht sich von selbst, dass sie sich besser etablieren können, wenn der Gruppenleiter nicht zu sehr in den Vordergrund tritt.

Wandlungsprozesse in der Zeit

Auch im letzten Erfahrungsbericht erkennt man diesen „alternativen" Einfluss der Gruppe und sein Weiterwirken. Hier ist allerdings auch spürbar, wie wichtig der Faktor Zeit ist, nicht nur die Gesamtdauer der Therapie, sondern auch die Zeit zwischen den Sitzungen, in der wesentliche Verarbeitungsprozesse ablaufen. Die Patientin, die unter depressiven Verstimmungen, multiplen Ängsten, Ehekonflikten und Diabetes mellitus litt, war in der Gruppe von 1992 bis 1995.

Franziska (48 Jahre, Erzieherin, z.Z. Hausfrau mit 2 Kindern): „Hausfrau, Kinder, Büro meines Mannes im Haus – es drehte sich immer alles um andere. Wo war ich? Eines Tages gab es einen Riesenkrach zwischen meinem Mann und mir, zum Schluss sagte er, ich ginge am Leben vorbei. Das war für mich ein Schlüsselsatz. So, meine Liebe, dachte ich, wenn du jetzt nichts tust, dann fällst du eines Tages in ein tiefes Loch. Nach einigen Gesprächen mit Psychologen wusste ich, in einer Gruppe würde ich mich wohl fühlen. Ich musste Menschen um mich haben, die ähnlich sind wie ich, es war genau das Richtige.
Nach jedem Gruppengespräch hatte ich das Gefühl, nicht viel gesagt zu haben, aber viel mitgenommen zu haben, es war eine innere Arbeit für eine ganze Woche. Nach längerer Zeit wachte ich auf. Ich konnte – was mir anfangs schwer gefallen war – auch über mich reden. Es war für mich in der Gruppe ‚wie eine kleine Insel', und das Schwimmen lernte ich auch wieder. Doch ab und zu wurde – wie jeder andere in der Gruppe – auch ich auseinander genommen, so dass die Tränen im Gesicht standen und ich mir vornahm, nie wieder in diese Gruppe zu gehen. Da kam meine innere Stimme: ‚Du bist jemand!' Ich spürte mich mal traurig, mal lustig. All die Jahre habe ich kein einziges Mal gefehlt.

Es sind inzwischen Jahre vergangen, aber der Grundstein ist gelegt worden, und seither baue ich weiter. Ab und zu denke ich an die Gruppe zurück, mit manchen habe ich noch Kontakt, wir machen uns dann gegenseitig stark und sagen auch manchmal Dinge, die nicht gerade schön sind. In meiner Familie hat sich seither einiges verändert. Es hat jedes seinen Platz und keiner steht abseits. Nachdem ich diese Zeilen geschrieben habe, fühle ich mich wieder tief mit der Gruppe verbunden."

Zum Abschluss zitiere ich ein Gedicht von Friedrich W. Weber, das mir ein Patient einige Monate nach seiner Gruppenpsychotherapie in einem Brief schrieb:
„es wächst viel brot in der winternacht,
weil unter dem schnee frisch keimet die saat.
erst wenn im lenze die sonne lacht,
spürst du was gutes der winter tat.
und deucht dir die welt auch öd und leer,
und sind die tage auch rau und schwer,
sei still und hab des wandels acht,
es wächst viel brot in der winternacht."

31. Behandlungsökonomische Aspekte der Gruppenpsychotherapie

R. Heinzel

Wirksamkeit der Gruppenpsychotherapie

Die Gruppenpsychotherapie hat sich inzwischen als ein sehr wirksames Verfahren erwiesen, das der Einzelpsychotherapie an Effektivität in nichts nachsteht (Kap. 2, 29). Während in den USA zahlreiche Studien diese Tatsache belegen, gab es in Deutschland vor der PAGE-Studie (Tschuschke und Anbeh 2000a; c) bislang noch wenig breiter angelegte Untersuchungen, die die Wirksamkeit der ambulanten Gruppenpsychotherapie nachweisen konnten. Dies ist sicher einer der Gründe, warum die Gruppenpsychotherapie weder von Seiten der Gesundheitspolitik noch von Seiten der Krankenkassen und Kassenärztlichen Vereinigungen die Anerkennung erhält, die ihr zustünde. Und im gesamten Bereich der Psychotherapieforschung sind dezidierte Kosten-Nutzen-Analysen immer noch eher die Ausnahme. MacKenzie (1994) weist darauf hin, „dass es eine umfangreiche Literatur gibt, in der die beiden Konzepte [Einzel- und Gruppenpsychotherapie] miteinander verglichen werden. ... In den Ergebnissen fand sich kein statistischer Unterschied zwischen Gruppen- und Einzelpsychotherapie" (MacKenzie 1995, S. 413).

Da die Gruppenpsychotherapie deutlich weniger Kosten verursacht, wäre aus diesen Aussagen auf eine eindeutig bessere Kosten-Nutzen-Relation bei dieser Therapieform zu schließen. Doch auch in den Kommentaren zur **Consumer-Report-Studie** (1995) bleibt es bei Empfehlungen, z. B. von Seligman: „Die ökonomischen Kosten der Behandlung und ihre ökonomischen Nutzen – grob gesprochen – sollten beide Berücksichtigung finden: Behandlungskosten der Psychotherapie, Krankenfehltage, Einkommenseinbußen, Arbeitslosigkeit, Familienprobleme, Kosten körperlicher Erkrankungen, Kosten der Strafverfolgung und Rechtsprechung etc." (Seligman 1996, S. 1078).

Um das Dilemma der offenbar notwendigen, aber raren Kosten-Nutzen-Analysen besser zu verstehen, lohnt sich ein kurzer Blick auf die heutige Psychotherapieforschung.

Inside- und Outside-Tradition

Bei der Betrachtung der derzeitigen Psychotherapieforschung in Deutschland ist immer noch eine **Kluft zwischen niedergelassenen Therapeuten und professionellen Forschern** an Universitäten und Kliniken erkennbar, die sich möglicherweise als gefährlich erweisen könnte. Die ambulant arbeitenden **Therapeuten** (und hier in besonderem Maße die „Gruppenpraktiker") sind mit ihrer Arbeit so ausgelastet, dass sie kaum die Kraft und Zeit haben, sich mit den institutionellen und finanziellen Rahmenbedingungen zu befassen, in die ihre Arbeit eingebettet ist. Die meisten glaubten bisher, wenn sie gute Arbeit leisteten, würde das von Gesundheitspolitik und Kassen schon angemessen „honoriert" werden. Die **Forscher** hingegen haben meistens weniger Erfahrung mit der praktischen ambulanten Therapietätigkeit. Sie sind in der Regel an Kliniken oder Universitäten angestellt und haben allenfalls „nebenbei" einige ambulante Patienten bzw. Gruppen, die oftmals schon einer Vorselektion unterliegen (z. B. in einer Poliklinik) (zum Praktiker-Forscher-Verhältnis s. Tschuschke und Dies 1994b).

Neben der vermutlichen Polarität zwischen Forschung und Praxis möchte ich auf eine noch fundamentalere Spaltung hinweisen, die die gesamte Psychologie in zwei Paradigmen trennt. Goudsmit (1989) nennt sie die **Outside-Tradition** („positivistic, reductionistic, explaining, experimental, nomothetic, quantitative, objective, hard") und die **Inside-Tradition** („phenomenological, holistic, understanding, descriptive, idiographic, qualitative, subjective, soft"). Mertens (1994) stellt die hier gemeinten „zwei Welten" unter den Begriffen „empirischer Objektivismus" und „Tiefenhermeneutik" einander gegenüber (s. Tschuschke und Dies 1994b). Kaiser (1993) spricht vom „nomologischen" Wertekanon im Gegensatz zum „idiosynkratischen". Forschungsstrategien, die der zweiten Einstellung näher lägen, kämen dem Menschenbild und der Wissenschaftsauffassung der psychodynamischen Verfahren, v. a. der Psychoanalyse, entgegen, da sie den qualitativen, subjektiven und individuellen Aspekt betonen und insofern „naturnäher" seien. Aus diesen und vielen anderen Gründen ist es kaum möglich, Forschungsdesigns zu entwerfen, die allen denkbaren „wissenschaftlichen" Kriterien standhalten und gleichzeitig „naturalistisch" sind. So finden Bozok und Bühler (1988) bei zahlreichen Sammelstudien und Metaanalysen Anlass zu schwer wiegender Kritik, und Lambert und Hill (1994) gelangen bei ihrer kritischen Betrachtung der Störeinflüsse auf die unterschiedlichen Effektmessungen zu der Erkenntnis: „Anders als in den physikalischen Wissenschaften ist das Messen in der Psychotherapie wesentlich beeinflusst durch politische Aspekte und Werte sowie von Fehlurteilen durch die, die die Daten liefern. Wir sind nur selten in der Lage, die schieren Phänomene zu beobachten, die uns interessieren" (Lambert und Hill 1994, S. 80).

Vor diesem Hintergrund ist es eher verständlich, warum vor allem die dezidierteren Vertreter dieser jeweiligen Paradigmen bislang zu keiner Einigung kamen. In einer Zeit knapper werdender finanzieller Ressourcen ist daraus allerdings wieder die Gefahr von Konkurrenzdenken entstanden, wobei der äußere Anstoß zu vermehrten Forschungsbemühungen von den Gesundheitspolitikern und Kostenträgern kam: Die als Kassenleistung anerkannten Therapieverfahren fühlen sich daher genötigt, zu ihrer Legitimation quantitative und generalisierbare Ergebnisse vorzuweisen – auch die dynamisch und tiefenpsychologisch begründeten Verfahren, die ihrem Wesen nach einen qualitativen, auf das Individuum bezogenen Anspruch haben (Mertens 1994; Leuzinger-Bohleber 1994). Es liegt nahe, dass sich bei der Gruppenpsychotherapie wegen der Fülle der interagierenden und schwer zu quantifizierenden Variablen dieses Problem noch verschärft.

Es ist zu bedenken, dass die von außen an die Psychotherapie herangetragenen Forderungen nach Objektivität, Reliabilität usw. nahtlos in das Paradigma der Outside-Tradition passen, so dass es den Vertretern behavioraler bzw. kognitiver Verfahren leichter fällt, sich den Forderungen des Zeitgeistes anzupassen, während die psychodynamischen Methoden mit ihrer Verwurzelung in der Inside-Tradition sich oft den Vorwurf der Unwissenschaftlichkeit gefallen lassen müssen. Doch wer legt fest, was „wissenschaftlich" ist? Bei Autoren wie Grawe u. Mitarb. (1994) ist dabei oft herauszuspüren, dass sie die „wissenschaftliche" Beforschung eines Verfahrens mit dessen Wirksamkeit in einen Topf werfen. Es geht dabei offenbar um ein Wissenschaftsverständnis, das fest im empirischen Objektivismus begründet ist und vor allem von Kontrollgruppendesigns abhängig zu sein scheint. Das hieße z. B. im Falle der ambulanten analytischen Gruppenpsychotherapie, therapiebedürftige Patienten per Zufall einer „echten" und einer „Placebogruppe" zuzuordnen. Die klinischethischen Skrupel sind offensichtlich.

Das vom Deutschen Arbeitskreis für Gruppenpsychotherapie und Gruppendynamik (DAGG) durchgeführte **PAGE-Projekt** zur Erfassung der Effektivität von ambulanter Gruppenpsychotherapie (Tschuschke und Anbeh 2000a; c) sucht einen Mittelweg zwischen den Polen der mikro- und makroanalytischen sowie der versorgungs- und prozessorientierten Forschung. Aber auch hier sind keine dezidierten ökonomischen Fragestellungen vorgesehen. Vielleicht sollte an dieser Stelle auch angemerkt werden, dass es eines immensen Aufwands bedarf, von Krankenkassen personenbezogene Daten (also anfallende Kosten pro Patient) zu bekommen, ganz zu schweigen von datenschutzrechtlichen Hürden (Keller u. Mitarb. 1995).

Über die mit dem ökonomischen Ansatz einhergehenden Fragestellungen schreibt Yates: „Diese Fragen scheinen nicht die gleichen zu sein, wie sie in der Grundlagenforschung auftauchen. Sie scheinen auch nicht diejenigen zu sein, wie sie in der traditionellen Psychotherapieforschung gestellt werden. Sie scheinen mit Sicherheit keine Fragen zu sein, die man uns in unseren Rollen als Forscher, Therapeuten und Theoretiker jemals zuvor gestellt hat" (Yates 1997, S. 345).

In der Tat: Eine Bewertung der Ergebnisse einer Therapie unter monetärem Aspekt scheint manchem ehrlichen Therapeuten wie ein „Verrat" an seiner Gesinnung vorzukommen. Gleichwohl ist es in vielen Bereichen der Gesellschaft üblich, Kosten und Nutzen einer Aufwendung einander gegenüberzustellen und dabei durchaus auch qualitative Ergebnisse in „Mark und Pfennig" umzurechnen. Was das Gesundheitswesen betrifft, so hat sich aus diesen Gründen gerade die „Gesundheitsökonomie" als Spezialgebiet der Wirtschaftswissenschaften etabliert. Für sie sind z. B. Art und Wirkungsweise einer Maßnahme weniger wichtig als ihr Effekt. Und dieser wird vorzugsweise durch Befragung der Betroffenen, der „Kunden" usw., ermittelt.

Qualität und Quantität

Bei einer eher globalen, quantitativen Betrachtungsweise macht man also keine Aussagen darüber, welches Verfahren bei welchem Menschen oder bei welcher Störung indiziert ist und warum. Es wird lediglich das untersucht, was bereits stattfindet bzw. stattgefunden hat. Dabei sind sowohl die subjektiven Beurteilungen der Betroffenen, vorzugsweise auf Rating-Skalen, als auch der Umfang der Inanspruchnahme späterer Gesundheitsleistungen relativ einfach in quantitativer Form darstellbar und einer statistischen Bearbeitung zugänglich. Aber bei starken Interaktionen zwischen vielen Variablen besteht eben die Möglichkeit, nicht nach einzelnen Diagnosen, Wechselwirkungen usw. zu fragen, sondern vorwiegend globale Effekte auf einer makroanalytischen Ebene zu erfassen (s.u.).

Diese Entscheidung ist noch aus einem anderen Grunde wichtig: Bei der oft geforderten „Wissenschaftlichkeit" durch randomisierte Zuweisung von Patienten zu den zu untersuchenden Verfahren wird sich immer eine schlechtere Kosten-Nutzen-Relation ergeben, weil nicht jedes Verfahren für jeden Patienten gleich gut geeignet ist, und weil gerade der (schwer zu erfassende) Vorgang, wie ein Patient die „für ihn geeignete" Methode findet, im Mittel die Ergebnisse besser werden lässt als eine Zwangszuteilung nach dem Zufallsprinzip. Diese „natürliche Selektion" bleibt bei makroanalytischen oder „Feldstudien" erhalten, und ihre globale Wirksamkeit dürfte mit der Stichprobengröße sogar noch zunehmen: „Fitting" contra „Matching"!

Auch in Übereinstimmung mit neuen system- und chaostheoretischen Ansätzen kann es von einem bestimmten Komplexitätsgrad des Gesamtsystems an sinnvoller werden, die Messungen auf globale Parameter zu beschränken, ohne Vorannahmen über Einzelfaktoren bzw. „lokale Kausalitäten". Solche globalen Untersuchungen mit großen Patientenzahlen (im Sinne der Consumer-Report-Studie 1995) sind meines Erachtens eine sinnvolle Ergänzung zu den Einzelfallstudien und kontrollierten Untersuchungen an kleinen Stichproben. Auch Kächele und Kordy (1992) empfehlen, prozess- und versorgungsorientierte Forschung sollten sich ergänzen. Gleichwohl steht man immer wieder vor der Frage, wie Form und Inhalt, wie „äußerliche" Zahlen und „innere" Prozesse oder Wirkfaktoren miteinander zusammenhängen, jenseits der deskriptiven und prüfenden Statistik. Auch Yates (1997) gelangt schließlich zu einem Punkt „wo Klienten- und Therapeuten-Persönlichkeit in die Kosten – Verfahren-Prozess-Ergebnis-Gleichung" eingehen und empfiehlt eine „Verbindung, bei der traditionelle Psychotherapieforschung der Kosten-Nutzen-Forschung assistieren kann ... indem herausgefunden wird, welche Wege zwischen Verfahren, Prozessen und Ergebnissen für welche Klienten meist die typischen sind" (Yates 1997, S. 359).

Das ist sicher leichter gesagt als getan. Denn genau in diesen „Wegen" zwischen den messbaren Größen, also in dem, was eigentlich in Therapien geschieht, wie es zu Veränderungen kommt, begibt man sich auf das Feld der Spekulationen.

Gesundheitsökonomische Verfahren

Breyer und Zweifel (1999) beschreiben in ihrem Lehrbuch der Gesundheitsökonomie drei Formen der ökonomischen Evaluation im Gesundheitsbereich. Zentral steht in allen Fällen ein Bruch, dessen Zähler der Kostenfaktor ist und dessen Nenner ein Maß für den erreichten Nutzen. Die Kosten werden bei allen Verfahren in Geldeinheiten gemessen, die Unterschiede ergeben sich bei der Messung des Nutzens.

Kosten-Effektivitäts-Analyse
(cost-effectiveness analysis – CEA)

Hier wird der Nutzen (t_{CEA}) in variierenden Größen gemessen, je nach angestrebtem Ziel, so z. B. die Gewichtsreduktion in kg, die Blutdrucksenkung in mmHg usw.

$$t_{CEA} = \frac{\text{Kosten in Geldeinheiten}}{\text{Blutdrucksenkung in mm Hg}}$$

Dieses Vorgehen ist nur für den Vergleich zweier oder mehrerer (sich gegenseitig ausschließender) Maßnahmen mit dem gleichen Ziel geeignet: Die Maßnahme, die den kleineren Wert von t ergibt, ist vorzuziehen. Der Ansatz hat ganz offenkundig enge Grenzen; er ist nicht anwendbar auf therapeutische Verfahren mit verschiedenen Wirkungen und liefert keine Kriterien für die Beurteilung einer einzelnen Therapiemaßnahme.

Kosten-Nutzwert-Analyse
(cost-utility analysis – CUA)

Hier wird der Nutzen (t_{CUA}) nicht nur in einer absoluten Größe gemessen, sondern „qualitätsbereinigt". Das heißt, man berücksichtigt ein geeignetes Gewichtungsschema. So wäre beispielsweise für einen Krebskranken ein gewonnenes Jahr je nach Lebensqualität verschieden zu bewerten, was im Idealfall einen Faktor zwischen 0 (Tod) und 1 (optimale Gesundheit) ergibt, der mit dem metrisch gemessenen Nutzen (z. B. gewonnene Jahre) multipliziert wird.

$$t_{CUA} = \frac{\text{Kosten in Geldeinheiten}}{\text{qualitätsbereinigter Gewinn}}$$

Mit dieser Methode können nun immerhin verschiedene Therapieverfahren mit unterschiedlichen Wirkungsspektren miteinander verglichen werden. Aber auch hier ist natürlich nicht geklärt, welche Maßnahme wem nützt und bis zu welchem t_{CUA}-Wert sie noch durchgeführt werden sollte.

Kosten-Nutzen-Analyse
(cost-benefit analysis – CBA)

Bei diesem Ansatz wird auch der Nutzen in Geldeinheiten gemessen (t_{CBA}), und deshalb kann nur mit diesem Evaluationsverfahren eine medizinische Maßnahme für sich allein bewertet werden. Das Entscheidungskriterium lautet:

$$t_{CBA} = \frac{\text{Kosten in Geldeinheiten}}{\text{Nutzen in Geldeinheiten}}$$

Eine Maßnahme kann empfohlen werden, solange $t_{CBA} < 1$ ist.

Breyer und Zweifel bemerken hierzu: „Die offenkundige Problematik bei der Kosten-Nutzen-Analyse besteht darin, Änderungen des Gesundheitszustands und sogar der Lebensdauer monetär zu bewerten" (Breyer und Zweifel 1999, S. 24).

Immerhin ist durch die bisher dargestellten Verfahren oft ein nicht linearer Verlauf in der Kosten-Nutzen-Relation erkennbar. Das heißt, z. B. eine anfänglich deutlich positive Korrelation zwischen dem Aufwand und dem Effekt schwächt sich nach einem bestimmten Optimum ab und jenseits dessen kann eine weitere Verbesserung des Effektes nur mit einem immensen Aufwand erreicht werden (z. B. durch die häufig mit zunehmender Behandlungszeit relativ abnehmenden therapeutischen Zugewinne, nachgewiesen bei McNeilly und Howard 1991). Solche Untersuchungen führen zu so mancher heilsamer Ernüchterung, z. B. zu einem Abschied von der Volksweisheit „viel hilft viel".

Was aber meines Erachtens in jedem Fall unabdingbar ist, ist eine möglichst genaue Angabe darüber, wie der Nutzen in Geldeinheiten umgerechnet wird bzw. wie bei der Kosten-Nutzwert-Analyse die „Gewichtung" erfolgt. Wenn man diese Fragen (bzw. die der Bildung von Kategorien) nicht genügend ernst nimmt, wird man lediglich wieder eine der „Scheingenauigkeiten" produzieren, von denen es schon genügend gibt. Generell und besonders mit Blick auf die Psychotherapieforschung kann man wohl sagen: Je enger der Blickwinkel (und damit die Scheuklappen) der Untersucher, desto genauer können die Aussagen sein – und desto geringer ist ihre externe Validität (d. h. letztlich, desto irreführender sind die Ergebnisse für die Praxis). Und umgekehrt: Je weiter der Rahmen, v.a. der **zeitliche** Rahmen, abgesteckt wird, desto naturnäher und brauchbarer (valider) sind die Aussagen, aber auch desto ungenauer (unreliabler). Übersetzen wir also den (fälschlicherweise oft Cicero zugeschriebenen) Grundsatz „Quidquid agis, prudenter agas – *et respice finem*", sehr frei mit: „Was du auch tust, tu's mit Bedacht" (und beziehe so weit wie möglich katamnestische Daten mit ein!).

Da es stets Therapieeffekte gibt, die nicht in Zahlen erfassbar sind, werden besonders in der Psychotherapieeffektivitätsforschung quantitative Effektmessungen immer den wahren Effekt eher unterschätzen. So kämen z. B. neben den (leicht messbaren) „Verminderungen der Inanspruchnahme des Gesundheitssystems" ja noch viele andere Effekte hinzu, wie Lebensqualität, Beziehungsfähigkeit, geringere Belastung der Angehörigen, Verbesserung des soziales Klimas im beruflichen Umfeld, u.v.m. Yates klingt optimistisch, wenn er zu diesem Thema abschließend schreibt: „Ausgehend von diesen Ergebnissen, von den verfügbaren Kosten-Nutzen-Analyse-Methoden … sowie der Möglichkeit der Überführung von Effektivitätsdaten in Nutzendaten … finden wir womöglich, dass es sowohl sehr zu unserem Vorteil wie auch einfach ist, Kosten-Nutzen- wie auch Effektivitätskomponenten in unsere Kosten-Ergebnis-Analysen mit einzuschließen" (Yates 1996, S. 361).

Eine eigene Katamnesestudie

Das bisher Gesagte legt nahe, dass das Spektrum notwendiger Psychotherapieforschung längst noch nicht ausdifferenziert ist und dass wir **flexible, graduell abgestufte** Forschungsprogramme auch mit einem gesundheitsökonomischen Ansatz brauchen, die sich gegenseitig ergänzen und deren einfache Versionen auch ausgelastete Praktiker nicht überfordern. Gerade anlässlich der Consumer-Reports-Studie, die in den USA gründliche Auseinandersetzungen ausgelöst hat, sollte auch hierzulande eine intensivere Diskussion in Gang kommen über die „Wissenschaftlichkeit" von Forschungsstrategien, über die – vermutlich gegenläufige – interne und externe Validität von „kontrollierten" versus „naturalistischen" Studien und über Möglichkeiten, wie sich unterschiedliche Ansätze ergänzen könnten. Barlow (1996) empfiehlt zu diesem Zweck **Forschungsnetzwerke**.

Tabelle 31.1 Mittelwerte der Arztbesuche, Krankschreibungen, Krankenhausaufenthalte (Häufigkeiten) und Medikamenteneinnahmen (Rating-Schätzungen)

	Beginn der Therapie	Ende der Therapie	Befragungszeitpunkt
Hausarztbesuche	6,28	3,76	3,03
Facharztbesuche	3,97	2,65	2,38
Krankschreibungen	14,48	8,46	5,86
Krankenhaustage	3,39	1,17	1,17
Medikamenteneinnahmen wegen akuter Erkrankungen	2,08	1,68	1,61
Dauermedikation wegen chronischer Leiden	1,62	1,49	1,48
Einnahme von Psychopharmaka	1,66	1,19	1,15

Bei Medikamenten: 5 = „sehr viel", 1 = „nichts"

„Wir haben jetzt ausreichend Daten, um die Effektivität psychotherapeutischer Verfahren für eine ganze Reihe von speziellen Störungen nachzuweisen; und es scheint jetzt die richtige Zeit zu sein, diese Ergebnisse Gesundheitspolitikern und der breiten Öffentlichkeit mitzuteilen. Zur selben Zeit müssen Daten gewonnen werden über die Ausübung dieser Hilfen **durch Kliniker in der Frontlinie und in den Settings, in denen sie praktizieren**. Das Entstehen von Praxis-Forschungs-Netzwerken dokumentiert dies letztgenannte Ziel" (Barlow 1996, S. 1050; Hervorh. durch den Verfasser).

Vor dem Hintergrund des erwähnten Mangels an makroanalytischen und ökonomischen Untersuchungen habe ich zusammen mit einem Wirtschafts- und einem Sozialwissenschaftler der Universität Konstanz bei einer Zufallsstichprobe von Psychoanalytikern im ganzen Bundesgebiet eine katamnestische Untersuchung an ihren ehemaligen Patienten in einzel- und gruppenpsychotherapeutischen Behandlungen, die zwischen Anfang 1990 bis Ende 1994 ihre analytische Therapie abgeschlossen hatten, durchgeführt (Heinzel u. Mitarb. 1996; Breyer u. Mitarb. 1997; Heinzel u. Mitarb. 1998).

Von 979 Fragebögen kamen 666 zurück (68%). Die Patienten wurden um die subjektiven Einschätzungen ihres Befindens zu Beginn und am Ende der Therapie sowie zum Zeitpunkt der Befragung gebeten. Sie sollten Häufigkeiten von Medikamentenverbrauch, Arztbesuchen, Krankschreibungen und Krankenhausaufenthalten angeben, jeweils auf das Jahr vor den drei genannten Zeitpunkten bezogen. Aus den subjektiven Einschätzungen der ehemaligen Patienten waren deutliche Verbesserungen des Befindens zu erkennen, die sich nach Therapieende noch verstärkten. Außerdem zeigten sich nennenswerte Einsparungen bei sonstigen Gesundheitsleistungen, d. h. bei Arztbesuchen und Krankenhausaufenthalten. Besonders bemerkenswert war der Rückgang der Krankschreibungen um fast zwei Drittel. Zwischen den verschiedenen Ausgangsberufen der Therapeuten, zwischen den Schulrichtungen und – in Übereinstimmung mit den von MacKenzie zitierten amerikanischen Erfahrungen – zwischen Einzel- und Gruppenpsychotherapie waren keine signifikanten Unterschiede im Therapieeffekt festzustellen (obgleich die Sitzungszahl der Gruppenpsychotherapien im Durchschnitt etwas weniger als die Hälfte der Einzelpsychotherapien betrug).

Aus gesundheitsökonomischer Sicht ergab sich bei einer Berechnung der Wirtschaftlichkeit durch die geringen Kosten der Gruppenpsychotherapie im Vergleich zur Einzelpsychotherapie (Honorar 1:3, Sitzungszahl 1:2,4) und durch die von uns gemessenen Kosteneinsparungen im Verhältnis 1:1,7 nach einer durchschnittlichen Zeit von $2^{1}/_{4}$ Jahren nach Beendigung der Therapien eine Gesamtrelation von etwa 1:13. Das heißt, die Einzelpsychotherapie hat nach 27 Monaten ca. $^{1}/_{4}$ ihrer Kosten, die Gruppenpsychotherapie das 3,3-fache ihrer Kosten eingespart. Da wir aber bei der Regressionsanalyse keine signifikanten Unterschiede feststellen konnten und da die Stichproben nicht homogen sind, darf man diese letzte Relation nicht im Sinne einer besseren Wirksamkeit der Gruppenpsychotherapie als Methode generalisieren. Gleichwohl kann man aufgrund des naturalistischen Designs und der großen Stichprobe sowie der überdurchschnittlichen Rücklaufquote davon ausgehen, dass die aus diesen Ergebnissen abgeleiteten Aussagen für die derzeit in Deutschland ausgeübte psychoanalytische Richtlinienpsychotherapie repräsentativ sein könnten.

Die wichtigsten Ergebnisse unserer Studie sind in Tab. 31.1, Abb. 31.1 und Tab. 31.2 zusammengefasst.

Es war – wie oben dargelegt – nicht möglich, den gesamten Nutzen der Therapien monetär zu bewerten. Aber man konnte die Einsparungen an Arztbesuchen, Krankschreibungs- und Krankenhaustagen anhand der Angaben der ehemaligen Patienten quantifizieren und den Kosten der Be-

Veränderung vom Beginn der Therapie bis zum Befragungszeitpunkt nach Therapieart

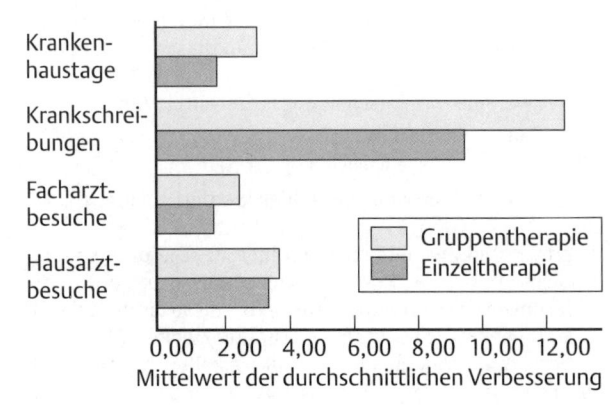

Abb. 31.1 Vergleich von Gruppen- und Einzelpsychotherapie bei der Inanspruchnahme sonstiger medizinischer Leistungen (Häufigkeiten).

Tabelle 31.2 Veränderungen durch Gruppen- und Einzelpsychotherapie im Vergleich

	Gruppenpsychotherapie				Einzelpsychotherapie			
	n	Beginn	Veränderungen	%	n	Beginn	Veränderungen	%
Skalierte Variablen (5 = schlecht, 1 = gut):								
Gesamtbefinden	90	4,22	–2,17	54,3	443	4,33	–2,2	55,0
Körperliches Befinden	89	3,17	–1,06	26,5	441	3,19	–1,12	28,0
Psychisches Befinden	90	4,34	–2,17	54,3	445	4,46	–2,33	58,3
Beziehungen	87	3,60	–1,45	36,3	439	3,67	–1,60	40,0
Metrische Variablen (absolute Häufigkeiten):								
Krankenhaustage	81	6,30	–2,95	46,8	415	2,33	–1,76	75,5
Krankschreibungen	78	17,06	–12,42	72,8	409	13,28	–9,33	70,3
Facharztbesuche	80	4,78	–2,35	49,2	399	3,66	–1,61	44,0
Hausarztbesuche	80	8,78	–3,60	41,0	400	5,93	–3,41	57,5

handlung gegenüberstellen. Bezüglich der Auswirkungen von Psychotherapie stimmen die Ergebnisse der Konstanzer Studie in den wichtigsten Punkten mit der zitierten Consumer-Report-Studie überein. So zeigte sich bei beiden,
- dass die Besserungsrate umso höher war, je schlechter der Anfangszustand der Patienten war,
- dass die Besserungsrate bei längeren Therapien höher war,
- dass kein signifikanter Unterschied der Effekte zwischen den angewandten Settings nachweisbar war.

Der Zeitfaktor in der Therapie

Was nun die zeitliche Länge der Psychotherapien betrifft, so hatte Bergin (1971) bereits frühzeitig festgestellt, dass die Ergebnisse um so besser waren, je länger die Behandlung dauerte.

In der Consumer-Report-Studie (Seligman 1996) wurden zwar die größten Veränderungen innerhalb der ersten 6 Monate konstatiert, aber im Zeitraum zwischen 6 Monaten und 2 Jahren und mehr wurden ebenfalls noch statistisch relevante Verbesserungsraten festgestellt. MacKenzie (1994c) gibt zu einer grafischen Darstellung der **Dosis-Wirkungs-Beziehung** (ein Begriff aus dem Kontext pharmakologischer Studien) folgende Erläuterungen: „Die Kurve zeigt, dass 50% der Patienten in den ersten zwei Monaten der Psychotherapie rasche Besserungen angeben. Dann folgt über die nächsten 4 Monate eine weitere Besserung um 25%. Danach ist eine sehr langsame Aufwärtsentwicklung festzustellen, bis zu einem gleichbleibenden Niveau nach zwei Jahren. Zu diesem Zeitpunkt wird eine 85%ige Besserung festgestellt. Dieses Ergebnis stimmt mit vielen metaanalytischen Untersuchungen in der Psychotherapieliteratur überein" (MacKenzie1994, S. 411f.).

Die Bedeutung der Zeit in der Psychotherapie ist in den letzten Jahren zu einer kontrovers diskutierten Frage geworden. Es wird von einigen Autoren behauptet, Kurzzeittherapien und lösungsorientierte Verfahren hätten im Durchschnitt die gleichen Erfolge. Die beiden genannten Untersuchungen kommen bei der Bearbeitung ihres umfangreichen Datenmaterials zu einem exakt gegenteiligen Ergebnis. So beschreibt Hutterer die Bedeutung der Dauer der psychotherapeutischen Behandlung, wie sie sich in den Ergebnissen der Consumer-Reports-Studie darstellt, wie folgt: „Aus den Ergebnissen der Studie kann eindeutig gefolgert werden, dass die Begrenzung der Dauer der psychotherapeutischen Behandlung aus sachlichen Gründen nicht gerechtfertigt ist. Selbst bei einer linearen und verkürzten Argumentation, die nur auf die ‚medizinisch notwendige' Reduzierung (der Symptome) abzielt, muss entgegengehalten werden, dass sich bei den Befragten jene Symptome, die sie in die Therapie geführt haben, bei längerer Therapiedauer deutlicher reduzierten als bei kürzerer" (Hutterer 1996, S. 5).

Und in der gesundheitsökonomischen Darstellung der Konstanzer Studie haben wir formuliert: „In einer Reihe hier nicht wiedergegebener Berechnungen hat sich gezeigt, dass in Bezug auf alle zuvor dokumentierten Therapiewirkungen die Sitzungszahl den nachhaltigsten Einfluss zeigt, wenn gleichzeitig die Frequenz der Therapie statistisch kontrolliert wird" (Breyer u. Mitarb. 1997, S. 68).

Insgesamt ist zu vermuten, dass der Zeitfaktor nicht nur als unabhängige, sondern auch als abhängige Variable untersucht werden muss, denn es ist durchaus denkbar, dass sich Komponenten des Therapieprozesses, Zufriedenheit, Symptomreduktion, aber auch Übertragungsaspekte auf die Dauer der Therapie auswirken. Insofern muss man von einer nicht linearen Relation bzw. einer „Kreiskausalität" ausgehen.

Über den Einfluss der Stundenfrequenz gibt es praktisch noch keine angemessenen Untersuchungen. Immerhin haben Kordy u. Mitarb. (1988) den Einfluss der Regelmäßigkeit der Therapie auf die 5 wichtigsten Erfolgskriterien untersucht und dabei festgestellt, dass die Therapien mit einer „mittleren Unregelmäßigkeit" (nicht zu regelmäßig, aber auch ohne zu lange Unterbrechungen) die besten Ergebnisse zeigten (zit. nach Kordy und Kächele 1995).

Ausblick

Gerade in der Gruppenpsychotherapie, die sich einerseits als sehr wirksam und ökonomisch herausgestellt hat, aber andererseits im Gesundheitswesen ein Schattendasein führt, sind weitere Forschungen dringend erforderlich, und zwar mit verschiedenartigen Designs und Fragestellungen, von der Mikro- bis zur Makroanalyse. Dabei sollte in Zukunft das Augenmerk auch mehr auf den Zusammenhang zwischen Sitzungszahl, Frequenz, Regelmäßigkeit einerseits und Therapieeffekten andererseits gelenkt werden. Aber auch die bessere Differenzierung der Indikation bzw. der Zuordnung von Gruppenverfahren zu Diagnosen oder Persönlichkeitsvariablen könnten zu einem effektiveren und ökonomischeren Einsatz dieser Methode beitragen (Kap. 9 und 10). Dazu müssten allerdings noch etliche Prozesse erforscht werden, die im Vorfeld einer Therapieanmeldung stattfinden.

Verkürzt ausgedrückt: Welche Patienten mit welchen Störungen suchen sich welchen Therapeuten bzw. werden von wem an welchen Therapeuten verwiesen? Um hier zu brauchbaren Daten zu gelangen, wäre die Zusammenarbeit von organmedizinisch tätigen Ärzten (besonders den in der **psychosomatischen Grundversorgung** aktiven), von Beratungsstellen, psychosomatischen Kliniken und Krankenkassen bzw. Gesundheitsämtern nötig. Vielleicht können solche Anstrengungen im Rahmen der Bedarfsplanung ermöglicht werden, die ja ein Bestandteil der vom Psychotherapeutengesetz gebotenen Neuerungen ist.

VII Formen gruppenpsychotherapeutischer Arbeit

32. Geschlossene versus offene Gruppen

V. Tschuschke

Die Frage, ob in so genannten halb offenen („slow open") oder geschlossenen Gruppen („closed groups") Therapie betrieben werden sollte, wird in der relevanten Literatur praktisch nicht erörtert. Es kommt sehr selten vor, dass dieser Punkt in einschlägigen Lehrbüchern eine Erwähnung findet, und wenn, dann nur als beiläufige Bemerkung, ohne irgendeine tiefere Reflexion. Gewöhnlich geht man davon aus, dass Gruppenpsychotherapie in so genannten offenen oder halb offenen Gruppen durchgeführt wird (Salvendy 1993). Die Forschung hat sich der Frage überhaupt noch nicht angenommen. Im Lehrbuch von Yalom (1995/1996) werden dieser Frage ganze 28 Zeilen (ungefähr eine halbe Seite von insgesamt 614 Seiten in der deutschen Ausgabe) gewidmet. Der Handbuchartikel von Bednar und Kaul (1994) thematisiert diesen Punkt genau so wenig, wie das gesamte „Handbook of Group Psychotherapy" von Fuhriman und Burlingame (1994b). Auch in einschlägigen Lehrbüchern zur analytischen Gruppenpsychotherapie wird man der Frage nach differenziellen Auswirkungen einer Arbeit mit geschlossenen bzw. halb offenen Gruppen nicht oder kaum begegnen (König und Lindner 1991; Rutan und Stone 1993; Sandner 1986).

König und Lindner (1991) reflektieren zumindest die Auswirkungen des Gruppenklimas in der halb offenen Gruppe auf das einzelne Gruppenmitglied (S. 181 f.). Ob die therapeutisch zu erreichenden Behandlungseffekte in halb offenen oder geschlossenen Gruppen unterschiedlich ausfallen bzw. unterschiedliche Effekte überhaupt zu erwarten sind, ist auf eine frappante Weise generell ein Nichtthema, wo doch sonst sehr viele Überlegungen zu therapeutisch günstigen oder ungünstigen Effekten auf Grund aller möglichen ins Spiel kommenden Variablen angestellt werden.

Grundsätzliche Überlegungen zur gruppenpsychotherapeutischen Praxis

Offensichtlich werden von allen Autoren Praktikabilitätserwägungen ins Feld geführt, wenn geschlossene versus halb offene Therapiegruppen thematisiert werden. Man geht anscheinend davon aus, dass in **längerfristig** arbeitenden Gruppen, die üblicherweise im ambulanten Bereich stattfinden, halb offene Gruppen und im **Kurzzeit-Therapiebereich** geschlossene Gruppen durchgeführt werden. Dennoch findet man im stationären Bereich – und hier sind praktisch alle Gruppen Kurzzeitgruppen – fast nur Slow-Open-Gruppen, da hier der Kostenfaktor (leere Betten), mithin der „normative Zwang des Faktischen" das Zepter in der Hand hält und nicht etwa klinische Überlegungen. Die Praxis der „Auffüllung" leerer Therapieplätze in ambulanten Langzeitgruppen wie in den Kurzzeitgruppen des stationären Bereichs ist das (an)leitende Moment, keineswegs die Frage, ob das die Gruppe insgesamt oder die einzelnen Mitglieder der jeweiligen Gruppe nutzen wird. Es scheint als ob „für die gruppentherapeutische Behandlung einer jeden Institution zumindest theoretisch ganz spezifische Indikationsregeln gelten, die aber aus praktischen oder wirtschaftlichen Gründen in der Regel nicht eingehalten werden können. Möglicherweise ist dies ein Grund dafür, dass speziell im gruppentherapeutischen Behandlungssetting (ambulant wie stationär) die Abbruchraten vergleichsweise hoch beziffert werden (z. B. Kordy und Senf 1992)" (Strauß 1998b, S. 149).

Wenn man sich die vielen Überlegungen zur Auswahl von Patienten für Gruppenbehandlungen, zur Gruppenzusammensetzung oder zur -vorbereitung anschaut, verwundert es umso mehr, dass dem Aspekt der Geschlossenheit oder Offenheit einer Gruppe gegenüber anderen (neuen) Gruppenmitgliedern im Hinblick auf die Auswirkungen auf den Gruppenprozess und -verlauf – und damit auch auf das Behandlungsergebnis – so wenig (oder besser: gar keine) Beachtung geschenkt wird, besonders, wenn man sich die Argumente für die primäre Durchführung von geschlossenen Gruppen ansieht (s.u.).

An anderer Stelle wurde bereits deutlicher ausgeführt, dass Psychotherapie generell nicht so effektiv ist, wie sie vermutlich sein könnte (Kap. 9). Speziell die Gruppenpsychotherapie im ambulanten Bereich hat mit Drop-out-Raten (vorzeitigen Austeigern) von ca. 30% im statistischen Durchschnitt zu rechnen (Kordy und Senf 1992; Yalom 1966). Sind dies alles Patienten, die speziell vom Behandlungsangebot Gruppe keinen Gebrauch machen können, die von Psychotherapie überhaupt nicht profitieren, die nicht ausreichend auf die Gruppenbehandlung vorbereitet wurden oder die nicht zu den anderen Gruppenmitgliedern passten – oder die vielleicht in bereits laufende Gruppen integriert werden sollten, aber ein Opfer der Ausstoßung durch die bestehenden Gruppenstrukturen wurden?

Mit anderen Worten: Fällen wir unsere Indikationen für eine Gruppenbehandlung teilweise auf Grund von administrativen und fiskalischen Erwägungen und weniger auf Grund von klinischen Überlegungen (z. B. Strauß 1998b)? Aus dem klinisch-stationären Bereich erhält man empörte Antworten, die Verwunderung darüber ausdrücken, warum der Frager nicht einsehen kann oder will, dass Patienten kommen und gehen und die knappe stationäre Zeit für Behandlung zu nutzen ist. Zuweisende Stellen richteten sich eindeutig nicht nach klinischen Erwägungen und wann eine Gruppe beginne. Das wäre ja noch nachvollziehbar (obwohl man sich natürlich auch hier grundsätzlich die Frage stellen kann, warum eigentlich im Regelfall Patienten nicht an bestimmten Wochentagen bzw. Wochen – Notfälle ausgenommen – stationär einrücken können?). Nicht nachvollziehbar allerdings ist, warum klinikintern nicht Strategien zum Beginn von geschlossenen therapeutischen Gruppen entwickelt werden.

Zum Beispiel könnten im Vorfeld über aufgenommene Kontakte mit Patienten bestimmte Aufnahmezeitpunkte geklärt werden im Hinblick auf den Beginn von Gruppen, es könnten auch so genannte Aufnahme- oder Wartegruppen neu aufgenommener Patienten für eine Woche etabliert werden, um den einheitlichen Beginn und die Zusammensetzung einer geschlossenen Gruppe lege artis durchzuführen. Auch könnte der Beginn der Gruppenpsychotherapie – die Behandlung in der Gruppe ist durchaus das **zentrale Behandlungselement der stationären Psychotherapie** – mit Hilfe anderer Behandlungsformen, die stationär im Rahmen der so genannten „Milieutherapie" üblich sind (Vandieken u. Mitarb. 1998), überbrückt oder flankiert werden.

Dass eine Umorientierung der Therapiezuweisungen im stationären Feld möglich ist, damit Gruppen geschlossen durchgeführt werden können, zeigt die Arbeit von Günther und Lindner (1999), die damit in einer Rehabilitationsklinik gute Erfahrungen gemacht haben.

Überlegungen zur Dynamik kleiner sozialer Gruppen

Therapeutische Gruppen unterliegen – wie alle kleinen sozialen Gruppen (Bales 1958; Homans 1950) – bestimmten **sozialen Gesetzmäßigkeiten**, ungeachtet etwaiger kultureller, ethnischer Schranken oder konzeptbedingter Überlegungen (Tschuschke 1997). Die Sozialpsychologie mehrerer Personen läuft nach ganz allgemeinen und ubiquitären Gesetzen ab: Zum Beispiel gibt es Eingewöhnungsprobleme (Fremdeln, Vorbehalte, Abtasten), Rollenerwartungen und -übernahmen, Gruppenpositionen und Rangstrukturen der sozialen Beliebtheit, Orientierung an der Leitung und dergleichen mehr. Dabei spielt es zunächst überhaupt keine Rolle, nach welchem therapeutischen Konzept der/die Gruppenleiter/Gruppenleiterin das Behandlungskonzept operationalisiert. Weiterhin gibt es so genannte **Entwicklungsphänomene** von kleinen sozialen Gruppen über die Zeit ihres Bestehens, die sich sozial und damit auch therapeutisch auswirken (Bales 1953; Beck 1974; MacKenzie 1997; Tschuschke 1986, 1997; Tschuschke und MacKenzie 1989; Tuckman 1965; s. auch Kap. 22). Diese Entwicklungsphänomene reagieren ziemlich sensibel auf das Gruppenklima, z. B. ob eine Gruppe geschlossen bleibt oder zugänglich ist für neue Mitglieder.

Halb offene therapeutische Gruppen erleiden regelmäßig regressive Einschnitte durch neue Gruppenmitglieder (MacKenzie 1997). Es ist doch ganz offensichtlich, dass das Sozialgefüge einer kleinen Gruppe durch den Verlust eines Teils von sich und durch das Hinzukommen eines neuen Gruppenmitglieds durcheinander gerät: erneutes Abtasten von beiden Seiten, Annehmen oder Ausstoßen, Aushandeln der Regeln, neue Rollenverteilungen etc. Die Gruppe befasst sich darüber hinaus notgedrungen mit dem Thema Abschied und Verlust, Endlichkeit und Zeit. Sie kann so stark regredieren, dass sie in eine so genannte „orale Phase" zurückfällt (Saravay 1978) und sich wieder auf den Leiter konzentriert und abhängig wird (Beck 1974; Bennis und Shepard 1956), anstatt interaktiv rege zu werden und miteinander zu arbeiten.

Für eine Kurzzeitbehandlung im stationären Umfeld stellt ein steter Wechsel in therapeutischen Gruppen auf Grund von ausscheidenden und neu hinzu kommenden Gruppenmitgliedern ein ernst zu nehmendes Problem dar, ist die Zeit der Gruppenmitgliedschaft für die einzelnen Gruppenmitglieder doch recht begrenzt. Wenn darüber hinaus die therapeutische Potenz der Gruppe dadurch herabgesetzt wird, dass das soziale Gruppengebilde ständig damit befasst ist, seine **sozialen** Grundlagen neu zu ordnen und zu regeln, kann man sich leicht vorstellen, dass für schwerere Störungsbilder – und darum handelt es sich regelmäßig im stationären Bereich – der therapeutische Nutzen nicht nur durch die knappe, zur Verfügung stehende Zeit, sondern bereits dadurch eingeschränkt wird, dass der Träger der psychotherapeutischen Hilfsmaßnahme, die therapeutische Gruppe, sich nicht voll entfalten kann (und damit ihre Wirkfaktoren nicht voll zur Geltung bringen kann, Kap. 23), weil sie mit sozialen und nicht klinisch-therapeutischen Problemen zu kämpfen hat.

Für gut funktionierende Gruppen mag dies kein größeres Problem sein, da der Regenerationsprozess relativ kurz andauern wird. Allerdings weniger für **schwierige Gruppen**: „Für Gruppen mit einigen Schwierigkeiten jedoch wird der Wechsel in der Mitgliedschaft in eine signifikante Regression bezüglich der Gruppenarbeit münden. Eine Gruppe mit ständigem Wechsel von Mitgliedern wird große Schwierigkeiten haben, zu Phasen von größerer interaktioneller Arbeit voranzuschreiten. Beendigungsprobleme werden von geringerer Bedeutung sein, da das Ausmaß der Beziehung zwischen den Gruppenmitgliedern geringer sein wird" (MacKenzie 1997, S. 120 f.).

Damit sind ein paar Aspekte genannt, die sich regelmäßig in stationären Behandlungssettings ergeben: Diese Patienten haben stärkere Probleme, d. h., auch die Gruppen werden ihre Schwierigkeiten haben, ein günstiges Arbeitsklima mit größerer therapeutischer Potenz zu erreichen. Letzteres wird noch weiterhin torpediert durch Fluktuation in der Mitgliedschaft. Darüber hinaus spricht MacKenzie die Bedeutung der Ermöglichung höherer, intensiver therapeutischer Arbeit durch das Erreichen fortgeschrittener Phasen der Gruppenentwicklung an. Gruppen mit weiter fortgeschrittenen Stadien der Gruppenentwicklung offerieren eine Plattform therapeutisch möglicher Arbeit, die Gruppen in frühen bzw. früheren Stadien der Gruppenentwicklung nicht erreichen (Tschuschke und MacKenzie 1989; s. auch Kap. 22). Dies wiederum bedeutet, dass nur bestimmte Phasen der Gruppenentwicklung es gestatten, dass spezielle – für die Gruppenpsychotherapie typische – Wirkfaktoren ins Spiel kommen (MacKenzie 1997; Tschuschke 1993; Tschuschke und Dies 1997; s. auch Kap. 23).

Ein weiterer Punkt ist die mangelnde Bindungsfähigkeit von schwerer (bzw. so genannten „früh") gestörten Patienten. Gruppenbedingungen, die die Bindung und den Zusammenhalt innerhalb der Gruppe konterkarieren (wie bei offenen oder halb offenen Gruppen), arbeiten gegen die Entstehung einer ausreichenden Kohäsion als einem wesentlichen Bedingungsfaktor für therapeutische Veränderung in Gruppen (MacKenzie und Tschuschke 1993; Tschuschke 1987; Tschuschke und Dies 1997) und motivieren bindungsschwache Patienten sich entweder nicht richtig in den Gruppenprozess einzulassen oder aber vorzeitig auszusteigen.

Gruppenformat (geschlossen oder halb offen) unter dem Zeitaspekt

Für zeitbegrenzte therapeutische Gruppen, also eher Gruppen im stationären Rahmen, sollte genauer überlegt werden,

ob sie im geschlossenen oder im halb offenen Format durchgeführt werden. Es gibt einige Variablen, die Beachtung finden sollten bei der Entscheidung für oder wider geschlossenes Gruppenformat:
- Schweregrad der Störung der Patienten (eher geschlossene und homogene Gruppen bei höherem Schweregrad),
- zur Verfügung stehende Behandlungszeit (Anzahl der Sitzungen; je weniger, desto eher geschlossenes Format),
- behandlungstheoretisches Konzept (eher strukturierend = eher geschlossen versus eher unstrukturiert = eher offenes oder halb offenes Format),
- Rekrutierungsmöglichkeit bestimmter Störungsbilder innerhalb kurzer Zeit (falls gegeben, eher geschlossenes Format),

Homogene Gruppen sind häufig Kurzzeittherapiegruppen und als solche am besten geschlossen durchzuführen: z. B. bei Gruppen mit essgestörten Patienten (Kap. 42), Gruppen, die sich mit pathologischer Trauerreaktion (Piper u. Mitarb. 1992) oder posttraumatischen Belastungsstörungen befassen, Gruppen mit somatoformen Störungen (Nickel und Egle 1999, s. auch Kap. 44) oder mit schweren körperlichen Erkrankungen (Benioff und Vinogradov 1993; Spiegel und Classen 2000; s. auch Kap. 45). **Kurzzeitgruppen** haben vermutlich größere therapeutische Potenz im geschlossenen Format. Dies ist nicht ausreichend untersucht, theoretische Überlegungen (Mattke und Tschuschke 1997; Tschuschke und Mattke 1997) und klinische Beobachtungen (MacKenzie 1997) legen dies jedoch nahe.

„Zeitbegrenzte Gruppen sind ständig konfrontiert mit Begrenzungen durch die festgelegte Dauer der Gruppe. Alles, was getan werden kann, um basale strukturelle Aspekte zu vereinfachen, ist hilfreich für die Gruppe. Deshalb haben die meisten dieser Gruppen ein geschlossenes Format. Einige Programme modifizieren dieses Format, indem sie neue Gruppenmitglieder während der ersten zwei oder drei Sitzungen zulassen. Ein Vorteil dieser Modifikation ist es, dass sehr früh aussteigende Gruppenmitglieder – die deshalb nicht richtig in die Gruppe involviert wurden – ersetzt werden können. Mit dieser möglichen Ausnahme werden zeitbegrenzte Gruppen am besten geschlossen gehalten. Selbst wenn die Mitgliedschaft in einem gewissen Ausmaß erodieren sollte, ist der zu zahlende Preis der Zulassung neuer Gruppenmitglieder eine Nichtverträglichkeit mit dem Fortschritt der verbliebenen Gruppenmitglieder" (MacKenzie 1997, S. 121).

Zeitbegrenzte Therapiegruppen sind ständig mit dem Zeitfaktor befasst (Mattke und Tschuschke 1997; Tschuschke und Mattke 1997). Sie sind mit Formierungs- und Trennungsfragen ausreichend beschäftigt und können zusätzliche Belastungen, wie sie durch Mitgliederfluktuationen entstehen, sehr schlecht verkraften (MacKenzie 1997).

„Es kann nicht empfohlen werden, dass intensive zeitbegrenzte Gruppenarbeit unter den Umständen eines ständigen Mitgliederwechsels durchgeführt wird. Die Aufgaben, die für eine seriöse Psychotherapie innerhalb einer bestimmten Zeit zu lösen sind, stellen eine große Herausforderung dar, ohne dass auch noch diese zusätzliche Last [des Mitgliederwechsels] hinzukommt" (MacKenzie 1997, S. 121).

Psychotherapeutisch günstige Effekte in Kurzzeitbehandlungen sind vermutlich gerade bei den schweren Störungsbildern in psychiatrischen und stationären psychosomatisch-psychotherapeutischen Einrichtungen relativ eingeschränkt, weil in wenigen Sitzungen vermutlich eher symptomatische Verbesserungen und allgemeine Befindenslagen verbessert, aber echte rehabilitative Erfolge kaum erreicht werden können (Lueger 1995). Deshalb sind zusätzliche Belastungen zu vermeiden.

Etwas anders sieht es bei eng umgrenzten Problemfeldern aus, die mit homogenen Kurzzeit-Gruppenpsychotherapie am besten im geschlossenen Gruppenformat behandelt werden (z. B. Piper u. Mitarb. 1992). In der Regel sind stationäre Behandlungen mit schwereren Problembildern befasst – umso wichtiger wäre die Minimierung rahmenbedingter Therapiebelastungen wie sie sich z. B. auf Grund von permanenten Mitgliederwechseln in offenen oder halb offenen Gruppen ergeben.

Längerfristig arbeitende Gruppen – meist im ambulanten Bereich – operieren zumeist mit dem halb offenen Format. Dennoch stellt sich auch hier die Frage, ob nicht das Gruppen- und damit auch das Arbeitsklima zu günstigeren Stufen voranschreiten, wenn die Gruppe – selbst bei einzelnen Aussteigern – gegenüber neuen Gruppenmitgliedern geschlossen bliebe (Tschuschke 2000b). Auch Yalom (1995, 1996) erörtert die Vorteile der längerfristig arbeitenden geschlossenen Gruppe im ambulanten Bereich. Zum Beispiel könnte der Gruppenleiter nach einem halben Jahr die Gruppe einschätzen lassen, wie die Fortschritte und Erfolge zu bewerten sind, um eventuell die Behandlung der Gruppe über weitere sechs Monate fortzuführen.

Die präzise Prozessforschung von Gruppenverläufen stützt die Vermutung der besseren Wirksamkeit geschlossener gegenüber offenen Gruppen. Therapeutische Gruppen entfalten nicht zu jedem Zeitpunkt den gleichen Satz an **Wirkfaktoren**. Es ist wahrscheinlich so, dass erst bestimmte strukturelle Maßnahmen (richtige Indikationsentscheidungen, günstige Gruppenzusammensetzung, erfolgte Gruppenvorbereitung) eine gute Kohäsion ermöglichen, damit dann weitere Wirkfaktoren zum Tragen kommen können wie frühzeitige Selbstöffnung (Bereitschaft zum Eingehen von Risiken in einem noch fremden interpersonellen Raum) (Tschuschke 1996a, 2000a), um dann Feedback zu erhalten. Es sind offenbar die Rückmeldungen von Peers, anderen Gruppenmitgliedern, die das größte Veränderungspotenzial in therapeutischen Gruppen in sich tragen (Tschuschke und Dies 1997). Feedback von den Gruppenleitern ist nicht bedeutsam mit späterem Therapieerfolg korreliert, umso mehr jedoch das von Peers. Diese offensichtlich mit dem Selbstbild diskrepanten Erfahrungen über sich selbst bewirken klinisch wünschbare Veränderungen intrapsychischer Strukturen (der so genannten maladaptiven und/oder unreifen Objekt- und Selbstrepräsentanzen) (Catina und Tschuschke 1993), was sich dann auch unmittelbar in sozial günstigere interpersonelle Verhaltensmuster umsetzt. Dies alles gilt in ganz besonderem Maße für Patienten, die in Therapiegruppen erfolgreich behandelt worden sind – allerdings sind diese Zusammenhänge bisher erst an wenigen stationären Therapiegruppen überprüft worden (Tschuschke 1993; Tschuschke und Dies 1994a).

Gruppen, die ständig in ihrer Entwicklung regredieren, weil sie mit den sozialen Basisfunktionen ihrer Existenzfähigkeit kämpfen müssen (offene oder halb offene Gruppen), können nicht eine optimale Abfolge des Auftretens von therapeutischen Wirkfaktoren generieren. Das heißt aber konsequenterweise, dass diese Gruppen auch nicht das therapeutische Potenzial entwickeln können, das möglich wäre und das sie speziell bei schwerer gestörten Patienten und zumal noch in einem kurzzeittherapeutischen Rahmen benötigten.

Zusammenfassung

Dem Aspekt der geschlossenen therapeutischen Gruppe wird zu wenig Beachtung geschenkt. Die therapeutischen Vorteile einer geschlossen durchgeführten Gruppe werden zu Gunsten routinemäßig eingefahrener administrativer Zwänge in Kliniken und fiskalischer Erwägungen (ambulant und stationär) leichtfertig aus der Hand gegeben. Argumente für die Beibehaltung der bestehenden Situation überzeugen sämtlich nicht. Es kann doch wohl nicht so sein, dass das Wohl und der Nutzen zum Teil schwer Kranker auf Grund von administrativen Routinen oder wirtschaftlichen Überlegungen hintangestellt wird. Erst recht nicht, wenn man den Drehtür-Effekt vieler Patienten in der psychiatrisch-psychotherapeutischen Versorgung betrachtet: Vermutlich sind viele der immer wieder behandelten chronischen Patienten falsch indiziert bzw. in ungünstigen bzw. unzureichenden Settings „behandelt" worden. Ungünstige und ungeeignete Behandlungssettings generieren einen Teil der Patienten von morgen, was somit einen erheblichen Kostenfaktor darstellt. Chronifizierten psychisch gestörten Patienten helfen nur maßgeschneiderte – und meist längerfristig arbeitende – psychotherapeutische und/oder psychiatrische Interventionen, wie alle klinischen Erfahrungen zeigen. Kurzzeitbehandlungen dürften kaum ausreichend sein und sollten, falls unumgänglich, optimiert werden. Zu einer solchen Maßnahme gehört der Einsatz des geschlossenen Gruppenformats.

Die Argumente für geschlossene statt offener oder halb offener therapeutischer Gruppen versprechen bessere Behandlungseffekte, speziell bei schwerer gestörten Patienten. Der empirisch zweifelsfreie Nachweis dieser Überlegenheit des geschlossenen über das offene Gruppenformat steht allerdings noch aus. Bisher sprechen eher systemtheoretische Überlegungen (MacKenzie 1997; Tschuschke 1997) und klinische Beobachtungen (MacKenzie 1997) für die besagte Annahme.

33. Heterogene versus homogene Gruppenzusammensetzung

A. Pritz

Einführende Überlegungen

Die Auswahl von geeigneten Patienten für eine Psychotherapiegruppe ist von vielen Faktoren abhängig, die die spätere Gruppenkomposition und damit den Therapieverlauf sowie den Therapieerfolg beeinflussen (Yalom 1970) (Kap. 9–13).

Die therapeutische Alltagsrealität erlaubt dem Psychotherapeuten aber meist nicht, alle Faktoren entsprechend zu berücksichtigen, da er ja konkrete Patienten vor sich sieht, denen er eine gruppenpsychotherapeutische Behandlung empfehlen soll oder nicht. Dennoch sind die wichtigsten Aspekte dargestellt, da sie in unterschiedlicher Gewichtung immer wieder eine Rolle spielen können (Pritz 1990).

Motivation des Patienten

Patienten kommen mit unterschiedlichsten Vorstellungen zur Psychotherapie (Heigl-Evers und Ott 1997). Im Bezug auf eine gruppenpsychotherapeutische Behandlung sind sie zunächst meist etwas skeptisch, da sie sich nicht vorstellen können, wie eine Gruppe einen entsprechenden Vertrauensraum aufbauen kann, in dem die persönlichsten Problemstellungen erörtert werden könnten. Diese Skepsis findet sich auch in stationären Settings, nur wird dort der Widerstand gegen eine gruppenpsychotherapeutische Behandlung in der Regel nicht so laut geäußert, da negative Konsequenzen befürchtet werden. Bei skeptischen Patienten sollte man die Skepsis nicht herunterspielen, sondern ernst nehmen, ihnen aber den „Versuch" schmackhaft machen, mit der Option verbunden, eventuell wieder auszusteigen, wenn das Behandlungsverfahren nicht auf innere Akzeptanz stoßen sollte. Umgekehrt verhält es sich mit Patienten, die von einer hohen Motivation zur Gruppenbehandlung getragen werden: Sie sind entweder gut informiert, haben aber meist von Patienten mit gelungenen Gruppenbehandlungen entweder Gutes über die Behandlung oder den Gruppenleiter gehört. Sie bringen auch meist eine gewisse Neugier mit, die für den Einstieg in die Gruppe sehr günstig sein kann. Bei diesen hoch motivierten Patienten stellt sich das Problem später, nämlich dann, wenn nach den „Flitterwochen" Phasen der zähen und manchmal auch langweiligen Arbeit kommen, die sie nicht immer durchstehen können. Bereits zu Beginn ist dies ein wichtiger Hinweis für den Gruppenleiter. Jene Gruppe von Patienten, die an einer sachlichen Erörterung der Gruppenbedingungen interessiert ist, hat eine Motivationslage, die den Verhältnissen am ehesten gerecht wird. Zugleich ist dies auch ein diagnostischer Hinweis auf die Realitätsprüfungsfähigkeit des Patienten (Mullan 1991).

Diagnostische Überlegungen

Patienten mit unterschiedlichsten Störungen, Beschwerden und Krankheiten können aus einer gruppenpsychotherapeutischen Behandlung Nutzen ziehen. Es gibt kaum psychische Konflikte, die nicht schon in gruppenpsychotherapeutischen Settings behandelt worden sind. Die Palette umfasst sämtliche Neurosen, Psychosomatosen, Psychosen und organische Krankheitsbilder mit psychischen Begleitproblemen wie Krebserkrankungen, Rheuma, Demenzen und viele andere (Kap. 35–51). Auch Konfliktkonstellationen akuter Genese wie etwa posttraumatische Reaktionen beispielsweise nach Unfällen oder Folgen von Kriegshandlungen können in Gruppen gut behandelt werden.

Wichtig ist die Liste der **Kontraindikationen** für eine gruppenpsychotherapeutische Behandlung: So gelten beispielsweise Menschen mit einer psychopathischen Struktur als äußerst problematisch (Kap. 9). Auch Personen, die an schweren Schmerzzuständen, akuter Suizidalität und außergewöhnlicher schizoider Abgewandtheit leiden, können von einem gruppenpsychotherapeutischen Angebot meist nicht profitieren (Ausnahmen bestätigen die Regel). Die Frage nach der diagnostischen Bedeutung stellt sich später bei der Frage nach der Homogenität versus Heterogenität der Gruppe nochmals.

Interaktionsfähigkeit von Patienten

Die Interaktionsfähigkeit von Patienten ist eine Ausschlag gebende Funktion für das spätere Gelingen einer Gruppenbehandlung (Kap. 9, 10). Die Fähigkeit, auf andere bewusst oder unbewusst entsprechend zu reagieren, ist eine günstige Voraussetzung für die Gruppenpsychotherapie jenseits von motivationalen und diagnostischen Kriterien. Diese Fähigkeit wird ja ein ganzes Leben lang vom Individuum wie seiner es umgebenden Sozietät eingefordert und unterschiedlich beantwortet. Diese Interaktionsfähigkeit meint jetzt nicht den Grad des Neurotizismus: Es gibt viele Menschen mit erheblichen neurotischen Einschränkungen, die aber im interaktiven Bereich entsprechend kooperieren können. Nur selten gibt es den Menschen, der als Gesamtpersönlichkeit neurotisch imponiert. In der Regel sind es nur Teile einer Persönlichkeit, die gestört sind und nicht der gesamte Mensch. Darauf hat der Gruppenleiter auch zu achten, wenn er im Vorgespräch die persönlichen Ressourcen des Patienten untersucht. Er muss sich fragen, was der Patient in einer Gruppe beitragen kann, was der Patient an emotionaler und kognitiver Unterstützung in der Gruppe braucht etc. So wird weit vor dem Beginn der Gruppe bereits ein Interaktionsnetz entwickelt, das zunächst den künftigen Gruppenleiter im Zentrum sieht, was sich aber bereits vor Beginn der Gruppe, wenn die Gruppenmitglieder sich erstmals begegnen, auf die gesamte Gruppe ausdehnt (de Bosset 1988) (Kap. 11, 12).

Gruppenzusammensetzung (Gruppenkomposition)

Nicht zufällig wird der Begriff der Komposition aus der Musik gewählt, wenn es um die Zusammensetzung einer therapeutischen Gruppe geht (zu Fragen der Gruppenzusammensetzung s. Kap. 11). Denn die Komposition bedeutet einen kunstvollen Akt, jene Personen auszuwählen, die am besten miteinander arbeiten können. Die Komposition ist, wie bereits angeklungen, von vielfältigen Faktoren auf Seiten der jeweiligen Patienten abhängig. Sie wird aber auch bestimmt durch die Möglichkeiten, die sie füreinander darstellen können. Die Komposition wird zunächst von den realen Möglichkeiten abhängen: Welche Patienten suchen zu einem Zeitpunkt X eine Behandlungsmöglichkeit auf? Können sie nach ausreichender Information in einen Behandlungsvertrag einsteigen und sich auch für die entsprechende Behandlungszeit binden?

Darüber hinaus gibt es aber die sensorischen bzw. diagnostischen Möglichkeiten des Gruppenleiters, eine entsprechende Zusammensetzung der Gruppe vorzunehmen. Dabei sind die unbewussten Schwingungen von Bedeutung, die der Gruppenleiter so weit wie möglich aufgreifen sollte. Dies kann zum Beispiel in Form einer Fantasievorstellung erfolgen, wer zu wem in der Gruppe passen könnte. Es kann erfolgsentscheidend sein, wenn der Gruppenleiter als Generierer der Gruppe eine intuitiv richtige Entscheidung in der Komposition trifft. Intuition lässt sich weitgehend lernen: Durch Erfahrung, aber auch durch entsprechende Supervision lässt sich vorbewusstes Handeln in der Psychotherapie optimieren. Die Komposition ist aber auch abhängig von den Möglichkeiten des Gruppenleiters, von seinen Talenten mit bestimmten Patienten besser oder schlechter umgehen zu können. Diese Rolle ist besonders in der Initialphase wichtig, wenn alle Teilnehmer der Gruppe noch intensiv auf den Leiter der Gruppe bezogen sind. Später, wenn die Kotherapeutenfunktion der einzelnen Gruppenmitglieder zunehmend greift, tritt diese Funktion des Leiters in den Hintergrund.

Es ist die Kreativität des Gruppenleiters, die in der Initialphase die Komposition zu einem wesentlichen Element der künftigen Gruppenkohäsion werden lässt.

Vorteile homogener Gruppen

> Von homogenen Gruppen spricht man dann, wenn die Gruppenzusammenstellung von einem bestimmten **Topos** hergeleitet wird. Das kann ein Symptom, eine Eigenschaft oder auch ein bestimmtes gemeinsames Ziel sein. Homogene Gruppen können sich aber auch praxeologisch durch die Beratungsstelle oder Klinik bilden, in die der Ratsuchende oder Patient gerät (Seidler 1996; Pritz 2000).

Homogene Gruppen sind in der Literatur wissenschaftlich besser durchleuchtet, da im Kontext der vielen Variablen eben eine besonders hervorsticht. Außerdem ist es oft nötig, bestimmte Verhaltens- oder Erlebnisvektoren besonders herauszustellen und gesondert zu untersuchen, um die Wirkungsweise der spezifischen Gruppenpsychotherapie besser untersuchen zu können (Toffler 1996; Zschintzsch u. Mitarb. 1996).

Homogene Gruppen richten sich aber auch nach den Interessen ihrer Mitglieder. Denn häufig suchen Menschen andere mit gleichen oder ähnlichen Interessen.

Für die konkrete Therapie von Vorteil sind homogene Gruppenzusammenstellungen insofern, als die Erfahrung der **Universalität des Leidens** (Yalom 1970) von großem therapeutischen Wert für die Einzelnen sein kann, insbesondere dann, wenn sie vorher ihre Problematik als singulär und einzigartig erlebt haben und dann in der Gruppe wahrnehmen, dass sie keineswegs einsam ihr Schicksal ertragen müssen (zu den Wirkfaktoren der Gruppenpsychotherapie s. Kap. 23). Die Erfahrung, dass andere am Selben leiden, ermöglicht auch ein tieferes gemeinsames Eindringen in die Thematik, wobei allerdings auch die Gefahr einer gemeinsamen Abwehr der dahinter liegenden Ängste gegeben sein kann. Es ist dann die Aufgabe des Gruppenleiters, das Abgewehrte zu thematisieren. Dazu folgt eine Fallvignette.

> In einer Beratungsstelle treffen sich sechs männliche Homosexuelle. Ihr Thema ist das Coming Out. Die Gruppe beginnt zunächst zögerlich, alle sind etwas gehemmt. Der Gruppenleiter beginnt aber sehr offen über die Problematik im Allgemeinen zu sprechen und nach einiger Zeit beginnt ein Teilnehmer seinen Lebensweg zu schildern. Damit ist das Eis gebrochen und in den nächsten Sitzungen werden die traumatischen Erfahrungen des „Andersseins", aber auch die neuen Möglichkeiten des Umgangs als „bewusster Homosexueller" diskutiert. Es kommt bei allen Teilnehmern zu einer Ich-Stärkung sowie einem neuen Selbstverständnis ihres „In-der-Welt-seins" (Frost 1996; Coleman 1994).

Vorteile heterogener Gruppen

Heterogene Gruppen bilden sich mit Teilnehmern unterschiedlicher Problem- oder Krankheitsgenese (Nicholas und Forrester 1999). So finden sich Teilnehmer mit psychosomatischen Beschwerden neben Personen mit Depressionen oder anderen psychischen Beschwerden (Manning u. Mitarb. 1994; Knezevic und Belic 1993). Die Absicht bei heterogenen Gruppen besteht darin, den Gruppenmitgliedern **unterschiedliche Lernmöglichkeiten in der Gruppe** zu bieten. Die Unterschiedlichkeit bringt die Gruppenteilnehmer dazu, sich andere als Modell auszusuchen und von ihnen zu lernen (Pritz 2000; Mahler-Bungers 1999). Zugleich entsprechen heterogene Gruppen auch mehr der Alltagsrealität, in der wir mit unterschiedlichsten Menschen konfrontiert sind (Boss 1992).

Von Bedeutung ist auch das unbewusste Organisationsniveau der Teilnehmer. In Gruppen von neurotischen Personen empfiehlt es sich beispielsweise zuweilen, ein oder auch zwei Gruppenmitglieder einzubeziehen, die an psychotischen Störungen leiden. Sie sind oft in der Lage, das von den anderen Gruppenmitgliedern gemeinsam Abgewehrte zu thematisieren (zu diesem Aspekt der erhöhten Sensibilität schwerer gestörter Patienten im Rahmen von Gruppenbehandlungen s. Kap. 24). Umgekehrt erleben diese aber auch, dass man bei auftretenden Widersprüchen nicht sofort mit Rückzug reagieren muss, sondern sich durchaus einer verbalen Konfrontation stellen kann, ohne dass die „Welt untergeht" (Kennedy 1989). Dazu folgt eine andere Fallvignette:

> In eine heterogene Gruppe von Männern und Frauen kommt ein neues männliches Gruppenmitglied, das zunächst barsch wirkt. Die Einsilbigkeit setzt sich fort, wenn die Gruppensitzungen vorbei sind. Manche gehen noch etwas trinken, er niemals. Es stellt sich heraus, dass er völlig zurückgezogen lebt; der Kontakt zur Kernfamilie beschränkt sich auf ein Minimum, er lebt eigentlich ein Einsiedlerleben. So verhält er sich auch in der Gruppe, nur immer wieder angesprochen durch andere Gruppenmitglieder, die ihn einzubeziehen versuchen. Es dauert drei Jahre, bis er erstmals nach der Gruppe mit zwei Gruppenteilnehmern gemeinsam „auf ein Bier" in ein Lokal geht. Die latente Aggression und die dahinter liegende Angst vor Kontakt kommt erst allmählich zum Vorschein. Die Gruppenteilnehmer werden ihm im Laufe der Zeit Ersatzfamilienmitglieder, die ihm Lebensstrategien zeigen und vorleben, an denen er sich allmählich orientieren kann. Diagnostisch als Borderline-Persönlichkeit eingestuft, macht er einen erheblichen Fortschritt im Hinblick auf seine Kontaktfähigkeit.

Zusammenfassung

Die Komposition von Gruppen entscheidet wesentlich über den Erfolg, den die Gruppenmitglieder durch eine gruppenpsychotherapeutische Behandlung haben können (de Bosset 1988).

Dabei werden bereits lange, bevor die Gruppe beginnt, Entscheidungen über die Gruppenzusammenstellung getroffen. Aber nicht nur der Gruppenleiter, auch die Ratsuchenden bestimmen den Auswahlprozess mit.

Teilnehmer in so genannten homogenen Gruppen haben den Vorteil, „Ihresgleichen" zu treffen und so die Einsamkeit und Isolation mit ihrer spezifischen Problematik überwinden zu können.

Teilnehmer an heterogenen Gruppen bietet sich die Möglichkeit, stärker von unterschiedlichen Herangehensweisen an Konflikte zu lernen.

Es stellt sich die Frage, wie die **Entscheidung für eine bestimmte Gruppenkonstellation** getroffen werden soll. Dabei ist das theoretische Verständnis einer Störung mit ausschlaggebend: Sieht man im Vordergrund eine bestimmte Problematik relativ losgelöst von der Gesamtpersönlichkeit, wird man vielleicht dazu tendieren, eine homogene Gruppenkonstellation zur Bewältigung vorzuschlagen. Sieht man die Gesamtpersönlichkeit als „lernbedürftig", wird man eher eine heterogene Gruppe ins Auge fassen.

Abschied nehmen muss man jedenfalls von der Vorstellung, dass die „Tiefe" der Erörterung der jeweiligen Problematik etwas mit Heterogenität oder Homogenität in der Gruppenzusammenstellung zu tun hat. Tatsächlich kann in beiden Konstellationen entsprechende „Tiefe" erreicht oder nicht erreicht werden. Dies wird auch empirisch bestätigt, da für beide Gruppenkonstellationen entsprechende Erfolge nachweisbar sind.

Leider ist die empirische Forschung zu der hier behandelten Fragestellung insgesamt noch so defizitär, dass für die meisten Gruppenkonstellationen (heterogen oder homogen, mit Ausnahme der Essstörungen und der anderen Suchtproblematiken, s. Kap. 42 und 46) noch keine abschließende Aussage gemacht werden kann.

34. Kurzzeit- versus Langzeit-Gruppenpsychotherapie

D. Mattke und V. Tschuschke

Therapeuten erinnern sich eher an diejenigen Patienten, mit denen sie längere Zeit gearbeitet haben. Patienten, die nur kurze Zeit Therapie in Anspruch nehmen, werden schneller vergessen (MacKenzie 1994b). Aus der Sicht von Patienten dagegen ist eine kurzdauernde Begegnungsfolge mit wenigen Sitzungen bisweilen die Quelle bedeutsamer Veränderungen. Nur erfahren wir darüber meist sehr wenig. Katamnestische Untersuchungen, speziell über Kurzzeittherapie, liegen bisher nur vereinzelt vor (Tschuschke und Mattke 1997).

Die Behandlungszeiten in Einzel- wie Gruppenpsychotherapie wurden in dem Maße länger, je mehr die therapeutische Beziehung (Übertragung) in den Mittelpunkt von Psychotherapie gestellt wurde. Geschichtliche Rückblicke über psychotherapeutische Kurzzeitbehandlungen weisen die Frühzeit der Psychoanalyse als Hochzeit relativ kurzer psychotherapeutischer Interventionen aus (Koss und Shiang 1994). In den 70er Jahren engagierte sich vor allem Malan (1976a, b) für den Einsatz von dynamischer Kurzzeitpsychotherapie. Schließlich entbrannte in den 90er Jahren vor allem in den USA eine heftige Diskussion, die in gemäßigter Form durch Strupp und Binder (1991) geführt wurde und in sehr radikaler Form von Shaw Austad (1996). Die Autorin wirft die Frage auf, ob Langzeitpsychotherapie in Zeiten knapper ökonomischer Mittel „ethisch" überhaupt noch zu verantworten sei: „Das Langzeit-Vorurteil hat über Gebühr die Akzeptanz und den Fortschritt von Psychotherapie als ein medizinisches Mittel belastet. Zuerst einmal hat es der Psychotherapie das Image einer unendlichen Behandlung gegeben. Zahlende werden abgeschreckt, indem sie besorgt sind, dass die Bezahlung von endlosen Behandlungen sie Bankrott macht. Diese Haltung manifestiert sich in der Weigerung aufseiten der Versicherer, Psychotherapie wie ein gleich bleibendes Pendant gegenüber allgemeinen medizinischen Maßnahmen zu behandeln, und in der Politik, für Psychotherapie nur die Hälfte des Geldes wie für andere medizinische Leistungen zu gewähren. Zweitens hat das Langzeit-Vorurteil eine Art funktionelle Fixiertheit bewirkt, die Therapeuten davon abgehalten hat, frei zu experimentieren, um Behandlungsmodelle zu entdecken, die soziale Leistungen demokratischer verteilen würden" (Shaw Austad 1996, S. 266).

Dieses Zitat ist im Kontext der gesundheitspolitischen und vor allem gesundheitsökonomischen Diskussion in den nordamerikanischen Staaten USA und Kanada zu sehen. Besonders in den USA wird die Szene derzeit extrem einseitig beherrscht durch die Managed-Care-Systeme: d. h. Kontrolle der Behandlungskosten und somit Behandlungszeiten durch große Krankenversicherungskonzerne. Eine vermittelnde dritte Instanz zwischen Leistungserbringern und Kostenträgern hatte sich in Nordamerika, anders als in der BRD, wo diese Funktion durch die Kassenärztlichen Vereinigungen wahrgenommen wird, nicht entwickeln können. Im Managed-Care-System werden die Leistungserbringer im Prinzip unter primär ökonomischen Kriterien von Kostenträgern (den Krankenversicherungskonzernen) „eingekauft". Allerdings geht die neueste Entwicklung in Nordamerika nun auch hin zu einer Strukturierung des Verhältnisses zwischen Leistungserbringern und Patienten auf der einen Seite sowie Kostenträgern und gesellschaftspolitischen Überlegungen auf der anderen Seite. Diese Funktion übernimmt bzw. soll mehr und mehr übernommen werden von der so genannten **evidenzbasierten Medizin (EBM)**.

EBM hat die ausdrückliche und verständliche Nutzung der jeweils besten Evidenz bei Entscheidungen über die Versorgung individueller Patienten zum Ziel. Sie bedient sich dazu im Wesentlichen standardisierter medizinischer und gesundheitsökonomischer Reviews sowie daraus entwickelter Leitlinien.

Auch die psychotherapeutischen Behandlungsmethoden und damit verbundene Indikationsentscheidungen werden sich zunehmend den Kriterien der evidenzbasierten Medizin stellen müssen. Auf die damit verbundenen methodologischen Probleme kann auf diesem knappen Raum nicht eingegangen werden. Für den Kontext dieser Arbeit kann allerdings festgehalten werden, dass gruppentherapeutische Interventionen, wie die Kurzzeit-Gruppenpsychotherapie überhaupt, im Besonderen hinsichtlich Effektivität und Effizienz zunächst einmal vor allem mit der Einzelpsychotherapie verglichen und evaluiert werden muss. Hinsichtlich der **Effektivität** (Grad der Zielerreichung) haben sich Einzel- und Gruppenpsychotherapie in Metaanalysen vergleichbar effektiv erwiesen. Die **Effizienz** (Verhältnis von Kosten zu Nutzen) spricht eher für gruppenpsychotherapeutische Behandlungsmethoden (Tschuschke 1999a). Umso mehr wird es in Zukunft um empirische Belege für differenzielle Wirksamkeiten auch unterschiedlicher gruppenpsychotherapeutischer Behandlungsmodi bei unterschiedlichen klinischen Klientelen gehen. So leicht einsehbar dies ist, werden wir versuchen, auch auf die damit dennoch verbundenen Schwierigkeiten und Herausforderungen hinzuweisen, vor allem vor dem Hintergrund der aktuellen wissenschaftlichen Datenbasis.

Hinsichtlich Indikation und Behandlungstechnik werden wir auf Kurzzeit-Gruppenpsychotherapie fokussieren, allerdings immer wieder vor dem Hintergrund und im Gegensatz zu einigen Essentials der Langzeit-Gruppenpsychotherapie.

Indikation

Von dem Ziel, für unsere psychotherapeutische Arbeit, sei es einzeln oder in Gruppen, aufgrund spezieller Indikationsstellungen sichere Entscheidungen zu treffen, sind wir noch weit entfernt (s. Kap. 9). Dabei lässt sich ohne Übertreibung feststellen, dass der spätere Erfolg bzw. Misserfolg psychotherapeutischer Bemühungen maßgeblich – wenn nicht gar entscheidend – durch die der eigentlichen Therapie vorangehenden Indikationsentscheidungen determiniert ist. So lange es allerdings noch unklar ist, welche Probleme bzw. Störungen besser in Gruppen- bzw. in Einzelsettings behandelt werden, so lange kann es keine gültigen Empfehlungen für noch spezifischere Entscheidungen, z. B. für Kurzzeit- versus Langzeit-Gruppenpsychotherapie geben.

> Generell gilt: Je kürzer die beabsichtigte (Gruppen-)Psychotherapie sein soll, umso strenger sollten die Kriterien für die Indikationsentscheidung sein.

Koss und Shiang (1994) haben für psychodynamische Kurzzeittherapie die folgenden Patientenvariablen gefunden, bei denen kurzzeitige Psychotherapie indiziert erscheint:
- Patienten, deren Problem sich akut einstellte,
- Patienten, deren vorausgegangene Adaptation zufriedenstellend war,
- Patienten mit guten Beziehungsfertigkeiten,
- Patienten mit hoher initialer Motivation.

Auch Piper und Mitarb. (1992) beschreiben Einschlusskriterien bzw. positive Indikationskriterien, anhand derer sich prognostische Voraussagen über Psychotherapie machen ließen: Dies sind die Dimensionen **psychologische Sensibilität** („psychological mindedness") und die **Qualität der Objektbeziehungen** („quality of object relations") (Piper u. McCallum 1994; 2000) (s. auch Kap. 11). Patienten, die in beiden Dimensionen (werden vor der Therapie ermittelt) niedrige Werte erzielen, haben Schwierigkeiten, eine unstrukturierte interpersonale Gruppensituation zu nutzen und brechen eher ab. Umgekehrt gilt aber auch, dass Personen, die in den beiden genannten Dimensionen hohe Werte erzielen, mit allzu strukturierten Gruppenangeboten (um solche wird es sich bei Kurzzeitgruppen meist handeln) eher unterfordert sind bzw. wenig davon profitieren.

Die Bedeutung der Indikationsentscheidung für das Behandlungsergebnis wird drastisch unterstrichen durch eine Literaturübersicht von Eckert (1996d; s. auch Kap. 9): Eckert findet in seiner Übersicht Abbruchraten von bis zu 55%!

Gruppenvorbereitung („pregroup training")

Kaum kontroverse Auffassungen bestehen bezüglich der Vorbereitung der Gruppenmitglieder auf die Gruppenpsychotherapie (Kap. 12): „In allen Arten von Gruppenpsychotherapie wird eine angemessene Vorbereitung als bedeutsam für die Vorbereitung des Gruppenprozesses und des Therapieergebnisses angesehen. Nirgendwo ist dies so wahr wie bei den Kurzzeit-Gruppenpsychotherapien" (Budman u. Mitarb. 1994, S. 325).

Das so genannte Pregroup-Training hat sich als ungemein wertvoll im Hinblick auf die Absenkung der Abbruchraten und die Vermeidung möglicher Fehlindikationen erwiesen (Budman u. Mitarb. 1994; Dies 1993; Kaul und Bednar 1994; Piper und Perrault 1989; Piper u. Mitarb. 1979): Erwartungen von Patienten werden realitätsangepasster, Gruppenmitglieder erhalten Informationen über mögliche Rollen in der zukünftigen Gruppe, es findet eine Entängstigung statt, Kohäsion wird der Weg gebahnt und anderes mehr. Das „Vortraining" von in der Regel 1–3 Sitzungen bahnt quasi den Weg zu einer erfolgreich(er)en Gruppenteilnahme, in dem auch z. B. noch einzelnen Kandidaten im letzten Moment klar werden kann, dass sie möglicherweise aus falschen Erwartungen heraus an einer Gruppenbehandlung teilgenommen hätten.

Komposition

Der Modus der Gruppenzusammensetzung muss sich naturgemäß nach dem gewählten Fokus für die Gruppe richten (Kap. 11). Dieser ist in **Kurzzeittherapiegruppen** ziemlich genau bzw. sogar sehr exakt zu umschreiben. Zumeist handelt es sich um eine Art von **Homogenität** – entweder die Homogenität des Problems (Fokus oder Thema) oder die der Störung von Patienten. Hier besteht ein prinzipieller Unterschied zu **Langzeitgruppen**, in denen in der Regel eine **Heterogenität** angestrebt wird, damit der Gruppenmikrokosmos eine größtmögliche Unterschiedlichkeit zu seiner Entfaltung vorfindet (Yalom 1995). Je kürzer die vorgesehene Behandlungszeit in der Gruppe zu veranschlagen ist, umso mehr ist die diagnostische Homogenität der Gruppe anzustreben: z. B. Gruppen mit Adoleszenten, Gruppen mit Angstkranken, Gruppen mit Personen, die psychische oder körperliche Traumen verarbeiten (z. B. Unfall, schwere Krankheit, Missbrauch/Folter) oder Gruppen mit Menschen, die gerade ein Verlusttrauma erlitten haben (Tod, Trennung oder Scheidung). Solche Gruppen finden schneller zu einem kohäsiven Kern und einer hilfreichen Arbeitsmatrix in der Gruppe („Wir sitzen alle in einem Boot").

Ein Beispiel für eine sehr effektive psychodynamische Arbeit in einer zeitbegrenzten Gruppenpsychotherapie mit einem homogenen Klientel demonstrierten Piper und sein Team in Edmonton/Kanada. Sie behandelten, in einer exakten Begleitforschung dokumentiert, Patienten, die unter Verlusterlebnissen bzw. unter pathologischer Trauer bei Verlusten litten, innerhalb von 15 Sitzungen mit gutem Erfolg (Piper u. Mitarb. 1992). Budman und Mitarb. (1994) erwähnen in ihrer Besprechung der Monographie von Piper und Mitarb., dass die vorgelegten Kasuistiken deutlich machen, dass die Teilnehmer der Gruppe eher sehr verschieden waren, als sich ähnlich. Auch das Stadium der Verlustverarbeitung und die Bewusstheit darüber oder auch die damit verbundenen Affekte wiesen eine große Variationsbreite auf. Trotzdem konnte von den Therapeuten von Beginn an vermittelt werden bzw. die Patienten entdeckten es selbst, dass sie zur Bearbeitung eines gemeinsamen Themas zusammengekommen waren: zur Verarbeitung von Verlusterlebnissen in ihrem Leben.

Eine neuere Arbeit aus der deutschsprachigen Literatur, die über eine geschlossene Kurzzeit-Gruppenpsychotherapie im Rehabilitationsbereich berichtet, ist ebenfalls erwähnenswert (Günther u. Lindner 1999).

Bei Angst- und Depressionssyndromen überlappen sich die zu Grunde liegenden Probleme häufig, so dass es bei dieser Symptomatik möglich ist, die Patienten zusammen in einer Gruppe, unter Umständen auch in einer Kurzzeittherapiegruppe zu behandeln. Sowohl Angst als auch depressive Symptomatik entwickeln sich häufig auf dem Boden von Selbstwertproblemen, die zu einem gemeinsamen Fokus in der Gruppenarbeit führen können. Wichtig ist von Therapeutenseite, von Beginn an diese Ähnlichkeiten in einem gemeinsamen Fokus zu thematisieren, um von Beginn an zu einer kohäsiven Arbeitsmatrix zu gelangen.

Auch Patienten mit Essstörungen werden häufig in homogenen Gruppen behandelt (Harper-Guiffre u. Mitarb. 1992; s. auch Kap. 42). Dies kann zeitbegrenzt geschehen, wenn der relevante Fokus entweder auf das Essverhalten gerichtet wird oder auf das Körperbild; aber auch wenn strukturelle Überlegungen, die mit Selbstwertproblemen zu tun haben, betont werden oder wenn, besonders bei jüngeren Patienten, auf die Familiendynamik fokussiert wird. Auch hier gilt wiederum die Empfehlung bei zeitbegrenztem Arbeiten: Fokussierung von Beginn an auf eine dieser Möglichkeiten.

Fokusbildung

Der Fokus bzw. das Fokussieren dient der Organisation des vielfältigen Materials unter einem jeweils prägnanten Gesichtspunkt. Der Fokus ist also auf einen zentralen Problembereich ausgerichtet, der im Sinne von Variationen eines Grundthemas therapeutisch durchgearbeitet wird. In der Gruppe geschieht dies vornehmlich durch die Belebung des Fokus in der interpersonellen Matrix, wie sie sich im Hier und Jetzt der jeweiligen Gruppensitzung darstellt. Einen erheblichen Anteil zur Varianz trägt auch das Gruppenleiterverhalten bei, da dadurch ein zuvor formulierter Fokus erheblich durch das Übertragungsgeschehen auf die gruppenleitende Person modifiziert wird (Kriebel 1996). Für analytisch orientierte Kurzzeit-Gruppenpsychotherapien ist eine Fokusformulierung empfehlenswert, die ein psychodynamisches Verständnis ermöglicht und nahe am Erleben des Patienten ist. Hilfreich ist auch die Unterscheidung zwischen individuellem Fokus und Gruppenfokus. Bei zeitsensitiven Gruppenpsychotherapien wird der Gruppenfokus zwangsläufig immer wieder Verlust, Ende, Trennung thematisieren müssen.

Rolle und Technik der Gruppenleitung

Der Gruppenleiter, der eine sorgfältige Indikation, Vorbereitung der Gruppenmitglieder und Fokusbestimmung (damit verbunden eine Definition der Gruppenziele) vorgenommen hat, hat bereits das meiste für eine wahrscheinlich gelingende Gruppenerfahrung geleistet, dies gilt insbesondere für die Kurzzeitgruppen (Budman u. Mitarb. 1994). Was aber ist seine Rolle, wenn die Gruppe auf dem Weg ist?

In der Literatur besteht ein vollständiger Konsens darüber, dass der Gruppenleiter eine sehr aktive Rolle in der Kurzzeit-Gruppenpsychotherapie einnehmen sollte (Budman u. Mitarb. 1994; Dies 1994a, b; Koss und Shiang 1994; Tschuschke und Mattke 1997). Unabhängig von diagnostischen Kategorien, sollte der Kurzzeit-Gruppentherapeut unterstützend und dennoch zuweilen direktiv sein. Es werden auch selektive Selbstöffnung und „Modeling" (sich als Lernmodel anbieten) empfohlen (Poey 1985): Für psychodynamisch orientierte Gruppenleiter erhebt sich allerdings die Frage, wie in psychodynamisch oder interpersonell arbeitenden Gruppen mit dem Übertragungskonzept umgegangen wird, wenn der Gruppenleiter so aktiv ist und so viel von sich zeigt (Budman u. Mitarb. 1994).

Zur „Kontraindikation" eines abstinenten Gruppenleiters in Kurzzeitgruppen führt Poey (1985) aus: „Die Angst, die ein solch ambiguitätsförderndes, distanziertes Nichts (leere Fläche) hervorruft, ist unerträglich hoch, wenn sie zusätzlich noch mit einer Krisenatmosphäre gekoppelt wird, die von Beginn an existiert, wenn nämlich die Gruppenmitglieder erkennen, wie viel zu tun ist in einer solch kurzen Zeit. Der Schlüssel für eine erfolgreiche Gruppenarbeit ist eher die unmittelbare Entwicklung eines vertrauensvollen Klimas, geprägt durch Verständnis der Gruppenleiter und Gruppenmitglieder untereinander" (Poey 1985, S. 344).

Dieser klaren Position steht die Auffassung des Edmonton-Projekts mit verlusttraumatisierten Patienten etwas entgegen. Man ist hier – trotz der grundsätzlichen Übereinstimmung bezüglich eines aktiven Gruppenleiters – der Auffassung, dass Übertragungsarbeit ein unverzichtbar zentraler Bestandteil psychodynamischer Kurzzeit-Gruppenpsychotherapie bleiben muss – speziell auch bei Patienten mit Verlusttraumata –, da ein therapeutischer Gewinn aus einer zunehmenden Toleranz gegenüber „frustrierenden" Therapeuteninterventionen (bzw. ausbleibenden Interventionen) bezogen werden kann (Piper u. Mitarb. 1992).

Die Aktivität des Gruppenleiters in Langzeitgruppen kann – und sollte – weniger aktiv sein als in zeitbegrenzten Gruppen. Dies hängt natürlich von der Phase der Gruppe ab, in der sie sich befindet. So kann es in einzelnen Sitzungen indiziert sein, dass der Leiter sich mehr zurückhält, damit die Gruppe Freiräume in der Themen- und Interaktionsentwicklung erhält oder regressive Prozesse mehr gefördert werden. Dennoch ist die klassische analytische Haltung einer rigiden Abstinenz des Gruppenleiters heute – auch in Langzeitgruppen – nicht mehr akzeptabel, weil sie sogar schädlich ist (Malan u. Mitarb. 1976). Hierher gehört auch der Aspekt des Ziels der Leiterinterventionen: Sind es mehr die Individuen in der Gruppe, die Gruppe als Ganzes oder ein „Sowohl-als-auch" im Foulkesschen Sinne? Rigide Gruppe-als-Ganzes-Interventionen führen zu ungünstigen Effekten. Es scheint der Gruppenleiter gut beraten zu sein, der sensibel das Thema der Gruppe – oder die Phase ihrer Entwicklung – erkennt und diese Ebene ansprechen kann, wie er auch zugleich die Individuen mit ihren jeweils spezifischen Problemen und Hintergründen sieht und dies in der Gruppeninteraktion thematisch adressiert, wie dies im Foulkesschen Konzept vorgesehen ist.

Selbst in Langzeitgruppen hat sich gezeigt, dass bei ausreichend zur Verfügung stehender Zeit bzw. bei vielen verfügbaren Sitzungen der initial hohen Aktivität des Gruppenleiters therapeutisch große Bedeutung zukommt. Patienten, die in eine „Mauerblümchenposition" hineingeraten, werden von der Gruppe therapeutisch kaum profitieren, auch wenn sie später, etwa in der zweiten Hälfte der Gruppenlaufzeit aktiver einbezogen werden (MacKenzie und Tschuschke 1993; Tschuschke 1993; Tschuschke u. Mitarb. 1996). Dies könnte daran liegen, dass die frühen Phasen einer Gruppe die Weichen zu stellen scheinen für späteren therapeutischen Nutzen im Rahmen der Behandlung dieser Gruppe.

Folgende sechs Punkte werden als wichtige Modifikationen der therapeutischen Technik in Kurzzeit-Gruppenpsychotherapien – im Vergleich zur Technik in Langzeitgruppen – (Koss und Shiang 1994, S. 672ff) angesehen:

- Aktivität des Gruppenleiters,
- Aufrechterhalten eines Fokus/Themas,
- Therapeutenflexibilität,
- Thematisierung der Beendigung/der Zeitbegrenzung,
- Zeitpunkt der Intervention,
- Deutungstechnik.

Aktivität des Gruppenleiters

Die Kurzzeit-Gruppenpsychotherapie macht – ganz im Unterschied zur Langzeit-Gruppenpsychotherapie – einen sehr aktiven Gruppenleiter erforderlich. Aktiv sein meint
- die Lenkung der Konversation, falls erforderlich,
- das Anstoßen der Explorierung von Bereichen, die in den Blickpunkt des Hier-und-Jetzt-Geschehens der Gruppe geraten,
- das Anbieten von Unterstützung und Anleitung,
- die Formulierung von Plänen,
- Anregung von Hausaufgaben,
- konstruktivere Lebensphilosophien aktiv einbringen bzw. anstoßen,
- wohldosierte und selektive Selbstöffnung des Therapeuten,
- Klima des Vertrauens schaffen,
- Entängstigung,
- Kohäsion fördern.

Die größere Strukturierung durch einen aktiven Leiter soll die schnellere Aufnahme therapeutischer Arbeit in der Gruppe fördern und mit günstigen Effekten in therapeutischen Gruppen zusammenhängen (Kaul und Bednar 1994). Allerdings: Die Strukturierung kann teilweise bereits in den vorbereitenden Gruppensitzungen vorgenommen werden, mit dem Hinweis, dass mit Beginn der eigentlichen therapeutischen Sitzungen der Leitungsstil hinsichtlich der Aktivität zunächst deutlich zurückgenommen werde (insbesondere in psychodynamisch konzipierter Kurzzeit-Gruppenpsychotherapie). Eine solche Deklaration zum Therapeutenverhalten fördert das Diskrepanzerleben der Gruppenteilnehmer zwischen „Seminararbeit" in der Vorbereitungsgruppe versus „Minimalstrukturierung" in der Therapiegruppe. Hier folgen die Autoren eher Piper und Mitarb. (1992), allerdings ohne dabei die oben genannten Überlegungen von Poey (1985) hinsichtlich einer zu stark ängstigenden abstinenten Haltung des Gruppenleiters aus dem Auge zu verlieren.

> Eine optimale Einstellung bei der Leitung von Kurzzeitgruppen wäre etwa: zu Beginn der eigentlichen Therapiesitzungen nicht zu aktiv zu sein, eher eine langsam dem Gruppenprozess angepasste Steigerung in der Aktivität, vor allem im behutsamen Fokussieren auf Fokus und Zeitaspekt.

Aufrechterhalten eines Fokus/Themas

Einige Autoren empfehlen hier sogar, dass der Fokus im Erstinterview festgelegt und dem Patienten als Teil der Behandlung verpflichtend mitgeteilt werden sollte. Andere Kliniker raten von einem zu strikten und engstirnigen Vorgehen in der immer neuen Präsentation des Fokus ab.

Therapeutenflexibilität

Trotz grundsätzlicher Schulengebundenheit auch von Kurzzeit-Gruppenpsychotherapeuten sehen die meisten Autoren Gruppenleitung in diesem Bereich als tendenziell eklektisch im Interventionsstil an, jedenfalls viel eklektischer und flexibler als in der Langzeit-Gruppenpsychotherapieleitung. Bereits Alexander und French (1946) sahen den ersten Schritt zu einer Verkürzung von Psychotherapie darin, dass der Therapeut bei der Anpassung seiner Interventionen an die Erfordernisse der jeweils individuellen Behandlungen flexibler vorgeht.

Thematisierung der Beendigung/ der Zeitbegrenzung

Nicht nur in der Kurzzeit-Gruppenpsychotherapie ist das drohende Ende der Behandlung ein omnipräsenter „Gast" in der Gruppe und sollte deshalb von vornherein explizit von den Gruppenleitern thematisiert und in die therapeutische Arbeit einbezogen werden, schon um eine unbewusste Kollusion zwischen Gruppenmitgliedern und -leitern zu vermeiden (König und Lindner 1991). Dies gilt umso mehr für zeitlich begrenzte Gruppenbehandlungen, die per Zeitbegrenzung definiert sind. Der Aspekt des Therapieendes ist damit inhärenter Teil der Therapie von Beginn an, unabhängig von der expliziten Thematisierung, unabhängig auch vom spezifischen thematischen Fokus. Strupp und Binder (1991, S. 317) äußern dazu: „Unabhängig davon, ob es sich um eine kurze oder lange Therapie handelt, stellt deren Beendigung für den Therapeuten immer besondere Herausforderungen dar. Je nachdem, wie mit diesem äußerst kritischen Moment umgegangen wird, kann die Therapie zum Erfolg oder Misserfolg werden."

Eine generelle Lösung dieses kritischen Punktes jeder Therapie – und insbesondere der Kurzzeit-Gruppenpsychotherapie – kann es nicht geben. Der Rahmen jeder einzelnen Gruppenstunde kann modellhaft für den zeitlich begrenzten Rahmen des gesamten Prozesses stehen. Über diesem Gesamtrahmen kann eine Therapeutenhaltung bzw. „Interventionshaltung" stehen wie: „Lernen Sie die Menschen kennen, von denen Sie sich in 6 Monaten wieder trennen werden." Eine mehr bildhafte Vermittlung dieser Begrenztheit findet man in der Metapher von der Reise fremder Menschen in einem Zugabteil: Menschen, die wissen, dass das Ende der Reise klar und unwiderruflich fest steht und in Sicht ist, fühlen sich vielleicht ermutigt, rascher und intensiver Kontakt aufzunehmen und sich kennenzulernen, d. h., sich zu öffnen und subjektiv etwas Neues zu wagen und sich zu verabschieden mit einer bleibenden Erinnerung an diese gemeinsame Reise. Der Zeitfaktor kann unter dem Gesichtspunkt einer solchen Metapher eher katalytisch als hemmend auf den Gruppenprozess wirken. Im Gegenteil kann die begrenzte Zeit, die zur Verfügung steht, gerade strategisch vom Gruppenleiter genutzt werden. Vor dem Hintergrund der Probleme vieler Patienten in der Psychotherapie sind die Themen Beziehung(saufnahme), Bindung(sfähigkeit) und Trennung bzw. Verlust von Beziehung/Trauer/Abschied **das** Thema der Psychotherapie schlechthin. Mithin bietet sich eine Chance, es unter bewussten Hinweisen auf die begrenzte, zur Verfügung stehende Zeit der Gruppe immer wieder ins Bewusstsein zu bringen, um Ängste um Beziehungsaufnahmewünsche und Angst vor Verlust („Tod", Ende der Gruppe) bearbeitbar zu machen (Tschuschke und Mattke 1997).

Aber auch in Langzeitgruppen ist es eine Conditio sine qua non, das Ende der Gruppenzeit rechtzeitig zu thematisieren (König und Lindner 1991). In Abhängigkeit davon, ob die

Gruppe als eine geschlossen beginnende und endende oder als eine halb offene konzipiert worden ist, wird sich das Thema der **Endlichkeit** (Jaspers 1973) anders in der Gruppe stellen: im ersten Fall wird das ganze System Gruppe beendet (s.o.) und im letzten Fall scheidet ein einzelnes Gruppenmitglied aus, was bewusste oder unbewusste Neidgefühle auf die weiterhin in der Gruppe verbleibenden anderen Gruppenmitglieder provozieren kann (König und Lindner 1991).

Zeitpunkt der Intervention („timing")

Einen Grund für die rapide Entwicklung von kurzzeitigen Psychotherapieangeboten sehen Koss und Shiang (1994) in dem Bemühen, Wartelisten in Kliniken zu reduzieren und mehr Patienten in kürzerer Zeit helfen zu können. Dahinter stecken die berechtigten Annahmen, dass zum einen Therapie dann angeboten werden sollte, wenn sie nachgefragt wird, und dass zum anderen die Motivation des Patienten am besten ist, wenn das Problem am drängendsten erscheint.

Diese generellen Bemerkungen zum „Timing" von Interventionen, gelten mit Einschränkungen auch für den speziellen Fall während einer jeden Kurzzeit-Gruppenintervention. Die Einschränkung besteht in der Aufgabe, eine Balance zu halten zwischen Aktivität und Strukturierung auf der einen Seite und auf der anderen Seite aber Raum zu lassen für Metabolisierung und minimalstrukturierte Phasen im Prozessverlauf.

Deutungstechnik

In der Literatur herrscht Übereinstimmung darüber, dass die kohäsive Entwicklung einer Gruppe, neben der oben genannten Fokusformulierung, außerdem nachhaltig begünstigt wird durch **Gruppe-als-Ganzes-Deutungen** vor individuellen Deutungen. Besonders zu Beginn des Gruppenprozesses einer zeitbegrenzten Therapie wird deshalb angeraten, Gruppendeutungen vor individuellen Deutungen vorzunehmen. Auch wird die Entwicklung eines kohäsiven Gruppenbewusstseins gefördert durch Deutungen, die sich auf das Hier und Jetzt der Gruppeninteraktionen beziehen, mehr als auf Interaktionen, die das Dort und Dann bzw. Damals von Interaktionen außerhalb der Gruppe berücksichtigen (Mattke und Tschuschke 1997). Dies heißt nicht, dass das Individuum nicht individuell adressiert werden sollte, sondern nur, dass das Primat den Gruppendeutungen gehört.

Zusammenfassung und Perspektiven

Es gibt in der Literatur keine exakte zeitliche Definition dessen, was Kurzzeitbehandlung ausmacht (Klein 1993). Die Anzahl der Sitzungen ist das meistgenannte Kriterium neben der Zeitspanne der Behandlung und Sitzungsfrequenz als gleich wichtige Kriterien. Es lässt sich ein Sitzungsumfang von bis zu 25 Sitzungen als statistisches Mittel ausmachen, wobei das gesamte Spektrum von 1 Sitzung bis zu 50 Sitzungen reicht (Klein 1993).

Im Kommentar zu den Psychotherapierichtlinien, die für den Geltungsbereich der BRD Standards, auch hinsichtlich zeitlicher Rahmenbedingungen, definiert haben, wird davon ausgegangen, dass mit 25 Sitzungen einer Kurzzeittherapie in bestimmten Fällen eine ausreichende psychotherapeutische Versorgung zu gewährleisten sei (Faber u. Mitarb. 1999). Die Autoren des Kommentars formulieren: „Die Kurzzeittherapie kann auch als Gruppenpsychotherapie ... zur Anwendung kommen, wenn tiefenpsychologisch fundierte oder verhaltenstherapeutische Maßnahmen bei Krankheit in der Gruppe angezeigt sind" (S. 30).

In einer Befragung von 75 US-Gesundheitsexperten über die Zukunft von Psychotherapie wurde von einer überwältigenden Mehrheit vorhergesagt, dass sich in den nächsten Jahren eine rasch zunehmende Anwendung und Popularität von Kurzzeitbehandlung und Gruppenpsychotherapie abzeichnen werde (Norcross u. Mitarb. 1992). Es ist daher dringend geboten, empirische Belege auch aus dem deutschen Gesundheitsversorgungssystem zu erhalten, unter besonderer Berücksichtigung der Häufigkeit und Wirksamkeit von Kurzzeitbehandlungen mit Gruppenpsychotherapie. Allerdings ist die Forschungslage bisher noch recht dürftig. Die einzige empirische Untersuchung über Wirkungen und Wirkungsweise von Kurzzeit-Gruppenpsychotherapie in der deutschsprachigen Literatur wurde von Pritz (1990) vorgelegt.

Pritz und die Wiener Arbeitsgruppe untersuchten die folgenden drei Kurzzeitgruppensettings im Vergleich zu einer Wartelistenkontrollgruppe: Autogenes Training (AT), progressive Muskelentspannung (PME), analytische Kurzgruppenpsychotherapie (AKG). Die Therapiedosis betrug 10 Sitzungen in 10 Wochen. Verglichen wurden 15 AT-Gruppen (n = 172), 8 PME-Kontrollgruppen (n = 93) und 10 AKG-Gruppen (n = 92) mit einer Wartelistenkontrollgruppe (n = 75). Katamnestisch nachuntersucht wurde nach der Therapiephase von 10 Wochen jeweils nach 10 und 20 Wochen sowie nach 2 Jahren. In der Behandlung mit allen drei Methoden zeigte sich eine statistisch hochsignifikante Besserung der Beschwerden, derentwegen die Patienten die Behandlung aufgesucht hatten. Die Abnahme der Behinderung durch psychosomatische Beschwerden und das Ausmaß des Erreichten bezüglich der psychosomatischen Beschwerdekomplexe wurde in den beiden entspannungstherapeutischen Gruppen als am größten eingeschätzt. Zwar zeigten sich keine Unterschiede zwischen den drei Methoden bezüglich der Besserung von psychischen Problemen, jedoch wurden durch alle drei Behandlungsformen psychische Probleme statistisch hochsignifikant gegenüber der Kontrollgruppe gebessert. Berufliche oder partnerschaftliche Probleme blieben im Ausmaß ihrer gesundheitlichen Einschränkung für die Patienten der PME-Gruppen unverändert. Für die anderen Patienten (AT und AKG) besserten sich diese Probleme während der Behandlung und blieben stabil in der Nachuntersuchung. Pritz (1990, S. 202) fasst zusammen: „Die meisten Patienten gaben eine Besserung ihrer psychischen und körperlichen Beschwerden an, jedoch selten eine völlige Heilung".

Damit wäre der Aspekt angesprochen, inwieweit kurzzeittherapeutische Interventionen ausreichen, um dauerhaft therapeutische Veränderungen zu bewirken oder ob dies eher längeren Zeit-Dosis-Wechselbeziehungen vorbehalten ist? Dies bleibt eine bislang ungeklärte Frage.

Abschließend kann zur Kurzzeit-Gruppenpsychotherapie in ihrer Bedeutung für die zukünftige Versorgung Folgendes skizziert werden:

- Gruppenpsychotherapie – und hier insbesondere Kurzzeit-Gruppenpsychotherapie – sollte vernünftigerweise die bevorzugte Behandlungsform werden in der primären

Indikationsstellung, noch vor einer mittelfristigen bzw. langfristigen psychotherapeutischen Einzelbehandlung, unter der Voraussetzung, dass das gruppentherapeutische Behandlungssetting überhaupt indiziert ist (Kap. 9) und dass der Patient für eine solche Behandlung motiviert ist. Zugespitzt resümiert ließe sich sagen, dass die Interventionsform „Kurzzeit-Gruppenpsychotherapie" einen psychosozialen Rahmen zur Verfügung stellt, in dem die Entscheidungsschritte bzw. Indikationen für jeweils folgende Interventionsformen dynamisch erarbeitet werden könnten (Mattke und Tschuschke 1997). Dies gilt insbesondere, so lange die Forschungslage zur Indikation weiterhin unbefriedigend ist. In vielen Fällen mag eine Kurzzeit-Gruppenpsychotherapie als Therapiemethode auch bereits ausreichend sein. Die Forschungsübersicht ergab allerdings, dass diese Indikationen noch nicht schärfer herausgearbeitet werden konnten (Tschuschke und Mattke 1997).

- Es lässt sich festhalten, dass die Kurzzeit-Gruppenpsychotherapie vor allem bei der Behandlung mit homogener Gruppenzusammensetzung und als geschlossene Gruppe effizient zu sein scheint und zunehmend an Bedeutung gewinnt.
- Das Erleben von Verbundenheit führt bereits in frühen Stadien der Existenz einer Gruppe dazu, dass Gefühle von Isolation und Fremdheit überwunden werden. Die Erfahrung, in einer Gruppe akzeptiert zu sein, ist trotz mitgebrachter gegenteiliger Erlebnisse, Symptome und Verhaltensweisen relativ rasch ein hochwirksames Antidot gegen Demoralisierung. Gruppen geben auch Gelegenheit, anderen zu helfen. Die entsprechenden Erfahrungen altruistischen Einsatzes können das Selbstwertgefühl (insbesondere bei Angstpatienten, bei depressiven Störungen, bei Essstörungen) verstärken. Die Entwicklung des Erlebens von Hoffnung, größerer Selbstbeherrschung und Problemlösungsfähigkeit, das Erleben der Universalität von Leiden sind weitere wichtige, gruppenspezifische Wirkfaktoren (Yalom 1995).
- Die Psychotherapieforschung ist bemüht, objektive Perspektiven des tatsächlich stattfindenden therapeutischen Prozesses mit einzubeziehen (Prozessergebnisforschung) und darüber hinaus katamnestisch Kontrollen der erreichten Effekte nach angemessenen Zeiträumen vorzunehmen. Tschuschke (1993) konnte zeigen, dass auch in Langzeittherapiegruppen (konzipiert für jeweils ca. 80 Sitzungen in 6 Monaten mit 4 Sitzungen/Woche im stationären Kontext) bereits in den ersten 20 Sitzungen die Weichen für den späteren Therapieerfolg gestellt wurden. Gruppenmitglieder, die von Beginn an einen erhöhten emotionalen Bezug zu ihrer Gruppe hatten, waren in der Lage, sich stärker zu öffnen, und erhielten mehr Feedback als die später nicht erfolgreichen Gruppenmitglieder. Sie konnten ein höheres Ausmaß an interpersoneller Arbeit realisieren (Tschuschke 1993). Nicht erfolgreiche Gruppenmitglieder kamen erst in der zweiten Hälfte verstärkt in einen solchen Arbeitsprozess, dann leider ohne wesentlichen Einfluss auf das Therapieergebnis (Tschuschke und Dies 1997).

Aus diesen Forschungsergebnissen kann sowohl für die Kurzzeit- als auch für die Langzeit-Gruppenpsychotherapie festgehalten werden, dass die frühen Therapiephasen in Gruppen eine erhöhte therapeutische Potenz besitzen und von Gruppenleitern noch stärker beachtet und gefördert werden sollten (Tschuschke 1999e; 2000a). Insofern könnten Prozessergebnisforschungen zur Kurzzeit-Gruppenpsychotherapie auch wertvolle Impulse liefern für die Weiterentwicklung der Behandlungstechnik in der Langzeit-Gruppenpsychotherapie.

Eine der ganz wenigen vergleichenden und eine darüber hinaus auch noch methodisch anspruchsvollen Untersuchung zum Vergleich zwischen Kurzzeit- und Langzeit-Gruppenpsychotherapie wurde von Piper u. Mitarb. (1984) mit vergleichbaren Patienten durchgeführt (66% mit einer Neurosediagnose und 30% mit einer milden bis durchschnittlichen Persönlichkeitsstörungsdiagnose im DSM II). Demnach war die Langzeit-Gruppenbehandlung (Durchschnitt: 76 Sitzungen) der Kurzzeit-Gruppenpsychotherapie (Durchschnitt: 22 Sitzungen) überlegen. Obwohl die fiskalisch gesehen ökonomischste Behandlungsform (im Vergleich zur Langzeitgruppe, zur kurzzeitigen Individual- und zur Langzeit-Einzelpsychotherapie) erwies sich die Kurzzeit-Gruppenpsychotherapie als relativ weniger effektiv gegenüber der Langzeit-Gruppenpsychotherapie. Die Autoren verweisen ausdrücklich darauf, dass die Kurzzeit-Gruppenpsychotherapie ihren Patienten signifikante Verbesserungen offerierte und – für sich genommen, auch inklusive katamnestischer Nachuntersuchung nach einem halben Jahr – einen Erfolg darstellte, dass aber im Vergleich deutlich bessere Effekte in der Langzeit-Gruppenpsychotherapie erzielt wurden. Hieraus ergeben sich in der Konsequenz Forderungen nach geeigneten indikativen und prognostischen Kriterien im Vorfeld der Behandlung, um zwischen einer Zuweisung zu einer Langzeit- bzw. Kurzzeitgruppe klarer entscheiden zu können. Beides hat für sich gesehen seine Daseinsberechtigung.

VIII Gruppenpsychotherapie in speziellen Settings

35. Ambulante Gruppenpsychotherapie

H. Hess und V. Tschuschke

Einleitung

Ambulante Psychotherapie ist die Versorgungsform, die nach der Vereinigung Deutschlands in den neuen Bundesländern relativ stärker als zuvor in Erscheinung tritt. Strukturelle Entwicklungen in der ehemaligen DDR konnten sich aufgrund der Veränderung von Gesundheitsstrukturen, insbesondere der schärferen Trennung von ambulanter und stationärer Versorgung, nicht halten. Priorität in der Ambulanz hat hierbei aus fachideologischen, insbesondere aber aus fiskalischen Gründen in der gesamten Bundesrepublik die Einzelpsychotherapie (s. u.), wobei ein wesentliches Potenzial an gruppenpsychotherapeutischen Wirkfaktoren verschenkt wird.

Psychotherapeutische Organisations- und Behandlungsstrukturen in der ehemaligen DDR

Im Jahr 1979 – aus Anlass des 30. Jahrestages der psychotherapeutischen Abteilung des Hauses der Gesundheit Berlin (Leitung seinerzeit Kurt Höck) – wurde mit dem 1. Heft der Berichte „Psychotherapie und Neurosenforschung des Hauses der Gesundheit Berlin" Rückschau gehalten auf die bis dato entwickelte Struktur und die Organisationsform psychotherapeutischer Versorgung im Ostteil der Stadt Berlin.

Sie nimmt Bezug auf die wichtige Rolle dieser Abteilung als geistiger Bewahrer psychotherapeutischer Arbeit im Ostteil der Stadt über den Krieg hinaus, auf die Notwendigkeit des Erhalts und der Weitergabe psychoanalytischen Denkens trotz vielfältiger Auswanderung analytisch ausgebildeter Kollegen und auf die Übernahme der 1949 gegründeten psychologischen Beratungsstelle durch Kurt Höck, einem Schüler der neoanalytischen Schule Schultz-Henckes. Zu dieser Zeit ermöglichte die Übernahme der Beratungsstelle die Gründung einer psychotherapeutischen Abteilung, d. h. durch die Integration in das Haus der Gesundheit als erster Poliklinik Berlins durch die Versicherungsanstalt Berlin (VAB) die Schaffung einer ersten psychotherapeutischen poliklinischen Abteilung. Durch gleiche Wurzeln – sowohl konzeptionell als auch strukturell – stand diese Abteilung anfangs dem 1946 ebenfalls von der VAB gegründeten Zentralinstitut für psychogene Erkrankungen unter Schultz-Hencke im Westteil der Stadt sehr nahe. Diese Abteilung für Psychotherapie im Haus der Gesundheit war die erste und lange Zeit die einzige in Berlin und in der DDR überhaupt. Sie hatte einen hohen Anteil an der Gesamtentwicklung der Psychotherapie in der DDR. (Höck 1979, 1985; Kruska 1979).

Durch die Einbettung in eine große Poliklinik spiegelte sich auch im Krankengut der psychotherapeutischen Patienten die volle Breite psychologischer und psychotherapeutischer Beratungs- und Behandlungsbedürftigkeit wider. Unsere Krankengutanalysen ergaben, dass bei einem Behandlungsdurchlauf von 2500 Patienten/Jahr sich 10% als Irrläufer erwiesen, etwa 75% der Patienten ambulant mit verschiedensten Therapieformen und 12% im Rahmen des ambulant-stationär-ambulanten Fließsystems behandelt wurden. Unter den Patienten fanden sich 23,6% als psychogene Störungen (18,8% Männer, 26,5% Frauen), 23,2% neurotische Entwicklungen (21,9% Männer, 23,8% Frauen), 33,9% Neurosen (35,0% Männer, 33,0% der Frauen), 7,1% fragliche neurotische Störungen, 11,3% psychosomatische Erkrankungen, 1% Borderlinestörungen (Froese und Katzberg 1986).

Im Jahre 1979 – nach 30-jährigem Bestehen – konnte die Abteilung auf vielfältige Entwicklungen zurückschauen, z. B. die Schaffung von drei eigenständigen, integrierten Arbeitsbereichen mit insgesamt 19 Mitarbeitern unter Leitung von Kurt Höck (5 Ärzte, 12 Psychologen, 1 Mathematiker, 1 Ingenieur). Die Bereiche umfassten

- einen **ambulanten diagnostisch-therapeutischen Bereich** mit ca. 50 Neuaufnahmen in der Woche,
- eine **Neurosenklinik** in Berlin-Hirschgarten mit 28 Betten und 230 stationären Behandlungen im Jahr,
- eine **Forschungsgruppe**, in die alle Mitarbeiter mehr oder weniger intensiv einbezogen waren.

Inhaltliches Anliegen war die Schaffung eines abgestuften Systems der Diagnostik und Therapie neurotisch-funktioneller Störungen im Kontext einer Integration der Psychotherapie in die Medizin (Höck 1977). Dabei wurde die Psychotherapie zunehmend unter dem Aspekt sowohl einer Spezial- als auch einer Querschnittsdisziplin betrachtet (Hess u. Mitarb. 1980). Hierzu gehörten Untersuchungen zum Krankengut, zum Neurosenbegriff, zur Ausarbeitung eines differenzierten Behandlungssystems mit der Trennung in eine symptom- und persönlichkeitszentrierte Therapie (z. B. Höck 1971, 1976; Höck und Hess 1978).

Für die Möglichkeit einer **ambulanten psychotherapeutischen Grundversorgung** wurden Standards im Hinblick auf Neurosenscreening, Kurzexploration und autogenes Training als Entspannungsmethode geschaffen und vermittelt.

Im Rahmen der Psychotherapie im engeren Sinne wurde eine therapeutische Differenzierung insbesondere in Abhängigkeit von der Störungsform, der Behandlungsmotivation und Lebenssituation vorgenommen (Höck und Hess 1979; Höck und König 1976).

Hierbei kam vor allem der **ambulanten Psychotherapie** die Aufgabe zu, vorwiegend **symptom- bzw. konfliktzentriert** leichtere Neurosen wie psychogene Störungen und Fixierungen z. B. durch Entspannungsverfahren und Kurzzeittherapie sowohl in Form von Einzel- als auch Gruppenpsychotherapie zu behandeln (Kasten 1989a).

Dem ambulanten Versorgungsbereich oblag damals
- die Durchführung einer ärztlichen Voruntersuchung,
- die Durchführung einer psychotherapeutischen Kurzexploration,
- die Indikationsstellung im Hinblick auf die weitere Behandlung, d. h. Ablehnung bzw. symptomzentrierte Therapie in Form einer Entspannungstherapie (AT-Gruppe),
- die Durchführung einer gesprächstherapeutischen Behandlung,
- die Durchführung einer Verhaltenstherapie,
- die Durchführung einer persönlichkeitszentrierten Therapie, die vorzugsweise als Gruppenpsychotherapie und im Rahmen des ambulant-stationär-ambulanten Fließsystems erfolgte.

Zur symptomzentrierten Therapie bzw. Konfliktbewältigung gehörten:
- Entspannung und Information,
- Konfliktbewältigung bzw. auch konfliktzentrierte Kurztherapie nach Rogers bzw. Tausch,
- Behebung von Defiziten bzgl. sozialer Fertigkeiten, inadäquater Verhaltensweisen, durch Ermutigung, gezieltes Selbstsicherheitstraining mithilfe von Verhaltenstherapie.

Kernstück der **persönlichkeitszentrierten** Therapie wurden die Konzeptualisierung, Erprobung und Objektivierung der Gruppenpsychotherapie sowie ihre Vermittlung (Höck 1977, 1978). Die Indikation bestand vor allem für Neurosen primärer und sekundärer Fehlentwicklung. Hierbei hatte sich die **Ausarbeitung eines ambulant-stationär-ambulanten Fließsystems** sehr bewährt: Ambulant wurde eine Gruppe zusammengestellt, die nach ausführlicher Exploration in 4 Sitzungen im Sinne einer Anwärmphase sich und ihren Therapeuten kennenlernte. Stationär wurde während 6- bis 8-wöchiger Intensivtherapie der Gruppenbildungsprozess angestrebt, wonach die Patienten dann für ein Jahr wöchentlich einmal (90 Minuten) zu einer ambulanten Sitzung zusammenkamen und als arbeitsfähige Gruppe arbeiten konnten (Kneschke 1991). Hieran schloss sich eine systematische katamnestische Nachbehandlung an. Unsere Forschungsergebnisse belegen, dass sich der stationär eingeleitete Behandlungserfolg durch die ambulante Nachphase erheblich verbesserte und konsolidierte (Keßling 1981; Hess 1986, 2001).

Ergebnis der psychotherapeutischen Entwicklung in der DDR insgesamt war zu diesem Zeitpunkt die **Einführung eines Zweitfacharztes für Psychotherapie** sowie die Umwandlung der psychotherapeutischen Abteilung des Hauses der Gesundheit aufgrund ihrer Kompetenz und Ausbildungsaktivitäten in ein Institut für Psychotherapie und Neurosenforschung.

Eine zweite Rückschau erfolgte im Jahr 1989 aufgrund des nun 40-jährigen Bestehens der Abteilung bzw. des Institutes, des 25-jährigen Bestehens der Klinik Hirschgarten und des 10-jährigen Bestehens der Forschungsabteilung (Höck 1986; Seidler 1988b, 1989). Die Reflexionen über die inzwischen erfolgten Veränderungen basieren insbesondere auf der Betrachtung von Krankengutveränderungen.

Untersuchungen an dem „**unausgelesenen**" Berliner Klientel stammen von Höck aus dem Jahre 1958 (Höck 1985), über 1000 Patienten von Kaiser aus dem Jahre 1975 (Kaiser 1978), von Kruska eine zugleich faktorenanalytisch aufgearbeitete Untersuchung an 225 Patienten aus dem Jahre 1978 (Kruska 1982), von Froese und Katzberg an 1061 Patienten aus dem Jahre 1982 (Froese und Katzberg 1986).

Untersuchungen an 625 **stationären** Patienten verschiedenster Psychotherapieabteilungen stammen von Hess u. Mitarb. aus dem Jahre 1976 (Hess u. Mitarb. 1980), es folgte eine sehr differenzierte Analyse über 226 stationär in der Neurosenklinik Hirschgarten Berlin behandelte Patienten aus dem Jahre 1977 (Hess 1986) sowie eine Krankengutserhebung an 105 stationären Patienten der Klinik Haldensleben aus dem Jahre 1993 (unveröff.).

Im Vergleich dieser Untersuchungen (insbesondere Höck zu Froese und Katzberg) zeigte sich eine deutliche Verschiebung des Krankengutes und bereits damals eine notwendige Ergänzung und Differenzierung therapeutischen Herangehens (Seidler und Froese 1986):
- Trotz Zunahme männlicher Bevölkerung um 5% zwischen 1959 und 1984 in der damaligen DDR stieg der Anteil weiblicher Patienten von 49,8% auf 61,7%.
- Der Anteil geschiedener Patienten stieg von 6,5% auf 15,5%, wobei auch hier der Anteil an Frauen überwog. Der Anteil der ledigen und geschiedenen Patienten liegt 1984 bei 38,6% beim Durchschnittsalter von 30 Jahren und damit weit über dem Anteil der Gesamtbevölkerung.
- Bei den jugendlichen Patienten, die auch zahlenmäßig zunahmen, zeigte sich eine nie dagewesene Häufung schizoid-hysterischer Strukturen und die Tendenz zur Zunahme an Borderline-Syndromen.
- Die auslösenden Situationen vor Auftreten der Symptomatik verschoben sich von der beruflichen Problematik (1959: 28,6% bis 1984: 24,7%) zu den Partnerkonflikten (1959: 17,8% bis 1984: 30,4%).
- Demgegenüber hatte sich der Anteil an Familienkonflikten verringert (von 15,8% auf 3,2%), ebenfalls der der Besitzkonflikte (7,8% auf 2,7%).
- Dagegen hatten 1984 Überforderungssituationen leicht zugenommen (1959: 7,5% auf 1984: 11,3%), ebenfalls körperlich-psychische Traumata, häufig im Sinne körperlicher Erkrankungen (1959: 11,9% auf 1984: 15,2%).

Höck reflektiert bereits damals hierüber, dass nicht die größere Klagsamkeit bzw. Doppelbelastung in Beruf und Familie der Frauen vordergründig verantwortlich seien, sondern „dass im konkreten Einzelfall die Problematik wesentlich komplexer und komplizierter ist, dass häufig objektive und subjektive Widersprüche zu den Ansprüchen und Verwirklichungen bestehen, Ambivalenzkonflikte in vielfältigen Versuchungs- und Versagungssituationen im Zusammenhang mit Veränderungswünschen, Emanzipations- und Autonomiebestrebungen, Verantwortungsübernahme, Sicherheit und Geborgenheit usw. auftreten" (Höck 1986, S. 8).

Seidler ergänzt im Hinblick auf das höhere Ausmaß an „Ungebundenen" auch als Trend eine eingeschränkte Gemeinschaftsfähigkeit, Isolierungssituationen usw. Die Zunahme jugendlicher Patienten mit schizoid-hysterischer Struktur im Sinne von Borderline-Syndromen sieht er geprägt durch Selbstisolierung, mangelnde Autonomie, Verantwortlichkeit und Bezogenheit und Lebenseinstellungen in der Weise: „Ich weiß zwar nicht, wer ich bin und wohin ich gehe, aber ich kann die anderen zwingen, mich zu beachten" (Seidler 1989, S. 20 f.).

Sinnentstellung, Sabotage an der eigenen Autonomie bis hin zum Suizid als Ausdruck des Kampfes um das Lebendigsein. Auch die Verschiebung von beruflichen zu partnerschaftlichen Problemen wird von Seidler als soziologisches

Abbild und hier im Sinne des Ausdrucks des Niedergangs der Großfamilie angesehen.

Auf der Grundlage der Krankengutveränderungen erfolgte notwendigerweise eine Differenzierung von Behandlungsformen – in Form von **Spezialgruppen** – nicht nur in dieser Einrichtung, sondern auch in den weiteren ambulanten und stationären psychotherapeutischen Einrichtungen der ehemaligen DDR. Die Leiter dieser Einrichtungen waren durch die Schule der Selbsterfahrungsgruppen (Höck und Hess 1981) sowie der Zweitfacharztausbildung gegangen und etablierten als Schüler von Höck weitere 32 psychotherapeutische Einrichtungen in den ehemals 15 Bezirken.

Zur besonderen Beachtung jugendlicher Problematik erfolgte die Einführung von **Adoleszentengruppen** (Seidler 1988a; Israel und Diehl 1988), von geschlechtsspezifischer Problematik – auch aufgrund des Überhangs von Frauen im Krankengut – die Durchführung von speziellen **Frauengruppen** (Hess 1983; Ecke und Kneschke 1985), z. B. Frauen im mittleren Lebensalter (Ecke 1989), und die Durchführung von **Paargruppenpsychotherapie** (Schwarz und Kruska 1981; Kirchner 1983; Schubring und Wagner 1991). Gruppenpsychotherapeutische Konzepte zur spezifischen Behandlung von **Kindern und Jugendlichen** erarbeiteten Israel (1991) und – im Verbund mit der **Behandlung von Eltern** – Palmer (1991). Zur spezifischen Behandlung von **psychosomatischen Störungen** erfolgte neben der Anwendung von AT-Gruppen (Eckert 1989; König 1973a) bei schwereren Störungen eine Modifikation der Gruppenpsychotherapie bzw. Behandlungskonzepte durch Röder (1988), Jungandreas und Siedt (1989), Kasten (1989b), Venner und Daniel (1988), Venner und Ludwig (1988), Kriegel u. Mitarb. (1988), Scheerer u. Mitarb. (1988). Um die Gruppenpsychotherapie bei **Psychosen** haben sich Ott u. Mitarb. (1983) sowie Ehle und Wahlstab (1988) verdient gemacht, über die **Komplextherapie in der Psychiatrie** berichteten Schwetling u. Mitarb. (1988). Über **Gruppenpsychotherapie bei Alkoholikern** arbeitete Wahlstab (1988).

Eine Modifikation der stationären Therapie (Kneschke 1989) bildeten die **ambulanten Intensivgruppen**. Sie entsprechen teilweise den heutigen teilstationären Behandlungen, sie erfolgten jedoch nur ein bis zwei Wochen hintereinander mit mehreren Gruppenstunden täglich sowie intermittierender Bewegungs- und Maltherapie mit dem angestrebten Ziel gruppendynamischer Arbeitsfähigkeit. Hiernach erfolgte eine Übernahme in eine wöchentlich 90-minütige ambulante Behandlung für über ein Jahr sowie katamnestische Nachbetreuung.

Mit der Entwicklung von Spezialgruppen oblag der Psychotherapie zugleich auch als **Querschnittsdisziplin** der Brückenschlag zu anderen Bereichen der Medizin, um mit Hilfe einer bio-psycho-sozialen Sichtweise insbesondere auf die so genannten „sekundären" Fehlentwicklungen aufmerksam zu machen bzw. um eine „konkrete Untergewichtung psychosozialer Faktoren bei vielen Ärzten beheben zu helfen" (Kruska 1979).

Die Modifikation der Behandlungskonzepte bezog sich vor allem auf die unterschiedliche Bewertung und Beachtung der Vorbereitung zur Psychotherapie, zur Entwicklung eines Verständnisses für Psychotherapie (Karzek und Golombek 1989); insbesondere bei den psychosomatischen Patienten, den Psychotikern sowie den Alkoholikern auf eine erhebliche Verlängerung und Ausdehnung der so genannten **Anwärm-** und insbesondere **Abhängigkeitsphase** im Gruppenprozess. Bei Jugendlichen spielte die Auseinandersetzung mit der Autorität eine wichtige Rolle, bei Frauen im Rahmen der Arbeitsphase insbesondere der inhaltliche Aspekt der Entwicklung zu größerer Autonomie und größerem Selbstverständnis. In der Therapie von Paar- und Elterngruppen war die Beachtung kollusiver Interaktionsmuster und deren Auflösung im Rahmen der Gruppenstrukturbildung sehr wesentlich.

Aktuelle Situation der Psychotherapie in den neuen Bundesländern

Mit der **Einheit Deutschlands**, der **Wende**, erfolgte wiederum eine erhebliche, primär strukturelle Umbruchsituation, da die Integration von ambulanter und stationärer Versorgung sowie Forschung sich im Prinzip nur noch an Universitäten und dort auch nur in erheblich reduziertem Ausmaß verwirklichen ließ.

Alle drei integrativen Teilbereiche trennten sich. Stationäre psychotherapeutische Behandlungen wurden vorwiegend im Rahmen psychiatrischer Institutionen aufrechterhalten und fielen gleichzeitig der erheblichen Bettenreduktion zum Opfer. Die Psychotherapieforschung verlor im Osten ihren hohen eigenständigen Stellenwert und reduzierte sich auf pragmatische Fragestellungen, teilweise noch integriert in Forschungsprojekte der alten Bundesländer. Die ambulante Psychotherapie – insbesondere in ihren unterschiedlichen Modifikationen – kämpfte um kassenärztliche Anerkennung, wobei der zunehmende Rückgang der Punktwerte in der Psychotherapie – insbesondere nach Einführung des Psychotherapeutengesetzes – die **psychotherapeutische Versorgung zunehmend behindert und sogar bedroht**.

Bereits während und mit der Wendezeit – auch als Auswirkung des Systems der DDR – veränderte sich das Krankengut in den neuen Bundesländern und verschoben sich die Proportionen zwischen gruppen- und einzelpsychotherapeutischer Behandlung.

> Die geringere kassenärztliche Bewertung von Gruppenpsychotherapie in der Ambulanz führte – verbunden mit dem Wunsch vieler Patienten und Therapeuten, jetzt individuell viel stärkere Beachtung zu bekommen und subjektiv stärker wahrgenommen zu werden – zu einer sehr erheblichen **Hinwendung zu zeitaufwendigen und kostspieligeren einzelpsychotherapeutischen Sitzungen** und zur relativen Aufgabe eines differenzierten ambulanten Behandlungssystems.

Neben der kassenärztlichen Problematik sind es vor allem noch zwei Kriterien, die derzeit eine kostengünstigere Gruppenpsychotherapie behindern: dies sind die bei Gruppenpsychotherapie bis zu 10fach **häufigeren Primärgutachten** pro therapeutischer Zeiteinheit und die ebenfalls zahlreichen **Verlängerungsanträge** sowie zum anderen eine **fehlende notwendige und erfahrungsgeleitete methodische Flexibilität** des einzelnen Therapeuten, um an der ambulanten Versorgungsbasis differentialdiagnostischen und therapeutischen Erfordernissen gerecht zu werden.

Wie bereits in der ehemaligen DDR so können auch jetzt nach Einführung des Psychotherapeutengesetzes Patienten sowohl auf Überweisung als auch von sich aus psychotherapeutische Hilfe in Anspruch nehmen. Die wöchentlichen Anmeldungen z. B. in Magdeburg – z.Zt. 2–6 pro Woche pro Einzelpraxis – umfassen das gesamte Spektrum psychotherapeutischer Versorgungsnotwendigkeit und damit eine Differenzierung zwischen Beratung, symptomzentrierter bzw. persönlichkeitszentrierter Therapie. Unabhängig von den inhaltlichen Behandlungserfordernissen spielt die soziale und berufliche Situation der Patienten für therapeutische Strategien eine erhebliche Rolle. Hierbei führen im Vergleich zu früher auch die **Angst um ausreichende soziale Absicherung** bzw. die **Möglichkeiten der Ausschöpfung des sozialen Netzes** (z. B. Krankschreibungen bei Arbeitslosigkeit, Kuren, vorzeitige Berentung bzw. wiederholte stationäre psychotherapeutische und somatische Behandlungsversuche) in wesentlich stärkerem Ausmaß als früher zu **Chronifizierung von Krankheit als inadäquater Lösung von Lebensproblemen**. Die Übersichtlichkeit im Behandlungssystem geht durch die weitgehende Selbstbedienungsmentalität sowohl bei Ärzten als auch bei Patienten verloren.

Bei aller Problematik von Stagnation und Verfestigung von Behandlungssystemen – wie z. B. dem Gesundheitssystem der ehemaligen DDR und dem Recht auf individuelle Behandlungsauswahl – gewährten Behandlungssysteme der ehemaligen DDR doch eine mögliche adäquatere Bilanzierung im Kosten-Nutzen-Aufwand, eine Einschränkung unnötiger Odysseen und damit verbundener Chronifizierungen und Leid von Patienten.

Erfahrungen aus der eigenen Niederlassungspraxis für tiefenpsychologische und psychoanalytische Behandlung

Die Erfahrungen (Hess) aus meiner Einzelpraxis lassen sich wie folgt zusammenfassen:
- Es lässt sich im Prinzip eine Vielzahl der Erfahrungen des abgestuften Systems der Diagnostik und Therapie neurotisch-funktioneller Störungen auch in der derzeitigen Ambulanz verwirklichen.
- Das Krankengut hat wiederum eine Veränderung erfahren, die ambulante Flexibilität erfordert.

Zum einen erfolgt – je nach Zusammenarbeit mit bestimmten Fachärzten – eine erweiterte psychosomatische Grundversorgung, die eine spezifische Ausrichtung erfahren kann. Dies sind bei mir z. B. die Behandlungen von Schmerzpatienten sowie Tinnituspatienten einer orthopädischen sowie HNO-Sprechstunde. Zum anderen gelingt eine gewisse störungs- und konfliktzentrierte Differenzierung in der Zusammenstellung von arbeitsfähigen Gruppen. Dabei ist der therapeutische Anspruch unterschiedlich.

Auf der **untersten Versorgungsstufe** haben sich Vorstufen der Gruppenbildung bewährt. Mit der Überführung eines Großteils der Patienten ins Autogene Training unmittelbar nach den anamnestischen Gesprächen erfolgt eine primäre therapeutische **Holding-Funktion**, eine Annahme und ein Entgegenkommen gegenüber der anfangs doch recht labilen Einstellung gegenüber einer Psychotherapie mit notwendiger Veränderung. „Geben" des Therapeuten und Aktivität des Patienten werden im Sinne einer „Anwärmphase" gleichermaßen in Szene gesetzt, wobei die raum-zeitliche Präsenz des Therapeuten bis zur Aufnahme der „eigentlichen" Psychotherapie im engeren Sinne erhalten bleibt.

Für manche Patienten ist diese Therapieform bereits ausreichend. Hierfür wird die **Entspannungstherapie in Form des gruppenmäßig durchgeführten AT** (bis hin zu weiterführender Hypnose bei Einzelfällen) durch einige individuell geführte anamnestisch-diagnostische Gespräche ergänzt. Zielstellung im Rahmen seminarartiger Durchführung des Trainings ist zugleich – auch für Patienten mit psychogenen Reaktionen sowie so genannten Stressreaktionen – die Bewusstmachung psychophysiologischer Zusammenhänge, die Bewusstmachung des Konflikts und der Symptomverstärkung bzw. des Symptoms an sich, das Erlernen von Entspannung sowie die bewusste Veränderung einzelner Lebensgewohnheiten. Das Autogene Training in Gruppenform enthält darüber hinaus die traditionelle Siebfunktion hinsichtlich einer belastenderen, verbindlicheren Gruppenpsychotherapie. Einsatzbereitschaft, Zuverlässigkeit, Eigenengagement, Selbsteinbringung, interaktionelle Fähigkeiten bis hin zu Reflexionsfähigkeiten lassen sich in diesem Kontext beurteilen und erproben. Dem geübten Therapeuten eröffnen sich hier weitere diagnostische Möglichkeiten, insbesondere duch das Gewahrwerden struktureller Aspekte der Persönlichkeit, die eine weitere therapeutische Differenzierung, z. B. zwischen Einzel- und Gruppenpsychotherapie bzw. stationärer Therapie erfordern.

Die ursprüngliche Indikation zur ambulanten Gruppenpsychotherapie war die **Nachbehandlung von gruppenerfahrenen Patienten nach stationärer Psychotherapie**, stationärer psychiatrischer Behandlung bzw. Rehabilitationsbehandlung. Die hauptsächlichen Diagnosen bestanden in depressiven Reaktionen bzw. Neurosen, teilweise verbunden mit Angst und psychosomatischen Beschwerden.

Diese Patienten sind in der Regel zu einer Weiterbehandlung – in Form der Gruppenpsychotherapie – gut motiviert, zeigen Einsatzbereitschaft, kommunikative Fähigkeiten, so dass sich recht bald eine Gruppenstruktur mit einer arbeitsfähigen Kerngruppe herausbildet. Recht bald kann zu der Bearbeitung individueller Problematik des realen Umfeldes übergegangen werden, wobei Hier-und-Jetzt-Aspekte die kommunikative Störung im Arbeitsfeld bzw. der Familiensituation gut erhellen. Das Geschlechterverhältnis in dieser Gruppe beträgt 2:1 Frauen zu Männern. Die Problematik liegt hier vor allem in der Vermischung von beruflichen und privaten Problemen. Beruflich stehen Probleme inkompetenten Sozialverhaltens in neuen Berufsstrukturen bei gleichzeitiger „Ost-West-Vermischung" zur Bearbeitung, wobei vorzugsweise intentionale Gehemmtheiten, dann aber auch aggressive Gehemmtheiten im Sinne von Anspruchs- und Durchsetzungsschwierigkeiten zur Bearbeitung kommen.

Bis auf eine Patientin standen z. B. in einer Gruppe alle im Beruf. Im Laufe der Zeit wurde deutlich, dass die Berufsebene für etliche Patienten eine Kompensation partnerschaftlicher Probleme bedeutete. Durch das Aufbrechen bisheriger, jetzt inkompetenter Verhaltensstrategien geriet auch die Familienstruktur in eine Labilisierung. Es kamen teilweise erhebliche Rollenkonflikte zwischen den Ehepartnern zum Vorschein, übergreifend dann auch im Zusammenhang einerseits mit der Elterngeneration, zum anderen mit den erwachsenen Kindern. Nicht selten zeigten sich auch familiäre Ausgrenzungs- bzw. Akzeptanzprobleme bei Zweitehen. Frühkindlich wurden ungelöste Probleme vor allem aufgrund von Abhängigkeit von der Mutter, Geschwisterrivalitäten sowie mangelnder Einforderung von Akzeptanz eigener Wünsche im familiären Kontext deutlich.

Diese Gruppe wurde über 40 ambulante Stunden von zwei Therapeutinnen als geschlossene Gruppe geführt. Das Alter dieser Patienten lag zwischen 35 und 55 Jahren. Hier mischten sich sehr bald Hic-et-Nunc-Bezüge sowie Konfliktklärungsversuche. Hic-et-Nunc-Bezüge gegenüber den Therapeutinnen konstellierten sich vor allem beim Einfordern von Verbindlichkeiten (auch Bezahlen versäumter Gruppenstunden bei unzureichender Begründung). Diese Rudimente der Auseinandersetzung zeigten immer wieder die fruchtbringende Hic-et-Nunc-Klärung auf, die in ambulanten Gruppen auch auf Grund der Besorgnis vorzeitiger Therapieabbrüche oft zu kurz kommt.

Die Patienten schildern ihren Gewinn vor allem in einer Stabilisierung des stationär begonnenen Behandlungerfolgs, in dem schrittweisen Bewältigen und Verändern ihrer häuslichen und beruflichen Situation, in dem verstärkten Anspruch und der gelungeneren Abgrenzung hinsichtlich eigener Wünsche und Bedürfnisse. Durch die Konstanz der nachstationären Therapie gelangen sie zu einem stabileren Selbstverständnis bzw. einer eindeutigeren Bewertung und Bewältigung von wieder auftretender Symptomatik.

Eine weitere Gruppe war vor allem charakterisiert durch **aktuelle Probleme vorzugsweise beruflicher Ausgrenzung und damit verbundener Selbstwerteinbuße.** Sie zeigte eine erhebliche Altersgipfelverschiebung um ca. 10 Jahre (Altersverteilung zwischen 48 und 58 Jahren; 1:3 Männer zu Frauen), deren psychotherapeutische Behandlung eher selten ist. Auch hier standen depressive Reaktionen sowie Angsterkrankungen einschließlich Panikattacken im Vordergrund der Symptomatik. Fast alle Patienten reagierten zugleich erheblich psychosomatisch. Diese Patienten zeigten sich in ihrer sowohl sozialen als auch psychischen Mobilität und Flexibilität erheblich eingeschränkt und fixiert. Sie kamen mit der Problematik des Verlustes des Arbeitsplatzes und damit der emotionalen Selbstunsicherheit sowie der mangelnden finanziellen Absicherung nicht zurecht. Des Weiteren erfolgte hier eine zwingendere Veränderung von Rollenstrukturen durch das gleichzeitige „Zuhausebleiben" beider Partner und deren erneuter Beziehungs- und Rollenklärung. Im Hinblick auf noch mögliche Arbeit bzw. Arbeitsplatzsuche zeigten sich neben einer deutlichen Anspruchshaltung auch an sich selbst aus früherer Leistungsfähigkeit jetzt Unsicherheiten und Unterlegenheit im Umgang mit technischen und personellen Veränderungen, dies insbesondere gegenüber jüngeren Mitarbeitern. Es zeigten sich weiterhin Unsicherheiten und erhebliche Ängste bei der Bemühung um neue Arbeit, Umschulung bzw. Arbeitsbeschaffungsmaßnahmen durch Nachlassen geistiger und körperlicher Leistungsfähigkeit und Flexibilität und damit verbundener Angst vor Kränkung und Demütigung. Auch hier kommen hinter den beruflichen Schwierigkeiten zum späteren Zeitpunkt tiefer liegende Konflikte in der Partnerschaft bzw. Familie zum Vorschein, deren Bearbeitung im höheren Lebensalter sowie bei der Verschiebung auf die beruflichen Schwierigkeiten nur schwer angehbar ist.

Diese offene, mit einer Kotherapeutin in Ausbildung geführte Gruppe erlebte vordergründig eine starke Schicksalsgemeinschaft mit Projektionen auf die ungerechte Welt. Als **Wirkfaktoren** nach Yalom (Yalom 1974; Eckert u. Mitarb. 1981) kamen vor allem Identifikation, Akzeptieren von Leid, Lernen durch Ratschläge, dann aber auch Altruismus, Erkennen von Konflikten, Akzeptieren von Eigenständigkeit und Entwicklung von Hoffnung zum Tragen. Andererseits erlebte die Gruppe eine erhebliche Instabilität aufgrund der Tendenz der Patienten, durch Lösungen – sowohl positiver als auch problematischer Art (Wiederaufnahme von Arbeit, medikamentöse Behandlung, Verschickung zur Kur, Inanspruchnahme von häufigeren Urlauben, Rentenbegehren bzw. endgültiger Berentung) – aus dem Gruppenverband vorübergehend oder komplett auszuscheiden. Die „Therapieerfolge" zu diesem Zeitpunkt sind bei „regressiven Lösungen" nur vorübergehend. Die Gruppe bietet hier eher die Möglichkeit eines Refugiums in Zeiten der Not und hat damit in der Auffangfunktion sicher auch eine schützende Funktion. Umstrukturierungen im Sinne von Einstellungsänderung gegenüber der Situation und insbesondere dem individuellen Anspruch an Beruf und Partnerschaft gelingen seltener. Patienten, die in den Beruf zurückfinden, erreichen hingegen annähernd ihre ehemalige „Standfestigkeit", dürften aber bei den nächsten Veränderungen wieder vorwiegend psychosomatisch reagieren.

Die Gruppenführung bleibt leiterzentriert, die Gruppe kommt über die Anwärm- und Abhängigkeitsphase nicht hinaus. Mit zunehmender Gruppendauer bildete sich jedoch ein Gruppenkern heraus, der über spekulativ-rationale Interaktionsstile nach der Hill-Matrix durchaus konfrontativ miteinander umging und Mut zur Veränderung bzw. zum Risiko involvierte (Höck und Hess 1982). Als Therapeut kommt einem schließlich noch Beraterfunktion zu, eine echte Eigenständigkeit der Gruppe wird nicht erreicht. Die Aufgabe für den Therapeuten bleibt zunehmend eine gruppendynamische, nämlich neue Gruppenmitglieder in die Gruppe zu integrieren sowie Rollen des schwarzen Schafs durch Ausgrenzungsversuche Einzelner zu unterbinden.

Ein weiteres Klientel ambulanter Gruppenpatienten bilden **junge Patienten mit Angst- und Panikattacken** (1:4 Männer zu Frauen, 25–30-jährig, zur Hälfte von ihren Hausärzten arbeitsunfähig geschrieben). Auch diese wurden wegen der relativen Homogenität des Symptombildes zusammengefasst, wobei es sich als glücklich erwies, dass – neben dem **Kernkonflikt notwendiger Auseinandersetzung mit den Müttern** – die aggressive Gehemmtheit nicht durchgängig als strukturelle Komponente dominierte, sondern auch in Form mangelnder Impulskontrolle in Erscheinung trat. Die Gemeinsamkeit einer ödipalen Problematik – deutlich in der Schwierigkeit der Generationsauseinandersetzung mit dem eigenen Geschlecht – ließ eine gute schicksalsanteilige Verbundenheit mit entsprechender Unterstützung in Phantasie und Verhalten der oft als stark übergriffig geschilderten gleichgeschlechtlichen Elternteile entstehen. Dies bewirkte zugleich eine Sensibilität und einen Zusammenschluss im Umgang mit der Therapeutin, der gegenüber die Gruppe sich mehrfach abgrenzte, absetzte und so eigene Autonomie einforderte. Die Interaktionsstile untereinander wurden zunehmend auch konfrontativ, klärender, ermutigender. Die anfangs erhebliche Gemeinsamkeit fördernden, latent aggressiven Ausweichtendenzen „sich brüsten, kichern, lachen" gegenüber Verhaltensweisen Erwachsener gingen zunehmend zurück und wichen einer ernsthaften Arbeitsweise. Schwierig in dieser Gruppenkonstellation ist möglicherweise das Fehlen eines männlichen Kotherapeuten, der eine stärkere Triangulierung begünstigen könnte. Positiv im Gruppenkontext ist das anfangs eingeforderte, dann als Gruppennorm installierte Bemühen um aktive Überwindung und Relativierung von Panikattacken. Die Auseinandersetzung mit Müttern bzw. Vätern blieb vorerst auf abgrenzendem Niveau, eine Kompromissbildung gelang vorerst noch nicht. Die aggressive Gehemmtheit konnte bei zunehmendem Verzicht auf das „steuernde Objekt" deutlicher bearbeitet und angegangen werden.

Als Wirkmechanismen spielen hier die Identifikation von gleichermaßen Leidenden (Universalität des Leidens) und damit eine Relativierung des Symptomatik als Gefühl sozialer Selbstausgrenzung eine erhebliche Rolle, weiterhin das Lernen durch Ratschläge untereinander im Sinne gegenseitiger Unterstützung, aber dann auch durch Feedback, das Erfahren von Offenheit, von Kohäsion und zunehmendem Erkennen von Konflikten (Eckert u. Mitarb. 1981; Tschuschke 1990). Die Gefahr sekundären Krankheitsgewinns ist bei dieser Symptomatik sehr groß (König 1973b; Hess und Kasten 1984).

Eine vierte Problematik spiegelt im Vergleich hierzu eine **Frauengruppe mittleren Lebensalters**, die **Mütter**, wider, die neben ihren psychosomatischen Beschwerden (Schmerzzustände verschiedenster Art) wegen einer Konfliktthematik der Ablösung von den Kindern die Therapie aufsuchen. Symptomatisch stehen auch hier depressive Reaktionen verbunden mit multiplen körperlichen Beschwerden im Vordergrund. Charakteristisch für diese Frauen ist, dass sie zumeist eine zweite Ehe oder Partnerschaft eingegangen waren, zwischenzeitlich jedoch eine sehr enge, teils symbiotisch nahe Beziehung zu ihrem Kind, meist einem Sohn, eingegangen waren. Schwierigkeiten bestanden in der Gestaltung einer Partnerschaft, die das nicht väterliche Kind mit einbeziehen sollte bzw. – reziprok im Verhältnis zur vorhergehenden Gruppe – im Akzeptieren der Loslösung des Jugendlichen und dessen „unmöglicher, provozierender Partnerschaft", die den eigenen Idealen und Erwartungen so ganz widersprach. In der Auflösung dieser Beziehungen wurden bei den Frauen vor allem ich-strukturelle Defizite deutlich, die insbesondere die Nähe-Distanz-Regulation in der neuen Beziehung erschwerte. Diese Defizite gingen teilweise auf schmerzliche Erfahrungen mit der Ursprungsfamilie bzw. Mutter zurück, deren Verhältnis zueinander sehr ambivalent geblieben war.

Diese geschlossene mit einer Kotherapeutin in Ausbildung geführte Gruppe (Altersverteilung von 30–50 Jahren, alle berufstätig) erreichte – nach Abbruch von zwei Patientinnen, die das Zu-kurz-gekommen-sein sowohl durch die Therapeutin (Gruppen- statt Einzelpsychotherapie) als auch bei der eigenen Mutter nicht direkt ansprechen bzw. verwinden konnten – eine sehr offene Arbeitsphase, in der über Enttäuschungen, Sehnsüchte, Insuffizienzen, Rache- und Wutgefühle – bis hin zu Problemen der Intimität etc. gesprochen werden konnte und gleichzeitig die Abgrenzung der jugendlichen Kinder bei gleichzeitig zunehmender eigener Autonomie aushaltbar war.

Die Gruppe erreichte Arbeitsfähigkeit mit allen Merkmalen entsprechender Interaktionsstile, insbesondere der Zunahme von Konfrontation und des Persönlichen nach Hill (Höck und Hess 1982). An Wirkmechanismen (Tschuschke 1990; s. auch Kap. 23) kamen hier auch Faktoren der Katharsis, des Erfahrens von Offenheit, der Kohäsion, des interpersonalen Lernens (Input und Output) sowie Einsicht zum Tragen. Zugleich dürfte die Gruppe als Gruppenverband eine Restituierung frühkindlich vermisster Geborgenheit ermöglicht haben.

Insgesamt wurden in meiner Praxis von 70 Behandlungsfällen ca. 40 in den geschilderten 4 Kleingruppen und weitere 12 Patienten mit Autogenem Training behandelt. In die stationäre Psychotherapie überwiesen – bzw. in Einzelbehandlung übernommen – wurden Patientinnen mit Essstörungen sowohl im Sinne der **Magersucht** als auch der **Bulimie** oder **Fettsucht**. Obwohl diese Patientinnen im Krankengut jetzt neben den frühen Störungen einschließlich **Borderlinestörungen** eine **erhebliche bzw. deutlichere Rolle spielen**, erweisen sich die ambulanten Möglichkeiten eines niedergelassenen Psychotherapeuten im Hinblick auf eine gruppenpsychotherapeutische Konzeption hierfür meines Erachtens als zu begrenzt bzw. emotional zu fordernd. Ähnliches gilt für mich für die Behandlung von frühen Störungen im Rahmen eines ambulanten gruppenpsychotherapeutischen Kontextes. Der Versuch einer Kleingruppenbildung von Patienten früher Störungen war durch deren primäre narzisstische Störung unüberwindbar. Vor allem erwies sich das Interesse an Kohäsion als ausgesprochen mangelhaft und die Intentionalität nur auf mich als Therapeutin gerichtet. Nach den Kategorien von Hill entsprach der Interaktionsstil den Vorformen der Kommunikation in Form von Frage-Antwort-Verhalten, wie er auch für Psychotiker beschrieben wird.

Das Modell der ambulanten psychotherapeutischen Intensivgruppen (Seidler und Ecke unveröff.) erscheint konzeptionell recht gelungen, da es insbesondere zu Beginn den Gruppenbildungsprozess recht beschleunigt. Es wäre für die Effektivität und Intensivierung ambulanten gruppenpsychotherapeutischen Arbeitens sehr zweckmäßig. Abgesehen von der kapazitätsmäßigen Intensität und Organisation der gesamten ambulanten Sprechstunde eines einzeln arbeitenden Psychotherapeuten ist diese Therapiemodifikation kassenmäßig nicht abrechenbar.

Zusammenfassung

Mit der Vereinigung der beiden deutschen Staaten haben sich auch das Krankengut und die ambulanten psychotherapeutischen Versorgungsstrukturen in den neuen Bundesländern verändert. Obwohl neuere, exakte Analysen fehlen, liegt aus der ambulanten Praxis die Annahme nahe, dass Umbrüche in der gesellschaftlichen Struktur sich erheblich auf Art und Häufigkeit des psychotherapeutischen Krankengutes niederschlagen:

- einerseits in Form zunehmender Somatisierung in Konfliktsituationen,
- andererseits in stärkeren Umbrüchen hinsichtlich des beruflichen und familiären Lebens.

Inadäquate berufliche Bewältigungsstrukturen sind in gleicher Weise zu beobachten wie die Hilflosigkeit gegenüber den Umbrüchen und der Werteverschiebung zwischen den Generationen in den Familienstrukturen. Jugendliche wehren sich innerlich stärker als die Generationen zuvor gegen elterliche Erwartungen, Bevormundung und „Übergriffe" im weitesten Sinne bis hin zur Negierung eigenen Wachstums. Während die Elterngeneration sich noch dem Zugriff der familiengebundeneren Großeltern verpflichtet fühlt und teilweise unter Stressreaktionen, psychosomatischen Exazerbationen deren erlebten Ansprüchen gerecht zu werden versucht bzw. bei Abgrenzungsversuchen mit Schuldgefühlen reagiert. Autonomie- und Individuationsprobleme spielen sowohl in der Jugend- als auch Elterngeneration eine erhebliche Rolle. Verklammerungen und extreme Loslösungsprobleme bestehen dabei bei Patienten mit deutlichen Defiziten aus der eigenen Kindheit mit mangelnder narzisstischer Zufuhr.

Die ambulante Psychotherapie kann einen Großteil der Behandlungsnotwendigkeit abdecken, wobei über 60% der in der ambulanten Praxis erscheinenden Patienten sich meines Erachtens für eine gruppenpsychotherapeutische Behandlung unterschiedlichster Art eignen. Eine Reduktion ambulanter Behandlung auf die vorwiegende, verwaltungsgünstigere Einzelpsychotherapie im Sinne der Spezialdisziplin wird dem großen Bedarf an Psychotherapie im Grenzbereich zur Medizin, im Sinne einer notwendigen Querschnittsdisziplin, nicht gerecht. Für die persönlichkeitszentrierte Therapie sollten auch übergreifende integrative Versorgungsstrukturen – im Sinne ambulant-stationär-ambulanter Fließsysteme – wieder angedacht werden.

Situation der ambulanten Gruppenpsychotherapie in Deutschland

Der in den neuen Bundesländern nach der Vereinigung als drastisch erlebten Wendung von einer weitverbreiteten Kultur gruppenpsychotherapeutischer Versorgung hin zur Einzelpsychotherapie stand in den alten Bundesländern bereits vor der Vereinigung eine wesentlich geringere Inanspruchnahme an gruppenpsychotherapeutischer Behandlung gegenüber. Fast zeitgleich mit der Wende – seit 1987 – erlebt die Gruppenpsychotherapie einen Niedergang ihrer Bedeutung in der psychotherapeutischen Versorgung, der bereits weiter oben angesprochen und nachfolgend noch weiter beleuchtet werden soll, vor allem die Gründe für diese Entwicklung.

Sehr erstaunlich ist die vollständig konträre Situation der ambulanten und stationären Gruppenpsychotherapien in Deutschland. Während im stationären Bereich **das** Setting psychotherapeutischer Behandlung die Gruppe ist (Tress u. Mitarb. 2000; Vandieken u. Mitarb. 1998; Kap. 36), droht die Gruppenpsychotherapie als Behandlungsform im ambulanten Bereich derzeit in Deutschland auszusterben (Enke 1998).

Der **Rückgang der Praktizierung ambulanter Gruppenpsychotherapie** – dokumentiert in der rapide zurückgehenden Zahl von abgerechneten Leistungshäufigkeiten (Enke 1998) – trifft sowohl verhaltenstherapeutische als auch tiefenpsychologisch fundierte und analytische Gruppenpsychotherapie seit 1987 gleichermaßen. Die ursprünglich 1967 festgelegte Tendenz, Gruppenpsychotherapie hälftig wie Einzelpsychotherapie zu bezahlen, hat sich seit 1987 besonders ungünstig ausgewirkt. Seitdem ist eine eklatante Verschlechterung der Honorarsituation zu verzeichnen, zunächst durch eine relative Verringerung der für die Kassenleistungen berechneten Punktzahlen und den zusätzlich noch verfallenden Punktwerten. Hinzu tritt noch der erheblich höhere Aufwand für die Zusammensetzung einer Gruppe, die Durchführung derselben (Protokollierungen müssen nach den Sitzungen erfolgen), das Schreiben des Antragsberichts bei Verlängerung einer Gruppe oder die erforderliche Häufung der Anträge bei Konstituierung einer neuen Gruppe usw.

Lohnt sich also für den/die Praktiker die Durchführung einer Gruppenpsychotherapie in eigener ambulanter Praxis überhaupt noch? Enke (1998, S. 68) findet dazu drastische Worte: „Lohnt sich Gruppentherapie, wenn ich in der gleichen Zeit Einzeltherapie mache? Das lässt sich leicht berechnen: 1968 lohnte sich Gruppenpsychotherapie gerade noch, heute lohnt sie sich nicht mehr."

Was wir derzeit in den ambulanten kassenärztlichen bzw. -psychologischen Versorgungsstrukturen im Bereich Psychotherapie feststellen müssen, ist ein fast vollständiges Überschwenken auf die einzelpsychotherapeutische Versorgung, die nachweislich kostspieliger ist (Heinzel u. Mitarb. 1998). Sie leistet darüber hinaus gesellschaftlichen Strukturen Vorschub, die wir alle nicht gutheißen können, nämlich einer **weiteren Individualisierung**. Eine ökonomische und sehr wirksame Form psychotherapeutischer Behandlung droht allein auf Grund als skandalös zu bezeichnender Strukturen unseres Kassenleistungssystems von der Landkarte getilgt zu werden.

„Die im Jahre 1995 [insgesamt, für alle Verfahren] erbrachten 8,6% Gruppenleistungen im Vergleich zu Einzelleistungen wurden von Idealisten erbracht. Ich habe auch noch den Prozentwert des Kostenanteils der Gruppentherapie ausgerechnet: 2,9%. Eine ganz einfache Rechnung ergibt, dass, wenn man die Honorare für Gruppentherapie um 50% erhöhen würde, Gruppenpsychotherapie immer noch wesentlich ökonomischer, kostensparender bliebe als Einzelpsychotherapie.

Ich denke, im Zeitalter der Kostendämpfungs-Devise im Gesundheitswesen und der permanenten, endlosen Strukturgesetz-Geberei kann man es schon als skandalös bezeichnen, wenn im Bereich der ambulanten psychotherapeutischen Versorgung systematisch und ohne dass bisher ein Ende in Sicht ist, gegen die Gebote von Wirtschaftlichkeit, Zweckmäßigkeit und Notwendigkeit verstoßen wird. Ich weiß nicht, ob die Verantwortlichen dies nicht wissen, nicht wissen können oder nicht wissen wollen" (Enke 1998, S. 69).

Historische Entwicklung

Die Frage, warum Gruppenpsychotherapie überhaupt geringer in der Honorierung eingestuft worden ist – 1967 bei der erstmaligen Kassenanerkennung der Psychotherapie –, wurde von Heigl-Evers und Gfäller gestellt: „wie es zu verstehen ist, dass einerseits die Gruppenpsychotherapie als der Einzeltherapie gleichwertig betrachtet wird, hinsichtlich ihrer praktischen Ausführungsmöglichkeiten jedoch eine deutliche Unterbewertung erfährt."

Die Gründe hierfür wurzeln in **historischen Entwicklungen**, die weit in die erste Hälfte des 20. Jahrhunderts zurückreichen. Die Last der Erfahrung des zweiten Weltkriegs mit den einhergehenden Schuldgefühlen in Deutschland bewirkten ein einzigartiges gesellschaftliches Klima, das für viele Entwicklungen auf der gesellschaftlichen Beziehungsebene grundlegend ist, ohne dass dies gemeinhin weiten Kreisen der Bevölkerung jemals bewusst geworden ist.

Richter (1999) hat diese typisch bundesdeutschen gesellschaftlichen Grundströmungen in einem bemerkenswerten Vortrag auf dem 13. internationalen Kongress für Gruppenpsychotherapie der „International Association of Group Psychotherapy (IAGP)" in London im August 1998, der in der Fachzeitschrift „Gruppenpsychotherapie und Gruppendynamik" nachzulesen ist, zusammengefasst. Demnach kam zu dem in den 60er und 70er Jahren aufkommenden internationalen Interesse für soziale und Gruppenphänomene (Gruppentherapie, Gruppendynamik, Experimente mit Gruppen der verschiedensten Art) in Westdeutschland ein besonderer **politischer** Akzent hinzu.

„Die Gruppe wurde zu einem gesuchten Organisationsmodell, mit dessen Hilfe sich die protestierende Jugend von der in die Nazigeschichte verwickelten älteren Generation bzw. von deren verschwiegener Erblast befreien wollte. Die Gruppe trat als *neue Lebensform* auf, in der man das Zusammenleben zwischen den Geschlechtern, zwischen Eltern und Kindern, zwischen unterschiedlichen sozialen Klassen von Unterdrückung befreien wollte. ... Gruppe, das bedeutete damals in der Tat für viele engagierte junge Leute mehr als ein beliebiger Zusammenschluss von Menschen, sondern das visionäre Projekt einer solidarischen Gesellschaft im Mikroformat – ohne Unterdrückung, ohne Ausgrenzung. Sie war als eine Werkstatt gedacht, in der man eben diese Qualitäten miteinander erlernen und realisieren wollte" (Richter 1999, S. 176).

Die Jugend hatte es Ende der 60er Jahre mit einer Elterngeneration zu tun gehabt, die sich auf eine erstaunliche Weise von der Hitler-Katastrophe erholt zu haben schien. Die Identifikation mit sowie die Übernahme von amerikanischen Werten war Hand in Hand gegangen mit dem gemeinsamen Feind im Osten, was zu einer scheinbaren Emanzipation geführt hatte, allerdings ohne wirkliche Bearbeitung/Bewältigung vergangener Schuld. Die Rebellion der 68er hatte durch das „verschwiegene Schulderbe" der Elterngeneration zu einer speziellen psychologischen Brisanz beigetragen. Die Identifikation mit dem großen Bruder Amerika – auf diese Weise erneut eine neue, zwar unvergleichlich bessere, „Hörigkeitsbindung" eingehend – hatte zu einem tief verwurzelten **Antiautoritarismus** geführt, so dass der Kampf „allen Formen von offener oder verschleierter Unterdrückung, in denen man fortlebende Spuren der Nazi-Diktatur witterte" (Richter 1999, S. 177), galt.

Ein großer Teil der Jugend dagegen hatte nach einer konstruktiven Alternative gesucht, die **Solidarität** geheißen hatte: „Diese wollte man in neuen *Gruppen-Modellen* ausprobieren. Mit Solidarität meinte man eine Form der Gemeinschaft mit Empathie, mit wechselseitiger Unterstützung, ohne Ausbeutung Schwächerer, ohne Stigmatisierung Andersdenkender oder Fremder, ohne Missbrauch von Macht. So lautete jedenfalls das Prinzip, an dem sich Tausende von neugebildeten politischen oder halbpolitischen Gruppierungen orientierten. Auch in den sich rasch verbreitenden *Wohngemeinschaften* von Studenten regierte diese Leitvorstellung.

Ein anderes Gruppenmodell, das bald hunderte von Malen kopiert wurde, nannte sich *Kinderladen*" (Richter 1999, S. 177).

Weitere gruppenbasierte Aktivitäten bezogen sich nach Richter auf politisch motivierte Durchsetzungsintentionen wie z. B. **sozial aktive Initiativgruppen**, die u.a. die politische Vergangenheit von Hochschulprofessoren durchleuchteten.

Es ist also keineswegs weit hergeholt, wenn Enke davon spricht, dass bei der Einführung der Psychotherapie in die Kassenleistung 1967 auf Seiten der Gruppenskeptiker eine „große Allianz" bestanden hatte, die ihre Wurzeln in der „Angst aller Konservativen vor der 1968er-Bewegung" (Enke) hatte. Die sozialistisch-kommunistische Grundströmung der 68er-Bewegung favorisierte quasi das „Kollektiv", mithin die **Gruppe als die Lebensform**, was sich dann in einer Gegenbewegung zur Gruppenpsychotherapie im Rahmen der Kassenanerkennung niederschlug.

„Die Grundlage dafür war die Angst aller Konservativen vor der 68er-Bewegung. Die Gruppenwoge jener Zeit wurde als deren Bestandteil gesehen und sowohl die Funktionäre der Krankenkassen und der KBV als auch die ordentlichen Psychoanalytiker, die das Beratergremium dominierten, waren (und sind auch noch weithin) Konservative. Aus ganz unterschiedlichen speziellen Motiven heraus zogen die ordentlichen Psychoanalytiker und die Vertreter des Kassensystems an einem Strang: Die Kassenvertreter fürchteten – seinerzeit sogar mit Recht – einen Missbrauch der Gruppenpsychotherapie, besonders im Falle der Kombinationsermöglichung mit Einzeltherapie zur Profitmaximierung in den großen psychiatrischen Praxen (alle Patientinnen und Patienten kämen dann eben *auch* in eine Gruppe). Die ordentlichen Psychoanalytiker fürchteten um die reine Lehre (mit der Formulierung ‚ordentliche' Psychoanalytiker umschiffe ich das Adjektiv ‚orthodox'. In anderem Zusammenhang hat Günther Bittner von Freuds „unordentlichen Kindern' gesprochen. Die ausdrücklich Gruppen-Orientierten gelten als ‚unordentliche Kinder' – und wir sind es wohl auch).

Die Folgen dieser Ausgangslage sind in den Psychotherapie-Richtlinien bis heute perpetuiert. Eine grundlegende Überarbeitung der Richtlinien für den Bereich der psychoanalytisch begründeten Verfahren hat nicht stattgefunden. Diese grundlegende Überarbeitung wurde allerdings jetzt für die nahe Zukunft angekündigt" (Enke 1998, S. 73).

Der seinerzeit noch in etwa nachvollziehbare Skeptizismus gegen die Psychotherapie in Gruppen – eben auf Grund der damaligen politischen Situation – hat heute keine rationale Grundlage mehr. Gruppenpsychotherapie ist längst ein Eckpfeiler der psychotherapeutischen Versorgungslandschaft geworden, ganz besonders erkenntlich an ihrem hohen Stellenwert im stationären Versorgungsbereich. Niemand käme wohl mehr auf die Idee, dass in Therapiegruppen eine ideologische Indoktrination stattfinden würde. Tatsächlich sind ja der hohe Stellenwert und die psychotherapeutische Wirksamkeit der Gruppenbehandlung im Wesentlichen im internationalen Bereich dokumentiert worden, in den USA und in Kanada. Dass diese Länder für verkappte sozialistische Intentionen und somit politisch-ideologische Motive stehen könnten, wenn dort die ökonomische und klinische Bedeutung der Gruppenpsychotherapie hervorgehoben wird, wird hierzulande wohl niemandem in den Sinn kommen können.

Die Politisierung des Sozialaggregats Gruppe war eine historisch nachvollziehbare Entwicklung mit einigem zeitlichen Abstand zur Erfahrung der beiden Weltkriege in einer weltweit zu beobachtenden Umbruchszeit seit Ende der 60er Jahre. In Deutschland kam die spezifische unbewältigte Schuldproblematik mit dem verschärften Generationenkonflikt hinzu, der eine Abkehr der jungen Generation von den Glaubens-, Wertesystemen und Lebensformen der älteren mit sich brachte. Die Flucht aus der Familie in die soziale Gruppe war die Folge.

Die Gegenbewegung auf gesellschaftlicher Ebene wurde in den 80er Jahren wieder stärker. Die Aufbruchstimmung wurde nach Richter durch die atomare Bedrohung und den Kalten Krieg verscheucht.

„An die Stelle der Hoffnung nach gemeinsamer Emanzipation in Gruppenprojekten trat das Interesse an stärkerer *Individualisierung*. Das Lernziel hieß bald *nicht mehr Solidarität*, sondern neuerdings individuelle *Selbstverwirklichung*. Nicht *mehr*, sondern *weniger* soziale Nähe schien den narzisstischen Bedürfnissen am zuträglichsten" (Richter 1999, S. 178 f.).

Untersuchungen zur Veränderung des sozialpsychologischen Klimas bestätigten zwischen 1968, über 1975, 1989 bis 1994 den Trend: *„Rückzug aus engen Bindungen, wachsenden Egozentrismus, Abkühlung der Gefühle*, speziell des sorgenden *Mitfühlens* mit anderen Menschen" (Richter 1999, S. 179).

Richter sieht auf fachlicher Ebene gleichzeitig den Trend in der psychoanalyseinternen Diskussion, sich auf das Individuum und das Selbst zu konzentrieren, wobei Kohut (1973, 1979) der Wegweiser in Richtung „Narzissmus" und „Selbstpsychologie" gewesen sei.

„Der Mainstream der Psychoanalytiker folgte dem Rat Kohuts, sich von der Sozialpsychologie abzuwenden und allein das Geschehen innerhalb des individuellen psychischen Apparats zu betrachten. Jedenfalls entsprach diese Wendung dem neuen Zeitgeist mit seinem Kult des Ego und dem Rückzug aus den großen sozialen Utopien. In den Schatten vorläufig zurückgedrängt wurde das alternative Menschenbild, das Elias (1976) und zum Teil auch Erikson (1957) vertraten. Dieses beinhaltet das Bild eines Geflechts von Menschen, die nicht mit einer abgekapselten Innenwelt nebeneinander leben, sondern zeitlebens aufeinander ausgerichtet und aufeinander angewiesen sind. Erikson sprach von der ‚Welt der Partizipation'. Auch ich selbst konnte nicht davon abgehen, diese Sichtweise beizubehalten, nämlich das psychische Geschehen grundsätzlich als einen immer währenden Austausch aufeinander bezogener Menschen in Verflechtung mit einem gesellschaftlichen Hintergrund zu verstehen. Ich habe nie das Unbewusste als ein in die Innenwelt des Einzelnen eingeschlossenes Geschehen, sondern immer nur als eine Dimension im Wechselspiel von Beziehungen begreifen können" (Richter 1999, S. 179).

Gesellschaftliche Veränderungen und fachinterne Wandlungen gingen miteinander einher. Letztere trugen zu einer weiteren Fixierung auf das einzelpsychotherapeutische Behandlungssetting bei und beschleunigten den Niedergang der ambulanten Gruppenpsychotherapie, um auf diese schon fatal zu bezeichnende Weise malignen gesellschaftlichen Prozessen weiteren Vorschub zu leisten.

> Die ambulante Gruppenpsychotherapie hat derzeit in der Kassenleistung in Deutschland eine historische Hypothek zu tragen, die rational nicht mehr begründ- und hinnehmbar ist. Angesichts der internationalen Akzeptanz und Anerkennung der Gruppenpsychotherapie sowie ihrer Stützung durch Forschungsbefunde (Tschuschke 1999a) und darüber hinaus ihrer größeren Ökonomie handelt es sich um eine als skandalös zu bezeichnende Entwicklung, die es unverzüglich zu korrigieren gilt, damit die Existenz dieser hocheffizienten und sogar kostengünstigeren Methode gewährleistet werden kann. Die gesellschaftliche Dimension der Individualisierung mit ihrer Konzentration auf den individuellen Narzissmus führt in ihrer Ausschließlichkeit in eine gesellschaftliche Sackgasse, weil sie ein menschenunwürdiges Klima (des Egoismus, der Ellbogenmentalität, des Mobbings, des sozialen Misstrauens und des sozialen Rückzugs) mit sich bringt und fördert, unter dem alle leiden und bei dem die Lebensqualität trotz höchsten materiellen Lebensstandards immer weiter herabgesetzt wird. Dies lässt sich ganz besonders in den eklatant zunehmenden Krankheitsbildern ablesen.

Die Psychotherapiebedürftigkeit nimmt auf eine erschreckende Weise zu. Es wäre aber ein systemimmanenter Fehler, jetzt auch noch Probleme in Einzeltherapie zu behandeln, die zum großen Teil aus den Folgen der zunehmenden Vereinzelung in der Gesellschaft entstanden sind. Die Gruppenpsychotherapie mit ihrem interpersonalen Potenzial an Wirkfaktoren kann hier ganz besonders hilfreich sein.

Ergebnisse ambulanter Gruppenpsychotherapie-Behandlung in Deutschland

Die seit 1997 laufende und vom „Deutschen Arbeitskreis für Gruppenpsychotherapie und Gruppendynamik (DAGG) unterstützte **PAGE-Studie** (Tschuschke und Anbeh 2000a, b) zielt auf die Dokumentation von Behandlungseffekten in real stattfindender ambulanter Gruppenpsychotherapie im deutschsprachigen Bereich (Bundesrepublik Deutschland, Österreich, Schweiz). Derzeit (Stand: Winter 2000/2001) befinden sich ca. 600 Patientinnen und Patienten aus ungefähr 50 therapeutischen Gruppen – analytischen, tiefenpsychologisch fundierten und psychodramatischen Gruppenpsychotherapien – mit über 40 kooperierenden niedergelassenen Kollegen und Kolleginnen in der Studie. Angezielt ist, zwischen 800 und 900 Patienten in die Studie aufzunehmen, um am Endpunkt der Messung (bei Beendigung der Teilnahme an einer therapeutischen Gruppe) ausreichend Patienten in der Untersuchung zu haben, so dass die Ergebnisse der Studie eine Verallgemeinerung der Befunde gestatten.

Erste vorläufige Ergebnisse abgeschlossener gruppenpsychotherapeutischer Behandlung erlauben – vorläufig – die Aussage, dass ambulante Gruppenpsychotherapie, die von sehr ausgebildeten, sehr erfahrenen und kassenzugelassenen Gruppenpsychotherapeuten ausgeübt wird, eine sehr wirksame Behandlungsform darstellt (Tschuschke und Anbeh 2000b). Auf der Basis von bisher ca. 300 Patienten und Patientinnen, die ihre Behandlung in der Gruppe abgeschlossen haben und deren Daten vollständig ausgewertet werden konnten, wurden Behandlungseffekte festgestellt, die sich im Bereich vergleichbarer anderer psychotherapeutischer Behandlungen bewegen (z. B. Lambert und Bergin 1994).

Die generelle Effektstärke für durchschnittlich nur 49 Gruppensitzungen liegt im Bereich der eigenen Therapieziele > 0,80 und im Symptombereich bei > 0,60. Der interpersonelle Charakter der Gruppenpsychotherapie scheint sich demnach auch speziell in verbesserten interpersonellen Möglichkeiten der Patienten niederzuschlagen, indem die sozialen, interpersonellen Probleme vergleichsweise stärkere Abnahme erfahren (gemessen mit dem IIP nach Horowitz u. Mitarb. 1994; Strauß und Kordy 1996), was sich in einer Effektstärke von > 0,65 im IIP ausdrückt, und das nach weniger als 50 Gruppensitzungen.

Selbst Patienten analytischer Langzeit-Gruppenpsychotherapien benötigen im Durchschnitt weniger als 90 Sitzungen, um die oben beschriebenen Behandlungseffekte zu erreichen. Das heißt, dass selbst eine potenzielle Perspektive von 120 bis 150 Gruppensitzungen – im statistischen Durchschnitt gesehen – nicht vollständig in Anspruch genommen werden muss, um Behandlungswirkungen zu erreichen, die in Einzelbehandlungen – auch im Durchschnitt – erst eher nach deutlich mehr Sitzungen erzielt werden.

Gruppenpsychotherapie ist nicht nur mindestens so wirksam für ein soziodemographisch und diagnostisch absolut vergleichbares Patientenklientel, sondern benötigt auch noch im Durchschnitt deutlich weniger Sitzungen als Einzelbehandlung, um die besagte vergleichbare Wirksamkeit zu erreichen (Tschuschke 1999a).

36. Stationäre Gruppenpsychotherapie

B. Strauß und D. Mattke

Von mehreren Autoren wurde darauf hingewiesen, dass jede Form stationärer Psychotherapie, auch solche, die auf gruppenpsychotherapeutische Behandlungen im engeren Sinne verzichten, als Gruppenbehandlung aufzufassen sei (z. B. Senf 1988). Dieser Hinweis bezieht sich auf die belegte Tatsache, dass Gruppenprozesse im stationären Feld in vielerlei Hinsicht eine Rolle spielen, nämlich
- in der therapeutischen Gruppe,
- innerhalb der Patientengruppe im Stationsalltag,
- innerhalb des Teams,
- in den meist komplexen Patienten-Behandler-Beziehungen.

Ein Beispiel, das die Komplexität des Interaktionsgeschehens zwischen einer einzelnen Patientin und dem Behandlungsteam wiedergibt (Bardé und Mattke 1993), ist in Abb. 36.1 dargestellt. Auf die Teamprozesse im stationären Feld wird im Folgenden noch eingegangen. Zunächst wird in diesem Kapitel auf verschiedene Organisations- bzw. Rahmenmodelle in der stationären Psychotherapie und auf gruppenpsychotherapeutische Ansätze im stationären Feld eingegangen.

Organisationsmodelle stationärer Gruppenpsychotherapie

> Stationäre Psychotherapie ist definiert als ein im Einvernehmen zwischen Patient, Therapieinstitution und Bezugsgruppe (Kostenträger, Familie etc.) geplanter Mehrpersonen-Interaktionsprozess.
>
> Dieser findet statt unter Anwendung verschiedenartiger, in einem Gesamtbehandlungsplan aufeinander abgestimmter verbaler und so genannter nonverbaler psychotherapeutischer Interventionstechniken einerseits sowie organmedizinischer Behandlungsmaßnahmen andererseits. Das hierfür erforderliche Krankenhaussetting muss in besonderer Weise organisiert werden (Schepank u. Tress 1988).

Rahmenmodelle bzw. Organisationsformen stationärer Psychotherapie, die letztendlich bereits den Stellenwert bzw. die Wertigkeit von gruppenpsychotherapeutischen Methoden

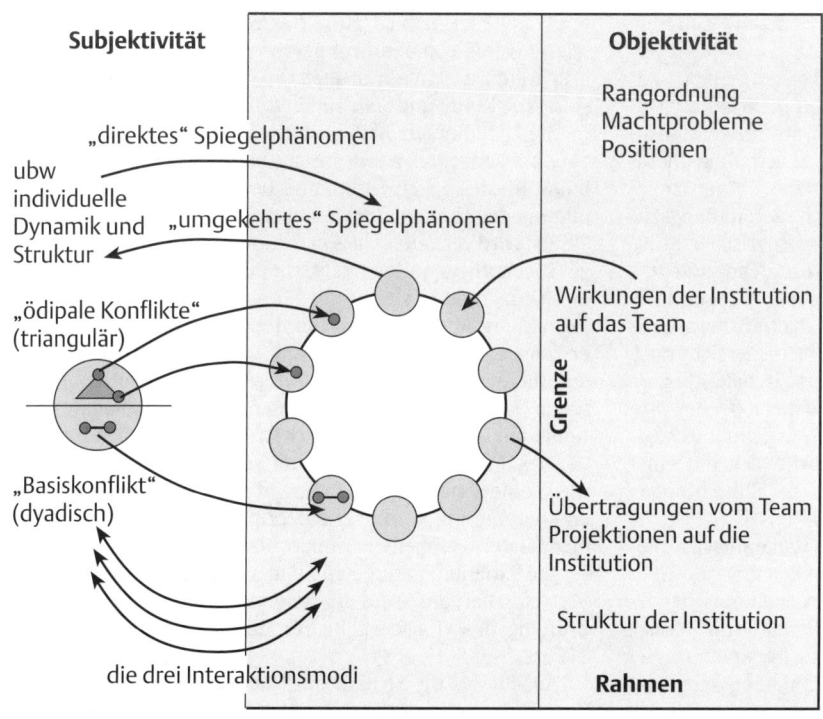

Abb. 36.1 Beispiel für die Komplexität gruppendynamischer Prozesse im stationären Behandlungssetting (für Details siehe Bardé und Mattke 1993).

vorgeben, wurden ausführlich von Schepank und Tress (1988), Senf (1988) sowie Janssen (1987) beschrieben und historisch betrachtet. Diesen Ausführungen zufolge gab es zunächst im deutschen Sprachraum zwei wesentliche Grundrichtungen, nämlich zum einen internistisch-psychosomatische Modelle in der Tradition der anthropologischen Medizin Viktor von Weizsäckers, die primär eine Verbindung somatischer und psychotherapeutischer Methoden postuliert, bei der gruppenpsychotherapeutische Ansätze allenfalls untergeordnete Bedeutung haben. Daneben entwickelten sich verschiedene Konzepte für stationäre psychoanalytische Behandlungen, bei denen bereits früh der schützende Rahmen der Klinik, die therapeutische Gemeinschaft und die damit verbundene Möglichkeit multipler Übertragungen als therapeutisches Agens erkannt wurden (z. B. Simmel 1927).

Mit zunehmender Bedeutung stationärer Psychotherapie entwickelte sich im psychoanalytischen Kontext eine lebhafte Diskussion um die Vor- und Nachteile zweier Rahmenmodelle, nämlich des **integrativen** und des **bipolaren Modells** (Enke 1965). Im Wesentlichen unterscheiden sich die Modelle dahingehend, dass der „Therapieraum", also die Ebene, auf der psychotherapeutische Arbeit im engeren Sinne stattfindet, und der „Realraum", die Beziehungsprozesse also, die sich im Zusammensein von Patienten und Team außerhalb spezifischer Behandlungsmaßnahmen vollziehen, entweder verbunden (im integrativen) oder getrennt (im bipolaren Modell) betrachtet werden. In den meisten stationären psychoanalytischen Einrichtungen dürfte sich das integrative Behandlungsmodell durchgesetzt haben, welches ausführlich bei Janssen (1987) dargestellt ist. In diesem Modell wird jede Beziehung, die sich in der therapeutischen Gemeinschaft der Station und im Wechselspiel verschiedener therapeutischer Angebote (z. B. Gruppenpsychotherapie, körperbezogene oder kreativitätsbezogene Behandlungsmaßnahmen) entwickelt, zur Grundlage des therapeutischen Handelns gemacht. Dies führt dazu, dass Gruppenprozesse inner- und außerhalb der Gruppenpsychotherapie in diesem Modell naturgemäß einen größeren Stellenwert besitzen (Mattke u. Mitarb. 1998).

Von 104 stationären Einrichtungen, die Neun (1990) zusammenfasste, waren zu diesem Zeitpunkt mehr als 3/4 psychoanalytisch orientiert. Dies dürfte sich mittlerweile insofern geändert haben, als speziell der Anteil verhaltenstherapeutisch arbeitender Kliniken in den letzten Jahren zugenommen hat bzw. verhaltenstherapeutische Behandlungsangebote vermehrt in die Konzepte psychoanalytischer Kliniken integriert wurden. Damit haben sich neue Varianten von Rahmenmodellen stationärer Psychotherapie ergeben (z. B. das Konzept des Bezugstherapeuten in verhaltenstherapeutischen Kliniken). Janssen (1987) hat in seiner Übersicht noch psychotherapeutische Ansätze in psychiatrischen Kliniken gesondert betrachtet, da diese häufig andere (z. B. eher psychoedukative) Ziele hatten als die Therapie in primär psychotherapeutischen Stationen. Auch dies dürfte sich mit einer Zunahme der Verantwortung psychiatrischer Einrichtungen für die Psychotherapie verändern.

Als weiteres Organisationsmodell sind schließlich psychotherapeutische Behandlungen in Kur- und Rehabilitationskliniken zu nennen. Diese waren in Zeiten ökonomischer Sicherheit – trotz unterschiedlicher Zielsetzung – oft ähnlich organisiert wie psychotherapeutische Kliniken, sind nun aber aufgrund der stetigen Verkürzung der Behandlungszeiten gezwungen, ihre Behandlungskonzepte zu verändern, was sich sicherlich auch auf den Stellenwert und die Gestaltung gruppenpsychotherapeutischer Methoden auswirkt (Kap. 39; Mattke u. Mitarb. 1996).

Erhöhter ökonomischer Druck wird generell dazu führen, dass die gruppenpsychotherapeutischen Techniken dem Behandlungsrahmen besser angepasst werden, weswegen die Kenntnis unterschiedlicher Konzepte gruppenpsychotherapeutischer Methoden, die sich für den stationären Bereich eignen, bedeutsamer wird (s. u.), ebenso wie die Beachtung der strukturellen Voraussetzungen für die Anwendung von Gruppen im stationären Bereich.

Strukturqualität stationärer Gruppenpsychotherapie

Überlegungen zu Problemen der Qualitätssicherung in der stationären Gruppenpsychotherapie wurden ausführlich bei Strauß u. Mitarb. (1998) dargestellt. Im Hinblick auf die Strukturqualität, also Merkmale der stationären Einrichtung, die von potenziellem Einfluss auf die Qualität gruppenpsychotherapeutischer Behandlung sind, wurden folgende vernachlässigte Bereiche diskutiert:
- der institutionelle Rahmen,
- die Indikationsregeln,
- die Wahl und Umsetzung gruppenpsychotherapeutischer Konzepte,
- die Beachtung von Teamcharakteristika.

Bezüglich der Gruppenpsychotherapie wird die Strukturqualität maßgeblich durch die gruppenpsychotherapeutische Tradition der Einrichtung und die „Philosophie des Trägers" (Mattke 1993) als institutionelle Rahmenmerkmale bestimmt. Institutionelle Zwänge spielen häufig eine Rolle bei der Formulierung und Einhaltung von Indikationsregeln. Formulierte Regeln, die sich speziell auf die Indikation zur Gruppenpsychotherapie beziehen können, lassen sich meist nicht einhalten, was vielleicht mit dazu beiträgt, dass bestimmte Patienten relativ wenig von den Gruppen profitieren und dass die Abbruchraten stationärer Gruppenpsychotherapien relativ hoch sind (z. B. Kordy und Senf 1992; Ruff und Werner 1987).

Die zunehmende Bedeutung der Auswahl des „richtigen" Gruppenkonzeptes wurde bereits betont. Je größer die Variabilität diesbezüglich wird, umso bedeutsamer wird die Ausbildung der Therapeuten. In der Arbeit von Strauß u. Mitarb. (1998) wird vermutet, dass in stationären Einrichtungen tätige Psychotherapeuten wahrscheinlich überwiegend „dyadisch sozialisiert" sind und eher selten über eine fundierte Ausbildung in Gruppenpsychotherapie verfügen oder diese erst im Laufe ihrer stationären Tätigkeit erlangen. Hinzu kommt, dass die Anwendung von gruppenpsychotherapeutischen Methoden im stationären Bereich aufgrund der institutionellen und settingspezifischen Rahmenbedingungen in der Regel modifiziert werden müssen und dem Therapeuten meist eine Sonderrolle zukommt, die Sachsse (1989) als „Psychotherapie mit dem Sheriff-Stern" beschrieb. Damit meint er, dass der Gruppenleiter in der stationären Therapie zwei – für die Patienten naturgemäß widersprüchliche – Normen zu vertreten hat: die Norm der freien Interaktion und die Hausordnung der klinischen Institution (Heigl-Evers und Heigl 1995).

Auf die für die Strukturqualität wichtige Beachtung von Teamprozessen wird weiter unten noch näher eingegangen. Aufgrund der eingangs beschriebenen Komplexität interper-

Tabelle 36.1 Verschiedene Modelle stationärer Gruppenpsychotherapie (nach Brabender und Fallon 1993)

Modell	Literaturbeispiel	Wichtigstes Ziel
Edukatives Modell	Maxmen (1984)	Patienten zu unterrichten, klinisch zu denken, damit sie lernen können, effektiv mit ihrer Symptomatologie umzugehen
Interpersonales Modell	Yalom (1995)	die Förderung der Entwicklung effektiven sozialen Verhaltens der Patienten, so dass sie in die Lage versetzt werden, enge, zufriedenstellende interpersonelle Beziehungen zu gestalten
Objektbeziehungs- und Systemmodell	Bion (1959)	Rückkehr zu adaptivem Verhalten vor der Erkrankung
Psychodynamisches Entwicklungsmodell	MacKenzie und Livesley (1984)	jedem Gruppenmitglied zu helfen, adäquater als in der Vergangenheit den Konflikt einer jeden Entwicklungsstufe zu lösen
Kognitiv-behaviorales Modell	Beck (1979)	besser mit den Symptomen und Problemen im Leben umzugehen lernen; Ziel der Veränderungen sind die individuellen dysfunktionalen Kognitionen und Verhaltensweisen
Problemlösungsmodell	Coché (1987)	dem Individuum helfen, einen „Lern-Satz" zu entwickeln, damit die Wahrscheinlichkeit erhöht wird, effektiver mit einem ganzen Spektrum von Situationen umgehen zu können
Behaviorales Modell	Lazarus (1961)	individuelle Verhaltensänderung

sonaler Prozesse auf der Station sollten stationär psychotherapeutisch Tätige immer darin geschult sein, Prozesse der „Großgruppe" (d. h. die Gruppe aller auf der Station aktuell behandelter Patienten) zu erkennen und damit therapeutisch umzugehen, auch wenn sie im engeren Sinne vorwiegend einzeltherapeutisch arbeiten.

Gruppenpsychotherapeutische Konzepte im stationären Rahmen

Wie unter den Forschungsbefunden im nächsten Abschnitt erwähnt, scheint die Kompatibilität der Ausgangsbedingungen und Erwartungen auf Patientenseite und des therapeutischen Konzeptes ein wesentlicher Prädiktor für einen günstigen Therapieausgang in der Einzel- und Gruppenpsychotherapie zu sein. Dieser Befund gilt – wie beispielsweise Eckert und Biermann-Ratjen (1990) oder Strauß und Burgmeier-Lohse (1995) zeigten – sicher auch für den stationären Bereich.

Für den englischsprachigen Raum wurde von Brabender und Fallon (1993) ein Handbuch über Modelle stationärer Gruppenpsychotherapie veröffentlicht, in dem die Autorinnen zunächst darlegen, dass die Rahmenvariablen bei der Wahl des Gruppenpsychotherapiemodells reflektiert werden müssen (von denen nur Einzelne das stationäre vom ambulanten Setting unterscheiden). Sie nennen den Stellenwert der Gruppenpsychotherapie im Gesamtsystem (der in psychotherapeutischen Kliniken meist eher hoch ist), deren Kombination mit Einzelbehandlungen, die systematische oder integrative Betrachtung und Wahrnehmung der Gruppe innerhalb der Station, zeitliche Rahmenbedingungen (z. B. Dauer der Gruppe für einen Patienten, Anzahl der Sitzungen pro Woche), die Gruppengröße und – zusammensetzung sowie – überwiegend ausbildungsbezogene – Therapeutenvariablen.

Bei der Sichtung der vorliegenden (überwiegend englischsprachigen) Literatur unterscheiden die Autorinnen insgesamt 7 Modelle, die in Tab. 36.1 subsumiert sind. In der Tabelle sind jeweils die Kernziele der einzelnen Behandlungsmodelle mit genannt.

Analoge Systematiken gibt es für die stationäre gruppenpsychotherapeutische Szene in der BRD bisher nicht. Das elaborierteste Modell tiefenpsychologisch-psychoanalytischer Gruppenpsychotherapiemethoden, das sich in Analogie zu Brabender und Fallon (1993) als Orientierungsrahmen für Therapiekonzepte im stationären Bereich eignen könnte, ist das so genannte **Göttinger Modell**, das in diesem Buch an anderer Stelle ausführlicher dargestellt ist (Kap. 52).

Forschungsergebnisse zur stationären Gruppenpsychotherapie

Empirische Forschung im Bereich der stationären Gruppenpsychotherapie bezieht sich auf unterschiedliche Fragestellungen. Zu unterscheiden sind Untersuchungen zur Wirksamkeit stationärer gruppenpsychotherapeutischer Behandlungen, Untersuchungen zu deren Stellenwert im Gesamt der psychotherapeutischen Maßnahmen innerhalb von Stationen, Studien zur Indikation und Prognose, zu den Wirkfaktoren stationärer Gruppen sowie zu Veränderungsprozessen auf verschiedenen Ebenen. Der Stand der empirischen Forschung bis in die frühen 90er Jahre wurde an anderer Stelle ausführlich zusammengefasst (Strauß 1992). Da sich die empirische Forschung in diesem spezifischen Feld überwiegend im deutschsprachigen Raum abspielt, ist relativ gut überschaubar, welche neueren Entwicklungen auf dem Gebiet seither erfolgt sind. Im Wesentlichen wurden Befunde zu den o.g. Themenschwerpunkten repliziert, wozu einige aufwendige Untersuchungen beigetragen haben, von denen hier prototypisch die **Stuttgarter Gruppenpsychotherapiestudie** von Tschuschke (1993) und die so genannte **Kieler Gruppenpsychotherapiestudie** (Strauß und Burgmeier-Lohse 1994a) genannt werden sollen.

Letztere bestätigte zum einen die **Wirksamkeit** stationärer gruppenpsychotherapeutischer Behandlung an einer gemischten Klientel und zeigte auf, dass unterschiedliche Ebenen, die einen therapeutischen Effekt widerspiegeln, offensichtlich unterschiedlich änderungssensibel sind. Interpersonale Probleme beispielsweise, deren differenzierte Beschreibung im Rahmen der stationären Gruppenpsychotherapieforschung eine große Rolle spielt (s. u.), wurden im Rahmen einer durchschnittlich 6-monatigen stationären Gruppenpsychotherapie im Vergleich der Anfangs- mit den Entlassungswerten relativ wenig reduziert. Es zeigt sich allerdings, dass hier deutliche Veränderungen zwischen Entlassungszeitpunkt und einer Ein- bis Zweijahreskatamnese zu verzeichnen waren. Dieser Befund ist mittlerweile auch von anderen Arbeitsgruppen bestätigt (z. B. Keller und Schneider 1993) und weist darauf hin, dass das von Lueger (1995) beschriebene **Phasenmodell** psychotherapeutischer Veränderung offensichtlich auch im stationären Bereich seine Gültigkeit besitzt.

Dieses Phasenmodell postuliert, dass im Psychotherapieprozess zunächst mit einer *Remoralisierung* zu rechnen ist (Verbesserung des allgemeinen Wohlbefindens), ehe eine *Remediation* (z. B. Reduktion oder Beseitigung der Symptome) feststellbar wird. Den größten therapeutischen Aufwand benötigt die *Rehabilitation* von Patientinnen und Patienten in unterschiedlichen Lebensbereichen, wozu das interpersonale Feld vorrangig gehört. Offensichtlich – so die erwähnten Studien – werden in der stationären Gruppenpsychotherapie die Weichen für diese Rehabilitation gestellt. Nachweisbar sind deren Effekte aber erst nach einer längeren Zeit, wenn die Patienten Gelegenheit hatten, Erfahrungen aus dem psychotherapeutischen Kontext in ihrem Alltag umzusetzen und zu realisieren.

In der Kieler Gruppenpsychotherapiestudie wurden Patienten auch nach dem **Stellenwert** unterschiedlicher Ingredienzen der stationären Behandlung befragt. Dabei wurde das Ergebnis repliziert, dass die therapeutische Gemeinschaft, also das Zusammenleben auf der Station und die vielfältigen Kontakte zu einzelnen Mitgliedern des Teams und die gruppenpsychotherapeutische Behandlung am höchsten bzw. hilfsreichsten bewertet werden. Diesen Bestandteilen des stationären Behandlungsprogramms folgen in ihrer subjektiven Bedeutung unmittelbar körperorientierte Verfahren, im Falle der Kieler Studie die Tanztherapie. Ähnliche Ergebnisse wurden beispielsweise für das Heidelberger Katamneseprojekt (von Rad u. Mitarb. 1998) berichtet.

Die **Wirkfaktorenforschung** hat durch die beiden erwähnten Studien aus Stuttgart und Kiel zumindest zwei neuere Akzente erhalten. Tschuschke (1993) konnte mit einem sehr aufwendigen Vorgehen die große Bedeutung von Wirkfaktoren im Psychotherapieprozess nachweisen, die subjektiv für die behandelten Patienten am Ende der Therapie in der Regel eine scheinbar untergeordnete Bedeutung besitzen, nämlich *die Rekapitulation von familiären Erfahrungen*, *Selbstöffnung* und *Feedback*. Mit Hilfe des SYMLOG-Verfahrens, das zur Bewertung von Interaktionen im Verlauf zweier analytischer Langzeit-Gruppenpsychotherapien eingesetzt wurde, konnte der Autor die Bedeutung dieser Wirkfaktoren belegen und gleichzeitig darstellen, dass sich im Hinblick auf deren Realisierung „erfolgreiche" von „weniger erfolgreichen" Patienten unterschieden.

In der Kieler Studie wurde die schon vor längerer Zeit von Eckert und Biermann-Ratjen (1990) propagierte Hypothese bestätigt, wonach die „Theorie des Therapeuten" ein wichtiger Wirkfaktor in der stationären Gruppenpsychotherapie ist. Gemeint ist damit die „Passung" zwischen dem spezifischen therapeutischen Angebot und den Erwartungen im Hinblick auf dieses Angebot auf Seiten der Patienten. Im Rahmen der Kieler Studie (Strauß und Burgmeier-Lohse 1995) konnte gezeigt werden, dass die erfolgreich behandelten Patienten in dem Wirkfaktorenfragebogen von Davies-Osterkamp (1996) jene spezifischen Faktoren für besonders bedeutsam erachteten, die auch nach Meinung der Gruppenpsychotherapeuten die wesentlichen Merkmale des gruppenpsychotherapeutischen Ansatzes reflektierten. In diesem Zusammenhang erscheinen die vor allem im angloamerikanischen Sprachraum üblichen Studien plausibel, die zeigen, dass ein „Pre-Training" speziell vor gruppenpsychotherapeutischen Behandlungen, deren Effektivität erhöhen kann (Kap. 12). Im Lichte der Befunde aus den Untersuchungen von Eckert und Biermann-Ratjen oder Strauß und Burgmeier-Lohse könnte man dieses Ergebnis dahingehend interpretieren, dass in einem Prätraining die Konzepte der Therapeuten und der Patienten besser aufeinander abgestimmt werden können.

In den Untersuchungen von Tschuschke sowie Strauß und Burgmeier-Lohse waren Analysen von Prozessmerkmalen stationärer Gruppenpsychotherapie ein wesentlicher Schwerpunkt. Wie schon auf der Basis anderer Untersuchungen im stationären Feld (und in der Übersicht von Strauß 1992) zusammengefasst, scheinen Prozessaspekte wie die soziometrischen Positionen der Gruppenmitglieder, das Selbsterleben im Gruppenpsychotherapieverlauf, das Erleben des Gruppenklimas und die Beziehung zum Gruppentherapeuten wesentliche Bereiche zu sein, in denen sich erfolgreiche Patienten von weniger erfolgreichen deutlich unterscheiden. Entsprechende Ergebnisse sind von Tschuschke und Dies (1997) bzw. von Strauß und Burgmeier-Lohse (1994a) beschrieben worden.

Untersuchungen zur Indikation und Prognose von stationären Gruppenpsychotherapien im Rahmen des Arbeitskreises „Stationäre Gruppenpsychotherapie", die in Kooperation unterschiedlicher stationärer universitärer und außeruniversitärer Einrichtungen durchgeführt wurden, ergaben Hinweise auf die Bedeutung interpersonaler Probleme für den Effekt stationärer Gruppen. In einer Prognosestudie wurde die Bedeutung der Selbstwahrnehmung interpersonaler Probleme (erfasst über das Inventar zur Erfassung interpersonaler Probleme – IIP; Horowitz u. Mitarb. 1994) für die Indikationsstellung und Prognose stationärer gruppenpsychotherapeutischer Behandlung untersucht. Die Ergebnisse dieser Studie, an der acht unterschiedliche Kliniken beteiligt waren, sind ausführlich bei Strauß u. Mitarb. (1993) zusammengefasst. Es zeigte sich in dieser Studie, dass interpersonale Probleme in Abhängigkeit vom gruppenpsychotherapeutischen Angebot der einzelnen Kliniken offensichtlich tatsächlich eine prädiktive Qualität besitzen. In einer Reanalyse der Daten aus dieser Studie durch Davies-Osterkamp u. Mitarb. (1996) konnte gezeigt werden, dass Personen, die ein höheres Maß an interpersonalen Schwierigkeiten bei Behandlungsbeginn wahrnehmen, eine bessere Prognose haben, symptombezogen eine Besserung zu erzielen als Personen, die in ihrer interpersonalen Selbstwahrnehmung eingeschränkt sind.

Ebenfalls im Rahmen des Arbeitskreises wurde in einer „trizentrischen" Studie geprüft, wie die Selbst- und Fremdwahrnehmungen interpersonaler Schwierigkeiten die „idealtypische Indikationsstellung" nach einem psychotherapeutischen Erstgespräch beeinflussen. Diese Studie wurde in psychotherapeutischen Ambulanzen der Universitätskliniken Berlin, Hamburg und Kiel durchgeführt und ist ausführlich bei Eckert u. Mitarb. (1997) beschrieben. Für die stationäre Gruppenpsychotherapie ist der Befund interessant, dass Therapeuten dazu tendieren, Patienten, deren interpersonale Problematik sie vor allem im Bereich der dominanten Feindseligkeit vermuten, am ehesten einer Gruppenpsychotherapie zuführen, während für Patienten, die in der Einschätzung der Erstinterviewer eher Probleme mit „freundlicher Submissivität" haben, eine Einzelbehandlung angestrebt wird. Im Vergleich der Indikationsstellungen für die stationäre und die ambulante Gruppenpsychotherapie zeigte sich, dass Patienten, die in der Wahrnehmung der Interviewer eher feindselig dominant sind, für das ambulante und Patienten, die als eher introvertiert wahrgenommen werden, für das stationäre Setting vorgeschlagen werden. Verglich man die Indikationsstellungen in Abhängigkeit von der Selbsteinschätzung interpersonaler Probleme von Patienten, ergab sich, dass die für eine stationäre Gruppenpsychotherapie „geeigneten" Patienten im Vergleich zu den ambulanten Gruppenpatienten (nach der Idealindikation) sich selbst eher feindselig beschreiben und gleichzeitig sowohl Probleme mit Dominanz als auch mit Unterwürfigkeit angeben.

Die erwähnten Ergebnisse zur Prognose stationärer Gruppen deuten also darauf hin, dass Patienten mit einer besonderen interpersonalen Sensibilität (und – s. Strauß u. Mitarb. 1999 – mit ausgeprägterer Bindungssicherheit) von der gruppenpsychotherapeutischen Behandlung mehr profitieren als andere. Man könnte auch sagen, dass die im interpersonalen Sinne „Reichen noch reicher werden". Konsequenterweise könnte man daraus die Hypothese ableiten, dass die „anderen" vermehrt alternative Behandlungsansätze angeboten bekommen sollten, beispielsweise extraverbale Verfahren oder Einzeltherapie.

Zusammengenommen lässt sich konstatieren, dass der Stand der Forschung im Bereich der stationären Gruppenpsychotherapie gegenwärtig primär durch eine Differenzierung von Forschungsbefunden auf allen Feldern dieses Gebietes charakterisierbar ist. Diese Differenzierung könnte dazu beitragen, die Indikationsstellung im stationären Feld zu flexibilisieren und stationäre Behandlungen bedarfsgerechter zu gestalten im Sinne der individuellen Voraussetzungen der Patienten. Eine systematische Untersuchung individualisierter versus standardisierter stationärer Gruppenbehandlungen könnte die Indikationsforschung überdies vorantreiben und Aufschluss über die relative Bedeutung einzelner Behandlungskomponenten für unterschiedlich charakterisierbare Patienten erbringen.

Bedeutung von Teamprozessen in der stationären Behandlung

Der Einfluss von Teamprozessen auf die Behandlung in der stationären Psychotherapie ist systematisch bei Mattke u. Mitarb. (1998) beschrieben. Die stationäre Behandlung ist auf der Seite des Teams charakterisiert durch ein multipersonales und multimethodales Geschehen, wobei die Beteiligten in der Regel mit sehr unterschiedlichen Macht- und Entscheidungsbefugnissen ausgestattet sind.

Diese Faktoren können per se die Quelle von Teamkonflikten darstellen und die Teamdynamik beeinflussen. Nachdem der Großgruppe aus Team und Patienten speziell im integrativen Behandlungssetting die zentrale Rolle zukommt (Janssen 1987), ist eine Betrachtung gruppendynamischer Effekte in der Interaktion der Beteiligten von großer Bedeutung. Es gibt hierzu bislang noch wenige systematische Studien. Die vorliegenden Untersuchungen zeigen, dass es in der Interaktion zwischen Teamgruppe und Patientengruppe eine spezifische Beziehungsdynamik gibt, die keineswegs nur im Sinne einer Spiegelung abläuft (z. B. Reiss u. Mitarb. 1984; Gross u. Mitarb. 1970). Es kann gut sein, dass die Gruppe des Teams durch teamimmanente Konflikte so sehr absorbiert ist, dass eine optimale Behandlung nicht gewährleistet ist. Es kann auch sein, so etwa der Befund von Enke-Ferchland (1969), dass Team und Patientengruppe in einer „autonomen Soziodynamik" interagieren, wofür auch Befunde zur Rangdynamik aus der erwähnten Kieler Gruppenpsychotherapiestudie sprechen. Wichtig dabei ist es, zu reflektieren, dass Team und Institution durch unbewusste Phantasien integriert und geleitet werden.

In der oben erwähnten Übersicht von Mattke u. Mitarb. (1998) werden die vorliegenden Befunde zur Teamdynamik wie folgt resümiert: „Teams entwickeln offensichtlich eine spezifische Gruppenindividualität, aus der heraus bestimmte klinische Typisierungen konstruiert werden (z. B. Attraktivität von Patienten). Patienten, die mit Typisierungen des Teams nicht übereinstimmen, erzeugen Dissonanz und werden – weil sie die Konsistenzbedürfnisse der Teamgruppe nicht befriedigen – als belastend und schwierig empfunden ... Das Team braucht bzw. ‚benutzt' als Gruppe für die eigene Konsistenz Fantasiebildungen, die vorab die Beziehung des Teams zum Patienten bestimmen, auf jeden Fall aber die Auswahl bzw. Indikation der auf eine Station aufgenommenen Patienten mit regulieren werden" (Mattke u. Mitarb. 1998, S. 319).

Interaktionsanalytische Studien zur Teamdynamik (z. B. Caudill 1958; Spar 1976) zeigen, dass
- die psychoanalytische Behandlung in der Klinik nicht nur eine Frage von Übertragung und Gegenübertragung sein kann, sondern dass die Eingebundenheit in den Rahmen des Systems der Station immer mit berücksichtigt werden muss,
- angesichts der Vernetzung der Pflegerollen in den analytischen Behandlungsprozess eine systematische Professionalisierung dieser Rollen unbedingt erforderlich ist,
- therapeutische Teams systematisch in der Entwicklung internaler Kontrollüberzeugungen trainiert werden sollten, da – so die Studie von Spar (1976) – Internalität zwar als Resultat psychotherapeutischer Professionalisierung aufgefasst werden kann, innerhalb eines Teams und innerhalb einzelner Berufsgruppen jedoch verschiedene Ausprägungen internaler und externaler Kontrollüberzeugungen vorhanden sein werden.

Wie Interaktionen im Team durch Prozess- und Strukturaspekte geprägt werden, zeigten Bardé und Mattke (1993) in einer Einzelfallstudie, deren Untersuchungsgegenstand das Transkript einer Supervisionsstunde eines Stationsteams war.

37. Stationäre analytische Borderline-Therapie in Einzel- und Gruppensettings

P. L. Janssen

Allgemeines

Zur Behandlung von Borderline-Patienten gibt es mittlerweile eine umfassende Literatur (Kernberg u. Mitarb. 2000). Neben den **psychoanalytischen Verfahren**, wie
- psychoanalytische Psychotherapie nach Kernberg,
- psychoanalytisch-interaktionelle Therapie nach Heigl-Evers,
- psychoanalytisch-systemische Therapie nach Fürstenau,

gibt es **kognitiv-behaviorale Psychotherapie, Traumatherapie** und **systemische Therapie** (Janssen 1994; Dammann und Janssen 2000). Die analytische Gruppenpsychotherapie, auf die ich mich nach meinem Erfahrungsbereich beschränken möchte, ist eine Psychotherapierichtung unter vielen. Bei keiner anderen Patientengruppe ist die Frage der differenziellen Indikationsstellung, d. h., welches Psychotherapieverfahren eingesetzt werden soll, so komplex wie bei den Borderline-Patienten.

Wenn die Diagnose Borderline-Störung nach DSM-IV oder ICD-10 feststeht und die Diagnose einer Borderline-Persönlichkeitsstruktur oder Borderline-Persönlichkeitsorganisation auf niedrigem oder höherem Niveau diagnostiziert wurde (Kernberg 1996), ist zunächst zu differenzieren, ob eine ambulante oder stationäre Behandlung indiziert ist. Bei manchen Patienten ist die Selbstaggressivität oder die Fremdaggressivität so ausgeprägt oder sind Symptome so einschränkend, dass eine stationäre Behandlung wegen der Schutzfunktion, die der stationäre Raum bietet, notwendig wird. Im Wesentlichen handelt es sich um Patienten mit
- Suizidalität,
- Drogenmissbrauch,
- Selbstschädigungen,
- psychotischen und paranoiden Dekompensationen (s. auch Kap. 47).

Wiederum andere Patienten sind auf Grund ich-struktureller Defizite nicht in der Lage, eine kontinuierliche Behandlung ambulant aufzugreifen. Ihr Ich ist so erheblich gestört, dass auch modifizierte ambulante Behandlungen, auch Gruppenpsychotherapien, nicht durchführbar sind. Die Gründe liegen bei manchen Patienten darin, dass sie sich nicht in ein regelmäßiges Setting begeben, d. h. sich nicht auf einen Therapeuten oder eine Gruppe beziehen können. Sie liegen auch darin, dass diese Patienten **pathologische Objektbeziehungen** innerhalb des sozialen Umfelds in einem Ausmaß ausagieren, dass die Bearbeitung in einem therapeutischen Setting, so z. B. in der Gruppe, nicht möglich ist. Rauchfleisch (1992) wie Fürstenau (1994) empfehlen deswegen, immer auch das Umfeld unmittelbar in die Therapie mit einzubeziehen. Des Weiteren ist bei Borderline-Störungen eine **Diagnose der sozialen Situation** erforderlich. Nur manche Borderline-Patienten sind sozial integriert, die meisten sind wiederum so stark regrediert, dass ihre Sozialbezüge zerstört sind. Eine stationäre Aufnahme ist dann erforderlich, um eine weitere Desintegration des sozialen Rahmens zu verhindern.

Neben der ambulanten bzw. stationären Psychotherapie ist es in allen Fällen bei Borderline-Patienten erforderlich, eine **multimodale Therapie** einzusetzen. Neben psychotherapeutischen Maßnahmen wie auch Gruppenpsychotherapien sind soziotherapeutische Maßnahmen und psychopharmakologische Behandlungen erforderlich. Eine differenzierte Psychopharmakotherapie hat z. B. Kapfhammer (2000) beschrieben.

> Erst die multimodalen Therapieansätze versprechen therapeutische Veränderungen bei Borderline-Patienten.

Neben langfristigen stationären Psychotherapien, bei denen die Gruppenpsychotherapie eine große Rolle spielt (s. u.), sind **kurzfristige Behandlungen zur Krisenintervention** auf allgemeinpsychiatrischen Stationen manchmal indiziert. Diese Aufnahmen können zur Klärung der Diagnose, zur Klärung der Psychotherapieindikation, zur Vermeidung der sozialen, somatischen und psychischen Desintegration sowie zur Vorbereitung und Strukturierung einer Psychotherapie, aber auch zur Strukturierung der Lebenssituation des Patienten dienen.

Pfister u. Mitarb. (1990) haben Borderline-Patienten einer allgemeinpsychiatrischen Station untersucht. Sie konnten feststellen, dass von den 411 Aufnahmen dieser Station in einem bestimmten Zeitraum ca. 10% Borderline-Patienten nach DSM-III waren. Die Behandlungsdauer lag bei 1 Tag bis zu 375 Tagen, im Mittel bei 5,5 Wochen. Die Autoren entwickelten eine „Psychotherapie der Krise" für Borderline-Patienten. Ziel war nicht die Strukturänderung, sondern die Stabilisierung der sozialen Verhältnisse so weit wie möglich, die Förderung der Aufnahme einer ambulanten Psychotherapie, die Konfrontation mit Spaltungen, die medikamentöse Behandlung der suizidalen, depressiven und psychotischen Episoden, da der Hauptaufnahmegrund häufig Suizidalität und psychotische Phänomene waren. Durch Reduktion der sozialen Konflikte konnte nachweislich die Aufnahme einer ambulanten Psychotherapie gefördert werden. Aber diese Kurzzeitbehandlungen bekommen nur dann einen therapeutischen Stellenwert im Gesamtbehandlungsplan, wenn sie einleitend für ambulante oder stationäre Psychotherapien sind.

Diese allgemeinen Vorbemerkungen sollen verdeutlichen, dass die Behandlung von Borderline-Patienten immer Teil einer multimodalen Therapie ist. Es ist nicht sinnvoll, wie Yalom (1995) schreibt, dass die Indikation für eine Gruppenpsychotherapie deswegen ausgesprochen wird, weil sie in einer Einzeltherapie schwerer zu behandeln seien. Die Schwierigkeiten, die diese Patienten in einer Gruppenpsychotherapie mit sich bringen, erklären sich aus der Schwere der Störung der Persönlichkeitsstruktur.

Generelle Psychodynamik und Beziehungsdynamik der Borderline-Patienten aus analytischer Sicht

Borderline-Patienten weisen die bekannten Charakteristika auf. Diese sind in Kap. 47 detailliert beschrieben und können auch an anderer Stelle nachgelesen werden (Frommer und Reißner 1997; Kernberg 1979; 1984; 1996; Gabbard 1990; Janssen 1990a; Rohde-Dachser 1995).

Die zentralen psychodynamischen Charakteristika machen Borderline-Patienten, insbesondere im Vergleich zu neurotischen Patienten, erhebliche **Probleme in der Abgrenzung der inneren von der äußeren Welt**. Die inneren Vorgänge werden auf die Objekte und die äußere Welt verlagert. Insbesondere die Abwehrvorgänge wie Spaltungen und projektive Identifikationen, Überidealisierungen und Entwertungen bekommen über die Externalisierung einen **interpersonalen Charakter**.

Dieser **interpersonale Charakter der Inszenierung der Borderline-Pathologie** ist an anderer Stelle systematisch untersucht worden. Spezifische Merkmale wurden für eine Borderline-Inszenierung herausgearbeitet (Janssen 1990b, 2000; Lohmer 1988, 2000). Zusammengefasst kann hier für die Gruppenpsychotherapie festgehalten werden:

> Borderline-Patienten zeigen einen geringen Widerstand gegen die Entfaltung der Objektbeziehungsmuster in der Übertragung. Sehr schnell werden auch frühe Objektbeziehungsmuster auf Personen innerhalb der Gruppe oder auf den Therapeuten übertragen. Borderline-Patienten neigen dazu, ihre Reinszenierungen durch Handlung, Interaktion oder auch durch Somatisierung zum Ausdruck zu bringen. Dies geschieht häufig durch die Herstellung von Notsituationen, Suizidversuchen, Selbstschädigungen, Alkoholabusus oder auch Zerstörung des therapeutischen Settings und der therapeutischen Beziehung.

Handelnde Reinszenierung ermöglicht andererseits den Zugang zum Patienten. Des Weiteren bekommen die in therapeutischen Beziehungen entfalteten Objektbeziehungsmuster sehr bald einen „realistischen" Charakter, sodass der Als-ob-Charakter der Übertragungsbeziehung verloren geht. Borderline-Patienten neigen dazu, Auslöser in der jeweiligen therapeutischen Situation zu nutzen und sie in Übertragungen mit einzubeziehen. Sie neigen auch dazu, sich harmonisch mit den Mitpatienten der Gruppe zu verbinden, was Hartocollis (1980) als „Gangs" und ich als „Grouping-Phänomen" (Janssen 1987) bezeichnet haben. Solche Gruppierungen sind spannungsfrei und dienen der Abwehr von Aggressivität, die auf andere außerhalb der Gruppe projiziert wird.

Ambulante analytische Gruppenpsychotherapie mit Borderline-Patienten

Die meisten Erfahrungen liegen mit Borderline-Patienten im stationären Setting vor (s.u.). Einige Autoren, die über die Behandlung von Borderline-Patienten in ambulanten Gruppen sprechen, berichten über vereinzelte Erfahrungen mit diesen Patienten. Eine Zusammenfassung der Arbeiten aus dem Amerikanischen findet sich bei Roth u. Mitarb. (1990). Hier sollen besonders die Aspekte herausgegriffen werden, die ich selbst unter Zugrundelegung der Literatur als hilfreich für Borderline-Patienten in der Gruppenpsychotherapie annehme, die aber weniger aus der empirischen Forschung begründet werden. Systematische Untersuchungen über die Patientengruppen wurden vorgestellt von Battegay u. Mitarb. (1992) und Munroe-Blum (1992). Beide berichten über analytische Gruppenpsychotherapien bzw. Gruppenanalyse nach dem Standardverfahren.

Folgende Aspekte lassen sich zusammenfassen:

- Das **Realitätsprinzip** ist in der therapeutischen Gruppe mit einer höheren Intensität repräsentiert als in der dyadischen therapeutischen Beziehung. Dies hängt damit zusammen, dass in den Gruppeninteraktionen die Übertragungsprozesse verteilt werden, was die regressiven Prozesse begrenzt. Besonders bei Borderline-Patienten mit aggressiven Impulsdurchbrüchen und den Schwierigkeiten dieser Patienten, ihre innere Welt von der äußeren Realität abzugrenzen, kann die die Realität repräsentierende Gruppe regressive Prozesse therapeutisch nutzen. Die Gruppe bietet die Chance, Realität zu testen und soziale Lernprozesse zu initiieren.
- Die Gruppe entwickelt nach einiger Zeit **Normen** über das Verhalten in der Gruppe und ein eigenes Wertsystem. Dies kommt z. B. durch die Sitzordnung zum Ausdruck. Diese Normen sind für den Über-Ich-schwachen Borderline-Patienten ein stabilisierender Faktor. Die Gruppennormen geben ihm einen sozialen Halt, unterstützen ihn darin, mit seinen Bedürfnissen und Impulsen umzugehen. Die Gruppe insgesamt kann diese Funktion übernehmen, aber auch einzelne Patienten aus der Gruppe können als Identifikationsobjekt dienen.
- Die Gruppe kann für den ich-schwachen Borderline-Patienten **Ich-Kontrollfunktionen** übernehmen. Ausübungen sozialer Rollen in der Gruppe, das häufige Feedback, die Prozesse des sozialen Lernens in der Interaktion – das gilt insbesondere für heterogene Gruppen – verhelfen dem Ich des Borderline-Patienten zur Stabilität.
- Bei handelnden Reinszenierungen dieser Patienten (s.o.) können die **Assoziationen** und die **Konfrontationen** der Gruppenmitglieder ihm helfen, die Reinszenierung zu erkennen und auch durchzuarbeiten. Abhängigkeiten vom Therapeuten in der Dualbeziehung der Einzelpsychotherapie verhindern dies häufiger. Die Gruppenmitglieder sind also „Mittherapeuten".
- Borderline-Patienten suchen in der Gruppe einen engen Kontakt zu einigen Mitpatienten, dadurch kann ihr Selbst stabilisiert werden im Sinne des oben beschriebenen „Grouping-Phänomens". Die Wiederholung fusionärer Beziehungsmuster mit Mitpatienten und nicht mit dem Therapeuten hilft dem Therapeuten, sie in der Gruppe mit einer gewissen Distanz zu bearbeiten. Dies kommt den manchmal bei Borderline-Patienten vorhandenen **Nähe-**

ängsten sehr entgegen. Solche Konstellationen in Gruppen können eine Nahtstelle für die Therapie der Patienten sein.

Die Gruppe insgesamt kann also die haltenden Funktionen übernehmen, die der Borderline-Patient so dringend braucht. Auf diese Weise kann er seine Beziehungsmuster, die sehr affektgeladen sind, besser bearbeiten als dies in manchen Einzelpsychotherapien der Fall ist. Andererseits kann die Gruppe aber auch zum verfolgenden, bösen Objekt werden und damit die therapeutische Beziehung in Frage stellen.

Nach der Auffassung der meisten Gruppenpsychotherapeuten sollten die Patienten nicht in homogenen Gruppen zusammengefasst werden, da andere neurotische Patienten in der Gruppe wichtige Korrekturfaktoren sind (König und Kreische 2000). Eine Ausnahme sind stationäre Psychotherapien, insbesondere in größeren Einheiten, in denen auch Borderline-Patienten in einer **homogenen Gruppe** zusammengefasst werden. Dulz und Schneider (1995) empfehlen z. B., 6 Borderline-Patienten in einer Gruppe zusammenzufassen und kürzere Sitzungen von 60 Minuten 3–4 mal pro Woche durchzuführen. Dies lässt sich aber nur in großen psychiatrischen Einrichtungen realisieren.

Bei den erheblich ich-gestörten Borderline-Patienten wird von manchen Gruppenpsychotherapeuten ein regressives Vorgehen skeptisch betrachtet. Viele glauben, man sollte sich eher **supportiv**, **strukturgebend** verhalten. Alle sind der Auffassung, dass ein **aktives Therapeutenverhalten** notwendig ist. Eine besondere Methode, die das aktive Therapeutenverhalten herausstellt, ist die psychoanalytisch-interaktionelle Therapie, wie sie von Heigl-Evers und Heigl für die Einzelpsychotherapie wie für die Gruppenpsychotherapie entwickelt worden ist (zusammenfassende Darstellung s. Heigl-Evers und Ott 1996). Zu ihrem Konzept der psychoanalytisch-interaktionellen Therapie gehört es, dass der Therapeut Hilfs-Ich-Funktionen für den Patienten übernimmt, also auch dem Patienten beispielhaft nennt, wie er sich verhalten würde. Die Autoren nennen dies **Alteritätsprinzip**.

Der Therapeut sollte anders in Erscheinung treten und damit dem Patienten ermöglichen, reifere Objektbeziehungen zu entwickeln und sich mit dem Therapeuten identifizieren zu können. Eine solche therapeutische Haltung soll maligne regressive Prozesse, wie z. B. Übertragungspsychosen, verhindern. Der Therapeut sollte dem Patienten eine neue Art der Objektbeziehung anbieten, ein verlässliches, reales Objekt sein, das der Patient testen und prüfen kann. Diese Erfahrung mit ihm sollte er internalisieren können.

Ein eindrucksvolles Fallbeispiel dazu gibt z. B. Henneberg-Mönch (1990). Aber auch in diesem Beispiel handelt es sich um eine kombinierte gruppenpsychotherapeutisch-tagesklinische und einzelpsychotherapeutische Behandlung. Das psychoanalytisch-interaktionelle Vorgehen, das Prinzip „Antwort", ist in der Hand dieser Autorin eigentlich keine Alternative zum Deuten, sondern stellt ein anderes Verhältnis von Feedback und Deutung, von Klarifikation, Konfrontation und Deutung dar. Auch in der Gruppe wird man ohne die Deutung, z. B. der primitiven Abwehrformen wie Spaltungen und projektive Identifikationen, nicht auskommen.

Stationäre analytische Gruppenpsychotherapie mit Borderline-Patienten

Grundsätze einer stationären, integrativen, teamorientierten psychoanalytischen Therapie mit ihrem Schwerpunkt auf Gruppenpsychotherapie in Kombination mit Einzelpsychotherapie und unter Berücksichtigung der therapeutischen Gemeinschaft, wie kreativer und bewegungstherapeutischer Verfahren, sind an anderer Stelle ausführlich dargestellt (Janssen 1987; Janssen u. Mitarb. 1998). Hier sollen nur kurz die Grundkonzeptionen für Borderline-Patienten in der Gruppenpsychotherapie besprochen werden.

Mit vielen anderen bin ich der Auffassung, dass ein stationäres regressionsförderndes Milieu eine Inszenierung der Borderline-Abwehrmechanismen fördert und dies nutzbringend für die Psychotherapie sein kann. In der amerikanischen Literatur werden hierzu nur ganz wenige Stimmen laut, die meistens eine langfristige stationäre Behandlung für diese Patienten kritisch sehen (Gabbard 1990). In England ist es besonders das Cassel-Hospital, das solche Langzeitbehandlungen durchführt, jedoch nicht mit dem Schwerpunkt in einem Gruppensetting (Skogstad und Hinshelwood 1998).

Nach unserer Auffassung fördert das multidimensionale Übertragungsangebot eine **Externisierung der malignen Introjekte der Borderline-Patienten**. Sie werden in das Team projiziert und führen zu emotional aufgeladenen Teamprozessen. Durch die Bearbeitung der Borderline-Inszenierung im Team und durch eine interpretative Rückkoppelung mit dem Patienten können die regressiven Prozesse fruchtbar für die Therapie des Patienten werden. Diese Prozesse sind aber eine hohe Herausforderung an die Kohäsion im Team. Darüber hinaus kann der stationäre Rahmen den häufig sozial desintegrierten Patienten einen strukturierenden Raum in der therapeutischen Gemeinschaft zur Verfügung stellen, der ihnen neue Realitäten vermittelt, die überhaupt erst psychotherapeutischer Intervention zur Wirkung verhelfen.

Im Vergleich zur ambulanten Therapie ist es nicht ein Therapeut, der die heftigen Übertragungsreaktionen ertragen muss, sondern es steht ihm ein Team zur Verfügung, das anders als in der ambulanten Psychotherapie vielseitige Unterstützung bieten kann, aber auch die Spaltungsprozesse deutlicher widerspiegelt und projizierte Selbstaspekte des Patienten eher aufnehmen kann.

In einer integrativen stationären psychoanalytischen Therapie mit ihrem Schwerpunkt in der Gruppenpsychotherapie gibt es in der Regel einen charakteristischen Verlauf, zumindest wenn eine Mobilisierung der pathogenen Introjekte und eine Inszenierung der pathologischen Objektbeziehungen gelingt. Dies habe ich an anderer Stelle auführlich dargestellt (Janssen 1987; Janssen u. Mitarb. 1989; Janssen 2000). Dieser Prozess darf aber nicht zu früh terminiert werden. 4–8 Monate sind dazu schon erforderlich, wenn man strukturelle Änderungen erreichen will.

Ein zentraler Anteil des oben skizzierten komplexen Settings ist die **stationäre Gruppenpsychotherapie**, meist mit 8–9 Patienten. Nach unseren Erfahrungen führt die Pluralität der Beziehungs- und Settingangebote, wie auch das Zusammenleben der Patienten auf der Station, innerhalb einer therapeutischen Gemeinschaft zu einer Beeinflussung des Gruppenprozesses. Der Gruppenpsychotherapeut muss, anders als in der ambulanten Gruppenpsychotherapie, seine Wahrnehmung wie seine Interventionen ausrichten auf das multipersonale therapeutische Beziehungsfeld. Die stationäre Gruppenpsychotherapie geschieht daher in einem Netzwerk von therapeutisch definierten Beziehungen. Unter dem Gesichtspunkt der Übertragungsentfaltung entwickelt sich in der Gruppensituation im Krankenhaus daher eine **„dispergierende Übertragung"**. Das heißt, die therapeutischen Bezugspersonen und die Mitpatienten werden in der stationären Therapie zu unterschiedlichen Figuren der Vergangenheit.

Dieser Prozess prägt auch den Verlauf der Gruppenpsychotherapie unter stationären Rahmenbedingungen. Die Gruppenpsychotherapie ist unter diesem Aspekt nur ein Teil des Beziehungsfeldes. Für den Gruppenpsychotherapeuten bedeutet dies, sich stets bei seiner Arbeit der Vielfalt der entwickelten Beziehungsmuster bewusst zu sein und sie in seine interpretative Arbeit innerhalb der Gruppe mit einzubeziehen.

Voraussetzung für den Gruppenpsychotherapeuten, die dispergierenden Übertragungsprozesse zu erfassen, sind die **regelmäßigen Teambesprechungen**, in denen die Beziehungsmuster zusammengeführt werden. Deswegen ist der kontinuierliche, offene Austausch über Beobachtungen und Erfahrungen in den verschiedenen therapeutischen Feldern einschließlich der Gruppenpsychotherapie notwendig. Dies geschieht in unserem Setting durch eine **regelmäßige Beobachtung der Gruppen durch den Einwegspiegel vom gesamten Behandlungsteam**. Nach solchen Sitzungen können die multidimensionalen Übertragungs- und Gegenübertragungsprozesse sichtbar werden, verstanden und auch vom Gruppenpsychotherapeuten im weiteren therapeutischen Prozess genutzt werden. Die Hier-und-Jetzt-Durcharbeitung geschieht weitgehend in der Gruppe. Die Einzelpsychotherapie hingegen ist eher fokussierend und strukturierend.

Aber auch das Zusammenleben der Patienten, die sozialen Regeln, die sie untereinander entwickeln, die Realitätsorientierung im Zusammenleben sind ein wichtiger Faktor in der stationären Therapie des Borderline-Patienten. Aggressive, rivalisierende, symbiotische wie fusionäre Beziehungsmuster zu Mitpatienten können in der Gruppenpsychotherapie entdeckt und durchgearbeitet werden.

Der Gruppenpsychotherapeut auf der Station muss sich bewusst sein, dass er mit seinem Ansatz nur ein Feld der Therapie darstellt. Seine Hauptaufgabe liegt in der Durcharbeitung der multidimensionalen Übertragungen und der Spaltungsübertragungen im gesamten klinischen Beziehungsfeld, also in dem Großgruppenprozess der Klinik.

Die empirische Überprüfung dieser Konzepte zeigt gute bis befriedigende Behandlungsergebnisse (Janssen u. Mitarb., unveröff.).

38. Erfolgsprädiktion psychiatrischer Gruppenpsychotherapien und ihre Implikationen am Beispiel schizophrener Störungen

R. Vauth und N. Rüsch

Einleitung

Die Behandlung schizophren Erkrankter stellt trotz der relativ niedrigen Punktprävalenz von 0,5% (d. h. ca. 400.000 akut Erkrankte in der Bundesrepublik) und Lebenszeitprävalenz von ca. 1% unter den verschiedenen psychiatrischen Erkrankungsgruppen eines der gesundheitsökonomisch wichtigsten Versorgungsprobleme dar. Mit 6,9 Mrd. DM direkten und 2,3–9,3 Mrd. DM indirekten Kosten (je nach Schätzungsmethode) werden ca. 5% der Kosten der Gesundheitsversorgung für schizophren Erkrankte in der Bundesrepublik aufgewandt (Bericht des Statistischen Bundesamtes 1998; Berichtszeitraum 1994).

Zum Stellenwert gruppenpsychotherapeutischer Intervention in der Behandlung der Schizophrenie

In diesem Abschnitt wird lediglich ein Ausschnitt empirisch begründeter psychosozialer Interventionen dargestellt. Mit Ausnahme der Übersicht von Kanas (1996) werden tiefenpsychologische Ansätze ausgespart wegen ihrer unzureichenden empirischen Legitimierung bei Schizophrenie (Mueser und Glynn 1993). Ebenso keine Erwähnung finden die Ansätze aus dem Bereich der Familientherapie, obwohl sie neben der neuroleptischen Behandlung als einer der Durchbrüche in der Behandlung schizophrener Erkrankungen gesehen werden können, da sie die Rückfallraten nahezu halbieren (Penn und Mueser 1996; Falloon u. Mitarb. 1996). Ansätze kognitiver Rehabilitation (Penn und Mueser 1996; Vauth u. Mitarb. 2000) und Interventionsprogramme zur Behandlung persistierender Positivsymptomatik (z. B. Penn und Mueser 1996) finden wegen ihres primär einzeltherapeutischen Vorgehens ebenfalls keine Erwähnung trotz einer Vielzahl empirischer Wirksamkeitsbelege.

Gruppenpsychotherapeutische Ansätze sind aus der stationären und ambulanten Versorgung schizophren Erkrankter nicht wegzudenken (Kanas 1996). Sie sind zumeist **störungsspezifisch multimodular** und realisieren im Wesentlichen drei **Interventionsphasen** (Fiedler, 1996):

- Patienteninformation und -aufklärung über Ursachen, Behandlungsmöglichkeiten und Prognose,
- Unterweisung, Einübung und Training von bestimmten Zielkompetenzen, die zu Prävention, Bewältigung oder Rückfallprophylaxe gestörter Funktionen dienen,
- Sicherung des Transfers in den Alltag.

Hinsichtlich tiefenpsychologischer Gruppenpsychotherapieansätze für Schizophrene werden die Arbeiten von Kanas (1996) dargestellt. Kanas kann als einer der Pioniere der Evaluation und Entwicklung tiefenpsychologischer gruppenpsychotherapeutischer Interventionsverfahren für schizophrene Patienten gelten. In seiner Monographie (Kanas 1996) beschreibt er eine Reihe von Studien, die seit dem Ende der 70er Jahre an stationären und ambulanten schizophrenen Patienten klinisch realisiert wurden. Bedeutsam ist der kritische Hinweis von Kanas an anderer Stelle, dass ein eher einsichtsorientiertes, mehr auf Aufdeckung unbewusster Inhalte gerichtetes therapeutisches Vorgehen Symptomremissionsprozesse und auch Restitution von Rollenfunktionsfähigkeit verzögern kann (Kanas u. Mitarb. 1980). Aus diesem ungünstigen Outcomeergebnis der Arbeitsgruppe von Kanas wurde ein neuer Interventionstyp entwickelt, der inhaltlich deutliche Konvergenzen mit aktuellen verhaltenstherapeutischen Gruppenbehandlungsprogrammen zeigt: Der Fokus der inhaltlichen gruppenpsychotherapeutischen Arbeit (über etwa 10 bis 12 Sitzungen im Mittel) liegt in einer Verbesserung der interpersonellen Kompetenzen und der Symptombewältigung (z. B. Kanas 1994, zit. in Kanas 1996, S. 129). Wichtig scheint auch sein Hinweis, dass ein zu hoher Turnover der Gruppenteilnehmer durch rasches Nachrücken bzw. frühzeitiger Entlassung von Gruppenteilnehmern die Gruppenkohäsion deutlich beeinträchtigt (z. B. Kanas und Barr 1986).

Methodenkritisch muss insgesamt – trotz der klinischen Bedeutung der zitierten Arbeiten – angemerkt werden, dass sie die Zusammensetzung (Störungsprofil) der klinischen Stichprobe unzureichend herausarbeiten, keine Instrumente (wie z. B. SKID) zur standardisierten Diagnosesicherung eingesetzt wurden, sich die klinischen Gruppen eher heterogen (Durchmischung mit schizoaffektiven Störungen) zusammensetzten und Randbedingungen wie bisheriger Erkrankungsverlauf, Medikation usw. nicht präzisiert werden. Des Weiteren sind die Stichprobengrößen eher klein (ca. 12 bis 20 Patienten im Mittel), und in einer Vielzahl von Studien fehlen Kontrollgruppen. Auch auf der Ebene der Outcome-Evaluation werden sehr selten standardisierte und in der Schizophrenieforschung gut etablierte Outcome-Instrumente eingesetzt. Was allerdings positiv hervorzuheben ist und z. B. in den gegenwärtigen Studien zu verhaltenstherapeutischen Ansätzen gänzlich fehlt, ist die Tatsache, dass Kanas eine ganze Reihe von solchen Gruppenstudien vorgelegt hat, die Prozessvariablen fokussieren – z. B. Einsatz des **Group Climate Questionnaire – GCQ-S –**, so dass die subjektive Seite des Erlebens von gruppenpsychotherapeutischen Veränderungsprozessen klinisch in wesentlich besserer Weise dokumentiert ist, als dies in gegenwärtigen verhaltenstherapeutischen Ansätzen der Fall ist. Wünschenswert wäre es daher, künftig auch für solche tiefenpsychologischen Ansätze nochmals auf der formalen Interventionsebene gemeinsame und differenzierende Merkmale der Intervention mit verhaltenstherapeutischen Ansätzen präzise herauszuarbeiten und

Tabelle 38.1 Verhaltenstherapeutische Interventionen zum Aufbau von sozialen Fertigkeiten. SFT = soziales Fertigkeitstraining; KG = Kontrollgruppe; N = Stichprobenumfang; Wo = Wochen; Mo = Monate; IPT = integratives psychologisches Therapieprogramm; SAT = Span-Of-Apprehension-Test; CST = COGLAB Card-Sorting-Test

Autoren (Umfang)	Hauptintervention – Kontrollgruppen	N	Ergebnisse der Interventionsgruppe im Vergleich zu den Kontrollgruppen
Bellack u. Mitarb. 1984 (3 x/Wo.; 3 Mo.)	SFT Leer-KG	29 14	Verbesserung von Symptomatik: keine Verbesserung der Rückfallhäufigkeit im 12-Monats-Follow-Up
Liberman u. Mitarb. 1986 (5 x 2 Std./Wo.; 9 Wo.)	SFT KG: Gesundheitserziehung	14 14	im 24-Monats-Intervall: Verbesserung von Symptomatik und sozialer Adaptation, keine Überlegenheit hinsichtlich der Rückfallhäufigkeit
Hogarty u. Mitarb. 1986, 1991 (1 x/Wo.; 12 Mo. + 1 x/2 Wo. für 12 Mo.)	SFT Psychoedukation in der Familie beides Leer-KG	23 24 23 35	im 24-Monats-Follow-Up: keine Wirkungsüberlegenheit hinsichtlich der Symptomentwicklung; hinsichtlich der Rückfallhäufigkeit: Psychoedukation mit und ohne SFT gleich wirksam, SFT nicht verschieden von Leer-KG; soziale Adaptation Abstufung Psychoedukation und SFT, Psychoedukation allein, SFT, KG
Dobson 1995 (4 x/Wo.; 9 Wo.)	SFT Milieutherapie	15 13	im 12-Monats-Follow-Up: Wirkungsüberlegenheit gegenüber der Kontrollgruppe hinsichtlich der Negativsymptomatik, nicht hinsichtlich der Positivsymptomatik oder hinsichtlich der Rückfallrate
Hayes u. Mitarb. 1995 (2 x/Wo.; 18 Wo.)	SFT Gesprächsgruppe	63	im 6-Monats-Intervall: hinsichtlich Symptomatik und Rückfallfrequenz kein Unterschied zur KG, wohl hinsichtlich der sozialen Adaptation und der Stabilität sozialer Kompetenz
Eckman u. Mitarb. 1992, Marder u. Mitarb. 1996 (3 x/Wo.; 12 Mo. + 1 x/Wo.; 12 Mo.)	SFT supportive Gruppentherapie	43 37	im 12-Monats-Intervall: hinsichtlich der Symptomatik und Rückfallhäufigkeit kein Unterschied zur Kontrollgruppe, wohl Wirkungsüberlegenheit hinsichtlich der sozialen Adaptation
Hornung u. Mitarb. 1996	psychoedukatives Gruppenprogramm für Patienten und Angehörige KG	191	höheres Maß an Medikamentencompliance; konstruktivere Einstellung zur Einnahme von Medikation bei Patienten und Angehörigen, geringere Rückfallrate im 1-Jahres-Follow-Up
Brenner u. Mitarb. 1992 (8 Wochen)	SFT kombiniert mit kognitivem Funktionstraining und Problemlösen (IPT) Placebo-Attention-KG	68	3- und 6-Monats-Follow-Up: Verbesserung in einer Reihe von kognitiven Maßen, Symptomatik und Rückfallhäufigkeit
Spaulding u. Mitarb. 1998 (6 Monate)	SFT + kognitives Training (IPT) KG: supportive Gruppentherapie	80	Verbesserung SAT: IPT > KG, Verbesserung CST: IPT = KG

das Outcome an größeren Stichproben zu evaluieren. Für die verhaltenstherapeutischen Methoden wäre es umgekehrt wünschenswert, dass in einem stärkeren Maße als bisher Gruppenprozesse über Gruppenerfahrungsbögen erfasst würden, um hieraus Informationen über die Sequenz von Veränderungsprozessen, über Wirkvariablen, eher obsolete respektive im Kern notwendige Wirkvariablen des Interventionsprozesses zu identifizieren (s. auch Tschuschke 1999c).

Die somit vor allem für den Bereich des Aufbaus sozialer Kompetenzen dargestellten Evaluationsergebnisse (Tab. 38.1) lassen sich nach der Perspektive der Wirksamkeit (ließ sich das therapeutisch fokussierte Zielverhalten verbessern?) und der Generalisierung differenzieren: Zeigen sich sekundär auch eine Verbesserung des Erkrankungsverlaufes (z. B. hinsichtlich Symptomatik, Rückfallrate, sozialem und beruflichem Funktionsniveau) und eine Stabilität der Effekte über die Zeit?

Grundelemente sozialer Fertigkeitstrainings bei schizophren Erkrankten sind graduierter Kompetenzaufbau durch Nutzung stellvertretender (Modelllernen) und direkter Verstärkung sowie durch Automatisation (cognitive rehearsal, behavioral rehearsal/Rollenspiel, Zwischensitzungsübungen) und die kognitive Vorstrukturierung der Interaktionssituation (Festlegung von Verhaltenszielen und Handlungsschritten).

Obwohl die Wirksamkeit sozialer Kompetenztrainings, verhaltenstherapeutischer Angehörigenarbeit in Gruppen, bewältigungsorientierter Ansätze, z.B. zum Symptommanagement und zu kognitiver Rehabilitation, und Rezidivprophylaxetrainings inzwischen als gut belegt angesehen werden können (s. auch Kap. 48); (Kane, McGlashan, 1995); (Liberman, Kopelowicz, 1995; Penn, Mueser, 1996), liegen doch erst in jüngster Zeit empirische Ergebnisse zu differenzialtherapeutisch relevanten Erfolgsprädiktoren vor.

Die **Ansprechrate** auf empirisch als wirksam belegte gruppenpsychotherapeutische Interventionen (vor allem kognitiv-verhaltenstherapeutische Fertigkeitstrainings) wird von Merkmalen aus drei Prädiktionsbereichen limitiert: symptomatologisch durch Negativsymptomatik (Vauth et al., 1999; Green, 1996) mit dem im Vordergrund stehenden Motivationsproblem (Verlust selbstgenerierter Anreize zur Verhaltensänderung), Störungen der sozial-emotionalen Informationsverarbeitung (z. B. Irritierbarkeit der Informationsverarbeitung unter affektiver Belastung, Beeinträchtigung sozialer Wahrnehmung) sowie Beeinträchtigung der kognitiven Informationsverarbeitung (z. B. Defizite bei Aufnahme und Abruf gelernter Zielkompetenz). Daher werden im Folgenden vor allem empirische Befunde zu kognitiven und sozial-emotionalen prognostisch relevanten Merkmalen dargestellt sowie indikative und differenzialtherapeutische Implikationen erörtert. Hinsichtlich der Bedeutung und Behandlung der Negativsymptomatik kann hier nur auf unsere Übersichtsarbeit verwiesen werden (Vauth et al., 1999). Das Gleiche gilt für pharmakologische Nebenwirkungen (z. B. Akathisie, Sedierung), die mit dem Behandlungserfolg interferieren können (z. B. Kanas 1996).

Interventionen zur Kompensation kognitiver Hemmnisse

Kognitive Beeinträchtigungen: Implikationen für die Gruppenpsychotherapie

Schizophren Erkrankte sind in der Regel auch außerhalb akuter Erkrankungsphasen im Erlernen alltagsrelevanter Zielkompetenzen (soziale Fertigkeiten, Bewältigungsstrategien) beeinträchtigt. Ursache hierfür sind erhöhte Ablenkbarkeit und reduzierte Fähigkeit, die individuell wichtigen Aspekte im Lernprozess während der Gruppenpsychotherapie zu identifizieren (Defizite **selektiver Aufmerksamkeit**) sowie eine verminderte Fähigkeit, sich über längere Zeiträume zu konzentrieren (**Daueraufmerksamkeit, Vigilanz**). Dazu tritt eine reduzierte verbale Lernfähigkeit, die insbesondere das **Behalten verbaler Informationen** (z. B. Selbstinstruktionen, Formulierung von Bedürfnissen) beeinträchtigt. Ebenfalls ein verbales Gedächtnisproblem stellt die reduzierte Fähigkeit dar, für bestimmte Problembereiche (Bewältigungs-, Fertigkeitsdefizite, Umsetzungsprobleme) repräsentative Alltagssituationen zu erinnern (**Abrufdefizite** aus dem „episodischen" Langzeitgedächtnis) und veränderungswirksam in die verhaltenstherapeutische Gruppenpsychotherapie einzubringen. Darüber hinaus erfordert das „Zuschneiden" von therapeutisch erworbenen Zielfertigkeiten auf subjektiv relevante Alltagskontexte (z. B. Bewältigung von erhöhter Ablenkbarkeit in einer spezifischen Arbeitssituation des persönlichen Alltags) die Fähigkeit, gleichzeitig das zielfertigkeitsbezogene Wissen abzurufen und zu „halten" und dann so zu transformieren, dass es auf die gleichzeitig kognitiv zu repräsentierende Anwendungssituation „passt". Das gleichzeitige „Halten und Transformieren" von Information ist aber eine Funktion des so genannten **Arbeitsgedächtnisses**, dessen Kapazität bei nahezu zwei Dritteln der remittierten Patienten nach neueren Studien defizitär bleibt (Morice, Delahunty, 1996). Der Zusammenhang zwischen der gruppenpsychotherapeutischen Verbesserbarkeit von z. B. sozialer Kompetenz und beruflicher Funktionsfähigkeit ist gut untersucht. Die Ergebnisse sind in Tab. 38.2 zusammengefasst.

Tabelle 38.2 Kognitive Prädiktoren für das „Ansprechen" auf soziale Kompetenztrainings und berufliche Rehabilitationsmaßnahmen

- Daueraufmerksamkeit[1,2,3]
- verbales Kurzzeitgedächtnis[1,2,3]
- verbales Langzeitgedächtnis[1,2,3,4]
- exekutive Funktionen[2,5]

[1] Bowen et al., 1994
[2] Corrigan et al., 1994
[3] Kern et al., 1992
[4] Mueser et al., 1991
[5] Lysaker et al., 1995

Alle genannten Parameter sind in ihrer Prävalenz (z. B. Braff, 1991; Vauth, 1996) und zeitlichen Stabilität, d. h. unabhängig von akuten Erkrankungsepisoden und Symptomatik (Rund, 1998), gut belegt.

Darüber hinaus findet sich eine Vielzahl empirischer Belege dafür, dass es weniger symptomatologische Merkmale schizophrener Restbehinderung sind, die **berufliche** und **soziale Integration** (community functioning) prognostisch ungünstig beeinflussen als kognitive Beeinträchtigungen (zur Übersicht s. Green, 1996; Vauth et al., 2000). Tab. 38.3 liefert eine Übersicht zum Stand der Forschung.

Tabelle 38.3 Kognitive Prädiktoren sozialer und beruflicher Rollenfunktionsfähigkeit

- exekutive Funktionen (z. B. WCST)[1,2], Arbeitsgedächtnis[8]
- Wortflüssigkeit[3]
- verbales Langzeitgedächtnis (Wortlisten, Textlernen)[3,4,5,6]
- figurales Gedächtnis[3,7]
- verbales Kurzzeitgedächtnis[4]

[1] Jaeger, Douglas, 1992
[2] Lysaker et al., 1995
[3] Buchanan et al., 1994
[4] Bryson et al., 1998
[5] Goldman et al., 1993
[6] Velligan et al., 1997
[7] Brekke et al., 1997
[8] Velligan et al., 1998

Strategien zur Kompensation kognitiver Beeinträchtigung gruppenpsychotherapeutischer Lernprozesse

Zur Ausweitung des Rehabilitationspotenzials bzw. der Ansprechrate auf fertigkeitsorientierte Gruppenpsychotherapie gibt es eine Reihe klinisch abgeleiteter Vorschläge (z. B. Buchkremer, Windgassen, 1987; Fiedler, 1996), spezifisch empirisch validierter Konzeptionen verhaltenstherapeutischer Gruppenpsychotherapie (z. B. Eckman et al., 1992; Wiedl, 1994), wie auch eine Reihe von Ansätzen, die über primäre Rehabilitation kognitiver Funktionen (z. B. Roder et al., 1997; Hodel, Brenner, 1996; Reed et al., 1992; Spaulding et al., 1986) günstigere Ausgangsvoraussetzungen für Lernprozesse in fertigkeitsorientierten Gruppenpsychotherapien

Tabelle 38.4 Verhaltenstherapeutische Behandlungsmaßnahmen bezogen auf die jeweiligen Behandlungsschwerpunkte

Themenschwerpunkt (fokussierter Behinderungsaspekt) und Anzahl der Sitzungen	Teilaspekte und verhaltenstherapeutische Behandlungsmaßnahmen
Funktionsstörungen im Bereich der Aufmerksamkeit und Konzentration: 5 Sitzungen	• Kurzeinführung zum *Konstrukt der Aufmerkmerksamkeit*: Bearbeitung des Fragebogens zu erlebten Defiziten der Aufmerksamkeit (FEDA) • *Training der selektiven Aufmerksamkeit*: Symptomprovokation durch Übung unter Interferenzbedingungen, z. B. Einflüstern von Sätzen durch Gruppenmitglieder, danach Gruppendiskussion über mögliche Selbsthilfestrategien, z. B. sich bewusst auf eine Aufgabe konzentrieren, äußere Störquellen ausschalten • Einüben des schnellen/flexiblen *Aufmerksamkeitswechsels* durch Erarbeiten von Selbsthilfestrategien in Situationen geteilter Aufmerksamkeit, z. B. beim Autofahren, Frühstück richten • Erarbeiten spezifischer Strategien *zur Förderung der Daueraufmerksamkeit* durch Situationskontrollstrategien, z. B. Einplanen rechtzeitiger Pausen, Zwischenschieben entspannender Tätigkeiten und Selbstinstruktionen zur Herstellung der Leistungsbereitschaft, z. B.: Mach weiter!, Bleib dran! • Festlegen von Zwischensitzübungen, z. B. Lesen zunehmend längerer Zeitungs- und anderer Texte
Strategieaufbau zur Verbesserung spezifischer Gedächtnisleistungen: 6 Sitzungen	• Erläuterung von Aufbau und Funktion der einzelnen Gedächtnisspeicher • Erarbeiten von *Encodierungsstrategien* in bestimmten Situationen, z. B. beim Behalten von Arbeitsanweisungen, sich neue Namen einprägen durch Provokationsübungen, Sammlung von Selbsthilfestrategien, z. B. inneres Wiederholen, Einsatz von Elaborationsstrategien zur Verknüpfung von Vorwissen mit aktueller Information • Einsatz von Paper-Pencil-Übungsaufgaben, z. B. Gesichter-Namen-Zuordnen, Einprägen von Wortlisten • Lerntexte einprägen anhand der SQ3R-Methode • Training von *Abrufstrategien* durch Entwicklung von automatisierten Handlungsregeln (z. B. Brille, Schlüssel immer an dieselbe Stelle legen), Ausweitung der Strategieanwendung auf erschwerende Rahmenbedingungen, z. B. Abrufstörung durch interferierende Ereignisse
Handlungsplanung und Organisation: 5 Sitzungen	• Verbesserung mangelnder Stimulusexploration durch Sichbewusstmachen von Handlungsabläufen, Planung einer Aufgabe und Einüben von spezifischen Explorationsstrategien zur Extraktion der relevanten Informationen • *Working Memory*: Beispiele für hier sinnvolle Strategien: entwickeln von Checklisten, sich den kompletten Handlungsgang und das Endziel vorstellen, bevor einzelne Schritte erarbeitet werden, Kapazitätsentlastung durch systematisches Ablegen von Erinnerungsstücken • *Planung*: Erarbeiten von im beruflichen Kontext relevanten Handlungsabläufen, bei denen es immer wieder zu Fehlern im Sinne des Festhaltens an irrelevanten Einzelschritten kommt, Provokationssituationen, z. B. Bilder ordnen aus Vater-Sohn-Geschichten Erstellung von Job Cards in Zusammenarbeit mit dem Anleiter, auf denen optimale Reihenfolge von Teilschritten eines Handlungsplans festgehalten wird Training kognitiver Flexibilität durch Role Reversal Selbstinstruktionen (z. B. Worum geht es?, Was ist das Ziel?) Entscheidungsfindung durch Erarbeiten systematischer Entscheidungsstrategien wie Brainstorming ohne Bewerten, Vier-Felder-Schema Einsetzen der Strategien in Zwischensitzungsübungen, z. B. Planung kleiner Freizeitprojekte in einer Kleingruppe von zwei bis drei Patienten

schaffen wollen. Die Ansätze werden im Folgenden kurz skizziert.

Buchkremer und Windgassen (Buchkremer, Windgassen, 1987) formulieren in ihren aus klinischer Erfahrung abgeleiteten **„Leitlinien des psychotherapeutischen Umgangs mit schizophrenen Patienten"** folgende Prinzipien:

- Einfachheit und Übersichtlichkeit der dargebotenen Informationen (Fiedler, 1996) zur Reduktion der Anforderungen an die Verarbeitungskapazität,
- Eindeutigkeit des Kommunikationsstils (d. h. Kongruenz von verbalen und nonverbalen Kommunikationsaspekten),
- klare Definition des Therapieziels (Transparenz; Fiedler, 1996),
- eher aktives und direktives Therapeutenverhalten anstelle von Orientierung am „gruppendynamischen Geschehen und deutend abstinentem Therapeutenverhalten",

- Wahrung zeitlich und personeller Konstanz in der Behandlung,
- positive Interpretation von Symptomatik als Bewältigungsversuch (statt stigmatisierender psychopathologischer Defizitorientierung),
- Stützung gesunder Ich-Anteile (d. h. Aufgreifen von erhaltenen Ressourcen der Selbstregulation, also z. B. von vorhandenen Bewältigungsstrategien). Gleichfalls an klinischer Erfahrung orientieren sich die Forderungen von Fiedler (Fiedler, 1996).

Aus den Befunden von Beutler u. Mitarb. (Beutler et al., 1984) leitet sich die Forderung nach nosologisch eher homogenen Gruppen ab, deren Größe 5 bis 7 Teilnehmer nicht überschreiten, deren zeitliche Ausdehnung wegen der beeinträchtigten Informationsverarbeitung nicht eine Zeitstunde übersteigen und deren Frequenz in der ambulanten Behandlung niederschwellig nicht häufiger als einmal pro Woche sein sollte. Um die Möglichkeit zur persönlichen Distanzierung zu bieten, sollte eine Sitzordnung mit Tischen gewählt werden.

Eckman u. Mitarb. (Eckman et al., 1992) benutzen ein bestimmtes **„didaktisches Drehbuch"**, das sich wie ein roter Faden durch die verschiedenen Inhaltsbereiche (z. B. Symptommanagement, Freizeit) des Social-And-Independent-Living-Skills-Programm zieht und dadurch auch empirisch erwiesenermaßen für Patienten mit höherer symptomatischer Belastung, insbesondere Denkgestörtheit, wirksam ist: Um die Unterscheidung relevanter und irrelevanter Informationen zu stützen, werden in jedem Interventionsmodul zunächst irrelevante Verhaltensziele spezifiziert. Sodann werden die zur Ausführung der Zielkompetenzen benötigten Ressourcen und Möglichkeiten der Beschaffung benötigter, aber aktuell nicht verfügbarer Ressourcen erarbeitet. Zur Verbesserung der Umsetzung werden frühzeitig nicht nur positive, sondern auch negative Konsequenzen der gewählten Verhaltensstrategie analysiert und persönliche Kriterien zur Überprüfung des Umsetzungserfolges entwickelt.

Wiedl (Wiedl, 1994) setzt in seiner **bewältigungsorientierten Therapie** bei Schizophrenen u.a. „externe Speicherhilfen"" wie Metaplantechnik und Arbeitsmaterialien ein. Diese reduzieren die Anforderungen an das verbale Gedächtnis durch die Möglichkeit des „Ablegens" von Zwischenergebnissen und durch ihre (Vor-)Strukturierung von Information die Anforderungen an die selektive Aufmerksamkeit.

Einen grundsätzlich anderen Weg beschreiten therapeutische Ansätze, die sich in Anlehnung an Bleulers Verständnis der ätiopathogenetischen Vorrangigkeit kognitiver Funktionsstörungen an Spauldings (Spaulding et al., 1986) so genannter **Pervasivitätshypothese** orientieren. Zentral ist hierbei die Annahme, dass sich Lernprozesse auf komplexerer Ebene (Erwerb von Handlungswissen in Gruppenpsychotherapien und Alltagstransfer) fördern lassen durch **primäre Rehabilitation kognitiver Funktionsstörungen**. Empirisch gestützt werden solche Überlegungen durch die Befunde zur Vorhersagbarkeit von beruflicher und sozialer Integration und des (Miss-)Erfolges von verhaltenstherapeutischer Gruppenpsychotherapie durch kognitive Funktionsstörungen (z. B. Green, 1996; Vauth et al., 2000a). Hierzu liegen exemplarische Ansätze aus der Arbeitsgruppe von Brenner (z. B. (Hodel, Brenner, 1994) und unserer Arbeitsgruppe (Vauth et al., 2000) vor. Das **integrierte psychologische Therapieprogramm für schizophrene Patienten** von Brenner (Roder et al., 1997) sieht als Basisbaustein ein „kognitives Differenzierungstraining" vor. Hier werden Aspekte von konzeptueller Flexibilität und Begriffsbildung trainiert, in der Basisstufe des Bausteins „verbale Kommunikation" Aspekte von „verbal" und „Category Fluency", um die Verfügbarkeit semantischen Wissens zu verbessern. Der empirische Nachweis einer Wirksamkeitsverbesserung durch „vorgeschaltete" kognitive Funktionstrainings konnte allerdings durch geringe Stichprobengröße (z. B. Hodel, Brenner, 1994) und Designmängel (Kraemer et al., 1991) bisher nicht erbracht werden.

Unsere Arbeitsgruppe hat nun ein kognitives Rehabilitationsprogramm vorgelegt (Vauth et al., 1997), das prognostisch relevante kognitive Funktionsdefizite (Green, 1996) direkt fokussiert und sich die positiven Ergebnisse von Trainierbarkeitsstudien sowie Erfolge computerunterstützter Trainingsverfahren (z. B. Geibel-Jakobs, Olbrich, 1998) zunutze macht. Dazu wird das Vorgehen ergänzt um einen strategieorientierten Ansatz (Tab. 38.**4**), der die spontan vom Patienten eingesetzten Selbsthilfestrategien nutzt und den Transfer auf Alltagssituationen durch Integration in ein arbeitsrehabilitatives Training im Sinne eines „Training-On-The-Job-Konzeptes" und pharmakologischer Synergienutzung (Einsatz von atypischen Neuroleptika) optimiert. Tab. 38.**4** zeigt eine Übersicht unseres Ansatzes.

Interventionen zur Kompensation sozial-emotionaler Hemmnisse bei gruppenpsychotherapeutischen Interventionen

Ausgehend von empirischen Befunden zur Vorhersagekraft rein kognitiver Funktionsstörungen für verschiedene Aspekte sozialer und beruflicher Integration und der Ansprechrate auf diverse psychosoziale Interventionen (z. B. Green, 1996), die lediglich im Mittel ca. 25% Effektgrößenvarianz aufklären, schlagen Penn u. Mitarb. (Penn et al., 1997) den Einbezug von Maßen der Informationsverarbeitung sozialer Stimuli (social cognition) vor. Letzteres wird auch durch höhere Repräsentativität sozialer Verarbeitungsstörung für den Alltagskontext gerechtfertigt, der häufiger durch affektive Reizaspekte, erhöhte Anforderungen an Schlussfolgerungsfähigkeit (Erschließen von Persönlichkeitseigenschaften, Absichten anderer usw.) sowie durch Reflexivität (Wechselwirkung von Schlussfolgerungen und sozialem Handeln) gekennzeichnet ist.

Sozial-emotionale Verarbeitungsstörungen und ihre prädiktive Bedeutung

Zusammenhänge mit Aspekten **sozialer Kompetenz** zeigen sich für Beeinträchtigungen der **Affektwahrnehmung** und **Identifikation problemlösungsrelevanter Konfliktmuster** in Videoszenen sozialer Interaktion (z. B. (Mueser et al., 1996; Reed et al., 1994; Spaulding et al., 1990; Corrigan, Toomey, 1995; Ihnen et al., 1998)). Für Affektwahrnehmung konnten Beeinträchtigungen auch unabhängig von Akutsymptomatik in remittierten Phasen der Erkrankung (Penn et al., 1993; Addington, Addington, 1998; Troisi et al., 1998) und zum Teil auch nosologiespezifisch (etwa im Gegensatz zu depressiven

Patienten) nachgewiesen werden (z. B. Gaebel, Wölwer, 1992). Letzteres ist allerdings empirisch kontrovers (Bellack et al., 1994).

Bellack u. Mitarb. (Bellack et al., 1989) haben bereits frühzeitig die Überwindung des Cold-Cognition-Ansatzes gefordert. Verarbeitungsdefizite in affektiv aufgeladenen Situationen sind eng mit einer Erhöhung des Rezidivrisikos (Nuechterlein et al., 1992; Kavanagh, 1992; Sullivan et al., 1990) verbunden. Die Vulnerabilität der Informationsverarbeitung ist gerade unter Bedingungen affektiver Stimulation belegt (Nuechterlein et al., 1992). Reduzierte affektive Diskriminationsfähigkeit vermindert die Handlungssteuerung in sozialen Situationen (Schwarz, Clore, 1988; Kanfer, 1992; Mueser, 1993). Angemessene Interpretation von sozialen Situationen wird reduziert durch das vermehrt beeinträchtigte Erschließen von Emotionen und Handlungsintentionen (Corrigan, Green, 1993; Corrigan et al., 1994; Corrigan, Nelson, 1998). Trotzdem sind an den sozial-emotionalen Verarbeitungsstörungen ansetzende Interventionen bisher nur spärlich vorhanden (z. B. Hodel, Brenner, 1996; Vauth et al., 1997).

Das **Training zur Bewältigung maladaptiver Emotionen** (Hodel et al., 1998), begriffen als Ergänzungsbaustein zum IPT, nutzt das Stimulusmaterial des Moduls „soziale Wahrnehmung" und fokussiert dann funktionelle Bewältigungsaspekte negativer Emotionen in einem Fertigkeitstraining. Vauth u. Mitarb. (Vauth et al., 1997) haben hingegen ein umfassendes Trainingsprogramm vorgelegt, das alle Komponenten „emotionaler Intelligenz" (Salovey et al., 1993) integriert:

- Selbstwahrnehmung emotionaler Prozesse,
- Affektexpression (verbal und nonverbal),
- Affektdiskrimination in der Fremdwahrnehmung,
- Fähigkeit zur emotionalen Perspektivenübernahme,
- Selbstregulation emotionaler Prozesse (Erweiterung auf den Bereich positiver Emotionen: Schaffung von Handlungsanreizen, Selbstverstärkung; negative Emotionen),
- Regulation dysfunktionaler Affekte (Ärger, Angst, Depressivität) in sozialer Interaktion.

Das formale Vorgehen ist in Tab. 38.**5** skizziert.

Schlussfolgerungen

Zusammenfassend kann festgehalten werden, dass insbesondere verhaltenstherapeutische Gruppenpsychotherapie (Kap. 54) in verschiedenen Phasen der Behandlung schizophrener Erkrankung wie Postakutphasen-Behandlung mit dem Schwerpunkt von Rezidivprophylaxe, Maintenance-Behandlung während der ambulanten Therapie der Patienten oder aber in stationär-rehabilitativen Einrichtungen eingesetzt werden kann. Die empirische Basis ist klar: Psychodynamische Ansätze haben bisher mit Ausnahme von stark strukturierten supportiv-psychoedukativen Ansätzen (Olbrich et al., 1999) keine empirischen Wirksamkeitsbelege erbracht. Nosologisch homogene und eher kleine Gruppen mit 4 bis 7 Teilnehmern mit Kontinuität der Behandler an relevanten Schnittstellen (z. B. beim Übergang von der stationären zur ambulanten Behandlung) und eine stark aktive Rolle des Therapeuten sind formal wichtige Erfolgsvoraussetzungen. Wegen der Störanfälligkeit der Informationsverarbeitung sind ein hohes Ausmaß an kognitiver Vorstrukturierung der Informationsaufnahme beim Fertigkeitstraining, die weitgehende Reduktion von Ablenkung und das rechtzeitige Einhalten von Pausen zur Verminderung der Anforderungen an die Daueraufmerksamkeit entscheidend. Wichtig für Motivation und Transfer sind die Identifikation persönlich relevanter Behandlungsziele für spezifische Alltagssituationen, die Nutzung spontan vom Patienten bereits eingesetzter, konstruktiver Selbsthilfestrategien und die spezifische Stützung von Transferprozessen durch ein „Training-On-The-Job-Konzept". Schließlich ist die gemeinsame Erarbeitung eines funktionellen Störungs- und Erkrankungsmodells notwendig zur Förderung von Akzeptanz sowie zur Übernahme von Verantwortung und Initiative durch den Patienten für eine Verbesserung des Behandlungserfolgs. Darüber hinaus konnten kognitive Rehabilitationsansätze und auch spezifisch sozial-emotionale Verarbeitungsdefizite fokussierende neuere Interventionskonzeptionen ebenso wie der Einsatz neuerer so genannter atypischer Neuroleptika (Vauth et al., 2000; Vauth et al., 1999) als wichtige Möglichkeiten aufgezeigt werden, wie das Rehabilitationspotenzial, d. h. in diesem Fall die Ansprechrate auf kognitiv-behaviorale Interventionsansätze, für schizophrene Patienten ausgeweitet werden kann.

In Zukunft werden Studiendesigns, die die Synergie von Optimierung der Pharmakotherapie und die Schaffung von günstigen Ausgangsvoraussetzungen (z. B. Rehabilitation kognitiver Funktionsstörungen, spezifisches Training in sozial-emotionalen Defizitbereichen der Informationsverarbeitung) untersuchen, eine zunehmende Bedeutung erlangen und vielleicht weitere wichtige indikative Voraussetzungen bzw. prognostisch entscheidende Variablen identifizieren helfen. Eine solche Studie wird gegenwärtig in der Abteilung Sozialpsychiatrie und klinische Psychiatrie des Rehabilitationszentrums Karlsbad-Langensteinbach in Kooperation mit der Abteilung allgemeine Psychiatrie und Psychotherapie der Freiburger Universitätsklinik für Psychiatrie und Psychosomatik durchgeführt.

Tabelle 38.5 Komponenten des Trainings emotionaler Intelligenz

1. Themenkarussell:
- Belastungsemotionen wie Depressionen, Ärger, Umgang mit nicht erwarteten Situationen (Überraschung), Angst, Scham und Schuld
- Aufbau von positiven Alltagsaktivitäten, Selbstverstärkung (Freude)
- Aufbau aktiver Freizeit (Interesse)

1. Doppelstunde:	2. Doppelstunde:
• Emotionale Perspektivenübernahme: schriftliche Bearbeitung sozialer Vignetten	• Klassifikation emotionaler Auslösesituationen nach subjektiver Kontrollmöglichkeit und individuellen Regulationszielen
• Emotionsdekodierung und -ausdruck: Regisseurübungen zu Bildern des Pictures-of-Facial-Affect-Tests	• Copingsicht (Selbst, interpersonell, soziale Unterstützung)
• Selbstwahrnehmungen differenzieller Emotionen: „Reporterübung" bzw. Verhaltensanalyse im Paarinterview	• gegebenenfalls Training der Bewältigung im Rollenspiel und gelenkten Dialog bzw. Guided Imagery

39. Teilstationäre Behandlung von chronischen und schweren psychiatrischen Störungen

A. S. Joyce

Rational des teilstationären Behandlungsansatzes[1]

Gruppenorientierte teilstationäre Behandlungsprogramme („Day Treatment Programs", kurz DT) stellen wichtige, aber zu wenig benutzte Hilfen für Patienten dar, die
- im Begriff sind, sich von einer **akuten psychotischen Erkrankung** zu **erholen (Remission)** oder
- unter einer chronischen, nicht psychiatrischen Erkankung leiden, das sind **gemäßigt schwere affektive Störungsbilder mit oder ohne komorbide Persönlichkeitsstörung**.

Das Spektrum an teilweise stationären Behandlungsansätzen kann hinsichtlich der Unterschiede in der primären Funktion, d. h. der Behandlung, Rehabilitation oder einer gewissen Kombination der beiden Aspekte betrachtet werden (Klar u. Mitarb. 1982; Rosie 1987).
Behandlung zielt auf die optimale Erholung des Patienten. Behandlungsinterventionen zielen auf die Abschwächung von Symptomen, die Wiederherstellung von Gesundheit und/oder auf eine Veränderung im Patienten.
Im Kontrast dazu fokussiert die **Rehabilitation** auf die psychosoziale Adaptation des Patienten in die Gemeinschaft. Rehabilitative Interventionen dienen dem Patienten zur Anpassung an ein Handicap und der Verbesserung der adaptiven Funktionen. Im Unterschied zur **Tagesklinik** (primären Behandlungen von akuten Zuständen) oder so genannter Day Care (primärer rehabilitativer Bemühung für chronische Zustände), stellt DT eine Abkürzung dar für „Interventionspakete" mit einem eher ausbalancierten Ansatz beider Elemente – Behandlung und Rehabilitation. Symptomreduktion wird zweifelsfrei in DT erwartet, aber ein gleichwertiges Ziel ist es auch, die Funktionsfähigkeit des Patienten innerhalb der Gemeinschaft zu verbessern. DT-Programme können eine intensivere Behandlung und Rehabilitation anbieten, als sie in ambulanten Settings möglich sind. Aus diesem Grunde werden sie oft auch als eine überlegene Alternative zur ambulanten Patientenversorgung angesehen.
In der diesbezüglichen Literatur hat ein großes Spektrum an Programmbeschreibungen den Blick auf den Wert von DT-Ansätzen verschleiert (Creed u. Mitarb. 1989). Methodologische Probleme bei den meisten Studien haben Verallgemeinerungen bei ähnlichen Programmen oder Patientengruppen schwer, wenn nicht tollkühn gemacht (Moscowitz 1980; Wilkinson 1984). Neuere Rufe nach mehr Klarheit in Programmbeschreibungen haben gleichfalls größere Genauigkeit bei der Identifikation der Patienten und Störungsbilder angemahnt, die am besten durch DT-Ansätze behandelt werden (Hoge u. Mitarb. 1992; Klar u. Mitarb. 1982; Weiss und Dubin 1982). Die ersten Programme versuchten, den Patienten alle Arten von Behandlung anzubieten, mit entsprechend geringen oder zweideutigen Resultaten. Idealerweise erfolgt die Festlegung der Patientenpopulation, die von einem DT-Programm behandelt wird, von den strukturellen Merkmalen und von den therapeutischen Zielen her (Guy und Gross 1967). Dies macht die Entwicklung spezifischer Kriterien für die Patientenselektion und eine Berücksichtigung demographischer, sozialer und psychiatrischer Charakteristiken erforderlich, speziell, wenn diese von prognostischer Bedeutung sind. Zum Beispiel haben Creed u. Mitarb. (1989) die Bedeutung der Verfügbarkeit sozialer Unterstützung für die Patienten im Hinblick auf eine erfolgreiche Behandlung im teilstationären Bereich hervorgehoben.

Methodologische Aspekte in der DT-Forschung

Obwohl zahlreiche Untersuchungen die Effektivität von DT-Programmen empirisch gestützt haben, kann die Zuverlässigkeit vieler Ergebnisse auf Grund von wissenschaftlich harten Kriterien angezweifelt werden (Neal 1986). In einem häufig verwendeten Zitat beklagt Wilkinson (1984) die **methodologischen Schwächen** in Studien teilstationärer Fürsorge als „ernste oder chronische Schwächen": „Die Zahl der Patienten ist häufig zu gering, es gibt häufig eine Auswahl-Bias, partielle oder keine Randomisierung und kaum Kontrolle der wichtigen Variablen wie Diagnose, Medikation und Behandlung zwischen Entlassung und Follow-up, (kontrastierende) Tagesklinik und stationäre Behandlung sind häufig schlecht definiert, Ergebnismaße sind nicht standardisiert bzw. nicht blind geratet und zu viele Patienten gehen gewöhnlich während der Follow-up-Phase verloren" (Wilkinson 1984, S. 1710).
Diese Aussage wiederholt die Schlussfolgerungen von Guy und Gross (1967) zwei Dekaden zuvor. In diesem Abschnitt soll eine Reihe von methodologischen Aspekten kurz angesprochen werden. Danach werden Überblicke der methodisch adäquateren Studien bezüglich schizophrener und nicht schizophrener Patienten in der teilstationären Behandlung betrachtet.
Probleme in den Studien können im Hinblick auf die **Stichprobengröße** gefunden werden. Vermutlich auf Grund von Problemen, die mit Feldstudien verbunden sind, berichten viele Untersuchungen von Stichproben von 30 oder weni-

---
[1] „Day Treatment Programs" (DT) sind eine in Nordamerika (Kanada, USA) weit verbreitete Einrichtung für tagesstrukturierende, sozialintegrative Programme von psychiatrischen Kliniken zur weiteren Behandlung, bei gleichzeitiger Rehabilitation und gesellschaftlicher Reintegration. „Day Care" entspricht dagegen eher unserem Tagesklinik-Ansatz.

ger Patienten. Die inadäquate statistische Power einer solchen Forschung – kombiniert mit einer Überbetonung der gefundenen Ergebnisse (Greene und De La Cruz 1981) – resultierte in Verallgemeinerungen auf unabhängige klinische Settings, die höchst suspekt sind. Die Situation wird weiterhin kompliziert, wenn keine angemessene Beschreibung der Patientenstichprobe vorgenommen wird. In vielen Fällen haben die Untersucher keine klaren und abgesicherten diagnostischen Kriterien zur Spezifizierung der klinischen Natur ihrer Stichprobe angewendet.

Die **Designaspekte** der Untersuchungen sind gleichfalls problematisch. Der Einschluss von Wartelistenkontrollbedingungen kann unüberwindbare ethische Probleme für DT-Studien mit sich bringen. Kontrollierte Versuchsbedingungen, bei denen die stationäre oder ambulante Patientenversorgung „in der Regel" als Kontrast dienen, sind tendenziell das bevorzugte Forschungsdesign. Die Kritik, dass die Behandlungsbedingungen in der Literatur unklar oder vage bleiben, trifft auch auf die Beschreibungen der vergleichenden Studien unvermindert zu. Vorangegangene Behandlungen, der Einsatz von medikamentöser Therapie während der Behandlung und zusätzliche Behandlungserfahrungen zwischen Entlassung und Follow-up sind nicht ungewöhnlich für DT-Patienten, obgleich die eingesetzten Proportionen selten berichtet werden. Eine solche Information ist aber für die Bewertung, ob ein Programm effektiv ist, unverzichtbar und benötigt eine Einschätzungsmöglichkeit der vor der Behandlung erfolgten Vorbereitung, der pharmakologischen Maßnahmen oder der stattgefundenen Nachbehandlung. Schließlich haben wenige Untersucher versucht, spezifische Behandlungsaspekte oder Patientencharakteristika mit Ergebnisaspekten zu korrelieren, wie es von Klar u. Mitarb. (1982) gefordert wurde. Eine „Durchsicht der Daten" („sifting through the data") kann oft zukünftige Forschungsrichtungen bestimmen, selbst wenn die ursprüngliche Studie von minimaler methodischer Qualität und geringer statistischer Power war.

Schließlich sind es spezifische Methodenaspekte, die das Gebiet diesbezüglicher Forschung belasten. Greene und De La Cruz (1981) kritisieren Ergebnisbewertungen in Studien mit teilstationärer Behandlung, indem diese auf „Schnellschuss-Mentalität" („shotgun approach") basierten, d. h. einem undifferenzierten Gebrauch von Maßen von häufig geringer Relevanz. Mehr noch, die Bestimmung der Programmeffektivität basierte vielfach auf Bewertungsbias durch den Behandler selbst (Moscowitz 1980). Messungen des Symptomverlusts allein sind als Indikatoren der Programmeffektivität unzureichend, wenn man vom Ziel der DT ausgeht, die Funktionalität des Patienten innerhalb der Gemeinschaft wieder herzustellen oder zu verbessern. Eine Messebene, das Ausmaß an Belastung durch die Erkrankung auf wichtige andere, wurde von einigen Autoren als wichtig bezeichnet (Creed u. Mitarb. 1989; Greene und De La Cruz 1981). Eine angemessene Erfassung des Behandlungsergebnisses mag in der Tat jenseits der Möglichkeiten der meisten Programme liegen. Standardisierte Einschätzungen durch unabhängige Interviewerteams, speziell dann, wenn die Anzahl der Maße ansteigt, können drastisch den Stichprobenumfang bzw. die statistische Power, aber auch die Kosten ansteigen lassen. Ausgehend von dieser Lage, sollte festgehalten werden, dass zahlreiche kleinere Untersuchungen, die vergleichbare Ergebnismaße einsetzen, dennoch das Gebiet weiter voranbringen könnten. Schließlich sind Follow-up-Einschätzungen unverzichtbar für die Feststellung der Langzeiteffektivität von DT-Programmen sowohl im Hinblick auf die Aufrechterhaltung von Behandlungserfolgen als auch im Hinblick auf eine Vorbeugung von Rezidiven und kostspielige Wiederaufnahmen. Die oftmalige kurzlebige Natur der Patientenpopulation, die durch DT-Programme erfasst wird, bedeutet häufig eine hohe Zermürbung, sodass ein konsistentes Beobachten der Funktionalität der Patienten über die Follow-up-Periode zwar anfordernd und kostspielig sein, dafür aber auch Dividende in sich tragen kann, wenn man an den dadurch möglichen Nachweis der Programmeffizienz denkt.

Forschung an teilstationären Behandlungsprogrammen

Einrichtungen, die DT anbieten, sind in der Regel ambulanten Einrichtungen angegliedert. DT wird dabei generell an einer oder zwei Patientengruppen durchgeführt:
- chronisch schizophrene Patienten, die keiner akuten Aufnahme, dennoch aber der Hilfe bedürfen, in der Gemeinschaft zu bleiben oder wieder in sie eingegliedert zu werden;
- schwer gestörte nicht psychotische Patienten, gewöhnlich solche mit langanhaltenden affektiven und Persönlichkeitsstörungen, die sich mit einem gewissen Ausmaß an situativ bedingtem Stress präsentieren.

Die begrenzte Zahl von kontrollierten Untersuchungen auf diesem Gebiet hat damit begonnen, Indikationskriterien zu identifizieren bezüglich der Frage, welche Patientenmerkmale mit einem Nutzen in DT-Programmen assoziiert sind. In der Literatur beschriebene Programme spezifizieren im Vergleich zur kürzlich akzeptierten Definition des DT-Ansatzes selten eine bestimmte Behandlungsdauer (Weiss und Dubin 1982; Klar u. Mitarb. 1982; Rosie 1987). Dagegen kann ein Trend hin zu einer Bevorzugung des zeitbegrenzten Ansatzes in den neueren Untersuchungen festgestellt werden.

Untersuchungen mit schizophrenen Patienten im Rahmen von DT-Programmen

In einer randomisierten Studie mit einem sehr guten Untersuchungsdesign, der maßstabsetzenden Studie („landmark study") von Meltzoff und Blumenthal (1966), untersuchten die Autoren den Fortschritt von in DT behandelten Patienten (n = 33) im Vergleich zu konventionell ambulant behandelten Patienten (n = 36) im Anschluss an stationäre Behandlung. Die meisten Patienten waren geringfügig angepasste Schizophrene. Das DT-Programm bot ein therapeutisches Milieu an, war aber unstrukturiert und das Behandlungsende war offen, wobei nur einzelne Formen von Gruppen- und Einzelpsychotherapie regelmäßig angeboten wurden. Berufsbezogene Aktivitäten wurden gleichfalls im Rahmen des Programms eingesetzt. Die Teilnahme war freiwillig und variierte zwischen sporadischer und täglicher Teilnahme. Die tägliche Zählung schloss im Allgemeinen die Hälfte der Patienten mit ein. Die ambulante Behandlung umfasste Einzel- oder Gruppenpsychotherapie, pharmakologische Therapie oder „irgendeine Kombination aus konventionellen Behandlungsformen" (Meltzoff und Blumenthal 1966, S. 117). Hospitalisierungsraten, Beschäftigungsstatus und Ratings zur psychologischen Anpassung wurden in einem 3-Monats-Intervall über einen 18-monatigen Zeitraum erfasst.

Nach 18 Monaten waren die DT-Patienten in signifikant geringerem Ausmaß wieder einem Hospital zugewiesen als die ambulant behandelten Patienten. Die meisten Wiedereinweisungen für die DT-Patienten stellten sich frühzeitig ein, innerhalb der ersten 9 Monate nach Eintritt in das Programm. DT wurde als speziell effektiv bei der Vorbeugung gegen Wiedereinweisung bei denjenigen Patienten festgestellt, die bei der Beurteilung vor der Hospitalisierung das niedrigste Niveau aufwiesen, älter und weniger gebildet waren sowie einen niedrigeren sozioökonomischen Status und eine längere Liste vorangegangener Hospitalisierungen aufwiesen. Die Autoren versichern, dass „wenn diese Behandlung einmal etabliert ist und sich die Patienten auf das Programm einlassen, eine Hospitalisierung nicht länger erforderlich ist" (Meltzoff und Blumenthal 1966, S. 135).

DT-Patienten hatten gleichfalls signifikant weniger stationäre Behandlung, wenn sich eine erneute Hospitalisierung als unvermeidlich herausstellte. Wenn man die Beschäftigung, Arbeitstrainingsmaßnahmen und gestützte Arbeitsversuche zusammengenommen nach 18 Monaten betrachtete, so zeigte sich, dass 51% der DT-Patienten im Vergleich zu 22% der ambulanten Kontrollpatienten beschäftigt waren. DT-Patienten zeigten vergleichsweise ähnlich überlegene Erfolge der Kontrollgruppe gegenüber, wenn man Engagement in der Gemeinde, das Selbstkonzept, Unabhängigkeit, Familienbeziehungen und Stimmungslage heranzog. Diese Behandlungseffekte waren wiederum höchst bemerkenswert für die schlechter angepassten Patienten. Die Studie von Meltzoff und Blumenthal wies nach, dass DT für eine effektive soziale Eingliederung und zur Vermeidung von Rehospitalisierungen bei schweren und chronischen psychotischen Erkrankungen verwendet werden kann. Die Autoren versichern, dass die Programmeffektivität durch die Schwerpunktmaßnahme Arbeit und Beschäftigung begründet war.

Weldon u. Mitarb. (1979) demonstrierten ebenfalls die Effektivität von DT im Hinblick auf die Wiederherstellung der Arbeitsfähigkeit. Die Autoren untersuchten 30 Patienten mit der Diagnose „chronische Schizophrenie", die kürzlich aus einem stationären Behandlungssetting entlassen worden waren. Die Hälfte davon wurde dann in einem DT-Programm und der Rest in einer „konventionellen" ambulanten Einrichtung behandelt. Das DT-Milieu bezog Gruppenpsychotherapie und strukturierte Erholungsmaßnahmen sowie arbeitsvorbereitende Aktivitäten mit ein. Die ambulante Behandlung „erschien angemessen" (S. 145), sie umfasste wöchentliche Gruppenpsychotherapie und/oder Medikation. Drei Monate später zeigten sich DT-Patienten nicht von ambulanten Patienten verschieden in Symptomen, Gestimmtheit oder Einpassungsqualität in die Gesellschaft. Kein einziger Patient musste während der Untersuchungsphase wieder hospitalisiert werden. Dagegen waren alle Patienten nach drei Monaten in Arbeit oder Ausbildung im Vergleich zu nur drei (20%) der ambulanten Patienten.

Präventive Effekte von DT wurden in einer Studie von Guidry u. Mitarb. (1979) berichtet. Zur Evaluation eines DT-Programms – das zugeschnitten war auf „den chronisch gestörten Patienten, der langandauernde interpersonelle und Anpassungsschwierigkeiten an die Gemeinschaft erlebt hat" (Guidry u. Mitarb. 1979, S. 221) – wurde ein Kontrollgruppendesign verwendet, um zu überprüfen, ob die Programmteilnahme mit geringeren und/oder kürzeren Krankenhausaufenthalten assoziiert war. Auch hier besaß das Programm ein offenes Ende und war unstrukturiert gehalten, wobei die Patienten die Wahl hatten, an einem breiten Spektrum an Psychotherapie-, Erholungs-, behavioralen oder „spontanen" Gruppen teilzunehmen. Zwei Drittel der 65 Patienten waren als schizophren diagnostiziert. Auftreten und Dauer der Hospitalisierungen wurden für vergleichbare Zeiträume vor und nach der Teilnahme am DT-Programm miteinander verglichen. Die Rate der Klinikeinweisungen nahm für die Periode der DT-Programmteilnahme signifikant ab (31%), verglichen mit dem vorangegangenen Zeitabschnitt (71%). Die Dauer der Einweisungen nahm von 60 auf 13 Tage ab. Die Kosten der DT-Maßnahme betrugen nur 5% derjenigen, die für einen stationären Aufenthalt angefallen wären.

Im Kontrast dazu stehen fehlende Effektivitätsnachweise, wie sie von Glick u. Mitarb. (1986) berichtet werden. Intensive DT-Intervention war verglichen worden mit wöchentlichen ambulanten Therapiegruppen bei nicht chronischen und schlecht angepassten Patienten mit schizophrenen, schizophrenieformen bzw. endogenen Depressionsstörungen. Dreißig der 109 zugewiesenen Patienten mussten ausgeschlossen werden wegen Ablehnung der Teilnahmeeinwilligung bzw. wegen eines größeren Behandlungsbedarfs als im Rahmen der ambulanten Versorgung möglich war. Das DT-Programm war hoch strukturiert und hielt sich straff an flexible Zeitgrenzen (6–12 Wochen). Die medikamentöse Behandlung wurde über die Bedingungen hinweg gut kontrolliert. Die Patienten wurden bei Aufnahme und Entlassung sowie nach 6 Monaten und einem Jahr nach Beendigung der Maßnahme nach folgenden Parametern eingeschätzt: in Maßen zur Psychopathologie, zur Rollenfunktionalität und zur sozialen Anpassung.

Das DT-Programm hatte eine signifikant geringere Dropout-Rate, speziell bei jenen Patienten mit der Diagnose „endogene Depression". Es wurden keine differenziellen Effekte im Outcome bei der Entlassung oder irgendeinem der Follow-up-Messpunkte gefunden. Eine Betrachtung der bei den Behandlern aufgeworfenen Kosten ergab, dass das DT-Programm ca. das Zehnfache der Kosten einer wöchentlich stattfindenden ambulanten Gruppenpsychotherapie aufwarf. Die Autoren schlossen daraus, dass DT zwar für eine größere Kontinuität der Betreuung sorgte, indem die Patienten für einen Wiedereintritt in die Gemeinschaft vorbereitet wurden, dass sich dies aber nicht im Behandlungsnutzen niederschlug. Aus Gründen der Kosteneffizienz wurde demnach die ambulante Versorgung befürwortet. Die Behandlungsbeschreibungen durch Glick u. Mitarb. (1986) zeigen, dass das DT-Programm keine Arbeitstrainingsmaßnahmen beinhaltete. Vorangegangene Untersuchungen (Meltzoff und Blumenthal 1966; Weldon u. Mitarb. 1979) legten großen Wert auf diese Komponente und waren in der Lage, die differenzielle Effektivität von DT bei chronisch psychotischen Patienten nachzuweisen.

Zwei retrospektive Überblicksstudien gaben ebenfalls Stützung für DT-Programme mit dieser Population. Der Fokus dieser Untersuchungen lag auf dem Einbezug von Patienten in Nachsorgemaßnahmen. Comstock u. Mitarb. (1985) sahen die Unterlagen von 181 Patienten durch, die einem DT zugewiesen worden waren, um den Einfluss auf die Inanspruchnahme medizinischer Dienste zu untersuchen. Das Untersuchungsdesign berücksichtigte die 2-Jahres-Zeiträume vor und nach der DT-Maßnahme. Das Programm war gruppenorientiert mit psychodynamischen und Milieubehandlungsansätzen. Eine Zeitbegrenzung von 18 Wochen wurde von den Autoren festgelegt, aber nicht alle Patienten nahmen regelmäßig teil oder machten von allen Gruppenaktivitäten Gebrauch. Ausgiebige Arbeitsrehabilitationsmaßnahmen wurden durchgeführt. Die Patientenstichprobe war durch gemischte Diagnosen gekennzeichnet. Schizophrene Patienten wurden mit eingeschlossen, wenn eine „signifikante Rehabilitation erreicht werden" (Comstock u. Mitarb. 1985, S. 486) konnte. Andere Patientendiagnosen schlossen endogene Depression, Charakterstörungen, Substanzmissbrauch und Anpassungsstörungen mit ein. Die Patienten zeigten eine definitive Abnahme der Inanspruchnahme von medizinischen und chirurgischen Einrichtungen innerhalb von zwei Jahren nach dem DT-Programm. Dieser Effekt war für jene Patienten mit dem besten Behandlungsergebnis am stärksten. Während medizinische Einrichtungen von der gesamten DT-Stichprobe weniger in Anspruch genommen wurden, suchten die Patienten mit dem schlechtesten Behandlungsergebnis mehr psychiatrische Einrichtungen auf. Somit hatte DT die Wirkung, dass eine gesunde Unabhängigkeit von einigen erfolgreichen Patienten und eine angemessenere Inanspruchnahme psychiatrischer Einrichtungen durch einige Patienten mit schlechterem Ergebnis erzielt wurden. Die Autoren hoben die langfristigen Kosteneinsparungen, die mit einer geringeren Nachfrage nach medizinischen und chirurgischen Eingriffen und einer angemesseneren Inanspruchnahme von preisgünstigeren psychiatrischen Ressourcen verbunden waren, hervor.

Ferber u. Mitarb. (1982) untersuchten retrospektiv Aufzeichnungen und setzten Interviews ein, um 137 DT-Patienten (78% junge chronisch schizophrene Patienten) zu untersuchen, ob diese in lokal verfügbaren Langzeit-Behandlungsmaßnahmen wirksam untergebracht werden konnten. Die Patienten nahmen für ein Maximum von drei Monaten an DT-Programmaktivitäten teil, in die eine Reihe von psychotherapeutischen und Erholungsmodalitäten eingeplant war. 52% der Patienten nahmen vollständig am Programm teil. 7% mussten stationär behandelt werden und 36% beendeten das Programm gegen den medizinischen Rat. Die Patienten, die sich am wahrscheinlichsten verbesserten, waren älter und hatten Familienunterstützung, eine durchschnittliche Anzahl von vorangegangenen Hospitalisierungen und waren kriminell nicht auffällig geworden. Die Untersucher fanden, dass 82% der Patienten, die DT vollständig absolvierten, nach der Beendigung irgendeine Form von Langzeitbehandlung aufsuchten, dies im Vergleich zu einem Drittel der Patienten, das vorzeitig ausstieg oder hospitalisiert wurde. Die Untersuchung bestätigt die Ergebnisse von Comstock u. Mitarb. (1985), wonach DT die gewachsene Inanspruchnahme psychiatrischer Einrichtungen durch mehr chronisch kranke Patienten unterstützt.

Untersuchungen mit nicht schizophrenen Patienten im Rahmen von DT-Programmen

MacKenzie und Pilling (1972) beschreiben ein intensives Kurzzeit-DT-Programm für Patienten mit neurotischen und/ oder psychosomatischen Störungsbildern. Das Programm stützte sich auf psychoanalytische Gruppenpsychotherapie, ergänzt durch Einzel- und Ansätze von Beschäftigungstherapie. Jeder Tag des Programms schloss mit einer Großgruppensitzung, an der alle Patienten und das Behandlungsteam teilnahmen. Während kein spezifisches Limit festgelegt war, betrug die durchschnittliche Zeit der Teilnahme an der Behandlung 11 Tage, wobei einige Patienten bis zu 30 Tage teilnahmen. Bei einem Follow-up mit den ersten 100 Patienten zeigten 69 Verbesserungen in klinischen Ratings bei Symptomen, interpersonalen Beziehungen und Arbeit/sozialer Funktionalität. Von den 31 mit den größten Verbesserungen hatten 65% am DT-Programm für weniger als eine Woche teilgenommen und 13% litten unter einer psychotischen Erkrankung oder chronischem Alkoholismus. In der Zielgruppe mit neurotischen oder psychosomatischen Störungen waren 83% bei der Entlassung als signifikant verbessert geratet worden. Die Mehrheit dieser Patienten (85%) konnte ihre Verbesserungen nach sechs Monaten aufrecht erhalten.

Tyrer und Remington (1979) führten eine vergleichende Untersuchung zwischen DT und ambulanter Versorgung von 89 randomisiert zugeordneten Patienten mit Angst, Phobie und depressiver Neurose durch. Symptome und soziale Anpassung wurden vor der Behandlung und vier und acht Monate nach Abschluss durchgeführt. Zwei DT-Programme wurden mit ambulanter Versorgung verglichen: Das erste offerierte eine Reihe von allgemeinen Behandlungsangeboten, während das zweite einen spezifischeren Fokus auf der Gruppen- und Milieutherapie für neurotische Störungsbilder hatte. Es gab keine differenziellen Effekte im Behandlungsergebnis, obwohl DT-Patienten weniger wahrscheinlich auf Medikationen eingestellt waren. Im Gegenzug berichteten die ambulant versorgten Patienten signifikant größere Zufriedenheit mit ihrer Behandlung. Es gab einige Hinweise, dass die randomisierte Gruppenzuweisung die für jedes PT-Programm geeigneten Patienten ausschloss; 16% der DT-Patienten nahmen das Programm nur ein einziges Mal in Anspruch. Nichtsdestoweniger schlossen die Autoren, dass DT für neurotische Patienten eine unangemessene Allokation von Ressourcen darstelle, und dass man bei DT den Persönlichkeitsstörungen und der Rehabilitation von psychotischen Erkrankungen mehr Beachtung schenken sollte.

Tyrer u. Mitarb. (1987) berichten über einen 2-Jahres-Follow-up in einer kontrollierten Studie. Ein größerer Teil der DT-Patienten (76%) hatte ein wenig ambulante Betreuung in den zwei Jahren nach der Entlassung erhalten, womit der Follow-up-Vergleich verwaschen wurde. Nach zwei Jahren wurden keine signifikanten Unterschiede in globalen Symptommaßen oder sozialer Funktionalität gefunden. Die Auswertungen zeigten einen geringen Vorteil des DT-Programms in Items, die kognitive, somatische und Veränderungen im Gefühlsbereich von Angst und Depression erfassten, jedoch schrieben die Autoren diese Veränderungen möglichen statistischen Fehlern zu. Patienten im speziellen DT-Programm zeigten auch ständige Verbesserung über zwei Jahre Follow-up, was nahe legt, dass der Nutzen für diese Patienten einige Monate der Konsolidierung benötigte, um manifest zu werden. Die Autoren beharrten dennoch auf ihrer Meinung, dass DT für neurotische Patienten nicht kosteneffektiv sei.

Dick u. Mitarb. (1991) führten eine vergleichende Untersuchung zwischen DT und ambulanter Behandlung für 92 Patienten mit persistierenden und schweren Angst- und Depressionserkrankungen durch. Ihre Stichprobe war durch längere und schwerere Erkrankungsbilder gekennzeichnet als die Stichprobe der Studie von Tyrer u. Mitarb.; die Patienten hatten sich im Vorfeld als nicht ansprechend auf ambulante Behandlung erwiesen. Das DT-Programm war beschränkt auf zwei bis drei Monate, die Postmessung nach der Behandlung wurde sechs Monate nach Entlassung durchgeführt. Die Behandlung bezog sich auf den Umgang mit Zeit und Sozialkontakte und verwendete eher supportiv-behaviorale denn psychodynamische Konzepte. Nach sechs Monaten zeigten DT-Patienten (n = 44) eine markante Verbesserung im Symptombereich, im Umgang mit Zeit und in sozialen Kontakten im Vergleich zu ambulanten Patienten (n = 48). Ein größerer Teil der DT-Patienten (82%) bewertete seine Bewältigungsfähigkeiten als effektiv, dagegen nur ein geringer Teil der ambulanten Patienten (27%). Eine höhere Zufriedenheitseinschätzung ergab sich ebenfalls auf Seiten der DT-Patienten. Die Autoren der Studie schließen aus diesen Ergebnissen, dass DT eine realisierbare Option für diejenigen Patienten sei, denen im Hinblick auf Verbesserung im ambulanten Behandlungssetting allein schwerlich zu helfen sei.

Weitere Studien in diesem Bereich untersuchten einzelne Programme, die entweder eine feste Zeitbegrenzung und/oder ausgewählt behandelte Patienten mit spezifischen Störungen einbezogen. Dick und Wooff (1986) untersuchten 50 Patienten im Rahmen eines 12-Wochen-DT-Programms, das psychodynamische Gruppenpsychotherapie für die Behandlung von Neurosen einsetzte. Das Programm umfasste Patientenbehandlung in kleinen analytischen Gruppen, ein tägliches therapeutisches Gemeinschaftstreffen und verschiedene expressive und Erholungstherapien. Einzelpsychotherapie wurde nicht angeboten. Die Inanspruchnahme von psychiatrischen Diensten im Jahr vor und nach dem DT-Programm wurde aus Gemeindeunterlagen ermittelt. Die Verfasser berichten von einer generellen Abnahme der Inanspruchnahme von psychiatrischen und anderen medizinischen Diensten sowie über einen gestiegenen Selbstwert, sowohl ein Jahr als auch vier Jahre nach der Maßnahme. Die Patienten berichteten auch von mehr Zufriedenheit mit ihrem Lebensstil. Eine Untergruppe von sieben Patienten mit schlechtem Ergebnis wies eine erhöhte Inanspruchnahme von Diensten nach dem DT-Programm auf; die meisten von ihnen waren retrospektiv als Borderline-Persönlichkeitsstörung diagnostiziert worden.

Karterud u. Mitarb. (1992) beschreiben ein DT-Programm von durchschnittlicher Dauer (4–8 Monate) für schwere und chronische Persönlichkeitsstörungen. Das Programm war im Sinne einer therapeutischen Gemeinschaft organisiert und wurde gemäß einem psychoanalytischen Objektbeziehungsansatz durchgeführt. Jeder Programmtag war durch zwei große Gemeinschaftstreffen in Blöcke geteilt. Andere Formen von Gruppen- und Einzelpsychotherapie, Kunst- und Beschäftigungstherapie wurden angeboten. Ein Gesamt von 97 aufeinander folgenden Patienten wurde prospektiv begleitet; die meisten von ihnen (n = 84) waren von ambulanten Abteilungen im lokalen Referenzbereich überwiesen worden. Drei Viertel der Stichprobe hatte eine Achse-II-Persönlichkeitsstörung (DSM), die Mehrheit mit einer Borderline- (n = 34) oder schizotypischen Persönlichkeitsstörung (n = 13). Patienten mit einer weniger schweren neurotischen Störung machten den kleineren Teil der DT-Stichprobe aus (n = 23). Zwei Patienten mussten stationär behandelt werden und zwei Patienten unternahmen Suizidversuche während der DT-Teilnahme. Die Autoren sprechen von insgesamt niedrigeren Raten als üblicherweise für Stichproben dieser Form berichtet. Patientenentlassungen (entgegen medizinischem Rat oder aufgrund von Regelverstößen) sowie Drop-outs traten in 22 Fällen auf; die Häufigkeit von irregulärer Entlassung war höher unter Borderline- und schizotypischen Patienten. Signifikante Verbesserungen in der Symptomatologie ergaben sich für die gesamte Stichprobe. Borderline- und andere Persönlichkeitsstörungen zeigten moderate Verbesserungen, während schizotypische Patienten die geringsten Verbesserungen aufwiesen. Die Dauer der Behandlung war direkt verknüpft mit Symptomverbesserung. Die Verfasser betonen, dass eine Mischung von Patienten mit Borderline- und neurotischen Störungen dazu diene, eine „ausbalancierte" Gemeinschaft zu erzeugen, die für beide Seiten von Nutzen sein könne. Die Autoren unterstreichen auch die Notwendigkeit einer klaren organisationellen Struktur, einer Akutversorgung sowie einer nach Entlassung erfolgenden Therapiemaßnahme.

In unserem eigenen Setting in Edmonton/Kanada haben wir einen kontrollierten, randomisierten Versuch mit einem 18-wöchigen, psychodynamischen DT-Programm für Patienten mit affektiven und Persönlichkeitsstörungen durchgeführt (Piper u. Mitarb. 1996). Die Behandlung ist primär gruppenorientiert. Jeder Tag des Programms beginnt mit einer Großgruppe, die als Eckpfeiler des Programms fungiert. Den Rest des Tages besucht jeder Patient einen Standardsatz von kleinen Gruppen, die alle von Kotherapeuten geleitet werden. Die Gruppen reichen von solchen, die unstrukturiert und einsichtsorientiert arbeiten, zu solchen, die strukturiert und zum Erwerb von Fertigkeiten dienen. Die Stichprobe unserer Studie basierte auf 120 Patienten, die nach Achse-I-Diagnosen (DSM-III-R), Alter und Geschlecht gematcht waren. Jedes Gruppenmitglied war randomisiert unmittelbarer Behandlung oder verzögerter Behandlung als Kontrollbedingung zugewiesen worden. 17 Ergebnisvariablen umfassten u.a. Symptomschwere, interpersonales Verhalten, Selbstwert, Lebenszufriedenheit, Abwehrfunktionen und individuelle Behandlungskriterien. Outcome wurde vor (prä) und nach Behandlung (post) sowie nach einem durchschnittlichen 8-Monats-Follow-up bewertet. Die Mehrheit der Patienten (65%) war mit einer schweren Depression diagnostiziert, 60% wiesen zusätzlich eine Achse-II-Diagnose auf (DSM-III-R), davon die meisten mit der Diagnose einer abhängigen Persönlichkeitsstörung (22%) und einer Borderline-Persönlichkeitsstörung (14%). Die Hälfte der Stichprobe erhielt als Diagnose „affektive und Persönlichkeitsstörung". Behandelte Patienten hatten in sieben von 17 Ergebnisvariablen eine größere Verbesserungsrate als unbehandelte Patienten, wobei alle Funktionsbereiche – mit Ausnahme der Abwehr – signifikant waren. Die durchschnittliche Effektstärke für diese sieben Variablen zeigte durchschnittliche Verbesserungen beim behandelten Patienten an, die um 87% die durchschnittliche Verbesserungsmarge beim unbehandelten Patienten überstieg. Vergleiche zwischen den Verbesserungen der Kontrollbedingungspatienten in der Wartezeit und der nachfolgenden Behandlung unterstützen weiterhin den substanziellen Behandlungseffekt. Die Behandlungsergebnisse wurden über die Follow-up-Zeit aufrecht erhalten.

Der klinische Versuch schloss außerdem die Untersuchung von Patientencharakteristika als Prädiktoren des Behandlungsprozesses und des -ergebnisses mit ein. Zwei Patientenvariablen, ausgewählt nach ihrer theoretischen Relevanz für einen psychodynamischen Ansatz, erwiesen sich als beste Prädiktoren des Behandlungserfolgs im Rahmen des DT-Programms, dies im Vergleich zu einem Satz von Merkmalen, wie er auf der Basis vorangegangener Forschungsergebnisse verwendet worden war (Piper u. Mitarb. 1994). Es handelte sich zum einen um die **Qualität der Objektbeziehungen (QOR)**, die als eine der Person inhärente Tendenz aufgefasst wird, bestimmte Arten von interpersonellen Beziehungen zu gestalten, entlang einer Dimension von „primitiv" bis „reif" und der **Psychological Mindedness (PM)**, die definiert ist, als die Fähigkeit einer Person, dynamische (intrapsychische) Komponenten zu identifizieren und sie mit den Problemen einer Person in Verbindung zu bringen (zu den Methoden s. Kap. 11, 12; Piper und McCallum 2000). Die Qualität der Objektbeziehungen (QOR) war direkt verknüpft mit dem Verbleiben im DT-Programm sowie mit der Qualität des Therapieergebnisses auf der Basis von zwei von vier Outcome-Faktoren (generelle Symptomatologie, Behandlungsziele seitens des Patienten und soziale Fehlanpassung). Die QOR erwies sich außerdem als bedeutende Moderatorvariable, wie sich bei den signifikanten Effekten mit anderen Variablen zeigte (Alter, Familienstand, Gegebensein einer Persönlichkeitsstörung). PM war direkt verknüpft mit günstigem Behandlungsergebnis bei drei von vier basalen Ergebnisvariablen (Symptomatologie und Behandlungsziele, soziale Fehlanpassung und pathologische Abhängigkeit). PM korrelierte außerdem signifikant mit QOR bei der Voraussage der Verminderung in sozialer Fehlanpassung.

Zwei Prozessvariablen wurden im Rahmen des DT-Programms gleichfalls als signifikant mit günstigem Therapieergebnis verknüpft gefunden. Es handelte sich um die Fähigkeit des Patienten, in DT-Gruppen zu „arbeiten", und die „Wahrnehmung des psychosozialen Umfeldes des Programms" durch den Patienten. Im Bezug auf die **Arbeit** ergaben sich die stärksten Ergebnisse bei den kombinierten Effekten von PM und Arbeit. Zunächst war PM direkt verknüpft mit Arbeit, dann ergaben sich Kombinationen (additiv oder interaktiv) für PM und Arbeit, die signifikant mit mehreren Ergebnisvariablen korreliert waren. In einigen Fällen war ca. ein Viertel der Varianz im Ergebnis durch Patienten-Prozess-Variablen-Kombinationen zu erklären (Piper u. Mitarb. 1994). Im Hinblick auf die **Wahrnehmung der psychosozialen Umgebung** durch den Patienten ergaben sich die stärksten Zusammenhänge bei kombinierten Effekten von PM, QOR und zwei Wahrnehmungsfaktoren (positives therapeutisches Klima, Ausdruck von Ärger). Verschiedene additive Kombinationen dieser Variablen erklärten substanzielle Ausmaße der Ergebnisvarianz. Der Einschluss der **Wahrnehmung des Programmumfeldes** durch den Patienten verstärkte den Zusammenhang mit Behandlungsnutzen signifikant (Joyce u. Mitarb. 1994).

Die Bestimmung von Prädiktoren für den Behandlungserfolg wie z. B. PM und QOR hat direkte Auswirkungen auf die Patientenauswahl und - vorbereitung für DT-Programme. Eine Identifikation von Prozessvariablen wie Arbeit und die Wahrnehmung des Programmklimas hat Auswirkungen auf klinische Prozeduren wie Feedback und Intervention. Forschungen des Edmonton-DT-Programms ergaben praktische Implikationen für klinische Möglichkeiten, dass Patienten im Programm verbleiben, arbeiten und Nutzen aus intensiven gruppenorientierten Behandlungsmaßnahmen ziehen (Piper u. Mitarb. 1996).

Die letzte Untersuchung, die hier vorgestellt werden soll, zielte ebenfalls auf die Identifizierung von Patientenmerkmalen bezüglich des Verbleibens in DT-Programmen ab. Gillis u. Mitarb. (1997) führten eine retrospektive Analyse von Patientenlisten (N = 327) in drei DT-Programmen durch, um soziodemographische und klinische Merkmale als Prädiktoren ungeplanter Abbrüche (Drop-outs) zu untersuchen. Die Rate ungeplanter Abbrüche in den Programmen betrug 54% über einen 2-Jahreszeitraum des Studienüberblicks. Aktiver Substanzmissbrauch und eine Vorgeschichte von drei oder mehr stationären Aufenthalten waren mit Abbruch assoziiert. Diagnosen einer endogenen Depression („major depression") oder posttraumatischen Belastungsstörung (PTSD),

eine vorangegangene DT-Behandlung und bessere Bildung waren mit Verbleiben und komplettem Absolvieren der Behandlung verknüpft. Die Autoren bemerken jedoch, dass eine ausschließliche Rekurrierung auf die genannten Faktoren zu einschränkend wäre: „Interaktive Effekte zwischen Patienten- und Programmerkmalen müssen berücksichtigt werden, um Programmergebnisse zu verbessern" (Gillis u. Mitarb. 1997, S. 355).

Bemerkenswert war die Tatsache, dass sich 22% der Behandlungsabbrüche als Funktion einer negativen Reaktion auf das Programmmilieu ergaben, was die Notwendigkeit unterstreicht, dass das Behandlungsteam für ein positives therapeutisches Klima sorgen muss, damit Patientencompliance und -zufriedenheit verbessert werden.

Fazit

Teilstationäre Behandlungsmaßnahmen (DT-Programme) werden im Allgemeinen für zwei unterschiedliche Patientenpopulationen angeboten: chronisch schizophrene Patienten, die Unterstützung, aber keine Stationierung benötigen, und Patienten mit langwierigen affektiven und/oder Charakterstörungen, die ein gewisses Ausmaß an Lebenskrise erfahren.

DT-Programme für **schizophrene Patienten** werden häufig als Nachsorge (Follow-up) nach einem akuten Schub eingesetzt. Der erfahrene Schub war gewöhnlich nicht der erste für den Patienten gewesen. Die Programme sind eher unstrukturiert, auf der Basis von freiwilliger Teilnahme an Programmaktivitäten. Dieser Ansatz dient der Wiedererlangung von Kompensation, während der Patient produktiv vorbereitet wird, in das Gemeinschaftsleben zurückzukehren. Programme, die u.a. Arbeitsmaßnahmen für schizophrene Patienten verwenden, neigen dazu, bessere Ergebnisse in den Bereichen Arbeitsfähigkeit und Integration in die Gemeinschaft zu erzielen. Diese Programme haben auch eine direkte Wirkung auf die Reduzierung von Restationierungsraten und die Dauer von erneuten stationären Aufenthalten (Guidry u. Mitarb. 19979; Meltzoff und Blumenthal 1966; Weldon u. Mitarb. 1979). Patienten, die erfolgreich aus einem DT-Programm entlassen werden, nehmen weniger wahrscheinlich medizinische Dienste in Form von Nachbehandlung in Anspruch, aber sie machen eher angemessenen Gebrauch von psychiatrischer Langzeitunterstützung. DT dient demnach der Unterstützung einer Kontinuität psychiatrischer Hilfe bei psychotischen Patienten, bei gleichzeitiger Vermeidung kostenintensiver und unangemessener Inanspruchnahme von medizinischen Diensten. Die Ergebnisse bezüglich der Patientenmerkmale, die für diese Art der DT mit dem Behandlungsergebnis verknüpft sind, sind schwach. Ältere Patienten mit einer mittellangen bzw. langandauernden Geschichte von vorangegangenen Klinikaufenthalten tendieren dazu, die besten Behandlungsergebnisse zu erzielen. Diejenigen mit schlechteren Voraussetzungen im Bildungs- und sozioökonomischen Bereich scheinen gleichfalls günstig auf DT-Programme in Verbindung mit Arbeitsmaßnahmen zu reagieren.

DT-Programme für **nicht schizophrene Patienten** tendieren dazu, einen begrenzten Zeitraum bereitzustellen, um zugleich den Behandlungsfokus zu betonen wie auch chronischer Abhängigkeit entgegenzuarbeiten. Diese Programme sind meist psychodynamisch orientierte Behandlungsansätze (Ausnahme: Dick u. Mitarb. 1991) und legen ein Schwergewicht auf Gruppenbehandlung – bewusst eine Einzelbehandlung vermeidend. Großgruppentreffen sind dabei integraler Bestandteil der Therapie (Karterud u. Mitarb. 1992; MacKenzie und Pilling 1972; Piper u. Mitarb. 1996). Solche DT-Programme scheinen besonders effektiv für Patienten mit schwereren und chronischen neurotischen oder Persönlichkeitsstörungen zu sein, die eine vorangegangene Geschichte von nicht erfolgreichen ambulanten Behandlungen aufweisen (Dick u. Mitarb. 1991). Patienten mit einer weniger schweren neurotischen Störung scheinen nicht mehr Gewinn aus dem intensiveren DT-Programm zu ziehen als aus wöchentlichen ambulanten Behandlungssitzungen (Tyrer und Remington 1979; Tyrer u. Mitarb. 1987).

Obwohl sie im Rahmen von DT-Programmen als schwierig zu behandeln gelten, machen Patienten mit Borderline- und schizotypischen Störungen dennoch Fortschritte. Der Einbezug dieser Patienten mit anders diagnostizierten schweren neurotischen Beschwerden scheint zum „Container-Konzept" mit beizutragen, das für eine effektive Behandlung von Borderline-Störungen unverzichtbar ist (Karterud u. Mitarb. 1992).

Patientenmerkmale, die in Übereinstimmung mit der Behandlungsphilosophie des Programms stehen (z. B. QOR, PM), wurden als direkt assoziiert mit dem Verbleib in der Behandlung, der Arbeitsfähigkeit in der Therapie und dem therapeutischen Nutzen aus der Behandlung gefunden (Piper u. Mitarb. 1996). Effektive DT, speziell für schwerere Persönlichkeitsstörungen, erfordert eine klare Programmstruktur und ein positives therapeutisches Klima, die Verfügbarkeit akuter Versorgungsmöglichkeiten sowie eine angemessene Nachsorge.

40. Psychoanalytisch begründete Gruppenpsychotherapie in der psychosomatischen Rehabilitation

J. Lindner, U. Günther und B. Dechert

Einleitung

Die Anwendung und Weiterentwicklung gruppenpsychotherapeutischer Verfahren im Setting einer psychoanalytisch orientierten psychosomatischen Rehabilitationsklinik bzw. Fachabteilung erfordert, wie Strauß und Mattke an anderer Stelle dieses Werkes ausführlich darstellen (Kap. 36), wegen der Komplexität des Interaktionsgeschehens zwischen Patient, Therapieinstitution und Bezugsgruppe eine Würdigung des spezifischen Organisations- und Rahmenmodells, in dem die stationäre Gruppenpsychotherapie praktiziert wird. Nach Streeck (2000) kommt gerade den institutionellen Bedingungen bei der Gestaltung klinischer Psychotherapie besondere Bedeutung zu.

Die psychosomatische Rehabilitation hat sich innerhalb des Systems der Rehabilitationsmedizin in Deutschland als eine **Sonderform der stationären psychotherapeutischen Versorgung** von Patienten mit psychogenen Erkrankungen etabliert und stellt nach einer Erhebung von 1994 bei ca. 14.000 Behandlungsplätzen mit mehr als 70% der Kapazität den größten Anteil sicher, während nur knapp 30% der Betten auf den akutmedizinischen Bereich entfallen (Koch und Potreck-Rose 1994; Neun 1994). Die im internationalen Vergleich hervorgehobene Rolle der psychosomatischen Rehabilitation hierzulande kann nach Annahmen von Koch (zit. n. Paar 1999) u.a. damit begründet werden, dass sich das psychotherapeutische Versorgungssystem unter den Rahmenbedingungen der psychiatrischen Versorgung nicht ausreichend entwickeln konnte. Neben allgemeinen Kostengründen wird als weiterer Faktor genannt, dass gerade in Deutschland der medizinischen Rehabilitation als Maßnahme, dem vorzeitigen Ausscheiden aus dem Arbeitsleben zu begegnen, bereits sehr früh ein hoher Stellenwert eingeräumt wurde.

Angesichts fachlich begründeter und sozioökonomischer Einflussgrößen befindet sich die psychosomatische Rehabilitation nunmehr seit Jahren in einem permanenten **Veränderungs-** und **Umstrukturierungsprozess**. Der aktuelle Entwicklungsstand (Bürger und Koch 1999) ist dabei durch zwei teils gegenläufige Trends bestimmt: Zum einen haben die Empfehlungen der seitens des Verbandes deutscher Rentenversicherungsträger (VDR) eingesetzten Reha-Reformkommission zur Weiterentwicklung der Rehabilitation Anfang der 90er Jahre eine innovative Aufbruchstimmung erzeugt, die Umsetzung indikationsspezifischer Rehabilitationskonzepte angestoßen und zu Qualitätsstandards mit der Konsequenz konkreter Anforderungsprofile an psychosomatische Kliniken geführt (Franke 1996). Zum anderen hat dieser Prozess durch einschneidende gesetzliche Neuregelungen im Rahmen des so genannten Wachstums- und Beschäftigungsförderungsgesetzes (WFG 1996) einen erheblichen Bedeutungswandel erfahren. Wenngleich das System der psychosomatischen Rehabilitation aus Sicht der Rentenversicherungsträger im Grundsatz nicht gefährdet ist (Wille und Irle 1996) und sich der Rehabilitationsbereich „auf reduziertem Niveau" (Reimann u. Mitarb. 1999) mittlerweile konsolidiert zu haben scheint, so ergeben sich nach wie vor Auswirkungen auf die Anspruchsvoraussetzungen der Patienten und die Anpassungsfähigkeit der betroffenen Fachkliniken (z. B. Kriebel und Paar 1999).

Die damit einhergehenden Forderungen nach effektiven und effizienten rehabilitativen Kurzzeitverfahren haben in den letzten Jahren Anreize geschaffen, etablierte gruppenpsychotherapeutische Konzepte weiter zu entwickeln und an die veränderten Rahmenbedingungen zu adaptieren. Ziel des aktiven Anpassungsprozesses einer psychodynamisch ausgerichteten Fachabteilung als Reaktion auf die **kontinuierliche Verkürzung der durchschnittlichen stationären Behandlungsdauer** und **Begrenzung auf die originären Rehabilitationsaufgaben** (Schliehe und Haaf 1996) sollte es dabei sein, sich das konflikthafte Spannungsfeld zwischen professioneller (gruppen-)therapeutischer Identität und äußerem Begrenzungsdruck bewusst zu machen und unter Wahrung psychoanalytischer Grundsätze adäquate Modifikationen in der Gruppenkonzeption vorzunehmen. Bezogen auf den gesetzlichen Rehabilitationsauftrag, nämlich nach § 9 SGB VI **Auswirkungen von Krankheit und Behinderung auf die Erwerbsfähigkeit entgegenzuwirken** und eine **dauerhafte berufliche Integration anzustreben**, bedeutet dies zudem, Voraussetzungen für einen stationären Gruppenprozess zu schaffen, der nicht auf vordergründige Anpassung und Funktionalität abzielt, sondern im Rahmen einer psychodynamischen Veränderungstheorie dem Patienten Einsichten in unbewusste Aspekte seines Lebens und Handelns unter Zuhilfenahme korrigierender interaktioneller Erfahrungen vermittelt, um den Betroffenen „widerstands- und leistungsfähig zu erhalten" (Freud 1918, S. 192 ff.).

Gruppenrelevante Aspekte rehabilitativer Psychotherapie

Zum System der psychosomatischen Rehabilitation, zu den Indikationskriterien und der spezifischen Arbeitsweise der stationären rehabilitativen Psychotherapie ist in den letzten Jahren umfangreich publiziert worden (s. Übersichtsarbeiten von Neun 1998; Paar und Kriebel 1998, 1999). Ferner liegen inzwischen zahlreiche prozess- und ergebnisevaluierte Untersuchungen vor, die die **allgemeine Wirksamkeit** und die günstige Kosten-Nutzen-Relation dieses Behandlungsansatzes belegen (Überblick bei Paar 1996; Nübling u. Mitarb. 1999; Zielke 1999). Demgegenüber ist jedoch eine auffällige Diskrepanz zwischen der breiten Anwendung gruppenpsychotherapeutischer Methoden in Reha-Kliniken und deren empirischer Beforschung zu konstatieren. So weisen z. B. Strauss u. Mitarb. (1998) im Zusammenhang mit der generellen Qualitätssicherung in Kurzzeit-Gruppenpsychotherapien auf die bisher noch unzureichende Konzeptualisierung und Überprüfung speziell im Bereich der psychosomatischen Rehabilitation hin.

In Abgrenzung zu der akutstationären Psychotherapie ist die rehabilitative Psychotherapie in besonderer Weise auf die **Behandlung chronischer und chronifizierter Erkrankungen** ausgerichtet und basiert bei der Analyse der **Folgeerscheinungen von psychosomatischen und psychoneurotischen Gesundheitsstörungen** auf dem von der Weltgesundheitsorganisation (WHO) entwickelten Modell der **ICIDH** (Matthesius u. Mitarb. 1995; Schuntermann 1998), deren Klassifikation sich auf der Ebene der Schädigung (**impairment**), der Fähigkeitsstörung (**disability**) und der sozialen Beeinträchtigung oder Integrationsstörung (**handicap**) definieren lässt. Die beiden zuletzt genannten Ebenen können als besonders gruppenrelevant aufgefasst werden.

Unter Bezugnahme auf die erarbeiteten Leitlinien der Reha-Kommission (1991) stellt Paar (1999, S. 62) u.a. folgende **psychosomatische Rehabilitationsziele** zusammen:
- Förderung der Fähigkeit zum angemessenen Umgang mit der somatopsychischen/psychosomatischen Erkrankung und deren psychosozialen Folgen,
- Wiederherstellung oder Erhalt von Erwerbsfähigkeit respektive Rückkehr ins Berufsleben,
- (Wieder-)Erlangung von Autonomie und sozialkommunikativer Kompetenz als Voraussetzung für Leistungsfähigkeit im Berufs- und Alltagsleben.

Im Zusammenhang mit dem angestrebten rehabilitativen Veränderungsprozess lassen sich weitere Ausführungen der Reha-Kommission als Grundsätze für eine psychodynamische Gruppenkonzeption interpretieren: „Die Behandlung muss insbesondere die krankheitsspezifischen Konflikte sowohl auf der intrapsychischen als auch auf der Beziehungsebene berücksichtigen. Eine besondere Rolle hierbei spielt auch das Krankheitserleben und die subjektive Krankheitsdeutung durch den Patienten sowie das auch davon abhängige chronische Krankheitsverhalten. Training von Restfunktionen und Ausbildung neuer Fertigkeiten zur Kompensation von Funktionseinschränkungen beziehen sich auch auf den psychischen Bereich, im Sinne einer Einleitung von Nachreifungsprozessen zur Verbesserung defizitärer Ich-Funktionen und sozialer Kompetenz" (1991, S. 629).

Die psychoanalytisch begründete Gruppenpsychotherapie ist aufgrund ihres historischen und wissenschaftstheoretischen Hintergrundes in der Sozialpsychologie und den Erkenntnissen über Effekte, Prozessvariablen und Wirkfaktoren gerade bei den **spezifischen Problemkonstellationen der Reha-Patienten** prädisponiert, mittels Förderung interpersoneller Wahrnehmung, Modifikation verzerrter Objektbilder in der Mehrpersonenbeziehung und Restabilisierung des Selbstwertgefühls interaktionelle Fähigkeitsstörungen und Einschränkungen der Ich-Funktionen und daraus resultierende soziale Integrationsstörungen günstig zu beeinflussen. Damit kann die Intention verbunden werden, zumeist vernachlässigte **Aspekte des Berufslebens** (Stuhr 1997; Harrach 1998; Bürger 1997) und **Störungen im Arbeitsverhalten** (König 1998a) gezielt **in die gruppenpsychotherapeutische Konzeption zu integrieren** und weder auf die Behandlung im Einzelsetting (Mans 1997) noch schwerpunktmäßig auf die Sozialberatung zu zentrieren.

Im Rahmen einer **externen beruflichen Belastungserprobung** können die wiedergewonnenen oder neu erworbenen Fähigkeiten während der klinischen Rehabilitation umgesetzt und gruppenpsychotherapeutisch begleitet werden (Beutel u. Mitarb. 1999).

Theoretische Grundlagen für die konzeptionelle **Einbindung berufsbezogener Therapieziele** sind aus psychoanalytischer Sicht erst jüngst von Hirsch (2000) präzisiert worden. Nach Hohage (1994, 2000) spielen bei der neurotischen Einstellung zur Leistung vielerlei unbewusste Gründe eine Rolle, z. B. auf dem Boden einer Autoritätsproblematik oder im Rahmen einer narzisstischen Störung. Störungen der Arbeitsfähigkeit lassen sich ferner auf Identitätskonflikte und Beeinträchtigungen in der Realitätsbewältigung zurückführen. Vor allem die spezielle Unfähigkeit, mit zwischenmenschlichen Problemen zurechtzukommen, wirkt sich nachteilig auf die Arbeitsfähigkeit aus. Gerade für den Bereich der Persönlichkeitsstörungen und andauernden Persönlichkeitsänderungen wird aufgrund der chronischen Verzerrungen der Patienten in der Einstellung zu sich selbst und im Verhalten anderen gegenüber in allen Dimensionen des sozialen und beruflichen Alltagslebens ein hoher Behinderungsgrad beschrieben (Streeck 1995; Neun 1998).

Da sich viele psychosomatische Rehabilitationskliniken innerhalb des Gesamtspektrums der psychosomatischen Erkrankungen zunehmend spezialisieren (Koch und Schulz 1999) und in separaten Abteilungen spezifische Therapieangebote bereithalten, sei auf das **Indikationsspektrum** hingewiesen, welches nach einer Zusammenstellung von Lemche (2000) unter Berufung auf Foulkes (1974) vorzugsweise im analytischen Gruppenkontext behandelt werden sollte:
- Charakterneurosen,
- Depressionen bis zu mittleren Schweregraden,
- Ich-dystone Verhaltensweisen/Stereotypien,
- narzisstische Traumatisierungen,
- psychovegetative Störungen,
- vernachlässigte Antriebsbereiche,
- von Entwicklungspathologie herrührende Funktionsdefizite.

Anwendung und Weiterentwicklung gruppenpsychotherapeutischer Konzepte in der psychoanalytisch orientierten Abteilung einer Rehabilitationsklinik

Wie erwähnt, bewirken veränderte Rahmenbedingungen in psychosomatischen Rehabilitationskliniken wie die Verkürzung der Behandlungsdauer und die Ausrichtung der Therapieziele auf den gesetzlich vorgegebenen Rehabilitationsauftrag der Rentenversicherungsträger eine Modifikation der psychotherapeutischen Behandlung, die nach psychodynamischem Verständnis als **fokale Kurzpsychotherapie** konzipiert ist (Paar und Kriebel 1999).

Dabei erscheint die Übertragung psychoanalytischer Entwürfe aus stationärer Psychotherapie in Universitätskliniken und Akutkrankenhäusern in unveränderter Form auf die Erfordernisse der psychosomatischen Rehabilitation fragwürdig. Sie bedürfen in einem rehaspezifischen Setting aus unserer Sicht der methodischen Erweiterung der Fokaltherapie um einen **bifokalen Ansatz**, der neben den zentralen psychodynamischen und strukturellen Aspekten der Störung explizit die Wechselwirkung von Beeinträchtigungen auf das soziale und berufliche Leben des Patienten erfasst.

Der Doppelfokus setzt sich nach dieser Modellvorstellung aus zwei Brennpunkten zusammen, die innerhalb eines komplexen therapeutisch-rehabilitativen Prozesses die innere und äußere Realität unter besonderer Berücksichtigung der sozioökonomischen Perspektive repräsentieren (Lindner 1997). Mit der **initialen rehabilitationsbezogenen Fokusbildung** werden wegen der davon ausgehenden integrierenden und steuernden Funktion (Streeck 1991) die Ausgangsbedingungen für den folgenden stationären Gruppenprozess geschaffen.

Einen wesentlichen konzeptionellen Beitrag zur Weiterentwicklung psychoanalytisch begründeter Gruppenpsychotherapie haben Tschuschke und Mattke (1997) mit ihrer Vorstellung der **Kurzzeit-Gruppenpsychotherapie** als effektiver und effizienter Alternative zur Langzeit-Gruppenbehandlung geleistet. Deren adaptierte Anwendung im Rahmen einer fokusgeleiteten klinischen Psychotherapie (Streeck 2000) ist wegen der spezifischen Merkmale (u.a. Begrenzung der Therapieziele, Fokusformulierung, Limitierung auf einen Umfang von 12 bis 25 Sitzungen, aktives Gruppenleiterverhalten) in besonderer Weise geeignet, den gestellten Anforderungen zukunftsweisend zu entsprechen (Günther und Lindner 1999).

Fachbereiche in psychosomatischen Rehabilitationskliniken, die auf der Basis eines integrativen psychoanalytischen Methodenansatzes arbeiten (Janssen 1987), sollten zudem aufgrund der Heterogenität der zugewiesenen Rehabilitanden hinsichtlich Symptomatik, Fähigkeitsstörung, Persönlichkeitsentwicklung und psychodynamischer Einbindung in psychosoziale Belastungssituationen (Aktualkonflikte) differenzierte psychotherapeutische Kurzgruppenkonzepte umsetzen, die möglichst **differenziell** Patienten unterschiedlicher psychischer Strukturniveaus (Kernberg 1979; 1988b; Arbeitskreis OPD 1996, S. 63 ff.) gemäß der Klassifikation therapeutischer Leistungen in der stationären medizinischen Rehabilitation (KTL 1997) gerecht zu werden versuchen.

Im Zuge einer mehrjährigen (Weiter-)Entwicklungsphase ist in der **Abteilung für klinische Psychotherapie der Klinik am Hainberg** in Bad Hersfeld ein **rehaspezifisches Behandlungssetting mit gruppenpsychotherapeutischer Schwerpunktsetzung** konzeptualisiert worden, welches im Rahmen einer Evaluationsstudie zur Prozess- und Ergebnisqualität seit 01.01.2000 systematisch untersucht wird.

Die nach den **Prinzipien der stationären Psychotherapie** organisierte Funktionseinheit (Janssen 1987; Janssen u. Mitarb. 1999; Senf 1988, 1994; Senf und Jezussek 1996; Streeck und Ahrens 1997) ist eine von drei Fachabteilungen der nach Indikationsbereichen gegliederten psychosomatischen Rehabilitationsklinik und umfasst 39 Betten. Die überschaubare Abteilung ist auf die Rehabilitationsbehandlung von Patienten mit Psychoneurosen, Persönlichkeits- und Anpassungsstörungen spezialisiert, für die, wie ausgeführt, in erster Linie eine modifizierte analytische Gruppenbehandlung indiziert ist (Lemche 2000; Ardjomandi u. Mitarb. 1995). Der klinische Aufenthalt beträgt im Regelfall 4 bis 8 Wochen.

Die individuelle Fokusbildung und Indikationsstellung zu den unterschiedlichen Gruppenpsychotherapieverfahren erfolgt nach einer initialen psychodynamisch-rehabilitativen Diagnostik und Therapiezielverhandlung mit dem Patienten im Rahmen einer therapeutischen **Aufnahmekonferenz** durch das **multiprofessionelle Behandlungsteam**, das nach dem methodischen Selbstverständnis die integrative Kompetenz wahrnimmt (Janssen und Martin 1999).

Für die Patienten steht ein differenzielles rehabilitationsbezogenes Gruppenbehandlungsangebot zur Verfügung, welches die Konzeption des „**Göttinger Schichtenmodells**" der Anwendung der Psychoanalyse in Gruppen (Kap. 52; Heigl-Evers 1978; Heigl-Evers und Heigl 1973, 1975, 1994) unter den speziellen Bedingungen einer **stationären Kurzzeittherapie** zugrunde legt:

- **psychoanalytisch-interaktionelle Gruppenpsychotherapie in Kombination mit themenzentriert-interaktioneller Gestaltungstherapie** zur Behandlung von strukturellen Ich-Störungen mit habituell-dysfunktionalen Beziehungsmustern (so genannte frühe Störungen); fakultativ in Verbindung mit externer Belastungserprobung zur beruflichen Reintegration,
- **psychoanalytisch orientierte Kurzzeit-Gruppenpsychotherapie mit rehabilitationsbezogenem Fokus** zur Bearbeitung bewusstseinsnaher innerer Konfliktanteile und deren psychosozialer Auswirkungen für Patienten mit höherem Strukturniveau,
- **tiefenpsychologisch fundierte Gestaltungstherapiegruppe** zur Förderung von Autonomie und psychosozialer Kompetenz mittels bildnerisch-formendem Gestalten und symbolischer Kommunikation,
- niedrigschwellige **themenzentrierte Gestaltungstherapiegruppe** zu diagnostischen, supportiven und sensibilisierenden Zwecken,
- **komplementäre Gruppenmaßnahmen** wie milieutherapeutische Kleingruppe, Stationsforen, Entspannungsverfahren und bewegungstherapeutische Gruppenangebote.

Zur exemplarischen Veranschaulichung der gruppenpsychotherapeutischen Praxis werden im Folgenden zwei der Gruppensettings in ihrer Bedeutung für die psychotherapeutische Rehabilitation ausführlicher dargestellt.

Psychoanalytisch-interaktionelle Gruppenpsychotherapie in Kombination mit themenzentriert-interaktioneller Gestaltungstherapie

Theoretische Grundlagen

Die Entwicklung einer kombinierten Kurzzeit-Gruppenpsychotherapie innerhalb einer psychoanalytisch ausgerichteten Abteilung einer psychosomatischen Rehabilitationsklinik – einer halboffenen Gruppe mit methodenalternierend drei Sitzungen psychoanalytisch-interaktioneller Gruppenpsychotherapie und zwei Sitzungen themenzentriert-interaktioneller Gestaltungstherapie pro Woche mit einer jeweiligen Dauer von einer Stunde – gestaltete sich sowohl in der pragmatischen Auseinandersetzung mit einerseits dem von außen vorgegebenen zeitlichen Begrenzungsdruck und andererseits der Suche nach einem Vorgehen, welches die „emotionale Sprachunfähigkeit" strukturell ich-gestörter Patienten (Janssen 1987, S. 165 unter Hinweis auf Bräutigam 1978) adäquater berücksichtigt.

Neben der psychoanalytisch-interaktionellen Gruppenpsychotherapie (Kap. 52) ist die tiefenpsychologisch fundierte Gestaltungstherapie in spezifischer Weise geeignet, die für strukturelle Ich-Störungen maßgebliche Entwicklung des Separations-Individuations-Prozesses zu fördern (Janssen 1981, zit. n. Rüger 1993; Schrode 1995; Wolf 2000).

In der psychoanalytisch-interaktionellen Gruppenpsychotherapie geht es gezielt darum, in dem Prozess des Aushandelns von Regeln und Normen und der dominanten Beziehungsgestaltung des Einzelnen und der Gruppe die auf dem Wege der projektiven Identifikation reinszenierten verinnerlichten pathologischen Objektbeziehungen zu verstehen und dem Einzelnen zu verdeutlichen, wie er aufgrund eines bestimmten Verhaltens immer wieder Erfahrungen macht, deren Verursachung er bisher den anderen zugeschrieben hatte. In der psychosomatischen Rehabilitation wird dabei vor diesem Hintergrund speziell auf die Bearbeitung von Arbeits- und Leistungsstörungen zentriert. Der Therapeut hat die Funktion, Sicherheit und Orientierung zu vermitteln, ohne eindringend oder überkontrollierend zu sein (König und Kreische 2000), auf die Toleranzgrenzen aller zu achten, sich berühren, aber nicht zerstören zu lassen, den Patienten mitzuteilen, wie ihr Verhalten bei ihm ankommt, sie auf ihre Ich-Funktionsdefizite und deren Kompensation sowie auf alternative Möglichkeiten des Erlebens und Verhaltens hinzuweisen (Heigl-Evers u. Mitarb. 1995).

In Anlehnung an Janssen (1981; zit. n. Rüger 1993) sehen wir die Gestaltungstherapie als geeignet, den Prozess der Differenzierung von Selbst und Objekt sowie der Entwicklung von Selbstrepräsentanzen und Objektkonstanz zu fördern. Ähnlich einem Übergangsobjekt, mit dem ein Kind sich im Falle einer genügend guten Beziehung zu seinen Primärobjekten die Möglichkeit erschließt, sich von seinen symbiotischen Verschmelzungswünschen mit einer absolut verfügbaren Mutter passager zugunsten eines selbst erschaffenen Trost und Sicherheit spendenden Mutterersatzes lösen zu können, ermöglicht das gestaltete Produkt die Einführung eines dritten Objektes, das dem Patienten zu einer Konkretisierung seiner inneren Zustände und Objektbeziehungen verhelfen kann. Dieser Vorgang stellt einen wichtigen Schritt zu einer endgültigen Verinnerlichung mütterlicher Hilfs-Ich-Funktionen dar (Winnicott 1953; zit. n. Mertens 1981; 1992).

Das bildnerisch-formende Gestalten unter Anwesenheit einer Gestaltungstherapeutin „im Sinne eines narzisstisch-begleitenden Objektes" (Janssen 1982, S. 567) verhilft besonders strukturell, präverbal gestörten Patienten, bei denen eine frühe Störung in der Bildung und im Umgang mit Übergangsobjekten vorliegt (Mertens 1981), zu einer angstfreieren evidenten Entfaltung und Entdeckung von Selbst- und Objektbildern, zu einer spielerisch-probehandelnden Darstellung von inneren Konflikten und als gefährlich erlebten Regungen mit der Möglichkeit, diese andrängenden Impulse durch die Rückmeldungen der geordneten Gestaltungen spannungsreduzierend zu kontrollieren und zu reintegrieren sowie einer Erinnerungs- und Verbalisierungsfähigkeit zuzuführen.

Vor diesem theoretischen Hintergrund konzeptualisierten wir mit Blick auf die psychoanalytisch-interaktionelle Gruppenpsychotherapie eine themenzentriert-interaktionelle Gestaltungstherapiegruppe. Hierbei geht es zu Beginn der Gestaltungstherapiesitzung zunächst um ein gemeinsames Aushandeln eines übergreifenden, die Patienten gleichermaßen beschäftigenden Themas unter vermittelnd-klarifizierendem und aktiv benennendem Vorgehen der Gestaltungstherapeutin. Nachfolgend findet je nach Stand des Gruppenprozesses eine Einzel- oder Gruppengestaltung zu dem gemeinsam gefundenen Thema statt. Diese wird daraufhin zuerst von dem Einzelnen bezogen auf seine Darstellung inhalts- und affektbezogen kommentiert. Anschließend werden die Patienten von der Gestaltungstherapeutin aufgefordert, sich zu den geschaffenen Werken der anderen klarifizierend und empathisch-spiegelnd zu äußern, mit dem Ziel, alternative, ressourcenbezogene Sichtweisen und Standpunkte aufzuzeigen. Hierdurch wird in besonderem Maße die Reflexion maladaptiver Beziehungsmuster gefördert, die sich aus den durch Projektion, projektive Identifikation und Spaltung verzerrten Selbst- und Objektbildern ergeben, um eine bessere Selbst-Objekt-Differenzierung und realistischere Einschätzung der Selbst- und Objektrepräsentanzen zu erreichen.

In der Gestaltungstherapiegruppe regen wir somit die Reflexion der sichtbar werdenden individuellen und gruppenbezogenen Beziehungswünsche und -ängste durch die emotional authentischen Antworten der Gruppenmitglieder an. Interpersonelle Ich-Funktionsdefizite etwa hinsichtlich unzureichender Antizipations- und Nähe-Distanz-Regulationsfähigkeit sowie projektive Identifikationen vom Konfliktentlastungs- oder Übertragungstyp (König 1995) werden auf diese Weise deutlich, woraufhin alternative Formen der Kontaktaufnahme oder des Selbstschutzes möglich werden.

Indikation, Pregroup-Training und Zentrierung auf rehabilitationsrelevante Problembereiche

Liegen nach der Eingangsdiagnostik ich-strukturelle Defizite aufgrund einer überwiegenden Entwicklungspathologie mit habituell dysfunktionellen Beziehungsmustern vor und erachten wir eine Gruppenpsychotherapieindikation nach den Prognosekriterien des Umgehens mit Pluralität von Heigl-Evers u. Mitarb. (1995), der „Psychological Mindedness" und der Qualität der Objektbeziehungen (Piper und McCallum 2000) für gegeben, sehen wir den Patienten für das kombinierte Gruppenpsychotherapiesetting vor.

Ist der Patient zur Teilnahme motiviert, findet eine **vorbereitende Informationsgruppe** (im Sinne eines **„pregroup training"**; Mattke und Tschuschke 1997) zusammen mit allen neu aufzunehmenden Gruppenmitgliedern und den Gruppentherapeuten statt.

Gruppenpsychotherapeuten und Gestaltungstherapeutin benutzen dieses diagnostisch-prognostische Instrument gemeinsam, um einerseits zur Entängstigung ausführliche Informationen u.a. über den Ablauf und die gemeinsame Arbeit im Rahmen der Gesprächs- und Gestaltungstherapiemethode, über das Leiterverhalten, den Umgang mit Krisen und Abbruchsimpulsen zu vermitteln. Zum anderen bitten sie die Patienten im Rahmen einer kurzen Vorstellung um die Schilderung ihrer Beschwerden und gruppenpsychotherapeutischen Zielsetzung unter besonderer Berücksichtigung interpersoneller Störungen in privater und beruflicher Hinsicht. Dabei ist es uns besonders wichtig, die Hilfs- und Veränderungserwartungen bzgl. der eigenen Problematik durch die Gruppe zu konkretisieren und unrealistische Erwartungen zu relativieren.

Wir streben in dem kombinierten Gruppenpsychotherapiesetting eine relativ **strukturhomogene Gruppenzusam-**

mensetzung an, was einerseits den Vorteil gemeinsamer, kohäsionsfördernder Problembereiche wie etwa eine unzureichende interpersonelle Abgrenzungsfähigkeit oder gravierende Selbstwertstörung hat. Andererseits eröffnet dies auch die Möglichkeit, den sozialen Mikrokosmos (Yalom 1996; Kap. 56) für jedes Gruppenmitglied vielfältig zu gestalten und damit die Voraussetzung für Aktualisierung und Bearbeitung seiner pathologischen Objektbeziehungsmuster und Ich-Funktionsdefizite zu schaffen. Zusätzlich beachten wir entsprechend unseres bifokalen Ansatzes in der vorbereitenden Informationsgruppe **rehabilitationsbezogene Problembereiche** im Sinne sozialer und beruflicher Konflikt- und Überforderungssituationen sowie Arbeits- und Leistungsstörungen. Bei ich-strukturellen Störungen kommt es bekanntlich u.a. aufgrund einer unzureichenden Affekt- und Frustrationstoleranz, einer herabgesetzten Impulskontrolle und schweren (pseudo-)ödipalen und Trennungsschuldgefühlen zu ausgeprägten Beeinträchtigungen des Arbeits- und Lernverhaltens (König 1998a; Hirsch 2000). Ein wesentliches Ziel der gruppenpsychotherapeutischen Arbeit stellt demnach die Nachentwicklung eingeschränkter Ich-Funktionen, die Förderung realistischerer Selbst- und Objektbilder sowie die Ermöglichung korrigierender emotionaler Erfahrungen dar.

Im Fall parallel stattfindender **externer beruflicher Belastungserprobungen** oder **klärender Gespräche mit dem Arbeitgeber** motivieren wir die Patienten, ihre Erfahrungen reflektierend in den Gruppenprozess einzubringen. Mit diesem therapeutischen Vorgehen integrieren wir im Unterschied zu Ansätzen, die auf eine ausschließliche Bearbeitung der beruflichen Störungen zentrieren, die Arbeitsstörungen unserer Patienten in den umfassenden psychodynamischen und strukturellen Kontext ihrer Beschwerden, wodurch es ihnen eher gelingt, die Auswirkungen habituell dysfunktionaler Beziehungsmuster und eingeschränkter Ich-Funktionen in unterschiedlichen Lebensbereichen zu erkennen und damit ein integrierteres Bild von sich selbst und eine entsprechende Veränderungsmotivation zu entwickeln, die auch eine selbstwertstabilisierende Entfaltung ihrer leistungsbezogenen beruflichen Fähigkeiten umfasst.

Vereinfachend veranschaulicht Abb. 40.1 unser Vorgehen.

Praxis der kotherapeutischen Gruppenleitung

Um in der 4–6-wöchigen gruppenpsychotherapeutischen Behandlungszeit mit insgesamt 20–25 Gruppensitzungen die Entwicklung und das Ausagieren einer negativen Übertragung oder Gegenübertragung im Rahmen einer reinszenierten pathologischen, verinnerlichten Objektbeziehung frühzeitig zu erkennen, arbeiten wir in der Gesprächsgruppe als **Paar** im **Kotherapeutensystem** und verfügen damit neben der wahrnehmungsschärfenden Reflexion jeder Gruppensitzung über die Möglichkeit, in schwierigen projektiv und projektiv-identifikatorisch verzerrten Beziehungsmustern aus einer dritten Position heraus den Patienten die interpersonellen Auswirkungen ihrer Ich-Funktionsdefizite und übertragenen Teilobjektbeziehungen zu verdeutlichen (zur Kotherapie s. Kap. 19).

Die Gestaltungstherapie findet unter Leitung der **Gestaltungstherapeutin** statt, wobei sich das dritte Objekt hier über das gestaltete Produkt des Patienten konstituiert. Die Patienten wissen, daß die Therapeuten in ständigem Austausch miteinander stehen. Diese **triadische Intervision** erfolgt kontinuierlich, indem die Gestaltungstherapeutin nach jeder Gesprächsgruppe über die Themen und das Erleben und Verhalten der einzelnen Teilnehmer informiert wird. So ist sie in der Lage, den Aushandlungsprozess des Themas am Anfang der **Gestaltungstherapiesitzung** zu steuern oder auch ein Thema vorzugeben, um in dem momentanen Gruppenprozess auf einen bestimmten Konflikt, einen Affekt oder ein Interaktionsmuster (z. B. Macht-Ohnmacht) verdeutlichend zu fokussieren. Vor diesem Hintergrund fällt etwa auch ihre Entscheidung, ein gemeinsames Gruppenprodukt entstehen zu lassen oder Einzelgestaltungen anzuregen. Es können z. B. in einer bestimmten Phase des Gruppenprozesses mit Patienten, deren Selbst-Objekt-Grenzen wenig konturiert ausgebildet oder die in ihrer narzisstischen Regulation gestört sind, Einzelgestaltungen erforderlich werden, um das Erleben zu fördern, unter mehreren abgegrenzt und einzigartig zu sein. Dagegen kann etwa in Phasen, in denen im gruppenpsychotherapeutischen Rahmen wenig aktive Interaktion stattfindet, eine Gruppengestaltung sich als hilfreich erweisen (z. B. „mein Platz oder meine momentanen Gefühle in der Gruppe"), um die aktuell herrschenden verhaltensre-

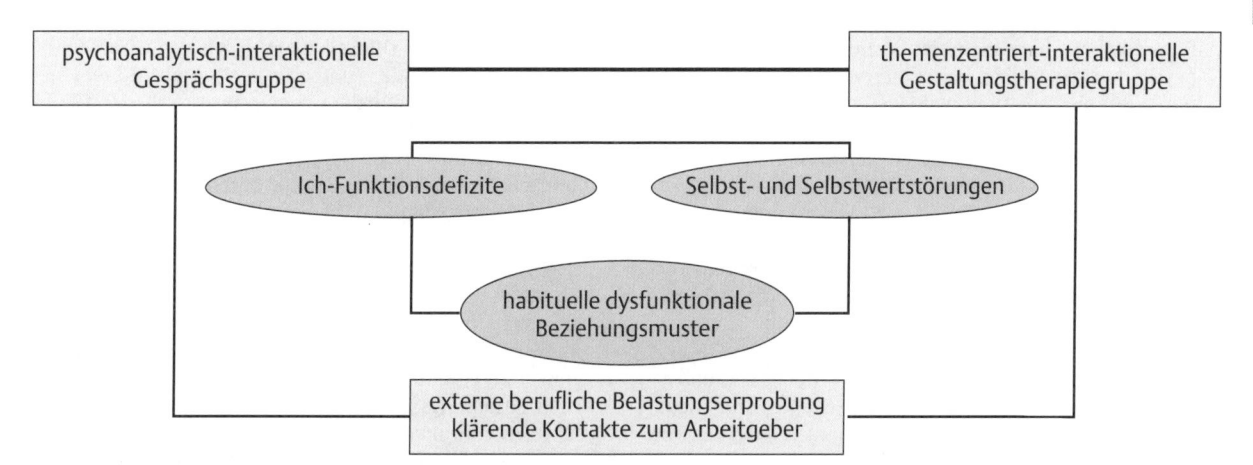

Abb. 40.1 Kombiniertes Gruppenpsychotherapiesetting bei Patienten mit strukturellen Ich-Störungen.

gulierenden Gruppennormen und deren Schutzfunktion rascher identifizieren zu können und diese anschließend entweder zu tolerieren oder antwortend, durch die Übernahme von Hilfs-Ich-Funktionen oder auch durch ein vorsichtiges Deuten pathologischer Abwehrformationen intervenierend einzugreifen.

Im Anschluss an die Gestaltungstherapiesitzung betrachten die Gruppenpsychotherapeuten unter der Darstellung des Verlaufs durch die Gestaltungstherapeutin die bildhaften oder geformten Produkte der Patienten und gehen nach gemeinsamer Reflexion in die nachfolgende **psychoanalytisch-interaktionelle Gruppenpsychotherapiesitzung**. Dort können sie wiederum auf die im Rahmen der Gestaltungstherapie symbolisierten verzerrten Selbst- und Objektbilder und deren interaktionelle Auswirkungen Bezug nehmen.

Die therapeutische Haltung zielt dabei entsprechend der psychoanalytisch-interaktionellen Methode darauf ab, Vertrauen, Entängstigung, vorsichtige Selbstöffnung und Kohäsion zu fördern, für Sicherheit und Orientierung zu sorgen und die Toleranzgrenzen jedes Einzelnen und der Gruppe ständig zu beachten (Heigl-Evers u. Mitarb. 1995). Sie ist eher aktiv, häufig klarifizierend, die Selbstexploration anregend und dabei auf die Ressourcen der Patienten ausgerichtet.

In Krisensituationen, in denen es einem Patienten nicht mehr gelingt, sich in die Gruppe vertrauensvoll einzubringen, z. B. weil ein anderer Gruppenteilnehmer in die Rolle eines traumatisierenden Primärobjekts kommt und eine therapeutische Ich-Spaltung im Zuge eines regressiven Prozesses nicht mehr möglich ist, bietet das Kotherapeutenpaar **gruppenbezogene Dreiergespräche** an, um die projektiv und projektiv-identifikatorisch verzerrte Beziehungskonstellation in einem geschützteren Rahmen zu bearbeiten und dem Patienten eine neue, korrigierende emotionale Erfahrung durch eine realistischere Selbst-Objekt-Wahrnehmung an Stelle eines erneuten Beziehungsabbruchs zu ermöglichen.

Kasuistik

Im Folgenden soll an dem Beispiel einer früh und anhaltend traumatisierten strukturell ich-gestörten etwa 40-jährigen Patientin mit multipler Symptomatik in Ansätzen das Zusammenwirken von psychoanalytisch-interaktioneller Gruppenpsychotherapie und themenzentriert-interaktioneller Gestaltungstherapie verdeutlicht werden.

◆

Frau X kommt nach mehreren stationären psychiatrisch-psychotherapeutischen Kriseninterventionen in den letzten Jahren u.a. aufgrund rezidivierender depressiver Episoden seit der Pubertät mit Suizidalität, nach Suizidversuch, nächtlichem selbstverletzenden Verhalten, dissoziativen Bewegungsstörungen mit Dämmerzuständen, Panikattacken mit Agoraphobie und wiederholten längeren Arbeitsunfähigkeitszeiten sowie Arbeitsplatzwechseln im Zuge von ausgeprägtem Überforderungserleben und Versagensängsten in unsere stationäre psychosomatisch-psychotherapeutische Rehabilitationsbehandlung.

Sie gab an, nicht mehr in ihrem Beruf als Altenpflegerin tätig sein zu können, da sie sich immer wieder bis zur psychophysischen Dekompensation erschöpfe und Angst habe, in ihren Nachtdiensten den Patienten aufgrund von auftretenden Zitteranfällen nicht adäquat helfen zu können.

In der Kindheits- und Pubertätszeit fanden über Jahre grenzüberschreitende Gewalterfahrungen seitens des nach ihren Worten manisch-depressiven und alkoholabhängigen Vaters statt, den sie vor dessen Tod 1990 zusammen mit ihren Schwestern noch gepflegt hat; über diese Erfahrungen hätte sie bislang nur einmal kurz am Ende eines stationären Aufenthaltes gesprochen. Mit ihrer in der Kindheit durch eigene Erkrankungen öfter abwesenden Mutter, die sie zwar bei Problemen hätte trösten können, aber alles dem Vater erzählt habe, könne sie nicht über die erlebten Traumatisierungen reden, da diese dann ärgerlich auf eine schöne Kindheit verweise. Auch gegenüber der Mutter erlebe sie sich heute in der sie überfordernden Verpflichtung, diese zusammen mit ihren Schwestern zu pflegen und zu versorgen.

Im Hinblick auf die Teilnahme an der kombinierten Gruppenpsychotherapie vereinbarten wir als Therapieziele neben einer Schamentlastung durch die Selbstöffnung hinsichtlich ihrer Symptome („alle denken, ich simuliere") die Förderung ihrer Abgrenzungsfähigkeit vor allem bzgl. der an sie herangetragenen herkunftsfamiliären Erwartungen, eine von ihr gewünschte Veröffentlichung ihrer Gewalterfahrungen durch den Vater, verbunden mit dem Wunsch, ihre diesbezüglichen Schuldgefühle zu reduzieren sowie eine Bearbeitung ihres wiederkehrenden beruflichen Erschöpfungserlebens und ihrer Versagensängste, verbunden mit der Entwicklung einer beruflichen Neuorientierung. Parallel dazu fand eine vorwiegend psychoanalytisch-interaktionell ausgerichtete Einzelpsychotherapie bei einem der Gruppenleiter statt, in der auch Stabilisierungsübungen (Reddemann und Sachsse 1997) bezüglich ihrer traumatischen Erfahrungen vermittelt wurden.

Die Gruppenpsychotherapie begann damit, daß Frau X 5 Minuten vor Ende ihrer zweiten Sitzung im Anschluss an die Frage einer Mitpatientin, ob sie ihre Zitteranfälle steuern könne, plötzlich weinend die Gruppe verließ, dem Gruppenleiter aber zusicherte, zurückzukommen. Als dieser anschließend ihre Bezugsschwester informierte, um nach Frau X zu schauen, war diese zunächst nicht aufzufinden, meldete sich jedoch kurz darauf telefonisch aus der Stadt und konnte durch das wohlwollende Insistieren der Bezugsschwester zur Rückkehr in die Klinik bewegt werden. Neben der Erneuerung eines Anti-Suizidpaktes wurde dort in einem gruppenbezogenen Krisengespräch die zurückliegende gruppenpsychotherapeutische Sitzung als Wiederholung einer frühen Schamszene durch ihren Vater in der Öffentlichkeit durch die Mitpatientin gemeinsam verstanden und eine Bearbeitung dieser konflikthaften Situation in der Gruppe angeregt. In der nächsten Sitzung gelang es Frau X, ihre mit einem Beziehungsabbruch beantwortete heftige narzisstische Wut sowie ihre Schamgefühle in der Gruppe durch die Frage der Mitpatientin ihre Symptomatik betreffend anzusprechen und erste Andeutungen dahingehend zu machen, schon häufig erlebt zu haben, dass man ihr nicht glaube. Der Mitpatientin war es durch diese Beziehungsklärung gleichsam möglich, auch ihre Anteile hinsichtlich der Konflikteskalation im Sinne eines Überschreitens der Toleranzgrenzen von Frau X zu erkennen und mit eigenen, vor allem beruflichen Beziehungskonflikten, in denen sie ähnlich reagiert hatte, in Verbindung zu bringen. In der themenzentriert-interaktionellen Gestaltungstherapie grenzte sich Frau X in dieser Phase eher ab, stand aber in Kontakt mit den anderen und erlebte, von diesen wahrgenommen und einbezogen zu werden.

Durch das nachfolgend gewachsene Vertrauen der Patientin in die Annahme und das Gehaltenwerden durch die Gruppenteilnehmer auch in konflikthaften Situationen sowie im Zuge der Stabilisierung der Beziehung zu dem Gruppentherapeutenpaar konnte es ihr gelingen, in Grundzügen die wiederholten traumatischen Grenzüberschreitungen durch ihren Vater und ihre hochgradige Ambivalenz gegenüber diesem und seinem Verhalten anzusprechen. Die annehmende Zeugenschaft durch die Gruppe (Hirsch 1995), deren eindeutige Benennung der damaligen Gewaltverhältnisse und die Schilderung eigener Gewalterfahrungen durch die Mitpatienten entlasteten Frau X daraufhin vorübergehend.

Es entwickelten sich zugleich vermehrte heftige Schuldgefühle gegenüber ihrem Vater, den sie auch geliebt hatte, der krank war, der sie brauchte und der nach seinen Worten gerne einen Teil von ihr bei seinem Tod mitgenommen hätte, um nicht allein sein zu müssen. Frau X fragte sich, ob sie nicht diejenige hätte sein müssen, die sich durch das Schweigen der Mutter externe Hilfe hätte besorgen müssen, um dem Vater zu helfen, erkannte aber gleichzeitig, dass sie diesen dann verloren hätte und seiner Gewalt sowie den Vorwürfen der Mutter ausgesetzt gewesen sei. Sie wurde zunehmend suizidal, konnte jedoch in dieser Phase im Rahmen der Gestaltungstherapie in ihren durchweg schwarzen, Todeswünsche ausdrückenden Bildern durch farbige, Hoffnung, Annahme und Lebensberechtigung verkörpernde Ergänzungen der Gruppenmitglieder ihre positiven Selbst- und Objektrepräsentanzen, ihre Ressourcen sowie den Blick auf die positive Beziehung zu ihrer Tochter bewahren.

Neben der Bearbeitung der Wirkungen des traumatischen Introjekts wurde nachfolgend in der Gruppenpsychotherapie überwiegend auf ihre Rollenumkehr gegenüber heutigen Familienmitgliedern mit Unterstützung ihrer Abgrenzungsbestrebungen sowie auf ihre berufliche Neuorientierung fokussiert. Hierbei konnte ihr berufliches Erschöpfungs- und Überforderungserleben vor dem Hintergrund des Triggerns ihrer Gewalterfahrungen und der auch körperlichen Pflege ihres Vaters vor seinem Tod ebenso in Ansätzen verstanden werden, wie ihre Panikattacken in der Altenpflege als Ausdruck ihrer Angst vor einem aggressiven Impulsdurchbruch ihrerseits.

In der letzten Phase der 25 gruppen- und gestaltungstherapeutischen Sitzungen ging es vorwiegend um die Entwicklung einer beruflichen Neuorientierung im Sinne einer Umschulung zur Unterrichtsschwester, wodurch sie keinen direkten Pflegekontakten mehr ausgesetzt wäre, sowie um die Bearbeitung ihrer Schuldgefühle ob der Berechtigung zu einem solchen abgrenzenden Schritt. Weiterhin wurde perspektivisch auf eine notwendige weitere Bearbeitung der traumatischen Erfahrungen im Rahmen ihrer längerfristig angelegten ambulanten Einzel- und Gruppenpsychotherapie zentriert, vor allem auch bzgl. der zunehmend sich stärker in den Vordergrund drängenden Frage der Rolle ihrer Mutter während der langjährigen Traumatisierungen.

Insgesamt hatte sich Frau X. nach eigenen Angaben durch die haltend-grenzsetzende und Beziehungsklärungen ermöglichende Atmosphäre in der täglich stattfindenden kombinierten Gruppenpsychotherapie gegen Ende weitgehend stabilisiert, was verbunden war mit einer deutlichen Symptomreduzierung und einer gesteigerten Konflikt- und Abgrenzungsfähigkeit.

In sozialrehabilitativer Hinsicht hatte ein Reha-Berater der BfA zum Ende der 8-wöchigen stationären Behandlung vor ihrem psychodynamisch-strukturellen und genetischen Hintergrund die Unzumutbarkeit ihrer letzten beruflichen Tätigkeit in der Altenpflege sowie die Notwendigkeit einer Umschulungsmaßnahme zur Unterrichtsschwester bestätigt, was sie sehr entlastete und eine erfolgversprechende berufliche Reintegration unter Berücksichtigung ihrer Fähigkeitsstörungen einleitete.

Nachgespräch zum Gruppenpsychotherapieverlauf

Nach Abschluss der Gruppenpsychotherapieteilnahme führen die Gruppentherapeuten in einem Einzelgespräch einen resümierenden Rückblick mit jedem einzelnen Patienten, wo wir besonders auch auf die jeweils wichtige Rolle jedes Einzelnen verweisen, auf die für ihn vor allem interpersonell schwierigen Situationen und deren oftmals erstmalige Meisterung (Thomä und Kächele 1996) im Gruppenrahmen. Außerdem werden die zurückliegenden Veränderungen und neuen Erfahrungen im Gruppenpsychotherapieverlauf mit besonderem Blick auf seine Ressourcen für eine aktive Bewältigung zukünftiger privater und beruflicher Belastungssituationen thematisiert.

Psychoanalytisch orientierte Kurzzeit-Gruppenpsychotherapie mit rehabilitationsbezogenem Fokus

Für Patienten mit mäßig oder gut integriertem Strukturniveau (nach Arbeitskreis OPD 1996, S. 63 ff.), bei denen die Konfliktpathologie gegenüber der Entwicklungspathologie (Heigl-Evers u. Mitarb. 1993) im Zentrum der psychodynamischen Hintergrundproblematik steht, wurde im Göttinger Modell (Kap. 52) die analytisch orientierte Gruppenpsychotherapie entwickelt.

Neben der oben beschriebenen Konzeption einer mit themenzentriert-interaktioneller Gestaltungstherapie kombinierten psychoanalytisch-interaktionellen Gruppenpsychotherapie wurde daher eine analytisch orientierte Gruppe in unser Methodenspektrum aufgenommen, sodass wir im Sinne einer differenziellen Indikation auch Patienten höheren Strukturniveaus gerecht werden können. Diese kann sowohl halboffen als auch geschlossen angeboten werden, wobei geschlossene Gruppen unter unseren Rahmenbedingungen mit zufällig (nicht in zeitlichen Blöcken) zugewiesenen Patienten, und somit den Bedingungen der Versorgungsrealität der stationären Rehabilitation entsprechend, mit breiter Indikation durchgeführt werden: Es befinden sich dann in einer Gruppe mit 6–8 Teilnehmern gelegentlich auch Patienten mit strukturell bedingten Störungen, die eine Adaptation des methodischen Vorgehens mit phasenweise psychoanalytisch-interaktionellem Leitungsstil erforderlich machen.

Beispielhaft stellen wir hier die Konzeption der **geschlossenen** psychoanalytisch begründeten Kurzzeit-Gruppenpsychotherapie mit rehabilitationsbezogenem Fokus dar, die ausführlicher kasuistisch beschrieben und veröffentlicht wurde (Günther und Lindner 1999).

Konstituierung des Gruppenfokus

Die Gruppe findet über einen Zeitraum von 4 Wochen insgesamt 12 Mal mit einer jeweiligen Dauer von 60 Minuten statt, wobei sich eine Zentrierung der Gruppentermine zur Wochenmitte hin (z. B. Dienstag-Mittwoch-Donnerstag) als günstig erwiesen hat. Mit den Kandidatinnen und Kandidaten für die Gruppenteilnahme wird nach durch Bezugstherapeuten durchgeführter Eingangsdiagnostik und Indikationsstellung im Gesamtteam zunächst ein Vorbereitungsgespräch mit dem Gruppenleiter bzw. der Gruppenleiterin geführt. In diesem fällt die definitive Entscheidung zur Aufnahme in die Gruppe und wird neben den üblichen Hinweisen zum Setting und zum Rahmen der – im Sinne eines **modifizierten Pregroup Trainings** – vorstrukturierte Verlauf der ersten gemeinsamen Sitzung angekündigt: Nachdem sich alle Teilnehmerinnen und Teilnehmer mit ihren Anliegen, Problemen und Erwartungen an die zeitlich begrenzte gemeinsame Gruppenarbeit vorgestellt haben, würde man nach dem alle verbindenden gemeinsamen Thema schauen, das die Gruppe während ihrer 12 Sitzungen bearbeiten könnte.

Diese Instruktion thematisiert zum einen bereits hier die **Zeitbegrenzung**, zum anderen kündigt sie die **gemeinsame Suche nach dem Gruppenfokus** an. Im Gegensatz zu vom Therapeuten „verordneten" Foki in störungsspezifischen oder themenzentrierten Gruppen handelt es sich um eine gemeinsam mit dem Leiter erbrachte Gruppenleistung. Der Vorteil des hier skizzierten Vorgehens scheint uns zum einen in der dadurch bewirkten Förderung der Gruppenkohäsion zu liegen und zum anderen in der Herbeiführung einer gewissen Homogenität der primär unter den Bedingungen der Reha-Kliniken heterogenen Problemsituationen der Patienten. Entsprechend vorliegenden Forschungsergebnissen zur Kurzzeit-Gruppenpsychotherapie wird übereinstimmend größtmögliche Homogenität in der Zusammensetzung der Gruppen empfohlen (Mattke und Tschuschke 1997).

Bei der Suche nach dem Angebot eines Gruppenfokus läßt sich der Gruppenpsychotherapeut zum einen von den rehabilitationsspezifischen (und damit die Patienten verbindenden) Themen wie Problemen am Arbeitsplatz mit Kollegen und Vorgesetzten, Arbeits- und Beziehungsstörungen nach unverarbeiteten Kränkungen oder Verlustsituationen mit Negativauswirkungen auf die berufliche Leistungsfähigkeit leiten sowie zum anderen von der Auswertung seiner Gegenübertragung im Verlauf der ersten Gruppensitzung.

Kasuistik

Entsprechend der individuellen Problematiken der Gruppenteilnehmerinnen und -teilnehmer entfaltete sich in der kasuistisch beschriebenen Gruppe (Günther und Lindner 1999) nach der Vorstellung in der ersten Sitzung eine lastend schwere Atmosphäre, aus der sich der Gruppenleiter im Sinne eines Gegenübertragungsimpulses gerne hätte entfernen mögen:

Frau R. hatte sich aus der belastenden Situation zu Hause in die Klinik wie auf eine Insel „geflüchtet". Frau B. war aus innerer Leere und der nach dem kürzlichen Tod des Ehemannes buchstäblich „leeren" Wohnung vom Hausarzt heraus- und hierher gebracht worden. Herr L. zog die Gruppe mit der Schilderung quälender Zwangsgedanken und seiner beruflichen Konfrontation mit Suizidanten in Bann. Frau L. wirkte von den Schilderungen der anderen sehr mitgenommen, formulierte große Erwartungen hinsichtlich einer Besserung ihrer Ängste und Depressionen an die Gruppe. Frau W. stellte sich als enttäuscht, verlassen, zurückgezogen und verschlossen vor und Herr M. befand sich in einer noch subakuten Krisensituation, in der Fluchttendenzen angesichts tiefer Verletzung selbstgefährdendes Ausmaß anzunehmen drohten.

Unter Berücksichtigung der neben den spürbaren Flucht- und Vermeidungsimpulsen zu vermutenden Wünschen nach Lösung belastender Probleme fand der Gruppenleiter die Fokusformulierung „Flüchten oder Standhalten" (der bekannte Titel von Horst-Eberhard Richter 1976).

Der am skeptischsten reagierende Teilnehmer war Herr L., bei dem in der zweiten Sitzung deutlich wurde, daß ihn das offene Ansprechen von Fluchtimpulsen angesichts seiner krisenhaften Ehesituation geängstigt hatte. Er inszenierte sie, indem er überlegte, ob er eigentlich zu den anderen in der Gruppe „passe". Hierdurch fühlte sich der Gruppenleiter bezüglich der „Arbeitstauglichkeit" des gefundenen Gruppenfokus bestätigt.

Der Vorschlag eines Gruppenfokus sollte sich im Sinne eines **Oberflächenfokus** (nach Klüwer 2000, S. 204) in verständlicher Weise an die Gruppenteilnehmerinnen und -teilnehmer richten und durch die Reaktion der Gruppe „verifiziert" werden.

In der Fokusformulierung finden sich in der hier beschriebenen Konzeption Metaphern für die spezifische Problemsituation der Rehabilitanden wieder – Einschränkungen und Gefährdungen der „Standhalte- und Durchhaltefähigkeiten" versus Flucht- und Vermeidungswünschen in Richtung auf Versorgtwerden und Rückzug aus Konflikten und Herausforderungen. Es erscheint uns aber nicht günstig, mit einer bereits „zurecht gelegten" Formulierung an den in jeder Gruppe unterschiedlichen Individualitäten vorbei schematisch und „quasi manualisiert" vorzugehen oder etwa den Fokus bereits im Vorgespräch einfach mitzuteilen. Er würde dann eher befremdlich wirken und den Widerstand gegen den gruppenpsychotherapeutischen Prozess verstärken.

Technik der Gruppenleitung

Gemäß den Empfehlungen zur Rolle des Kurzgruppenpsychotherapeuten (Mattke und Tschuschke 1997) sind **Modifikationen der Technik** in den Bereichen Aktivität, Aufrechterhalten des Fokus, Flexibilität und Thematisierung der Beendigung und der Zeitbegrenzung erforderlich (Tab. 40.1).

Das Ausmaß nötiger **Aktivität** ist während der ersten Sitzungen am ausgeprägtesten, so hinsichtlich der Förderung der Gruppenkohäsion durch die Etablierung des Gruppenfokus (s.o.), baldiges Einbeziehen passiver Teilnehmer durch Ansprechen und Inbezugsetzen, durch eventuell erforder-

Tabelle 40.1 Technik der Gruppenleitung in therapeutischen Kurzzeitgruppen

- Aktivität hinsichtlich Förderung der Gruppenkohäsion durch Etablieren und Aufrechterhalten des Fokus
- Einbeziehen passiver Teilnehmer und Teilnehmerinnen, Inbezugsetzen
- Ablenken aggressiver Angriffe von vulnerablen Teilnehmern und Teilnehmerinnen auf den Leiter
- Präsenz als Gegenüber, selektive Authentizität
- Flexible Interventionsrichtung (Gesamtgruppe oder Einzelne)
- Thematisierung der anstehenden Beendigung, der Zeitbegrenzung bereits zu Beginn

liches schützendes Ablenken für vulnerable Teilnehmer intolerabler Angriffe auf den Leiter, um sich als präsentes Gegenüber zur Verfügung zu stellen. Hierbei handelt es sich unserer Erfahrung nach in der Tat oft um Verschiebungen, die eigentlich dem (in der Übertragung versagenden, willkürlich grenzsetzenden und mächtigen) Leiterobjekt gelten. In diesen Phasen des Gruppenprozesses ist die Beachtung der Prinzipien der psychoanalytisch-interaktionellen Methode von großer Bedeutung (wache Präsenz, selektive Authentizität, Respekt, Akzeptanz).

Auf den anfangs formulierten **Gruppenfokus** kommt der Leiter insbesondere dann zurück, wenn er sich im Gruppengeschehen reaktualisiert.

So inszenierten sich in der beschriebenen Gruppe während der ersten Sitzungen und insbesondere zur „Gruppenhalbzeit" Abbruchtendenzen mehrerer Teilnehmer, die durch die klärende Bezugnahme auf den Gruppenfokus abgemildert werden konnten und sich so nicht agierend äußern mussten.

Der Leiter verhält sich idealerweise auch **flexibel** hinsichtlich nicht nur der oben beschriebenen Modifikationen, sondern auch hinsichtlich der **Interventionsrichtung** – einerseits auf die Gesamtgruppe und andererseits auf einzelne Teilnehmer bezogen.

Die Thematisierung der **begrenzten** zur Verfügung stehenden **Zeit** erfolgt bereits zu Beginn und kann in der geschlossenen Gruppe zu einer angemessenen Auseinandersetzung mit der Trennungs- und Abschiedsthematik beitragen. Sie wird in halboffenen Gruppen mit ihrem ständig präsenten „Kommen und Gehen" analog der wöchentlich an- und abreisenden Patienten der Rehabilitationsklinik kaum tiefergehend bearbeitbar (vgl. Kap. 32).

Gruppenprozess

Im Vergleich zur halboffen geführten Gruppe nimmt die geschlossene Kurzzeitgruppe eine sehr viel deutlicher konturierte Gestalt im Sinne eines **phasenhaften Gruppenverlaufs** an, wie er z. B. von Budman und Gurman (1988) beschrieben wurde (Tab. 40.2).

Insbesondere ist eine zur „Gruppenhalbzeit" (6./7. Sitzung) in der Regel eintretende krisenhafte Zuspitzung der Dynamik beschreibbar, die sich um die affektiven Inhalte des Fokus entwickelt.

Der Gruppenfokus „Flüchten oder Standhalten" wurde in der 7. Sitzung von zwei Subgruppen repräsentiert mit den Alternativen Trennung und Auflösung oder „Zusammenraufen" und „Standhalten", wobei durch erneute klärende und deu-

Tabelle 40.2 Paradigmatische Darstellung des Gruppenprozesses der geschlossenen psychoanalytisch begründeten Kurzzeit-Gruppenpsychotherapie mit rehabilitationsbezogenem Fokus

Sitzungen	Phase	Kennzeichen
1–3	Beginn der Gruppe	„Fokussitzung", Fluchttendenzen, Frage des Dazugehörens, des sich Entfernenwollens, Frage des Schutzes angesichts heftiger oral-narzisstischer Konflikte, Aushandeln von Regeln und Normen, Holding und Grenzsetzung
4–6	frühe Gruppe	zunehmende Entfaltung der Dynamik und Verdeutlichung der Vulnerabilitäten
7	Halbzeit der Gruppe	krisenhafte Zuspitzung der Dynamik mit intensivem Erleben der affektiven Inhalte des Fokus, Ermöglichung von Klärung und offener Interaktion
8–10	späte Gruppe	Arbeitsgruppe, Vertrauen, Kohäsion
11–12	Beendigungsphase	Abschied und Trennung, Differenzierung, Bilanz

tende Bezugnahme jetzt offene Beziehungsklärungen unter den Teilnehmerinnen und Teilnehmern möglich waren und sich aus der zunächst zu beschreibenden Grundannahmegruppe eine Arbeitsgruppe im Sinne von Bion (1961) entwickelte.

In der zweiten Hälfte des Gruppenverlaufs ist das methodische Vorgehen eher ausgerichtet an der analytisch orientierten Methode. Ein Ansprechen mehr konfliktdynamischer Bezüge sowie ein bewussteres Wahrnehmen von Trennungs- und Abschieds- und damit auch Individuations- und Differenzierungserleben wird möglich. Idealerweise schließt sich an die Erfahrung einer gelungenen gemeinsamen Gruppenarbeit der Erhalt oder die Wiedererlangung der beruflichen Leistungsfähigkeit an. Bisherige klinische Eindrücke und die testpsychologische Untersuchung der Teilnehmer geschlossener Kurzzeitgruppen erbrachten ermutigende Resultate, auch das sozialmedizinische Outcome war erfreulich.

Zusammenfassung und Ausblick

Unter den Bedingungen der stationären psychosomatischen Rehabilitation und deren spezifischer Zielsetzung wurde zur Behandlung von Patienten mit chronifizierten Neurosen und Persönlichkeitsstörungen eine modifizierte psychoanalytisch begründete **Kurzzeit-Gruppenpsychotherapiekonzeption** entwickelt und in die klinische Praxis umgesetzt. Das differenzielle Gruppenangebot ist daraufhin ausgerichtet, auf der Basis eines bifokalen Ansatzes, welcher die konfliktbedingten und strukturellen Ursprünge der psychogenen Störung mit der äußeren rehabilitationsbezogenen sozioökonomischen Realität des Patienten verknüpft, einen Beitrag zum Erhalt bzw. zur Wiederherstellung der Erwerbsfähigkeit und beruflichen und psychosozialen Reintegration zu leisten. Diese **aus einem psychoanalytischen Selbstverständnis heraus erarbeitete Erweiterung gruppenpsychotherapeutischer Verfahren** steht neben neueren Entwicklungen im Bereich der störungsspezifischen und eher manualorientierten Gruppenverhaltenstherapie (Kap. 54) und Bestrebungen, Gruppenpsychotherapiekonzepte beider Grundorientierungen zu integrieren bzw. miteinander zu kombinieren (Kap. 55).

Vor dem Hintergrund katamnestischer Untersuchungen stationärer psychosomatischer Rehabilitation nach differenzieller Zuweisung zu psychoanalytisch oder verhaltenstherapeutisch orientierter Behandlung, die – unter dem Aspekt gemeinsamer Wirkfaktoren diskutiert – zunächst die grundsätzliche Gleichwertigkeit der Therapieergebnisse nahe legen (Schulz u. Mitarb. 1999), wäre eine breitere Erprobung und vergleichende empirische Evaluation der weiter entwickelten gruppenpsychotherapeutischen Entwürfe wünschenswert, um ggf. indikationsbezogen eine **Optimierung psychosomatischer Rehabilitationsmaßnahmen** vornehmen zu können.

Neben den methodenrelevanten Fragestellungen ergeben sich weitere Zukunftsperspektiven durch ermutigende Erfahrungsberichte von spezifischen Modellprojekten zur poststationären rehabilitativen Versorgung, die dem Zweck dienen, das klinische Behandlungsergebnis zu stabilisieren und den Rehabilitationserfolg insbesondere im Hinblick auf die **berufliche Reintegration** zu verbessern (Husen und Bischoff 1998; Kobelt u. Mitarb. 1998; Münch und Riebel 1998; Lamprecht u. Mitarb. 1999). Zur Überwindung der **Schnittstellenproblematik** zwischen zumeist wohnortfernen Reha-Kliniken und ambulanter Weiterbehandlung einerseits und Vernetzung von psychotherapeutischen und beruflichen Rehabilitationsmaßnahmen andererseits eignet sich ein konsistenter **Reha-Gesamtbehandlungsplan** unter Nutzung gruppenpsychotherapeutischer Verfahren. Die ambulante Anwendung der vorgestellten zeitlich limitierten Fokaltherapiegruppen kann dabei im Rahmen einer gezielten wohnortnahen Reha-Nachsorge und in Verbindung mit Belastungserprobungen und Wiedereingliederungsbemühungen hilfreich sein – gerade bei psychosozial beeinträchtigten Patienten, deren habituell dysfunktionelle Beziehungsmuster und Ich-Funktionsdefizite die Leistungsfähigkeit nachhaltig gefährden –, integrierende Funktionen zu übernehmen und damit das angestrebte Rehabilitationsziel dauerhaft zu erreichen.

41. Selbsthilfegruppen

M. L. Moeller

Die praktisch vollzogene Zweiteilung der medizinischen Versorgung

Wer sich in der Medizin den Selbsthilfegruppen zuwendet, befasst sich indirekt mit einem Defizit der heute so hoch entwickelten ärztlichen Wissenschaft, das man schlicht und klar als den „menschlichen Mangel" bezeichnen könnte. Die enormen Errungenschaften der technischen und pharmazeutischen Medizin können uns glücklich machen – keiner von uns möchte darauf verzichten, doch der Verlust dessen, was man „persönliche Medizin" nennen könnte, sollte uns unglücklich machen. Die Einführung der **psychosozialen Fächer** in der Medizin (medizinische Psychologie, medizinische Soziologie, psychosomatische Medizin und Psychotherapie) sind nur ein Tropfen auf diesen heißen Stein: Nur 4% des ärztlichen Lehrstoffs betreffen seelische und soziale Zusammenhänge; 96% bestehen aus organmedizinischem Wissen – wie wir einst in der Lernzielkommission Psychosomatik/Psychotherapie feststellen konnten.

Meines Erachtens hat sich in den letzten Jahrzehnten eine **Spaltung in der medizinischen Versorgung** realisiert, die wir uns nur ungern klar machen, weil sie einem Grundgefühl ärztlicher Identität widerspricht. Die Medizin ist faktisch eine technische Versorgung geworden, ihr Fortschritt wird sie künftig noch stärker in diese Richtung führen. Die psychosozialen Fächer – obwohl von allen als Notwendigkeit anerkannt – werden heute als junge Disziplinen oder besser gesagt „Dimensionen" ärztlicher Tätigkeit in der medizinischen Ausbildung schon wieder gekürzt – zunächst über die Minderung ihrer Bedeutung in den Prüfungen des Studiums. Die soeben erfolgte Einführung des **Facharztes für psychotherapeutische Medizin** wird daran nicht viel ändern. Selbst die einfachste, wesentliche und bei entsprechender Einsicht auch unaufwendig zu erlernende Fähigkeit, mit Kranken einfühlsam zu sprechen, lässt die Realität in der ärztlichen Praxis und auf den Stationen von Kliniken praktisch nicht mehr zu. Die Gesamtheit aller Psychotherapeuten kann hier keinen Umschwung bewirken, bestellt zudem auch selten das Feld der seelischen Verarbeitung konkreter Erkrankungen. Eben genau in diese schmerzhafte, manchmal Empörung hervorrufende Lücke, die beispielsweise beim Umgang mit Tumorkranken häufig angeklagt wird, sind die **Selbsthilfegruppen** quasi hineingewachsen. Sie übernehmen in der Evolution der Versorgung nun das Gebiet der „persönlichen Medizin" und damit jenes Ziel, welches das Arzttum bis ins 19. Jahrhundert konstituierte: Erleben und Verhalten der Kranken nämlich in Richtung einer gesundheitsfördernden Lebensführung zu entwickeln. Und sie leisten hier inzwischen sehr viel. Unsere fünfjährigen Studien zu psychologisch-therapeutischen Erfolgen der **Gesprächsselbsthilfegruppen** haben das eindeutig belegen können (Daum u. Mitarb. 1984). Die Spaltung der Medizin müssen wir wohl als unabänderlich akzeptieren. Sie kann zu einer fruchtbaren Arbeitsteilung werden, wenn es uns gelingt, ärztliche oder psychotherapeutische Fachleistung einerseits und Selbsthilfegruppenarbeit andererseits sinnvoll miteinander zu verbinden. Heute ist der zweifache Ansatz in der Versorgung längst Realität: Medizin und Selbsthilfegruppen werden ohne einander nicht mehr auskommen können.

Erlernte und erlebte Kompetenz

Aber es geht nicht nur um die sozusagen seelische Entwicklung in der ärztlichen Ausbildung. Denn eines der schmerzlichsten Probleme in der Krebsversorgung ist die unvermeidliche Distanz des Arztes zum Krebskranken allein deswegen, weil der Arzt nicht betroffen ist. Hinzu kommt oft auch noch die emotionale Überforderung aufgrund der Tatsache, dass er selbst nur in seltenen Fällen eine Krebserkrankung in der eigenen Familie durcherleben und seelisch integrieren konnte. Das ist auch ein zentrales Problem für die Zusammenarbeit von Ärzten und Selbsthilfegruppen. Wer möchte sich schon intensiv mit einem bedrohlichen Leiden auseinander setzen, das ihm im Kranken entgegenkommt?

Deshalb sagen die US-amerikanischen Selbsthilfegruppen: „Die Ärzte wissen besser als wir, wie die Krankheit zu behandeln ist; wir wissen besser als sie, wie die Kranken als Menschen zu behandeln sind" (Moeller 1991, S. 16).

Oder anders gesagt – wie es auf einer Jubiläumstagung der österreichischen Frauenselbsthilfe nach Krebs hieß: „Der Arzt hat die erlernte Kompetenz, der Kranke die erlebte Kompetenz."

Vor 30 Jahren starb meine Mutter an Brustkrebs, weil sie viel zu spät den Arzt aufsuchte und auch mit mir, der ich das Medizinstudium schon beendet hatte, trotz unserer sehr guten Beziehung nicht darüber sprach. Vor 18 Jahren starb mein Vater an Magenkrebs – wie Jahrzehnte zuvor schon mein Großvater. Vor 7 Jahren starb mein Bruder an Brustkrebs. Meine drei besten Freunde sind an Krebs gestorben. Ein guter Freund liegt ohne Aussicht auf Heilung gerade mit einem Leberkrebs im Krankenhaus. Ich fühle mich aus diesem Erleben sehr eingebunden in die Krisensituation krebskranker Menschen – ganz zu schweigen von der Wahrscheinlichkeit, einst zu jenen zu zählen, die selbst an Krebs erkranken. Jeder Vierte von uns gehört schon dazu.

Geschichte der Selbsthilfebewegung

Selbsthilfezusammenschlüsse existieren seit Menschengedenken. Sie begannen mit dem Gruppenschamanismus, der zeitlich noch vor dem spezialisierten Schamanentum lag, überleitend zu den geheimen Krankenbrüderschaften, zu den Gilden im Mittelalter, von denen heute noch die Freimaurer abstammen, bis hin schließlich zu den Gewerkschaften, die ebenfalls als Selbsthilfeorganisationen begannen (Moeller 1996a).

Das Geburtsdatum heutiger Selbsthilfegruppen ist der Juni 1935. Mitten im Elend der Weltwirtschaftskrise entstanden die **Anonymen Alkoholiker** in den USA. Sie waren Modell für viele weitere Anonymous-Gruppen: Anonyme Neurotiker, Anonyme Asthmatiker, Anonyme Spieler, Anonyme Eltern, Anonyme Depressive usw.

In Deutschland durchlief die Selbsthilfegruppenbewegung bisher etwa **fünf Phasen**:

- In der Anfangszeit (1956–1975) von fast zwei Jahrzehnten kannte sie keiner; selbst Fachleute der psychosozialen Versorgung nahmen sie bestenfalls als zu vernachlässigendes **Kuriosum** zur Kenntnis. Dann aber waren sie nicht mehr zu leugnen.
- In der zweiten Phase ging es um die prekäre **Frage einer Zusammenarbeit von Selbsthilfegruppen und Fachleuten**. Sie begann mit einer aggressiven Abwertung der Selbsthilfegruppen durch Ärzte, die beispielsweise von „wildgewordener Krankenmeute" (wörtliches Zitat) sprachen. Diese Phase endete auf den Gesundheitstagen 1980 und 1981: Eine Zusammenarbeit wurde für beide Seiten als fruchtbar und in gewissen Bereichen als notwendig angesehen.
- Bis 1984, in der dritten Phase, erfolgte dann **eine breite Anerkennung der Selbsthilfegruppen** – unter der SPD/FDP-Koalition vornehmlich unterstützt wegen der Prinzipien Mündigkeit, Selbstbestimmung und Basisdemokratie, unter der heutigen Regierung auf der Basis des Subsidiaritätsprinzips.
- Im Zuge der teilweise kräftigen finanziellen Unterstützung begann seit 1984 etwa eine vierte Phase, in der es um die Frage der **Qualität der Selbsthilfegruppenarbeit** ging. Diese Frage wird natürlich als Bumerang auf die professionelle ärztliche Versorgung zurückkommen.
- Inzwischen deutete sich bereits eine fünfte Phase an: Der Differenzierung der Selbsthilfeinitiativen auf allen Gebieten folgt die **Integration der Gruppenselbsthilfe** wie dem Einatmen das Ausatmen. In den Entwicklungswissenschaften ist diese Aufeinanderfolge von Differenzierung und Integration bekannt als notwendiges Moment des körperlichen, seelischen und sozialen Wachstums. Die **Periode dieser mehrdimensionalen Gruppenselbsthilfe** steht allerdings erst am Beginn.

Natürlich sind die genannten fünf Phasen in der Realität Deutschlands zeitlich nicht exakt abgegrenzt. Sie sind teleskopartig verschränkt, weil sich die Gruppenselbsthilfe in den unterschiedlichen Gebieten (z. B. Städten versus kleineren Ortschaften) unterschiedlich schnell entwickelte. Eine Phase läuft nicht vollständig und geschlossen ab, bevor die nächste einsetzt.

Seit 1984 existiert die von mir und dem damaligen Gesundheitssenator Berlins, Ulf Fink, gegründete **Nationale Kontaktstelle zur Förderung und Unterstützung der Selbsthilfegruppen** (NAKOS) in Berlin, ein nationales Selbsthilfegruppeninstitut, wie es in anderen westlichen Ländern ebenfalls eingerichtet ist. Die mit ihr eng verbundene **Deutsche Arbeitsgemeinschaft Selbsthilfegruppen**, die ich 1975 zunächst mit wenigen Betroffenen und sehr viel mehr Experten in Lindau gründete, hat mit über 230 regionalen Kontaktstellen für Selbsthilfegruppen in deutschen Städten für ein schon recht differenziertes Selbsthilfenetzwerk gesorgt. Hier finden Selbsthilfeinteressenten und Fachleute in Faltblättern und Broschüren Starthilfe und Beratung.

Dies ist umso notwendiger, als der Widerstand gegen Selbsthilfegruppen bei Laien und – vielleicht noch stärker – bei Fachleuten sozialpolitisch nicht unterschätzt werden darf. Er führt u.a. zu einer großen Unkenntnis und zu einem Vorstellungsbild der Gruppenselbsthilfe, das stark mit Projektionen durchsetzt ist – genauer gesagt führt er zu einem Phantombild.

Die dynamische Idee der Selbsthilfegruppen und ihre Abwehr

Die lebhafte Entwicklung der letzten zwei Jahrzehnte hat ein ernstes Problem mit sich gebracht, mit dem kaum zu rechnen war. Zwar haben sich vor allem auch im Osten unseres Landes reichlich Selbsthilfekontaktstellen gebildet und für diese vielen Glieder gibt es in NAKOS und der Deutschen Arbeitsgemeinschaft Selbsthilfegruppen auch das Haupt, doch fehlt es gleichsam noch am **dynamischen** Selbsthilfegruppengeist, d. h. an der gruppenanalytischen und selbsthilfespezifischen Kenntnis der Wirkungsprozesse in Gesprächsselbsthilfegruppen.

Das ist einfach zu erklären. In zähen Verhandlungen wird beispielsweise in einem Bundesland für die Kontaktstelle eine Mitarbeiterfinanzierung erwirkt. Sie darf nicht zu teuer sein und wenn es nicht von vornherein schon eine Arbeitsbeschaffungsmaßnahme ist, kann der frische Bewerber froh sein, dass er oder sie den Posten beim nächsten politischen Wechsel nicht verliert. Die um ihren Arbeitsplatz bangenden Unterstützer und Unterstützerinnen haben aber noch eine zweite massive Unsicherheit: sich nämlich in ihrem neuen Aufgabenfeld zurechtzufinden. Ihnen fehlt die Praxis in diesem innovativen Bereich, vor allem verfügen sie in der Regel nicht über eine eigene Gruppenselbsterfahrung. So wird sich ihre Tätigkeit auf organisatorische Hilfen zentrieren. Die dynamische Arbeit der Selbsthilfegruppen kann so nicht gezielt gefördert werden. Es ist deshalb nicht abwegig zu vermuten, dass Interessenten an Selbsthilfegruppen gelegentlich Abstand nehmen von ihrem Vorhaben, sich einer Gruppe anzuschließen, weil sich die **latente Ambivalenz** und **verborgene Gruppenangst des Beraters** auf sie übertragen haben. Diese missliche Situation wird verschärft durch die verbreitete Tendenz, Selbsthilfegruppen als eine Art höheren Kaffeeklatsches abzutun, also genau besehen als ihre **Abwehrform**. So sehr ein Kaffeeklatsch selbst erhebliche positive Wirkungen erzielen kann, indem er den Betroffenen die geheimen Ängste vor einem Gruppengeschehen nimmt, so wenig macht dieses zunächst unverbindliche miteinander Sprechen den qualitativen Kern einer Gesprächsgruppe aus.

Gruppenkompetenz für Selbsthilfeunterstützer durch Fortbildung

Meine Mitarbeiter und ich haben deswegen gemeinsam mit NAKOS bundesweite Fortbildungsseminare für Selbsthilfeunterstützer angeboten, welche die dringend benötigten selbsthilfespezifischen und gruppenanalytischen Kompetenzen vermitteln. Dieses **SEEGRAS** genannte (**Se**lbsthilfe-**E**ntwicklungs-**Gr**uppen-**A**nalyse-**S**eminare) Fortbildungskonzept findet in einem Frühjahrs- und einem Herbstseminar von je 5 Tagen über 2 Jahre statt, wobei neu Hinzukommende jederzeit in die Weiterbildung einsteigen können. Neben Theorie und Supervision von Einzel- und Gruppenberatungen liegt ein wesentlicher Schwerpunkt in der Gruppenselbsterfahrung. Offen ist dieses Seminar für alle Personen – Betroffene oder Professionelle –, die Selbsthilfegruppen kompetent fördern wollen. Es ist nicht zu verantworten, dass heute – beim Erstarken der Selbsthilfegruppenbewegung und ihrer großen Infrastruktur – eine Förderung von Gruppenselbsthilfe stattfindet, ohne dass die Unterstützer selbst Erfahrung und Kenntnis vom hohen Potenzial der Gruppenarbeit haben. Es geht also nicht nur um den Erwerb von Fertigkeiten und Kenntnissen, sondern viel tiefer gehend und umfassender um eine grundlegende Entwicklung einer angemessenen, professionellen, inneren Einstellung zu Gruppen.

Selbsthilfegruppe ist nicht gleich Selbsthilfegruppe

Ich habe meine ursprünglichen Auffassungen zu Selbsthilfegruppen, wie ich sie in meinen beiden Büchern zu Selbsthilfegruppenarbeit (1991; 1996a) und zur Zusammenarbeit von Selbsthilfegruppen und Fachleuten dargelegt habe, durch meine persönlichen vieljährigen Erfahrungen in zwei Selbsthilfegruppen, denen ich angehöre – eine Analytikergesprächsgemeinschaft und eine Arbeitsplatzgesprächsgemeinschaft – vertieft und intensiviert. Mehr denn je bin ich vom Wert einer guten Selbsthilfegruppe überzeugt. Allerdings habe ich auch eine sehr klare Position gewonnen, was qualitative Unterschiede, notwendige oder hilfreiche Bedingungen, schließlich was **Grenzen und Gefahren der Selbsthilfegruppenarbeit** betrifft. Schlagwortartig gesagt ist Selbsthilfegruppe nicht gleich Selbsthilfegruppe.

Meine Mitarbeiter und ich haben das erwähnte 5-jährige, vom Bundesgesundheitsministerium finanzierte Forschungsprojekt zu „psychologisch-therapeutischen Selbsthilfegruppen" im Sinne von Gesprächsgruppen durchgeführt (Daum u. Mitarb. 1984). Das Fazit lautet: „Dass diese Gruppen helfen, ist nicht mehr zu bezweifeln. Es geht jetzt darum, die gewonnenen Erkenntnisse auch wirklich in die Praxis umzusetzen, die Betroffenen zu ermutigen und Angehörige aus allen psychosozialen Berufen zur Zusammenarbeit zu befähigen" (Daum u. Mitarb. 1984, S. 9).

Das ist in meinen Augen eine wesentliche Zielvorstellung für die am Universitätsklinikum Frankfurt/Main eingerichtete „**Psychosoziale Ambulanz**", die als erste Modellpoliklinik in Europa nach den Vorstellungen der Weltgesundheitsorganisation versucht, medizinisch-psychoanalytische Fachleistung und Selbsthilfegruppenarbeit auf sinnvolle Weise miteinander zu verbinden – und zwar für Menschen, die eine schwere seelische Belastung im Zuge einer Erkrankung, Operation oder Lebenskrise zu verarbeiten haben.

Da heute die Gefahr groß ist, dass alle von Selbsthilfegruppen reden und jeder etwas anderes meint, möchte ich im Folgenden einige wesentliche Unterschiede im großen Panorama der Selbsthilfezusammenschlüsse hervorheben und dabei auch auf eine Arbeitsweise zu sprechen kommen, die mir optimal erscheint.

Vielfalt und Einheit der Selbsthilfegruppen

Die Formenvielfalt der Selbsthilfegruppen ist für manche inzwischen recht verwirrend. International lassen sich acht Arten unterscheiden. Die drei wesentlichen gesundheitsbezogenen Selbsthilfezusammenschlüsse, auf die es hier ankommt, sind
- die Gesprächsgemeinschaften, zu denen alle **Anonymous-Gruppen** und zahlreiche, nicht nach speziellen Programmen arbeitende Kleingruppen (z. B. Paargruppen) gehören,
- die Selbsthilfegruppen wie in der **Frauenselbsthilfe nach Krebs**,
- die großen Selbsthilfeorganisationen wie die **Rheuma-Liga**, der **Psoriasis-Bund**, die **Multiple-Sklerose-Gesellschaft** und zahlreiche weitere medizinische und nicht medizinische Vereine.

Die anderen fünf sollen nur kurz benannt werden: Zu den **bewusstseinsverändernden Selbsthilfegruppen** gehören die Frauengruppen der **Emanzipationsbewegung** oder die **Homosexuellengruppen**; zu den lebensgestaltenden Selbsthilfegruppen u.a. Wohngemeinschaften und Landkommunen. In arbeitsorientierten Selbsthilfegruppen haben sich jugendliche und ältere **Arbeitslose** zusammengefunden, um sich eine berufliche Tätigkeit zu erschließen. Mehr und mehr entwickeln sich auch **ausbildungsorientierte Selbsthilfegruppen** – etwa für Krankenschwestern, Sozialarbeiter, Psychotherapeuten – oft als selbstorganisierte Fortbildung. Und schließlich sind alle **Bürgerinitiativen** zu den Selbsthilfegruppen zu zählen. Die entscheidenden Merkmale aller Selbsthilfegruppen sind Selbstbetroffenheit und Handeln in eigener Sache. Zu unterscheiden sind:
- **Selbsthilfeorganisationen** – zusammengefasst etwa im Bundesverband „Hilfe für Behinderte" mit insgesamt inzwischen über 50 bundesweiten Vereinigungen und über einer 3/4 Million Mitglieder – sind bürokratisch organisiert und verfolgen im Wesentlichen „äußere" Selbsthilfeziele wie Informationen der Betroffenen, gelegentliche Diskussionsrunden, Forschungsförderung, Öffentlichkeitsarbeit und vor allem Gesetzesänderungen zugunsten ihrer Kranken.
- **Selbsthilfegruppen** dagegen sind weniger bürokratisiert und arbeiten in der Regel lokal. Sie sind teils spontan auf Einzelinitiativen hin entstanden, teils im Rahmen der bundesweiten Selbsthilfeorganisationen als Ortsgruppen zu verstehen. Hierzu gehören alle eher informierenden Selbsthilfegruppen, die meist auch ein zwangloses Zusammensein ermöglichen, sich gemeinsam Vorträge anhören, sehr häufig Krankenbesuche machen und sich auch sonst beraten. Sehr oft entschließen sie sich zu gemeinsamen kleineren Aktivitäten, zu einer Gymnastikgruppe, einer Schwimmgruppe, einer Wandergruppe. Deren Vielfalt ist vorteilhaft, weil sie unterschiedlichen Menschen die unterschiedlichsten Zugänge zur Gruppenselbsthilfe bieten. So werden etwa im „Ludwigsburger Modell" Selbsthilfegruppen für brustkrebserkrankte Frauen angeboten, die zunächst keine besonders tief gehende Aufarbeitung des persönlichen Leidens ermöglichen. Doch selbst eine

Bastelgruppe zum Beispiel hat als „Schleusengruppe" eine enorme Bedeutung, weil sie die Scheu vor der Gruppe verringert und sich aus dem Kreis der Teilnehmerinnen nach und nach Personen finden, die an einer intensiven Gesprächsgruppe teilzunehmen bereit sind.

Gesprächsgemeinschaften

Die Gesprächsgemeinschaften sind eine besondere Form der Selbsthilfegruppen. Sie können aus allen Formen von Selbsthilfegruppenzusammenschlüssen entstehen, also von den großen bundesweiten Vereinigungen angeregt werden und deren tragendes Element bedeuten, aus kleinen Aktivitätsgruppen erwachsen oder von Betroffenen bzw. Fachleuten spontan oder langfristig geplant angeregt werden.

Eine Gesprächsgemeinschaft hat ein relativ klar festgelegtes „Setting":
- alle Gruppenmitglieder sind gleichberechtigt,
- jeder bestimmt über sich selbst,
- jede Gruppe entscheidet selbstverantwortlich,
- jeder geht in die Gruppe wegen eigener Schwierigkeiten,
- was in der Gruppe besprochen wird, sollte in der Gruppe bleiben und nicht nach außen dringen (Gruppenschweigepflicht),
- die Teilnahme ist kostenlos.

Zu einer Gesprächsgemeinschaft finden sich sechs bis zwölf Personen (bzw. fünf Paare oder drei Familien) zusammen. Sie lernen im regelmäßigen Gespräch ohne die Mitwirkung eines Gruppenleiters oder Therapeuten, mit ihrer inneren und äußeren Situation angemessener umzugehen. Und sie versuchen, ihre persönlichen Ziele gemeinsam zu erreichen. Sie treffen sich in der Regel über mehrere Jahre hinweg einmal die Woche zu einer Sitzung von zwei Stunden Dauer in einem möglichst neutralen Raum.

Untersuchungen ergeben, dass die Resultate dieser Gruppen außerordentlich positiv sind und denen einer ambulanten, psychoanalytisch orientierten Gruppenpsychotherapie ähneln (Stübinger 1977; Daum u. Mitarb. 1984). Allerdings ist zu beachten, dass die angegebene Gruppenordnung eingehalten wird. Denn sie enthält indirekt jene grundlegenden Regeln, die eine Selbstregulation der Gruppe garantieren. Das Kleingruppenprinzip, das Kontinuitätsprinzip und das Gruppenselbsthilfeprinzip besagen zum Beispiel: Hier hilft nicht einer dem anderen und der wieder ihm (wie es die Anekdote vom Tauben und Lahmen wiedergibt; denn das wäre wechselseitige Fremdhilfe); vielmehr hilft hier jeder sich selbst und hilft damit den anderen, sich selbst zu helfen. Der entscheidende Vorgang ist also die Tatsache, dass jeder für jeden zu einem kleineren oder größeren Vorbild wird. Das **Lernen am Modell** ist also die Grundlage. Die Emotions-Anonymous-Selbsthilfegruppen für seelische Gesundung fassen das in den lakonischen und eigentlich revolutionären Satz: „Keine Fragen, keine Ratschläge, jeder über sich selbst".

Die Gruppe kann mehr als der Einzelne

Worauf beruht die große Fähigkeit der Gruppe? Zum einen sehen viele Augen mehr als zwei. Die Begabung der Gruppe ist höher als die eines Einzelnen, weil die unterschiedlichen Fähigkeiten der Teilnehmer zusammenwirken können, um das gemeinsame Ziel zu erreichen. Dabei entsteht das Potenzial der Gruppe nicht nur aus der Aneinanderreihung, d. h. der Summe aller Einzelfähigkeiten, sondern vor allem aus der vielfältigen Kombination und der wechselseitigen Ergänzung der unterschiedlichen Begabungen. So erschließen sich der Gruppe Lösungsmöglichkeiten, die sich dem Einzelnen nur sehr schwer oder gar nicht auftun. Das könnte man den **Teamvorteil** der Gruppe nennen. Er bezieht sich auf ihre Leistungsfähigkeit und kann aufgrund von vielen Untersuchungen als gesichert gelten.

Doch begründet dieser Aspekt nur zum kleineren Teil die allgemeine Erkenntnis, dass wir gemeinsam stärker sind. Menschen, die bereits Gruppenerfahrung haben, empfinden darüber hinaus vor allem die Ermutigung, die Geborgenheit und die Solidarität einer Gemeinschaft als wesentlich. Die von gegenseitigem Vertrauen getragenen, vielfältigen Beziehungen in der Gruppe erfüllen und tragen sie. Das Gefühl, neue Kräfte zu bekommen, beruht – schlicht gesagt – auf der **menschlichen Wirkung der Gruppe**. Der fast schon grotesk anmutende Begriff des „gebrochenen Herzens" (Lynch 1979) signalisiert vielleicht am deutlichsten den fortschreitenden Beziehungszerfall in unserem Alltagsleben. Denn erst wenn Bindungen einmal weitgehend geschwunden sind, lässt sich das vielleicht tiefste, ursprünglichste und notwendigste Verlangen des Menschen erkennen: das **Beziehungsbedürfnis**. In der Gruppe erfüllt es sich, denn wir sind eigentlich Gruppenwesen. Dafür ist weniger das Aufwachsen in einer Familiengruppe verantwortlich. Im Gegenteil, in der heutigen, kaum noch familiär zu nennenden, nahezu vaterlosen Mutter-Einzelkind-Union ist eher unsere Beziehungsunfähigkeit begründet. Die Anlage des Menschen zum Gruppenwesen hat sich in einer Jahrmillionen während Evolution herausgebildet. Weil die Menschen der Frühzeit während ihres unfassbar langen Entwicklungsprozesses ausschließlich in Gruppen von etwa 25 Mitgliedern lebten, wovon die Hälfte Kinder waren (Lenski und Lenski 1974), musste sich der Mensch zu einem Gruppenwesen hin entwickeln. Die menschlichen Fähigkeiten entfalten sich demnach auch am stärksten in der Gruppe. Die kleine überschaubare Gemeinschaft ist unsere natürliche und deswegen optimale Umwelt. Sie entspricht dem humanökologischen Urzustand, d. h. unserer ursprünglichen menschlichen Heimat. Dieser lebensbezogene Milieuvorteil ist gegenüber dem arbeitsbezogenen Teamvorteil die eigentliche Begründung für die **Überlegenheit der Gruppe**.

Als Individuen sind wir im Grunde Bruchstücke von Gruppen. Unter dem Einfluss zunehmender Verdünnung, Verkürzung und Versachlichung menschlicher Beziehungen haben wir das jedoch nahezu vergessen. Vereinzelung und Individualismus sind deshalb zugleich die stärksten Kräfte **gegen** Selbsthilfegruppen, wie auch **für** sie.

Einerseits haben sie uns von der Gruppe entfremdet: Unser Gefühl für Gruppenvorgänge ist nur noch wenig entwickelt, ja, direkte Abneigung gegen Gruppen ist derzeit weit verbreitet (vgl. auch Kap. 35). Andererseits aber führt gerade unser übersteigerter Individualismus dazu, dass der Einzelne, um individuelle Enge, Schwäche und Isolation aufzuheben, das Bedürfnis hat, sich kleinen Gruppen in der Hoffnung anzuschließen, dort eine freiere gemeinschaftsfähige Individualität zu gewinnen. Dieser Widerstreit der Kräfte führt nicht nur äußerlich dazu, dass die Selbsthilfegruppen Gegner und Fürsprecher finden; er zeigt sich in jedem Interessierten auch als innerer Konflikt, den er selbst lösen muss.

Vielleicht sollte ich in diesem Zusammenhang noch einen Verhaltensvorteil nennen: Gesprächsselbsthilfegruppen sind nämlich die Tätigkeitsform der **Selbstoffenheit**, des „Opening Up" (Pennebaker 1991). Unter Selbstoffenheit versteht man eine Durchlässigkeit in der Beziehung zu sich selbst und damit gleichzeitig eine größere Offenheit anderen gegenüber. Es entspricht – nach einer Formulierung von Franzen (2000) – jener „Rückgewinnung des Blicks auf sich selbst", der uns mehr oder weniger lautlos durch Experten und Massenmedien enteignet wurde. Dieses hochbeforschte Verhalten des Opening Up ändert uns bis in die physiologischen Prozesse hinein. Beispielsweise sind bestimmte Abwehrzellen des körperlichen Immunsystems stärker oder schwächer vertreten – je nachdem, ob ich offener oder verschlossener bin. Kurz gesagt:

> Wem es gelingt, das auszusprechen, was ihn wirklich bewegt – sei es Glück, Leid, Ärger, Trauer, Hoffnung oder Stolz –, der stärkt sein körperliches Abwehrsystem, er macht sich sozusagen gesünder.

Der erste allgemeine Nachweis von Behandlungserfolgen liegt genau in dieser gesundheitsbildenden Qualität menschlicher Offenheit (Moeller 1996b).

Sechs Kernprobleme der Gruppenselbsthilfe

Für die praktische Arbeit der Gesprächsgemeinschaften ergeben sich nach unseren Erfahrungen sechs Kernprobleme, die nicht zuletzt auch das Verhältnis dieser Kleingruppen zu ihrer regionalen Arbeitsgemeinschaft und zu ihrer übergreifenden Selbsthilfeorganisation sowie die Zusammenarbeit mit den Fachleuten betreffen. Ich will sie im Folgenden kurz benennen:

- Wie kann eine Gruppe von den Erfahrungen der anderen lernen? Das bedeutet konkret: **Wie lässt sich die Gruppenselbsthilfe verbessern?** Wie lassen sich Probleme angehen, die eine Gruppe als Ganzes nicht lösen zu können meint? Wie lässt sich Fehlentwicklungen vorbeugen – etwa der Entwicklung zu einem reinen Ratschlagverein oder Diskutierclub? Wie ließe sich wechselseitig Gruppenberatung realisieren?
- Wie kann gemeinsames Reden und gemeinsames Handeln zugleich erreicht werden? Mit anderen Worten, wie lässt sich **Selbstveränderung** – also Reflexion des eigenen Erlebens und Verhaltens und damit Aufarbeitung seelischer Belastungen – **verbinden mit Sozialveränderung**, d. h. gemeinsamer Planung für Initiativen, die als Konsequenz des Erkenntnisgewinns in den Gruppen anzusehen sind? Wie ist die international zu beobachtende Spaltung des integrierten Selbsthilfegruppenziels in Gesprächsgruppen einerseits und Aktionsgruppen andererseits (etwa in Form der großen Selbsthilfeorganisationen) zu beheben? Gibt es überhaupt eine Chance, introspektive Besinnung mit handlungsorientierten Planungen gleichzeitig zu realisieren?
- Wie können **neue Interessenten** kontinuierlich informiert und aufgenommen werden, ohne dass die Gruppenarbeit gestört wird und ein Kampf gegen ständige Gruppenvergrößerung geführt werden muss?
- Wie lassen sich **gemeinsame alltägliche Aufgaben** im Rahmen der Selbstorganisation möglichst wirksam lösen – so etwa Raumbeschaffung und vor allem die meist vernachlässigte Bekanntgabe nach außen? Wie ist eine maximale Entlastung von organisatorischem Aufwand für einzelne Gruppen zu realisieren?
- Wie soll die **Zusammenarbeit mit Fachleuten** vonstatten gehen, ohne die Eigenständigkeit der Gruppen zu gefährden? Wie können Selbsthilfegruppen Fachleute nach Bedarf zur eigenen Information gewinnen? Wie ist auch umgekehrt der Kontakt der Gruppen zu Fachleuten möglich – etwa, wenn andere Betroffene erreicht werden sollen? Ja, wie können Fachleute die Selbsthilfegruppenarbeit kennen lernen – und noch mehr: von ihnen lernen?
- Wie ist der Neigung zu vereinzeltem Arbeiten der Gruppen zu begegnen, die so häufig zu enttäuschendem Zerfall oder einer Art Selbstghettoisierung führt? Das bedeutet: Wie ist ein **größerer Zusammenhalt** herzustellen, der unbürokratisch bleibt und doch eine Möglichkeit eröffnet, für die eigenen Belange politisch wachsamer und handlungsfähiger zu werden?

Wechselseitige Gruppenberatung im monatlichen Gesamttreffen

Für die gleichzeitige Behebung dieser sechs Kernprobleme gibt es keine geeignetere Lösung als die eines konkreten Verbundes mehrerer ähnlicher Selbsthilfegruppen/Gesprächsgemeinschaften in einer Region. Dieser Zusammenschluss realisiert sich in einem institutionellen Rahmen, wie zum Beispiel in einer regionalen Arbeitsgemeinschaft, und in einer machbaren gemeinsamen Aktivität: **im monatlichen Gesamttreffen**. Es handelt sich um einen etwa zweistündigen Termin, der zusätzlich zu den üblichen wöchentlichen Gruppensitzungen vereinbart wird und meistens an einem gesonderten Ort stattfindet. Das Gesamttreffen ist also sozusagen die **Selbsthilfegruppe der Selbsthilfegruppen**. Es kann von den regionalen Arbeitsgemeinschaften, den Bundesselbsthilfeorganisationen und von Fachleuten organisatorisch angeregt und unterstützt werden. Die Sitzung findet in Form eines offenen Gesprächs statt. Zu ihm kommen nur in besonderen Problemfällen alle Mitglieder der Gruppen, in der Regel jedoch ein Drittel der Selbsthilfegruppe, die nicht immer dieselben sein sollten (rotierende Delegierte). Die Bedeutung des Gesamttreffens ergibt sich aus den genannten Kernproblemen. Es ist ein praxiserprobtes Modell, dessen sechs wesentliche Aufgaben folgendermaßen formuliert werden können:

- offener Erfahrungsaustausch im Sinne wechselseitiger Beratung zur Optimierung der Gruppenarbeit,
- Planung von Initiativen,
- Information der Neuen mit Angebot, sich Gruppen anzuschließen oder neue zu gründen,
- gemeinsame Selbstorganisation wie Raumbeschaffung und Öffentlichkeitsarbeit,
- Zusammenarbeit mit Fachleuten im Sinne einer gleichgestellten Partnerschaft, damit Nutzung des professionellen Wissens und die Beeinflussung der Fachwelt,
- höheres sozialpolitisches Bewusstsein durch Kontakt zu anderen Gruppen und damit Vorbeugung gegen die Selbstghettoisierung.

Die Zukunft des Helfens: Schleuse zur Gruppenselbsthilfe

Die großen Aufgaben, denen sich eine psychosoziale Versorgung – allein im Bereich der Medizin, Prävention und Rehabilitation – künftig gegenübersieht, lassen die Gefahren der Gruppenselbsthilfe heute eher umgekehrt als früher erscheinen: Die Gefahr liegt nicht so sehr darin, dass Selbsthilfegruppen entstehen, vielmehr darin, dass sie **nicht** entstehen. Es gibt für die Zusammenarbeit von Selbsthilfegruppen und Fachleuten zahlreiche Perspektiven (Balke und Thiel 1991).

Konkrete Modelle sind:
- **gezielte Information** in der Beratung; wie sie zum Teil schon realisiert ist,
- **Ambivalenzgespräche** zum Abbau von Ängsten,
- **Begleitung von Gesamttreffen**,
- **Überführung von Klienten** nach evtl. verkürzter professioneller Versorgung **in Selbsthilfegruppen**,
- **Anleitungsgruppen**, wo sie wirklich nötig sind,
- nach Wunsch phasenweise **Begleitung** einzelner Selbsthilfegruppen in **Krisen**,
- **Ambulanzen für ganze Gruppen**, wie es unsere psychosoziale Ambulanz bereits anbietet,
- **Beratungsgespräche mit Gruppen**; Einführung alternierender Gruppenverfahren (z. B. bei stationärer Behandlung gleichzeitig Selbsthilfegruppen und professionelle Versorgung; eine Sitzung geleitet, eine ungeleitet usw.).

Die Zukunft des Helfens liegt meines Erachtens ganz wesentlich darin, **dass die professionelle Versorgung eine Schleuse zu Selbsthilfegruppen wird**. Sie sollte ihre Kenntnisse und Erfahrungen dafür einsetzen, die Betroffenen zu ermutigen und zu befähigen, in Selbsthilfegruppen eigenständig zu arbeiten. Die meisten Selbsthilfegruppen sind heute ohnehin autonom. Es geht um jene, die sich die Gruppenselbsthilfe noch nicht zutrauen oder auf besondere Schwierigkeiten stoßen.

Selbsthilfegruppen haben sich weitgehend unbemerkt von den Fachleuten bis zu ihrem jetzigen Umfang entwickelt.

Die New York Times vom 1.1.1980 bezeichnete die 70er Jahre im Rückblick als das „Jahrzehnt der Selbsthilfegruppen". In der Tat bestehen heute über 500 Selbsthilfegruppenorganisationen mit mehreren hunderttausend Einzelgruppen für nahezu jede menschliche Situation. Nicht nur aus Krisen, Krankheiten, Not und Behinderungen, sondern auch aus Lebenslagen, die als normal und gesund aufzufassen sind, erwuchsen diese eigenständigen selbstverantwortlichen Zusammenschlüsse engagierter Betroffener (Moeller 1996a; Badura u. v. Ferber 1981; Kickbusch und Trojan 1981).

Die Vielfalt dieser Entwicklung verführt dazu, Selbsthilfegruppen als ein Konzept unendlicher Möglichkeiten aufzufassen. Doch im krassen Kontrast zu dieser fast unbegrenzten Anwendungsbreite ist die Zahl der Betroffenen sehr klein, die den Selbsthilfegruppenweg wählt. Nach unserer Erfahrung kommen zum Beispiel von direkt informierten und angesprochenen Studierenden – also einem Kreis, der dem Selbsthilfegruppenkonzept aufgeschlossen gegenübersteht – höchstens 2%. Dass die anderen 98% zögern, kein Interesse haben oder das ganze Verfahren ablehnen, mag auch an den hohen Angstbarrieren, an Unkenntnis oder Passivität liegen. Doch selbst wenn sich diese Einstellung ändert, glaube ich nicht, dass sich mehr als 10% den Selbsthilfegruppen zuwenden würden. Hier sind also die Grenzen eng gezogen: Nur ein kleiner Bruchteil der Betroffenen bevorzugt diese Methode. Der Gefahr, in Selbsthilfegruppen ein Allheilmittel zu sehen, ist allein damit gut zu begegnen.

Die Weltgesundheitsorganisation hatte schon in ihrer mittelfristigen Planung „Gesundheit bis zum Jahr 2000" vor allem die Aktivierung des Selbsthilfepotenzials im Gesundheitsbereich gefordert. Ich bin tief davon überzeugt, dass die medizinische und psychosoziale Versorgung eine bedeutende zukünftige Funktion übernehmen und entwickeln muss, die man als **Hilfe zur Gruppenselbsthilfe** bezeichnen kann. Im Augenblick verlockt zwar die damit verbundene drastische Senkung der Gesundheitskosten viele Politiker. Der wesentliche Gewinn ist jedoch nicht finanzieller Natur, er liegt mehr darin, dass diesem Zusammenschluss von Betroffenen eine ganz neue Dimension erschlossen wird, die ich nur mit **Menschlichkeit und Mündigkeit in der Medizin** bezeichnen kann.

IX Gruppenpsychotherapie mit speziellen Patienten-Populationen Teil A

42. Gruppenpsychotherapie bei Essstörungen

B. Zander und K. Ratzke

Einleitung

Die Gruppenpsychotherapie ist bei der Behandlung von Essstörungen, und zwar unabhängig von der schulenspezifischen Orientierung und dem Behandlungskontext, ein fest etabliertes und häufig verwandtes Behandlungssetting. Ungeachtet ökonomischer Gesichtspunkte ist dies v.a. darauf zurückzuführen, dass die Gruppe Klientinnen mit Essstörungen wesentliche soziale Erfahrungs- und Lernmöglichkeiten bietet. Folgende Aspekte erachten wir als besonders relevant (ausführlich s. Zander u. Mitarb. 1997): Eine Vielzahl von Klientinnen mit Essstörungen leidet, vor allem bei chronifizierten Verläufen, unter **sozialer Isolation**. Eine Gruppe bietet die Möglichkeit, Kontakte zu knüpfen und in Beziehungen zu anderen zu treten. Die meisten Klientinnen fühlen sich im Umgang mit anderen Menschen unsicher, zum Teil bestehen erhebliche soziale Ängste. Der geschützte Raum der Gruppe bietet die Chance, die eigene Wirkung auf andere bewusst zu erleben und ehrliche Rückmeldungen zu erhalten. Die Pluralität der Gruppe wird zur Modellsituation, in der neue soziale Fähigkeiten und Fertigkeiten eingeübt und auf ihre Verträglichkeit und Alltagstauglichkeit hin geprüft werden können. In der Gruppe wird die Erfahrung gemacht, dass auch andere Frauen Probleme mit Essen, Figur, Gewicht und in ihren Beziehungen haben (zu den Wirkfaktoren der Gruppenpsychotherapie s. Kap. 23).

Diese Erfahrung bedeutet für viele Klientinnen eine **Entlastung von stark beschämenden Vorstellungen** und eine **Stärkung des Selbstwertgefühls**. Anders als häufig angenommen wird, spornen sich die Gruppenmitglieder gegenseitig zu vermehrter Selbstexploration und Offenheit an. Damit geht in der Regel auch die Bereitschaft einher, sich direkter und grundlegender als in der einzelpsychotherapeutischen Situation mit der Symptomatik auseinander zu setzen und konfrontieren zu lassen (Bauer u. Mitarb. 1992; Schors und Huber 1996; Vanderlinden u. Mitarb. 1992). Die therapeutische Gruppe bietet für die Klientinnen ein Forum, sich mit dem eigenen, familiär, gesellschaftlich und kulturell beeinflussten Wertesystem und den für ihre Symptomatik bedeutsamen Rollenerwartungen auseinander zu setzen. Typische Einstellungen und Überzeugungen, wie die, dass nur schlanke Frauen schön, erfolgreich und liebenswert sind, oder das hohe Leistungs- und Perfektionsideal können in der Gruppe kritisch diskutiert und in Frage gestellt werden.

Konzepte und Ergebnisse ambulanter und stationärer Gruppenpsychotherapie bei Essstörungen

Essstörungen stellen ein **komplexes, multifaktorielles Krankheitsgeschehen** mit Auswirkungen auf körperlicher, psychischer und sozialer Ebene dar. Unabhängig von der therapeutischen Basisorientierung oder Leitmethode werden Essstörungen deshalb immer häufiger multimodal behandelt (Martin 1990; Schmitz u. Mitarb. 1991). Dies gilt auch für gruppenpsychotherapeutische Behandlungskonzepte (Habermas und Neureither 1988; Harper-Giuffre u. Mitarb. 1992; Lacey 1992; Sandholz und Herzog 1994; Schors und Huber 1996; Vanderlinden u. Mitarb. 1992). In der Regel kommen **verhaltensmodifizierende Maßnahmen**, die die Symptomatik gezielt beeinflussen, und **kognitive Techniken** zur Anwendung. Schulenübergreifend wird auch der **Beziehungsgestaltung der Klientinnen**, insbesondere den Beziehungen in der Herkunftsfamilie, der **Körperwahrnehmung** und dem **Körpererleben und gesellschaftlichen und kulturellen Aspekten der Symptomatik** Beachtung geschenkt.

In der **ambulanten** Gruppenpsychotherapie sind außerdem parallele (z. B. die gleichzeitige Behandlung mit Einzel- und Gruppenpsychotherapie; Hirsch 1990; Lennerts 1991) und sequenzielle (z. B. die Aufeinanderfolge von Familien- und Gruppenpsychotherapie) Settingkombinationen beobachtbar.

Im **stationären** oder **teilstationären** Bereich werden immer verschiedene Interventionen (Einzel- und Gruppenpsychotherapie, Familiengespräche, Gestaltungstherapie, Körper- und Bewegungstherapie etc.) miteinander kombiniert. Im Gesamtkonzept bildet die Gruppenpsychotherapie in der Regel eine wesentliche Behandlungskomponente (Munz und Krüger 1996). Einige Behandlungskonzepte werden sogar (fast) ausschließlich in Gruppen realisiert (Gerlinghoff u. Mitarb. 1997; Seifert und Loos 1987; Willenberg 1987).

Die **Effektivität der Gruppenpsychotherapie bei Essstörungen** ist durch zahlreiche Studien belegt worden. Überblicksarbeiten wurden u.a. von de Zwaan u. Mitarb. (1996), Freeman und Newton (1992), Jacobi (1994), Lennerts (1991), Mitchell u. Mitarb. (1993), Rosenvinge (1990), Wilfley u. Mitarb. (1997), Williamson u. Mitarb. (1993) und Zimpfer (1990), Metaanalysen von Fettes und Peters (1992), Hartmann u. Mitarb. (1992), Jacobi u. Mitarb. (1994) und Oesterheld u. Mitarb. (1987) vorgelegt. Den größten Teil der durchgeführten Studien bilden Untersuchungen zur ambulanten, meist kognitiv-behavioral orientierten Gruppenpsychotherapie bei Bulimie (z. B. Mitchell u. Mitarb. 1990; Nevonen u. Mitarb. 1999; Telch u. Mitarb. 1990; Wilfley u. Mitarb. 1993; Wolf und Crowther 1992). Im Vergleich dazu besteht für die Behandlung von Anorexia nervosa ein Mangel an kontrollierten Studien (Crisp u.

Mitarb. 1991; de Zwaan u. Mitarb. 1996; Jacobi 1994). Dies dürfte u.a. damit zu tun haben, dass die Prävalenz der Anorexie geringer ist und Anorektikerinnen aufgrund der Schwere ihrer Erkrankung häufiger stationär oder, im Falle ambulanter Therapie, in verschiedenen Settings behandelt werden müssen. Bei multimodalen Behandlungssettings ist die Wirksamkeit einer einzelnen Komponente nur schwer evaluierbar (Rief u. Mitarb. 1991). Hinzu kommt, dass sich das Forschungsinteresse seit Anfang der 80er Jahre schwerpunktmäßig auf die Bulimie verlagert hat, da es zu einer sprunghaften Zunahme von Klientinnen mit dieser Störung gekommen war (Feiereis 1996).

In einer Metaanalyse (Jacobi u. Mitarb. 1994), in die 35 kontrollierte Studien eingingen, wurde die Wirksamkeit verfügbarer Behandlungsansätze bei Bulimie geprüft. Etwa die Hälfte der Studien wurde im Gruppenformat, die andere im Einzelformat durchgeführt; eine Studie kombinierte Gruppen- und Einzelpsychotherapie. Bei Behandlungsabschluss waren im Durchschnitt 61% der Patientinnen frei von Heißhungeranfällen und 51% frei von Erbrechen. Bei 76% der Patientinnen war es zu einer Reduktion der Heißhungerattacken, bei 77% zu einer Reduktion des Erbrechens gekommen. Positive Veränderungen zeigten sich in der Regel auch in anderen Bereichen, wie Depressivität, Einstellungen zu Körper und Gewicht und der generellen Psychopathologie. Gruppen- und Einzelpsychotherapie unterschieden sich in der Wirksamkeit nicht voneinander. Fettes und Peters (1992) fanden in ihrer 40 Studien einschließenden Metaanalyse zur Effektivität der Gruppenpsychotherapie bei Bulimie, dass häufigere wöchentliche Sitzungen das Ergebnis ebenso verbesserten wie die Kombination mit anderen Therapien (z. B. Einzelpsychotherapien). In diese Richtung weisen auch die Ergebnisse einer Überblicksarbeit von Mitchell u. Mitarb. (1993) sowie z. B. auch eine neuere Untersuchung von McKisack und Waller (1997). Follow-up-Erhebungen deuten auf die **langfristige Stabilität der Behandlungseffekte ambulanter Gruppenpsychotherapie bei Bulimie** hin (Freeman u. Mitarb. 1988; Mitchell und Pyle 1992; Nevonen u. Mitarb. 1999).

Freeman u. Mitarb. (1988) verglichen bei einer Gruppe von 92 Bulimikerinnen die Wirksamkeit kognitiv-behavioraler Einzelpsychotherapie (N=32), behavioraler Einzelpsychotherapie (N=30) und strukturierter Gruppenpsychotherapie (N=30). 20 Patientinnen befanden sich in einer Wartegruppe. Nach 15 Wochen war es bei allen drei Behandlungsformen zu Verbesserungen des Essverhaltens gekommen, die der Wartegruppe deutlich überlegen waren. Zusätzlich war die Depressionsrate der Patientinnen verringert und ihre Selbstachtung angestiegen. Bei einer Nachuntersuchung von 24 Frauen ein Jahr später, hatte sich die positive Wirkung der Behandlung fortgesetzt. Die Autoren schlussfolgern, dass **Einzel- und Gruppenpsychotherapie gleichermaßen wirksame therapeutische Möglichkeiten bei der Bulimiebehandlung** darstellen.

Mitchell u. Mitarb. (1990) verglichen den Therapieerfolg von Bulimikerinnen, die in einem ambulanten Setting vier verschiedenen Behandlungsbedingungen zugewiesen wurden: Eine Gruppe wurde medikamentös mit Antidepressiva, eine Gruppe mit Placebo, eine Gruppe mit Gruppenpsychotherapie plus Antidepressiva und eine Gruppe mit Gruppenpsychotherapie plus Placebo behandelt. Alle aktiven Behandlungen waren signifikant erfolgreicher als die ausschließliche Behandlung mit Placebo. Die gruppenpsychotherapeutische Behandlung war erfolgreicher als die medikamentöse Therapie. Die Kombination von Gruppenpsychotherapie plus Medikament war bezüglich der Verbesserung des Essverhaltens nicht erfolgreicher als die Behandlung mit Gruppenpsychotherapie und Placebo. Allerdings erwies sie sich im Hinblick auf die Verbesserung von Depressionen und Ängsten überlegen.

Eine ausschließlich in Gruppen durchgeführte und in ambulanten Gruppen fortgesetzte kognitiv-behavioral orientierte stationäre Behandlung von Anorektikerinnen und Bulimikerinnen zeigte positive Resultate (Gerlinghoff u. Mitarb. 1997). In einer katamnestischen Untersuchung wiesen 40% der Patientinnen eine sehr gute und 28% eine gute Besserung in den Bereichen Krankheitssymptomatik und psychosoziale Anpassung auf. Vorläufige Ergebnisse des seit einiger Zeit als tagesklinisches Modell durchgeführten Behandlungskonzepts versprechen mindestens ebenso gute Besserungsraten.

In einer Studie von Crisp u. Mitarb. (1991) wurden 90 Patientinnen mit Anorexia nervosa einer von drei verschiedenen Behandlungsbedingungen oder einer Wartegruppe zugeordnet. Ein Teil der Patientinnen wurde mehrere Monate stationär behandelt (Einzel- und Gruppenpsychotherapie, Familiengespräche, Ernährungsberatung, Gestaltungstherapie usw.) und ambulant nachbetreut (12 Sitzungen gemeinsam mit den Eltern). Ein Teil der Patientinnen wurde ambulant einzel- und familientherapeutisch (12 Sitzungen) behandelt und erhielt zusätzlich eine Ernährungsberatung. Ein Teil der Patientinnen nahm an einer ambulanten Gruppenpsychotherapie (10 Sitzungen) teil und erhielt ebenfalls Ernährungsberatung. Separat besuchten auch ihre Eltern eine Gruppe (10 Sitzungen). Alle drei Behandlungsbedingungen erwiesen sich bei einer 1-Jahreskatamnese bezüglich der Gewichtszunahme, der Menstruation und einiger Aspekte der sozialen und sexuellen Anpassung effektiv und der Wartegruppe überlegen. Zwischen den Behandlungsbedingungen fanden sich keine bedeutsamen Unterschiede.

Gruppenpsychotherapeutische Praxis am Beispiel ambulanter Gruppen

Im Folgenden werden die praktischen Erfahrungen der Autorinnen bei der Durchführung ambulanter symptomorientierter Gruppenpsychotherapien mit Essstörungen dargestellt. Unser multimethodales Vorgehen, das gerade zu Beginn der Gruppe verhaltensmodifizierende und psychoedukative Elemente umfasst, ist eingebettet in eine systemische Perspektive (von Schlippe und Schweitzer 1996). Grundlegende Annahmen der systemischen Therapie betreffen die Autonomie, Eigenverantwortlichkeit und Eigendynamik der Klienten. Probleme oder Symptome gelten als Ausdruck eines zirkulären Geschehens, das in einem spezifischen Beziehungskontext sinn- und bedeutungsvoll ist. Der therapeutische Fokus liegt auf der Veränderung die Symptome aufrechterhaltender Kommunikationsmuster und Wirklichkeitskonstruktionen.

Essstörungen aus systemischer Sicht

Aus systemischer Sicht wird eine Essstörung nicht als eine der Klientin innewohnende Eigenschaft, sondern zunächst als ein spezifisches Verhalten im Umgang mit Nahrungsmitteln (z. B. das Anlegen von Vorräten, die Zubereitung schneller Gerichte, das Hinunterschlingen von Nahrungsmitteln ohne Genuss, das Erbrechen und/oder andere gewichtsregulierende Maßnahmen oder der weitgehende Verzicht auf Nahrungsmittel) gesehen (Zander u. Mitarb. 1997).

Das gestörte Essverhalten wird als ein Verhalten betrachtet, das in einem spezifischen Kontext (z. B. dem familiären oder soziokulturellen Kontext) sinnvoll und nützlich (und nicht defizitär!) ist. In einem umfassenden Sinne werden Essstörungen als Beziehungsphänomene verstanden, die z. B. für den Zusammenhalt eines Systems bedeutsam sind. Welche Gefühle die Klientinnen „herunterschlucken", was in ihrem Leben „zum Kotzen" ist, was ihnen auf den „Magen schlägt" oder was ihnen den „Appetit verdirbt", wird aus der konkreten Lebenssituation und dem spezifischen Beziehungsgeflecht der Klientinnen verständlich. Die Symptomatik ist damit ein Wegweiser für Konflikte, die anders nicht ausgedrückt werden können, und eine kreative (Über-)-Lebensstrategie bzw. der Versuch einer Selbstheilung in einer schwierigen Lebensphase. Gleichzeitig bedeutet sie aber auch eine Chance für fruchtbare Wandlungsprozesse und neue Lebensschritte (Gröne 1995).

Trotz erheblichen Leidensdrucks wird das gestörte Essverhalten als etwas betrachtet, das die Klientinnen aktiv gestalten und aufrechterhalten. Sie sind damit nicht nur Opfer vergangener Lebensumstände, sondern besitzen Einfluss- und Entscheidungsmöglichkeiten (z. B. im Hinblick auf ihre gegenwärtige Lebensgestaltung). Dabei wird grundsätzlich davon ausgegangen, dass die Klientinnen über notwendige, wenn auch weitgehend ungenutzte Ressourcen und Kompetenzen für eine befriedigendere und gesündere Lebens- und Beziehungsgestaltung verfügen.

Indikation und Kontraindikation

Die diagnostischen Vorgespräche werden von den beiden Therapeutinnen geführt, die später auch die Gruppe leiten werden. Ziele der Erstgesprächsphase, die ein bis zwei Vorgespräche umfasst, sind neben einer genauen Beschreibung des symptomatischen Verhaltens und seines Kontextes und des damit einhergehenden Erstellens einer Diagnose die Informationsvermittlung über das bestehende Therapiespektrum bei Essstörungen und über unser therapeutisches Angebot sowie die Klärung der Motivation und Indikationsstellung (Gerlinghoff und Backmund 1995).

Kommt eine Frau mit bulimischem/anorektischem Essverhalten mit dem expliziten Wunsch nach einer Gruppenpsychotherapie zu dem diagnostischen Vorgespräch, ist unseres Erachtens ein wesentliches Kriterium für deren Teilnahme an einer Gruppe erfüllt. Dennoch wird mit den Frauen, die gezielt nach einem Gruppenangebot suchen, sehr detailliert besprochen, **warum** sie gerade **jetzt in eine Gruppe** möchten, welche Vorteile sie sich gegenüber anderen therapeutischen Settings versprechen, und welche konkreten Ziele sie mit der Gruppenteilnahme verfolgen. An dieser Stelle fordern wir die Klientinnen nachdrücklich dazu auf, die Vor- und Nachteile einer Therapie und damit verbundener Veränderungen gegenüber dem Festhalten am Status quo und damit am symptomatischen Essverhalten abzuwägen.

Aus therapeutischer Sicht besteht ein wesentliches Indikationskriterium darin, ob die Klientin **hinreichend** von der Gruppe profitieren wird und ob die anderen Gruppenteilnehmerinnen ihrerseits von der Klientin lernen können. Dieser Aspekt ist gefährdet, wenn die Klientinnen so massive Probleme zeigen, dass sie in der Gruppe nicht ausreichend unterstützt werden können und/oder andere Gruppenteilnehmerinnen bzw. den Gruppenprozess zu stark belasten und wenn die sozialen Probleme oder Ängste der Klientin so ausgeprägt sind, dass sie eine effektive Teilnahme an der Gruppe erschweren bzw. verhindern.

Im Folgenden werden wesentliche Indikations- und Kontraindikationskriterien referiert (ausführlich s. Zander u. Mitarb. 1997), an denen wir uns bei der Gruppenzusammenstellung orientieren, wobei letztendlich die Entscheidung vom persönlichen Gesamteindruck abhängt (vgl. auch Kap. 9 u. 11):

- Es liegt eine der Diagnosen vor, mit denen im ICD-10 bulimische und anorektische bzw. nicht näher bezeichnete Essstörungen klassifiziert werden (F50.1, F50.2, F50.3, F50.4, F50.00, F50.01, F50.9).
- Die Klientin leidet nicht nur unter ihrem symptomatischen Essverhalten, sondern ist auch motiviert, dieses zu verändern.
- Die Klientin lebt sozial isoliert und fühlt sich in sozialen Situationen oft unsicher, sodass sie den geschützten Raum einer Gruppe dazu nutzen kann, um soziale Kompetenzen (wieder) zu lernen und auszuprobieren.
- Die Klientin hat Probleme, ihre eigenen Gefühle und Bedürfnisse wahrzunehmen und zu artikulieren, sodass sie durch das Vorbild der anderen Teilnehmerinnen angeregt wird, sich mit ihren inneren Prozessen auseinander zu setzen.
- Nicht zuletzt muss die Klientin bereit sein, sich auf die äußeren Rahmenbedingungen wie z. B. die kontinuierliche Teilnahme über einen längeren Zeitraum hinweg einzulassen.

Kontraindikationen für die Gruppe leiten sich in erster Linie aus dem Fehlen der oben aufgelisteten Kriterien ab. Darüber hinaus halten wir die Teilnahme an einer Gruppe ebenfalls für nicht indiziert, wenn die Klientin außer der Essstörung noch andere im Vordergrund stehende Probleme hat, wie zum Beispiel organisch bedingte Störungen, akute Psychosen oder andere Persönlichkeitsstörungen, Alkohol- bzw. Drogenabhängigkeit und/oder akute Suizidalität vorliegen und/oder sich die Klientin in einem schlechten körperlichen Allgemeinzustand befindet.

Gruppenzusammenstellung

In den beiden Arbeitskontexten, in denen wir bisher ambulante, symptomorientierte Gruppenpsychotherapien angeboten haben – einer universitären Spezialambulanz für Essstörungen sowie einer Beratungsstelle für Essstörungen in freier Trägerschaft – dauert die Zusammenstellung einer Gruppe in Abhängigkeit von der Anzahl der Anmeldungen sechs bis zwölf Monate bei einer Gruppengröße von acht bis maximal 12 Teilnehmerinnen.

Die Zusammenstellung der Gruppe ist von besonderer Bedeutung, da die Interaktion der einzelnen Teilnehmerinnen für eine effektive Therapie entscheidend ist (s. ausführlicher Kap. 9–11). „Schlüsselmitglieder" (Mente und Spittler 1980) spielen in diesem Zusammenhang eine wichtige Rolle, da sie z. B. eher Themen ansprechen, die oft angst- oder schambesetzt oder aus anderen Gründen tabuisiert sind. Frauen, die entweder über therapeutische Vorerfahrungen oder aber über viel Lebenserfahrung verfügen, sind prädestiniert, diese Rolle zu übernehmen, und tragen zu einem vertrauensvollen und offenem Klima in der Gruppe bei. Bei der Zusammenstellung von Gruppen mit essgestörten Frauen hat es sich unseres Erachtens ebenfalls bewährt, wenn ein oder zwei der Teilnehmerinnen ihr symptomatisches Verhalten entweder bereits ganz aufgegeben oder aber weitestgehend reduziert haben. Das reale Beispiel einer Frau, die durch ihr eigenes Tun deutlich macht, dass es möglich ist, den Teufelskreislauf aus Fressattacken und Erbrechen bzw. Hungerkuren zu durchbrechen, kann bei den anderen Teilnehmerinnen Ressourcen freisetzen, um den eigenen Weg zur Bewältigung des Symptoms zu gehen.

Bei der Frage, ob Gruppen für anorektische und bulimische Klientinnen getrennt durchgeführt werden sollen oder nicht, spricht einiges für **ein gemeinsames Gruppenangebot**. So werden Gruppen nur für anorektische Frauen für sehr viel schwerer durchführbar gehalten (Schors und Huber 1996). Schmitz u. Mitarb. (1991) bevorzugen im stationären Setting ebenfalls gemischte Gruppen, da dort trotz schwieriger gruppendynamischer Prozesse positive Lerneffekte beobachtet werden konnten.

Generell gilt, dass, wenn nur **eine** der Teilnehmerinnen in einem für den Bereich der Essstörungen bedeutsamen Aspekt – wie zum Beispiel der aktuellen Symptomfreiheit oder ausschließlich restriktivem bzw. anorektischem Essverhalten bzw. mit deutlichem Unter- oder Übergewicht – in der Gruppe vertreten ist, sie aufgrund dieses besonderen Status schnell unter erheblichen Druck bzw. in eine Außenseiterposition geraten kann. Diese Klientin wird nur dann in die Gruppe aufgenommen, wenn sich mindestens eine weitere Frau auf der Warteliste für die Gruppe findet, die ähnliche Verhaltensweisen bzw. Merkmale zeigt.

In Anbetracht der systemischen Prämisse, dass Unterschiede Lernprozesse in Gang setzen, sollte die Gruppe in Bezug auf weitere Charakteristika einerseits nicht zu homogen zusammengestellt werden, aber andererseits auch nicht zu heterogen sein, da ansonsten die Entwicklung eines Gruppengefühls und der Gruppenkohäsion eher blockiert werden könnte. So sollten zum Beispiel soziodemographische Merkmale und die aktuelle Lebenssituation der jeweiligen Teilnehmerinnen nicht zu stark divergieren (zur Homogenität versus Heterogenität der Gruppenzusammensetzung vgl. auch Kap. 33).

Verschiedene Settings

Liegt die Indikation für die Teilnahme an einer Gruppenpsychotherapie vor, stellt sich die Frage, ob diese als **einzige** Behandlungsform angeboten werden soll bzw. in welchen Fällen kombinierten bzw. sequenziellen Therapieangeboten der Vorzug gegeben werden sollte. Gruppenpsychotherapie als einzige Behandlung empfiehlt sich unseres Erachtens besonders, wenn die Klientinnen über therapeutische Vorerfahrungen verfügen und diese für sich dahingehend nutzen konnten, dass sie keine oder weniger symptomatische Beschwerden haben. Bei der völligen Symptomaufgabe dient die Gruppe als Nachbehandlung und Rückfallprophylaxe. Bei denjenigen Frauen, die eine Reduktion ihres symptomatischen Essverhaltens erreicht haben, kann eine anschließende Gruppenpsychotherapie dafür genutzt werden, die erzielten Veränderungen zu stabilisieren und weiter auszubauen bzw. sich mit den nach wie vor zentralen Themen Essen, Figur und Gewicht auseinander zu setzen.

Stellt die Gruppenpsychotherapie die einzige Behandlungskomponente dar, findet sie einmal wöchentlich für 90 Minuten statt und erstreckt sich über einen Zeitraum von 12 Monaten, sodass sich die Gruppe circa 50mal trifft. Mit der zeitlichen Limitierung auf zunächst ein Jahr wollen wir die Teilnehmerinnen zur Eigenverantwortung anregen und einer passiven Nutzung des therapeutischen Angebots entgegensteuern (Gerlinghoff u. Mitarb. 1997). Wir haben uns darüber hinaus für den Durchführungsmodus einer geschlossenen Gruppe entschieden, da die Entwicklung der Gruppenkohäsion und eines Zusammengehörigkeitsgefühls, die einen wichtigen Wirkfaktor darstellen, auf diese Art und Weise unterstützt werden (vgl. auch Kap. 32). Bei denjenigen Frauen, die die Gruppenpsychotherapie mit Einzel- und/oder Familiengesprächen kombinieren, haben wir unser Vorgehen dahingehend modifiziert, dass die Treffen alle 14 Tage stattfinden und die Teilnahme an der Gruppe erst einmal für sechs Monate verbindlich ist. Im Anschluss an diese Zeit können sich die Gruppenmitglieder erneut entscheiden, ob sie ein weiteres halbes Jahr an der Gruppe teilnehmen möchten, bzw. werden „neue" interessierte Frauen in die Gruppe aufgenommen. Insbesondere bei den alle 14 Tage stattfindenden Gruppen geben wir den Teilnehmerinnen Hausaufgaben mit. Die Klientinnen haben zu Hause mehr Zeit und Ruhe, sich mit einer bestimmten Thematik auseinander zu setzen. Gleichzeitig werden sie so aufgefordert, aktiver am therapeutischen Prozess mitzuwirken, sodass sich die in der Gruppe zur Verfügung stehende Zeit effektiver nutzen lässt.

Die jeweiligen zeitlichen und organisatorischen Rahmenbedingungen, so auch die Finanzierung, werden in einem Therapievertrag fixiert, den jede Teilnehmerin **vor** der ersten Gruppensitzung erhält und vor Beginn der Gruppenpsychotherapie unterschreibt. Mit der Unterschrift erklären sich die Gruppenmitglieder ebenfalls dazu bereit, die Fragebögen auszufüllen, die wir im Rahmen der Diagnostik und zur Evaluation unseres therapeutischen Vorgehens einsetzen. Neben einem soziodemographischen Fragebogen sind dies symptomspezifische Inventare (FSE, Hettinger und Jäger 1990; EAT-26, Garner u. Mitarb. 1982) sowie Veränderungsfragebögen (IIP, dt. Version von Horowitz u. Mitarb. 1994; VEV, Zielke und Kopf-Mehnert 1978). Im Verlauf der Behandlung sind ein bis zwei Messwiederholungen sowie eine Erhebung gegen Ende der Therapie vorgesehen.

Durchführung und Ablauf der ambulanten, symptomorientierten Gruppenpsychotherapie

Im Folgenden werden idealtypisch die Anfangs-, Mittel- und Schlussphasen einer Gruppenpsychotherapie bei Essstörungen mit einigen der spezifischen Themen und Interventionstechniken dargestellt, wobei die Inhalte zum Teil aufeinander aufbauen. Die Verweildauer an bestimmten Themenbereichen wird, soweit es möglich ist, den Bedürfnissen der Gruppenmitglieder angepasst.

Wenn einzelne Klientinnen das Bedürfnis äußern, das Essverhalten oder auch andere Themen ausführlich zu besprechen, bieten wir parallel zur Gruppe bedarfsweise begleitende Einzelgespräche an.

Generell gilt, dass die Methoden und insbesondere die Fragetechniken der systemischen Therapie, wie sie ursprünglich für Familien- und danach für Einzelgespräche entwickelt wurden, auch für die Arbeit mit Gruppen effektiv genutzt werden können. Sowohl die verbalen als auch die nonverbalen Interventionsformen dienen dazu, blockierende Verhaltensmuster und Konstrukte zu erkennen und durch das Erkunden und Erproben alternativer Handlungsmöglichkeiten das symptomatische Essverhalten überflüssig werden zu lassen. Um Veränderungsprozesse anzuregen, richtet sich der Fokus nicht nur auf das Verstehen der problemerzeugenden Ideen und Verhaltensmuster, sondern vor allen Dingen auch auf die aktuellen und zukünftigen Zusammenhänge von essgestörtem Verhalten und neuen Verhaltensweisen. Folgende Fragen haben sich unseres Erachtens in der gruppentherapeutischen Arbeit mit essgestörten Frauen als besonders nützlich erwiesen:

- Fragen nach **Ausnahmen vom symptomatischen Verhalten** und danach, was die Klientinnen in diesen Phasen anders machen als sonst,
- Fragen, die den **Kontext** beschreiben, in dem das symptomatische Verhalten gezeigt wird und eine bestimmte Funktion erfüllt,
- Fragen nach **Beziehungsmustern**, Beziehungsunterschieden und Beziehungsveränderungen, die sich um das Symptom „gestörtes Essverhalten" etabliert haben bzw. bei alternativen Verhaltensweisen erwartet werden,
- Fragen zu **individuellen, familiär und gesellschaftlich tradierten Werten** z. B. bezüglich des Schönheitsideals, des Essverhaltens, bezüglich asketischer Einstellungen und bezüglich der Leistungsanforderungen,
- Fragen nach **Ressourcen** und danach, was ihm Leben der Klientinnen so gut läuft, dass sie es beibehalten möchten,
- hypothetische und **Zukunftsfragen** wie z. B. die bekannten Wunderfragen nach de Shazer (1989): „Angenommen, heute Nacht küsst Sie eine Fee und morgen, wenn Sie aufwachen, ist Ihr Problem verschwunden, ohne dass Sie von diesem Wunder wissen. Woran werden Sie merken, dass dieses Wunder passiert ist? Was werden Sie anders machen? Was danach? Wer wird außer Ihnen als Erstes merken, dass das Problem verschwunden ist und woran, und was wird diese Person dann anders machen?".

Darüber hinaus können im Gruppensetting gruppendynamische Prozesse als therapeutisches Medium genutzt werden. Die für die Therapie aufgestellten Regeln und sich entwickelnden Muster und Interaktionsstrukturen werden immer wieder aufgegriffen, reflektiert und selbst zum Thema von Gruppensitzungen gemacht. Welche Erwartungen und Vorstellungen haben die einzelnen Frauen, wie nehmen sie sich selbst und wie die anderen Teilnehmerinnen wahr? Welcher Umgang miteinander wird als hilfreich erlebt, was verhindert die Entwicklung von Lösungen und was können die Klientinnen jeweils dafür tun oder nicht tun? Wer übernimmt welche Rolle bzw. Position in der Gruppe und ist wie zufrieden damit? Die zuletzt genannten Fragestellungen können mit Hilfe einer Beziehungsskulptur (Schweitzer und Weber 1982) der Gruppe bearbeitet werden.

Die Gruppenteilnehmerinnen werden von den Therapeutinnen darüber hinaus immer mal wieder aufgefordert, in die Rolle von Kotherapeutinnen oder Supervisorinnen zu schlüpfen, da sie als Expertinnen für Essstörungen durchaus kompetente und wichtige Rückmeldungen und Hinweise geben können. So wird beispielsweise eine „Kotherapeutin" gebeten, die Problemschilderung einer anderen Teilnehmerin aus der Perspektive einer wohlwollenden Begleiterin zu betrachten, während eine andere Frau aus der Gruppe einen eher kritischen Standpunkt vertreten soll. Im Anschluss an die Schilderung des Problems findet zwischen den „Kotherapeutinnen" ein Dialog statt, in den deren unterschiedliche Sichtweisen einfließen. Die Frau, die das Thema eingebracht hat, wird nun zu einer außenstehenden Beobachterin, die nicht direkt angesprochen wird und so leichter Distanz wahren kann, um die Ideen und Anregungen anzunehmen, die für sie persönlich nützlich sein könnten. Die Gruppe lässt sich darüber hinaus auch für die Inszenierung von Sprechchören nutzen, mit deren Hilfe so genannte Lösungssätze als Gegenstimmen zu negativen Sätzen (wie z. B. „Ich schaffe es ja doch nicht" oder „Es hat alles sowieso keinen Sinn") in einer Person „geankert" werden sollen.

■ Anfangsphase

In der ersten gemeinsamen Gruppensitzung geht es in erster Linie um das gegenseitige Kennenlernen. Um gleichzeitig unser lösungsorientiertes Vorgehen zu verdeutlichen und in der Gruppe zu etablieren, hat sich folgende Übung bewährt: Die Klientinnen lernen sich von einer anderen Seite kennen und definieren sich nicht vorrangig über ihre Symptomatik bzw. ihre Defizite, wenn sie sich aus der Perspektive einer ihnen nahe stehenden Person beschreiben, die sie mag und schätzt. Es dürfen dabei ausschließlich positive Eigenschaften genannt werden. Nach unserer Erfahrung ändert sich während dieser Übung die Atmosphäre schlagartig; auf einmal begegnen sich lauter kompetente und mit vielen Stärken ausgestattete Frauen, die ihr Leben bewältigen und von anderen gemocht und geschätzt werden. Die Symptomatik als wesentliches oder einziges Charakteristikum verliert an Bedeutung.

In den anschließenden Sitzungen steht die konkrete und detaillierte Zielbestimmung der Gruppenteilnehmerinnen im Mittelpunkt. Jede Frau erhält die Aufgabe, auf einem Blatt Papier zwei Punkte zu markieren, die das aktuelle Datum sowie das Datum für das Ende der Gruppenpsychotherapie kennzeichnen. Als Nächstes soll sie an dem festgelegten Zeitpunkt zum Ende der Gruppe ihre Ziele für verschiedenste Bereiche (Essverhalten, Beziehungen innerhalb und außerhalb der Familie, Schule, Ausbildung bzw. Beruf, Freizeitgestaltung usw.) konkret und mit positiven Formulierungen und nicht mit Negationen benennen. Daran anschließend wird die Klientin aufgefordert, die Zwischenschritte zu beschreiben, die sie nach einem Zeitraum von drei, sechs und neun Monaten absolviert haben muss, um die langfristigen Ziele realisieren zu können.

Da wir die Symptomatik auch als kreative (Über-)Lebensstrategie und als Versuch der Selbstheilung verstehen, ist die positive Konnotation des Essverhaltens zu Beginn der Therapie sehr wichtig. So wird die therapeutische Neutralität gegenüber der Symptomatik unterstrichen. Es sind die Klientinnen selbst, die entscheiden, ob und wann sie ihr Essverhalten ändern. Eine Möglichkeit, die positive Wertschätzung der Bulimie bzw. der Anorexie zum Ausdruck zu bringen, liegt darin, dass die Klientinnen eine Collage zum Thema „Lob der Bulimie/Anorexie" anfertigen. So wird das problematische Essverhalten externalisiert; eine therapeutische Technik, von der für Gruppen mit essgestörten Frauen sehr positive Erfahrungen beschrieben wurden. Schindler-Zimmermann und Shepherd (1993) referieren vier verschiedene Strategien, die einen Dialog zwischen den Klientinnen und der Bulimie anregen. Neben einer Namensgebung für die jeweilige Essstörung und den, daran anschließenden lösungsorientierten Frage („Wann werden Sie der .... [Name der Essstörung] eine Absage geben und abends mal wieder etwas mit anderen Leuten unternehmen?") kann ein Bild gemalt werden, das das symptomatische Essverhalten darstellt, sowie ein Brief verfasst werden, der an die Essstörung gerichtet ist. Die Auslöser sowie die aufrechterhaltenden Bedingungen für die Symptomatik und mögliche Ängste vor deren Aufgabe können gerade mit der letztgenannten Technik sehr anschaulich gemacht werden. Gleichzeitig wird auf diese Weise deutlich, was die Klientinnen noch „brauchen", um sich von der Bulimie/Anorexie zu verabschieden und um andere Lösungen für ihre Konflikte zu entwickeln.

Studien zur Effektivität der Therapie von Essstörungen heben die hohe Relevanz von Interventionen auf kognitiver und der Verhaltensebene hervor (Johnson und Connors 1987). Therapeutische Konzepte, die darüber hinaus eine Ernährungsberatung integrieren, können die schnelle und effektive Reduktion insbesondere der bulimischen Symptome noch steigern (Waadt u. Mitarb. 1992). Aus diesem Grund kommt psychoedukativen Elementen in den von uns durchgeführten Gruppenpsychotherapien eine besondere Bedeutung zu. So werden die Gruppenteilnehmerinnen zu Beginn der Therapie ausführlich über die Psychobiologie der (Mangel-)Ernährung, über die **Theorie des Set Points** als biologisch vorgegebenem Gewicht, über die gesundheitlichen Risiken gewichtsreduzierender Maßnahmen sowie über den soziokulturellen Hintergrund von Essstörungen informiert.

Mittlere Phase

In diesem Abschnitt geht es um die Erforschung der bulimischen bzw. anorektischen Botschaft. Ein wichtiges Hilfsmittel stellt hierbei das **Esstagebuch** dar, bei dem sich zwei verschiedene Verwendungsmöglichkeiten unterscheiden lassen. Die Tagebücher, die die gesamte Nahrungsaufnahme dokumentieren, können einfache Protokollbögen sein, auf denen Uhrzeit, Ort, Art und Menge der Nahrungsmittel, ob die Klientin zum Zeitpunkt der Nahrungsaufnahme allein oder mit jemandem zusammen war, und ob bzw. welche gewichtsreduzierenden Maßnahmen folgten, festgehalten werden. Die so gewonnenen Informationen über das Basisessverhalten sowie über eventuelle Essanfälle, haben wichtige Implikationen für die weitere Therapieplanung. Bei (bulimischen) Klientinnen, deren Basisessverhalten sehr restriktiv ist, geht es neben der Vermeidung von Essanfällen vorrangig um eine ausreichende und regelmäßige Ernährung. Darüber hinaus können Tagebücher dazu genutzt werden, die auslösenden Bedingungen von Essanfällen zu analysieren. Hierfür werden entweder nur die Essanfälle und die anschließenden gewichtsreduzierenden Maßnahmen dokumentiert oder wiederum die gesamte Nahrungsaufnahme aufgezeichnet und in beiden Fällen zusätzlich nach den Gedanken, Gefühlen und Ereignissen gefragt, die diesem vorausgingen. Bei anorektischen Klientinnen können die Tagebücher dahingehend modifiziert werden, dass sie für jeden Tag auf einer Skala bewerten, wie restriktiv sie ihr Essverhalten an diesem Tag einschätzen, und welche Gedanken, Gefühle und Ereignisse sie mit diesem Essverhalten in Verbindung bringen (Benninghoven 1997). Die Analyse des essgestörten Verhaltens und seines Kontextes bildet eine wichtige Basis für weitere Veränderungen. Wenn die Klientin weiß, was sie fühlen, denken und zu sich selbst sagen muss, um bulimisches oder anorektisches Essverhalten „auszulösen", werden gleichzeitig alternative Verhaltensmöglichkeiten aufgezeigt.

Eine andere Möglichkeit, die Symptomatik auslösende und aufrechterhaltende Verhaltensmuster zu erkennen, besteht in der detaillierten Verhaltensanalyse (Beisel und Leibl 1997).

Eine eher metaphorische Technik, sich mit den aufrechterhaltenden Bedingungen auseinander zu setzen, sieht vor, dass die Klientinnen den Circulus vitiosus, in dem sie sich befinden, grafisch darstellen. Nachdem eine Klientin „ihren" Teufelskreis anhand der Grafik erläutert hat, erarbeiten die Gruppenmitglieder gemeinschaftlich konkrete Problemlösungsstrategien.

Einen weiteren Schritt in Richtung eines veränderten Essverhaltens stellen die **strukturierten Esstage** dar, die nach und nach ausgeweitet werden. Im Rahmen dieser Intervention erfahren die Klientinnen nicht nur, wie sie eine ausgewogene Ernährung gemäß ihren persönlichen Vorlieben gestalten können, sondern sie müssen oft ihre unrealistischen Ideen über die Auswirkungen normaler Ernährung revidieren.

Die familiären Beziehungen als mögliches problemrelevantes System sowie die familiären Traditionen in verschiedenen Bereichen, die für die Essstörung von Bedeutung sind, werden in einem Genogramm, der graphischen Darstellung eines Familienstammbaums über mindestens drei Generationen (McGoldrick und Gerson 1990), festgehalten. Mit der Anfertigung eines Genogramms für jede Teilnehmerin wird einerseits die systemische Sichtweise auf das präsentierte Problem unterstrichen und andererseits ein Klima der Solidarität und des Verständnisses zwischen den Frauen gefördert.

Außer dem wichtigen Themenkomplex „Essen und Nahrung" sprechen die Therapeutinnen in dieser Phase der Therapie immer wieder andere bedeutsame Themen im Leben der Klientinnen an (wie z. B. Anerkennung, Bestätigung, Autonomie und Abhängigkeit, Ideal der Stärke), wobei die persönliche und individuelle Auseinandersetzung mit diesen Themen, also die Beantwortung der Frage, wie ein Leben konkret zu gestalten ist, sodass es nicht mehr zum „Kotzen" ist bzw. nicht mehr zum „Verhungern" einlädt, den Klientinnen selbst überlassen wird.

Die Entwicklung neuer Sichtweisen und die Etablierung anderer Verhaltensweisen wird dabei durch Hausaufgaben und die Verschreibung von Ritualen unterstützt. Therapeutische Rituale (Imber-Black u. Mitarb. 1995, Zahn 1995) umfassen mit den Klientinnen entwickelte symbolische Handlungen, die sich sowohl auf den Vorbereitungsprozess als auch auf das eigentliche Ritual erstrecken. Nach der Benennung des Problems wird eine Metapher zur Beschreibung dieses Problems gesucht, die sich am Referenzrahmen der Klientin orientiert. Bei der Planung des Rituals ist es wichtig, dass durch die rituellen Abläufe möglichst viele Sinneskanäle angesprochen werden. Ort, Zeit, was die Klientin tut, und wie und ob sie dabei allein ist oder nicht, werden im Vorfeld festgelegt und eventuell notwendige Vorbereitungen werden getroffen. Dann folgt die eigentliche Durchführung, wobei die dabei stattfindende Neudefinition der persönlichen Identität den zentralen Aspekt des Rituals darstellt. Im Anschluss an die Durchführung ist es wichtig, eine Struktur zur Verfügung zu stellen, die es der Klientin z. B. durch das Schreiben eines Wutbriefes ermöglicht, etwaige „Reste" zu verarbeiten.

Schlussphase

Hier wird zum einen bilanziert, welche zu Anfang genannten Ziele erreicht wurden und welche nicht, woran dies jeweils gelegen hat und was den Klientinnen geholfen oder was sie behindert hat, etwas zu verändern.

Zum anderen steht die **Rückfallprophylaxe** im Mittelpunkt der Gespräche. Eine entsprechende Übung sieht so aus, dass sich die Klientinnen überlegen und dann den anderen mitteilen, was sie tun, unterlassen, denken und fühlen müssten, um ihr symptomatisches Essverhalten wieder zu erzeugen bzw. um es systematisch zu verschlimmern.

Eigene Ressourcen werden eher wahrgenommen, wenn die Klientinnen z. B. aufgefordert werden, sich vorzustellen, was sie bei einem zukünftigen „Rückfall" – der jedoch auch als „Vorfall" interpretiert werden könnte – tun würden, wenn es keine Therapeutinnen und Therapeuten gäbe. In dieser Phase wird mit den Klientinnen auch besprochen, ob sie sich z. B. ohne Therapeutinnen weiter regelmäßig treffen möchten und wie dies organisiert werden könnte, sowie ein gemeinsamer Termin circa sechs Monate nach Beendigung der Gruppe zusammen mit den beiden Therapeutinnen vereinbart.

Die letzte Sitzung steht ganz im Zeichen des Abschieds. Wir fordern die Klientinnen dann z. B. auf, auf Karteikarten zu notieren, was sie in Zukunft hinter sich lassen wollen oder womit sie im vergangenen Jahr schon abgeschlossen haben, und vernichten diese Karten anschließend gemeinsam. Eine andere Möglichkeit, um auch voneinander Abschied zu nehmen, besteht darin, dass reihum für jede Teilnehmerin ein Umschlag mit Blättern gefüllt wird, auf denen die anderen Klientinnen aufschreiben, was sie an der betreffenden Frau besonders schätzen und mögen.

43. Die Behandlung sexueller Probleme in der Gruppe

B. Strauß

Systematik sexueller Störungen

In den gängigen diagnostischen Inventaren werden in der Regel drei große Gruppen von sexuellen Störungen unterschieden: Eine Gruppe bilden die in der psychotherapeutischen Praxis sicher bedeutsamsten **sexuellen Funktionsstörungen**, die „eine von der betroffenen Person gewünschte sexuelle Beziehung" (Dilling u. Mitarb. 1991, S. 201) verhindern. Hierzu werden (Tab. 43.**1**) ein Mangel an sexuellem Verlangen oder Befriedigung, ein Ausfall der physiologischen Reaktionen im Zusammenhang mit sexuellen Aktivitäten sowie eine Unfähigkeit, den Orgasmus zu steuern oder zu erleben gerechnet. In der ICD-10 wird auch ein gesteigertes sexuelles Verlangen zu den sexuellen Funktionsstörungen gezählt, die dort in dem Kapitel „Verhaltensauffälligkeiten mit körperlichen Störungen" kodiert werden.

Die zweite große Gruppe der Sexualstörungen (Tab. 43.**2**) sind **Störungen der Sexualpräferenz** als spezifische, die Sexualität betreffende Persönlichkeits- und Verhaltensstörungen. In die letztgenannte diagnostische Kategorie gehören auch die **Störungen der Geschlechtsidentität**, unter denen der Transsexualismus die wahrscheinlich klinisch relevanteste Form sein dürfte.

Psychotherapie sexueller Störungen

Heute akzeptierte Theorien zur **Ätiologie sexueller Funktionsstörungen** gehen davon aus, dass neben Lerndefiziten, sexuellen Mythen und Selbstverstärkungsmechanismen, welche die Störungen aufrechterhalten, die primäre Funktion der Störung in der Abwehr von Ängsten unterschiedlicher Art zu sehen ist (z. B. primäre Sexual- und Triebängste, Gewissensängste, Beziehungsängste; Strauß 1998a). Darüber hinaus haben sexuelle Funktionsstörungen fast immer eine unbewusste Bedeutung innerhalb der Partnerbeziehung bzw. bei Partnerkonflikten. Die Symptomatik kann beispielsweise dazu dienen, für beide Partner bedeutsame Ängste abzuwehren, Konflikte in der Beziehung auszutragen oder das erträgliche Maß an Nähe und Distanz zu regulieren, wenn die Beteiligten hierfür kein anderes Repertoire zur Verfügung haben. Detaillierte Darstellungen der Psycho- bzw. Paardynamik sexueller Funktionsstörungen finden sich bei Arentewicz und Schmidt (1993) sowie Sigusch (1996).

Für die Entwicklung spezifischer Methoden der **Sexualtherapie sexueller Funktionsstörungen** bahnbrechend waren sicher die Arbeiten von Masters und Johnson (1970), die ein paartherapeutisches Übungsprogramm beschrieben und dessen Effektivität eindrucksvoll untermauerten. In der Folge wurde die Behandlungsstrategie durch verhaltenstherapeutisch orientierte und psychodynamisch orientierte Autoren erweitert (z. B. LoPiccolo und LoPiccolo 1978; Kaplan 1979) und durch Methoden aus anderen Richtungen ergänzt (z. B. Rosen und Leiblum 1988). Sexualtherapeutische Angebote bestehen heute in der Regel aus einer **Integration verhaltensorientierter Interventionen** und Übungen, wie sie durch Masters und Johnson entwickelt wurden, und dem Versuch einer **Klärung individueller und partnerschaftlicher Konflikte** (z. B. Arentewicz und Schmidt 1993; Strauß 1998a). Sexualtherapeutische Behandlungen dieser Art werden wohl überwiegend in Form von Paartherapien durchgeführt, sind aber auch in Einzelpsychotherapien integrierbar. In Einzelbehandlungen stehen mehr geschlechtsspezifische Aspekte sexueller Störungen im Vordergrund, mit denen sich beispielsweise Barbach (1977) oder Zilbergeld (1992) ausführlich befasst haben. Einzel- und Paarbehandlungen sexueller Funktionsstörungen setzen sich nach Bancroft (1985) mit individuell unterschiedlicher Schwerpunktsetzung aus eher aufklärerischen, verhaltensorientierten sowie im engeren Sinne psychotherapeutischen (z. B. konfliktaufdeckenden) Komponenten zusammen, eine Auffassung, die auch in dem konzeptuellen Modell von Annon (1974) enthalten ist, welches dieser mit dem Kunstwort **PLISSIT** bezeichnete (für **p**ermission, **l**imited **i**nformation, **s**pecific **s**uggestions, **i**ntensive **t**herapy).

Zur Psychodynamik von **Störungen der Sexualpräferenz** wurden in den letzten Jahrzehnten vielfältige Theorien entwickelt. Insbesondere von psychoanalytischer Seite gibt es hierzu zahlreiche Modelle (z. B. Stoller 1979; Khan 1983; Chasseguet-Smirgel 1992; McDougall 1985). Von Schorsch u. Mitarb. (1985) wurde beschrieben, dass sich der Ausdrucksgehalt so genannter perverser Symptome und sexueller Gewalt meistens auf die folgenden Aspekte bezieht: Demonstration von Männlichkeit, Ausweichen vor Genitalität, Ausleben von Wut und Hass, oppositionelle Ausbrüche, Omnipotenzerleben, identifikatorische Wunscherfüllungen und das Ausfüllen innerer Leere. Diese Grundkonzeption floss ein in ein integratives Behandlungsmodell zur ambulanten Behandlung von Sexualstraftätern, welches Schorsch u. Mitarb. (1985) entwickelten und evaluierten. Dieses Vorgehen (s. auch Berner u. Mitarb. 1998) hat sich mittlerweile bewährt und umfasst – ähnlich wie viele Behandlungen sexueller Funktionsstörungen – verhaltenstherapeutische und gesprächspsychotherapeutische Interventionen auf der Grundlage eines psychodynamischen Symptomverständnisses. Primär verhaltenstherapeutische Programme, die in Institutionen wie Haftanstalten und psychiatrischen Kliniken häufig angewandt werden, zielen primär auf die Kontrolle des symptomatischen Verhaltens bzw. die Impulskontrolle ab und fokussieren auf die Diskrimination von Risikofaktoren, kognitive Interventionen und Methoden der Selbstkontrolle. Eine Schwierigkeit bei der Behandlung sexueller Delinquenz liegt in der zunächst häufig geringen Behandlungsmotivation der Betroffenen (die oft extrinsisch ist, beispielsweise durch

Tabelle 43.1 Sexuelle Dysfunktionen in ICD-10 und DSM-IV

ICD-10		DSM-IV	
F52.0	Mangel oder Verlust von sexuellem Verlangen	302.71	Störungen mit hypoaktivem Verlangen
F52.1	sexuelle Aversion und mangelnde sexuelle Befriedigung		
F52.10	sexuelle Aversion	302.79	Störung mit sexueller Aversion
F52.11	mangelnde sexuelle Befriedigung	302.70	nicht näher bezeichnete sexuelle Funktionsstörung
F52.2	Versagen genitaler Reaktionen	302.71	Störung der sexuellen Erregung bei der Frau
		302.72	Störung der Erektion beim Mann
F52.3	Orgasmusstörungen	302.73	Orgasmusstörung der Frau
		302.74	Orgasmusstörung des Mannes
F52.4	Ejaculatio praecox	302.75	Ejaculatio praecox
F52.5	nicht organischer Vaginismus	306.51	Vaginismus
F52.6	nicht organische Dyspareunie	302.76	Dyspareunie
F52.7	gesteigertes sexuelles Verlangen		Diagnose nicht vorhanden
F52.8	sonstige nicht organische sexuelle Funktionsstörungen		
F52.9	nicht näher bezeichnete nicht organische sexuelle Funktionsstörungen	302.70	nicht näher bezeichnete sexuelle Funktionsstörungen

Tabelle 43.2 Störungen der Sexualpräferenz in ICD-10 und DSM-IV

ICD-10		DSM-IV	
F65.0	Fetischismus	302.81	Fetischismus
F65.1	fetischistischer Transvestitismus	302.3	fetischistischer Transvestitismus
F65.2	Exhibitionismus	302.4	Exhibitionismus
F65.3	Voyeurismus	302.82	Voyeurismus
F65.4	Pädophilie	302.2	Pädophilie
F65.5	Sadomasochismus	302.83	sexueller Masochismus
		302.84	sexueller Sadismus
		302.89	Frotteurismus
F65.6	multiple Störungen der Sexualpräferenz		Diagnose nicht vorhanden
F65.8	sonstige Störungen der Sexualpräferenz (anderweitige Paraphilien)	302.9	nicht näher bezeichnete Paraphilie
F65.9	nicht näher bezeichnete Störungen der Sexualpräferenz		

gerichtliche Behandlungsauflagen) und der Notwendigkeit, Behandlungen unter institutionellen Bedingungen (Klinik, Gefängnis) durchzuführen, die nach Berner (1996) meist mit „therapieaversiven Faktoren verbunden" ist, welche „nur kompromisshaft minimiert werden" können.

Psychotherapeutische Maßnahmen spielen in der begleitenden **Betreuung von Transsexuellen** eine große Rolle (Becker 1998; Preuss 1999), wobei heute psychotherapeutische und somatische Behandlungen nicht mehr als Alternative zu verstehen sind (Becker 1998). Katamnestische Studien bei operierten Transsexuellen zeigen immerhin, dass neben einem kontinuierlichen Kontakt zu einer qualifizierten Behandlungseinrichtung, dem „Alltagstest", auch die psychiatrisch-psychotherapeutische Begleitung, Betreuung bzw. Behandlung einen guten Prädiktor für das Gesamtergebnis darstellen (Pfäfflin und Junge 1992). Nach Becker (1998) kommt der Psychotherapie die Funktion einer „selektiven Verlaufsdiagnostik" zu, über die eine Indikation zur somatischen (geschlechtskorrigierenden) Behandlung abgesichert werden kann. Im günstigen Fall „stellt die Psychotherapie einen in der therapeutischen Beziehung gehaltenen Entwicklungsraum zur Verfügung, innerhalb dessen ein Patient seinen spezifischen Weg finden und sich auf diesem entfalten und stabilisieren kann" (Becker 1998, S. 145).

Gruppenpsychotherapeutische Ansätze bei der Behandlung sexueller Störungen

Es ist sicherlich so, dass die Mehrzahl der Behandlungen der oben genannten sexuellen Störungen und Probleme in **einzelpsychotherapeutischen** bzw. – im Falle sexueller Funktionsstörungen – **paartherapeutischen Settings** durchgeführt wird. Für alle sexualtherapeutischen Ansätze liegen aber mehr oder weniger gut evaluierte Erfahrungen mit **Gruppenbehandlungen** vor, die nachfolgend skizziert werden sollen. Dabei dient die in Tab. 43.3 zusammengefasste Systematik der Orientierung.

Tabelle 43.3 Systematik gruppentherapeutischer Ansätze bei sexuellen Störungen

Störungsbild	Gruppenpsychotherapeutisches Setting
Sexuelle Funktionsstörungen	Paargruppen, Männer- und Frauengruppen
Sexuelle Deviationen (Sexualstraftaten)	Tätergruppen (ambulant/stationär) Opfergruppen Täter-Opfer-Gruppen
Transsexualität	therapiebegleitende Gruppen Selbsthilfegruppen

Sexuelle Funktionsstörungen

Das im deutschen Sprachraum umfassendste Forschungsprojekt zur Entwicklung und Evaluation paartherapeutischer Behandlungen sexueller Funktionsstörungen wurde in den 70er Jahren an der Universität Hamburg durchgeführt und ist ausführlich dokumentiert bei Arentewicz und Schmidt (1993). Im Wesentlichen wurde im Rahmen dieses Projekts das paartherapeutische Programm von Masters und Johnson adaptiert und modifiziert. Nachdem sich in diesem Projekt gezeigt hatte, dass die Wirksamkeit der Behandlung eher unabhängig war vom formalen Setting (Clement und Schmidt 1983), wurde damit begonnen, die Paartherapie in Gruppen durchzuführen. Bei Arentewicz und Schmidt (1993) werden die Erfahrungen mit neun Gruppen (insgesamt 37 Paaren) ausführlich beschrieben.

Die Gruppen waren zunächst symptomhomogen. Ohne über ein spezifisches Gruppenmodell zu verfügen, wurden die einzelnen Schritte des paartherapeutischen Programms in die Gruppe integriert, wobei die Diskussion von Partnerproblemen innerhalb der Gruppe als Bestandteil des Ablaufs den wesentlichen Unterschied zur „herkömmlichen" Paartherapie ausmachte. Die verhaltensorientierten „Übungen" wurden erst später (nach ca. 10 Sitzungen) eingeführt. Im Vergleich zu den regulären Paartherapien führten die Paargruppen zu einer etwas geringeren Zufriedenheit im Hinblick auf die sexuelle Funktion und die sexuelle Befriedigung, generell waren die gruppenpsychotherapeutisch behandelten Paare aber nicht unzufriedener mit der Therapie. Auffällig war eine höhere Trennungsrate in den Gruppen (19% versus 6% in den Einzelpsychotherapien), die von den Autoren mit spezifischen, gruppendynamischen Prozessen in Verbindung gebracht wurde (da sich in fast jeder Gruppe jeweils ein Paar trennte, wurde vermutet, dass diese Paare die unbewussten Trennungswünsche und -probleme „auf sich gezogen" haben könnten).

Insgesamt gesehen wurden die Erfahrungen mit Paargruppen in dem erwähnten Projekt sehr positiv beurteilt. Befürchtungen, wonach sich in der – auch symptomorientierten – Behandlung eine Art Gruppenkonkurrenz entwickeln könnte, wurden nicht bestätigt. Fortschritte eines Paares wirkten auf die anderen eher hoffnungsinduzierend. Die Autoren kommen zu dem Schluss, dass „der Schonraum, der sich einem Paar bietet, in Gruppen geringer als in Einzelpsychotherapien" ist. „Ermutigt durch das Modell anderer Paare und bestärkt durch die Solidarität einzelner Teilnehmer wagen sich Partner in den Paargruppen eher an die eigenen Konflikte" (Arentewicz und Schmidt 1993, S. 173).

Somit zeigte sich in diesem spezifischen Setting die positive Wirkung der Gruppe (beispielsweise im Sinne interpersonaler Lernprozesse), wie sie aus anderen Gruppensettings bestens bekannt ist.

In der englischsprachigen Literatur gibt es relativ wenig ausführlichere Berichte über ein ähnliches Vorgehen. In einer Vergleichsstudie von „Standardpaartherapie" mit (oben beschriebener allerdings nicht vergleichbarer) Gruppenpsychotherapie und Bibliotherapie, an der 27 Paare mit dem Präsentiersymptom einer Orgasmusstörung beteiligt waren, zeigte sich die erstgenannte Behandlungsbedingung deutlich überlegen (Libman u. Mitarb. 1984). Positive Berichte über Wochenendgruppen für Paare mit sexuellen Störungen erfolgten von Leiblum und Rosen (1979), Gruppenpsychotherapien mit Paaren unterschiedlicher Symptomatik und sexueller Orientierung sind beispielsweise bei Hartman (1983), Reece (1982) oder Metz und Weiss (1993) beschrieben.

Während gemischtgeschlechtliche Gruppen von einzelnen Partnern bei der Behandlung sexueller Funktionsstörungen naturgemäß ungewöhnlich sind, liegen zahlreiche Erfahrungen vor mit der Durchführung von Frauen- und teilweise auch Männergruppen (z. B. Kuriansky u. Mitarb. 1982; Trierweiler 1986). Diese Gruppen werden vor allem mit Patienten durchgeführt, die zum Therapiezeitpunkt keine feste Partnerbeziehung haben oder deren Partner bzw. Partnerinnen nicht bereit sind, sich an einer Behandlung zu beteiligen. Die meisten Beschreibungen von Frauen- und Männergruppen zeigen, dass sexuelle Symptome – ähnlich wie in der Paartherapie – mit einer Mischung aus körperbezogenen Selbsterfahrungsübungen, die in der Gruppe besprochen werden, und einer Bearbeitung von Konflikten im Kontext von Sexualität und vor allem Geschlechtsidentität behandelt werden. Die oben erwähnten geschlechtsspezifischen Aspekte der Sexualität stehen also im Vordergrund. Die ersten Berichte über Frauengruppen wurden von Barbach (1974) oder Leiblum und Ersner-Hershfield (1977) vorgelegt, die hauptsächlich mit Frauen arbeiteten, die an primären Orgasmusstörungen litten. Männergruppen wurden ebenfalls in der Mitte der 70er Jahre erstmalig beschrieben und haben sich insgesamt gesehen weniger durchgesetzt (z. B. Kockott u. Mitarb. 1975; Lobitz und Baker 1979).

Frauen- und Männergruppen sind im Hinblick auf ihren Verlauf und ihre Inhalte wenig vergleichbar. Während in Ersteren Aspekte der körperlichen Selbstakzeptanz und Attraktivität deutlicher im Vordergrund stehen, geht es in Männergruppen mehr um Kontaktstörungen und die sexuelle Potenz (z. B. Zamel und Strauß 1988). Unterschiedliche Erfahrungen mit Frauen- und Männergruppen wurden beispielsweise von

Clement (1985) beschrieben, der dabei die geschlechtstypischen Unterschiede verdeutlicht. Diese beziehen sich insbesondere auf den Umgang mit der Abwesenheit des jeweils anderen Geschlechts (der von Frauen häufiger erleichternd, von Männern als erheblicher Mangel erlebt wird) und die Erfahrungen mit körperlicher Selbsterfahrung und Masturbation. Diese werden von Männern eher als „Ersatz" gesehen und mobilisieren Homosexualitätsängste und Rivalität, während Frauen körperliche Selbsterfahrung narzisstisch besser besetzen können.

Sexuelle Devianz und Sexualstraftaten

Auf spezielle Probleme bei der Psychotherapie von sexueller Devianz wurde bereits weiter oben hingewiesen (z. B. Motivation, institutionelle Bedingungen). In der Regel sind Personen mit sexuellen Deviationen, die sich in Psychotherapie begeben (müssen), im strafrechtlichen Sinne auffällig. Ende der 60er Jahre begann sich im Zusammenhang mit dem Strafvollzug bei Sexualstraftätern die Ideologie „**Behandlung statt Strafe**" langsam durchzusetzen, was u. a. dazu beitrug, dass eine Reihe spezifischer psychotherapeutischer Methoden zur Therapie sexueller Devianz entwickelt und evaluiert wurde (z. B. Schorsch u. Mitarb. 1985). Einen ausführlichen Überblick über die psychotherapeutische Behandlung von sexuell Devianten, die oftmals kombiniert wird mit pharmakologischer Therapie, geben Abel u. Mitarb. (1992). Der Übersicht zufolge werden im angloamerikanischen Raum überwiegend kognitiv-verhaltenstherapeutische Programme zur Behandlung von **Tätern** durchgeführt. Einen zweiten Schwerpunkt bilden integrative Programme zur Rückfallprophylaxe, die jenen präventiven Maßnahmen ähneln, die insbesondere im Kontext einer „Männerselbsthilfebewegung" auch hierzulande eine gewisse Bedeutung haben (z. B. „Männer gegen Männergewalt").

Sowohl im Bereich der (Rückfall-)Prävention als auch im therapeutischen Bereich haben sich – speziell innerhalb von Institutionen – Gruppenbehandlungen von Sexualstraftätern bewährt. Gruppenmodelle sind beispielsweise bei Becker (1996) beschrieben, deren Vorgehen bei der Therapie jugendlicher Sexualdelinquenter eine Kombination folgender Techniken umfasst:
- kognitive Umstrukturierung,
- verdeckte Konditionierung,
- Aufbau sozialer Fertigkeiten,
- Sexualaufklärung und Erwerb kommunikativer Fertigkeiten,
- Empathieschulung.

Gerade für das Erlernen sozialer Fertigkeiten eignen sich gruppenpsychotherapeutische Settings, die z.T. explizit Bezug nehmen auf sozialpsychologische Theorien (soziales Lernen, sozial-kognitive Theorien; z. B. Sermabeikian und Martinez 1994). Bei der Behandlung von Aspekten, die sich direkt auf die Tat beziehen, ist nach Crighton (1995) die **Gruppe optimal**, weil in ihr eine größere Offenheit und Konfrontation möglich ist, die – wenn sie durch andere Täter erfolgt – effektiver zu sein scheint als eine Konfrontation durch den Therapeuten. Die **positive Wirkung von Gruppen auf die bei Tätern häufig zu beobachtende Verleugnung** wird u. a. von O'Donohue und Letourneau (1993) hervorgehoben. Letztlich scheint schon relativ früh belegt (z. B. Cabeen und Coleman 1961), was sicher auch für andere therapeutische Gruppen gilt, dass nämlich jene Täter vergleichsweise am meisten von Gruppenbehandlungen profitieren, die höher motiviert sind und deren strukturelle Entwicklung positiver eingeschätzt werden kann.

Auch bei der Behandlung von **Opfern** sexueller Gewalt bzw. von Sexualstraftaten sind Gruppenpsychotherapien weit verbreitet. Ziele bzw. Schwerpunkte der Behandlung sind dabei Folgesymptome der traumatischen Erfahrungen (Angst, Depression, sexuelle Störungen), die sozialen Folgen und die Folgen für das Selbstwert- und Identitätsgefühl. Auch hier dominieren in der Literatur (Übersicht bei Becker und Kaplan 1991) eher kognitiv-behaviorale Ansätze in Gruppen. Beim Vergleich von Einzel- und Gruppenpsychotherapien kommen Becker und Kaplan zu dem Schluss, dass **die Effekte gruppentherapeutischer Behandlungen insgesamt stabiler** erscheinen, wenn auch unmittelbar nach Ende der Therapie weniger ausgeprägt. Dennoch sprechen die Ergebnisse eher für das gruppenpsychotherapeutische Setting, wofür die Autorinnen zwei Faktoren verantwortlich machen: „Frauen hatten die Möglichkeit, ihre Erfahrungen mit anderen Opfern zu teilen ... Klinisch gesehen scheint die Gruppenbehandlung dahin gehend wirksam gewesen zu sein, dass die Frauen sehen konnten, dass sie mit ihren sexuellen Problemen nicht allein waren. Sie erhielten u.a. Feedback und Unterstützung von anderen Gruppenmitgliedern" (Becker und Kaplan 1991, S. 288).

Es sei erwähnt, dass im Rahmen der Erprobung alternativer Konzepte zur Behandlung von Sexualstraf- bzw. Gewalttätern vielerorts auch so genannte **Konfrontationsgruppen** oder **Täter-Opfer-Gruppen** durchgeführt wurden, deren Sinn u. a. darin liegt, Täter deutlicher mit den Konsequenzen ihrer Handlungen zu konfrontieren (z. B. Groth 1986; Kowalczyk 1995). Naturgemäß sind diese Gruppen – u.a. wegen der potenziellen Folgen der Konfrontation für die Opfer – nicht unumstritten.

Störungen der Geschlechtsidentität

Wie oben erwähnt, ist die Transsexualität unter den Bildern, die der diagnostischen Kategorie der Störungen der Geschlechtsidentität zugerechnet werden, das klinisch Relevanteste. Psychotherapeutische Begleitung Transsexueller kann naturgemäß auch in Gruppensettings vonstatten gehen, wobei hierzu auffallend wenige Berichte in der Literatur vorliegen. Stermac u. Mitarb. (1991) haben ein spezifisches Gruppenberatungskonzept für Männer mit Geschlechtsidentitätskonflikten beschrieben. Von Yueksel u. Mitarb. (1997) stammt ein Bericht über die Themen von Gruppensitzungen mit Transsexuellen, der verdeutlicht, dass die Schwerpunkte sehr ähnlich sind wie in der Einzelbehandlung (z. B. soziale Anpassung, Erwartungen an die medizinische Behandlung, Familienbeziehungen). Erwähnt sei schließlich die Studie von Keller u. Mitarb. (1982), die sich auf eine 4-jährige Gruppenbehandlung bezieht. Unter 28 Teilnehmern und Teilnehmerinnen konnten unterschiedliche Subgruppen ausgemacht werden, die in differenziellem Ausmaß von der Behandlung profitierten. Clement und Senf (1996) machen zu Recht darauf aufmerksam, dass ambulante Gruppen mit Transsexuellen wohl nur in Zentren realistisch sind, an denen viele transsexuelle Patienten betreut werden. Obwohl die Zahl der Transsexuellen insgesamt relativ gering ist, gibt es wohl keine sexualitätsbezogene Problematik, für die eine vergleichbar gut organisierte Selbsthilfebewegung besteht. **Selbsthilfegruppen** haben somit im Kontext transsexueller Entwicklungen eine wichtige, wenn auch nicht unumstrittene Bedeutung (Kap. 41). Pfäfflin (1996) beispielsweise weist darauf hin, dass viele Selbsthilfegruppen ihren Auftrag in der Präparation von „Neulingen" für Kontakte mit Psychotherapeuten oder Psychiatern sehen, was für die psychotherapeutische Diagnostik naturgemäß eher ungünstig sein kann.

44. Gruppenpsychotherapie somatoformer Schmerzstörungen

R. Nickel und U.T. Egle

Einleitung

Die Behandlung von Patienten mit somatoformen Störungen an der Psychosomatischen Klinik der Universität Mainz hat eine bis in die 80er Jahre zurückreichende Tradition. Die ersten Gruppen wurden über eine Dauer von gut zwei Jahren durchgeführt, das entspricht bei einer Sitzung pro Woche etwa 100 (90–120) Sitzungen à 90 Minuten.

Diese Erfahrung in der ambulanten Behandlung von Schmerzpatienten sowie die Erfahrung in der wesentlich kürzeren Behandlung von Schmerzpatienten in der stationären Therapie über 10 bis maximal 16 Wochen, bei allerdings erheblich höherer „Therapiedosis", führte über eine Weiterentwicklung zu zahlreichen Veränderungen und letztlich dem vorliegenden neuen Behandlungskonzept. In dieses gehen explizit, neben den Ergebnissen der empirischen Forschung an dieser Patientengruppe und eigenen Behandlungserfahrungen, auch die von Yalom (1985) beschriebenen Gruppenwirkfaktoren explizit ein (Kap. 23). Diese wurden teilweise spezifisch, im Sinne konkreter (implementierter) Therapiebausteine für unseren Ansatz ausgearbeitet: z. B. die Wirkfaktoren **Informationsvermittlung**, **Realitätsprüfung**, **Hoffung** („Einflößen von Hoffnung" bei Yalom) oder auch **Perspektivenübernahme** beispielsweise mit Hilfe von Videointerviews mit Patienten aus früheren Gruppen. Hinsichtlich des Wirkfaktors **Modelllernen** wird eine aktive Rolle des Therapeuten betont, wie dies auch für die psychoanalytisch-interaktionelle Methode (Heigl-Evers und Ott 1995) beschrieben wird (Kap. 52).

Ein weiterer zentraler Bereich ist die **Manualisierung der Behandlung**. Sie soll eine breite Anwendbarkeit und Vergleichbarkeit ermöglichen, für psychodynamische Behandlungsverfahren nach wie vor eher eine Seltenheit. Das Manual setzt im Sinne des von Grawe (1998) skizzierten Kontinuums der Veränderungsmöglichkeiten sowohl am störungsspezifisch-bewältigungsorientierten als auch am konfliktdynamischen (Intentionen und Wünsche) Pol an.

Von den wenigen Studien über die Wirksamkeit psychodynamischer Behandlungsansätze sind insbesondere zwei erwähnenswert; sie belegen, allerdings für das Einzelsetting, die Wirksamkeit psychodynamisch orientierter Psychotherapieverfahren bei Patienten mit Colon irritabile (Svedlund 1983; Guthrie u. Mitarb. 1993).

Vor diesem Hintergrund soll das Behandlungsmanual (Nickel und Egle 1999) ein praxisorientierter Leitfaden zur Behandlung von Patienten mit somatoformer Störung sein, insbesondere mit dem **Leitsymptom Schmerz**. Ferner soll es ein **psychodynamisches Gruppenpsychotherapieverfahren**, hier **psychodynamisch-interaktionell**, standardisieren, um die Behandlungserfolge zu sichern und weitere empirische Untersuchungen zu ermöglichen.

Diagnose und Differenzialdiagnose

> Unter **Somatisierung** versteht man die „Neigung, körperliche Beschwerden als Antwort auf psychosoziale Belastungen zu erfahren und zu vermitteln, und medizinische Hilfe dafür in Anspruch zu nehmen" (Lipowski 1988, S. 1358).

In Ergänzung zu dieser Definition betonen Bass und Benjamin (1993), dass die inadäquate Fokussierung auf körperliche Symptome dazu dient, **psychosoziale Probleme zu verleugnen**. In den diagnostischen Glossaren sind die darunter subsumierten Störungsbilder etwas unterschiedlich definiert und klassifiziert.

Richtet man sich nach der **ICD-10-Klassifikation**, so wurde das vorliegende Behandlungskonzept für Patienten mit somatoformen Störungen, insbesondere Somatisierungsstörung (F45.0, F45.1) mit Leitsymptomatik Schmerz sowie für Patienten mit einer anhaltenden somatoformen Schmerzstörung (F45.4) entwickelt. Nicht geeignet ist es für Patienten mit ausgeprägten hypochondrischen Störungen (F45.2) und somatoformen autonomen Funktionsstörungen (F44.3) sowie für Patienten mit schweren komorbiden psychischen Erkrankungen (z. B. mit phasenhaft verlaufenden schweren Depressionen oder schweren Persönlichkeitsstörungen z. B. einer emotional instabilen Persönlichkeitsstörung).

Ätiologie und Pathogenese

Da für die Entwicklung des Behandlungskonzeptes die Orientierung an den bisherigen empirischen Forschungsergebnissen von zentraler Bedeutung war, wird vor der Beschreibung des Behandlungsrationals und -konzeptes auf diese Ergebnisse näher eingegangen. Hinsichtlich der Ätiopathogenese somatoformer Störungen haben sich demnach folgende Aspekte als relevant gezeigt:

So wurden **Störungen der Affektwahrnehmung** und des **Affektausdrucks** in einer Reihe von Studien bei Patienten mit somatoformen Störungsbildern gefunden (z. B. Kellner 1990; Wise u. Mann 1994). Es besteht eine inverse Beziehung zwischen vermindertem Affektausdruck und erhöhter psychophysiologischer Erregung in Belastungssituationen. Neben einer erhöhten physiologischen Reaktionsbereitschaft (z. B. Dantzer 1995) kommt offensichtlich auch noch eine Fehlbewertung der Bedeutung dieser physiologischen Prozesse hinzu (Pennebaker 1982; Barsky und Wyshak 1990).

Kognitive Fehlbewertungen, die über das Konzept der somatosensorischen Amplifizierung hinausgehen und zur Verstärkung der Problematik beitragen, sind bei Patienten mit somatoformen Störungen häufig anzutreffen.

> Zu den kognitiven Störungen gehören ein unrealistischer Gesundheitsbegriff und eine unrealistische Erwartungshaltung an das medizinisch Machbare sowie katastrophisierende Annahmen über physiologische Zusammenhänge (z. B. Hiller und Rief 1998).

Die Untersuchung von Konfliktbewältigungsstrategien im Alltag dagegen erbrachte erhöhte Werte für die „Wendung gegen das Selbst" (Egle und Porsch 1992).

Weiter wurde die **Relevanz biographischer Vulnerabilität** mehrfach belegt. Eine Reihe von Kindheitsbelastungsfaktoren, vor allem häufige körperliche Misshandlungen, sexueller Missbrauch sowie emotionale Vernachlässigung und frühe Elternverluste, wurden als bei Patienten mit somatoformen Störungen gehäuft auftretend belegt. Zusammenhänge mit chronisch kranken Eltern oder auch Geschwistern in Kindheit und Jugend mit einer möglichen Modellfunktion hinsichtlich Symptomatik und Lokalisation wurden ebenso gefunden (Adler u. Mitarb. 1989; Craig 1994; Egle u. Mitarb. 1991; Hoffmann und Egle 1996; Egle und Nickel 1998). Bei Patienten mit schweren sexuellen Missbrauchserfahrungen ist Somatisierung neben dissoziativen Symptomen (Amnesie, Depersonalisation/Derealisation) das häufigste Symptom (van der Kolk 1996; Egle u. Mitarb. 1991).

Hiller und Rief (1998) geben eine Zusammenfassung über die zahlreichen Chronifizierungsfaktoren (z. B. Arzt-Patienten-Interaktion, somatische Abklärung und invasive Diagnostik) und insbesondere die damit einhergehende affektive Beeinträchtigung und Aufmerksamkeitsfokussierung auf die körperlichen Beschwerden.

Traumatisierungen in der Kindheit führen häufig zur Entwicklung eines **unsicheren Bindungsverhaltens**. Slawsby (1995) wies bei Patienten mit somatoformen Schmerzstörungen im Vergleich zu einer Gruppe mit organischer Schmerzsymptomatik signifikant häufiger unsichere Bindungsmuster nach. Nach Kotler u. Mitarb. (1994) prädisponiert ein unsicher vermeidendes Bindungsverhalten für verstärkte körperliche Symptomklagen. Die Zuordnung zu einer unsicheren bzw. sicheren Bindungstypologie prägt über die so genannten internalen Arbeitsmodelle (Bowlby 1975) – gemeint sind spezifische aktuelle Beziehungserwartungen, die auf früheren realen Bindungs- und Beziehungserfahrungen beruhen – auch ganz wesentlich die **Gestaltung der Arzt-Patient-Beziehung**. Patienten mit unsicher-ambivalentem Bindungsverhalten neigen zu einer ängstlich-katastrophisierenden Verarbeitung körperlicher Beschwerden und häufigen Arztbesuchen (Mikail u. Mitarb. 1994).

All diese Faktoren prägen die Arzt-Patient-Interaktion, die wiederum erheblich zum Chronifizierungsprozess beitragen kann. Patienten mit anhaltender somatoformer Schmerzstörung sind meist von einer körperlichen Ursache ihrer Schmerzen überzeugt („ich hab's in den Armen und nicht im Kopf") und verlangen nicht selten von sich aus diagnostisch wie therapeutisch invasive Interventionen.

> Bei somatoformen Schmerzpatienten werden im Vergleich zu solchen mit organisch determinierten Schmerzzuständen invasive Eingriffe häufiger durchgeführt; sie wechseln häufiger die Ärzte („doctor shopping") und entwickeln einen Medikamentenmissbrauch, nach unseren klinischen Beobachtungen ca. 30%.

Folgende Prinzipien sollten bei der Gestaltung der Arzt-Patient-Beziehung berücksichtigt werden:
- Im Umgang mit diesen Patienten ist wichtig, dass ihnen ihre Schmerzen genauso „geglaubt" werden wie jenen, bei denen eine organische Ursache nachweisbar ist. Die Patienten spüren aufgrund ihrer hohen Sensibilität für Zurückweisung sehr schnell, ob sie mit ihren Beschwerden ernst genommen werden.
- Eine vertrauensvolle Arzt-Patient-Beziehung ist deshalb eine wesentliche Voraussetzung für die Motivierbarkeit dieser Patienten zu einer Psychotherapie.
- Reinszenierungen der Muster der Eltern-Kind-Beziehung sind in der Arzt-Patient-Beziehung – z. B. durch einseitige Überbewertung des Körperlichen bei der Beschäftigung mit dem Patienten und iatrogene körperliche Misshandlung in Form sehr breit gestellter OP-Indikationen – zu vermeiden.
- Auch nach dem Beginn einer Psychotherapie sollte eine umfassende somatische Betreuung bei einem in der Schmerztherapie erfahrenen Arzt gewährleistet sein, um bei Verstärkung der Symptomatik oder dem Auftreten neuer Schmerzen eine erneute diagnostische Odyssee bzw. therapeutische Polypragmasie zu verhindern.

Aus diesen bisher empirisch gesicherten pathogenetischen Faktoren resultiert eine **erschwerte Zugänglichkeit** und **Motivierbarkeit** dieser Patientengruppe für eine psychotherapeutische Behandlung. Diesen Aspekten und den genannten Faktoren ist bei der Entwicklung und Durchführung einer psychotherapeutischen Behandlung Rechnung zu tragen.

Behandlungsrational

Bedeutung der Symptomklage

Zunächst wird in Anlehnung an Guthrie u. Mitarb. (1993) den Patienten ausreichend Raum gegeben, über ihre Symptome, Beschwerden und Beeinträchtigungen zu berichten. Die Art der Kommunikation gibt einen Einblick in die Innenwelt des Patienten. Durch Interesse und Nachfragen wird ihm vermittelt, verstanden und ernst genommen zu werden. Dies ist ein erster Schritt, um die Differenzierung zwischen körperlichem Schmerz einerseits und erwünschten bzw. unerwünschten Affekten andererseits einzuleiten (Schors 1993). Das heißt, es gilt zunächst, den **kommunikativen Inhalt des Symptoms** zu erfassen, den Patienten ernst zu nehmen, in einem weiteren Schritt aber auch die Vermittlung der eigenen Sichtweise seiner Beschwerden und der Versuch, ein bio-psycho-soziales Krankheitsverständnis zu etablieren. Die Beschwerden im Zusammenhang mit bisherigen Traumatisierungen und früheren Beziehungserfahrungen zu sehen bedeutet in der Regel eine ausführliche Auseinandersetzung mit dem **Krankheitsverständnis** des Patienten. Die Behandlung kann nur Erfolg haben, wenn ein tragfähiger Kompromiss, ein für Patient und Therapeut akzeptables Krankheitsmodell etabliert wird. Dies bedeutet, das somatische Krankheitsmodell als Ursachenerklärung für die Beschwerden in Frage zu stellen, nicht die Beschwerden.

Traumatisierung

Das häufigste Symptom als Folge von psychischer Traumatisierung ist neben der Dissoziation die Somatisierung. Aus psychodynamischer Sicht sind vor allem die aus der belasteten Kindheit resultierenden Bindungs- und Beziehungsstörungen in der Behandlung von Patienten mit somatoformen Störungen zu berücksichtigen. Folglich sind auch die für die Behandlung traumatisierter Patienten anerkannten Behandlungsprinzipien (Tab. 44.1) sowie die aus der Bindungstheorie resultierenden Veränderungen der Behandlungstechnik grundlegende Behandlungselemente.

Tabelle 44.1 Umgang mit traumatisierten Patienten (nach Gast 1997)

- Anerkennung der traumatischen Erfahrung
- Thematisieren weiterbestehender und sich in der Interaktion mit anderen inszenierender Fortsetzungen von Missbrauchssituationen
- Wiederentdecken und Integrieren der traumatischen Erlebnisse mit dem Ziel einer besseren Affekttoleranz und Impulskontrolle
- Die mangelnde Symbolisierungsfähigkeit drückt sich in der Schwierigkeit der Patienten aus, sich verbal mitzuteilen

Bindung

Die Bindungstheorie geht davon aus, dass die Interaktion zwischen Säugling und primärer Bindungsperson (bzw. den primären Bindungspersonen) dessen Bindungsverhalten prägt. Es entsteht ein festes und überdauerndes, prinzipiell aber veränderbares inneres Arbeitsmodell von Beziehungen, welches das Erleben, die Erwartungen und die Einstellung späterer Beziehungen bestimmt. In neuen Beziehungen kann dieses unbewusste Modell entweder bestätigt und zunehmend gefestigt oder aber verändert werden. Um in der Behandlung eine adäquate haltgebende Beziehung herstellen zu können, ist es für den Psychotherapeuten notwendig, auf den Patienten einzugehen und seine zentralen Beziehungswünsche zu verstehen. Eine vorschnelle Interpretation des Patientenverhaltens als Abwehr und Widerstand verhindert dies. Sie engt die Komplexität der Zweierbeziehung zu Lasten des Patienten ein. So wird festgelegt, wer die Verantwortung für das Beziehungsgeschehen trägt, nämlich der aktive Patient.

Bindungsmuster, Beziehungserleben sowie Übertragungs- und Abwehrprozesse sind eng miteinander verwoben. Die Trennung zwischen der „inneren Objekt- oder Repräsentanzenwelt" und der äusseren Welt der interpersonellen Beziehungen stellt eine künstliche und unnötige Dichotomisierung dar (Bacciagaluppi 1994). Nach Hobson (1990) entsteht ein kohärentes Selbst gerade erst in der Beziehung und dem Austausch mit anderen. Der Aspekt der Kohärenz findet sich auch in Antonovskys (1987) Salutogeneseprinzip und dem Kohärenzgefühl als dessen Kern.

Eine für Therapeut und Patient transparente und besprechbare Beziehung gibt Halt und Sicherheit. Gerade bei Patienten mit unsicherer Bindung sind klare Rahmenbedingungen und Transparenz für die Entstehung von Vertrauen und Nähe notwendig. Vor allem Köhler (1998) hat auf die Bedeutung des aktivierten Bindungssystems im therapeutischen Setting mehrfach hingewiesen und entsprechende Verhaltensänderungen von Seiten der Therapeuten gefordert. Sie kritisiert dabei insbesondere das abstinente Therapeutenverhalten in Form eines zurückhaltenden Schweigens im „klassischen" psychoanalytischen Setting bei Patienten mit unsicher-vermeidendem Bindungsmuster als potenziell retraumatisierend. Nach Bowlby (1995) sollte der Therapeut den Patienten ermutigen, seine Erwartungen und Vorurteile gegenüber seinen gegenwärtigen Bezugspersonen zu betrachten. Fehlwahrnehmungen und Missverständnisse werden dabei als erklärbare Ergebnisse tatsächlicher Erfahrungen oder dessen, was ihm als Kind von seinen Bindungspersonen gesagt wurde, verstanden. Es handelt sich also nicht um irrationale Folgen autonomer oder unbewusster Phantasien (z. B. Angst vor Zurückweisung oder Kritik), sondern um die psychischen Folgen unangemessener Verhaltensweisen seitens der primären Bezugspersonen.

Vorstellungen bzw. innere Arbeitsmodelle von sich selbst und anderen sollen dadurch als unangemessen für die aktuellen Beziehungen erkannt und gegebenenfalls verändert werden.

Die Aspekte der Traumatisierung sowie der Bindung und die daraus resultierenden Beziehungserwartungen einerseits bilden zusammen mit dem Aspekt der mangelnden Schmerz-Affekt-Differenzierung andererseits das Erklärungsmodell zur Symptombildung. Dies erklärt auch teilweise die oft ausgeprägte Chronifizierung der Beschwerden (z. B. über die Arzt-Patienten-Interaktion), die darüber hinaus aber immer eine starke Eigendynamik entwickelt.

Erweiterte Schmerz-Affekt-Differenzierung

Im Mittelpunkt der Behandlung steht die Differenzierung von Schmerz und Affekt, über die Patienten mit somatoformen Störungen aufgrund einer mangelnden Symbolisierungsfähigkeit und gestörten, unverbundenen Kommunikationen nicht verfügen. Hobson (1990) beschreibt eine Disconnected Communication" als Ausdruck fehlender Kohärenz des Selbsterlebens. Er richtet seine Aufmerksamkeit auf den kommunikativen Aspekt des Symptoms (bezogen auf die Art der Schilderung und des Umgangs damit), um darüber dessen interpersonelle Bedeutung und Funktion zu erschliessen und einen Zugang zur Innenwelt des Patienten zu erhalten.

Das Fokussieren auf die Kommunikation ist ein notwendiger Schritt, um Gefühle verbalisieren und später zwischen Körpersymptom und Affekt differenzieren zu können. Über das Erkennen und Bearbeiten früherer Beziehungserfahrungen können dann überholte Bindungs- und Beziehungsmuster modifiziert werden.

Behandlungskonzept

Die Behandlung dauert ca. 6 Monate. In dieser Zeit werden 40 Gruppensitzungen à 90 Minuten durchgeführt (Tab. 44.2). Die ersten 28–30 Sitzungen der Behandlung finden zwei Mal pro Woche, im letzten Drittel nur noch ein Mal pro Woche statt. In drei bis vier Vorgesprächen wird die Diagnostik weitgehend abgeschlossen, dem Patienten Information zur Behandlung und zum Krankheitsbild vermittelt und so versucht, die Behandlungsmotivation des Patienten zu fördern. Sofern möglich, sollte unbedingt ein Paargespräch bzw. Familiengespräch durchgeführt werden. Ängste und irrationale Vorstellungen seitens der Familienangehörigen können so reduziert werden. Sie lernen den Therapeuten und das Behandlungskonzept selbst kennen. In aller Regel sind die gewonnenen fremdanamnestischen Angaben für die Diagnose, insbesondere für die Beziehungsdiagnostik, wichtig. Hinzu kommt, dass der Therapeut das Verhalten des Patienten in verschiedenen Beziehungssituationen – Dyade, Triade, der Mehrpersonenbeziehung mit vertrauten und fremden Personen (Gruppe) – real erlebt und für eine umfassende Beziehungsdiagnostik nutzen kann.

Tabelle 44.2 Behandlungsrahmen

Diagnostische Vorphase	3–4 Einzelsitzungen bzw. ein Paar- oder Familiengespräch
Anzahl der Gruppensitzungen	40 Sitzungen in ca. 6 Monaten
Dauer der einzelnen Sitzung	90 Minuten
Teilnehmerzahl	7 bis 9
Teilnehmer	nur Frauen oder mindestens zwei Männer
Therapeuten	ein Therapeut bzw. ein Therapeutenpaar
Sitzungsfrequenz	in den ersten zwei Dritteln der Therapie zwei Sitzungen pro Woche, letztes Drittel eine Sitzung/Woche
Auffrischungssitzungen	optional, 6 Monate nach Behandlungsende 4 Gruppensitzungen innerhalb von 2 Wochen
Gruppenart	ambulante, geschlossene Gruppe

Das Manual beinhaltet ganz wesentlich auch Instruktionen für das Interventionsverhalten des Therapeuten: Mit einer aktiven Haltung und strukturierenden Interventionen in der „Informations- und Motivationsphase" des Behandlungsbeginns soll den Patienten der Übergang von der bisherigen Behandlung des medizinischen Versorgungssystems in das neue Behandlungsumfeld erleichtert werden, sie sollen rascher in den therapeutischen Prozess eingebunden werden. In dieser Phase steht die **Informationsvermittlung** und stehen spezifische Bausteine zur Informationsvermittlung, wie der Einsatz von Video, Overheadfolien etc., im Vordergrund. Informationen gibt es als „Patienteninformation und Behandlungsbündnis" mit Zielen und Inhalten der Behandlungsgruppe sowie den schriftlich fixierten Gruppenregeln. Weitere Informationen erhalten die Patienten z. B. zu einem bio-psycho-sozialen Krankheitsverständnis und zur Gate-Control-Theorie. Abschluss dieser Phase und Übergang zur „Arbeitsphase" bildet dann die **Diskussion der individuellen Therapieziele**, die schriftlich fixiert werden.

In der „Arbeitsphase" verändert sich das Verhalten des Therapeuten in Richtung einer Modell- und Identifikationsfunktion. Er dient dem Patienten als **Modell** dafür, wie Introspektion zur Erfahrungs- und Informationsgewinnung eben so wie zur Entwicklung von Lösungswegen genutzt werden kann. Vor allem in dieser Phase werden von ihm gezielt die Interaktionen der Gruppenteilnehmer untereinander und der Gruppenprozess thematisiert. Bei deren Bearbeitung berücksichtigt er den für jeden einzelnen Patienten zuvor festgelegten **beziehungsorientierten Behandlungsfokus**. Er bleibt weiterhin aktiv und bringt sich selbst in Form von Meinungsäußerungen, Erfahrungsmitteilungen etc. ein. Dies geht bis hin zu der Empfehlung, bestimmte Erfahrungen aus der Gruppe auch „auszuprobieren". In der „Informations- und Motivationsphase" wie auch der „Arbeitsphase" werden

Tabelle 44.3 Übersicht über die Therapiebausteine

Baustein	Medium und Inhalt
Information über den Ablauf der Gruppe	ansehen von Videointerviews von Patienten aus einer früheren Gruppe (Dauer ca. 20 min)
Patienteninformation und Behandlungsbündnis	schriftliche Information zu Rahmenbedingungen der Behandlung, den Gruppenregeln etc.
Gate-Control-Theorie	Videosequenz und Overheadfolie
Akuter versus chronischer Schmerz	gemeinsames Erarbeiten und Besprechen, evtl. auf Flipchart oder Folien festhalten
Analgetikaabusus	Information und gemeinsames Besprechen
Bio-psycho-soziales Krankheitsverständnis	kurze Videosequenz über Fühlen, Gefühle, Empfinden und vor allem auch zur Neuroplastizität als Einstieg in die Diskussion
Traumatisierungen und Belastungen in der Kindheit	Informationsvermittlung über Overheadfolie oder Flipchart
Aufmerksamkeitsfokussierung	Informationsvermittlung anhand von konkreten Beispielen
Körperwahrnehmung	Informationsvermittlung anhand von konkreten Beispielen und kurzer Körpererfahrungsübungen
schriftliche Therapiezielformulierungen	markieren den Übergang von der Anfangs- zur Arbeitsphase, unterteilt in körperlichen, intrapsychischen und zwischenmenschlichen Bereich
Situationsschmerztagebuch	anhand einer Zeitachse nach Situation/Tätigkeit, Schmerzstärke, Körperreaktion sowie Gedanken und Gefühlen vorstrukturiert
Emotionstagebuch	anhand einer Zeitachse mit Verschiebung des Fokus auf Gefühle, Gedanken und Interaktionen
Hausaufgaben	meist auf den einzelnen Patienten bezogene Anregung zum Umsetzen von in der Gruppe Besprochenem
Bilder und Narrative	konkrete, auf das Lebensumfeld der/des Patienten bezogene plastische Beispiele

gezielt einzelne Bausteine, Bilder und „Narrative" genutzt, um psychisches Geschehen für die Patienten transparent, plastisch und erinnerbar zu machen (Tab. 44.3). Die Bausteine der Arbeitsphase sind das Führen von Schmerztagebüchern sowie ein auf das Behandlungskonzept abgestimmtes „Emotionstagebuch". In der „Transferphase" zielen Aktivität und Intervention des Therapeuten vor allem auf die Umsetzung der in der Gruppe gewonnenen Einsichten ins bisherige Lebensumfeld des einzelnen Patienten ab. Gefühle im Zusammenhang mit dem nahen Therapieende werden angesprochen. Neue Bausteine werden nicht mehr eingeführt, es wird auf Bekanntes, gemeinsam in der Gruppe Erfahrenes und Erlebtes, die gemeinsame Gruppengeschichte zurückgegriffen. Das Ende der Therapie sollte als Chance für einen wichtigen Entwicklungsschritt begriffen und genutzt werden. „Auffrischungssitzungen" nach sechs Monaten unterstreichen die Prozesshaftigkeit der Entwicklung. Sie sollen die Patienten motivieren, über das Behandlungsende hinaus die eingetretenen Veränderungen im Alltag und in ihren bisherigen Beziehungen beizubehalten und zu erweitern.

Die Phasen markieren demnach bestimmte Entwicklungsschritte, spezifische Bausteine werden zur Unterstützung des Veränderungsprozesses eingesetzt. Dem Therapeuten geben sie eine Orientierung (Wegmarkierung) bezogen auf die Gruppenentwicklung. Bezogen auf den einzelnen Patienten werden die Interventionen zusätzlich durch den beziehungsorientierten Behandlungsfokus geleitet.

Informations- und Motivationsphase

Im Anschluss an die diagnostische Vorphase, welche Paar- und Familiengespräche einschliesst und darüber hinaus zur Vorbereitung des Patienten und seiner Familie auf die anstehende Behandlung dient, beginnt die eigentliche Behandlung mit einer Informations- und Motivationsphase. Sie umfasst 5–8 Gruppensitzungen von 90-minütiger Dauer und findet, wie die gesamten ersten 2/3 der Behandlung zweimal wöchentlich statt. In der Anfangsphase der Behandlung wird über das Krankheitsbild informiert, die Behandlungs- und Veränderungsmotivation gefördert sowie die „eigentliche" Arbeitsphase vorbereitet. Dazu ist das Etablieren eines gemeinsamen Krankheitsmodells zwischen Patient(en) und Behandler ganz wesentlich. Neben der Förderung des Zusammengehörigkeitsgefühls der Gruppe soll auch vermittelt werden, wie Gruppenpsychotherapie überhaupt „funktioniert" (vgl. Kap. 12). Die Ziele und Aufgaben sind:
- Kennenlernen der Teilnehmer und Übergang vom bisherigen medizinischen Versorgungssystem in ein psychosomatisch-psychotherapeutisches Setting,
- Motivationsförderung,
- Ernstnehmen der Beschwerden, Zeit für die Symptomklage,
- Verstehen und Auseinandersetzung mit dem Krankheitsmodell des Patienten,
- Vermittlung von Information über Schmerz und Psyche, Vermitteln eines bio-psycho-sozialen Krankheitsmodells als gemeinsame Behandlungsbasis,
- erklären, wie eine Therapiegruppe funktioniert,
- Auseinandersetzung mit den in den Vorgesprächen bereits angesprochenen Gruppenregeln,
- Abschluss der Beziehungsdiagnostik und (soweit möglich explizit) Formulieren des beziehungsorientierten Behandlungsfokus.

Arbeitsphase

Die Arbeitsphase umfasst 20–22 Gruppensitzungen von 90-minütiger Dauer, ebenfalls zweimal wöchentlich. Sie dient dem Verstehen, Erleben und Ausprobieren von Neuem. Sie ist im Vergleich zur Anfangsphase weniger strukturiert. Im Mittelpunkt stehen das Gruppengeschehen, die Art der entstehenden Beziehungen sowie das Beobachten, Ansprechen und gemeinsame Verstehen der Interaktionen innerhalb und außerhalb der Gruppe. Während, wie in einer psychodynamischen Gruppenpsychotherapie zu erwarten ist, die Aufmerksamkeit des Therapeuten auch schon in der Anfangsphase und den Vorgesprächen dem Behandlungsfokus, der Diagnostik, Übertragungs- und Gegenübertragungsgefühlen etc. gilt, wird nun auch explizit auf Hier-und-Jetzt-Aspekte der Interaktion Bezug genommen.

> Das Erleben und Verstehen von Beziehungserfahrungen im Hier und Jetzt der Gruppe und dessen Reflexion führt über ein neues Verständnis zu einem veränderten emotionalen Zugang des Patienten zu sich selbst.

Ziele und Aufgaben dieser Phase sind die bereits genannten „Differenzierungsschritte" im Sinne einer **zunehmenden Schmerz-Affekt-Differenzierung**:
- Differenzierung zwischen körperlichem Schmerz und Affekt, die Arbeit an der inkohärenten, gestörten Kommunikation der Patienten, mit dem Ziel einer besseren Integration sind wesentliche Teilschritte – der Prozess der Somatisierung und Mangel an Symbolisierungsfähigkeit ist Zeichen dieser gestörten Kommunikation,
- zunehmende Differenzierung zwischen erwünschtem und unerwünschtem Affekt (seelischem Schmerz),
- Akzeptanz auch unerwünschter Affekte (z. B. Enttäuschung, Kränkung, Angst, Aggression) – dies führt zur Entlastung der Abwehr, interaktionelle Aspekte der Abwehr werden leichter zugänglich und bearbeitbar,
- Überprüfung von und Auseinandersetzung mit den bisherigen Beziehungserfahrungen, den jeweiligen Beziehungserwartungen und -wünschen – hierzu gehört insbesondere auch das Erarbeiten neuer Möglichkeiten der Beziehungsgestaltung,
- Etablieren eines sinnhafteren und kohärenteren Selbst(gefühls) als idealtypischem Entwicklungsziel.

Transferphase

Die letzten 10–12 Gruppensitzungen dienen ganz wesentlich der Bearbeitung von Schwierigkeiten bei der Umsetzung gewonnener Erkenntnisse in den Alltag, vor allem im Hinblick auf die Beziehung zu anderen. Die Sitzungen finden nur noch einmal pro Woche statt, damit soll die Veränderung im Sinne der Akzentverschiebung aus der Gruppe auf die „Außenwelt", das soziale Umfeld des einzelnen Gruppenteilnehmers unterstützt werden. Ziele und Aufgaben sind, die gewonnenen Erkenntnisse verstärkt im Alltag umzusetzen. Dazu gehört neben der Bilanzierung des Therapieergebnisses die Vorbereitung der Rückkehr in den Alltag ohne die weitere Unterstützung der Gruppe. Schon bekannte Behandlungselemente, wie auf den einzelnen bezogene Hausaufgaben etc., werden verstärkt aufgegriffen:

- Realitäten und existenzielle Fragen treten mehr in den Vordergrund, hierzu gehört neben der Akzeptanz äußerer Probleme und Gegebenheiten auch die zeitliche Begrenzung der Gruppenpsychotherapie,
- Motivierung, an dem bisher Erarbeiteten eigenständig weiter zu arbeiten, Vermitteln von Hoffnung und Zuversicht,
- konkrete Umsetzung in den Alltag (Beziehungsgestaltung in Familie und Freizeit sowie am Arbeitsplatz) und Klärung dabei auftretender Probleme,
- Auflösung der Gruppenprozesse und Übertragungskonstellationen auf den Therapeuten soweit erforderlich,
- Wahrnehmen, Ansprechen und „Aushalten" der mit dem Ende der Gruppe verbundenen Gefühle (Verlassenheitsängste, Enttäuschung, Wut, Trauer),
- Besprechen der Möglichkeit zu „Auffrischungssitzungen" nach ca. sechs Monaten und gegebenenfalls Festlegung der Termine,
- Überprüfen der ursprünglichen Therapieziele,
- Klären der Notwendigkeit für eine Weiterbehandlung für einzelne Teilnehmer.

> Das vorgestellte Behandlungskonzept hat sich in der bisherigen klinischen Praxis gut bewährt. Bei einer großen Zahl von Patienten konnte nicht nur eine deutliche Schmerzreduktion und Verbesserung ihrer Leistungsfähigkeit, sondern auch eine vollständige und katamnestisch stabile Schmerzfreiheit erreicht werden.

Im Rahmen einer von der Deutschen Forschungsgemeinschaft geförderten Therapiestudie wird in den nächsten Jahren die Effektivität auch empirisch überprüft. Die Behandlung von Patienten mit somatoformen Schmerzstörungen bzw. Somatisierungsstörungen mit Leitsymptomatik Schmerz im stationären Bereich und die hierzu notwendigen Anpassungen und Modifikationen des Behandlungskonzepts wurden an anderer Stelle (Nickel und Merkle, 2001) ausführlich beschrieben.

45. Gruppentherapie mit onkologischen Patienten

V. Tschuschke

Bedarf an psychologischer Hilfe bei Krebserkrankungen

Verbunden mit dem erfolgreichen Aufschwung verfügbarer somato-medizinischer Behandlungen gegen Krebs nahm auch die Möglichkeit psychosozialer Interventionen seit den 50er Jahren zu: Patienten leben länger mit „Krebs" und die Chance, nicht an Krebs sterben zu müssen, nimmt zu. Damit nimmt aber auch die Notwendigkeit zu, sich mit der Angst, dem Tod, dem Sterben und dem Leben intensiver auseinander zu setzen. Krebserkrankungen werden mit zunehmender Lebenserwartung einen noch größeren Anteil der Erkrankungs- und Sterberaten in unseren hoch entwickelten westlichen Gesellschaften bereits in naher Zukunft einnehmen. Heute erkrankt bereits jeder vierte Mensch bei uns irgendwann in seinem Leben an Krebs, in zehn Jahren wird dies jeder Dritte sein (Diehl, pers. Mitteilung). „Krebs" wird in viel Fällen zu einer chronischen Erkrankung werden, die Diagnose jedoch wird auf unabsehbare Zeit mit Todesängsten verknüpft sein.

Die **Psychoonkologie** als relativ neues multidisziplinäres Gebiet bündelt fachübergreifend Bereiche, wie z. B. die Onkologie, Immunologie, Endokrinologie und psychosoziale Fächer wie die Psychologie, Psychosomatik, Psychotherapie und Soziologie, in ihrem Bemühen, die Wechselwirkungen und gegenseitigen Abhängigkeiten somatischer und psychosozialer Bereiche bei den betroffenen Individuen zu berücksichtigen (Larbig und Tschuschke 2000a; Tschuschke 2001a).

„Ein zentrales Ziel gegenwärtiger Psychoonkologie ist der Fokus auf Körper-Geist-Interaktionen als einem Prozess mit kontinuierlicher, wechselseitiger Interaktion und Wirkung, der Coping, psychosoziale Anpassung und Lebensqualität beeinflusst" (Leszcz und Goodwin 1998, S. 246).

Ärztliche Hilfe kann sich bei schweren lebensbedrohlichen Erkrankungen nicht nur auf adäquate somatische Behandlung allein beschränken, da sehr viele der betroffenen Patienten ein breites Spektrum an psychischen und emotionalen Belastungen erfahren, die in steigendem Ausmaß essenzielle Variablen in buchstäblich allen onkologischen Behandlungen werden (Spiegel 1994). Es ist sicherlich nicht so, dass jeder betroffene Patient einer zusätzlichen psychologischen Hilfe bedarf, die über die fachkompetente ärztliche Betreuung, wenn sie gut gemacht wird, hinausgeht. Manche Patienten bringen eigene Ressourcen mit, wie sie für sich am effektivsten mit ihrer Diagnose und Erkrankung umgehen. Daneben gibt es aber zahllose klinische Erfahrungswerte, die verdeutlichen, dass sehr viele Patienten ohne eine geeignete zusätzliche psychologische Stützung und Hilfe schlechter oder gar nicht mit ihren Nöten fertig werden. Aber auch in diesem Fall kann und darf es bei der Abwägung möglicher psychologischer Interventionen **nicht** darum gehen, die Patienten in einem psychologisch-psychiatrischen Sinne zu pathologisieren: Nur eine Minderheit der Patienten wird auffällig im psychiatrischen Sinne, so dass eine psychiatrische Intervention erforderlich wird.

Psychologisch-psychotherapeutische Hilfen oder Interventionen sollten den Aspekt der **psychotherapeutischen** Hilfe nicht strapazieren. Da es hier – im Gegensatz zu neurotischen, psychosomatischen oder psychiatrischen Störungen – nicht um die Korrektur falscher, maladaptiver Wahrnehmungsmuster, -verzerrungen und Verhaltensweisen gehen kann und viele Patienten ein solches Angebot entrüstet von sich weisen („ich hab' doch keine Macke"), sondern um Hilfen und Unterstützungen im emotional-sozialen Bereich und bei der Verarbeitung der erlebten Situationen nachfragen, mit zum Teil verblüffend günstigen Wirkungen, wie noch weiter ausgeführt werden wird.

Welche psychologischen Hilfen gibt es?

Prinzipiell gibt es unterschiedliche Möglichkeiten und Wege psychosozialer Hilfe bei Krebserkrankungen, angefangen von der privaten, Familien- und Freundschaftshilfe, über Selbsthilfegruppen, semiprofessionelle bis hin zur professionellen Hilfe, im Fachterminus in der Regel **psychosoziale Interven-**

Tabelle 45.1 Vier übliche professionelle psychosoziale Interventionsarten bei Krebserkrankten (Fawzy u. Mitarb. 1995; zit. nach Tschuschke 1996f)

Interventionsart	Ziel
Edukation/Information	das Gefühl von Hilflosigkeit und Inadäquatheit aufgrund von Unsicherheit und Wissensdefizit soll vermindert werden durch das Gefühl für Kontrolle und Bewältigung
Verhaltenstraining	Reduzierung von psychologischem Stress und Kontrolle physischer Komplikationen (Nebenwirkungen von Chemotherapie und Bestrahlung) oder Schmerz
Individuelle Psychotherapie	Stressreduktion und Adaptation an Unterbrechung der Lebensvollzüge durch die Diagnose
Gruppentherapie	Vermittlung von Gemeinsamkeit, dem Gefühl, nicht allein zu sein, Geben und Nehmen, Altruismus, Detoxifikation von Tod und Sterben, Katharsis

tion genannt. Auf Letztere wird sich der folgende Überblick konzentrieren, da hierzu die meisten Studien erschienen sind, deren Resümee im Folgenden zu ziehen sein wird. Innerhalb der professionellen psychosozialen Interventionen bei Patienten mit unterschiedlichsten Krebserkrankungen gruppieren (Fawzy, Fawzy, Arndt, und Pasnau 1995) vier Interventionsarten (Tab. 45.1):

Im Folgenden soll die **Gruppentherapie** (bewusst nicht als Gruppen*psycho*therapie bezeichnet) als ein speziell bei onkologischen Erkrankungsformen hilfreiches psychologisches Medium behandelt werden, da es hier nicht um die anderen drei genannten Wege der Hilfe, sondern um die Möglichkeiten des Settings Gruppe gehen soll. Die Vorteile und Nachteile der vier in Tab. 45.1 aufgeführten Zugangswege können anhand von diskutierten Studien bei Fawzy u. Mitarb. (1995) detailliert nachgelesen werden.

Tabelle 45.2 Auswirkungen von Krebserkrankungen auf interpersonale Beziehungen (nach Benioff und Vinogradov 1993; aus Tschuschke 1996f)

Gefühle von Vereinsamung durch:	Gestörte interpersonale Interaktionen, ausgelöst durch:
• die Unfähigkeit wichtiger Bezugspersonen, schmerzhafte Affekte tolerieren zu können • die Wahrnehmung des Patienten, anders zu sein und von anderen wegen der Krebserkrankung gemieden zu werden	• Widersprüche zwischen negativen Gefühlen und Ängsten bzgl. Krebs • den Glauben, dass die einzig geeignete Haltung die ist, Optimismus und Liebenswürdigkeit auszudrücken

Die Gruppe als ideales psychosoziales Hilfsmittel bei Belastungen aufgrund einer Krebserkrankung

Auswirkungen einer Krebserkrankung auf interpersonelle Bezüge

Die Umgebung des Krebspatienten, inklusive Ärzte und Pflegepersonal, sendet häufig gemischte und widersprüchliche Botschaften an den Patienten – explizit positives Feedback bei gleichzeitig subtilen negativen Signalen, häufig transformiert in eine bemutternde und überfürsorgliche Haltung, untergründige Aggressivität und Zurückweisung verdeckend (Wortman und Dunkel-Schetter 1979). Das heißt, die Diagnose „Krebs" **kann** erhebliche soziale Auswirkungen haben, die den Patienten in Verzweiflung und Vereinsamung werfen können, als Konsequenz der Unfähigkeit wichtiger anderer, die schmerzlichen Affekte und Nöte des Patienten, die mit der Krankheit einhergehen, ertragen zu können. Die vom Patienten schmerzlich als verändert erlebten sozialen, interpersonellen Bezüge bewirken bei ihm Konfusion, Verletztheit und ein einbrechendes Selbstwertgefühl.

Tab. 45.2 zeigt die Auswirkungen von Krebserkrankungen auf die interpersonalen Beziehungen betroffener Patienten (Benioff und Vinogradov 1993).

Der Gruppenansatz bietet sich auf Grund der speziell sozialen und interpersonalen Probleme und der **häufig gestörten Beziehung zur unmittelbaren Umwelt** zur Hilfe bei Krebserkrankungen besonders an. Darüber hinaus war die frühe Selbsthilfegruppenbewegung ein Hinweis auf die Möglichkeiten speziell gruppaler Hilfen bei chronischen Erkrankungen und Problemen (Kap. 41).

Die ersten Arbeiten zu psychologischer Hilfe als Reaktion auf Krebserkrankungen erschienen kurz nach dem Zweiten Weltkrieg zu Beginn der 50er Jahre. Zunehmend erfolgreichere medizinische Behandlungen von Krebserkrankungen brachten auch einen enormen Aufschwung an psychologischen Ansätzen mit sich (Holland 1989). Die ersten Selbsthilfegruppen traten vor mehr als 50 Jahren auf den Plan. Eher traditionelle gruppentherapeutische Ansätze für Krebspatienten entwickelten sich relativ langsamer als Selbsthilfegruppen. Die frühen dieser Ansätze basierten wesentlich auf Informationsaustausch und Gruppenberatung eher supportiver Natur; sie waren eher zeitlich befristet und hoch strukturiert (Benioff und Vinogradov 1993). Einige dieser Gruppenansätze entwickelten sich in eine eher explorative und auf die affektive Belastung abzielende Richtung (Ringler u. Mitarb. 1981). In den späten 70er Jahren erschienen die ersten Berichte über den Einsatz unstrukturierter Open-End-Gruppenpsychotherapien für Krebspatienten (Yalom und Greaves 1977). In den letzten Jahren nun wechselte der Fokus auf die Effekte solcher Gruppeninterventionen, speziell im Hinblick auf die Überlebenschancen der Patienten und auf Messungen von Immunreaktionen bei Patienten solcher Gruppen (Fawzy u. Mitarb. 1993; Spiegel u. Mitarb. 1989).

Supportive versus explorative Gruppentherapie mit Krebspatienten

Gingen die frühen Gruppen mit Krebspatienten noch davon aus, ausschließlich unterstützende Funktion zu übernehmen und keinesfalls Abwehrprozesse aufzubrechen, so gibt es

Tabelle 45.3 Supportive versus explorative Gruppen (nach Benioff und Vinogradov 1993; aus Tschuschke 1996f)

Supportive Gruppe	Explorative Gruppe
Fokussiert auf die Auswirkungen der Krankheit	fokussiert auf die affektiven Erfahrungen des Patienten
Stärkt und unterstützt die Abwehr des Patienten	konfrontiert und interpretiert die Abwehr des Patienten
Betont Copingfertigkeiten	betont affektive Erfahrungen und ermutigt Katharsis
Vermeidet Dissens in der Gruppe	ermutigt Diskussion existenzieller Aspekte und erlaubt diesbezügliche Meinungsverschiedenheiten
Patienten bestimmen Tempo und emotionales Klima in der Gruppe	Gruppenleiter intervenieren mit Prozesskommentaren und führen auf affektiv besetzte Aspekte zurück, wenn die Gruppe diesen Aspekten ausweicht

mittlerweile Erfahrungen, die gerade die klassisch therapeutische Haltung favorisieren (Benioff und Vinogradov 1993). Tab. 45.**3** stellt die Hauptmerkmale beider Techniken einander gegenüber.

Speziell das eindrückliche Erleben der von Krebspatienten eingesetzten **Abwehrmechanismen**, namentlich *Verleugnung* und *Flucht* erweckte bei Gruppenleitern zunächst das Gefühl, nur nicht an sehr angstbesetzte und heikle Punkte im Zusammenhang mit der Krankheit und speziell dem Tod zu rühren. In erster Linie sollte Gruppentherapie mit Krebspatienten ja gerade Unterstützung bieten und auf die Effekte der Erkrankung, auf das Leben des Patienten und seine Reaktionen auf die Krankheit fokussieren. Daher sollte die Exploration tieferer Aspekte, z. B. aus der Vergangenheit, eingeschränkt bleiben; des Gruppenleiters vorrangige Aufgabe ist es, Patienten bezüglich ihres extremen psychologischen Stresses aufgrund der Krebserkrankung Bewältigungshilfen anzubieten (Massie u. Mitarb. 1990).

Aber die Erfahrungen mit Krebspatienten in therapeutischen Gruppen trugen zunehmend zu einer modifizierten Sichtweise bei (Ringler u. Mitarb. 1981). Zu Beginn waren Therapeuten sehr damit beschäftigt, welche möglichen traumatischen Effekte der Gruppenbehandlung auf die einzelnen Gruppenmitglieder auftreten könnten. Zum Beispiel könnte das Erleben des Todes eines Gruppenmitglieds den anderen Gruppenmitgliedern unerträgliche Angst und Belastung bringen.

Die zunehmende Erfahrung mit solchen Gruppen jedoch erbrachte einen ganz anderen Effekt, nämlich dass Patienten sogar eher geholfen wurde, sich ihren eigenen Tod mit weniger Angst vergegenwärtigen zu können (Ringler u. Mitarb. 1981; Yalom und Greaves 1977). Im Gegenteil wurde aus diesen Erfahrungen die Überlegung abgeleitet, dass Flucht und Rückzug der Patienten von gefährlichen Themen in Verleugnung und Vermeidung/Flucht eher die Fähigkeit des Gruppenleiters und der anderen Gruppenmitglieder testeten, den Stress und die Angst bzw. den Schmerz aushalten zu können: „Meinen Sie es wirklich ernst damit, wenn Sie sagen, wir können hier **alles** ansprechen?"

Es geht eben in therapeutischen Gruppen in viel größerem Ausmaß um den Prozess, das Erschreckende, „Vergiftende" an Tod und Sterben aus dem Erleben zu nehmen (**detoxifying of death**), um ein Klima zu schaffen, das Tod als einen menschlichen Prozess, der zur Existenz dazugehört, zu verstehen gestattet (Spiegel und Spira 1991).

Yalom und Greaves (1977) führen an, dass die größte Angst vieler Gruppenmitglieder von Krebspatientengruppen nicht die Angst vor dem Tod an sich darstellt, sondern die Furcht vor der „absolut totalen Einsamkeit, die das Sterben begleitet" (Yalom und Greaves 1977). Obgleich diese Erfahrung nicht beschwichtigt oder gar ausradiert werden kann, so kann doch weniger Vereinsamung resultieren, indem sie mit anderen Menschen geteilt wird.

Spiegel u. Mitarb. (1981, S. 532) schildern in der folgenden Fallvignette eindrucksvoll den dynamischen Prozess und die Vermeidungstendenzen in einer Gruppe, die sich mit dem Sterben eines ihrer Gruppenmitglieder auseinander zu setzen hatte.

Bevor die Gruppenmitglieder bereit waren, sich mit dem drohenden Verlust eines Gruppenmitgliedes auseinander zu setzen, gab es in der Gruppe oft Abschnitte von Ärger und Spaltung. Eine Patientin, die im Begriff war, aufgrund von Hirnmetastasen zu sterben, war bei ihrer letzten Gruppensitzung so schwach, dass sie nicht im Stande war, ihren Kopf aufrechtzuhalten. Die Gruppenmitglieder diskutierten beim nächsten Treffen, wie wütend sie auf die Patientin waren, dass sie in dem Zustand an der Gruppensitzung teilgenommen hatte. Durch Nachdenken erkannten sie aber, dass es der Patientin eine enorme Anstrengung bereitet haben mußte, zu der Gruppensitzung zu kommen, und dass die Gruppe wohl primär wegen ihrer eigenen Hilflosigkeit so ärgerlich war.

Daraufhin entschied sich die Gruppe, ein letztes Treffen am Bett dieses Gruppenmitgliedes in seiner Wohnung zu haben. Bei diesem Treffen war diese Patientin nur noch teilweise wach, sie war dennoch berührt davon, dass die Gruppe gekommen war; die Gruppe entwickelte aufgrund dieses Erlebnisses eine erhöhte Kohäsion und Stärke, weil sie sich um die Patientin so kümmern konnte.

Als sich die Hirnmetastasen dieser Patientin erstmals entwickelt hatten, fühlten sich die Gruppenleiter extrem unwohl angesichts der möglichen Effekte auf die Gruppe. Würde das Miterleben der graduellen, unvermeidlichen Paralyse mehr sein als die Gruppenmitglieder ertragen konnten? Paradoxerweise waren die Effekte auf die Gruppe positiv; so schmerzlich wie der Prozess war, er war noch weit weniger fürchterlich, als sie befürchteten, wie er sein würde.

Schließlich vermittelte die Gruppe den Patienten direkt und indirekt die Wichtigkeit des Umgangs mit dem verbliebenen Rest ihres Lebens. Die Tatsache, dass die Gruppenmitglieder einander spürbar hilfreich sein konnten, verstärkte das Bewußtsein, noch zu leben und in der Welt wichtig sein zu können.

Spiegel und Classen (2000) stellen ein in 20 Jahren psychologischer Arbeit mit schwer chronisch und lebensbedrohlich erkrankten Patienten entwickeltes Gruppenkonzept vor, die **supportiv-expressive Gruppentherapie**. Dieser Ansatz ist maßgeschneidert für die **Förderung geeigneten Copings mit physischer Erkrankung**. Im Folgenden wird der Ansatz im Rahmen der Hilfestellungen bei Krebserkrankungen vorgestellt und diskutiert.

Es gibt nach Spiegel und Classen keinen Zweifel, dass einige Krebspatienten Einzelberatung oder – therapie als Hilfsmaßnahme dem Gruppenansatz vorziehen, aus einer Haltung heraus, private Aspekte und Nöte nicht mit anderen teilen zu wollen, ihrer ungewöhnlichen psychiatrischen Symptome wegen usw. Wir selbst haben in unseren Untersuchungen mit onkologischen Patienten die Erfahrung gemacht, dass Patienten im Zusammenhang mit der Frage einer möglichen Hilfe in einer Gruppe antworten, sie hätten schon genügend Probleme mit sich und wollten nicht auch noch die Probleme, Nöte anderer anhören bzw. nicht ständig mit den Beschwerden einer Krebserkrankung konfrontiert sein, derer sie bei anderen gewahr werden würden. Sicherlich handelt es sich hierbei um eine Form der Abwehr, sich nicht mit der Tatsache der eigenen Erkrankung abzufinden und sie aus dem Blickwinkel schieben zu wollen – was bei einer Konfrontation mit anderen unweigerlich der Fall wäre. Dennoch muss eine solche Haltung respektiert werden.

Es ist aber zweifellos auch so, dass eine ganze Reihe von Betroffenen eine Gruppe als sehr hilfreich erlebt: Sie finden es wichtig, anderen helfen zu können und dass sie im Gegenzug selbst Hilfe durch andere erfahren können. Sie erfahren, dass spezielle Ängste, Sorgen und Erfahrungen der Zurückweisung durch die soziale Umgebung zum Leben eines Krebspatienten gehören können und nicht ungewöhnlich sein muss, was ihre eigenen Reaktionen in gewisser Weise „normalisiert".

Bevor Krebspatienten damit beginnen können, ihr verändertes Gefühl über sich selbst integrieren zu können, physisch und psychisch, müssen sie über den initialen Schock und das Entsetzen über das, was ihnen widerfahren ist – und noch widerfährt – hinwegkommen. Krebspatienten psychologisch/psychotherapeutisch zu betreuen, heißt, die Situation dieser Patienten zu verstehen. Die meisten von ihnen würden es entrüstet ablehnen, dass sie sich einer psychotherapeutischen Behandlung unterziehen sollten. Sie fühlen sich nicht psychisch gestört, mithin ist es günstiger, zumindest nicht von Gruppenpsychotherapie, sondern allenfalls von Gruppentherapie oder noch besser von „Gruppe" zu sprechen. Eine psychologische Pathologisierung führt nämlich mit einer hohen Wahrscheinlichkeit bei vielen, die sonst diese Hilfe vielleicht noch in Anspruch nehmen würden, zu einer Noncompliance, die man leicht umgehen könnte.

Ziele der supportiv-expressiven Gruppentherapie

Spiegel und Classen (2000), Classen u. Mitarb. (1993) und Spira (1997) haben ausführliche Manuale entwickelt, die bei den unterschiedlichsten onkologischen Erkrankungen – mit leichten Modifikationen für Mammakarzinompatientinnen – Anwendung finden können, wie die Verfasser selbst anmerken.

Das Manual bei Spiegel und Classen (zu dem es auch über die Berkeley-Universität 4 Videobänder zu beziehen gibt, die echte Gruppensitzungsausschnitte neben der ausführlichen didaktischen Anleitung durch Spiegel beinhalten, Kosten ca. 600 US$) fokussiert auf **sieben Prinzipien** der supportiv-expressiven Gruppentherapie bei onkologischen Patienten, die im Folgenden kurz dargestellt werden (Spiegel und Classen 2000).

(Ver)Bindung herstellen (building bonds)

Der Mensch als Spezies hat nur in der evolutionären Entwicklung überlebt, weil er in der Lage ist, soziale Netzwerke zu formen und sich gegenseitig zu unterstützen. Speziell soziale Unterstützung ist ein mediierender Faktor, der hilft, mit stressvollen Lebensereignissen besser umgehen zu können (Moos und Schaefer 1987; Folkman und Lazarus 1980; Wortman und Dunkel-Schetter 1979; Bloom und Spiegel 1984).

Es gibt deutliche Hinweise, dass soziale Kontakte nicht nur psychologisch positive emotionale Effekte haben, sondern die allgemeine Mortalitätsrate senken (House u. Mitarb. 1988) wie auch die Mortalitätsrate bei Krebserkrankungen (Reynolds und Kaplan 1990). Soziale Isolierung dagegen ist stark korreliert mit – alterskorrigierter – Sterblichkeit wie z. B. sonst nur Serumcholesterol bei Rauchern.

Hier gehören die Wirkfaktoren der Gruppentherapie „Kohäsion" und in gewissem Ausmaß auch „Universalität des Leidens" hin. Nur Gruppen sind in der Lage, diese Ebenen der sozialen Hilfe zu gewährleisten (Kap. 23).

Ausdruck von Gefühlen (expressing emotions)

Therapiegruppen sind ein mächtiges „soziales Laboratorium", in dem durch die Hier-und-Jetzt-Situation Möglichkeiten des Übens neuer interpersoneller Möglichkeiten resultieren (Wirkfaktor interpersonelles Lernen, Output, oder Verhaltensänderungen), man darüber erfährt, wie man von anderen gesehen wird (Faktor interpersonelles Lernen, Input, oder Feedback) usw. Es besteht ferner in Gruppen eine dynamisch motivierte Fähigkeit, starke Gefühle zu erleben und auszudrücken (Katharsis), was eine große Entlastung mit sich bringt.

Die Nutzung des Gruppenprozesses in der Hier-und-Jetzt-Situation vertieft die Untersuchung von Trauer und Todesangst und führt dann zu Möglichkeiten der Bewältigung. Durch die direkte Konfrontation mit den schlimmsten und schmerzhaftesten Aspekten des Verlusts wird es möglich, die befürchteten Konsequenzen des Todes bzw. Sterbens abzuschwächen: Die Erfahrungen mit solchermaßen geführten Gruppen (z. B. Gruppen mit Patientinnen mit metastasierten Mammakarzinomen, Spiegel u. Mitarb. 1989) zeigten, dass eine größere Aufmerksamkeit dem Sterben gegenüber und dem Faktum des unausweichlichen Todes zu einem deutlich verminderten Schrecken davor führte.

„Offenheit und emotionaler Ausdruck sind zentrale Ziele der supportiv-expressiven Gruppenbehandlung. In der Tat sind sie ja auch der Grund für den Gebrauch des Wortes ‚expressiv'. Patienten verspüren oft den Zwang, stark sein zu müssen und sie verhalten sich, als wären sie in der Lage, mit ihrer Situation umzugehen, ganz im Gegensatz dazu, wie sie sich in Wirklichkeit fühlen. Nun sind aber diese Versuche, die wirklichen Gefühle zu verbergen und eine positive Haltung an den Tag zu legen, sehr ineffektiv und benötigen ein großes Maß an emotionaler Energie" (Spiegel und Classen 2000, S. 33 f.).

Entgiftung von Tod und Sterben (detoxifying death and dying)

Gedanken an Tod und Sterben wecken in uns allen tiefe Ängste, aber wir können sie in der Regel gut an die Seite schieben. Wenn wir jedoch von einer potenziell lebensbedrohlichen Erkrankung heimgesucht werden, wird die Angst wieder greifbar und ist unvermeidlich. Dennoch versuchen Betroffene gewöhnlich, dieses Thema wieder zu vermeiden. Typischerweise wird diese Vermeidungstendenz noch dadurch verstärkt, dass durch Angehörige oder Bekannte/Freunde diese Vermeidungsstrategie noch gestützt wird, die sich sehr unwohl fühlen, über die Möglichkeit zu sprechen, den geliebten Menschen sterben sehen zu müssen. Das Ergebnis ist dann, dass die Patienten mit ihren schrecklichen Fantasien allein bleiben, sodass beide Seiten, Patienten und Angehörige, getrennt voneinander leiden. Ohne jemanden oder eine Anlaufstelle werden die Patienten mit ihren Ängsten und Fantasien alleine bleiben, die Angst wird weiter aufrechterhalten und die gesamte Stimmungslage des Patienten beherrschen.

Die bewusste Auseinandersetzung mit dem Thema Tod und Sterben bewirkt – selbst bei unausweichlich todgeweihten Patienten – eine Art von „Entgiftung" des Themas, die es ermöglicht, die verbleibende Lebenszeit ohne Horrorgefühle und in sinnvoller Intensität zu erleben und meistens noch Angelegenheiten zu regeln (Spiegel u. Mitarb. 1989).

„Dem Patienten zu helfen, eine bedrohliche Situation in mehrere handhabbare Teile aufzubrechen, hat den Effekt der Reduzierung von mit der Situation verknüpftem Schrecken. Die Situation wird tatsächlich als sehr real erlebt, allerdings weniger überwältigend, weil man sie anschaut. In diesem Sinne sprechen wir davon, dass der Tod entgiftet werde. Durch die direkte Thematisierung von Tod und damit verknüpften Problemen kann die Angst meistens vermindert werden" (Spiegel und Classen 2000, S. 36).

Neubewertung von Lebensprioritäten (redefining life priorities)

Krebs verursacht das Gefühl einer ungewissen Zukunft. Scheinbar paradoxerweise hat die Möglichkeit einer verkürzten Lebenserwartung den Effekt einer Aufmerksamkeitslenkung auf vitale Interessen. „Krebs kuriert Neurose" pflegt Yalom zu sagen. Das Ziel muss sein, dem Patienten zu helfen und ein neues Lebenskonzept zu entwerfen. Das macht erforderlich, dass eine Klarheit bezüglich der Werte und Ziele erfolgt, ebenso, wie den besten Gebrauch von noch verbleibender Zeit und Energie zu machen – falls es sich um eine unheilbare Erkrankung handeln sollte. Aber auch sonst kann ein solches einschneidendes Erlebnis zu einer Neudefinierung der eigenen Lebensziele und Lebenssicht erfolgen (Larbig und Tschuschke 2000a; Tschuschke 2001).

„Oftmals ermöglicht dies Patienten, neue Ziele zu entwickeln und manchmal entdecken sie auch, dass sie intensiver und froher im Augenblick leben wollen (Spiegel und Yalom 1978). Es ist wichtig, dass Patienten merken, dass die verbleibende Zeit kurz sein kann ... Konsequenterweise werden sie ermutigt, diese wertvolle Zeit gut zu nutzen. Die Diagnose offeriert diesen Frauen die Gelegenheit und Motivation, das zu tun, aus dem wir alle Nutzen ziehen würden" (Spiegel und Classen 2000, S. 37).

Die Verbesserung der Unterstützung durch Freunde und Angehörige

Eine in diesen Gruppen kultivierte Atmosphäre der Offenheit und der Unterstützung kann sich auf eine sinnvolle Art auf die Familie ausdehnen.

„Die Explorierung von Gefühlen im Rahmen des Gruppensettings liefert ein Modell für eine ähnliche Offenheit zu Hause, indem den Gruppenmitgliedern geholfen wird, Probleme zu erkennen und die Ergebnisse ihrer größeren Offenheit zu antizipieren. Daher ist die Ermöglichung einer offenen Exploration gemeinsamer Probleme ein wichtiges therapeutisches Ziel" (Spiegel und Classen 2000, S. 37).

Unglücklicherweise vermeiden die meisten Patienten und ihre Angehörigen schwierige Themen (Lewis und Hammond 1992) und das ausgerechnet zu einem Zeitpunkt, zu dem der Patient alle Hilfe benötigen würde, derer er nur habhaft werden kann.

Die Gruppe verfolgt daher als ultimatives Ziel die Verbesserung der Kommunikation zwischen Patienten und Angehörigen und Freunden. Dieses Ziel muss das Lernen bezüglich der Ausdrucksfähigkeit von Ängsten, Wünschen und Befürchtungen einschließen „ohne größere Sorge um den Schutz der Familie vor Belastungen" (Spiegel und Classen).

Verbesserung der Arzt-Patienten-Beziehung

Die häufig passive Haltung von Patienten gegenüber ihren Ärzten sollte in eine aktive verwandelt werden. Anstatt ein abhängiger Adressat von Behandlung zu sein, sollte der Patient – auch zur Verbesserung der Compliance – Partner des Arztes werden.

Verbesserung von Bewältigungsstrategien

Mit diesem Aspekt wird einer der zentralen Punkte jedweder psychosozialen Intervention in der Psychoonkologie angesprochen, auf den auch noch weiter unten ausführlicher eingegangen werden soll.

Nach Spiegel und Classen beschreibt die klassische Copingliteratur (Folkman und Lazarus 1980; Moos und Schaefer 1987) drei fundamentale Arten von Coping:
- informationsfokussiertes Coping,
- emotionsfokussiertes Coping,
- problemorientiertes Coping.

Die meisten medizinischen Interventionen sind nur auf die erste Form des Copings gerichtet – die Informierung der Patienten darüber, was ihre Diagnose bedeutet und wie ihre Behandlung erfolgen muss. Ein solches Vorgehen berücksichtigt nicht die starken emotionalen Reaktionen der Patienten auf die Information.

Beispielsweise hat eine Beratung über genetische Risiken bei Brust- und Ovarialkrebs (BrCA 1-Gen) erbracht, dass zwar die Informationsvermittlung hilfreich war, dass aber gleichwohl viele Frauen weiterhin ihr Erkrankungsrisiko nach der Beratung falsch einschätzten, besonders die Frauen, die sehr ängstlich waren (Lerman u. Mitarb. 1995).

Es gibt inzwischen einen einigermaßen gesicherten Fundus an psychoonkologischen Studien, der mehrheitlich in die gleiche Richtung weist: Es gibt **günstigere** und **ungünstigere Copingstrategien** bei einer Krebserkrankung. Sei es, dass Lebensqualität, Angst, Stress, rezidivfreies Überleben günstig beeinflusst werden durch ein hilfreicheres Coping bzw. ungünstig durch ungeeignetes Coping, oder sei es, dass sich sogar Langzeitüberleben aufgrund der Copingqualität beeinflussen lässt (Fawzy u. Mitarb. 1995; Grulke u. Mitarb. 1999; Heim 1988; Spiegel und Kato 2000; Tschuschke u. Mitarb. 2001).

Effekte gruppentherapeutischer Interventionen bei onkologischen Patienten

Zahlreiche Studien waren inzwischen in der Lage, **positive Effekte** von gruppentherapeutischen Interventionen auf Krebspatienten nachzuweisen (Anderson 1992; Bottomley 1997; Fawzy 1991; Fawzy u. Mitarb. 1993; Fawzy u. Mitarb. 1995; Ferlic u. Mitarb. 1979; Gustafson und Whitman 1978; Spiegel und Bloom 1983; Spiegel u. Mitarb. 1981; Spiegel u. Mitarb. 1989; Trijsburg u. Mitarb. 1992). Dem stehen nur sehr wenige Studien gegenüber, die keinen überlegenen Effekt der Interventionsgruppe im Vergleich zur Kontrollbedingung erbrachten (Cunningham u. Mitarb. 1998; Edmonds u. Mitarb. 1999; Tschuschke 2000d).

Tabelle 45.4 Gruppentherapeutische Interventions-Studien bei Krebserkrankungen (nach Fawzy et al. 1995)

Studie, Jahr	Diagnose	N/M	R/NR	Exper.	Kontr.	Dauer	Inhalt	Foll.-Up	Coping	Affekt	QOL	Wissen	Compl.	Phys. Imm.	R/S
Wood et al. 1978	Gemischt	N u. M	NR	1 (15)	Keine	8 x 1.5 h/ 8 W	C	8 Wochen	+	+		+			
Ferlic et al. 1979	Gemischt	N u. M	NR	1 (30)	1 (30)	6 x 1.5 h/ 2 W	E, C, EU	6 Monate	+			+			
Weisman al. 1980	Gemischt	NS	R	1 (59)	1 (58)	4 x ? h/ 6 W	C, SM, VT	6 Monate	+	+					
Spiegel et al. 1981, 1989	Brustkrebs	M	R	1 (34)	1 (24)	52 x 1.5 h/52 W	E, C, VT, EU	1 Jahr	+	+					+
Johnson 1982	Gemischt	N u. M	R	1 (26)	1 (26)	8 x 1.5 h/ 4 W	E, C, EU	4 Wochen	+	+		+			
Vachon et al. 1982	Brustkrebs	N	NR	1 (64)	1 (104)	7 x ? h/ 3 W	E, C, EU	3 Monate		+					
Heinrich u. Schag 1985	Gemischt	M	NR	1 (26)	1 (25)	6 x 2 h/ 6 W	E, C, SM, VT, EU	4 Monate	+	+	+	+		K.V.	
Cain et al. 1986	Gynäkolog. Krebs	N	R	1 (21) 2 (28)	1 (31)	8 x 2 h/ 8 W	E, C, VT, EU 1, individuell 2, Gruppe	6 Monate	+			+			
Telch u. Telch 1986	Gemischt	N u. M	R	1 (13) 2 (14)	1 (14)	6 x 1.5 h/ 6 W	1, C, SM, VT 2, EU	3 Monate	+	+					
Cunningham u. Tocco 1989	Gemischt	N u. M	R NR	1 (28) 2 (25) 3 (39)	1 (18)	6 x 2 h/ 6 W	1, E, C, EU 2 u. 3, E, C, SM, VT, EU	3 Monate		+		+			
Fawzy et al. 1990	Malignes Melanom	N	R	1 (38)	1 (28)	6 x 1.5 h/ 6 W	E, C, SM, VT, EU	6 Monate	+	+	+			+	
Fawzy et al. 1993	Malignes Melanom	N	R	1 (34)	1 (34)	6 x 1.5 h/ 6 W	E, C, SM, VT, EU	6 Jahre							+
Cunningham et al. 1993	Gemischt	N u. M	NR	1 (402)	Keine	7 x 2 h/ 7 W	E, C, VI, EU	5 Monate	+	+					
Cella et al. 1993	Gemischt	N u. M	NR	1 (77)	Keine	8 x ? h/ 8 W	E, C, EU	8 Wochen	+	+	+				
Berglund et al. 1994	Gemischt	N u. M	R	1 (98)	1 (101)	11 x 2 h/ 7 W	E, C, SM, körperliches Training	12 Wochen	+		+	+		+	

N/M = neudiagnostiziert vs. metastasiert/erneuter Krebs; R/NR = randomisiert vs. nicht randomisiert; QOL = Quality of Life-Messungen; Compl. = Compliance; Phys. = physische Verbesserung; Imm = Immunsystem-Reaktionen; R/S = Erneuter Krebs (recurrance) vs. Überlebenszeit (survival); K.V. = keine Verbesserung; E = Erziehungs-/Informationsmaßnahmen; C = Coping-Strategien; VT = Verhaltenstherapeutische Maßnahmen (z.B. Entspannung); SM = Stress-Management; EU = Maßnahmen zur emotionalen Unterstützung; + = signifikant verbessert

Die erzielten positiven Effekte variieren von Studie zu Studie, doch gibt es erstaunlicherweise überwiegend positive Befunde, die von
- verbessertem **Coping**,
- über Reduzierung belastender **Affekte**,
- verbesserte **Lebensqualität**,
- gewachsenes **Wissen** um die Erkrankung und ihre Heilungschancen,
- verbesserter **Compliance** mit der Behandlung,
- größerer **Rezidivfreiheit** oder
- verbesserten **Immunreaktionen**
- bis hin zu einer verbesserten **Überlebenszeit** reichen,

wie Fawzy u. Mitarb. (1995) dies in einem sehr ausführlichen Überblick dargestellt haben (Tab. 45.**4**).

Die meisten verfügbaren Studien sind so genannte randomisierte, kontrollierte Studien und als solche methodisch anspruchsvoll und interpretationsfähig. Gerade die Gruppenstudien mit dem supportiv-expressiven Ansatz, wie von Spiegel und Classen (2000) dargelegt, imponieren mit deutlichen Effekten im Hinblick auf **verbesserte Überlebenszeit** (Tschuschke 2001).

> Ein Hauptziel der Gruppenintervention ist die Verbesserung der Bewältigungsstrategien (Coping). Damit einher gehen eine verbesserte Kommunikationsfähigkeit mit der sozialen Umgebung, häufig eine Reduktion von Angst und Stress, zuweilen sogar eine bessere Compliance mit der Behandlung (Cella u. Mitarb. 1993; Clain u. Mitarb. 1986; Cunningham und Tocco 1989; Heinrich und Schag 1985; Johnson 1982; Telch und Telch 1986; Vachon u. Mitarb. 1982).

In einigen Studien wurde bei unterschiedlichen onkologischen Erkrankungen speziell eine **kämpferische Einstellung** (**fighting spirit**) als mit besserem Überleben verknüpft gefunden. Entweder brachten die Patienten mit besseren Überlebenschancen diese Ressourcen bereits mit oder diese Copingcharakteristika konnten mit Hilfe von Gruppeninterventionen entwickelt bzw. gefördert werden (Faller 1997; Fawzy u. Mitarb. 1993; Heim 1988; Pettingale u. Mitarb. 1985; Spiegel und Kato 2000; Tschuschke u. Mitarb. 2001; Tschuschke u. Mitarb. 1999). Patienten mit stärkerem kämpferischen Einsatz hatten in fast allen Studien eine bessere Überlebenszeit bzw. -chance (Spiegel und Kato 2000; Tschuschke 2001).

Die beiden meistzitierten und methodisch anspruchsvollsten Untersuchungen (Larbig und Tschuschke 2000) mit Gruppeninterventionen wurden von Spiegel u. Mitarb. (1989) und Fawzy u. Mitarb. (1993) durchgeführt. Spiegel u. Mitarb. hatten 87 Patientinnen mit **metastasierendem Mammakarzinom** randomisiert einer zusätzlichen Gruppentherapie und die anderen Patientinnen einer Kontrollgruppe ohne gruppenpsychologische Maßnahme zugeteilt. Der 12-Jahres-Follow-Up erbrachte das überraschende Ergebnis, dass die Patientinnen mit zusätzlicher Gruppentherapie (ca. 1 Jahr lang einmal pro Woche) im Durchschnitt 18 Monate länger lebten als die Patientinnen ohne zusätzliche Gruppentherapie.

Fawzy u. Mitarb. hatten Patienten mit **malignem Melanom** randomisiert auf eine Gruppe mit zusätzlichem psychologischem Programm (Informationen, einzel- und gruppenpsychologische Interventionen) und eine Kontrollgruppe ohne psychologisches Programm aufgeteilt (Fawzy u. Mitarb. 1993). Diese Studie untersuchte zusätzlich **Immunparameter**. Patienten der Interventionsgruppe hatten ein deutlich besseres rezidivfreies Überleben als Patienten der Kontrollgruppe. Das allgemeine Überleben war nach sechs Jahren für die Interventionsgruppe signifikant besser als für die Kontrollgruppe (Fawzy und Fawzy 2000).

Patienten, die ihr Copingverhalten aufgrund der psychologischen Intervention verbessern konnten, hatten ein deutlich besseres rezidivfreies Überleben (aktiv kognitives und aktiv behaviorales Coping) im Vergleich zu den Patienten der Kontrollgruppe und wiesen noch nach sechs Jahren einen besseren Immunstatus auf als Patienten, die ihr Coping nicht verbessern konnten (Fawzy und Fawzy 2000).

„Die Gruppenintervention war außerdem mit Veränderungen im NK-Lymphoid-Zellensystem verbunden. Nach Abschluss der sechswöchigen Intervention ergab sich als Hauptveränderung ein signifikanter Anstieg der Prozentzahlen der CD57 LGLs. Das CD57-Antigen ist assoziiert mit LGLs, die zytotoxische (z. B. tumorabtötende) Kapazität besitzen (Abo und Balch 1981). Zu diesem Zeitpunkt konnte kein Anstieg in Plus-Alpha-Interferon-stimulierter NK-Zytotoxizität festgestellt werden.

Sechs Monate später konnten eindeutig statistisch signifikante Immunzellveränderungen bei der Interventionsgruppe identifiziert werden. Speziell sahen wir eine erhöhte Prozentzahl an CD57 LGLs plus CD56 und CD16NK-Zellen. Zu diesem Zeitpunkt (nach sechs Monaten) hatte bei den Patienten, die eine Intervention erhielten, die NK-Zytotoxizität signifikant nach der Inkubation mit Plus-Alpha-Interferon zugenommen, verglichen mit Patienten der Kontrollbedingung. Plus-Alpha-Interferon ist ein zelluläres Produkt, das die zytotoxischen Aktivitäten von NK-Zellen stimuliert" (Fawzy und Fawzy 2000, S. 165 f.).

Cunningham u. Mitarb. (1998) und Edwards u. Mitarb. (1999) haben versucht, die Ergebnisse der Studie von Spiegel u. Mitarb. mit 66 Patientinnen mit metastasierendem Mammakarzinom zu replizieren, ohne dass dies von Erfolg gekrönt gewesen wäre. Es zeigte sich allerdings ein Problem, das seit den 90er Jahren bei dieser Art von Forschung hinzugetreten ist: Patienten und Patientineninnen sind nicht mehr ohne Weiteres bereit, sich einer unbehandelten Kontrollgruppe zuweisen zu lassen, eher suchen sie Selbsthilfegruppen oder andere Hilfen auf (Tschuschke 2000d). Die fehlenden signifikanten Unterschiede zugunsten der Gruppenintervention werden offenbar dadurch verwischt. Für wissenschaftlich adäquate Studien stellt sich somit eher die Frage, im Untersuchungsdesign der Kontrollgruppe eine alternative Behandlung anzubieten und sie nicht ohne psychologische Unterstützung zu belassen. Eine weitere groß angelegte Replikationsstudie läuft derzeit in Kanada (Leszcz und Goodwin 1998).

Was wissenschaftlich ein Problem darstellt, ist klinisch ein sehr wünschenswertes Ergebnis: Patienten sind heute offensichtlich aufgeklärter und fragen von sich aus aktiv psychologische Unterstützung nach. Womöglich haben sich die günstigen Ergebnisse der wenigen verfügbaren Untersuchungen inzwischen herumgesprochen.

Gruppen- versus individualpsychologische Intervention

Die bislang einzige Studie zum Vergleich einzelpsychologischer versus gruppenpsychologischer Intervention bei onkologischen Erkrankungen wurde von Fawzy und Mitarbeitern vorgenommen (Fawzy und Fawzy 2000). Dabei erwies sich die Gruppenbedingung der einzelpsychologischen auf fast allen Ebenen als überlegen. Die Patienten in der Gruppenbedingung setzten aktiveres Coping ein als ihre Mitpatienten der einzelpsychologischen Maßnahme.

Fawzy und Fawzy spekulieren über die besseren Effekte der Gruppenmaßnahme im Vergleich zur einzelpsychologischen Stützung und führen die **„emotionale Unterstützung während der Gruppensitzungen"** (2000, S. 178) an. So hatte sich bereits frühzeitig (nach der dritten Sitzung) eine hohe Gruppenkohäsion entwickelt.

Es lässt sich weiterhin darüber spekulieren, ob nicht noch andere günstige Wirkfaktoren der Gruppentherapie zum Tragen gekommen sind, wie z. B. Universalität des Leidens und Altruismus oder Katharsis (Kap. 23), die nur in Gruppen zum Tragen kommen können und nicht in dyadischen Situationen.

Ausblick

> Gruppentherapeutische Interventionen bei schweren chronischen, medizinischen Problemen haben gegenüber einzelpsychologischen Interventionen anscheinend Vorteile, weil sie Wirkfaktoren ins Spiel bringen können, die in der dyadischen – einzeltherapeutischen – Situation nicht auftreten können. Der speziellen, auf das jeweilige Problem zugeschnittenen Gruppentherapie kommt in unserer Gesellschaft eine stets wachsende Bedeutung für chronische oder lebensbedrohliche Erkrankungen zu (z. B. HIV-Erkrankungen, koronare Probleme, multiple Sklerose, Krebs) (Antoni 1997; Benioff und Vinogradov 1993; Lego 1993; Thoresen und Bracke 1997), so dass die Gruppenform als psychologische Hilfe auf Grund einer zunehmenden Lebenserwartung in den westlichen Ländern in Zukunft mehr denn je gefragt sein dürfte. Dies zeigen im Übrigen auch die Kapitel im Abschnitt IX dieses Buchs.

46. Behandlung von Suchterkrankungen in der Gruppe

R. Weber und V. Tschuschke

Einleitung

Suchtmittelmissbrauch und **Abhängigkeit** als bedeutsame Fragestellung zu begründen, ist nicht besonders schwer, zumal dieses Problem so alt ist wie die Geschichte der Menschheit selbst. Als wesentlicher Bestandteil der gesellschaftlichen Entwicklung und Kulturwerdung gehörte es zu den besonderen Leistungen der Menschen, durch bestimmte Techniken eine Veränderung der psychischen Verfassung zu ermöglichen. In der Frühzeit stießen unsere Vorfahren bei der Suche nach Nahrungsmitteln auf entsprechende Pflanzen, die zunächst die Funktion der Sättigung hatten. Bald wurde erkannt, dass diese gefundenen Pflanzen nicht nur zur Ernährung und im medizinischen Sinne zur Schmerzlinderung dienten, sondern sich auch zur wohligen Entspannung eigneten. Jaffe u. Mitarb. (1981) beschreiben vor allem den individuellen Umgang mit diesen psychoaktiven Substanzen als problematisch, der weitestgehend gesellschaftlich und juristisch geregelt ist. Legale wie illegale Drogen sind heutzutage nahezu überall für jede Altersgruppe erhältlich und teilweise zu Konsumartikeln des täglichen Lebens geworden.

Nach einer aktuellen Studie des Bundesministeriums für Gesundheit (2000) kann in der Bundesrepublik Deutschland derzeit in der Altersstufe ab 18 Jahren von einer Zahl von 1,6 Millionen Alkoholabhängigen (Ca. 2% der Gesamtbevölkerung) und von etwa 2,65 Millionen Alkoholmissbrauchern (ca. 3% der Gesamtbevölkerung) ausgegangen werden. Der dabei entstehende volkswirtschaftliche Schaden durch alkoholbezogene Mortalität und Morbidität beziffert sich auf etwa 40 Mrd. DM jährlich. Bedingt durch methodische Schwierigkeiten in der Erfassung der tatsächlichen Prävalenz (Angabe von zu geringen Alkoholmengen in der Befragung versus Verbrauchsstatistik der Alkoholindustrie), muss jedoch von einer größeren Zahl ausgegangen werden. Das heißt, die wahre Prävalenz wird vermutlich unterschätzt. Epidemiologische Angaben im Bereich des Drogenkonsums sind von noch schwerwiegenderen methodischen Schwierigkeiten begleitet, so dass hier keine verlässlichen Daten vorliegen.

Nach Schätzungen aus dem Jahr 1997 (Holz und Leune 1999) werden etwa 250.000 bis 300.000 Personen zum Kreis der harten Drogenkonsumenten gerechnet. Cannabis wird in einer vergleichbaren Größenordnung konsumiert. Weiterhin fehlt in der Altersklasse von Jugendlichen, d. h. der unter 18-Jährigen, gesichertes Datenmaterial. Ungeachtet der relativ unsicheren, d.h auf Schätzungen beruhenden, epidemiologischen Datenlage, stellen der Missbrauch oder die Abhängigkeit von psychoaktiven Substanzen weltweit eines der größten gesundheitlichen und psychosozialen Probleme für die Betroffenen dar. Entsprechend der Vielschichtigkeit des Krankheitsbildes hat sich über die Jahrzehnte hinweg ein hochdifferenziertes Versorgungssystem entwickelt, das aus dem Zusammenspiel von medizinischen, psycho- und soziotherapeutischen Ansätzen konstituiert ist. Die professionelle leistungsrechtlich orientierte Suchtkrankenbehandlung findet in der BRD erst seit den 70er Jahren des vergangenen Jahrhunderts statt. Bis dahin lag die Versorgung von Suchtkranken weitgehend in den Händen der staatlichen Trinkerfürsorge und kirchlicher Institutionen. In Folge der höchstrichterlichen Rechtsprechung aus dem Jahre 1968 wurden die „Trunksucht" und später auch andere Formen der Sucht als behandlungsbedürftige Erkrankungen anerkannt. Es entwickelte sich in der Folgezeit ein hochdifferenziertes System verschiedenster Professionen und Institutionen, das zu einer Verbesserung der Suchtkrankenbehandlung geführt hat, die die Verwaltung sozialen Elends aus der Zeit vor der Professionalisierung prinzipiell abgelöst hat. Die Gruppenpsychotherapie stellt hierbei neben einer Vielzahl verschiedenster medizinischer, sozio- und milieutherapeutischer und einzelpsychotherapeutischer Behandlungsansätze einen wesentlichen Teil der Gesamtrehabilitationsmaßnahmen dar.

Zum Begriffsspektrum der Sucht

Die Grundlage der derzeit gültigen psychiatrischen Klassifikationssysteme (ICD-10 und DSM-IV), die auf den Begriff der „Sucht" vollständig verzichten, bildet jeweils ein operationales Kontinuum in verschiedenen Bereichen (s. unten), auf dem der Umgang des Einzelnen mit psychotropen, d. h. bewusstseinsverändernden Substanzen beschrieben und im Hinblick auf seine jeweilige Pathologie eingeschätzt wird:

- **Alkohol**,
- **Medikamente**,
- **Drogen**, incl. unerlaubtem, durch die Gesellschaft **missbilligtem Gebrauch** (illegale Drogen),
- **gefährdender Gebrauch**, d. h. ein Gebrauch, der wahrscheinlich zu schädigenden Folgen für den Konsumenten führen wird,
- **dysfunktionaler Gebrauch**, der die Erfüllung gesellschaftlich definierter Erwartungen und sozialer Anforderungen behindert,
- **schädigender Gebrauch**, der bereits nachweislich zu psychischen und physischen Beeinträchtigungen des Konsumenten geführt hat.

Ungeachtet der begrifflichen Klarheit und internationalen Kommunizierbarkeit der Klassifikationssysteme beispielsweise in der Vergleichbarkeit von Forschungsergebnissen ist der Begriff der Sucht im allgemeinen und wissenschaftlichen Sprachgebrauch fest verankert. Es handelt sich hierbei allerdings um den Ausdruck mit der geringsten Trennschärfe und erheblichen negativen Konnotationen für ein Krankheitsbild, das sich vor allem durch seine Heterogenität im Erscheinungsbild und im Krankheitsverlauf auszeichnet.

Nach Wurmser (2000) ist es nicht möglich, eine verbindliche Antwort auf Fragen nach der zu Grunde liegenden Dynamik oder gar einer einheitlichen Persönlichkeitsstruktur von Suchtkranken zu geben. Folgerichtig ist es demnach auch nicht zulässig, von einem so genannten Königsweg in der Behandlung zu sprechen. Darüber hinaus imponieren Suchtkranke in den seltensten Fällen nur durch ihre Suchtproblematik.

In einer Vielzahl der Fälle ist von einem Vorliegen **multipler Syndrome** auszugehen, wie z. B. Angststörungen, Phobien und Panikattacken (10–33%), depressiven Störungen (35–52% bei Frauen und 10–33% bei Männern) und dissozialen Persönlichkeitsstörungen (49–53% bei Männern und 20–29% bei Frauen; Jung 1996), die im zeitlichen Verlauf der Erkrankung in unterschiedlicher Prägnanz auftreten und entsprechende Behandlungsmaßnahmen erfordern. Besonders problematisch erscheint die Komorbidität von schizophrener Erkrankung und Suchtmittelabhängigkeit, die mit steigenden Prävalenzraten (40%; Hambrecht und Häfner 1996) ein zunehmendes Problem in der psychiatrischen Versorgung darstellt, da empirisch validierte Behandlungsprogramme bislang fehlen (Weber 2000).

Gruppenpsychotherapie bei Suchterkrankungen

Seit Beginn des vergangenen Jahrhunderts hat sich eine Vielzahl von gruppenpsychotherapeutischen Verfahren entwickelt, die mittlerweile zu einer nahezu unübersichtlichen Fülle herangewachsen ist. Dennoch lassen sich nach Weber und Tschuschke (2001, in Anlehnung an Fiedler 1996) die verschiedenen Verfahren (Tab. 46.1) in einem wesentlichen Punkt unterscheiden. Dies betrifft die ausdrückliche Betonung gruppendynamischer bzw. interpersoneller Faktoren sowie die Analyse ihrer Genese und deren Reflexion (konfliktbezogene, beziehungsbezogene und interaktionelle

Tabelle 46.1 Gruppenpsychotherapeutische Ansätze in der Suchtkrankenbehandlung (in Anlehnung an Fiedler 1996; zit. nach Weber und Tschuschke 2001)

	Autoren	Therapeutische Prinzipien/Zielsetzungen
Konflikt-, beziehungs- und interaktionelle Gruppenpsychotherapie		
Tiefenpsychologisch und psychoanalytisch orientierte Psychotherapie	Heigl-Evers und Ott (1996)	Prinzip Antwort, Deutung von Übertragungs- und Motivationskonflikten
Interpersonelle Gruppenpsychotherapie	Yalom (1996)	Gruppe als Ganzes, Gruppe als Mikrokosmos mit Reflektorwirkung
Gesprächspsychotherapie	Rogers (1974)	Therapeut als Modell für zwischenmenschlich angstfreie Kommunikation
Störungs-, methoden- und zielorientierte Gruppenpsychotherapie		
a) Verhaltenstherapeutische Ansätze		
Patientenschulung (psychoedukative Gruppen)		Patienten als Experten ihrer Erkrankung, Vermittlung krankheitsbezogenen Wissens, Aufklärung und Information über Ursachen und Folgen der Sucht
Social Skills-Training, Selbstsicherheitstraining	Monti u. Mitarb. 1994	Impulskontrolle, soziale Kompetenz, Verminderung von suchtbedingter Aggressivität
Rückfallprophylaxe	Petry (1993)	Erkennen von Risikosituationen, Stressbewältigung
Motivationstraining	Petry (1993)	Förderung und Stabilisierung der Abstinenzentscheidung
Entspannungsverfahren (Autogenes Training, Progressive Relaxation)	Schultz (1982), Jacobson (1990)	Stressbewältigung, körperliches und seelisches Wohlbefinden
Kognitive Therapie	Beck u. Mitarb. (1997)	Reattribuierung störungsspezifischer Grundannahmen
Selbstmanagement-Training	Kanfer u. Mitarb. (1990)	Hilfe zur Selbsthilfe, Problemlösungsfertigkeiten, Selbstkontrolle, Abhängigkeit als gestörte Selbstregulation
b) Humanistische Ansätze		
Gestaltungstherapie	Pearls (1980)	heißer Stuhl, Einsicht in verfestigte Handlungsmuster, Rollenspiel
Psychodrama	Moreno (1988)	Rollenspiel, Wahrnehmung zwischenmenschlicher und intrapsychischer Konflikte, Katharsis

Gruppenpsychotherapie) oder deren mehr oder weniger ausgeprägte Außerachtlassung (störungsorientierte, methodenzentrierte und zielorientierte Verfahren).

Konflikt-, störungs- und interaktionelle Gruppenpsychotherapie

Eine Integration kontroverser Gruppenansätze liegt mit dem gruppenpsychotherapeutischen Modell der so genannten **„Göttinger Schule"** vor (Kap. 52; Bilitza 1993), das vor allem in der **psychoanalytisch orientierten Behandlung** von Suchtkranken in der BRD eine wesentliche Rolle spielt. Im gruppenpsychotherapeutischen Prozess spiegelt der Therapeut mit seinen Affekten (Prinzip Antwort) die Gefühle, die der Patient in ihm ausgelöst hat. Hierüber erfährt der Patient, was seine Interaktionen bei anderen bewirken und erhält somit Zugang zu seinen eigenen Gefühlen. Das wesentliche Moment in der therapeutischen Intervention besteht in der deutlichen Abgrenzung des Therapeuten (oder eines anderen Gruppenmitglieds) von der Übertragung durch sein Gegenüber. Nach Stetter (2000) entsteht so für den Patienten etwas Neues und Unerwartetes (Stutzen und Staunen), das wiederum Änderungen induzieren kann. Ätiologisch betrachtet das Gros der psychoanalytisch orientierten Theorieansätze das Suchtphänomen als Ausdruck und Symptom tiefer liegender Konflikte, die durch die Abstinenz des Betroffenen ihre pathologische Wirksamkeit erst voll entfalten. Bis dahin stellte die Symptombildung eine Art Kompromissbildung dar und kann somit als eine Ich-Leistung verstanden werden (monographische Übersicht zur Psychoanalyse des Alkoholismus von Rost 1994).

Eine andere Position vertritt die so genannte interpersonell orientierte Gruppenpsychotherapie, die in der Suchterkrankung einen Ausdruck gestörter zwischenmenschlicher Beziehungen sieht (Flores 1993; Matano und Yalom 1991; Yalom 1996). Dieser Ansatz stellt in den USA die Grundlage der meisten interpersonell orientierten Ansätze in der Suchtkrankenbehandlung dar (Flores 1993). Die Gruppe ist für den Patienten ein so genannter sozialer Mikrokosmos, der als Übungsfeld für neue Beziehungserfahrungen diene (Kap. 56). Tschuschke (1999b) weist darauf hin, dass die interpersonelle Sichtweise der Gruppenpsychotherapie ein adäquates Modell der Persönlichkeitsentwicklung darstelle.

Die Gesprächspsychotherapie nach Rogers (1974), die im Rahmen der Suchtkrankenbehandlung insbesondere im Bereich der Suchtberatung, der frühen Kontaktaufnahme im Vorfeld von Entgiftungs- und Entwöhnungsbehandlung, eine große Rolle spielt (Stetter 2000), fokussiert auf die Modellfunktion des Therapeuten, die es dem Patienten durch Empathie, Authentizität und Kongruenz erlaubt, angstfrei zu kommunizieren und seine Bedürfnisse zu äußern.

Störungs-, methoden- und zielorientierte Gruppenpsychotherapie

Dieser Gruppe von gruppenpsychotherapeutischen Verfahren sind vor allem die **verhaltenstheoretisch orientierten Ansätze** zuzurechnen. Vergleichbar mit der Entwicklung der psychoanalytischen Gruppenpsychotherapieansätze haben sich auch die verhaltenstherapeutischen Gruppenverfahren aus der Arbeit mit einzelnen Patienten heraus entwickelt. Das Spektrum der verhaltenstherapeutischen Ansätze reicht von der nahezu ausschließlichen Fokussierung auf die störungsrelevante (Sucht-)Problematik (Fiedler 1996) bis hin zur Berücksichtigung und Bearbeitung interpersoneller Aspekte (Vollmer und Krauth 2000).

Verhaltenstherapeutische Ansätze in der Suchtkrankenbehandlung gehen grundsätzlich davon aus, dass der problematische (gefährdende) oder abhängige Konsum psychoaktiver Substanzen im Laufe des Lebens erlernt worden ist und dementsprechend wie alle Aspekte des menschlichen Verhaltens auch wieder verlernt bzw. modifiziert werden kann.

Insbesondere im Anfangsstadium der psychotherapeutischen Behandlung gelten so genannte **psychoedukative Gruppen** als Mittel der Wahl. Die Patienten werden über die Vermittlung krankheitsbezogenen Wissens zu Experten ihrer Erkrankung gemacht. Diese mitunter sehr konfrontative Haltung des Therapeuten (umfassende Aufklärung über die Folgen der Sucht im gesundheitlichen und privaten Bereich, wie Bedrohung der Beziehung, Verlust des Arbeitsplatzes) soll die Motivation des Patienten zu einer eigenständigen Abstinenzentscheidung fördern. Diese Form der Patientenschulung und Konfrontation mit der Sucht zieht sich generell durch alle verhaltenstherapeutischen Ansätze hindurch und ist nicht nur auf die Anfangsphase beschränkt, in der sie allerdings auch der Verleugnung der Abhängigkeit oder des Suchtmittelmissbrauchs durch den Patienten entgegenwirken soll.

Selbstsicherheits-, Social-Skills- und **Kompetenztrainingsgruppen** werden zur **Einübung von Copingstrategien** durchgeführt, die in rückfallgefährdenden Situationen Sicherheit geben sollen. Die lerntheoretische Grundlage dieser Trainingsprogramme ist in der Annahme begründet, dass der Suchtmittelmissbrauch als inadäquate Copingstrategie die Ausbildung und den Einsatz angemessener Bewältigungsstrategien behindert. Suchtmittel werden insbesondere zur Affektregulierung beispielsweise in Stresssituationen konsumiert oder auch zur Steigerung positiver Affekte. Die stimulierende Wirkung kleinerer Mengen hat hier die Funktion einer positiven Verstärkung, wohingegen der Konsum größerer Mengen zur Entspannung als negativer Verstärker fungiert.

Die **Rückfallprophylaxe** hat in der verhaltenstherapeutischen Suchtkrankenbehandlung eine große Bedeutung. In speziellen Trainingsgruppen zur Rückfallprophylaxe (Petry 1993) wird der Umgang mit so genannten Hochrisikosituationen geübt. Der Patient soll hierbei lernen, welche Situationen für ihn potenziell gefährdend sind und wie er ihnen widerstehen kann. Eine wichtige Rolle spielen hier **dysfunktionale Kognitionen** (Beck u. Mitarb. 1997), die zur Aufrechterhaltung des Konsums beitragen. Auch der Selbstmanagementansatz nach Kanfer u. Mitarb. (1990) basiert auf den **Modellen des kognitiven Lernens**. Alternative Strategien im Umgang mit unangenehmen Situationen werden aufgebaut. Allen verhaltenstherapeutischen Ansätzen ist gemein, dass während der Gruppensitzung immer ein Gruppenmitglied für eine gewisse Zeit in den Mittelpunkt der Sitzung gerät und so mit seiner individuellen Problematik quasi ein Modell für die anderen Gruppenmitglieder darstellt. In der therapeutischen Praxis werden die oben referierten Techniken nicht isoliert eingesetzt, sondern in aller Regel im Sinne eines multimodalen Ansatzes umgesetzt. Hier werden auch Entspannungsverfahren, wie das Autogene Training (Schultz 1982) und die progressive Relaxation nach Jacobson (1990) integriert.

Im **Psychodrama** (Moreno 1988) werden zwischenmenschliche und intrapsychische Konflikte im Rahmen von Rollenspielen mit einem Gruppenmitglied als Protagonisten inszeniert. Moreno beschreibt die Funktion des Suchtmittels (zit. nach Wöhrle 1994) als ein Surrogat für bestimmte Formen interpersonaler Beziehungen, die mangelhaft ausgebildet sind. Der Suchtkranke imponiert durch ein eingeschränktes Rollenrepertoire und ein inadäquates Rollenhandeln. Durch das Rollenspiel, das eine karthartische Funktion besitzt, werden die Selbstwahrnehmung und die interpersonelle Wahrnehmung gefördert (Kap. 57).

Die **Gestalttherapie** nach Pearls (1980) versucht auf ähnlichem Wege (heißer Stuhl) die Introspektionsfähigkeit des Gruppenmitglieds zu fördern, um zu einer Einsicht in verfestigte, rigide Handlungsmuster zu gelangen. Leitlinie stellt die unvermeidlich kontinuierliche Interaktion zwischen Individuum und seiner Umwelt dar, obwohl die Interaktion zwischen Individuum und der Gruppe von Pearls selbst nie fokussiert wurde (Tschuschke 1999b).

Wirkfaktoren in der gruppenpsychotherapeutischen Behandlung Suchtkranker

Unabhängig davon, ob die Suchterkrankung als Ausdruck einer tiefer liegenden Störung einer maladaptiv gelernten Verhaltensweise oder als das Ergebnis gestörter interpersoneller Beziehungen konzipiert wird, hat sich der gruppenpsychotherapeutische Zugang in der Suchtkrankenbehandlung gegenüber der Einzelpsychotherapie als alleiniges Verfahren durchgesetzt (Stinchfield u. Mitarb. 1994). Vielfach ist in der Literatur der Satz zu finden, dass die gruppenpsychotherapeutische Behandlung von Suchtkranken das Mittel der Wahl darstellt (z. B. Flores 1993; Matano und Yalom 1991; Stinchfield u. Mitarb. 1994; Khantzian u. Mitarb. 1999). Psychoanalytische und/oder tiefenpsychologische Therapieverfahren haben eine lange Tradition in der Behandlung von Suchtkranken (Übersicht bei Rost 1994). Gleichwohl hat sich innerhalb der Psychoanalytic Community ein gewisses Unbehagen breit gemacht, sich mit diesen Patienten überhaupt zu beschäftigen. Dies betrifft vor allem die Behandlung im Einzelsetting, in der die Phänomene der Übertragung und Gegenübertragung eine besondere Bedeutung bekommen. Suchtkranke gelten als weitgehend unbeliebte Patienten. Sie lösen beim Therapeuten starke Gegenübertragungsgefühle der Abneigung und der Tendenz zur Ausgrenzung hervor (Ebi 2000). Darüber hinaus erscheint das klassische Couchsetting für diese Patienten ungeeignet (Schlüter-Dupont 1990) und wenn, dann überhaupt erst nach langer Zeit der Abstinenz zur weiteren Persönlichkeitsreifung und Konfliktbewältigung indiziert. Vereinzelte Therapieerfolge in der Behandlung, wie von Wurmser berichtet (1993, 1997), muten trotz ihrer technischen und theoretischen Brillianz nur als anekdotenhafte Sammlung von Einzelfällen, deren klinische Evidenz weit entfernt ist von der empirischen Realität.

Auf der anderen Seite gibt es aus dem psychoanalytischen Lager auch Stimmen, die eine kritische Position zur Gruppenbehandlung beschreiben. Battegay (1977) sieht die Gefahr, dass die Gruppe nur das Suchtmittel ersetzt und das Selbst des Patienten nur äußerlich stützt sowie die Gruppe oft nicht internalisiert wird. Im Sinne von Verschmelzungstendenzen mit der fürsorgenden, verstehenden Gruppe finde keine Auseinandersetzung des Einzelnen mit sich und der Gruppe statt, sondern es werde nur eine oberflächlich symbiotische Erfahrung gesucht.

Neben diesen theoretisch plausiblen Kritikpunkten, die unseres Erachtens die Frage der Gruppenzusammensetzung, also die Indikationsfrage, berühren (s.u.), hat sich innerhalb der Gruppenpsychotherapieforschung mittlerweile ein Konsens darüber gebildet, dass es im Unterschied zur Einzelpsychotherapie bestimmte Wirkfaktoren der Gruppenpsychotherapie gibt, die über alle verschiedenen Theorien und Schulen hinweg ihre differenzielle Wirksamkeit entfalten und Veränderungsprozesse bei den Patienten initiieren. Diese Wirkfaktoren, die von Yalom (1996) und Bloch und Crouch (1985) beschrieben wurden (Tab. 46.2; s. auch Kap. 23), kommen auch in der Behandlung von Suchtkranken zum Tragen.

Tabelle 46.2 Gruppenwirkfaktoren nach Yalom 1996 sowie Bloch und Crouch 1985 (zit. nach Weber und Tschuschke 2001)

Wirkfaktoren	Effekte
Altruismus	fördert das Selbstwertgefühl, indem etwas für andere getan wird
Einflößen von Hoffnung	Optimismus durch Gruppenerfahrung
Einsicht	Verständnis gewinnen von sich selbst und über das, was man tut
Existenzielle Faktoren	Tod, Freiheit, Grenzen des menschlichen Lebens
Gruppenkohäsion	das Gefühl, in der Gruppe akzeptiert zu sein, emotionale Bezogenheit
Identifikation	Lernen durch die Beobachtung anderer, Ausprobieren von neuen Rollen
Interpersonales Lernen, Input	Nutzen aus den Rückmeldungen anderer, Gruppe als Korrektiv, soziales Lernen (Feedback)
Interpersonales Lernen, Output	Verhaltensänderungen und das Erleben von Konsequenzen veränderten Verhaltens
Katharsis	Freisetzung von Gefühlen in einem geschützten Rahmen
Mitteilung von Informationen	didaktische Unterweisung durch den Therapeuten und das Geben von Ratschlägen auch durch andere Gruppenmitglieder
Rekapitulation der Primärfamilie	Gruppenmitglieder wiederholen innerhalb der Gruppe zwangsläufig ihre Beziehungserfahrungen der Ursprungsfamilie, Gruppenleiter als Elternteil, andere Gruppenmitglieder als Geschwister
Selbstöffnung	Mitteilung von schambesetzten privaten Problemaspekten bahnt den Weg für Feedbackprozesse und damit interne Korrekturen
Universalität des Leidens	Patienten realisieren, dass andere Gruppenmitglieder ähnliche Probleme haben, was Erleichterung bewirkt

Zwischen den einzelnen Wirkfaktoren bestehen mannigfaltige Wechselbeziehungen, die abhängig vom Therapieprozess ihre Wirksamkeit entfalten. Eine basale Grundannahme stellt der Faktor **Universalität des Leidens** dar. Der Patient profitiert von der Hilfe durch andere, die gleichwertige Probleme haben. Er bemerkt, dass er mit seinem Leid nicht allein ist (Brown und Yalom 1977). Die Gruppe verhilft hier zu einer Anerkennung der in der Regel verleugneten Identität des Suchtkranken. Schuld- und Schamgefühle können im Sinne der „haltenden Umgebung (holding environment) in einer Umgebung des Vertrauens, der Sicherheit und des gegenseitigen Akzeptierens bearbeitet werden (Leszcz 1989). Der Faktor **Einflößen von Hoffnung** ist gekennzeichnet durch die Erfahrung, wie andere Gruppenmitglieder mit ihren Problemen umgehen. Deren erfolgreiche Bewältigung dient als Modellfunktion, insbesondere in der Initialphase der Therapie, in der die Abstinenzentscheidung noch nicht ausreichend gefestigt ist. Der Patient bemerkt, dass ihm in der Gruppe geholfen werden kann. Gleichzeitig bewirkt der Faktor **Altruismus** eine Aufwertung des verzerrten Selbstbildes, nichts leisten zu können. Dadurch, dass für andere etwas getan wird, erfährt der Patient eine Förderung seines Selbstwertgefühls. Gleichzeitig wird hierdurch die emotionale Bezogenheit des Einzelnen zur Gruppe gestärkt. Der Patient bekommt das Gefühl, in der Gruppe akzeptiert zu sein (Faktor **Gruppenkohäsion**). Die Gruppe stellt gleichsam das Übungsfeld für neue Beziehungserfahrungen dar, in dem die im Laufe des Lebens erworbenen und verfestigten Beziehungsmuster modifiziert und in einer schützenden Umgebung gelebt werden können (Faktor **Rekapitulation der Primärfamilie**; Faktor **interpersonelles Lernen, Output**).

Obgleich sich nahezu alle Gruppenpsychotherapeuten über das enorme Potenzial dieser Wirkfaktoren einig sind, existieren bislang nur wenige Forschungsarbeiten, die sich mit der Frage beschäftigen, was in der Gruppenpsychotherapie mit Suchtkranken eine Veränderung des Patienten initiiert (Modestin u. Mitarb. 1994; Weyhreter u. Mitarb. 1998; Mann u. Mitarb. 1997).

Effektivität der Gruppenpsychotherapie bei der Behandlung Suchtkranker

Dass Gruppenpsychotherapie in der Behandlung von Suchtkranken wirkungsvoll und besser als keine Form der Behandlung ist, wird nicht mehr bestritten (Allen 1990). An dieser Stelle ist auf die Widersprüchlichkeit der klinischen Praxis auf der einen Seite und die Ergebnisse der Psychotherapieforschung auf der anderen Seite hinzuweisen. Es gibt eine große Anzahl von Patienten, die nach Abschluss einer Psychotherapie, unabhängig in welchem Setting (ambulant/stationär) und mit welchem Therapieverfahren sie behandelt wurden, über eine deutliche Verbesserung ihrer Lebensqualität, der Wiederherstellung ihrer Erwerbsfähigkeit bis hin zur dauerhaften Abstinenz berichten können. Gleichwohl existiert eine nicht geringe Anzahl von Patienten, die von negativen Therapieerfahrungen berichten, deren Suchtmittelkonsum sich erhöht und verschlimmert hat, und sie immer mehr in den Strudel der Abhängigkeit geraten sind, der sie zunehmend der psychotherapeutischen Zugänglichkeit entzieht (Verschlechterungseffekt, der sich nach Lambert und Bergin 1994 durch alle Therapieschulen hindurchzieht).

Metaanalysen im Bereich der Suchtforschung weisen darauf hin, dass es **mehrere Verfahren** in der Suchtkrankenbehandlung gibt, deren Wirksamkeit sich eindeutig bestimmen lässt, von denen allerdings keines einem anderen eindeutig überlegen ist (Institute of Medicine 1990; Süß 1995). Bestätigt wurde dieser Befund durch die Ergebnisse der weltweit größten Psychotherapiestudie in diesem Bereich (Project Match 1996, zit. n. Mann u. Mitarb. 1997): In dieser Studie wurden 1800 Patienten für 12 Wochen ambulant behandelt. Die Patienten wurden nach randomisierter Zuteilung mit kognitiver Verhaltenstherapie, motivationsfördernder Therapie und einem Therapieprogramm behandelt, das an der Zielsetzung der Anonymen Alkoholiker orientiert war. Das Ergebnis weist einen hohen Therapieeffekt für alle Beteiligten auf, eine eindeutige Überlegenheit einzelner Therapiearme konnte allerdings nicht belegt werden, ganz analog zu anderen Ergebnissen der vergleichenden Therapieforschung (Lambert und Bergin 1994; Tschuschke u. Mitarb. 1998).

In der Literatur täuscht die Favorisierung der Gruppenpsychotherapie als Mittel der Wahl in der Suchtkrankenbehandlung über die klinische Realität hinweg, dass Gruppenpsychotherapie in aller Regel nicht das alleinige Behandlungsverfahren darstellt. Stinchfield u. Mitarb. (1994) berichten in einem Übersichtsartikel über insgesamt drei Studien, die den Effekt konfundierender anderer Behandlungsmaßnahmen ausgeschlossen hatten. Die Ergebnisse dieser Studien waren widersprüchlich. Auf der einen Seite ist die Gruppenpsychotherapie den behavioralen Einzel-Ansätzen überlegen und auf der anderen Seite scheint ein Vorteil familientherapeutischer Ansätze den Erfolg der Gruppenpsychotherapie gegen Ende der Therapie zu übersteigen. Stinchfield u. Mitarb. folgern (1994), dass eine Kombination der drei Therapieansätze das Mittel der Wahl darstelle. Die methodische Schwierigkeit, die sich bei der Ergebnisforschung stets stellt, ist eng verbunden mit der Kontrolle einflussnehmender Faktoren.

Kadden u. Mitarb. (1989) und Cooney u. Mitarb. (1991) wiesen in ihrer prospektiven Studie nach, dass die verhaltenstherapeutischen Gruppenansätze (Coping-Skills-Programme) dem interaktionellen Therapieansatz überlegen waren, insbesondere bei Patienten mit schwerer Psychopathologie und einem hohen Ausmaß an Soziopathie. Patienten mit geringerer Ausprägung in diesen Merkmalen schienen eher von der interaktionellen, einsichtsorientierten Therapieform zu profitieren. Diese Ergebnisse weisen auf die enorme **Wichtigkeit der Indikationsfrage** hin. Welche Therapieform ist bei welchem Patienten zu welchem Zeitpunkt seiner Erkrankung indiziert? Der Blick in die klinische Praxis zeigt, dass die Indikationsfrage im Wesentlichen durch Vorlieben und gewachsene Arbeitsbeziehungen zwischen Zuweisungsstelle und Klinik geregelt ist und in den wenigsten Fällen orientiert ist an der gezielten Therapieplanung unter Berücksichtigung der Krankheitsentwicklung, des Konsumverhaltens und der sozialen Situation des Patienten (Schwoon 2000).

Die Berücksichtigung indikativer Kriterien erhöht die Effektstärken psychotherapeutischer Behandlungen. Eckert (1996d) und Piper (1994) weisen darauf hin, dass es Patientenmerkmale gibt, die bereits vor Beginn der Therapie einen hohen prognostischen Wert besitzen, ganz unabhängig von der psychiatrischen Diagnose und von soziodemographischen Daten, die keine oder kaum prognostische Relevanz besitzen. Patienten, die eine erhöhte psychologische Sensibilität („psychological mindedness") aufwiesen, profitierten mehr von analytisch/tiefenpsychologisch orientierten Gruppenpsychotherapieformen, da sie in größerem Ausmaß in der Lage waren, empathisches Verständnis für die Situation anderer aufzubringen (Piper und McCallum 2000).

Schlussfolgerungen

Zusammenfassend lässt sich sagen, dass es als gesichert angesehen werden kann, dass die **Gruppenpsychotherapie in der Behandlung von Suchterkrankungen wirksam** ist. Nur wie sie diese Wirksamkeit in den verschiedenen Therapieverfahren entfaltet, ist weitgehend unbekannt. Es fehlen bislang kontrollierte, randomisierte Studien, die nicht nur auf das Ergebnis der Behandlung fokussieren, sondern vielmehr den Prozess der Veränderung abbilden. Solange keine empirisch abgesicherten Forschungsergebnisse über die Wirkweise der einzelnen Gruppenpsychotherapieverfahren vorliegen, kann die euphorisch anmutende Überzeugung, dass die Gruppenpsychotherapie das Mittel der Wahl in der Suchtkrankenbehandlung ist, nicht befriedigen. Darüber hinaus scheint es wohl an der Zeit zu sein, sich von den so genannten Pferderennen-Studiendesigns zu verabschieden (wer ist der Beste?). Es erscheint aus forschungsmethodischer Sicht nahezu unmöglich, alle das Therapieergebnis konfundierenden Faktoren zu kontrollieren. Eine alleinige Behandlung, mit dem Anspruch der Heilung durchgeführte Gruppenpsychotherapie, erscheint illusionär. Welche Therapieform letztendlich die bessere ist und vor allem, warum sie das bei bestimmten Patienten ist und bei anderen Patienten nicht, ist eine empirisch zu klärende Frage, die noch zur Beantwortung aussteht.

47. Gruppenpsychotherapie bei Patienten mit Borderline-Persönlichkeitsstörung

S. Herpertz

Symptomatik der Borderline-Persönlichkeitsstörung

Lange stellte die Borderline-Persönlichkeitsstörung eine recht undifferenzierte Restkategorie für diagnostisch schwer fassbare und/oder therapeutisch schwierige Patienten dar. Inzwischen aber ist diese Persönlichkeitsstörung hinreichend operationalisiert.

> Die Borderline-Persönlichkeitsstörung zeichnet sich durch die Symptomkomplexe affektive Instabilität, mangelhafte Impulskontrolle, Instabilität in der Beziehungsgestaltung, Identitätsstörung sowie dissoziative Erlebnisweisen aus.

Zentrales Merkmal ist eine **Störung der Affektregulation** im Sinne einer erhöhten affektiven Reagibilität. Die ausgeprägte Reaktivität der Stimmung gründet sich auf einer hohen Sensibilität gegenüber schon niedrig schwelligen Reizen, auf einer hohen Affektintensität sowie auf einer Neigung zu schnellen Affektwechseln (Herpertz u. Mitarb. 1997; Herpertz und Saß 2000). Aus klinischer Perspektive wird fernerhin ein prolongiertes Abklingen der affektiven Erregung vermutet (Linehan 1993a). Die hohe affektive Reagibilität führt zu den oft klinisch so beeindruckend beobachtbaren plötzlich aufschießenden, kurzwelligen, extremen Stimmungsschwankungen. Typische Auslöser sind reale oder angenommene Erfahrungen von Verlassenwerden und Zurückweisung, daneben wird aber auch zwischenmenschliche Nähe oft bedrohlich erlebt. Diese typischen Auslösesituationen haben zu tun mit einer ungelösten Ambivalenz zwischen Bedürfnissen nach Bindung und einer gegenläufigen Sorge um Autonomieverlust (Fiedler 1997).

Qualitativ unterschiedliche Emotionen der Verzweiflung, der Angst oder Wut können häufig nicht voneinander differenziert werden, sondern **negative Stimmungsauslenkungen führen typischerweise in äußerst aversive Spannungszustände** hinein. Selbstschädigende Verhaltensweisen wie parasuizidale Handlungen, Selbstverletzungen, bulimische Ess-/Brechattacken, episodische Alkohol- oder Drogenexzesse werden eingesetzt, die Spannungszustände zu lindern. Der typische Ablauf von Spannungsaufbau und Spannungslösung (Abb. 47.1) führt bei vielen Patienten zu einer baldigen Habituierung von Selbstbeschädigungen, die sich im Sinne des operanten Lernens aus dem Erlebnis der negativen inneren Verstärkung begründet.

Die meisten Patienten mit Borderline-Persönlichkeitsstörung versuchen, ihre Impulse zurückzuhalten bzw. zu unterdrücken. Allerdings sind diese Kontrollversuche wenig ausdifferenziert, wenig flexibel und nicht eingebettet in überdauernde, stabile Motivationslagen, die geeignet wären, sich gegenüber andrängenden affektiven Regungen und plötzlichen Handlungsimpulsen zu behaupten. Dies führt zu einem **unberechenbaren Wechsel** zwischen angespanntem Zurückhalten von affektiven Regungen und Impulsen auf der einen Seite und plötzlichen Affekt- und Verhaltensdurchbrüchen auf der anderen Seite (Herpertz 1999).

Borderline-Persönlichkeiten zeichnen sich im Weiteren durch eine **ausgeprägte Instabilität in der zwischenmenschlichen Beziehungsgestaltung** mit wahlloser Kontaktaufnahme und abrupten Wechseln zwischen symbiotischen Verschmelzungswünschen und barschen Beziehungsabbrüchen aus. Schließlich ist eine Instabilität im Selbstbild und in der Selbstwahrnehmung zu verzeichnen, die sich als quälendes Gefühl der Inkohärenz, als mangelnde Zukunftsorientierung und Lebensplanung (mit häufigen Ausbildungsabbrüchen und Stellenwechseln) oder auch als übersteigerte Rollenidentifikation darstellt.

Der Einschluss psychotischer Symptome in den Merkmalskatalog der Borderline-Persönlichkeitsstörung wurde lange kontrovers diskutiert (Gunderson und Zanarini 1987; Widiger u. Mitarb. 1992). Viel häufiger als (pseudo-)psychotische Symptome sind **dissoziative Erlebnisweisen**, wie insbesondere kindliche und dissoziative Amnesien, Depersonalisationserlebnisse und schließlich Zustände verminderter Schmerzwahrnehmung oder auch Bewegungslosigkeit, die an „Freezing-Phänomene" erinnern, die man von Säugetieren in Situationen existenzieller Bedrohung kennt (Bohus u. Mitarb. 1999). Dissoziative Symptome stehen zuweilen bei Patienten mit schweren traumatischen Erlebnissen in der Vorgeschichte symptomatologisch im Vordergrund.

Die Ausführungen zur Psychopathologie legen nahe, dass die Verbesserung von Affektregulation und Impulskontrolle einen wichtigen Meilenstein in der psychotherapeutischen Behandlung der Borderline-Persönlichkeitsstörung darstellt. Erst wenn andere, nicht selbstschädigende Formen des Umgangs mit heftigen Affekten und abrupten Handlungsimpulsen zur Verfügung stehen, kann eine biographische Rekonstruktion bedeutsamer Kindheitsepisoden und zentraler Beziehungserfahrungen erfolgen, ohne dass Überflutungsreaktionen drohen, die in kaum zu bewältigende Therapiekrisen einmünden. So muss also der therapeutische Ansatz bei der Borderline-Persönlichkeitsstörung **von Anfang an symptomorientiert** sein und auf die Verringerung grob dysfunktionalen Verhaltens abzielen und kann doch auch die dem psychodynamischen Denkansatz inhärente „Dimension unbewusster Konflikte hinter offenkundigen Erlebnis- und Verhaltensweisen" (Kapfhammer 1996, S. 159) berücksichtigen.

Eine **Kombination von Behandlungstechniken** bietet sich vor allem für den Bereich der **stationären Psychotherapie** an, wo sowohl kognitiv-behaviorale Techniken als auch

Abb. 47.1 Ablauf von Spannungsaufbau und Spannungslösung bei der Borderline-Persönlichkeitsstörung

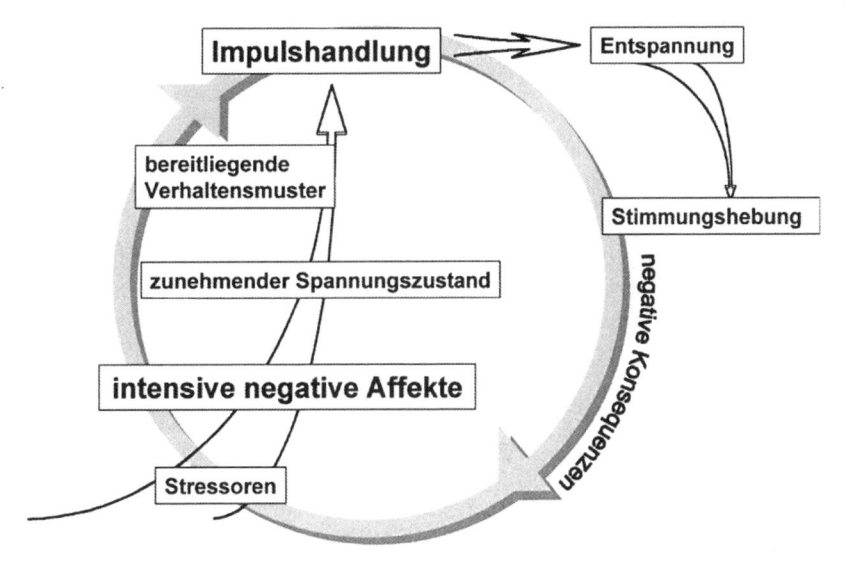

solche der psychoanalytisch-psychodynamischen Psychotherapie im Rahmen von unterschiedlichen Gruppenangeboten Anwendung finden können (Kap. 37). Im ambulanten Bereich empfiehlt sich bei der Borderline-Persönlichkeitsstörung häufig eine Kombination von Einzel- und Gruppenpsychotherapie (Slavinska-Holy 1983), wo im Gruppensetting vorzugsweise auf die **Vermittlung von Verhaltensfertigkeiten** zu fokussieren ist.

Allgemeines zur Gruppenpsychotherapie bei der Borderline-Persönlichkeitsstörung

Eine **sorgfältige Diagnostik** muss der Indikationsstellung zur Gruppenpsychotherapie vorausgehen. Neben für die Borderline-Persönlichkeitsstörung spezifischen Symptomen sind auch andere Merkmale wie soziale Kompetenz, Motivation bzw. Fähigkeit im sozialen Setting einer therapeutischen Gruppe zu arbeiten sowie Bereitschaft zur Selbstöffnung entscheidend für die Wirksamkeit einer Gruppenpsychotherapie (Tschuschke 1999e). Sowohl unter Aspekten der Persönlichkeitspathologie als auch den bei Borderline-Patienten gewöhnlich vorhandenen Fähigkeiten und Ressourcen kann die Gruppenpsychotherapie folgende Vorteile bieten, die bei der individuellen Indikationsstellung zu erwägen sind:

Gruppenpsychotherapie kann sich auf die Stabilität in der Beziehungsgestaltung förderlich auswirken:
- Die Gruppenteilnehmer können neben dem Therapeuten als Identifikationsfiguren wirksam werden. Die Gruppenpsychotherapie wirkt polarisierenden Beziehungsmustern entgegen (Clarkin u. Mitarb. 1991).
- Das Gruppensetting ist weniger regressionsfördernd, weil Übertragungsprozesse auf verschiedene Personen verteilt werden (Munroe-Blum 1992).
- Zwischenmenschliche Verhaltensprobleme, wie sie z.B. mit Spaltungsprozessen im Zusammenhang stehen, werden in der Gruppe direkt beobachtbar und können deshalb bevorzugt in der Gruppe erlebnisnah erkannt, verstanden und modifiziert werden.

- Aufgrund ihrer ungelösten Ambivalenz zwischen Wünschen nach Nähe und Angst vor Autonomie- und Identitätsverlust wird die Gruppe gewöhnlich weniger bedrohlich als der Einzeltherapeut erlebt (Roller und Shaskan 1982).
- Günstigere soziale Verhaltensmuster können in der wenig bedrohlichen Gemeinschaft mit Mitpatienten, die ähnliche Probleme haben, ausprobiert werden.
- Der Umgang mit Trennungssituationen, die typischerweise mit quälenden Verlassenheitsgefühlen einhergehen, kann im Umgang mit und auch am Modell von Mitpatienten gelernt werden.

Problemverhalten kann durch Gruppenpsychotherapie begrenzt werden:
- Kritik und Grenzsetzung durch Mitpatienten wird meist weniger kränkend als durch Therapeuten erlebt und leitet nicht in einen Machtkampf ein. Es entsteht ein förderlicher Gruppendruck, impulsives selbst- und fremdschädigendes Verhalten aufzugeben.
- Konstruktive Verhaltensänderungen von Mitpatienten wirken ermutigend (Lernen am Modell).

Das hohe Maß an Extroversion und Selbstöffnung, das viele Borderline-Patienten auszeichnet, ist förderlich für Gruppenpsychotherapie:
- Borderline-Patienten besitzen aufgrund ihrer hohen emotionalen Sensibilität gut ausgeprägte empathische Fähigkeiten, dies insbesondere gegenüber Menschen, die Ähnlichkeiten im emotionalen Erleben und in ihren Denkmustern aufweisen.
- Die Gruppe wird häufig als wohlwollend und haltgebend erlebt und kann ermutigen, sich mit affektgeladenen Themen zu beschäftigen (König und Kreische 2000).
- Die Gruppe bietet die Möglichkeit der Solidarisierung und Entlastung.

Diese potenziellen Vorteile des Gruppensettings zeigen sich insbesondere in diagnostisch homogenen Gruppen. Borderline-Patienten neigen dazu, in heterogenen Gruppen eine dominante Rolle einzunehmen, so dass Patienten mit anderen

Persönlichkeitsstörungen und neurotischen Störungen nicht nur in der Bearbeitung ihrer Probleme häufig zurückstehen, sondern auch den Borderline-Patienten zu wenig konfrontativ und grenzsetzend entgegentreten. Eine gemeinsame Gruppenpsychotherapie mit schizophrenen oder schwer depressiven Patienten ist sogar kontraindiziert, da das für letztere Patienten erforderliche vorsichtige, reizarme und schonende Vorgehen zur Symptomverschlechterung, besonders zur Zunahme von dissoziativen Erlebnisweisen und expansiv-provokativen Verhaltensweisen auf Seiten der Borderline-Patienten führt. Allerdings sollte bei der Gruppenzusammensetzung darauf geachtet werden, dass die Patienten innerhalb des Borderline-Spektrums unterschiedliche Störungsschweregrade und Symptomausformungen aufweisen oder aber sich in unterschiedlichen Behandlungsphasen befinden, damit positive Identifikationen und gegenseitige Unterstützung möglich werden. Hierfür bieten sich halboffene Gruppen an.

Bei der Gruppenpsychotherapie von Borderline-Patienten kommen den Gruppenleitern folgende vordringliche **Aufgaben** zu:

- Das Verhalten der Therapeuten ist aktiv, unterstützend, strukturgebend und feedbackgebend und zeichnet sich durch einen direkten Kommunikationsstil aus.
- Der Therapeut ist aktiv bemüht, ein hohes Maß an Gruppenkohäsion herzustellen und in Konfliktsituationen aufrechtzuerhalten. Dies bezieht die wechselseitigen Beziehungen zwischen den Gruppenmitgliedern als auch eine Gruppenatmosphäre der emotionalen Bezogenheit auf die Gruppe (MacKenzie und Tschuschke 1993; Tschuschke 1993) mit ein.
- Die Patienten werden mit nonverbalem Agieren frühzeitig konfrontiert und der Therapeut versucht, mimische, gestische und atmosphärische Signale einfühlsam in Worte zu übersetzen.
- Infolge von Kränkungen oder Verletzungen auftretendes Rückzugsverhalten ist frühzeitig anzusprechen und der Therapeut sollte zur Klärung ermutigen.
- Sich abzeichnende Identifikationen mit der Pathologie anderer Patienten sind zu spiegeln und zu begrenzen.
- Die Gruppenpsychotherapie ist nicht das Feld, auf dem Wut und destruktive Gefühle ausagiert werden sollten.
- Für in der Gruppe nicht auflösbare Konflikte sind Krisengespräche anzubieten.

Auch wenn die genannten Interventionen Berücksichtigung finden, sind negative Entwicklungen von Borderline-Patienten im Rahmen von Gruppenpsychotherapien besonders aufmerksam zu beachten. Entwicklungshemmungen manifestieren sich als zu frühzeitige und ungeschützte Selbstöffnung, als pathogene Koalitionsbildungen, als regressive Tendenzen oder in der Weise, dass das Gruppensetting als Agierfeld genutzt wird.

Spezifische Verfahren der Gruppenpsychotherapie bei der Borderline-Persönlichkeitsstörung

Von den verschiedenen Gruppenpsychotherapietechniken, die bei der Borderline-Persönlichkeitsstörung Anwendung finden, sollen zwei Konzepte dargestellt werden, die weitgehend störungsspezifisch für diese Patientengruppe entwickelt wurden.

Psychoanalytische Gruppenpsychotherapie

Regressionsfördernde psychoanalytische Gruppenpsychotherapieverfahren, die bei Borderline-Patienten mit weniger schweren Ich-Funktionsdefiziten im Einzelfall Anwendung finden können, sind eher die Ausnahme. In der Regel muss sich auch analytische Gruppenpsychotherapie auf Patienten mit einer typischen, schwereren Borderline-Pathologie einstellen, bei der die Patienten über eine geringe Affekttoleranz, über eine schlecht ausgebildete Impulskontrolle, über wenig Spannungstoleranz und eine wenig ausgebildete Antizipationsfähigkeit verfügen. Das heißt konkret, dass die analytische Technik sich auf dieses Patientenklientel einzustellen hat und Regressionen möglichst vermeidet und aktive, strukturierende Leitertechnik erforderlich macht, die am ehesten beim Prinzip „Antwort" der **analytisch-interaktionellen Gruppenpsychotherapie** nach Heigl-Evers und Mitarbeitern zu finden ist (s. ausführlich Kap. 52).

Die therapeutische Arbeit konzentriert sich auf die Manifestationen der Ich-Funktionsstörungen, auf die interpersonellen Beziehungen innerhalb der Gruppe sowie auf die gemeinsamen normativen Regulierungen, in denen sich die Psychopathologie der Gruppenmitglieder darstellt. Auf eine deutende Behandlungstechnik wird weitgehend verzichtet, stattdessen wird das **Prinzip Deutung durch das Prinzip Antwort ersetzt** (Heigl-Evers und Ott 1996). Mit antwortenden Interventionen gibt der Therapeut Auskunft über sein eigenes Erleben und teilt solche Gefühle mit, die die Ich-Funktionen der Gruppenmitglieder stärken, regressive Prozesse begrenzen sowie anpassungs- und entwicklungsfördernde Fertigkeiten unterstützen. Auf diese Weise erhalten die Patienten ein realistisches Bild vom Therapeuten im Sinne eines reiferen Objektes (Heigl-Evers und Ott 1996). Der Therapeut wirkt als Modell für die einzelnen Gruppenmitglieder, die ermutigt werden, sich in wohlwollender Weise gegenseitig Gefühlsreaktionen mitzuteilen. Auf diese Weise wirken die Gruppeninteraktionen als Lernen am Modell, indem zunächst der Therapeut, dann auch zunehmend die Gruppenmitglieder zeigen, dass auch heftige Gefühle in angepasster, nicht beziehungszerstörender Form mitgeteilt werden können. Der antwortende Interventionsstil schließt ein, dass der Therapeut mitteilt, wie er sich in einer bestimmten Situation verhalten würde, verhalten hätte oder verhalten hat. Auf diese Weise werden unreflektierte, eingespielte Verhaltensmuster der Patienten in Frage gestellt und alternative Verhaltensstrategien aufgezeigt.

Daneben können die Schwierigkeiten der Gruppenmitglieder als Spiegel der Beziehungsschwierigkeiten außerhalb der Gruppen angesprochen und verstanden werden (Yalom 1974). Gerade Patienten, deren Störung sich im Alltag in habituellen Beziehungskonflikten niederschlägt, profitieren von einer Therapieform, bei der diese Prozesse und ihre eigene Beteiligung daran innerhalb der Gruppe erlebnisnah untersucht und verstanden werden können. Die Gruppe wird insbesondere dann als wohlwollend und hilfreich erlebt, wenn die Fähigkeit von Borderline-Patienten zu einer sensiblen Wahrnehmung zwischenmenschlicher Ereignisse einschließlich all ihrer Zwischentöne von der Gruppe positiv beantwortet wird und sie gleichzeitig mit ihren oft extremen Interpretationen konfrontiert werden. So können maladaptive Kommunikations- und Beziehungsmuster selbstkritisch wahrgenommen und neue Interaktionsstile ausprobiert werden (Springer und Silk 1996). Die Patienten beginnen zu verstehen, wie sie aktiv gestaltend an der Entstehung ihrer Beziehungsschwierigkeiten beteiligt sind.

Die lebensgeschichtlichen Hintergründe treten in der Gruppenpsychotherapie von schwer gestörten Borderlinepatienten gegenüber der Erörterung des Hier und Jetzt deutlich zurück. Berichte in der Gruppe über schwerste Traumatisierungen, wie sie für die Biografie von Borderline-Patienten typisch sind, überfordern die anderen Gruppenmitglieder, die sich mit dem jeweiligen Schicksal in hohem Maße und ohne Wahrung der eigenen Ich-Grenzen identifizieren und von Affekten überflutet werden, die sie nicht in der Lage sind, zu regulieren. Hier droht das krisenhafte Eintauchen der Gruppe in suizidale Phantasien.

Ausführlicher kann das analytische Vorgehen in ambulanten und stationären therapeutischen Gruppen aus Kap. 37 entnommen werden.

Es empfiehlt sich die **Kombination von Einzel- und Gruppenpsychotherapie**. In der Einzelpsychotherapie geht es darum, die Gruppenerfahrungen in das eigene Selbstbild zu integrieren, motivationale Grundmuster der Beziehungsgestaltung zu erkennen und vor dem Hintergrund traumatisierender Beziehungserfahrungen zu verstehen. Das Nachempfinden der kindlichen Notsituation und das Erkennen der biografischen Sinnhaftigkeit bisheriger maladaptiver, aber subjektiv oft als nützlich und entlastend erlebter Bewältigungstechniken entlastet von quälenden Schuldgefühlen und stärkt das häufig desolate Selbstwertgefühl. Die bei dieser biografischen Arbeit aufkommenden Gefühle tiefer Traurigkeit, ängstlicher Verlorenheit und bedrohlicher Enttäuschungswut können in der therapeutischen Einzelbeziehung besser aufgefangen werden als in der Gemeinschaft emotional vulnerabler, in ihrer eigenen Biografie verstrickter Patienten.

Dialektisch-behaviorale Gruppenpsychotherapie

Von der Begründerin der dialektisch-behavioralen Psychotherapie (DBP), Marsha M. Linehan, wird wie von den meisten psychoanalytisch arbeitenden Psychotherapeuten eine **Kombination von Einzel- und Gruppenpsychotherapie** bei der Borderline-Persönlichkeitsstörung empfohlen (Linehan 1993a, b). Dennoch eignet sich die Gruppenpsychotherapie in besonderem Maße, Fehlregulationen in den Bereichen von Verhalten, Kognition und insbesondere auch Affekten bei der Borderline-Persönlichkeitsstörung wirksam anzugehen (Linehan 1987).

Wichtigste **Therapieziele** sind:
- die effektive Regulation instabiler Emotionen,
- die Stabilität des Selbstgefühles,
- selbstkontrolliertes Verhalten,
- Verbesserungen in den zwischenmenschlichen Beziehungen (Comtois u. Mitarb. 2000).

Für den Umgang mit heftigen Affekten und anscheinend unkontrollierbaren Handlungsimpulsen werden den Patienten im **Skills-Training** (Linehan 1993a, b; Bohus und Berger 1996) konkrete Fertigkeiten an die Hand gegeben, quälende Spannungszustände abzubauen. Grundlage ist ein sorgfältiges Selbstmonitoring, welches darauf abzielt, die Wahrnehmung der eigenen Verhaltensweisen, Gedanken, Gefühle, Bedürfnisse oder körperlichen Empfindungen zu verbessern. Das Selfmonitoring erfolgt anhand von Tagebuchkarten, auf denen die Patienten täglich das Ausmaß ihres Problemverhaltens (meist selbstschädigende Verhaltensweisen) sowie Stimmungsparameter wie Depression und Angst einschätzen und angeben, welche Fertigkeiten sie ausprobiert haben. Zu Beginn jeder Gruppenpsychotherapiesitzung berichten die Patienten ihre Selbsteinschätzungen, sodass Erfahrungen der Gruppenmitglieder im Umgang mit gelernten Fertigkeiten ausgetauscht werden können. Auf diese Weise verändert sich im Laufe der Therapie das subjektive Erleben des Ausgeliefertseins an dranghafte Impulse bzw. des Kontrollverlustes hin zu einem aktiven Entscheidungsprozess, der den Patienten in seiner Selbstverantwortlichkeit und schließlich auch in seinem Selbstwertgefühl stärkt.

Das Skills-Training bezieht im Einzelnen die Vermittlung von Fertigkeiten zur Steigerung der Achtsamkeit für sich selbst und für andere, zur Verbesserung der Stress- und Spannungstoleranz, zum adäquateren Umgang mit Emotionen sowie zur Steigerung der interpersonellen Kompetenz ein. Das Konzept der Achtsamkeit basiert auf der fernöstlichen Meditationstechnik des Zen, die lehrt, Gefühle wahrzunehmen und zu beschreiben, ohne sie zu bewerten. Menschen lernen, ihr eigenes Verhalten einschließlich der Gefühle und Gedanken ebenso wie auch äußere Ereignisse konzentriert zu beobachten, anstatt sich von diesen kontrollieren zu lassen oder danach zu streben, sie selbst zu kontrollieren (Comtois u. Mitarb. 2000). Die Erhöhung der Selbstachtsamkeit wirkt der Tendenz von Borderline-Patienten entgegen, Gefühle z. B. auf dem Wege der Dissoziation zu vermeiden oder aber von ihnen überschwemmt zu werden. Besonders erwähnenswert sind auch Techniken der Stresstoleranz, wie das Sich-Ablenken, Sich-Beruhigen, das Verändern des Augenblicks oder auch das für Borderline-Patienten gewöhnlich anfangs kaum akzeptierbare Annehmen des momentanen Leidens und des Umstandes, dass sich die Situation nicht ändern lässt. Das Skills-Programm vermittelt auch Fähigkeiten im konkreten Umgang mit selbstschädigenden Impulsen wie Maßnahmen der Selbstberuhigung, der Ablenkung oder der alternativen Spannungsabfuhr.

Gruppenpsychotherapie im stationären Behandlungssetting

Eine stationäre psychotherapeutische Behandlung umfasst gewöhnlich ein **multimodales Behandlungsangebot**, das neben der Gruppenpsychotherapie im engeren Sinne milieutherapeutische Gruppensitzungen sowie nonverbale Gruppenpsychotherapien umfasst. In den täglichen Stationsversammlungen werden organisatorische Fragen besprochen und gemeinsame Aktivitätsplanungen angestellt, im Weiteren wird aber auch die derzeitige Stimmung und Situation auf der Station beurteilt. Die Patienten schätzen auch gegenseitig ihre Befindlichkeit ein und informieren sich über die Fertigkeiten, die sie planen, im Umgang mit andrängenden selbstschädigenden Impulsen einzusetzen. Hier werden Hilfestellungen in der Bewältigung von autodestruktiven Impulsen gegeben, z. B. Hinweise auf Auslösesituationen für Problemverhalten aus Sicht der Mitpatienten, Wirkung des Problemverhaltens auf die Mitpatienten, Angebote der Begleitung im Ausgang, Möglichkeiten der Ablenkung von quälenden Gefühlen. Milieutherapeutische Gruppen finden insbesondere auch auf der Borderline-Station von Kernberg im New York Hospital Cornell Medical Center Anwendung (Lohmer 1988).

Nonverbale Behandlungsverfahren können einen neuen Zugang zu Gefühlen und Bedürfnissen eröffnen. In diesem Therapiebaustein geht es u.a. darum, mit unterschiedlichen Materialien kreativ und handwerklich zu arbeiten, zu Grunde liegende Konflikte wieder erlebbar zu machen und sie innerhalb einer Gruppe psychotherapeutisch weiter zu verarbeiten. Schließlich kann auch das Erlebnis, als Gruppe an einem gemeinsamen Projekt zu arbeiten, in das jeder Wünsche und Stärken einbringen kann, die eigene soziale Kompetenz, die Kooperations- und Konfliktfähigkeit erhöhen. Körperorientierte Therapieformen können die Wahrnehmung und Erfahrung des eigenen Körpers einschließlich seiner interozeptiven Signale fördern sowie Wahrnehmungsübungen zum Zusammenspiel von Gefühlserleben und körperlichen Gefühlsreaktionen beinhalten (z. B. Schreiber-Willnow 2000). In störungs- und meist auch geschlechtshomogenen Gruppen kann der Zugang zum eigenen Körperempfinden durch Einbeziehen von erlebnisorientierten Techniken der integrativen Bewegungstherapie und der Tanztherapie erleichtert werden. Hier kann die **mimische und gestische Kommunikation von Gefühlen**, die bei Borderline-Patienten typischerweise unflexibel oder auch blockiert ist, zur verbesserten Affektregulation beitragen. Schließlich fördert die Sportgruppe die Integration in die Gruppe, und Spannungen sowie aggressive Impulse können strukturiert abgebaut werden.

Therapieeffekte in der Gruppenpsychotherapie

Bisher liegen nur einzelne kontrollierte Studien zur Wirksamkeit von Gruppenpsychotherapie bei der Borderline-Persönlichkeitsstörung vor. Linehan u. Mitarb. (1991, 1993) verglichen die von Linehan entwickelte dialektisch-behaviorale Psychotherapie, die eine Kombination aus individueller und Gruppenpsychotherapie darstellt, randomisiert mit nicht störungsspezifischen Therapien, die von Verhaltenstherapeuten und tiefenpsychologisch orientierten Therapeuten durchgeführt wurden. Die dialektisch-behaviorale Therapie erwies sich als überlegen in Hinblick auf die Frequenz von parasuizidalem Verhalten, fernerhin hinsichtlich Compliance und der Abnahme von stationären Behandlungen. Munroe-Blum und Marziali (1988) verglichen eine zeitlich limitierte, strukturierte und störungsspezifische Gruppenpsychotherapie (so genannte Relationship Management Psychotherapy – RMP) mit einer nicht limitierten psychodynamisch orientierten Individualtherapie. Unterschiede fanden sich lediglich im Hinblick auf eine bessere Compliance in der störungsspezifischen Therapiegruppe. Weitere kontrollierte randomisierte Studien zu Therapieergebnissen, auch ein Vergleich von tiefenpsychologisch orientierten und kognitiv-behavioralen Behandlungsformen sind derzeit in Bearbeitung.

Schlussfolgerungen

Patienten mit Borderline-Persönlichkeitsstörung können nach sorgfältiger Diagnostik und bei gezielter Indikationsstellung von einer Gruppenpsychotherapie profitieren. Sie sollten allerdings nicht nur deshalb einer Gruppenpsychotherapie zugeführt werden, weil sich Therapeuten von der Behandlung im Einzelsetting überfordert sehen. Die dargestellten störungsspezifischen Behandlungsformen bieten sich in besonderer Weise an, können allerdings häufig nur im stationären oder teilstationären Rahmen oder von großen Institutionen angeboten werden. Im ambulanten Bereich wird man selten mit homogenen Gruppen von Borderline-Patienten arbeiten (können). Hier können ein oder zwei Borderline-Patienten, die über ein Mindestmaß an Spannungstoleranz und Fähigkeit zur Affektregulation verfügen, häufig auch profitieren und gleichzeitig aufgrund ihres unmittelbaren Zugangs zu Affekten (Yalom 1995) und ihrer Sensibilität im zwischenmenschlichen Kontext förderlich für die Gruppe sein.

48. Gruppenpsychotherapie für Patienten mit Schizophrenie und bipolaren Störungen

N. Kanas

Einführung

Psychotische Individuen haben damit Probleme, Realität und Fantasie auseinander zu halten. Wenn das Hauptdefizit im Denkbereich liegt, wird es als **Denkstörung** bezeichnet (z. B. Schizophrenie oder Wahnvorstellung). Liegt das größte Defizit im Bereich der Emotionen, wird es als **affektive Störung** bezeichnet, wie z. B. die bipolare Störung (z. B. manische Attacken mit oder ohne Depression). Spezialisierte Formen von Gruppenpsychotherapie können als zusätzliche Maßnahmen zu Medikationen hilfreich sein, weil sie den Patienten helfen, mit der Symptomatik und den Folgen der interpersonellen Konsequenzen, die mit ihrer Erkrankung verknüpft sind, fertig zu werden.

Die Diagnose ist ein brauchbarer Weg bei der Zusammensetzung von Gruppen mit psychotischen Patienten, da dieser homogene Fokus verschiedene Vorteile mit sich bringt. Zunächst können die Patienten, da sie vieles gemeinsam haben, schnell miteinander in Beziehung treten, was zu einer schnellen Gruppenkohäsion führt. Zweitens können spezifische klinische Techniken verwandt werden, die sich als für diese Patienten geeignet erwiesen haben (s. auch Kap. 39), wie etwa das **Fokussieren auf Bewältigungsstrategien** im Zusammenhang mit psychotischen Symptomen oder die Patienten **über den Nutzen von stimmungsstabilisierender Medikation zu unterrichten**. Schließlich können **Techniken vermieden werden, die sich schädlich auswirken** könnten. Zum Beispiel können klinische Strategien, die die Produktion von unbewusstem Material fördern (z. B. längeres Schweigen, der Schwerpunkt auf vergangenen Konflikten), für die Behandlung von neurotischen Patienten hilfreich sein, sie produzieren jedoch Angst und Regression bei schizophrenen Patienten, was wiederum psychotische Symptome produzieren kann (Drake und Sederer 1986; Geczy und Sultenfuss 1995; Kanas u. Mitarb. 1980; MacDonald u. Mitarb. 1964; Pattison u. Mitarb. 1967; Strassberg u. Mitarb. 1975; Weiner 1984).

Hintergrund

Um die Brauchbarkeit des Mediums Gruppenpsychotherapie für die Therapie **schizophrener Patienten** zu bewerten, wurde ein Überblick über kontrollierte Studien von 1950 bis 1991 durchgeführt, Details davon werden an anderer Stelle berichtet (Kanas 1986, 1996). Alle Studien verglichen eine zumindest experimentelle Gruppenpsychotherapiebedingung mit schizophrenen Patienten mit einer nicht gruppalen Kontrollbedingung, allen Patienten war antipsychotische Medikation verschrieben worden. Insgesamt wurden 46 Studien mit insgesamt 57 Therapiegruppen in den Überblick einbezogen. 70% der Studien schlossen, dass Therapiegruppen signifikant besser als die Kontrollbedingung ohne Gruppenmaßnahme abschnitten. Zusätzlich war Gruppenpsychotherapie so effektiv oder wirkungsvoller als Einzelpsychotherapie im Rahmen von ambulanten Maßnahmen, die einen solchen Vergleich durchführten. Es gab einen Trend für stationäre Langzeitgruppen mit mehr als 36 Sitzungen, die effektiver als kurzzeit- oder mittellange Gruppen waren. Einsichtsorientierte Verfahren, die eine Bewusstmachung bzw. Aufdeckung bevorzugten und psychodynamische Ansätze waren signifikant weniger effektiv als interaktionsorientierte Ansätze, die interpersonale Probleme und Beziehungsaspekte betonten, speziell im stationären Setting.

Es hat bislang nur wenige Studien gegeben, die die Effektivität der Gruppenpsychotherapie für **bipolare Störungen** untersucht haben. Die wenigen Untersuchungen wurden ausnahmslos in ambulanten Gruppen durchgeführt, davon waren die meisten unkontrolliert und in allen Fällen waren die Patienten auf stimmungsstabilisierenden Medikationen. In einer Untersuchung (Ablon u. Mitarb. 1975; Davenport u. Mitarb. 1977) schnitten die Patienten, die Medikationen **und** Paargruppentherapie erhielten, besser ab als Patienten, die nur Medikationen erhielten, im Hinblick auf Rehospitalisierungen, Ehescheidungen, allgemeinem Funktionsniveau und Familienklima. In einer anderen Studie (Shakir u. Mitarb. 1979; Volkmar u. Mitarb. 1981) war die Zahl der Hospitalisierungswochen niedriger und die Zahl der Patienten in Arbeitsstellungen war höher in einem 2-Jahres-Follow-Up nach dem Eintritt in eine „bipolare Gruppe" versus den zwei vorangegangenen Jahren. In mehr als zehn Jahren in der Arbeit mit bipolaren Patientengruppen bemerkten Kripke und Robinson (1985) eine sinkende Rate an Hospitalisierungen und eine Verbesserung in sozioökonomischen Funktionsbereichen bei vielen ihrer Patienten. Wulsin u. Mitarb. (1988) bemerkten Verbesserungen bei ihren Patienten ungeachtet einer Dropout-Rate von 55%. Cerbone u. Mitarb. (1992) fanden, dass Patienten, die mindestens ein Jahr in ihrer „bipolaren Gruppe" blieben, in Ratings signifikante Prä-Post-Verbesserungen erfahren hatten bezüglich Schwere der Erkrankung, Dauer der affektiven Episoden, Schul-/Arbeitsfähigkeit, interpersoneller Funktionalität und Zahl der Tage in stationärer Behandlung. Schließlich berichtet Hallensleben (1994) darüber, dass in ihrer 10-jährigen Erfahrung bei der Leitung einer „bipolaren Gruppe" die Rehospitalisierungsrate reduziert war und in zwei separaten Bewertungen über 80% der Patienten von einem Nutzen ihrer Gruppenbehandlung berichteten.

Klinische Aspekte – der integrative Ansatz

Gruppen mit Schizophrenen

Als Ergebnis unserer Serie von klinischen Forschungsstudien, die auf die Entwicklung einer Strategie zur Behandlung von schizophrenen Patienten in Gruppen zielte, resultierte ein **Behandlungsmodell**, das ich als **integrativ** bezeichnen möchte. Es hat eine bio-psycho-soziale Perspektive, die die Schwächen anderer Modelle ausmerzt, ohne deren Stärken preiszugeben. Wie vorangegangene edukative Ansätze hilft es Patienten, mit psychotischen Symptomen umzugehen (**Coping**), spricht Punkte bezüglich der spezifischen **Bedürfnisse nach einer sicheren Umgebung** an und arbeitet in einem Gruppensetting, in dem eine **regressionsverhindernde Struktur** durch die Gruppenleiterinterventionen gewährleistet ist. Wie psychodynamische Konzepte verwenden integrative Gruppen eine offene Diskussion, innerhalb derer die Gruppenmitglieder Themen entwickeln, die nicht durch geplante didaktische Maßnahmen und formale Übungen unterbrochen werden (wie dies in einem verhaltenstherapeutischen Ansatz bei der gleichen Patientenpopulation der Fall ist; Kap. 38), in der Langzeitprobleme und maladaptive Verhaltensweisen untersucht werden können und Ich-Funktionen wie Realitätstestung und Realitätsgefühl gestärkt werden. Wie interpersonale Ansätze (Kap. 56) hilft das integrative Modell den Gruppenmitgliedern, weniger isoliert zu sein und fördert ihre Beziehungen untereinander durch die Diskussionen, durch die Erfahrungen, die die Patienten durch ihre Interaktionen während der Sitzungen gewonnen haben, sowie durch unmittelbares Feedback von den Therapeuten im Hier und Jetzt, auf Wegen, wie sie sich miteinander effektiver in Beziehung setzen können.

Geeignete Patienten für diese Art von Gruppe umfassen diejenigen mit einer Schizophreniediagnose, schizophrenieformen Störung oder Wahnvorstellung. Es gibt zwei wesentliche Ziele des integrativen Gruppenansatzes für diese Patienten (Kanas 1996). Das Erste bezieht sich auf die Hilfestellung, **Wege der Bewältigung im Umgang mit den symptomatischen Beschwerden** zu finden. Für die meisten Patienten bedeutet dies, die Realität zu prüfen und mit Halluzinationen und Wahrnehmungstäuschungen umgehen zu lernen. Das zweite Behandlungsziel ist, den Patienten zu helfen, **Möglichkeiten zu erlernen, ihre interpersonalen Beziehungen zu verbessern**. Dies wird erreicht durch die Gruppendiskussion wie auch durch die Erfahrung, die sie während der Interaktion mit anderen in der Gruppe gemacht haben.

In den akuten stationären Versorgungseinheiten liegt der Fokus darauf, den Patienten zu helfen, mit ihren psychotischen Symptomen umzugehen, und interpersonale Probleme werden hauptsächlich als Nebenprodukt des psychotischen Zustands angesprochen. In den ambulanten Gruppen umfassen die Gespräche sowohl die gegenwärtigen symptomatischen Beschwerden als auch die interpersonalen Probleme, wobei langandauernde interpersonale Probleme und maladaptive Verhaltensweisen genauso berücksichtigt werden, wie in den Sitzungen der vorangegangenen vier Monate.

Stationäre Gruppen sind gewöhnlich offen für häufig auftretende Neueinweisungen. Sie treffen sich für jeweils 45 Minuten, drei Mal die Woche. Tägliche Gruppen sind sehr hilfreich, falls dies die Verfügbarkeit des Teams erlaubt. Mit weniger als drei Patienten werden keine Gruppensitzungen durchgeführt, mehr als acht Patienten machen es schwer, die Gruppe zu handhaben. Idealerweise nehmen fünf bis sieben Patienten an einer Gruppe teil. Im ambulanten Setting sind die Gruppen im Allgemeinen nach dem Beginn geschlossen durchzuführen, es sei denn die Zahl der Patienten fällt unter fünf Gruppenmitglieder. Sitzungen dauern 45 bis 60 Minuten einmal die Woche. Diese Frequenz kann in Tageskliniken und teilstationären Behandlungen („Day Treatment Programs") (Kap. 39) ansteigen. Die Gruppen starten gewöhnlich mit acht bis zehn Patienten, wobei eine durchschnittliche Teilnahme von sechs bis acht Gruppenmitgliedern optimal ist.

Neue Patienten, die zwecks Einschluss in die Gruppe untersucht und eingeschätzt werden, sollten mit den Zielen und den Basisregeln vor ihrem Gruppeneintritt vertraut gemacht werden. Zu Beginn ihrer ersten Sitzung wird ihnen die Art der Themen mitgeteilt, die typischerweise von den bisherigen Gruppenmitgliedern besprochen werden, und die neuen Patienten werden aufgefordert, sich zu beteiligen, welche der Probleme auch auf sie zutreffen. Auf diese Weise erfahren neue Gruppenmitglieder, dass sie nicht alleine mit ihren Problemen sind und werden ermutigt, sich so früh wie möglich zu beteiligen. Es sollte auch Zeit für Verabschiedungen von Gruppenmitgliedern, die die Gruppe verlassen, eingeräumt werden.

Obwohl die meisten der Patienten antipsychotische Medikationen erhalten, wird versucht, wertvolle Zeit nicht mit dem Diskutieren über Dosis und Nebenwirkungen zu verbringen, da dies besser außerhalb der Gruppe geklärt wird. Aber natürlich ist das Teilen von Gefühlen auf Grund der Medikationen ein angemessenes Diskussionsthema. Patient-zu-Patient-Feedback wird ermutigt anstatt ein Ratschlägeerteilen durch Therapeuten.

Ein Kotherapieansatz wird bevorzugt, da Gruppen mit schizophrenen Patienten chaotisch und von Zeit zu Zeit unvorhersagbar sein können, sodass es zweier Therapeuten bedarf, die Kontrolle aufrechtzuerhalten und mit unsicheren Situationen fertig zu werden. Zwei Gruppenleiter können außerdem angemessene Interaktionen modellieren, Feedback in Realitätsprüfungssituationen geben und die Sitzung fortsetzen, wenn ein Gruppenleiter abwesend ist. Männlich-weibliche Koleitung ist sinnvoll, aber nicht essenziell in der Gruppendurchführung mit schizophrenen Patienten.

> Die Therapeuten sollten aktiv und direktiv sein und die Gruppenmitglieder auf das Thema fokussiert halten.

Interventionen sollten klar, konsistent und konkret sein. Kommentare sollten supportiv und diplomatisch gehalten sein, und die Therapeuten müssen offen und bereitwillig sein, ihre Meinungen über wichtige Punkte mitzuteilen. Die Therapeuten sollten die Patienten ermutigen und anhalten, mit den anderen in der Gruppe zu interagieren, da sie nur so gemeinsame Erfahrungen miteinander in der Hier-und-Jetzt-Situation der Sitzungen teilen können und dabei gleichzeitig die Beziehung mit anderen Menschen üben.

Wenn die Gruppenmitglieder sich aktiv mit Themen befassen, die ihren wirklichen Bedürfnissen entsprechen, sollten die Therapeuten schweigen und die Diskussion sich entwickeln lassen. Wenn die Gruppenmitglieder disorganisiert sind und nicht bei einem Thema bleiben können oder wenn sie auch schweigen oder irrelevante Themen besprechen, sollten die Therapeuten intervenieren, den Gruppenmitgliedern wieder beim Fokussieren auf einen wichtigen Punkt zu helfen. Wenn die Umgebung gespannt oder unsicher ist, sollten die Gruppenleiter die Gruppe auf weniger Angst produzierende Themen hin lenken.

Die Gespräche müssen die Bedürfnisse psychotischer Patienten berücksichtigen. Beispiele brauchbarer Themen umfassen Halluzinationen, Wahnvorstellungen, das Erleben von Gedankeneindringung und Gedankenbeeinflussung, unorganisiertes Denken, Beziehungen mit anderen und emotionale Themen, die typischerweise von psychotischen Patienten gut toleriert werden (z. B. Einsamkeit, Depression und Vezweiflung). Da Themen, die Angst hervorrufen, eine Regression und eine Intensivierung von Symptomen bewirken können, muss eine große Vorsicht vor Themenbereichen wie Ärger, Aggression und sexueller Orientierung oder Identität geübt werden. Aspekte, die unbewusste Konflikte berühren und den Patienten mit schmerzhaften Einsichten überfluten würde, sollten unbedingt vermieden werden.

Eine typische Sitzung beginnt damit, dass ein Therapeut ein geeignetes Thema aus der Eingangs-Diskussion anspricht, es dann verallgemeinert, um alle Gruppenmitglieder einzubeziehen, um sie abschließend aufzufordern, Bewältigungsstrategien miteinander zu teilen. Diese Strategien unterteilen sich im Allgemeinen in zwei Hauptbereiche, in

- die Verminderung von Stress und Angst im Leben der Patienten oder
- in die Darbietung von mehr Anreizen, wenn die Umgebung der Patienten
  reizverarmt ist und Halluzinationen und Wahnvorstellungen mehr der Fokus ihrer Aufmerksamkeit ist.

Bipolare Gruppen

Gruppenpsychotherapie ist nicht indiziert für Patienten, die sich in einer akuten manischen Phase befinden, da die Stimulation durch den Erhalt multipler interpersonaler Inputs ihre Symptome eskalieren und zu weiterer Dekompensation führen könnte. Hypomanische, depressive und euthymische Patienten im ambulanten Behandlungsetting können jedoch die Gruppenerfahrung gewöhnlich tolerieren. Ein integrativer Behandlungs-Ansatz, der Elemente aus edukativen, psychodynamischen und interpersonalen Theorien und Techniken entlehnt, kann gut in ambulanten Gruppen mit bipolaren Patienten verwendet werden. Es bestehen jedoch erhebliche Unterschiede zum Ansatz der Gruppentherapie mit Schizophrenen, die zuvor vorgestellt wurde. Anders als beim Modell der Gruppe mit Schizophrenen, sollten edukative Aspekte bezüglich des typischen Verlaufs der Erkrankung über die Zeit und spezielle Punkte bezüglich der Medikation (z. B. Dosis und Nebeneffekte von Stimmungsstabilisierern) in die Gespräche der bipolaren Gruppen einbezogen werden. Zusätzlich können Übertragungs-Deutungen verwendet werden, und Regressionen ereignen sich mit höherer Wahrscheinlichkeit während der Sitzungen, da der Zugewinn an *Einsicht* in relevante psychodynamische Aspekte im Bezug zur bipolaren Störung ein wichtiges therapeutisches Ziel ist.

Es gibt drei Hauptziele für bipolare Patienten in Gruppen:
- Das erste Ziel umfasst, **mehr über die Krankheit zu lernen**, sei es von den anderen Gruppenmitgliedern, sei es von den Gruppenleitern. Individuen mit bipolaren Störungen sind gewöhnlich kognitiv präsent, nicht psychotisch und ziemlich gut informiert worden während der Baseli-

nephase. Konsequenterweise wird ein guter Teil der Gruppenzeit für Diskussionen über solche Faktoren verwendet, die zu manischen Episoden führen, über die Notwendigkeit, stimmungsstabilisierende Medikationen einzunehmen, und über Möglichkeiten, Stress zu reduzieren.
- Ein weiteres Ziel befasst sich mit dem **Erlernen von Bewältigungsstrategien bezüglich der Unbeständigkeit und den Folgen der Erkrankung**. Residuelle Stimmungsschwankungen, Familienzerschlagungen, Arbeitsschwierigkeiten, geringer sozioökonomischer Status ungeachtet hoher Intelligenz – dies alles sind Nebenaspekte der Störung. Es ist hilfreich für die Patienten, Gefühle miteinander zu teilen und Unterstützung von anderen zu erhalten, die die gleichen Probleme erfahren haben. Im Verlauf der Gruppe können Möglichkeiten des Umgangs mit den genannten Punkten besprochen werden.
- Ein drittes Ziel bezieht sich auf das Erreichen von **Einsicht** und die **Verbesserung von Beziehungen** durch Diskussionen wichtiger psychodynamischer und interpersonaler Punkte, die gemeinhin Patienten mit bipolaren Störungen beeinträchtigen. Therapiegruppen sind exzellente Vehikel für die Bearbeitung von Abhängigkeitsbedürfnissen, das Konfrontieren von Verleugnungen und die Untersuchung maladaptiver Beziehungsmuster, die von allen während der Hier-und-Jetzt-Situationen der Sitzungen beobachtet werden können.

Ambulante integrative bipolare Gruppen treffen sich üblicherweise wöchentlich für 60–90 Minuten. Sie sind **homogen** zusammengesetzt und variieren zwischen acht und zwölf Patienten, mit einem Median von sechs bis acht Sitzungen (in den USA; d. Hrsg.). Stimmungsstabilisierende **Medikationen** werden normalerweise nicht durch die Therapeuten im Kontext der Gruppe verschrieben, sondern von einer separaten klinischen Einrichtung. Die Gruppen sind geschlossen, dennoch können neue Gruppenmitglieder in die Gruppe aufgenommen werden, falls die Anzahl der Mitglieder unter weniger als fünf fallen sollte, ganz ähnlich wie oben für die schizophrenen Patientengruppen beschrieben.

Medikationsaspekte werden in einer bipolaren Gruppe häufig diskutiert. Wie in anderen Settings kann eine medikationsbezogene Auseinandersetzung die Einstellungen der Gruppenmitglieder zu ihrer Erkrankung und der Behandlung oder Konflikte mit Autoritätspersonen und Kontrolle sowie Probleme mit Intimität und interpersonalen Beziehungen zu Tage fördern (Zaslav und Kalb 1989). Bei bipolaren Patienten ist die Compliance bzgl. Medikationen ganz besonders wichtig, da dies den Unterschied zwischen einem relativ normalen Leben und extremen Stimmungsschwankungen mit psychotischen und suizidalen Anteilen ausmachen kann. Medikationsdiskussionen, die den Gruppenprozess dominieren, können jedoch eine Verleugnung der psychologischen Aspekte der Erkrankung reflektieren. Aus diesem Grund sollten Medikationsaspekte nur angesprochen werden, wenn sie relevant sind.

In bipolaren Gruppen ist **Kotherapie** die Norm. Dies ermöglicht den Gruppenleitern, sich während der Sitzungen gegenseitig zu unterstützen, modelladäquate interpersonale Interaktionen auszuführen, mit chaotischen Gruppenprozessen besser umzugehen, den jeweils anderen bei Abwesenheiten zu vertreten und sich gegenseitig bei den **starken Gegenübertragungsgefühlen** zu helfen. Bei dem Versuch, die Ziele der integrativen bipolaren Gruppen zu erreichen, übernehmen die Kotherapeuten eine ganze Reihe von Rollen, die von edukativen, direktiven, zu supportiven Haltungen reichen, um Gruppengespräche von wichtigen psychodynamischen und interpersonalen Aspekten zu fördern.

Eine Anzahl von Gesprächspunkten ist angemessen für diese Art Gruppen. Z.B.:
- die Effekte und Nebenwirkungen von stimmungsstabilisierenden Medikationen,
- die Enttäuschung über die Wahrscheinlichkeit, auch zukünftig manische oder depressive Episoden zu erleben,
- die Unmöglichkeit, den eigenen emotionalen Zustand zu kontrollieren,
- potenzielle Suizidalität,
- die Neigung zur Veleugnung,
- Abhängigkeit und Gegenabhängigkeit,
- interpersonale Folgen der bipolaren Störung,
- eheliche und Arbeitsplatzprobleme,
- Verzweiflung über die Tatsache, an einer chronischen Krankheit erkrankt zu sein.

Idealerweise bringen die Patienten diese Punkte spontan ein und teilen Emotionen, Einsichten und Bewältigungsstrategien untereinander aus. Manchmal müssen die Therapeuten intervenieren, um Verleugnungssysteme in Frage zu stellen, Widerstand zu interpretieren und Interaktionen im Hier und Jetzt der Sitzungen zu motivieren.

Cerbone u. Mitarb. (1992) und Hallensleben (1994) haben festgestellt, dass frühzeitig in ambulanten Gruppen mit bipolaren Patienten Aspekte um den Medikamentengebrauch, Lernen über die Erkrankung, die wechselseitige Unterstützung und die Etablierung von Kohäsion und Freundschaft die Sitzungen dominieren. Später wechselt die Aufmerksamkeit hin zu Diskussionen intrapsychischer und interpersonaler Aspekte, die das Leben der Patienten beeinflussen. Ich habe die gleiche Abfolge in unseren integrativen Gruppen gefunden. Wenn neue Gruppenmitglieder hinzukommen, scheint eine regressive Bewegung auf frühere Themen einzusetzen, bis die neuen Gruppenmitglieder das gleiche Verständnisniveau wie die alten erreicht haben (zur Problematik neuer Gruppenmitglieder in halboffenen Gruppen s. Kap. 32). Diese „neue" Gruppe schreitet dann vorwärts, was man mit Begriffen wie **Intimität** und **Gegenseitigkeit** beschreiben kann. Verschiedene therapeutische Wirkfaktoren (Yalom 1975) kommen in bipolaren Gruppen zum Tragen, darunter
- Einflößen von Hoffnung,
- das Geben von Informationen,
- interpersonales Lernen,
- Universalität des Leidens,
- Kohäsion,
- Einsicht,
- gegenseitige Unterstützung (s. auch Kap. 23).

Effektivität des integrativen Ansatzes

Gruppen mit Schizophrenen

Dieses integrative Gruppenpsychotherapiemodell für Schizophrene wurde empirisch entwickelt und mittlerweile durch eine ganze Reihe von Untersuchungen gestützt, die bis in das Jahr 1975 zurückgehen, wobei diese Studien in zahlreichen stationären und ambulanten Settings der Vereinigten Staaten und des Auslands durchgeführt wurden.

Im Hinblick auf das Ergebnis haben psychotische Patienten im stationären Setting ihre Gruppenerfahrung zum Zeitpunkt ihrer Entlassung als hilfreich eingeschätzt, speziell jüngere und nicht paranoide Patienten (Kanas und Barr 1982). Einige ambulant behandelte Patienten haben eine Reduktion bei ihren Symptomen und eine Lockerung der sozialen Angst vier Monate nach der Beendigung der Gruppenpsychotherapie festgestellt (Kanas u. Mitarb. 1989b; Kanas u. Mitarb. 1988). Die Teilnahmeraten lagen im Bereich von 80–90% und die Drop-out-Raten unter 20% (Kanas u. Mitarb. 1989a; Kanas u. Mitarb. 1984; Kanas und Smith 1990; Kanas u. Mitarb. 1988, 1989b).

Untersuchungen des Gruppenprozesses legen nahe, dass sowohl in stationären als auch in ambulanten Settings die Gruppenmitglieder in hoher Qualität der Gruppenarbeit engagiert sind, geringe Vermeidungs- und Konfliktniveaus aufweisen und wichtige Aspekte ihrer Probleme mit geringem Widerstands- und Angstniveau angehen (Kanas und Barr 1986; Kanas u. Mitarb. 1985, 1989a; Kanas und Smith 1990). In einer Studie in einem englischen Hospital (Kanas 1996) machte eine stationäre integrative Gruppe in einem Maß für Kohäsion signifikant höhere Angaben als eine vergleichbare Gruppe in den USA und zugleich signifikant niedrigere Ratings im Maß für Vermeidung und Angst, was womöglich Geschlechts- und kulturelle Unterschiede in den zwei Gruppen spiegelte. Ambulante integrative Gruppen weisen im Verlauf der Zeit der Gruppe ein Muster erhöhter Kohäsion, verminderter Vermeidung und mit weniger Konflikten auf (Kanas u. Mitarb. 1989a; Kanas u. Mitarb. 1984). Speziell schätzen die Patienten die Gruppe als einen Raum, in dem sie Einsichten entwickeln oder Ratschläge von den Therapeuten erhalten können (Kanas und Barr 1982; Kanas u. Mitarb. 1988). Schließlich konnte nachgewiesen werden, dass sich zeitbegrenzte Gruppen mit 12 Sitzungen als hilfreich und praktikabel für ambulante schizophrene Gruppen erwiesen (Kanas 1991, 1996). Solche Gruppen sind kosteneffektiv und vielversprechend in Zeiten von „Managed Care" und überfrequentierten Kliniken mit minimalem Personal.

Bipolare Gruppen

Bisherige Erfahrungen mit ambulanten integrativen Gruppen waren gleichfalls durchweg positiv (Kanas 1993; Kanas und Cox 1998). Die Patienten waren in der Lage, produktiv miteinander zu arbeiten, wichtige intrapsychische und interpersonale Punkte in Bezug auf ihre bipolare Störung zu besprechen und sich gegenseitig während hypomanischer und depressiver Episoden zu unterstützen. Die Ziele im Hinblick auf Teilung von Information über die Erkrankung, Besprechung von möglichen Wegen der Bewältigung von Symptomen und Folgen der Erkrankung sowie die Gewinnung von Einsichten und verbesserte Beziehungen wurden durch psychodynamische und interpersonale Konzepte erreicht. Zum Beispiel waren – ermittelt in einer den Prozess untersuchenden Studie – in den ersten 31 wöchentlichen Sitzungen einer ambulanten bipolaren Gruppe 81% der Diskussionspunkte direkt mit einem der drei Therapieziele korreliert (Kanas und Cox 1998). Verglichen mit normativen Stichproben anderer Psychotherapiegruppen, hatte unsere bipolare Gruppe signifikant höhere Werte in einem Kohäsionsmaß und signifikant niedrigere Werte in Vermeidung, Konflikt und Angst. Obwohl vier der 12 Patienten vorzeitig die Gruppenteilnahme beendeten, betrug die generelle Teilnahmerate respektable 72%.

IX Gruppenpsychotherapie mit speziellen Patienten-Populationen Teil B

49. Gruppenpsychotherapie mit Kindern und Jugendlichen

G. Lehmkuhl

Stand der Evaluation von Gruppenverfahren im Kindes- und Jugendalter

Für Slavson (1966, 1971, 1975) besitzt die Gruppenpsychotherapie für Kinder und Jugendliche eine hohe Bedeutung, da sie ihnen die Möglichkeit gibt, fehlende soziale Erfahrungen nachzuholen und intrapsychische sowie interaktionelle Konflikte und Einflüsse angemessen zu verarbeiten und zu integrieren. Johnson u. Mitarb. (1986) zeichneten den Prozess einer zunehmenden Gruppenorientierung nach, an dessen Anfang Bemühungen standen, die Einzelpsychotherapie durch pädagogische Gruppenmaßnahmen wie Sommercamps, Pfadfindergruppen usw. zu ergänzen. Mit zunehmender Ausdifferenzierung der Gruppenmethoden wurden spezifische Indikationskriterien erarbeitet.

> Nach Indikationskriterien ist die Gruppenpsychotherapie vor allem dann indiziert, wenn es einem Kind/Jugendlichen nicht gelingt, in der Einzelpsychotherapie eine positive Übertragung herzustellen oder die verbale Kommunikation so stark blockiert ist, dass nur das Ausleben und der Kontakt zu Gleichaltrigen der Weg zu einer erfolgreichen Behandlung sein kann.

Auch wenn die Bedeutung gruppenpsychotherapeutischer Ansätze sowohl im ambulanten als auch im stationären Bereich immer wieder betont wurde, ist ihre tatsächliche Anwendung eher selten. Sie kann zwar als ambulante Leistung abgerechnet werden, dies geschieht jedoch nur in geringem Umfang. Die zurückhaltende Durchführung ambulanter Gruppenpsychotherapien im Kindes- und Jugendalter entspricht auch der bislang noch ungenügenden empirischen Grundlage ihrer Effekte. Das heißt, eine gründliche Evaluation dieser Methode steht für diesen Altersbereich noch aus (Bamber 1988, Sevitt 1988, Tschuschke 1996d).

Entsprechend hat auch Tschuschke in einer Übersichtsarbeit 1996 darauf hingewiesen, dass gruppenpsychotherapeutische Behandlungsansätze bei Jugendlichen bislang wissenschaftlich kaum untersucht wurden, obwohl viele klinische Beobachtungen gerade diese Behandlungsform als sehr viel versprechend beschrieben (Tschuschke 1996d). Während Adoleszente von Gruppenpsychotherapien gut profitieren (Cramer-Azima und Dies 1989; Dagley u. Mitarb. 1994; Kymissis 1993), lässt sich nach Abramowitz (1976) für Aktivitätsgruppen, Gruppen mit Verhaltensmodifikation sowie Spiel- und Gesprächsgruppen im Kindesalter kein überzeugender Effekt nachweisen. Folgende Themenschwerpunkte finden sich in der Darstellung empirischer Untersuchungen:

- der Einfluss des kognitiven Entwicklungsstandes auf Verlauf und Durchführung der Gruppenpsychotherapie,
- der Effekt spezifischer Ansätze bei verschiedenen Störungsbildern,
- die Rolle und Einbeziehung der Eltern z. B. durch parallel laufende Kinder- und Erwachsenengruppen,
- der Wechsel vom Aktivitätsspielmodell hin zu verbal orientierten Gruppenkonzepten,
- die Kombination mit anderen Techniken, z. B. dem Psychodrama,
- die Dauer der Behandlung einschließlich kurzzeittherapeutischer Ansätze (Azima 1976; Johnson u. Mitarb. 1986; Kymissis 1993; Schamess 1993).

Definition und Systematik gruppenpsychotherapeutischer Konzepte für das Kindes- und Jugendalter

Eine praxisorientierte Systematik, die für die Indikationsstellung und Durchführung eine Orientierung bietet, unterteilt Gruppenpsychotherapieverfahren primär nach ihrem Strukturierungsgrad (Johnson u. Mitarb. 1986). Hierzu bietet sich eine **dreistufige Kategorisierung** an:
- Der Gruppenleiter gibt wenig Vorgaben und keine oder seltene Interpretationen. Die Gruppenmitglieder werden zu einem spontanen, sich weitgehend selbst regulierenden Austausch angeregt.
- Der Gruppenleiter nimmt eine gewisse Aktivität und Anleitungsfunktion wahr, er bietet Interpretationen an und interveniert sowohl in Bezug auf die ganze Gruppe als auch auf einzelne Mitglieder.
- Spezifische Modifikationstechniken und Übungen werden entsprechend einer vorgegebenen Anleitung vom Gruppenleiter aufgegriffen und gezielt eingesetzt sowie mit den Gruppenteilnehmern durchgearbeitet.

Die Unterteilung nach dem Strukturierungsgrad (Tab. 49.1) entspricht z.T. auch einer Differenzierung hinsichtlich der theoretischen Konzepte, d. h. dem zu Grunde liegenden Menschenbild: Spieltherapie und tiefenpsychologisch orientierte Gruppenpsychotherapie mit Jugendlichen weisen eine geringere Strukturierung auf als verhaltenstherapeutische Konzepte. Es finden sich jedoch auch fließende Übergänge und sinnvolle Ergänzungen von strukturierenden und offenen Vorgehensweisen. So beginnt Gaines (1981) die Gruppenpsychotherapie mit Grundschulkindern zunächst fokussierend, vermittelt soziale Regeln, die gemeinsam geübt und vertieft werden. Sind diese grundlegenden Fähigkeiten vorhanden und stabilisiert, setzt ein Gruppenprozess ein, der weniger vom Gruppenleiter gesteuert, sondern von den Mitgliedern aktiv gestaltet wird.

Tabelle 49.1 Strukturierungsgrad in verschiedenen Gruppensettings für Kinder und Jugendliche

	Strukturierungsgrad		
	hoch	mittel	gering
Gruppentraining	+++	+	–
Gruppenarbeit	+++	++	+
Gruppenpsychotherapie	+	++	+++

Eine andere Unterteilung orientiert sich in Anlehnung an Haar u. Mitarb. (1979) an inhaltlichen und theoretischen Schwerpunkten, die den konzeptuellen Rahmen für eine Differenzierung der Gruppenverfahren abgeben:
- **Gruppenarbeit:** die Gruppe als Vermittler korrigierender sozialer Erfahrungen,
- **Gruppentraining:** der Einsatz spezifischer pädagogischer und verhaltenstherapeutischer Interventionen bei definierten Verhaltensauffälligkeiten und Defiziten,
- **Gruppenpsychotherapie:** die Gruppe als Medium für emotional korrigierende Erfahrungen mit dem Ziel vorwiegend intrapsychischer Veränderungen.

Inhaltliche Gründe legen nahe, Gemeinsames und Trennendes dieser verschiedenen Gruppenpsychotherapieformen herauszustellen: Gemeinsam ist ihnen das Bestreben, Kindern bzw. Jugendlichen eine größere soziale Kompetenz, eine bessere Selbstwahrnehmung und -einschätzung sowie ein erweitertes Kommunikationsverhalten zu ermöglichen. Unterschiede bestehen in der Zielsetzung sowie in der Einbeziehung und Betonung psychodynamischer und insbesondere gruppendynamischer Prozesse. Welche Funktion kommt der Gruppe als Medium zu, wie wirkt sie und welche Rolle nimmt hierbei der Gruppenleiter ein? Während er bei der Gruppenarbeit eine dominierende Rolle besitzt, ist seine Funktion in der Gruppenpsychotherapie zurückhaltender. Hier fungiert er eher als Moderator. Sandner (1978, 1986) spricht deshalb von unterschiedlichen Arten des psychosozialen Lernens, wobei sich folgende generelle Fragen für die Beurteilung des Gruppenverlaufs ergeben: Unter welchen Bedingungen sind in Gruppen mit welchen Teilnehmern welche Lernprozesse mit welcher Wahrscheinlichkeit und unter welchen Widerständen zu erwarten?

Beide Klassifikationsansätze ergeben ein umfassendes Raster für die Indikationsstellung und Durchführung von Gruppenpsychotherapie, insbesondere wenn Variablen wie Alter und zugrunde liegende Symptomatik mit einbezogen werden. Innerhalb der Gruppenarbeit, des Gruppentrainings und der Gruppenpsychotherapie sind unterschiedlich strukturierte Vorgehensweisen möglich, die sich nach dem Entwicklungsstand und dem Auffälligkeitsspektrum der Patienten richten sollten. Hieraus lässt sich ableiten, dass es **die** Gruppenpsychotherapie, auch auf ein bestimmtes Theorie- bzw. Therapiekonzept bezogen, nicht gibt. Die zuvor erwähnten methodischen Schwierigkeiten einer empirischen Überprüfung von Gruppeneffekten werden nun besser verständlich, da das praktische Vorgehen eine große Variabilität in der technischen Durchführung, der Gruppenzusammensetzung und der Zeitdauer besitzt (Lehmkuhl und Lehmkuhl 1991).

Planung und Durchführung

Bei der Indikationsstellung für eine Gruppenpsychotherapie lassen sich allgemeine, störungsbezogene und gruppenspezifische Kriterien heranziehen.

Allgemeine Aspekte der Indikationsstellung

Zu den allgemeinen Kriterien gehören neben dem Entwicklungsstand des Patienten, sein soziales Umfeld, Motivation sowie die Möglichkeit, ihn in eine geeignete Gruppe aufzunehmen. Dieser Aspekt ist deshalb von großer Bedeutung, weil die Zusammenstellung von Gruppen, die eine ausreichende Altershomogenität aufweisen und deren Zusammensetzung eine ausreichende Arbeitsfähigkeit garantieren sollte, oft nur schwer gelingt. Bei der Vielzahl von Freizeitaktivitäten, schulischer Belastung und anderen Verpflichtungen ist es nicht leicht, einen gemeinsamen Termin zu finden und ein regelmäßiges Kommen zu erreichen.

Kadis u. Mitarb. (1982) stellen die generelle Indikation für die Gruppenpsychotherapie dann, wenn zum Zeitpunkt der Behandlung eine vorwiegend interpersonell orientierte Therapieform die besten Entwicklungsmöglichkeiten bietet. Die Gruppenpsychotherapie ist dann der Einzelpsychotherapie vorzuziehen, wenn der Patient vor allem lernen soll, wie man positive Beziehungen und Unterstützung durch die anderen Teilnehmer gewinnen kann. Kinder und Jugendliche, die nur über geringe soziale Kompetenzen verfügen, sind dabei in ganz freien Gruppensituationen eher überfordert und benötigen ein Setting, das für sie überschaubare und strukturierende Schritte anbietet und sie so auf komplexere und konflikthaftere Situationen vorbereitet. Hyperaktive und aggressive Kinder werden mit einem großen Freiraum wenig konstruktiv umgehen können, so dass sich hier Aktivitätsgruppen verbieten und ein verhaltenstherapeutisches Vorgehen mit einem gezielten Abbau von dissozialen und expansiven Verhaltensweisen, z. B. durch Rollenspiele, hilfreich wirkt (Petermann und Petermann 1987).

Störungsbezogene Indikationsstellung

Die störungsbezogenen Indikationen betreffen ein Spektrum unterschiedlicher Verhaltensauffälligkeiten. Für den Kinderbereich sieht Kemper (1984) den therapeutischen Effekt von **Aktivitätsgruppen** darin, dass Anregung und Beteiligung an Spielen zu einer kathartischen Wirkung führten, wobei der Therapeut die Rolle eines verständnisvollen Begleiters übernehme und nur für ein Minimum der unerlässlichen Disziplin sorge. Ausgehend von unterschiedlichen theoretischen Ansätzen wurden zunächst Modelle eines nondirektiven, gewähren lassenden und nicht deutenden Vorgehens weiterentwickelt. Eine permissive, nicht kontrollierende Haltung des Therapeuten sollte die Ich-Entwicklung stärken, wobei Slavson u. Schiffer (1975) den Schwerpunkt auf die individuelle Entwicklung und Autonomie legen, während Axline (1947) und Ginott (1961) stärker auf die Verbalisation und die Reflexion von Gefühlen und Wahrnehmungen im Gruppenkontext eingehen. Die Auswahl von Kindern für die Gruppenspieltherapie nach Ginott (1961) geht vom Hauptkriterium des sozialen Bedürfnisses aus. Ginott (1961) weist darauf hin, dass die Kriterien für das Zusammenstellen einer Spieltherapiegruppe bisher nirgends klar formuliert und kaum überprüft worden seien. Gehemmte unsichere ängstliche Kinder und solche mit ausgeprägten Kontaktstörungen seien für eine Aktivitäts- bzw. eine Spielgruppe gut geeignet. Kinder mit aggressiven, impulsiven und expansiven Symptomen oder bei denen eine starke Geschwisterrivalität vorliege, seien für ein solch offenes Gruppenangebot hingegen nicht vorzusehen.

Gruppenspezifische Indikationsstellung

Gruppenspezifische Kriterien für die Indikationsstellung hängen also eng mit störungsbezogenen Faktoren zusammen. Generell lässt sich festhalten, dass Kinder und Jugendliche mit expansiven Störungen von einem großen Freiraum wenig profitieren und sich hier strukturierte Verfahren mit der Vermittlung von spezifischen Funktionen oder Teilleistungen anbieten. Petermann und Petermann (1987) haben für den **verhaltenstherapeutischen Gruppenbereich** mögliche Schwerpunkte und differenzierte Ansätze wie folgt unterteilt:
- psychologische Fertigkeitstrainings,
- psychologische Prävention bei Teilgefährdungen, z. B. Alkohol oder Drogen,
- Abbau dissozialen und delinquenten Verhaltens durch Rollenspiele,
- Breitbandprogramme mit sozialpädagogischen Ansprüchen.

Interventionstechniken stellen u.a. Rollenspiele, Selbstkontrollverfahren, Kommunikations- und Planspiele sowie Entspannungsübungen dar. Das zu erreichende Therapieziel ist in operationale Teilaspekte gegliedert, um den Teilnehmern die vielfältigen Aspekte sozialer Fähigkeiten mit unterschiedlichen sozialen Lerntechniken nahe zu bringen. Hierbei ist insbesondere darauf zu achten, dass sich die Kinder bzw. Jugendlichen in den Gruppen in ihrem negativen Verhalten nicht verstärken, d. h., dass es nicht zu unerwünschten Modellen und Identifikationsprozessen kommt.

Adoleszente und Jugendliche, bei denen Beziehungsschwierigkeiten, Ablösungskonflikte und Selbstunsicherheit bestehen, nähern sich häufig den Problemen im Gruppengespräch besser an als in der Einzelpsychotherapiesituation. Homogene Gruppen bieten hierbei die Möglichkeit, umschriebene Störungen intensiv zu bearbeiten, z. B. Mädchen mit Anorexia nervosa und Bulimia nervosa. Die Gefahren bestehen hierbei in der thematischen Begrenzung, einer gegenseitigen Verstärkung des negativen Selbstbildes und in einer nur gering ausgeprägten Gruppendynamik. Einige der in der Adoleszenz zu erreichenden Ziele wie die Ablösung von den Eltern und die Entwicklung eigener Perspektiven und Ziele sowie die Etablierung neuer Beziehungsformen sind in der Gruppensituation im Austausch mit Gleichaltrigen besonders gut zu thematisieren und durchzuarbeiten. Fragen der Persönlichkeitsentwicklung, der Identitätsbildung sowie die Aufgaben der Selbstfindung und Individuation lassen sich, so Kymissis (1993), in einem beschützten Gruppenrahmen angstfreier besprechen als allein mit einem Therapeuten.

Unabhängig von der gruppenpsychotherapeutischen Grundorientierung hängt ein erfolgreicher Therapieprozess von folgenden Faktoren ab, die in der Gruppensituation hergestellt bzw. vermittelt werden sollten (Tschuschke und Dies 1997; Tschuschke 1996d), von:
- der Beziehung zwischen Therapeut und Jugendlichem,
- der Interaktion der Jugendlichen untereinander,
- der Gruppenkohäsion,
- motivationsfördernden Gruppenthemen,
- Möglichkeiten der Identifikation.

Gruppenpsychotherapie im Kindesalter

Lutz (1981) weist auf einen kritischen Punkt in der Gruppenpsychotherapie mit Kindern hin. Weit mehr als der Gruppenarbeit mit Erwachsenen würde diesem Verfahren etwas von einem pädagogischen Impetus anhaften. Die Grenzen zwischen pädagogischem und therapeutischem Tun verwischen sich nach Lutz offenbar in der Arbeit mit Kindern weit leichter und es kann der Eindruck entstehen, es handele sich primär um eine heilpädagogische Akzentsetzung. Indikationen sieht Lutz (1981) bei insgesamt ängstlichen, unsicheren und gehemmten kindlichen Persönlichkeitsstrukturen. Für Gruppen ungeeignet hält sie Störungsbilder mit dissozialen und aggressiven Störungen, bei denen eine ungenügend entwickelte innere Kontrolle und Steuerungsmöglichkeit vorlägen. Als formale Voraussetzungen nennen verschiedene Autoren übereinstimmend folgende Voraussetzungen:

> Mindestens fünf bis maximal acht/neun Gruppenmitgliedern sind notwendig, weiterhin eine gründliche Voruntersuchung in mehreren Einzelkontakten, die eine zuverlässige Diagnosestellung erlaubten, mehrere Vorgespräche mit Eltern, um Therapiebereitschaft und Motivation zu klären, die Vermittlung differenzierter Information über das vorgesehene gruppenpsychotherapeutische Verfahren, z. B. ob es verhaltenstherapeutisch oder analytisch/tiefenpsychologisch fundiert erfolgen soll (Zauner 1980; Dies und Riester 1986).

Schwierigkeiten in der Anfangsphase

In den ersten Gruppenstunden erleben Kinder häufig verstärkt eigene Unsicherheiten und Ängste, die sie durch demonstratives Agieren und Imponiergehabe zu kompensieren versuchen. Gefühle der Fremdheit, Unsicherheit und Isoliertheit können dabei auftreten. Die Rolle des Therapeuten sollte eine lenkende, mit Hinweisen auf wechselseitiges Verständnis und nicht überfordernde Konfrontation sein. Latente und manifeste Angstthemen sollten aufgegriffen und bearbeitet werden. In einem zweiten Schritt gelingt dann die Identifikation mit anderen Gruppenmitgliedern und die Auseinandersetzung mit eigenen Persönlichkeitsanteilen.

Behandlungstechnik

Die Aufgabe des Therapeuten besteht zunächst in einer Spiegelwirkung durch Verbalisieren und Konfrontieren, mit Gruppenthemen, die einer Erklärung bedürfen, um ein zufrieden stellendes Arbeitsklima und eine ausreichende Gruppenkohäsion zu erreichen. Hierzu gehören das Aufgreifen von verbalen Inhalten sowie das Kommentieren und Deuten von Handlungen. Eine wichtige Ich-Stärkung erfahren die Kinder dadurch, dass sie merken, dass ihre Äußerungen ernst genommen werden und Anstoß für Gruppenthemen darstellen. Um Polarisierungen zu vermeiden, sollten schematische Rollenfestlegungen und Sündenbockprojektionen aufgegriffen werden und in verschiedenen Techniken wie Spielen (Gesellschafts-, Puppen- und Rollenspiel) durchgearbeitet werden. Auch das bildnerische Gestalten kann helfen, unbewusste Gruppenprozesse und interaktionelle Themen zu bewältigen. Der Therapeut sollte vermeiden, in die Rolle des sich anbiedernden Kumpels und Spielkameraden zu verfallen, er muss die Gefahr der aggressiv und negativ besetzten Mutterprojektion erkennen und Bemühen um Verständnis und Solidarität vermitteln.

Slavson (1943/1956) gibt in seiner „Einführung in die Gruppenpsychotherapie" wichtige Hinweise für die Planung und **Zusammensetzung** der Gruppenpsychotherapie für Kinder mit psychischen Entwicklungsschwierigkeiten im Rahmen des Child Guidance-Konzepts: Die Gruppengröße sollte 5–6 Kinder betragen, der Altersunterschied höchstens zwei Jahre. Eine umfassende diagnostische Einstufung der emotionalen und sozialen Entwicklung, d. h. der Persönlichkeitsreife, sollte in den Vorgesprächen erfolgen. Neben dem Lebensalter stellt die klinische Diagnose einen wichtigen Aspekt für die Indikationsstellung dar. Dominierende Gruppenangehörige mit feindseligem, destruktivem und antisozialem Verhalten sollten nicht als Modell dienen und die Gruppe nicht dominieren. Eine Verringerung des aggressiven Potentials in der Gruppe ist notwendig, andererseits birgt eine Zusammensetzung mit überwiegend selbstunsicheren und zurückgezogenen Kindern die Gefahr einer zu geringen Gruppendynamik in sich. Folgerichtig schlägt Slavson ein Gleichgewicht in der Gruppe hinsichtlich der Intensität verschiedener Diagnosen und Temperamente vor. In den Gruppen sollte eine verbotsfreie Atmosphäre herrschen und ein affektives Gleichgewicht hergestellt werden. Die Ziele bestehen in einer Verstärkung der Interaktionen, Verminderung von Angst und Entwicklung von Vertrauen, Anpassung an äußere Anforderungen und Erhöhung der Frustrationstoleranz.

Schiffer (1969) plädiert in seinem **Modell der therapeutischen Spielgruppe** für eine Homogenität hinsichtlich Alter und Geschlecht. Die Zusammensetzung der Spielgruppe sollte so weit wie möglich unverändert bleiben, d. h. nach den Vorauswahlstunden sollten die Teilnehmer konstant bleiben und keine neuen Kinder aufgenommen werden. Als besonders wichtig erachtet er ein ausreichend großes Spielzimmer, ein vorher ausgewähltes Material, das in offenen Schränken zugänglich ist, wobei Gegenstände ausgewählt werden sollten, die der Kommunikation dienen, die Interaktion fördern und kreative Bedürfnisse befriedigen.

Bei Ginott (1961, 1966) findet sich eine detaillierte Darstellung für die Auswahl von Kindern für die Gruppenspieltherapie, die Zusammensetzung der Gruppe, die Richtlinien für die Spielzeugauswahl und die Durchführung der einzelnen Therapiestunden. In einem empirischen Teil schildert er die Begründungen von 200 Eltern für das Versäumnis des ersten Termins: 23% gaben Schwierigkeiten an, zur Klinik zu kommen, 20% berichteten über eine Erleichterung des Problems, 15% berichteten über Hilfestellungen durch andere Institutionen.

Verhaltenstherapeutische Ansätze am Beispiel des sozialen Kompetenztrainings

Das soziale Kompetenztraining nach Döpfner (1987) zerlegt das Zielsymptom Selbstunsicherheit in seine relevanten Komponenten, um dann hieraus verschiedene Lernschritte abzuleiten, die sich wechselseitig beeinflussen und die bei der Konstruktion und Evaluation des Behandlungsprogramms zu beachten sind. Als multimodale Therapie sollten alle Ebenen der Selbstunsicherheit angesprochen und bei der Therapiekontrolle überprüft werden. Die einzelnen Komponenten der Selbstunsicherheit finden sich in den Trainingseinheiten des Therapeutenmanuals wieder, wobei verschiedene Modifikationstechniken herangezogen werden. Definition und Unterteilung des Zielsymptoms in Teilkomponenten, Inhalt und Durchführung des Trainingsprogramms und Modifikationstechniken sind eng aufeinander bezogen und ausgearbeitet. Döpfner u. Mitarb. (1981) verglichen den Effekt eines Kompetenztrainings in der Gruppe an 9- bis 12-jährigen Kindern mit dem einer klientenzentrierten Spieltherapie. Insgesamt zeigen die Ergebnisse dieser Studie, dass das verhaltenstherapeutische Kompetenztraining in der Lage ist, Selbstunsicherheit auf kognitiver, emotionaler und motorischer Ebene zu verändern und hierbei der klientenzentrierten Spieltherapie in fast allen Variablen überlegen ist.

Ein soziales Kompetenztraining für Kinder mit aggressiven, impulsiven Verhaltensschwierigkeiten entwickelten Schürmann u. Quant (1999). Die insgesamt zehn Gruppenstunden umfassen folgende Themen: Einführung und Kennenlernen, Kooperation, Umgang mit Streitthemen, Wahrnehmen und Ausdruck von Gefühlen, Umgang mit Ärger, Gestalten von Freundschaften, Selbstvertrauen, Rivalität, Reaktion auf erlebte Aggression. Die Inhalte der einzelnen Gruppenstunden werden mit Ziellisten, Gruppenregeln und speziellen Verhaltensaufgaben strukturiert, wobei Rollenspiele, gemeinsames Gestalten und Spielen als Techniken integriert sind.

Gruppenpsychotherapie mit Jugendlichen

Speziell im Jugendalter besitzen gruppenpsychotherapeutische Ansätze eine besondere Effizienz (Kymissis 1993; Tillitski 1990; Lehmkuhl und Lehmkuhl 1992; Tschuschke 1996d). Nach Levine (1979) liegt dies an der großen Bedeutung der Peer-Gruppe in dieser kritischen Lebensphase. Die Gruppe vermittelt dem Jugendlichen neue Wertmaßstäbe, grenzt ihn gegen die Eltern ab, Themen wie Sexualität, Selbstbeurteilung und Anerkennung durch Gleichaltrige gewinnen an Bedeutung (Lehmkuhl 1984).

Haar u. Mitarb. (1979) nehmen folgende Modifikation der tiefenpsychologisch orientierten Gruppenmethode bei Jugendlichen vor: Der Therapeut sollte sich hier aktiver, realer in seinem Umgang mit den Jugendlichen verhalten, häufiger Interpretationen anbieten, bei Bedarf einen Leitfaden für das Gespräch finden, auf den hohen Angstpegel und die relative Ich-Schwäche Rücksicht nehmen. Nach Zauner (1981) sollte die Aufmerksamkeit des Therapeuten von Beginn an den Strukturierungsversuchen der Gruppe, ihrer Rollenverteilung und ihren gemeinsamen Bemühungen um eine Abwehr von

Angstgefühlen und -inhalten gelten. Der Gruppenleiter dürfe sich nicht passiv zurückziehen, sondern sollte durch Authentizität und Spontaneität bei Wahrung der nötigen Distanz den Bedürfnissen der Jugendlichen nach Echtheit des Kontaktes nachkommen (Zauner 1980, 1981). Slavson (1966, 1971) formuliert folgende inhaltliche Schwerpunkte für die Gruppenpsychotherapie mit Jugendlichen: Stärkung der Ich-Anteile, besonders im Hinblick auf Gefühle des Versagens und der Minderwertigkeit, mit dem Ziel, einem möglichen Zusammenbruch des Selbstwertgefühls entgegenzuwirken. Außerdem sollten eine greifbare soziale Wirklichkeit hergestellt und soziale Beziehungen gestärkt werden. Dies sind Grundvoraussetzungen für eine erfolgreiche Behandlung, weil „positive Leistungen, Anerkennung, gesunde Identifizierung und viele andere gruppendynamische Prozesse die Grundhaltung des Patienten zu sich selbst verändern und sein Selbstwertgefühl erhöhen" (Slavson 1966, S. 75).

Ermann (1973) beschreibt das Vorgehen in einer interaktionell geführten Jugendlichengruppe wie folgt:
- „Die Aktivität innerhalb der Gruppe geht von den Gruppenmitgliedern aus; sie wählen beispielsweise das Gruppenthema, bzw. die Gruppenthemen. Der Gruppenleiter verhält sich aber nicht passiv-abwartend, sondern greift selbst beratend ins Gespräch und aktiv in den Gruppenprozess ein.
- Im Mittelpunkt der Gruppenarbeit steht die Erörterung von aktuellen Konflikten, nicht die Bearbeitung von Übertragung und Widerstand.
- Ziel der Gruppenbetreuung ist die Einsicht in bewusstseinsnahe Haltungen, während deren Genese aus der Lebensgeschichte nur ausnahmsweise berücksichtigt wird. Dabei bilden außergruppale Erlebnisse meistens den Einstieg, durch den sich eine spontane Interaktion entwickeln soll, während Einsicht vor allem durch situationsbezogene, d. h. auf das aktuelle Gruppengeschehen hin bezogene Interpretationen erreicht werden soll" (S. 107).

Es gilt, vorhandenen Widerstand möglichst früh anzusprechen und die Gruppenkohäsion zu stärken.

Im Vorfeld der Gruppenpsychotherapie sollten einige Einzelkontakte durchgeführt werden, um eine geeignete Indikation und Gruppenzusammenstellung zu gewährleisten (Scheidlinger 1985). Als hilfreich haben sich in Anlehnung an MacKenzie (1990) Handouts erwiesen, die den Jugendlichen Informationen zu folgenden Themen liefern:
- Was ist Gruppenpsychotherapie?
- Warum kann Gruppenpsychotherapie hilfreich sein?
- Wie werden Gruppenstunden durchgeführt?
- Welche Befürchtungen kann die Gruppenpsychotherapie hervorrufen?
- Welche Gruppenregeln gibt es?
- Welches Bild könnte für die Funktion der Gruppe stehen?

Nach Heigl-Evers und Laux (1971) macht insbesondere der starke Kränkungsdruck der Jugendlichen eine genaue Gegenübertragungsbeobachtung und -kontrolle dringend erforderlich.

Wirkfaktoren

Tschuschke (1996d) fasst die wenigen Forschungsergebnisse zu Wirkfaktoren und Effektivität von Gruppenpsychotherapien bei Jugendlichen dahingehend zusammen, dass die therapeutisch relevanten Veränderungen wie im Erwachsenenalter bereits frühzeitig, d. h. zu Beginn der Gruppenpsychotherapie, wirksam werden (Tschuschke und Dies 1994a). Wenn die therapeutisch relevanten Wirkfaktoren frühzeitig zum Tragen kommen, bedeutet dies, dass dem Gruppenleiter eine wichtige Rolle zukommt, den Gruppenprozess zu initiieren und Faktoren wie Selbstöffnung und Feedback zu ermöglichen. Bereits Slavson (1961) betonte, dass die oft schwierigen Anfangsschritte in der Behandlung durch die Gruppensituation beschleunigt werden könnten. Die Mitglieder der Gruppe gäben einander Unterstützung und Sicherheit, jedes Mitglied fühle sich etwas weniger bedroht durch den Therapeuten und das vorgebrachte Material. Die meisten Autoren weisen darauf hin, dass bei Jugendlichen die Produktivität unvergleichlich größer in der Gruppen- als in der Einzelsituation sei, und dass die Patienten ihre Schwierigkeiten rascher zur Sprache brächten. Grinberg u. Mitarb. (1960) betrachten den Prozess der Identifizierung als ein wichtiges therapeutisches Element. Eine Veränderung der Grundstruktur und das zugrunde liegende Konfliktmuster – und darin besteht nach Meinung der Autoren die bedeutsame therapeutische Wirkungsweise der Gruppe – ergeben sich dann, „wenn die Patienten ihre Feindseligkeiten frei äußern können und dabei feststellen, dass deren Auswirkungen gar nicht so verhängnisvoll sind, wie sie es befürchtet haben" (S. 54).

Die von Yalom (1995) beschriebenen Heilfaktoren in der therapeutischen Gruppe für das Erwachsenenalter gelten in ähnlicher Weise auch bei Kindern und Jugendlichen: So ist es in der Frühphase der Gruppe notwendig, Grenzen zu ziehen und die Mitgliedschaft stabil zu halten. In diesem Zeitraum scheint das Vermitteln von Hoffnung, das Suchen von Ähnlichkeiten und der Vergleich von Symptomen und Problemkonstellationen bedeutsam. Altruismus und Gruppenkohäsion sind während des gesamten Therapieverlaufs wirksame Faktoren, während es zu einem späteren Zeitpunkt vermehrt auf Selbstoffenbarung und Konfrontation ankommt, die für den Prozess des interpersonalen Lernens wesentlich sind.

Verlauf

Behr (1988) und Evans (1988) sehen die Schwierigkeiten des Therapeuten für den Verlauf in Jugendlichengruppen darin, die Balance zwischen einem fokussierenden und nicht strukturierenden Vorgehen zu finden, wobei es aus Gründen der unterschiedlichen Gruppenzusammensetzungen und -konstellationen keinen einheitlichen praxeologischen Standard gibt. In mehreren analytisch orientierten Gruppenpsychotherapien mit Jugendlichen, deren Verlauf durch Selbst- und Fremdbeurteilungsratings eingeschätzt wurde, zeigte sich, dass innerhalb der ersten vier Wochen die intensivsten Effekte erreicht werden konnten. Nach der 7. bis 10. Gruppenstunde stellte sich ein gleich bleibendes Antwortmuster der Teilnehmer ein, und es ergaben sich keine weiteren signifikanten Veränderungen in der Selbstbeurteilung. Die Arbeitsfähigkeit der Gruppe erfuhr jedoch in der folgenden Zeit eine weitere Stabilisierung, die sich darin zeigte, dass vermehrt persönliche Konflikte und Themen aufgegriffen und bei geringerer Abwehr bearbeitbar waren (Lehmkuhl u. Lehmkuhl 1982, Lehmkuhl u. Mitarb. 1982). Der therapeutische Prozess in ambulanten Gruppen ist nach Zauner (1981), zumal in gemischten Gruppen, von stärkerer Dynamik und schnellerem Fortschritt bestimmt. Aus diesen Gründen sind die Selbstkontrolle des Therapeuten sowie sein persönlicher Umgang mit der Technik entscheidender als die exakte Befolgung der jeweiligen Methode. Jugendlichengruppen verlangen nach hoher Flexibilität und Bereitschaft zur Modifizierung von erlernten Methoden.

Tendenzen und mögliche Entwicklung

Abramowitz (1976) verlangt, dass durch einen klareren praxeologischen und breiteren konzeptuellen Rahmen effektivere Gruppenpsychotherapieansätze konzipiert werden sollten. Der Mangel an empirischer Forschung sollte Herausforderung sein, Gruppenverläufe mit den sich ergebenden Veränderungen durch reliable und valide Methoden zu erfassen. Hierbei komme den altersabhängigen und störungsbedingten Einflüssen eine besondere Bedeutung zu. Studien, die sich mit der Wirkung von Gruppenpsychotherapieverfahren beschäftigen, sollten Kontrollgruppen mit einbeziehen, wobei die Effekte auch gegenüber Einzelbehandlungen überprüft werden müssten. Verschiedene Arbeiten deuten darauf hin, dass der Gruppenzusammensetzung eine wichtige Bedeutung zukommt, sodass intervenierende Variablen erfasst werden müssten, denen möglicherweise ein größerer Effekt zukommt als verschiedenen Therapiemethoden (Johnson und Gold 1971; Lehmkuhl und Lehmkuhl 1991). Zu Langzeiteffekten liegen ebenfalls nur vereinzelte Ergebnisse vor, da zumeist nur ein Katamnesezeitraum von wenigen Monaten kontrolliert wurde (Clement u. Mitarb. 1976; Riester und Tanner 1980; Lockwood 1981).

Zusammenfassend muss festgestellt werden, dass sich die Differenziertheit von Gruppenprozessen, die Vielfalt der Intervention und der Therapieverläufe bislang nur ungenügend in den zur Verfügung stehenden Untersuchungen wiederfindet. Für das Kindes- und Jugendalter erscheint es dringend notwendig, durch sorgfältige Analysen einiger weniger Gruppenverläufe wesentliche wiederkehrende Phänomene und Zusammenhänge herauszufinden oder bereits vermutete Zusammenhänge mit Hilfe einer klinischen, empirischen Methode zu präzisieren und zu überprüfen (Sandner 1986). Ziel eines solchen Vorgehens sollte die Erkenntnis sein, bei welchen Störungen in welchem Alter welche Form der Gruppenpsychotherapie am effektivsten ist (Schamess 1986; Cramer-Azima und Dies 1989).

50. Gruppenpsychotherapie mit alten Menschen

G. Schneider und G. Heuft

Allgemeines

Seit den ersten Berichten über Gruppenpsychotherapie mit älteren Patienten (Silver 1950; Linden 1953, 1954) ist eine Vielzahl von Veröffentlichungen zu diesem Thema erschienen. Erfahrungen liegen mit verschiedenen Verfahren, unterschiedlichen Settings und unterschiedlichen Zielgruppen vor. Einen Überblick gibt Tab. 50.1.

Viele Autoren sehen klare **Vorteile der gruppenpsychotherapeutischen Behandlung** Älterer gegenüber der Einzelarbeit. Sie betonen aktivierende Effekte der Gruppe und eine Verbesserung der sozialen Einbindung der häufig vereinsamt und isoliert lebenden Alten (Radebold 1983). Gruppenpsychotherapie fördert die Identifikation mit anderen und die eigene Identität, wirkt Gefühlen des Ungenügens und der Anonymität, für die Ältere angesichts ihres niedrigen Ansehens in einer jugendorientierten Gesellschaft besonders anfällig sind, entgegen (Tross und Blum 1988). Trotz dieses klinischen Votums für die Gruppenpsychotherapie sind Wirksamkeitsvergleiche von Gruppen versus Einzelpsychotherapie spärlich und widersprüchlich. Während Pinquart (1998) in seiner Metaanalyse von 94 psychosozialen und psychotherapeutischen Interventionen eine höhere Wirksamkeit der Individualbedingung im Vergleich zur Gruppenbedingung errechnete, fanden Scogin und MacElreath (1994) in einer Metaanalyse von 17 Studien keinen signifikanten Unterschied in der Wirksamkeit von Gruppen- versus Einzelpsychotherapie im Alter.

Ausschlusskriterien für die Gruppenpsychotherapie sind in der Regel demenzielle Störungen, Schwerhörigkeit und ausgeprägte körperliche Behinderung mit Einschränkungen der Mobilität, jedoch wurden von einzelnen Autoren gerade für diese speziellen Zielgruppen therapeutische Interventionen entwickelt (Evans und Jaureguy 1981, 1982; Evans u. Mitarb. 1986; Gee 1991; Huddleston 1989; Kiernat 1979).

Bezüglich der **Altersstruktur** bevorzugt die Mehrheit der Autoren **altershomogene Gruppen**, um den spezifischen Problemen alter Menschen Rechnung zu können und ungünstige Übertragungskonstellationen zu vermeiden (z. B. Altholz 1978; Baker 1984; Krasner 1971; Radebold 1983). Ausnahmen sind die Lebenszyklusgruppen (life cycle groups) von Butler und Lewis (1977), in denen der Austausch zwischen den Generationen ausdrücklich ein Therapieziel darstellt. Thilo (1986) teilte seine Erfahrung mit, dass die Zahl der Tabuthemen bei Älteren höher sei und diese Themen aufgrund des moralischen Gruppendrucks in altershomogenen Gruppen nicht angesprochen würden, und empfahl eine Mischung der Gruppen mit ca. 25% Teilnehmern im Alter zwischen 30–45 Jahren. Häufig wird eine hohe Gruppenkohäsion in altershomogenen Gruppenpsychotherapien beschrieben. Homogenisierung bezüglich der Gruppenzusammensetzung wird auch bei bestimmten Zielgruppen, z. B. bei Witwen mit pathologischen Trauerreaktionen (Kitzinger 1980) und bei Patienten mit sexuellen Störungen (gleichgeschlechtliche Gruppen z. B. [sh. Quam 1986]), empfohlen.

Schulenübergreifend gibt es die Erfahrung, dass sich Therapiegruppen mit älteren Patienten in der Themenwahl deutlich von Gruppen mit jüngeren Erwachsenen unterscheiden. Als **spezifische Themen** in den Gruppen mit alten Menschen wurden beschrieben:

- Verlust wichtiger Bezugspersonen (Partner, Freunde, evtl. Kinder), unter Umständen mit Überlebensschuld,
- Rollenwechsel, Verlust sozialer Rollen,
- Verlust körperlicher und kognitiver Fähigkeiten,
- körperliche Erkrankungen, Schmerzen, sensorische Einschränkungen,
- Abhängigkeits-Autonomie-Thematik,
- Tod und Sterben,
- interpersonelle Konflikte (Partner), intergenerationelle Konflikte (Familie),

Tabelle 50.1 Gruppentherapeutische Angebote für alte Menschen (Literaturübersicht)

Verbale gruppenpsychotherapeutische Angebote für kognitiv nicht Beeinträchtigte	Verbale gruppenpsychotherapeutische Angebote für kognitiv Beeinträchtigte	Körperorientierte und kreative Methoden	Settings
• psychodynamische Gruppenpsychotherapie • kognitiv-behaviorale Gruppenpsychotherapie • Life Review bzw. Reminiscence • Gruppenpsychotherapie für bestimmte Zielgruppen: Suchtpatienten, Kriegsveteranen, Witwen, belastete Pflegepersonen etc.	• „supportive" kognitiv-behaviorale Gruppenpsychotherapie • Remotivation • Reality Orientation	• körperorientierte Therapie • Kunsttherapie • Tanztherapie • Musiktherapie • Psychodrama	• Ambulant • akut-stationär • in Institutionen: Langzeitpatienten und Heimbewohner • offen, geschlossen – zeitlich begrenzt, slow open

- Einsamkeit, Isolation,
- Hoffnungslosigkeit, Sinnlosigkeit, Zukunftsängste,
- Wunsch nach Gefühlen von Kompetenz und Kontrolle.

Folgende Behandlungsziele wurden in Gruppen alter Menschen genannt (Altholz 1978; Berger und Berger 1973; Bircher u. Mitarb. 1983; Boche 1983; Duetsch und Kramer 1977; Franklin und Kaufman 1982; Heuft und Marschner 1994; Leszcz 1991; Radebold 1983; Riley und Carr 1989; Salvendy 1989b; Settin 1982; Young und Reed 1995):
- Wiederherstellung von Selbstwertgefühl,
- Symptomreduktion,
- Bewältigung/Coping der körperlichen und interpersonellen Belastungen,
- Erwerb neuer interpersoneller Fertigkeiten und Bewältigungsmechanismen,
- Bearbeitung individueller Konflikte, Ängste, interpersoneller Probleme,
- Anpassung an die Rolle des Alternden und an die Situation trotz eingeengter Möglichkeiten,
- Trauerarbeit,
- Selbstfindung im letzten Lebensabschnitt,
- mehr Bewusstheit und Wachstum,
- Förderung der Kontakt- und Kommunikationsfähigkeit,
- Bilden einer Solidargemeinschaft,
- allgemeine Aktivierung,
- Realitätsüberprüfung.

Die Ziele stehen im Bezug zum Ausmaß kognitiver und funktionaler Unabhängigkeit der Teilnehmer. Bei kognitiver Beeinträchtigung liegt die Betonung stärker auf den zuletzt genannten Behandlungszielen.

Die **Besonderheiten** psychotherapeutischer Gruppenbehandlung alter Menschen lassen sich schulenübergreifend folgendermaßen skizzieren: Trotz technischer Verschiedenheiten ist die Gruppenarbeit durch Aktivität und Wärme des Leiters, Strukturierung des Ablaufs (z. B. Abraham u. Mitarb. 1992; Petzold 1986), Arbeit im Hier und Jetzt (Cooper 1984; Leszcz 1990; Saul und Saul 1974) sowie Rückgriff auf frühere, erfolgreiche Copingstrategien (z. B. Cohn 1988; Lindell 1978; Riley und Carr 1989) gekennzeichnet. Humor und positives Reframing erscheinen auch in äußerlich negativen Situationen hilfreich (Cohn 1988; Quam 1986). Schulenspezifische Modifikationen in der Gruppenpsychotherapie mit Älteren werden unten im Abschnitt „Spezielle Gruppenpsychotherapie – Methoden in den beiden Grundverfahren" dargestellt.

Die **Therapiedauer** ist je nach institutionellen Gegebenheiten und Therapieziel sehr variabel. Langfristige Gruppen werden meist als Slow-Open-Gruppen ambulant durchgeführt, in denen das Ausscheiden des einzelnen Patienten als Erfolg gewertet wird, während die Gruppe weiter besteht. Der Umgang mit dem Therapieende und Todesphantasien bedarf offensichtlich noch weiterer konzeptueller Diskussion (Radebold 1983). Kontakte der Teilnehmer außerhalb der Gruppensitzungen werden bei alten Patienten oft ebenso toleriert und sind erwünscht wie Untergruppen- und Paarbildungen, die dem Aufbau eines neuen Selbstwertgefühls helfen sollen (Burnside 1978; Leszcz 1990). Häufig treffen sich Gruppenmitglieder nach Therapieende weiter (Boche 1983; Burnside 1978; Lindell 1978), wodurch wichtige Kontakte aufrechterhalten werden.

Psychotherapie mit alten Menschen ist in der Regel durch einen großen Altersunterschied zwischen den Gruppenteilnehmern und dem jüngeren Therapeuten gekennzeichnet.

Unabhängig von der therapeutischen Ausrichtung muss der **Therapeut** sich mit der eigenen Sicht des Alters und eigenen Einstellungen gegenüber alten Menschen, körperlicher Krankheit und Tod auseinander setzen: Sieht er Alter in der bekannten Halbkreismetapher nur als degenerativen Prozess, der mit geistigem und körperlichem Verfall einhergeht, oder idealisiert er die alten Menschen als „abgeklärt und weise"? Erforderlich ist ein Bewusstsein für und die Bereitschaft zur Auseinandersetzung mit den historischen Erfahrungen und teilweise Verstrickungen – d. h. der Täter- und Opferseite – einer Generation, die in Europa z.T. beide Weltkriege, häufig den 2. Weltkrieg und das NS-Regime sowie die Vertreibungen der Nachkriegszeit als Jugendliche oder junge Erwachsene miterlebt hat.

Spezielle Gruppenpsychotherapie – Methoden in den beiden Grundverfahren

Grundsätzlich gelten auch für die Behandlung älterer Menschen die jeweiligen Prinzipien des eingesetzten psychotherapeutischen Grundverfahrens. Teilweise werden jedoch aufgrund der klinischen Erfahrung Modifikationen für die Behandlung dieser Zielgruppe vorgeschlagen, die im Folgenden jeweils kurz referiert werden.

Psychodynamisch-psychoanalytische Gruppenpsychotherapie

In psychodynamisch-psychoanalytischen Gruppen wurden Patienten mit depressiven Störungen, Angststörungen, psychosomatischen Beschwerden, Persönlichkeitsstörungen, Suizidalität, reaktiven Störungen nach Verlusterlebnissen (Radebold 1983; Radebold u. Mitarb. 1987; Ohlmeier und Radebold 1972; Peters 1995), aber auch Patienten mit seniler Demenz (Linden 1953), chronischer Schizophrenie, schizoaffektiven Psychosen und schweren Verhaltensstörungen (Kemper 1991) behandelt. Als Kontraindikationen gelten (wie bei jüngeren Erwachsenen) manifeste akute Psychosen und schwerste Depressionen mit Stupor (Thilo 1986).

Therapeutische Erfahrungen, Besonderheiten und technische Modifikationen

Die psychoanalytische bzw. tiefenpsychologisch orientierte Gruppenpsychotherapie Älterer unterscheidet sich von der Behandlung jüngerer Erwachsener durch besondere und komplexe „umgekehrte und multigenerationelle" **Übertragungskonstellationen** (Colarusso und Nemiroff 1991; Radebold 1998). Hiatt (1971) hat die multigenerationelle Übertragung in 3 Kategorien eingeteilt: Elternübertragung, Geschwisterübertragung und Kinder-Enkel-Übertragung. Obwohl auch bei den Älteren entsprechend der klassischen Übertragungskonstellation weiterhin der Wunsch nach mächtigen Elternimagines besteht, werden die jüngeren Therapeuten zunächst eher als Kinder oder Enkelkinder gesehen. An sie werden Wünsche und Erwartungen nach besonderer Zuwendung, Hilfestellung und Versorgung herangetragen, oder sie werden zunächst nicht in ihrer Expertenrolle akzeptiert, nicht selten eher entwertet. Diese „Sohn-Tochter-Übertragung" (Kemper 1991) ermöglicht den Gruppenteilnehmern in besonderer Weise, die in der Beziehung zur nächsten Generation unbewältigt gebliebenen Konflikte durchzuarbeiten. Die sich nach dieser Bearbeitung allmählich einstellende klassische Übertragungskonstellation wird häufig durch multigenerationelle Übertragungsangebote kompliziert, in welchen der Therapeut auch im Weiteren nacheinander oder parallel Eltern, Kinder, Geschwister, Kollegen oder Partner der Gruppenteilnehmer repräsentiert.

In der **Gegenübertragung** kann der Therapeut die älteren Teilnehmer in der Elternrolle erleben, was dazu führen kann, dass er Deutungen vermeidet, um die Beziehung nicht zu gefährden. Neben den durch die Übertragung des Patienten auf den Therapeuten aktivierten Gegenübertragungsaspekten können aber auch **eigene Übertragungsbereitschaften** des Therapeuten aktiviert werden, z. B. im Zusammenhang mit ungelösten Konflikten in der Beziehung zu den eigenen Eltern (Heuft 1990; Bircher u. Mitarb. 1979).

Klassische analytische Gruppen

Es liegen nur wenige Berichte zu Durchführung und Verlauf klassischer analytischer Gruppen mit Menschen in der zweiten Hälfte des Erwachsenenlebens vor (Krasner 1971; Thilo 1986; Radebold 1976, 1983; Ohlmeier und Radebold 1972). Analytische Gruppen wurden meist als **Slow-Open-Gruppen** durchgeführt, lediglich Radebold (1983) beschreibt eine geschlossene Gruppe. Die Gruppen trafen sich einmal pro Woche für ca. 100 Minuten über 2–5 Jahre. Das gemeinsame Ende der Gruppe wurde unbewusst mit dem eigenen Ende, Sterben und Tod gleich gesetzt und aktivierte entsprechende Ängste der Teilnehmer. Bei der Auswahl der Gruppenmitglieder wurde auf das Vorliegen neurotischer Erkrankungen mit abgrenzbarem neurotischen Konflikt und ausreichender Introspektionsfähigkeit geachtet.

Ohlmeier und Radebold (1972) berichten von einer Gruppenanalyse mit älteren neurotischen Patienten (45–60 Jahre), wobei sie nach dem Konzept der Gruppe als Ganzes vorgingen: Sie fassten die Gruppe als einheitlichen Organismus auf, der mit den Therapeuten in Interaktion tritt. Die Gruppe zeigte anfangs ein regressiv-anklammerndes Übertragungsverhalten, oral-symbiotische Phantasien und Wünsche sowie ambivalente Aspekte. Die Übertragung war auf das „Mutterobjekt im Therapeuten" konzentriert. Mit den beschriebenen Wünschen wurden aber auch Ängste vor einer unterdrückenden sadistischen Mutter aktiviert. Gleichzeitig wurde von der Gruppe jedoch in Frage gestellt, inwiefern der jüngere Therapeut die Wünsche an die Potenz und erhoffte Allmächtigkeit der Mutter erfüllen kann, woraus dann aggressive und enttäuschte Impulse dem Jüngeren gegenüber entstanden. Als besondere altersspezifische **Abwehrmechanismen** imponierten vor allem die Betonung des Alters, Rückzug auf das Alter und Rückzug auf die Erfahrung. Es traten oral-symbiotische (gebadet, gefüttert werden) und anal-sadistische **Regressionsphantasien** (geschlagen werden und selber böse sein) auf. Bemerkenswert erschienen Phantasien der Teilnehmer über die Unfähigkeit im Alter: „hilfloses altes Weib", „ausgeleierte Karosserie", d. h. hilflos-infantile Merkmale bis hin zu ausgeprägten oralen Wunschphantasien, für die die Autoren den Begriff der **final gerichteten Regression** vorschlugen. Das höhere Lebensalter wurde wie ein Schutz verstärkt betont, um reaktivierte Konflikte aus vergangenen Lebensphasen abzuwehren. Die Erfahrung mit dem Konzept der Gruppe als Ganzes bei Gruppen mit Älteren zeigte eine zu große Distanz in der Interaktion zwischen Gruppe und Therapeuten. Deutungen an die Gruppe als Ganzes schienen die Teilnehmer nicht zu erreichen und zeigten kaum günstige Auswirkungen.

Die Einführung individueller Deutungen führte sehr schnell zu einer Verminderung der Distanz und ermöglichte einen intensiven gruppenanalytischen Prozess, jedoch ging dies mit einer Verlagerung der konzeptionellen Vorstellung hin zur modifizierten psychoanalytischen Gruppenpsychotherapie einher. Thilo (1986) empfahl **Modifikation der Abstinenz**, da analytisches Schweigen von alten Menschen eher als Ablehnung erlebt wird. Vor allem in den ersten Stunden sollte der Analytiker Akzeptanz und Zustimmung auch verbal äußern, um Angst abzubauen (s. Kap. 15, 16, 17, 22). Schweigen der Gruppe sollte vor allem zu Beginn der Gruppe nicht gedeutet werden, besser sollte vorsichtig nachgefragt werden: „Woran denken Sie jetzt?"

Psychodynamisch/tiefenpsychologisch orientierte Gruppen

Als Pionier der psychoanalytisch orientierten Gruppenarbeit mit Älteren gilt Linden (1953, 1954). Er arbeitete mit stationär behandelten demenziellen Patientinnen und modifizierte damals schon das Verfahren, indem er direktive Techniken einführte. Erfahrungen mit tiefenpsychologisch orientierten Gruppen liegen für Patienten mit neurotischen Störungen (überwiegend Angst und Depression), Patienten mit Einsamkeits- und Abhängigkeitsproblematik (Wood und Seymour 1994), Patienten einer geriatrischen Klinik (Bircher u. Mitarb. 1979), Patienten einer psychosomatischen Rehabilitationsklinik (Peters 1995), Patienten einer Universitätsambulanz (Radebold 1983) sowie einer psychogeriatrischen Tagesklinik (Wächtler 1983) vor. Sogar Patienten mit endogenen Depressionen, chronischer Schizophrenie und affektiven Psychosen (Kemper 1991) und Ältere mit psychodynamisch verstehbaren paranoiden Wahnvorstellungen (Holzwarth 1985, 1988) wurden mit dem Verfahren behandelt. Die Gruppen wurden in der Regel einmal wöchentlich als Slow-Open-Gruppen, dann meist über einen Zeitraum von 1–2 Jahren durchgeführt. Es wurden aber auch zeitlich begrenztere geschlossene Gruppen über 4–17 Sitzungen beschrieben (Bircher-Beck 1983; Bircher u. Mitarb. 1979; Silberschatz und Curtis 1991).

Ergebnisse psychoanalytischer Gruppenpsychotherapien

Bei den Ergebnisdarstellungen handelt es sich zumeist um Erfahrungsberichte. Kontrollierte Outcomestudien liegen mit Ausnahme der unten aufgezählten vergleichenden Therapiestudien nicht vor. Berichtet werden Besserung neurotischer Symptomatik, Verarbeitung von Verlustängsten und Abhängigkeit, bessere soziale Integration und mehr Gegenwartsbezug (Bircher u. Mitarb. 1983; Krasner 1971; Radebold 1976, 1983).

Kognitiv-behaviorale Gruppenpsychotherapie

Die ganze Bandbreite kognitiv-behavioraler Verfahren und Techniken, die auch bei Jüngeren eingesetzt wird, kommt in der Behandlung älterer Erwachsener zum Einsatz. Behandelt wurden meist Depressive (DSM-III: major depression, Dysthymie). Es werden keine Kontraindikationen im engeren Sinne angegeben. Vielmehr gibt es Bedingungen, die einen Erfolg der Methode unwahrscheinlich machen:
- schwere kognitive Beeinträchtigungen, die Lernen unmöglich machen,
- schwere psychomotorische Agitation oder Gehemmtheit,
- ausgeprägte körperliche Schwäche oder Instabilität,
- schwerste Einschränkungen der Sinneswahrnehmungen – wobei für die Arbeit mit Hörgeschädigten visuelle Hilfen wie z. B. Arbeit an der Tafel empfohlen werden.

Die Gruppen wurden im stationären verhaltenstherapeutischen Setting (Tonscheidt 1992), im Pflegeheim (Zerhusen u. Mitarb. 1991) oder ambulant (Hautzinger 1992; Arean und Miranda 1996) durchgeführt. Sie waren zeitlich begrenzt, wobei die Angaben zur Therapiedauer zwischen 12 und 46 Wochen mit 1–2 Sitzungen pro Woche variieren.

Erfahrungen, Besonderheiten und technische Modifikationen

Grundsätzlich kommen bei Älteren die gleichen Techniken zum Einsatz wie bei Jüngeren, wobei aufgrund der reellen Einschränkungen das Ziel eher ein verbessertes „Coping" als die Erwartung von Heilung sein sollte (Grant und Casey 1995).

Besonderes Augenmerk sollte bei alten Menschen auf den **Attributionsstil** gelegt werden. In Verbindung mit realen Verlusten können Kognitionen und Gefühle von Hilflosigkeit und Abhängigkeit entstehen, die den depressiven Affekt aufrechterhalten. Veränderung des Attributionsstils entsprechend der „Locus-Of-Control-Theorie" kann dem Abhängigkeitserleben entgegenwirken: Die Gruppenteilnehmer sollten lernen, Fehler oder Versagen eher bestimmten äußeren Ursachen zuzuschreiben, die veränderbar sind. Erfolge sollten hingegen internal attribuiert werden, also sich selbst in Form überdauernder allgemeiner Eigenschaften zugeschrieben werden. Wenn ein Patient z. B. erfolgreich ein Mahl zubereitet hat, sollte er besser denken: „Ich bin ein guter Koch" anstatt „Es war ein einfaches Rezept" (Abramson u. Mitarb. 1978; Church 1983).

Es sollte Rücksicht auf die im Alter verlangsamten kognitiven Abläufe genommen werden. Aufgrund langsamerer Lernabläufe, geringerer Abstraktionsfähigkeit und geringerer Flexibilität, zwischen abstrakten Konzepten zu wechseln, werden konkrete und lösungsorientierte Ansätze und der Einsatz eher verhaltenstherapeutischer als kognitiver Techniken empfohlen: Monitoring negativer Gedanken mit Tagebüchern sollte gegenüber Aktivierung (Brok 1997), Hausaufgaben und Rollenspielen zurücktreten (Church 1983; Hughes 1991), und die Techniken sollten möglichst vereinfacht werden. Mehr als bei Jüngeren ist gerade bei Älteren mit körperlichen Einschränkungen der Therapieerfolg auch abhängig von der Kooperation der Familie sowie des Pflege- und Krankenhausteams (Grant und Casey 1995). Manche Autoren beschreiben ältere Patienten als eher passiver, mit Heilserwartungen an den Arzt. Sie äußerte häufig die Überzeugung, zu alt für Veränderungen zu sein und hielten häufiger an körperlichen Krankheitsüberzeugungen fest (Koder u. Mitarb. 1996). Mit Älteren ist der Therapeut aktiver gefordert im Hier und Jetzt zu bleiben und das Problem immer wieder aktiv zu fokussieren, da Ältere eher ins Erzählen kommen und in die Vergangenheit abschweifen (Thompson u. Mitarb. 1991).

Sensorische Einschränkungen können umgangen werden, indem durch Einsatz von Hilfsmitteln mehrere Sinnesmodalitäten angesprochen werden (Thompson u. Mitarb. 1991). Bei körperlich sehr schwachen Älteren werden kürzere und häufigere Sitzungen durchgeführt und bei verminderter Konzentrationsfähigkeit weniger Themen pro Sitzung mit häufigeren Wiederholungen und Fragen zum Feedback behandelt (Grant und Casey 1995). Zu häufige Wiederholungen scheinen aber auch bei älteren Patienten einen negativen Effekt zu haben: In einem Training sozialer Fertigkeiten bei psychiatrischen Krankenhauspatienten, die kurz vor der Entlassung standen, profitierte die Gruppe am meisten, die eine mittlere Anzahl an Wiederholungen erhalten hatte (Lopez 1980).

Für Patienten mit depressiven Syndromen bei beginnender Demenz entwickelten Grant und Casey (1995) eine „supportive" kognitiv-behaviorale Therapie. Die Patienten werden ermutigt, Aktivitäten zu versuchen („try and see"). Gelingen diese, bessert sich häufig die Stimmung. Misslingen der Aktivitäten wird therapeutischerseits umgedeutet und external attribuiert. Bei diesen Patienten wird die Einbeziehung von Behandlungsteam und Familie besonders betont.

Insbesondere die Gruppe um Evans hat den Versuch unternommen, kognitiv-behaviorale Gruppenpsychotherapie über Telefonkonferenzen körperlich Behinderten (Evans u. Mitarb. 1986) und Blinden (Evans und Jaureguy 1981, 1982) zugänglich zu machen. Die Teilnehmer vermehrten ihre sozialen Kontakte zur Außenwelt, zeigten mehr Aktivität im Haushalt und fühlten sich weniger einsam.

Ältere Patienten haben Schwierigkeiten, dem jüngeren Therapeuten zu vertrauen und seine Kompetenz anzuerkennen. Umgekehrt haben jüngere Therapeuten aber auch negative Kognitionen und Erwartungen gegenüber älteren Patienten und dem eigenen Altern (Emery 1981; Grant und Casey 1995). Diese Schwierigkeiten sollen aber in der Gruppe leichter zu überwinden sein als in der Einzelpsychotherapie (Steuer und Hammen 1983).

Ergebnisse kognitiv-behavioraler Gruppenpsychotherapien

Zahlreiche Studien (Arean und Miranda 1996; Barnes 1990; Hautzinger 1992; Jarvik u. Mitarb. 1982; Steuer u. Mitarb. 1984; Beutler u. Mitarb. 1987; Zerhusen u. Mitarb. 1991) belegen die Wirksamkeit der kognitiven oder kognitiv-behavioralen Gruppenpsychotherapie im Vergleich zu Placebo- oder Kontrollgruppen. Als Outcomekriterium zeigten die Studien eine Abnahme der Depressivität, erfasst mit den bekannten Depressionsskalen **Becks Depression Inventory (BDI)** und **Hamilton Depression Rating Scale (HDRS)**. Aus den meisten Publikationen gehen allerdings die eingesetzten Techniken bzw. die Anteile kognitiver und behavioraler Techniken nicht eindeutig hervor. Die Wirksamkeit der kognitiv-behavioralen Gruppenpsychotherapie bei Depression erweist sich auch in Metaanalysen (Dobson 1989; Scogin und McElreath 1994), wobei sich Hinweise ergeben, dass die Wirksamkeit bei Menschen in der zweiten Hälfte des Erwachsenenlebens nicht so gut ist wie bei jüngeren Erwachsenen (Dobson 1989).

Bei Angststörungen erwies sich kognitive Therapie ebenfalls als wirksam, besserte aber am wenigsten Ängste bei körperlich Kranken, was als Hinweis darauf verstanden werden kann, dass Realängste eben nicht durch kognitive Techniken zu beseitigen sind (Radley u. Mitarb. 1997).

Weitere gruppenpsychotherapeutische Methoden

Lebensrückblick (life review), Reminiszenz (reminiscence) und Erinnerungstherapie

Trotz einer wahren Flut von Veröffentlichungen in den letzten 20 Jahren zu „Life Review" und „Reminiscence" im angloamerikanischen Sprachraum, sind diese Verfahren bzw. Techniken im deutschen Sprachraum eher wenig rezipiert worden. Weil es sich um Methoden handelt, die speziell für Ältere in Gruppen konzipiert wurden, sollen der theoretische Hintergrund und die Zielsetzungen kritisch diskutiert werden.

Theorien, Verfahren, Ziele und kritische Anmerkungen

Erikson hat in seiner Theorie der Lebenskrisen für die achte Stufe, das Alter, den psychosozialen Konflikt als „Integrität versus Verzweiflung" formuliert (Erikson 1956; 1982). Um „Integrität" zu erreichen und erfolgreich, d. h. zufrieden, zu altern, muss der Alternde sein bis dahin gelebtes Leben akzeptieren. Butler sah als Begründer des „Life Review" die Möglichkeit, diesen Prozess der Integration zu erleichtern (1974a, b). Dabei verstand er den Lebensrückblick als einen im Alter spontan und universell auftretenden Prozess (1963), der selbst zur Entstehung von Depressionen im höheren Lebensalter beitragen könne, wenn ein Individuum auf einen bestimmten Punkt bzw. eine bestimmte Phase in seiner Vergangenheit fixiert bliebe und diese nicht integrieren könne.

In einer Übersicht über die verschiedenen Life-Review-Techniken haben Lohmann und Heuft (1995) angemerkt, dass in allen psychoanalytischen Therapieverfahren die Erinnerungsarbeit ein immanenter Bestandteil der Therapie ist.

Erinnerungstherapie umfasst „alle Formen interaktioneller Verfahren, die vorwiegend ältere Menschen zur Äußerung und gegebenenfalls auch Reflexion ihrer Erinnerungen anregen und dadurch – sei es auf dem Weg unmittelbarer Selbstbestätigung, äußerer Anerkennung, innerer Einsicht und Reifung oder Abreaktion von Gefühlen – zur besseren Lebensbewältigung und Überwindung seelischer Krisen oder Krankheiten im Alter beitragen sollen" (Fuchs 1992, S 309).

Mögliche **Ziele** sind:
- Vergangenheitsbewältigung: Trauerarbeit kann unterstützt, verdrängte Trauer reaktiviert weren, idealisierte Vergangenheit kann realistischer gesehen werden.
- Versöhnung mit einer negativ besetzten Vergangenheit durch Annahme von Schuld, Ausgleich zwischen Erstrebtem und Erreichtem, Herstellung von Kontinuität durch Umdeutung und Aneignung der Lebensgeschichte.
- Korrektur des Selbstkonzeptes: Angestrebt wird eine realistischere Selbstsicht. In einem Prozess von kognitiver Umstrukturierung kommt es zu einer Annäherung bzw. möglichst zu einer Kongruenz von Selbstbild, Selbstideal und tatsächlich erreichter Lebenssituation. Reale soll von vermeintlicher Schuld getrennt werden, das Geglückte im Lebenslauf ins Bewusstsein gehoben und dadurch Stolz und Gefühl von Kompetenz geweckt werden.
- Bewältigung von Gegenwart und Zukunft durch Aufdecken latent vorhandener, z.T. in der Vergangenheit erprobter Lösungsstrategien.
- Selbstwertschätzung und soziale Kompetenz: Über gemeinsame Erinnerungen wird die gemeinsame Tradition und Identität bewusst, was die Gruppenkohäsion fördert. Der alte Mensch sieht sein Leben vor einem kollektiven Hintergrund und in seiner zeitgeschichtlichen Bedeutung.

Kritisch ist anzumerken, dass die Begriffe „Reminiscence" und „Life Review" teilweise synonym verwendet werden. Während Butler Erinnern primär als natürlichen, sich spontan und universell ereignenden Vorgang bei Älteren ansieht, ergibt sich ein psychotherapeutischer Ansatz erst durch die Interventionen des Therapeuten, die die o.g. Ziele intendieren sollen. Eine psychodynamische, aufdeckende Orientierung wird in der Förderung der Introspektion und Auseinandersetzung mit bewussten und unbewussten Konflikten, deren Akzeptanz, Integration und eventueller Lösung sichtbar.

Andere „Reminiscence-Techniken" haben demgegenüber eher supportiven Charakter, wenn nicht die Auseinandersetzung mit konflikthaftem Material gefördert wird, sondern die Betonung auf positiven Erinnerungen zur Bestärkung des Selbstwertgefühls liegt. Dabei wird mehr oder weniger systematisch über Vergangenes erzählt, zum Teil chronologisch oder themengeleitet. Diese Art von Reminiszenz ist keine Psychotherapie im engeren Sinne und kann deswegen z.B. auch von Pflegepersonal durchgeführt werden.

Problematisch ist jedoch die unklare Begriffsverwendung „Life Review" und „Reminiscence". Die Begriffe werden austauschbar verwendet, wodurch in vielen Arbeiten nicht klar wird, welche Form des „Reminiscing" gemeint ist.

Erinnerungstherapie kann als Einzel- oder Gruppenpsychotherapie konzipiert sein, sowohl ambulant als auch in Institutionen und bedient sich direktiver oder nondirektiver **Techniken** und verschiedenster anderer Instrumente: z.B. Abfassung einer Biografie (schriftlich oder als Tonbandaufzeichnung), Entspannungstechniken, bildhafter Verfahren, Trance, gestaltender und dramatischer Methoden, Hilfsmittel wie Fotoalben und Tagebüchern (Petzold und Lückel 1985; Haight und Hendrix 1995; Stones u. Mitarb. 1995).

Der **Therapeut** versteht sich als Beobachter, der bei den Äußerungen des Patienten wenig nachfragt und nicht interpretiert (Lewis und Butler 1974). Meist wurden altershomogene, von Butler aber auch altersgemischte Gruppen (sog. life cycle groups) durchgeführt. Die Gruppen bestanden aus 5–10 Mitgliedern und wurden entweder als Slow-Open-Gruppen oder als geschlossene Gruppen über einen Zeitraum von 5–10 Wochen mit 1–2 Treffen/Woche durchgeführt (1974a; b).

„Life Review" wurde bei Depressionen, Angstsyndromen, Sucht, Trauerreaktionen und Anpassungsstörungen an chronische körperliche Krankheiten eingesetzt (Butler 1974b). Es wurde – vermutlich eher in der supportiven Form als „Reminiscence" – auch bei milden bis mäßig ausgeprägten demenziellen Syndromen eingesetzt, da bei Störungen im Kurzzeitgedächtnis das Langzeitgedächtnis oft noch lange intakt ist (Butler 1974a; Lewis und Butler 1974). Bei Altenheimbewohnern wird „Reminiscence" empfohlen (Ashton 1993) um das Selbstwertgefühl zu stärken, aber auch den Kontakt zum Personal zu verbessern.

Ergebnisse der Erinnerungstherapien

Aufgrund der beschriebenen Begriffsverwirrung ist die Beurteilung nicht einfach, und die Ergebnisse sind widersprüchlich. Auf der Ebene von Erfahrungsberichten werden durchgehend positive Erfahrungen berichtet (Fuchs 1992; Kiernat 1979). Positive Effekte der Erinnerungstherapie wurden klinisch im Erreichen oben formulierter Ziele und im Gruppensetting als verstärkte Gruppenkohäsion mit gegenseitigem Vertrauen und Solidarität gesehen. Allerdings berichteten Hewett u. Mitarb. (1991) von einer Zunahme depressiver Verstimmungen unter „Reminiscence-Gruppenpsychotherapie" bei Altenheimbewohnern. Ergebnisse vergleichender Therapiestudien sind im weiteren Kapitel dargestellt.

Psychodrama

Auch das Psychodrama wurde mit speziellen Adaptationen bei Älteren eingesetzt (Schloss 1988; Stern 1988). Huddleston (1989) empfiehlt, die Teilnehmer den Gruppen entsprechend ihres Ausmaßes an realer Abhängigkeit zuzuweisen. Bei Teilnehmern mit geringer Abhängigkeit (Diagnosen: Depression, Angst, leichte Demenzformen) empfiehlt er Rollenspiele wie z. B. eine Einkaufsszene, um vorhandene Fähigkeiten zu festigen, Zuversicht in diese zu wecken, soziale Fertigkeiten zu erlernen und weiter zu entwickeln. Die Szenen können auch spontan unter Einbezug von Gedichten, Träumen, Wünschen, Gemälden, Fotografien, Literatur und Musik entstehen. Psychodrama in Gruppen mit hoher Abhängigkeit (Diagnose: mittelgradige bis schwere Demenzen) ist auf die Aufrechterhaltung oder Verbesserung von körperlicher und seelischer Beweglichkeit und Befinden gerichtet. Hier sollen die Szenen sehr realitätsorientiert sein, um die Patienten nicht zu verwirren, und die Arbeit sollte aufgrund der geringen Konzentrationsfähigkeit der Teilnehmer in kleinen Schritten erfolgen.

Kreativtherapien

Vereinzelt liegen auch Erfahrungsberichte mit Gruppenpsychotherapien in kreativtherapeutischen Techniken vor. **Musiktherapie** (Holtermann 1997), **körperbezogene Gruppenpsychotherapie** (Baumann 1994), **Kunsttherapie** (Saul 1988; Morrin 1988) und **Tanztherapie** (Samberg 1988) wurden meist im institutionellen Rahmen eingesetzt und von den jeweiligen Autoren klinisch als effizient in der Realisierung der eingangs aufgeführten allgemeinen Therapieziele bei alten Menschen eingeschätzt. Allerdings liegen dazu – außer für die vergleichende Therapiestudie von Zerhusen u. Mitarb. (1991) – zur Musiktherapie keine kontrollierten Studien vor (Tab. 50.**2**).

Kombinationen und Integration verschiedener Verfahren, Methoden und Techniken

Eine ganze Reihe von Publikationen zur Gruppenpsychotherapie mit Älteren spezifiziert das eingesetzte Verfahren nicht näher. Einige beziehen sich explizit, andere implizit auf die **allgemeinen** und **interpersonellen Prinzipien der Gruppenpsychotherapie** wie sie z. B. Yalom (1985) formulierte (Ba 1991; Clark und Vorst 1994; Culhane und Dobson 1991; Nobler 1992; Pearlman 1993; Solomon und Zinke 1991; Waller und Griffin 1984; Young und Reed 1995).

Einige Autoren **kombinieren** die beiden Grundverfahren mit verschiedenen Methoden bzw. Techniken ohne einheitlichen theoretischen Hintergrund in einem eklektischen Ansatz. Kombiniert wurden: einsichtsorientierte mit kognitiven Verfahren (Salvendy 1989a; b); psychoedukative Elemente, progressive Muskelrelaxation, Meditation, Visualisierungs- und Atemtechniken, sogar Spiele (Moffatt u. Mitarb. 1995) meist bei depressiven Störungen und Angststörungen, sowohl in ambulanten als auch in stationären Settings.

Auch in der Gruppenpsychotherapie bestimmter Zielgruppen wurden häufig kombinierte Techniken eingesetzt: In der Behandlung von Rehabilitationspatienten, die vor der Entlassung standen, wurden einsichtsorientierte Verfahren mit „Reminiscence" kombiniert (Christopher u. Mitarb. 1989). Bei demenziellen Störungen wurde ein Gruppenprogramm angewandt, das „Reminiscence-Gespräche", stimulierende Techniken und sogar Körperkontakt (Streicheln) umfasste (Gee 1991). Bei Kriegsveteranen, die an posttraumatischen Störungen litten, kam ein speziell entwickeltes Programm zum Einsatz, das Life Review, Stressmanagementtechniken, Entwicklung interpersoneller Kompetenzen und neuer Copingstrategien umfasste (Boehnlein und Sparr 1993; Snell und Padin-Rivera 1997).

Norcross und Goldfried (1992) haben drei Trends auf dem Weg zur Integration von Psychotherapieverfahren beschrieben:
- Die Annahme so genannter **allgemeiner psychotherapeutischer Faktoren** geht davon aus, dass die verschiedenen psychotherapeutischen Verfahren nach den gleichen allgemeinen Gesetzmäßigkeiten/Mechanismen funktionieren.
- Im **technischen Eklektizismus** wird in einer Art therapeutischer Pragmatismus die Technik eingesetzt, die gerade passt, ohne den Versuch einer Metatheorie.
- **Theoretische Integration** versucht ein übergreifendes Modell zu etablieren, das die verschiedenen Therapieformen synergistisch vereinigt, im Bestreben klinisch überlegene therapeutische Strategien zu schaffen.

Leszcz (1990, 1997) fordert explizit einen solchen integrativen Ansatz, da dieser am ehesten den älteren Patienten gerecht werde: Ziel sei, das Selbst in einem Gefühl der Kontinuität mit Vergangenheit und Gegenwart zu stärken, gleichzeitig im Hier und Jetzt kognitive Verzerrungen anzusprechen, die zu sozialem Rückzug, Isolation und Depression beitrügen. Interpersonelle Verhaltensweisen, die maladaptive Interaktionszyklen förderten, sollten fokussiert und die Aneignung von kommunikativen interpersonellen Fertigkeiten gefördert werden. Diese sollten zu einem sozialen Netzwerk und Kohäsion innerhalb der Gruppe führen, die das Individuum auf Situationen außerhalb der Gruppe generalisieren könne. Anstatt sich nur einem dieser Bereiche als Fokus zuzuwenden, sollten sie alle, entsprechend den Erfordernissen der Gruppe, bearbeitet werden. Leszcz fordert somit eine Integration psychodynamischer, kognitiver, lösungsorientierter, interpersoneller Ansätze mit Erkenntnissen der Entwicklungs- und Selbstpsychologie.

Auch die hierzu auffindbaren Veröffentlichungen sind Erfahrungsberichte aus den Gruppen, die überwiegend positiv ausfallen.

Vergleichende Gegenüberstellung verschiedener Verfahren und Methoden

Vergleichende Therapiestudien

Tab. 50.2 zeigt einen Überblick über die wichtigsten vergleichenden Therapiestudien zur Gruppenpsychotherapie alter Menschen. Meist wurden depressive Störungen behandelt, gefolgt von Angststörungen. Am besten untersucht sind die kognitiv-behavioralen Verfahren, sie wurden in 10 der 13 Studien untersucht. „Life Review" oder „Reminiscence" ist in 4 Studien eine Therapiebedingung, während psychodynamische Therapie in 3 Studien untersucht wurde. Der Ergebnisvergleich der vorliegenden Studien zeigt jedoch keine klare Überlegenheit für ein bestimmtes Therapieverfahren. Als wirksam in der Reduktion von Depression erwiesen sich in den meisten Studien psychodynamische und kognitiv-behaviorale Verfahren, aber auch die Techniken „Life Review" bzw. „Reminiscence". In der Besserung von Angstsymptomen (wobei in vielen Studien Angst über Fragebögen gemessen wird und nicht genau spezifiziert wird, ob es sich um Angststörungen im Sinne der ICD-10 oder des DSM-IV handelt) sind die Ergebnisse widersprüchlich bezogen auf die kognitiv-behavioralen Verfahren. In den Studien, in denen Entspannungstechniken eingesetzt wurden, ergaben sich Hinweise auf deren Wirksamkeit.

Metaanalysen

Es liegen vier Metaanalysen zur Wirksamkeit psychosozialer und psychotherapeutischer Interventionen auf das **Befinden** (Effektvariablen: Lebenszufriedenheit, Positivität des Affektes, Depression) ≥ 55-Jähriger bzw. ≥ 60-Jähriger vor (Burckhardt 1987; Okun u. Mitarb. 1990; Pinquardt 1998; Scogin und McElreath 1994). In die Metaanalysen eingeschlossen wurden Studien, die eine Kontrollgruppe benutzten und in denen Effektstärken angegeben oder aus den dargestellten Ergebnissen berechenbar waren.

Bemerkenswert ist, dass in diese Metaanalysen nur sehr wenige Studien mit psychodynamischer Therapie einbezogen wurden, da sie meist die Einschlussbedingungen nicht erfüllten. In allen Metaanalysen erwiesen sich psychotherapeutische Interventionen (sowohl in der Individual- als auch in der Gruppenbedingung) im Vergleich zu Kontrollgruppen als wirksam, wobei Angaben zu Effektstärken unterschiedlich ausfallen. Die untersuchten Psychotherapieverfahren im engeren Sinne waren kognitive Psychotherapie und Verhaltenstherapie, „Reminiscence" bzw. „Life Review", teilweise mit Entspannungsverfahren.

Pinquart, der 1998 die meisten Studien in seine Metaanalyse einschließen konnte, ermittelte eine Verbesserung der **selbst beurteilten** Depression und der anderen Befindensmaße um ca. eine halbe Standardabweichung (d_{Dep} = 0,42, SD = 0,40; d_{Bef} = 0,47, SD = 0,56). Für die **fremdbeurteilte Depressivität** betrug die Verbesserung d_{Frem} = 1,15 (SD = 0,75). Seine Effektstärken liegen damit unter denen in früheren Metaanalysen ermittelten, was der Autor damit begründet, dass mit zunehmender Zahl an Veröffentlichungen zur Psychotherapie im Alter auch die Wahrscheinlichkeit der Publikation für Studien steige, die keine Therapieerfolge berichten können, was die mittlere Effektstärke aller Studien insgesamt senke.

Bei Pinquart fällt die Verbesserung des selbstbeurteilten Befindens nach Einzelpsychotherapie stärker aus als nach Gruppenpsychotherapie, während zuvor Scogin und McElreath (1994) keine Überlegenheit von Gruppen- versus Einzelpsychotherapie ermitteln konnten. Allerdings wurde bei Pinquart als Effizienzkriterium nur das Befinden berücksichtigt. Gruppenpsychotherapie könnte sich bei Zugrundelegen anderer Effizienzkriterien wie z. B. Verbesserung interpersoneller Kompetenzen, Erweiterung des sozialen Netzwerks als besonders wirksam erweisen.

Untersucht wurde auch die **Altersabhängigkeit** der Effektstärken der Therapieverfahren. Eine solche Alterskorrelation fand sich nicht für die selbst beurteilte Depressivität und die übrigen Befindensmaße. Dagegen fiel die Verbesserung der fremdbeurteilten Depressivität bei ≥ 70-jährigen Teilnehmern deutlich geringer aus als bei den < 70-jährigen.

Während frühere Untersuchungen keine Überlegenheit eines Verfahrens sichern konnten, erwiesen sich bei Pinquart die Kontrolle erhöhende, d. h. behaviorale Verfahren als effizienter. In zeitlich kürzeren Interventionen (kürzer als der Mittelwert aller untersuchten Studien von 18 Sitzungen) zeigten sich stärkere Veränderungen als in länger dauernden Interventionen.

Therapeuten mit höherer Qualifikation (Erfahrung im Umgang mit Senioren) erwiesen sich als erfolgreicher als Therapeuten ohne diese Erfahrungen. Als Konsequenz seiner Ergebnisse forderte Pinquart eine Verbesserung der theoretischen und praktischen Ausbildung der Therapeuten, die mit alten Menschen arbeiten, verstärkten Einsatz kontrollerhöhender (kognitiv-behavioraler) Interventionen sowie Planung von Effizienzstudien auch für die psychodynamischen Verfahren in der Gruppenpsychotherapie mit alten Menschen.

Schlussfolgerungen

Gemessen an der Zahl der Publikationen zur Psychotherapie mit alten Menschen scheint der „mühselige Aufbruch" (Radebold u. Schweizer 1996) geglückt und der „Dialog" begonnen (Radebold 1997), und das gilt keineswegs nur für die psychoanalytischen Verfahren.

Therapeuten unterschiedlicher theoretischer Ausrichtungen haben sich den alten Menschen zugewandt und ihre Verfahren teilweise den speziellen Bedürfnissen und Gegebenheiten dieser heterogenen Zielgruppe angepasst. Viele Veröffentlichungen belegen aber auch ein eklektisches Vorgehen, ohne expliziten theoretischen Hintergrund und meist ohne wissenschaftliche Evaluation.

Tabelle 50.2 Vergleichende Therapiestudien – Gruppenpsychotherapie alter Menschen. ADIS-R – Anxiety Disorders Inventory Schedule-Revised; BDI – Beck Depression Inventory; GDS – Geriatric-Depression-Skala; HRSD – Hamilton Rating Scale for Depression; HRSA – Hamilton Rating Scale For Anxiety; HS – Hopelessness-Skala; LSES – Life-Satisfaction-In-The-Elderly-Skala; LSI – Life-Satisfaction-Index; MMSE – Modified Mini Mental State Examination; RI – Relaxation Inventory; SCL90-R – Symptom Checklist-Revised; SEI – Self Esteem Inventory; SEQ – Self Evaluation Questionnaire; STAI – State Trait Anxiety Inventory

Verfasser	Therapie	n	Diagnose	Dauer	Outcome-Kriterien (Messinstrumente)	Ergebnis (+ = gebessert, – = unverändert)				Nachuntersuchung
Abraham u. Mitarb. (1992)	1. kognitiv-behaviorale Therapie (KB)	30	Depression	24 Sitzungen		KB		FVI	ED	4 Wochen
	2. Focused visual imagery (FVI)	29	(Heimbewohner)		Depression (GDS)	–		–	–	–
	3. Psychoedukations-Diskussionsgruppe (ED)	17			Hoffnungslosigkeit (HS)	–		–	–	–
					Lebenszufriedenheit	–		++	–	–
					Kognition (MMMSE)	+		++	–	stabil
Arean (1991)	1. Problem-Solving-Therapy (ProbT)	75	Depression	?		ProbT		RT	W	3 Monate stabil
	2. Reminiscence Therapy (RT)				Depression (HRSD, BDI, GDS)	+		+	–	
	3. Warteliste (W)									
Birkett und Boltuch (1973)	1. Remotivationstherapie (RemoT)	18	verschiedende Diagnosen, besonders Demenz	12 x 1 h	interpersonale Beziehungen	RemoT		PD		
	2. psychodynamisch orientierte Therapie	21			(Palo-Alto-Skala, Remotivation Regression Report)	+		+		
Deberry u. Mitarb. (1989)	1. Meditation/Entspannung (ME)	13	verschiedene Symptome (Angst, Trauer, Nervosität etc.)	20 x 0,75 h	Angst	ME		KB	PseudoT	
	2. kognitiv-behaviorale Therapie (KB)	10			(Spielberger Self Evaluation Questionnaire)	+		–	–	
	3. „Pseudobehandlung" (PseudoT)	9				–		–	–	
Ingersoll und Silverman (1978)	1. Life-Review-Therapie (LR)	9	verschiedene Symptome (z. B. Depression, Anspannung)	8 x 2 h	Angst	LR		B		
	2. behaviorale Therapie (B)	8			(Anxiety And Somatic Behavior Questionnaire)	+		–		
					Selbsteinschätzung (SEQ)	–		–		
Jarvik u. Mitarb. (1982)	1. kognitive Therapie (KT)	14	Depression	26 Sitzungen 1 x/Woche	Depression (HRSD)	KT		PD		
	2. psychodynamische Therapie (PD)	12				+		+		
Peoples (1985)	1. Validationstherapie (ValT)	31	Demenz	?	Verhalten (Behavior Assessment Tool)	ValT		RO		
	2. Realitätsorientierung (RO)					+		–		

(Fortsetzung nächste Seite)

Tabelle 50.2 (Fortsetzung). Vergleichende Therapiestudien – Gruppenpsychotherapie alter Menschen. ADIS-R – Anxiety Disorders Inventory Schedule-Revised; BDI – Beck Depression Inventory; GDS – Geriatric-Depression-Skala; HRSD – Hamilton Rating Scale For Depression; HRSA – Hamilton Rating Scale For Anxiety; HS – Hopelessness-Skala; LSES – Life-Satisfaction-In-The-Elderly-Skala; LSI – Life-Satisfaction-Index; MMMSE – Modified Mini Mental State Examination; RI – Relaxation Inventory; SCL90-R – Symptom Checklist-Revised; SEI – Self Esteem Inventory; SEQ – Self Evaluation Questionnaire; STAI – State Trait Anxiety Inventory

Verfasser	Therapie	n	Diagnose	Dauer	Outcome-Kriterien (Messinstrumente)	Ergebnis (+ = gebessert, – = unverändert)			Nachuntersuchung
Scates u. Mitarb. (1985/6)	1. kognitiv-behaviorale Therapie (KB)	16	Angststörung	6 x 1 h		KB	R	A	6 Wochen stabil
	2. Reminiscing (R)	17			Zufriedenheit (LSI)	–	–	–	
	3. Activity-Gruppe (A)	17			Angst (STAI)	–	–	–	
Scogin u. Mitarb. (1992)	1. progressive Relaxation (PR)	71	Spannung, Angst	4 Sitzungen	Entspannung	PR	IR	DT	4 Wochen
	2. imaginative Relaxation (IR)				(körperliche und kognitive Anspannung, RI)	+	+	–	
	3. Delayed-Training (DT)				Angst (STAI, SCL-90-R)	+	+	–	
Stenley (1996)	1. kognitiv-behaviorale Therapie (KB)	48	generalisierte Angststörung	14 x 1,5 h	Angst	KB	S		stabil
	2. nicht direktive supportive Therapie (S)	31			(ADIS-R, PSWQ, STAI, HRSA)	+	+		+ (KB, S)
					(Worry-Skala)	–	–		(+) KB, – S
					(Fear Questionnaire)	(+)	–		
					Depression (BDI, HRSD)	+	+		stabil
Steuer u. Mitarb. (1984)	1. kognitive Therapie (KB)	26	subklinische und Major Depression	46 Sitzungen in 34 Wochen	Depression	KB	PD		
	2. psychodynamische Therapie (PD)	27			(BDI, HRSD)	+	+		
Weiss (1994)	1. kognitiv-behaviorale Therapie (KB)	20	?	8 x 1,5 h	Depression	KB	LR		6 Wochen: KB, LR erhöhtes Sinngefühl im Leben
	2. Life Review (LR)	20	(Heimbewohner)		(BDI)	–	–		
	3. Kontrollgruppe (K)	10			Lebenszufriedenheit (LSES)	+	+		
Zerhusen u. Mitarb. (1991)	1. kognitive Therapie (KT)	20	Depression	20 Sitzungen, 10 Wochen	Depression	KT	MT	K	
	2. Musiktherapie (MT)				(BDI)	+	–	–	
	3. Kontrollgruppe (K)								

Dass Gruppenpsychotherapie im Alter erfolgreich und effizient ist, belegen die dargestellten Ergebnisse, wobei z. B. kognitiv-behaviorale Gruppenpsychotherapie mit alten Menschen bisher besser evaluiert ist als die psychoanalytischen Verfahren. Trotz überwiegend positiver klinisch-empirischer Einschätzungen ist kritisch anzumerken, dass kontrollierte randomisierte Studien eher die Ausnahme darstellen.

Angesichts des derzeitigen Erkenntnisstandes über Gruppenpsychotherapie mit alten Menschen sind keine sicheren differenziellen Indikationen für ein bestimmtes Setting (einzeln versus Gruppe) oder ein bestimmtes Psychotherapieverfahren möglich. Hier wären verstärkte Forschungsbemühungen wünschenswert.

51. Gruppenpsychotherapie mit Migranten

K. Rodewig und B. Glier

Warum stellt sich dieses Thema?

In Deutschland lebten 1995 ca. 7,3 Millionen ausländische Mitbürger, wobei Türken mit 2 Millionen, Mitglieder der Europäischen Union mit 1,8 Millionen, Jugoslawen mit 0,8 Millionen und Menschen aus den angrenzenden osteuropäischen Ländern mit ca. 0,4 Millionen die größten ausländischen Bevölkerungsgruppen stellten (Beauftragte der Bundesregierung für Ausländerfragen 1998). Für diese ethnischen Minderheiten standen bis vor wenigen Jahren kaum institutionalisierte Behandlungsplätze zur Verfügung. Die medizinische Versorgung sowohl im Bereich der Akutmedizin als auch der Rehabilitation wurde vereinzelt von Landsleuten übernommen. Die Versorgung innerhalb der jeweiligen Institution war nur so lange gewährleistet, wie sich entsprechende Kollegen oder Kolleginnen in Anstellung befanden. Wo dies nicht der Fall war, wurden die Dolmetscherdienste von nahen Angehörigen, Freunden oder medizinischem Hilfspersonal in Anspruch genommen. Gerade dort, wo psychische und soziale Belastungsfaktoren bei der Entstehung oder Aufrechterhaltung von Störungen eine Rolle spielten, konnte so weder eine angemessene Anamneseerhebung noch eine damit verbundene notwendige Diagnostik erfolgen, ganz zu schweigen von einer suffizienten Therapie. Solche Bedingungen wirken sich natürlich insbesondere dort nachteilig aus, wo – wie in der Psychotherapie – die verbale Kommunikation das wesentliche Medium der Behandlung darstellt.

Neben der sprachspezifischen wird gerade in der psychosomatischen Therapie auch eine kulturspezifische Kompetenz gefordert (Rodewig 2000).

Zum Beispiel ist die **hohe Abbruchrate** von mehr als 75% innerhalb der ersten drei Sitzungen bei bikulturellen therapeutischen Beziehungen (Gießener Modellprojekt 1987; Leyer 1991) nicht nur auf die mangelnde sprachliche Verständigungsmöglichkeit zurückzuführen, sondern vielmehr auf die mangelnde kulturspezifische Kompetenz der Therapeuten.

Bedeutung der kulturellen Differenz

Betrachten wir die Erfahrungen in unserer psychotherapeutisch-psychosomatischen Klinik, so können Patienten mit ausreichenden Sprachkenntnissen durchaus in bikulturellen, dualen Beziehungen oder in Gruppen zusammen mit deutschen Patienten behandelt werden, wenn sie zu einer kritischen Selbstreflexion ihrer gegenwärtigen und zurückliegenden Lebensbedingungen grundsätzlich bereit und intellektuell hierzu in der Lage sind. Damit erfüllen sie dieselben Bedingungen, wie wir sie auch für deutsche Patienten fordern. Bezüglich ihres kulturellen Hintergrunds sind diese Patienten bereit, eine Außenperspektive einzunehmen, vergleichbar mit der therapeutischen Ich-Spaltung in Bezug auf das eigene Verhalten. Sie können uns die Besonderheiten ihrer Kultur vermitteln, und sie sind grundsätzlich in der Lage, deren Auswirkungen auf sich selbst und ihre Interaktionen unter Einbeziehung ihrer kulturellen Erfahrungen im Gastland kritisch zu reflektieren. Diese Patienten verfügen oft über ein relativ hohes Bildungsniveau (abgeschlossene Schul- und oft auch Berufsausbildung) und ihre Sozialisation ist eher städtisch geprägt. Dies trifft überwiegend für Migranten der zweiten Generation zu, die weitgehend in Deutschland aufgewachsen sind, aber auch für Migranten, die in den Ballungszentren ihrer jeweiligen Heimat sozialisiert wurden.

In **bi-/multikulturellen Beziehungen** müssen alle am Therapieprozess Beteiligten sich nicht nur sprachlich verständigen können, sondern auch bereit sein, die oben diskutierte Außenperspektive in Bezug auf die eigene Kultur einzunehmen, und es muss eine grundsätzliche Bereitschaft vorhanden sein, sich mit dem Fremden auseinander zu setzen. Je differenter die Selbst- und Objektwahrnehmung der am Therapieprozess Beteiligten und je geringer die Fähigkeit ist, diese Differenz zu versprachlichen, umso größer ist die Gefahr von Missverständnissen und gegenseitiger Abwertung. Dieses Problem dürfte in dem oben angesprochenen Gießener Modellprojekt neben den unten aufgeführten Behandlungsproblemen zu der hohen Abbruchrate geführt haben, denn bei den dort behandelten Patienten handelte es sich um türkische Arbeitsmigranten und deren Familien, die vornehmlich aus ländlichen Gebieten der Türkei stammten und über ein niedriges Bildungsniveau verfügten.

Die Auswertung von Entlassungsbriefen vor Einführung unseres Behandlungsschwerpunktes für türkische Migranten erbrachte, dass diese ausländischen Patienten oft mit Bewertungen versehen wurden, die eine mangelnde Psychotherapiemotivation belegen sollten. Es wurde von mangelnder Motivation gesprochen, der Patient habe keinen Leidensdruck, eine hohe Erwartungshaltung, verweigere sich passiv und zeige kein Interesse an einer Verhaltensänderung. Am Ende des Briefes wurde dann auf eine mangelnde sprachliche Verständigungsmöglichkeit hingewiesen. Deutlich wurde uns hierbei, dass es den Therapeuten nicht gelungen war, mit den Patienten zusammen eine gemeinsame Vorstellung vom möglichen therapeutischen Prozess zu entwickeln und so auch **keine tragfähige therapeutische Beziehung** aufgebaut werden konnte. Die kulturspezifische Einstellung zu Krankheit und Leiden wurde im Hinblick auf notwendige Behandlungsmodifikationen nicht reflektiert, sodass die Beschreibung der Patienten als Abwertung verstanden werden muss.

Mit zunehmender kultureller Differenz zwischen den am Therapieprozess Beteiligten können sich zwei wesentliche Behandlungsprobleme entwickeln:
- Die Ähnlichkeit nimmt ab, die das Gegenüber mit den eigenen inneren Selbst- und Objektrepräsentanzen verbindet, und damit reduziert sich die Möglichkeit von Übertragungsbeziehungen und Identifikationsprozessen.
- Die Interaktion wird schlechter vorhersehbar. Diese Unsicherheit wird begleitet vom Affekt der Angst, begünstigt regressive Prozesse und erhöht den Widerstand.

Beide Probleme dürften zu einer unsicheren therapeutischen Beziehung führen. In der Einzelpsychotherapie führt es zu einem mangelnden Rapport, in der Gruppenpsychotherapie zu einer geringen Gruppenkohäsion (Yalom 1995, 1996) und insgesamt zu einer passiv abwartenden Haltung. Patienten nehmen sich zurück, schweigen, reagieren mit der Erwartung, sowieso nicht verstanden zu werden, und fordern vom Therapeuten ein direktives strukturierendes Leitungsverhalten.

Dies wirkt sich natürlich nicht nur in der dyadischen therapeutischen Beziehung aus, sondern auch in der therapeutischen Stationsgemeinschaft oder in der gruppenpsychotherapeutischen Behandlung.

Gruppenkohäsion

Yalom (1996) beschreibt Untersuchungsergebnisse, wonach Gruppenpatienten mit positiven Therapieergebnissen mehr wechselseitig befriedigende Beziehungen zu anderen Gruppenmitgliedern unterhalten und Patienten in kohäsiven Gruppen in signifikant höherem Maße bereit sind, sich auf tiefe und eingehende Selbsterforschung einzulassen.

Gerade in homogenen Gruppen dürfte sich dieser Effekt schneller einstellen, da sich auf Grund der ähnlichen Problematik rasch ein Gefühl der Akzeptanz und gegenseitigen Unterstützung entwickelt. Man zieht sozusagen am selben Strang.

Dies stimmt mit der Auffassung von Tschuschke und Mattke (1997) überein, wonach gerade homogene Gruppen für die Kurzzeitpsychotherapie besonders geeignet scheinen. Diese Therapieform ist in der Regel fokuszentriert. Neben der Erarbeitung eines individuellen Therapiefokus empfehlen die genannten Autoren, einen Gruppenfokus festzulegen. Dieser kann sich von selbst ergeben, wenn die Gruppe im Hinblick auf Problem- oder Störungsorientierung homogen zusammengesetzt wird.

Wenn genügend Bedarf an Psychotherapie aus einer Ethnie angemeldet wird, lassen sich **homogene Gruppen unter verschiedenen Aspekten** bilden:

Problemorientierung:
- sozialisationsspezifische Problemorientierung (z. B. geringe Schulbildung, ländliche, stark religiös geprägte Sozialisation),
- migrationsspezifische Problemorientierung (z. B. Arbeitsmigranten, Kriegs- und Folteropfer),
- geschlechtsspezifische Problemorientierung (z. B. Frauengruppen),
- altersspezifische Problemorientierung (z. B. Adoleszente, Senioren),

Störungsorientierung:
- Depressionsgruppen,
- Schmerzgruppen.

Priebe (1998) berichtet über die multikulturelle psychosoziale Versorgung im Osten Londons, wo insgesamt 16 verschiedene „Minoritäten" die Mehrheit der Bevölkerung stellten. Hier begriffen sich die Menschen als Teil einer ethnischen Minorität und verfügten gleichzeitig über ein Selbstverständnis, in dem sie sich, bezogen auf diesen Stadtteil, als Teil einer multikulturellen Gesellschaft definierten. Bezogen auf eine Gruppenbildung – wie in der Psychotherapie – ermögliche es diese gemeinsame Identität, Angst vor einander abzubauen und neugierig zu sein auf das Leben und die Problemlösungsstrategien **des anderen Ausländers.**

Psychotherapiemotivation

Neben diesen persönlichkeitsspezifischen sind nach Ruff und Werner (1987) sowie Schneider (1990) situative Merkmale entscheidend für die Psychotherapiemotivation eines Patienten.

Zu den persönlichkeitsspezifischen Merkmalen gehören neben der Kausal- und Kontrollattribution die Art der Erkrankung (Bedeutung somatischer und psychischer Faktoren) sowie die aus dem individuellen Normen- und Wertekontext abgeleiteten Zielvorstellungen. Die Institution muss sich auf diese **auch kulturspezifischen Behandlungsvoraussetzungen** eines Patienten einstellen können und Rahmenbedingungen schaffen, innerhalb derer sich der Patient angenommen und respektiert fühlt. Diese Rahmenbedingungen werden bei der Psychotherapiemotivation als **situationsspezifische Merkmale** charakterisiert. Hierzu zählen u.a. das Verhalten des Therapeuten und Charakteristika der Institution, wie das therapeutische Angebot, Therapieziele und therapeutische Handlungsmodelle. Daneben gilt auch die Einstellung bedeutsamer Bezugspersonen hinsichtlich Krankheitskonzept und Behandlungserwartung als wesentliches situationsspezifisches Merkmal der Psychotherapiemotivation (Schneider 1990). Die **persönlichkeitsspezifischen Psychotherapievoraussetzungen** werden auch durch **schichtspezifische Entwicklungsbedingungen** geprägt. So konnten Rudolf u. Mitarb. (1988) bei Patienten der Unterschicht eher eine passive Grundhaltung, eine Neigung zur Konfliktvermeidung sowie eine Tendenz zum Rückzug auf Ersatzbefriedigungen feststellen.

Welche Schlussfolgerungen können hieraus für die Behandlung von Migranten gezogen werden?

Gruppenpsychotherapie in der psychosomatischen Rehabilitation türkischer Migranten

Nehmen wir als Beispiel für die Problematik der Gruppenpsychotherapie mit ethnisch differenten Patienten die Behandlung von türkischen Patienten in der psychosomatischen Rehabilitation. Im Frühjahr 1996 eröffneten wir in unserer Klinik eine Station für die Behandlung türkischer Patienten. Mit Hilfe einiger soziodemographischer und psychosozialer Merkmale, die wir bei einer ersten orientierenden Datenerhebung während der Aufbauphase des Behandlungsschwerpunktes in unserer Klinik an 79 Patienten (konsekutive Stichprobe) erhoben haben, möchten wir die Besonderheit der Klientel herausarbeiten (Rodewig 2000, die in dieser Arbeit angeführten empirischen Daten sind Bestandteil der Dissertationsarbeit von Guido Tietz, Therapieevaluationsdaten liegen z.Zt. noch nicht vor).

Soziodemographische Merkmale

72 Patienten (91%) waren Migranten der ersten Generation von türkischen Einwanderern, davon 51 Frauen (65%) und 28 Männer (35%). 68 waren verheiratet (86%), 9 waren verwitwet, geschieden oder getrennt lebend (11%) und 2 waren ledig (3%). Im Vergleich dazu sind bei deutscher Klientel 56% verheiratet, 19% verwitwet, geschieden oder getrennt lebend und 25% ledig.

66 dieser Patienten (80%) sind in der Türkei in einem ländlichen Bereich (Dorf oder Kleinstadt) aufgewachsen.

Schul- und Berufsbildung

In dieser ländlichen Umgebung ist die Schul- oder Berufsausbildung der konkreten Bewältigung des Alltags nachgeordnet. Dies gilt gerade für die jungen Mädchen, die der Mutter im Haushalt oder in der Landwirtschaft helfen müssen und die folgerichtig eine deutlich geringer qualifizierte Schulbildung aufweisen. 12 Patientinnen unserer Stichprobe haben die Schule überhaupt nicht besucht und/oder sind Analphabetinnen.

Entsprechend der Schulbildung sind auch die Fähigkeiten der Patienten, sich eine neue Sprache anzueignen, sehr begrenzt. Bei einem Anteil aus dem Gesamtkollektiv von 19% Analphabeten können viele die Lehrbücher gar nicht lesen. So ist es nicht verwunderlich, dass von den Therapeuten im Durchschnitt bei 44 Männern und Frauen die Sprachkenntnisse als ungenügend bis mäßig angesehen wurden. Bei der schriftlichen Sprachkompetenz liegt nach dieser Einschätzung der Anteil noch deutlich höher (59 Patienten). Vor dem Hintergrund der schulischen Voraussetzungen ist verständlich, dass die Frauen gegenüber den Männern eine geringere Sprachkompetenz aufweisen.

Diese Voraussetzungen finden in den sich anschließenden beruflichen Qualifikationen ihre Entsprechung. So übten 17 Männer (22%) und 42 Frauen (53%) einen nicht qualifizierten Beruf als angelernte Arbeiter in der Industrie, der Landwirtschaft oder im Haushalt aus, wobei es sich bei den beiden Letzteren meist um familieninterne Arbeiten handelte.

Soziale Bindungen

Die Bedeutung der Beziehungen innerhalb einer türkischen Familie und der türkischen Gesellschaft dominieren gerade in der ländlichen Bevölkerung vor den Wünschen nach individueller Entfaltung, wobei die Gesellschaft eine starke Kontrolle auf das Verhalten des Einzelnen ausübt. Das soziale Miteinander ist stark religiös geprägt, man ist einander sozial verpflichtet, der Einzelne ist verantwortlich für die Funktion der Gesellschaft (Özelsel 1990).

In der Regel wollen türkische Familien – und auch hier bevorzugt die aus dörflichen oder kleinstädtischen sozialen Strukturen – die allgemeinen Pflichten des Islam erfüllen und ihr Leben danach ausrichten. Dabei werden ca. 10% unserer Patienten in ihrer Religionsausübung von den türkischen Therapeuten als fundamentalistisch eingeschätzt. Krankheiten oder Schicksalsschläge werden oft als Strafe oder Sühne für vorangegangene Verfehlungen verstanden.

Diese Bindung an die Gemeinschaft und an religiöse Grundregeln fördert auf Grund der hohen sozialen Kontrolle Scham- und Schuldgefühle, was sich gerade für die Gruppenpsychotherapie behindernd auswirkt.

Kausal- und Kontrollattribution

Befragt nach subjektiven Erklärungen für ihre Beschwerden nehmen 43 Patienten (54%) eine externale Kausalattribution vor, indem sie organische Ursachen, belastende Umweltbedingungen, Schicksal, Strafe oder magische Vorstellungen nennen. Hinsichtlich der Kontrollattribution nehmen 63 Patienten (80%) eine fatalistisch-passive Haltung ein oder erwarten eine Veränderung ihrer Situation durch andere Personen, beispielsweise Ärzte, Therapeuten oder Angehörige.

Kulturspezifische Merkmale und ihre Bedeutung für die Struktur der Gruppenpsychotherapie

Aus den genannten kulturspezifischen Entwicklungsbedingungen können folgende Schlussfolgerungen und Modifikationen für die stationäre psychosomatische Rehabilitation dieser Patientengruppe – und vermutlich für sozial-religiös ähnlich gelagerte Patientenklientelen – abgeleitet werden (Glier u. Mitarb. 1998; Rodewig u. Mitarb. 1998; Rodewig 2000):

- Die geringe Schulbildung – und mangelnde Übung im Lesen und Schreiben – führt zu einem **geringen Informationsstand** in Bezug auf bio-psycho-soziale Zusammenhänge.
- Die gesellschaftlichen Verhältnisse führen zu einem **Kollektivselbstbild**, also einem Selbstbild, das sich mehr als Teil der Gemeinschaft denn als individuelles Selbst definiert.
- Damit verbunden ist, dass **eigene Schwächen oder Krankheit eher als Folge äußerer gesellschaftlicher Verhältnisse** verstanden werden (externale Kausalattribution).
- Die Gemeinschaft ist auch als religiöse Gemeinschaft zu verstehen, wobei **Krankheit** oder andere Schicksalsschläge oft **als göttliche Bestrafung oder als Sühne** für Fehlleistungen aufgefasst werden.
- Auf Grund der **größeren sozialen Kontrolle** in der türkischen Gesellschaft spielen Schuld- und Schamgefühle der Gemeinschaft gegenüber bei türkischen Patienten eine größere Rolle als bei der deutschen Klientel.

Insgesamt stellt diese Klientel eine in Hinblick auf Sozialisationsbedingungen und Bildungsvoraussetzungen homogene

Gruppe dar, die sich deutlich von der Gruppe der deutschen Patienten unterscheidet.

Für diese türkischen Patienten schufen wir eine monokulturelle Behandlungseinheit mit z. Zt. 32 Betten. Hierbei waren vor dem Hintergrund der obigen Ausführungen folgende Überlegungen wegweisend:
- Durch die gemeinsame Migrationserfahrung, die ähnlichen Sozialisationsbedingungen und ein vergleichbares Bildungsniveau wird eine quasi problemorientierte **homogene Stationsgruppe** aufgebaut. Der soziale Umgang ähnelt den auch zu Hause gepflegten Gewohnheiten, sodass sich schnell ein Gefühl von Sicherheit und gegenseitiger Akzeptanz einstellt. Dies sind die Vorbedingungen für die sich rasch entwickelnde relativ **starke Gruppenkohäsion**.
- Die Ähnlichkeiten in den Sozialisationsbedingungen begünstigen den **Aufbau von Übertragungsbeziehungen und Identifikationsprozessen**. Der Widerstand gegenüber therapeutischen Interventionen und alternativen Lösungsstrategien in Bezug auf die Migrationsprobleme wird minimiert.
- Durch die monokulturelle therapeutische und pflegerische Versorgung können **Übertragungsbeziehungen** schneller erfasst und eingeordnet werden.
- Die Größe der Station ermöglicht ein differenziertes Gruppenpsychotherapieprogramm, wobei die sich hierin ergebenden Interaktionen durch die **enge Kooperation im Team** reflektiert und aufeinander bezogen werden können (Janssen 1987).

Spezifische gruppenpsychotherapeutische Interventionsstrategien

Die Gruppenpsychotherapie gliedert sich in 3 Interventionsstrategien:
- störungsspezifische Gruppe,
- suggestive Techniken in der Gruppe,
- themenzentrierte interaktionelle Gruppe.

Störungsspezifische Gruppe

Die geringe Kenntnis bio-psycho-sozialer Zusammenhänge erfordert **psychoedukative Maßnahmen**, um hierüber bildungsbedingte Informationsdefizite auszugleichen. Dies ist eine Voraussetzung, um alternative Handlungsstrategien im Umgang mit spezifischen Problemsituationen erarbeiten und einüben zu können. Je nachdem, wie stark die Fähigkeit zum abstrakten Denken entwickelt ist, müssen Zusammenhänge über bildliche Darstellungen oder Geschichten veranschaulicht werden.

Thematisch haben wir die Gruppen nach den vorherrschenden Symptombildern ausgerichtet. Ca. 1/3 unserer Klientel leidet unter **somatoformen Störungen**, davon ca. 70% unter **Schmerzstörungen**, und weiterhin 1/3 unter **Depressionen**, sodass wir zwei Gruppen zur Verbesserung der Schmerzbewältigungsfähigkeiten sowie zum Abbau depressiver Denk- und Verhaltensmuster anbieten.

Für die Bewältigung dieser Störungsbilder spielt die Entwicklung eines aktiven Verarbeitungsmodus eine entscheidende Rolle. Hier müssen jedoch die Erwartungen an selbstbestimmtes Handeln erheblich zurückgeschraubt werden, da die kulturbedingte kollektive Selbstdefinition der Patienten der individuellen Entfaltung Grenzen setzt. Deswegen ist es unbedingt erforderlich, frühzeitig den Partner oder die Familie in den Therapie- und Veränderungsprozess mit einzubeziehen.

Suggestive Techniken in der Gruppe

Zur Steigerung der Selbstwirksamkeitserwartung setzen wir **Methoden der Autosuggestion** in der Gruppe ein, unterstützt durch meditative türkische Musik und Erzählungen orientalischer Geschichten. Die Patienten tauchen hierbei in bekannte und Sicherheit vermittelnde Bilder ihrer Kindheit ein und hören orientalische Geschichten oder Märchen, in denen die Helden ein Schicksal aktiv um eines anderen willen auf sich nehmen oder sich wie hineingeworfen fühlen, um es handelnd zu bewältigen. Sie spüren in der Entspannung, dass ihre Beschwerden nachlassen und gleichzeitig werden über die Identifikation mit den Helden der Geschichten Willenskräfte mobilisiert, auch ihr Schicksal in die Hand zu nehmen. Hier spielt die Diskussion in der Gruppe über die Inhalte der Geschichten eine wichtige Rolle im Bezug auf die Bildung neuer oder alternativer Normen.

Themenzentrierte interaktionelle Gruppe

Die interaktionelle Gruppenpsychotherapie arbeitet primär themenzentriert. Die ausgeprägte soziale Kontrolle in der Gemeinschaft der türkischen Migranten bedingt starke Scham- und Schuldaffekte innerhalb der Gruppe. Die anderen Gruppenmitglieder werden zu Vertretern der gesellschaftlichen Ordnung, die über-ich-betont die Regeln vertreten. Die individuellen Konflikte haben in diesem Selbstverständnis hinter den gesellschaftlichen und religiösen Regeln zurückzutreten. Werden hingegen diese Regeln an allgemein bekannten Konflikten diskutiert wie Erziehung der Mädchen im Gastland – z. B. „Darf sie einen deutschen Freund haben?", „Wie weit müssen die Kinder die türkische Tradition im Gastland pflegen?", „Wie frei dürfen sich die türkischen verheirateten Frauen außerhalb der Familie entfalten?" –, kann man seine Erfahrungen einbringen, ohne sie als persönlichen Konflikt benennen zu müssen. Der Widerstand gegen die Reflexion persönlicher Konflikte wird minimiert, und hierdurch kommt es immer wieder dazu, dass die Patienten dann doch den Mut finden, ihre persönlichen Probleme zu benennen.

Da speziell die Frauen Angst haben vor dem Vorwurf ihrer männlichen Landsleute, dass sie durch ihre Klagen in der Gruppe die Ehre der Familie und speziell der Ehemänner verletzen, wurde für die themenzentrierte interaktionelle Arbeit eine zusätzliche Frauengruppe eingerichtet, in der speziell Partnerprobleme bearbeitet werden können.

Schlussfolgerungen

Die Gruppenpsychotherapie mit Migranten erfordert nicht nur eine entsprechende Sprach-, sondern auch eine **spezifische Kulturkompetenz**. Monokulturelle Behandlungsbedingungen minimieren die für bikulturelle Beziehungen typischen hohen Abbruchquoten und fördern die gerade im stationären Setting gewünschten vielfältigen Übertragungs- und Identifikationsprozesse.

Die Behandlungsstrukturen müssen sich an der spezifischen Klientel der jeweiligen Institutionen orientieren. Diese Klientel kann in Bezug auf den soziokulturellen Hintergrund der Patienten unterschiedlich zusammengesetzt sein, sodass die Behandlungsstruktur und ihre Interventionsmethoden diesen Gegebenheiten gemäß modifiziert werden müssen.

Für die im Hinblick auf biografische Entwicklungsbedingungen und Bildungsvoraussetzungen relativ homogene Gruppe der Arbeitsmigranten der ersten Generation sollten spezifische Angebote bereitgehalten werden, die sich auf die Förderung eines psychosomatischen Krankheitsverständnisses, den Abbau depressiver Denk- und Verhaltensmuster sowie die Verbesserung der Schmerzbewältigungsfähigkeiten (Depressionen und somatoforme Schmerzstörungen sind die häufigsten Krankheitsbilder) beziehen. Wegen der **niedrigen Schamgrenze** sollten in der Gruppenpsychotherapie indirekte Methoden der Konfliktbearbeitung gewählt werden.

Hilfreich erscheint uns, orientalische Kulturelemente wie Musik und Geschichten zu nutzen, sowohl um eine vertraute Atmosphäre herzustellen als auch um therapeutische Inhalte über kulturspezifische Bilder zu verdeutlichen.

Die frühzeitige Einbeziehung relevanter Bezugspersonen erhält in der Behandlung ausländischer Patienten ein besonderes Gewicht, da das soziale Bezugssystem begrenzt und besonders in der Fremde für die psychische Stabilität sehr wichtig ist, und dies insbesondere für die sehr stark am Kollektiv orientierten Migranten.

X Basale Konzepte der Gruppenpsychotherapie

52. Entwicklung und Konzepte der psychoanalytischen Gruppenpsychotherapie

A. Heigl-Evers und J. Ott

Soziale Aspekte der Gruppenpsychotherapie

Die Geschichte der psychoanalytischen Gruppenpsychotherapie reicht zurück bis in die 20er Jahre des zu Ende gegangenen 20. Jahrhunderts. Sie lässt deutlich werden, dass es vor allem die damals aufblühenden Sozialwissenschaften mit ihren Hinweisen auf die soziale Determiniertheit des Menschen waren, die bei einzelnen Psychoanalytikern den Gedanken reifen ließen, eine psychoanalytische Therapie in der Gruppe zu erproben.

Freud selbst hatte, so weit man weiß, eine Therapie in der Gruppe niemals in Erwägung gezogen. Theoretisch war er jedoch an Fragen der „Massenpsychologie" wie auch der Kulturanthropologie durchaus interessiert (Freud 1921). Die Individualpsychologie war nach seiner Auffassung von Anfang an gleichzeitig auch **Sozialpsychologie**, denn „im Seelenleben des Einzelnen kommt ganz regelmäßig der Andere als Vorbild, als Helfer und als Gegner in Betracht" (Freud 1921, S. 73).

Es war die **soziale Determiniertheit individuellen Verhaltens in Gesundheit und Krankheit,** die bei den Inauguratoren einer analytischen Gruppenpsychotherapie das Interesse an einem solchen Vorgehen weckte. Das gilt für Trigant Burrow (1926), Louis Wender (1936) und Paul Schilder (1936, 1938, 1939). Sie waren daran interessiert, den Einfluss der Gruppe auf das Verhalten des Einzelnen zu studieren und therapeutisch nutzbar zu machen. Bei der Motivation, sich der Anwendung der Psychoanalyse in therapeutischen Gruppen zuzuwenden, spielten auch bestimmte Faktoren der sozialen Realität eine Rolle; so bei Bion (1959, 1961/1974) und Foulkes (1948), die als Psychiater in Armeekrankenhäusern des Zweiten Weltkriegs mit der Aufgabe konfrontiert waren, eine größere Anzahl von Soldaten mit seelischen Störungen zu behandeln. Für Wolf und Schwartz (1962) bestand die Herausforderung darin, Patienten mit niedrigem Einkommen psychoanalytisch-psychotherapeutische Hilfe zu vermitteln.

Die seither entwickelten Konzepte der analytischen Gruppenpsychotherapie reichen von einer **Einzelpsychotherapie in der Gruppe** über die **Psychoanalyse der Gruppe** bis hin zur **Therapie durch den Gruppenprozess**. Das Problem bei diesen Konzeptualisierungen bestand darin, psychoanalytische und sozialpsychologische (gruppendynamische und systemische) Theorien so zu integrieren, dass eine Begründungsbasis für einen effektiven Umgang mit Patienten in einer Gruppe entstand.

Der erste Zugang, **Einzelpsychotherapie in der Gruppe**, hält am dyadischen Modell der psychoanalytischen Beziehung gegenüber jedem einzelnen Patienten in der Gruppe fest; dabei wird die Gruppe „als eine Erweiterung der dyadischen Behandlung" betrachtet (Lieberman u. Mitarb. 1969, S. 282). Die Gruppendynamik wird wenig beachtet, während die Sozialpsychologie keine Rolle spielt. Die multipersonale Situation der Gruppe wird nur als Möglichkeit gegenseitiger Stimulierung im Therapieprozess des jeweils einzelnen Patienten benutzt; das Gruppensetting erleichtert das Zustandekommen von Übertragung und dient als Medium für freie Assoziationen. Solche Konzepte wurden von Locke (1961), W. Schindler (1951, 1955), Slavson (1950, 1977) Wolf (1971) sowie von Wolf und Schwartz (1962) vorgelegt. In letzter Zeit haben Sandner (1990) und Wolf (1997) erneut auf die Bedeutung dieser Vorgehensweise hingewiesen.

Im zweiten Modell, dem der **Psychoanalyse der Gruppe als Ganzes** (dem so genannten Tavistock-Modell), bildet die Gruppe insgesamt mit dem Analytiker eine psychoanalytische Dyade. Durch eine Wahrnehmungseinstellung, die auf die Gruppe als Ganzes ausgerichtet ist, werden Homogenisierungsphasen latenter Kräfte, deren Darstellung durch entsprechende therapeutische Interventionen gefördert wird, bevorzugt. So wandelt sich die Gruppe in eine Quasiperson, die als Adressat therapeutischer Bemühungen fungiert. Die Aufgabe des Analytikers ist darauf gerichtet, dass er die Übertragung, die sich zwischen Gruppe und ihm entfaltet, im Hier und Jetzt bearbeitet. Dieser Ansatz wurde von 1945 bis 1952 von Bion (1961) entwickelt und schon früh durch Ezriel (1950, 1960) modifiziert. 1960 haben Grinberg u. Mitarb. in Südamerika eine spezielle Variante entwickelt. In Deutschland wurde dieser Ansatz von Argelander (1963, 1968, 1972, 1974) und Ohlmeier (1975, 1976) aufgegriffen und weiterentwickelt (Finger-Trescher 1991; Sandner 1986).

Gegenüber diesen auf Angleichung der therapeutischen Situation in der Gruppe an die psychoanalytische Dyade abzielenden Konzepte gibt es schließlich solche, die von der Bemühung bestimmt sind, die **Prinzipien der Psychoanalyse an die Pluralität einer therapeutischen Gruppe zu adaptieren**. Das bedeutet, dass in das theoretische Modell der therapeutischen Gruppe sowohl psychoanalytische wie auch sozialpsychologische Sichtweisen und Konstrukte integriert werden. Konzepte dieser Orientierung wurden von Foulkes (1948, 1957, 1964, 1971, 1975, 1990), Heigl-Evers (1966, 1967), Heigl-Evers und Heigl (1968, 1973, 1975, 1976, 1979a, b, c, d, 1985, 1994, 1995), Battegay (1979), Kutter (1976, 1985), R. Schindler (1957/58, 1960/61; Majce-Egger 1999) sowie von Stock-Whitacker und Lieberman (1965) vorgelegt.

Eine empirische Untersuchung von Ehlers u. Mitarb. (1993) über die Anwendung der 13 identifizierten Gruppenkonzepte im Praxisfeld der analytischen Gruppenpsychotherapie im deutschen Raum (unter Mitgliedern der Sektion „Analytische Gruppenpsychotherapie" im „Deutschen Arbeitskreis für Gruppenpsychotherapie und Gruppendynamik, DAGG") zeigte folgende quantitative Aussage: Die Liste wird von den Konzepten von Heigl-Evers und Heigl, dann denen von Foulkes und Yalom angeführt; Wolf und Schwartz' Ansatz folgt; W. Schindlers und Bions Ansätze rangieren auf Platz 6.

Ergänzend sei an dieser Stelle hinzugefügt, dass vor 1989 im psychotherapeutisch-psychiatrischen Versorgungs- und Weiterbildungssystem der DDR Gruppenpsychotherapie vorwiegend nach dem von Höck entwickelten Konzept der **dynamisch intendierten Gruppenpsychotherapie** durchgeführt wurde (Hess 1980, 1985; Höck 1981; Ott 1997; Seidler 1997). In diesem Konzept werden sozialpsychologische und gruppendynamische Konstrukte und Wirkfaktoren im Sinne eines Gruppenentwicklungsmodells mit psychoanalytischen Konzepten (Abwehr, Widerstand, Regression, Übertragung und Gegenübertragung u.a.) integriert.

Wir möchten im Folgenden versuchen, den dritten der zuvor genannten Entwürfe einer psychoanalytisch orientierten Gruppenpsychotherapie an zwei Modellen dieser Art zu verdeutlichen:
- Gruppenanalyse von Foulkes,
- Göttinger Modell der Anwendung der Psychoanalyse in Gruppen.

Konzeptualisierung einer psychoanalytischen Gruppenpsychotherapie durch Foulkes

„Gruppenanalytische Psychotherapie ist eine Form der psychoanalytischen Psychotherapie, und ihr Bezugssystem ist die Gruppe als Ganzes. Wie jede Psychotherapie stellt sie das Individuum in den Mittelpunkt ihrer Aufmerksamkeit" (Foulkes 1974, S. 72).

Die von Foulkes seit 1940 ausgearbeitete Gruppenanalyse oder gruppenanalytische Psychotherapie stellt eine Synthese von Elementen dar, die aus der Psychoanalyse, der Sozialpsychologie, der Gestaltpsychologie und der allgemeinen Systemtheorie stammen (Behr u. Mitarb.1985; Gfäller 1996; Pines 1979).

Foulkes umreißt sein Grundkonzept in folgender Weise: Psychische Störungen wurzeln in der Regel in einer Störung der Kommunikation des Individuums mit anderen, in seiner Entfremdung von der Gemeinschaft (community). Es werden z. B. die inneren Anlagebedingungen des Kindes in der Familie oft nicht erkannt, weil möglicherweise andere Anlagen als die der Eltern vorliegen. Genetische Prozesse greifen über mehrere Jahrhunderte, wohl eher über Jahrtausende. Eltern sind oft durch die Anlagebedingungen ihrer Kinder überfordert, vor allem dann, wenn sie weder ihre eigenen noch die des Kindes zu reflektieren versuchen. Die auftretende Kommunikationsstörung entspricht dem Niederschlag internalisierter frühkindlicher Konflikte mit den Eltern oder anderen Erziehungspersonen und indirekt gewissen Tabus der Gesellschaft. Solche zu psychischer Krankheit führenden Störungen der zwischenmenschlichen Beziehungen betreffen in erster Linie die zu den nächststehenden Personen. In diese Störungen ist ein ganzes Netzwerk von Interaktionsmustern einbezogen; die **individuelle Störung** ist **Ausdruck einer Beeinträchtigung des Gleichgewichts im Gesamtfeld aller Interaktionen**, die die als krank definierte Person betreffen. Der Neurosekranke ist im Vergleich zum Gesunden einerseits stärker isoliert von der Gesellschaft, andererseits stärker an die Gruppe, seine primäre Gruppe, die Familie, fixiert (Heigl-Evers 1978, S. 33). Daher ist die Gruppensituation sozusagen der natürliche Ort für Therapie: Die emotionalen Schwierigkeiten des Einzelnen werden immer im Störungsmuster der zwischenmenschlichen Beziehungen deutlich, im Kommunikationsnetz und in der Matrix der Gruppensituation (Foulkes 1978; Pines 1979).

Foulkes vertritt die Ansicht, dass jedes Ereignis in der (therapeutischen) Gruppe auch vor dem Hintergrund des Netzwerks der gesamten Kommunikationen und Interaktionen, in dem sich eine Person befindet, zu verstehen sei. In Anlehnung an Ruesch und Bateson (1951) verwendet er neben dem mehr soziologisch gedachten Begriff **Netzwerk** den Begriff der **Matrix der Gruppe**. Die Gruppe sieht Foulkes als ein dynamisches Netzwerk von Beziehungen, dessen Knotenpunkte die einzelnen Mitglieder darstellten. Die zentralen Konstrukte Matrix und Netzwerk kennzeichneten die Entstehung eines Beziehungsgeflechts von internalisierten und aktuellen Objektbeziehungen im Kontext der Gruppe.

Gruppenmatrix meint die operationale Basis aller Beziehungen und Kommunikationen und stellt ein Gewebe intrapsychischer, interpersonaler und transpersonaler Beziehungen dar, in denen der Einzelne als Knotenpunkt erscheint. Unter dem Aspekt der persönlichen oder **individuellen Matrix** versucht jeder Teilnehmer, seine Früherfahrungen und die Resonanz darauf in der Gruppe neu zu beleben. Auf der Ebene der **dynamischen Matrix** geraten die unterschiedlichen familiären und kollektiven Modelle in Widerspruch zueinander, müssen diskutiert, ausgetauscht und überprüft werden. Der gemeinsame sichernde Rahmen ist die **Grundmatrix**, die gemeinsame Sprache, die gemeinsame Herkunft und Interpretationsbasis, auf der man sich letztlich nach vielen Mühen doch verständigen kann (Behr u. Mitarb. 1985; Haubl 1997).

Die analytische Gruppenpsychotherapie hat nach Foulkes die Aufgabe, die gestörte Kommunikation zu verändern und Partizipation und Zugehörigkeit („belongingness" nach Lewin) zu den anderen wiederherzustellen. Die Gruppe muss sich dabei von einem symbolisch-primitiven Ausdrucksniveau zu bewusst artikulierter Sprache vorarbeiten. Der Weg vom „Symptom zum Konflikt" (Foulkes 1974, S. 34) bleibt eines der konstanten Ziele der analytischen Gruppe. Durch den Prozess der fortschreitenden Kommunikation eröffnet sich die Möglichkeit zur „Translation" (Übersetzung), d.h. zur Umformung von Symptomen, Träumen und anderen Manifestationen in sinnvolle Sprache. Er bewirkt, dass jeder sich seiner selbst und der anderen, wie auch der Objektwelt besser bewusst wird und fördert so die Fähigkeit zur analytischen Einsicht und zur psychischen Integration des Einzelnen (Foulkes 1971, S. 17).

Die Kommunikationen spielen sich nicht nur auf der quasi horizontalen Ebene der Interaktionen im Sinne des kommunikativen Netzwerks und der Gruppenmatrix ab, sondern auch in einem quasi vertikalen Bezugssystem, dem des Bewussten und dem des Unbewussten.

Die Kommunikationen erlauben ein gleichermaßen tieferes Verständnis und eine Interpretation des Geschehens in der Gruppe, wenn man verschiedene, hierarchisch angeordnete Ebenen (Foulkes 1971; 1992) berücksichtigt:
- **Aktuelle Ebene:** Hier wird die Gruppe als Repräsentanz der Gesellschaft, der Gemeinschaft, der öffentlichen Meinung, als Institution erlebt; durch diese „Öffentlichkeit" wird Realität im kommunikativen Austausch geschaffen. Der Leiter wird als Führer oder Autorität erlebt.
- **Übertragungsebene:** Diese Ebene korrespondiert mit den reifen Objektbeziehungen. Hier werden der Leiter, die

Gruppenmitglieder oder die Gesamtgruppe erlebt wie Eltern, Geschwister, also wie Familiensituationen etwa in den Zeiten des Ödipuskomplexes.
- **Projektive Ebene:** Diese Ebene entspricht den primitiven, narzisstischen „inneren" Objektbeziehungen der Psychoanalyse. Auf dieser Ebene werden nicht mehr Ganzobjekte und entsprechende Selbstanteile übertragen, sondern Teilobjekte und Teile des Selbst.

Um ein Verständnis des Geschehens in Gruppen zu erreichen, führte Foulkes so genannte Ebenen ein:
- **Körperebene:** Auf dieser Ebene wird das Körperschema (nach Schilder) von der Gruppe und ihren Mitgliedern repräsentiert. Die Gruppe kann wie ein ganzer, vielleicht kranker Körper erlebt werden; Gruppenmitglieder können wie Körperteile erlebt werden.
- **Primordiale Ebene:** Diese Ebene beherbergt die primordialen Bilder, die den Konzepten von Freud entsprechen wie auch denen, die insbesondere von Jung als „kollektives Unbewusstes" (Archetypen, Rituale) bezeichnet wurden.

Es ist zu vermuten, dass diese fünf Ebenen in jeglicher zwischenmenschlichen Kommunikation eine gewisse Rolle spielen. Man könnte auch überlegen, ob das Ich jedes einzelnen Individuums nicht auf diesen fünf Ebenen arbeitet.

Verständigungsschwierigkeiten in der therapeutischen Gruppe haben also vielfältigste Hintergründe. Die Aufgabe des Therapeuten ist, diese mit Hilfe der Resonanzprozesse der Gruppe aufzudecken.

Es ist eines der therapeutischen Ziele, eine gemeinsame Zone des Verständnisses zu schaffen, die einerseits ins Unbewusste hinabreicht, d.h. die Ausdrucksformen des Primärprozesses einbezieht, und andererseits ein Anheben des Verständnisses auf die Ebene des logischen Denkens und der bewussten sprachlichen Artikulation anstrebt. Es geht um eine Erweiterung des Kommunikationsbereichs in beide Richtungen, insbesondere aber in Richtung zu bewusst artikulierter Sprache und offener, feinfühliger und verständnisvoller Kommunikation.

Bezogen auf die **Aufgaben des Gruppenleiters** unterscheidet Foulkes zwischen dynamisch-administrativen und therapeutischen Funktionen.

Mit **dynamisch-administrativer Funktion** sind alle Aktivitäten des Gruppenleiters gemeint, die sich mit den Rahmenbedingungen und der optimalen Zusammensetzung der Gruppe beschäftigen. Als Wächter des Settings muss er die äußeren Grenzen der Gruppensituation beachten und definieren, denn hier sind immer starke Kräfte im Spiel, deren Druck sowohl unterstützend als auch zerstörend wirken kann. An diesen Grenzen manifestieren sich die entscheidenden Konflikte. Er hat die Aufgabe, die konstruktiven Kräfte zu stärken und die destruktiven zu verringern (Pines 1979; Pines und Hutchinson 1993). Da die Gruppenanalyse über nur ein Modell der analytischen Gruppenpsychotherapie verfügt, wird die Zusammensetzung der Gruppe sehr wichtig, um den jeweiligen Bedürfnissen der Teilnehmer gerecht zu werden. Wenn man beispielsweise ein neues Gruppenmitglied aufnehmen möchte, untersucht man das primäre familiäre Netzwerk, das pathologisierend wirkte. Andere zukünftige Gruppenmitglieder oder die schon vorhandenen sollten dann in ihren Strukturanteilen den wesentlichen frühen Bezugspersonen nahe kommen, sodass es möglich wird, dass krankmachende Bedingungen aus der Kindheit wieder auftauchen und bearbeitet werden können, weil inzwischen ein besseres Handlungsrepertoire entweder schon vorhanden ist oder erarbeitet werden kann. So können verschiedenste Diagnosegruppen, verschiedene Grade der Störung und vielfältigste Hintergründe in der Gruppe bearbeitet werden. Die Gruppenteilnehmer finden durch geeignete Zusammensetzung ihr ursprüngliches pathologisierendes Netzwerk wieder, sodass Wiederholung, Konfrontation und Durcharbeiten möglich werden (Gfäller 1997).

Im Sinne der **therapeutischen Funktion** erleichtert und stimuliert der Gruppenleiter in erster Linie die Kommunikationsprozesse innerhalb der Gruppe, was bedeutet, dass der Prozess des „Analysierens" Vorrang hat vor dem des „Interpretierens". Der Leiter bemüht sich, die Ausdrucksfähigkeit aller Mitglieder zu erhöhen und zu erweitern und steigert gleichzeitig ihr Verständnis für tiefere unbewusste Ebenen. Er betont das Hier und Jetzt der Gruppensituation ebenso wie Toleranz und Wertschätzung gegenüber individuellen Unterschieden (Pines 1979).

Für Foulkes ist die Interpretation ein Akt der Wahrnehmung und der Kreativität, der aus der rezeptiv-passiven Haltung des Therapeuten entsteht. Das **Figur-Grund-Prinzip** ist die **operative Basis für die Interventionen**. Die Interpretationen richten sich sowohl an den Einzelnen, betreffen aber vor allem Konfigurationen oder Beziehungen innerhalb der Gruppe oder zwischen der Gruppe und dem Leiter (Haubl 1997).

Foulkes unterscheidet drei Arten von Interpretationen:
- Interpretationen, die unbewusste Prozesse bewusster machen,
- Interpretationen von Widerstand und Abwehr,
- Interpretationen von Übertragungsreaktionen (Pines 1979).

Der Gruppenleiter befindet sich symbolisch „an der Grenze der Gruppe", was bedeutet, dass alles, was von der Gruppe nach außen und von außen in die Gruppe wirkt, quasi durch und über den Leiter gehen solle (Foulkes 1992, S. 86). Er ist somit in Abgrenzung zu anderen Methoden in erster Linie nicht im Zentrum der Übertragung, oder gänzlich außerhalb wie ein Beobachter, sondern sowohl Teilnehmer als auch Leiter, Teilnehmer mit der spezifischen Aufgabe der Gruppenleitung. Von dieser Grenzposition aus kann er dann je nach Lage der Gruppe zu den jeweils anderen Positionen pendeln, wenn und falls es notwendig erscheint.

In der Gruppenanalyse hat es seit der Begründung der Methode durch Foulkes (Foulkes 1948, 1964, 1975, 1990; Foulkes und Anthony 1957) vielfältige Erweiterungen und Konkretisierungen gegeben (Behr u. Mitarb. 1985; Finger-Trescher 1991; Gfäller 1996, 1997; Haubl 1997, 1999; Haubl und Lamott 1994; Hearst 1982; Pines 1979, 1981, 1983a, b, 1989; Pines und Hutchinson 1993), sodass dieses Modell als eines der bedeutenden analytischen gruppenpsychotherapeutischen Modelle gelten kann.

Göttinger Modell der Anwendung der Psychoanalyse in Gruppen

Zum Ende der 50er und in den 60er Jahren wurde in der Fachklinik für psychogene und psychosomatische Erkrankungen, dem Niedersächsischen Landeskrankenhaus Tiefenbrunn bei Göttingen, eine an der Psychoanalyse orientierte

Gruppenpsychotherapie erprobt, entwickelt und in zunehmendem Umfang eingesetzt. Die frühen Versuche wurden damals mit zwei erfahrenen Gruppenpsychotherapeuten diskutiert, mit Walter Schindler (Schindler 1951, 1955) und Raoul Schindler (Schindler 1957/58, 1960/61).

Unter dem Eindruck eigener klinischer Beobachtungen – und durch den Einfluss der beiden genannten Autoren wie auch anderer – entstand zunächst ein Modell, das als „aktionszentrierte Gruppe mit soziodynamischer Funktionsverteilung" (Heigl-Evers 1966) bezeichnet wurde. Dieses Modell war im Übrigen auch stark durch die Soziologie der Kleingruppe bestimmt, wie sie von Homans (1950) aufgrund von Feldstudien dargestellt wurde. Demnach ist die Kleingruppe als eine begrenzte Pluralität durch eine gemeinsame Bewandtnis, eine verbindende Aktion, bestimmt. Über eine solche Verbundenheit wird die Gruppe im Sinne eines dynamischen Prozesses gegen das Umfeld, d. h. auch gegen andere Gruppen abgegrenzt und verteidigt. Das geschieht über eine gemeinsame Aktivität, eben die Aktion, die sich über Teilaktivitäten der Gruppenteilnehmer realisiert. Diese Realisierung erfolgt über die Einnahme von Positionen, die **Übernahme von Rollen** und die **Ausübung von Funktionen**. Für die klinische Handhabung dieser Begriffe wurden die Positionen der Schindlerschen Rangdynamik der Gruppe mit den Positionen Alpha, Beta, Gamma und Omega in Form der **soziodynamischen Funktionsverteilung** übernommen und in weitere Subpositionen untergliedert (Heigl-Evers 1966) (zu Rollenübernahmen in Gruppen s. auch Kap. 21).

In der Folgezeit wurde die Krankheitslehre der Psychoanalyse sowie deren neuere Entwicklungen der Ich-, der Selbst- und der Objektbeziehungspsychologie in das Verständnis der psychologischen und therapeutischen Prozesse und deren Gestaltung einbezogen.

Als Ergebnis dieser Entwicklung wurden 1973 von Heigl-Evers und Heigl drei Gruppenmethoden beschrieben und als Göttinger Modell zusammengefasst (Heigl-Evers und Heigl 1973).

Es ging um die **psychoanalytisch-interaktionelle Gruppenpsychotherapie** für die Behandlung von strukturell gestörten Patienten, bei welcher sich die diagnostischen und therapeutischen Bemühungen auf das manifeste Verhalten der Teilnehmer richten. Es ging ferner um die **tiefenpsychologisch-fundierte bzw. analytisch orientierte Gruppenpsychotherapie** für bestimmte konfliktbedingte Störungen. Es wurde zentriert auf die gruppenspezifischen Verarbeitungen von Beziehungskonflikten (psychosoziale Kompromissbildungen), die der Sicherung der interpersonellen Beziehungen bei solchen Konflikten dienen. Schließlich ging es um die **analytische Gruppenpsychotherapie**. Sie erfordert ein Vordringen zu den ödipalen Kernkonflikten und zu den damit verbundenen basalen, archaischen Triebimpulsen und Affekten. Um bis zu diesen Erlebensbereichen vorzudringen, bedarf es einmal einer Vertiefung der Regression und gleichzeitig einer Entwicklung der dazugehörigen Phantasien und deswegen des Einsatzes der freien Assoziation. Dabei kommt es in der Gruppe zur Entwicklung ich-modifizierter unbewusster Phantasien.

Von Anfang an wurden drei Organisationsebenen in Gruppenprozessen beschrieben und für diese Organisationsebenen wurden Indikationen formuliert. Die heutige Differenzialdiagnostik ist orientiert an den auf Triangularität (auf der Fähigkeit zu triangulären Beziehungen und zur Bildung von und Auseinandersetzung mit Konflikten) beruhenden psychogenen Störungen und Erkrankungen einerseits, andererseits ist sie orientiert an solchen Störungen, die sich in der Beziehung zu den Objekten entweder monadisch oder pseudodyadisch ausgeformt haben. Zu den monadischen ebenso wie zu den pseudodyadischen Strukturen gehört es, dass den Betreffenden eine Triangularisierung von Beziehungen nicht oder nicht ausreichend möglich ist. Diese nicht oder nur mangelhaft ausgebildete Beziehungstriangulierung hängt mit einem Fehlen oder mit einer nicht ausreichenden Integration eines dritten Objekts zusammen. Dieses dritte Objekt hätte zum Einen ermöglicht, dass Objekte in ihrer Dreidimensionalität wahrgenommen werden, plastisch, von verschiedenen Seiten betrachtet werden könnten, gleichsam zu „umgehen" wären. Zum anderen ergäbe sich hieraus die Voraussetzung für konflikthaftes Erleben und damit für die Bildung von neurotischen Störungen. Mit anderen Worten: es geht darum, ob bei einem psychogen Kranken überwiegend Ganzobjekte (Neurosen) oder überwiegend Teilobjekte (strukturelle Störungen) entstanden sind.

Der monadisch erlebende Mensch verzichtet auf das Objekt. Er nimmt es stattdessen in sein Selbst auf und er zieht es gleichsam in sich hinein. Für den pseudodyadisch strukturierten Menschen ist ein bestimmtes Objekt von größter Bedeutung. Es muss für ihn immer erreichbar sein, immer verfügbar, immer quasi einverleibbar sein. Entsprechend groß sind die Ängste vor Objektverlust und entsprechend ausgeprägt sind dann depressive Reaktionen (zu unterschiedlichen Objektbeziehungsqualitäten bei Patienten im Zusammenhang mit Gruppenindikationsentscheidungen s. auch Kap. 11).

Ein Veränderung ermöglichender Zugangsweg für Menschen mit derartigen Objektbeziehungsstörungen scheint uns die Konfrontation mit dem „Dritten" zu sein, die Auseinandersetzung mit Alterität, erlebt im Therapeuten und den anderen in der Gruppe.

Eine spezielle Indikation stellt sich auch bei jenen Patienten, die eine besonders stark angstgetönte ödipale Problematik zu verarbeiten haben. Da es sich dabei um Urphantasien und damit verbundene besonders archaische Ängste und auch Schuldgefühle handelt, wird dagegen in der Regel eine heftige oder anhaltende, sehr wirksame Abwehr entwickelt. Um diese Abwehrformationen zu lockern, bedarf es einer Technik, die gegenüber den Konfliktneurosen mittlerer Schwere und gegenüber den strukturell Gestörten nicht angezeigt ist, es geht um die Freisetzung und Freilegung von Phantasien archaischen Inhalts. Hier geht es darum – auch im Sinne der traditionellen Psychoanalyse – Assoziationen zu lockern, den Einstieg in die dunklen Gründe der eigenen Erlebenswelt zu riskieren, den Abstieg zu den „Müttern" (Faust 2. Teil) zu wagen. Dazu bedarf es auch eines stärkeren Schutzes, wie er durch eine ausreichend vertrauensvolle Übertragung auf den Therapeuten oder auch auf die Gruppe gewährleistet werden kann.

So ergeben sich **drei Differenzierungen der Indikation** und damit auch der therapeutischen Intervention:
- für Patienten mit leichter und mittlerer Konfliktthematik,
- für Patienten mit schwerster Konfliktthematik (kernödipale Konstellation),
- für Patienten, die nicht oder noch nicht konfliktfähig sind und in eine Regression geraten, die sie auf jeden Fall vor der gefährlichen Ödipalität schützt.

Entsprechend dieser Sichtweise ist es erforderlich, dass eine **ausführliche psychoanalytisch orientierte Diagnostik vor dem Beginn der Gruppenpsychotherapie** stattfindet. Danach wird mit dem Patienten über die der Störung zugrunde liegenden Hypothesen gesprochen, es werden mögliche Therapieziele ausgehandelt und der Patient wird darüber informiert, was im Rahmen einer solchen Therapie in und durch die Gruppe auf ihn zukommen wird. Besondere Bedeutung kommt dabei der Information über die Rahmenbedingungen (z. B. Zeit, Ort, Frequenz, Bezahlung, regelmäßige Teilnahme, Vertraulichkeitsregel), die Aufgaben des Therapeuten und die Regel der freien Interaktion zu (Heigl-Evers und Heigl 1995).

Bei der **Regel der freien Interaktion** (Heigl-Evers und Heigl 1975) handelt es sich um die an die Behandlungssituation in der Gruppe adaptierte Regel der freien Assoziation als der Grundregel der Psychoanalyse. Sie legt den Teilnehmern nahe, sich so freimütig und unter Verwendung der Selektion zu äußern, wie es ihnen irgend möglich erscheint. Dabei soll die Äußerungsform die der sprachlichen Vermittlung mitsamt mimisch-gestischem Ausdruck sein. Sind in der Gruppe vorwiegend Patienten mit traumatisch bedingten Störungen, wird eine Einschränkung hinzugefügt: Freimütigkeit soll in dem Maße geübt werden, in dem es dem Betreffenden möglich und aus seiner Sicht den anderen zumutbar ist.

Die im Kontext einer solchen Therapie angezeigten **Grundeinstellungen des Therapeuten** sind die der wachen Präsenz, des Respekts und der Akzeptanz. Bei der Behandlung konfliktbedingter Störungen spielen die Einstellungen der Abstinenz und Neutralität eine besondere Rolle.

Es geht darum, im Sinne **wacher Präsenz** die auf den Patienten, die Gruppe und gleichzeitig auf die eigene Innenwelt gerichtete Wahrnehmung zu intensivieren. Es geht ferner darum, gegenüber der Person des Patienten, gegenüber seiner Geschichte, insbesondere der Geschichte seiner Störungen und vor allem auch den Verarbeitungs- und Bewältigungsformen, seiner Psychopathologie, Respekt, **Schicksalsrespekt,** zu bezeugen. Dazu kommt die Bemühung um möglichst uneingeschränkte **emotionale Akzeptanz** des anderen in seinem wie auch immer gearteten Gewordensein, eine Einstellung, die vor allem bei der Behandlung von schweren Persönlichkeitsstörungen, Perversionen und Sucht häufig nur unter Rückbesinnung auf **Schicksalsanteiligkeit** mit dem Patienten und/oder aus einer Art **Schicksalsdankbarkeit,** das der eigenen Person günstigere, freundlichere Entwicklungsbedingungen verfügbar waren und daraus entwickeltem **Erbarmen** zu leisten ist (Heigl-Evers u. Mitarb. 1997; Heigl-Evers u. Mitarb. 1998). Diese Haltungen sind vor allem bei der Behandlung von strukturell und traumatisch bedingten Störungen oft erst nach gründlicher Bearbeitung zunächst heftiger aversiver und/oder aggressiver Affekte und Impulse (Gegenübertragungen!) in der Supervision möglich.

Unter **Abstinenz** ist zu verstehen, dass der Gruppenpsychotherapeut die im therapeutischen Prozess auftretenden Triebwünsche, narzisstischen und infantilen Beziehungswünsche nicht befriedigt, sondern dazu anregt, sie in ihren Entstehungszusammenhängen und in ihrer Qualität durch immer präzisere sprachliche Fassung zunehmend verstehbar werden zu lassen.

Neutralität bedeutet, dass der Gruppenpsychotherapeut sich bemüht, bei den sich im therapeutischen Prozess entwickelnden psychosozialen Kompromissbildungen zum Es, zum Ich, zum Über-Ich sowie zur Realität gleichweite Distanz einzuhalten, d. h. eine einseitige Parteinahme zu vermeiden.

Durch die Regel der freien Interaktion, die Grundeinstellungen des Gruppenpsychotherapeuten und die Unbekanntheit der Teilnehmer untereinander kommt es in der entstehenden Gruppe zu einer Verunsicherung der interpersonellen Orientierung, zu einem **„inneren Notstand"** (Heigl-Evers und Schulte-Herbrüggen 1977). So ergibt sich für den Teilnehmer die beunruhigende Frage „Wie soll ich mich in der Gruppe verhalten?", wodurch regressive Vorgänge ausgelöst werden. In dieser Situation treten dem Therapeuten, aber auch den Mitpatienten gegenüber Erlebnis- und Verhaltensweisen auf, die entweder Ausdruck der gestörten Selbst- und Objektbeziehungen einschließlich der damit verbundenen Ich- und Über-Ich-Einschränkungen sind oder aber – bei Patienten mit konfliktbedingten Störungen – Reinszenierungen konflikthafter Beziehungsmuster. Sie bedeuten eine Annäherung an Erlebnisinhalte von jener Qualität, die Freud als unbewusst bezeichnet hat.

Das jeweilige Verhalten der Gruppenteilnehmer lässt sich unter drei verschiedenen Aspekten bewussten und unbewussten interaktionellen Zusammenwirkens betrachten. Die **Konzeption der verschiedenen Ebenen** bzw. **Gruppenleistungen** stellt den Versuch dar, das gesamte sprachliche sowie mimisch-gestische Handeln in der Gruppe im Sinne einer Gliederung zu strukturieren, um den Gruppenprozess und die individuelle Beteiligung daran sowohl diagnostisch als auch therapeutisch fassbar und zugänglich werden zu lassen (Heigl-Evers 1978; Heigl-Evers und Heigl 1973, 1985; Heigl-Evers u. Mitarb. 1997):

- **Ebene der Gruppennormenbildung:** Analysiert der Therapeut als „teilnehmender Beobachter" die Kommunikation der Gruppenmitglieder unter diesem Aspekt, so versucht er sich die besonderen Regelungen, Orientierungen und Normen vor Augen zu führen, mit denen die Teilnehmer der äußeren und gleichzeitig ihrer inneren Situation zu entsprechen versuchen. So wird ihm deutlich, wie die Teilnehmer aus der aktuellen Situation heraus eine Verhaltensregulierung für den interpersonellen Umgang in der Gruppe entwickeln, wie es ihrer Meinung nach sein sollte. Die **„Definition der Situation"** (Streeck 1980) und das **„Aushandeln"** dieser Normen, ihre Durchsetzung, die Sanktionen, die mit ihrer Nichtbefolgung verbunden sind, werden bestimmt durch interpersonelle Interaktionen und deren jeweilige Determinanten. Solche wechselseitigen Verhaltensstimulierungen werden zum Teil unmissverständlich verbal ausgedrückt, zum anderen auch mehr durch Andeutungen im Tonfall, in der Gestik und Mimik. Meistens wird mit der Proklamation einer solchen Norm ein Anspruch auf eine bestimmte Position und damit Rolle in der Gruppe erhoben (s. auch Kap. 21).

- **Ebene der psychosozialen Kompromissbildungen:** In Abgrenzung zu den normativen Regulierungen in der Gruppe, deren Inhalte den Teilnehmern bewusst sind, wenngleich sie von ihnen nicht reflektiert werden, handelt es sich auf dieser Ebene um jenes Verhalten, dessen Motiven und interpersonellen Ausgestaltungen sich die Gruppenteilnehmer (einschließlich des Therapeuten) gewöhnlich nur in Grenzen bewusst sind. Das manifeste Verhalten ist als ein habituelles Muster im Umgang mit sich und anderen verstehbar, als eine Ausformung von Interaktionsweisen, die zum einen als Verarbeitung von triebhaften Wünschen, narzisstischer Bedürftigkeit, Bindungswünschen sowie infantilen Ängsten, zum anderen als Leistungen der Einpassung in die jeweilige soziale Situation zu verstehen sind. Diese latenten Aktionen sind im Sinne „psychosozialer Abwehrmechanismen" (Richter 1970) oder als psychosoziale Kompromissbildungen (Heigl-Evers u. Heigl 1979a) zu verstehen. In diesem Kontext betrachtet der Therapeut habituelle Positionen und Rollen sowie die interpersonellen Konfigurationen unter dem Aspekt ihres Abwehr- und Schutzcharakters, dem Aspekt der Abwehr angstauslösender unbewusster (psychosozialer) Konflikte und der dafür entwickelten kompromisshaften Lösungen (Heigl-Evers u. Heigl 1979a; Heigl-Evers u. Mitarb. 1997).

- **Ebene der ich-modifizierten Abkömmlinge unbewusster Phantasien:** Eine weitere in psychoanalytisch konzipierten Gruppen zu beobachtende Gruppenleistung ist in tieferen, dem Bewusstsein besonders schwer zugänglichen Regionen verwurzelt. Sie entstammt unbewussten Triebwünschen libidinöser und aggressiver Art. Zu ihnen gehören die so genannten Urphantasien aus dem ödipalen Komplex, so auch die Kastration. Sie können in Gruppen konfluieren und zu einer gemeinsamen Übertragung der Teilnehmer auf den Gruppenleiter oder auf die Gruppe führen. Sie sind gekennzeichnet durch eine stärkere Beteiligung von Primärprozessen und von Urphantasien. Wegen der Intensität der dadurch mobilisierten Ängste und einer entsprechend intensiven Abwehr sind sie für das bewusste Erleben ganz besonders schwer zu erreichen. In der Gruppe können die genannten Phantasien zu einer Art gemeinsamen Tagträumens führen, in denen die Anteile der einzelnen Gruppenteilnehmer sich in verschiedener Weise zusammenfügen (Heigl-Evers und Heigl 1976,1985; Heigl-Evers u. Mitarb. 1997).

In **analytischen** und **analytisch orientierten Gruppenpsychotherapien** mit Patienten, die überwiegend an konfliktbedingten Psychopathologien leiden, gehen Abwehr und Abgewehrtes kompromisshafte Verbindungen ein. Das gilt sowohl für die in der Gruppe ausgehandelten Verhaltensnormen (manifeste Aktion) als auch für die dazugehörigen Rollenmuster mit ihren interaktionellen Verknüpfungen und psychosozialen Kompromissbildungen wie auch für die oft tagtraumartig ausgestalteten Modifikationen unbewusster Phantasien. In diesen Gruppenleistungen werden auch Widerstände wirksam, die sich z. B. gegen das Bewusstwerden, die Einsicht in und die Veränderung von bisherigen Kompromisslösungen und damit verbundenen Interaktionsmustern im Umgang mit sich und wichtigen anderen richten, die als Manifestation von Übertragungen zu verstehen sind oder die sich gegen die Aufklärung der in der Gruppe etablierten Normen wenden. Sie sind auch gegen die Erweiterung des bewussten Erlebens durch Befolgung der Regel der freien Interaktion als eine Bemühung, die die Voraussetzung für eine veränderte Wahrnehmung der eigenen Person wie der anderen schafft, zu verstehen.

Die Aufdeckung unbewusster pathogener Konflikte und ihrer Determinanten macht es erforderlich, den Gruppenteilnehmern sowohl den Gruppenprozess vor Augen zu führen, in den ihre individuellen Konflikte und Beziehungsformen eingegangen sind. Gleichzeitig sollen sie ihnen verdeutlichen, wie sie diesen Prozess mit konstellieren. Mit Hilfe von leitenden Fragen, von **Deutungen** und **ihren Vorformen** (demonstrieren, klarifizieren, konfrontieren), die sich sowohl an die Gesamtgruppe und an Teilgruppen als auch an Einzelne wenden, wird jeder Teilnehmer in einer Reihe von Interventionsschritten auf ihm unbewusste und daher zunächst befremdliche Formen und Inhalte seines Erlebens und Verhaltens aufmerksam gemacht und zu ihrer emotionalen Erfahrung wie zu ihrer Einbeziehung in seine Sprache angeregt. Die Patienten identifizieren sich in der Regel zunehmend mit dem Arbeitsmodell des Therapeuten in der Gruppe. Auf diese Weise verbündet sich ihr Ich in seinen kognitiven und affektiven Funktionen mit dem analysierenden Ich des Therapeuten, und es entstehen Arbeitsbeziehungen (König 1974; König und Lindner 1991), in denen die Gruppenmitglieder ihre Ich-Funktionen in den Dienst der analytischen Aufklärung und Veränderung stellen. Diese so genannten Arbeitsbeziehungen verweben sich immer wieder mit den Übertragungsbeziehungen. Es sollte versucht werden, diese Verwebung wahrnehmbar und verstehbar werden zu lassen.

Bei Einsatz der **psychoanalytisch-interaktionellen Methode** ist die diagnostische Wahrnehmung des Gruppenpsychotherapeuten zunächst auf die jeweils vorherrschenden Beziehungsmuster gerichtet. Denn die das Erleben und Verhalten der strukturell gestörten Patienten dominierenden Teilobjektbeziehungen und die damit korrespondierenden Einschränkungen der Ich-Organisation bestimmen die Art und Weise der Beziehungen, die in der Gruppe eingegangen werden. Die Pathologie der dominanten Teilobjektbeziehungen, die unzureichend integrierten und abgegrenzten Selbst- und Objektrepräsentanzen, die Regulierungsnotstände und die damit verbundenen Ich-Funktionseinschränkungen sowie Abwehrformen, sind aus dem manifesten interaktionellen Verhalten in der Gruppe zu erschließen.

Sie können vom Therapeuten erfasst werden, wenn er seine **diagnostische Wahrnehmung** auf diese Beziehungsebene, die Ebene der manifesten Aktion einstellt, speziell darauf, wie die Gruppenteilnehmer Regeln und Normen des interaktionellen Verhaltens miteinander aushandeln, wie sie ihre interpersonellen Beziehungen verstehen und wie sie die Gesamtsituation in der Gruppe zu „definieren" suchen und dabei auf Herstellung von Konsens drängen. Zwischen der Pathologie der Objektbeziehungen und den damit korrespondierenden Ich-Funktionseinschränkungen des einzelnen Gruppenteilnehmers und seinen explizit oder implizit zum Ausdruck gebrachten Bemühungen, die Situation in der Gruppe zu „definieren" und bestimmte Normen des interpersonellen Verhaltens festzulegen, lässt sich ein enger Zusammenhang herstellen. Es werden jeweils solche normativen Festlegungen zur Geltung gebracht, die auf die aktuell vorherrschenden Teilobjektbeziehungen sowie die aktuell verfügbaren Funktionen des Ich abgestimmt sind. Der Einzelne versucht mit den anderen interpersonelle Konstellationen herzustellen, die entweder Wiederholungen seiner pathologischen verinnerlichten Selbst-Objekt-Beziehungen zum Ausdruck bringen oder aber deren Kompensation oder anderweitige Verarbeitungen. Inhaltlich geht es dabei um Gruppennormen, d. h. um Verhaltensgebote und -verbote, die festlegen, welches Verhalten in der Gruppe willkommen ist, und welches Verhalten als unerwünscht, unerträglich und daher ablehnungswürdig gilt.

Es geht um eine gemeinsam ausgehandelte Verhaltensregulierung, die es einerseits den Teilnehmern ermöglichen soll, sich in der Gruppe entsprechend den Regel der freien Interaktion zu verhalten. Auf der anderen Seite sollen sie die Toleranzgrenzen schützen, um Überflutungen durch Angst im Sinne von Panik, traumatischer Scham, Schuldgefühlen verbunden mit Selbstabwertung bis hin zu vernichtender Selbstentwertung zu vermeiden. Nachdem der Therapeut die Funktion der Norm und die damit verbundenen Interaktionsmuster verstanden hat, wird er diese Norm entweder zunächst nicht in Frage stellen, weil sie gebraucht wird, um Impulsdurchbrüche oder schwere depressive und psychosomatische Reaktionen abzuwehren, oder er wird sich, um Veränderungsprozesse anzuregen, aktiv mittels einer **authenti-**

schen Antwort oder auch **Übernahme einer Hilfs-Ich-Funktion** in das Aushandeln der Gruppennormen einschalten (Heigl-Evers u. Mitarb. 1998).

Der therapeutische **Umgang mit Übertragung und Gegenübertragung** bedarf in der Gruppenpsychotherapie mit strukturell gestörten Patienten besonderer Aufmerksamkeit. Übertragen werden im Sinne direkter, oft drastisch anmutender Inszenierungen, die im Erleben der Beteiligten bestehenden Selbst- und Teilobjektbeziehungen. Diese das Erleben der Patienten dominierenden Teilobjekte oder unerträglichen, unerwünschten, nicht integrierten oder unintegrierbaren Selbstanteile werden mittels Projektion und projektiver Identifizierung auf die Gruppe, auf Teilgruppen, auf Einzelne oder auf den Gruppenpsychotherapeuten „übertragen". Auf diese Weise wird der andere in die Regulation wichtiger Bedürfnisse einbezogen, etwa in die Regulierung des Reizschutzes, der Nähe-Distanz-Regulierung, der Selbstwertbestätigung, der Trieb- und Affektregulierung sowie der Entlastung von aktualisierten unerträglichen Selbstzuständen bzw. - anteilen. Die unterschiedlichen Formen solcher primitiven Substituierungen („Übertragungen") lösen beim Adressaten sehr unterschiedliche, meist intensive Affekte, Impulse und Phantasien aus. Auf diese Weise können in der Gruppe schwere interpersonelle Beziehungsstörungen entstehen, die unter Umständen den Bestand der Gruppe gefährden oder erhebliche Traumatisierungen für einzelne Teilnehmer bedeuten können.

Wenn der Therapeut die Funktion und die interpersonellen Auswirkungen der jeweiligen Übertragungsinszenierung verstanden hat – wenn es ihn selbst betrifft, ist dazu oft die Einschaltung eines Supervisors erforderlich –, wird er zu entscheiden haben, zu welchem Zeitpunkt und auf welche Weise er interveniert.

Durch eine **antwortende Intervention** soll den Betreffenden gezeigt werden, wie dieses Verhalten beim anderen ankommt. Indem der Therapeut seine affektive Reaktion mitteilt und alternative Möglichkeiten des Verhaltens aufzeigt, also **Hilfs-Ich-Funktion** übernimmt, regt er zum Verstehen und zur Veränderung des in Frage stehenden Verhaltens an. Hierbei geht es vor allem um die Ich-Funktionen der Realitätsprüfung, der Differenzierung von Selbst und Objekt, auch um die Fähigkeit, heftige Affekte und Triebimpulse zu ertragen und zu steuern wie auch darum, die Wirkungen des eigenen Verhaltens auf andere vorauszusehen (Heigl-Evers u. Mitarb. 1997; 1998).

Der therapeutische **Umgang mit den Affekten** soll dem Patienten dazu verhelfen, Ausfälle und Hypertrophien seines Affektsystems und deren Auswirkungen auf die Selbst- und Beziehungsregulierung zu erfassen und zu verändern. Die dabei eingesetzten Techniken sind die der Anregung zum Aufspüren und zum Erleben von Affekten, der Identifizierung und Differenzierung unklarer, diffuser Gestimmtheiten sowie der Kontextklarifizierung und situationsangemessenen Modulation und Expression der verschiedenen beziehungsregulierenden einschließlich der nachtragenden, auch der informationsverarbeitenden und der selbstreflexiven Affekte (Heigl-Evers u. Mitarb. 1998; Heigl-Evers und Henneberg-Mönch 1985, 1990).

Diese Methoden des Göttinger Modells haben sich seit 1973 in Weiterbildung und Versorgung neben anderen Modellen erfolgreich etabliert (Ehlers u. Mitarb. 1993; Heigl und Heigl-Evers 1991; Heigl-Evers und Gfäller 1993; Heigl-Evers u. Mitarb. 1997, 1998; König und Lindner 1991; Lindner 1992) und sind in den letzten Jahren für die Behandlung weiter differenziert worden (Davies-Osterkamp u. Mitarb.1987, 1989; Dieckmann 2000; Heigl-Evers u. Mitarb. 1986, 1997, 1998; Kreische und König 1990; Nickel und Egle 1999; Ott 1992; Seidler 1996, 1999, 2000; Staats 1992; Streeck 1995).

53. Klientenzentrierte Gruppenpsychotherapie

J. Eckert und E.-M. Biermann-Ratjen

Abriss der Geschichte der klientenzentrierten Gruppenpsychotherapie

Der amerikanische Psychologe Carl Rogers (1902–1987) stellte mit dem 1942 erschienenen Buch „Counseling and Psychotherapy" einen neuen psychotherapeutischen Ansatz vor, der in Europa unter dem Namen **klientenzentrierte Psychotherapie** und in Deutschland unter dem Namen **Gesprächspsychotherapie** bekannt wurde. Im Hinblick auf den internationalen Sprachgebrauch möchten wir jedoch anstelle von gesprächspsychotherapeutischer Gruppenpsychotherapie die Bezeichnung klientenzentrierte Gruppenpsychotherapie verwenden.

Rogers hatte unmittelbar nach dem Zweiten Weltkrieg eine Professur für Psychologie an der Universität Chicago inne und richtete dort ein Counseling Center ein. In seiner Eigenschaft als Leiter dieses Beratungszentrums erhielt er 1946 den Regierungsauftrag, einen kurzen, aber intensiven Ausbildungsgang für Berater von Kriegsveteranen zu entwickeln. Diese Berater sollten die zurückkehrenden GIs beraten und betreuen.

Die Ausbildung erfolgte in Gruppen. Die grundlegende Konzeption dieser Gruppen beschreibt Rogers (1974) wie folgt: „Die Chicagoer Gruppen waren in erster Linie auf persönliches Wachsen, auf Entwicklung sowie auf Verbesserung der interpersonalen Kommunikation und Beziehungen ausgerichtet und mehr therapeutisch-empirisch orientiert als die Gruppen, die in Bethel ins Leben gerufen wurden" (1974, S. 11).

Mit den Gruppen aus Bethel (Maine) sind Trainingsgruppen, so genannte **T-Groups**, gemeint, deren Konzeption auf Überlegungen des Sozialpsychologen Kurt Lewin zurückgeht.

Eine erste Studie über „nicht direktive" Gruppenpsychotherapie wurde von Peres 1947 vorgelegt, es folgten ein Erfahrungsbericht und erste theoretische Ausführungen zur „Group Centered Psychotherapy" durch Hobbs (1951, dtsch. 1973).

Die Gruppe als Lebensform: Encountergruppen

Es dauerte jedoch noch gut weitere 20 Jahre, bevor Gruppenarbeit und Gruppenpsychotherapie unter den klientenzentriert orientierten Psychotherapeuten tatsächlich Bedeutung erlangte. Das hing damit zusammen, dass sich die therapeutische Arbeit in Gruppen nach dem Zweiten Weltkrieg eher aus der Not heraus entwickelt hatte: Angesichts der großen Zahl von behandlungs- bzw. beratungsbedürftigen Soldaten nach dem Krieg bot sich eine Behandlung in vertretbaren Zeiträumen in Gruppen an. Gruppenpsychotherapie wurde als ökonomisches Instrument zur Behebung psychischer Störungen und Beeinträchtigungen eingesetzt, ganz ähnlich wie dies Bion und Foulkes im Rahmen analytischer Gruppenpsychotherapieentwicklung als Armeepsychiater taten).

Ungefähr ab Mitte der 60er Jahre gewann die Gruppe als soziales Phänomen in vielen Lebensbereichen an Bedeutung: zunächst in den USA, dann aber auch in Europa. Im Klappentext zu Horst Eberhard Richters 1972 erschienenem Bestseller „Die Gruppe" heißt es: „Die Gruppe ist nahezu über Nacht die Hoffnung vieler geworden, die sich von dieser neuen Lebensform Hilfe zur Überwindung individueller Einsamkeit und Ohnmacht, seelischen Leidens sowie sozialer und politischer Ineffizienz versprechen."

Lieberman findet dazu folgende Erklärung: „Bis zum Auftauchen der neuen Gruppenpsychotherapie dominierte in der westlichen Welt die Erwartung, dass persönliche Hilfe von einer einzigen Person kommen müsste – sei es nun vom Kellner in der Bar an der Ecke, von einem persönlichen Freund oder einem Fachmann, wie z. B. einem Rechtsanwalt, Arzt oder Geistlichen. Wichtig ist dabei die implizite Annahme, dass die Situation vertraulich, intim und unter Ausschluss von anderen bleiben muss. Selbst in so geschlossenen Einheiten wie der Familie oder der Kirche wird allgemein angenommen, dass persönliche Hilfe in der Intimität einer Zweierbeziehung angeboten und angenommen werden muss, keineswegs aber durch die Gemeinschaft als Ganzes. In der Geschichte der westlichen Psychiatrie (und Psychotherapie) während der ersten Hälfte des 20. Jahrhunderts gab es also mit anderen Worten keine günstigen Voraussetzung für das Entstehen einer gruppentherapeutischen Technologie" (Lieberman 1977, S. 506).

Der klientenzentrierte Beitrag zu dieser Bewegung heißt Encountergruppe. Rogers veröffentlichte 1970 ein Buch mit dem Titel „On Encounter Groups" (deutsch 1974) und charakterisierte die ursprüngliche Konzeption dieser Form von Gruppenarbeit wie folgt: „Der begriffliche Unterbau dieser Bewegung bestand also anfänglich aus dem Denken Lewins und der Gestaltpsychologie einerseits und der klientenzentrierten Therapie andererseits" (Rogers 1974, S. 11 f.).

In der weiteren Entwicklung dieser Form von Gruppenarbeit wird die ursprünglich auch therapeutische Zielsetzung aber fast gänzlich aufgegeben.

In Encountergruppen, z.T. sehr großen Gruppen, tauschten sich Menschen bezüglich ihrer Gefühle aus und entwickelten dabei Vertrautheit miteinander und mit sich selbst und lernten die anderen und sich selbst besser zu verstehen, was regelmäßig damit verbunden war, dass sie die anderen und sich selbst auch mehr zu schätzen wussten. Der Gruppenleiter in Encountergruppen heißt **Facilitator**. Er sollte es den Gruppenmitgliedern erleichtern, „persönlichkeitsför-

Tabelle 53.1 Vier Arten von Gruppen (nach Lieberman 1977)

Art der Gruppe	Ziele	Personen	Leitung
Gruppenpsychotherapie	Wiederherstellung der seelischen Gesundheit bzw. Beseitigung seelischer Störungen	„Patienten", „Klienten"	Fachleute, Psychologen, Ärzte
Selbsterfahrungsgruppen	Entfaltung des persönlichen Potenzials	größerer Personenkreis, eher Gesunde	Fachleute und Laien, geringere Distanz zwischen Leitung und Teilnehmern
Selbsthilfegruppen	Gegenseitige Unterstützung zur Bewältigung des Problems	homogen: Personen mit gemeinsamem Kernproblem	keine fachbezogene Leitung, evtl. fachliche Beratung
Bewusstseinserweiternde Gruppen	Stärkung des (Selbst-)Bewusstseins	demographisch charakterisiert, soziale Minderheit	keine fachbezogene Leitung

dernde" Beziehungen zueinander aufzunehmen. Manche klientenzentrierten Psychotherapeuten haben ihm deshalb damals – etwas kurzsichtig – die Funktion eines Modells zugesprochen und die Effekte der Erfahrungen in Gruppen dementsprechend auch durch Modelllernen erklärt.

Lieberman (1977) hat versucht, ein Ordnungsschema für die vielfältigen Formen von Gruppen zu finden, die sich im Laufe der Zeit entwickelt hatten. Er unterscheidet vier Arten von Gruppen (Tab. 53.1).

In diesem Schema ist die Encountergruppe in erster Linie eine Selbsterfahrungsgruppe. Bekannt geworden sind aber auch vereinzelte Versuche von Rogers, das Medium Encountergruppe zur Lösung politischer Konflikte einzusetzen, z. B. in Nordirland.

Die Gruppe als Ort der Behandlung psychischer Störungen: Gruppenpsychotherapie

Die Entwicklung von Gruppenpsychotherapiekonzepten erfolgte zunächst schulengebunden, auch in der klientenzentrierten Psychotherapie. Zwei Bücher markieren in Deutschland diesen Weg: 1978 erscheint das Buch „Klientenzentrierte Gruppenpsychotherapie" von Franke und zwei Jahre später das zweibändige Werk „Erlebnisorientierte Gruppenpsychotherapie" von Mente und Spittler (1980). Wichtige Prinzipien der Einzelpsychotherapie, z. B. die Förderung der Selbstexploration des Patienten, wurden auf die Gruppensituation übertragen. Dies führte häufig zu einer Form von Gruppenbehandlung, die als **Einzelpsychotherapie in der Gruppe** zu kennzeichnen war. Erst allmählich wurden Konzepte entwickelt bzw. aufgegriffen, die **die Gruppe selbst als Therapeutikum** erkannten und systematisch berücksichtigten. Im Zuge dieser Entwicklung wurden Schulengrenzen überschritten. Das wohl prominenteste Beispiel für diese Entwicklung ist das Gruppenpsychotherapiekonzept, das Yalom erstmals 1970 in einem Buch publiziert hat: „The Theory and Practice of Group Psychotherapy" (Yalom 1996 in der vierten Auflage).

Gegenwärtiger Stand der Gruppenkonzepte und -konzeptionen

Eine aktuelle Bestandsaufnahme bezüglich der Gruppenpsychotherapiekonzeptbildung im Rahmen des klientenzentrierten Konzepts ist nicht leicht zu erstellen, da die Entwicklung nicht zu einem einheitlichen Konzept geführt hat. Die Vielfältigkeit der Entwicklung klientenzentrierter Gruppenarbeit im **außerklinischen Bereich** spiegelt sich in einem von Schmid verfassten zweibändigen Handbuch „Personzentrierte Gruppenpsychotherapie" (1994) und „Personzentrierte Gruppenpsychotherapie in der Praxis" (1996). Schmid unternimmt in dem Handbuch den Versuch, die vielfältigen Formen und Ziele von Gruppenarbeit zusammenzuführen. Für ihn ist die Gruppe nicht nur ein Ort der Begegnung, sondern auch von „Spiel und Handlung" sowie für den Körper: „Der Körper in der Gruppe, die Gruppe als Körper".

Im **klinischen Bereich** ist eine ähnliche Entwicklung wie in der Psychotherapieforschung zu beobachten: Der Phase der Legitimationsforschung (z. B. Speierer 1978; Eckert und Biermann-Ratjen 1985; Schwab und Tönnies 1984) folgt wieder eine stärkere Ausrichtung auf den Therapieprozess, unter anderem unter Berücksichtigung spezifischer Bedingungen, z. B. störungsbezogener Aspekte (z. B. Eckert und Biermann-Ratjen 1998).

Gegenwärtiger Stand der Entwicklungs- und Störungstherorien

Zunächst soll auf die Entwicklung und den Stand der klientenzentrierten Entwicklungs- und Störungstheorie eingegangen werden.

Die von Rogers ausformulierten theoretischen Grundlagen des klientenzentrierten Konzepts (z. B. Rogers 1959) enthalten nur **wenige Grundannahmen (Axiome)**. Unter wissenschaftstheoretischen Gesichtspunkten kennzeichnet solche Sparsamkeit zwar die gute Theorie, gleichzeitig ist aber nicht zu übersehen, dass dieses theoretische Erbe in manchen Bereichen, vor allem im Hinblick auf eine Störungstheorie, nicht ausreichend elaboriert war und es für die Erklärung bestimmter Phänomene, z. B. die Herleitung der Entwicklung verschiedener Störungsbilder, keine hinreichenden theoretischen Annahmen gab. Das hat zu bis heute andauernden Anstrengungen geführt, die Theorie „weiterzuentwickeln". Dabei lassen sich mindestens **vier Entwicklungslinien** unterscheiden:

- Die **klassische (rogerianische) Gesprächspsychotherapie** enthält eine ätiologisch orientierte Entwicklungs- und Krankheitslehre, deren Begrifflichkeit sich im Rahmen der Grundannahmen des klientenzentrierten Konzepts bewegt. Die Art der Erfahrungen und die zu ihnen gehörenden Affekte bestimmen die Art der Störung (z. B. Biermann-Ratjen und Swildens 1993, Biermann-Ratjen 1998a, b).
- Die **prozess-erlebnisorientierte Psychotherapie** verbindet in der Therapietheorie klientenzentrierte Elemente mit solchen aus der Gestalttherapie (Greenberg u. Mitarb. 1993) und begründet ihre störungstheoretischen Annahmen ebenfalls weitgehend mit einer **Emotionstheorie** (Greenberg und Safran 1989; s. auch Greenberg u. Mitarb. 1998; Elliott 1998).
- Die **zielorientierte Gesprächspsychotherapie** betont therapietheoretisch die Bedeutung von Informationsverarbeitungs- und Handlungsplanungsprozessen und leitet ihre störungstheoretischen Annahmen motivations- und kognitionstheoretisch ab (Sachse und Maus 1991; Sachse 1992).
- Die **erlebnisaktivierende und einsichtsorientierte Gesprächspsychotherapie** (Finke 1994) erklärt das Auftreten von Inkongruenzen (= Widersprüchlichkeit und/oder Unvereinbarkeit von Erfahrungen und Selbstkonzept) durch das Vorliegen von intra- und extrapersonalen Konflikten. Dem Störungsmodell liegt sowohl eine konflikttheoretische als auch eine psychodymamische Position zugrunde (Finke 1994, S. 107).

Auf diese unterschiedlichen Entwicklungen soll im Folgenden nicht weiter eingegangen werden. Der zur Verfügung stehende Platz soll vielmehr genutzt werden, um eine aus dem klientenzentrierten Konzept abgeleitete Entwicklungstheorie vorzustellen, der wir einen hohen Erklärungswert im Hinblick auf die Entstehung von bestimmten psychischen Störungen und deren gruppenpsychotherapeutischer Behandlung beimessen. Diese Theorie weist eine verblüffende Ähnlichkeit im Sinne einer Komplementarität mit Sullivans interpersonaler Theorie der Entwicklung auf (Sullivan 1953, dtsch. 1980).

Zwischenmenschliche Interaktionen und ihre Störungen werden heute gern in so genannten interpersonellen Modellen abgebildet. Das bekannteste dieser zirkumplexen Modelle interpersonellen Verhaltens liegt der **SASB (strukturalen Analyse sozialen Verhaltens**, s. Tress 1993) zugrunde. Diese und andere Methoden sind „untereinander durch die meist auf Harry Stack Sullivan (1892–1949) zurückgeführte Überzeugung verbunden, dass den zwischenmenschlichen Beziehungen ein hervorgehobener Stellenwert im Verständnis und in der Erforschung des Psychischen zukommt" (Hartkamp 1993, S. 12).

Dementsprechend wird zunächst die Theorie von Sullivan dargestellt und erst im Anschluss daran auf die klientenzentrierte Sichtweise eingegangen.

Bei der Darstellung der Sullivan-Theorie greifen wir auf eine frühere Veröffentlichung zurück (Biermann-Ratjen und Eckert 1994).

Sullivans interpersonale Theorie der Psychiatrie als Grundlage von gruppenpsychotherapiebezogenen Störungs- und Therapietheorien

Die Bemühungen der Psychotherapieforschung, **das interpersonale Verhalten der Menschen**, ihre Reaktionen aufeinander operational zu definieren als Voraussetzung dafür, die den Therapieprozess konstituierenden und seine für den Therapieeffekt relevanten Elemente empirisch erfassen – und danach möglichst optimieren – zu können, haben zur **Entwicklung von mehreren Methoden zur Erfassung von Interaktionsprozessen** geführt. Das aus diesen Bemühungen entwickelte zweidimensionale Kreismodell für die Darstellung interpersonaler Verhaltensweisen mit den Dimensionen Affiliation und Interdependenz, die durch die Pole liebevolle Zuneigung und feindselige Abwendung einerseits sowie Dominanz und Unterwürfigkeit andererseits gekennzeichnet sind (Leary 1957; Kiesler 1983), lässt sich immer wieder empirisch rekonstruieren. Es lässt sich ferner immer wieder die Komplementarität interpersonaler Verhaltensmuster nachweisen (z. B. Carson 1969). Sie besteht aus Korrespondenz auf der Affiliationsachse, so dass Zuneigung Zuneigung auslöst und Abneigung Abneigung hervorruft, während auf der anderen Achse reziprok reagiert wird: Dominanz lädt den anderen zu Unterwürfigkeit ein, Unterwürfigkeit provoziert Dominanz.

Auch für die Beschreibung der Interaktionsprozesse, die sich in Gruppen beobachten lassen, eignet sich das interpersonale Kreismodell vorzüglich (z. B. Schneider-Düker 1992), und es mehren sich die Versuche, nachzuweisen, dass es sich auch dazu eignen könnte, die herkömmlichen psychiatrischen Klassifikationssysteme zu ersetzen, zumindest aber sinnvoll zu ergänzen. Das heißt, es ermöglicht, die bekannten Krankheitsbilder bezüglich des sie charakterisierenden interaktionellen Verhaltens zu beschreiben und entsprechend in diesem Kreismodell zu orten, was schon Leary vorgeschlagen hatte.

Während sich, wie gesagt, die Konstrukteure von interpersonalen Messinstrumenten gern auf die interpersonale Theorie der Psychiatrie von Sullivan berufen, scheinen seine Überlegungen zu der Frage, wie es dazu kommt, dass sich menschliches Interaktionsverhalten auf den beiden Dimensionen Affiliation und Interdependenz abbilden lässt, weitgehend in Vergessenheit geraten zu sein: seine **Überlegungen zur Angst**.

Sullivan beschreibt als Angst **unheimliche Gefühle**, „von denen das weitaus am häufigsten erfahrene Gefühl das der *Ehrfurcht* ist. ... Die übrigen der erwähnten unheimlichen Gefühle sind weniger allgemein bekannt. Ich bezeichne sie als *Schrecken* -- und zwar sehr viel tiefergehender verstanden als im allgemeinsprachlichen Sinne –, *Grauen und Ekel*" (S. 32).

Er betont die Komponente des „Schauderns", das „Nicht-von-dieser-Welt", das „irgendwie anders" der Angst und ihrer „lähmenden Macht". Die Situation, in der Angst ausgelöst worden ist, vergleicht Sullivan mit der Situation, in der man einen Schlag vor den Kopf bekommen hat. So sagt er: Angst bewirkt nicht nur eine momentane Wahrnehmungs- und Orientierungsunfähigkeit bezüglich der äußeren und der inneren Erlebniswelt. Sie bewirkt auch eine mehr oder weniger schwere anterograde und retrograde Amnesie. Lernen im Zustand der Angst sei unmöglich.

Als physiologische Frühgeburt sei der Mensch zur Aufrechterhaltung auch seines biologischen Lebens von Anfang an auf Interaktionen mit anderen Menschen angewiesen, wobei es nicht einfach damit getan sei, den Säugling zu füttern. Der Säugling benötige eine Umgebung, in der das rein menschliche, d. h. bei Tieren nicht existierende, Phänomen Angst gebannt werde.

Die Fähigkeit, auf einen anderen Menschen Einfluss auszuüben, beschränke sich beim Säugling zunächst auf die Fähigkeit, Zärtlichkeit auszulösen (S. 67). Auf die Äußerung seiner Bedürfnisse reagiere die emotional nicht gestörte Mutter mit Zärtlichkeitsspannung. Sullivan fasst diesen Zusammenhang in ein Theorem: „Die beobachtbare Aktivität des Säuglings, die aus Bedürfnisspannung erwächst, erzeugt Spannung in der mütterlichen Bezugsperson, die ihrerseits erfahren wird als Zärtlichkeit und als Impuls für Aktivitäten, die auf die Bedürfnisbefriedigung des Säuglings abzielen" (S. 63).

Und die auf die Bedürfnisbefriedigung des Säuglings ausgerichtete mütterliche Aktivität werde vom Säugling unmittelbar als zärtliches Verhalten erfahren. Aus den Bedürfnissen, zu deren Befriedigung es der Kooperation mit einem anderen Menschen bedürfe, entwickele sich ein **allgemeines Zärtlichkeitsbedürfnis**. Mithin sei das Zärtlichkeitsbedürfnis von Anfang an als ein interpersonales Bedürfnis vorhanden.

Wenn es dem Säugling nun nicht gelinge, in der Mutter Zärtlichkeit auszulösen, wenn die Mutter emotional gestört sei, und das häufigste Symptom des emotionalen Gestörtseins ist nach Sullivan Angst, dann werde auch im Säugling Angst ausgelöst.

In diesem Zusammenhang definiert Sullivan: „Die Spannung namens Angst ist primär eine Sache der kommunalen Existenz des Säuglings wie auch der Mutter mit einer personalen Umwelt ... die Entspannung der Spannungsangst – die Wiederherstellung des Gleichgewichts in diesem spezifischen Aspekt – [ist] nicht die Erfahrung von Befriedigung, sondern von interpersonaler Sicherheit" (S. 66).

Das Zärtlichkeitsbedürfnis sei gleichzusetzen mit dem Bedürfnis nach Angstfreiheit. Es ist für Sullivan das übergeordnete, die Entwicklung organisierende Bedürfnis. Und „das System, das mit der Aufrechterhaltung gefühlter interpersonaler Sicherheit befasst ist", ist nach Sullivan „das Anti-Angst-System, das wir als Selbst-System bezeichnen werden" (S. 134).

Nach Sullivan reagiert der Mensch auf eine Angstquelle wie auf eine Bedrohung für die physische Existenz: mit dem Impuls, die Quelle der Bedrohung zu beseitigen oder zu zerstören, oder mit dem Impuls, ihr zu entfliehen. Er kann die Angstquelle aber auch ignorieren oder versuchen, sie zu neutralisieren. Wenn die Mutter dann, wenn das Kind Zärtlichkeitsbedürfnisse erlebt, Angst zeigt – und das muss nicht in der Reaktion auf das Kind sein oder in der Reaktion auf das, was sie auf das Kind projiziert –, dann entwickelt das Kind in der Reaktion auf diese „grauenhaften Gesten" der Mutter, die Hinweise auf ihre Angriffsbereitschaft, Fluchtbereitschaft, auf ihr Ignorieren oder Neutralisierenwollen beinhalten können, Angst. Sullivan nennt diese Reaktion des Kindes auf die Mutter eine „empathische" Reaktion.

Er wird nicht müde zu betonen, dass der so – durch die Angst der Mutter – in Angst versetzte Säugling keinerlei Möglichkeiten hat, sich selbst aus der Angst zu befreien. So kann auch keine Aktion des Säuglings selbst mit Angstlinderung assoziiert werden. Es könnten deshalb nur Aktivitäten des Säuglings, die nicht zeitgleich mit Angst bzw. den „grau-enhaften Gesten" der Bezugsperson auftreten, mit Angstfreiheit assoziiert werden. Sie würden als das Gefühl der Sicherheit aufrechterhaltend assoziiert, „das einem in der Achtung von dem jeweiligen Gegenüber widergespiegelt wird".

Das Selbstsystem ist von Sullivan also zunächst als ein Negativ definiert, als Antiangstsystem. Alle Aktionen, die die Erfahrung von Angst vermieden oder linderten, würden als fortgesetzte oder vermehrte Selbstachtung oder Selbstrespekt erfahren und unterschieden sich somit erheblich von dem, was man allgemein unter Selbstbefriedigung verstehe. Sullivan bezeichnet das Selbstsystem denn auch als „diese gewaltige Strukturierung unserer Erfahrung zum Schutz unserer Selbstachtung, um das es bei allen unangemessenen und unzulänglichen Lebensweisen geht und das mehr oder weniger Mittelpunkt aller Probleme der Persönlichkeitsstörungen und deren Behebung ist" (S. 280).

Er nennt alle Aktivitäten, die auf die Aufrechterhaltung eines Gefühls der Sicherheit ausgerichtet sind, das einem in der Achtung von dem jeweiligen Gegenüber widergespiegelt wird, Sicherheitsoperationen und formuliert das **Fluchttheorem**: „Das Selbstsystem hat seiner Natur nach – seinen kommunalen Umweltfaktoren, seiner Struktur und funktionalen Aktivität nach – die Tendenz, Einflüssen durch Erfahrung, die mit ihrer gegenwärtigen Strukturierung und funktionalen Aktivität nicht übereinstimmen, zu entfliehen"(S. 217).

Die klientenzentrierte Entwicklungs- und Störungstheorie als eine interpersonale Theorie

Die von Rogers entwickelten Annahmen zur Entwicklung der Person und ihrer Störung – einen Überblick gibt z. B. Pervin (1987) – wurden in den letzten Jahren vor allem von Biermann-Ratjen zusammen mit anderen weiterentwickelt. Es wurde eine **klientenzentrierte Selbstentwicklungslehre** expliziert als Grundlage für eine klientenzentrierte Störungslehre (Biermann-Ratjen und Swildens 1993; Biermann-Ratjen u. Mitarb. 1997; Biermann-Ratjen 1998a, b). Der Ausgangspunkt dabei waren die von Rogers abstrahierten notwendigen und hinreichenden Bedingungen für den psychotherapeutischen Prozess: der Kontakt eines „inkongruenten" und auf dieser Grundlage ängstlichen Klienten mit einem Therapeuten, in dem der Klient erfahren kann, dass ihn der Therapeut empathisch versteht und seinem Erleben mit „Unconditional Positive Regard" begegnet und dabei selbst nicht inkongruent wird. Dieser Annahme liegen zwei Schlüsselbegriffe zugrunde:

Inkongruenz ist einer der Schlüsselbegriffe des klientenzentrierten Konzepts. Inkongruenz bezeichnet die Situation, in der die Bewertung einer Erfahrung mit der Aufrechterhaltung und Entwicklung des Organismus als Ganzem förderlich nicht übereinstimmt mit der Bewertung dieser Erfahrung als das Selbstkonzept aufrechterhaltend, mit dem Effekt, dass zumindest versucht wird, diese Erfahrung dem bewußten Erleben vorzuenthalten.

Unconditional Positive Regard ist ein weiterer der zentralen Begriffe des klientenzentrierten Konzepts und bedeutet: ein verstehendes, freundlich zugewandtes Interesse an dem, was ein anderer gerade erlebt, das kein Eigenes im Sinne von eigennützigem Interesse daran ent-

> hält, wie und was der andere gerade ist, also auch keine Bewertung. Man erlebt Unconditional Positive Regard für einen anderen z. B. dann, wenn man sich empathisch in ihn einfühlt und dabei spürt, dass man wirklich nichts anderes für oder von ihm will, als ihn zu verstehen.

In Analogie zu den Selbstkonzeptentwicklungsprozessen, die in der Psychotherapie zu verfolgen sind, wird davon ausgegangen, dass der Mensch vom Beginn seiner Selbstkonzeptentwicklung an den Kontakt mit wichtigen anderen benötigt, die ihn empathisch verstehen und seinem Erleben mit Unconditional Positive Regard begegnen und dabei nicht inkongruent werden.

Setzt man diesen Ansatz mit dem von Sullivan in Beziehung, dann wird deutlich, dass das von Biermann-Ratjen vorgelegte klientenzentrierte Selbstentwicklungskonzept das Positiv zu Sullivans Negativselbstsystem darstellt.

Während es bei Sullivan heißt: Die Angst der Mutter, die das Kind auf dem Wege der Empathie erfährt, wirkt wie ein Schlag vor den Kopf und macht die Assoziation jeglicher Aktion mit Angstmilderung unmöglich, findet sich die positive Seite dieses Prozesses im klientenzentrierten Konzept in folgendem Theorem: „Erfahrungen des Kindes können nur unter der Bedingung in das Selbstkonzept integriert werden, dass sie von einem wichtigen anderen empathisch verstanden und mit ‚unconditional positive regard' zur Kenntnis genommen werden, ohne dass der wichtige andere dabei inkongruent [Inkongruenz, wenn sie gefühlt wird, wird als Angst erfahren] wird. Erfahrungen, die nicht bei wichtigen anderen diese Resonanz finden, werden nicht in das Selbstkonzept integriert" (Biermann-Ratjen und Eckert 1994, S. 177).

Gleichwohl kommt ihnen eine besondere Bedeutung für die weitere Strukturierung des bewussten Erlebens zu. Nachdem nämlich das Selbstkonzept eine erste Struktur gewonnen hat, wird auf ihrer Grundlage beurteilt, ob eine bestimmte Erfahrung als zum Selbstkonzept passend bewusst werden kann oder als dieses bedrohend beurteilt werden muss, und zwar auf der Grundlage der Erfahrungen mit wichtigen anderen bei einer ebensolchen Erfahrung zu einem früheren Zeitpunkt. Kann eine solche bedrohliche Erfahrung nicht vollständig abgewehrt werden, wird sie geahnt, dann erlebt die Person die Bedrohung für das Selbstkonzept als Angst. Wird die Erfahrung bewusst, dann wird sie als eine Beschädigung des Selbstverständnisses und der Selbstachtung erlebt.

Sullivan selbst weist nur kurz darauf hin, welche Konsequenzen seine Auffassung für das therapeutische Handeln hat: Er glaubt, dass die Betrachtung der „grundlegenden Anfälligkeiten für *Angst* in interpersonalen Beziehungen[,] ... anstatt sich mit Symptomen zu beschäftigen, die durch Angst hervorgerufen werden oder Angst vermeiden sollen[,] ... eine sehr viel praktikablere Therapie ermöglichen [würde]" (Sullivan 1980, S. 34).

Auch diese Auffassung stimmt mit der Therapiekonzeption des klientenzentrierten Ansatzes überein: Im Zentrum der Aufmerksamkeit des klientenzentrierten Psychotherapeuten stehen nicht die Symptome des Patienten, sondern seine (emotionalen) Erfahrungen und deren (emotionale) Bewertungen. Und Angst ist sicherlich eine der Erfahrungen, die am häufigsten Thema der Therapie wird. Welche Rolle Sullivans Annahmen in der Gruppenpsychotherapie spielen, soll im Folgenden dargelegt werden.

Das interpersonale Geschehen in der Gruppe aus der klientenzentrierten Perspektive

Bringt man Menschen in einer Gruppe zusammen, ohne ihnen Aufgaben oder Verhaltensanweisungen zu geben, dann sprechen sie über Angst. Und zwar sprechen sie über ihre **grundlegenden Anfälligkeiten für Angst in interpersonalen Beziehungen**, die mit der Vorstellung verbunden sind, in anderen etwas anderes auszulösen als **Unconditional Positive Regard**.

Löst ein Gruppenmitglied in einem oder mehreren anderen etwas anderes aus als Unconditional Positive Regard, dann lässt sich das auf den Dimensionen Affiliation und Interdependenz abbilden. Gruppenmitglieder verstehen solches interpersonales Verhalten als Sicherheitsoperationen im Sinne Sullivans, als Angstbewältigungsstrategie. Im Sinne des klientenzentrierten Konzepts gehen sie damit einfühlend und verstehend um. Interpersonales Verhalten, das nicht Unconditional Positive Regard beinhaltet, begreifen sie als Ausdruck des Scheiterns in dem Versuch, zu verstehen, bzw. als Ausdruck des antizipierten Scheiterns in dem Versuch, sich verständlich zu machen. Gruppenmitglieder „interpretieren" ihre Reaktionen aufeinander, ihr interpersonales Verhalten, als Ausdruck dafür, dass Kontakt miteinander auch eine Angstquelle sein kann, der man entfliehen kann, die man beseitigen oder zerstören kann, die man neutralisieren kann und die man als solche ignorieren kann.

Die Gruppe ist also nicht nur eine ökonomische Behandlungsmethode. Die Gruppe ermöglicht die „sehr viel praktikablere Therapie" im Sinne von Sullivan. Sie betrachtet die „grundlegenden Anfälligkeiten für Angst in interpersonalen Beziehungen". Die Gruppe übersetzt Selbstentwicklungsbehinderungen in Interaktionsformen, die sie wiederum versteht als Flucht aus mit Angst assoziierten Situationen, die sie identifiziert als solche, in denen Unconditional Positive Regard fehlt. Sie liefert damit Unconditional Positive Regard beim empathischen Verstehen von Erfahrungen, die mit Angst assoziiert sind, und ermöglicht damit deren Integration in die Selbststruktur.

Auf dem Weg zu einer klientenzentrierten Theorie der Gruppenpsychotherapie

Taxonomie der klientenzentrierten Therapietheorie

Höger (1989) hat die therapietheoretischen Annahmen des klientenzentrierten Konzepts bezüglich ihres Abstraktionsgrades auf vier Ebenen angesiedelt:
- der Ebene der „therapeutischen Beziehung",
- der Ebene zusammenfassender Merkmale,
- der Ebene einer zusammenfassenden Klassifikation von einzelnen Verhaltensweisen,
- der Ebene der konkreten Verhaltensweisen von Therapeut und Klient im Therapiekontakt.

Die Besonderheiten des gruppenpsychotherapeutischen Prozesses lassen sich ebenfalls unter diesem Gesichtspunkt ordnen (Tab. 53.2)

Tabelle 53.2 Taxonomie einer klientenzentrierten Gruppentherapietheorie

I. Die Ebene der „therapeutischen Beziehung" allgemein und deren Entwicklung und Gestaltung im Unterschied zu anderen Beziehungen (Mutter-Kind, Rechtsanwalt-Klient, Freundschaft usw.).
Gruppenspezifisch: der therapeutische Gruppenprozess allgemein und seine Entwicklung und Gestaltung im Unterschied zu anderen Gruppenprozessen, z. B. Klassengemeinschaft, Freundeskreis, Familie usw.

II. Die Ebene zusammenfassender Merkmale, die die anzustrebende gesprächspsychotherapeutische Beziehung charakterisieren, beispielsweise die Merkmale „bedingungsfreie Anerkennung" (unconditional positive regard), „empathisches Verstehen" und „Kongruenz" des Therapeuten.
Gruppenspezifisch: Entwicklung und Förderung der gruppenpsychotherapeutischen Wirkfaktoren, z. B. Kohäsion, interpersonales Lernen, Einflößen von Hoffung.

III. Die Ebene einer zusammenfassenden Klassifikation von einzelnen Verhaltensformen, z. B. „Selbstexploration des Klienten", „Verbalisierung der Erfahrungen des Klienten durch den Therapeuten" oder die Regeln bezüglich der „Zentrierung der Aufmerksamkeit des Therapeuten" usw.
Störungsspezifisch: Berücksichtigung störungsspezifischer Besonderheiten, z. B. Zentrierung der Aufmerksamkeit des Therapeuten auf Spaltungsprozesse bei Patienten mit Borderline-Persönlichkeitsstörung.
Gruppenspezifisch: die Berücksichtigung des aktuellen Gruppenprozesses bei der Verbalisierung der Erfahrungen der Gruppenteilnehmer (prozessbezogene Interventionen).

IV. Die Ebene der konkreten Verhaltensweisen von Therapeut und Klient in einem bestimmten beobachteten bzw. dokumentierten therapeutischen Gespräch.
Gruppenspezifisch: das konkrete gruppenbezogene Verhalten von Patienten und Therapeuten in einer Gruppensitzung.

Diese vier Ebenen sind im Sinne einer Taxonomie zu verstehen. Das heißt, die vier Ebenen stehen in einer hierarchischen Beziehung zueinander, für die die beiden folgenden Gesetzmäßigkeiten gelten sollen:
- Die Gesetzmäßigkeiten einer Ebene dürfen die Gesetzmäßigkeiten der nächst höheren Ebene nicht verletzen.
Ein Beispiel: Die Verbalisierung der Erfahrungen eines Patienten durch den Therapeuten (Ebene III) zielt auch auf die Entwicklung von Gruppenkohäsion (Ebene II). Das wäre z. B. dann mit hoher Wahrscheinlichkeit nicht der Fall, wenn sich der Gruppentherapeut in der Regel immer nur mit einem der Gruppenpatienten befasst, d. h. Einzelpsychotherapie in der Gruppe stattfindet.
- Die Ausgestaltung des Verhaltens auf einer Ebene lässt sich aus Gegebenheiten der jeweils höheren Ebenen nicht eindeutig ableiten.
Ein Beispiel: Wenn der Gruppenpsychotherapeut wahrnimmt, dass die Art der Kontaktgestaltung eines Gruppenpatienten zu einem anderen Gruppenmitglied Ausdruck einer nicht wahrgenommenen Angst vor Zurückweisung ist (Ebene III), dann ist damit noch nicht festgelegt, ob und wie er diese Wahrnehmung in der konkreten Situation zum Ausdruck bringt (Ebene IV). Fest steht nur, dass seine konkreten Verhaltensweisen den Gruppenprozess und seine Entwicklung nicht stören dürfen.

Die Darstellung von Höger macht auch deutlich, dass das von Rogers (1957) entwickelte klientenzentrierte Therapiekonzept ursprünglich keine Handlungsregeln auf der Ebene IV vorsah. Erst später wurde versucht, solche Regeln festzulegen – mit mäßigem Erfolg. Wann es therapeutisch günstig ist, zu konfrontieren, zu konkretisieren, zu schweigen, aufzufordern, sich einem bestimmten Gefühl zuzuwenden usw., kann nicht in allgemein gültige Regeln gefasst werden, sondern geschieht situationsabhängig und sollte im Hinblick auf die vorliegenden und anzustrebenden Bedingungen auf den höheren Ebenen erfolgen.

Diese Erkenntnis, die auch für die gruppenpsychotherapeutische Arbeit gilt, kann selbst als eine Regel aufgefasst werden, an der sich ein klientenzentrierter Gruppentherapeut ausrichten kann. Dies soll im Folgenden noch etwas genauer dargestellt werden.

Regeln für den klientenzentrierten Gruppenpsychotherapeuten

Zur Darstellung der Regeln für Gruppenarbeit im Rahmen des klientenzentrierten Konzepts soll auf eine Beobachtung zurückgegriffen werden, die immer wieder gemacht werden kann: Setzt man Studenten, in der Regel also psychisch relativ gesunde Menschen zur Einführung in ein Seminar über Gruppenpsychotherapie in einer Gruppe zusammen, ohne ihnen weitere Verhaltensanweisungen zu geben, dann entwickeln sie sehr schnell eine auch deutlich sichtbare Gespanntheit und teilen sich gegenseitig, nachdem einer gewagt hat, das zunehmend als unerträglich erlebte Schweigen zu durchbrechen, fast ausschließlich mit, wie sie sich fühlen: und zwar von welchen Ängsten sie hier und jetzt, während sie schweigen, geplagt werden. Es sind Ängste, die mit der Vorstellung verbunden sind, von den anderen speziell in diesen Ängsten nicht oder falsch verstanden und/oder nicht akzeptiert bzw. abgelehnt zu werden.

In den konkreten Vorstellungen darüber, in welcher Form die anderen zum Ausdruck bringen könnten, dass sie nicht verstehen können oder wollen, bzw. darüber, wie Ablehnung und Nichtverständnis geäußert und begründet werden könnten, unterscheiden sich die Gruppenmitglieder zwar von Anfang an. Aber alle befürchteten Reaktionen, die andere Affekte beinhalten als Unconditional Positive Regard. Und alle Äußerungen, mit denen die Gruppenmitglieder sich gegenseitig diese angstvollen Vorstellungen, bewertet zu werden, und zwar durch die emotionalen Reaktionen der anderen, mitteilen, enthalten Einladungen zu bestimmten Bewertungen. Wie wir uns diese Beobachtungen erklären, haben wir oben dargelegt.

Es ist unübersehbar: Die Gruppenmitglieder tauschen sich von den ersten Minuten der ersten Gruppenstunde an bezüglich ihres von allen geteilten Bedürfnisses nach Unconditional Positive Regard aus und darüber, durch welche Reaktionen der jeweils anderen sie sich in diesem Bedürfnis verstanden und angenommen fühlen und durch welche nicht.

Sie tauschen sich auch bezüglich der Unterschiedlichkeiten in den angstvollen Vorstellungen, in ihrem Erleben bewertet zu werden, aus, und sie entwickeln geradezu paartherapeutische Fähigkeiten, wenn sich zwei Gruppenmitglieder miteinander verstrickt haben, was in der Gruppe nichts anderes heißt, als dass sie nicht mehr reflektieren können, dass sie frustriert den Versuch aufgegeben haben oder meinen, vorsorglich aufgeben zu müssen, sich gegenseitig mit Unconditional Positive Regard zu begegnen.

Das führt bei den Therapeuten dazu, dass sie ihre Aufgabe zunehmend darauf beschränken, diese Prozesse des sich Bemühens um ein sich gegenseitig Verstehen zu bewachen, vor allem aber nicht zu stören, d. h. nur zu intervenieren, wenn dieser Prozess ins Stocken zu kommen droht.

Vor dem Hintergrund dieser Erfahrungen lässt sich in Anlehnung an die Abstraktion der notwendigen und hinreichenden Bedingungen für den psychotherapeutischen Prozess durch Rogers (1957) diese für den gruppenpsychotherapeutischen Prozess wie folgt formulieren:

In der Psychotherapiegruppe nehmen Menschen zueinander Kontakt auf, indem sie sich gegenseitig mitteilen, dass sie ängstlich gespannt sind. Während der eine mitteilt, was er denkt und fühlt, versuchen die anderen, ihn empathisch zu verstehen und ihm mit Unconditional Positive Regard zu begegnen. Gelingt das dem jeweils anderen nicht, reagiert er in der einen oder anderen Form nicht mit dem Versuch, zu verstehen und mit Gefühlen, die deutlich nicht Ausdruck von Unconditional Positive Regard sind, sehen die anderen Gruppenmitglieder dieses Verhalten als Ausdruck des – antizipierten – Scheiterns in dem Versuch, zu verstehen, an und versuchen die Gefühle, die dieses Scheitern mit sich bringt, als solche zu verstehen. Die Funktion des Gruppenpsychotherapeuten ist es, diesen Prozess im Auge zu behalten und sich nur dann zu äußern, wenn alle Gruppenmitglieder nicht mehr sicher sind, dass ihre emotionalen Reaktionen aufeinander Ausdruck ihrer Versuche sind, sich gegenseitig zu verstehen und einander mit Unconditional Positive Regard zu begegnen – bzw. des Scheiterns in diesem Versuch oder der Antizipation dieses Scheiterns.

Ganz konkret heißt das nun: Der klientenzentrierte Gruppenpsychotherapeut versteht sich nicht als ein Modell. Er teilt sich nicht bezüglich dessen mit, was er vom Erleben des einzelnen sich explorierenden Gruppenmitgliedes verstanden hat. Er äußert sich auch nicht zu dem, was er vom Schicksal der Versuche der einzelnen Gruppenmitglieder, andere zu verstehen, empathisch erfassen kann. Der klientenzentrierte Gruppenpsychotherapeut interveniert nur, wenn ein oder mehrere Gruppenmitglieder nicht mehr sehen oder sehen wollen, dass sie in der Reaktion auf das Erleben oder in der Antizipation des Erlebens anderer Gruppenmitglieder erleben, fühlen, sich verhalten.

Leistet klientenzentrierte Gruppenpsychotherapie mehr (Effektivität) oder anderes (Spezifität) als andere Gruppenpsychotherapieverfahren?

Klientenzentrierte Gruppenpsychotherapie scheint keine Herausforderung für andere Gruppenverfahren dadurch darzustellen, dass sie immer wieder unter Beweis stellen konnte, bezüglich der durch sie bewirkten psychotherapeutischen Effekte anderer Verfahren nicht unterlegen zu sein.

Was man über die Effektivität von Gruppenpsychotherapie im Allgemeinen weiß, hat zuletzt Strauß (1996; s. auch Kap. 29) zusammengefasst (Tab. 53.**3**).

Tabelle 53.3 Zur Effektivität von Gruppenpsychotherapie

- Gruppenpsychotherapie ist effektiv im Vergleich zu Kontrollbedingungen ohne Behandlung.
- Im Vergleich zur Einzelpsychotherapie bzw. anderen Behandlungsformen ist Gruppenpsychotherapie ebenbürtig, wenn nicht gar überlegen.
- Möglicherweise ist die Abbrecherrate in Gruppen- höher als in Einzelpsychotherapien.
- Insgesamt gesehen ist aus ca. 700 Studien der letzten zwei Jahrzehnte zu folgern, dass das Gruppensetting bei unterschiedlichen Störungsbildern und mit unterschiedlichen Behandlungsmodellen konsistent positive Effekte produziert.

In der letzten Aussage von Tab. 53.3 ist in einem Nebensatz die Erkenntnis versteckt, dass die unterschiedlichen Behandlungsverfahren **keine** gravierenden Unterschiede im Behandlungserfolg aufweisen.

Auch wenn derzeit noch darüber gestritten wird, ob dieses **Äquivalenzparadox**, wie Meyer (1990a) es getauft hat, tatsächlich stimmt oder nicht, sind dennoch Erklärungen vonnöten, wieso in diesem Bereich das Sprichwort „Viele Wege führen nach Rom" seine Richtigkeit zu haben scheint.

Es wäre leicht möglich, diese Diskussion anhand von Therapievergleichsstudien und von Metaanalysen zu führen, von denen inzwischen auch so viele vorliegen, dass der nächste Schritt vermutlich eine Meta-Metaanalyse sein wird.

Unsere eigene Auffassung dazu entwickelte sich ursprünglich angesichts der Ergebnisse einer vergleichenden Therapiestudie (Eckert und Biermann-Ratjen 1985) mit psychoanalytisch und gesprächspsychotherapeutisch in Gruppen behandelten Patienten in einem stationären Setting (Gross u. Mitarb. 1975). Die Ergebnisse dieser Studie ließen uns erkennen, dass die Frage, welches Therapieverfahren das Bessere ist, die falsche ist. Dies soll abschließend präziser erläutert werden.

Wir behandelten die insgesamt 208 Patienten stationär in Gruppen mit jeweils ca. 50 Gruppensitzungen innerhalb von 12 Wochen.

Die Patienten profitierten zweifelsfrei von der klientenzentrierten Gruppenbehandlung. Sie nahmen sich unmittelbar nach der Behandlung in vielen Bereichen ihrer Persönlichkeit als deutlich positiv verändert wahr. Diese von den Patienten im Therapiezeitraum wahrgenommenen Veränderungen blieben auch langfristig – bezogen auf einen Katamnesezeitraum von zwei Jahren – erhalten, oder es kam zu weiteren und zusätzlichen positiven Veränderungen.

Im Katamnesezeitraum nahmen die Patienten unserer Untersuchung nun auch Veränderungen in Bereichen wahr, die stärker symptombestimmt waren. Die langfristig positiven Entwicklungen der Patienten blieben nicht auf den Persönlichkeitsbereich beschränkt: Im Durchschnitt veränderten sich die Patienten in allen wichtigen Lebensbereichen – Beruf, Wohnung, Partnerschaft, Sexualität, Freizeit – deutlich positiv.

Unterschiede zwischen klientenzentriert und psychoanalytisch behandelten Patienten bezüglich der Therapieeffekte gab es nicht, wenn sich der Vergleich auf die Betrachtung der durchschnittlichen Veränderungen im Persönlichkeitsbereich und in wichtigen Lebensbereichen beschränkte.

Die unübersehbaren Unterschiede zwischen den beiden Behandlungsgruppen lagen in dem Bezugsrahmen, aus dem heraus die Patienten nach der Therapie sich und ihre Umwelt beurteilten:

> Der Bezugsrahmen der psychoanalytisch behandelten Patienten wurde maßgeblich von der inneren und äußeren Autonomie bestimmt, die die Patienten bei sich wahrnehmen. Der Bezugsrahmen der klientenzentriert behandelten Patienten bestand hingegen mehr in einer Beachtung ihrer Kontakt- und Beziehungsfähigkeit.

Wir haben diese Unterschiede als Resultat der den beiden Therapieverfahren zugrunde liegenden unterschiedlichen Auffassungen über die psychische Entwicklung des Menschen interpretiert (Eckert und Biermann-Ratjen 1990).

Welche Möglichkeiten eröffnet klientenzentrierte Gruppenpsychotherapie? – Erweitert sie z. B. das Indikationsspektrum im Rahmen von Gruppenbehandlungen?

Unsere Untersuchung hat noch ein Ergebnis eindeutig bestätigt, auf das schon Plog (1976) und Grawe (1976) gestoßen waren:

> Patienten profitieren dann von einer bestimmten psychotherapeutischen Behandlung, wenn sie das spezifische therapeutische **Beziehungsangebot**, das diese Behandlung beinhaltet, als für sich **stimmig** wahrnehmen. Sie übernehmen dann auch gleichsam die „**Theorie**" **ihres Therapeuten**, d. h. sie teilen seine Auffassung über die Entstehung der Störung und die Wege zu ihrer Behebung.

Diesen Ergebnissen folgend könnte die Hypothese aufgestellt werden, dass nicht erfolgreich behandelte Therapiepatienten und Therapieabbrecher vor allem solche sind, die durch das konkrete Therapieangebot nicht ansprechbar waren, hiermit einmal mehr die überragende Bedeutung der richtigen Indikationsentscheidung bestätigend (s. Kap. 9). Möglicherweise hätten diese Patienten von einem anderen Therapieverfahren profitiert. Insofern kann man davon ausgehen, dass klientenzentrierte Gruppenpsychotherapie das Indikationsspektrum für einige Patienten erweitert.

Geht man von den immer wieder berichteten Zahlen aus, dass $1/3$ der Patienten von einer Psychotherapie nicht oder nicht ausreichend profitiert bzw. sich sogar verschlechtert und nimmt man dann noch die Zahl der Therapieabbrecher hinzu, d. h. im Mittel ca. 20%, dann beträgt der Anteil der Patienten, die im ersten Anlauf möglicherweise nicht in der für sie richtigen Behandlung landen, etwa 40%.

Auch im Hinblick auf diesen hohen Anteil wäre es wichtig, die Parameter zu kennen, die es erlauben, die Passung „Patient-Therapeut-Methode" besser vorab bestimmen zu können.

Vor dem Hintergrund dieser „Befundlage" ist unsere Aufgabe als Psychotherapeuten und Psychotherapieforscher vor allem darin zu sehen, geprüfte Regeln für eine differenzielle Therapieindikation zu entwickeln.

54. Verhaltenstherapie in und mit Gruppen

P. Fiedler

Die Verhaltenstherapie hat das, was man landläufig „Psychotherapie" nennt, in den vergangenen Jahrzehnten entscheidend beeinflusst und maßgeblich verändert. Dies gilt sowohl für die Einzelpsychotherapie als auch für die Entwicklung gruppenpsychotherapeutischer Ansätze. Die wohl wichtigste Innovation betrifft die Entwicklung einer grundlegenden **Alternative zum beziehungsdynamischen Vorgehen der meisten anderen Gruppenpsychotherapieverfahren**. Wichtigster Grund für diese Veränderungen ist die fest gefügte Einbettung der Verhaltenstherapie in die Grundlagen- und Anwendungsforschung der (klinischen) Psychologie. Die Alternative, die **Verhaltenstherapie als psychologische Psychotherapie** heute beinhaltet, lässt sich prägnant folgendermaßen zusammenfassen:

- patienten- und störungsspezifische Indikation und Behandlung,
- phänomen-, methoden- und zielorientiertes Vorgehen,
- differenzielle Konzepte für Prävention, Psychotherapie und Rehabilitation.

Die Entwicklung der **Verhaltenstherapie als differenzielle psychologische Psychotherapie** war von Anfang an darauf ausgerichtet, Behandlungskonzepte nicht nur für die Einzelpsychotherapie zu entwerfen und zu evaluieren. Fast immer wurde zeitgleich versucht, die phänomen-, problem- bzw. störungsspezifischen Ansätze **auf Therapiegruppen** zu übertragen. Es nimmt also nicht weiter Wunder, wenn die heute bestehenden Konzepte der **Gruppen**verhaltenstherapie zugleich als ein gutes Spiegelbild für das Vorgehen in der **Einzel**verhaltenstherapie gelten können (oder eben auch umgekehrt).

Phänomen- und störungsspezifische Verhaltenstherapiegruppen

Je mehr das klinisch-psychologische Grundlagenwissen über Entstehung, Verlauf und Behandlung spezifischer psychischer Störungen in den vergangenen Jahren zunahm und zunimmt, umso weniger scheint es in der Verhaltenstherapie üblich, die Psychotherapie selbst noch als Ort „psychologisierender" Theoriebildung und Konzeptentwicklung zu betrachten. Vielmehr wird das vorhandene Störungswissen **zur Voraussetzung** gemacht, an die eine verhaltenstherapeutische Prävention, Psychotherapie oder Rehabilitation psychischer Störungen und Probleme **unmittelbar und zielorientiert** anknüpfen kann (Tab. 54.1).

Prävention

Die in Tab. 54.1 links aufgeführten „präventiven Verhaltenstherapiegruppen" dienten in ihrer ursprünglichen Form – in den 70er Jahren als so bezeichnete **Trainingsgruppen** – lediglich zur Übertragung verhaltenstherapeutischer Techni-

Tabelle 54.1 Evaluierte Gruppentherapiemanuale für Prävention, Psychotherapie und Rehabilitation in der Verhaltenstherapie (Fiedler 1996, 1997)

Prävention	Psychotherapie	Verhaltensmedizin/Rehabilitation
Soziale Kompetenz in Partnerschaft, Familie, Freizeit und Beruf	Ängste/Phobien, Zwangsstörungen, posttraumatische Belastungsstörungen, Abhängigkeit und Sucht (Alkohol, Drogen, Medikamente), Depression, Schizophrenie, Persönlichkeitsstörungen (z. B. selbstunsicher-vermeidend, Borderline, dependent, dissozial), somatoforme Störungen, Essstörungen (Anorexie, Bulimie), Schlafstörungen, Stottern, sexueller Missbrauch **sowie** phänomen- und störungsspezifische Konzepte für **Paare, Familien, Angehörige, Bezugspersonen, Mediatoren**	chronische Schmerzen (Kopf-/Rückenschmerzen), Polyarthritis, Asthma bronchiale, Hautkrankheiten (Neurodermitis) Tinnitus, Epilepsie, AIDS/HIV, Krebserkrankungen, Herz-Kreislauf-Erkrankungen (essenzielle Hypertonie, koronare Herzkrankungen), Parkinsonismus, Diabetes mellitus, Magen-Darm-Erkrankungen
Gesundheit Entspannung, Gesund essen (Adipositas), Nie wieder rauchen! Stressmanagement		
Spezielle und integrative Programme für Kinder und Jugendliche, für Erwachsene, für ältere Menschen		

ken auf die Gruppe. Als Trainingsgruppen kamen in ihnen spezifische Interventionen zur Einübung eher eng umgrenzter Fertigkeiten zur Anwendung. Frühe Beispiele für Trainingsgruppen waren das Entspannungstraining in Gruppen bzw. das Training sozialer Kompetenzen. Beides sind Gruppenverfahren, die auch heute noch zur Prävention psychischer Fehlentwicklungen oder als Ergänzung einer Einzelfallbehandlung unverzichtbar sind.

Die verhaltenstherapeutischen Trainingsgruppen haben jedoch aufgrund enormer Forschungsentwicklungen in den vergangenen Jahren eine kaum vorhersehbare konzeptuelle Ausweitung und Bedeutung im Bereich der **Prävention psychischer Störungen** erhalten. Sie wurden zunehmend mit weiter gefassten Zielperspektiven versehen, die ganz allgemein auf eine Gesundheitsförderung oder Krankheitsvermeidung ausgerichtet sind.

Wichtige spezifische Ziele betreffen die Perspektiven „gesundes Essen" oder auch Versuche der „Raucherentwöhnung" in Gruppen. Heute werden die präventiven Verhaltenstherapiegruppen einerseits nach ihrer **Altersgruppenspezifität** (Kinder, Jugendliche, Erwachsene, alte Menschen) unterschieden, andererseits nach der **Art ihrer präventiven Ausrichtung** (z. B. Verbesserung der zwischenmenschlichen Kompetenz und Beziehungsfähigkeit; präventive Aspekte der persönlichen Gesunderhaltung und Krankheitsvermeidung; Lern-, Leistungs- und Arbeitsverhalten; Aggression in der Schule; Zigaretten-/Alkohol-/Drogenmissbrauch bereits in Kindheit und Jugend).

Psychotherapie und Rehabilitation

Auch die **störungsspezifischen Gruppenkonzepte** für Psychotherapiepatienten (Tab. 54.1 Mitte) oder zur Adjuvans medizinischer Behandlung und Rehabilitation (Tab. 54.2 rechts) gelten als eine eher „klassische" Form der Verhaltenstherapiegruppe. Immer schon gab es Versuche, erfolgreich in der Einzelpsychotherapie erprobte störungsspezifische Behandlungskonzepte zu standardisieren und diese Standardprogramme dann im Gruppenkontext bei mehreren Patienten mit gleichartigen Störungsbildern anzuwenden. Die störungsspezifischen Behandlungskonzepte verfolgen auf der Grundlage des vorhandenen und empirisch gesicherten Störungswissens zu verschiedenen psychischen Störungen und Erkrankungen jeweils **grundsätzlich unterschiedliche Ziele** und setzen dementsprechend **unterschiedliche Behandlungsprinzipien** ein. Insgesamt entsprechen störungsspezifische Verhaltenstherapiegruppen weitgehend der allgemeinen Konzeptentwicklung, die die Verhaltenstherapie als Ganzes in den vergangenen zwei Jahrzehnten genommen hat.

Und so ist es denn heute so, dass jemand, der fragt, was „Verhaltenstherapie" sei und wie diese „funktioniere", eine ambivalente Antwort erhält. Sie lautet nämlich: „Je nachdem!" Es hängt davon ab, mit welchen Problemen die Patienten in die Praxis kommen. Eine verhaltenstherapeutische Exposition bei Phobien sieht nicht nur anders aus als eine kognitive Verhaltenstherapie der Depression, sie verfolgt sinnvollerweise **gänzlich unterschiedliche Ziele** und setzt dementsprechend andersartige Behandlungsstrategien ein. Und die Depressionsbehandlung wird sich **völlig anders** gestalten als eine Verhaltenstherapie bei Schizophrenie oder Alkoholabhängigkeit, und diese beiden Ansätze **wiederum völlig anders** als die Behandlung des Stotterns.

Dennoch gibt es angesichts dieser störungsbedingten Konzeptheterogenität zwischen den unterschiedlichen phänomen- bzw. störungsspezifischen Behandlungsansätzen der Verhaltenstherapie sehr viele Gemeinsamkeiten und Überschneidungen.

Grundkonzept störungsspezifischer Verhaltenstherapiegruppen

Je mehr nämlich das spezifische Wissen über Entstehung und Beeinflussung psychischer Störungen zunahm, umso mehr setzte sich bei Verhaltenstherapeuten und klinischen Psychologen eine wichtige Erkenntnis durch. Diese Erkenntnis geht konvergent in die Richtung, dass es sich lohnen könnte, genau dieses angesammelte Fachwissen gebündelt an jene weiterzugeben, die es in erster Linie betrifft: **Und das sind die Patienten!**

Hierbei handelt es sich übrigens um eine der wichtigsten Erkenntnisse der Gruppenpsychotherapieforschung der letzten 10 Jahre. Diese Erkenntnis stammt aus verschiedensten Studien, in denen deutlich wurde, dass systematische **Information und Aufklärung** von Patienten am Erfolg psychotherapeutischer Behandlungen einen entscheidenden Anteil haben – übrigens nicht nur in Gruppen (Fiedler 1996).

Für die Verhaltenstherapeuten ergab sich aus diesen Befunden, dass es sich lohnen könnte, das Expertentum der Patienten gezielt anzureichern, und zwar um Kenntnisse und Wissensbestände, die die klinisch-psychologische Forschung über die jeweils gegebenen psychischen Schwierigkeiten und Störungen der Patienten hervorgebracht hat. Genau diese Perspektive wird inzwischen weltweit unter dem Begriff **Patientenschulung** („patient education"; Petermann 1997) zusammengefasst.

Die spezifische Veränderung, die die Verhaltenstherapie gegenwärtig durchmacht, liegt nun in einer gewissen **Radikalität** und **Striktheit**, mit der eine diagnostizierbare psychische Störung, Krankheit oder Behinderung (wie eben z. B. eine Depression, Phobie, Schizophrenie, Alkoholabhängigkeit, Neurodermitis oder das Stottern) in der Therapie faktisch **zum Zentralthema** psychotherapeutischer Tätigkeit gemacht wird (Reinecker und Fiedler 1997).

Auf der Grundlage aktueller Forschungsbefunde zur Effektivität dieser Art – wenn man so will – Ausbildung der Patienten zu Experten ihrer psychischen Störung sind sich die Verhaltenstherapeuten inzwischen übrigens zunehmend einig: Zukünftig dürfte es u.a. genau diese **phänomen- und störungsorientierte Aufklärung und Behandlung** von Patienten sein, die eine psychologische Gruppenverhaltenstherapie ganz eindeutig vom therapeutischen Handeln in anderen Therapiegruppenkonzepten unterscheiden wird.

Diese spezifische Akzentsetzung beinhaltet nun folgende konkrete Zielaspekte, und diese gelten insbesondere für verhaltenstherapeutische Gruppen:

- **Patientenschulung:** Immer sollten die Patienten maximal informiert und aufgeklärt werden! Patienten sollten wissen, was die wissenschaftliche Forschung über ihre psychische Störung, über ihre körperliche Erkrankung oder Behinderung weiß – also z. B. über Ursachen und Entstehung, über Verlauf und Prognose, über fachkundige Behandlung und Rehabilitation.
- **Problemaktualisierung/Problembewältigung:** Auf der Grundlage des vorhandenen Störungs- und Änderungs-

wissens sollten die Betroffen möglichst konkret, präzise und fundiert zur Bewältigung ihrer Probleme angeleitet werden, und zwar mittels Strategien, Methoden und Techniken, die sich in der Forschung genauso bei der jeweiligen psychischen Störung, Krankheit oder Behinderung als die beste Vorgehensweise erwiesen haben. Nur ein paar wenige Beispiele für bereits heute unverzichtbare störungsspezifische Therapiebausteine: das Interozeptionstraining bei Panik und Phobien, die Präzisierung der Viszerozeption bei Asthma bronchiale, prolongiertes Sprechen bei Stottern, Hypoglykämiewahrnehmungstraining bei Diabetes mellitus usw.

- **Selbstmanagement:** Patienten sollten professionell und systematisch darin geschult werden, wie ein Selbstmanagement persönlicher Schwierigkeiten zu gestalten ist und wie dieses langfristig stabilisiert werden kann – und zwar wiederum möglichst bezogen auf die spezifischen psychischen Beeinträchtigungen der Patienten. Hilfe zur Selbsthilfe ist hier gemeint und das heißt dann konkret (anhand nur weniger Beispiele illustriert): Ablehnungstraining bei Süchten, Aufmerksamkeitslenkung bei chronischen Schmerzen, Antidiätstrategien bei Essstörungen und so weiter.
- **Aktivierung sozialer Ressourcen:** Wann immer möglich und sinnvoll, sind an der Behandlung – auch in der Therapiegruppe oder als gesonderte Angehörigengruppe – die unmittelbaren Bezugspersonen zu beteiligen (Angehörige, Partner, Kinder – aber auch jene Bezugspersonen, an die man nicht sogleich denkt, wie z. B. die Mitarbeiter des weiteren therapeutischen Teams oder Bewährungshelfer). Auch die Bezugspersonen sind umfassend mit den vorliegenden psychologischen Kenntnissen über die jeweilige Störung vertraut zu machen. Dies sollte insbesondere dann geschehen, wenn ihre Mitarbeit zur sozialen Unterstützung wie zur Transfersicherung therapeutischer Maßnahmen notwendig wird. – Gemeint sind hier zudem weitere Aspekte der **Ressourcenaktivierung** und **Netzwerkintervention**, wie z. B. die gelegentliche Einbeziehung von Experten, auch in der Therapiegruppe (z. B. Juristen bei der Entschuldung von Patienten oder im Rahmen einer Scheidungsmediation; Sozialarbeiter bei der beruflich-sozialen Integration von Behinderten; Konsultation von Ärzten bei einer notwendigen medikamentösen Behandlung).
- **Transfersicherung:** Die Patienten (und wenn sinnvoll: ihre Angehörigen) sollten sachlich und fundiert über mögliche Rückfallrisiken aufgeklärt werden, die wiederum bei jeder psychischen Störung, Krankheit oder Behinderung anders aussehen können. Und mit den Patienten (wie Angehörigen) sind Strategien zu erarbeiten und einzuüben, wie Rückfälle kompetent vermieden werden können. Genau dieses Vorgehen empfiehlt sich nicht nur für die schweren psychiatrischen Störungen, wenngleich im Bereich der psychologischen Schizophrenie-, Depressions- oder Suchtbehandlung durch gezielte Rückfallvorbereitung, die ebenfalls zumeist in Gruppen durchgeführt wurde, in den letzten Jahren die markantesten Verbesserungen erreicht wurden.

> Eine moderne Einzelpsychotherapie und mehr noch eine manualorientierte Gruppenverhaltenstherapie zielen darauf ab, die betroffenen Menschen wie die Personen ihrer Bezugsgruppe zu psychologischen Experten der jeweiligen psychischen Störung, Krankheit oder Behinderung zu machen. Das geht nur, wenn die Therapeuten ihr Expertenwissen mit den Betroffenen maximal teilen können, weshalb von Verhaltenstherapeuten zunehmend empirisch fundierte und das aktuelle Therapiewissen integrierende Manuale entwickelt, evaluiert und in der Praxis eingesetzt werden.

Rahmenbedingungen und Wirkfaktoren

Solche Ziele und Ansprüche nun in und mit einer Gruppe gleichbetroffener Menschen anzustreben, eröffnet gegenüber der Einzelpsychotherapie vielfältige weitere Möglichkeiten. Deshalb werden heute Gruppen der Einzelverhaltenstherapie immer dann vorgezogen, wenn mehrere Patienten mit gleichartigen Problemen und Schwierigkeiten in einer Praxiseinrichtung oder Klinik um psychotherapeutische Hilfe nachsuchen. Neben diesem **Ökonomieaspekt** sprechen zahlreiche weitere Vorteile für die Bevorzugung der Gruppenarbeit.

An vorderster Stelle steht dabei die Nutzung spezieller **Rahmenbedingungen und Wirkfaktoren**, die sich so vorrangig in der therapeutischen Gruppenarbeit realisieren lassen. Das starke Gewicht, das Information, Beratung und Patientenschulung in der psychologisch fundierten Gruppenverhaltenstherapie inzwischen bekommen haben, hat in den vergangenen zehn Jahren gelegentlich zu ihrer Kennzeichnung als **psychoedukative Verhaltenstherapie** geführt. Einige Autoren bevorzugen die Bezeichnung „themenzentrierte Gruppenarbeit". Im deutschen Sprachraum scheint sich – wie gesagt – für die psychoedukativen Anteile der Verhaltenstherapie inzwischen jedoch der Begriff „Patientenschulung" durchzusetzen. Zur psychoedukativen Akzentuierung der Verhaltenstherapie hat beigetragen, dass sich Verhaltenstherapeuten in ihren Psychotherapiegruppen vielfältiger Medien und Rahmensetzungen bedienen, die unter anderem der Instruktionspsychologie und Unterrichtsdidaktik entstammen. Es sind dies z. B. Videodemonstrationen und der kontinuierliche Einsatz von Arbeits- und Informationsmaterialien sowie Diavorträge, Frontalunterricht, das Micro-Teaching und nicht zuletzt die Kleinstgruppenarbeit.

Transfer-, Übungs- und Hausaufgaben

An diesem aus den Medien herausgegriffenen Beispiel lässt sich besonders gut die psychoedukative Komponente verhaltenstherapeutischer Gruppenarbeit verdeutlichen. Transfer-, Übungs- und Hausaufgaben waren und sind in der Verhaltenstherapie immer schon unverzichtbar gewesen.
- Übungs- und Hausaufgaben können in der Gruppe mit den anderen Gruppenmitgliedern zusammen entwickelt, abgesprochen und verglichen werden (dies nutzt die **Anregungs- und Feedbackfunktionen der Gruppe** auf eine neue Weise).
- Allein schon die quasi öffentliche Gruppenbesprechung von Transferübungen und Hausaufgaben erhöht den Grad der Verbindlichkeit, mit der diese geplant und zwischen den Therapiesitzungen durchgeführt werden (dies ist der Wirkfaktor **Öffentlichkeitscharakter oder Verpflichtungscharakter der Gruppe**).

- Bei einigen Transferübungen können andere Patienten die Betroffenen (als Solidarpartner und zur Unterstützung) bei der Erprobung im Lebensumfeld begleiten, ihnen dort Mut machen oder sogar bei der Lösung anstehender Alltagsprobleme aktiv mitwirken (dies ist der angereicherte Wirkfaktor **Solidarisierungs- und Stützungsfunktionen der Gruppe**).
- Ergeben sich bei Hausaufgaben unerwartete Schwierigkeiten, können sich die Teilnehmer zwischen den Sitzungen wechselseitig telefonisch um Rat fragen (hierbei wirken die **Beratungs- und Problemlösungsfunktionen der Gruppe**).
- Scheitern Hausaufgaben einzelner Patienten, gibt es immer andere, die profitieren, was den „Gescheiterten" Mut machen könnte, es erneut zu versuchen (dieser Aspekt betrifft die **Modell- und Hoffnungsvermittlungsfunktionen der Gruppe**).

Wirkfaktoren

Was also die allgemein spätestens seit Yalom (1975) bekannten **kurativen Wirkfaktoren** therapeutischer Gruppen angeht, so hat die Verhaltenstherapie vielen dieser Gruppenbedingungen (wie z. B. Gruppenkohäsion, Vertrauen in die Gruppenarbeit oder die Bereitschaft zur Selbstöffnung) ebenfalls neue Aspekte und Perspektiven hinzugefügt. Es sind dies insbesondere

- das Gelingen einer **Zuversicht vermittelnden und kooperativen Arbeitsbeziehung** zwischen Gruppenmitgliedern und Therapeuten,
- hohe und kontinuierliche **Transparenz bezüglich der Therapieziele** und ihre plausible Begründung,
- **wechselseitige Unterstützung** beim Bewältigen persönlicher Schwierigkeiten,
- das Erleben und Erlernen von **Altruismus und Solidarität** beim Erproben existenziell bedeutsamer Handlungsalternativen usw.

Nicht zuletzt wegen der besonderen Rahmenmöglichkeiten und der Funktionsvielfalt kurativer Wirkfaktoren unterscheidet sich verhaltenstherapeutische Gruppenarbeit aber auch beträchtlich von der Einzelverhaltenstherapie. Denn fast alle genannten Faktoren und Bedingungen lassen sich in einer Einzelpsychotherapie **nicht oder nur sehr schwer** realisieren (Kap. 23).

Zieloffene Gruppenverhaltenstherapie

Andererseits mag man sich mit Blick auf das gerade beschriebene störungsspezifische Vorgehen kritisch und zu Recht gefragt haben, ob das denn alles so einfach in der Praxis geht. Die bisherigen Ansätze setzen zum Beispiel voraus, dass sich jeweils hinreichend Patienten finden lassen, die eine ähnliche psychische Störung oder sonstige psychische Problematik haben. Was machen Verhaltenstherapeuten, wenn sich in ihrer Praxis vornehmlich Patienten mit heterogenen Problemen finden? Was machen sie, wenn sich die psychischen Störungen der Patienten komplexer ausnehmen und diese sich – wie das Manuale ja fordern – nicht eindeutig diagnostizieren und definieren lassen? Weiter setzen die meisten Manualtherapien voraus, dass alle Gruppenteilnehmer zum selben Zeitpunkt beginnen. Was machen Verhaltenstherapeuten, wenn sich nicht 6 oder 7 Phobiepatienten möglichst gleichzeitig zur Therapie anmelden? Schließlich noch das Problem, dass die standardisierten Manualtherapien gelegentlich dazu führen, dass sie der jeweils immer noch sehr spezifischen Einzelproblematik jedes Patienten nicht immer ganz in zufrieden stellender Weise entsprechen.

Diese Probleme präventiver und störungsspezifischer Verhaltenstherapiegruppen wurden ebenfalls bereits früh erkannt und diskutiert. So wird spätestens seit Anfang der 70er Jahre eine Erweiterung der standardisierten Programme um Gruppenformen angestrebt, die mehr Flexibilität ermöglichen. Die dabei entwickelte Alternative wird allgemein als zieloffene Verhaltenstherapie in Gruppen bezeichnet. Darauf soll abschließend kurz eingegangen werden.

> Die zieloffenen Verhaltenstherapiegruppen unterscheiden sich von den präventiven und störungsspezifischen Manualkonzepten durch eine weitgehende bis grundsätzliche Offenheit hinsichtlich Patientenzusammensetzung, und damit hinsichtlich Methodenauswahl und Therapiezielbestimmung – jedoch ohne dabei auf eine Phänomen-, Methoden- und Zielorientierung als zentralem Merkmal zu verzichten. Was zumeist fehlt, ist ein bereits vorab inhaltlich festgelegtes Therapieprogramm.

Prototypisches Merkmal für das zieloffene Vorgehen ist die Maximierung des Prinzips der **Einzelpsychotherapie in der Gruppe** (Abb. 54.1). Dieses beinhaltet u. a., dass ein Großteil der Aufgaben, die in der Einzelfallbehandlung üblicherweise vom Verhaltenstherapeuten durchzuführen sind (wie Problemanalyse, Zielanalyse, Therapieplanung), sukzessive und zunehmend auf die Gruppe übertragen wird (z. B. in Form einer **kontinuierlichen Patientenschulung** in verhaltensanalytischem Denken und Handeln). Dazu rücken die Teilnehmer im Therapieverlauf nach und nach mit ihren Problemen jeweils für längere Zeit (eine oder mehrere Sitzungen) in den Mittelpunkt der Gruppenarbeit, um in Gesprächen und Übungseinheiten für ihre spezifischen Problemstellungen persönliche Lösungen zu erarbeiten.

Das formale Vorgehen in diesen Gruppen ähnelt übrigens in vielerlei Hinsicht der problemlösungsbezogenen Arbeit in Supervisionsgruppen.

Hier sei in aller Kürze der Aufbau und Ablauf einer Sitzungsstunde beschrieben, weil sich daran die Grundprinzipien des zieloffenen Vorgehens am besten verdeutlichen lassen. Die etwa 90-minütigen Sitzungen folgen – mit Ausnahme gruppengemeinsamer Übungen, die es ebenfalls gibt – dem in Abb. 54.1 dargestellten Ablaufschema. Jede Sitzung gliedert sich in vier größere Phasen oder Episoden:

- Die **Orientierungsphase**, die allen Teilnehmern und den Therapeuten zur allgemeinen Orientierung über die zu erwartende Sitzung dient. Jeder Teilnehmer berichtet über seinen Stand im Problemlösungsprozess der Therapie und damit kurz über die vergangene Woche. Eventuell werden auch neue Patienten kurz eingeführt. Schließlich entscheidet sich ein Patient für die Gruppenarbeit.
- Die **Therapiephase** als Hauptteil der Sitzung, in der – wie gesagt – üblicherweise ein Teilnehmer beschließt, in der laufenden Sitzung intensiver an seinen Problemen oder Therapiezielen zu arbeiten. Wann immer möglich, wird von Verhaltenstherapeuten dazu eine Arbeitsform bevorzugt, in der während der Problemanalyse oder während

Orientierungsphase
Mitteilungen jedes Teilnehmers über sich und seine aktuelle Situation im Behandlungsverlauf, Entscheidung eines Teilnehmers für die anstehende Therapiearbeit

Problemanalyse- oder Trainingsphase

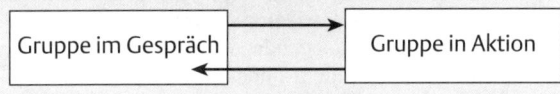

Gruppe im Gespräch ⟶ Gruppe in Aktion

Feedbackphase
Rückmeldung, Beratung, Hilfestellungen, Sharing

Planungsphase
Planung von Übungs- und Hausaufgaben, Sicherung und Stabilisierung von Behandlungserfolgen, soziale Unterstützung und Rückfallprävention

Evaluationsphase
Verlaufskontrolle zur Therapieevaluation, Patientenschulung, Besprechung und Bewertung des therapeutischen Vorgehens, Transparenz hinsichtlich therapeutischer Entscheidungen

Abb. 54.1 Struktur einer Gruppensitzung in der zieloffenen Verhaltenstherapie (in Anlehnung an das Konzept der so genannten verhaltensanalytischen Gruppentherapie; Fiedler 1996).

der Einübung bestimmter Handlungsalternativen möglichst viele der anderen Gruppenmitglieder beteiligt werden. In vielerlei Hinsicht ähnelt dieses Vorgehen dann jener Therapiearbeit, wie sie aus dem Psychodrama oder aus den Gestaltgruppen bekannt sein dürfte, wenngleich Verhaltenstherapeuten auf ein reichhaltiges eigenes Methodenrepertoire zurückgreifen können.
- Jede Therapiephase wird mit einer **Feedbackrunde** der Gruppe abgeschlossen, wie sie als solche in den meisten anderen Gruppenkonzepten vorkommt. Ist ausreichend Zeit vorhanden, können in derselben Sitzung noch weitere Gruppenmitglieder in eine intensivere Therapiearbeit eintreten. Häufiger wird dies für einen weiteren Patienten möglich sein. Eher gelegentlich nutzen zwei oder gar drei weitere Mitpatienten diese Möglichkeit. Letzteres kommt u.a. dann vor, wenn es sich bei den Folgepatienten um ähnliche Problemkonstellationen handelt, wie die, an denen der erste Patient gearbeitet hat.
- Die **Planungsphase**, in der sowohl die in den vorausgehenden Sitzungen begonnenen Übungs- und Hausaufgaben jedes einzelnen Teilnehmers für die Zeit zwischen den Therapiesitzungen ausführlich besprochen als auch weitere Transferaufgaben geplant und festgelegt werden. Im Verlauf der Gesamttherapie ändern sich die Inhalte dieser Besprechung in Richtung einer Sicherung und Stabilisierung der erreichten Behandlungserfolge. Zunehmend wird vom Therapeuten die Frage aufgeworfen, wie dieser Erfolg durch weitere Maßnahmen weiter abgesichert werden kann (z. B. durch die Suche nach Quellen für eine soziale Unterstützung im Bereich der Bezugspersonen, Angehörigen, Freunde und Kollegen):
- Einer **Evaluationsphase**, in der einerseits die in der Verhaltenstherapie übliche Standardevaluation der Sitzung erfolgt, indem die Teilnehmer wie Therapeuten Stundenfragebögen zur Therapieverlaufskontrolle ausfüllen.

Erst danach und um die Ergebnisse der Verlaufskontrolle nicht zu kontaminieren können die Therapeuten vor oder mit der Gruppe auch noch eine genaue Bewertung/Auswertung der abgelaufenen Sitzung vornehmen.

Eines der wesentlichen therapeutischen Ziele dieser Abschlusssequenz jeder Gruppensitzung wird mit der **Patientenschulung** angestrebt. Patientenschulung kommt also auch in den zieloffenen Gruppen vor, wird dort jedoch sinnvoller Weise an den Schluss verlagert und eingeführt, nachdem die einzelnen Patienten an ihren spezifischen Problemen und psychischen Störungen gearbeitet haben. Patientenschulung soll die Patienten, wie in den Manualtherapien, auf einer theoretisch-abstrakteren Ebene über Diagnostik und/oder Ätiologie und/oder Behandlungsmöglichkeiten und/oder anderweitig vorhandenes Wissen ihrer spezifischen Schwierigkeiten und Probleme aufklären.

Inzwischen dürfte klar geworden sein, warum sich zieloffene Gruppenkonzepte **insbesondere für Patienten mit heterogener Problematik oder Diagnose** eignen. Und weiter ist plausibel nachvollziehbar, warum sie für Verhaltenstherapeuten inzwischen **das** Konzept für so genannte offene Gruppen mit sukzessivem Patientenwechsel sind: Scheidet ein Patient aus, rückt ein neuer nach, ohne das er bisher allzu viel versäumt haben dürfte. (Fast) Jede Stunde beginnt auf das Neue mit der Frage: Gibt es jemanden, der heute intensiver an seinen Problemen arbeiten möchte?

Interaktionelle Verhaltenstherapie

Diese Zieloffenheit führt natürlich dazu, dass innerhalb der Gruppe mehr als bei Manualtherapien interaktionelle Prozesse ablaufen, die sich ebenfalls nutzbringend in die Therapie einbeziehen lassen. Schon in den 70er Jahren war klar, dass sich zieloffene Gruppen besonders gut für Patienten eignen, deren Probleme sich unter dem weitgefassten Label der „komlexen Störungen des zwischenmenschlichen Beziehungsverhaltens" zusammenfassen lassen (Grawe und Fiedler 1982). Für Menschen mit komplexen Beziehungsstörungen, die sich ja bei den meisten psychischen Störungen, insbesondere bei Persönlichkeitsstörungen beobachten lassen, gelten deshalb in der Verhaltenstherapie die zieloffenen Gruppen ganz allgemein als Methodik der ersten Wahl. Entsprechend hat die interpersonelle Betrachtung psychischer Störungen zur Weiterentwicklung zieloffener Gruppenkonzepte beigetragen und damit übrigens auch in der übrigen Verhaltenstherapie eine stärkere Berücksichtigung des Interaktionsaspektes und der Gruppenwirkfaktoren gefördert.

Nach der verhaltenstherapeutischen Wiederentdeckung allgemeiner Gruppenwirkfaktoren Ende der 70er Jahre konzentrierten sich dann vor allem die zieloffen arbeitenden Gruppenverhaltenstherapeuten zunehmend mehr auf die Frage, welche dieser Faktoren und Wirkbedingungen besonders nutzbringend mit verhaltenstherapeutischen Zielen in Übereinstimmung gebracht werden könnten.

Grawe (1980) sprach dann Anfang der achtziger Jahre als einer der Ersten nicht mehr nur von „Wirkfaktoren der Gruppe", sondern von **instrumentellen Gruppenbedingungen.** Er meinte damit insbesondere jene Wirkfaktoren, die von Verhaltenstherapeuten gezielt angeregt werden konnten. Sie sollten sogar **zwingend** kontinuierlich beachtet und beeinflusst werden, damit sie ihre unspezifischen oder spezifischen Wirkungen auch tatsächlich entfalten können (z. B. die differenzielle Anregung und Förderung von Gruppenkohäsion, Bereitschaft zur Selbstöffnung, Kooperation und Vertrauen in die Gruppenarbeit). Inzwischen ist die **Berücksichtigung instrumenteller Gruppenbedingungen** in allen Verhaltenstherapiegruppen integraler Bestandteil und unverzichtbar. Und innerhalb der zieloffenen Gruppen zählen sie inzwischen zu den wichtigsten Einflussgrößen auf einen langfristigen Therapieerfolg.

Zieloffene Verhaltenstherapiegruppen schlagen auf diese Weise – und wenn man so will – eine Brücke zu den übrigen konflikt-, beziehungs- und interaktionsorientierten Gruppenpsychotherapieverfahren der anderen Therapieschulen. Wie in den meisten Gruppenansätzen der anderen Therapieschulen wird auch die zieloffen-interaktionelle Gruppe als **sozialer Mikrokosmos** aufgefasst und behandelt. So wird beispielsweise erwartet, dass die Schwierigkeiten, die der einzelne Patient in seinem täglichen Leben mit anderen Menschen hat, früher oder später in irgendeiner Weise auch in der Therapiegruppe deutlich werden und auftreten (Yalom 1995). Tritt dies ein, so ist damit auch für Verhaltenstherapeuten die besondere Möglichkeit gegeben, in und mit der Gruppe genauer zu analysieren, womit das problematische Beziehungsverhalten des Patienten zusammenhängt.

Eine Gruppe ohne Gruppendynamik gibt es nicht. Das gilt selbstverständlich auch für Gruppen, die sich an standardisierten Therapieprogrammen orientieren. Und das Nachdenken der Gruppenteilnehmer über Gruppenprozesse ist dann wohl auch genau jenes spezifische kurative Merkmal, dass bis heute vermutlich alle Gruppenpsychotherapieverfahren – bei aller Unterschiedlichkeit in der konkreten Therapiearbeit – als besonderes gemeinsames Wirkprinzip in sich tragen.

55. Integration verhaltenstherapeutischer und tiefenpsychologisch orientierter Gruppenpsychotherapie

B. Glier und K. Rodewig

Grundkonzepte psychotherapeutischer Gruppen – Einleitung

Betrachtet man wie Fiedler (1995, 1996) psychotherapeutische Gruppen aus einer Metaperspektive, die vor allem auf jeweilige Zielsetzungen, Inhalte und Methoden gerichtet ist, wird innerhalb der großen Vielfalt vorhandener psychotherapeutischer Gruppenkonzepte eine globale Zuordnung zu **zwei deutlich verschiedenen Grundkonzepten** erkennbar.

In **konflikt-, beziehungs- und interaktionsorientierten Psychotherapiegruppen** geht es vorrangig um die Entwicklung, Reflexion und Analyse der Gruppendynamik und damit der aktuellen Interaktionsschwierigkeiten. Die Gruppe wird in Anlehnung an Yalom (1996) als „sozialer Mikrokosmos" betrachtet, in dem sich früher oder später interpersonelle Beziehungsprobleme manifestieren werden, die die einzelnen Patienten auch in ihrem alltäglichen Leben mit anderen Menschen erfahren. Die therapeutische Arbeit konzentriert sich in diesen Fällen auf die gemeinsame Analyse der problematischen, möglicherweise störungsspezifischen Beziehungsmuster der Patienten als Grundlage für deren bewusstere Kontrolle und das Herbeiführen gezielter Veränderungen.

Im Mittelpunkt **störungs-, methoden- und einzelfallorientierter Psychotherapiegruppen** steht die Bearbeitung psychischer Probleme und Störungen eines oder mehrerer Gruppenmitglieder. Im Unterschied zu interaktionellen Therapiegruppen handelt es sich dabei um Probleme, die Patienten für gewöhnlich **außerhalb der Gruppe** mit sich selbst bzw. mit anderen haben. Die für diese Gruppen typische psychotherapeutische Arbeit mit einzelnen Patienten geschieht mit Unterstützung der anderen Teilnehmer, die sich an der Analyse des Problems und der Lösungsfindung beteiligen bzw. für die Simulation des Problems z. B. im Rahmen eines Rollenspiels benötigt werden.

> Zusammenfassend betrachtet liegt der wesentliche Unterschied zwischen beiden aufgezeigten Grundansätzen psychotherapeutischer Gruppen in der Bedeutung, die der Bearbeitung gruppendynamischer Entwicklungen und damit interaktioneller Probleme der Gruppenmitglieder beigemessen wird. Insofern kann man auch von einer **Gruppenprozess-** versus **Einzelfallorientierung** als wichtigstem Unterscheidungsmerkmal sprechen.

Die bislang aufgezeigte Grundkonzeption psychotherapeutischer Gruppen charakterisiert gleichzeitig die Kernwesensmerkmale und damit auch die Unterschiede, die die Psychotherapiegruppen der beiden großen Therapieschulen **Verhaltenstherapie** und **psychoanalytische** bzw. **tiefenpsychologisch orientierte Psychotherapie** aufweisen.

Verhaltenstherapeutische Gruppen

Abb. 55.1 vermittelt eine Übersicht über Grundprinzipien und therapeutische Leitlinien verhaltenstherapeutischer Gruppen.

> - Einzeltherapie in der Gruppe bzw. mit der Gruppe
> - Problem-, Lösungs- und Zielorientierung; Betonung erfahrungsgeleiteten Lernens (Handlungsorientierung)
> - Förderung von Selbstmanagementkompetenzen (Bewältigungskompetenzen, Gesundheitskompetenzen)
> - Therapeutenverhalten: aktiv und strukturierend

Abb. 55.1 Grundprinzipien und therapeutische Leitlinien verhaltenstherapeutischer Gruppen.

Verhaltenstherapeutische Gruppen arbeiten überwiegend nach dem Prinzip der **Einzelpsychotherapie in der Gruppe bzw. mit der Gruppe**. Sie sind vorrangig dem Einzelfall und nur nachgeordnet der Gruppe als Ganzem verpflichtet.

Verhaltenstherapeutische Gruppenarbeit ist **primär problem-, lösungs- und zielorientiert** und betont das Prinzip des **erfahrungsgeleiteten Lernens**. Sie ist – von der hauptsächlichen Zielsetzung her gesehen – auf die Vermittlung und Einübung umschriebener Fähigkeiten oder Fertigkeiten gerichtet, die entweder zur eigenständigen Bewältigung von Problem- und Belastungssituationen und gegebenenfalls damit verbundener Beschwerden oder Beeinträchtigungen erforderlich sind oder der Aktivierung von Gesundheitsressourcen dienen (so genannte Selbstmanagementkompetenzen, Kanfer u. Mitarb. 1996). In jedem Fall liegt die Akzentsetzung primär auf dem **Kompetenz-** oder **Bewältigungsaspekt** (Grawe u. Mitarb. 1994).

Bezeichnenderweise nimmt der Leiter verhaltenstherapeutischer Gruppen eine **aktive Rolle** ein. Sein Therapeutenverhalten ist gekennzeichnet durch strukturierende, die Therapieinhalte und den -prozess steuernde Interventionen. Er fällt durch ein hohes Maß an Transparenz auf und bringt sich auch selbst in der Funktion eines Lernmodells für psychotherapeutische Problembearbeitungen ein.

Zur Orientierung innerhalb des breiten Spektrums verhaltenstherapeutischer Gruppen bietet sich der Klassifikationsansatz von Fiedler (1995) an, der eine Aufteilung vornimmt in

- **verhaltenstherapeutische Trainingsgruppen** (Beispiele: Entspannungstraining, Selbstsicherheitstraining, Problemlösetraining),

- **störungsspezifische Gruppenkonzepte** (Beispiele: Gruppen für phobische oder depressive Patienten oder für Patienten mit chronischen Schmerz- oder Essstörungen),
- so genannte **zieloffene Verhaltenstherapiegruppen** (Kap. 54).

Letztere unterscheiden sich von den trainings- und störungsspezifischen Gruppenkonzepten deutlich im Ausmaß an Standardisierung hinsichtlich Zielsetzungen, Inhalten, Methoden, Abläufen und der Auswahl von Patienten. Zieloffenen Gruppen fehlt ein bereits vorab inhaltlich festgelegtes Therapieprogramm. Nichtsdestoweniger bleiben aber auch für diese Therapiegruppen Problem- und Zielorientierung, die hierbei im Therapieprozess **mit Patienten zusammen** entwickelt werden, und das **Prinzip der Einzelpsychotherapie in der Gruppe** als zentrale Merkmale verhaltenstherapeutischen Vorgehens bestimmend. Bekannte Beispiele für zieloffene Gruppenkonzepte in der Verhaltenstherapie sind die „interaktionelle Gruppenverhaltenstherapie" von Grawe (1980) und die „verhaltensanalytische Gruppenpsychotherapie" von Fiedler (1979, 1986).

Zielke (1993) nimmt eine ähnliche Klassifikation verhaltenstherapeutischer Gruppenpsychotherapie vor, wenn er eine Unterscheidung trifft in

- so genannte **Standardgruppen** für das Training von Basiskompetenzen wie beispielsweise Entspannungs- und Problemlösefähigkeit,
- **themenzentrierte oder indikative Gruppen**, die störungsspezifisch bzw. problembereichbezogen ausgerichtet sind,
- **Informations-** und **Aufklärungsprogramme**, die primär edukativen Charakter tragen,
- **interaktionelle Problemlösegruppen**, die sich ähnlich wie bei Fiedler schwerpunktmäßig mit interpersonellen Problembereichen und Aspekten der Beziehungsgestaltung und Beziehungsregulation beschäftigen, grundsätzlich orientiert an einem systematischen Problemlösungsvorgehen.

Tiefenpsychologisch orientierte Therapiegruppenkonzepte

Abb. 55.2 vermittelt eine Übersicht über Grundprinzipien und therapeutische Leitlinien tiefenpsychologisch orientierter Therapiegruppen.

- Fokussierung auf gruppendynamische Prozesse und interaktionelle Probleme
- Beziehungs- und Konfliktorientierung
- Einsichts- und Erkenntnisorientierung
- Therapeutenverhalten: abwartend, klärend (deutend, antwortend)

Abb. 55.2 Grundprinzipien und threapeutische Leitlinien tiefenpsychologisch orientierter Therapiegruppen.

Die therapeutische Arbeit in diesen Gruppen ist **primär beziehungs- und konfliktorientiert**. Sie soll der Aufdeckung unbewusster intrapsychischer Konflikte dienen, die zu Störungen der Selbstwahrnehmung und/oder zu situationsunangemessenen interpersonellen Handlungsmustern führen können. Die Konflikte liegen zumeist in kindlichen fehlgeleiteten Erfahrungen begründet, die sich auf den eigenen Körper, die wesentlichen personalen Objekte und die Kommunikationsstrukturen beziehen.

Typischerweise ist das Therapeutenverhalten in tiefenpsychologisch orientierten Gruppen im Vergleich zu verhaltenstherapeutischen Gruppen durch ein geringeres Maß an persönlichen Mitteilungen, an weniger edukativen Maßnahmen und kaum direktiven Interventionen gekennzeichnet. Durch die damit verbundene mangelnde Strukturierung der Gruppeninteraktion werden regressive Prozesse bei den Gruppenmitgliedern angestoßen. Diese greifen auf bekannte Kommunikationsmuster zurück, die in der Regel aus den Erfahrungen mit den relevanten Beziehungspersonen der Kindheit abgeleitet werden. Diese Reinszenierung bedingt, dass Aspekte dieser früheren Objekte auf einzelne Gruppenmitglieder inklusive Leiter übertragen werden (**Übertragungsbeziehung**). Die Konfrontation mit der Einschätzung und Erlebensweise der übrigen Gruppenmitglieder sowie der Deutung des Verhaltens vor dem Hintergrund der dysfunktional verarbeiteten früheren Erfahrung durch den Leiter fördert die Einsicht in den zu Grunde liegenden Konflikt und eröffnet die Möglichkeit korrigierender emotionaler Erfahrungen.

Im Unterschied zur Handlungs- bzw. Bewältigungsorientierung von Verhaltenstherapiegruppen liegt der Akzent tiefenpsychologisch orientierter Therapiegruppen primär auf **Einsichts-** und **Erkenntnisorientierung** („Klärungsaspekt" nach Grawe u. Mitarb. 1994). Das Erzielen relevanter Einsichten in fehlgeleitete Grundannahmen über sich selbst, die Objekte und die Art und Weise der Beziehungsgestaltung wird als wesentliches Wirkprinzip für das Eintreten von Veränderungsprozessen angesehen.

Vor dem Hintergrund neuerer psychoanalytischer Theorien (Ich-Psychologie nach Blanck und Blanck 1989; Objektbeziehungstheorie nach Kernberg 1988a) erfuhr sowohl die analytische Einzel- als auch Gruppenpsychotherapie behandlungstechnische Modifikationen, die sich sowohl auf die Rahmenbedingungen (Stundenfrequenz, Behandlungsdauer etc.) als auch auf die Interventionsstrategien innerhalb einer Therapiesitzung beziehen. Hier sind vor allen Dingen Unterschiede zwischen der analytischen bzw. analytisch orientierten Gruppenpsychotherapie und der psychoanalytisch-interaktionellen Gruppenpsychotherapie (Göttinger Modell nach Heigl-Evers 1978) hervorzuheben (vgl. auch Kap. 52).

Während die analytische Gruppenpsychotherapie ihre Arbeit auf die Bewusstwerdung unbewusster psychischer Konflikte zentriert und die analytisch orientierte Gruppenpsychotherapie vorrangig die Ebene des Vorbewussten fokussiert, bleibt die Konfliktbearbeitung in der psychoanalytisch-interaktionellen Gruppenpsychotherapie auf der Ebene des Bewussten. Der therapeutische Leiter übernimmt für die Gruppe Hilfs-Ich-Funktionen, indem er z. B. wahrnehmbare Gefühle stellvertretend für die Gruppe oder eines seiner Mitglieder formuliert, die Normen der Gruppe benennt oder sich selbst als Modell für Problemlösungen oder angemessenes Interaktionsverhalten zur Verfügung stellt. Das Ziel dieser Interventionsform ist die Korrektur des auf innerseelische Konflikte begründeten dysfunktionalen Sozialverhaltens, ohne den Abwehrcharakter dieses Verhaltens zu thematisieren, was Heigl-Evers (1978) als normative Verhaltensregulierung durch die Gruppe bezeichnet. Dieses Verfahren wurde insbesondere für Patienten mit deutlichen Defiziten in ihren Ich-Funktionen entwickelt. Bei ihnen kann angenommen werden, dass weitergehende regressive Prozesse zu einer nicht vertretbaren psychischen Labilisierung führen würden.

Eine andere Weiterentwicklung psychoanalytischer Gruppenpsychotherapie orientiert sich an der **zeitlichen** Dimension und damit an der Dauer der Behandlung. Den traditionellen Gruppenpsychotherapieverfahren, die als Langzeitbehandlungen konzipiert sind, stehen neue Ansätze **gruppenpsychotherapeutischer Kurzzeittherapien** gegenüber, die sich in den letzten 10–15 Jahren besonders in Nordamerika herausgebildet haben und eine Antwort darstellen auf eine zunehmende Forderung nach pragmatisch orientierten, zeitbegrenzten psychotherapeutischen Hilfen, die gemessen an der Effektivität längerdauernder Behandlungsmethoden relativ gleichwertig und damit letztlich **effizienter** sind (Tschuschke und Mattke 1997).

Die Kurzzeittherapie bedingt die Eingrenzung des Therapieziels auf einen Fokus, der sich thematisch oder störungsspezifisch darstellen kann und von dem wir annehmen, dass er in einer begrenzten Zeit auch zu bearbeiten ist. Mattke und Tschuschke (1997) empfehlen, gemeinsam mit den einzelnen Patienten einen **Fokus** zu formulieren, der ein psychodynamisches Verständnis ermöglichen und nahe am Erleben des Patienten sein solle. Die therapeutischen Interventionen sollten sich während der Gruppenpsychotherapie hieran orientieren. Von einem solchen individuellen wird der Gruppenfokus unterschieden. Dieser ergibt sich, wenn die Gruppe im Hinblick auf Problem- oder Störungsorientierung annähernd homogen zusammengesetzt wird. Beispiele für eine Problemorientierung sind Gruppen mit Patienten gleicher Altersstufe (z. B. Adoleszenten- oder Seniorengruppen), Gruppen mit Migranten, Folteropfern, Homosexuellen u.a. Solche für eine Störungsorientierung sind krankheitsspezifische Gruppen.

Der Gruppenleiter nimmt hierbei im Unterschied zu traditionellen tiefenpsychologisch orientierten Gruppenpsychotherapien eine **vergleichsweise aktive Rolle** ein. Er nimmt durch die Fokusbestimmung inhaltliche Strukturierungen vor, sowohl im Hinblick auf Problembereiche als auch hinsichtlich therapeutischer Zielsetzungen. Sein Interaktions- und Kommunikationsverhalten ist gekennzeichnet durch häufigeren Einsatz direktiver Interventionen und umfasst auch die Demonstration therapeutischen Zielverhaltens im Umgang mit Problemsituationen am Beispiel des eigenen Bewältigungsmodells (so genanntes **Modeling**) (Koss und Shiang 1994).

Diese grundsätzlichen inhaltlichen Überlegungen zur Therapiedauer dürfen nicht darüber hinweg täuschen, dass auch unter Kurzzeitbedingungen sehr verschiedene Varianten auftreten können. So macht es einen wesentlichen Unterschied, ob in einer 6-wöchigen stationären Behandlung täglich eine Sitzung als halboffene Gruppe stattfindet oder innerhalb einer 3–6-monatigen stationären Therapie ein 8-wöchiger Block als geschlossene Gruppe nach dem Göttinger Modell (s.o.) eingefügt oder eine ambulante Therapie über 25 Wochen mit nur 1 Gruppensitzung pro Woche durchgeführt wird.

Verhaltenstherapeutische und tiefenpsychologisch orientierte Gruppenpsychotherapien im Vergleich – zwei unvereinbare Welten?

Herkömmlicherweise wird zwischen verhaltenstherapeutischen und tiefenpsychologisch orientierten Psychotherapiegruppen eine strikte Trennung in zwei völlig verschiedene Grundansätze psychotherapeutischer Behandlung vorgenommen.

Vergegenwärtigt man sich dem gegenüber die bislang aufgezeigte Heterogenität der Gruppenpsychotherapiekonzepte innerhalb der jeweiligen Schule, so erscheint es nur folgerichtig, dass aktuelle Entwicklungen zunehmend den Blick auf eine **dimensionale** anstelle einer **dichotomen** Betrachtungsweise lenken. Wenn man sich noch einmal die Wesensmerkmale der von Mattke und Tschuschke (1997) skizzierten Kurzzeit-Gruppenpsychotherapie vor Augen führt, wird eine deutliche Ähnlichkeit erkennbar mit den zuvor beschriebenen interaktionellen Problemlösegruppen der Verhaltenstherapie (Zielke 1993) bzw. der verhaltensanalytischen Gruppenpsychotherapie (Fiedler 1979, 1986). Überschneidungen sind sowohl im Hinblick auf zentrale Merkmale der Therapiestruktur und -inhalte als auch hinsichtlich des Therapeutenverhaltens vorhanden. In jedem Fall besteht eine deutliche Problem- bzw. Fokusorientierung und damit verbunden auch eine Ausrichtung auf anzustrebende Zielsetzungen mit entsprechender Prozesssteuerung. Innerhalb eines solchen Rahmens verläuft eine relativ strukturierte therapeutische Arbeit, die mit einer entsprechend aktiven Grundhaltung des Gruppenleiters einhergeht.

Hinsichtlich der Wahl therapeutischer Interventionen sind ebenfalls Ähnlichkeiten erkennbar. So gelangen in der tiefenpsychologisch orientierten Kurzzeit-Gruppenpsychotherapie auch „typische" verhaltenstherapeutische Methoden wie z. B. Problem- und Verhaltensanalysen, Techniken des Modelllernens oder kognitive Therapieverfahren zur Anwendung, während andererseits interaktionelle Verhaltenstherapiegruppen nicht ohne emotionsfördernde Methoden auskommen, die anderen psychotherapeutischen Ansätzen entstammen. Was Zielke 1993 noch als kardinale Merkmale verhaltenstherapeutischer (interaktioneller) Gruppenarbeit bezeichnete, nämlich die Zielorientierung und der Problemlösungsansatz, findet sich mittlerweile auch in tiefenpsychologisch orientierten Gruppenkonzeptionen wieder. Ähnlich verhält es sich mit der Dichotomisierung von Fiedler (1996) in „Gruppenprozess- versus Einzelfallorientierung". In der o.g. tiefenpsychologisch orientierten Kurzzeit-Gruppenpsychotherapie ist gerade auch die Arbeit am individuellen Fokus intendierter Inhalt der Gruppenarbeit.

Umso erstaunlicher ist es, dass solche Überschneidungen zwischen den beiden Therapieschulen und die sich gegenwärtig vollziehenden Annäherungen gegenseitig kaum wahrgenommen werden. Stattdessen scheint jede in ihrer jeweiligen „splendid isolation" zu leben (Tschuschke 1999c).

Dabei würde man von einem Metastandpunkt aus betrachtet den Blick für **schulenübergreifende Faktoren** geöffnet bekommen, die die aktuellen Entwicklungen auf dem Gebiet der Psychotherapiegruppen maßgeblich beeinflussen, insbesondere sich wandelnde Erwartungen und Anliegen an psychotherapeutische Behandlung seitens der **Interessenträger**. Hierzu gehören zum Beispiel die Kostenträger für eine psychotherapeutische Behandlung (Krankenkassen, Rentenversicherungsträger), die angesichts von Auflagen zu Kosteneinsparungen den Nachweis effizienter, d. h. wirksamer und zugleich wirtschaftlicher Behandlungskonzepte fordern und unterschiedliche Anbieter psychotherapeutischer Leistungen an derartigen Maßstäben beurteilen (Schneider 1995).

In Verbindung damit stehen auch **sich wandelnde Patientenansprüche** in Richtung zunehmender Leistungs- und Erfolgserwartungen innerhalb immer kürzerer Behandlungszeiträume. Tschuschke und Mattke (1997) zufolge entspricht es dem Zeitgeist, eher nach pragmatischen, zeitbegrenzten psychotherapeutischen Hilfen zu fragen. Im Kontext stationärer Psychotherapie werde von Patientenseite häufig auf die angespannte wirtschaftliche Lage und Arbeitsplatzsituation verwiesen, die zu kürzerer Verweildauer zwinge.

Wenn Strupp und Binder (1991) von **Kurzpsychotherapie** als der Psychotherapieform der Zukunft sprechen, so beschreibt diese Prognose schon jetzt die gegenwärtigen Verhältnisse in den meisten Kliniken, insbesondere denjenigen der **psychosomatischen Rehabilitation**. Die durchschnittliche Dauer für Heilbehandlungen lag in diesen Einrichtungen bereits vor Inkrafttreten des Wachstums- und Beschäftigungsförderungsgesetzes (WFG) zum 1. 1. 1997 bei etwa 7 Wochen mit einer Streubreite zwischen 4 und 12 Wochen (Dossmann 1996) und hat sich seitdem noch verringert.

Solche sich wandelnden strukturellen Bedingungen für Psychotherapie beeinflussen zwangsläufig Zielsetzungen und Inhalte psychotherapeutischer Behandlung und fördern gerade auf dem Gebiet gruppenpsychotherapeutischer Arbeit Entwicklungen, für die bezeichnend ist, dass sie sich nicht mehr hinreichend mit stereotypen Kategorisierungen in „Psychoanalyse" und „Verhaltenstherapie" erfassen lassen bzw. eine solche Trennung in zwei angeblich unvereinbare Psychotherapie**welten** als ein Festhalten an rigidem Schulendenken kritisieren. Stattdessen müssen wir uns der Frage stellen, welche Problemstellungen im Einzelfall eines Patienten mit welchen Methoden unter welchen Settingbedingungen am wirksamsten zu bearbeiten sind. Diese Frage mündet letztlich in die **Forderung nach integrativen Therapiekonzepten** und Behandlungsangeboten, die die Voraussetzung für eine **differenzielle Indikationspraxis** schaffen, die auf Anpassung an die individuellen Problemstellungen, Anliegen und Behandlungserwartungen des jeweiligen Patienten gerichtet ist und nicht eine Anpassung des Patienten an das verlangt, was der Therapeut bevorzugt und gelernt hat.

Integration verhaltenstherapeutischer und tiefenpsychologisch orientierter Therapiegruppen

Konzeptuelle Überlegungen

Wenn von Integration die Rede sein soll, stellt sich die Notwendigkeit einer genaueren Standortbestimmung innerhalb eines größeren Rahmens verschiedener Integrationsmodelle. Wir orientieren uns hierzu entsprechend der Systematik von Schacht (1984) am so genannten **Komplementaritätsmodell**. Dies ist ein Ansatz, der Überlegungen zur Integration verschiedener Psychotherapieangebote **am einzelnen Patienten** vollzieht, im Unterschied zu Modellen theoretischer Integration, wie beispielsweise dem Integrationsmodell von Wachtel (1977) für Psychoanalyse und Verhaltenstherapie.

Integration am einzelnen Patienten orientiert sich nach dem Komplementaritätsmodell an den jeweiligen psychotherapeutisch relevanten Problemstellungen und deren prinzipieller Veränderbarkeit über den Verlauf der Therapie hinweg (**Problem-** und **Prozessorientierung**).

Differenzielle Indikationsstellung und integrative Therapieplanung

Um zu einer Systematik psychotherapeutisch relevanter Problem- und Zielstellungen als Voraussetzung für differenzielle Indikationsstellung und integrative Interventionsplanung zu gelangen, sind **metapsychologische Diagnostikkonzepte** erforderlich, die solche Integrationsleistungen ermöglichen können. Hierfür bietet sich als ein Beispiel das **Modell der Problemebenen und Störungsformen** nach Hand (1991) an, mit dem psychische Störungen im Hinblick auf therapeutisch relevante Problem- und Interventionsebenen differenziert und hierarchisiert werden können (Tab. 55.**1**). Die dort aufgeführten Problemebenen „Verhaltensstörungen" und „Verhaltensdefizite" gelten gemeinhin als Domäne der Verhaltenstherapie. Bei den Problemebenen „Wahrnehmungs- und Handlungsblockaden" liegt der Fokus auf deren Bedeutung für die Abwehr un- oder vorbewusster intrapsychischer Konflikte, die einer kognitiven Bewältigung nicht ohne weiteres zugänglich sind. Traditionell stellt deren Entschlüsselung das Interventionsziel psychoanalytisch fundierter Therapieformen dar, wodurch der Weg für erweiterte Wahrnehmungsfähigkeiten und Handlungsalternativen geebnet wird.

Ansatzpunkte für schulenübergreifende Diagnostik bietet auch das **Konzept der Problemanalyse** nach Bartling u. Mitarb. (1998), indem es klassische funktionale Verhaltens- und Bedingungsanalysen mit dem Plananalyseansatz von Caspar (1996a; b) verbindet. Nach Ansicht von Bartling u. Mitarb. (1998) ist das Plananalysekonzept von besonderem integrativem Wert, weil es „einen interessanten Verbindungsweg zwischen psychodynamischen personenzentrierten Therapieansätzen, die sich schwerpunktmäßig mit der Entwicklungsdynamik von Motiven beschäftigen, und verhaltensorientierten Therapieansätzen, die sich vorwiegend auf die Optimierung von Kompetenzen und Fertigkeiten richten" (Bartling u. Mitarb. 1998, S. 54) eröffnet.

Neben der Frage therapierelevanter Problemebenen kann die Indikationspraxis im Einzelfall auch noch durch die Behandlungserwartungen und Zielvorstellungen des Patienten, bisherige (psychotherapeutische) Vorerfahrungen, Copingstil, Abwehrform und Reaktanz beeinflusst werden (Mans und Bast 1994). Sämtliche Variablen können sich im Laufe einer Therapie ändern und bilden von daher auch die Grundlage für adaptive Indikationsstellungen.

Neben Patienten- und Therapeutenvariablen müssen auch die strukturellen Bedingungen der jeweiligen Behandlungsinstitution berücksichtigt werden. Für den Fall einer psychosomatischen Rehabilitationsklinik ist damit wie bereits erwähnt von vornherein eine relativ kurze Behandlungsdauer angesprochen. Ein weiterer Faktor ist die personelle Ausstattung und die Therapeuten-Patienten-Relation. Von großer Bedeutung sind auch Zielvorgaben, die durch die jeweiligen Kostenträger festgelegt werden (z. B. im Falle von Rentenversicherungspatienten die Verbesserung des erwerbsbezogenen Leistungsvermögens anzustreben), und Aufträge seitens vorbehandelnder Ärzte oder Psychotherapeuten, mit denen die stationäre Institution im Sinne eines Netzwerks kooperieren möchte.

Abb. 55.3 fasst sämtliche in diesem Kapitel diskutierten Strukturmerkmale, die für eine integrative Therapieplanung bedeutsam sind, in einer Gesamtübersicht zusammen.

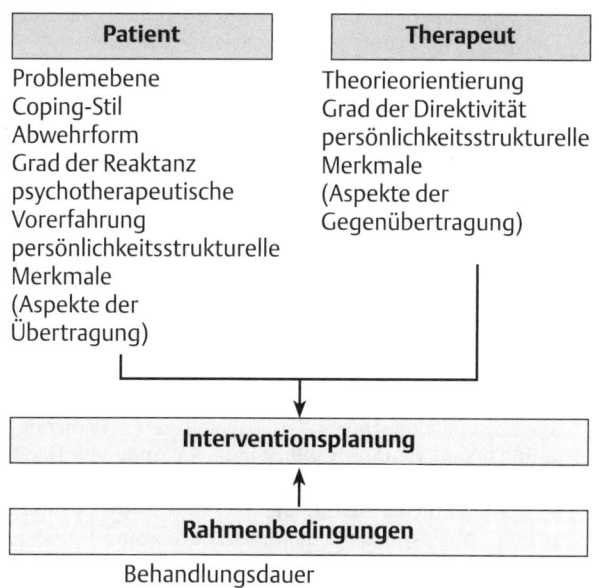

Patient
Problemebene
Coping-Stil
Abwehrform
Grad der Reaktanz
psychotherapeutische Vorerfahrung
persönlichkeitsstrukturelle Merkmale
(Aspekte der Übertragung)

Therapeut
Theorieorientierung
Grad der Direktivität
persönlichkeitsstrukturelle Merkmale
(Aspekte der Gegenübertragung)

↓

Interventionsplanung

↑

Rahmenbedingungen
Behandlungsdauer
theoretische Ausrichtung der Klinik
Auftrag des Vorbehandelnden
Auftrag des Kostenträgers

Abb. 55.3 Aspekte integrativer Therapieplanung.

Die Umsetzung eines integrativen Modells verhaltenstherapeutischer und tiefenpsychologisch orientierter Gruppenpsychotherapie im Setting einer psychosomatischen Rehabilitationsklinik soll abschließend an einem Fallbeispiel verdeutlicht werden.

Es handelt sich um eine 40-jährige Patientin, die wegen einer chronischen Angststörung aufgenommen wurde, welche sich in Form von subjektiv unvorhersehbar und unkontrollierbar erscheinenden Panikattacken äußerte. Hierauf war auch das alleinige Anliegen der Patientin gerichtet: Sie wollte unbedingt ihre Angstzustände „in den Griff bekommen". Im Übrigen sei alles in Ordnung. Sie führe ein glückliches Leben an der Seite ihres zweiten Ehemannes, mit dem sie eine 5-jährige Tochter habe. Sie sei froh, darüber ihre gescheiterte erste Ehe vergessen zu können. Wegen ihrer Aufgaben als Mutter, Hausfrau und Ehefrau, die ihrem Mann gerne den Rücken für dessen berufliche Ambitionen freihalte, habe es ihr auch nichts ausgemacht, ihre berufliche Tätigkeit als Einzelhandelskauffrau aufzugeben. Wenngleich diese Angaben eher Zweifel an der so betont positiven Bilanz ihrer Lebenssituation aufkommen ließen, machte die Patientin andererseits unmissverständlich klar, dass sie einzig wegen ihrer Angstzustände in die Klinik gekommen sei. An Psychotherapiegruppen wolle sie auf keinen Fall teilnehmen. Sie sei zwar noch nie in psychotherapeutischer Behandlung gewesen, habe aber von anderen bereits gehört, dass man in sol-

chen Gruppen „auseinander genommen" würde und sich zudem noch mit den Problemen anderer auseinander zu setzen habe. Dazu sei sie nicht bereit.

Tabelle 55.1 Modell der Problemebenen (nach Hand 1991)

Problemebenen	Störungsformen
Verhaltensstörungen	Symptom-Verhalten Verhaltensexzesse
Verhaltensdefizite	Kompetenzdefizite z. B. bezüglich sozialer Kompetenz, Problemlösefähigkeit, Distress-Toleranz
Wahrnehmungsblockaden	Konflikt abwehrende selektive Wahrnehmung und Interpretation aktueller Erlebnisse auf dem Hintergrund früher (kindlicher) Erfahrungen
Handlungsblockaden	Konflikt abwehrende Einengung des Handlungsfreiraumes durch Wiederholung früher (kindlicher) Interaktionsmuster

Angesichts dieser ersten Orientierung konzentrierte sich die weitere Diagnostik und Interventionsplanung (vorläufig) auf die Angststörung, die sich entsprechend der ICD-10-Kriterien als **Panikstörung mit Agoraphobie** präzisieren ließ. Die Ergebnisse darauf bezogener **Verhaltens- und Bedingungsanalysen** (hier zunächst begrenzt auf die Analyse des Verhaltens in konkreten Angstsituationen) stellten sich wie folgt dar: Infolge eines fehlenden adäquaten Erklärungsmodells für plötzlich und heftig auftretende, unangenehm erlebte Körpersensationen (Schwindel, starkes Herzklopfen, Kribbeln in den Extremitäten) kam es auf kognitiver Verhaltensebene zu falschen Interozeptbewertungen (Befürchtung somatischen, psychischen und sozialen Kontrollverlustes), gefolgt von intensivem Angsterleben, welches die vegetative Symptomatik im Sinne einer positiven Rückkopplung verstärkte und binnen kurzer Zeit in einen extremen Aufschaukelungsprozess mündete. Die erste Panikattacke passierte beim Einkaufen in einem überfüllten Supermarkt. Die Patientin beendete diesen Zustand mit Flucht aus der Situation. Nach diesem Erlebnis entwickelte sich in typischer Weise die bekannte „Angst vor der Angst", der die Patientin mit Vermeidungsverhalten begegnete, das zunehmend generalisierte. Zum Zeitpunkt der Behandlungsaufnahme verließ die Patientin nur noch in Begleitung vertrauter Personen die Wohnung. Sie hatte überdies ihre sozialen Kontakte auf ein Minimum reduziert.

Bezogen auf das **Modell der Problemebenen von Hand** (s.o.) finden sich nach diesen diagnostischen Angaben Hinweise auf **Verhaltensstörungen** im Sinne von Symptomverhalten und Verhaltensexzessen, wie sie für eine Angst-Panik-Symptomatik typisch sind. Darüber hinaus sind aus den weitergehenden Schilderungen der Patientin zu ihrem Umgang mit täglichen Anforderungssituationen Hinweise auf **Verhaltensdefizite** erkennbar, die sich insbesondere in Form mangelnder Disstresstoleranz und unzureichender Entspannungsfähigkeit äußerten. Weitergehende Explorationen zu vermutender (interaktioneller) Wahrnehmungs- und Handlungsblockaden wurden in dieser ersten Phase der Behandlung durch die Patientin abgewehrt.

Somit sollte sich der Fokus der Behandlung (zunächst) auf die Therapie der Angst-Panik-Symptomatik richten. Wenngleich die Patientin eingangs Psychotherapiegruppen abgelehnt hatte, ließ sie sich doch zur Teilnahme an einem verhaltenstherapeutisch konzipierten **Angstbewältigungstraining** in Gruppenform motivieren, das mit „Hilfe zur Selbsthilfe" im Umgang mit Angst- und Panikzuständen wirbt. Die vorher bekannte Aussicht auf Expositionsübungen war zwar **er**schreckend, aber nicht **ab**schreckend, hatte sich die Patientin doch fest vorgenommen, das Problem in den Griff zu bekommen. Die „Angstgruppe" (2-wöchiges Intensivtrainingsprogramm mit insgesamt 10 jeweils 1-stündigen Sitzungen) verlief ausgesprochen erfolgreich. Die Patientin berichtete schon nach der 2. Sitzung, dass sie froh darüber sei, endlich zu wissen, was sich in ihrem Körper bei einer Panikattacke genau abspiele und wie sie sich bislang aufgrund falscher Vorstellungen in Katastrophisierungen hineingesteigert habe. Das eigentliche Schlüsselerlebnis bildeten jedoch die zum Programm gehörenden Hyperventilationsübungen, durch die die Patientin nicht nur die Ähnlichkeit mit ihren Paniksymptomen erkannte, sondern auch die Erfahrung machte, dass sie mittels bewältigender Selbstinstruktionen und Atemübungen die Symptomatik eigenständig reduzieren und beseitigen konnte. Diese Erfahrung von Selbstregulation und Selbstwirksamkeit war für den weiteren Therapieverlauf außerordentlich motivierend. So nahm sie weitestgehend eigenständig die Expositionsübungen zur Bewältigung der situationsbezogenen Ängste (Agoraphobie) in Angriff und führte sie konsequent durch, mit dem Ergebnis, dass sie ihren Bewegungs- und Handlungsspielraum zunehmend erweitern konnte.

Neben einer so vollzogenen Reduktion von Verhaltensstörungen (entsprechend der Systematik von Hand, Tab. 55.**1**) drängte die Patientin von sich aus auf die Teilnahme an einem Entspannungs- und Stressbewältigungstraining, weil sie gewisse Defizite für sich erkannt hatte, deren Bearbeitung sie für eine weitergehende Stabilisierung ihrer Fortschritte in der Angsttherapie für wichtig hielt (nach Hand: Problemebene „Verhaltensdefizite" und Interventionsziel „Aufbau von Handlungskompetenz").

Parallel dazu begann sich allerdings etwas bis dahin Neues zu entwickeln, was die Patientin immer nachdenklicher stimmte. Wo vorher die Angst ihren Platz in ihrem Leben eingenommen hatte, taten sich zunehmend mehr Lücken auf. Wo vorher der Partner in die Bewältigung der Angstprobleme eingebunden war, stellten sich jetzt Fragen, wozu er denn noch gebraucht werde. Wo sich die Patientin vorher abhängig und auf die Hilfe anderer angewiesen gefühlt hatte, trat zunehmend mehr Bewusstwerden von Selbstständigkeit und Eigenständigkeit auf. Als Folge davon begann sie immer häufiger an ihrem bisherigen Lebenskonzept, an ihren bisherigen Grundhaltungen und Einstellungen zu zweifeln und eine kritische Bilanz zu ziehen, auch im Hinblick auf gegenwärtige und zurückliegende Beziehungen und Partnerschaften.

Die Patientin bekam allmählich eine Ahnung davon, dass die Angststörung mit ihrer bisherigen Lebensgeschichte verknüpft war und dass sie selbst mit eigenen Anteilen an der Entwicklung dieser Probleme beteiligt war, ohne diese Anteile genauer zu kennen. In dieser sensiblen Phase war es letztlich nicht mehr schwierig, die Patientin für die Teilnahme an einer tiefenpsychologisch orientierten interaktionellen Gruppenpsychotherapie zu gewinnen, um den angestoßenen Prozess in Richtung auf Entwicklung relevanter Einsichten in fehlgeleitete Grundannahmen über sich selbst und die Art und Weise ihrer bisherigen Beziehungsgestaltung zu fördern. Im Laufe einer insgesamt 4-wöchigen Therapiephase mit täglichen Sitzungen über 90 Minuten Dauer gewann sie die für sie wohl wichtigste Erkenntnis, dass sie sich in ihrem bisherigen Leben vorrangig an den Wünschen, Vorstellungen und Meinungen anderer, vor allem ihrer wichtiger Bezugspersonen (Eltern, Partner) orientiert hatte und um Anpassung und Unterordnung bemüht war, in der Annahme, nur hierüber Halt, Zuwendung und Anerkennung zu finden. Autonomie- und Abgrenzungswünsche mussten somit Bindungen gefährden und wurden folglich aus der Selbstwahrnehmung ausgeblendet, Konflikte in Beziehungen entsprechend verleugnet oder bagatellisiert (**Wahrnehmungs- und Handlungsblockaden** im Sinne von Hand, Tab. 55.1). Die Patientin konnte schließlich durch den Zuspruch und die Unterstützung der anderen Gruppenteilnehmer Mut zu neuen emotionalen Erfahrungen finden, die darin bestanden, dass sie mit eigenen Standpunkten, Abgrenzungs- und Konfliktbereitschaft und konstruktiv geführten Auseinandersetzungen nicht die befürchtete Ablehnung quittiert bekam, sondern hohe Wertschätzung, Respekt und Attraktivität in sozialen Beziehungen gewann.

Zum Ende der Behandlung, die insgesamt 7 1/2 Wochen dauerte, hatte die Patientin klar umrissene Vorstellungen von ihrer künftigen Lebensgestaltung entwickelt, die eine Rückkehr ins Berufsleben ebenso umfassten wie den Aufbau eines eigenständigen Bereichs sozialer Beziehungen und Freizeitaktivitäten. Um die angestrebten Veränderungen in die bestehende Partnerschaft integrieren zu können, verabredeten wir in einem gemeinsamen Gespräch mit dem Ehemann die Aufnahme einer ambulanten Paartherapie.

Wir haben mit diesem Fallbeispiel aufzuzeigen versucht, wie die vorgestellte gruppenpsychotherapeutische Konzeption günstige Voraussetzungen für eine individuell an den Problemen und Anliegen eines Patienten orientierte Therapieplanung bietet, die sich eines breit gefächerten Angebots an verhaltenstherapeutischen Gruppen und tiefenpsychologisch orientierten interaktionellen Psychotherapiegruppen bedienen kann, welche je nach Problemlage im Sinne **adaptiver Indikationsstellung** sowohl sequenziell als auch parallel kombiniert werden können und somit ausgesprochen flexibel und effizient zu nutzen sind.

56. Interpersonale Gruppenpsychotherapie

M. Leszcz und J. Malat

Einleitende Bemerkungen

Ganz parallel zu den Entwicklungen in der Einzelpsychotherapie entwickelt sich das Gebiet der Gruppenpsychotherapie auf immer breiterer Ebene und wächst kontinuierlich mit einer ganzen Reihe von grundlegenden Modellen und Interventionstechniken. Die Effektivität der Gruppenpsychotherapie ist klar festgestellt worden (Kap. 29). Die ursprüngliche Metaanalyse von Smith u. Mitarb. (1980) stellte eine durchschnittliche Effektstärke für Gruppenpsychotherapie fest von 0,83 und nachfolgende Metaanalysen und Vergleiche zwischen Gruppen- und Einzelpsychotherapie demonstrieren kontinuierlich, dass Gruppenpsychotherapie ein effektives Interventionsmodell ist (Tillitski 1990; Cameron u. Mitarb. 1999).

Diese alles überragende Aussage vernachlässigt jedoch die Tatsache, dass es verschiedene Modelle von Gruppenpsychotherapie gibt. Es hat ursprünglich Versuche gegeben, diese unterschiedlichen Modelle entsprechend ihrem Anliegen zu klassifizieren in einen gruppenzentrierten Ansatz, einen patientenzentrierten Ansatz oder einen integrativ-interpersonalen Ansatz (Kauff 1979) einzuordnen. Dies (1992) hat – angelegentlich des 50. Jahrestages der Gründung der amerikanischen Gruppenpsychotherapiegesellschaft (AGPA) – die großen Namen der Gruppenpsychotherapie international in einem konzeptübergreifenden Überblick daraufhin betrachtet, ob sich ein **Spektrum unterschiedlicher Gruppenpsychotherapiemodelle** definieren ließe. Die Ergebnisse dieses Überblicks kommen zu dem Schluss, dass es auf dem gegenwärtigen Feld der Gruppenpsychotherapie zehn kohärente Modelle von Gruppenpsychotherapie gebe, die sich grob in drei größere Kategorien einteilen ließen:
- aktionsorientierte Gruppen,
- psychodynamisch orientierte Gruppen,
- interpersonal orientierte Gruppen.

Keine dieser Kategorien stellt eine pure Kultur für sich dar, es gibt stattdessen eine beträchtliche Überlappung zwischen den einzelnen Modellen. Und in der Tat, wenn danach gefragt wurde, welche Namen mit welchem Modell der Gruppenpsychotherapie in Verbindung gebracht wurden, so war es nicht ungewöhnlich, dass bekannte Namen mit mehr als einer Schule assoziiert wurden.

Die Aufgabe dieses Beitrags wird es sein, die theoretischen Grundlagen und praktischen Anwendungen des interpersonalen Modells der Gruppenpsychotherapie darzulegen, die am besten in den Darlegungen von **Irvin D. Yalom** (1995: vierte Ausgabe des *The Theory and Practice of Group Psychotherapy*, deutsch in 1996: Theorie und Praxis der Gruppenpsycho-therapie) charakterisiert sind, dessen Forschung und Entwicklung eines Modells der Gruppenpsychotherapie auf der zentralen Rolle der **interpersonalen Interaktion**, des **interpersonalen Feedbacks** und dem **interpersonalen Lernen** als den Kern-Elementen der therapeutischen Veränderung in der Gruppenpsychotherapie basieren. Eine Aufmerksamkeit gegenüber theoriebasierter Technik ist insofern wichtig, als unspezifische Wirkfaktoren in der Psychotherapie ca. die Hälfte der Effektstärke der Varianz der Therapieergebnisse für sich beanspruchen. Die restlichen 50% der Varianz der Effektstärke wird durch die effektiven und spezifischen Anwendungen eines kohärenten Modells technischer Intervention seitens des Therapeuten erreicht (Lambert und Bergin 1994). Eine zunehmende Therapeutenaktivität und Interaktion mit einem Patienten mag in dem einen Modell als ein Ausagieren angesehen werden, aus der Perspektive eines anderen Modells könnte es als eine Reaktion auf eine Gegenübertragung aufgefasst werden.

Eine Klarheit über die Verbindungen zwischen Theorie, Forschung und Praxis ist essenziell als Handlungsanweisung für Praktiker. Die Aspekte, die in Dies' Überblick hervorgehoben werden, der das interpersonale Modell von anderen Modellen der Gruppenpsychotherapie unterscheidet, schließen die **Betonung der interpersonalen Interaktion**, die **Offenheit des Gruppenleiters, Transparenz** und **Hilfestellung** mit ein. Die Implementierung dieser Faktoren in die gruppenpsychotherapeutische Arbeit wird der Hauptaspekt dieses Beitrags sein, nachdem zunächst die Theorie des interpersonalen Modells dargelegt wurde.

Theoretische Grundannahmen

Das Modell der interpersonalen Gruppenpsychotherapie hat seine Wurzeln in der ursprünglichen Arbeit von Sullivan (1953) und seiner Betonung der **zentralen Bedeutung des Erreichens interpersonaler Anbindung** und der **Reduzierung interpersonaler Angst** als ein entwicklungsbegleitendes Vertrauen in der menschlichen Existenz. Die Verfolgung einer interpersonal sicheren Bindung und das Erleben des Selbst als akzeptiert, bestätigt und übereinstimmend innerhalb eines Kontextes von Beziehungen, sind die zentralen Punkte.

Sullivans Pionierarbeit mit ihrer mal mehr, mal geringeren Beachtung und Bedeutung im Rahmen moderner Psychotherapie hat erst spät weit mehr wissenschaftliche Beachtung gefunden. Dies geschah auf Grund von Arbeiten in der **Kleinkindforschung** (Stern 1985), bei der Refokussierung der Psychotherapie von einer Einpersonen- zu einer Zweipersonenpsychologie (Kohut 1984; Stolorow u. Mitarb. 1987) und bei der Bewegung hin zu einer Integration innerhalb gegenwärtiger Psychotherapie, die kognitive und interpersonale Prozesse miteinander verknüpft (Safran und Segal 1990; Kiesler 1996).

Ergebnisse der Kleinkindforschung

Ein Grundprinzip des Konzepts besteht darin, dass sich **in psychologischer Gestörtheit interpersonale Störung spiegelt** (Horowitz und Vitkus 1986). Das Wechselspiel zwischen dem Temperament des Individuums und biologischen Dispositionen sowie der frühen interpersonalen Umgebung formt den Sinn des Individuums für das Selbst und die Sicht des Selbst in Beziehung zur Welt. Sterns auf Kinderbeobachtungen gründendes Konzept der Affektregulierung (Stern 1985) bestätigte in vielerlei Hinsicht Sullivans Prinzip, dass das Bewusstsein eines Individuums aus den reflektierten Bewertungen wichtiger anderer erwächst. Die Einstellung von Erziehern auf das unentwickelte Selbst des Säuglings und Kindes trägt zu einem fundamentalen Glauben des Individuums in das bei, was von ihm gewünscht und akzeptiert wird, und aus seinen Beziehungen zu anderen entstehen grundsätzliche Annahmen über Beziehungen. Wenn das Kleinkind/Kind Aspekte des Selbst verspürt, wie z. B. Ideen, Gefühle, Verhaltenswünsche, auf die Erzieher zuvor mit negativen Gefühlen oder Vernachlässigung – als Gegenteil des Einfühlens – reagiert haben, kann eine intensive, disorganisierende Angst im Individuum hervorgerufen werden, die nach Sullivan (1953) als gefährlich, fremd, „Nicht-Ich-Erlebnis" erlebt wird. Die Implikation ist für das Kind, dass das Auftreten solcher Aspekte des Selbst zu solch katastrophalen Ergebnissen führt wie mangelnde Bindungsfähigkeit und Rückzug. Es ist deshalb eine wichtige motivationale Kraft für das heranwachsende Kind, seine Umgebung auf eine Weise zu interessieren, auf dass „Nicht-Ich-Erlebnisse" vermieden werden. Die neueren Arbeiten von Giesler und Swann (1999) fördern tiefer gehendes Verständnis über die einer strikten Suche nach Bestätigung von negativen Aspekten des Selbst zu Grunde liegenden Motive, um eine Erfahrung der Voraussagbarkeit und der Kontrolle zu gewährleisten.

Giesler und Swann (1999) argumentieren, dass vieles an dem Haftenbleiben am Negativen und der Vermeidung oder der Verleugnung von günstigem **Feedback**, gekoppelt mit einer selektiven Wahrnehmung bzw. Bewertung von Information bezüglich des Selbst, welches eine Selbstsicht konserviert, durch die **Theorie der sich selbst erfüllenden Prophezeiungen** erklärt werden kann. Ungeachtet der Qualität der Selbstsicht – so argumentieren die Autoren – sind Individuen motiviert, die festen Auffassungen ihrer Selbstsicht zu bestätigen, allein aus dem Verlangen heraus, aus ihrer Sicht Voraussagbarkeit und Kontrollierbarkeit zu stärken.

Emde (1992) argumentiert gleichfalls aus dem Gebiet der Kinderbeobachtung kommend über die Bedeutung der Beachtung nicht nur der Vermeidung negativer und aversiver interpersonaler Erfahrungen, sondern auch der Förderung des Einflusses von **Bindung**, die positive emotionale Erfahrung mit sich bringe, was zu einem Gefühl des Meisterns und der Bewältigung im Kind führe, für sich genommen ganz wichtige entwicklungspsychologische Imperative. Die Verbindungen mit Kohuts Selbstpsychologiemodell im Hinblick auf die entwicklungsbedingt notwendige Beziehungserfahrung der Spiegelung als essenziellem Aspekt im menschlichen Wachstum ist evident.

Innerhalb eines solchen Rahmens entfaltet sich die Entwicklung des Kindes mit der Entwicklung internaler **Landkarten („maps") für Beziehungen**, die auf Kernerkenntnissen und Glaubenssätzen bezüglich interpersonaler Muster von Verhalten fußen, die ihrerseits wiederum logisch von diesen Kernüberzeugungen stammen. Safran und Siegel (1990) beziehen sich auf diese Auffassung als das **kognitiv-interpersonale Schema**, einen Plan für Beziehungen, den jedes Individuum in sich trage. Das interpersonale Modell der Gruppenpsychotherapie fokussiert auf beide Arme dieses Schemas, indem es zugleich interpersonale Verhaltensmuster identifiziert und über die Zeit hinweg fortschreitet, um die Kernglaubenssätze und -gedanken, die dem interpersonalen Muster unterliegen, weiter zu entwickeln trachtet. Strupp und Binder (1984) haben sich bei der Ausarbeitung ihres Psychotherapiemodells auf diesen Aspekt, den sie als die **Misskonstruktions-Misskonstruktions-Abfolge** bezeichnet haben, bezogen, die Verbindung jener pathogenen Annahmen, die die subjektive Konstruktion der Welt ändern und dann nachfolgend maladaptive, rigide interpersonelle Konstruktionen nach sich ziehen, die aus dieser Abfolge stammen und entsprechende Sequenzen in Zukunft aufrechterhalten.

> Innerhalb dieses Rahmens des interpersonalen Modells schließen die zentralen Prinzipien die Auffassung mit ein, dass interpersonale Störung sich in charakteristischer, wiederkehrender, gestörter interpersonaler Kommunikation manifestiert, die nicht nur verbale Muster, sondern auch paraverbale Kommunikation, einschließlich Körpersprache und Formen der Kommunikation und Interaktion mit einschließt.

Vieles davon ist in eine Charakterstruktur eingewoben, die in für das Individuum systematisch blinde Flecken mündet, sodass es nur der Defizite der interpersonalen Situationen bewusst wird, sich in der Regel aber seines direkten Beitrags zu den interpersonalen Schwierigkeiten nicht bewusst ist. Teilweise reflektiert dies eine Ich-Zentriertheit der Charakterpathologie insoweit, als es für das Individuum in eine logische und verständliche Sequenz mündet, basierend auf früheren Lebensereignissen. Seine Pathologie reflektiert häufig weniger ihre Valenz und Richtung, sondern eher die rigide, unflexible Anwendung beim unangepassten Bestreben nach Selbstabsicherung und Sicherheit. Sollte die Pathologie sich in einer interpersonalen Rigidität ausdrücken, so ist ein zentrales Element effektiver Behandlung die Erweiterung des interpersonalen Repertoires, sowohl im Hinblick auf verhaltensmäßige Breite und die Meisterung interpersonaler Schwierigkeiten mit einer Verantwortlichkeit für die Urheberschaft seines interpersonalen Verhaltens als auch im Hinblick auf die nachfolgende Verpflichtung, maladaptive interpersonale Verhaltensweisen zu verändern.

Unbewusste Pläne, maladaptive Schemata und Transaktionszyklen

Die Forschung der **Mount Zion Psychotherapy Research Group** (Weiss u. Mitarb. 1986) hat ein ähnliches Modell für die Psychotherapie vorgelegt, das auf der Identifikation eines zu Grunde liegenden **Plans** basiert, den der Patient mit in die Behandlung bringe. Solch ein Plan, wie er bei Weiss (1993) beschrieben ist, basiert auf den unbewussten und bewussten Überzeugungen des Individuums bezüglich Wachstum und Erstellung einer vollständigen Entwicklung, die durch pathogene Annahmen beschädigt werden, die durch frühe Lebensenttäuschungen, Traumatisierungen und Fehler in der Beziehungsgestaltung bedingt seien.

Der Patient kommt in die Behandlung und sucht um Widerlegung seiner **pathogenen Überzeugungen** nach. Die Diskonfirmation wird durch die Kapazität des Therapeuten erreicht, sich im Rahmen der Übertragungsversuche und pathogenen Überzeugungen des Patienten zu engagieren, disvalidierendes **Feedback** zu geben und entlang der Beziehungserfahrung – ganz wichtig – Einsicht in die Natur des Übertragungsvorgangs und die pathogenen Überzeugungen zu gewinnen. In diesem Modell ist der Plan eines jeden Patienten einzigartig und die Aufgaben des Therapeuten zentrieren sich um die Antworten auf eine Art und Weise, die eine Disvalidierung der Annahmen des Patienten weiter befördern, jeder Zeit gefasst zu sein auf versehentliche und unwissentliche Bestätigung pathogener Überzeugungen durch Fehler bei der Identifizierung von Übertragungsversuchen, um auf eine neue und unterschiedliche Weise auf die historisch vom Patienten erworbenen zu reagieren.

Weiss' Konzept des Übertragungsversuchs reflektiert bewusst die Gestaltung einer Interaktion durch das Individuum, entweder durch Verschiebung in Form von traditionellen Prinzipien oder durch das Prinzip der Wendung vom Passiven ins Aktive. Ein Beispiel wäre das Individuum, das in einer Umgebung aufwuchs, in der es schlimmen Missbrauch und Vernachlässigung emotionaler Bedürfnisse gab, sodass das Individuum eher eine Haltung der Bedürfnislosigkeit, der kontrollierten Handhabung interpersonaler Beziehungen als ein Bedürfnis nach Nähe entwickeln musste. Dieses Individuum mag andere auf eine Weise beeinflussen, dass Gefühle der Verletzbarkeit und der Bedürftigkeit abgehalten werden, extern gehalten werden durch Projektion und durch eine Verkehrung von passiven in aktive Verhaltensweisen. Das Managen von anderen durch Überfunktionieren und Kontrolle entlockt anderen zuerst Willfährigkeit und Unterwürfigkeit sowie später Widerstand und Feindseligkeit. In beiden Fällen werden die Gefühle von Isolierung und Enttäuschung auf Grund von mangelndem Erleben von Sicherheit und Akzeptanz als Verletzlichkeit und Empfindlichkeit in die interpersonalen Beziehungen eingebracht.

Diese Prinzipien sind wichtige Bindeglieder in der interpersonalen Arbeit in der Gruppenpsychotherapie und für das interpersonale Behandlungsmodell. Es ist der Fehler, Disvalidierung oder eine Bestätigung pathogener Überzeugungen zu geben, der häufig reflektiert wird, wenn von Kieslers (1996) **maladaptivem Transaktionszyklus** die Rede ist, die **ununterbrochene kausale Schleife**, wie sie von Carson (1982) beschrieben wird, bei der der Patient damit fortfährt, interpersonales Verhalten zu zeigen, das seine pathogenen Überzeugungen bestätigt, gleichzeitig aber versäumt, sein Schema disvalidierendes Feedback und entsprechende Information zu integrieren. Sullivan (1953) beschrieb den ursprünglichen Fehler des Patienten, Nutzen aus Feedback zu ziehen, was die interpersonalen Überzeugungen und Verhaltensweisen herausfordern würde durch seine Beschreibung der **parataktischen Störung** und des Patienten selektive Unaufmerksamkeit. In seinem System identifizierte Sullivan Wege, auf denen das Individuum fortfahre, die Gegenwart im Geiste der Vergangenheit zu sehen und unfähig zu sein scheine, sich neue Informationen einzuverleiben, die es von einer Befolgung der ursprünglichen interpersonalen Schablone befreien würde.

Daher beinhaltet eine psychotherapeutische Behandlung das Potenzial für selbsterfüllende oder selbstwiderlegende Folgen. Eine der Kernaufgaben des interpersonalen Modells der Psychotherapie ist es, jenen maladaptiven Transaktionszyklus zu unterbrechen, der sich in der Behandlungssituation manifestiert, die Unterbrechung der Abfolge interpersonaler Rekapitulationen, in denen der Patient alte Familienmuster der Reaktion reaktiviert, die den Status quo fortschreiben, was ihm immer wieder als eine Verifikation seines maladaptiven kognitiv-interpersonalen Schemas diente.

Klinische Illustration

Eine 35-jährige Frau wurde durch ihren Hausarzt einer Gruppenpsychotherapie zugewiesen. Diese Frau, Donna, selbst als professionelle Psychotherapeutin arbeitend, wurde der Behandlung zugewiesen auf Grund von chronischer Depression und Arbeitsschwierigkeiten auf Grund von Isoliertheitsgefühlen und interpersoneller Konflikte. Beim Erstkontakt, ein paar Minuten nach Beginn des Erstgesprächs, fragte Donna den Interviewer, was auf seinem Ehering eingraviert sei. Etwas irritiert auf Grund dieser doch recht indiskreten Frage, entschloss sich der Therapeut, es wäre das Beste, scheinbar eine Antwort zu geben, ohne eine vorzeitige Konfrontation der Patienten auf Grund der Unangemessenheit ihrer Frage vorzunehmen. Er antwortete, dass es sich um eine Gravur in einer anderen Sprache handele, woraufhin sie antwortete „Ich kenne das", wobei ihre Stimme vor Feindseligkeit und Abneigung troff. Diese Sequenz sollte sich noch für spätere Aspekte als wichtig erweisen.

Donna fuhr fort, zu beschreiben, dass es für sie unmöglich sei, sich zu anderen Menschen in Beziehung zu setzen. Sie beschrieb, wie sie ständig in feindselige Erfahrungen mit Leuten bei der Arbeit oder im Freundeskreis gerate. Das Ergebnis war stets eine Unterbrechung der Beziehung, schließlich Arbeitsbeeinträchtigungen und nachfolgende Depression. Sie war in der Lage, offen über ihre Traurigkeit zu sprechen und ihre Verwirrung, wobei sie darüber klagte, dass sie sich so sehr bemühe, wie es ihr nur möglich sei, um Beziehungen besser zu gestalten. Der Therapeut, der sich noch über den anfänglichen Austausch über den Ring Gedanken machte, schrieb die vorzeitig intime und aufdringliche Frage einem Versuch zu, das Machtgefälle, das die Patientin wahrscheinlich verspürte, außer Kraft zu setzen, er fühlte sich auch mittlerweile weniger irritiert ob der initial zudringlichen, feindseligen und unangepassten Reaktion von Donna, und so fragte er sie, ob es möglich sein könnte, ihre Eingangsbegegnung aus dem Blickwinkel ihrer interpersonalen Schwierigkeiten zu betrachten.

Der Therapeut befragte sie nach ihrem ersten Eindruck beim Eintreten in den Behandlungsraum und nach dem Erleben seiner Antwort auf ihre erste Frage, indem er sich bemühte, so unvoreingenommen wie möglich zu klingen. Donna war bereit, die Hier-und-Jetzt-Aspekte im Rahmen des Erstgesprächs zu untersuchen und erinnerte, dass sie ärgerlich in die Praxis kam, weil sie antizipierte, dass der Therapeut sich über sie ärgern würde, weil sie den ersten Gesprächstermin abgesagt hatte und er den Termin hatte verlegen müssen. Weitere Untersuchungen ihrer Motivation hinter ihrer Frage und ihrer Reaktion auf den Therapeuten ermöglichten es ihm, ihren Angriff mit seinen Elementen aus Ärger, Abweisung und Rüge auf ihn zu artikulieren und seine Verwunderung darüber auszudrücken, wie sich dies so früh in einer Beziehung manifestieren konnte, die kaum begonnen hatte. Indem der Therapeut versuchte, jede Verurteilung oder Kritik bei seiner Antwort an Donna abzuschwächen oder zurückzuhalten, legte er die Sicht nahe, wie leicht sie in einer anderen Situation eine negative Antwort erhalten hätte. Donnas Reaktion auf sein Feedback war eine urplötzliche starke Emotion und eine Erklärung, die mit folgendem Statement begann: „Wissen Sie eigentlich, wie es ist, als einziges Mädchen in einer Familie mit sieben Brüdern aufzuwachsen, die gerade erst emigriert war?". Sie fuhr fort, zu beschreiben, wie sie sich bei chronischen Demütigungen und Herabsetzungen gefühlt und unter den Attacken ihres Vaters und der Brüder gelitten habe, angesehen als jemand, dessen Verantwortlichkeiten nur in der Erhaltung des Haushalts und in der Unterstützung des Wachstums und der Entwicklung der Brüder gelegen hätten. Es habe keinerlei Erwartungen an eine eigene anspruchsvollere Ausbildung oder Karriere gegeben, und sie habe sich chronisch herabgesetzt gefühlt. Ihr emotionaler Ausbruch war ziemlich intensiv und außergewöhnlich, speziell für solch einen frühen Zeitpunkt im therapeutischen Prozess. Nachdem der Therapeut ihr Einverständnis eingeholt hatte, an diesem Punkt weiterzuarbeiten, legte er ihr nahe, dass – falls dies die fundamentale Art sei, in der sie die Welt um sich herum in Beziehung zu sich erlebe – das darauf folgende interpersonale Verhalten wohl die gleichen Elemente mit sich brächte, wie er sich von ihr herabgesetzt und abgetan erlebt hatte, was zu einem potenziell sich selbst unterhaltenden maladaptiven Kreislauf führen könnte. Die Identifizierung dieses Fokus innerhalb ihres kognitiv-interpersonalen Schemas wurde danach zur Grundlage für einen effektiven Verlauf einer Gruppenpsychotherapie.

Bereits im Erstkontakt können die **Kernprinzipien einer effektiven Behandlung** angesprochen werden:
- das Arbeiten im Hier und Jetzt,
- der Fokus der Behandlung auf der interaktionalen Welt von Patient und Therapeut,
- die Schaffung einer Grundlage für die spätere therapeutische Arbeit zwischen den einzelnen Gruppenmitgliedern (peers) innerhalb der Gruppe,
- die korrigierende emotionale Erfahrung,
- die Bedeutung der Metakommunikation,
- die Bedeutung des Feedbacks.

Der **soziale Mikrokosmos der Gruppe** wird zum klinischen Laboratorium für die Untersuchung interpersonaler Interaktionen und die Beleuchtung der individuellen kognitiv-interpersonellen Schemata. Therapeuteninterventionen, die mit dem kognitiv-interpersonalen Schema des Patienten kongruent und mit dem Plan des Patienten konkordant sind (Fretter u. Mitarb. 1994) haben eine signifikant positive Beziehung mit günstigem Therapieoutcome. Daher ist es wichtig, je genauer die erreichbare Präzision bei der Identifikation des kognitiv-interpersonalen Schemas innerhalb des Plans des Patienten ist – oder die Identifikation der Misskonstruktions-Misskonstruktions-Abfolge –, desto größer ist die Wahrscheinlichkeit, dass eine überdauernde, konstruktive Beziehung und Behandlung sich entwickeln werden, die schließlich erfolgreich und effektiv sein werden. Falls ein Feedback bezüglich der Urheberschaft des Individuums seiner eigenen interpersonalen Welt auf eine Weise gegeben werden kann, dass es der Patient konstruktiv und angemessen benutzen kann, dann ist die Basis für eine erfolgreiche Behandlung geschaffen. In der Tat mag ein Gefühl der Befähigung beim Patienten auftreten, wenn er/sie seinen/ihren Beitrag zu den interpersonalen Beziehungen und Nutzen aus dem Erlebnis der Diskonfirmation der engen, beschnittenen, pathogenen, glaubensartig ausgeformten Schemata über Beziehungen versteht. Ein Verständnis und die Unterbrechung der maladaptiven interpersonalen Kreisläufe vermitteln nicht nur momentan wichtige und supportive Beziehungserfahrung, sie bereiten auch den Boden für einen Transfer der Erkenntnisse und neuen Fertigkeiten in die reale Welt des Patienten.

Das interpersonale Modell als Grundlage psychopathologischer Entwicklungen

Neuere Erkenntnisse haben das gegenwärtige Modell der interpersonalen Theorie weiterentwickelt. Obwohl hauptsächlich über Einzelpsychotherapie schreibend, hat Kiesler (1996) ausgeführt, dass das **interpersonale Modell** das ideale integrative Modell für die gegenwärtige Psychotherapie sei. In seinen Ausführungen fasst Kiesler die Möglichkeiten zusammen und beleuchtet, inwieweit interpersonales Verhalten als um Kontrollaspekte kreisend beschrieben und verstanden werden könnte – die Suche nach Dominanz oder die Akzeptanz von Unterwerfung entlang einer Achse von Bezogenheit und Aspekte um Bindung herum, Freundlichkeit und Feindseligkeit entlang einer zweiten Achse angeordnet (vgl. hierzu auch den interpersonalen *SYMLOG*-Raum bei Bales, Cohen und Williamson 1979).

Interpersonale Kreismodelle erlauben eine Platzierung im interpersonalen Raum durch den Einsatz interpersonaler Checklisten und interpersonaler Inventare (z. B. IIP-D bei Horowitz u. Mitarb. 1994), sodass ein prototypisches Muster der interpersonalen Beziehungen für jedes Individuum entsteht, das das Individuum innerhalb des Kreismodells in einer Position platziert, die eine Verbindung der vertikal verlaufenden **Kontrollachse** und der horizontal verlaufenden **Bindungsachse** herstellt. Dies führt dann zu einer größeren Präzision beim Verständnis des kognitiv-interpersonalen Schemas für jeden Patienten und erleichtert die Möglichkeiten des Therapeuten, nicht nur über das interpersonale Verhalten des Patienten nachzudenken, sondern auch über das Verhalten und die Reaktionen, die der Patient durch sein maladaptives Streben nach Vorhersagbarkeit und Selbstverifikation (Giesler und Swann 1999) selbst generiert.

In diesem Modell ist die Konzeptualisierung sowohl für offenes und eher manifestes interpersonales Verhalten als auch für eher verdeckte, weniger bewusst zugängliche Selbstrepräsentanzen enthalten, die das interpersonale Verhalten anleiten, das wiederum interpersonale Reaktionen mittels einer Serie subtiler und gröberer Tests provoziert, die zu sich selbst erfüllenden Prophezeiungen geraten können. Wie bereits erwähnt, bezeichnet Kiesler (1996) dies als den maladaptativen Transaktionszyklus, der Carsons (1982) ununterbrochener kausaler Schleife von sozialen, wahrnehmungsbezogenen, kognitiven und behavioralen Verhaltensweisen ähnelt, die voraussagbare Reaktionen von in Beziehung stehenden anderen hervorrufen werden. Anstatt dies als einen unbewussten Wunsch des Patienten nach Selbstbestrafung zu verstehen, wäre es geeigneter, dies als einen Test des Patienten nach Verifikation seines konzeptuellen Weltentwurfs aufzufassen. Das Selbst, rigide nach den vertrauten, voraussagbaren Aspekten des Selbst strebend, wäre als sich schützend gegen fremde, inakzeptable oder gefährliche Elemente anzusehen, damit auf paradoxe Weise eine unbewusste Hoffnung hegend gegen eine Erfahrung, die eine Diskonfirmation der pathogenen Überzeugungen und eine Befreiung davon mit sich brächte. Kiesler spricht von der Zentralität des Selbst-Schemas, insofern es die Aufmerksamkeit des Individuums, dessen Enkodierungen, Gedächtnis, Informationsrücklauf, Schlussfolgerungen, Organisation und Durchführung der interpersonalen Beziehungs-Prozesse beeinflusse.

Kiesler führt das Konzept der **beeinflussenden Botschaft** („impact message") ein, die er als eine verdeckte, dennoch mächtige restriktive Kommunikation definiert, die – oft auf paraverbalem und nicht-verbalem Wege – durch den Patienten in anderen hervorgerufen werde, mit denen er interagiere, das initiale, vom Patienten ausgehende, Verhalten vervollständigten und es aufrechterhielten. **Komplementarität** zeigt sich darin, dass Reziprozität entlang einer Achse von *Kontrolle* und *Dominanz* sowie einer Achse der *Bindung* verfolgt wird. Kiesler beschreibt **Komplementarität als ein interpersonales Verhalten und die höchst wahrscheinliche interpersonale Reaktion darauf**. Ein zentrales Konstrukt der interpersonalen Theorie besagt, dass interpersonale Aktionen dazu bestimmt seien, spezifische, häufig restriktive Arten von Reaktionen anderer an der Interaktion Beteiligter an sich zu ziehen, zu erleichtern oder gar zu provozieren. Nicht-Komplementarität dagegen könne durch weniger vertraute Reaktionen viel Angst im Patienten hervorrufen, da diese nicht-komplementären Erfahrungen des Selbst entlang des interpersonalen Kreismodells, potenziell zu verdoppelten Anstrengungen des Patienten führen könnte, die – unbewusst benötigte – komplementäre Reaktion des anderen zu erzielen.

Wie Kiesler weiterhin ausführt, sei es für jemanden in der Nähe des Patienten praktisch unmöglich, nicht in diesen Kreislauf einbezogen zu werden. Es sei aber die Aufgabe in der Behandlung, in der Lage zu sein, die Erfahrung der Sogwirkung einer komplementären Reaktion zu verstehen, damit eine nicht-lineare, nicht-komplementäre Reaktion angeboten werden könne, die ein Nachdenken anstatt einer Wiederholung bewirke. Daher stammten die Perpetuierung der rigiden, maladaptiven Interaktionsmuster und jener Art der interpersonalen Kommunikation beide aus der kognitiven Fehlkonstruktion des Patienten und seiner daraufhin folgenden interpersonalen Fehlkonstruktion. Zusätzlich zu der Aufrechterhaltung der gestörten Perspektiven, die aus dem Prozess der parataktischen Verzerrung bei Sullivan resultierten, bzw. aus einer Übertragungs-Reinszenierung, um gegenwärtige psychodynamische Terminologie zu benutzen, rufe das Individuum kontinuierlich jene Reaktionen hervor, die sein Schema aufrecht erhielten. Obwohl es den Wunsch nach Wachstum und Sicherheit gebe, mündet die eingeengte Art und Weise, wie dies artikuliert werde, **unter dem Einfluss nur eingeschränkter, voraussagbarer Aspekte des Selbst – um Angst zu kontrollieren** – in die Aufrechterhaltung des Status quo.

Interpersonale Reziprozität

Zwei weitere wichtige Punkte müssen erwähnt werden. Die Person, die auf das Individuum reagiert, ist ebenfalls kein „unbeschriebenes Blatt" („blank screen"), sondern gerät mit ihrem eigenen kognitiv-interpersonellen Schema in die Interaktion. Von daher ist natürlich eine komplementäre Reaktion viel leichter erreicht mit einer ähnlichen Person als mit einer unähnlichen bzw. der Prozess der Diskonfirmierung pathogener Überzeugungen wird mit anderen eher erreicht als mit Ähnlichen.

Ein weiterer Faktor, der sich auf die Aufrechterhaltung kognitiver Störungen und ihres Widerstandes gegen eine Modifikation bezieht, stammt aus gegenwärtigen Überlegungen in der kognitiven Psychologie. Die kognitive Misskonstruktion wird durch kognitive Prozesse aufrechterhalten, die auf schnelle Weise negative Kognitionen mit Strömen anderer negativer Kognitionen verknüpfen und mit der Kapazität des Individuums unvereinbar sind, akurat externe und persönliche interne Stimuli auseinander zu halten. Dieser Mechanismus kann als eine Form von leichterem Haftenbleiben an ausgetretenen Pfaden der eigenen Konstruktionen verstanden werden, anstatt – schwerer – unterentwickelte kognitive Assoziationswege zu beschreiben.

Die beeinflussende Botschaft – in interpersonalen Begriffen – bezieht sich auf ein Spektrum von Reaktionen des Antwortenden/Therapeuten, das den gesamten Raum direkter Gefühle, Vorstellungen, Kognitionen und Aktionsneigungen abdeckt, der im Antwortenden durch die Kommunikation des Individuums geweckt wird. In eher traditionellen psychotherapeutischen Begriffen kann dies als **Gegenübertragung** verstanden werden (Kap. 26). Es ist existenziell wichtig, dass der Therapeut in der Lage ist, sich seiner interpersonellen und subjektiven sowie seiner nicht patientenbezogenen Reaktionen bewusst zu werden, damit er herausfindet, welche spezifische **beeinflussende Botschaft vermieden** wird durch das Verhalten des Patienten.

> Der Einzelpsychotherapeut – durch sich selbst – und der Gruppenpsychotherapeut durch seine und per Exploration und Befragung der bei anderen Gruppenmitgliedern ermittelten Reaktionen, müssen ihre Aufmerksamkeit auf die beeinflussende Botschaft richten, die durch sie direkt ausgelösten Gefühle, die Neigungen, die drängen, direkt in Handlung umgesetzt zu werden, das Erleben der Wirkung durch die Botschaft auf den Patienten selbst, aber auch auf die mehr verdeckten, weniger bewussten Materialien wie z. B. Fantasien.

Das Einbringen all dieser Aspekte in den Bereich des psychotherapeutischen Prozesses ist extrem wichtig, damit sowohl dem Patienten ein Feedback gegeben werden kann, aber auch eine Reflexion und tieferes Bewusstsein der eigenen pathogenen Überzeugungen erfolgen kann, anstelle eines Ausagierens oder einer Wiederholung, auf dass neue Verhaltensweisen gefördert werden.

Der maladaptive Transaktionskreis (MTC)

Mit dem Konzept der beeinflussenden Botschaft verknüpft ist der Ansatz, den maladaptiven Transaktionskreis („maladaptive transaction cycle") zu reflektieren und zu untersuchen, der aus vier Elementen besteht und als Anleitung und Checkliste für den Therapeuten dient, und natürlich auch für die Gruppe als Checkliste dient, die eine Reflexion durch an-

dere Gruppenmitglieder erleichtert. Die **vier Elemente** umfassen
- die Identifikation offenen Verhaltens des Patienten,
- die offenen interpersonalen Reaktionen der Antwortenden/des Therapeuten,
- die Exploration der verdeckten oder weniger bewussten Erfahrung des Interagierenden/Therapeuten,
- was ultimativ zu einer Untersuchung der verdeckten Erfahrung des Patienten führt.

Diese Vorgehensweise dekonstruiert das kognitiv-interpersonale Schema und die Misskonstruktions-Misskonstruktions-Abfolge in ihre Kernelemente, was eine weitergehende Untersuchung während der Behandlung ermöglicht. Auf die gleiche Weise – wie Sullivan bemerkte – sollte der Fokus der Psychotherapie auf der Interaktion zwischen Patient und Therapeut als dem Ort der klinischen Arbeit liegen. Auf die gleiche Weise sind die Prinzipien hier artikuliert, indem ein maximaler Gebrauch interpersonaler Kommunikation **in vivo**, im Hier und Jetzt erfolgt, anstatt sich nur am Bericht des Patienten zu orientieren. Ein solches Vorgehen erbringt einen doppelten Nutzen, nämlich nonverbale und paraverbale interpersonale Kommunikation anzusprechen, die außerhalb der bewussten Erinnerung oder des Bewusstseins des Patienten ist. Es reduziert weiterhin Einschränkungen, die aus den genuinen blinden Flecken des Patienten entspringen und in seine interpersonale Kommunikation und Beziehungen münden. So gesehen muss die Tatsache, dass der Patient unweigerlich die interpersonalen Kernkonflikte von außerhalb der Behandlung in die Behandlung hineinträgt, als eine willkommene Gelegenheit angesehen werden.

Dieser systematische Fokus auf den gegenwärtigen interpersonalen Transaktionen unterscheidet die Behandlung von anderen „interpersonellen" Behandlungen, die auf interpersonale Probleme und Situationen außerhalb des Behandlungssettings fokussieren. Die Nutzung der Tatsache des sozialen Mikrokosmos in der Gruppe und des Prinzips, dass was außerhalb der Gruppe geschieht, wahrscheinlich seinen Ausdruck in der Gruppe finden wird, gibt die Basis ab für eine Betrachtung interpersonaler Muster, die im Hier und Jetzt des Gruppenlebens ausgedrückt werden und als Grundlage für Feedback und Metakommunikation über interpersonale Prozesse dienen. In einer wirksamen Therapie führt dies dann zu kongruenten Interventionen, die das Schema in Frage stellen und MTCs unterbrechen. Daher eröffnet eine Behandlung sowohl neue als auch weniger eingeschränkte Gelegenheiten für interpersonale Bezogenheit, Gelegenheiten für ein Verständnis der Kernüberzeugungen und ihrer Wurzeln, zusammen mit den Möglichkeiten mit neuem, angepassterem Verhalten zu beginnen.

Nachdem wir nun die theoretischen Grundlagen des interpersonalen Modells dargelegt haben, wird der verbleibende Teil des Kapitels auf die Behandlungskonstrukte fokussieren und die Art und Weise, wie diese wirkmächtigen Variablen der Veränderung im Rahmen der Gruppenbehandlung ins Spiel gebracht werden können.

Behandlungskonstrukte

Interpersonales Feedback und **Lernen** sind das Herz des interpersonalen Modells der Gruppenpsychotherapie. Es ist wichtig, zu unterstreichen, dass dieser therapeutische Fokus sich nur im Kontext einer Gruppe entfalten kann, die von ihren Gruppenmitgliedern als kohäsiv und relativ sicher erlebt wird. Obwohl eine ganze Reihe therapeutischer Wirkfaktoren in der Gruppenpsychotherapie beschrieben worden ist (Bloch und Crouch 1985; Crouch u. Mitarb. 1994; s. auch Kap. 23), wird der Schwerpunkt im Folgenden auf den interpersonalen Prozessen und der Kohäsion liegen. Sollte der Patient in der Lage sein, in die Gruppe einzutreten und sich so echt wie möglich in den Behandlungsprozess einzubringen, ist **Kohäsion** insoweit essenziell, als ein Gefühl von Zusammenarbeit und Vertrauen zwischen den Gruppenmitgliedern und dem Therapeuten eine Voraussetzung für andere therapeutische Gelegenheiten darstellt.

Ungeachtet ihrer Bedeutung, gibt es „wenig Kohäsion in der Definition von Kohäsion" (Marziali u. Mitarb. 1997). Es mag hilfreich sein, es zugleich als therapeutischen Wirkfaktor an sich wie auch als einen metatherapeutischen Faktor aufzufassen, durch den andere therapeutische Mechanismen zur Entfaltung kommen. Gruppenkohäsion wurde beschrieben in Ausdrücken wie das generelle Gefühl von **Gruppenkohäsion** oder als **Esprit De Corps**, der die Mitglieder der Gruppe binde, sie zusammengehörig halte und sie motiviere, weiter an der Gruppe teilzunehmen, als ein vereinigtes Konzept von **Akzeptanz**, insofern es sich auf die individuellen Eindrücke der Gruppenmitglieder im Gefühlsbereich und der persönlichen Wertschätzung beziehe. Ähnlich gibt es sowohl Aufgaben- als auch Bindungselemente innerhalb der Kohäsion, was verdeutlicht, dass Gruppenkohäsion im Kontext von Beziehungsgestaltungen wie auch von Aufgabenerfüllung entsteht (Bloch und Crouch 1985).

MacKenzie und Tschuschke (1993) haben Kohäsion weiter in Elemente des Engagements – die die Gruppe als Ganzes reflektieren – und der Erfahrung der Bezogenheit des individuellen Gruppenmitglieds differenziert. Die Autoren wiesen nach, dass die persönliche Erfahrung der Bezogenheit ein zuverlässigerer Prädiktor eines günstigen Therapieergebnisses war als das auf die gesamte Gruppe bezogene Engagement. Elemente der Kohäsion können auf Beziehungen zwischen Patienten ausstrahlen, zwischen Patienten und der Gruppe als Ganzes sowie zwischen Patient und Therapeut. Gruppenkohäsion wurde auch mit dem Arbeitsbündnis in der Einzelpsychotherapie in Verbindung gebracht, das einen eindeutigen, signifikanten Beitrag zu erfolgreichen Behandlungen über alle Psychotherapieverfahren hinweg aufweist (Horvath und Symonds 1991). Eine Kongruenz zwischen Patient und Therapeut und zwischen Patient und Gruppe in Begriffen wie Aufgaben, Ziele und emotionaler Verbindung untereinander sind die kritischen Aspekte und fehlende Kohäsion oder Unterbrechungen der Kohäsion müssen schnellstens identifiziert und thematisiert werden. Eine frühzeitig positive Erfahrung von Allianz und Bezogenheit sagt günstigere Ergebnisse in der Gruppenpsychotherapie voraus.

Die klinische Bedeutung dieses Konzept liegt darin, dass der Therapeut die zentrale Rolle hat, die Gruppenkohäsion herzustellen und aufrechtzuerhalten. Die Fähigkeit des Gruppenleiters, eine emotional tragende Verbindung sowie eine Klarheit bezüglich des Aufgabenfokus herzustellen und aufrechtzuerhalten, fördert Gruppenkohäsion.

> Die zentralen Aufgaben des Gruppenleiters sind seine Rolle bei der Normenfestlegung, beim Anbieten eines Modells zur Identifikation, seine Zuverlässigkeit und emotionale Verfügbarkeit, gekoppelt mit seiner Kapazität zur

> Darbietung von Interventionen, die in Übereinstimmung mit der Entwicklungsstufe der Gruppe als Ganzes sowie der individuellen Bedürfnisse der Gruppenmitglieder stehen (Kap. 15).

Die einzelnen Aspekte in Bezug auf die Therapeutentransparenz, die Wirkung von Feedback sowie die Metakommunikation werden im Folgenden ausführlicher diskutiert, insofern die Stimulation des affektiven Ausdrucks innerhalb der Gruppe und die kognitive Integration dieser Erfahrung durch eine effektive Balance seitens des Gruppenleiters beeinflusst werden müssen. Ein Leiterstil, der entweder das eine Ende dieser Verbindung überstimuliert bzw. betont, ist weniger effektiv und resultiert in ein Gruppenklima, das entweder affektiv überstimuliert oder aber intellektualisiert und mangelhaft engagiert ist (Yalom 1995).

Gruppenvorbereitung

Angesichts der starken Hinweise, dass eine frühe therapeutische Allianz und ein frühes Engagement bessere Therapieergebnisse in der Gruppenpsychotherapie und in der Psychotherapie allgemein bewirken, ist die Rolle der Gruppenvorbereitung eindeutig, bewirkt sie doch ein frühzeitiges und effektives Eintreten des Patienten in die Therapie (s. auch Kap. 12).

Trainings- und **vorbereitende Maßnahmen** können in sehr vielfältigen Formen stattfinden. Sie sind korreliert mit verbesserter Aufgaben-Bezogenheit, dem Verbleiben in der Gruppe, verringerten Abbruchraten und effektiverer Arbeitsfähigkeit in der Gruppe (Yalom 1995). Zusätzlich eröffnen sie die Gelegenheit für die initiale Identifikation des kognitiv-interpersonalen Schemas eines jeden Individuums in der Gruppe auf eine kollaborative Art und Weise. Je größer die Klarheit bei der Erreichung dieses Fokus, desto größer ist die Wahrscheinlichkeit der Etablierung einer therapeutischen Arbeitsbeziehung. Diese wird dann in der Lage sein, Feedbackprozesse und Metakommunikation zu tolerieren, mit reduziertem Risiko im Hinblick auf Ausagieren oder einem Eindruck beim Patienten, Feedback werde aus Gründen der Beschuldigung und Kritik gegeben. Daher sind Gruppenvorbereitungsmaßnahmen eine allen Individuen gemeinsame Komponente, allen wird Information gegeben, wie eine Gruppe arbeitet; der Prozess wird demystifiziert, um Angst auf ein arbeitsfähiges Niveau zu reduzieren. Antizipationen der zu erwartenden Schwierigkeiten und Herausforderungen zu Beginn der Gruppenpsychotherapie sind ebenfalls wichtig, um die Angst des Patienten zu reduzieren. Außerdem mag dieser Aspekt die Dissonanz zwischen den Erwartungen des Patienten und der Aktualität des wirklich in der Gruppe stattfindenden Geschehens vermindern.

Gleichfalls sollte es eine Komponente in den Vorbereitungsmaßnahmen geben, die idiosynkratisch für jeden Patienten die **pathogenen Annahmen und Glaubensaspekte** sowie die **kognitiv-interpersonellen Schemata** identifiziert. Es ist häufig sehr hilfreich, diese Muster früh zu entdecken, speziell die ich-syntonen maladaptiven Verhaltensweisen auf eine Weise, dass eine Antizipation Entmutigungen und Desillusionierungen reduziert, bevor unvermeidliche Muster im Rahmen der Gruppe zu Tage treten. Eine frühe Einführung einer solchen therapeutischen Perspektive und Behandlungserwartung durch eine **Hier-und-Jetzt-Intervention** kann ebenfalls nützlich sein, sowohl im Hinblick auf eine Betrachtung weiterer Hinweise auf die Existenz eines solchen Schemas als auch in Bezug auf eine Bewertung der Kapazitäten des Patienten, Feedback zu tolerieren. Falls dies empathisch und mit Sorge um das potenziell schuldhafte Erleben des Patienten geschieht, kann es von Patienten als unterstützend erlebt und mit der Hoffnung verbunden werden, dass sie verstanden werden können, und dass der Therapeut für den Therapieprozess bereit und verpflichtet ist und auch offen für die emotionale Erfahrung des Patienten.

Klinische Illustration

> Connie, eine 26-jährige Frau mit chronischer Depression, gab ein Beispiel für ein interpersonelles Problem erhöhter Affektivität am Ende des ersten Gesprächs mit dem Therapeuten, als dieser vorschlug, er würde sie gerne noch ein zweites Mal sehen, um seine Beurteilung im Hinblick auf eine Behandlung zu vervollständigen. Indem er direkt den Affekt von ihr kommentierte, lud der Therapeut Connie ein, dass sie darüber Auskunft gab, was sie in dem Moment erlebt hatte. Mutig fragte sie, ob es sich um eine Routine handelte, Patienten ein zweites Mal für ein gruppenvorbereitendes Treffen einzuladen. Sie war dann gleich in der Lage, sich auf eine wenig phänomenologische Exploration einzulassen, indem sie darüber nachdachte, dass sie angenommen hatte, dass die Bitte, ein zweites Mal zu kommen, ein Hinweis darauf war, dass sie nicht für die Gruppe in Frage kommen würde und dass es klar war, dass sie für eine solche Behandlung nicht geeignet sei, und dass wahrscheinlich jemand anderes an ihrer Stelle in die Gruppe aufgenommen werden würde.
> Die Wurzeln dieser Konstruktion gingen zurück auf Gefühle in ihrem frühen Leben, dass sie wünschte, unsichtbar zu sein mit ihren Bedürfnissen und keine Belastungen für ihre überlasteten Eltern entstehen lassen wollte, die in all den Jahren ihrer Kindheit für die ältere Schwester gekämpft hatten, die an Leukämie erkrankt war und von der sie annahmen, dass sie bald sterben würde. Connie hatte in der Sitzung früher bereits geschildert, wie sie sich selbst bei der Arbeit und in Beziehungen einschätzte, nämlich als Randerscheinung, quasi als von außen in das Fenster hineinblickend, um sich dann wieder zurückzuziehen und sich zu isolieren, anstatt sich in Beziehungen um sie herum zu engagieren. In diesem Zusammenhang fragte sie der Therapeut, was wohl geschehen wäre, wenn sie sich nicht ermutigt gefühlt hätte, ihre eigene Annahme bezüglich des zweiten Gesprächstermins zu überprüfen. Ihre Frage „Bitten Sie immer alle Leute zu einem zweiten Gesprächstermin?" war insofern kritisch, dass sie – falls dies ungeklärt geblieben wäre – wahrscheinlich den zweiten Termin abgesagt hätte, davon überzeugt, dass eine Zurückweisung unvermeidbar gewesen wäre. Sie schilderte, dass sie wahrscheinlich mit sich gerungen hätte, den Termin abzusagen, dass sie sich hoffnungslos gefühlt hätte wegen mangelnder Aufmerksamkeit und mangelnden Interesses und dass sie wahrscheinlich in der letzten Minute abgesagt hätte, ohne Aussicht auf einen neuen Termin.
> Der Therapeut führte aus, dass dieses Verhalten ziemlich sicher dazu geführt hätte, dass sie ultimativ nicht in die Gruppe gekommen wäre, auf Grund sowohl von Logistik – sie hätte notwendige vorgeschaltete Termine nicht wahr-

genommen gehabt – wie auch auf Grund der Art ihres Verhaltens, das als eine mangelnde Bereitschaft und mangelnde Motivation für den Behandlungsprozess aufgefasst worden wäre, und das nachdem der Gruppenpsychotherapeut innerlich entschieden hatte, dass die Gruppenpsychotherapie ein sehr angemessenes Mittel für Connie sein würde.

Dieser Wortwechsel trug dazu bei, eine weitere Klärung des kognitiv-interpersonellen Schemas herbeizuführen und eine Basis für die Arbeit einzuziehen, die sich im Verlauf der Gruppenpsychotherapie weiter entfalten würde. Dieses Beispiel verdeutlicht aber genauso, wie wichtig es ist, die interpersonelle Kommunikation auf eine kooperative Weise an allen Punkten des therapeutischen Prozesses zum Thema zu machen.

Indem wir in der Beschreibung der klinischen und therapeutischen Punkte des interpersonalen Modells fortfahren, kommen wir zu vier Hauptkonzepten, die näher betrachtet werden müssen. Sie umfassen
- die Gruppe als sozialen Mikrokosmos,
- das Arbeiten im Hier und Jetzt,
- die korrigierende emotionale Erfahrung,
- den Prozess des interpersonalen Lernens.

Die Gruppe als sozialer Mikrokosmos

Es ist ein Axiom der meisten Psychotherapien, dass der Teil das Ganze repräsentiert. Mit anderen Worten, es gibt die fundamentale Annahme, dass die charakteristischen individuellen Muster einer Person in Beziehung zu wichtigen anderen in der realen Außenwelt – bei ausreichend gegebener Zeit – sich innerhalb des Behandlungssettings entfalten werden. In der Tat ist es in der interpersonalen Gruppenpsychotherapie essenzielle Auffassung, dass die Gruppe wie ein sozialer Mikrokosmos fungiert, innerhalb dessen jedes Gruppenmitglied ermutigt wird, sich in seiner ursprünglichen Art in der Gruppe zu zeigen, jenseits von Compliance mit der Behandlung oder Freundlichkeit. Soll die Gruppe den maximalen Effekt beim Ändern von Verhalten in sinnvolle behaviorale Muster für die Außenwelt entwickeln, muss es eine gewisse Übereinstimmung zwischen den gruppeninternen und gruppenexternen Beziehungsmustern geben.

Ein Teil der Stärke des sozialen Mikroskomos ist die Art und Weise, wie er ein interpersonales Laboratorium kreiert, in dem maladaptive Muster der Bezogenheit ausgedrückt und durch die Wirkmechanismen **Feedback** und **Metakommunikation** bearbeitbar gemacht werden können, was dann idealerweise in neue und angemessenere Verhaltensmuster mündet. Ein Schlüsselprinzip ist, anstatt auf die von den Individuen der Gruppe eingebrachten Berichte über Erlebnisse und Beziehungen außerhalb der Gruppe alleine zu rekurrieren, dass es zahlreiche Gelegenheiten gibt, die **Beziehungserfahrungen in vivo** zum **Thema der Betrachtung** zu machen. Zuweilen hilft bereits die Identifikation von kognitiv-interpersonalen Schemata in der Präparationsphase zur Gruppenpsychotherapie, diese Muster zu beleuchten. Ein anderes Mal materialisiert sich das kognitiv-interpersonale Schema durch Beziehungserfahrungen innerhalb der Gruppe. Bellak (1980) hat die weit gehenden Beschränkungen der dyadischen Behandlung im Hinblick auf die Unfähigkeit beschrieben, Informationen zu gewinnen, die außerhalb des Bewusstseins des Patienten oder außerhalb seiner Mitteilungsmöglichkeiten liegen, speziell die in Beziehung zu ich-syntoner Charakterpathologie. Das Ergebnis ist dann meist eine zwei- anstelle einer dreidimensionalen Behandlung, ohne eine volle Erfassung der patientenseitigen eigenen Beiträge zu den erlebten Schwierigkeiten, da der Patientenbericht eben nur die Ergebnisse der Interaktion hervorhebt und nicht den Prozess, durch den dies herbeigeführt wurde.

Zusätzlich hilft die inhärente offensichtliche Gültigkeit („face validity") der erlebnisnahen Untersuchung, die möglich ist, wenn Gruppenmitglieder sich über die Muster ihrer Beziehung untereinander austauschen, derer sie selbst Zeuge sind. Auf einer solchen Ebene geringerer Verzerrungsmöglichkeiten wird es leichter, maladaptives interpersonales Verhalten zu konfrontieren und schwerer für das Individuum, dies zurückzuweisen. Tatsächlich sind Gruppen mächtige „Beleuchter" interpersonaler Pathologie, aber um einen maximalen Nutzen daraus zu ziehen, muss die Gruppe in der Lage sein, effektiv im Hier und Jetzt zu arbeiten und zugleich korrigierende und das Schema diskonfirmierende Erfahrung und Bewusstsein zu bieten.

Die Betonung des In-vivo-Verhaltens reduziert weiterhin blinde Flecken, die aus einer Synchronizität zwischen Patient und Therapeut oder aus Begrenzungen der Einzelbehandlung entstammen, da die Einzelpsychotherapie nicht spezielle Muster der Bezogenheit fördert, z. B. Geschlechtsaspekte oder jede andere Multiplizität interpersonaler Interaktionen, die nur innerhalb der Pluralität interpersonaler Interaktionen in der Gruppe entstehen können. Weiterhin, indem man nicht nur auf den Bericht des Patienten angewiesen ist, gibt es auch mehr Zugang zu nicht-verbalen und paraverbalen Methoden der Kommunikation.

Klinische Illustration

Früh in seiner Behandlung beklagte sich Dan, ein narzisstischer Mann, der eine Gruppenpsychotherapiebehandlung begonnen hatte, um die Gefühle der Depression auf Grund von Isolation zu ändern, wie wenig die Menschen in seiner Umgebung ihm gegenüber Gefühle zeigten und Rücksicht nähmen. Zunächst erfuhr er in der Gruppe Unterstützung und Mitgefühl, bis allmählich Gruppenmitglieder damit begannen, was sie in ihrer Beziehung zu Dan erlebten. Er musste sich Feedback gefallen lassen bezüglich seiner offensichtlichen Unfähigkeit, wie es schien, sich um andere in der Gruppe zu kümmern. Weniger kritisierte man, was er sagte, sondern was er nicht sagte. Es wurde ein Muster identifiziert, bei dem Dan seine Arbeit für sich in der Gruppe machen und dann die Gruppe beenden würde, ohne irgendjemandem Feedback gegeben oder wichtige Sachen gesagt zu haben. Dies legte ein Muster bloß, dass er nur nach seinen eigenen Bedürfnisse schaute, ohne Rücksicht auf die Bedürfnisse anderer um ihn herum. In der Tat schlief er gelegentlich in der Gruppe ein. Ein Feedback bezüglich dieser Muster machte eine Untersuchung seiner Selbstabsorbiertheit möglich, die anfänglich Gruppenmitglieder dazu veranlasste, sich von ihm abzuwenden, bis Feedback über dieses wiederholte Muster ein etwas wachsendes Bewusstsein und leichte Veränderungen bei Dan hervorrief. Er begann seine Verantwortung bei der Vernachlässigung durch andere zu verstehen, speziell bedingt durch seine deutliche Nichtbeachtung anderer, was durch pathogene Überzeugungen der Unmöglichkeit einer Passung zwischen ihm und anderen, seine Gefühle von Unbedeutendheit und Minderwertigkeit auf Grund seiner sexuellen Orientierung und schließlich auf Grund seiner erlebten Vernachlässigung durch seine übermächtigen und erschöpften Flüchtlingseltern bedingt war. Mit der Zeit waren die Gruppenmitglieder, die ihm früher negatives Feedback über sein selbstbezogenes Verhalten gegeben hatten, in der Lage, ihm für seine größere Authentizität und Großzügigkeit Anerkennung und Vertrauen zu geben.

Eine Aufmerksamkeit gegenüber der Vorstellung von der Gruppe als sozialem Mikrokosmos führt auch zu einer Betrachtung der **Gruppe als Ganzes**. Obwohl beim interpersonalen Modell die Betonung auf dem Individuum und seinen interpersonalen Interaktionen liegt, ist es essenziell, zu erkennen, dass dies nicht in einem Vakuum stattfindet, und dass der Aspekt der gesamten Gruppe berücksichtigt werden muss. Der Fokus der Intervention liegt jedoch **nicht** auf der Gruppe als Entität – wie dies bei gruppenzentrierten oder systemzentrierten Ansätzen der Fall ist (s. Kap. 59) –, ungeachtet der Bedeutung der Interventionsnotwendigkeit bei gruppenweiten Phänomenen, die in Bezug zu Gruppenentwicklungsphänomenen auftreten (s. Kap. 22), ungeachtet des Gruppendrucks oder von Ereignissen, die einen Einfluss auf die Gruppe als Ganzes nehmen wie Übergänge, Beendigungen oder Bedrohungen der Integrität der Gruppe. Der Gruppenprozess muss effektiv angesprochen werden, um Obstruktionen zu reduzieren und echtes interpersonales Engagement zu ermöglichen. Es gibt immer wieder Situationen, in denen der Gruppenleiter sich für die Erhaltung der Kohäsion des gesamten Systems Gruppe einsetzen und Gefahren abwenden muss, damit die Basis etabliert werden kann für nachfolgende interpersonale Arbeit.

Arbeiten im Hier und Jetzt

Das Konzept des Arbeitens im Hier und Jetzt ist zugleich **das wichtigste Element** einer effektiven, interpersonalen Gruppenpsychotherapie und das am schwersten zu realisierende. Das Arbeiten im Hier und Jetzt erfordert eine Form von Beachtung der Interaktion, die die **Antithese** darstellt **zu einem normalen sozialen Austausch**, und zwar dadurch, dass die Beachtung auf jenen Elementen der interpersonalen Kommunikation liegt, die einen tiefen Einfluss nehmen nicht auf Grund des Inhalts der Kommunikation.

Dies soll an einem simplen Beispiel illustriert werden: Indem eine Person eine andere nach dem Weg fragt, ist der Inhalt sehr klar. Es gibt eine einfache Frage und eine einfache Antwort. Innerhalb des Hier-und-Jetzt-Rahmens jedoch ist, was untersucht würde, der vollständige Text und der Prozess dieser Kommunikation: Wieso fragst du nach der Richtung? Wie fühlst du dich, die Richtung anzugeben? Ist die Frage so gestellt, dass du gerne hilfst? Ist sie berechtigt? Ist sie ärgerlich? Beschämend? Ist der Antwort zu trauen? Abweisend? Entwertend? Daher ist die Arbeit im Hier und Jetzt viel intimer, viel engagierter, somit auch eine viel angstauslösendere Art der Kommunikation. Diese Art der Prozessreflexion und -beleuchtung wird generell zwischen Erwachsenen in normalen sozialen Interaktionen aus vielen Gründen vermieden: Es kann ein Vorspiel für Kritik und Zurückweisung sein, es kann als ein kontrollierender Versuch des Eindringens in die Privatsphäre aufgefasst werden, oder es kann als ein Versuch aufgefasst werden, soziale Interaktionen extrem langwierig und komplex zu machen. Von Gruppenmitgliedern wird es mit hoher Wahrscheinlichkeit abgelehnt, weil es für Sender und Empfänger des Feedbacks ein bilaterales Ausgeliefertsein schafft.

Es ist gleichwohl der Mechanismus, der Gruppenpsychotherapie einzigartig macht und sie über Unterstützung, Ratschlag und gemeinsames Leiden hinaushebt. Er drängt alle Gruppenmitglieder, jeden Moment wachsam zu sein und sich unmittelbar dem Erlebnis des Engagements hinzugeben. Er hebt den Aspekt des **erfahrungsnahen** anstelle des **erfahrungsfernen Prozesses** in den Fokus. Wie es Yalom (1995) so wirksam ausgedrückt hat, erfordert das Arbeiten im Hier und Jetzt eine **bimodale Kapazität**, die Gruppenmitglieder in die Erfahrung von Emotion und Affekt fallen zu lassen, auf Gedanken, Gefühle, Ängste, Wünsche und Assoziationen zu achten und dann in eine selbstreflexive Schleife zurückzuschwingen, die sich mit der Einordnung von Bedeutung und kognitiver Integration des Erlebens der Gruppenmitglieder befasst. Aus der Perspektive des Therapeuten erfordert der erste Bereich ein Spektrum aktivierender Interventionen und der zweite ein Spektrum gegenseitiger Interventionen.

Aktivierende Interventionen sind jene, die ein Engagement zwischen den Mitgliedern der Gruppe stimulieren, indem sie Brücken schlagen von einem zum nächsten Gruppenmitglied (Ormont 1990) und die Fähigkeit der Gruppenmitglieder fördern, sich selbst zu untersuchen und Worte zu finden, ihr Erlebnis zu beschreiben oder die Selbstreflexion und erlebnisbezogene Prozesse ermöglichen. In der Essenz stimulieren diese Interventionen den Fluss der Gruppeninteraktionen. Das Arbeiten im Hier und Jetzt erfordert außerdem eine Analyse der potenziell analogen Extragruppensituationen und -beziehungen sowie ihrer potenziellen Manifestation in der Gruppe.

Gegenseitige Interventionen zielen auf eine Beleuchtung des Verständnisses: die Unterstützung von Veränderung oder das Billigen von neuen und angemesseneren Anstrengungen. Es umfasst außerdem die kognitive Integration affektiver Erfahrung.

Klinische Illustration

Murray, ein 42-jähriger Geschäftsmann, wurde durch einen Hausarzt der Gruppenpsychotherapie zugewiesen auf Grund des Drucks von Murrays Ehefrau, die klagte, am Ende ihrer Möglichkeiten angelangt zu sein, mit ihm noch weiter zusammenzuleben. Murray schien relativ unberührt ob der Agitation seiner Frau, die sich über seinen Mangel an Reaktion auf sie und seine emotionale Distanz beklagte.

In der Gruppe war Murrays Verhalten gekennzeichnet durch eine passive, beobachtende Haltung. Er kommentierte gelegentlich, wie überrascht er über das Ausmaß des emotionalen Engagements der Leute in der Gruppe war, für sich aber spürte er, dass es viel mehr Zeit brauchen würde, sich selbst in der Gruppe zu engagieren. Obwohl er oberflächlich die Gruppe als wertvoll bezeichnete, öffnete er sich nur wenig und blieb über einen Zeitraum von mehreren Monaten abseits der Gruppe, ungeachtet vielfältiger Versuche von Seiten der Gruppenmitglieder und des Therapeuten.

An einem Nachmittag vor einem normalen Gruppentreffen entnahm der Therapeut dem Anrufbeantworter einen Anruf von Murrays Frau, die ihm mitteilte, dass sie verzweifelt mit ihm sei und dennoch versuche, hoffnungsvoll zu bleiben, dass Murray in der Gruppe mitarbeiten würde. Der Gruppentherapeut vermied es, zurückzurufen, er teilte aber in der Gruppe mit, dass er diesen höchst ungewöhnlichen Anruf erhalten hatte. Nachdem er dies in der Gruppe am Sitzungsanfang mitgeteilt hatte, hob Murray leicht die Schultern, indem er in der Quintessenz sagte, es sei eine freie Welt und wenn seine Frau diesen Anruf habe tätigen wollen, dann sei das sicherlich ihr Recht, dies zu tun. Andere in der Gruppe erkannten die außergewöhnliche Art des Anrufs und sagten ihre Meinung über die Verzweiflung, die seine Frau verspürt haben müsse, um solch einen Anruf zu tätigen. Auf Nachfrage kommentierte Murray einmal mehr in sparsamen Details die Art seiner Ehe. Nach einigen fruchtlosen Diskussionen verlagerte sich der Fokus auf die Bearbeitung der Frage, wie es wohl sein würde für die Frauen in der Gruppe, mit jemandem wie Murray verheiratet zu sein, basierend auf ihren Eindrücken von Murray in der Gruppe.

Dies führte zu einer affektiv viel aufgeladeneren und wichtigeren Beschäftigung mit Murray und darüber, wie wenig er in Beziehungen einbrachte und – außer dass er anscheinend ein anständiger Mensch sei – dass von ihm absolut keine emotionale Verbindung ausging. Und dass man, wenn man mit ihm in Beziehung wäre, auch die Verzweiflung verspüren würde, wie sie von seiner Frau berichtet wurde. Nach weiterer Befragung äußerte Murray, dass dies nicht das sei, was er kommunizieren wolle, dass er sich aber nicht dazu in der Lage sehe, die Worte für emotionalen Ausdruck und die Ängste zu finden, dass er die falschen Sachen sagen würde und dadurch Befremdung und Gegnerschaft bewirken würde.

Die Gruppenmitglieder gaben ihm das Feedback, dass die Kränkung durch Entzug seine Beziehungen mehr störe als die potenziellen Schädigungen durch Äußerungen und dass er Risiken eingehen müsse, um die Wahrscheinlichkeit seiner Befürchtungen, nämlich das Ende der für ihn so wichtigen Beziehung zu seiner Frau. Die Abwehr von ihm war nicht die Lösung – sie war das Problem. Als er mehr ermutigt werden konnte, detaillierter zu untersuchen, wie er zu diesen Annahmen gekommen war, erzählte er von Befürchtungen über Vereinzelung und zerstörten Beziehungen, und er begann das Leben in seiner Herkunftsfamilie zu erinnern.

Er wuchs in einer Familie auf, in der er bereits in jungen Jahren gelernt hatte, den „Kopf nieder zu drücken" und den Ausdruck jedweder Emotion zu vermeiden, da er mit Sicherheit erwartete, dass irgendein emotionaler Ausdruck seine überlasteten Eltern aufregen würde, was in eine aggressive Attacke gegen ihn gemündet hätte. Affektlosigkeit war also essenziell wichtig geworden, ein gewisses Maß an interpersonaler Vorhersagbarkeit und Sicherheit zu erreichen; von anderen jedoch wurde dies erlebt als Ärgerlichkeit, Provokation und Verzweiflung.

Ein wichtiges Prinzip, das mit dieser klinischen Illustration verdeutlicht werden kann ist, dass – obwohl die Vergangenheit einen enormen Einfluss auf die Etablierung pathogener Überzeugungen und die Entstehung kognitiv-interpersonaler Schemata hat und obwohl es häufig sehr hilfreich und unterstützend ist, den Patienten zu verdeutlichen, dass ihr spezielles Schema im Lichte früherer Lebenserfahrungen Sinn macht – die Herausforderung bleibt, neue Wege der Beziehungsgestaltung zu finden. Patienten können nicht die Vergangenheit ändern, aber sie können Verantwortung für die Gegenwart übernehmen. Natürlich dient die Verhaftung gegenüber der Vergangenheit manchmal als ein erklärendes Modell dafür, warum man in der Gegenwart keine Veränderungen vornimmt (Slife und Lanyon 1991).

Das Arbeiten im Hier und Jetzt erfordert Aufmerksamkeit nicht nur gegenüber **vertikaler Selbstöffnung**, der Abfolge von Ereignissen und Historizität, sondern auch und höchst bedeutsam, **horizontale Selbstöffnung**: Was ist das Erlebnis im Augenblick? Wie fühlt man sich, wenn Worte in Affekte des Moments umgesetzt werden? Wie fühlt man sich, wenn man Feedback erhält? Wie fühlt man sich, wenn man andere herausfordert oder konfrontiert?

Wenn eine Gruppe auf diese Weise arbeitet, hält sie sehr stark einen zentripetalen Fokus, bei dem jedes Gruppenmitglied eng am Zentrum einer jeden Gruppensitzung ist. Dies schützt die Gruppe davor, in ein Reihummodell zu geraten, bei dem jede Person in der Gruppe ruhig abwartet, bis sie an der Reihe ist.

Wie bereits erwähnt, widersetzen sich Gruppen zunächst eher einem solchen Arbeitsmodell, da die Angesicht-zu-Angesicht-Situation, die Person-zu-Person-Kommunikation Angst hervorruft. Daher ist es wichtig, dies bereits früh als Gruppennorm zu etablieren und zu demonstrieren, auch unter der Hervorhebung, dass Feedback nicht eine feindliche Konfrontation sein muss, sondern Gelegenheiten für wichtigen Ausdruck von Unterstützung und Engagement eröffnet. Sicherlich haben viele Patienten, die nach Behandlung nachfragen, nicht geringere Schwierigkeiten mit dem Ausdruck von Nähe und Zärtlichkeit als sie mit dem Ausdruck von Aggression haben.

Gruppenmitglieder sind mit großer Wahrscheinlichkeit nicht in der Lage, ohne einige Anleitung und Modellhilfen durch den Gruppenleiter effektives Feedback zu geben. Rothke (1986) identifizierte wichtige Elemente effektiven Feedbacks in der Gruppenpsychotherapie.

Wirkungsvolles Feedback:
- reflektiert Interaktionen, die im gegenwärtigen Leben der Gruppe ablaufen,
- ist auf das Hier und Jetzt bezogen,
- bezieht ein gewisses emotionales Risiko auf Seiten des Senders mit ein,
- ist an den Empfänger gerichtet,
- ist eher spezifisch denn allgemein,
- lädt zu Änderung ein, mahnt dies aber nicht an.

Idealerweise sollte Feedback in einem konstruktiven Geist der Exploration gegeben werden, indem versucht wird, Muster auf eine zirkuläre Kausalität hin zu untersuchen, anstatt maladaptive interpersonale Verhaltensweisen zu verdammen.

Der Gruppenpsychotherapeut hat oft die Wahl zu treffen, wie Feedback zu einem gegebenen Zeitpunkt am besten zu geben ist. Daher kann er als Reaktion auf eine Interaktion oder eine interpersonale Sequenz in der Gruppe den Patienten dazu einladen, seine eigene Erfahrung auszudrücken, er kann andere dazu einladen, dies zu kommentieren und Feedback zu geben, oder er kann selbst Feedback geben. Eine jede Möglichkeit hat ihren Nutzen, kann aber, differenziell eingesetzt, effektiver sein und kann dann angemessener assimiliert werden.

Das korrigierende emotionale Erlebnis

Es ist eine Sache, einen sozialen Mikroskosmos innerhalb einer Gruppe herzustellen und interpersonale Pathologie zu beleuchten. Es ist jedoch eine ganz andere Sache, solche Elemente zu verwenden, sodass maladaptive Transaktionszyklen unterbrochen und Gelegenheiten für Selbstbewusstsein und neu auftretendes Verhalten, das angepasster ist, gefördert und unterstützt werden. Yalom (1995) hat auf der ursprünglichen Konzeptualisierung der korrigierenden emotionalen Erfahrung von Alexander und French (1946) aufgebaut und wie von Weiss (1993) weiter ausgeführt, ermöglicht die Behandlung die Gelegenheit, pathogene Überzeugungen zu widerlegen, die die interpersonale Fehlkonstruktion hervorgerufen haben. Pathogene Überzeugungen werden diskonfirmiert durch eine Akkumulation von Erfahrungen, Bewusstsein und Einsicht, alle miteinander auf eine Art verschmolzen, die die Gesamtheit interpersonaler Kommunikation reflektiert. Dies wird dem Individuum sowohl auf sprachlicher als auch auf para- und nonverbalen Kommunikationsebenen durch die Gruppenmitglieder und den Gruppenleiter vermittelt.

Es ist allerdings essenziell wichtig, dass dies als genuin und authentisch erlebt wird und nicht als eine künstliche Fabrikation einer Antwort. Durch das Verständnis von beidem, des offenen Verhaltens und der verdeckten Kräfte, die dieses Verhalten antreiben, wird es möglich, auf eine empathische Art und Weise das unangepasste Verhalten zu konfrontieren. Dies involviert einen Prozess der Untersuchung des interpersonalen Einflusses, seiner Ursprünge und der Akzeptierung und Bewertung neuer und angemessenerer Verhaltensentwicklungen. Je mehr der Gruppenleiter in der Lage ist, das kognitiv-interpersonale Schema für jedes Gruppenmitglied der Gruppe im Kopf zu behalten, desto mehr wird er in der Lage sein, die Wichtigkeit offensichtlich benignen Verhaltens innerhalb der Gruppe einzuschätzen, das für die Versuche des Patienten stehen mag, sein eigenes interpersonales Repertoire zu verbreitern. Zum Beispiel ist im früher erwähnten Beispiel von Dan die bei ihm enstehende Kapazität für empathische Fragen an und die Unterstützung von anderen in der Gruppe etwas, das andere in der Gruppe routinemäßig vornahmen, für Dan war es aber neu. Es wurde eine wichtige Nebenschiene der Auseinandersetzung innerhalb der Gruppe und ein Fokus der Untersuchung. Dies wiederum half, ihn dabei zu unterstützen, sich um andere zu kümmern, zugleich hilfreich für ihn selbst wie auch dafür, dass es die Wahrscheinlichkeit ansteigen ließ, dass andere Menschen sich für ihn interessierten.

Zuweilen kann das interpersonale Verhalten provozieren und Gruppenleiter und Gruppenmitglieder in eine komplementäre Reaktion hineintreiben, sodass Feindseligkeit mit Feindseligkeit oder Unterwürfigkeit mit Beherrschen beantwortet wird. Erinnern wir uns daran, dass die komplementäre interpersonale Antwort generell eine Konkordanz auf der Achse „Bindung" und Reziprozität auf der „Kontrollachse" bewirkt. Es ist ganz wichtig, dazu fähig zu sein, von der Interaktion zurückzutreten und die Natur der Erfahrung zu reflektieren, um eine Gelegenheit für Feedback und Metakommunikation zu eröffnen. Dies wird von Zeit zu Zeit den Therapeuten veranlassen, der Gruppe zu helfen, sich aus einer Position des kritischen Gegenhaltens zu befreien, indem er ihnen hilft, nicht zurückzubeißen, sondern sich Zeit zu nehmen für eine Reflexion, damit das Agieren unterbrochen wird, das wechselseitig destruktiv sein würde. Es ist häufig sehr herausfordernd, empathisches Einklinken auf das Verhalten von Gruppenmitgliedern zurückzuhalten, deren Verhalten für sie selbst destruktiv und potenziell destruktiv für andere in der Gruppe ist.

Während es wichtig ist, die Gruppe vor toxischen Einflüssen zu schützen, ist es gleichfalls wichtig, dass die Patienten wahrscheinlich auf dem ihnen höchst möglichen Niveau an Adaptivität operieren und dass adaptive Anstrengungen unterhalb des maladaptiven Ergebnisses verstanden und akzeptiert werden müssen. Murrays Verhalten kann als verständlich angesehen werden für die Umgebung, in der er aufwuchs. Es gibt sogar Zeiten, in denen sein Verhalten in seiner gegenwärtigen Umgebung Sinn macht. Was jedoch sicherlich keinen Sinn macht, ist, sich immerfort auf diese Weise und bei allen Gelegenheiten zu verhalten, sodass der Fokus in der Behandlung darauf liegt, dieses Muster zu beleuchten und eine Verbreiterung seines interpersonalen Repertoires mit mehr Risiken und mehr affektivem Ausdruck zu stimulieren.

Gelegentlich beklagen sich Patienten darüber, dass die Leute nur in der Gruppe auf diese empathische und sensible Art und Weise reagieren, und dass es sich ganz klar um eine artifizielle Umgebung handele. Hier handelt es sich um einen bedeutsamen Widerstand gegen Veränderung. Natürlich ist die Gruppe ein artifizieller Raum, aber sie ist eher ein unnatürlicher Raum für natürliche Formen von Beziehungen als ein natürlicher Raum für unnatürliche Formen von Beziehungen.

Auf ähnliche Weise bezieht sich das Planformulierungsmodell (Weiss 1993) auf die Bedeutsamkeit der die pathogene Überzeugung widerlegenden Erfahrung und der Einsicht als Meilensteine effektiver Psychotherapie. Günstige Therapieergebnisse korrelieren direkt mit dem Ausmaß, in dem die therapeutischen Interventionen konkordant sind mit den Vorstellungen des Patienten von Wachstum, was sich auf die Widerlegung („disconfirmation") und Einsicht in die pathogenen Überzeugungen konzentrieren muss. Um es noch einmal zu unterstreichen, dies bedeutet nicht, ein unechtes oder falsches Interesse zu zeigen, sondern es betont die Wichtigkeit einer optimalen Antwortbereitschaft, der subjektiven Bedeutung einer jeden Interaktion für den Patienten sorgfältige Aufmerksamkeit entgegenzubringen. In dieser Hinsicht ist dieser Ansatz dem intersubjektiven Gruppenpsychotherapieansatz ähnlich (Gans und Alonso 1998) mit einer Betonung auf der wechselseitigen subjektiven Erfahrung, die in jede Interaktion in der Gruppe involviert ist. Es ist eine echte Anforderung für den Gruppenleiter, dazu fähig zu sein, eine Allianz mit den vielen Gruppenmitgliedern der Gruppe zur selben Zeit eingehen zu können, allerdings eine essenzielle.

Die interpersonale Lernabfolge

Die Vereinigung der Elemente **Gruppe als sozialer Mikrokosmos**, des **Arbeitens im Hier und Jetzt** und der **korrigierenden emotionalen Erfahrung** generiert die interpersonale Lernabfolge, wie sie bei Yalom (1995) (Abb. 56.1) beschrieben ist.

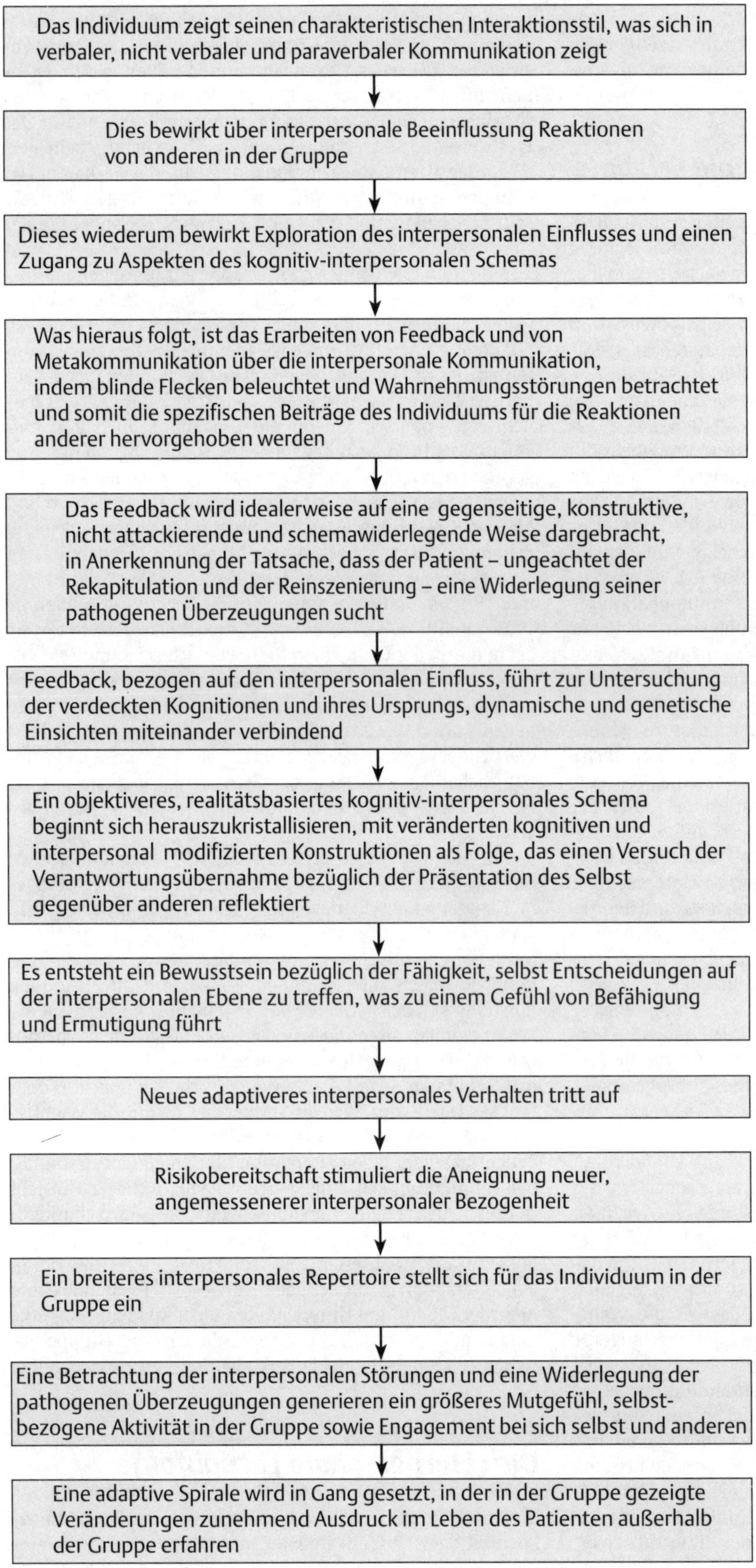

Abb. 56.1 Interpersonale Lernabfolge nach Yalom (1995)

```
┌─────────────────────────────────────────────────────────────────┐
│ Das Individuum zeigt seinen charakteristischen Interaktionsstil,│
│ was sich in verbaler, nicht verbaler und paraverbaler           │
│ Kommunikation zeigt                                             │
└─────────────────────────────────────────────────────────────────┘
                                 ↓
┌─────────────────────────────────────────────────────────────────┐
│ Dies bewirkt über interpersonale Beeinflussung Reaktionen       │
│ von anderen in der Gruppe                                       │
└─────────────────────────────────────────────────────────────────┘
                                 ↓
┌─────────────────────────────────────────────────────────────────┐
│ Dieses wiederum bewirkt Exploration des interpersonalen         │
│ Einflusses und einen Zugang zu Aspekten des kognitiv-           │
│ interpersonalen Schemas                                         │
└─────────────────────────────────────────────────────────────────┘
                                 ↓
┌─────────────────────────────────────────────────────────────────┐
│ Was hieraus folgt, ist das Erarbeiten von Feedback und von      │
│ Metakommunikation über die interpersonale Kommunikation,        │
│ indem blinde Flecken beleuchtet und Wahrnehmungsstörungen       │
│ betrachtet und somit die spezifischen Beiträge des Individuums  │
│ für die Reaktionen anderer hervorgehoben werden                 │
└─────────────────────────────────────────────────────────────────┘
                                 ↓
┌─────────────────────────────────────────────────────────────────┐
│ Das Feedback wird idealerweise auf eine gegenseitige,           │
│ konstruktive, nicht attackierende und schemawiderlegende Weise  │
│ dargebracht, in Anerkennung der Tatsache, dass der Patient –    │
│ ungeachtet der Rekapitulation und der Reinszenierung – eine     │
│ Widerlegung seiner pathogenen Überzeugungen sucht               │
└─────────────────────────────────────────────────────────────────┘
                                 ↓
┌─────────────────────────────────────────────────────────────────┐
│ Feedback, bezogen auf den interpersonalen Einfluss, führt zur   │
│ Untersuchung der verdeckten Kognitionen und ihres Ursprungs,    │
│ dynamische und genetische Einsichten miteinander verbindend     │
└─────────────────────────────────────────────────────────────────┘
                                 ↓
┌─────────────────────────────────────────────────────────────────┐
│ Ein objektiveres, realitätsbasiertes kognitiv-interpersonales   │
│ Schema beginnt sich herauszukristallisieren, mit veränderten    │
│ kognitiven und interpersonal modifizierten Konstruktionen als   │
│ Folge, das einen Versuch der Verantwortungsübernahme bezüglich  │
│ der Präsentation des Selbst gegenüber anderen reflektiert       │
└─────────────────────────────────────────────────────────────────┘
                                 ↓
┌─────────────────────────────────────────────────────────────────┐
│ Es entsteht ein Bewusstsein bezüglich der Fähigkeit, selbst     │
│ Entscheidungen auf der interpersonalen Ebene zu treffen, was    │
│ zu einem Gefühl von Befähigung und Ermutigung führt             │
└─────────────────────────────────────────────────────────────────┘
                                 ↓
┌─────────────────────────────────────────────────────────────────┐
│ Neues adaptiveres interpersonales Verhalten tritt auf           │
└─────────────────────────────────────────────────────────────────┘
                                 ↓
┌─────────────────────────────────────────────────────────────────┐
│ Risikobereitschaft stimuliert die Aneignung neuer,              │
│ angemessenerer interpersonaler Bezogenheit                      │
└─────────────────────────────────────────────────────────────────┘
                                 ↓
┌─────────────────────────────────────────────────────────────────┐
│ Ein breiteres interpersonales Repertoire stellt sich für das    │
│ Individuum in der Gruppe ein                                    │
└─────────────────────────────────────────────────────────────────┘
                                 ↓
┌─────────────────────────────────────────────────────────────────┐
│ Eine Betrachtung der interpersonalen Störungen und eine         │
│ Widerlegung der pathogenen Überzeugungen generieren ein         │
│ größeres Mutgefühl, selbstbezogene Aktivität in der Gruppe      │
│ sowie Engagement bei sich selbst und anderen                    │
└─────────────────────────────────────────────────────────────────┘
                                 ↓
┌─────────────────────────────────────────────────────────────────┐
│ Eine adaptive Spirale wird in Gang gesetzt, in der in der       │
│ Gruppe gezeigte Veränderungen zunehmend Ausdruck im Leben       │
│ des Patienten außerhalb der Gruppe erfahren                     │
└─────────────────────────────────────────────────────────────────┘
```

Am Eckpfeiler dieses Prozesses sind es wiederum nicht so sehr der Bericht des Patienten und die Spekulationen darüber, was da so im Leben des Patienten vor sich gehen mag außerhalb der Gruppe, sondern der Fokus der Gruppenarbeit auf und die Achtsamkeit der Gruppe für erfahrungsnahe, offensichtliche interpersonale Kommunikation. Jede interpersonale Kommunikation muss als bedeutsam angesehen werden entweder im Dienste der Herausforderung oder der Aufrechterhaltung des eigenen kognitiv-interpersonalen Schemas. Wie Flowers und Booraem (1990) nachgewiesen haben, ist es genau diese Art der interpersonalen Intervention, die von Patienten am höchsten eingeschätzt wird und mit besserem Behandlungsergebnis korreliert. Der Gruppenleiter ist ein wichtiger Mediator in diesem Prozess von Feedback und Metakommunikation bezüglich des ablaufenden Kommunikationsprozesses. Seine eigene Transparenz und sein Modell ist von essenziellem Wert bei der Förderung eines solchen Hier-und-Jetzt-Fokus. Wenn die Gruppe so arbeitet, ergeben sich deutlich Spaß und Energien, mit dem zentripetalen Fokus auf jeder Interaktion. Die Gruppenmitglieder müssen ermutigt werden, diese Art des Engagements und der Bezogenheit mit der komfortableren, weniger intensiven, weniger evokativen Abfolge von sequenziellen persönlichen Narrativen von Lebensereignissen zu vergleichen. Diese Narrative sind sehr wichtig für eine Vertiefung und Kontexterfahrung des psychotherapeutischen Prozesses, aber die **Hier-und-Jetzt-Komponente maximiert die gegenseitigen Kräfte**. Obgleich es nicht leicht ist, die selbstreflexive Kapazität der Gruppe aufrechtzuerhalten, **resultiert das Versäumnis**, dies genau herzustellen, **in eine Gruppe, die mit wesentlich geringerer therapeutischer Kapazität arbeitet.**

Es gibt jedoch ein gewisses Ausmaß an Risiko bei dieser Arbeit, da das Risiko, dass Gruppenmitglieder in eine interpersonale Komplementarität verfallen – jenseits ihres Wunsches nach Widerlegung ihrer pathogenen Überzeugungen, maladaptiven Transaktionszyklen und ihres Wunsches nach Verbreiterung ihres interpersonalen Verhaltensrepertoires –, die den maladaptiven Transaktionszyklus vervollständigt, anstatt ihn für Untersuchungen zu öffnen. Die Rolle des Therapeuten bei den direkten Effekten der Metakommunikation stellt ein wichtiges Element für das Hier und Jetzt dar und soll weiter unten beschrieben werden. Metakommunikation ist essenziell bei der Unterbrechung interpersonaler Komplementarität und verbreitet das interpersonale Repertoire über das rigide, restriktive Reaktionsverhalten hinaus, das seine Wurzeln in früheren Lebenserfahrungen hat.

Roberts und Monroe (1999) haben über die reziproke, verstärkende Abfolge von negativen Kognitionen und über maladaptives interpersonales Verhalten geforscht und die Gruppenpsychotherapie als die ideale Behandlungsform bezeichnet, beide Aspekte in der Behandlung gleichzeitig zu thematisieren. Die Autoren betonen die Bedeutung tief gehender affektiver Arbeit an interpersonalen Aspekten und Merkmalen, um an die kognitiven Kernglaubenssätze heranzukommen. Ein **interpersonaler Marker** (Safran und Segal 1990) ist ein Wechsel im Affekt, in der Bezogenheit oder im Engagement, die als Spitze des Eisbergs von tiefer liegenden relevanten Erfahrungen gelten können. Der interpersonale Marker ist ein Zugangspunkt, um zu thematisieren, was ein Erlebnis von Selbstwertverlust oder eine Unsicherheit bei Begegnungen und die daraus resultierenden kompensatorischen Strategien hervorbringen könnte. Die Autoren führen außerdem aus, dass es viel einfacher sei, im aktuellen Prozess der Interaktionen („hot processing of interaction") negative Kognitionen aufzudecken, anstatt sich nur an theoretische Reflexionen („cold processing of reflections") zu halten.

Das offenkundige Verhaftetsein einiger Patienten an negativen internalisierten und externen Meinungen stellt eine besondere Herausforderung für jede Form von Psychotherapie dar. Individuen suchen nach selbstbestätigendem Feedback, hören auf, erinnern und glauben an Feedback, das ihre Selbstsicht bestätigt. Sie suchen Partner, die diese Selbstsicht bestätigen, indem diese ähnliche Auffassungen hegen. Bei Personen, die unter Depressionen oder depressiven Kognitionen leiden, verbirgt sich hinter ihrem spezifischen Interaktionsstil eine negative Selbstsicht und negative Sicht der Welt. Um angesichts dieser interpersonalen Maladaptationen eine Veränderung herbeizuführen, sind ein engagierter (Gruppen-)Psychotherapeut und eine effektive Behandlung im Hier und Jetzt erforderlich (Coyne 1999).

Klinische Illustration

Sharon, eine sehr attraktive Frau in den späten 30ern, begann eine Gruppenpsychotherapie, um ihre chronische Depression behandeln zu lassen. Sie beklagte sich über Isolation und Schwierigkeiten in Beziehungen, speziell mit Männern. Sie führte auch an, dass sie Männer interessant finde, die dysfunktional seien und die sie beherrschen könne. Die Vorbereitungssitzungen erbrachten die frühen Lebenserinnerungen einer Frau, die in einer Alkoholiker- und missbrauchenden Familie aufwuchs. Sie hatte oft das Gefühl, in der Familie die Einzige gewesen zu sein, die verstand, was mit der Familie vor sich ging und die als Einzige Wege fand, ihre Arbeitsplatzsituationen dadurch besser zu gestalten, indem sie selbst affektlos, ruhig und ihre Umgebung kontrollierend war. Verletzlichkeit und Gefühl wurden als Einladungen für Ausbeutung und Missbrauch gemieden.

Innerhalb der Gruppe nahm Sharon häufig eine Pseudotherapeutenrolle ein. Freundlich und einsichtsvoll war sie in der Lage, anderen hilfreich zu sein, aber zur selben Zeit machte sie es oft sehr schwer für andere, sich ihr anzunähern und sich bei ihr einzuklinken. Sie teilte der Gruppe einen Traum mit, der sie beschäftigte, und bat die Gruppe auf eine vollkommen uncharakteristische Weise um Hilfe beim Verständnis des Traums. Der Traum zentrierte darauf, sich selbst als eine Frau in einem wunderschönen Haus zu sehen, das mit wunderschönen Ornamenten und Möbeln ausgestattet war. Sechs Elfen kamen gegen ihren Willen in das Haus (sie war eines von sieben Geschwistern), die systematisch damit begannen, jeden schönen Besitz in dem Haus zu zerstören.

Die Gruppe interpretierte dies angemessen als eine Reflexion ihrer Sorge, jeden in ihre emotionale Welt eindringen zu lassen, aus Angst, diese Leute würden die Dinge zerstören, die sie am meisten liebe. Sie bewachte den Zugang zu diesen Dingen mit einer Festungsmentalität („fortress mentality"), und die Gruppe belobigte sie stark für ihre Offenheit, solch einen Traum in die Gruppe zu bringen, wobei die Offenheit wie auch der Inhalt der Mitteilung geschätzt wurden.

Einige Monate später, während Sharon mit ihren Gefühlen von Isolierung kämpfte, führte Dan den Traum spontan wieder in die Gruppe ein und fragte danach, ob das Echo dieses Traums immer noch nachhalle. Sharon war geschockt, dass er sich des Traums viele Monate später erinnern konnte. Der Gruppenpsychotherapeut begann mit Sharon über ihre Reaktion zu arbeiten, dass dieser Traum von Dan erinnert worden war, indem er gleichzeitig bemerkte, dass diese Handlung empathisch und authentisch von Dan vorgenommen worden war, so gedankenvoll und nachdenklich über Sharon zu sein, betonend, dass dies weder leicht für Dan noch für Sharon gewesen sein müsse. Sharons Reaktion darauf war, dass sie wohl zu offen gewesen sein müsse, wenn er dies erinnern konnte, und das sie es bedauere, dass sie so viel gesagt habe. Der Therapeut konfrontierte sie damit, dass sie nur das Negative an diesem Austausch gesehen habe, dabei aber die Wichtigkeit dessen verpasst habe, nämlich die Anerkennung durch Dan und die anderen in der Gruppe zu beachten, dass sie ihren Ausführungen solch eine Aufmerksamkeit widmeten. Dan bedankte sich beim Therapeuten für die Anerkennung seiner Bemühungen, worauf Sharon ausrief: „Das ist sein Job, solche Dinge zu erkennen." Der Therapeut antwortete, dass es deutlich war, dass sie nur seine instrumentellen Qualitäten identifizierte, indem sie nicht wahrgenommen habe, dass er versuchte, sich selbst emotional auf sie und andere einzustellen, und er seine Intervention nicht nur gemacht habe, weil sie instrumentell indiziert war, sondern wegen des echten Wunsches, ihr einen Zugang zu Gefühlen der Umsorgung und Wertschätzung durch ihn und durch andere Gruppenmitglieder zu verschaffen und damit ihre selektive Wahrnehmung von schemawiderlegendem Feedback und diskonfirmierender Erfahrung herausfordernd.

Therapeutische Metakommunikation

Wie bereits bemerkt, übernimmt der Therapeut, der mit diesem Modell der Gruppenpsychotherapie arbeitet, eine **größere Verantwortung** für die Aktivierung der Gruppe und sein eigenes Niveau an Teilnahme. Der permanente Fokus auf den kognitiv-interpersonalen Verbindungsstücken und den Wert der aktuellen Verhaltensänderung unterstreicht dieses Interventionsmodell.

Natürlich muss der Therapeut mit seinen eigenen Reaktionen und mit Feedback transparent sein, damit die Gelegenheiten für interpersonales Lernen für den **Prozess der Kommunikation über die Kommunikation** maximiert werden – Meta-Kommunikation (Kiesler 1996). Speziell der Therapeut muss einen sicheren, empathischen Weg finden, den interpersonalen Einfluss des Patienten zu entdecken, indem er ihn mit anderen spezifischen Verhaltensweisen in Verbindung bringt, wo dies möglich ist. Ist der Patient sich einmal der Verantwortung für seinen interpersonalen Einfluss bewusst, kann er damit beginnen, Verantwortung für die Gestaltung und Veränderung seines interpersonalen Umfeldes zu übernehmen. Anleitungen für die therapeutische Transparenz betonen die Wichtigkeit der Grenzaufrechterhaltung, dadurch, dass die Transparenz immer im Interesse der Behandlung und des Patienten sein muss und der Therapeut sich vergewissern muss, das er nicht durch unerkannte, unverdaute Reaktionen oder seine eigene Selbstgrandiosität für eine Öffnung/Transparenz motiviert ist. Auf eine ähnliche Weise ermutigt Kiesler Feedback, wenn nämlich „das Eisen kalt und nicht heiß" ist, indem er auf die Bedeutung des Therapeuten für die Verarbeitung von affektiven Reaktionen verweist, bevor der antworte, als ein Weg, Risiken negativen Reagierens auszuschalten, Feedback wohl dosieren und verdauen sollte, bevor er es offeriere. Um so zu verfahren, muss der Therapeut zwischen **subjektiver und objektiver Gegenübertragung** unterscheiden (zur Gegenübertragung s. Kap. 26), den Unterschied zwischen dem erkennen, was zu ihm gehört und was durch den Patienten bei ihm hervorgerufen oder erleichtert wird. Transparenz ist ein Werkzeug, nicht eine Entität an sich, und ist ein Teil der Fähigkeit des Therapeuten, genießbare Mittel zu finden, ungenießbare Sachen zu sagen. **Therapeutentransparenz** sollte beim Therapeuten nicht Selbstbefragung ersetzen und sollte eine empathische Verbindung zur subjektiven Erfahrung des Patienten herstellen, sollte maladaptive Zirkel konfrontieren und aktiv und enthusiastisch neue Verhaltensweisen, die aus einem verbreiterten interpersonalen Repertoire entstammen, fördern. Therapeutische Metakommunikation kann nur innerhalb des Kontextes einer stabilen therapeutischen Allianz und Gruppenkohäsion entstehen und muss so „getimed" werden, dass sie nach der Versicherung der guten Beziehung erfolgt, damit sie durch den Patienten nicht als eine feindselige Attacke aufgefasst wird, was die pathogenen Überzeugungen weiter verfestigen statt widerlegen würde. Sie modelliert ferner ein authentisches Engagement und die Verantwortlichkeit für beide Seiten der Interaktion zur Reflexion und offenen Kommunikation, ultimativ eine weniger restriktive, nicht komplementäre interpersonale Sequenz ermöglichend.

> Therapeutische Metakommunikation bewirkt die Ermutigung offener Kommunikation anstelle von verdeckter Kommunikation, damit so wenig unausgesprochen bleibt wie möglich in der Hier-und-Jetzt-Beziehung, mit einer verminderten Betonung der in hohem Maße nur schlussfolgernden genetischen Rekonstruktionen.

Im Prozess der Metakommunikation muss durchgängig manifeste positive Beachtung des Patienten evident sein, die Einfühlung muss Authentizität zum Ziel haben, da nicht getadelt werden, sondern interpersonale Muster der leichter zugänglichen Aspekte des eher offenen Verhaltens betrachtet und untersucht werden sollen. Andere, von Kiesler herausgearbeitete Prinzipien im Prozess der Metakommunikation schließen ein gewisses Ausmaß an Vorläufigkeit und Demut beim Darbieten von Feedback mit ein, etwa dass es nicht als Erlass von oben komme. Das Ausbalancieren von positivem und negativem Feedback kann dabei die Hürden für das Individuum zuweilen niedriger machen. Schließlich ermutigt Kiesler die gemeinsame Exploration des Vorhandenseins des identifizierten Musters, damit entweder das Verständnis modifiziert oder bestätigt werden könne im Hinblick auf Gelegenheiten des Wachstums und der Entwicklung. Zuweilen mag eine unkontrollierte, feindselige komplementäre Reaktion auftreten, die dann wieder als Schrot in der therapeutischen Mühle verwendet werden kann.

Klinische Illustration

Dick begann die Gruppenpsychotherapie nach der Trennung von seiner Frau. Er beschrieb sie ihm gegenüber als schikanierend, einschüchternd und despektierlich. Sie überwachte sein Verhältnis zu ihren Kindern, und er beschrieb immer wieder in der Gruppe seine vergeblichen Versuche, es ihr recht zu machen, mit dem Gefühl, dass sie eine Frau sei, mit der man unmöglich auskommen könne und jeglicher Vesuch von ihm vergeblich sein würde. Dicks Passivität und Submissivität waren oft sehr frustrierend für die anderen Gruppenmitglieder, die ihn drängten, mehr Verantwortung beim Arrangement der Kinderkontakte zu übernehmen, anstatt nur leise vor sich hin zu jammern, dass er sie nicht sehen könne.

In einer Sitzung, als er gerade darüber sprach, dass er sich keine Gedanken über die Sommerferienpläne mit seinen Kindern machen würde und hoffte, dass für die Kinder das Beste herauskommen würde, schnappte der Therapeut zurück: „Und Sie leben glücklich bis ans Ende Ihrer Tage." Die ärgerliche Retourkutsche überraschte jeden in der Gruppe einschließlich des Therapeuten und Dick, der nachfragte, woher dieser Ausrutscher kam. Indem er einen Schritt zurückging, antwortete der Therapeut, dass er selbst überrascht sei über die Intensität seiner Reaktion auf Dick und spekulierte, ob es wohl seine Frustration widerspiegelte, Dick in eine Position zu bringen, in der er Verantwortung in der Gruppe übernehmen würde, und indem er bemerkte, dass Dicks Passivität und Vermeidung von Verantwortungsübernahme andere in der Gruppe einzuladen schien, Kontrolle für ihn zu übernehmen. Der Gruppenleiter wollte Dick nicht kränken und entschuldigte sich für seinen Einwurf, beharrte aber darauf, was für Dick wohl nötig wäre, damit zu beginnen, Verantwortung für sich zu übernehmen, sowohl innerhalb der Gruppe als auch in Beziehungen außerhalb der Gruppe. Dick war ermutigt, darüber nachzudenken, wieso er annahm, dass Passivität so viel sicherer sei als Aktivität. Dick begann als Reaktion auf dieses Erlebnis, darüber nachzudenken, wie es ihm in seiner Kindheit mit seinem verbitterten, kritischen und feindseligen Vater ergangen war. Er erinnerte zahlreiche Punkte in seinem Leben, von denen er glaubte, dass er etwas erreicht hatte, was ihm sehr wichtig war, früh bereits als junger Leichtathlet, dann mit dem Umbau seines eigenen Wagens und sogar beim Kauf seines ersten Hauses mit seiner ersten Frau. Jedes Mal war die Reaktion seines Vaters kritisch und abweisend. Seine athletischen Fähigkeiten würden sich niemals substanziell auswirken. Ein Autoumbau wäre vergeudete Zeit und sein Haus habe er überzahlt. Das Ergebnis einer solchen Kindheit und Jugend war, dass Dick mit dem Glauben aufwuchs, dass es nicht sicher sei, in irgendetwas Leidenschaft zu stecken und dass dies nur Spott und Entwertung hervorrufen würde, ein Muster, das angesichts der ursprünglichen Beziehungserfahrung mit seinem Vater Sinn machte, das aber in seiner gegenwärtigen Welt mehr von dem hervorbrachte, was er eigentlich fürchtete, z. B. mangelnde Anerkennung, mangelnden Respekt und ein Gefühl, permanent schikaniert zu werden. Was in der Gruppe tatsächlich ablief, spiegelte das, was sich in vielen seiner Lebensbereiche abspielte. Das Feedback des Therapeuten ging ihm ins Mark und – obwohl es aus einer wenig verarbeiteten Reaktion auf Seiten des Therapeuten stammte – führte die untypische Reaktion zu einer hilfreichen Untersuchung von Dicks Einfluss bzgl. der Art und Weise, wie er seine interpersonalen Beziehungen aufrechterhielt oder ändern konnte.

Schlussfolgerungen

Dieses Kapitel behandelt die theoretischen und therapeutischen Konstrukte der interpersonalen Gruppenpsychotherapie. Es handelt sich bei dieser Methode um ein wirksames Modell der Gruppenpsychotherapie, das Gebrauch macht von der Gruppe als sozialem Mikrokosmos, der die interpersonalen Muster im Hinblick auf eine Identifizierung von Herausforderungen und Gelegenheiten im Rahmen der Hier-und-Jetzt-Beziehungserfahrung betrachtet. Ein solcher Prozess schafft Gelegenheiten, sowohl die zu Grunde liegenden pathogenen Grundüberzeugungen als auch die interpersonalen Fehlkonstruktionen zu thematisieren, die aus diesen Überzeugungen entspringen.

57. Psychodramatische Gruppenpsychotherapie

J. Burmeister

Psychodrama – Definition und Kurzbeschreibung

Der **interaktionale, handlungsorientierte und erlebnisintensivierende Ansatz** psychodramatischer Psychotherapie wurde vom Wiener Psychiater und Dichter Jakob Levy Moreno zunächst in den 20er Jahren in Wien, ab 1930 dann in den USA als Gruppenverfahren entwickelt. Er wird aber heute auch in der Einzelpsychotherapie angewendet (Moreno 1923, 1934, 1944, 1945, 1959, 1964). Neben der therapeutischen Zielsetzung flossen von Anfang an soziologische Konzepte in die psychodramatische Gruppenpsychotherapie mit ein (Buer 1989). Entsprechend vielschichtig verläuft die Rezeption des Verfahrens, das sich als **triadisches System** aus Soziometrie, Psychodrama und eigentlicher Gruppenpsychotherapie konstituiert. Soziometrische Untersuchungen von soziokulturellen Rahmenbedingungen, von Gruppendynamik und Gruppenprozess werden durch die individuumszentrierte Perspektive des Psychodramas und die Perspektive der aktuellen Gruppe und ihrer Therapie (Gruppe als Ganzes) ergänzt. Makro- und mikrosoziale Perspektive verschränken sich in der psychodramatischen Gruppenpsychotherapie miteinander.

In der interpersonalen Konzeption des Psychodramas werden psychische Störungen und psychosomatische Krankheiten unter der Prämisse der **Störung zwischenmenschlicher Beziehungen und Interaktionen** betrachtet und behandelt (Leutz 1979). Psychodrama als Psychotherapiemethode greift in seiner Praxis dabei auf „bisher nicht beachtete Kategorien menschlicher Seinsweisen: dem spontanen Spiel, der Begegnung und dem Drama" (Leutz 1982, S. 173) als therapeutisches Agens zurück. Patienten werden ermutigt eigene Verhaltensmuster handelnd zu reflektieren und zu untersuchen, die „Wahrheit der Seele wird durch Handeln ergründet" (Moreno 1959, S. 73). Verbale und nonverbale Kommunikationsformen werden in das therapeutische Geschehen einbezogen. In der Regel wird eine Abfolge von Szenen aufgeführt, bei denen Erinnerungen, unerledigte Konflikte, innere Dramen, Fantasien, Träume oder Vorbereitungen für zukünftige Handlungsschritte auf der Bühne sichtbar gemacht und mit Hilfe verschiedener Techniken exploriert und verändert werden können. Diese Szenen können sich an reale Situationen anlehnen oder sie können innere Vorgänge, Gefühle, Sensationen nach Außen treten lassen (**Externalisierung**). Falls erforderlich können in das Geschehen zusätzliche Rollen durch andere Gruppenmitglieder dargestellt oder als unbelebte Objekte (**Einzelbehandlung**) aufgenommen werden. Im Allgemeinen gliedert sich eine Psychodramasitzung in folgende **Phasen**:
- die Phase des Warming-ups oder Einstimmungs-/Vorbereitungsphase,
- die Spiel- oder Aktionsphase,
- die Abschluss- oder Integrationsphase.

Eine Vielzahl von elaborierten Techniken wird für die therapeutische Gestaltung der Szenen verwendet, insbesondere **Rollenwechsel, Doppeln, Spiegeln, Maximierung** und **Monolog** (Soliloqui). Psychodrama kann im Einzelsetting, in der Klein- und Großgruppe oder mit Paaren und Familien durchgeführt werden. Der Fokus kann dabei auf den Einzelnen, die Gruppe oder ein bestimmtes Thema gerichtet sein.

Psychodramatische Anthropologie

Menschliche Existenz beruht auf der **Fähigkeit zu kreativer Handlung und Gestaltung**. Sie stellt eine Form der Selbstorganisation dar, die den Menschen mit anderen verbindet (in der Familie, in Gruppen, in der Gesellschaft). Die Ergebnisse der Kreation bleiben verfügbar (in Form so genannter Konserven) und garantieren Struktur und Dauer. Die Fähigkeit zu kreativer Handlung setzt eine spezifische Form von Spontaneität voraus. Sie ist als energetisches Potenzial jedem Menschen inhärent und wirkt auf kreative Akte katalytisch vermittelnd. Spontaneität bahnt in einer ersten Phase (Inkubations- oder Latenzphase) unter der Stimulierung körperlich-affektiver Prozesse und durch Einbezug von Imagination und Fantasietätigkeit Handlungstendenzen und Handlungsmuster an. Wenn das energetische Niveau einen Kulminationspunkt erreicht (so genannte Spontaneitätslage), wird Handeln ausgelöst, das potenziell kreativ ist und in vorhandene äußere, soziale Strukturen verändernd eingreift. Eine Vielzahl so genannter **Erwärmungstechniken** begünstigt auf spezifische Weise das Auftreten von Spontaneität (Erwärmungstechniken sind operationale Ausdrucksformen der Diagnose, Förderung und Behandlung von Spontaneität). Diese Erwärmungstechniken sind für eine gestufte Behandlungsplanung besonders wichtig. Der angemessene situative und damit interpersonale Bezug des Handelns kennzeichnet den Abschluss der Kreativitätsphase, die durch Spontaneität eingeleitet wird. Durch das Zusammenspiel von Spontaneität und Kreativität erfüllt sich das zentrale Handlungs- und Gestaltungsparadigma des Psychodramas. Spontaneität ist damit aufs Engste mit dem psychodramatischen Gesundheits- und Krankheitsbegriff verknüpft.

> Störungen in der Verfügbarkeit von Spontaneität sind identisch mit Störungen des Wohlbefindens und/oder der sozialen Lösungs- und Bewältigungskompetenz.

Der Mensch ist **primär** nicht Individuum, sondern ein **soziales Wesen**. Die menschliche Existenz geht hervor und bleibt zeitlebens gebunden an Beziehungen, an zweiseitig gewollte und modulierte Interaktionen, die Bestandteile dynamischer Netzwerke sind (bei Moreno auch Matrix genannt). Der Austauschprozess des Individuums mit seiner Umgebung ist permanent und wird ebenso von dieser determiniert wie es durch seine eigenen Handlungen auf diese zurückwirken kann (Ansatzpunkt des Handlungs- und Gestaltungsparadigmas). Die Qualität von Beziehungen erhält dabei im Psychodrama besonderes Gewicht und wird durch Kategorien wie „Tele" (angemessene, auf gegenseitige Empathie beruhende Zweifühlung) und „Begegnung" auch begrifflich gefasst. Eine ausschließlich „individuelle" Betrachtungsweise des Menschen bleibt fiktiv und isoliert diesen künstlich aus dem für ihn maßgeblichen Beziehungssystem.

Psychodramatische Entwicklungstheorie (Rollentheorie)

Die beschriebenen Konzepte münden in eine spezifische Auffassung zur Entwicklung der Persönlichkeit ein, die als **psychodramatische Rollentheorie** bezeichnet wird. In ihr führt die handelnde Interaktion zur Ausbildung von Rollen, die in das szenisch strukturierte Interaktionserleben eingebettet sind, intrapsychisch aufgenommen und wieder entäußert werden können. Die dabei intersubjektiv wirksame „Lern- und Erfahrungseinheit" wird als Interaktionsmatrix bezeichnet. Exemplarisch steht für dieses Konzept die intersubjektive Bezogenheit der frühen Mutter-Kind-Beziehung, in der gegenseitige Einstimmung und angemessene Wahrnehmung, Vertrauen, Sicherheit, Spontaneität, Initiative und Mut zur Erkundung idealtypisch ausgetauscht und stimuliert werden. Einerseits entsprechen Rollen so von außen beobachtbaren Verhaltensmustern, die von einer Reihe innerer Prozesse begleitet und angestoßen werden (siehe Rollendimensionen). Andererseits bilden sich erst durch das rollengetragene Handeln intrapsychisch – und damit auf neuronaler Ebene – spezifische Körper-, Gefühls-, Vorstellungs- und Handlungsmuster aus, die die intersubjektive Dynamik szenisch speichern. Die einzelnen Dimensionen einer Rolle schließen sich zu neuronal vernetzten Rollenaggregaten zusammen, die Handlungsvariationen innerhalb einer gleichen Rolle ermöglichen (so genannte Rollenbündel oder Rollencluster). Dabei stehen die jeweiligen Dimensionen (z. B. psychosomatische Besetzung der Rolle) über die Grenzen der konkreten szenischen Interaktionserfahrung hinaus miteinander in Verbindung. Dies stellt die intrapsychische Voraussetzung für szenische Resonanz und Übergangsphänomene dar. Mentale Strukturierung und intrapsychische Differenzierung gehen damit aus interpsychischer Aktion hervor.

Durch die Kopplung somatischer, emotionaler, imaginativer und kognitiv-normativer Elemente bilden sich interpersonale Beziehungsmuster in Rollenform heran. Ihre Bildung durchläuft verschiedene Stadien, die durch phasenspezifische Schwerpunkte der Entwicklung determiniert sind:

- **psychosomatische Rollendimension** (Schwerpunkt leibnahe, direkt zugängliche, nicht selbstreflexive, senso-affekt-motorische Erlebensdimension; vorherrschender Rollenmodus: Rollenausübung; analoge Psychodramatechnik: Doppeln; Entwicklungsziel: Ich-Du-Differenzierung),
- **psychodramatische Rollendimension** (Schwerpunkt Einpersonenperspektive, klarer markierte Affekte, imaginativ-magisches Erleben, präsentativ-symbolische Ebene; vorherrschender Rollenmodus: Rollenwahrnehmung; analoge Psychodramatechnik: Spiegeln; Entwicklungsziel: Fiktion-Wirklichkeit-Differenzierung),
- **soziodramatische Rollendimension** (Schwerpunkt reflektierbare, ganzheitliche Interaktionsformen, Kompetenz zur sozial modifizierenden Perspektivenübernahme, diskursiv-symbolische Ebene; vorherrschender Rollenmodus: Rollentausch/Rollenwechsel; analoge Psychodramatechnik: Rollentausch/Rollenwechsel; Entwicklungsziel: ganzheitliche Integration).

Im Zuge der zunehmenden Reifung der Hirnfunktionen werden in der letzten Phase immer stärker soziale, kulturell-gesellschaftlich vermittelte Rollenvorgaben einbezogen, sodass Rollen schließlich private/subjektive und kollektive/intersubjektive Elemente miteinander vereinigen und auch intrapsychisch Bestandteile eines Systems übergeordneter Überzeugungen und Wertvorstellungen werden. Die Rollenkoordination zwischen soziokulturellen Normierungen (kategoriale Rollenebene) und individueller Geschichte (aktionale Rollenebene) entscheidet schließlich über die Angemessenheit von Anpassungsleistungen. Das Zusammenspiel aller Rollendimensionen erzeugt im Idealfall eine Handlungskompetenz, die zwischen unmittelbarem Körpererleben, fantasierten Wunschinhalten und soziokulturellem Realitätsprinzip einerseits und nonverbaler Einfühlung, tief empfundener Identifikation und rational-moralischem Perspektivenwechsel mit dem interaktionalen Gegenüber andererseits abwägend vermittelt.

Eine Grundannahme des zentralen interpersonalen Beziehungsmodells des Psychodramas besagt, dass emotional relevante, interpersonale Beziehungen das soziale Netzwerk eines Individuums formen (in der psychodramatischen Terminologie auch **soziales Atom** genannt). Beziehungen manifestieren sich dabei in komplementär gestalteten Rollenmustern, die in unterschiedlichen Bezugssystemen zur Wiederholung tendieren. Beobachtungs- und Interventionssysteme/Bezugssysteme der interpersonalen Psychodramatherapie sind:

- die aktuelle therapeutische Beziehung, insbesondere ihre multiple Auffächerung in Gruppen,
- die Realbeziehungen in familiären und/oder anderen sozialen Systemen,
- die rekonstruierten Beziehungen innerhalb psychodramatischer Handlungssequenzen und ihre Beziehungsäquivalente auf leiblicher und/oder symbolisch-imaginativer Ebene.

Unterschiedliche Bezugssysteme werden über die Resonanz von Rollen synchron aktiviert, dabei ist neben der soziokulturellen insbesondere die somato-affektive Clusterung von Rollen wichtig (Bündelung unterschiedlicher Rollen um gemeinsame thematische Kerne, s. psychodramatische Entwicklungspsychologie). Szenische Übergänge innerhalb von Protagonistenspielen beruhen auf der synchronen Aktivierung unterschiedlicher Systeme via szenischer Modulatoren (s. Entwicklungspsychologie; u.a. somato-affektive Markierung).

Räumliche, tageszeitliche, atmosphärische und interaktionelle Aspekte üben bereits im Vorfeld eine modulierende Wirkung auf erinnerte Rollenkonfigurationen und Vorerfahrungen aus, die in der aktuellen Interaktion gestaltet werden können. Ob Menschen das in Rollen angelegte „ganze Handlungspotenzial mit Gefühlen, Ideen, Perspektiven" nutzen, oder ob sie in ihren Interaktionen übernommene „gelernte" Rollenmuster stereotyp wiederholen und an ihnen fixiert bleiben, hängt aber gerade auch von der in diesem Moment verfügbaren Spontaneität ab (Schnittstelle zwischen Spontaneitäts- und Rollenkonzept).

Psychodramatischer Gesundheits- und Störungsbegriff

Der psychodramatische Gesundheitsbegriff ist in einer ersten Näherung über das Vorhandensein von **Spontaneität, Kreativität** und **interpersonaler Kompetenz** („role-pairing" nach Moreno, Ausbildung von Telebeziehungen mit angemessener gegenseitiger Wahrnehmung) zu definieren. Vor dem Hintergrund der Rollentheorie im Psychodrama kann Gesundheit dann weiter als Fähigkeit beschrieben werden, auf interpersonale und situative Anforderungen durch die jeweils aktualisierbaren Rollen, d. h. die verfügbaren Verhaltens- und Erlebensmuster, angemessen zu reagieren. Dies schließt die Neuschöpfung von Rollen oder die neue Bewertung bisheriger Rollen aufgrund von Spontaneität mit ein. Störung wird dann umgekehrt sichtbar in einem Misslingen des entsprechenden Adaptationsvorgangs.

Methodik und Struktur des klassischen Psychodramas

Der Aufbau des klassischen Psychodramas wird durch drei aufeinander folgende Phasen charakterisiert:
- die Erwärmungs- oder Initialphase,
- die Spiel- oder Aktionsphase,
- die Abschluss- oder Prozessphase.

Erwärmungs- oder Initialphase

In der Erwärmungs- oder Initialphase wird über eine aktive Förderung interaktiver Prozesse in der Gruppe oder über aktive Vorgaben der Leitung im Einzelsetting wie in der Gruppe ein Ansteigen von Spontaneität und Handlungsbereitschaft intendiert. Dazu können einerseits auf verschiedene Rollendimensionen zugeschnittene Übungen dienen (körperorientierte, imaginativ-symbolische, soziale Rollenbezüge als „Starter" der Spontaneität) und andererseits aber auch der verbale Austausch und die wechselseitige verbale Bezugnahme, den die therapeutische Leitung im Psychodrama aktiv in der Gruppe unterstützt. Allgemein gilt, dass bei zunehmender Störungsschwere die Erwärmungsphase ebenfalls länger andauert. Im Extremfall können bei schwersten psychischen Erkrankungen ausschließlich Erwärmungselemente verwendet werden, die dann aber auch bereits in sich selbst ein eigentliches therapeutisches Wirkprinzip entfalten. Die Erwärmungsphase wird durch die Wahl des Protagonisten oder des Themas der Gruppenarbeit beendet.

Aktions- oder Spielphase

Die folgende Inszenierung der Aktions- oder Spielphase lässt sich formal in die Kategorien
- des protagonistenzentrierten Spiels,
- des Vignettenspiels mehrerer Gruppenmitglieder,
- des gruppenzentrierten Spiels unterteilen.

Beim Ersteren konkretisiert zunächst der aus der Wahlsituation hervorgegangene Protagonist anhand von Fragen des Leiters Thema, Auftrag und Zielvorstellungen der therapeutischen Arbeit. Der erste szenische Zugang der Behandlung greift Elemente der in der Erwärmungsphase zu Tage getretenen Repräsentanzen des persönlichen Themas des Protagonisten wieder auf (z. B. im Sinne konflikthafter Szenen der Aktualität oder mit dem Thema assoziierter Symbole oder Objekte). Ausgehend von der möglichst detailgetreuen Einrichtung der Ursprungsszene oder einzelner Elemente werden durch die instrumentellen Regieprinzipien des Psychodramas für den Protagonisten relevante Bezüge einerseits erlebnisnah reproduziert („Problemaktualisierung" nach Grawe 1995a) und andererseits wird über die Externalisierung in den szenischen Raum und über den Einsatz distanzierender Techniken das Spiel für die Gestaltung des Protagonisten verfügbar gemacht. Dies ermöglicht eine schöpferische Neubewertung und Korrektur bisheriger Einstellungen, die **Deautomatisierung** und die **Restrukturierung von Verhalten** gehen ineinander über. Die genaue Regulierung des emotionalen Involvements bestimmt besonders bei schwereren Störungsbildern die therapeutische Schrittfolge. Die szenische Handlung aktiviert intrapsychisch szenische Resonanzen, andere mit der ersten Szene verknüpfte Szenen werden evoziert. So können szenische Übergänge zwischen mehreren Szenen erfolgen, die in ihrer Sequenz das Ausgangsthema immer stärker konturieren. Unauffällige Szenen der Gegenwart führen zu hochsignifikanten biographischen Erfahrungen, undeutliche Körpersensationen wandeln sich in die relevante Szene der interpersonalen Ausgangsmatrix. Im Allgemeinen können latente Bedeutungsgehalte gerade über das unmittelbare Evidenzerleben der Handlung angestoßen und szenisch weiter untersucht werden.

Fallbeispiel: Ausgehend von einer seit der Kindheit bestehenden Schreibhemmung, die im Rahmen einer Erwärmungsübung als schwarz gemalte Hand für alle sichtbar geworden und auf der Bühne durch das „Verstecken" der Hand in einer schwarzen Handtasche nachgebildet worden war, führt die Intensivierung der Gefühle in Bezug auf die konkrete Körper- und interpersonale Erfahrung (Hand in der Tasche, Gruppe „sieht" es) zu einer plötzlichen Erinnerung an eine Schulszene (Alter 12 Jahre), die ebenfalls seine Schreibhemmung nun aber in Verbindung mit mangelnder körperlicher Aggressivität thematisiert. Die Intensivierung dieser Szene führt schließlich zur Ursprungsszene der Schreibhemmung zurück: Der Protagonist hatte als 5-Jähriger trotz Verbots seines Vaters eine Katze vom Balkon geworfen, weil er nicht glaubte, dass sie sterben würde. Er hatte das mit seiner rechten Hand getan und wurde von seinem Vater dafür mehrfach geschlagen. In der Reinszenierung der Szene kommt es zu einer Begegnung mit der toten Katze, die er, ebenfalls auf dem Boden liegend, über ihre Gefühle ausfragt. Sie wirkt ruhig und friedvoll und bietet ihm von sich aus Vergebung an (Rollenträgerin handelt gemäß den Anweisungen des Protagonisten im Rollentausch, im Rollenfeedback bestätigt sie die ihr vorgegebene Gefühlslage aus ihrem eigenen Erleben in der Rolle). Es kommt zu einer tief greifenden kathartischen Reaktion an deren Ende dem Protagonisten noch auf dem Boden liegend ein Gedicht über Zeit und Zeitlosigkeit einfällt. Die Gruppe wiederholt das Gedicht, das Spiel ist zu Ende. (Nach der Sitzung und bei bisher 7-jähriger Katamnese kommt es zur vollständigen Remission der Schreibhemmung).

Bei schwereren Störungsbildern werden zunächst positiv verstärkende Szenen – im Sinne subjektiv validierter Ressourcen – inszeniert oder aber das Ausspielen einfacher Rollenbezüge, die nicht aus dem eigenen Lebenskontext stammen (z. B. Märchen, Mythen, Standardszenen), einer eigenen biographisch rekonstruktiven Arbeit oder einer Konfliktklärung in der Aktualität vorgeschaltet. Diese Formen des Rollenspiels ermöglichen eine stärkere emotionale Kontrolle und schützen vor möglicher Kränkung. In ihnen wirken Kreativität, Gestaltungsspielraum und Selbsteffizienz persönlichkeitsstärkend (Empowerment), reduzieren expositionsbezogene Ängste und bereiten konfrontative Klärungen vor. Zum Training sozialer Kompetenzen, das neben der Soziorehabilitation auch dem Transfer von vom Protagonisten erreichten Lösungsansätzen in die Alltagsrealität dient, können aber auch einfache Rollenspiele eingesetzt werden, wie sie aus der verhaltenstherapeutischen Praxis bekannt sind. **Vignetten** sind kleine ausschnitthafte Szenen, die prototypisch den Kern einer interpersonalen Erfahrung oder die Struktur einer familiären oder gruppalen Konstellation wiedergeben. Mehrere Gruppenmitglieder können so thematisch miteinander korrelierte Szenen ausspielen, was eine unmittelbare Differenzierung von persönlicher und soziokultureller Dimension gestattet. Gleichzeitig können auch die Expositionsdauer und -tiefe für die Protagonisten klarer begrenzt werden. Gruppenzentrierte Aktionen umfassen

- **soziometrische Klärungen der sozioemotionalen Tiefenstruktur der Gruppe** (Beziehungsstatus und Beziehungsdynamik, affektives oder soziokulturelles Konflikt- und Bewältigungsverhalten),
- **Stegreifspiele** (Spontaneitätstraining, Förderung freier, angstreduzierender Interaktion, „verdeckte" Klärung gruppenrelevanter Themen),
- **soziodramatische** oder **dramatherapeutische Spielvorlagen** (Klärung soziokultureller Konfliktthemen, Anspielen existenzieller/universeller Konfliktbereiche und einfaches soziales Rollentraining).

Gruppenspiele eignen sich besonders zur Initiierung längerer Gruppensequenzen, zur dynamischen Klärung bei Halbzeit oder vor Abschluss von längeren geschlossenen Gruppensettings. Sie fokussieren auf zentrale Prozessvariablen der Gruppe, können aber auch in der Gruppe eine affektdynamische Balance nach emotional stark involvierenden Protagonistenspielen wieder herstellen.

Abschluss- oder Integrationsphase

In der Abschluss- oder Integrationsphase werden die individuellen Erfahrungen „vitaler Evidenz" auf der Bühne, in denen rationale Einsicht, emotionale Erfahrung und leibhaftiges Erleben zusammenrücken, durch das Miterleben der Gruppe zu einer vollständigen interpersonalen Erfahrung ausgeweitet. Im zunächst einsetzenden **Sharing** berichten Gruppenmitglieder von Erfahrungen aus ihrer eigenen Lebenswelt oder Biografie, die einzelnen, gerade inszenierten Erfahrungen des Protagonisten entsprechen. Dadurch werden die exponierte Stellung des Protagonisten und seine veränderte szenische Realität zurückgenommen. Er kehrt in den Erfahrungszusammenhang und in die Realität der Gesamtgruppe zurück. Er bleibt mit seinem Erleben nicht alleine, aus individuellen werden universale Erfahrungen gewonnen. Das konkrete szenische Geschehen wird schließlich zur **Explikationsfolie**, die die Lebenserfahrung des Einzelnen und der Gruppe idealiter zu einem sinnhaften Geschehen, zu einer Kohärenzerfahrung der eigenen Geschichte verwandeln kann. Die emotionale Beteiligung aller Gruppenmitglieder fließt in das Sharing ein und graduiert es kathartisch. Die durch das Sharing nachhaltig geförderte Kohäsion der Gruppe kann die Isolation Einzelner erträglicher machen und stellt – gerade bei schweren existenziellen Grenzerfahrungen – für sich selbst ein zentrales therapeutisches Wirkprinzip dar. Im **Rollenfeedback** berichten die Rollenträger des Protagonisten von ihren in den jeweiligen Rollen (!) gemachten Erfahrungen. Dies fächert die interpersonale Perspektive des Spiels noch einmal auf. Selbst bei im Spiel vollzogenem Rollentausch wird durch die Rückmeldung die Wahrnehmung des interpersonalen Panoramas auch für den Protagonisten geschärft sowie Bedeutung und Sinn fremder und eigener Rollen werden insgesamt ergänzt. Der Protagonist kann die Rückmeldung der Rollenträger durch gezielte Fragen forcieren, der Rollenträger seine Rollenwahl begründen lassen.

In eine dem Rollenfeedback ähnliche Richtung wirken die Rückmeldungen der Zuschauer, die sich vorübergehend mit einzelnen Figuren der Inszenierung identifiziert haben und aus der Identifikation heraus Erfahrungen beschreiben (**Identifikationsfeedback**). In der prozessorientierten Abschlussphase können Parallelen, aber auch Unterschiede, zwischen aktuellen Rollen und dem in der Gruppe oder auf der Station bereits manifesten Rollenrepertoire einzelner Gruppenmitglieder ausgearbeitet werden (**Rollendiagramm**). Weiter werden allgemeine Themenkomplexe der Gruppe mit dem gerade inszenierten Thema verknüpft und um Aspekte der äußeren Realität – oder im Jungianischen Psychodrama auch um archetypische Aspekte – bereichert. Die während der Aktionsphase aufgetretene Dekonstruktion von Realität, bedingt durch den Flowzustand der Spontaneität, und ihre kreative Umgestaltung auf der Bühne, wird in der Abschlussphase kognitiv restrukturiert und zurückgenommen. Die Reflexion des Spiels lässt das emotionale Involvement in der Gesamtgruppe langsam weiter zurückfluten und fördert interpersonales Lernen.

Indikationsbereich und Diagnostik im Psychodrama

Zur methodenspezifischen und praxisrelevanten Einschätzung der Behandelbarkeit dienen insbesondere eine rollengeleitete verbale und szenische Exploration, **diagnostische Stichproben** (psychodramatische Miniaturen, Anspielen von Szenen, Verhaltensausschnitte) und das **soziale Netzwerkinventar** (**SNI**; Treadwell u. Mitarb. 1992). Die für die spätere psychodramatische Therapie entscheidenden Arbeitsebenen

der Handlungsbereitschaft und Imagination werden in die Untersuchung probatorisch einbezogen. Dabei wird von Anfang an versucht
- relevante Informationen in eine handlungsnahe Rollensprache zu übersetzen,
- nonverbale und imaginative Elemente aktiv einzubeziehen.

> Zeigen sich übergrosse Scham- und/oder Schuldaffekte der eigenen Handlung gegenüber („Expositionsphobie"), die zu maligner Regression führen könnten oder gelingt es nicht, Symbolisierungen anzusprechen (z. B. auf Grund kognitiver Störungen oder mangelnder kognitiver Kapazität), so liegen relative Kontraindikationen für die Anwendung des Psychodramas vor. Gleiches gilt für die Behandlung im Gruppensetting, wobei unter Umständen eine stützende Vorbehandlung im Einzelsetting die Indikation für die Gruppe erweitern kann.

Die therapeutische Beziehung ist als Modell für die interpersonale Grundorientierung der Behandlung zentral. Es wird eine offene, auf Gegenseitigkeit und angemessener Wahrnehmung beruhende Beziehung („**Telebeziehung**") angestrebt. Die in die Beziehung eingebrachten Rollenkonfigurationen werden registriert und eventuell unmittelbar therapeutisch validiert (**Erstellung eines Rollendiagramms**; z. B. Williams 1989). Die Einschätzung von Aufbau, Umfang und Variabilität von Rollenmustern und des jeweilig relevanten interpersonalen Netzwerks erlaubt auch in der psychodramatischen Psychotherapie eine zielbezogene Prognosestellung (Clayton 1994). Daten zum relevanten Beziehungssystem werden z. B. durch die Inszenierung der in ihr manifesten Rollenaspekte diagnostisch weiter erschlossen und „verfeinert". So gewonnene neue Einsichten (z. B. in Rollenfixierungen oder in die Abspaltung emotional relevanter Rollenanteile) münden entweder in therapeutische Lösungsschritte ein oder können ein zunächst übendes Vorgehen auf Rollenebene begründen (z. B. bei schweren Störungen von Rollenwahrnehmung und Rollenübernahme, so genannten frühen Störungen).

Gleiches gilt für die psychodramatische Diagnostik im Gruppensetting. Allerdings wird der Rollenstatus im Wechselspiel von interpersonaler und individueller Ebene in der Gruppe leichter erfahrbar und sichtbar gemacht. Dabei wird die Gruppe selbst als wichtige potenzielle Ressource der Behandlung betrachtet, was eine Reihe methodischer Interventionen begründet (z. B. Leitungsaktivität, Erwärmungsphase, Sharing). Die Soziometrie stellt als Medium der Gruppendiagnostik im Psychodrama für dieses Ziel wichtige Voraussetzungen zur Verfügung. In der graphischen Rekonstruktion sozialer Netzwerkstrukturen (z. B. im **Soziogramm** oder im sozialen Netzwerkinventar; z. B. Carlson-Sabelli 1994) spiegeln sich Beziehungsrepräsentanzen als innere Bilder oder Deutungen. Durch das konkrete, rollengebundene Handeln in der Gruppe erhalten diese erst eine überprüfbare Erfahrungsgrundlage. Rollen sind deshalb auch als diagnostische „Beobachtungseinheiten" bezeichnet worden (Schneider-Düker 1989).

Eine spezifische instrumentelle Evaluierung des therapeutischen Prozesses im Psychodrama ist ohne weiteres möglich, jedoch nicht explizit vorgesehen. Der therapeutische Prozess kann besonders anhand des Rollenstatus begleitend dokumentiert und beurteilt werden (Verhältnis dysfunktionaler und progressiver Rollen). Dabei ist die Ergänzung, Korrektur oder Reformulierung der eingangs erhobenen Rollendiagramme das Mittel der Wahl der instrumentellen Prozessdiagnostik. Für Eingangs- und Ausgangsdiagnostik werden dagegen zusätzlich das SNI oder in Gruppen soziometrische Testverfahren verwendet.

Basale therapeutische Prinzipien

Im Zentrum der psychodramatischen Diagnostik und Therapie steht die **szenische Interaktion auf der Bühne**. Die eigene, frei gestaltete Handlung oder das Spiel in der Gruppe fördern einerseits das Erleben von Selbsteffizienz und Selbstregulation als wichtiges therapeutisches Medium (der Mensch als Kreator und Schöpfer). Durch die Externalisierung innerer Zustände oder die Darstellung konflikthafter Beziehungen in Form einer aktionalen Symbolsprache können diese andererseits neu erlebt (**Einsichtsfähigkeit**) und schöpferisch genutzt werden (**Lösungskompetenz**). **Erlebnisverdichtung** (aktional, emotional, somatisch), **Perspektivenübernahme** (Rollentausch) und **distanzierende Exploration** wechseln sich ab. Intra- und interpsychische Perspektiven werden anhand von Rollenbegriffen konkretisiert, in Rollen auf der Bühne erlebnisnah reproduziert und einer Veränderung zugänglich gemacht. Dem psychodramatischen Grundverständnis psychischer Störungen folgend hängt das Untersuchungsergebnis dabei auch von der Untersuchungssituation und der in ihr erreichten Spontaneitätslage ab. Im Spiel auf der Bühne untersucht der Klient so seinen Lebensraum auf die Bedingungen von Vergangenheit und Gegenwart, aber auch auf die Möglichkeiten seiner Zukunft hin. Die Auffassung, dass Therapie Diagnose und diese Diagnose ein Prozess ist, der eher in der Erfahrung des Klienten abläuft als im Intellekt des Klinikers, kommt der psychodramatischen Auffassung an dieser Stelle ausgesprochen nahe.

Der psychodramatische Therapieansatz rekurriert auf zwei Beobachtungs- und Interventionsbereiche. Der erste Arbeitsbereich ist das interaktionelle Feld der Therapeut-Patient-Beziehung (in der Einzelpsychotherapie) bzw. das multiple Beziehungsfeld der Gruppe und deren Beziehungen zum Therapeuten. Der zweite Arbeitsbereich zeichnet sich durch die Hinzunahme einer besonderen therapeutischen Arbeitsebene aus, die für das Verfahren spezifisch ist. Es handelt sich dabei um einen intermediären Übergangs- oder Übungsraum, die **psychodramatische Bühne**, die eine neue Kategorie von Realität in die Therapie einführt und der Umsetzung des psychodramatischen Handlungs- und Gestaltungsprinzips dient. Die Wirksamkeit des sich im Psychodrama entfaltenden therapeutischen Behandlungsmodells basiert auf aktionsvermittelter Einsicht und Lernprozessen, emotionaler Katharsis, imaginativen (Spiel-)Entwürfen der Wirklichkeit und einem mehrdimensionalen Interventionsprinzip interpersonaler Beziehungen (zentrales interpersonales Beziehungskonzept).

Basistechniken des Psychodramas

Doppeln

Es handelt sich um eine **Hilfs-Ich Funktion**, die Dank empathischer Einfühlung innere Befindlichkeiten, Affekte oder Einstellungen und Überzeugungen bei Zustimmung durch den Protagonisten verbalisiert. Die empathische Einfühlung wird durch die Imitation der körperlichen Haltung und Gestik erleichtert. Die Doppelfunktion verhilft unausgesprochenen oder der bewussten Wahrnehmung des Protagonisten bisher entzogenen inneren Anteilen – und damit Rollenrepräsentanzen – zu Ausdruck und Wort. Sie ist besonders bei überwältigenden emotionalen Reaktionen hilfreich, indem sie regressive Zustände in den Bereich sprachlicher Kommunizierbarkeit zurückholt. Sie wird begrenzt durch ihre potenziell auflockernde Wirkung auf die Ich-Du-Grenze, was insbesondere bei psychotischen oder posttraumatischen Störungsbildern Schwierigkeiten hervorrufen kann. Eine besondere Variante der Doppeltechnik, das so genannte **Ambivalenzdoppeln**, dient der Inszenierung ambivalenter Gefühlslagen, in dem die ambivalenten Gefühlszustände von jeweils einem Doppel besetzt und damit für den Protagonisten – aber auch die anwesende Gruppe – plastisch erfahrbar gemacht werden.

Spiegeln

Die Spiegeltechnik versetzt den Protagonisten aus dem unmittelbaren Spielzusammenhang in eine von außen beobachtende Position, in der er das szenische Geschehen überblickt. Seine eigene Rolle wird durch einen **Doppelgänger** übernommen. Die der unmittelbaren szenischen Dynamik gegenüber gewonnene Distanz erhöht das kreativ gestalterische Potenzial des Protagonisten, der nunmehr als Regisseur und Schöpfer seine eigene Lebenssituation von außen erneut bewerten und durch seine spontanen Interventionen verändern kann. Räumliche Hilfsmittel (der Protagonist erhält eine der Szene gegenüber erhöhte Position, z.B auf einem Stuhl) verstärken Autonomie und Handlungsfreiheit, Blockaden (z. B. durch bedrohliche Machtkonstellationen) können überwunden und verändert werden. Der konfrontative Aspekt der Technik limitiert ihren Einsatz, kann aber durch weitere räumliche Arrangements abgestuft werden (räumliche Distanz gegenüber der Szene, insbesondere bei Traumarbeit entscheidend).

Rollentausch

Beim Rollentausch wechselt der Protagonist in die Rolle eines seiner **Antagonisten** und erlebt so aus anderer Perspektive seine eigene Interaktion erneut. Der Rollentausch ist das materialisierte Konzept der Begegnung und die interpersonale Technik sui generis. Er verschränkt die Unterschiede zwischen Selbst- und Fremdwahrnehmung, erweitert und verändert die interpersonale Wahrnehmung zwischenmenschlicher Beziehung. Im Rahmen der interpersonalen Konfliktklärung, z.B. in therapeutischen Gruppen, leistet der reziproke Rollentausch Voraussetzung für eine zweiseitige angemessene Wahrnehmung, was den so genannten **Telefaktor** entscheidend erhöht (psychodramatischer Begriff für eine angemessene, zweiseitig modulierte, durch Übertragung nicht verzerrte Form der Beziehung). Der Rollentausch setzt eine stabile Organisation von sozio- und psychodramatischen Rollendimensionen voraus, was einer relativen Kontraindikation bei schweren, z. B. psychotischen, Störungsbildern entspricht.

Monolog, Selbstgespräch (Soli loquii)

Im Monolog wendet sich der Protagonist nicht seinem szenischen Gegenüber zu, sondern spricht seine Gedanken zur Seite aus. Begünstigt durch die Spontaneitätslage und den durch sie erzeugten Strom der eigenen inszenierten Geschichte, werden Erkenntnisse und Einstellungen artikuliert, die sonst in der realen interpersonalen Situation nicht offen ausgedrückt worden wären. Insbesondere zeigt der Einsatz der Technik Ambivalenzen oder Skrupel an, die in der offiziellen Kommunikation unterdrückt oder unfreiwillig übergangen werden.

Maximierung

Leibgebundene Affekte oder am Körper lokalisierbare Stimmungen oder Gefühlslagen werden durch das Hinzuziehen von Hilfs-Ichs verstärkt, d. h. in ihrer Zielrichtung und ihrem Handlungspotenzial maximiert. In gleicher Weise können Vorstellungs- oder Gedankeninhalte durch szenisch dramaturgische Mittel (z. B. durch einen Chorus der Mitspieler) soweit energetisch aufgeladen werden, dass sie durch die erfahrene Maximierung latente Handlungsansätze in manifeste Aktionen einmünden lassen. Gleichzeitig können durch die Technik der Maximierung aber auch szenische Resonanzvorgänge unterstützt werden, die dann den nächsten Umschlagspunkt, d. h. die nächste, assoziativ verknüpfte Szene, in der therapeutischen Arbeit initiieren.

Anwendungsperspektive

Die Praxis psychodramatischer Gruppentherapie umfasst – von wenigen Ausnahmen abgesehen (s.o.) – praktisch alle bekannten psychiatrischen Störungsbilder. Allerdings werden eine Reihe von wesentlichen Modifikationen in Anlehnung an die Störungstypologie und die individuelle und gruppale „Lage" in den therapeutischen Prozess eingeführt.

Beispiele: Bei einem energetischen Überschuss an Handlungsbereitschaft ohne angemessene Rückkopplung mit interpersonalen Strukturen (so genannte **pathologische Spontaneitätslage**; z. B. bei manischen Verstimmungen oder untersteuerten Affekten bei der Borderline-Persönlichkeitsstörung) geht es in der Vorbereitungsphase um die Wiederherstellung eines interpersonalen Bezugs in den die überschüssige Energie eingebunden und reguliert werden kann (z. B. im Rahmen einer aktiven Beziehungsgestaltung durch die Leitung in Kombination mit körperorientierten Übungen). Alle anderen Formen des Warming-up sind obsolet. Bei extremem sozialen Rückzug (z. B. schwere Katatonie) wird die Therapie mit professionellen Rollenträgern in den Lebensbereich des Betroffenen verlegt, alle Elemente werden an die

Charakteristika der individuellen Situation adaptiert (so genannte **Hilfsweltechnik**; s. z. B. Bender 1980, 1985; Krüger 1999; Burmeister 1999). Bei traumatischen Störungen wird in der Erwärmungsphase ein gestufter Aufbau von Selbstwirksamkeit und Selbstvertrauen in der Gruppe und in Bezug zur Leitung entwickelt. Der szenische Aufbau eines behüteten „sicheren" Ortes bestimmt ebenso das therapeutische Procedere wie elastische Formen der szenischen Annäherung an das eigentliche traumatische Geschehen. Bei depressiven Verstimmungen werden interpersonale und/oder Rollenkonflikte, nicht integrierte Trennungserfahrungen oder narzisstisch-überhöhte Selbstansprüche zunächst mit schonenden, symbolisch-imaginativen (inklusive mythologischer Grundthemen), axeomatischen (inklusive Sinnperspektive) oder körperbezogenen Elementen szenisch angeregt (Ressourcenorientierung, Stimulierung von unbeschädigten Rollenkompetenzen der Vergangenheit). Die Beziehungsgestaltung erfolgt gleichzeitig komplementär (Entlastung von Verantwortung und Scham/Schuldzuschreibung). Die Gruppe übernimmt über Sharingprozesse ebenfalls wichtige Entlastungsfunktionen (Universalität des Leidens, Unrecht als existenzielle Erfahrung, Einbringen von Hoffnung), was den Schritt zur depressiven Deblockierung hin zur offenen szenischen Arbeit entscheidend erleichtern kann.

Bei Zwangsstörungen werden primär ressourcenorientierte, ich-stärkende Anteile vor der eigentlichen Hinwendung zum Zwangsgeschehen inszeniert und in die Arbeit einbezogen (Straub 1999). Bei Suchterkrankungen steht eine ganze Palette spezifischer Interventionsstrategien zum Aufbau eines störungsspezifischen Therapieprozesses zur Verfügung. Dazu gehören u.a. die symbolgetragene Auseinandersetzung mit der Funktion des Suchtmittels oder das „Drama", mit dem die potenzielle Entlassungssituation auf Rückfallgefahren antizipativ untersucht wird (Schwehm 1999). Bei psychosomatischen Erkrankungen können die häufig vagen Beschreibungsansätze und der leibzentrierte Ausdruck interpersonaler Konfliktlagen durch den unmittelbaren Einbezug des Körpers und durch kränkungsvermeidende symbolisch-imaginative Behandlungselemente nach und nach konkretisiert und szenisch entschlüsselt werden. Die Zuschreibung einer besonderen Regieposition und die organspezifische Fokussierung der Kernsymtomatik erleichtern die therapeutischen Inszenierungen für die Protagonisten zusätzlich (Klingelhöfer 1999). Institutionelle Großgruppen können durch die psychodramatische Prozessführung im Unterschied zum selbstorganisatorischen Prozessmodell zu einer problemzentrierten Vorgehensweise wesentlich einfacher bewegt werden. Soziometrische und soziodramatische Inszenierungen aktualisieren neben den institutionellen zusätzlich die soziokulturellen Spezifika der jeweiligen relevanten institutionellen Szene. Bei der Behandlung und Begleitung von onkologischen Patienten und Patientinnen kann der eigentliche Gruppenansatz auch im Einzelsetting erfolgreich appliziert werden (Frede 1999).

58. Transaktionsanalytische Gruppenpsychotherapie

S. Ligabue und M. Sambin

Konzeptueller Ansatz

Der transaktionsanalytische Ansatz verwendet die Gruppe als präferiertes Setting, wie dies bereits aus dem von Berne verwandten Begriff „Transaktion" entnommen werden kann, mit dem er sein theoretisches Modell überschrieb. „Analyse" ist als mit intrapsychischen Aspekten des Individuums verknüpft anzusehen, während der Begriff „transaktional" Aufmerksamkeit auf den **Kommunikationsaustausch** zieht, auf soziale Aspekte, die zwischen zwei oder mehr Individuen bestehen.

Die spezifische Sichtweise von Berne, Sohn des Arztes Bernstein (eines „Arztes der Armen") polnischen Ursprungs, selbst Arzt und Psychiater, führte ihn dazu, sich in seinem täglichen Leben mit Gruppen zu befassen. Er arbeitete als Armeepsychiater nach dem Zweiten Weltkrieg in verschiedenen amerikanischen Hospitälern, parallel dazu arbeitete er in privater Praxis, wo er bis zu seinem Tode 1970 tätig war, kurz bevor sein letztes Buch „What Do You Say After You Say Hallo?" (1972) (deutsch: „Was sagen Sie, nachdem Sie guten Tag gesagt haben?", 1983) erschien und kurz nachdem die **International Transactional Analysis Association (ITAA)** gegründet worden war.

In Bernes Arbeit mit seinen Patienten und in seiner Theorie kann man die Spuren seines **psychoanalytischen Hintergrunds** erkennen, früh mit Federn und später mit Erikson, kombiniert mit seiner sorgfältigen Sensibilität für phänomenologische Aspekte von Erfahrung. Er zeigte einen konstanten Respekt für die existenziellen Wurzeln der Menschen, was für das philosophische und kulturelle Umfeld der Westküste der USA jener Jahre nach dem Krieg typisch war, mit Maslow und Rogers als ihren markantesten Vertretern (Maslow 1962; Perls 1969; Rogers und Stevens 1967).

Berne entwickelte eine spezielle Sorgfalt bei der **Untersuchung menschlicher Kommunikation** und ihrer zu Grunde liegenden Regeln, ganz analog zu dem, was sich im Kalifornien jener Jahre in der Arbeitsgruppe um Bateson, Weakland und Jackson abspielte (Bateson 1956; Weakland und Jackson 1958). Berne antizipierte die Notwendigkeit der Verknüpfung von Aspekten der intrapsychischen Analyse mit jenen Aspekten der interpersonalen Kommunikation. Dies führte dazu – neben der Schöpfung einer neuen Theorie, eben der Transaktionsanalyse –, dass er aus der psychoanalytischen Gesellschaft von San Fransisco 1956 ausgeschlossen wurde, die seine Positionen nicht akzeptierte.

Die Dinge haben sich mittlerweile auch in der Psychoanalyse weitgehend gewandelt: Wallerstein (1992) spricht von einem „psychoanalytischen Pluralismus" und Schermer und Pines (1994) unterstreichen, dass die Psychoanalyse inzwischen eine gestandene Interaktionspsychologie sei.

So weit wie die Gruppe betroffen ist, zeigt Berne, dass er Ezriel (1950), Bion (1961) und Foulkes (1964) sehr gut gelesen hat, die er im Aufsatz „Suggested Readings" seines Buchs „The Structure and Dynamics of Organizations and Groups" (1963) genauso wie Lewin (1951) zitiert, von dem er einige Prinzipien später diskutiert (1966). Speziell Literatur über Gruppen aus der transaktionsanalytischen Sicht ist relativ rar, dagegen ist die **klinische Anwendung in Gruppen** vergleichsweise sehr **verbreitet**. Interessanterweise scheint die Theorie der Transaktionsanalyse (TA) eher durch eine Haltung gefördert zu werden denn durch eine Doktrin. Bernes Arbeit „Principles of Group Treatment" (1966) kann sowohl als die Grundlegung wie auch als die Synthese der transaktionsanalytischen Theorie über Gruppen im Hinblick auf ihre philosophischen, ontologischen, technischen, setting- und patientenbezogenen, therapeutischen und indikativen Aspekte aufgefasst werden.

Wir können damit beginnen, eine Vorstellung von der Theorie zu gewinnen, indem wir mit einer sehr **expliziten Weltanschauung** starten. Die grundlegende Haltung, die durchgehend jede Form von gruppenbezogener Aktivität kennzeichnet (Gruppenvorbereitung, Interventionsmaßnahme, Art der Beziehung in der Gruppe), ist die **Gleichheit der Personen**, die sich in der Gruppe zueinander in Beziehung setzen. Der Transaktionsanalytiker drückt diese Haltung in einer synthetischen und riskanten Formulierung aus: „Ich bin okay, du bist okay." Dieser optimistische Satz kann in trivialer Weise inflationär eingesetzt werden (was tatsächlich auch zu oft der Fall war) oder er kann als grundlegender Eckpfeiler für alle abgeleiteten theoretischen und technischen Maßnahmen fungieren.

„Du bist okay" bedeutet, dass des Patienten Nachfrage nach Hilfe nicht seinen inhärenten Wert, nicht den Wert seiner Existenz und nicht die Würde seiner Existenz beeinflusst. „Ich bin okay" meint nicht, dass das Hilfsangebot des Therapeuten von Omnipotenz gekennzeichnet ist und will nicht den Patienten als „geringer" ansehen. Die Betonung liegt auf den Schlüsselwerten Fähigkeit und Verantwortlichkeit einer jeden Person für ihr eigenes Leben. Der inhärente Wert des einen befruchtet den Wert des anderen Subjekts innerhalb einer Gruppenatmosphäre, was wiederum die „Philosophie" der Sitzung und die Verantwortungsübernahme für eigene Gesundheit und Probleme beeinflusst. Diese Haltung des **doppelten Okay-Seins** – wie Romanini (1999) es nennt – erneuert nicht einen abstrakten und idealistischen Glauben, sondern hat bemerkenswerte Konsequenzen:

- auf das Setting,
- auf den Patienten,
- auf den Therapeuten,
- auf die Beziehung,
- auf die Interventionstechniken,
- auf die konzeptuellen Werkzeuge.

Setting

Die Transaktionsanalyse stellt keine besonderen Anforderungen an das Setting. Der Raum, in dem die Sitzungen stattfinden, muss – wie jeder Gruppenraum – das Ambiente der Isolierung von externen Störquellen aufweisen und den Eindruck physischer Bequemlichkeit, von Geschütztheit und Nähe vermitteln. Es muss sichergestellt sein, dass der Raum keine Aufmerksamkeit von den in der Therapie erforderlichen Energien abzieht. Sitzungen werden mit festen Terminen bezüglich Beginn und Ende bestimmt. Nach Berne ist die Bezahlung an den finanziellen Möglichkeiten der Patienten zu orientieren.

Ungeachtet einer gewissen Flexibilität ist es Tradition in der Transaktionsanalyse, dass allgemein eine Sitzung pro Woche für 2 bis 2^1/$_2$ Stunden stattfindet. Im Allgemeinen sind die Gruppen offen, doch gibt es auch homogene Gruppen mit spezifischen Problembereichen (z. B. Adoleszentengruppen mit Persönlichkeitsstörungen, Drogenabhängigkeit; Ranci 1999). Einzelsitzungen können als zusätzliche Hilfe zur Gruppenteilnahme eingeplant werden, sodass der **Gruppenprozess als eine Art von Integration der Einzelbehandlung** aufgefasst werden kann.

Externe Treffen sind zwar nicht gewünscht, werden aber auch nicht verboten. Berne erinnert daran, dass Patienten nach einem gewissen Zeitraum ein bestimmtes externes Leben entwickeln – wie z. B. einen Kaffee zu trinken oder sich bei einem Treffen ein wenig zu unterhalten oder ob sich gar eine soziale Hyperaktivität im Rahmen einer „Post-Gruppe" entwickelt. Der Therapeut sollte sich dabei fragen, was sein Beitrag hierzu wohl ist.

Das Setting einer **Marathongruppe** – d. h. ein eintägiger oder zweitägiger intensiver Workshop – ist zuweilen zum Beginn einer Gruppenentwicklung oder als eine integrierende Erfahrung vorgesehen. Das **Behandlungsende** wird erreicht, wenn die speziell aufgestellten therapeutischen Ziele erreicht sind. Damit sind das Behandlungsende wie die Behandlung ein offenes Abkommen zwischen Patient und Therapeut und werden bereichert durch die Meinung der gesamten Gruppe.

Patienten

Berne betont, dass die Transaktionsanalyse (TA) in der Gruppe hauptsächlich für eine sitzende soziale Gruppe vorgesehen ist. Damit meint er, dass das Hauptwerkzeug der Therapie die **verbale Kommunikation** darstelle. Die Anzahl der Gruppenmitglieder wird mit zehn angegeben, eher weniger als mehr.

Eine **Selektion von Patienten** wird nicht empfohlen, da Berne erstens der Auffassung war, dass jeder Patient für eine Gruppenbehandlung geeignet sei, und zweitens weil er die Heterogenität als eine Lerngelegenheit für den Therapeuten ansah. Der Forderung nach einer Selektion von Patienten – um zum Beispiel eine Forschung an bestimmten Patientenpopulationen durchzuführen – begegnete Berne mit ethischen Bedenken und der primären Pflicht der Behandlung, dem Wohlbefinden des Patienten dienen zu müssen.

Eingangsdiagnostik, Tests und patientenbezogene Daten

Tests oder **Fragebögen** werden als brauchbar nur in dem Falle angesehen, dass sie ein Hilfswerkzeug darstellen, das kommuniziert und im direkten Kontakt mit dem Patienten verwendet werden kann. Die Grundidee ist auch hier der Respekt vor dem individuellen Patienten. Im Falle einer Wahl zwischen Patient und Professionellem oder institutionellen Aspekten ist stets das Individuum – also der Patient – vorzuziehen. Auf derselben Linie unterstreicht Steiner (1974) das Risiko, dass eine Diagnose ein rigides Label werden könnte, analog zu der antipsychiatrischen Bewegung der 60er und 70er Jahre.

Der Gebrauch von **Patientenunterlagen** geht in dieselbe Richtung. Ihr Einsatz kann die Patienten in strikte Kategorien einzuteilen fördern und somit die Intuition des Therapeuten und seine wertvolle Meinungsbildung (Bildung eines Bildes vom Patienten) während der diagnostischen Phase behindern.

Primäre Bilder vom Patienten werden exakt in der Begegnung mit anderen geformt, was uns tief in die emotionale Erfahrung des Patienten zurückführt (Berne 1977). Zur selben Zeit hat die Geschichte des Patienten – seine eigene oder die aus Therapeutensicht – eine Bedeutung in sich, weil sie zu der Kreation der gesamten psychodynamischen „Gestalt" des Patienten beiträgt.

Therapeut

Berne fordert, dass der Therapeut viele Fertigkeiten aufweisen müsse sowohl als Professioneller wie auch als privater Mensch. Die Bilateralität der Beziehung wird durch den Fakt bestätigt, dass sowohl der Patient als auch der Therapeut als gleich und ohne Vorurteile angesehen werden sollten. Der Therapeut muss eine **transparente Person** sein: Seine Patienten würden jedes ihn betreffende Detail bemerken, er würde ebenfalls mit einer vorläufigen Diagnose aus der Sicht der Patienten versehen. Er wird als vernünftig denkende, interessierte, enthusiastische Person erscheinen, die von einer Ethik der Verantwortlichkeit und Bestimmung angeleitet ist. „Er ist ein scharfer Beobachter, ein sorgfältiger Zuhörer, ein unermüdlicher Datensammler, ein neugieriger Untersucher, ein rigoroser Kliniker, ein pedantischer Techniker, ein sorgfältiger Arzt und jemand, der mit seinem eigenen Kopf denkt".

Das Erreichen dieser Mischung ist offensichtlich nicht einfach.

Berne ist der Auffassung, dass der Therapeut primär eine Ausbildung in psychoanalytischer Theorie und Praxis haben sollte, dann in Gruppenpsychotherapie- und Gruppendynamikgrundlagen sowie in Transaktionsanalyse. Eine spezielle Aufmerksamkeit sollte den **Motiven der Berufswahl** gewidmet werden: eine Rückführung auf den **Erwachsenenanteil** (rationaler Aspekt der Motivation), auf den **Elternanteil** (die Werte, die die Entscheidung herbeiführten) oder auf **kindliche Motive** (die eher primären Bedürfnisse). Alle könnten, natürlich auch unbewusst, zu einer Manipulation und Ausbeutung des Patienten führen, die sich dann in der Beziehung mittels psychologischer Spielchen zwischen Therapeut und Patient manifestieren. Nach Berne ist ein Therapeut ein „wahrer Arzt", der wissen muss, was er tut, warum er es tut und wer die Verantwortung für das Wohlbefinden seiner Patienten in einer teilenden Partnerschaft trägt.

Interaktionen zwischen Therapeut und Patient in der Gruppe

In einem mit „Observing and Listening" überschriebenen Kapitel seines 1966er Buchs fordert Berne vom Gruppenleiter den **Einsatz aller fünf Sinne**, damit er in der Lage ist, Erröten, Zittern, Schwitzen, Anspannung, Entzückung, Ärger, Weinen, offen ausgedrücktes Lachen usw. zu bemerken, und jede dieser Manifestationen in ihren frühen Entstehungsphasen zu beleuchten. Er führt mit präzisen Beispielen an, was und wie die Phänomene beobachtet werden könnten: über den Gang, die Einstellung, Bewegungen, Gesten, mimische Ausdrücke, einzelne Muskelkontraktionen usw.

Das **Zuhören** wird gleichfalls sehr betont: der Wahl und dem Gebrauch von Worten, der Satzstruktur, der Stimme (jeder von uns hat mehr als eine Stimme), der Ausdrucksqualität der Sprache. Die Aufmerksamkeit liegt auf dem Hier und Jetzt der Beziehungen, und die konzeptuellen Hilfsmittel – z.B. durch die diagnostische Individuation des Ich-Systems (Eltern, Erwachsener, Kind), die in der Beziehung aktiv werden – helfen, diese Aufmerksamkeit zu erlangen. Die Interaktionsqualität, die der Therapeut implementiert, betont eine direkte und einfache Sprache und die Eigenverantwortlichkeit für die geäußerte Meinung.

Der Therapeut sollte im Vorhinein die Schritte kennen, die er bei jedem Patienten zu unternehmen intendiert. Eine gute Gruppenbehandlung muss lebendig sein, jedes Treffen sollte mit einer frischen Einstellung beginnen.

Diese und viele andere Prinzipien, die in Bernes Werk zu finden sind, geben uns eine Vorstellung davon, wie ein Gruppenleiter sein sollte: authentisch, direkt, aktiv, frei von irgendwelchen Umgebungszwängen, mit dem primären Ziel des Nutzens für seine Patienten. Eine solche Haltung würde idealerweise jeder als allgemeines Prinzip proklamieren, zumindest theoretisch. TA setzt die beschriebene Haltung durch einige Hilfswerkzeuge in die Praxis um: durch den **Kontrakt**, die basalen **Elemente der Theorie** (Ich-System, Transaktionen, Spiele und Skriptanalyse) sowie durch die **Wahl einer gemeinsamen Sprache**.

Therapiekontrakt

Berne definiert den Therapiekontrakt als eine präzise Übereinstimmung zwischen Patient und Therapeut, der das Behandlungsziel während jeder Phase der Behandlung definiert. Es ist vieles über diesen Punkt durch Transaktionsanalytiker geschrieben worden, die mit diesem Terminus ein ganzes **Bündel an Verfahren**, **Interventionen** und über allem eine **spezifische Haltung** meinen, die die therapeutische Beziehung definiert. Der Therapiekontrakt kann als eine Übersetzung der **Grundeinstellung (life positions)** „Ich bin okay, du bist okay" in klinische Praxis verstanden werden.

Genau so als ob sich zwei Personen beim Einkauf träfen – hier Patient und Therapeut – mit gleicher Würde, obwohl in unterschiedlichen Rollen, aber das gleiche Ziel verfolgend und von daher auch gleiche Verantwortlichkeiten für den beide verbindenden Prozess teilend.

Steiner nennt vier allgemeine Aspekte des Kontrakts:
- die Übereinstimmung bezüglich der **Bilateralität**,
- die **Fertigkeiten beider Vertragspartner** (z.B. kann ich nicht das Veränderungsziel jenseits meiner persönlichen und professionellen Ressourcen setzen und muss daher in spezifischen Situationen einen dritten Vertragspartner einschalten, wie im Falle von Kindern oder bei geschützten Einrichtungen),
- eine **Bezahlung** im Austausch für professionelle Arbeit,
- das gemeinsame Hinarbeiten auf **adäquate und legale Ziele**.

In der TA-Praxis unterscheiden wir den **administrativen Kontrakt** und den **therapeutischen Kontrakt**, wobei Letzterer in verschiedenen Variationen stattfinden kann: als explorierender Kontrakt, Kontrakt über Ziele, Sitzungskontrakt, „Hausarbeit".

Transaktionsanalytiker haben semistrukturierte Verfahren, um in die Kontraktschließung mit ihren Patienten einzutreten. Sie fragen explizit danach, was das Veränderungsziel der Betroffenen ist. Sie vermeiden Verallgemeinerungen und Grandiosität. Sie klären den Inhalt des Kontraktes in Bezug auf den Kontext der Person und den gegenwärtigen Stand. Sie setzen einige Indizes, anhand derer das Ausmaß des Erreichens der Behandlungsziele gemessen werden kann (so kann auch ermöglicht werden, zu überprüfen, ob Veränderung erreicht wurde).

Verschiedene Techniken werden für die Herstellung eines Kontrakts zur Gruppenbehandlung verwandt. Der Therapiekontrakt ist ein sehr wirksames Hilfsmittel, um eine therapeutische Arbeitsbeziehung aufzubauen und Widerstand gegen die Behandlung und Regression zu minimieren (s. auch Kap. 8).

Mit dem Kontrakt wird eine weitere Realität zwischen Patient und Therapeut eingeführt: das gemeinsame Ziel, das es zu erreichen gilt. Energie wird kanalisiert auf ein Ziel hin anstelle von Konfusion und Konflikten zwischen beiden Parteien.

Regression wird gebremst und wird selbst zum Bestandteil des Kontrakts. Lediglich die erforderliche Regression für die therapeutische Veränderung und Herausarbeitung derselben wird benötigt, eine größere Regression soll nicht herbeigeführt werden. Auf gleiche Art wird das Ausmaß von **Übertragung** und **Gegenübertragung** reduziert. Mit einer Metapher könnte davon gesprochen werden, dass der Kontrakt durch das gemeinsam geteilte therapeutische Projekt – das „Kind dieses Paars" – zur Geburt beiträgt: ein gehegtes und gepflegtes, geliebtes Objekt, auf dass es wachse. Das gemeinsame Projekt schwächt viele „Geister" – ohne sie gänzlich zum Verschwinden bringen zu können – und gibt der Vergangenheit eine evolutionäre Richtung.

Die **Kontraktherstellung** ist gleichfalls ein diagnostischer Prozess: Tatsächlich zeigt sich die psychische Struktur des Patienten bei der Festlegung der zu verändernden objektalen Bestandteile. Je größer oder geringer die Fähigkeit ist, die zu verändernden Aspekte zu beleuchten, ihre Vollständigkeit oder Fragmente, die Art und Weise, mit der der Patient es anstellt, die angebotene Hilfe anzunehmen, sind alles bedeutsame Aspekte, die von der Ich-Stärke und ihrer Abwehrfähigkeit, der Selbststruktur und der Art der Übertragung abhängen. Derselbe Prozess birgt auch prognostische Aspekte in sich: Bereits ganz am Anfang des ersten Treffens zeigt sich, wie der spätere therapeutische Weg wahrscheinlich verlaufen wird.

Der Therapiekontrakt ist daher nicht nur eine Übereinstimmung oder eine Technik, sondern hat auch eine vertragliche Facette, stellt einen Marker für den Beziehungsprozess dar und ist ein Aktivator für Veränderung.

Grundlegende konzeptuelle Hilfsmittel

Die konzeptuellen Werkzeuge, die den TA-Therapeuten in seiner Praxis unterstützen, sind einfach. Wir werden sie im Folgenden kurz darstellen und verweisen den interessierten Leser auf mögliche Vertiefungen an anderen Stellen (Berne 1961; Clarkson 1992; Ligabue und Rotondo 1989; Tilney 1998).

Auch in der Theoriedarstellung ist der Gebrauch der Sprache konkret und operational, verknüpft mit täglicher Erfahrung, ganz im Gegensatz zu typisch akademischer Sprache und dem Ziele untergeordnet, konkret in eine Beziehung einzutreten, die das Prinzip der „Okayness" erfordert.

TA-Konzepte können generell zwei fundamentalen Bereichen zugeschrieben werden:
- dem intrapsychischen Bereich der jeweiligen Struktur des Individuums,
- dem Bereich der interpersonellen Kommunikation.

Intrapsychischer Bereich der jeweiligen Struktur des Individuums

Zwei basale Konzepte sind für diesen Bereich maßgebend: das Konzept des **Ich-Systems** (oder Ich-Zustands) und das der **Skriptanalyse**.

Die Idee des Ich-Systems ist bereits bei den ersten Ich-Psychologen zu finden (Federn 1952; E. Weiss 1950). Allerdings wird diese Vorstellung erst in der TA zentral.

> Ein Ich-System ist entsprechend der Theorie der TA „ein sich selbst organisierendes System, das den konzeptuellen Hintergrund darstellt, durch den die Persönlichkeit des Menschen in ihrer Struktur und Dynamik beschrieben und erklärt wird" (Rath 2000, S. 294).
> Dagegen ist ein **Ich-Zustand** ein Gesamt an Gedanken, Affekten und Verhaltensweisen. Nach Berne „ist ein Ich-Zustand ‚ein durchgängiges Muster von Fühlen und Erleben, das direkt mit einem ebenso durchgängigen Muster von Verhalten verbunden ist'" (Berne 1966, S. 364).

Im Verlauf unserer Erfahrungen mit der TA durchschreiten wir viele Ich-Zustände. Der Klassifikationsvorschlag der TA ist:
- Eltern-Ich,
- Erwachsenen-Ich,
- Kind-Ich.

Diese Dreiteilung basiert auf phänomenologischen Beobachtungen, die sich als enorm hilfreich in der Praxis erwiesen haben. Die Einfachheit der Begriffe sollte allerdings nicht einer Übersimplifizierung Vorschub leisten. Die Art und Weise, wie diese Ich-Zustandsbegriffe in der TA und der klinischen Praxis verwendet werden, korrespondiert mit der Funktion der Verhaltensregulation (Über-Ich in seinen verschiedenen Formen und darüber hinaus), den auto- und alloplastischen Funktionen (Ich) sowie der Quelle der Energie (Es).

Das andere wichtige intrapsychische Werkzeug ist mit dem Begriff **Lebensskript** (oder **Skriptanalyse**) umschrieben. Mit „Skript" ist eine Art Lebensprogramm gemeint, im Allgemeinen einschränkend und zwanghaft, während der Kindheit festgelegt, durch wichtige Personen dem Kind aufgedrängt, bestätigt durch die engere soziale Umgebung und wiederholt während der Entwicklung modifiziert. Dieses Lebensprogramm hat sowohl interne (individuelle Entscheidung) als auch externe Ursprünge (Botschaften und Gebote der Eltern sowie Bestätigungen aus der Umgebung). Sie können in einem deterministischen Sinne (und somit sehr ähnlich Freuds Konzept des Wiederholungszwangs, wie Berne betont) wie auch in einem breiteren Sinne (etwa indem man sich selbst eine gewisse Geschichte gibt, konstruktivistische oder narrative Entwicklungsansätze) angesehen werden. Der letztgenannte Ansatz spiegelt eher neuere Trends in der Entwicklung der TA wider (Rotondo 1997).

Bereich der interpersonellen Kommunikation

Die Haupthilfsmittel des interpersonellen Aspekts können gleichfalls schematisch durch zwei grundlegende Vorstellungen beschrieben werden, und zwar mit den Begriffen **Transaktion** und **Spiel**.

Transaktionen sind kommunikative Austauschprozesse. In der TA gibt es drei Hauptarten von Transaktionen:
- **komplementäre** Transaktionen,
- **sich kreuzende** Transaktionen,
- **fördernde** Transaktionen.

Es geht dabei nicht um ein weitergehendes Klassifikationsbedürfnis, sondern um die Beachtung der Ich-Zustände, die während Transaktionen aktiviert werden und die Art von Antwort, die sie generieren. **Transaktionen** können daher **als interpersonale Modi** angesehen werden, die die Struktur einer Person ausdrücken (Ich-Zustände) und die eine Bestätigung oder ausbleibende Bestätigung durch den Interaktionspartner erfahren, der selbst innerhalb der Konfiguration seiner eigenen Ich-Zustände reagiert.

Die logische Konsequenz ist an dieser Stelle die Idee des **Spiels**. Hierbei ist eine Sequenz von Transaktionen gemeint, die auf einen abschließenden **Spielgewinn** hinausläuft. Das Spiel zeigt den dysfunktionalen Modus der Kommunikation als Resultat eines „nicht erfolgreichen" Lebensprogramms. Das heißt, es ist beeinträchtigend, maladaptiv und verursacht Leiden auf Seiten der Person.

Das Spielkonzept hat weithin Beachtung in der TA gefunden (Bernes 1964er Buch „Games People Play" war ein Bestseller für viele Jahre). Das Spiel ist der Hauptweg, auf dem die Individuen ihr Lebensskript ausagieren. Ein negatives Spielergebnis, das aus einer dysfunktionalen transaktionalen Sequenz stammt, bestätigt quasi das Lebensprogramm durch Skriptglaubenssätze (sehr ähnlich dem Konzept der „sich selbst erfüllenden Prophezeiung"; Kap. 56). In einigen kritischen Momenten des Kommunikationsaustauschs konfirmiert das Individuum die Sichtweise von sich selbst, von anderen und von der Welt. Diese beeinträchtigenden Glaubenssätze – sehr ähnlich den pathogenen Überzeugungen, wie sie bei J. Weiss und Sampson beschrieben werden (1999) – sind häufig von starken Emotionen begleitet. Diese sind nicht einmal gerechtfertigt durch reale äußere Ereignisse, sondern durch das Referenzschema, das das Individuum aufgebaut hat, um sich selbst innerhalb seines Lebensprogramms (Lebensskripts) zu bewegen.

Im Spiel werden parasitäre Emotionen erlebt, die in verletzenden Situationen gelernt wurden und in der Folge durch symbiotische pathogene Beziehungen immer wieder verstärkt wurden. English definiert dies als „Pingpongeffekt", der in ein Spiel münden könnte (English 1971, 1976).

Spielbeziehungen sind gestörte Modi, um auf äußere Reize und Hunger nach Anerkennung zu reagieren. In der Tat sind die Hintergründe für Beziehungen der Stimulus „Hunger" und die Erkenntnis „Hunger". Eine Transaktion ist eine eher basale Stimuluseinheit, die auf diesen Hunger reagiert, und sie konstituiert eine basale Anerkennungseinheit (die Zuwendung), die das emotionale Überleben des Individuums garantiert. Berne war sehr an Rene Spitz' Arbeiten interessiert. In allen ethologischen und psychologischen Forschungen, die er unternahm, berücksichtigte er die Bedeutung der affektiven Bindungen mit der erziehenden Person.

Wie wir bislang sehen konnten, ist die Sprache, die die Konzepte der TA definiert, zwischen realer und metaphorischer Sprache angesiedelt, damit der Patient sie leichter verwenden kann. Die theoretischen Konzepte können darüber hinaus leicht in Interventionen umgesetzt werden; es gibt eine direkte Verbindung zwischen Theorie und Interventionstechnik. Das technische Arsenal des Transaktionsanalytikers ist reichhaltig an hilfreichen Werkzeugen, die vornehmlich von einem psychoanalytischen sowie einem humanistischen Hintergrund stammen (James 1977).

Gruppenprozess

In Bernes Verständnis beginnt jedes Gruppenmitglied mit einem biologischen Bedürfnis nach Stimulierung, Zeitstrukturierung und Wunsch nach Nähe. Jeder in der Gruppe hat eine ganze Reihe von Erwartungen, die auf seiner Lebensgeschichte und seinen Erfahrungen fußen. Das Gruppeninteraktionsfeld ist die Basis für reaktualisierte vorangegangene Erfahrungen (hierin ähnelt dieser Ansatz exakt dem bei Yaloms „interpersonaler Gruppenpsychotherapie"; s. Kap. 56). Raum und Zeit in der Gruppe werden tiefe emotionale Erfahrungen reaktivieren, die mit frühen primären Bindungserfahrungen zu wichtigen Objekten und dem Individuationsprozess verknüpft sind, den jeder Mensch im Rahmen des Netzwerks seiner Beziehungen und Erfahrungen während seines Lebens macht.

In jeder Gruppe koexistieren eine **private** und eine **öffentliche Struktur** – gemeinsames Ziel, auf das man sich geeinigt hat, weshalb die Gruppe überhaupt zusammengestellt wurde – nebeneinander. Es ist die private Struktur, die das Gruppenimago erzeugt, das Berne als jegliches psychisch bewusste, vorbewusste oder unbewusste Bild dessen definiert, was die Gruppe ist oder sein sollte (Berne 1963). Das **Gruppenimago** wird von den Gruppenmitgliedern unterschiedlich wahrgenommen: Es ist die Aufgabe des Therapeuten, die öffentliche mit der privaten Struktur zu vergleichen, indem er mit den Gruppenmitgliedern die nachfolgenden Anpassungen an das Gruppenimago ausarbeitet. Die Gruppe wird zu einer Möglichkeit, vergangene Situationen und emotionale Erfahrungen aufzusuchen, um ihnen eine neue Bedeutung im Lichte der Gegenwart zu verleihen.

Die Transformation des Gruppenimagos (Bild von der Gruppe) geht daher in verleichbarem Ausmaß einer mit individueller Veränderung, der Abnahme von Übertragungsstörungen und der Aneignung eines präziseren und realistischeren Selbstbildnisses, von anderen und schließlich der Gruppe.

Initialphase der Gruppenentwicklung

In der Initialphase der Gruppe wird das Gruppenbild wenig differenziert sein: Es handelt sich um das Stadium eines provisorischen Gruppenimagos, mit den Hauptcharakteren einzelne Gruppenmitglieder und Gruppenleiter, wobei die anderen Gruppenmitglieder recht undifferenziert und Objekt von Erwartungen und projektiven Attributionen sind (s. Phasenmodelle der Gruppenentwicklung in Kap. 21, 22).

In dieser Phase, in der die Gruppe sich selbst erst formt, ist es die Aufgabe des Therapeuten, sich als wahrer Leiter der Gruppe zu etablieren und die Grenzen zu definieren, die Grenzen der Gruppe nach außen zu schützen und den Leiterbereich zu definieren (ausführlich s. Kap. 22). Der Gruppenleiter muss ein Klima des Vertrauens schaffen helfen. Grenzsetzungen sind essenziell, speziell für Patienten, die in ihrer Lebensgeschichte unter Unsicherheit, gewalttätigen Grenzverletzungen und mangelnden emotionalen Grenzbeachtungen zu leiden hatten. Über die Beachtung der Gefühle der Gruppenmitglieder auf der Gegenübertragungsebene hinaus hat der Therapeut die Rolle wahrzunehmen, die Definition von erwachsenen Aspekten zu gewährleisten und wie ein Elternteil haltende Funktion zu übernehmen.

In dieser Phase ist der Therapiekontrakt das Werkzeug, das die Gruppengrenzen definiert, zusammen mit einer Klärung der Regeln innerhalb der Gruppe (Vertrauen und Settingerfordernisse). Eine Betrachtung auf der Kontraktebene erlaubt eine klare und konkrete Formulierung dessen, wonach der Patient sucht, während die Betrachtung auf der phänomenologischen Ebene uns erlaubt, zu beurteilen, inwieweit er sein Ziel erreicht hat. Bei Letzterem kann es sich um einen Symptomverlust oder den Abbau eines destruktiven Verhaltens handeln oder einen radikalen Wandel unter Einbezug verschiedener Persönlichkeitsbereiche.

Eine klare Sprache und eine Aufmerksamkeit für konkrete Geschehnisse erleichtern die Kommunikation innerhalb der Gruppe und die Festlegung der Arbeitsrichtung (Langzeit- oder Kurzzeitbehandlung). Während der Ausarbeitungsphase des Therapiekontrakts wird großzügig Raum gelassen für eine Vertiefung versteckter Punkte, jenen z. B., die noch nicht bewusst oder noch nicht implizit im Anliegen des Patienten gegeben sind. Der Kontrakt bezieht die „erwachsene" Seite des Individuums ein, die Motive und die Vorteile des „Kindes" sowie die möglichen sabotierenden Seiten der „Elternseite".

In dieser Phase verwendet der Gruppenleiter eine offene und zuhörende Haltung sowie einige Techniken, um die Untersuchung der zugrunde liegenden Probleme zu unterstützen (z. B. kurze Fragebögen, geleitete Imagination, Rollenspiele), die die gesamte Gruppe einbeziehen. Die Gruppe ist Zeuge der Kontraktschließung zwischen Therapeut und einzelnen Patienten und ist zur selben Zeit Handelnde. Das heißt, sie spielt eine aktive Rolle im Hinblick auf die Anliegen des Patienten: sie ist Wächter und Veranlasser zugleich. Jedes Gruppenmitglied ist eingeladen, Feedback im Sinne einer direkten Konfrontation zu geben und den individuellen Veränderungsprozess zu unterstützen.

Zweite Phase der Gruppenentwicklung

In der zweiten Phase der Gruppenentwicklung – nachdem die externen Grenzen definiert sind – beginnt die Phase der Untersuchung der Beziehungen zwischen den Gruppenmitgliedern. Dies dient der Bestimmung, welchen Raum jeder in der Gruppe haben kann. Es kann konflikthafte Auseinandersetzungen und regelrechte Streitereien und Kämpfe explorativer Natur geben, etwa nach dem Motto „Wie weit kann ich gehen?". Das Ergebnis dieser Erfahrung kann zur Gestaltung bedeutsamer Verbindungen führen, um das Erlebnis der Zugehörigkeit zu konsolidieren, das wiederum fundamental ist für Veränderung (s. auch Kohäsion als Wirkfaktor in Kap. 23). Die Aktivität zwischen den Gruppenmitgliedern wird reger, auch wenn der Gruppenleiter noch die zentrale Bezugsperson ist.

Interaktionen und Transaktionen innerhalb der Gruppe ziehen die Aufmerksamkeit des Gruppenleiters auf sich. Dabei ist die Aufmerksamkeit auf das Hier und Jetzt der Beziehungen in der Gruppe gerichtet: Körper, Gesten, Aussehen, Mimik, Nähe und Distanz – alles spricht eine Sprache, die jener mit Worten ebenbürtig ist.

Berne betrachtet die phänomenologischen Aspekte der Beziehung durch das funktionale Muster der Ich-Zustände, das die verschiedenen Verhaltensaspekte des Individuums mit seiner Anpassungsgeschichte und den primären Beziehungserfahrungen verbindet.

Das Erwachsenen-Ich und das Eltern-Ich wird durch die Aspekte der „kritischen Eltern" und der „nährenden Eltern" wie auch durch die verschiedenen Adaptationen des Kind-Ichs beleuchtet. Auf diese Weise können das **angepasste Kind** – das gelernt hat, anderen zu vertrauen, um Anerkennung zu erhalten – wie auch das **rebellische Kind** – das eine Haltung der Gegenabhängigkeit entwickelt hat – erkannt werden. Wir können gleichfalls das **natürliche Kind** mit seinem Vergnügen und Spaß oder Furcht und Ärger finden, das weiß, dass es auf eine interne parentale, solide Struktur setzen kann, auf die Introjektionen von Autoritätsobjekten und nährende Erfahrungen, die eine sichere Basis konstituieren, die es ihm erlauben, seine Gefühle in persönlichen Beziehungen zu haben und zu zeigen.

Die Gruppe formt also einen Platz, in dem das Lebensskript von jedem Gruppenmitglied durch offenere oder verstecktere Aktionen zu Tage treten wird (ganz analog zu Yaloms „sozialem Mikrokosmos"; s. Kap. 56).

In einer Gruppe erlebt man stets direkte Beziehungen, eine wertvolle Quelle für die Befriedigung des „Anerkennungshungers" und die Möglichkeit der Neuorientierung weniger stabiler oder konfligierender internaler Strukturen der eigenen Persönlichkeit.

Der Gruppenleiter lässt sich bei seinen Interventionen durch die Kenntnis der strukturellen Muster der Ich-Zustände und durch die Skripttheorie leiten, aber auch durch die sorgfältige Analyse seiner eigenen inneren Transaktionen (Übertragungs-Gegenübertragungs-Zusammenhänge; s. Kap. 26). Tatsächlich verwendet jeder der Interagierenden in einer Gruppe sein eigenes Skript – einschließlich des Therapeuten. Die interne Welt des Gruppenleiters gibt ihm sehr brauchbare Hinweise auf Bewegungen und emotionale Stimmungen in der Gruppe, dennoch ist es sehr hilfreich, von Zeit zu Zeit eine Supervision in Anspruch zu nehmen.

Die Gruppe ist somit ein Platz, an dem verschiedene Skriptaspekte fokussiert und verstanden werden können. Man kann das Skript auch anhand kurzer Beziehungsabfolgen beleuchten: analog zum Prozess des **Miniskripts** (Kahler und Capers 1974). Die Ich-Zustände des Erwachsenen-, Eltern- und Kindheits-Ichs sind beim Therapeuten wachsam und vereinigt im Verständnis und der empathischen Einfühlung bezüglich des aktuellen Geschehens, die Entwicklung des **existenziellen Dramas** eines jeden Gruppenmitglieds im Hier und Jetzt beobachtend. Die Haltung ist, der Geschichte von jedem eine Bedeutung zu geben, in Allianz mit den gesunden Anteilen des individuellen Gruppenmitglieds und der Gruppe.

Das Ohr des Therapeuten wie auch alle seine Sinne sind vorbereitet, innerhalb der Gruppe rigide und entwertende Manöver (kritische Eltern) aufzugreifen, die destruktives, zwanghaft wiederholendes Problemverhalten – unterstützt von Vorurteilen oder falschen Schlüssen – motivieren. Oder anders herum kann der Therapeut die nährenden Eltern verkörpern, die Ermutigung geben, Grenzen setzen und klare Regeln geben, die das individuelle Wachstum fördern. In der Gruppe gibt es auch Raum genug, das omnipotente Kind mit seinen magischen Gedanken zu erkennen, was das Individuum oft zur Passivität anhält. Therapeut und Gruppenmitglieder sind gehalten, jene „psychischen Präsenzen" zu erkennen, die in dysfunktionale Verhaltensaspekte des Individuums eingebettet sind und seine sichtbare Spur zu betrachten, die in Transaktionen gefunden werden kann.

Die primäre Aufgabe des Therapeuten ist in diesem Gruppenabschnitt, im Hier und Jetzt die Bemühungen des Individuums um Anpassung an die Situationen bzw. Lebensumstände sichtbar zu machen, dies in Allianz mit dem Erwachsenen-Ich der Gruppe und unterstützt durch den therapeutischen Kontrakt.

Dritte Phase der Gruppenentwicklung

In der dritten Stufe der Gruppenentwicklung wächst die Differenzierung des Gruppenimagos (partiell differenziertes Gruppenimago). Indem das Skript und die Analyse der projektiven Mechanismen klarer herausgearbeitet sind, werden die vergangenen „Geister" mehr und mehr sichtbar. Es können starke Dynamiken entstehen mit „Pingpongbeziehungen", unterstützt durch eine pathologische Symbiose durch den unbewussten Versuch, andere durch den Gebrauch des eigenen Skripts berechenbar bzw. einschätzbar zu machen.

In einer Gruppe sind starke Gefühle und unerwartete Wechsel mit emotionalen Störungen verknüpft, die in der Kindheit gelernt wurden (**Rackets**), die ursprüngliche Emotionen überdecken und in den durchgeführten Spielen die Übernahme von solchen Rollen wie **Opfer**, **Retter** und **Richter** (**Verfolger**, **Bestrafer**) erleichtern (Karpman 1968).

Das Lesen emotionaler Reaktionen, das Beachten der Gegenübertragungs- und Übertragungstransaktionen werden die Hilfswerkzeuge (horizontale Übertragung). Die Intuition des Gruppenleiters, angeleitet durch den „kleinen Professor" (ein primitiver, aber kreativer Erwachsenen-Ich-Zustand), ist für den Therapeuten sehr wertvoll. Auf dieser Stufe ist es kritisch, auf die individuellen Skriptentscheidungen zu fokussieren, die Eckpfeiler der Überlebensstrategien und damit der Skriptinfrastruktur sind. Skriptentscheidungen und Überlebensstrategien müssen akzeptiert und als legitim anerkannt werden, um geändert – umgeformt – werden zu können, falls sie nutzlos oder dysfunktional sind.

Über den Gruppenverlauf hinweg werden die Bindungen innerhalb der Gruppe mit größerer Intensität erlebt und das Thema Vertrauen/Misstrauen stellt sich erneut, sodass frühere Konflikte wieder aktiviert werden. Anders als die Konflikte und Turbulenzen der vorangegangenen Phase, die sich um das Gesehenwerden und den Kampf um den eigenen Platz in der Gruppe drehte, sind nun Kernpunkte der Skriptentscheidungen zentral. Das Individuum kann sich fragen, ob es möglich ist, sich zu ändern, ob es in einer vertrauensvollen Umgebung ist, die ausreichend Unterstützung gibt – die Gruppe wird daraufhin getestet.

Die Aufgabe des Gruppenleiters ist es, diese oft schwierige und regressive Phase gemeinsam mit der Gruppe zu meistern, indem er den Ausdruck und die Klärung von Konflikten unterstützt bzw. fördert, wobei vergangene „Geister" vom Hier und Jetzt unterschieden werden sowie vergangenes Leben von aktuellen Gegebenheiten. Die Konflikte werden offen und direkt oder durch passiv-destruktive Verhaltensweisen wie Schweigsamkeit, Überanpassung, Unruhe oder Aggressivität angegangen (Schiff u. Mitarb. 1975). Auch der Gruppenleiter kann Ziel von Gruppenattacken sein wie auch bestimmte einzelne Gruppenmitglieder. Der Therapeut muss in der Lage sein, die Bewegungen und emotionalen Veränderungen der Gruppe zu erkennen, sie zu benennen und an ihnen zu arbeiten, damit das Vertrauen und die Fähigkeit der Individuen, ihre Fragilität zu zeigen, gestärkt wird. Es handelt sich um eine Art von „Test" für Gruppe und Therapeut. Das erfolgreiche Bewältigen dieser Phase schafft die Grundlage für ein erneuertes vertrauensvolles Klima und ermutigt die Individuen, neue Lebensentscheidungen zu treffen und behindernde Knoten im Lebensskript zu lösen. Es ist während dieser Phase, dass viel Raum gelassen wird für Prozesse der Neu- oder Umentscheidung, d. h. frühere Überlebensentscheidungen werden verändert, das Individuum erhält neue Ressourcen, um sich früheren und neuen Problemen zu stellen (Goulding und Goulding 1979).

Während dieser Phase werden pathogene Überzeugungen wieder diskutiert und bearbeitet: über sich selbst, andere, das Leben, die Säulen der Lebensskriptstruktur, ein „Skriptsystem", das im Laufe der Behandlung verschiedene Ebenen der Intervention erfordert (Erskine und Moursund 1988).

Abschließende Phase der Gruppenentwicklung

Auf der abschließenden Stufe der Gruppenentwicklung erarbeitet die Gruppe ein sekundäres adaptives Imago, charakterisiert durch eine Differenzierung zwischen den Gruppenmitgliedern, die als Verbündete angesehen werden und wichtigen Unterstützern der individuellen Veränderung. Die Gruppe als **Holding Environment** wird zum Aktivator eines „neuen Elternprozesses" (new parenting process), indem die vergessenen internen Ressourcen reaktiviert werden und der fragilen inneren Struktur Halt verleihen. Der Therapeut ist dabei sehr aktiv, indem er diesen „Parenting-Prozess" durch erwachsene Präsenz und den Einsatz von speziellen Arbeitstechniken unterstützt.

Der Therapiekontrakt ist wertvoll, um sowohl auf Seiten des Therapeuten als auch der Gruppe Manipulationen an den Beziehungen und Grenzverletzungen zu vermeiden. Die Beziehung zwischen den Gruppenmitgliedern, voll von Affekten, erlaubt ein emotionales Umlernen. Auch wird das Erleben von Nähe und Distanz neu betrachtet, indem den Gefühlen ein Name gegeben wird. Gegenwärtige wichtige Erfahrungen erlauben den Erwerb neuer emotionaler Fertigkeiten und die Verarbeitung früherer Verletzungen.

„Die reparative Qualität liegt in der Gelegenheit des Erlebens neuer Erfahrungen mit anderen Menschen, indem diese mit früheren verglichen werden, die in unserer Erinnerung geblieben sind und uns noch heute beeinflussen. Es geht um die Eröffnung neuer Möglichkeiten".

Beenden der Gruppe

Während dieser abschließenden Phase sind der Therapeut wie die Gruppe gehalten, die erreichten (Kontrakt-)Ziele und den Veränderungsweg des einzelnen Gruppenmitglieds zu beleuchten. Die Bearbeitung der Trauer über die bevorstehende Trennung gehört ebenfalls dazu. Es handelt sich um eine empfindliche Phase, eine Gelegenheit, die Knoten des Lebensskripts erneut zu bearbeiten. Der Prozess der Trennung ereignet sich normalerweise, wenn das Leben außerhalb der Gruppe wichtiger wird als das innerhalb der Gruppe, wobei Letzteres dennoch in der individuellen Erfahrung als ein bedeutenden inneres Objekt verbleiben wird, um zukünftige Herausforderungen unterstützend zu begleiten.

Die Transaktionen der Gruppe sind in diesem Abschnitt hoch emotional, mit einer sehr guten Kapazität, alle drei Ich-Zustände zu integrieren. Es ist außerdem Zeit, nachfolgende (Follow-up-)Gespräche (im Allgemeinen nach 6 Monaten und/oder einem Jahr nach Beendigung der Gruppe) zwischen Patienten und Therapeut zu vereinbaren, sofern realisierbar.

Die Beschreibung der Stufen und der Erfahrungen der Gruppe, wie wir es hier vorgenommen haben, ist zwangsläufig reduktionistisch und abstrakt und kann die spezifische Kultur, Originalität und Reichhaltigkeit einer jeden Gruppe nicht abbilden. In unserer Erfahrung stellt die therapeutische Gruppe eine sehr wertvolle Hilfe sowohl für die Bearbeitung von schwereren Lebensproblemen, die um sich greifenden Beziehungslosigkeiten und -störungen unserer modernen Zeit, wie aber auch für die Lösung ernsthafter Schwierigkeiten und Verwirrungen dar, für die Lösung der Probleme, in die uns das Leben von Zeit zu Zeit führt, z. B. uns selbst zu verlieren.

59. Systemzentrierte Gruppenpsychotherapie – Konzepte der Theorie lebender menschlicher Systeme

Y.M. Agazarian

Einführende Überlegungen

Eine der größten Herausforderungen für die Gruppenpsychotherapieforschung ist das Defizit durch eine fehlende klare Definition des Begriffs „Gruppe". Eine andere Herausforderung ist das Fehlen differenzierender Kriterien für die **Dynamiken bei Individuen** und die **Dynamiken von Gruppen**. Einige Forscher begnügen sich damit, ihre Daten so zu analysieren, als ob Gruppendynamiken angemessen durch die Summe individueller Dynamiken definiert werden könnten. Wieder andere forschen aus zwei Blickwinkeln – psychodynamisch bei den Individuen und gruppendynamisch bei den Gruppen. Selbst jene Forscher, die Gruppendynamiken als unterschiedlich von individuellen Dynamiken anerkennen, sind durch einen Mangel an Definitionsklarheiten für die Beziehung zwischen dem Individuum und der Gruppe behindert. Man könnte argumentieren, dass das Hauptproblem, das in der Gruppenpsychotherapieforschung besteht, der Mangel an einer zufriedenstellenden allgemeinen Theorie ist, die beide Bereiche – **Individuum und Gruppe – als Funktionen von Systemen** versteht. Dieser Beitrag schlägt einen **Systemansatz** für Forschung und Gruppenpraxis vor, der die Dynamiken der Gruppe und ihrer Mitglieder nicht dichotomisiert, sondern sie als isomorphe Systeme definiert: „jedes als System in einer Hierarchie von Systemen" (von Bertallanffy 1969).

Die Theorie lebender menschlicher Systeme (Agazarian 1997) schlägt eine Metatheorie vor, die auf alle Systeme in einer definierten Hierarchie lebender menschlicher Systeme anwendbar ist – auf offensichtlich unterschiedliche Systeme wie Individuen, Dyaden, kleine Gruppen, große Gruppen, Organisationen, Gesellschaften und Nationen.

Agazarian unterstellt einen inhärenten **Konflikt** in allen Systemen zwischen den Zielen, ein Gleichgewicht (Überleben) aufrecht zu erhalten und sich vom Einfachen zum Komplexen (Transformation) fortzuentwickeln. Diese Ziele dienen für die Energie des Systems als Attraktoren. Sie (die Autorin; d. Hrsg.) verwendet Lewins Konzept (1951) der antreibenden und hindernden **Feldkräfte**, um die Beziehung des Systems zum Überleben und zur Entwicklung durch jede Phase der Systementwicklung zu diagnostizieren (Agazarian 1986) (zur klinischen Berücksichtigung von Entwicklungsphänomenen in therapeutischen Gruppen s. Kapitel 22). Die Phasen der Systementwicklung sind definiert als voraussagbare Sequenz (Bennis und Shepard 1956). Agazarian postuliert nun, dass Systeme, wenn sie sich durch jede Entwicklungsphase bewegen, die erfahrenen Veränderungen überleben und in die nächste Phase driften, um dort wieder Veränderungen zu erfahren.

> Die Beziehung eines Systems zu seinen entwicklungs- und aufgabenbezogenen Zielen wird als die Generierung eines Kräftefeldes für Annäherungs- und Vermeidungsverhalten bezeichnet.

Systemzentrierte Therapie (Systems-Centered Therapy, SCT) als eigenständige Disziplin wurde graduell entwickelt, indem die Theorie lebender menschlicher Systeme (Theory of Living Human Systems, TLHS) in die Praxis von Gruppen- und Einzelpsychotherapie umgesetzt wurde. SCT-Praktiker schwächen die einschränkenden Kräfte in Richtung „gesunder Veränderung" in jeder Phase der Entwicklung des therapeutischen Systems ganz bewusst. Dies wird durch eine systematische Reduzierung von Abwehrkräften in einer spezifischen Sequenz oder Phase erreicht, die bereit ist für Veränderung. SCT-Therapeuten machen Patienten mit einer Folge einfacher Techniken bekannt, die sowohl eine Abwehr modifizieren als auch den wiederholten Zugang zu den nicht abgewehrten Selbstanteilen ermöglichen. Jede Technik bereitet den Patienten auf die nächste folgende Veränderung vor. Jede Veränderung wird als eine zunehmende Zugangsmöglichkeit zur intellektuellen und emotionalen Intelligenz angesehen.

Zunächst sind die angstauslösenden Gedanken (wie negative, sich selbst erfüllende Prophezeiungen und Gedankenlesen durch andere) zu verändern, die mit der Realitätstestung interferieren. Als Nächstes, wenn die Anspannung bereits verändert ist, wird der Zugang zur physiologischen Erfahrung angestrebt. Indem Depression und feindseliges Agieren verändert werden, steigt die Zugangsmöglichkeit zu Emotionen an. Indem die in der SCT-Hierarchie definierte Sequenz von Veränderungen der Abwehr die Symptome reduziert, weswegen die Individuen in aller Regel die Therapie aufgesucht haben, wird der Antrieb in Richtung „gesunde Entwicklung", die allen lebenden menschlichen Systemen inhärent ist, freigesetzt.

Im Folgenden werden die Konstrukte der Theorie definiert und diskutiert, begleitet von klinischen Beispielen, die illustrieren, wie die Theorie in eine systemzentrierte Praxis umgesetzt wird. Eine Zusammenfassung der Konzepte, Definitionen, Methoden und Techniken der Theorie lebender Systeme ist in Tab. 59.1 dargestellt. Diese Tabelle dient als ein Wegweiser dafür, wie Hypothesen aus den Methoden gewonnen werden können, um die Validität der Theorie und die Reliabilität ihrer Praxis zu überprüfen. Einige dieser Hypothesen sind am Ende dieses Kapitels aufgelistet.

Die erste Reihe in Tab. 59.1 liefert die **Definitionen** der Hierarchie- und Isomorphie-, Struktur-, Funktions- und Energieaspekte. Die zweite Reihe definiert die **Methoden**, die aus der Theorie gewonnen wurden und die dritte Reihe identifiziert die **Techniken**, die die Methoden in die Praxis umsetzen. Die Spalten definieren die grundlegenden Konstrukte

Tabelle 59.1 Zusammenfassung von Konzepten, Definitionen, Methoden und Techniken der TLHS

Die Theorie lebender menschlicher Systeme und ihre systemzentrierte Praxis			
Definitionen			
1. Hierarchie	**2. Isomorphie**		
Jedes System existiert innerhalb der Umgebung des übergeordneten Systems und ist zugleich die Umgebung für das nachgeordnete System.	Systeme sind einander ähnlich in Struktur und Funktion und unterscheiden sich in unterschiedlichen Kontexten. Es gibt keine interdependente Beziehung zwischen a) Struktur, b) Funktion und c) Energie.		
Systemzentrierte Hierarchie	**a) Struktur**	**b) Funktion**	**c) Energie**
Die Hierarchie der Systeme, definiert für die Gruppen- und Einzelpsychotherapie, sind: • das Mitgliedersystem, • das Gruppensubsystem, • das Gruppe-als-Ganzes-System.	Systemzentrierte Struktur definiert Grenzen im Kontext von Raum, Zeit, Realität und Rolle.	Systemzentrierte Systeme überleben, entwickeln und transformieren sich durch die Unterscheidung und Integration von Unterschieden.	Systemzentrierte Energie wird mit Information gleichgesetzt und in einem Kräftefeld definiert, das in Beziehung zu Systemzielen steht.
Systemzentrierte Methoden			
Kontextualisieren: Entwickeln einer systemzentrierten Hierarchie, **Personensystem:** primäre Persönlichkeit und Charakter, **Beobachtendes Selbstsystem:** Unterscheiden und Integrieren, **Mitgliedersystem:** enthält potenzielle Energie für Untergruppe, **Subgruppensystem:** umfasst Unterschiede in der Gruppe als Ganzes, **Gruppe-als-Ganzes-System:** umfasst Subgruppen und Gruppenmitglieder	**Grenzübergänge:** Energie/Information organisierend. **Transformation:** Das Managen von Durchlässigkeit von Abgrenzungen für Information (Energie) über Grenzen in Zeit und Raum hinweg (in der Hierarchie des Systems) durch Reduzierung von Geräuschen bei der Kommunikation.	**funktionale Untergruppenbildung:** selbstkorrigierend, **Überleben:** Konfliktlösung durch Unterscheidung und Integration von Unterschieden im offensichtlich Ähnlichen und von Ähnlichkeiten im offensichtlich Unterschiedlichen auf allen Systemebenen.	**vektoriell:** zielgerichtete Energie/Information, **Entwicklung:** das Richten von Information auf die primären Ziele des Überlebens, der Entwicklung und der Transformation sowie der sekundären umgebungsbezogenen Ziele
Systemzentrierte Techniken			
Grenzübergänge, Untergruppenbildung und vektorielle Interventionen – maßgeschneidert für den Kontext jeder Phase der Systementwicklung – kreieren eine systemzentrierte Hierarchie durch die Entwicklung des beobachtenden Selbstsystems und der Rollenfunktionen der Mitglieder, Untergruppen und Gruppe als Ganzes	Anwendung der SCT-Hierarchie der Abwehrmodulation zur Aufweichung zurückhaltender Kräfte, um Kommunikation zu bewerten und Kräfte in Richtung Entwicklung des Systems freizusetzen	Verwendung der SCT-Konfliktlösungstechnik funktioneller Untergruppenbildung, um Unterschiede aufzufangen, zu explorieren und zu integrieren anstelle einer Stereotypisierung	die „Straßenfegertechnik" befreit in Abwehr gebundene Energie und führt sie zurück auf die Exploration von Konflikten, Emotionen, Impulsen, die abgewehrt wurden

der Theorie und führen die Schritte aus der Theorie – mittels der operationalen Definitionen der Konstrukte – zu den Techniken, die die Theorie in der Wirklichkeit überprüfen. Die erste Unterscheidung gibt es zwischen **Hierarchie** (1) und **Isomorphie** (2). Isomorphie ist definiert in der Terminologie ihrer Teilkonstrukte: Struktur (a), Funktion (b) und Energie (c).

Theorie lebender menschlicher Systeme und ihre systemzentrierte Praxis

Die Theorie lebender menschlicher Systeme (TLHS) definiert eine Hierarchie isomorpher Systeme (ähnlich in Struktur wie Funktion), die Energie organisieren, zielgerichtet und sich selbst korrigierend sind (Agazarian 1997).

Hierarchie

Es wird angenommen, dass die grundlegenden Komponenten eines jeden Systems Subsysteme desselben sind und dass jedes System der Systemhierarchie innerhalb des vorangehenden Systems und des nachfolgenden Systems existiert. Die Hierarchie, die für Gruppenpsychotherapie definiert ist, ist das isomorphe System der Gruppenmitglieder, von Subgruppen und der Gruppe als Ganzes. Somit existiert die Subgruppe im Rahmen der Gruppe als Ganzes und stellt die Umgebung für ihre Mitglieder dar. Wenn man drei konzentrische Kreise visualisiert, ist es klar, dass der mittlere Kreis (das Subgruppensystem) seine Grenzen sowohl mit dem Gruppenmitgliedersystem als auch mit dem Gruppe-als-Ganzes-System teilt. Aus dieser Perspektive entsteht die allgemeine Hypothese, dass das am besten zu beeinflussende System die

Subgruppe ist und weniger die einzelnen Mitglieder oder die Gruppe als Ganzes.

> Die Vorstellung, dass eher die Subgruppe als das einzelne Gruppenmitglied die Basiseinheit der Gruppe darstellt, führt eine neue Perspektive in das Feld ein und fügt eine systemzentrierte Orientierung, neben die bereits existierenden leiterzentrierten, mitgliederzentrierten und Gruppe-als-Ganzes-Ansätze der Gruppenpsychotherapie ein (Agazarian 1992).

Dieser Punkt wird im Abschnitt „Struktur" (s.u.) noch detaillierter zu diskutieren sein.

Etablierung einer Hierarchie in einer SCT-Gruppe

In der systemzentrierten Therapie ist Hierarchie operationalisiert durch die Methode der **Kontextualisierung**, durch die das beobachtende Selbstsystem und die Rollenfunktionen der Gruppenmitglieder, der Subgruppe(n) und der Gruppe als Ganzes entwickelt werden. Die Funktion des sich beobachtenden Selbstsystems ist, Informationen über die Realität herauszufinden und zu integrieren. Im Prozess des sich entwickelnden Selbstsystems erwerben die Individuen die Fähigkeit, sich auszudrücken, nicht nur als eine Person als Ganzes mit ihrer Mitgliedschaft in vielen internalen Subgruppen (ein funktionierendes selbstzentriertes System), sondern als Mitglied der Gruppe als Ganzes und ihrer Untergruppen.

> Kontextualisierung umfasst die Entwicklung des Bewusstseins des Selbst in der Rolle, die dem Kontext angemessen ist – was so viele emotionale Bedeutungen hat wie es Kontexte gibt, innerhalb deren es zu verstehen wäre.

Etablierung eines Kontextes in einer SCT-Gruppe

Kontextualisierung in SCT bedeutet ein Anwachsen des Bewusstseins über unterschiedliche Kontexte der eigenen Erfahrung. Zum Beispiel ist die Erfahrung in der Rolle des Mitglieds innerhalb des eigenen persönlichen Kontextes (wo das Ziel persönliches Wachstum ist) unterschieden von den Erfahrungen als Mitglied des Untergruppensystems (wo das Ziel ist, mit anderen klarzukommen) oder den Erfahrungen im Kontext des Gruppe-als-Ganzes-Systems (wo das Ziel ist, eine Umgebung zu schaffen, die therapeutische Ziele ermöglichen soll). Wenn ein Mitglied in Gefahr ist, den Systemkontext zu verlieren und die Erfahrung „persönlich" nimmt, ist eine typische SCT-Intervention die, zu fragen: „In welcher Rolle sind Sie gerade?". Die Personalisierung eines Ereignisses reisst es aus dem Kontext und ist eine der Hauptquellen menschlicher Probleme. Die Einführung der Systemperspektiven erlaubt eine Rekontextualisierung persönlichen Leidens in die geteilte menschliche Erfahrung.

Isomorphie

Es wird angenommen, dass Systeme in einer definierten Hierarchie isomorph sind: ähnlich in Struktur und Funktion und unterschiedlich in verschiedenen Kontexten. Somit sind die Systeme, die für die Gruppe definiert sind (Mitglied, Untergruppe und Gruppe als Ganzes), ähnlich in Struktur wie in Funktion.

Etablierung von Isomorphie in einer SCT-Gruppe

Ein systemzentrierter Gruppenpsychotherapeut zu werden, hängt ab vom Lernprozess, die Gruppe als eine Hierarchie lebender menschlicher Systeme zu sehen. Das heißt, zusätzlich zu ihrer Zentriertheit auf die individuellen Personen, die eine systemzentrierte Gruppe aufsuchen, sind SCT-Therapeuten auf die Isomorphie in den Gruppensystemen eingestellt. Wie verschieden auch die Gruppen sein mögen, die Ähnlichkeiten ihrer Strukturen und die Prinzipien, durch die sie funktionieren, werden offensichtlich, wenn Therapeuten gelernt haben, danach zu schauen.

Struktur und Funktion sind interdependent, und der SCT-Therapeut arbeitet mit beiden von Beginn an. Zum Beispiel bittet der Gruppenleiter zum Beginn der Gruppe die Gruppenmitglieder, ihre Stühle so zu rücken, damit „jeder jeden sehen kann". Das Herstellen eines „Blickkontakts" ist wichtig sowohl für Struktur als auch Funktion einer systemzentrierten Gruppe. Die absichtliche Begegnung mit dem Blick der anderen ermutigt SCT-Mitglieder, ihre Aufmerksamkeit über Grenzen hinweg zu richten (die Energie zu richten) und Verantwortung für die Mitgliedschaft in der Gruppe zu übernehmen. Auch durch den Augenkontakt erfolgt der erste Schritt der Mitglieder in Richtung „Untergruppenbildung". Und auch per Aufrechterhaltung des Augenkontakts erhalten Untergruppenmitglieder ihre Verbindung miteinander – sowohl wenn ihre Subgruppe aktiv ist und wenn es die Arbeit der Subgruppe ist, „ihre Arbeitsenergie aufrecht zu erhalten" als auch wenn eine andere Untergruppe gerade arbeitet.

Struktur

Systemstruktur ist definiert durch Bereiche in geographischer und psychologischer Zeit-Raum- und Rollenhinsicht. Diese Bereiche sind die strukturellen Elemente für alle Systeme in der Hierarchie. Struktur ist operational definiert durch **Abgrenzungen** („boundarying") und wird in der Realität getestet durch Techniken, die die Grenzdurchlässigkeit verändern.

Systemgrenzen öffnen sich gegenüber Information und verschließen sich gegenüber Rauschen. Letzteres entsteht immer dann, wenn Information zu diskrepant ist, um integriert werden zu können. Manchmal gelingt es dem Rauschen, in ein System auf Grund von inadäquaten Grenzen einzudringen. Ein anderes Mal generiert der Informationsprozess selbst Rauschen innerhalb des Systems. Wenn also internes Rauschen das System zu überfluten droht, behält das System sein Gleichgewicht aufrecht, indem es die „geräuschvolle Information" innerhalb eines Subsystems mit undurchlässigem Grenzbereich einkapselt.

Ein Beispiel für eingekapselte Subsysteme sind nicht funktionelle Rollen, wie das schwarze Schaf (scapegoat), die von der Gruppe kreiert werden. Es ist jedoch wichtig, zu erwähnen, dass diese Rollen als behindernde Kräfte in dem einen Kontext und als antreibende Kräfte in einem anderen wirken. Zum Beispiel ist das schwarze Schaf eine behindernde Kraft für eine funktionierende Gruppenentwicklung, weil es Information abspaltet und einkapselt, die in späteren Gruppentransformationen potenziell wichtig ist. Dieselben Rollen dienen jedoch als treibende Kräfte beim Stabilisieren der Gruppenstruktur, wenn die Unterschiede in der Gruppe zu groß sind, um integriert werden zu können und aufkommendes Chaos das Überleben der Gruppe gefährdet.

> In SCT-Gruppen wird die Methode, die die defensiven Kräfte in der Kommunikation verändert, Abgrenzung genannt. Die wichtigste Abgrenzungstechnik ist die SCT-Hierarchie der Abwehrmodifikation, durch die die behindernden Kräfte für eine gute Kommunikation systematisch geschwächt werden, um die Kräfte für die weitere Systementwicklung freizusetzen (Agazarian 1997).

Etablierung von Abgrenzungsphänomenen in einer SCT-Gruppe

SCT-Therapeuten gehen davon aus, dass Abgrenzungsphänomene nicht nur darüber bestimmen, *wie* die Gruppe ihre Ziele erreicht, sondern auch, *ob* die Gruppe ihre Ziele erreichen kann oder nicht. Daher verwenden SCT-Therapeuten Abgrenzungsphänomene wie einen **Filter**: Sie halten ambivalente, redundante, widersprüchliche und deutlich rauschende – ergo störende – Kommunikation aus dem Gruppenprozess heraus. Zum Beispiel würden vage, obskure und sich windende, meandernde Kommunikationen eine Gruppe überfluten. Deshalb ziehen SCT-Therapeuten die Aufmerksamkeit der Gruppen auf die **ambivalente Abwehr**, wenn sie auftritt, und führen Spezifität ein, indem sie sich um Klarifikationen bemühen, etwa indem sie fragen „Wer?", „Was?", „Wo?" und niemals „Warum?". „Warum-Fragen" ermuntern Gruppenmitglieder zu leicht, eine Erklärung abzugeben, anstatt das Erlebnis zu explorieren, das ihre Ambiguität abzuwehren versuchte. Der SCT-Therapeut wird der Gruppe verdeutlichen, dass dieser Punkt bereits verschiedene Male behandelt wurde und danach fragen, was die Gruppe wohl explorieren würde, wenn sie nicht ein bereits bekanntes Muster wiederholen würde. Alle Widersprüche in der Kommunikation verwirren die Gruppe. Selbst sozial akzeptable Widersprüche wie „Ja, aber ..." oder „Ich würde es nicht so sehen ..." sehen SCT-Therapeuten als „Berühren-und-weitergehen-Kommunikationen", sodass sie von den frühesten Stadien der Gruppe an die Gruppe befragen werden, wie sich wohl die Gruppenerfahrung verändern würde, wenn die Gruppenmitglieder Gemeinsamkeiten teilen würden, anstelle sich unbewusst an Unterschieden auseinander zu differenzieren.

Funktion

> Die Basisannahme ist, dass das Überleben des Systems, seine Entwicklung und Transformation eine Funktion der Fähigkeit des Systems ist, Unterschiede festzustellen und zu integrieren. Diskrimination ist die Fähigkeit, Unterschiede im offensichtlich Ähnlichen und Ähnlichkeiten im offensichtlich Unterschiedlichen festzustellen.

Integration ist der Prozess, durch den Information innerhalb des Systems organisiert wird, sodass sie für die Arbeit verfügbar ist. Aus dieser Perspektive entsteht die funktionale Hypothese, dass die Dynamiken des Überlebens des Systems, seiner Entwicklung und Transformation durch die Prozesse der Diskrimination und Integration bestimmt werden.

Die SCT-Technik der funktionellen Subgruppenbildung entsteht durch die Operationalisierung der Definition der Funktion des Systems: dass sich alle lebenden Systeme durch den Prozess der Erkenntnis von Unterschieden und der Integration dieser Erkenntnis entwickeln, reifen und verändern. Die Integration von Unterschieden erfordert jedoch die Veränderung des Systems. Bevor sich ein System in eine andere Struktur reorganisieren kann, muss es zuerst seine existierende Struktur verändern. Unterschiede, die nicht zu unterschiedlich sind, können leicht in eine existierende Struktur integriert werden. Unterschiede, die zu unterschiedlich sind, können dies nicht.

Etablierung einer funktionellen Untergruppenbildung in einer SCT-Gruppe

SCT-Gruppenleiter unterbinden stereotype Untergruppenbildung (in denen Unterschiede typischerweise festgeschrieben oder gebrandmarkt werden, etwa über die Bildung des schwarzen Schafs) und ermutigen stattdessen funktionelle Untergruppenbildung, die die Gruppenmitglieder dazu bewegt, sich zunächst im Hinblick auf Gemeinsamkeiten zu betrachten, bevor Unterschiede betrachtet werden können. Bei der funktionellen Untergruppenbildung bauen die Gruppenmitglieder auf Explorierung und gemeinsamen Erfahrungen auf, anstatt die abwehrende „Ja-aber-Kommunikation" zu verwenden, bei der die Gruppenmitglieder scheinbar auf das eingehen, was das letzte Gruppenmitglied sagte, tatsächlich aber die Konversation abwürgen. In einer SCT-Gruppe wird der Therapeut, wenn die Gruppenmitglieder explizit Unterschiede einbringen, intervenieren und in etwa sagen: „Das ist ein wichtiger Unterschied. Könnten Sie das noch zurückhalten und es nicht vergessen und es später wieder einbringen, wenn wir die Untersuchung dieses Punktes, den wir gerade besprechen, beendet haben werden?"

Energie

Energie existiert als aktuelle, potenzielle, organisierte oder disorganisierte Größe. Miller (1978) stellte fest, dass systembedingte Energie gleich gesetzt werden kann mit Information. Shannon und Weaver (1964) führen aus, dass eine **inverse Beziehung zwischen Rauschen und dem informationalen Gehalt** (definiert in Begriffen von Ambiguitäten,

Widersprüchen und Redundanzen) und damit der Wahrscheinlichkeit besteht, dass die darin enthaltene Information umgesetzt wird. Lewin (1951) führte das Konzept der **Feldstärke** ein, um die Beziehung zwischen dem System und einem definierten Ziel zu diagnostizieren, und wies so nach, dass es effizienter und effektiver war, die behindernden Kräfte auf dem Weg zum Ziel zu schwächen anstatt die vorwärts treibenden Kräfte zu stärken. Agazarian, aufbauend auf diesen Arbeiten, hypostasiert, dass eine Reduktion von Geräusch (Ambiguität, Redundanz und Widersprüche in der Kommunikation) die Wahrscheinlichkeit erhöht, dass Information diskriminiert und integriert und die Energie in Richtung auf die Systemziele gerichtet wird.

Der Begriff „Richten von Energie" („vectoring energy") steht für das einfachere „Umgruppieren von Energie" insofern, als das Richten (vectoring) dadurch definiert ist, dass es nicht nur eine Richtung aufweist, sondern auch einen Punkt der Anwendung (Ziel) und eine Geschwindigkeit (Antrieb). Die Methode des **Richtens** von Aufmerksamkeit ist zentral innerhalb der Praxis der systemzentrierten Therapie, operationalisiert durch die Straßenfegertechnik („fork in the road" technique), die die Gruppenmitglieder konfrontiert, eine Reihe von aktiven Entscheidungen zu treffen zwischen Abwehr oder Untersuchung dessen, wogegen abgewehrt wird. Es wird davon ausgegangen, dass

- die Exploration der Abwehr die störenden Kräfte schwächt,
- das Umdirigieren von Energie in Richtung Untersuchung dessen, was abgewehrt werden soll,

die vorwärts treibenden Kräfte in Richtung Überleben des Systems, der Entwicklung und der Transformation auf allen Systemebenen befreien wird: auf der Ebenen der Person, des Gruppenmitgliedes, der Subgruppe und der Gruppe als Ganzes.

■ Etablierung der Aufmerksamkeitsrichtung in einer SCT-Gruppe

Energie ist stets verfügbar und kann als eine **antreibende oder behindernde Kraft** im Bezug auf Arbeit verwendet werden. Es ist wichtig, dass erkannt wird, wann ein Überschreiten der Zeitgrenzen eine Flucht aus der Arbeit darstellt und wann Zeitgrenzen zwecks Informationsgewinnung, die für die Arbeit wichtig ist, überschritten werden.

SCT-Therapeuten intervenieren, sobald die Kommunikation in der Gruppe die Zeitgrenzen im Dienste einer abwehrenden Flucht überschreitet. Im Unterschied zur Gewinnung von Informationen aus der Vergangenheit oder Zukunft im Dienste der Arbeit, ersetzen abwehrende Kommunikationen Information über die Vergangenheit und negative oder positive Aussagen über die Zukunft, um die Erfahrung von Arbeit in der Gegenwart zu **vermeiden**. Häufig überrascht es sehr, wenn die Gruppenmitglieder entdecken, dass sie leicht ihre Energie von negativen Voraussagen und Motivforschungen fortlenken können und sie auf die Bewältigung ihrer Konflikte in der Gegenwart umdirigieren.

Entwicklung von Hypothesen

> Systemzentrierte Therapie testet die Hypothese, dass die Methoden der Kontextualisierung, der Grenzziehung, der funktionellen Untergruppenbildung und der Aufmerksamkeitslenkung (aus der Theorie abgeleitet) destruktive Kräfte reduzieren und, indem sie so verfährt, die produktiven Kräfte der inhärenten Systemziele – Überleben, Entwicklung und Veränderung (Transformation) – im Kontext einer jeden Phase und Subphase der Systementwicklung freisetzt.

Von jeder der vorgenannten vier Methoden wird erwartet, dass sie eine spezifische Dynamik modifiziert und handhabbar gemacht wird durch spezifische Techniken, die es dem systemzentrierten Therapeuten möglich machen, jede dieser Methoden ins Spiel zu bringen. So wird von einer abgrenzenden Intervention erwartet, dass sie Kommunikation an den Grenzübergängen modifiziert (indem sie die destruktiven Kräfte auf allen Systemebenen reduziert). Funktionelle Interventionen handhaben Konflikte und erleichtern Unterscheidung und Integration durch funktionelle Subgruppenbildung. Umlenkende Interventionen unterscheiden zwischen den abwehrenden destruktiven Kräften und den zielgerichteten Antrieben. (Die Straßenfegertechnik ermöglicht die Lenkung der Energie weg von der Abwehr auf Konflikt, Impuls oder Realität, gegen die abgewehrt wird). Kontextualisierende Interventionen ziehen die Aufmerksamkeit auf den größeren Kontext, damit es gerade nicht persönlich genommen wird (Agazarian 1999). Jede dieser unterschiedlichen Interventionsmethoden testet einen anderen Hypothesensatz. Die Ergebnisse dienen als Feedback darüber, ob SCT-Methoden die vorausgesagten Ergebnisse erzielen. Somit sind systemzentrierte Praktiker sowohl Forscher als auch Agenten im Dienste der Veränderung (Therapeuten, Berater und Organisationsberater). Die Entwicklung von Forschungshypothesen stärkt die klinische Praxis und stellt explizit Verbindungen zwischen Theorie und Praxis her, wie sie auch Wege für formale Forschung bahnt.

Einige Forschungshypothesen werden im Folgenden aufgeführt.

- **Hierarchische Hypothesen**:
  - Die Definition der SCT-Gruppenpsychotherapiehierarchie (Mitglied, Untergruppe, Gruppe als Ganzes) führt das Rollenkonzept ein, das in Beziehung zum Kontext und den Zielen steht und die Entwicklung einer Kapazität ermöglicht, die Dinge im Kontext zu sehen, anstatt sie persönlich zu nehmen.
  - Die In-Beziehung-Setzung von Erfahrung mit verschiedenen hierarchischen Kontexten erhöht die Fähigkeit, multiple Ebenen der Erfahrung zu unterscheiden und zu integrieren.
  - Die Fähigkeit, für den Veränderungskontext relevante Ziele und Rollenverhalten zu unterscheiden, vermindert die Wahrscheinlichkeit, dass alte, maladaptive Rollen ausagiert werden (und vermindert die Kraft zwanghafter Wiederholung).

- **Kontextualisierende Hypothesen**:
  - Kontextualisierung generiert eine zunehmende Fähigkeit, objektiv zu sein und personalisiertes menschliches Leiden in existenzielle Einsicht zu transformieren.

- Die Förderung der Fähigkeit, Information aus multiplen Kontexten zu unterscheiden und zu integrieren, erhöht die angemessene Permeabilität der Grenzen zwischen kognitiver Intelligenz (IQ) und emotionaler Intelligenz (EQ) (Goleman 1995).

- **Isomorphe Hypothesen**:
  - Was über die Struktur und/oder Funktion eines jeden Systems gelernt wird, kann auf alle anderen Systeme innerhalb der definierten Hierarchie angewandt werden.
  - In einer therapeutischen Gruppe beeinflussen die Dynamiken von irgendeinem System alle anderen Systeme.

- **Grenzbereichshypothesen**:
  - Die Herstellung von Grenzdurchlässigkeit erhöht verfügbare Arbeitsenergie in der Gruppe.
  - Die Reduzierung von Ambiguität, Widersprüchen und Redundanzen im Kommunikationsprozess erhöht die Wahrscheinlichkeit, dass die Information, die in der Kommunikation enthalten ist, differenziert betrachtet und integriert werden kann.
  - Der Drang in Richtung Überleben, Entwicklung und Veränderung (allen lebenden Systemen inhärent) wird erleichtert, wenn der Entwicklung entgegenstehende Kräfte reduziert werden durch die Technik der Abgrenzung.

- **Funktionelle Subgruppenbildungshypothesen**:
  - Das Überleben des Systems, Entwicklung und Veränderung vom Einfachen zum Komplexen steigen an, indem die Fähigkeit des Systems Informationen zu unterscheiden und zu integrieren, anwächst.
  - Das Einbinden von systemimmanenten Konflikten in die funktionelle Subgruppenbildung reduziert die Wahrscheinlichkeit, dass der Gruppenkonflikt projiziert und in die Gruppenrollen des schwarzen Schafs und des identifizierten Patienten eingekapselt wird.
  - Wenn eine Gruppe dynamisch gesehen zu kohäsiv ist, um notwendige Risiken einzugehen, wird die Unterstreichung von Unterschieden innerhalb der komfortablen Ähnlichkeit Veränderungen in der gewünschten Richtung anstoßen.
  - Wenn eine Gruppe große Probleme mit Unterschieden hat, wird die Betonung der Ähnlichkeiten im offenkundig Unterschiedlichen Veränderungen in der gewünschten Richtung bewirken.
  - Wenn eine Gruppe an einer Stelle fixiert ist, werden die Einführung neuer Unterschiede und Ähnlichkeiten zwecks Integration Veränderungen in der gewünschten Richtung herbeiführen.

- **Umlenkungshypothesen**:
  - Die für Arbeit verfügbare vektorielle Energie wird von der Balance förderlicher und hinderlicher Kräfte im Rahmen des Augenblicks abhängen, was wiederum das Potenzial für den Weg entlang der Gruppenziele determinieren wird.
  - Die Richtung der Gruppenbewegung auf ihrem Weg zu ihren Zielen steht in direkter Beziehung zu der Annäherung oder Vermeidung der Probleme, die der Reise innewohnen (Howard und Scott 1965).
  - Weniger Arbeit ist erforderlich, um Vermeidungskräfte zu reduzieren als bei der Stärkung von förderlichen Kräften (Lewin 1951).
  - Die Umlenkung von Energien von Abwehr zur Reorganisation zu Grunde liegender Impulse, Konflikte und Emotionen, gegen die die Abwehr mobilisiert wird, steigert die Wahrscheinlichkeit, dass abwehrende Symptome und das Ausagieren reduziert werden.

In der Tab. 59.1 ist ein Überblick über die Theorie lebender menschlicher Systeme und ihrer Definitionen enthalten. In der Tabelle sind die Konstrukte der Theorie lebender menschlicher Systeme definiert. Die Methoden, die die Konstrukte operationalisieren, sind beschrieben und die Techniken, die diese Methoden ins Spiel bringen, sind kenntlich gemacht. Die Methoden dienen als praktische Arbeitshypothesen und sollen als Anleitungen für den systemzentrierten Ansatz dienen.

XI Literatur

Abel, G.G., C. Osborn, D. Anthony, P. Gardos: Current treatment of paraphiliacs. Ann. Rev. Sex. Res. 3 (1992) 255-290

Ablon, 16S.L., Y.B. Davenport, E.S. Gershon, M.L. Adland: The married maniac. Am. J. Orthopsychiat. 45 (1975) 834-844

Abo, T., C.M. Balch: A differentiation antigen of human and NK and K cells identified by a monoclonal antibody (HNK-1). J. Immunol. 127 (1981) 1024-1029

Abraham, I.L., M.M. Neundorfer, L.J. Currie: Effects of group interventions on cognition and depression in nursing home residents. Nurs. Res. 41 (1992) 196-202

Abramowitz, C.V.: The effectiveness of group psychotherapy with children. Arch. Gen. Psychiat. 33 (1976) 320-326

Abramson, L.Y., M.E.P. Seligman, J.D. Teasdale: Learned helplessness in humans: Critique and reformulation. J. Abnorm. Psychol. 87 (1978) 49-74

Addington, J., D. Addington: Facial affect recognition and information processing in schizophrenia and bipolar disorder. Schizophr. Res. 32 (1998) 171-181

Adler, A.: Guiding the Child On the Principles of Individual Psychology. Greenberg, New York 1930

Adler, R., W. Hemmeler: Praxis und Theorie der Anamnese. Gustav Fischer, Stuttgart 1986

Adler, R.H., S. Zlot, C. Hürny, C. Minder: Engel's „psychogener Schmerz und der zu Schmerz neigende Patient": Eine retrospektive, kontrollierte klinische Studie. Psychother. Psychosom. med. Psychol. 39 (1989) 209-218

Agazarian, Y.M.: Application of Lewin's life space concept to the individual and group-as-a-whole systems in psychotherapy. In Stivers, E., S. Wheelan (eds.): The Lewin Legacy: Field Theory in Current Practice. Springer, New York 1986

Agazarian, Y.M.: Contemporary theories of group psychotherapy: a systems approach to the group-as-a-whole. Int. J. Group Psychother. 42 (1992) 177-203

Agazarian, Y.M.: A Systems Approach to the Group-as-a-Whole. Int. J. Group Psychother. 42 (1992) 177-203

Agazarian, Y.M.: Systems-Centered Therapy for Groups. Guilford Press, New York 1997

Agazarian, Y.M.: System-centered supervision. Int. J. Group Psychother. 49 (1999) 215-236

Ahlin, G.: Der Gruppenprozess unter der Lupe: Das Matrix-Repräsentation-Grid. In Strauß, B., J. Eckert, V. Tschuschke (Hrsg.): Methoden der empirischen Gruppentherapieforschung – Ein Handbuch. Westdeutscher Verlag, Opladen 1996 (S. 345-359)

Alexander, F., T. French: Psychoanalytic Therapy: Principles and Applications. Ronald Press, New York 1946

Allen, D.M.: Group psychotherapy – past, present and future. Psychiat. Ann. 20 (1990) 358-361

Allen, D.M.: Techniques for reducing therapy-interfering behavior in patients with borderline personality disorder: similarities in four diverse treatment paradigms. J. Psychother. Res. & Pract. 6 (1997) 25-35

Allport, G.W.: The historical background of modern social psychology. In Lindzey, G., E.I. Aronson. (1968, S. 1-80), zit. n. C.F. Graumann (Hrsg.): Handbuch der Psychologie, Bd. 7 I: Sozialpsychologie: Ort, Gegenstand und Aufgabe. Hogrefe, Göttingen 1969

Alonso, A. The shattered mirror: treatment of a group of narcissistic patients. Group 16 (1992) 210-219

Altholz, J.A.S.: Group psychotherapy with the elderly. In Burnside, I. (ed.): Working with the Elderly: Group Process and Techniques. Duxbury, New York 1978 (S. 248-261)

Ambühl, H., B. Strauß (Hrsg.): Therapieziele. Hogrefe, Göttingen 1999

Anderson, A.: Group counseling. Rev. Educ. Res. 33 (1968) 209-226

Anderson, B.: Psychological interventions for cancer patients to enhance the quality of life. J. Cons. Clin. Psychol. 60 (1992) 552-568

Angermaier, M.J.W.: Gruppenpsychotherapie. Lösungsorientiert statt problemhypnotisiert. Beltz, Psychologie Verlags Union, Weinheim 1994

Annon, J.S.: The Behavioral Treatment of Sexual Problems. Enabling Systems, Honolulu/HAW 1974

Antoni, M.H.: Cognitive-behavioral intervention for persons with HIV. In Spira, J.L. (ed.): Group Therapy for Medically Ill Patients. Guilford Press, New York 1997 (S. 55-91)

Antonovsky, A.: Unrevealing the Mystery of Health. Jossey-Bass, San Francisco 1987

Anzieu, D.: The Group and the Unconscious. Routledge & Kegan, London 1984

Arbeitskreis OPD (Hrsg.): Operationalisierte Psychodynamische Diagnostik, Grundlagen und Manual. Huber, Bern 1996

Ardjomandi, M.E., A. Dally, D. Gerau, Y. Kühn: Analytische Gruppenpsychotherapie in der Klinik, Modifikationen und Interventionsstile. In Jahrbuch für Gruppenanalyse. Mattes, Heidelberg 1995 (S. 107-120)

Arean, P.A.: A comparison of problem-solving therapy and reminiscence therapy in the treatment of geriatric depression. Diss. Abstr. Int. 1991, 52: 3897 B

Arean, P., J. Miranda: The treatment of depression in elderly primary care patients: a naturalistic study. J. Clin. Gerontopsychol. 2 (1996) 153-160

Arentewicz, G., G. Schmidt: Sexuell gestörte Beziehungen. Konzept und Technik der Paartherapie. Enke, Stuttgart 1993

Argelander, H.: Die Analyse psychischer Prozesse in der Gruppe. Teil I u. II. Psyche 17 (1963) 450-479 und 481-515

Argelander, H.: Gruppenanalyse unter Anwendung des Strukturmodells. Psyche 22 (1968) 913-933

Argelander, H: Die szenische Funktion des Ichs und ihr Anteil an der Symptom- und Charakterbildung. Psyche 24 (1970a) 325-345

Argelander, H.: Das Erstinterview in der Psychotherapie. Wissenschaftliche Buchgemeinschaft, Darmstadt 1970b

Argelander, H.: Gruppenprozesse. Wege zur Anwendung der Psychoanalyse in Behandlung, Lehre und Forschung. Rowohlt, Reinbek 1972

Argelander, H.: Die psychoanalytische Situation einer Gruppe im Vergleich zur Einzelpsychotherapie. Psyche 28 (1974) 310-327

Aronson, M.L.: Resistance in individual and group psychotherapy. Am. J. Psychother. 21 (1967) 86-94

Asch, S.E.: Effects of group pressure on the modification and distortion of judgements. In Guetzkow, H. (ed.): Groups, Leadership and Men. Carnegie, Pittsburgh 1951

Asch, S.E.: Änderung und Verzerrung von Urteilen durch Gruppen-Druck. In Irle, M. (Hrsg.): Texte aus der experimentellen Sozialpsychologie. Luchterhand, Neuwied 1969

Ashton, D.: Therapeutic use of reminiscence with the elderly. Br. J. Nurs. 2 (1993) 896-898

Axline, V.: Play Therapy. Houghton Mifflin, Boston 1947

Azima, F.J.: Group psychotherapy for latency-age children. Can. Psychiat. Ass. J. 21 (1976) 210-211

Ba, G.: Group therapy with elderly patients. Psychother. Psychosom. 56 (1991) 157-161

Bacciagaluppi, M.: The relevance of attachment research to psychoanalysis and analytic social psychology. J. Am. Acad. Psychoanal. 22 (1994) 465-479

Badura, B., Ch. v. Ferber (Hrsg.): Selbsthilfe und Selbstorganisation im Gesundheitswesen. Oldenbourg, München 1981

Baker, F.M.: Group psychotherapy with patients over fifty: an adult development approach. J. Geriat. Psychiat. 17 (1984) 79–107

Bales, R.F.: Interaction Process Analysis: A Method for the Study of Small Groups. Addison-Wesley, Reading/Mass. 1950

Bales, R.F.: The equilibrium problem in small groups. In Parsons, T., R.F. Bales, E.A. Shils (eds.): Working Papers in the Theory of Action. Free Press, Glencoe/IL 1953

Bales, R.F.: Task roles and social roles in problem-solving groups. In Maccoby, E.E., T.M. Newcomb, I. Hartley (eds.): Readings in Social Psychology. Holt, Rinehart & Winston, New York 1958

Bales, R.F., S.P. Cohen, S.A. Williamson: SYMLOG: A System for the Multiple Level Observation of Groups. Free Press, New York 1979

Bales, R.F., S.P. Cohen: SYMLOG. Ein System für die mehrstufige Beobachtung von Gruppen. Klett-Cotta, Stuttgart 1982

Bales, R.F., P.E. Slater: Role differentiation in small decision-making groups. In Parsons, T., R.F. Bales (eds.): Family, Socialization, and Interaction Process. Free Press, New York 1955 (S. 259–306)

Bales, R.F., P.E. Slater: Role differentiation in small decision-making groups. In Barker, D.B. (ed.): The behavioral analysis of interpersonal intimacy in group Development. Small Group Res. 22 (1991) 76–91

Balke, K., W. Thiel (Hrsg.): Jenseits des Helfens. Professionelle unterstützen Selbsthilfegruppen. Lambertus, Freiburg 1991

Bally, G.: Einführung in die Psychoanalyse Sigmund Freuds. Rowohlt, Reinbek 1961

Bamber, J.H.: Group analysis with children and adolescents. Group Anal. 21 (1988) 99–102

Bancroft, J.: Grundlagen und Probleme menschlicher Sexualität. Enke, Stuttgart 1985

Barbach, L.G.: Group treatment of pre-orgasmic women. J. Sex Marit. Ther. 1 (1974) 139–145

Barbach, L.G.: For yourself. Ullstein, Berlin 1977

Bardé, B.: Großgruppe. In Handbuch Gruppenanalyse. Quintessenz, Berlin 1994; S. 253–268

Bardé, B., D. Mattke (Hrsg.): Therapeutische Teams. Vandenhoeck & Ruprecht, Göttingen 1993

Barker, D.B.: The behavioral analysis of interpersonal intimacy in group development. Small Gr. Res. 22 (1991) 76–91

Barlow, D.H.: Health care policy, psychotherapy research, and the future of psychotherapy. Am. Psychol. 51 (1996) 1050–1058

Barlow, S., W. Hansen, A. Fuhriman, R. Finley: Effects of leader communication style on members of small groups. J. Small Group Beh. 13 (1982) 518–531

Barnes, G.S.: Cognitive-behavior therapy and desired-control with depressed elderly adults. Dissertation Abstracts International. 51 (1990) 2051

Barsky, A.J., G. Wyshak: Hypochondriasis and somatosensory amplification. Br. J. Psychiat. 157 (1990) 404–409

Bartling, G., L. Echelmeyer, M. Engberding, R. Krause: Problemanalyse im therapeutischen Prozess. 4. Aufl. Kohlhammer, Stuttgart 1998

Bass, C., L.S. Benjamin: The management of chronic somatisation. Br. J. Psychiat.162 (1993) 472–480

Bateson, G. et al.: The Message"This is play" in Transactions. Second Conference on Group Processes. Josiah Macy Jr. Foundation, New York 1956

Battegay, R.: Narzißmus und Objektbeziehungen: Über das Selbst zum Objekt. Huber, Bern 1977

Battegay, R.: Der Mensch in der Gruppe. Bd. 1–3. 3. Aufl. Huber, Bern 1979

Battegay, R.: Gruppenpsychotherapie: Sozialpsychologische und psychoanalytische Aspekte. In Kutter, P. (Hrsg.): Methoden und Theorien der Gruppenpsychotherapie. Psychoanalytische und tiefenpsychologische Perspektiven. Frommann-Holzboog; Stuttgart-Bad Cannstatt 1985 (S. 21–44)

Battegay, R.: Gruppenpsychotherapie: Grundlagen, Methoden und Resultate. Gruppenpsychother. Gruppendyn. 35 (1999) 54–71

Battegay, R., I. Hubermann, C. Schlösser, Ch. Visoin: Trends in group psychotherapy with Borderline patients. Group Analysis 25 (1992) 61–75

Bauer, B.G., W.P. Anderson, R.W. Hyatt: Bulimie. Eine Behandlungsanleitung für Therapeuten und Betroffene.Psychologie Verlagsunion, Weinheim 1992

Baumann, J.: Körperbezogene Gruppenpsychotherapie in der 2. Lebenshälfte. Psychother. Psychosom. med. Psychol. 44 (1994) 337–345

Beauftragte der Bundesregierung für Ausländerfragen. Daten und Fakten zur Ausländersituation – Mitteilungen (17. Aufl.). Bonn/Berlin, März 1998

Beck, A.P.: Phases in the development of structure in therapy and encounter groups. In Wexler, D., L.N. Rice (eds.): Innovations in Client-Centered Therapy. Wiley Interscience, New York 1974 (S. 421–463)

Beck, A.P.: Developmental characteristics of the system forming process. In Durkin, J. (ed.): Living Groups: Group Psychotherapy and General System Theory. Brunner-Mazel, New York 1981a (S. 316–332)

Beck, A.P.: The study of group phase development and emergent leadership. Group 5 (1981b) 48–54

Beck, A.P.: Group development: A case example of the first three phases. In Wolberg, L.R., M.L. Aronson (eds.): Group and Family Therapy 1983 – An Overview. Brunner-Mazel, New York 1983a (pp. 69–77)

Beck, A.P.: A process analysis of group development. Group 7 (1983b) 19–26

Beck, A.P., J.M. Dugo, A.M. Eng, C.M. Lewis: The search for phases in group development: Designing measures of group interaction. In Greenberg, L.S., W.M. Pinsoff (eds.): The Psychotherapeutic Process: A Research Handbook. Guilford Press, New York 1986 (S. 615–705)

Beck, A.P., L.N. Peters: The research evidence for distributed leadership in therapy groups. Int. J. Group Psychother. 31 (1981) 43–71

Beck, A.T.: Cognitive Theory and the Emotional Disorder. International Universities Press, Madison/Conn. 1979

Beck, A.T. The past and future of cognitive therapy. J. Psychother. Res. & Pract. 6 (1997) 276–284

Beck, A.T., F.D. Wright, C.F. Newman: Kognitive Therapie der Sucht. Beltz, Psychologische Verlags-Union, Weinheim 1997

Becker, J.V.: Outpatient treatment of adolescent male sexual offenders. In Andronico, M.P. (ed.): Men in groups. American Psychological Association, Washington, D.C. 1996 (pp. 377–388)

Becker, J.V., M.S. Kaplan: Rape victims: Issues, theories, and treatment. Ann. Rev. Sex. Res. 2 (1991) 267–292

Becker, S.: Psychotherapie bei Transsexualität. In Strauß, B. (Hrsg.): Psychotherapie der Sexualstörungen. Thieme, Stuttgart 1998 (S. 139–151)

Beckmann, D., H.-E. Richter, E. Brähler: Der Gießen-Test. 4.Aufl. Huber, Bern 1991

Bednar, R.L., C.P. Battersby: The effects of specific cognitive structure on early group development. J. Appl. Beh. Sci. 12 (1976) 514–522

Bednar, R.L., J. Kaul: Experiential group research: A current perspective. In S.L. Garfield, A.E. Bergin (eds.): Handbook of Psychotherapy and Behavior Change. 2nd ed. Wiley, New York 1978 (S. 769–816)

Bednar, R.L., T.J. Kaul: Experiential group research: Can the cannon fire? In Bergin, A.E., S.L. Garfield (eds.): Handbook of Psychotherapy and Behavior Change. 4th ed. John Wiley & Sons, New York 1994 (S. 631–663)

Bednar, R.L., M.J. Moeschl: Conceptual and methodological considerations in the evaluation of group psychotherapies. In McReynolds, P. (ed.): Advances in Psychological Assessment. Vol. 5. Jossey-Bass, San Francisco 1981

Behr, H.L.: Group analysis with early adolescents: Some clinical issues. Group Anal. 21 (1988) 119–131

Behr, H.L., L.E. Hearst, G.A. van der Kleij: Die Methode der Gruppenanalyse im Sinne von Foulkes. In Kutter, P. (Hrsg.): Methoden und Theorien der Gruppenpsychotherapie. Frommann-Holzboog, Stuttgart 1985 (93–120)

Beisel, S., C. Leibl: Stationäre Verhaltenstherapie bei Essstörungen. In Reich, G., M. Cierpka (Hrsg.): Psychotherapie der Essstörungen. Thieme, Stuttgart 1997 (S. 108–126)

Belardi, N.: Supervision. Von der Praxisberatung zur Organisationsentwicklung. Junfermann, Paderborn 1992 (1994 2. Aufl.)

Belenky, M., B. Clinchy, N. Goldberger, J. Tarule: Women's Ways of Knowing: The Development of Self, Voice, and Mind. Basic Books, New York 1986

Bellack, A.S., R.L. Morrison, K.T. Mueser: Social problem solving in schizophrenia. Schizophr. Bull. 15 (1989) 101–116

Bellack, A.S., M. Sayers, K.T. Mueser, M. Bennett: Evaluation of social problem solving in schizophrenia. J. Abnorm. Psychol. 103 (1994) 371–378

Bellack, A.S., S.M. Turner, M. Hersen, R.F. Luber: An examination of the efficacy of social skills training for chronic schizophrenic patients. Hosp. Comm. Psychiat. 35 (1984) 1023–1028

Bellak, L.: On some limitations of dyadic psychotherapy and the role of the group modalities. Int. J. Group Psychother. 30 (1980) 7–21

Belsky, J.: The determinants of parenting: A process model. Child Developm. 55 (1984) 83–96

Bender, W.: Psychodrama im Psychiatrischen Krankenhaus: Methoden, Einsatzmöglichkeiten und Effekte. Gruppenpsychother. Gruppendyn. 15 (1980) 348–352

Bender, W.: Psychotherapie bei psychotischen Patienten. Nervenarzt 56 (1985) 465–471

Bender, W.: Psychodrama mit Psychose-Patienten. Gruppenpsychother. Gruppendynamik 21 (1986) 307–317

Benninghoven, D.: Tagebuchtechniken in der Therapie der Essstörungen. In Reich, G., M. Cierpka (Hrsg.): Psychotherapie der Essstörungen. Thieme, Stuttgart 1997 (S. 151–169)

Bennioff, L.R., S. Vinogradov: Group psychotherapy with cancer patients and the terminally Ill. In Kaplan, H.I., B.S. Sadock (eds.): Comprehensive Group Psychotherapy. 3rd ed. Williams & Wilkins, Baltimore 1993 (S. 477–489)

Bennis, W.G., H.A. Shepard: A theory of group development. Hum. Rel. 9 (1956) 415–437

Berg, I.K., S.D. Miller: Kurzzeittherapie bei Alkoholproblemen. Ein lösungsorientierter Ansatz. Carl-Auer-Systeme Verlag, Heidelberg 1993 (1995 2. Aufl.)

Berger, M.M., L.F. Berger: Psychogeriatrische Gruppenbehandlungen. In Sager, C.J., H.S. Kaplan (Hrsg.): Handbuch der Ehe-, Familien- und Gruppenpsychotherapie. Bd. 3. Kindler; München 1973 (S. 931–950)

Bergeron, S.M., C.Y. Senn: Body image and sociocultural norms: A comparison of heterosexual and lesbian women. Psychol. Women Quart. 22 (1998) 385–401

Bergin, A.E.: The evaluation of therapeutic outcomes. In A.E.Bergin, S.L. Garfield (eds.): Handbook of Psychotherapy and Behavior Change. Wiley, New York 1971 (S. 217–270)

Berlin, R.: The team approach in a hospital treatment as a defense of the psychiatrist. Compreh. Psychiat. 2 (1970) 147–158

Bernard, H.S., K.R. MacKenzie (eds.): Basics of Group Psychotherapy. Guilford Press, New York 1994

Bernardez, T.: Gender based counter transference of female therapists in the psychotherapy of women. Women and Ther. 6 (1987) 25–40

Bernardez, T.: Conflicts with anger and power in women's groups. In De Chant, B. (ed.): Women's Group Psychotherapy. Guilford Press, New York 1996

Berne, E.: Transactional Analysis in Psychotheraphy. Grove Press, New York 1961

Berne, E.: The Structure and Dynamics of Organizations and Groups. Grove Press, New York 1963

Berne, E.: Games People Play. Grove Press, New York 1964

Berne, E.: Principles of Group Treatment. Grove Press, New York 1966 (ital.: Principi di terapia di gruppo. Astrolabio, Rom 1986)

Berne, E.: What Do You Say After You Say Hello? Bantam Books, New York 1972

Berne, E.: Intuition and Ego States. Harper & Row, New York (Erstpublikation 1957) 1977

Berne, E.: Was sagen Sie, nachdem Sie Guten Tag gesagt haben? Fischer, Frankfurt/M. 1983

Berner, W.: Therapie bei sexueller Delinquenz unter institutionellen Bedingungen. In Sigusch, V. (Hrsg.): Sexuelle Störungen und ihre Behandlung. Thieme, Stuttgart 1996 (S. 288–299)

Berner, W., R. Kleber, H. Lohse: Psychotherapie bei sexueller Delinquenz. In Strauß, B. (Hrsg.): Psychotherapie der Sexualstörungen. Thieme, Stuttgart 1998 (S. 122–138)

Bertalanffy, von L.: General System Theory: Foundations, Development, Applications. G. Braziller, New York 1968

Bertalanffy, von L.: General Systems. Revised edition. G. Braziller, New York 1969

Berzon. B., C. Pious, R.E. Farson: The therapeutic event in group psychotherapy: A study of subjective reports by group members. J. Indiv. Psychol. 19 (1963) 204–212

Bettighofer, S.: Die latente Ebene der Übertragung. Interaktionelle und systemische Aspekte der therapeutischen Situation. Forum Psychoanal 10 (1994) 116–129

Beutel, M., Th. Dommer, E. Kayser, F. Bleichner, A. Vorndran, K. Schlüter: Arbeit und berufliche Integration psychosomatisch Kranker – Nutzen und Indikation der beruflichen Belastungserprobung. Psychother. Psychosom. med. Psychol. 49 (1999) 368–374

Beutler, L.E., M. Crago, T.G. Arizmendi: Research on therapist variables in psychotherapy. In Garfield, S.L., A.E. Bergin (eds.): Handbook of Psychotherapy and Behavior Change. 3rd ed. J. Wiley & Sons, New York 1986 (S. 257–310)

Beutler, L.E., M. Frank, S.C. Schieber, S. Calvert, J. Gaines: Comparative effects of group psychotherapies in a short-term inpatient setting: an experience with deterioration effects. Psychiat. 47 (1984) 66–76

Beutler, L.E., F. Scogin, P. Kirkish et al.: Group cognitive psychotherapy and alprazolam in the treatment of depression of older adults. J. Cons. Clin. Psychol. 55 (1987) 550–556

Biener, L.: Gender differences in the use of substance for coping. In Barnett, R.C., L. Biener, G.K. Baruch (eds.): Gender and Stress. Free Press, New York 1988

Biermann-Ratjen, E.-M.: On the development of the person in relationships. In Thorne B, E. Lambers (eds.): Person-Centred Therapy. A European Perspective. Sage, London 1998a (S. 106–118)

Biermann-Ratjen, E.-M.: Incongruence and psychopathology. In Thorne B, E. Lambers (eds.): Person-Centred Therapy. A European Perspective. Sage, London 1998b (S: 119-130)
Biermann-Ratjen, E.-M., J. Eckert: Gruppenpsychotherapie und Selbstentwicklung. Überlegungen von Gesprächspsychotherapeuten. In Strauß, B., A.-E. Meyer (Hrsg.): Psychoanalytische Psychosomatik. Theorie, Forschung und Praxis. Schattauer, Stuttgart 1994 (S. 172-178)
Biermann-Ratjen, E.-M., J. Eckert, H.-J. Schwartz. Gesprächspsychotherapie. Verändern durch Verstehen. 8. Aufl. Kohlhammer, Stuttgart 1997
Biermann-Ratjen, E.-M., H. Swildens: Entwurf einer ätiologisch orientierten Krankheitslehre im Rahmen des klientenzentrierten Konzepts. In Eckert J., D. Höger, H. Linster (Hrsg.): Die Entwicklung der Person und ihrer Störung. Bd 1, GwG-Verlag, Köln 1993 (S. 57-147)
Bilitza, K.W.: Suchttherapie und Sozialtherapie. Psychoanalytisches Grundwissen für die Praxis. Vandenhoeck & Ruprecht, Göttingen 1993
Bion, W.R.: Experiences in Groups and other Papers. Basic Books, New York 1959
Bion, W.R.: Attention and Interpretation. Tavistock Publications, London 1970
Bion, W.R.: Erfahrungen in Gruppen und andere Schriften. Klett, Stuttgart 1974 (Engl.: Experiences in Groups and other Papers. Tavistock Publications, London 1961)
Bircher, M.: Möglichkeiten und Erfahrungen in der Arbeit mit älteren Paaren und Familien in der Geriatrie und Gerontopsychiatrie. In Radebold, H., G. Schlesinger-Kipp (Hrsg.): Familien- und paartherapeutische Hilfen bei älteren und alten Menschen. Vandenhoeck & Ruprecht, Göttingen 1982 (S. 96-117)
Bircher-Beck, L.M.: Kurzpsychotherapie mit psychogeriatrischen Patientengruppen. In Radebold, H. (Hrsg.): Gruppenpsychotherapie im Alter. Vandenhoeck & Ruprecht, Göttingen 1983 (S. 86-97)
Bircher, M., P. Six, U. Steiner-König, W. Keller: Gruppenpsychotherapie mit Patienten im höheren und hohen Lebensalter – Erfahrungen an einer geriatrischen Klinik. Gruppenpsychother. Gruppendyn. 14 (1979) 326-347
Bircher, M., P. Six, U. Steiner-König, W. Keller: Gruppenpsychotherapie mit Patienten im höheren und hohen Lebensalter – Erfahrungen an einer geriatrischen Klinik. In Radebold, H. (Hrsg.): Gruppenpsychotherapie im Alter. Vandenhoeck & Ruprecht, Göttingen 1983 (S. 75-76)
Birkett, D.P., B. Boltuch: Remotivation therapy. J. Am. Geriatr. Soc. 21 (1973) 368-371
Birnbacher, D., L. Kottje-Birnbacher: Ethik in der Psychotherapie und der Psychotherapieausbildung. In Senf, W. und M. Broda (Hrsg.): Praxis der Psychotherapie. Ein integratives Lehrbuch. 2. Aufl. Thieme, Stuttgart 2000 (S. 710-717)
Blanck, G., R. Blanck: Ich Psychologie II. Klett Cotta, Stuttgart 1989
Bloch, S., E. Crouch: Therapeutic Factors in Group Psychotherapy. Oxford University Press, Oxford 1985
Bloch, S., J. Reibstein: Perceptions by patients and therapists of therapeutic factors in group psychotherapy. Br. J. Psychiat. 137 (1980) 274-278
Bloch, S., J. Reibstein: E. Crouch, P. Holroyd, J. Themen: A method for the study of therapeutic factors in group psychotherapy. Br. J. Psychiat. 134 (1979) 257-263
Bloom, J.R., D. Spiegel: The relationship of two dimensions of social support to the psychological well-being and social functioning of women with advanced breast cancer. Soc. Sci. Med. 19 (1984) 831-837
Boche, U.: Eine Gesprächsgruppe mit psychisch kranken Menschen im Rahmen einer gerontopsychiatrischen Poliklinik. In Radebold, H. (Hrsg.): Gruppenpsychotherapie im Alter. Vandenhoeck & Ruprecht, Göttingen 1983 (S. 91-97)
Boehnlein, J.K., L.F. Sparr: Group therapy with WWII Ex-POW's: Long-term posttraumatic adjustment in a geriatric population. Am. J. Psychother. 47 (1993) 273-282
Bohus, M., M. Berger: Die Dialektisch-Behaviorale Psychotherapie nach M.M. Linehan. Ein neues Konzept zur Behandlung von Borderline-Persönlichkeitsstörungen. Nervenarzt 67 (1996) 911-923
Bohus, M., R.D. Stieglitz, P. Fiedler, M. Berger: Persönlichkeitsstörungen. In: Berger, M. (Hrsg.): Psychiatrie und Psychotherapie. Urban & Schwarzenberg, München 1999 (S. 772-845)
Bond, G.R., M.A. Lieberman: Indications for group therapy. In Brady, C., K. Brodie (eds.): Controversy in Psychiatry. W.B. Saunders, Philadelphia 1978 (S. 679-702)
Bond, M.H., W.Y. Shiu: The relationship between a group's personality resources and the two dimensions of its group process. Small Group Res. 28 (1997) 194-217
Boss, J.L. (1992): What makes a group heterogeneous? Am. J. Occ. Ther. 46 (1992) 1145
Bosset, F. de: A comparison of homogeneous and heterogeneous group psychotherapy models for chronic psychiatric outpatients. Psychiatr. J. Univ. Ott. 13 (1988) 212-214
Boszormenyi-Nagy, I., B. Krasner: Between Give and Take. A clinical guide to contextual therapy; Brunner/Mazel, New York 1986
Bottomley, A.: Review. Where are we now? Evaluating two decades of group interventions with adult cancer patients. J. Psychiat. Ment. Health Nurs. 4 (1997) 251-265
Bowen, L., C.J. Wallace, S.M. Glynn, K.H. Nuechterlein, J.R. Lutzker, T.G. Kuehnel: Schizophrenic individuals' cognitive functioning and performance in interpersonal interactions and skills training procedures. J. Psychiat. Res. 28 (1994) 289-301
Bowlby, J.: Bindung. Kindler, München 1975
Bowlby, J.: Elternbindung und Persönlichkeitsentwicklung: Therapeutische Aspekte der Bindungstheorie. Dexter, Heidelberg 1995
Bozok, B., K.E. Bühler: Wirkfaktoren der Psychotherapie-spezifische und unspezifische Einflüsse. Fortschr. Neurol. Psychiatr. 56 (1988) 119-132
Braaten, L.J.: The different patterns of group climate critical incidents in high and low cohesion sessions of group psychotherapy. Int. J. Group Psychother. 40 (1990) 477-493
Brabender, V., A. Fallon: Models of Inpatient Group Psychotherapy. American Psychological Association, Washington, D.C. 1993
Braff, D.L.: Information processing and attentional abnormalities in the schizophrenic disorders. In Magaro, P.A. (ed.): Cognitive Bases of Mental Disorders. Annual Review of Psychopathology, Vol. 1. Sage Publications, Newbury Park/CA 1991 (S. 262-307)
Brandes, H.: Zum Umgang mit dem „Kollektiven Unbewußten" in der Gruppe. Arbeitsh. Gruppenanal. 1 (1992) 30-43
Bräutigam, W.: Verbale und präverbale Methoden in der stationären Therapie. Z. Psychosom. Med. Psychoanal. 24 (1978) 146-155
Brekke, J.S., A. Raine, M. Ansel, T. Lencz, L. Bird: Neuropsychological and psychophysiological correlates of psychosocial functioning in schizophrenia. Schizophr. Bull. 23 (1997) 19-28
Brenner, H.D., B. Hodel, V. Roder, P. Corrigan: Treatment of cognitive dysfunctions and behavioral deficits in schizophrenia. Schizophren. Bull. 18 (1992) 21-26
Brent, D.A., E. Marine, E.: Developmental aspects of the co-therapy relationship. J. Marit. Fam. Ther. 4 (1982) 69-74

Breuer, J., S. Freud: Studies on Hysteria (1895), Standard Edition. Vol. 2. Hogarth Press, London 1953

Breyer, F., R. Heinzel, Th. Klein: Kosten und Nutzen ambulanter Psychoanalyse in Deutschland. Z. Gesundheitsök. Qualitätsman. 3 (1997) 59–73

Breyer, F., P. Zweifel: Gesundheitsökonomie. 3. Aufl. Springer, Berlin 1999

Brockhaus Enzyklopädie: Ethik. 19. Aufl. Brockhaus, Mannheim 1988 (S. 600–602)

Brockhaus Enzyklopädie: Moral. 19. Aufl. Brockhaus, Mannheim 1991 (S. 96)

Broda, M., R.W. Dahlbender, J. Schmidt, M. von Rad, R. Schors: DKPM-Basisdokumentation. Eine einheitliche Basisdokumentation für die stationäre Psychosomatik und Psychotherapie. Psychother. Psychosom. med. Psychol. 43 (1993) 214–223

Broda, M., W. Senf: Qualitätssicherung. In Senf, W., M. Broda (Hrsg.): Praxis der Psychotherapie. Ein integratives Lehrbuch: Psychoanalyse, Verhaltenstherapie, Systemische Therapie. Thieme, Stuttgart 2000 (S. 339–342)

Brok, A.J.: A modified cognitive-behavioral approach to group therapy with the elderly. Group 21 (1997) 115–135

Brooks, G.R.: Treatment for therapy resistant men. In Andronico, M.P. (ed.): Men in Groups: Insights, Interventions, Psychoeducational Work. American Psychological Association, Washington, D.C. 1996

Brown, L., M. Ballou (eds.): Personality and Psychopathology: Feminist Appraisals. Guilford Press, New York 1992

Brown, S., I.D. Yalom: Interactional group psychotherapy with alcoholic patients. J. Stud. Alcoh. 38 (1977) 426–456

Brusa, J.A., M.H. Stone, A.P. Beck, J.M. Dugo, L.N. Peters: A sociometric test to identify emergent leader and member roles: Phase I. Int. J. Group Psychother. 44 (1994) 79–100

Brusa, J.A., Beck, A.P., J.M. Dugo: A sociometric test of emergent leadership: The final questions. (In Vorb.)

Bryson, G., M.D. Bell, E. Kaplan, T. Greig: The functional consequences of memory impairments on intial work performance in people with schizophrenia. J. Nerv. & Ment. Dis. 186 (1998) 610–615

Buber, M.: Ich und Du. Schocken, Berlin 1936

Buber, M.: Das dialogische Prinzip. Heidelberg 1979

Buchanan, R.W., C. Holstein, A. Breier: The comparative efficacy and long-term effect of clozapine treatment on neuropsychological test performance. Biol. Psychiat. 36 (1994) 717–725

Buchholz, M.B., N. Hartkamp (Hrsg.): Supervision im Fokus, polyzentrische Analysen einer Supervision. Westdeutscher Verlag Opladen 1997

Buchinger, K.: Supervision in Organisationen. Den Wandel begleiten. Auer, Heidelberg 1997

Buchkremer, G., K. Windgassen: Leitlinien des psychotherapeutischen Umgangs mit schizophrenen Patienten Was ist den verschiedenen Schulen und Methoden gemeinsam? Psychother. Psychosom. med. Psychol. 37 (1987) 407–412

Budman, S.H., Clifford, M., L. Bader, B. Bader: Experiential pre-group preparation and screening. Group 5 (1981) 19–26

Budman, S.H., A. Demby, M. Randall: Short-term group psychotherapy. Who shall succeed and shall fail? Group (1980) 3–16

Budman, S.H., A. Demby, M. Feldstein, J. Redondo, B. Scherz, M. Bennett, G. Koppenaal, B.S. Daley, M. Hunter, J. Ellis: Preliminary findings on a new instrument to measure cohesion in group psychotherapy. Int. J. Group Psychother. 37 (1987) 75–94

Budman, S.H., A. Demby, J.P. Redondo, M. Hannan, M. Feldstein, J. Ring, T. Springer: Comparative outcome in time-limited individual and group psychotherapy. Int. J. Group Psychother. 38 (1988) 63–86

Budman, S.H., A. Gurman: Theory and Practice of Brief Therapy. Guilford Press, New York 1988

Budmann, S.H., P.G. Simeone, R. Reilly, R., A. Demby: Progress in short-term and time-Limited group psychotherapy: Evidence and implications. In Fuhriman, A., G.M. Burlingame, (eds.): Handbook of Group Psychotherapy. An Empirial and Clinical Synthesis. John Wiley & Sons, New York 1994 (S. 319–339)

Budman, S.H., S. Soldz, A. Demby, M.S. Davis: What is cohesiveness? An empirical examination. Small Group Res. 24 (1993) 199–216

Budman, S.H., S. Soldz, A. Demby, M. Feldstein, T. Springer, M.S. Davis: Cohesion, alliance and outcome in group psychotherapy. Psychiat. 52 (1989) 339–350

Budman, S.H., S. Soldz, A. Demby, M. Feldstein, T. Springer, M.S. Davis: Kohäsion, therapeutische Allianz und Therapieerfolg in der Gruppenpsychotherapie. Eine empirische Untersuchung. In Tschuschke, V., D. Czogalik (Hrsg.): Psychotherapie – Welche Effekte verändern? Zur Frage der Wirkmechanismen therapeutischer Prozesse. Springer, Berlin 1990 (S. 369–386)

Buer, F. (Hrsg.): Morenos therapeutische Philosophie. Zu den Grundideen von Psychodrama und Soziometrie. Leske u. Buderich, Opladen 1989

Bundesministerium für Gesundheit (Hrsg.): Alkoholkonsum und alkoholbezogene Störungen in Deutschland. Bühringer, G., R. Augustin, E. Bergmann, K. Bloomfield, W. Funk, B. Junge, L. Kraus, C. Merfert-Diete, H.-J. Rumpf, R. Simon, J. Töppich. Schriftenreihe des Bundesministeriums für Gesundheit. Band 128. Nomos-Verlagsgesellschaft, Baden-Baden 2000

Bürger, W.: Arbeit, Psychosomatik und medizinische Rehabilitation – Eine Längsschnittuntersuchung. Huber, Bern 1997

Bürger, W., U. Koch: Aktuelle Entwicklungstrends in der medizinischen Rehabilitation und ihre Bedeutung für den Bereich der Psychosomatischen Rehabilitation. Psychother. Psychosom. med. Psychol. 49 (1999) 302–311

Burchard, E., J. Michaels, B. Kotkov: Criteria for the evaluation of group therapy. Psychosom. Med. 10 (1948) 257–274

Burckhardt, C.: The effect of therapy on mental health of the elderly. Res. Nurs. Health 10 (1987) 277–285

Burgmeier-Lohse, M.: Aspekte des Interaktionsverhaltens im Verlauf einer stationären Langzeitgruppenpsychotherapie. Unveröffentl. Diss., Universität Hamburg 1993

Burlingame, G.M., A. Fuhriman, S. Drescher: Scientific inquiry into small group process. Small Group Beh. 15 (1984) 441–470

Burmeister, J.: Psychodramatische Psychotherapie bei Posttraumatischen Belastungsstörungen (PTBS). Unveröffentlichte Dokumentation für Bundes-Ärztekammer 1999 (S. 235–250)

Burnside, I.M.: Working with the elderly; group process and techniques. Dusbury, New York 1978 (S. 61–75)

Burrow, T.: Die Gruppenmethode in der Psychoanalyse. Imago 12 (1926) 211–222

Butler, R.N.: Successful aging and the role of the life review. J. Am. Ger. Soc. 22 (1974a) 529–535

Butler, R.N.: Successful aging. Ment. Hyg. 58 (1974b) 6–12

Butler, R.N.: The life review: An interpretation of reminiscence in the aged. Psychiat. 26 (1963) 65–76

Butler, R.N., M.I. Lewis: Aging and Mental Health: Positive Psychological Approaches. Mosby, St. Louis/MO 1977

Butler, S.F., H.H. Strupp: Specific and nonspecific factors in psychotherapy. A problematic paradigm for psychotherapy research. Psychother. 1 (1986) 30–40

Butler, T., A. Fuhriman: Curative factors in group therapy: A review of the recent literature. Small Group Beh. 14 (1983) 131–142

Buys, C.J.: Humans would do better without groups. Personal. Soc. Psychol. Bull. 4 (1978) 123–125

Cabeen, C.W., J.C. Coleman: Group therapy with sex offenders. J. Clin. Psych. 17 (1961) 122–129

Cameron, P., M. Leszcz, W. Bebchuk, R. Swinson, M. Anthony, H.F.A. Azim, N. Doidge: The practice and roles of the psychotherapies: a discussion paper. Can. J. Psychiat. 44 (Suppl.) (1999) 18–31

Carlson-Sabelli, L., H. Sabelli, A. Hale: Sociometry and sociodynamics. In Holmes, P., M. Karp, M. Watson (eds.): Psychodrama Since Moreno. Routledge, London 1994 (S. 147–185)

Carson, R.C.: Interaction Concepts of Personality. Aldine, Chicago 1969

Carson, R.C.: Self-fulfilling prophecy, maladaptive behaviour and psychotherapy. In Anchin, J.C., D.J. Kiesler (eds.): Handbook of Interpersonal Psychotherapy. Pergamon, New York 1982 (S. 64–77)

Caspar, F.: Beziehungen und Probleme verstehen. Eine Einführung in die psychotherapeutische Plananalyse. 2. Aufl. Huber, Bern 1996a

Caspar, F. (Hrsg.): Psychotherapeutische Problemanalyse. dgvt-Verlag, Tübingen 1996b

Catina, A., V. Tschuschke: A summary of empirical data from the investigation of two psychoanalytic groups by means of repertory grid technique. Group Anal. 26 (1993) 443–449

Caudill, W.: The Psychiatric Hospital as a Small Society. Harvard University Press, Cambridge/MA 1958

Cella, D.F., B. Sarafian, P.R. Snider, S.B. Yellen, P. Winicour: Evaluation of a community-based cancer support group. Psycho-Oncol. 2 (1993) 123–132

Cerbone, M.J.A., J.A. Mayo, B.A. Cuthbertson, R.A. O'Connell: Group therapy as an adjunct to medication in the management of bipolar affective disorder. Group 16 (1992) 174–187

Chasseguet-Smirgel, J.: Anatomie der menschlichen Perversion. Deutsche Verlagsanstalt, Stuttgart 1992

Chodorow, N.: The Reproduction of Mothering: Psychoanalysis and the Sociology of Gender. University of California Press, Berkeley/CA 1978

Christ, J., U. Hoffmann-Richter: Therapie in der Gemeinschaft. Psychiatrie-Verlag, Bonn 1997

Christopher, F., P. Loeb, H. Zaretsky, A. Jassani: A group psychotherapy intervention to promote the functional independence of older adults in a long term rehabilitation hospital: a preliminary study. Phys. Occ. Ther. Ger. 6 (1989) 51–61

Church, M.: Psychological therapy with the elderly people. Bull. Brit. Psychol. Soc. 36 (1983) 110–112

CIPS: Internationale Skalen für Psychiatrie. Beltz, Weinheim 1986

Clain, E.N., E.I. Kohorn, D.M. Quinland, K. Latimer, P.E. Schwartz: Psychosocial benefits of a cancer support group. Cancer 57 (1986) 183–189

Clark, M.S., H.T. Reiss: Interpersonal processes in close relationships. In Rosenzweig, M.R., L.W. Porter (eds.): Annual Review of Psychology, Vol. 39, 1988 (S. 609–672)

Clark, W.G., V.R. Vorst: Group therapy chronically depressed geriatric patients. J. Psychos. Nurs. 32 (1994) 9–13

Clarkin, J.F., Hull, J., Yeomans, F., Kakuma, T., Cantor, J. Antisocial traits as modifiers of treatment response in borderline patients. J. Psychother. Res. & Pract. 3 (1994) 307–312

Clarkin, J.F., E. Marziali, H. Munroe-Blum: Group and family treatments for borderline personality disorder. Hosp. Comm. Psychiat. 42 (1991) 1038–1043

Clarkson, P.: Transactional Analysis Psychotherapy. An Integrated Approach. Routledge, London 1992

Classen, C., S. Diamond, A. Soleman, P. Fobair, J.L. Spira, D. Spiegel: Brief-Supportive-Expressive Group Therapy for Women with Primary Breast Cancer: A Treatment Manual. Psychosocial Treatment Laboratory, Breast Cancer Intervention Project, Stanford University School of Medicine, Department of Psychiatry and Behavioral Sciences. Stanford/CA 1993

Clayton, M.: Role theory and its application in clinical practice. In Holmes, P., M. Karp, M. Watson (eds.): Psychodrama Since Moreno. Routledge, London 1994 (S. 147–189)

Cleary, P.D.: Gender differences in stress related disorders. In Barnett, R.C., L. Biener, G.K. Baruch (eds.): Gender and Stress. Free Press, New York 1988

Clement, P.W., P.V. Roberts, L.E. Lantz: Mothers and peers as child behavior therapists. Int. J. Group Psychother. 26 (1976) 335–359

Clement, U.: Männergruppen – Frauengruppen. Sexualmed. 14 (1985) 504–511

Clement, U., G. Schmidt: The outcome of couple therapy for sexual dysfunctions using 3 different formats. J. Sex Marit. Ther. 9 (1983) 67–78

Clement, U., W. Senf: Transsexualität – Behandlung und Begutachtung. Schattauer Stuttgart 1996

Coché, E.: Problem-solving training. In Freeman A, V. Greenwood (eds.): Cognitive Therapy. Human Sciences Press, New York 1987 (S. 83–102)

Cohen, J.A.: A coefficient of agreement for nominal scales. Emot. Psychol. Meas. 20 (1960) 37–46

Cohen, S.L.: Working with resistance to experiencing and expressing emotions in group therapy. Int. J. Group Psychother. 47 (1997) 443–458

Cohn, B.R.: Keeping the group alife: dealing with resistance in a long-term group of psychotic patients. Int. J. Group Psychother. 38 (1988) 319–335

Colarusso, C.A., R.A. Nemiroff: Impact of adult developmental issues on treatment of older patients. In Myers, W.A. (Hrsg.): New Techniques in the Psychotherapy of Older Patients. American Psychiatric Press, Washington, D.C. 1991 (S. 245–264)

Coleman, V.E.: Lesbian battering: the relationship between personality and the perpetration of Violence. Viol. Vict. 9 (1994) 139–152

Comstock, B.S., S.M. Kamilar, J.I. Thornby: Crisis treatment in a day hospital. Psychiat. Clin. N. Am. 8 (1985) 483–500

Comtois, K.A., B.N. Cochran, M.M. Linehan: Die verhaltenstherapeutische Behandlung der Borderline-Persönlichkeitsstörung. In Kernberg, O.F., B. Dulz, U. Sachsse (Hrsg.): Handbuch der Borderline-Störungen. Schattauer, Stuttgart 2000 (S. 573–594)

Connelly, J.L., W.E. Piper, F.L. DeCarufel, E.G. Debbane: Premature termination in group psychotherapy: pretherapy and early therapy predictors. Int. J. Group Psychother. 36 (1986) 145–152

Connelly, J.L., W.E. Piper: An analysis of pretraining work behavior as a composition variable in group psychotherapy. Int. J. Group Psychother. 39 (1989) 173–189

Consumer Reports: Mental Health: Does it help? 11 (1995) 734–739

Cook, T., D. Campbell: Quasi-Experimentation: Design and Analysis Issues For Field Studies. Houghton Mifflin, Boston 1979

Cooney, N.L., R.M. Kadden, M.D. Litt, H. Getter: Matching alcoholics to coping skills or interactional therapies: Two-year follow-up results. J. Cons. Clin. Psychol. 59 (1991) 598-601

Cooper, D.E.: Group psychotherapy with the eldery: dealing with loss and death. Am. J. Psychother. 38 (1984) 203-214

Corder, B.F., T. Haizlip, R. Whiteside, M. Vogel: Pre-therapy training for adolescents in group psychotherapy: Contracts, guidelines and pre-therapy preparation. Adolescence 15 (1980) 699-706

Corrigan, P.W., M.F. Green: Schizophrenic patients' sensitivity to social cues: The role of abstraction. Am. J. Psychiat. 150 (1993) 589-594

Corrigan, P.W., M.F. Green, R. Toomey: Cognitive correlates to social cue perception in schizophrenia. Psychiat. Res. 53 (1994) 141-151

Corrigan, P.W., D.R. Nelson: Factors that affect social cue recognition in schizophrenia. Psychiat. Res. 78 (1998) 189-196

Corrigan, P.W., R. Toomey: Interpersonal problem solving and information processing in schizophrenia. Schizophr. Bull. 21 (1995) 395-403

Corsini, R.J., B. Rosenberg: Mechanisms of group psychotherapy: Process and dynamics. J. Abnorm. Soc. Psychol. 51 (1955) 406-411

Counselman, E.F., J.S. Gans: The missed session in psychodynamic group psychotherapy. Int. J. Group Psychother. 49 (1999) 3-17

Cox, P.L.: Group composition and cohesion development in personal growth groups. Unpubl. Master's Thesis. University of Missouri/Columbia 1982

Coyne, J.P.: Thinking ineractionally about depression: a radical restatement. In Joiner, T., J.P. Coyne (eds.): The Interactional Nature of Depression. American Psychological Association, Washington, D.C. 1999 (S. 365-392)

Craig, T.K.J., H. Drake, K. Mills, A.P. Boardman: The South London Somatisation Study. II. Influence of stressful life events, and secondary gain. Br. J. Psychiat. 165 (1994) 248-258

Cramer-Azima, F.J., Dies, K.R.: Clinical research in adolescent group psychotherapy: Status, guidelines and directions. In Cramer-Azima F., L.H. Richmond (eds.): Adolescent Group Psychotherapy. International Uniersities Press, Madison/CT 1989 (S. 193-223)

Creed, F., D. Black, P. Anthony: Day hospital and community treatment for acute psychiatric illness: A critical appraisal. Br. J. Psychiat. 154 (1989) 300-310

Cremerius, J.: Der Lehranalytiker begeht jeden einzelnen dieser Fehler. In Streeck, U., H.V. Werthmann (Hrsg.): Lehranalyse und psychoanalytische Ausbildung. Vandenhoeck & Ruprecht, Göttingen 1992 (S. 52-69)

Crighton, D.: Sex offender group work. Iss. Criminol. Leg. Psych. 23 (1995) 15-21

Crisp, A.H., K. Norton, S. Gowers, C. Halek, C. Bowyer, D. Yeldham, G. Levett, A. Bhat: A controlled study of the effect of therapies aimed at adolescent and family psychopathology in anorexia nervosa. Brit. J. Psychiatr. 159 (1991) 325-333

Crouch, E., S. Bloch, J. Wanlass: Therapeutic factors: Interpersonal and intrapersonal mechanisms. In Fuhriman, A., G.M. Burlingame (eds.): Handbook of Group Psychotherapy. An Empirical and Clinical Synthesis. John Wiley & Sons, New York 1994 (S. 269-315)

Crown, S.: Contraindications and dangers of psychotherapy. Brit. J. Psychiat. 143 (1983) 436-441

Culhane, M., H. Dobson: Groupwork with elderly women. Int. J. Ger. Psychiat. 6 (1991) 415-418

Cunningham, A.J., C.V.I. Edmonds, G.P. Jenkins, H. Pollack, G.A. Lockwood, D. Warr: A randomized controlled trial of the effects of group psychological therapy on survival in women with metastatic breast cancer. Psycho-Oncol. 7 (1998) 508-517

Cunningham, A.J., E.K. Tocco: A randomized trial of group psychoeducational therapy for cancer patients. Pat. Ed. Counsel. (1989) 101-114

Czabala, C., C. Brykcynska: Die Hill-Interaktionsmatrix. In Strauß, B., J. Eckert, V. Tschuschke (Hrsg.): Methoden der empirischen Gruppentherapieforschung – Ein Handbuch. Westdeutscher Verlag, Opladen 1996 (S. 259-270)

Czogalik, D., H. Enke: Allgemeine und spezielle Wirkfaktoren in der Psychotherapie. In Heigl-Evers, A., F.S. Heigl, J. Ott (Hrsg.): Lehrbuch der Psychotherapie, 3. Aufl. Gustav Fischer. Stuttgart 1997 (S. 497-513)

Czogalik, D., R. Költzow: Zur Normierung des Stuttgarter Bogens. Gruppenpsychother. Gruppendyn. 23 (1987) 36-45

Dagley, J.C., G.M. Gazda, St.J. Eppinger, E.A. Stewart: Group psychotherapy research with children, preadolescents, and adolescents. In Fuhriman, A., G.M. Burlingame (eds.): Handbook of Group Psychotherapy. An Empirical and Clinical Synthesis. John Wiley & Sons, New York 1994 (S. 340-369)

Dammann, G., Janssen, P.L. (Hrsg.): Psychotherapie der Borderline-Störung. Thieme, Stuttgart 2000

Dantzer, R.: Theories du stress et processus de somatization. Encephale 21 (1995) 3-9

Daum, K.-W.: Selbsthilfegruppen. Eine empirische Untersuchung von Gesprächsselbsthilfegruppen. Psychiatrie-Verlag, Rehburg-Loccum 1984

Daum, K.-W., J. Matzat, M.L. Moeller: Psychologisch-therapeutische Selbsthilfegruppen. Ein Forschungsbericht. Schriftenreihe des Bundesministers für Jugend, Familie und Gesundheit. Kohlhammer, Stuttgart 1984

Davenport, Y.B. M.H. Ebert, M.L. Adland, F.K. Goodwin: Couples group therapy as an adjunct to medication in the management of the maniac patient. Am. J. Orthopsychiat. 47 (1977) 495-502

Davies-Osterkamp, S.: Der Düsseldorfer Wirkfaktorenfragebogen. In Strauß, B, J. Eckert, V. Tschuschke (Hrsg.): Methoden der empirischen Gruppentherapieforschung – Ein Handbuch. Westdeutscher Verlag; Opladen 1996 (S. 116-127)

Davies-Osterkamp, S., A. Heigl-Evers, G. Bosse-Steuernagel, L. Alberti: Zur Interventionstechnik in der psychoanalytisch-interaktionellen und tiefenpsychologisch fundierten Gruppenpsychotherapie – eine empirische Untersuchung. Gruppenpsychother. Gruppendyn. 23 (1987) 22-35

Davies-Osterkamp, S., K. Jung, J. Ott, A. Heigl-Evers: Therapeutische Faktoren in zwei Formen psychoanalytisch orientierter Gruppenpsychotherapie. Gruppenpsychother. Gruppendyn. 25 (1989) 313-328

Davies-Osterkamp, S., B. Strauß, B., N. Schmitz: Interpersonal problems as predictors of symptom-related treatment outcome in longterm psychotherapies. Psychother. Res. 6 (1996) 164-175

Deberry, S., S. Davis, K.E. Reinhard: A comparison of meditation – relaxation and cognitive – behavioral techniques for reducing anxiety and depression in a geriatric population. J. Geriatr. Psychiat. 22 (1989) 321-347

Deneke, F.W.: Analytische Gruppenpsychotherapie. Vandenhoek & Ruprecht, Göttingen 1982

DePalma, D.M.: An evaluation of a training program in group leadership skills for community health nurses. Diss. Abstr. Intern. 40 (1979) 1886-1887

DePalma, D.M., K.G. Gardner, T.R. Zastowny: The development of an instrument for measuring leadership behaviors in therapy groups. Group 8 (1984) 3–16

De Shazer, S.: Der Dreh. Carl Auer, Heidelberg 1989

De Shazer, S.: „… Worte waren ursprünglich Zauber". Lösungsorientierte Therapie in Theorie und Praxis. Verlag Modernes Lernen, Dortmund 1996

Deutsches Ärzteblatt: Verbesserung der Patientenversorgung im Sinne einer ergebnisorientierten, unaufwendigen Qualitätssicherung. 94 (1997) 1705–1706

De Zwaan, M. V., A. Karwautz, A. Strnad: Therapie von Essstörungen: Überblick über Befunde kontrollierter Psycho- und Pharmakotherapiestudien. Psychotherapeut 41 (1996) 275–287

Dick, B.M., K. Lessler, J. Whiteside: A developmental framework for co-therapy. Int. J. Group Psychother. 30 (1980) 273–285

Dick, B.M., M.L. Sweeney, I.K. Crombie: Controlled comparison of day-patient and out-patient treatment for persistent anxiety and depression. Br. J. Psychiat. 158 (1991) 24–27

Dick, B.M., K. Wooff: An evaluation of a time-limited programme of dynamic group psychotherapy. Br. J. Psychiat. 148 (1986) 159–164

Beauftragte der Bundesregierung für Ausländerfragen: Daten und Fakten zur Ausländersituation. 17. Aufl. Bonn 1998

Dieckmann, A.: Das Prinzip „Antwort" der psychoanalytisch-interaktionellen Behandlungsmethode – State of the Art in der Suchtkrankenversorgung. In Tress, W., W. Wöller, E. Horn (Hrsg.): Psychotherapeutische Medizin im Krankenhaus – State of the Art. VAS, Frankfurt/M. 2000 (S. 247–252)

Diehl, V.: Persönliche Mitteilung 2000

Dies, K.R., A.E. Riester: Research on group therapy with children: Present status and future directions. In Riester, A.E., I. Kraft (eds.): Child Group Psychotherapy: Future Tense, Bd. I. International Universities Press, New York 1986

Dies, R.R.: Clinical implications of research on leadership in short-term group psychotherapy. In Dies, R.R., K.R. MacKenzie (eds.): Advances in Group Psychotherapy. Integrating Research and Practice. American Group Psychotherapy Association- Monograph Series, Monograph 1. International Universities Press, New York 1983 (S. 27–78)

Dies, R.R.: A multidimensional model for group process research. Small Group Beh. 16 (1985) 427–446

Dies, R.R.: Models of group psychotherapy: Sifting through confusion. Int. J. Group Psychother. 42 (1992) 1–17

Dies, R.R.: Research on Group Psychotherapy: Overview and Clinical Applications. In Alonso, A., H.I. Swiller (eds.): Group Therapy In Clinical Practice. American Psychiatric Press, Washington, D.C. 1993 (S. 473–518)

Dies, R.R.: Therapist Variables in Group Psychotherapy Research. In Fuhriman, A., G.M. Burlingame (eds.): Handbook of Group Psychotherapy. An Empirical and Clinical Synthesis. Wiley & Sons, New York 1994a (S. 114–154)

Dies, R.R.: The therapist's role in group treatments. In Bernard, H., K.R. MacKenzie (eds.): Basics of Group Psychotherapie. Guilford Press, New York 1994b (S. 60–99)

Dies, R.R.: Group psychotherapies. In Gurman, A.S., S.B. Messer (eds.): Essential Psychotherapies: Theory and Practice. Guilford Press, New York 1995 (S. 488–522)

Dies, R.R., K.R. Dies: The role of evaluation in clinical practice. Int. J. Group Psychother. 43 (1993a) 77–105

Dies, R.R., K.R. Dies: Directive facilitation: A model for short-term group treatments (Part 1). Indep. Practition. 13 (1993b) 103–109

Dies, R.R., K.R. Dies: Directive facilitation: A model for short-term group treatments (Part 2). Indep. Practition. 13 (1993c) 177–184

Dies, R.R., K.R. MacKenzie (eds.): Advances in Group Psychotherapy. Integrating Research and Practice. American Group Psychotherapy Association, Monograph Series No. 1, International Universities Press, New York 1983

Dilling, H., W. Mombour, M.H. Schmidt: Internationale Klassifikation psychischer Störungen (ICD-10). Klinisch-diagnostische Leitlinien. Huber, Bern 1991

Dobson, D.: Rehab rounds. Long-term support and social skills training for patients with schizophrenia. Psychiat. Serv. 47 (1995) 1195–1196

Dobson, K.S.: A meta-analysis of the efficacy of cognitive therapy for depression. J. Cons. Clin. Psychol. 57 (1989) 414–419

Döpfner, M.: Soziale Kompetenztrainings bei selbstunsicheren Kindern. In Speek, O., E.F. Peterander, P. Junerhofer (Hrsg.): Kindertherapie. Reinhardt, München 1987

Döpfner, M., S. Schlüter, E.R. Rey: Evaluation eines sozialen Kompetenztrainings für selbstunsichere Kinder im Alter von neun bis zwölf Jahren – Ein Therapievergleich. Z. Kind. Jugendpsychiat. 9 (1981) 233–252

Dörner, K.: Teamsupervision in der psychiatrischen Arbeit. Forum Supervis. 1 (1993) 114–134

Dossmann, R.: Überlegungen zur Flexibilisierung von Rehabilitationsleistungen bei Patienten mit psychischen und psychosomatischen Erkrankungen. Pr. Klin. Verhaltensmed. Reh. 36 (1996) 241–245

Drake, R.E., L.I. Sederer: The adverse effects of intensive treatment of chronic schizophrenia. Compr. Psychiat. 27 (1986) 313–326

Drescher, S., G.M. Burlingame, A. Fuhriman: Cohesion: An odyssey in empirical understanding. Small Group Beh. 16 (1985) 3–30

DSM-IV: Diagnostisches und statistisches Manual psychischer Störungen. DSM-IV. Deutsche Bearbeitung und Einleitung von Saß, H., H.-U. Wittchen, M. Zaudig. Hogrefe, Göttingen 1996

Dublin, H.: Current trends in group psychotherapy practice. The Group Circle. 8 (1998) 7

Dührssen, A., E. Jorswieck: Eine empirisch-statistische Untersuchung zur Leistungsfähigkeit psychoanalytischer Behandlung. Nervenarzt 36 (1965) 166–169

Duetsch, C.B., N. Kramer: Outpatient group psychotherapy for the elderly: an alternative to institutionalization. Hosp. Comm. Psych. 28 (1977) 440–442

Dugo, J.M., A.P. Beck: Tracking a group's focus on normative organizational or personal exploration issues. Group. 7 (1983) 1–26

Dulz, B., H. Schneider: Borderline-Störungen. Schattauer, Stuttgart 1995

Durkin, H.: The Group in Depth. International Universities Press, New York 1964

Dush, D., M. Hirt, H. Schroeder: Self-statement modification with adults: A meta-analysis. J. Cons. Clin. Psychol. 51 (1983) 40–422

Ebi, A.: Der ungeliebte Suchtpatient. Zur Behandlung Alkoholsüchtiger. Psyche 54 (2000) 521–543

Ecke, Ch.: Therapeutische Zugänge: Frauen in der Gruppenpsychotherapie. In Hess, H., K. Höck (Hrsg.): Modelle und Konzepte psychotherapeutischen Handelns und Forschens. Psychotherapie-Berichte Berlin. 43 (1989) 48–54

Ecke, Ch., M. Kneschke: Psycho- und soziotherapeutische Probleme und deren Bewältigung in Frauengruppen. Psychiat. Neurol. med. Psychol. 37 (1985) 451–457

Eckert, H.: Das Autogene Training – eine traditionelle psychotherapeutische Medthode im HdG. In Hess, H., K. Höck

(Hrsg.): Modelle und Konzepte psychotherapeutischen Handelns und Forschens. Psychotherapie-Berichte Berlin. 43 (1989) 55–61

Eckert, J.: Schulenübergreifende Aspekte der Psychotherapie. In Reimer C., J. Eckert, M. Hautzinger, E. Wilke (Hrsg.): Psychotherapie. Ein Lehrbuch für Ärzte und Psychologen. Springer, Berlin 1996a (S. 324–339)

Eckert, J.: Gesprächspsychotherapeutische Behandlung von Patienten mit Borderline-Persönlichkeitsstörungen. In Reimer C., J. Eckert, M. Hautzinger, E. Wilke (Hrsg.): Psychotherapie. Ein Lehrbuch für Ärzte und Psychologen. Springer, Berlin 1996b (S. 415–432)

Eckert, J.: Gruppenerfahrungsbogen (GEB). In Strauß, B., J. Eckert, V. Tschuschke (Hrsg.): Methoden der empirischen Gruppentherapie-Forschung. Ein Handbuch. Westdeutscher Verlag, Opladen 1996c (S. 160–171)

Eckert, J.: Indikation und Prognose. In Strauß, B., J. Eckert, V. Tschuschke (Hrsg.): Methoden der empirischen Gruppentherapieforschung. Ein Handbuch. Westdeutscher Verlag, Opladen 1996d (S. 16–20)

Eckert, J.: Der Gruppenwirkfaktoren-Q-Sort nach Yalom. In Strauß, B., Eckert, J., Tschuschke, V. (Hrsg.): Methoden der empirischen Gruppentherapieforschung – Ein Handbuch. Westdeutscher Verlag, Opladen 1996e (S. 104–115)

Eckert, J., E.-M. Biermann-Ratjen: Stationäre Gruppenpsychotherapie. Prozesse – Effekte – Vergleiche. Springer, Berlin 1985

Eckert, J., E.-M. Biermann-Ratjen: Ein heimlicher Wirkfaktor: Die Theorie des Therapeuten.In Tschuschke, V., D. Czogalik (Hrsg.): Psychotherapie – Welche Effekte verändern? Zur Frage der Wirkmechanismen therapeutischer Prozesse. Springer, Berlin 1990 (S. 272–287)

Eckert, J., E.-M. Biermann-Ratjen, D. Brodbeck, M. Burgmeier-Lohse, W. Keller, E. Schulz, C. Schuricht, B. Strauß: Indikation für Psychotherapie: Welchen Einfluss nehmen interpersonale Probleme des Patienten auf die Indikationsstellung und die Wahl des Settings? Gruppenpsychother. Gruppendyn. 133 (1997) 1–17

Eckert, J., E.-M. Biermann-Ratjen: The treatment of borderline personality disorder. In Greenberg, L.S., J.C. Watson, G. Lietaer (eds.): Handbook of Experiential Psychotherapy. Guilford Press, New York London 1998 (pp. 349–367)

Eckert, J., E.-M. Biermann-Ratjen, S. Tönnis, W. Wagner: Heilfaktoren in der Gruppenpsychotherapie. Gruppenpsychoth. Gruppendyn. 17 (1981) 142–162

Eckman, T.A., W.C. Wirshing, S.R. Marder, R.P. Liberman, K. Johnston-Cronk, K. Zimmermann, J. Mintz: Technique for training schizophrenic patients in illness self-management: a controlled trial. Am. J. Psychiat. 149 (1992) 1549–1555

Edmonds, C.V.I., G.A. Lockwood, A.J. Cunningham: Psychological response to long-term group therapy: A randomized trial with metastatic breast cancer patients. Psycho-Oncol. 8 (1999) 74–91

Edwards, N.: Dream work in groups. In Kaplan, H.I., B.J. Sadock (eds.): Comprehensive Group Psychotherapy. 3rd ed. Williams & Wilkins, Baltimore 1993 (S. 338–346)

Egle, U.T., R. Nickel: Kindheitsbelastungsfaktoren bei Patienten mit somatoformen Schmerzstörungen. Z. Psychosom. Med. Psychoanal. 44 (1998) 21–36

Egle, U.T., U. Porsch: Psychogene Schmerzzustände. Abwehrstruktur und taxomonische Subgruppen.Nervenarzt 63 (1992) 281–288

Egle, U.T., R. Schwab, U. Porsch, S.O. Hoffmann: Ist eine frühe Differenzierung psychogener von organischen Schmerzpatienten möglich? Literaturübersicht und Ergebnisse einer Screening-Studie. Nervenarzt 62 (1991) 148–157

Ehle, G., A. Wahlstab: Aspekte des Therapeutenverhaltens in intendiert dynamisch geführten Gruppen mit Schizophrenen. In Hess, H., K. Höck (Hrsg.): Gruppenpsychotherapie bei unterschiedlichen Zielgruppen. Psychotherapieberichte Berlin. 41 (1988) 58–64

Ehlers, W., V. Tschuschke, M.E. Ardjomandi, R. Koechel: Das Praxisfeld der analytischen Gruppenpsychotherapie in der Sektion „Analytische Gruppenpsychotherapie" des DAGG: Deskriptiv-statistische Auswertung einer Befragung von Mitgliedern. Gruppenpsychother. Gruppendyn. 29 (1993) 21–41

Elias, N.: Über den Prozess der Zivilisation. Suhrkamp, Frankfurt/M. 1976

Elliott, R.K.: Five dimensions of therapy process. Psychother. Res. 1 (1991) 92–103

Elliott, R.K.: A conceptual analysis of Lambert, Ogles and Master's conceptual schema for outcome assessment. J. Couns. Developm. 70 (1992) 535–537

Elliott, R.K.: Prozess-Erlebnisorientierte Psychotherapie – Ein Überblick. Teil 1. Psychotherapeut. 44 (1998) 203–213

Emde, R.N.: Positive emotions for psychoanalytic theory: surprises from infant research and new directions. In Shapiro, T., R.N. Emde (eds.): Affect: Psychoanalytic Perspectives.International University Press, Stanford/CT. 1992 (5–44)

Emery, G.: Cognitive therapy with the elderly. In Hollon, S.D., R.C. Bedrosion (eds.): New Directions in Cognitive Therapy. Guilford, New York 1981 (S. 84–98)

English, F.: Rackets and real feelings, Part I. Transact. Anal. J. 1 (1971) 225–230

English, F.: Racketeering. Transact. Anal. J. 6 (1976) 78–81

Enke, H.: Bipolare Gruppenpsychotherapie als Möglichkeit psychoanalytischer Arbeit in der stationären Gruppenpsychotherapie. Z. Psychother. Med. Psychol. 15 (1965) 116–121

Enke, H.: Gruppenpsychotherapeutisches System zur stationären Behandlung von „Somatoneurotikern". In Höck, K. (Hrsg.): Gruppenpsychotherapie in Klinik und Praxis. Fischer, Jena 1967 (S. 51–58)

Enke, H.: Überfällige Reformen: Gruppenpsychotherapie in der ambulanten kassenärztlichen Versorgung. Gruppenpsychother. Gruppendyn. 34 (1998) 65–78

Enke, H.: Die Interaktionsvariablen als Crucial Problem. (Unveröff. Man.)

Enke-Ferchland, E.: Gruppenstrukturen und Therapeuteneinfluss in der Klinik. Gruppenpsychother. Gruppendyn. 3 (1969) 38–46

Erikson, E.H.: The problem of ego identity. J. Am. Psychoanal. Assoc. 4 (1956) 56–121

Erikson, E.H.: Kindheit und Gesellschaft. Kindler, Zürich 1957

Erikson, E.H.: Childhood and Society. Norton Press, New York 1963

Erikson, E.H.: The Life Cycle Completed. Norton Press, New York 1982

Ermann, M.: Erfahrungen mit einer tiefenpsychologisch orientierten interaktionellen Gruppenbetreuung bei Jugendlichen. Gruppenpsychother Gruppendyn. 6 (1973) 102–111

Erskine, R., J. Moursund: Integrative Psychotherapy in Action. Sage, Newsbury Park/CA 1988

Evans, J.: Research findings and clinical practice. Group Anal. 21 (1988) 103–115

Evans, N.J.: Determinants of attraction to group: The effect of attraction to members, attraction to leader and psychological type on attraction to group in a growth group setting. Unveröff. Dissertation, University of Missouri/Columbia 1978

Evans, N.J., P.A. Jarvis: The Group Attitude Scale: A measure of attraction to group. Small Group Beh. 17 (1986) 203–216

Evans, R.L., B.M. Jaureguy: Group therapy by phone: a cognitive behavioral program for visually impaired elderly. Soc. Work Health Care. 7 (1981) 79–90

Evans, R.L., B.M. Jaureguy: Phone therapy outreach for blind elderly. Gerontol. 1 (1982) 32–35

Evans, R.L., K.M. Smith, W.S. Werkhoven, H.R. Fox, D.O. Pritzl: Cognitive telephone group therapy with physically disabled elderly persons. Gerontol. 26 (1986) 8–10

Evensen, E.P., R.L. Bednar: Effects of specific cognitive and behavioral structure on early group behavior and atmosphere. J. Couns. Psychol. 25 (1978) 66–75

Ezriel, H.: A psychoanalytic approach to group treatment. Br. J. Med. Psychol. 23 (1950) 59–74

Ezriel, H.: Notes on psychoanalytic therapy: II, interpretation and research. Psychiat. 15 (1952) 119–126

Ezriel, H.: Übertragung und psychoanalytische Deutung in der Einzel- und Gruppenpsychotherapie. Psyche. 14 (1960) 496–523

Faber, F.R., R. Haarstrick: Kommentar Psychotherapie-Richtlinien. Jungjohann, Neckarsulm 1989 (S. 102)

Faber, F.R., A. Dahm, A.D. Kallinke: Kommentar Psychotherapie-Richtlinien. Urban & Fischer, München Jena 1999

Faller, H.: Beeinflussen psychologische Faktoren die Überlebenszeit bei Krebskranken? Teil I: Literatur-Übersicht. Psychotherapie, Psychosomatik, med. Psychol. 47 (1997) 163–169 (Teil II: Ergebnisse einer empirischen Untersuchung mit Bronchialkarzinomkranken; S. 206–218)

Falloon, I.R.H., J.H. Coverdale, C. Brooker: Psychosocial interventions: A review. Int. J. Ment. Health. 25 (1996) 3–21

Farrell, M.P.: Patterns in the development of self-analytic groups. J. Appl. Beh. Sci. 12 (1976) 523–542

Fawzy, F.I.: Effects of group support on malignant melanoma patients. Vortrag am Memorial Sloan-Kettering Cancer Center. Conference on Psychosocial Oncology. New York, Oktober 1991

Fawzy, F.I., N.W. Fawzy: Psychoedukative Interventionen bei Krebspatienten: Vorgehensweisen und Behandlungsergebnisse. In Larbig, W., V. Tschuschke (Hrsg.): Psychoonkologische Interventionen. Therapeutisches Vorgehen und Ergebnisse. Ernst Reinhardt, München 2000 (S. 151–181)

Fawzy, F.I., N.W. Fawzy, C. Hyun, R. Elashoff, D. Guthrie, J. Fahey, D. Morton: Malignant Melanoma – Effects of an early structured psychiatric intervention, coping, and affective state on recurrence and survival 6 years later. Arch. Gen. Psychiat. 50 (1993) 681–689

Fawzy, I.F., N.W. Fawzy, L. Arndt, R. Pasnau: Critical review of psychosocial interventions in cancer care. Arch. Gen. Psychiat. 52 (1995) 100–113

Fay, A., A.A. Lazarus: Cognitive-behavior group therapy. In Alonso, A, H.I. Swiller (eds.): Group Therapy in Clinical Practice. American Psychiatric Press, Washington, D.C. 1993 (S. 449–469)

Federn, P.: Ego Psychology and the Psychoses. Basic Books, New York 1952

Feiereis, H.: Bulimia Nervosa. In von Uexküll, T. Psychosomatische Medizin. In Adler, R.H., J.M. Hermann, K. Köhle, O.W. Schonecke, T. von Uexküll, W. Wesiack (Hrsg.): Urban & Schwarzenberg, München 1996 (S. 616–636)

Feiner, S.E.: Course design: An integration of didactic and experiential approaches to graduate training of group psychotherapy. Int. J. Group Psychother. 48 (1998) 439–460

Fengler, J.: Wege zur Supervision. In Pallasch, W., W. Mutzeck, H. Reimers (Hrsg.): Beratung – Training – Supervision. Juventa Verlag, München 1996a

Fengler, J.: Wie Supervisionsprozesse zu Ende gehen. In Fatzer, G. (Hrsg.):Organisationsentwicklung und Supervision: Erfolgsfaktoren bei Veränderungs-prozessen. Edition Humanistische Psychologie, Köln 1996b

Fenichel, O.: The Psychoanalytic Theory of Neurosis. Norton Press, New York 1945

Ferber, J.S., M. Oswald, M. Rubin, J. Ungemach, M. Schane: The day hospital as entry point to a network of long-term services: A program evaluation. Hospit. Commun. Psychiat. 36 (1982) 1297–1301

Ferchland-Malzahn, E.: Abhängigkeit und Macht in der psychotherapeutischen Ausbildung. In Buchheim, P., M. Cierpka (Hrsg.): Macht und Abhängigkeit. Lindauer Texte. Springer, Berlin 2000 (S. 17–31)

Ferlic, M., A. Goldman, B.J. Kennedy: Group counseling in adult patients with advanced cancer. Cancer. 43 (1979) 760–766

Festinger, L., S. Schachter, K. Back: Social pressures in informal groups. Harper, New York 1950

Fettes, P.A., J.M. Peters: A meta-analysis of group treatments for bulimia nervosa. Int. J. Eat. Dis. 11 (1992) 97–110

Fiedler, P.: Zur Theorie und Praxis verhaltenstherapeutischer Gruppen. In Heigl-Evers, A. (Hrsg.): Die Psychologie des 20. Jahrhunderts, Bd. 8: Lewin und die Folgen. Kindler, München 1979, S. 900–910

Fiedler, P.: Verhaltenstherapie in Gruppen: Überblick und Perspektiven. Gruppendyn. 17 (1986) 341–360

Fiedler, P.:Verhaltenstherapie in Gruppen. Psychother. 40 (1995) 43–50

Fiedler, P.: Verhaltenstherapie in und mit Gruppen. Psychologische Psychotherapie in der Praxis. Psychologie Verlags Union, Weinheim 1996 [Taschenbuchausgabe, Beltz-Taschenbuch, Weinheim 1999]

Fiedler, P.: Persönlichkeitsstörungen. 3. Aufl. Beltz, Weinheim 1997

Fiedler, P.: Therapieplanung in der modernen Verhaltenstherapie. Von der allgemeinen zur phänomen- und störungsspezifischen Behandlung. In Reinecker, H., P. Fiedler (Hrsg.): Therapieplanung in der modernen Verhaltenstherapie – eine Kontroverse. Pabst, Lengerich 1997 (S. 1–27 und Literaturverzeichnis)

Fieseler, G., N. Lippenmeier: Supervision und Recht, Teil I. Supervis. 8 (1985)

Finger-Trescher, U.: Wirkfaktoren der Einzel- und Gruppenanalyse. Fromann-Holzboog, Stuttgart 1991

Finke, J.: Empathie und Interaktion. Methodik und Praxis der Gesprächspsychotherapie. Thieme, Stuttgart 1994

Finkelhor, D., G. Hotaling, I. Lewis, C. Smith: Sexual abuse in a national survey of adult men and women: Prevalence, characteristics and use factors. Ch. Abuse and Negl. 14 (1990) 19–28

Flax, J.: Postmodern and gender relations in feminist theory. In Malson, M.R., J.F. O'Barr, S. Westphal-Wihl, M. Wyer (eds.): Feminist Theory in Practice and Process. University of Chicago Press, Chicago 1989

Flores, Ph.J.: Group psychotherapy with alcoholics, substance abusers, and children of alcoholics. In Kaplan, H.I., B.J. Saddock (eds.): Comprehensive Group Psychotherapy. 3rd edition. Williams & Wilkins, Baltimore 1993 (S. 429–443)

Flowers, J.V.: Client outcome as a function of agreement or disagreement with the model group perception of curative factors in short-term structured group psychotherapy. Int. J. Group Psychother. 37 (1987) 113–117

Flowers, J.V., C.D. Booraem: The frequency and effect on outcome of different types of interpretation in psychodynamic and cognitive-behavioral group psychotherapy. Int. J. Group Psychother. 40 (1990) 203–214

Folkman, S., R. Lazarus: An analysis of coping in a middle-aged community sample. J. Health Soc. Beh. 21 (1980) 219-239
Forst, H:, T. Mies: Unsere Antwort auf die EGATIN-Umfrage. Arbeitsh. Gruppenanal. 96/1 (1996) 79-87
Foulkes, S.H.: Introduction to Group-Analytic Psychotherapy. Heinemann, London 1948
Foulkes, S.H.: Group analytic dynamics with specific reference to psychoanalytic concepts. Int. J. Group Psychother. 7 (1957) 40-52
Foulkes, S.H.: Dynamische Prozesse in der gruppenanalytischen Situation. In Heigl-Evers, A. (Hrsg.): Psychoanalyse und Gruppe. Vandenhoeck & Ruprecht, Göttingen 1971 (S. 9-20)
Foulkes, S.H.: Gruppenanalytische Psychotherapie. Kindler, München 1974 (Engl.: Therapeutic group analysis. Allen & Unwin, London 1964)
Foulkes, S.H.: Group-Analytic Psychotherapy: Methods and Principles. Gordon and Breach, London 1975. (Dt.: Praxis der gruppenanalytischen Psychotherapie. Reinhardt, München 1978)
Foulkes, S.H.: Praxis der gruppenanalytischen Psychotherapie. Reinhardt, München 1978
Foulkes, S.H.: Selected Papers of S.H. Foulkes: Psychoanalysis and Group Analysis. Karnac, London 1990
Foulkes, S.H.: Praxis der gruppenanalytischen Psychotherapie. Pfeiffer, München 1992
Foulkes, S.H., E.J. Anthony: Group Psychotherapy: The Psycho-Analytic Approach. Penguin, London 1957
Foulkes, S.H., E.J. Anthony: Group Psychotherapy: The Psychoanalytic Approach. Cox & Wyman, London 1965
Frank, J.D.: Therapeutic components shared by all psychotherapies. In Harvey, J.H., M.M. Parks (eds.): Psychotherapy Research and Behavior Change. Bd. 1, Am. Psychol. Assoc., Washington, D.C., 1981
Franke, A.: Klientenzentrierte Gruppenpsychotherapie. Kohlhammer, Stuttgart 1978
Franke, W.: Anforderungsprofile in der psychosomatischen Rehabilitation. Prax. Klin. Verhaltensmed. Reh. 36 (1996) 233-235
Frankl, V.: „What is meant by meaning". J. Existential. 7 (1966) 21-28
Franklin, G.S., K.S. Kaufman: Group psychotherapy for eldery female Hispanic outpatients. Hosp. Comm. Psych. 33 (1982) 385-387
Franzen, G.: Der stehende Pfeil. Die Tyrannei des perfekten Körpers. Festvortag vor der Behinderten-Selbsthilfe. 2000 (unveröff. Manuskr.)
Frede, U.: Angst vor dem Verlust der Autonomie und innere Einsamkeit – Psychodramatische Hilfen. Unveröffentlichte Dokumentation für Bundes-Ärztekammer 1999 (S. 150-166)
Freedman, M.B., B.S. Sweet: Some specific features of group psychotherapy and their implications for the selection of patients. Int. J. Group Psychother. 4 (1954) 355-368
Freeman, C.P., F. Barry, J. Dunkeld-Turnbull, A. Henderson: Controlled trial of psychotherapy for bulimia nervosa. Brit. Med. J. 296 (1988) 521-525
Freeman, C.P., J.R. Newton: Anorexia nervosa: what treatments are most effective? In Hawton, K., P.J. Cowen (eds.): Practical Problems in Clinical Psychiatry. Oxford University Press, Oxford 1992
French, W.L., Ch.Jr. Bell: Organisationsentwicklung. Haupt, Bern 1982
Fretter, P., W. Bucci, J. Broitman, G. Silberschetz, J.T. Curtis: How the patient's plan relates to the concept of transference. Psychother. Res. 4 (1994) 58-72

Freud, A.: Das Ich und die Abwehrmechanismen. Die Schriften der Anna Freud, Bd. I, 1936, S. 191-355. Kindler, München 1980
Freud, S.: Studien über Hysterie (1895). GW I: 75-312. Fischer, Frankfurt/M. 1976
Freud, S.: Die Traumdeutung (1900). GW Bd. II/III. Fischer, Frankfurt/M. 1976
Freud, S.: Fragment of an analysis of a case of hysteria (1905a). Standard Edition. Hogarth Press, London 1958 (S. 7-122)
Freud, S.: Drei Abhandlungen zur Sexualtheorie. (1905b). GW V: 27-145. Fischer, Frankfurt/M. 1991
Freud, S.: Die zukünftigen Chancen der psychoanalytischen Psychotherapie (1911). GW VIII: 103-116. Fischer, Frankfurt/M. 1976
Freud, S.: The dynamics of transference (1912a). Standard Edition. Hogarth Press, London 1958 (S. 97-108)
Freud, S.: Totem und Tabu (1912b). GW Bd. IX, Fischer, Frankfurt/M. 1986
Freud, S.: Remembering, repeating, and working through (1914). Standard Edition. Hogarth Press, London 1958 (S. 145-156)
Freud, S.: Wege der psychoanalytischen Therapie (1918). GW Bd. XII: 192ff. Fischer, Frankfurt/M. 1978
Freud, S.: Massenpsychologie und Ich-Analyse (1921). GW Bd. XIII, Fischer, Frankfurt/M. 1976
Freud, S.: Group psychology and the analysis of the ego (1921). In Strachey, J. (ed.): The Standard Edition of the Complete Psychological Works of Sigmund Freud. Hogarth Press, London 1955
Freud, S.: Neue Folge der Vorlesungen zur Einführung in die Psychoanalyse (1933). GW XV: S. 86. Fischer, Frankfurt/M. 1976
Freud, S.: Die endliche und die unendliche Analyse (1937). GW XVI: Fischer Frankfurt/M. 1976 (S. 59-99)
Freud, S.: Femininity. In Strachey, J. (ed.): The Standard Edition of the Complete Psychological Works of Sigmund Freud (vol. 22). Norton Press, New York 1965
Friedman, W.H.: Practical Group Therapy. Jossey-Bass, San Francisco 1989
Fromm, E.: Man For Himself: An Inquiry Into the Psychology of Ethics. Henry Holt & Co, New York 1947
Frommer, J., V. Reißner: Neuere Ansätze zum Verständnis der Borderline-Persönlichkeitsstörung. Fortschr. Neurol. Psychiat. 65 (1997) 34-40
Froese, M., H. Katzberg: Untersuchungen zur Differenzierung psychosozial bedingter Gesundheitsstörungen. In Höck, K., H. Hess (Hrsg.): Vergleichsuntersuchungen zu psychosozial bedingten Störungsformen. Psychotherapie-Berichte IfPN Berlin 35 (1986) 13-52
Frost, J.C.: Work with gay men in psychotherapy. In Andronico, M.P. (ed.): Men in Groups: Insights, Interventions, Psychoeducational Work. American Psychological Press, Washington, D.C., 1996 (pp. 163-179)
Fuchs, T.: Erinnerungstherapie im Alter. Psychother Psychosom. med. Psychol. 42 (1992) 308-314
Fürstenau, P.: Praxeologische Grundlagen der Psychoanalyse. In Pongratz, L.J. (Hrsg.): Handbuch der Psychologie 8 I. Hogrefe, Göttingen 1977 (S. 847-888)
Fürstenau, P.: Interview zum Themenschwerpunkt Supervision. Sozialpsychiatr. Inform. 2 (1990a) 2-7
Fürstenau, P.: Die Anwendung psychoanalytisch-systemischer Orientierung auf die Gruppentherapie. Gruppenpsychother. Gruppendyn. 26 (1990b) 197-204
Fürstenau, P.: Entwicklungsförderung durch Therapie. Grundlagen psychoanalytisch-systemischer Psychotherapie. Pfeiffer, München 1994

Fuhriman, A., S.H. Barlow: Interaction analysis: Instrumentation and issues. In Fuhriman, A., G.M. Burlingame (eds.): Handbook of Group Psychotherapy: An Empirical and Clinical Synthesis. John Wiley & Sons, New York 1994 (S. 191–222)

Fuhriman, A., G.M. Burlingame: Consistency of matter: A comparative analysis of individual and group process variables. Couns. Psychol. 18 (1990) 6–63

Fuhriman, A., G.M. Burlingame: Group psychotherapy: Research and practice. In Fuhriman, A., G.M. Burlingame (eds.): Handbook of Group Psychotherapy. An Empirical and Clinical Synthesis. John Wiley & Sons, New York 1994a (S. 3–40)

Fuhriman, A., G.M. Burlingame (eds.): Handbook of Group Psychotherapy. An Empirical and Clinical Synthesis. John Wiley & Sons, New York 1994b

Fuhriman, A., S. Drescher, E. Hanson, R. Henrie, W. Rybicki: Refining the measurement of curativeness: An empirical approach. Small Group Beh. 17 (1986) 186–201

Fuhriman, A., T. Packard: Group process instruments: Therapeutic themes and issues. Int. J. Group Psychother. 36 (1986) 399–425

Gabbard, G.O.: Psychodynamic Psychiatry in Clinical Practice. American Psychiatric Press, Washington, D.C. 1990

Gaebel, W., W. Wölwer: Facial expression and emotional face recognition in schizophrenia and depression. Eur. Arch. Psychiat. Clin. Neurosc. 242 (1992) 46–52

Gaines, T.: Structured activity-discussion group psychotherapy for latency-age children. Psychother. Theory Res. Pract. 18 (1981) 537–541

Gallogly, V., B. Levine: Co-therapy. In Levine, B. (ed.): Group Psychotherapy: Practice and Development. Prentice-Hall, Englewood Cliffs/N.J. 1979

Gans, J.S., A. Alonso: Difficult patients: their construction in group therapy. Int. J. Group Psychother. 44 (1998) 311–326

Gardner, K.G., D.M. DePalma, T.R. Zastowny: Toward a comprehensive assessment of leadership behaviors in groups. Psychol. Rep. 51 (1982) 991–998

Garfield, S.L.: Efficacy, generality, and specifity. In Williams, J.B.W., R.L. Spitzer (eds.): Psychotherapy Research – Where Are We Now and Where Should We Go? Guilford Press, New York 1984

Garfield, S.L.: Research on client variables in psychotherapy. In Garfield, S.L., A.E. Bergin (eds.): Handbook of Psychotherapy and Behavior Change. 3rd ed. John Wiley & Sons, New York 1986 (S. 213–256)

Garfield, S.L.: Research on client variables in psychotherapy. In Bergin, A.E., S.L. Garfield (eds.): Handbook of Psychotherapy and Behavior Change. 4th ed. John Wiley & Sons, New York 1994 (S. 190–228)

Garland, J.A., H.E. Jones, R.L. Kolody: A model for stages of development in social work groups. In Bernstein, S. (ed.): Explorations in Group Work. Milford House, Boston 1965

Garner, D.M., M.P. Olmsted, V. Bohr, P. Garfinkel: The Eating Attitudes Test: Psychometric features and clinical correlates. Psychol. Med. 12 (1982) 871–887

Gast, U.: Borderline-Persönlichkeitsstörungen. In Egle, U.T., S.O. Hoffmann, P. Joraschky (Hrsg.): Sexueller Missbrauch, Misshandlung, Vernachlässigung. Erkennung und Behandlung psychischer Folgen früher Traumatisierungen. Schattauer, Stuttgart 1997 (S. 237–258)

Geczy, B., J. Sultenfuss: Group psychotherapy on state hospital admission wards. Int. J. group Psychother. 45 (1995) 1–15

Gee, H.: Effects of group treatment on interpersonal behavior of elderly clients with dementia. Austr. Occup. Ther. J. 38 (1991) 63–67

Geibel-Jakobs, M., R. Olbrich: Computer-gestütztes kognitives Training bei schizophrenen Patienten. Psychiatr. Prax. 25 (1998) 111–116

Gergen, E.J.: The social constructist movement in modern psychology. Am. Psychol. 40 (1985) 255–265

Gergen, E.J., M.M. Gergen: Narrative form and the construction of psychological science. In Sarbin, T.R. (ed.): Narrative Psychology: The Storied Nature of Human Conduct. Praeger Publ., New York (S. 24–44)

Gerlinghoff, M., H. Backmund (Hrsg.): Therapie der Magersucht und Bulimie: Anleitung zu eigenverantwortlichem Handeln. Beltz, Weinheim 1995

Gerlinghoff, M., H. Backmund, U. Franzen, B. Gorzewski, T. Fenzel: Strukturiertes tagesklinisches Therapie-Programm für Essstörungen. Psychother. Psychosom. Med. Psychol. 47 (1997) 12–20

Getter, H., M.D. Litt, R.M. Kadden, N.D. Cooney: Measuring treatment process in coping skills and interactional group therapies for alcoholism. Int. J. Group Psychother. 42 (1992) 419–430

Geyer, M.: Geschichte und Entwicklungslinien der Psychotherapie. In Senf, W., M. Broda (Hrsg.): Praxis der Psychotherapie. Ein integratives Lehrbuch: Psychoanalyse, Verhaltenstherapie, Systemische Therapie. 2. Aufl. Thieme, Stuttgart 2000 (S. 6–12)

Gfäller, G.R.: Beziehungen von Soziologie und Gruppenanalyse (Foulkes). Gruppenpsychother. Gruppendyn. 32 (1996) 42–66

Gfäller, G.R.: Die Gruppenleitung in der Gruppenanalyse (Foulkes) – spezifisch männliche Stile. Jahrb. Gruppenanal. 3 (1997) 43–64

Gibbard, G., J. Hartman: Relationship patterns in self-analytic groups. Beh. Sci. 18 (1973) 335–353

Giedt, F.H.: Predicting suitability for group psychotherapy. Am. J. Psychother. 15 (1961) 582–591

Giesecke, M.: Die Untersuchung institutioneller Kommunikation – Perspektiven einer systemischen Methodik und Methodologie. Westdeutscher Verlag, Opladen 1988

Giesler, R.B., W.B. Swann: Striving for confirmation: the role of self-verification in depression. In Joiner, T., J.C. Coyne (eds.): The Interactional Nature of Depression. American Psychological Association, Washington, D.C. 1999 (S. 189–217)

Gill, M.M.: Psychoanalysis and exploratory psychotherapy. J. Amer. Psychoanal. Assoc. 2 (1954) 771–797

Gilligan, C.: In a Different Voice. Harvard University Press, Cambridge/MA 1982

Gillis, K., V.R. Russell, K. Busby: Factors associated with unplanned discharge from psychiatric day treatment programs. Gen. Hosp. Psychiat. 19 (1997) 355–361

Ginott, H.G.: Group Psychotherapy With Children. McGraw-Hill, New York 1961

Ginott, H.G.: Gruppenpsychotherapie mit Kindern. Theorie und Praxis der Spieltherapie. Beltz, Weinheim 1966

Glick, I.D., L. Fleming, N. DeChillo, N. Meyerkopf, C. Jackson, D. Muscara, M. Good-Ellis: A controlled study of transitional day care for non-chronically-ill patients. Am. J. Psychiat. 143 (1986) 1551–1556

Glier, B., G. Tietz, K. Rodewig: Stationäre psychosomatische Rehabilitation für Migranten aus der Türkei. In David, M., T. Borde, H. Kentenich (Hrsg.): Migration und Gesundheit – Zustandsbeschreibung und Zukunftsmodelle. Mabuse-Verlag, Frankfurt/M. 1998 (S. 189–205)

Goldman, R.S., B.N. Axelrod, R. Tandon, S.C. Ribeiro: Neuropsychological prediction of treatment efficacy and one-year outcome in schizophrenia. Psychopath. 26 (1993) 122–126

Goldmann-Posch, U.: Der Knoten über meinem Herzen. Brustkrebs darf kein Todesurteil sein: Therapien und andere Hilfen. Karl Blessing, München 2000
Goldstein, A.P., K. Heller, L.B. Sechrest: Psychotherapy and the Psychology of Behavior Change. Wiley, New York 1966
Goleman, D.: Emotional Intelligence. Bantam, New York 1995
Gomes-Schwartz, B.: Effective ingredients in psychotherapy: Prediction of outcome from process variables. J. Cons. Clin. Psychol. 46 (1978) 1023–1035
Goodrich, T.J.: Women and Power. Perspectives for Family Therapy. Norton Press, New York 1991
Goudsmit, A.L. (ed.): Self-Organization in Psychotherapy. Springer, New York 1989
Goulding, M., R. Goulding: Changing Lives Through Redecision Therapy. Brunner-Mazel, New York 1979
Graf, R.W., G.I. Whitehead, M. LeCompte: Group treatment with divorced women using cognitive-behavioral and supportive-insight methods. J. Couns. Psychol. 33 (1986) 276–281
Grant, R.W., D.A. Casey: Adapting cognitive behavioral therapy for the frail eldery. Int. Psychoger. 7 (1995) 561–571
Grawe, K.: Differentielle Psychotherapie. Indikation und spezifische Wirkung vonVerhaltenstherapie und Gesprächspsychotherapie. Eine Untersuchung an phobischen Patienten. Huber, Bern 1976
Grawe, K. (Hrsg.): Verhaltenstherapie in Gruppen. Urban & Schwarzenberg, München 1980
Grawe, K.: Psychotherapieforschung zu Beginn der neunziger Jahre. Psychol. Rundsch. 43 (1992) 132–162
Grawe, K.: Grundriss einer Allgemeinen Psychotherapie. Psychother. 40 (1995a) 130–145
Grawe, K.: Welchen Sinn hat Psychotherapieforschung? Eine Erwiderung auf V. Tschuschke et al. Psychother. 40 (1995b) 96–106
Grawe, K.: Research-informed psychotherapy. Psychother. Res. 7 (1997) 1–20
Grawe, K.: Psychologische Therapie. Hogrefe, Göttingen 1998
Grawe, K., R. Donati, F. Bernauer: Psychotherapie im Wandel. Von der Konfession zur Profession. Hogrefe, Göttingen 1994
Grawe, K., P. Fiedler: Psychotherapie in Gruppen. In Bastine, R., P. Fiedler, K. Grawe, S. Schmidtchen, G. Sommer (Hrsg.): Grundbegriffe der Psychotherapie. Edition Psychologie im VCH-Verlag, Weinheim 1982 (S. 164–167)
Green, M.F.: What are the functional consequences of neurocognitive deficits in schizophrenia? Am. J. Psychiat. 153 (1996) 321–330
Greenberg, L.S., J. Safran: Emotion in Psychotherapy. Am. Psychol. 44 (1989) 19–29
Greenberg, L.S., L.N. Rice, R. Elliott: Facilitating emotional change: The moment-by-moment process. Guilford Press, New York 1993
Greenberg, L.S., J.C. Watson, G. Lietaer (eds.): Handbook of Experiential Psychotherapy. Guilford Press, New York 1998
Greene, L.R., De La Cruz: Psychiatric day treatment as alternative to and transition from full-time hospitalization. Commun. Ment. Health J. 17 (1981) 191–202
Greenson, R.: Explorations in Psychoanalysis. International Universities Press, New York 1978
Greussing, M., R. Haubl: Affektdynamik. In Handbuch Gruppenanalyse. Quintessenz, Berlin 1994
Grinberg, L., M. Langer, E. Rodrigué: Psychoanalytische Gruppenpsychotherapie. Klett, Stuttgart 1960
Gröne, M.: Wie lasse ich meine Bulimie verhungern? Carl Auer, Heidelberg 1995
Gross, J., N. Becker, E.M. Biermann-Ratjen, J. Eckert, K. Grawe, G. Schöfer, S. Wedel: Stationäre Gruppenpsychotherapie auf einer Therapiestation mit gleichzeitig arbeitenden analytischen, klienten-zentrierten und verhaltenstherapeutischen Gruppen. In Uchtenhagen, A., R. Battegay, A. Friedemann (Hrsg.): Gruppenpsychotherapie und soziale Umwelt. Huber, Bern 1975 (S. 58–61)
Gross, W.F., M.E. Curtin, K.B. Moore: Appraisal of milieu therapy environment team and patients. J. Clin. Psychol. 4 (1970) 541–545
Groth, N.: Leitfaden zur Behandlung von Sexualtätern. In Heinrichs, J. (Hrsg.): Vergewaltigung. Holtzmeyer, Braunschweig 1986 (S. 99–113)
Grotjahn, M.: Analytische Gruppentherapie. Kunst und Technik. Kindler, München 1979
Grulke, N., H. Bailer, V. Tschuschke, D. Bunjes, R. Arnold, B. Hertenstein, H. Kächele: Coping strategies, changes in coping intensity during bone marrow transplantation, and relationships with long-term survival results of a prospective study. Psycho-Oncology. 7, Suppl. (1998) 4
Grulke, N., H. Bailer, V. Tschuschke, D. Bunjes, R. Arnold, H. Kächele: Eine alte Frage neu gestellt: Was ist gute Krankheitsbewältigung? Eine Darstellung von Copingstrategien und Langzeiterleben von Leukämiepatienten unter Knochenmarktransplantation. Ergebnisse einer prospektiven Studie. Psychother. Psychosom. med. Psychol. 49 (1999) 454
Grunebaum, H., W. Kates: Whom to refer for group psychotherapy. Am. J. Psychiat. 134 (1977) 130–133
Guidry, L.S., D.K. Winstead, M. Levine, F.J. Eicke: Evaluation of day treatment center effectiveness. J. Clin. Psychiat. 40 (1979) 221–224
Günther, U., J. Lindner: Die psychoanalytisch begründete Kurzgruppenpsychoherapie unter rehabilitationsbezogenem Fokus. Gruppenpsychother. Gruppendyn. 35 (1999) 203–221
Gunderson, J.G., A. Frank, E.R. Ronningstam et al.: Early discontinuance of borderline patients from psychotherapy. J. Nerv. & Ment. Dis. 177 (1989) 38–42
Gunderson, J.G., M.C. Zanarini: Current overview of the borderline diagnosis. J. Clin. Psychiat. 48 (Suppl.) 1987 (5–11)
Gustafson, J., H. Whitman: Towards a balanced social environment on the oncology service. Soc. Psychiat. 13 (1978) 147–152
Guthrie, E., F. Creed, D. Dawson, B. Tomenson: A randomised controlled trial of psychotherapy in patients with refractory irritable bowel syndrome. Br. J. Psychiat. 163 (1993) 315–321
Guy, W., G.M. Gross: Problems in the evaluation of day hospitals. Commun. Ment. Health J. 3 (1967) 111–118
Gysling, A.: Die analytische Antwort. Eine Geschichte der Gegenübertragung in Form von Autorenportraits. Edition Discord, Tübingen 1995
Haar, R., J. Zauner, P. Zech: Gruppenpsychotherapie und Gruppenarbeit bei Kindern und Jugendlichen. In Heigl-Evers, A. (Hrsg.): Die Psychologie des 20. Jahrhunderts. Bd. VIII, Lewin und die Folgen. Kindler, Zürich 1979 (S. 928–937)
Habermas, J.: Erkenntnis und Interesse. Suhrkamp, Frankfurt/M. 1968
Habermas, T., U. Neureither: Symptomzentrierte ambulante Einzel- und Gruppentherapie der Bulimia nervosa. Programmbeschreibung und erste Ergebnisse. In Deter, H.-C., W. Schüffel (Hrsg.): Gruppen mit körperlich Kranken. Springer, Berlin 1988 (S. 213–224)
Haeseler, M.P.: Ethical considerations for the group therapist. Am. J. Art Ther. 31 (1992) 2–9
Hager, W.: Wirksamkeits- und Wirksamkeitsunterschiedshypothesen, Evaluationsparadigmen, Vergleichsgruppen und Kontrolle. In Hager, W., J.-L. Patry, H. Brezing (Hrsg.):

Handbuch Evaluation psychologischer Interventionsmaßnahmen. Huber, Bern 2000 (S. 180–201)
Haight, B.K., S. Hendrix: An integrated review of reminiscence.In Haight, B.K., J.D. Webster (eds.): The Art and Science of Reminiscing. Taylor & Francis, Washington, D.C. 1995 (S. 3–21)
Hallensleben, A.: Group psychotherapy with manic-depressive patients on lithium: ten years experience. Group Anal. 27 (1994) 475–482
Hambrecht, M., H. Häfner: Führen Alkohol- oder Drogenmissbrauch zur Schizophrenie? Nervenarzt 67 (1996) 36–45
Hand, I.: Neurosen: Intervention. In Perrez, M., U. Baumann (Hrsg.): Lehrbuch der Klinischen Psychologie. Band 2: Intervention. Huber, Bern 1991 (S. 260–279)
Hansson, L.: Behandlingskontraktes Roll i Psykiatrist Arbeite (Die Rolle des therapeutischen Behandlungskontraktes in der Psychiatrie). Psykisk-Haelsa 25 (1984) 90–97
Härter, M., R.-D. Steglitz, M. Berger: Qualitätsmanagement in der psychiatrisch-psychotherapeutischen Versorgung. In Berger, M. (Hrsg.): Psychiatrie und Psychotherapie. Urban & Schwarzenberg, München 1999 (S. 1001–1014)
Harding, S.: The Science Question in Feminism. Norton Press, New York 1986
Harding, S.: The instability of the analytical categories of feminist theory. In Malson, M.R., J.F. O'Barr, S. Westphal-Wihl, M. Wyer (eds.): Feminist Theory in Practice and Process. University of Chicago Press, Chicago 1989
Hare-Mustin, R.: An appraisal of the relationships between women and psychotherapy. Am. Psychol. 5 (1983) 593–601
Hare-Mustin, R., J. Marecek (eds.): Making a Difference.Yale University Press, New Haven/CT 1990
Harper-Giuffre, H., K.R. MacKenzie, D. Sivitilli: Interpersonal group psychotherapy. In Harper-Giuffre, H., K.R. MacKenzie (eds.): Group Psychotherapy For Eating Disorders. American Psychiatric Press, Washington, D.C. 1992 (S. 105–145)
Harrach, A.: Psychosomatische Berufstherapie. Prax. Klin. Verhaltensmed. Reh. 42 (1998) 11–17
Hartkamp, N.: Interpersonale Theorie und Psychoanalyse – geschichtliche und konzeptuelle Anmerkungen. In Tress, W. (Hrsg.): SASB. Die Strukturale Analyse Sozialen Verhaltens. Asanger, Heidelberg 1993 (S. 12–20)
Hartman, L.M.: Effects of sex and marital therapy on sexual interac tion and marital happiness. J. Sex Marit. Ther. 9 (1983) 137–152
Hartmann, A., T. Herzog, A. Drinkmann: Psychotherapy of bulimia nervosa: what is effective? A meta-analysis. J. Psychosom. Res. 36 (1992) 159–167
Hartmann, J.: Small group methods of personal change. Ann. Rev. Psychol. 30 (1979) 453–476
Hartocollis, P.: Long-term hospital treatment for adult patients with borderline and narcissistic disorders. Bull. Menn. Clin. 44 (1980) 212–226
Hastings-Vertino, K.A.: Depression and social support in unemployed persons with work-related injuries. Unpubl. Master's Thesis, State of New York at Buffalo 1992
Hastings-Vertino, K.A., C. Getty, P. Wooldridge: Development of a tool to measure therapeutic factors in group process. Arch. Psychiat. Nurs. 10 (1996) 221–228
Haubl, R.: Gruppenleitung. In Handbuch Gruppenanalyse. Quintessenz, Berlin 1994, S. 71–93
Haubl, R.: Gruppenleitung und Selbstorganisation der Gruppe. Jahrb. Gruppenanal. 3 (1997) 107–138
Haubl, R.: Die Hermeneutik des Szenischen in der Einzel- und Gruppenanalyse. Gruppenpsychother. Gruppendyn. 35 (1999) 17–53

Haubl, R., Lamott, F. (Hrsg.): Handbuch Gruppenanalyse. Quintessenz, München 1994
Hautzinger, M.: Kognitive Verhaltenstherapie bei depressiven älteren Menschen: erste Erfahrungen und Ergebnisse. Z. Gerontol. 25 (1992) 369–372
Hayes, R., W.K. Halford, F.T. Varghese: Social skills training with chronic schizophrenic patients: effects on negative symptoms and community functioning. Beh. Ther. 26 (1995) 449
Hayne, M.: Grundstrukturen menschlicher Gruppen. Pabst, Lengerich 1997
Hayne, M.: Die Indikationsstellung in der Gruppenpsychotherapie. Jahrbuch f Gruppenanalyse u ihre Anwendungen. Bd. 4, Mattes, Heidelberg 1999
Hearst, L.: Restoring the impaired self as an essential corrective experience in group analysis. In Pines, M., L. Rafaelson (Hrsg.): The Individual and the Group. Plenum Press, New York 1982 (S. 93–100)
Heigl, F.S.: Indikation und Prognose in Psychoanalyse und Psychotherapie. Vandenhoeck & Ruprecht, Göttingen 1992
Heigl-Evers, A.: Die Gruppe unter soziodynamischem und antriebspsychologischem Aspekt. In Preuss, H.G. (Hrsg.): Analytische Gruppenpsychotherapie. Urban & Schwarzenberg, München 1966 (S. 44–72)
Heigl-Evers, A.: Gruppendynamik und die Position des Therapeuten. In Höck, K (Hrsg.): Gruppenpsychotherapie in Klinik und Praxis. Fischer, Jena 1967 (S. 87–102)
Heigl-Evers, A.: Konzepte der analytischen Gruppenpsychotherapie. Vandenhoeck & Ruprecht, 2. Aufl. Göttingen 1978
Heigl-Evers, A., R.K. Gfäller: Gruppenpsychotherapie – eine Psychotherapie sui generis? Gruppenpsychother. Gruppendyn. 29 (1993) 333–358
Heigl-Evers, A., F.S. Heigl: Analytische Einzel- und Gruppenpsychotherapie: Differentia specifica. Gruppenpsychother. Gruppendyn. 2 (1968) 21–52
Heigl-Evers, A., F.S. Heigl: Gruppentherapie: interaktionell – tiefenpsychologisch fundiert (analytisch orientiert) – psychoanalytisch. Gruppenpsychother. Gruppendyn. 7 (1973) 132–157
Heigl-Evers, A., F.S. Heigl: Zur tiefenpsychologisch fundierten oder analytisch orientierten Gruppenpsychotherapie des Göttinger Modells. Gruppenpsychother. Gruppendyn. 9 (1975) 237–266
Heigl-Evers, A., F.S. Heigl: Zum Konzept der unbewußten Phantasie in der Psychoanalytischen Gruppenpsychotherapie des Göttinger Modells. Gruppenpsychother. Gruppendyn. 11 (1976) 6–22
Heigl-Evers, A., F.S. Heigl: Die psychosozialen Kompromissbildungen als Umschlagstellen innerseelischer und zwischenmenschlicher Beziehungen. Gruppenpsychother. Gruppendyn. 14 (1979a) 310–325
Heigl-Evers, A., F.S. Heigl: Konzepte der analytischen Gruppenpsychotherapie. In Heigl-Evers, A., U. Streeck (Hrsg.): Die Psychologie des 20. Jahrhunderts. Bd.XIII: Lewin und die Folgen. Kindler, Zürich 1979b (S. 763–777)
Heigl-Evers, A., F.S. Heigl: Die tiefenpsychologisch fundierte (analytisch orientierte) Gruppenpsychotherapie. In Heigl-Evers, A., U. Streeck (Hrsg.): Die Psychologie des 20. Jahrhunderts. Bd.XIII: Lewin und die Folgen. Kindler, Zürich 1979c (S. 802–811)
Heigl-Evers A., F.S. Heigl: Interaktionelle Gruppenpsychotherapie. Eine gruppenpsychotherapeutische Methode der Psychoanalyse nach dem Göttinger Modell. In Heigl-Evers, A., U. Streeck (Hrsg.): Die Psychologie des 20. Jahrhunderts. Bd.XIII: Lewin und die Folgen. Kindler, Zürich 1979d (S. 850–858)
Heigl-Evers, A., F.S. Heigl: Das Göttinger Modell der Gruppenpsychotherapie. In Kutter, P. (Hrsg.): Methoden und

Theorien der Gruppenpsychotherapie.Psychoanalytische und tiefenpsychologische Perspektiven. Frommann-Holzboog, Stuttgart 1985 (S. 121–144)

Heigl-Evers, A., F.S. Heigl: Das Göttinger Modell der Anwendung der Psychoanalyse in Gruppen unter besonderer Berücksichtigung der psychoanalytisch-interaktionellen Methode. Gruppenpsychother. Gruppendyn. 30 (1994) 1–29

Heigl-Evers, A., F.S. Heigl: Die Gruppenpsychotherapie und ihr Rahmen. Gruppenpsychother. Gruppendyn. 31 (1995) 91–109

Heigl-Evers, A., F.S. Heigl, J. Ott: Abriss der Psychoanalyse und der analytischen Psychotherapie. In Heigl-Evers, A., F.S. Heigl, J. Ott: Lehrbuch der Psychotherapie. G. Fischer, Stuttgart 1993 (S. 1–307)

Heigl-Evers, A., F.S. Heigl, J. Ott: Lehrbuch der Psychotherapie. Fischer, Jena 1993

Heigl-Evers, A., F.S. Heigl, J. Ott: Zur Theorie und Praxis der psychoanalytisch-interaktionellen Gruppentherapie. In Heigl-Evers, A., J. Ott (Hrsg.): Die psychoanalytisch-interaktionelle Methode. Theorie und Praxis. Vandenhoeck & Ruprecht, Göttingen 1995 (S. 226–264)

Heigl-Evers, A., F.S. Heigl: Das Göttinger Modell der Anwendung der Psychoanalyse in Gruppen unter besonderer Berücksichtigung der psychoanalytisch-interaktionellen Methode. Gruppenpsychother. Gruppendyn. 30 (1994) 1–29

Heigl-Evers, A., F.S. Heigl, J. Ott: Die in der analytischen Psychotherapie verwandten gruppenpsychotherapeutischen Methoden. In Heigl-Evers, A., F.S. Heigl, J. Ott, U. Rüger (Hrsg.): Lehrbuch der Psychotherapie. 3. Aufl. Fischer, Stuttgart 1997 (S. 184–239)

Heigl-Evers, A., F.S. Heigl, J. Ott: Zur Theorie und Praxis der psychoanalytisch-interaktionellen Gruppenpsychotherapie. In Heigl-Evers, A., J. Ott (Hrsg.): Die psychoanalytisch-interaktionelle Methode. 3. Aufl. Vandenhoeck & Ruprecht, Göttingen 1998 (S. 235–279)

Heigl-Evers, A., U. Henneberg-Mönch: Psychoanalytisch-interaktionelle Psychotherapie bei präödipal gestörten Patienten mit Borderline-Strukturen. Prax. Psychother. Psychosom. 30 (1985) 227–235

Heigl-Evers, A., U. Henneberg-Mönch: Die Bedeutung der Affekte für Diagnose, Prognose und Therapie. Psychother. Psychosom. med. Psychol. 40 (1990) 39–47

Heigl-Evers, A., U. Henneberg-Mönch: Die Anwendung der tiefenpsychologisch fundierten Gruppenpsychotherapie in der Tagesklinik. In Heigl-Evers, A., U. Henneberg-Mönch, C. Odag, G. Standke (Hrsg.): Die Vierzigstundenwoche für Patienten. Konzept und Praxis teilstationärer Psychotherapie. Vandenhoeck & Ruprecht, Göttingen 1986 (S. 149–165)

Heigl-Evers, A., U. Henneberg-Mönch, C. Odag: Die Anwendung der psychoanalytisch-interaktionellen Gruppenpsychotherapie in der Tagesklinik. In Heigl-Evers, A., U. Henneberg-Mönch, C. Odag, G. Standke (Hrsg.): Die Vierzigstundenwoche für Patienten. Konzept und Praxis teilstationärer Psychotherapie. Vandenhoeck & Ruprecht, Göttingen 1986 (S. 166–175)

Heigl-Evers, A., G. Laux: Technische Probleme der klinischen Gruppenpsychotherapie bei jugendlichen Neurosekranken. In Heigl-Evers, A. (Hrsg.): Psychoanalyse und Gruppe. Vandenhoek & Ruprecht, Göttingen 1971 (S. 101–113)

Heigl-Evers, A., J. Ott (Hrsg.): Die psychoanalytisch-interaktionelle Methode. Vandenhoeck & Ruprecht, Göttingen 1995

Heigl-Evers, A., J. Ott: Die psychoanalytisch-interaktionelle Methode. Ein Behandlungsangebot für strukturell gestörte Patienten. Psychother. 41 (1996) 77–83

Heigl-Evers, A., J. Ott: Gruppenpsychotherapie. In Egle, U.T., S.O. Hoffman, P. Joraschky (Hrsg.): Sexueller Mißbrauch, Mißhandlung, Vernachlässigung. Schattauer, Stuttgart 1997 (S. 325–339)

Heigl-Evers, A., O.W. Schulte-Herbrüggen: Zur normativen Verhaltensorientierung in Gruppen. Gruppenpsychother. Gruppendyn. 12 (1977) 226–241

Heim, E.: Coping und Adaptivität: Gibt es geeignetes oder ungeeignetes Coping? Psychother. Psychosom. med. Psychol. 38 (1988) 8–18

Heimann, P.: On Countertransference. Int. J. Psycho-Anal. 31 (1950) 81–84

Heinrich, R.L., C.C. Schag: Stress and activity management: group treatment for cancer patients and spouses. J. Cons. Clin. Psychol. 33 (1985) 439–446

Heinzel, R., F. Breyer: Stabile Besserung. Deutsch. Ärztebl. Heft 11 (1995) 752

Heinzel, R., F. Breyer: Katamnesenstudie belegt Wirksamkeit der analytischen Therapie. Deutsch. Ärztebl. Heft 11 (1996) 658

Heinzel, R., F. Breyer, T. Klein: Ambulante Psychoanalyse in Deutschland. Eine katamnestische Evaluationsstudie. Diskussionsbeiträge der Universität Konstanz, März 1996

Heinzel, R., F. Breyer, T. Klein: Ambulante Einzel- und Gruppenpsychotherapie in einer bundesweiten katamnestischen Evaluationsstudie. Gruppenpsychother. Gruppendyn. 34 (1998) 135–152

Helmchen, H.: Mutual patient-psychiatrist communication and the therapeutic contract. Compreh. Psychiat. 39 (1998) 5–10

Henneberg-Mönch, U.: Psychoanalytisch-interaktionelle Psychotherapie bei Borderline-Störungen. In Janssen, P.L. (Hrsg.): Psychoanalytische Therapie der Borderline-Störungen. Springer, Berlin 1990 (S. 74–82)

Hennig, H., E. Fikentscher: Kurzzeittherapie – Tribut an den Zeitgeist oder Indikationskonsequenz? In Hennig, H., E. Fikentscher, U. Bahrke, W. Rosendahl (Hrsg.):Kurzzeit-Psychotherapie in Theorie und Praxis. Pabst, Lengerich 1996 (S. 20–29)

Herpertz, S.C.: Schulenübergreifende Psychotherapie der Borderline-Persönlichkeitsstörung. In Saß, H., S.C. Herpertz (Hrsg.): Psychotherapie der Persönlichkeitsstörungen. Thieme, Stuttgart 1999 (S. 116–131)

Herpertz, S.C., A. Gretzer, E.M. Steinmeyer, V. Mühlbauer, A. Schürkens, H. Saß: Affective instability and impulsivity in personality disorder: results of an experimental study. J. Aff. Dis. 44 (1997) 31–37

Herpertz, S.C., H. Saß: Die Sichtweise der Borderline-Persönlichkeitsstörung in der historischen und aktuellen psychiatrischen Klassifikation. In Kernberg, O.F., B. Dulz, U. Sachsse (Hrsg.): Handbuch der Borderline-Störungen. Schattauer, Stuttgart 2000 (S. 115–123)

Herzog, T., F.J. Huyse, F. Malt, G. Cardoso, F. Creed, A. Lobo, M. Rigatelli: Quality Assurance in Consultationc Liaison Psychiatry and Psychosomatics. Development and Implementation of a European QA System. In Bart, A.E. (eds.): European Union Biomedical and Health Research. IOS-Press, Amsterdam 1995 (S. 525–526)

Hess, H.: Gruppenpsychotherapie als Behandlungsform psychischer Fehlentwicklungen – psychologische Gesichtspunkte und empirische Untersuchungen. In Hess, H., W. König, J. Ott (Hrsg.): Psychotherapie – Integration und Spezialisierung. Thieme, Leipzig 1980 (S. 23–33)

Hess, H.: Zur Problematik und zum charakteristischen Verlauf einer geschlechtshomogenen Frauengruppe. In Höck, K. (Hrsg.): Psychotherapie und Grenzgebiete. Praxis der dynamischen Gruppenpsychotherapie. Barth, Leipzig 4 (1983) 25–54

Hess, H.: Untersuchungen zur Abbildung des Prozessgeschehens und der Effektivität in der intendierten dynamischen Gruppenpsychotherapie. Psychotherapie-Berichte Bd. 32, 33. Haus der Gesundheit, Berlin 1985

Hess, H.: Untersuchungen zur Abbildung des Prozessgeschehens und der Effektivität in der intendiert-dynamischen Gruppenpsychotherapie. Unveröff. Habilitationsschrift, Humboldt-Universität, Berlin 1986

Hess, H.: Affektive Beunruhigung als erlebnismäßiger Ausdruck der Dynamik im gruppentherapeutischen Veränderungsprozess. In Tschuschke, V., D. Czogalik (Hrsg.): Psychotherapie – Welche Effekte verändern? Zur Frage der Wirkmechanismen therapeutischer Prozesse. Springer, Berlin 1990 (S. 387–404)

Hess, H.: Beziehungsdiagnostik im therapeutischen Prozeß. In Hess, H. (Hrsg.): Soziale Beziehung und Krankheit. Barth, Leipzig 1991 (S. 134–149)

Hess, H.: Zwei Verfahren zur Einschätzung der Wirksamkeit von Gruppenpsychotherapie. Die Behandlungseinschätzung nach Froese und die Bewertungsskala nach Böttcher und Ott. In Strauß, B., J. Eckert, V. Tschuschke (Hrsg.): Methoden der empirischen Gruppentherapieforschung – ein Handbuch. Westdeutscher Verlag, Opladen 1996 (S. 142–158)

Hess, H.: Zur Effektivität intendiert dynamisch geführter Gruppen. In Seidler, Ch., I. Misselwitz (Hrsg.): Die Intendierte dynamische Gruppenpsychotherapie – eine Bestandsaufnahme. Vandenhoeck & Ruprecht 2001 (S. 132–154)

Hess, H., H. Benkenstein, W. Blum, W. König, W. Gunia, J. Listing: Krankengutsanalyse stationärer Einrichtungen. In Hess, H., W. König, J. Ott (Hrsg.): Psychotherapie – Integration und Spezialisierung. Thieme, Leipzig 1980 (S. 82–109)

Hess, H., P. Kasten: Untersuchungen über neurotischfunktionelle Störungen bei arbeitsunfähig geschriebenen Patienten. Z Ärztl. Fortb. 78 (1984) 361–364

Hess, H., W. König, J.Ott (Hrsg.): Psychotherapie – Integration und Spezialisierung. Thieme, Leipzig 1980

Hettinger, R., B. Jäger: Fragebogen zur Symptomdiagnose von Essstörungen (FSE). Unveröff. Arbeitspapier, Forschungsstelle für Psychotherapie – Stuttgart, Stuttgart 1990

Heuft, G.: Bedarf es eines Konzepts der Eigenübertragung? For. Psychoanal. 6 (1990) 299–315

Heuft, G., C. Marschner: Psychotherapeutische Behandlung im Alter – state of the art. Psychotherapeut. 39 (1994) 205–219

Heuft, G., W. Senf: Praxis der Qualitätssicherung: Das Manual zur PsyBaDo. Thieme, Stuttgart 1998

Hewett, L., J.K. Asamen, J.T. Dietch: Group reminiscence with nursing home residents. Clin. Gerontol. 10 (1991) 69–73

Hiatt, H.: Dynamic psychotherapy with the aging patient. Am. J. Psychother. 25 (1971) 591–600

Hill, W.F.: Hill Interaction Matrix. (Rev. Ed.). Youth Studies Center/University of Southern California, Los Angeles 1965

Hill, W.F.: Hill Interaction Matrix (HIM): The conceptual framework, dereived rating scales, and an updated bibliography. Small Group Beh. 8 (1977) 251–268

Hiller, W., W. Rief: Therapiestudien zur Behandlung von Patienten mit somatoformen Störungen: Ein Literaturüberblick. Verhaltensther. 8 (1998) 125–136

Hinshelwood, R.D.: What Happens in Groups: Psychoanalysis, the Individual and the Community. Free Association Books, London 1987

Hirsch, M.: Kombinierte Einzel- und Gruppenpsychotherapie der Bulimie. Prax. Psychother. Psychosom. 35 (1990) 315–322

Hirsch, M.: Sexuell missbrauchte Patienten in der Gruppentherapie. Gruppenpsychother. Gruppendynamik. 31 (1995) 301–314

Hirsch, M.: Schuld und Schuldgefühl. Vandenhoeck & Ruprecht, Göttingen 1998

Hirsch, M. (Hrsg.): Psychoanalyse und Arbeit – Kreativität, Leistung, Arbeitsstörungen, Arbeitslosigkeit (Psychoanalytische Blätter, Bd. 14). Vandenhoeck & Ruprecht, Göttingen 2000

Hoag, M.J., E.A. Primus, N.T. Taylor, G.M. Burlingame: Pretraining with adolescents in group psychotherapy: A special case of therapist iatrogenic effects. J. Child Adol. Group Ther. 6 (1996) 119–133

Hobbs, N.: Gruppenbezogene Psychotherapie. In Rogers, C.R. (Hrsg.): Die klientbezogene Gesprächstherapie. Kindler, München 1973 (S. 255–286) (Original: Client-Centered Therapy. Houghton Mifflin, Boston 1951)

Hobson, R: The Forms of Feeling: The Heart of Psychotherapy. Routledge, London 1990

Höck, K.: Zur Ätiopathogenese der Neurosen. In Höck, K., H. Szewczyk, H. Wendt (Hrsg.): Neurosen. Deutscher Verlag.der Wissenschaften, Berlin 1971 (28–64)

Höck, K.: Zur Definition und Klassifikation der Neurosen. Psychiat., Neurol., med. Psychol. 28 (1976) 481–490

Höck, K.: Die intendierte dynamische Gruppenpsychotherapie innerhalb des abgestuften Systems der Diagnosik und Therapie neurotisch-funktioneller Störungen. Promotion B, Humboldt- Universität zu Berlin 1977

Höck, K.: Gruppenpsychotherapie. VEB Deutscher Verlag.der Wissenschaften, Berlin 1978

Höck, K.: Organisation und Struktur einer psychotherapeutischen Fachabteilung. Bericht Psychotherapiie und Neurosenforschung HdG. Berlin 1 (1979) 15–39

Höck, K.: Konzeption der intendierten dynamischen Gruppenpsychotherapie. In Höck, K., J. Ott, M. Vorwerg (Hrsg.): Theoretische Probleme der Gruppenpsychotherapie. Psychotherapie und Grenzgebiete. Barth, Leipzig 1981 (S. 13–34)

Höck, K. (Hrsg.): Zielstellung und Entwicklung der Psychotherapie in der DDR. In Hess, H. (Hrsg.): Ausgewählte Schriften von Kurt Höck anlässlich seines 65. Geburtstages. Psychotherapie-Berichte HdG. Berlin 31 (1985) Gesamtheft

Höck, K.: Gesellschaftlicher Wandel – neurotische Krankheitsbilder – therapeutische Konsequenzen. In Höck, K., Hess, H. (Hrsg.): Vergleichsuntersuchungen zu psychosozial bedingten Störungsformen. Psychotherapie-Berichte IfPN. Berlin 35 (1986) 7–12

Höck, K., H. Hess: Zur Morbidität neurotischer Störungen. In Seidel, K., H. Szewczyk (Hrsg.): Psychopathologie. VEB Deutscher Verlag der Wissenschaften, Berlin 1978 (S. 82–95)

Höck, K, H. Hess: Früherkennung und deren Bedeutung für den weiteren Verlauf bei verschiedenen Neuroseformen. Z. Fachärztl. Fortb. 73 (1979) 623–625

Höck, K., H. Hess: Ausbildung in Gruppenpsychotherapie durch Selbsterfahrungsgruppen. In Ott, J. (Hrsg.): Theoretische Probleme der Grupppenpsychotherapie. J.A.Barth, Leipzig 1981 (72–98)

Höck, K., H. Hess: Die Hill-Interaktionsmatrix (HIM) zur Erfassung von Inhalt und Interaktion in therapeutischen Gruppen. In Höck, K. (Hrsg.): Gruppenpsychotherapieforschung. Psychotherapie und Grenzgebiete, Bd. 2. J.A. Barth, Leipzig (1982) (S. 23–39)

Höck, K., W. König: Neurosenlehre und Psychotherpaie. Gustav Fischer, Jena 1976

Hodel, B., H.D. Brenner: Cognitive therapy with schizophrenic patients: conceptual basis, present state, future directions. Acta Psychiatr.Scand. Suppl. 384 (1994) 108-115

Hodel, B., H.D. Brenner: Ein Trainingsprogramm zur Bewältigung von maladaptiven Emotionen bei schizophren Erkrankten. Erste Ergebnisse und Erfahrungen.Nervenarzt 67 (1996) 564-571

Hodel, B., H.D. Brenner, M.C.G. Merlo, F.J. Teuber: Emotional management therapy in early psychosis. Brit. J. Psychiat. 172 (1998) (Suppl. 33) 128-134

Hoffman, L.: Contracts and group psychotherapy. Indep. Pract. 8 (1988) 20-21

Hoffmann, S.O., U.T. Egle: Risikofaktoren und protektive Faktoren für die Neurosenentstehung. - Die Bedeutung biographischer Faktoren für die Entstehung psychischer und psychosomatischer Krankheiten. Psychotherapeut. 41 (1996) 13-16

Hoffmann, S.O., G. Hochapfel: Einführung in die Neurosenlehre und Psychosomatische Medizin. Schattauer, Stuttgart 1992

Hofstätter, P.R.: Einführung in die Sozialpsychologie. Kröner, Stuttgart 1963

Hogarty, G.E., C.M. Anderson, D.J. Reiss, S.J. Kornblith, D.P. Greenwald, C.D. Jarna, M.J. Madonia: Family psychoeducation, social skills training, and maintenance chemotherapy in the aftercare treatment of schizophrenia, I: One-year effects of a controlled study on relapse and expressed emotion. Arch. Gen. Psychiat. 43 (1986) 633-642

Hogarty, G.E., D.J. Reiss, S.J. Kornblith, D.P. Greenwald, R.F. Ulrich, M. Carter: Family psycho-education, social skills training, and maintenance pharmacotherapy in the aftercare treatment of schizophrenia, II: Two-year effects of a controlled study on relapse and adjustment. Arch. Gen. Psychiat. 48 (1991) 340-347

Hoge, M.A., L. Davidson, W.L. Hill, V.E. Turner, R. Ameli: The promise of partial hospitalization: A reassessment. Hosp. Commun. Psychiat. 43 (1992) 345-354

Höger, D.: Klientenzentrierte Psychotherapie - Ein Breitbandkonzept mit Zukunft. In Sachse, R., J. Howe (Hrsg.): Zur Zukunft der klientenzentrierten Psychotherapie. Asanger, Heidelberg 1989 (S. 197-222)

Hohage, R.: Diagnostik und Therapie neurotischer Arbeitsstörungen. Psychotherapeut. 39 (1994) 146-152

Hohage, R.: Zur Psychoanalyse des Arbeitens und der Arbeitsstörungen. In Hirsch, M. (Hrsg.): Psychoanalyse und Arbeit - Kreativität, Leistung, Arbeitsstörungen, Arbeitslosigkeit. Vandenhoeck & Ruprecht, Göttingen 2000 (S. 100-124)

Holland, J.: Historical overview. In Holland, J., J. Rowland (eds.): Handbook of Psychooncology. Oxford University Press, New York 1989 (S. 3-12)

Holtermann, K.: Musiktherapie aus der Sichtweise der Gerontopsychiatrie. Musikther. Umsch. 18 (1997) 150-157

Holz, A., J. Leune: Versorgung Suchtkranker in Deutschland. In DHS (Deutsche Hauptstelle gegen die Suchgefahren) (Hrsg.): Jahrbuch Sucht 2000. Neuland-Verlagsgesellschaft, Geesthacht 1999 (S. 139-161)

Holzwarth, U.: Gruppenpsychotherapie mit paranoiden Senioren. Gruppenpsychother. Gruppendyn. 21 (1985) 15-24

Holzwarth, U.: Fünf Jahre Gruppenpsychotherapie mit paranoiden Senioren. Gruppenpsychother. Gruppendyn. 24 (1988) 344-353

Homans, G.C.: The Human Group. Harcourt, New York 1950 (Dt: Theorie der sozialen Gruppe. Westdeutscher Verlag, Köln 1960)

Horney, K.: The flight from womanhood: The masculinity complex in women as viewed by men and by women. In Miller, J.B. (ed.): Psychoanalysis and Women. Penguin, Baltimore/MD 1973

Hornung, W.P., A. Kieserg, A. Feldmann, G. Buchkremer: Psychoeducations training for schizophrenic patients: background, procedure and empirical findings. Pat. Ed. & Couns. 29 (1996) 257-268

Horowitz, L.M., B. Strauß, H. Kordy: Das Inventar zur Erfassung interpersonaler Probleme. Beltz Test-Gesellschaft, Weinheim 1994

Horowitz, L.M., J. Vitkus: The interpersonal basis of psychiatric symptomatology. Clin. Psychol. Rev. 6 (1986) 443-469

Horvath, A.O., D.B. Symonds: The relation between working alliance and outcome in psychotherapy: a meta-analysis. J. Cons. Psychol. 38 (1991) 139-149

Horwitz, L.: Clinical Prediction in Psychotherapy. Jason Aronson, New York 1974

Horwitz, L.: Group psychotherapy of the borderline patient. In Hartocollis, P. (ed.): Borderline Personality Disorders. International University Press, New York 1977 (S. 399-422)

Horwitz, L., G.O. Gabbard, J.G. Allen: Tailoring the psychotherapy to the borderline patient. J. Psychother. Res. & Pract. 5 (1996) 287-306

House, J.S., K.R. Landis, D. Umberson: Social relationships and health. Sci. 241 (1988) 540-545

Howard, A., R.A. Scott: A proposed framework for the analysis of stress in the human organism. J. Appl. Beh. Sci. 10 (1965) 141-160

Howard, K.I., S. Kopta, M. Krause, D.E. Orlinsky: The dose-effect relationship in psychotherapy. Am. Psychol. 41 (1986) 159-164

Huddleston, R.: Drama with elderly people. Br. J. Occ. Ther. 52 (1989) 298-300

Hughes, C.P.: Community psychiatric nursing and the depressed elderly: A case for using cognitive therapy. J. Adv. Nurs. 16 (1991) 565-572

Hurley, J.R.: Two prepotent interpersonal dimensions and the effects of trainers on T-groups. Small Group Beh. 7 (1976) 77-98

Husen, E., C. Bischoff: Ambulante Maßnahmen zur Vor- und Nachbereitung stationärer psychosomatischer Rehabilitation - Effekte auf die Patientenurteile über die Behandlung. Prax. Klin. Verhaltensmed. Reh. 44 (1998) 24-31

Hutchinson, S.: Leitlinien zu Mindestanforderungen in der gruppenanalytischen Ausbildung - Zusammenfassung und Auswertung der EGATIN-Umfrage. Arbeitsh. Gruppenanal. 96/1 (1996) 41-51

Hutterer, R.: Die Consumer Reports-Studie: Längere Psychotherapien sind effektiver! Psychother. Forum 4 (1996) 2-6

Ihnen, G.H., D.L. Penn, P.W. Corrigan, J. Martin: Social perception and social skill in schizophrenia. Psychiat. Res. 80 (1998) 275-286

Imber-Black, E., J. Roberts, R.A. Whiting: Rituale. Rituale in Familien und Familientherapie. Carl Auer; Heidelberg 1995

Ingersoll, B., A. Silverman: Comparative group psychotherapy for the aged. Gerontol. 8 (1978) 201-206

Institute of Medicine: Broadening the Base of Treatment for Alcohol Problems. National Academic Press, Washington, D.C. 1990

Israel, A. Kombination von Familientherapie mit der Gruppenpsychotherapie jugendlicher Neurotiker. In Hess, H. (Hrsg.): Psychother. Grenzgeb. 11 (1991) 102-110

Israel, A., B. Diehl: Jugendlichengruppen: Agieren und Verbalisieren. In Hess, H., K. Höck (Hrsg.): Gruppenpsychotherapie bei unterschiedlichen Zielgruppen. Psychotherapieberichte Berlin 41 (1988) 21-31

Jacobi, C.: Pharmakotherapie und Verhaltenstherapie bei Anorexia und Bulimia nervosa. Verhaltensther. 4 (1994) 162–171
Jacobi, C., B. Dahme, S. Rustenbach: Metaanalysis of treatment studies for bulimia nervosa. Vortrag auf der 6th Int. Conf. Eating Dis. New York 1994
Jacobson, E.: Entspannung als Therapie. Progressive Relaxation in Theorie und Praxis. Pfeiffer, München 1990
Jaeger, J., E. Douglas: Neuropsychiatric rehabilitation for persistent mental illness. Fourth Annual Research Conference of the New York State Office of Mental Health (Albany/NY 1991). Psychiat. Quart. 63 (1992) 71–94
Jaffe, J., R. Petersen, R. Hodgson: Sucht und Abhängigkeit. Beltz, Weinheim 1981
Jagoda, B.: Begrüßung und Eröffnungsansprache Qualitätssicherung und Gesundheits-Reformgesetz. In Symposium zur Qualitätssicherung. Teil I: Stationäre und Ambulante medizinische Versorgung. Bestandsaufnahme und Perspektiven. Forschungsbereicht Nr. 203, Der Bundesminister für Arbeit und Sozialordnung, Bonn 1990 (S. 1–11)
James, M.: Techniques in Transactional Analysis. Addison-Wesley, Reading 1977
Janssen, P.L.: Psychoanalytisch orientierte Mal- und Musiktherapie im Rahmen stationärer Psychotherapie. Psyche 36 (1982) 541–570
Janssen, P.L.: Psychoanalytische Therapie in der Klinik. Klett-Cotta, Stuttgart 1987
Janssen, P.L.: Theorien der Borderlinestruktur. In Janssen, P.L. (Hrsg.): Psychoanalytische Therapie der Borderlinestörungen. Springer, Berlin 1990a (S. 26–37)
Janssen P. L.: Inszenierungen der Borderlinstörungen. Prax. Psychother. Psychosom. 35 (1990b) 1–12
Janssen, P.L.: Zur psychoanalytischen Behandlung der Borderlinestörungen. In Streeck, U., K. Bell (Hrsg.): Die Psychoanalyse schwerer psychischer Erkrankungen. Pfeiffer, München 1994 (S. 124–140)
Janssen, P.L.: Inszenierung der Borderline-Pathologie im stationären Raum. In Kernberg, O.F., B. Dulz, U. Sachsse (Hrsg.): Handbuch der Borderline-Störungen. Schattauer, Stuttgart 2000 (S. 505–513)
Janssen, P L., M. Franz, Th. Herzog, G. Heuft, G. Paar, W. Schneider (Hrsg.): Psychotherapeutische Medizin – Standortbestimmung zur Differenzierung der Versorgung psychisch und psychosomatisch Kranker. Schattauer, Stuttgart 1999
Janssen, P.L., K. Martin: Methodik der stationären Psychotherapie. In Janssen, P L., M. Franz, Th. Herzog, G. Heuft, G. Paar, W. Schneider (Hrsg.): Psychotherapeutische Medizin – Standortbestimmung zur Differenzierung der Versorgung psychisch und psychosomatisch Kranker. Schattauer, Stuttgart 1999 (S. 33–45)
Janssen, P.L., K. Martin, M. Tetzlaff: Behandlungsergebnisse stationärer Psychotherapie bei Borderline-Patienten. Unveröff. Man.
Janssen, P.L., K. Martin, W. Tress, M. Zaudig: Struktur und Methodik der stationären Psychotherapie aus psychoanalytischer und verhaltenstherapeutischer Sicht. Psychother. 43 (1998) 265–276
Janssen, P.L., G. Wienen, H. Rath, W. Hekele, G.H. Paar: Zur stationären psychoanalytischen Therapie strukturell ichgestörter Patienten im „Essener Modell". In Janssen, P.L., G.H. Paar (Hrsg.): Reichweite der psychoanalytischen Therapie. Springer, Berlin 1989 (S. 93–106)
Jarvik, L.F., J. Mintz, J. Steuer et al.: Treating geriatric depression: A 26 week interim analysis. J. Am. Ger. Soc. 30 (1982) 713–717
Jaspers, K.: Allgemeine Psychopathologie. 9. Aufl. Springer, Berlin 1973

Johnson, C., M.E. Connors: The Etiology and Treatment of Bulimia Nervosa. A Biopsychosocial Perspective. Basic Books, New York 1987
Johnson, D.L., S.R. Gold: An empirical approach to issues of selective and evaluation in group therapy. Int. J. Group Psychother. 21 (1971) 456–469
Johnson, J.: The effects of a patient education course on persons with a chronic illness. Cancer Nurs. 4 (1982) 117–123
Johnson, J.H., W.C. Rasbury, J.L. Siegel: Approaches to child treatment. Pergamon Press, New York 1986
Jones, M.: Traditionelle Psychiatrie, Sozialpsychiatrie und die therapeutische Gemeinschaft.In Höck, K. (Hrsg.): Gruppenpsychotherapie in Klinik und Praxis. Fischer, Jena 1967 (S. 187–198)
Jordan, J.: A relational perspective for understanding women's development. In Jordan, J. (ed.): Women's Growth in Diversity: More Writings From the Stone Center. Guilford Press, New York 1997
Joyce, A.S., W.E. Piper, J.S. Rosie, H.F.A. Azim: The psychosocial environment of an intense day treatment program. Cont. Devel. Amb. Ment. Health 1 (1994) 219–237
Jung, C.G.: Briefe, Vol. II (1946–1955). In Jaffe, A., G. Adler (Hrsg.): Walter, Olten 1980
Jung, C.G.: Über die Archetypen des Kollektiven Unbewußten (1934). In Jung, C.G: Archetypen. Deutscher Taschenbuch-Verlag, München 1990 (S. 7–44)
Jung, C.G.: Der Begriff des Kollektiven Unbewußten (1936). In Jung, C.G.: Archetypen. Deutscher Taschenbuch-Verlag, München 1990 (S. 45–56)
Jung, M.: Alkoholabhängigkeit und pychiatrische Komorbidität. In Mann, K., G. Buchkremer (Hrsg.): Sucht. Grundlagen, Diagnostik, Therapie. G. Fischer, Stuttgart 1996 (S. 157–168)
Jungandreas, M., I. Siedt: Ambulant geführte Kopfschmerzgruppen. In Hess, H., K. Höck (Hrsg.): Modelle und Konzepte psychotherapeutischen Handelns und Forschens. Psychotherapie-Berichte Berlin 43 (1989) 55–61
Kächele, H.: Spezifische und unspezifische Faktoren in der Psychotherapie. Prax. Psychother. Psychosom. 33 (1988) 1–11
Kächele, H.: Klaus Grawes Konfession und die psychoanalytische Profession. Psyche 49 (1995) 481–492
Kächele, H., H. Kordy: Psychotherapieforschung und therapeutische Versorgung. Nervenarzt 63 (1992) 517–526
Kadden, R.D., N.L. Cooney, H. Getter, M.D. Litt: Matching alcoholics to coping skills or Interactional therapies: Posttreatment results. J. Cons. Clin. Psychol. 57 (1989) 698–704
Kadis, A.L., J.D. Krasner, M.F. Weiner, C. Winick, S.H. Foulkes: Praktikum der Gruppenpsychotherapie. Frommann-Holzboog, Stuttgart 1982
Kahler, T., H. Capers: The miniscript. Transact. Anal. J. 4 (1974) 26–42
Kaiser, E.: Quantitative Psychotherapie-Forschung – modernes Paradigma oder Potemkinsches Dorf? Forum Psychoanal. 9 (1993) 348–366
Kaiser, R.: Charakteristik des Krankengutes der Psychotherapeutischen Abteilung des Hauses der Gesundheit des ersten Halbjahres 1975. Med. Diplom-Arbeit, Humboldt-Universität, Berlin 1978
Kanas, N.: Group therapy with schizophrenics: a review of controlled studies. Int. J. Group Psychother. 36 (1986) 339–351
Kanas, N.: Group therapy with schizophrenic patients: a short-term, homogeneous approach. Int. J. Group Psychother. 41 (1991) 33–48
Kanas, N.: Group psychotherapy with bipolar patients: a review and synthesis. Int. J. Group Psychother. 43 (1993) 321–333

Kanas, N.: Schizophrenic Patients in Group Therapy. American Psychiatric Press, Washington, D.C. 1996

Kanas, N., M.A. Barr: Short-term homogeneous group therapy for schizophrenic inpatients: a questionnaire evaluation. Group 6 (1982) 32–38

Kanas, N., M.A. Barr: Process and content in a short-term inpatient schizophrenic group. Small Group Beh. 17 (1986) 355–363

Kanas, N., M.A. Barr, S. Dossick: The homogeneous schizophrenic inpatient group: an evalation using the HILL Interaction Matrix. Small Group Beh. 16 (1985) 397–409

Kanas, N., P. Cox: Process and content in a therapy group for bipolar outpatients. Group 22 (1998) 39–44

Kanas, N., J. Deri, T. Ketter, G. Fein: Short-term outpatient therapy groups for schizophrenics. Int. J. Group Psychother. 39 (1989a) 517–522

Kanas, N., V.J. DiLella, J. Jones: Process and content in an outpatient schizophrenic group. Group 8 (1984) 13–20

Kanas, N., M. Rogers, E. Kreth, L. Patterson, R. Campbell.: The effectivness of group psychotherapy during the first 3 weeks of hospitalization: a controlled study. J. Nerv. Ment. Dis. 168 (1980) 487–492

Kanas, N., A.J. Smith: Schizophrenic group process: a comparison and replication using the HIM-G. Group 14 (1990) 246–252

Kanas, N., P. Stewart, J. Deri, T. Ketter, K. Haney: Group process in short-term outpatient therapy groups for schizophrenics. Group 13 (1989b) 67–73

Kanas, N., P. Stewart, K. Haney: Content and outcome in a short-term therapy group for schizophrenic outpatients. Hosp. Commun. Psychiat. 39 (1988) 437–439

Kane, J.M., T.H. McGlashan: Treatment of schizophrenia. The Lancet 346 (1995) 820–825

Kanfer, F.H.: Die Motivierung von Klienten aus der Sicht des Selbstorganisationsmodells. Verhaltensmod. Verhaltensmed. 13 (1992) 137–152

Kanfer, F.H., H. Reinecker, D. Schmelzer: Selbstmanagementtherapie. Springer, Berlin 1990

Kanfer, F.H., H. Reinecker, D. Schmelzer: Selbstmanagement-Therapie. Ein Lehrbuch für die klinische Praxis. 2. Aufl. Springer, Berlin 1996

Kant, I.: Grundlegung zur Metaphysik der Sitten. In Weischedel, W. (Hrsg.): Werke in sechs Bänden. Bd. IV. Wissenschaftliche Buchgesellschaft, Darmstadt 1956 (S. 69 f.)

Kapfhammer, H.P.: Psychotherapeutische Verfahren in der Psychiatrie. Nervenarzt 66 (1996) 157–172

Kapfhammer, H.P.: Psychiatrische Ansätze in der Behandlung von Patienten mit Borderline-Persönlichkeitsstörungen. In Damann, G., P.L. Janssen (Hrsg.): Psychotherapie der Borderline-Störungen. Thieme, Stuttgart 2000

Kaplan, H.S.: Disorders of Sexual Desire. Brunner/Mazel, New York 1979

Kapur, R., K. Miller, G. Mitchell: Therapeutic factors within inpatient and outpatient psychotherapy groups. Br. J. Psychiat. 152 (1988) 229–233

Karpmann, S.: Fairy tales and script drama analysis. Transact. Anal. Bull. 7 (1968) 39–43

Karterud, S.: A comparative study of six different inpatient groups with respect to their basic assumption functioning. Int. J. Group Psychother. 39 (1989) 355–376

Karterud, S., T. Foss: The group emotionality rating system: A modification of Thelen's method of assessing emotionality in groups. Small Group Beh. 20 (1989) 131–150

Karterud, S., S. Vaglum, S. Friis, T. Irion, S. Johns, P. Vaglum: Day hospital therapeutic community treatment for patients with personality disorders: An empirical evaluation of the containment function. J. Nerv. Ment. Dis. 180 (1992) 238–243

Karzek, O., J. Golombek: Zur Funktion des Erstkontaktes in der Psychotherapie. In Hess, H., K. Höck (Hrsg.): Modelle und Konzepte psychotherapeutischen Handelns und Forschens. Psychotherapie-Berichte Berlin 43 (1989) 48–54

Kasten, P.: Therapie bei Ulkus duodeni. In Hess, H., K. Höck (Hrsg.): Modelle und Konzepte psychotherapeutischen Handelns und Forschens. Psychotherapie-Berichte, Berlin 43 (1989a) 55–61

Kasten, P.: Ambulante psychotherapeutische Versorgung, Aufgaben, Struktrur und Arbeitsweise. In Hess, H., K. Höck (Hrsg.): Modelle und Konzepte psychotherapeutischen Handelns und Forschens. Psychotherapie-Berichte Berlin 43 (1989b) 8–29

Kauff, P.: Diversity in analytic group psychotherapy. Int. J. Group Psychother. 29 (1979) 51–65

Kaufmann, H.: Social Psychology. The study of human interaction. Holt, Rinehart & Winston, New York 1973

Kaul, T.J., R.L. Bednar: Experiential group research: Results, questions, and suggestions. In Garfield, S.L., A.E. Bergin (eds.): Handbook of Psychotherapy and Behavior Change. 3rd ed. John Wiley & Sons, New York 1986 (S. 671–714)

Kaul, T.J., R.L. Bednar: Pretraining and Structure: Parallel Lines Yet to Meet. In Fuhriman A, G.M. Burlingame (eds.): Handbook of Group Psychotherapy. An Emperical and Clinical Synthesis. Wiley & Sons, New York 1994 (S. 155–188)

Kavanagh, D.J.: Recent developments in expressed emotion and schizophrenia. Br. J. Psychiat. 160 (1992) 601–606

Kayser, H., H. Krüger, K. Damaschke, C. Haerlin, K. Holland-Moritz-Krüger, E. Lellau, W. Mävers, P. Petersen, M. Rohde, H.-K. Rose, G. Theine, A. Veltin, V. Zumpe: Gruppenarbeit in der Psychiatrie. Thieme, Stuttgart 1981

Keil-Kuri, E.: Vom Erstinterview zum Kassenantrag. Gustav Fischer, 3. Aufl., Stuttgart 1999

Keil-Kuri, E.: Praxisgespräche – Gesprächspraxis. Gustav Fischer, Stuttgart 1996

Keller, A.C., S.E. Althof, L.M. Lothstein: Group therapy with gender identity patients. Am. J. Psychother. 36 (1982) 223–228

Keller, W., W. Schneider: Veränderungen interpersoneller Probleme im Verlauf ambulanter und stationärer Gruppenpsychotherapie. Gruppenpsychother. Gruppendyn. 29 (1993) 308–323

Keller, W., R. Väth-Szudziara, R. Rohner, G. Westhoff, R. Dilg: Wirkfaktoren in der Analytischen Psychologie aus der Sicht C.G.Jungs und der empirischen Psychotherapieforschung. Anal. Psychol. 26 (1995) 289–312

Kellner, R.: Somatization. Theories and Research. J. Nerv. Ment. Dis. 178 (1990) 150–160

Kelly, G.A.: The Psychology of Personal Constructs. Norton, New York 1955

Kemper, J.: Die Sohn-Tochter-Übertragung in der tiefenpsychologisch orientierten Gruppenpsychotherapie Alternder. Gruppenpsychother. Gruppendyn. 27 (1991) 377–388

Kemper, W.W.: Der Traum und seine Be-Deutung. Fischer, Frankfurt/M 1983

Kemper, W.W. (Hrsg.): Psychoanalytische Gruppenpsychotherapie. Praxis und theoretische Grundlagen. Fischer, Frankfurt 1984

Kennedy, J.F.: The heterogeneous group for chronically physically ill and physically healthy but emotionally disturbed children and adolescents. Int. J. Group Psychother. 39 (1989) 105–125

Kern, R.S., M.F. Green, P. Satz: Neuropsychological predictors of skills training for chronic psychiatric patients. Psychiat. Res. 43 (1992) 223–230

Kernberg, O.F.: Notes on countertransference. J. Am. Psa. Ass. 13 (1965) 38–56

Kernberg, O.F.: Borderline Conditions and Pathological Narcissism. Jason Aronson, New York 1975
Kernberg O.F.: Object Relations Theory and Clinical Psychoanalysis. Jason Aronson, New York 1976
Kernberg, O.F.: Borderline-Störungen und pathologischer Narzissmus. Suhrkamp, Frankfurt/M. 1979
Kernberg, O.F.: Book review of a advances in psychology. Am. J. Psychiat. 139 (1982) 374–375
Kernberg, O.F.: Severe Personality Disorders. Psychotherapeutic Strategies. Yale University Press, Yale 1984
Kernberg, O.F.: Objektbeziehungen und Praxis der Psychoanalyse. Klett-Cotta, Stuttgart 1988a
Kernberg, O.F.: Schwere Persönlichkeitsstörungen. Therapie, Diagnose, Behandlungsstrategien. Klett-Cotta, Stuttgart 1988b
Kernberg, O.F.: The narcissistic personality disorder and the differential diagnosis of antisocial behavior. Psychiat. Clin. North Am. 12 (1989) 553–570
Kernberg, O.F.: Ein psychoanalytisches Modell der Klassifizierung von Persönlichkeitsstörungen. Psychother. 41 (1996) 288–296
Kernberg, O.F.: Die Zerstörung der Psychoanalyse im Ausbildungssystem. Psyche 52 (1998) 199–213
Kernberg, O.F.: Ideologie, Konflikt und Führung. Psychoanalyse von Gruppenprozessen und Persönlichkeitsstruktur. Klett-Cotta, Stuttgart 2000
Kernberg, O.F, M.A. Selzer, H.W. Koenigsberg, A.H. Apfelbaum:Psychodynamic Psychotherapy of Borderline Patients. Basic Books, New York 1989
Kernberg, O.F., B. Dulz, U. Sachsse (Hrsg.): Handbuch der Borderline-Störungen. Schattauer, Stuttgart 2000
Keßling, U.: Ergebnisse und katamnestische Untersuchungen der klinischen Gruppenpsychotherapie. Med. Diss. Humboldt-Universität zu Berlin, 1981
Keyton, J., J. Springston: Redefining cohesiveness in groups. Small Group Res. 21 (1990) 234–254
Khan, M.M.R.: Entfremdung bei Perversionen. Suhrkamp, Frankfurt/M. 1983
Khantzian, E.J., S.J. Golden, W.E. McAuliffe: Group Therapy. In Galanter, M., H.-D. Kleber (eds.): Textbook Of Substance Abuse Treatment. 2nd ed. American Psychiatric Press, Washington, D.C. 1999 (S. 367–379)
Kibel, H.D.: A schema for understanding resistances in groups. Group Proc. 7 (1977) 221–235
Kibel, H.D.: The therapeutic use of splitting: the role of the mother-group in therapeutic differentiation and practicing. In Tuttman, S. (ed.): Psychoanalytic Group Theory and Therapy: Essays in Honor of Saul Scheidlinger. International Universities Press, Madison/Conn. 1991 (S. 113–132)
Kibel, H.D.: The clinical application of object relations theory. In Bernard, H., R. Klein, D. Singer (eds.): Handbook of Contemporary Group Psychotherapy: Contributions from Object Relations, Self Psychology, and Social Systems Theories. Internation Universities Press, Madison/CT 1992 (S. 144–176)
Kickbusch, I., A. Trojan (Hrsg.): Gemeinsam sind wir stärker. Selbsthilfegruppen und Gesundheit. Selbstdarstellung, Analysen, Forschungsergebnisse. Fischer, Frankfurt/M. 1981
Kierkegaard, S.: Concluding Unscientific Postscript. Princeton University Press, Princeton, N.J. 1974
Kiernat, J.: The use of life review activity with confused nursing home residents. Am. J. Occ. Ther. 33 (1979) 306–310
Kiesler, D.J.: The 1982 interpersonal circle: A taxonomy for complementarity in human transactions. Psychol. Rev. 90 (1983) 18–217
Kiesler, D.J.: Contemporary Interpersonal Theory and Research. J. Wiley & Sons, New York 1996

Kirchner, R.: Zur Behandlung der neurotischen Paarbeziehung mit intendiert dynamischer Gruppenpsychotherapie. In Höck, K., J. Ott, M. Vorwerg (Hrsg.): Psychotherapie und Grenzgebiete. J.A. Barth, Leipzig 1983 (S. 70–79)
Kitzinger, H.: The value of widows' groups and emeritus classes. In Sargent, I., S. Stansfeld (eds.): Nontraditional Therapy and Counseling with the Aging. Springer, New York 30 (1980) 30–42
Kivlighan, D.M., E.O. Angelone: Interpersonal problems: Variables influencing participants' perception of group climate. J. Couns. Psychol. 39 (1992) 468–472
Kivlighan, D.M., C.A. Jauquet: Quality of group member agendas and group session climate. Small Group Res. 21 (1990) 205–219
Kivlighan, D.M., D.C. Goldfine: Endorsement of therapeutic factors as a function of stage of group climate. J. Couns. Psychol. 38 (1991) 150–158
Kivlighan, D.M., D. Mullison: Participants' perception of therapeutic factors in group counseling: The role of interpersonal style and stage of group development. Small Group Beh. 19 (1988) 452–468
Klapp, B.F.: Psychosoziale Intensivmedizin. Untersuchungen zum Spannungsfeld von medizinischer Technologie und Heilkunde. Springer, Berlin 1985
Klar, H., A. Frances, J. Clarkin: Selection criteria for partial hospitalization. Hosp. Commun. Psychiat. 33 (1982) 929–933
Klein, M.: Notes on some schizoid mechanisms. Int. J. Psycho-Anal. 27 (1946) 99–110
Klein, M.H., P.L. Mathieu, E.T. Gendlin, D.J. Kiesler: The Experiencing Scale: A Research and Training Manual. Wisconsin Psychiatric Institute, Madison/WI 1969
Klein, M.H., P. Mathieu-Coughlan, D.J. Kiesler: The Experiencing Scales. In Greenberg, L.S., W.M. Pinsof (eds.): The Psychotherapeutic Process: A Research Handbook. Guilford Press, New York 1986 (S. 21–71)
Klein, R.H.: Some problems of patient referral for outpatient group psychotherapy. Int. J. Group Psychother. 33 (1983) 229–241
Klein, R.H.: Some principles of short-term group therapy. Int. J. Group Psychother. 35 (1985) 309–327
Klein, R.H.: Short-term group psychotherapy. In Kaplan, H.I., Sadock, B.J. (eds.): Comprehensive Group Psychotherapy. 3rd ed. Williams & Wilkins, Baltimore 1993 (S. 256–270)
Klein, R.H., R.A. Carroll: Patient characteristics and attendance patterns in outpatient group psychotherapy. Int. J. Group Psychother. 36 (1986) 115–132
Klingelhöfer, J.: Psychodrama in der Behandlung von Psychosomatosen und Somatisierungsstörungen. Unveröffentlichte Dokumentation für Bundes-Ärztekammer 1999 (S. 58–61)
Klüwer, R.: Fokus, Fokaltherapie. In Mertens, W., B. Waldvogel (Hrsg.): Handbuch psychoanalytischer Grundbegriffe. Kohlhammer, Stuttgart 2000 (S. 202–205)
Kneschke, M.: Die psychotherapeutische Klinik – integrierter und eigenständiger Teil des Institutes für Pschotherapie und Neurosenforschung. In Hess, H., K. Höck (Hrsg.): Modelle und Konzepte psychotherapeutischen Handelns und Forschens. Psychotherapie-Berichte Berlin 43 (1989) 96–109
Kneschke, M.: Neurosentherapie Erwachsener im Kontext von Kleingruppe und therapeutischer Gemeinschaft. In Hess, H. (Hrsg.): Soziale Beziehung und Krankheit, J.A. Barth, Leipzig 1991 (11–23)
Knezevic, R., J. Belic: Specificnosti terapijskog tretmana alkoholicara samaca zapazene tokom prakticnog rada Specific therapeutic treatment of alcoholic single persons in clinical practice . Med. Pregl. 46 (1993) 46–48

Kobelt, A., G. Schmidt-Ott, H.-W. Künsebeck, E. Grosch, F. Lamprecht: Ambulante Rehabilitation zur Nachbereitung stationärer Psychotherapie. Prax. Klin. Verhaltensmed. Reh. 44 (1998) 13–18

Koch, U., F. Potreck-Rose: Stationäre psychosomatische Rehabilitation: Ein Versorgungssystem in der Diskussion. In Strauß, B., A.-E. Meyer (Hrsg.): Psychoanalytische Psychosomatik: Theorie, Forschung und Praxis. Schattauer, Stuttgart 1994 (S. 193–212)

Koch, U., H. Schulz: Psychosomatische Rehabilitation. Psychother. Psychosom. med. Psychol. 49 (1999) 293–294

Kockott, G., F. Dittmar, L. Nusselt: Systematic desensitization of erectile impotence. Arch. Sex. Beh. 4 (1975) 493–499

Koder, D.A., H. Brodaty, K.J. Anstey: Cognitive therapy for depression in the elderly. Int. J. Ger. Psychiat. 11 (1996) 97–107

Koeningsberg, H.W.: The combination of psychotherapy and pharmacotherapy in the treatment of borderline patients. J. Psychother. Res. & Pract. 3 (1994) 93–107

Köhler, L.: Anwendung der Bindungstheorie in der psychoanalytischen Praxis. Einschränkende Vorbehalte, Nutzen, Fallbeispiele. Psyche 52 (1998) 369–397

Kohut, H.: Narzissmus. Suhrkamp, Frankfurt/M. 1973

Kohut, H.: The Restoration of the Self. International University Press, New York 1977

Kohut, H.: Die Heilung des Selbst. Suhrkamp, Frankfurt/M. 1979

Kohut, H. How Does Analysis Cure? University of Chicago Press, Chicago/IL. 1984

König, K.: Arbeitsbeziehungen in der Gruppenpsychotherapie. Konzept und Technik. Gruppenpsychother. Gruppendyn. 8 (1974) 152–166

König, K.: Übertragungsauslöser – Übertragung – Regression in der analytischen Gruppe. Gruppenpsychother. Gruppendyn. 10 (1976) 220–223

König, K.: Der interaktionelle Anteil der Übertragung in einzelanalyse und analytischer Gruppenpsychotherapie. Gruppenpsychother. Gruppendyn. 18 (1982a) 76–83

König, K.: Interaktioneller Anteil der Übertragung und phobische Persönlichkeitsstruktur. Prax. Psychother. Psychosom. 27 (1982b) 25–32

König, K.: Projective identification. Group Analysis 24 (1991) 323–331

König, K.: Kleine psychoanalytische Charakterkunde. Vandenhoeck & Ruprecht, Göttingen 1992a

König, K.: Projektive Identifizierung. Gruppenpsychother. Gruppendyn. 28 (1992b) 17–28

König, K.: Gegenübertragungsanalyse. Vandenhoeck & Ruprecht, Göttingen 1993

König, K.: Indikation. Entscheidungen vor und während einer psychoanalytischen Therapie. Vandenhoeck & Ruprecht, Göttingen 1994

König, K.: Einführung in die stationäre Psychotherapie. Vandenhoeck & Ruprecht, Göttingen 1995

König, K.: Abwehrmechanismen. Vandenhoeck & Ruprecht, Göttingen 1996

König, K.: Arbeitsstörungen und Persönlichkeit. Psychiatrie-Verlag, Bonn 1998a

König, K.: Übertragungsanalyse. Vandenhoeck & Ruprecht, Göttingen 1998b

König, K.: Kleine psychoanalytische Charakterkunde. 2. Aufl. Vandenhoeck & Ruprecht, Göttingen 1999

König, K., R. Kreische: Psychotherapeuten und Paare. Vandenhoeck & Ruprecht, Göttingen 1991

König, K., R. Kreische: Gruppentherapie mit Borderline-Patienten. In Kernberg, O.F., B. Dulz, U. Sachsse (Hrsg.): Handbuch der Borderline-Störungen. Schattauer, Stuttgart 2000 (S. 625–632)

König, K, W.-V. Lindner: Psychoanalytische Gruppentherapie. Vandenhoeck & Ruprecht, Göttingen 1991

König, W.: Autogenes Training in offenen gestuften Gruppen. Z. Ärztl. Fortb. 67 (1973a) 8

König, W.: Chronifizierung und Neurosenform Psychiatr. Neurol. med. Psychol 25 (1973b) 301ff.

Koran, L.M., R.M. Costell: Early termination from group psychotherapy. Int. J. Group Psychother. 23 (1973) 346–359

Kordy, H.: Das Konzept der klinischen Signifikanz in der Psychotherapieforschung. In B. Strauß, J. Bengel (Hrsg.): Forschungsmethoden der Medizinischen Psychologie. Hogrefe, Göttingen 1996 (S. 129–144)

Kordy, H., H. Kächele: Der Einsatz von Zeit in der Psychotherapie Psychother. 40 (1995) 195–209

Kordy, H., D. Scheibler: Individuumsorientierte Erfolgsforschung. Z. Klein. Psychol. Psychopath. Psychother. 32 (1984) 218–233 und 309–318

Kordy, H., M. v. Rad: Therapeutic outcome in grouppsychotherapy. Unveröffentl. Vortrag, SPR-Conference, Wintergreen/Virginia/USA 1990

Kordy, H., W. Senf: Therapieabbrecher in geschlossenen Gruppen. Psychother. Psychosom. Med. Psychol. 42 (1992) 127–133

Koss, M.P., J. Shiang: Research on brief psychotherapy. In Bergin, A.E., S.L. Garfield (eds.): Handbook of Psychotherapy and Behavior Change. 4th ed. John Wiley & Sons, New York 1994 (S. 664–700)

Kosseff, J.W.: Anchoring the self through the group: congruences, play and the potential for change. In Roth, B.E., W.N. Stone, H.D. Kibel, (eds.): The Difficult Patient in Group: Group Psychotherapy With Borderline and Narcissistic Disorders. American Group Psychotherapy Association Monograph, Series No. VI, International Universities Press, Madison/Conn. 1990 (S. 87–108)

Köthke, W., H.-W. Rückert, J. Sinram: Psychotherapie? Psychoszene auf dem Prüfstand. Hogrefe, Göttingen 1999

Kotler, T., S. Buzwell, Y. Romeo, J. Bowland: Avoidant attachment as a risk factor for health. Br. J. Med. Psychol. 67 (1994) 237–245

Kowalczyk, A.: „Reue, Erniedrigung und Wiedergutmachung". Sexualpäd. Familienpl. 23 (1995) 21–24

Kraemer, S., H.J. Zinner, H.J. Möller: Kognitive Therapie und Sozialtraining: Vergleich zweier verhaltenstherapeutischer Behandlungskonzepte für chronisch schizophrene Patienten. In Schüttler, R. (Hrsg.): Theorie und Praxis kognitiver Therapieverfahren bei schizophrenen Patienten. Zuckschwerdt, München 1991 (S. 102–117)

Krasner, J.D.: Analytische Gruppenpsychotherapie mit älteren Menschen. In Schill, S. (ed.): Psychoanalytische Therapie in Gruppen. Klett, Stuttgart 1971 (S. 340–381)

Kravetz, D., Marecek, J.: The personal is political: A feminist agenda for group psychotherapy Research. In De Chant, B. (ed.): Women's Group Psychotherapy. Guilford Press, New York 1996

Kreische, R., K. König: Gruppenarbeit in der psychiatrischen Klinik.Gruppenpsychother. Gruppendyn. 26 (1990) 15–28

Kriebel, R.: Zeitsensitive Therapie. Haldensleben: Unveröff. Manuskript 1996

Kriebel, R., G.H. Paar: Psychosomatische Rehabilitation: Möglichkeit und Wirklichkeit. Keuck, Geldern 1999

Kriegel, E., I. Gaefke, I. Keiderling: Gruppenpsychotherapie als Zugang zur Behandlung von Hypertonie-Patienten. In Hess, H., K. Höck (Hrsg.): Gruppenpsychotherapie bei unterschiedlichen Zielgruppen. Psychotherapieberichte Berlin 41 (1988) 45–48

Kripke, D.F., D. Robinson: Ten years with a lithium group. McLean Hosp. J. 10 (1985) 1–11

Kröger, F., D. Wälte, A. Drinkmann: Das SYMLOG-Rating-Verfahren. In Strauß, B., J. Eckert, V. Tschuschke (Hrsg.): Methoden der empirischen Gruppen-Therapieforschung. Westdeutscher Verlag, Opladen (1996) S. 271–293

Krüger, R.: Psychodrama in der Behandlung von psychotisch erkrankten Menschen. Praxis und Theorie. Unveröffentlichte Dokumentation für Bundes-Ärztekammer 1999 (S. 219–234)

Krugman, S., S. Osherson: Men in groups. In Alonso, A., H. Swiller (eds.): Group Therapy in Clinical Practice. American Psychiatric Press, Washington, D.C. 1993

Kruska, W.: Geschichte der psychotherapeutischen Abteilung des Hauses der Gesundheit Berlin. Berichte Psychotherapie und Neurosenforschung HdG Berlin 1 (1979) 1–14

Kruska, W.: Untersuchung zur Neurosenätiopathogenese an der Klientel einer ambulanten Psychotherapieabteilung. In Höck, K. (Hrsg.): Berichte HdG Berlin 15 (1982)

KTL: Klassifikation therapeutischer Leistungen in der stationären medizinischen Rehabilitation, 3. Aufl. Bundesversicherungsanstalt für Angestellte, Landesversicherungsanstalten im Verband Deutscher Rentenversicherungsträger, Berlin 1997

Kuriansky, J.B., L. Sharpe, D. O'Connor: The treatment of anorgasmia. J. Sex Marit. Ther. 8 (1982) 29–43

Kutter, P.: Elemente der Gruppenpsychotherapie. Eine Einführung aus der psychoanalytischen Praxis. Vandenhoeck & Ruprecht, Göttingen 1976

Kutter, P. (Hrsg.): Methoden und Theorien der Gruppenpsychotherapie. Frommann-Holzboog, Stuttgart 1985

Kutter, P.: Basis-Konflikt, Übertragungsspaltung und Spiegel-Phänomene. Möglichkeiten und Grenzen einer psychoanalytischen Team-Gruppe. In Bardé, B., D. Mattke (Hrsg.): Therapeutische Teams. Vandenhoeck & Ruprecht, Göttingen 1993 (S. 270–293)

Kymissis, P.: Group psychotherapy with adolescents. In Kaplan, H.I., B.J. Sadock. (eds.): Comprehansive Group Psychotherapy. 3rd. ed. Williams & Wilkins, Baltimore 1993 (S. 577–584)

Lacey, J.H.: Long-term follow-up of bulimic patients treated in integrated behavioural and psychodynamic treatment programms. In Herzog, W., H.-C. Deter, W. Vandereycken (eds.): The Course of Eating Disorders. Long-Term Follow-up Studies of Anorexia and Bulimia Nervosa. Springer, Berlin 1992 (S. 150–173)

Laing, R.D.: Die Politik der Familie. Kiepenheuer und Witsch, Köln 1974

Lakin, M.: Ethical challenges of group and dyadic psychotherapies: A comparative approach. Prof. Psychol: Res. & Pract. 17 (1986) 454–461

Lambert, M.J.: Introduction to assessment of psychotherapy outcome. In Lambert, M.J., E.R. Christensen, S.S. Delujo (eds.): The Assessment of Psychotherapy Outcome. J. Wiley, New York 1989

Lambert, M.J., A.E. Bergin: The effectiveness of psychotherapy. In Garfield, S.L., A.E. Bergin (eds.): Handbook of Psychotherapy and Behavior Change. 4th ed. John Wiley & Sons, New York 1994 (S. 157–211)

Lambert, M.J., C. Hill: Assessing psychotherapy outcomes and processes. In Bergin, A.E., S.L. Garfield (eds.): Handbook of Psychotherapy and Behavior Change. 4th ed. John Wiley & Sons, New York 1994 (S. 72–113)

Lambert, M.J., B.M. Ogles, K.S. Masters: Choosing outcome assessment devices. J. Couns. Developm. 70 (1992) 527–532

Lamott, F.: Grundregel(n). In Handbuch Gruppenanalyse. Quintessenz, Berlin 1994 (S. 63)

Lamprecht, F., A. Kobelt, H.-W. Künsebeck, E. Grosch, G. Schmidt-Ott: Ergebnisse der 1-Jahres-Katamnese einer ambulanten wohnortnahen Nachsorge nach stationärer psychosomatischer Rehabilitation. Psychother. Psychosom. med. Psychol. 49 (1999) 387–391

Langthaler, W., G. Schiepek (Hrsg.): Selbstorganisation und Dynamik in Gruppen. 2. Aufl. LIT-Verlag, Münster 1997

Larbig, W., V. Tschuschke (Hrsg.): Psychoonkologische Interventionen. Therapeutisches Vorgehen und Ergebnisse. Reinhardt-Verlag, München 2000a

Larbig, W., V. Tschuschke: Psychoonkologische Interventionseffekte bei Krebs – eine Einführung. In Larbig, W., V. Tschuschke (Hrsg.): Psychoonkologische Interventionen. Therapeutisches Vorgehen und Ergebnisse. Ernst Reinhardt, München 2000b (S. 12–20)

Latour, D., P. Cappeliez: Pretherapy training for group cognitive therapy with depressed older adults. Can. J. Aging 13 (1994) 221–235

Lazarus, A.A.: Group therapy of phobic disorders. J. Abn. Soc. Psychol. 63 (1961) 504–510

Lazerson, J.S.: Voices of bulimia: Experiences in integrated psychotherapy. Psychother. Ther. Res. Train. & Pract. 21 (1986) 500–509

Leary, T.: Interpersonal Diagnosis of Personality. Ronald Press, Chicago 1957

Le Bon, G.: Psychologie der Massen. Kröner, Stuttgart 1961

Lee, F., R.L. Bednar: Effects of group structure and risk-taking disposition on group behavior, attitudes, and atmosphere. J. Couns. Psychol. 24 (1977) 191–199

Lego, S.: Group psychotherapy with HIV-infected persons and their caregivers. In Kaplan, H.I., B.J. Sadock (eds.): Comprehensive Group Psychotherapy. 3rd ed. Williams & Wilkins, Baltimore 1993 (S. 470–477)

Lehmkuhl, G.: Stationäre Gruppenpsychotherapie mit Jugendlichen. Indikation und technische Probleme. In Remschmidt, H. (Hrsg.): Psychotherapie mit Kindern, Jugendlichen und Familien. Bd 2: Psychotherapie in der Adoleszenz. Enke, Stuttgart 1984 (S. 16–21)

Lehmkuhl, G., U. Lehmkuhl: Gruppenpsychotherapie mit Jugendlichen in der Individualpsychologie. Z. Individualpsychol. 7 (1982) 143–153

Lehmkuhl, G., P.M. Schieter, G. Schmidt: Stationäre Gruppenpsychotherapie bei Jugendlichen im Spiegel von Selbst- und Fremdbeurteilung und Behandlungserfolg. Z. Kind. Jugendpsychiat. 10 (1982) 216–229

Lehmkuhl, G., U. Lehmkuhl: Indikation und Durchführung gruppenpsychotherapeutischer Verfahren bei kinder- und jugendpsychiatrischen Erkrankungen. In Lehmkuhl, U. (Hrsg.): Therapeutische Aspekte und Möglichkeiten in der Kinder- und Jugendpsychiatrie. Springer, Berlin 1991 (S. 85–106)

Lehmkuhl, G., U. Lehmkuhl: Psychotherapie mit Jugendlichen. Z. Kind. Jugendpsychiat. 20 (1992) 169–184

Leiblum, S.R., R. Ersner-Hershfield: Sexual enhancement groups. J. Sex Marit. Ther. 3 (1977) 139–152

Leiblum, S.R., R.C. Rosen: The weekend workshop for dysfunctional couples: assets and limitations. J. Sex Marit. Ther. 5 (1979) 57–69

Leichsenring, F.: Borderline-Stile. Denken, Fühlen, Abwehr und Objektbeziehungen von Borderline-Patienten. Huber, Bern 1996a

Leichsenring, F.: Zur Meta-Analyse bei Grawe und Mitarbeitern. Gruppenpsychother. Gruppendyn. 32 (1996b) 205–234

Lemche, E.: Gibt es eine spezifische Indikation zur psychoanalytischen Gruppenpsychotherapie? Psychotherapeut 45 (2000) 165–169

Lennerts, W.: Ernährungsmanagement versus Stressmanagement. Eine therapievergleichende Längsschnittstudie zur ambulanten Gruppentherapie bei Bulimia nervosa. Roderer, Regensburg 1991

Lenski, G., J. Lenski: Human Societies. An Introduction to Macrosociology. McGraw-Hill, New York 1974

Lerman, C.E., E. Lustbader, B. Rimer, M. Daly, S. Miller, C. Sands, A. Balshman: Effects of individualized breast cancer risk counseling: a randomized trial. J. Nat. Cancer Inst. 87 (1995) 286-292

Lermer, S., G. Ermann: Der Stuttgarter Bogen (SB) zur Erfassung des Erlebens in der Gruppe. Gruppendyn. 2 (1976) 133-140

Leszcz, M.: Group psychotherapy of the characterologically difficult patient. Int. J. Group Psychother. 39 (1989) 311-335

Leszcz, M.: Towards an integrated model of group psychotherapy with the elderly. Int. J. Group Psychother. 40 (1990) 379-399

Leszcz, M.: Group therapy. In Sadavoy, J., L.W. Lazarus (eds.): Comprehensive Review of Geriatric Psychiatry. American Psychiatric Press, Washington, D.C. 1991 (S. 527-546)

Leszcz, M.: Integrated group psychotherapy for the treatment of depression in the elderly. Group 21 (1997) 89-113

Leszcz, M., P.J. Goodwin: The rationale and foundations of group psychotherapy for women with metastatic breast cancer. Int. J. Group Psychother. 48 (1998) 245-273

Leutz, G.A.: Das Triadische System von J.L. Moreno. Soziometrie, Psychodrama und Gruppenpsychotherapie. In Heigl-Evers, A. (Hrsg.): Die Psychologie des 20.Jahrhunderts, Kindler, Zürich 1979 (S. 830-839)

Leutz, G.A.: Entsprechungen zwischen der Spontanitätstheorie der kindlichen Entwicklung und Prozeß und Ziel der Psychodrama-Therapie. Psychother. Med. Psychol. 32 (1982) 173-177

Leuzinger-Bohleber, M.: Die Einzelfallstudie als psychoanalytisches Forschungsinstrument. Psyche 49 (1994) 434-480

Levine, G.: Group Psychotherapy. Practice and Development. Prentic-Hall, Englewood Cliffs 1979

Levine, J.M., R.L. Moreland: Progress in small groups. In Rosenzweig, M.R., W.P. Lyman (eds.): Annual Review of Psychology. Palo Alto/CA 1990

Lewin, K.: Resolving Social Conflicts: Selected Papers on Group Dynamics. Springer, New York 1948

Lewin, K.: Field Theory in Social Science. Harper & Row, New York 1951

Lewis, C.M, A.P. Beck: Experiencing level in the process of group development. Group 7 (1983) 18-26

Lewis, F.M., M.A. Hammond: Psychosocial adjustment of the family to breast cancer: a longitudinal analysis. J. Am. Med. Wom.'s Ass. 47 (1992) 194-200

Lewis, M., R. Butler: Life review therapy: putting memories to work in individual and in group psychotherapy. Geriatr. 29 (1974) 165-173

Leyer, E.M.: Migration, Kulturkonflikt und Krankheit. Westdeutscher Verlag, Opladen 1991

Liberman, R.P., H.E. Jacobs, S.E. Boone, D.W. Foy, C.P. Donahoe, I.R.H. Falloon, G. Blackwell, C.J. Wallace: Fertigkeitstraining zur Anpassung Schizophrener an die Gemeinschaft. In Böker, W., H.D. Brenner (Hrsg.): Bewältigung der Schizophrenie. Huber, Bern 1986

Liberman, R.P., L.W. King, W.J. DeRisi, M. McCann: Personal effectiveness. Guiding people to assert themselves and improve their social skills. Research Press, Champaign/IL. 1975

Liberman, R.P., A. Kopelowicz: Basic elements in biobehavioral treatment and rehabilitation of schizophrenia. XIIth AEP Congress: Improvement of compliance: Quality assurance: Increased quality of life in community care of schizophrenia (Copenhagen/Denmark 1994). Int. Clin. Psychopharm. 9 (1995) 51-58

Libman, E., C.S. Fichten, W. Brender, R. Burstein, J. Coghen, Y.M. Binik: A comparison of three therapeutic formats in the treatment of secondary orgasmic dysfunction. J. Sex Marit. Ther. 10 (1984) 147-159

Lieberman, M.A.: Gruppenmethoden. In Kanfer, F.H., A.P. Goldstein (Hrsg.): Möglichkeiten der Verhaltensveränderung. Urban & Schwarzenberg, München 1977 (S. 503-565)

Lieberman, M.A.: Comparative analyses of change mechanisms in groups. In Dies, R.R., K.R. MacKenzie (eds.): Advances in Group Psychotherapy. Integrating Research and Practice. American Group Psychotherapy Association Monograph Series. Monograph I. International Universities Press, New York 1983 (S. 191-213)

Lieberman, M.A.: Group properties and outcome: A study of group norms in self-help groups for widows and widowers. Int. J. Group Psychother. 39 (1989) 191-208

Lieberman, M.A., M. Lakin, D. Stock-Whitaker: Probleme und Perspektiven psychoanalytischer und gruppendynamischer Theorien für die Gruppenpsychotherapie. In Horn, K, (Hrsg.): Gruppendynamik und der „subjektive Faktor". Suhrkamp, Frankfurt/M. 1969 (S. 281-294)

Lieberman, M.A., I.D. Yalom, M.B. Miles: Encounter Groups: First Facts. Basic Books, New York 1973

Ligabue, S., A. Rotondo: L'Analisi Transazionale. In Del Corno, F., M. Lang (eds.): Psicologia clinica (vol.4). Trattamenti in setting individuale. Psicoterapie, trattamenti somatici. Franco Angeli, Mailand 1989 (S. 279-290)

Lindell, A.R.: Group therapy for the institutionalized aged. Ment. Health Nurs. 1 (1978) 76-86

Linden, M.E.: Group psychotherapy with institutionalized senile women: Study in gerontological human relations. Int. J. Group Psychother. 3 (1953) 150-170

Linden, M.E.: The significance of dual leadership in gerontologic group psychotherapy. Int. J. Group Psychother. 4 (1954) 262-273

Linden, M.E.: Transference in gerontologic group psychotherapy: IV. Studies in gerontological human relations. Int. J. Group Psychother. 5 (1955) 61-79

Lindner, J.: Zur Zukunft einer psychoanalytisch begründeten stationären Rehabilitation. Vortrag im Rahmen des Symposiums „Medizin und Psychoanalyse" anlässlich des 60. Geburtstages von Dr. Neun, Ärztlicher Direktor der Klinik am Hainberg, Bad Hersfeld. Unveröff. Man. 1997

Lindner, W.-V.: Die Bedeutung der Gruppe für die psychotherapeutische Versorgung. Gruppenpsychother. Gruppendyn. 28 (1992) 337-348

Linehan, M.M.: Dialectical behavior therapy in groups: treating borderline personality disorders and suicidal behavior. In Brady, C.M. (eds.): Women in Groups. Springer, New York 1987 (S. 145-162)

Linehan, M.M.: Skills Training Manual for Treating Borderline Personality Disorder. Guilford Press, New York 1993a

Linehan MM: Cognitive-Behavioural Treatment of Borderline Personality Disorder. Guilford Press, New York 1993b

Linehan, M.M., H.E. Hart, H.E. Armstrong: Naturalistic follow-up of a behavioral treatment for chronically suicidal borderline patients. Arch. Gen. Psychiat. 50 (1993) 971-974

Linehan, M.M., H.E. Armstrong, A. Suarez, D. Allmon, H.L. Heard: Cognitive-behavioral treatment of chronically parasuicidal borderline patients. Arch. Gen. Psychiat. 48 (1991) 1060-1064

Lipowski, Z.J.: Somatization: The concept and its clinical application. Am. J. Psychiat. 145 (1988) 1358-1368

Little, M.: Vortrag vor der British Psychoanalytical Society 1950. Forum Psychoanal. 14 (1998) 162-175

Lobitz, W.C., E.L. Baker: Group treatment of single males with erectivle dysfunction. Arch. Sex. Behav. 8 (1979) 127-138

Locke, N.: Group psychoanalysis: theory and technique. International Universities Press, New York 1961

Lockwood, J.L.: Treatment of disturbed children in verbal and experiental group psychotherapy. Int. J. Group Psychother. 31 (1981) 355–366

Lohmann, H.-M. (Hrsg.): Das Unbehagen in der Psychoanalyse. Eine Streitschrift. Qumran, Frankfurt/M. 1983

Lohmann, R., G. Heuft: Life Review. Förderung der Entwicklungspotentiale im Alter. Z. Gerontol. Geriat. 28 (1995) 236–241

Lohmer, M.: Stationäre Psychotherapie bei Borderlinepatienten. Springer, Berlin 1988

Lohmer, M.: Abwehrmechanismen und Objektbeziehungsgestaltung bei Borderline-Patienten – eine psychoanalytische Perspektive. In Kernberg, O.F., B. Dulz, U. Sachsse (Hrsg.): Handbuch der Borderline-Störungen. Schattauer, Stuttgart 2000 (S. 75–84)

Lopez, M.A.: Social-skills-training with institutionalized elderly: Effects of precounseling structuring and overlearning on skill acquisition and transfer. J. Couns. Psychol. 27 (1980) 286–293

LoPiccolo, J., L. LoPiccolo: Handbook of Sex Therapy. Plenum Press, New York 1978

Lorenz, K.: Das sogenannte Böse. Zur Naturgeschichte der Aggression. Borotha-Schoeler, Wien 1963

Lorenzer, A.: Kritik des psychoanalytischen Symbolbegriffs. Suhrkamp, Frankfurt/M. 1970

Lorenzer, A.: Das Konzil der Buchhalter. Die Zerstörung der Sinnlichkeit. Eine Religionskritik. Fischer, Frankfurt/M 1984

Luborsky, L., B. Singer, E. Luborsky: Comparative studies of psychotherapy: Is it true that „everyone has won and all must have prizes"? Arch. Gen. Psychiat. 32 (1975) 995–1008

Luborsky, L., L. Diguer, E. Luborsky, B. Singer, D. Dickter, K.A. Schmidt: The efficacy of dynamic psychotherapies: Is it true that „everyone has won and all must have prizes"? In Miller, E., L. Luborsky, J.P. Barber, J.P. Docherty (eds.): Psychodynamic Treatment Research – A Handbook for Clinical Practice. Basic Books, New York 1993 (S. 497–516)

Luboshitzky, D., D. Sachs: Structural models of psychotherapy groups and their effect on inpatients with borderline personality disorders: patients' perceptions. Group 20 (1996) 223–239

Lueger, R.: Ein Phasenmodell der Veränderung in der Psychotherapie. Psychotherapeut 40 (1995) 267–278

Luhmann, N.: Allgemeine Theorie organisierter Sozialsysteme. In Luhmann, N. (Hrsg.): Soziologische Aufklärung, Bd. II. Aufsätze zur Theorie der Gesellschaft. Westdeutscher Verlag, Opladen 1975

Lutz, C.: Praxis der Gruppenpsychotherapie mit Kindern. Bruz, Stuttgart 1981

Lynch, J.J.: Das gebrochene Herz. Rowohlt, Reinbek 1979

Lysaker, P.H., M.D. Bell, S.M. Bioty: Cognitive deficits in schizophrenia. Prediction of symptom change for participators in work rehabilitation. J. Nerv. & Ment. Dis. 183 (1995) 332–336

MacDonald, W.S., C.W. Blochberger, H.M. Maynard: Group therapy: a comparison of patient-led and staff-led groups on an open hospital ward. Psychiat. Quart. 38 (suppl.) (1964) 290–303

MacKenzie, K.R.: Measurement of group climate. Int. J. Group Psychother. 31 (1981) 287–296

MacKenzie, K.R.: The clinical application of a Group Climate Measure. In Dies, R.R., K.R. MacKenzie (eds.): Advances in Group Psychotherapy. Integrating Research and Practice. American Group Psychotherapy Association Monograph Series. Monograph I. International Universities Press, New York 1983 (S. 159–170)

MacKenzie, K.R.: Therapeutic factors in group psychotherapy: A contemporary view. Group 11 (1987) 26–34

MacKenzie, K.R.: Introduction to Time-Limited Group Psychotherapy. American Psychiatric Press, Washington, D.C. 1990

MacKenzie, K.R.: The developing structure of the group therapy system. In Bernard, H.S., K.R. MacKenzie (eds.): Basics of Group Psychotherapy. Guilford Press, New York 1994a (S. 35–59)

MacKenzie, K.R.: Group development. In Fuhriman, A., G.M. Burlingame (eds.): Handbook of Group Psychotherapy: An Empirical and Clinical Synthesis. Wiley & Sons, New York 1994b (S. 223–268)

MacKenzie, K.R.: Where is here and when is now? The adaptational challenge of mental health reform for group psychotherapy. Int. J. Group Psychother. 44 (1994c) 407–428

MacKenzie, K.R.: Time-limited group psychotherapy (Special Section: Termination on group therapy). Int. J. Group Psychother. 46 (1996a) 41–60

MacKenzie, K.R.: Der Gruppenklima-Fragebogen (GCQ-S). In Strauß, B., J. Eckert, V. Tschuschke (Hrsg.): Methoden der empirischen Gruppen-Therapieforschung. Westdeutscher Verlag, Opladen (1996b) S. 172–196

MacKenzie, K.R.: Time-Managed Group Psychotherapy: Effective Clinical Applications. American Psychiatric Press, Washington, D.C 1997

MacKenzie, K.R.: The alliance in time-limited group psychotherapy. In Safran, J.D., J.C. Muran (eds.): The Therapeutic Alliance in Brief Psychotherapy. American Psychological Press, Washington, D.C 1998 (S. 193–215)

MacKenzie, K.R., R.R. Dies: CORE Battery (Clinical Outcome Results). American Group Psychotherapy Association, New York 1981

MacKenzie, K.R., R.R. Dies, E. Coché, S. Rutan, W.N. Stone: An analysis of AGPA Institute Groups. Int. J. Group Psychother. 37 (1987) 55–74

MacKenzie, K.R., W.J. Livesley: Developmental Stages. Can. J. Psychol. 29 (1984) 247–251

MacKenzie, K.R., L. Pilling: An intensive-therapy day clinic for out-of-town patients with neurotic and psychosomatic problems. Int. J. Group Psychother. 22 (1972) 352–363

MacKenzie, K.R., V. Tschuschke: Relatedness, group work, and outcome in long-term inpatient psychotherapy groups. J. Psychother. Pract. Res. 2 (1993) 147–156

MacKenzie, K.R., V. Tschuschke: The Group Relationship Questionnaire (GRQ): (Unveröff. Manuskr. 1997)

Maguire, M.: Men, Women, Passion, and Power: Gender Issues in Psychotherapy. Routledge, London 1995

Mahler-Bungers, A.: Group analysis in the Ukraine. Group Analysis 32 (1999) 195–206

Majce-Egger, M.: Gruppenpsychotherapie und Gruppendynamik – Dynamische Gruppenpsychotherapie. Facultas, Facultas 1999

Malan, D.H.: The Frontier of Brief Psychotherapy. An Example of Convergence of Research and Clinical Praicitice. Plenum Press, New York 1976a

Malan, D.H.: Toward the Validation of Dynamic Psychotherapy. A Replication. Plenum Press, New York 1976b

Malan, D.H., F.H.G. Balfour, V.G. Hood, A.M.N. Shooter: Group Psychotherapy: A long-term follow-up study. Arch. Gen. Psychiat. 33 (1976) 1303–1315

Mann, K., K. Ackermann, A. Günther, M. Jung, G. Mundle: Veränderungen des Selbstbilds alkoholabhängiger Frauen und Männer während einer stationären Psychotherapie.

Psychother. Psychosom. med. Psychol. 46 (1996) S. 350–355

Mann, K., K. Ackermann, P. Morlock, M. Jung, G. Mundle: Psychotherapie mit alkoholabhängigen Frauen. Eine kontrollierte Verlaufsuntersuchung. In Mundt, Ch., M. Linden, W. Barnett (Hrsg.): Psychotherapie in der Psychiatrie. Springer, Wien 1997 (S. 229–234)

Mann, J.: Evaluation of group psychotherapy. In J.K. Moreno (eds.): The International Handbook of Group Psychotherapy. Philosophical Library, New York 1966

Mann, R.D.: The development of the member-trainer relationship in self-analytic groups. Hum. Rel. 19 (1966) 85–115

Mann, R.D.: Interpersonal Styles and Group Development. Wiley, New York 1967

Mans, E.J.: Einzelgespräche im gruppentherapeutischen Setting der stationären psychosomatischen Rehabilitation. Gruppenpsychother. Gruppendyn. 33 (1997) 308–326

Mans, E.J., H. Bast: Beiträge der Psychotherapieforschung zur Theorie und Praxis der interkonzeptionellen differentiellen Indikation. Klin. Psychol. Psychopath. Psychother. 42 (1994) 261–273

Manthei, R.J.: Client choice of therapist: Rationale and implication. Psychother. 25 (1988) 463–470

Marcovitz, R.J., J.E. Smith: Patients' perceptions of curative factors in short-term group psychotherapy. Int. J. Group Psychother. 33 (1983) 21–39

Martin, J.E.: Bulimia: A review of the medical, behavioural and psychodynamic models of treatment. Brit. J. Occupational. Ther. 53 (1990) 495–500

Marziali, E., H. Munroe-Blum, L. McLeary: The contribution of group cohesion and group alliance to the outcome of group psychotherapy. Int. J. Group Psychother. 47 (1997) 475–498

Maslow, A.H.: Toward a Psychology of Being. Van Nostrand, New York 1962

Massie, M., J. Holland, N. Straker: Psychotherapeutic interventions. In Holland, J., J. Rowland (eds.): Handbook of Psychooncology – Psychological Care of the Patient with Cancer. Oxford University Press, New York 1990 (S. 455–469)

Masters, W.H., V.E. Johnson: Human Sexual Inadequacy. Churchill, London 1970

Matano, R.A., I.D. Yalom: Approaches to chemical dependency: Chemical dependency and interactive group therapy – a synthesis. Int. J. Group Psychother. 41 (1991) 269–293

Matthesius, R.-G., K.-A. Jochheim, G.S. Barolin, C. Heinz: Internationale Klassifikation der Schäden, Fähigkeitsstörungen und Beeinträchtigungen. Ullstein-Mosby, Berlin 1995

Mattke, D.: Ein Krankenhaus für Psychosomatische Medizin und Psychotherapie. In Bardé, B, D. Mattke (Hrsg.): Therapeutische Teams. Vandenhoeck & Ruprecht, Göttingen 1993 (S. 9–34)

Mattke, D.: Das interpersonale Modell – eine dritte Grundorientierung? Gruppenpsychother. Gruppendyn. 35 (1999) 104–113

Mattke, D., B. Bardé: Möglichkeiten und Grenzen der Teambehandlung. In Bardé, B., D. Mattke (Hrsg.): Therapeutische Teams. Vandenhoeck & Ruprecht, Göttingen 1993 (S. 294–305)

Mattke, D., P.L. Janssen, B. Strauß: Behandlung und Teamprozesse in der stationären Psychotherapie. Psychotherapeut 43 (1998) 316–327

Mattke, D., H.-C. Schimansky: Psychiatrische Gruppenarbeit. Spektrum 1 (1999) 8–15

Mattke, D., B. Strauß, B., P.L. Janssen: Behandlung und Teamprozesse in der stationären Psychotherapie. Psychother. 43 (1998) 316–327

Mattke, D., V. Tschuschke, W. Greve, G. Rudnitzki, E. Wolpert: Gruppenpsychotherapie in der Psychiatrie. Psychiat. Prax. 23 (1996) 126–131

Mattke, D., V. Tschuschke: Kurzgruppenpsychotherapie – Einführende Überlegungen unter besonderer Berücksichtigung analytisch orientierter und interpersoneller Therapiekonzepte. Gruppenther. Gruppendyn. 33 (1997) 18–35

Maxmen, J.S.: Helping patients survive theories. Int. J. Group Psychother. 28 (1984) 321–337

Mayerson, N.H.: Preparing clients for group therapy: A critical review and theoretical formulation. Clin. Psychol. Rev. 4 (1984) 191–213

McCallum, M., W.E. Piper: A controlled study of effectiveness and patient suitability for short-term group psychotherapy. Int. J. Group Psychother. 40 (1990) 431–452

McCallum, M., W.E. Piper: Psychological mindedness assessment procedure (PMAP). In Strauß B., J. Eckert, V. Tschuschke (Hrsg.): Methoden der empirischen Gruppentherapieforschung. Westdeutscher Verlag, Opladen 1996 (S. 87–102)

McCallum, M., W.E. Piper (eds.): Psychological Mindedness. A Contemporary Understanding. Lawrence Erlbaum Assoc., Mahwah/N.J. 1997

McCallum, M., W.E. Piper, A.S. Joyce: Dropping out from short-term group therapy. Psychother. 29 (1992) 206–215

McDermott, A.A.: The effect of three group formats on group interaction patterns. Occ. Ther. Ment. Health (1988) 69–89

Mc Dougall, J.: Plädoyer für eine gewisse Anormalität. Suhrkamp, Frankfurt/M. 1985

McGoldrick, M., R. Gerson: Genogramme in der Familienberatung. Huber, Bern 1990

McGrath, E., G.P. Keita, B. Strickland, N.F. Russon: Women and Depression: Risk Factors and Treatment Issues. American Psychological Association, Washington, D.C. 1991

McKisack, C., G. Waller: Factors influencing the outcome of group psychotherapy for bulimia nervosa. Int. J. Eat. Dis. 22 (1997) 1–13

McMahon, N., P.S. Links: Co-therapy: The need for positive pairing. Can. J. Psychiat. 29 (1984) 385–389

McNeilly, C., K.I. Howard: The effects of psychotherapy: A reevaluation based on dosage. Psychother. Res. 1 (1991) 74–78

McPhee, D.M.: Techniques in group psychotherapy. In Andronico, M.P. (ed.): Men in Groups: Insights, Interventions, Psychoeducational Work. American Psychological Press, Washington, D.C. 1996

Meadow, D.: Preparation of individuals for participation in a treatment group: Development and empirical testing of a model. Int. J. Group Psychother. 38 (1988) 367–385

Meltzoff, J., R. Blumenthal: The Day Treatment Center: Principles, Applications, and Evaluation. Thomas, Springfield/IL. 1966

Mente, A., H.D. Spittler: Erlebnisorientierte Gruppenpsychotherapie. Bd. 1. Junfermann, Paderborn 1980

Mertens, W.: Psychoanalyse. 3. Aufl. Kohlhammer, Stuttgart 1981

Mertens, W.: Kompendium psychoanalytischer Grundbegriffe. Quintessenz, München 1992

Mertens, W.: Psychoanalyse auf dem Prüfstand? Zur empirisch verkleideten Berufspolitik von Klaus Grawe. Quintessenz, München 1994

Messer, S.B., C.S. Warren: Models of Brief Psychodynamic Therapy. A Comparative Approach. Guilford Press, New York 1995

Mester, J.: Erfahrungen mit unterschiedlichen Rollen innerhalb der Münsteraner gruppenanalytischen Ausbildung. Arbeitsh. Gruppenanal. 96/1 (1996) 52–64

Metz, M.E., K.E. Weiss: A group therapy format for the simultaneous treatment of marital and sexual dysfunctions. J. Sex Marit. Ther. 18 (1993) 173–195

Meyer, A.-E.: Kommunale Faktoren in der Psychotherapie als Erklärung für nicht grob unterschiedliche Ergebnisse – Ein Mythos mehr in der Psychotherapieforschung? Psychother. Psychosom. Med. Psychol. 40 (1990a) 152–157

Meyer, A.-E.: Eine Taxonomie der bisherigen Psychotherapieforschung. Editorial Z. Klin. Psychol.XIX (1990b) 287–291

Meyer, A.-E., R. Richter, K. Grawe, J.-M. Graf von der Schulenburg, B. Schulte: Forschungsgutachten zu Fragen eines Psychotherapeutengesetzes. Universitätskrankenhaus Hamburg-Eppendorf 1991

Mies, T.: Zur Kritik theoretischer Auffassungen über Traumarbeit in der Gruppenpsychotherapie. In Brandes H, H. Forst, T. Mies, M. Trappe (Hrsg.): Gruppenanalyse und Tätigkeitstheorie. LIT, Münster 1989 (S. 80–99)

Mikail, S.F., P.R. Henderson, G.A. Tasca: An interpersonally based model of chronic pain: An application of attachment theory. Clin. Psychol. Rev. 14 (1994) 1–16

Milgram, S.: Das Milgram-Experiment – Zur Gehorsamsbereitschaft gegenüber Autorität. Rowohlt, Reinbek 1974

Miller, J.G.: Living Systems. McGraw-Hill, New York 1978

Miller, R., J. Berman: The efficacy of cognitive behavior therapies: A quantitative review of research evidence. Psychol. Bull. 94 (1983) 39–53

Mitchell, J.E., R.L. Pyle, E.D. Eckert, D. Hatsukami, C. Pomeroy, R.A. Zimmerman: A comparison study of antidepressants and structured intensive group psychotherapy in the treatment of bulimia nervosa. Arch. Gen. Psychiatr. 47 (1990) 149–157

Mitchell, J.E., R.L. Pyle: A long-term follow-up study of outpatients with bulimia nervosa In Herzog, W, H.-C. Deter, W. Vandereycken (eds.): The Course of Eating Disorders. Long-Term Follow-Up Studies of Anorexia and Bulimia Nervosa. Springer, Berlin 1992 (S. 174–181)

Mitchell, J.E., N. Raymond, S. Specker: A review of the controlled trials of pharmacotherapy and psychotherapy in the treatment of bulimia nervosa. Int. J. Eat. Disord. 14 (1993) 229–247

Mittelsten-Scheid, B.: Macht die Couch den Analytiker und die Analytikerin gruppenunfähig? Gruppenpsychother. Gruppendyn. 29 (1993) 359–373

Modestin, J., O. Würmle, K.M. Bachmann: Veränderungen in der Patientenwahrnehmung der therapeutischen Faktoren im gruppenpsychotherapeutischen Verlauf. Gruppenpsychother. Gruppendyn. 30 (1994) 337–348

Moeller, M.L.: Zur Theorie der Gegenübertragung, Psyche 31 (1977) 142–166

Moeller, M.L.: Anders Helfen. Selbsthilfegruppen und Fachleute arbeiten zusammen. Fischer, Frankfurt/M. 1991

Moeller, M.L.: GRAS – Gruppenanalyseseminare zur Weiterbildung für Analytiker. Informationsmappe für GRAS-Teilnehmer, Oktober 1995

Moeller, M.L.: Selbsthilfegruppen. Anleitungen und Hintergründe. Rowohlt, Reinbek 1996a

Moeller, M.L.: Worte der Liebe. Erotische Zwiegespräche, ein Elixir für Paare. Rowohlt, Reinbek1996b

Moffatt, F., C. Mohr, D. Ames: A group therapy programme for depressed and anxious elderly inpatients. Int. J. Ger. Psychiat. 10 (1995) 37–40

Monti, P.M., S. Bird-Gulliver, M.G. Myers: Social skills training for alcoholics: Assessment and treatment. Alcoh. Alcoholism 29 (1994) 627–637

Moos, R.H.: Group Environment Scale Manual. Consulting Psychologists Press, Palo Alto/CA 1981

Moos, R.H., P.S. Houts: Assessment of social atmospheres of psychiatric wards. J. Abn. Psychol. 73 (1968) 595–604

Moos, R.H., J.A. Schaefer: The crisis of physical illness: An overview and conceptual approach. In Moos, R.H. (ed.): Coping with Physical Illness 2: New Perspectives. Plenum Press, New York 1987

Moreland, R.L., J.M. Levine: The composition of small groups. Group Proc. 9 (1992) 237–280

Moreland, R.L., J.M. Levine, M.L. Winegart: Creating the ideal group: Composition effects at Work. In Witte, E.H., J.H. Davis (eds.): Understanding Group Behavior: Small Group Processes and Interpersonal Relations. Elbaum, Mahwah/NJ 1996

Moreno, J.K.: Group Treatment for Eating Disorders. In Fuhriman, A., G.M. Burlingame (eds.): Handbook of Group Psychotherapy. An Empirical and Clinical Synthesis. Wiley & Sons, New York 1994 (S. 416–457)

Moreno, J.L.: Das Stegreiftheater. Gustav Kiepenheuer, Potsdam 1923

Moreno, J.L.: "Who Shall Survive?" Nervous and Mental Disease Publishing Comp., Washington, D.C 1934

Moreno,J.L., F. Moreno: The Spontaneity Theory of Child Development. Beacon House, New York 1944

Moreno, J.L.: Psychodramatic Treatment of Psychosis. Psychodrama Monographs No.5, Beacon House Inc., New York 1945

Moreno, J.L.: Gruppenpsychotherapie und Psychodrama. Thieme, Stuttgart 1959

Moreno, J.L.: Die Grundlagen der Soziometrie. Leske u. Budrich, Opladen 1964

Moreno, J.L.: Die Grundlagen der Soziometrie. 2. Aufl. Westdeutscher Verlag, Köln/Opladen 1967

Moreno, J.L.: Gruppenpsychotherapie und Psychodrama. Einleitung in die Theorie und Praxis. 3. unveränd. Aufl. Thieme, Stuttgart 1988

Morice, R, A. Delahunty: Frontal/executive impairments in schizophrenia. Schizophr. Bull. 22 (1996) 125–137

Morrin, J.: Art therapy groups in a geriatric institutional setting. In MacLennan, B., S. Saul, M.B. Weiner (eds.): Group Psychotherapies for the Elderly. International Universities Press, Madison/CT 1988 (S. 245–256)

Moscovici, S.: Sozialer Wandel durch Minoritäten. Urban & Schwarzenberg, München 1979

Moscowitz, I.S.: The effectiveness of day hospital treatment: A review. J. Commun. Psychol. 8 (1980) 155–164

Mueser, K.T.: Schizophrenia. In Bellack, A.S., M. Hersen (eds.): Handbook of Behavior Therapy in the Psychiatric Setting. Plenum Press, New York 1993 (S. 260–291)

Mueser, K.T., A.S. Bellack, M.S. Douglas, J.H. Wade: Prediction of social skill acquisition in schizophrenic and major affective disorder patients from memory and symptomatology. Psychiat. Res. 37 (1991) 281–296

Mueser, K.T., B. Doonan, D.L. Penn, J.J. Blanchard, A.S. Bellack, P. Nishith, J. DeLeon: Emotion perception and social competence in chronic schizophrenia. J. Abnorm. Psychol. 105 (1996) 271–275

Mueser, K.T., S.N. Glynn: Efficacy of Psychotherapy for Schizophrenia. In Giles, T.R. (ed.): Handbook of Effective Psychotherapy. Plenum Pres, New Yersey 1993 (S. 325–351)

Mullan, H.: The ethical foundations of group psychotherapy. Int. J. Group Psychother. 37 (1987) 403–416

Mullan, H.: Inherent moral practice in group psychotherapy. Int. J. Group Psychother. 41 (1991) 185–197

Münch, J., U. Riebel: Ambulante weiterführende Psychotherapie als Rehabilitationsleistung nach stationärem, psychotherapeutischem Heilverfahren. Prax. Klin. Verhaltensmed. Reh. 44 (1998) 19–23

Munroe-Blum, H.: Group treatment of borderline personality disorder. In Clarkin, J.F., E. Marziali, H. Munroe-Blum (eds.): Borderline Personality Disorder: Clinical and Empirical Perspectives. Guilford Press, New York 1992 (S. 288–299)

Munroe-Blum, H., E. Marziali: Time-limited group psychotherapy for borderline patients. Can. J. Psychiat. 33 (1988) 364–369

Munz, D., C. Krüger: Wegweiser für stationäre analytische Psychotherapie von Essstörungen. In Herzog, W., D. Munz, H. Kächele (Hrsg.): Analytische Psychotherapie bei Essstörungen. Schattauer, Stuttgart 1996 (S. 237–336)

Neal, M.T.: Partial hospitalization: An alternative to inpatient psychiatric hospitalization. Nurs. Clin. N. Am. 21 (1986) 461–471

Nefiodow, L.A.: Die Bedeutung der Gruppenproduktivität aus Sicht der Wirtschaftsforschung. Gruppenpsychother. Gruppendyn. 36 (2000) 89–107

Nehnevajsa, J.: Soziometrische Analyse von Gruppen. I/II. Köln. Z. Soziol. Sozialpsychol. 7 (1955) 119–157 u. 187–302

Neimeyer, R.A., T.V. Merluzzi: Group structure and process: Personal construct theory and group development. Small Group Beh. 13 (1982) 150–164

Neimeyer, R.A.: Problems and prospects in constructivist psychotherapy. J. Constructiv. Psychol. 10 (1997) 51–74

Nelson, V., B. Roller: The Promise of Group Therapy: A Live to Tape Video of a Time-Limited Group. Berkeley Group Therapy Foundation, Berkeley/Cal. 1997

Neun, H.: Psychosomatische Einrichtungen. Vandenhoeck & Ruprecht, Göttingen 1990

Neun, H. (Hrsg.): Psychosomatische Einrichtungen, 3. Aufl. Vandenhoeck & Ruprecht, Göttingen 1994

Neun, H.: Rehabilitation bei psychosomatischen Erkrankungen. In Delbrück, H., E. Haupt (Hrsg.): Rehabilitationsmedizin – Ambulant, Stationär, Teilstationär, 2. Aufl. Urban & Schwarzenberg, München 1998 (S. 636–677)

Nevonen, L., A.-G. Broberg, M. Lindstroem, B. Levin: A sequenced group psychotherapy model for bulimia nervosa patients: a pilot study. Europ. Eat. Dis. Rev. 7 (1999) 17–27

Nicholas, M.W.: How to deal with moral issues in group therapy without being judgmental. Int. J. Group Psychother. 43 (1993) 205–221

Nicholas, M.W., A. Forrester: Advantages of heterogeneous therapy groups in the psychotherapy of the traumatically abused: treating the problem as well as the person. Int. J. Group Psychother. 49 (1999) 323–342

Nichols, M.P., T.Y. Taylor: Impact of therapist interventions on early sessions of group therapy. J. Clin. Psychol. 31 (1975) 726–729

Nickel, R., U.T. Egle: Therapie somatoformer Schmerzstörungen. Manual zur psychodynamisch-interaktionellen Gruppenpsychotherapie. Schattauer, Stuttgart 1999

Nickel, R., W. Merkle: Stationäre psychosomatische Therapie bei chronischen Schmerzen. In Egle, U.T., S.O. Hoffmann, K.A. Lehmann, W.A. Nix (Hrsg.): Handbuch chronischer Schmerz. Grundlagen, Pathogenese, Klinik und Therapie aus bio-psycho-sozialer Sicht. Schattauer, Stuttgart (2001, im Druck)

Nietzel, M., R. Russel, K. Hemmings, M. Gretter: Clinical significance of psychotherapy for unipolar depression: A meta-analytic approach to social comparison. J. Cons. Clin. Psychol. 55 (1987) 156–161

Nobler, H.: It's never too late to change: A group psychotherapy experience for older women. Group 16 (1992) 146–155

Norcross, J.C., B.A. Alford, J. De Michele: The future of psychotherapy: Delphi data and concluding observations. Psychother. 29 (1992) 150–158

Norcross, J.C., M.R. Goldfried (eds.): Handbook of Psychotherapy Integration. Basic Books, New York 1992

Nuechterlein, K.H., K.S. Snyder, J. Mintz: Paths to relapse: possible transactional processes connecting patient illness onset, expressed emotion, and psychotic relapse. Br. J. Psychiat. (Suppl.) (1992) 88–96

Nübling, R., J. Schmidt, W.W. Wittmann: Langfristige Ergebnisse psychosomatischer Rehabilitation. Psychother. Psychosom. med. Psychol. 49 (1999) 343–353

Oakley, A.: Women's spaces: A framework for time-limited women's groups. In De Chant, B. (ed.): Women's Group Psychotherapy. Guilford Press, New York 1996

O'Donohue, W.T., E. Letourneau: A brief group treatment for the modification of denial in child sexual abusers. Child Ab. Negl. 17 (1993) 299–304

Oesterheld, J.R., M.S. McKenna, M.B. Gould: Group psychotherapy of bulimia: A critical review. Int. J. Psychother. 37 (1987) 163–184

O'Farrell, M.K.: The effect of timing of goal setting on outcome in personal growth groups. Unveröff. Dissertation. College Park, University of Maryland 1986

Oevermann, U.: Fallkonstruktion und Strukturgeneralisierung als Beitrag der Objektiven Hermeneutik zur soziologisch-strukturtheoretischen Analyse. Unveröff. Manuskr., Frankfurt/M. 1981

Özelsel, M.: Gesundheit und Migration – eine empirische Untersuchung an Deutschen sowie Türken in Deutschland und in der Türkei. Profil, München 1990

Ogden, T.H.: On projective identification. Int. J. Psycho-Anal. 60 (1979) 357–373 (dt.: Die projektive Identifikation. Forum Psychoanal. 4 (1988) 1–21)

Ogden, T.H.: Projective identification in psychiatric hospital treatment. Bull. Menn. Clin. 45 (1981) 317–333

Ohlmeier, D.: Gruppenpsychotherapie und psychoanalytische Theorie. In Uchtenhagen, A., R. Battegay, A. Friedemann (Hrsg.): Gruppenpsychotherapie und soziale Umwelt. Huber, Bern 1975 (S. 548–557)

Ohlmeier, D.: Gruppeneigenschaften des psychischen Apparates. In Eicke, D. (Hrsg.): Die Psychologie des 20. Jahrhunderts. Bd. 2, Tiefenpsychologie. Kindler, Zürich 1976 (S. 1133–1144)

Ohlmeier, D., H. Radebold: Übertragungs- und Abwehrprozesse in der Initialphase einer Gruppenanalyse mit Patienten im höheren Lebensalter. Gruppenpsychother. Gruppendyn. 3 (1972) 289–302

Okun, B.F.: Object relations and self-psychology: Overview and feminist perspective. In Brown, L., M. Ballou (eds.): Personaliy and Psychopathology: Feminist Reappraisals. Guilford Press, New York 1992

Okun, M., R. Olding, C. Cohn: A meta-analysis of subjective well-being interventions among elders. Psychol. Bull. 108 (1990) 257–266

Olbrich, H.M., J. Fritze, M.H. Lanczik, R. Vauth: Schizophrenien und andere psychotische Störungen. In Berger, M. (Hrsg.): Psychiatrie und Psychotherapie. Urban & Schwarzenberg, München 1999 (S. 405–481)

Orlinsky, D.E.: Learning from many masters. Psychotherapeut 39 (1994) 2–9

Orlinsky, D.E., K.I. Howard: Process and outcome in psychotherapy. In Garfield, S.L., A.E. Bergin (eds.): Handbook of Psychotherapy and Behavior Change. 3rd ed. J. Wiley & Sons, New York 1986 (S. 311–381)

Orlinsky, D.E., K. Grawe, B.K. Parks: Process and outcome in psychotherapy: Noch einmal. In Bergin, A.E., S.L. Garfield (eds.): Handbook of Psychotherapy and Behavior Change. 4th ed. J. Wiley & Sons, New York 1994 (S. 270–376)

Ormont, L.R.: Group resistance and the therapeutic contract. Int. J. Group Psychother. 18 (1968) 147–154

Ormont, L.R.: The craft of bridging. Int. J. Group Psychother. 40 (1990) 3–17

Ormont, L.R.: Progressive emotional communication: criteria for a well-functioning group. Group Analysis 32 (1999) 139–150

Ott, J.: Die Möglichkeiten der Gruppenpsychotherapie in der Behandlung depressiv Kranker. In Kruse G, S. Gunkel (Hrsg.): Diagnostik und Psychotherapie depressiver Erkrankungen. Ärzte-Verlags Union, Hannover 1992

Ott, J.: Die Intendierte Dynamische Gruppenpsychotherapie. In Heigl-Evers, A., F.S. Heigl, J. Ott, U. Rüger (Hrsg.): Lehrbuch der Psychotherapie. 3.Aufl. Fischer, Stuttgart 1997 (S. 436–439)

Ott, J., A. Wahlstab, G. Ehle: Möglichkeiten und Probleme der Gruppenpsychotheraie in der Komplextheraie schizophrener Patienten. In Höck, K. (Hrsg.): Psychotherapie und Grenzgebiete, 4. J.A. Barth, Leipzig 1983 (S. 85–94)

Paar, G.H.: Stationäre Psychotherapie und psychosomatische Rehabilitation – Untersuchungen zur Wirksamkeit. Prax. Klin. Verhaltensmed. Reh. 36 (1996) 246–255

Paar, G.H.: Psychosomatische Rehabilitation. In Janssen, P.L., M. Franz, Th. Herzog, G. Heuft, G. Paar, W. Schneider: Psychotherapeutische Medizin – Standortbestimmung zur Differenzierung der Versorgung psychisch und psychosomatisch Kranker. Schattauer, Stuttgart 1999 (S. 60–74)

Paar, G.H., M. Diercks: Die Balintgruppe als Gruppe – Überlegungen zum psychodynamischen Prozess. Psychother. med. Psychol. 35 (1985) 235–259

Paar, G.H., R. Kriebel: Stationäre Psychotherapie in der Psychosomatischen Rehabilitation in Deutschland. Psychother. 43 (1998) 310–315

Paar, G.H., R. Kriebel: Psychosomatische Rehabilitation – Selbstverständnis, rehabilitative Konzepte, psychotherapeutische Ausrichtungen, Bedarfs- und Indikationsfragen. Psychother. Psychosom. med. Psychol. 49 (1999) 295–301

Palmer, K.D., R.C. Baker, T.F. McGee: The effects of pretraining on group psychotherapy for incest-related issues. Int. J. Group Psychother. 47 (1997) 71–89

Palmer, S.: Stationäre Familientherapie – systemorientiert psychodynamisch. In Hess, H. (Hrsg.): Psychotherapie und Grenzgebiete 11. J.A. Barth, Leipzig 1991 (89–101)

Parin, P., G. Parin-Matthèy: Das obligat unglückliche Verhältnis des Psychoanalytikers zur Macht. In Lohmann, H.-M. (Hrsg.): Das Unbehagen in der Psychoanalyse. Eine Streitschrift. Qumran, Frankfurt/M. 1983 (S. 17–23)

Parloff, M.B., R.R. Dies: Group psychotherapy outcome research. Int. J. Group Psychother. 27 (1978) 281–319

Parsons, T., R.F. Bales, E.A. Shils: Phase movement in relation to motivation, symbol formation, and role structure. In Parsons, T., R.F. Bales, E.A. Shils (eds.): Working Papers in the Theory of Action. Free Press, New York 1953

Patry, J.-L., M. Perrez: Theorie-Praxis-Probleme und die Evaluation von Interventionsprogrammen. In Hager, W., J.-L. Patry, H. Brezing (Hrsg.): Handbuch Evaluation psychologischer Interventionsmaßnahmen. Huber, Bern 2000 (S. 19–40)

Pattison, E.M., E. Brissenden, T. Wohl: Assessing special effects of inpatient group psychotherapy. Int. J. Group Psychother. 17 (1967) 283–297

Pattison, E.M., R.J. Rhodes: Clinical prediction with the N-30 scale. J. Clin. Pychol. 30 (1974) 200–201

Pearlman, I.R.: Group psychotherapy with the elderly. J. Psychos. Nurs. 31 (1993) 7–10

Penn, D.L., P.W. Corrigan, R.P. Bentall, J.M. Racenstein, L. Newman: Social cognition in schizophrenia. Psychol. Bull. 121 (1997) 114–132

Penn, D.L., K.T. Mueser: Research update on the psychosocial treatment of schizophrenia. Am. J. Psychiat. 153 (1996) 607–617

Penn, D.L., A.W. van der Does, W.D. Spaulding, C.P. Garbin: Information processing and social cognitive problem solving in schizophrenia: Assessment of interrelationships and changes over time. J. Nerv. & Ment. Dis. 181 (1993) 13–20

Pennebaker, J.W.: The Psychology of Physical Symptoms. Springer, New York 1982

Pennebaker, J.W.: Sag mir, was dich bedrückt. Econ, Düsseldorf 1991

Peoples, M.: Validation therapy versus reality orientation as treatment for disoriented institutionalized elderly. College of Nursing. Unpubl. Master's Thesis. Akron, OH 1985

Peres, H.: An investigation of nondirective group therapy. (J. Consult. Psychol. 1947). Zit. n. Spittler, H.-D.: Das Konzept der Gruppe in der Gesprächspsychotherapie. In Petzold, H., R. Frühmann (Hrsg.): Modelle der Gruppe in Psychotherapie und psychosozialer Arbeit. Bd. I. Junfermann, Paderborn 1986 (S. 373–388)

Perls, F.S.: Gestalt Therapy Verbatim. Real People Press, Lafayette, CA 1969

Perls, F.S.: Gestalt, Wachstum, Integration. Junfermann, Paderborn 1980

Pervin, L.A.: Persönlichkeitstheorien. Reinhardt, München 1987

Petermann, F. (Hrsg.): Patientenschulung. 2. Aufl., Hogrefe, Göttingen 1997

Petermann, F., U. Petermann: Training mit Jugendlichen. Psychologie Verlags-Union, München 1987

Peters, M.: Entwicklungspsychologische Aspekte eines stationären gruppenpsychotherapeutischen Konzeptes für Patienten in der zweiten Lebenshälfte. Gruppenpsychother. Gruppendyn. 31 (1995) 358–371

Petry, J.: Alkoholismustherapie. Psychologie Verlags-Union, Weinheim 1993

Pettingale, K.W., T. Morris, S. Greer, J.L. Haybittle: Mental attitudes to cancer: an additional prognostic factor. Lancet 1 (1985) 750

Petzold, H.G.: Psychodrama, therapeutisches Theater und Gestalt als Verfahren der Interventionsgerontologie und Alterspsychotherapie. In Petzold, H.G., E. Bubolz (Hrsg.): Psychotherapie mit älteren Menschen. Junfermann, Paderborn 1979 (S. 147–260)

Petzold, H.G.: Die Rolle der Gruppe in der therapeutischen Arbeit mit alten Menschen. Konzepte zu einer „Integrativen Intervention". In Petzold, H.G., R. Frühmann (Hrsg.): Modelle der Gruppe in Psychotherapie und psychosozialer Arbeit. Bd 2. Vergleichende Psychotherapie. Junferman, Paderborn 1986 (S. 309–398)

Petzold, H.G.: „Multiple Stimulierung" und „Erlebnisaktivierung" als Ziel und Methode gerontologischer Weiterbildung für die Arbeit mit alten und kranken Menschen. In Braun, H., F. Karl, L. Veelken (Hrsg.): Qualitätssicherung, Beratung, soziale Rehabilitation in der Altenarbeit. Kassel. Gerontol. Schr. 5 (1988) 152–170

Petzold, H.G., W. Hass, S. Jakob, M. Märtens, P. Merten: Evaluation in der Psychotherapie-Ausbildung: Ein Beitrag zur Ausbildungsforschung und Qualitätssicherung am Beispiel der Integrativen Therapie. In Petzold, H., M. Märtens (Hrsg.): Wege zu effektiven Psychotherapien. Psychotherapieforschung und Praxis. Band 1: Modelle, Konzepte, Settings. Leske u. Budrich, Opladen 2000 (S. 351–399)

Petzold, H.G., K. Lückel: Die Methode der Lebensbilanz und des Lebenspanoramas in der Arbeit mit alten Menschen, Kranken und Sterbenden. In Petzold, H.G. (Hrsg.): Mit alten Menschen arbeiten. Pfeiffer, München 1985 (S. 467–499)

Petzold, H.G., I. Orth: Mythen in der Psychotherapie. Psychotherapie – Ideologie – Macht. Junfermann, Paderborn 1999

Pfäfflin, F.: Therapeut-Patient-Beziehung. In Clement, U., W. Senf (Hrsg.): Transsexualität – Behandlung und Begutachtung. Schattauer; Stuttgart 1996 (S. 22–34)

Pfäfflin, F., A. Junge: Geschlechtsumwandlung. Schattauer, Stuttgart 1992

Pfister, F., E. Rosen, E. Esch, T. Held: Stationäre psychiatrische Behandlung von Borderline-Patienten. Nervenarzt 61 (1990) 294–300

Picardie, R.: Es wird mir fehlen, das Leben. Wunderlich, Reinbek 1999

Pine, F.: The interpretive moment: variations on classical themes. Bull. Menn. Clin. 48 (1984) 54–71

Pines, M.: Group therapy with "difficult" patients. In Wolberg, L.R., E.K. Schwartz (eds.): Group Therapy. Intercontinental Medical Book Corp., New York 1975 (S. 102–119)

Pines, M.: S.H. Foulkes' Beitrag zur Gruppenpsychotherapie. In Heigl-Evers, A., U. Streeck (Hrsg.): Psychologie des 20.Jahrhunderts. Bd.VIII: Lewin und die Folgen. Kindler, Zürich 1979 (S. 719–732)

Pines, M.: The frame of reference of group psychotherapy. Int. J. Group Psychother. 31 (1981) 275–285

Pines, M.: Psychoanalysis and group analysis. Int. J. Group Psychother. 33 (1983a) 155–170

Pines, M.: The Evolution of Group Analysis. Routledge & Kegan, London 1983b

Pines, M.: Group analysis and healing. Group Anal. 22 (1989) 417–429

Pines, M., S. Hutchinson: Group Analysis. In Alonso, A., H.I. Swiller (eds.): Group Therapy in Clinical Practice. American Psychiatric Press, Washington, D.C. 1993 (S. 29–47)

Pinquart, M.: Wirkungen psychosozialer und psychotherapeutischer Interventionen auf das Befinden und das Selbstkonzept im höheren Erwachsenenalter – Ergebnisse von Metaanalysen. Z. Geront. Geriat. 31 (1998) 120–126

Piper, W.E.: Client Variables. In Fuhriman A, G.M. Burlingame (eds.): Handbook of Group Psychotherapy. An Empirical and Clinical Synthesis. Wiley & Sons, New York 1994 (S. 83–113)

Piper, W.E., H.F.A. Azim, A.S. Joyce, M. McCallum: Transference interpretations, therapeutic alliance, and outcome in short-term individual psychotherapy. Arch. Gen. Psychiat. 48 (1991) 946–953

Piper, W.E., E.G. Debbane, J.P. Bienvenu, J. Garant: Pretraining for group psychotherapy. Arch. Gen. Psychiat. 36 (1979) 1250–1256

Piper, W.E., E.G. Debbane, J.P. Bienvenu, J. Garant: A study of group pretraining for group psychotherapy. Int. J. Group Psychother. 32 (1982) 309–325

Piper, W.E., E.G. Debbane, J.P. Bienvenu, J. Garant: A comparative study of four forms of psychotherapy. J. Cons. Clin. Psychol. 52 (1984) 268–279

Piper, W.E., J.L. Connelly, J.T. Salvendy: Variables related to reported learning in brief experiential groups held at professional meetings. Group 8 (1984) 43–51

Piper, W.E., A.S. Joyce: A consideration of factors influencing the utilization of time-limited, short-term group therapy. Int. J. Group Psychother. 46 (1996) 311–329

Piper, W.E., A.S. Joyce, H.F.A. Azim, J.S. Rosie: Patient characteristics and success in day treatment. J. Nerv. Ment. Dis. 182 (1994) 381–386

Piper, W.E., A.S. Joyce, J.S. Rosie, H.F.A. Azim: Psychological mindedness, work and outcome in day treatment. Int. J. Group Psychother. 44 (1994) 291–311

Piper, W.E., M. Marrache: Pretraining for group therapy as a method of patient selection. Small Group Beh. 12 (1981) 459–475

Piper, W.E., M. McCallum: Psychodynamische Arbeit als ein therapeutischer Faktor in der Gruppenpsychotherapie. In Tschuschke, V., D. Czogalik (Hrsg.): Psychotherapie – Welche Effekte verändern? Zur Frage der Wirkmechanismen therapeutischer Prozesse. Springer, Berlin 1990 (S. 349–368)

Piper, W.E., M. McCallum: Group interventions for persons who have experienced loss. Group Anal. 24 (1991) 363–373

Piper, W.E., M. McCallum: Selection of Patients for Group Interventions. In Bernhard, H., K.R. MacKenzie (eds.): Basics of Group Psychotherapy. Guilford Press, New York 1994 (S. 1–34)

Piper, W.E., M. McCallum: Auswahl von Patienten für gruppenpsychotherapeutische Behandlungen. Gruppenpsychother. Gruppendyn. 36 (2000) 20–60

Piper, W.E., M. McCallum, H.F.A. Azim: Adaptation To Loss Through Short-Term Group Psychotherapy. Guilford Press, New York 1992

Piper, W.E., E.L. Perrault: Pretherapy preparation for group members. Int. J. Group Psychother. 39 (1989) 17–34

Piper, W.E., J.S. Rosie, H.F.A. Azim, A.S. Joyce: A randomized trial of psychiatric day treatment. Hosp. Commun. Psychiat. 44 (1993) 757–763

Piper, W.E., J.S. Rosie, A.S. Joyce, H.F.A. Azim: Time-Limited Day Treatment For Personality Disorders: Integration of Research and Practice in a Group Program. American Psychological Association, Washington, D.C. 1996

Plog, U.: Differentielle Psychotherapie II. Der Zusammenhang von Lebensbedingungen und spezifischen Therapieeffekten im Vergleich von Verhaltenstherapie und Gesprächspsychotherapie. Huber, Bern 1976

Ploeger, A., P. Schlunk: Soziometrische Position und Gesprächsverhalten in stationierten Männer- und Frauengruppen. Vortrag auf dem 7. Intern. Kongresses für Psychotherapie, Wiesbaden 1967

Poey, K.: Guidelines for the practice of brief, dynamic group therapy. Int. J. Group Psychother. 35 (1985) 331–354

Pohlen, M.: Gruppenanalyse. Vandenhoeck & Ruprecht, Göttingen 1972

Polley, R.B.: The dimensions of social interaction: A method for improving ratings scales. Soc. Psychol. Quart. 50 (1987) 72–82

Polley, R.B.: Group process as diagnostic: An introduction. Small Group Res. 22 (1991) 92–98

Portele, G.H., K. Roessler: Macht und Psychotherapie. Ein Dialog. Edition Humanistische Psychologie, Köln 1994

Power, M.J.: The selection of patients for group therapy. Int. J. Soc. Psychiat. 31 (1985) 290–297

Preuss, W.F.: Die Aufgabe der Psychotherapie bei der Behandlung der Transsexualität. Psychotherapeut 44 (1999) 300–306

Priebe, S.: Wenn Minoritäten die Mehrheit sind – psychosoziale Versorgung im Osten Londons. In Schouler-Ocak, M., I. User, E. Koch (Hrsg.): Psychosoziale Versorgung in der Migrantengesellschaft. III. Deutsch-Türkischer Psychiatriekongress. Abstractband 1998 (S. 12)

Pritz, A.: Kurzgruppenpsychotherapie. Springer, Berlin 1990

Pritz, A.: Gruppenpsychotherapie. In Stumm, G., A. Pritz (Hrsg.): Wörterbuch der Psychotherapie. Wien, Springer (S. 262)

Pühl, H. (Hrsg.): Supervision und Organisationsentwicklung. Leske u. Budrich, Opladen 1999

Quam, J.K.: Life tasks and developmental issues of the chronically mentally ill elderly. New Dir. Ment. Health Serv. 29 (1986) 3–14

Rad, M.v., W. Senf, W. Bräutigam: Psychotherapie und Psychoanalyse in der Krankenversorgung – Ergebnisse des Heidelberger Katamneseprojektes. Psychother. Psychosom. med. Psychol. 48 (1998) 88–100

Radebold, H.: Psychoanalytische Gruppenpsychotherapie mit älteren und alten Menschen. (II. Mitteilung über spezifische Aspekte). Z. Gerontol. 9 (1976) 128–142

Radebold, H.: Analytische Gruppenpsychotherapie mit älteren Patienten im Rahmen der psychotherapeutischen Universitätsambulanz. In Radebold, H. (Hrsg.): Gruppenpsychotherapie im Alter. Vandenhoeck & Ruprecht, Göttingen 1983 (S. 77–85)

Radebold, H.: Psychoanalyse und Altern. Zwei einander Fremde beginnen den Dialog. In Radebold, H. (Hrsg.): Altern und Psychoanalyse. Vandenhoek & Ruprecht, Göttingen 1997 (S. 5–20)

Radebold, H.: Psychotherapeutische Behandlungsmöglichkeiten bei über 60jährigen Menschen. In Kruse, A. (Hrsg.): Psychosoziale Gerontologie. Band 2: Intervention. Hogrefe, Göttingen 1998 (S. 155–167)

Radebold, H., M. Rassek, G. Schlesinger-Kipp, M. Teising: Zur psychotherapeutischen Behandlung älterer Menschen. Erfahrungen aus einer psychiatrischen Institutsambulanz. Lambertus, Freiburg 1987

Radebold, H., R. Schweizer: Der mühselige Aufbruch – über Psychoanalyse im Alter. Fischer, Frankfurt/M. 1996

Radley, M., C. Redston, F. Bates, M. Pontefract: Effectiveness of group anxiety management with elderly clients of a community psychogeriatric team. Int. J. Ger. Psychiat. 12 (1997) 79–84

Ranci, D.: Il gruppo come risorsa nella pratica sociale. AT Rivista Italiana di Analisi Transazionale e Metodologia Psicoterapeutiche 37 (1999) 48–55

Rappe-Giesecke, K.: Supervision. Springer, Berlin 1990

Rappe-Giesecke, K.: Supervision. 2. korr. Aufl. Springer, Berlin 1994

Rath, I.: „Ich-System". In: Stumm, G., A. Pritz (Hrsg.): Wörterbuch der Psychotherapie. Springer, Wien 2000 (S. 294)

Rath, I.: „Ich-Zustand". In: Stumm, G., A. Pritz (Hrsg.): Wörterbuch der Psychotherapie. Springer, Wien 2000 (S. 294)

Rattner, J.: Gruppentherapie. Die Psychotherapie der Zukunft. Fischer, Frankfurt/M. 1973

Rauchfleisch, U.: Allgegenwart von Gewalt. Vandenhoeck & Ruprecht, Göttingen 1992

Rauchfleisch, U.: Dreams as defence and coping strategies. Group Anal. 28 (1995) 465–473

Reddemann, L., U. Sachse: Stabilisierung. Persönlichkeitsstör. 3 (1997) 113–147

Redl, F.: Psychoanalysis and group therapy. Am. J. Orthopsychiat. 33 (1963) 135–147

Reece, R.: Group treatment of sexual dysfunctions in gay men. J. Homosox. 7 (1982) 113–129

Reed, B.G.: Women leaders in small groups: Social-psychological, psychodynamic and interactional perspectives. In Reed, B.G., C.D. Garvin (eds.): Group Work With Women/Group Work With Men: An Overview of Gender Issues in Social Group Work Practice. Haworth Press, New York 1983 (S. 5–18)

Reed, D., M.E. Sullivan, D.L. Penn, P. Stuve, W.D. Spaulding: Assessment and treatment of cognitive impairments. In Liberman, R.P. (ed.): New Directions for Mental Health Services: Effective Psychiatric Rehabilitation. Jossey-Bass, San Francisco 1992 (S. 7–19)

Reed, D., D.L. Penn, W. Spaulding, M. Sullivan: Measures of social functioning: Relationships and clinical utility for inpatient psychiatric rehabilitation. Paper presented at the annual meeting of the Association for the Advancement of Behavior Therapy. San Diego/CA 1994

Reha-Kommission zur Weiterentwicklung der Rehabilitation der gesetzlichen Rentenversicherung. Abschlussberichte: Band III. Arbeitsbereich „Rehabilitationskonzepte", Teilband 3, Arbeitsgruppe 3, „Psychosomatik". Verband Deutscher Rentenversicherungsträger (Hrsg.), Frankfurt/M. 1991 (S. 779–828)

Reich, W.: Character Analysis. 3rd ed. Noonday Press, New York 1933

Reimann, A., K. Egner, A. Schäfer: Konsolidierung des Rehabilitationsbereichs auf reduziertem Niveau – Rehabilitationsleistungen der BfA im Jahr 1998. Angestelltenvers. 46 (1999) 197–210

Reinecker, H., P. Fiedler: Therapieplanung in der modernen Verhaltenstherapie – eine Kontroverse. Pabst, Lengerich 1997

Reiss, D., C. Karson, L. Bigelow, R.J. Wyatt: The interpersonal impact approach to patient assessment: Specific links between psychotic's symptoms and staff's feeling. Psychiat. Res. 11 (1984) 237–250

Renshaw, D., M. Ryan: Ethics, values and sex therapy. In Kentsmith, D. et al. (eds.): Ethics in Mental Health Practice. Harcourt Brace Jovanovich, New York 1986

Reynolds, P., G.A. Kaplan: Social connections and risk for cancer: prospective evidence from the Alameda County Study. Beh. Med. 16 (1990) 101–110

Richter, H.-E.: Patient Familie. Entstehung, Struktur und Therapie von Konflikten in Ehe und Familie. Rowohlt, Reinbek 1970

Richter, H.-E.: Die Gruppe. Hoffnung auf einen neuen Weg, sich selbst und andere zu befreien. Psychoanalyse in Kooperation mit Gruppeninitiativen. Rowohlt, Hamburg 1972

Richter, H.-E.: Lernziel Solidarität. Rowohlt, Reinbek 1974

Richter, H.-E.: Flüchten oder Standhalten. Rowohlt, Reinbek 1976

Richter, H.-E.: Die Gruppe im Wandel des Zeitgeistes. Gruppenpsychother. Gruppendyn. 35 (1999) 175–187

Rief, W., C. Stock, M.M. Fichter: Das Anti-Diät-Programm als integrativer Therapiebaustein bei anorektischen, bulimischen und adipösen Patienten. Verhaltensther. 1 (1991) 47–54

Riemann, F.: Grundformen der Angst. Reinhardt, München 1976

Riester, A.E., D.L. Tanner: Group couseling: Follow-up view points. Elem. School Guid. Couns. 14 (1980) 222–230

Riley, K.P., M. Carr: Group psychotherapy with older adults: the value of an expressive approach. Psychother. 26 (1989) 366–371

Ringler, K., H. Whitman, J. Gustafson, F. Coleman: Technical advances in leading a cancer patient group. Int. J. Group Psychother. 31 (1981) 329–344

Roback, H.B., M. Smith: Patient attrition in dynamically oriented treatment groups. Am. J. Psychiat. 144 (1987) 426–431

Roback, H.B., E. Ochoa, F. Bloch, S. Purdon: Guarding confidentiality in clinical groups: The therapist's dilemma. Int. J. Group Psychother. 42 (1992) 81–103

Roberts, J.E., S.M. Monroe: Vulnerable self-esteem and social process in depression: toward an interpersonal model of self-esteem regulation. In Joiner, T., J.C. Coyne (eds.): The Interactional Nature of Depression. American Psychological Association, Washington, D.C. 1999 (S. 149–189)

Robinson, L., J. Berman, R. Neimeyer: Psychotherapy for the treatment of depression: A comprehensive review of controlled outcome research. Psychol. Bull. 108 (1990) 30–49

Roder, V., H.D. Brenner, N. Kienzle, B. Hodel: Integriertes Psychologisches Therapieprogramm für schizophrene Patienten (IPT). Psychologie Verlagsunion, Weinheim 1997

Röder, H.K.: Modifikation der persönlichkeitszentrierten intendierten dynamischen Gruppenpsychotherapie für psychosomatisch Erkrankte im Unterschied zu Patienten mit neurotischen Erkrankungen. In Hess, H., K. Höck (Hrsg.):

Gruppenpsychotherapie bei unterschiedlichen Zielgruppen. Psychotherapieberichte Berlin 41 (1988) 36–39

Rodewig, K.: Stationäre psychosomatische Rehabilitation von Migranten aus der Türkei – Sind monokulturelle Behandlungseinheiten sinnvoll? Psychother. 45 (2000) 350–355

Rodewig, K., B. Glier, G. Danger, H. Ücok, H. Kianzad: Konzept stationärer psychosomatischer Rehabilitation für Migranten aus der Türkei. In Verband Deutscher Rentenversicherungsträger (Hrsg.): Interdisziplinarität und Vernetzung. DRV-Schriften 11 (1998) 481–483

Rogers, C.R.: Counseling and Psychotherapy. Houghton Mifflin, Boston 1942

Rogers, C.R.: The necessary and sufficient conditiones of the therapeutic personality change. J. Cons. Psychol. 21 (1957) 95–103

Rogers, C.R.: A theory of therapy, personality, and interpersonal relationships, as developed in the client-centered framework. In Koch, S. (ed.): Psychology: A Study of a Science. Vol. III. Formulations of the Person and the Social Context. McGraw-Hill, New York 1959 (S. 184–256)

Rogers, C.R.: Client-centered therapy. Its current practice, implications and theory. Houghton Mifflin, Boston 1951. Dt.: Die klientbezogene Gesprächstherapie. Kindler, München 1973

Rogers, C.R.: Encounter-Gruppen. Das Erlebnis der menschlichen Begegnung. Kindler, München 1974

Rogers, C.R., B. Stevens: Person To Person. Real People Press, Lafayette, CA 1967

Rohde-Dachser, C.: Das Borderline-Syndrom. 5. Aufl. Huber, Bern 1995

Rohrbaugh, M., B.D. Bartels: Participants' perceptions of ,curative factors' in therapy and growth groups. Small Group Beh. 6 (1975) 430–456

Roller, W.L.: Group therapy marks fiftieth birthday. Sm. Group Beh. 17 (1986) 472–474

Roller, W.L.: The Promise of Group Therapy: How to Build a Vigorous Training and Organizational Base for Group Therapy in Managed Behavioral Healthcare. Jossey-Bass, San Francisco 1997

Roller, W.L., V. Nelson: The Art of Co-Therapy: How Therapists Work Together. Guilford Press, New York 1991

Roller, W.L., V. Nelson: Die Kunst der Co-Therapie: Ein Handbuch für die Teamarbeit von Psychotherapeuten. Edition Humanistische Psychologie, Köln 1993

Roller, W.L., D.A. Shaskan: Patients' perception of distance: the same therapist in group therapy compared to individual treatment. Small Group Beh. 13 (1982) 117–122

Romanini, M.T.: Costruirsi persona. La Vita Felice, Mailand 1999

Root, M.M.P.: Reconstructing the impact of trauma on personality. In Brown, L.S., M. Ballou (eds.): Personality and Psychopathology: Feminist Reappraisals. Guilford Press, New York 1992

Rose, G.S., R.L. Bednar: Effects of positive and negative self-disclosure and feedback on early group development. J. Couns. Psychol. 27 (1980) 63–70

Rosen, R.C., S.R. Leiblum: Sexual Desire Disorders. Guilford Press, New York 1988

Rosenthal, L.: Resistance and working through in group psychotherapy. In Kaplan, H.I., B.J. Sadock (eds.): Comprehensive Group Psychotherapy, 3rd ed. Williams and Wilkins, Baltimore 1993 (S. 105–115)

Rosenvinge, J.H.: Group therapy for anorexic and bulimic patients. Some aspects on the conduction of group therapy and a critical review of some recent studies. Acta Psychiatr. Scand. Suppl. 82 (1990) 38–43

Rosie, J.S.: Partial hospitalization: A review of recent literature. Hosp. Commun. Psychiat. 38 (1987) 1291–1299

Rost, W.D.: Psychoanalyse des Alkoholismus. Theorie, Diagnostik, Behandlung. 2. Aufl. Klett-Cotta, Stuttgart 1994

Roth, A., P. Fonagy: What Works for Whom? A Critical Review of Psychotherapy Research. Guilford Press, New York 1996

Roth, B.E., W.N. Stone, H.D. Kibel (eds.): The Difficult Patient in Group: Group Psychotherapy With Borderline and Narcissistic Disorders. American Group Psychotherapy Association Monograph. Series No. VI, International Universities Press, Madison/Conn. 1990

Rothke, S.: The role of interpersonal feedback in group psychotherapy. Int. J. Group Psychother. 36 (1986) 225–240

Rotondo, A. (ed.): Copione, e poi?. La Vita Felice, Mailand 1997

Rotondo, A.: Passaggi: antichi vincoli, nuovi legami. Quaderni di Psicologia Analisi Transazionale e Scienze Umane. 26 (1999) 103–126

Rudnitzki, G., B. Körtel, V. Tschuschke: Gruppenanalyse und Adoleszenz. Über die Wirkungen gruppenanalytischer Gruppenarbeit mit jungen Erwachsenen und deren Eltern in einem komplexen Setting. Gruppenanal. 8 (1998) 149–163

Rudolf, G.: PSKB-Se – ein psychoanalytisch fundiertes Instrument zur Patienten-Selbsteinschätzung. Z. Psychosom. Med. Psychoanal. 37 (1991) 350–360

Rudolf, G., T. Grande, U. Porsch: Die initiale Patient-Therapeut-Beziehung als Prädiktor des Behandlungsverlaufs. Z. Psychosom. Med. Psychoanal. 34 (1988) 32–49

Ruesch, J., G. Bateson: Communication: the social matrix of psychiatry. Norton Press, New York 1951

Ruff, W., H. Werner: Der Wunsch der Patienten nach Behandlung. Z. Psychother. Psychosom. med. Psychol. 37 (1987) 355–360

Rüger, B.: Kritische Anmerkungen zu den statistischen Methoden in Grawe, Donati und Bernauer „Psychotherapie im Wandel. Von der Konfession zur Profession". Z. Psychosom. Med. Psychoanal. 40 (1994) 368–383

Rüger, U.: Stationär-ambulante Gruppenpsychotherapie – Ein langfristiges Behandlungsmodell. Springer, Berlin 1981

Rüger, U.: Gruppentherapeutische Methoden. In Heigl-Evers A, F. Heigl, J. Ott (Hrsg.): Lehrbuch der Psychotherapie. G. Fischer, Stuttgart 1993 (S. 439–460)

Rund, B.R.: A review of longitudinal studies of cognitive functions in schizophrenia patients. Schizophr.Bull. 24 (1998) 425–435

Rutan, J.S., W.N. Stone: Psychodynamic Group Psychotherapy. Collamore Press, Lexington 1984

Rutan, J.S., W.N. Stone: Psychodynamic Group Psychotherapy. 2nd ed. Guilford Press, New York 1993

Sachse, R.: Zielorientierte Gesprächspsychotherapie. Hogrefe, Göttingen 1992

Sachse, R., C. Maus: Zielorientiertes Handeln in der Gesprächspsychotherapie. Kohlhammer, Stuttgart 1991

Sachsse, U.: Psychotherapie mit dem Sheriff-Stern. Gruppenpsychother. Gruppendyn. 25 (1989) 141–158

Sader, M.: Psychologische Anmerkungen zur Theorie der Gruppendynamik. Gruppendynamik 1972/3, 111–122

Sadock, B.J.: Preparation, selection of patients and organisation of the group. In Kaplan, H.I., B.J. Sadock (eds.): Comprehensive Group Psychotherapy. 2nd ed. Williams & Wilkins, Baltimore 1983 (S. 23–32)

Safran, J.D., J.C. Muran (eds.): The Therapeutic Alliance in Brief Psychotherapy. American Psychological Press, Washington, D.C 1998

Safran, J.O, Z.V. Segal: Interpersonal Process in Cognitive Therapy. Basic Books, New York 1990

Salovey, P., C.K. Hsee, D. John: Emotional intelligence and the self-regulation of affect. In Wegner, D.M., J.W. Pennebaker

(eds.): Handbook of Mental Control. Prentice-Hall, Englewood Cliffs/NJ 1993 (S. 258–277)
Salvendy, J.T.: Brief group psychotherapy at retirment. Group 13 (1989a) 43–57
Salvendy, J.T.: Special populations in brief group therapy: Experiences with the elderly. Eur. J. Psychiat. 3 (1989b) 138–144
Salvendy J.T.: Short-term group psychotherapy with severe borderlines. Group Analysis 22 (1989c) 309–316
Salvendy, J.T.: Selection and preparation of patients and organization of the group. In H.I. Kaplan und B.J. Sadock (eds.): Comprehensive Group Psychotherapy, 3rd ed. Williams & Wilkins, Baltimore 1993 (S. 72–84)
Samberg, S.: Dance therapy groups for the elderly. In MacLennan, B., S. Saul, M.B. Weiner (eds.): Group Psychotherapies for the Elderly. International Universities Press, Madison/CT 1988 (S. 233–244)
Sandholz, A., T. Herzog: Die Kombination symptomzentrierter und psychodynamischer Therapiekonzepte in der Behandlung der Bulimia nervosa. In Hahn, P., A. Werner, G. Bergmann, A. Drinkmann, W. Eich, M. Hayden, W. Herzog (Hrsg.): Modelle und Methoden in der Psychosomatik. Deutscher Studien-Verlag, Weinheim 1994 (S. 243–249)
Sandler, J.D.: The background of safety. Int. J. Psycho-Anal. 41 (1960) 252–356
Sandler, J.D.: Countertransference and role-responsiveness. Int. Rev. Psycho-Anal. 3 (1976) 43–47 (dt.: Gegenübertragung und Bereitschaft zur Rollenübernahme. Psyche 30 (1976) 297–305
Sandler, J.D. (ed.): Projection, Identification and Projective Identification. Karnac Books, London 1987
Sandler, J.D, A. Holder: The Patient and The Analyst. Rev. and exp. by J.D. Sandler u. A.U. Dreher. Karnac, London 1992
Sandner, D.: Psychodynamik in Kleingruppen: Theorie des affektiven Geschehens in Selbsterfahrungs- und Therapiegruppen (Selbstanalytische Gruppen). München, Reinhardt 1978
Sandner, D.: Gruppenanalyse. Theorie, Praxis, Forschung. Springer, Berlin 1986
Sandner, D.: Theoriebildung in der Gruppenanalyse. Gegenwärtiger Stand und Perspektiven. In Gruppenanalyse. Springer, Berlin 1986, S. 57–69
Sandner, D.: Modelle der analytischen Gruppenpsychotherapie. Indikation und Kontraindikation. Gruppenpsychother. Gruppendyn. 26 (1990) 87–100
Saravay, S.M.: A psychoanalytic theory of group development. Int. J. Group Psychother. 28 (1978) 481–507
Saul, S.: The arts as psychotherapeutic modalities with groups of older people. In MacLennan, B., S. Saul, M.B. Weiner (eds.): Group Psychotherapies for the Elderly. International Universities Press, Madison/CT 1988 (S. 211–222)
Saul, S., S. Saul: Group psychotherapy in a proprietary nursing home. Gerontol. 14 (1974) 446–450
Scates, S.K., D.L. Randolph, K.U. Gutsch, H.V. Knight: Effects of cognitive-behavioral, reminiscence, and activity treatments on life satisfaction and anxiety in the elderly. Int. J. Aging Hum. Dev. 22 (1985/1986) 141–146
Schacht, T.E.: The varieties of integrativ experience. In Arkowitz, H., S.B. Messer (eds.): Psychoanalytic Therapy and Behaviour Therapy: Is Integration Possible? Plenum Press, New York 1984 (S. 107–131)
Schamess, G.: Differential diagnosis and group structure in the outpatient treatment of latency-age children. In Riester, A.E., I.A. Kraft (eds.): Child Group Psychotherapy: Future Tense. International Universities Press, Madison/CT 1986 (S. 29–68)
Schamess, G.: Group Psychotherapy with Children. In Kaplan, H.J., B.J. Sadock (eds.): Comprehensive Group Psychotherapy. 3rd ed. Williams & Wilkins, Baltimore/MD 1993 (S. 560–577)
Scheerer, B., A. Schmidt, S. Scheerer: Symptomzentrierte Gruppenarbeit in der Allgemeinmedizin anhand einer Adipositas-Gruppe. In Hess, H., K. Höck (Hrsg.): Gruppenpsychotherapie bei unterschiedlichen Zielgruppen. Psychotherapieberichte Berlin 41 (1988) 49–54
Scheidlinger, S.: Group treatment of adolescents: an overview. Am. J. Orthopsychiat. 55 (1985) 102–111
Scheidlinger, S.: On interpretation in group psychotherapy. Int. J. Group Psychother. 37 (1987) 339–352
Schepank, H., W. Tress (Hrsg.): Die stationäre Psychotherapie und ihr Rahmen. Springer, Berlin 1988
Schermer, V.L., M. Pines: Rings of Fire: Primitive Affects and Object Relations in Group. Routledge, London 1994
Schiff, J., A.W. Schiff, K. Mellor, E. Schiff, S. Schiff, D. Richman, J. Fishman, L. Wolz, C. Fischman, D. Momb: Cathexis Reader. Transactional Analysis Treatment of Psychosis. Harper and Row, New York 1975
Schiffer, M.: The Therapeutic Play Group. Grune & Stratton, New York 1969
Schilder, P.: The analysis of ideology as a psychotherapeutic method, especially in group treatment. Am. J. Psychoanal. Psychiat. 93 (1936) 601–617
Schilder, P.: Psychotherapy. Norton Press, New York 1938
Schilder, P.: Results and problems of group psychotherapy in severe neuroses. Ment. Hyg. 33 (1939) 87–98
Schindler, R.: Grundprinzipien der Psychodynamik in der Gruppe. Psyche 11 (1957/58) 308–314
Schindler, R.: Über den wechselseitigen Einfluß von Gesprächsinhalt, Gruppenposition und Ich-Gestalt in der analytischen Gruppenpsychotherapie. Psyche 14 (1960/61) 382–392
Schindler, W.: Family patterns in group formation and therapy. Int. J. Group Psychother. 1 (1951) 100–105
Schindler, W.: Übertragung und Gegenübertragung in der Familien-Gruppenpsychotherapie. Prax. Kinderpsychol. Kinderpsychiat. 4 (1955) 101–105
Schindler-Zimmermann, T., S.D. Shepherd: Externalizing the problem of bulimia: Conversation, drawing and letter writing in group therapy. J. Syst. Ther. 12 (1993) 22–31
Schlachet, P.J.: Discussion of "difficult patients". Int. J. Group Psychother. 44 (1998) 327–333
Schliehe, F., H.-G. Haaf: Zur Effektivität und Effizienz der medizinischen Rehabilitation. Deutsche Rentenvers. 10–11 (1996) 666–689
Schlippe, A. von, J. Schweitzer: Lehrbuch der systemischen Therapie und Beratung. Vandenhoeck & Ruprecht, Göttingen 1996
Schloss, A.: Growing old and growing: Psychodrama with the elderly. In MacLennan, B., S. Saul, M.B. Weiner (eds.): Group Psychotherapies for the Elderly. International Universities Press, Madison/CT 1988 (pp. 89–106)
Schlüter-Dupont, L.: Alkoholismustherapie. Schattauer, Stuttgart 1990
Schmid, P.F.: Personzentrierte Gruppenpsychotherapie. Ein Handbuch. I. Solidarität und Autonomie. Edition Humanistische Psychologie, Köln 1994
Schmid, P.F.: Personzentrierte Gruppenpsychotherapie in der Praxis. Ein Handbuch. Die Kunst der Begegnung. Junfermann, Paderborn 1996
Schmidbauer, W.: Dialektik in der Psychotherapie und Partnerberatung. Partnerber. 17 (1980) 100–104
Schmidt, J., R. Nübling, F. Lamprecht: Möglichkeiten klinikinterner Qualitätssicherung auf der Grundlage eines Basis-

Dokumentationssystems sowie erweiterter Evaluationsstudien. Gesundh.-Wes. 54 (1992) 70–80

Schmitz, B., D. Ecker, C. Hofmann: Stationäre Gruppentherapie bei Patientinnen mit Anorexia und Bulimia Nervosa. Verhaltensther. Psychosoz. Prax. 223 (1991) 19–37

Schneider, H.-D.: Kleingruppenforschung. Teubner, Stuttgart 1975

Schneider, J.: Qualitätssicherung in der medizinischen Rehabilitation aus der Sicht eines Rentenversicherungsträgers. In Spörkel, H., U. Birner, B. Frommelt, T.P. John (Hrsg.): Total Quality Management. Forderungen an Gesundheitseinrichtungen. Quintessenz, München 1995 (S. 31–38)

Schneider, W.: Psychotherapiemotivation Behandlungsvoraussetzung oder ein zu vernachlässigendes Konstrukt? In Schneider, W. (Hrsg.): Indikationen zur Psychotherapie. Beltz, Weinheim 1990 (S. 183–201)

Schneider-Düker, M.: Role as a unit of observation in psychodrama-research. Int. J. Small Group Res. 5 (1989) 119–130

Schneider-Düker, M.: Das interpersonale Modell – eine psychotherapeutische Grundorientierung? Gruppenpsychother. Gruppendyn. 28 (1992) 98–113

Scholz, R.: Die Münsteraner Ausbildung. Aufbau und Grundgedanken. Arbeitsh. Gruppenanal. 96/1 (1996) 32–40

Schors, R.: Psychoanalytische Einzeltherapie bei Schmerz. In Egle, U.T., S.O. Hoffmann (Hrsg): Der Schmerzkranke. Grundlagen, Pathogenese, Klinik und Therapie chronischer Schmerzsyndrome aus bio-psycho-sozialer Sicht. Schattauer, Stuttgart 1993 (S. 369–379)

Schors, R., D. Huber: Symptomorientierte Therapie der Anorexie und Bulimie. In Herzog, W., D. Munz, H. Kächele (Hrsg.): Analytische Psychotherapie bei Essstörungen. Schattauer, Stuttgart 1996 (S. 171–196)

Schorsch, E., G. Galedary, A. Haag, M. Hauch, H. Lohse: Perversion als Straftat. Springer, Berlin 1985

Schreiber-Willnow, K.: Körper-, Selbst- und Gruppenerleben in der stationären Konzentrativen Bewegungstherapie. Psychosozial-Verlag, Gießen 2000

Schrode, H.: Klinische Kunst- und Gestaltungstherapie. Klett-Cotta, Stuttgart 1995

Schröder, E., R. Glücksmann: Das Kassengutachten in der psychotherapeutischen Praxis. 2. Aufl. Birga Glücksmann, Hamburg 1993

Schubring, M., G. Wagner: Paarneurosen und ihre Behandlung durch dynamische Paargruppenpsychotherapie. In Hess, H. (Hrsg.): Psychotherapie und Grenzgebiete 11. Barth, Leipzig 1991 (S. 63–81)

Schulte, D.: Wie soll Therapieerfolg gemessen werden? Z. Klin. Psychol. 22 (1993) 374–393

Schultz, J.H.: Das Autogene Training. 17. Aufl. Thieme, Stuttgart 1982

Schulz, K., W. Lotz-Rimbaldi, U. Koch, R. Jürgensen: 1-Jahres-Katamnese stationärer psychosomatischer Rehabilitation nach differentieller Zuweisung zu psychoanalytisch oder verhaltenstherapeutisch orientierter Behandlung. Psychother. Psychosom. med. Psychol. 49 (1999) 114–130

Schuntermann, M. F.: Die revidierte Fassung der Internationalen Klassifikation der Impairments, Disabilities und Handicaps (ICIDH-2). Was ist neu? Deutsche Rentenvers. 9–10 (1998) 529–542

Schürmann, S.T., C. Quant: Verhaltenstherapeutische Gruppenansätze bei hyperkinetischen Kindern. Unveröff. Manual. Universität Köln 1999

Schutz, W.C.: FIRO: A Three-Dimensional Theory of Interpersonal Behavior. Holt, Reinhart & Winston, New York 1958

Schwab, R., S. Tönnies: Klientenzentrierte Einzelpsychotherapie und Personenzentrierte Gesprächsgruppen – Neuere Forschungsergebnisse und Entwicklungen. In Baumann, U., H. Berbalk, G. Seidenstücker (Hrsg.): Klinische Psychologie. Trends in Forschung und Praxis. Huber, Bern 1984 (S. 132–166)

Schwarz, E., W. Kruska: Erste Erfahrungen zur Gruppenpsychotherapie mit Ehepaaren. (Unveröff. Manuskr.). Haus der Gesundheit, Berlin 1974

Schwarz, N., G.L. Clore: How do I feel about it? The information function of mood. In Fiedler, K.I., I. Forgas (eds.): Affect, Cognition and Social Behavior. Hogrefe, Toronto 1988 (pp. 44–62)

Schwehm, H: Die Anwendung des Psychodramas in der Behandlung Abhängigkeitskranker. Unveröffentlichte Dokumentation für Bundes-Ärztekammer 1999 (S. 167–193)

Schweitzer, J., G. Weber: Beziehung als Metapher: Die Familienskulptur als diagnostische, therapeutische und Ausbildungstechnik. Familiendyn. 7 (1982) 113–128

Schwetling, I., E. Weiß, S. Dornick, E. Möller: Erfahrungen mit intendierter dynamischer Gruppenpsychotherapie in der Komplexbehandlung psychiatrischer Patienten in einem Versorgungskrankenhaus. In Hess, H., K. Höck (Hrsg.): Gruppenpsychotherapie bei unterschiedlichen Zielgruppen. Psychotherapieberichte Berlin 41 (1988) 65–69

Schwoon, D.: Veränderungsprozesse bei Suchtkranken im Verbundsystem der Suchthilfe. In Thomasius, R. (Hrsg.): Psychotherapie der Suchterkrankungen. Thieme, Stuttgart 2000 (S. 147–160)

Scogin, F., L. McElreath: Efficacy of psychosocial treatments for geriatric depression: A quantitative review. J. Cons. Clin. Psychol. 62 (1994) 69–74

Scogin, F., H.C. Rickard, S. Keith, J. Wilson, L. McElreath: Progressive and imaginal relaxation training for elderly persons with subjective anxiety. Psychol. Ag. 7 (1992) 419–424

Seidenstücker, G., U. Baumann: Multimodale Diagnostik. In Baumann, U., H. Berbalk, G. Seidenstücker (Hrsg.): Klinische Psychologie – Trends in Forschung und Praxis. Hogrefe, Göttingen 1978 (S. 23–49)

Seidler, Ch.: Gruppenpsychotherapie bei Persönlichkeits- und Entwicklungsstörungen im Jugendalter. Pabst, Lengerich 1995

Seidler, Ch.: Die Geschichte der Intendierten Dynamischen Gruppenpsychotherapie. Gruppenpsychother. Gruppendyn. 33 (1997) 343–361

Seidler, Ch.: Adoleszentengruppe: Therapieziel – Verlauf – Effektivität. In Hess, H., K. Höck (Hrsg.): Gruppenpsychotherapie bei unterschiedlichen Zielgruppen. Psychotherapieberichte Berlin 41 (1988a) 11–20

Seidler, Ch.: Psychotherapeutische Zielstellung und der Gruppenpsychotherapie-Prozess. In Hess, H., K. Höck (Hrsg.): Gruppenpsychotherapie bei unterschiedlichen Zielgruppen. Psychotherapieberichte Berlin 41(1988b) 8–10

Seidler, Ch.: Geschichte, Aufgaben und Struktur des Institutes für Psychotherapie und Neurosenforschung. In Hess, H., K. Höck (Hrsg.): Modelle und Konzepte psychotherapeutischen Handelns und Forschens. Psychotherapie-Berichte Berlin 43 (1989) 8–29

Seidler, Ch., M. Froese: Neurosendifferenzierung unter ätiopathogenetischem Aspekt. In Hess, H., K. Höck (Hrsg.):Referate der wissenschaftlichen Festveranstaltung aus Anlass des 65. Geburtstages von Kurt Höck am 4.9.85. Psychotherapieberichte HdG Berlin 34(1986) 34–40

Seidler, G.H.: Psychoanalytische Gruppenpsychotherapie. In Rudolf. G.: Psychotherapeutische Medizin. Enke, Stuttgart 1996 (S. 358–366)

Seidler, G.H.: Supervision im Rahmen stat. Psychotherapie. Gruppenpsychother. Gruppendyn. 34 (1998) 318–336

Seidler, G.H.: Stationäre Psychotherapie auf dem Prüfstand. Intersubjektivität und gesundheitliche Besserung. Huber, Bern 1999

Seidler, G.H.: Die empirische Prüfung des Konstruktes vom Selbstbezug im Beobachtungsfeld stationärer Gruppenpsychotherapie. In Tress, W., W. Wöller, E. Horn (Hrsg.): Psychotherapeutische Medizin im Krankenhaus – State of the Art. VAS, Frankfurt/M. 2000 (S. 156–170)

Seifert, T., G. Loos: Matriarchaler Raum und Lebensrealität. Zur stationären Psychotherapie der Anorexie und Bulimie. Prax. Psychother. Psychosom. 32 (1987) 154–162

Seligman, M.E.P.: Science as an ally of practice. Am. Psychol. 51 (1996) 1072–1079

Senf, W.: Theorie der stationären Psychotherapie. In Becker, H., W. Senf (Hrsg.): Praxis der stationären Psychotherapie. Thieme, Stuttgart 1988 (S. 13–34)

Senf, W.: Stationäre psychoanalytische Psychotherapie: Die therapeutische Situation ohne Couch. In Neun, H. (Hrsg.): Psychosomatische Einrichtungen. Vandenhoeck & Ruprecht, Göttingen 1994 (S. 35–44)

Senf, W., I. Jezussek: Stationäre psychoanalytische Behandlung von Patienten mit Persönlichkeitsstörungen. In Schmitz, B., T. Fydrich, K. Limbacher (Hrsg.): Persönlichkeitsstörungen: Diagnostik und Psychotherapie. Beltz PVU, Weinheim 1996 (S. 267–277)

Sennett, R.: Der flexible Mensch. Berlin-Verlag, Berlin 1998

Sermabeikian, P., D. Martinez: Treatment of adolescent sexual offenders. Child Ab. Negl. 18 (1994) 969–976

Settin, J.M.: Overcoming ageism in longterm care: a solution in group therapy. J. Geront. Nurse 8 (1982) 565–567

Sevitt, M.: Discussion on a paper by John Evans. Group Anal. 21 (1988) 115–117

Shakir, S.A., F.R. Volkmar, S. Bacon, A. Pfefferbaum: Group psychotherapy as an adjunct to lithium maintenance. Am. J. Psychiat. 136 (1979) 455–456

Shannon C.E., W. Weaver: The Mathematical Theory of Communication. University of Illinois Press, Urbana/ILL. 1964

Shapiro, D.H., D. Shapiro: Meta-analysis of comparative therapy outcome studies. Psychol. Bull. 92 (1982) 581–604

Shapiro, D.H., D. Shapiro: Comparative therapy outcome research: Methodological implications of meta-analysis. J. Cons. Clin. Psychol. 51 (1983) 42–53

Shaskan, D.A., B. Roller: Paul Schilder: Mind Explorer. Human Sciences Press, New York 1985

Shaughnessy, P., D.M. Kivlighan: Using group participants' perceptions of therapeutic factors to form client typologies. Small Group Res. 26 (1995) 250–268

Shaw Austad, C.: Is Long-Term Psychotherapy Unethical? Toward a Social Ethic in an Era of Managed Care. Jossey-Bass Publishers, San Francisco 1996

Sherif, M.: The Psychology of Social Norms. Harper & Row, New York 1936

Sherif, M.: Eine Untersuchung zur sozialen Determiniertheit von Wahrnehmungsprozessen. In Sanford, F. H., E. J. Capaldi (Hrsg.): Moderne psychologische Forschung, Bd. 3. Weinheim 1971

Sherry, P., J.R. Hurley: Curative factors in psychotherapeutic and growth groups. J. Clin. Psychol. 32 (1976) 835–837

Sigusch, V. (Hrsg.): Sexuelle Störungen und ihre Behandlung. Thieme, Stuttgart 1996

Silbergeld, S., G. Koenig, R. Manderscheid, B. Meeker, C. Hornung: Assessment of environment-therapy systems: The group atmosphere scale. J. Cons. Clin. Psychol. 43 (1975) 460–469

Silberschatz, G., J.T. Curtis: Time-limited psychodynamic therapy with older adults. In Myers, W.A. (Hrsg.): New Techniques in the Psychotherapy of Older Patients. American Psychiatric Press, Washington, D.C. 1991 (S. 95–110)

Silver, A.: Group psychotherapy with senile psychotic patients. Geriat. 5 (1950) 147–150

Simmel, E.: Die psychoanalytische Behandlung in der Klinik. Int. Z. Psychoan. 14 (1927) 352–370

Simutis, C.L.T.: The effect of termination on cohesion and behavior in time limited growth groups. Unveröff. Dissertation, University of Missouri/Columbia 1983

Skodol, A.E., P. Buckley, E. Charles: Is there a characteristic pattern to the treatment history of clinic outpatients with borderline personality. J. Nerv. & Ment. Dis. 171 (1983) 405–410

Skogstad, W., R. Hinshelwood: Das Krankenhaus im äußeren Rahmen und im seelischen Erleben. Stationäre Psychotherapie am Cassel Hospital. Psychother. 43 (1998) 288–295

Slavinska-Holy, N.M.: Combining individual and homogenous psychotherapies for borderline conditions. Int. J. Group Psychother. 33 (1983) 297–312

Slavson, S.R.: An Introduction to Group Therapy. International Universities Press, New York 1943/1956

Slavson, S.R.: Analytic Group Psychotherapy. Columbia University Press, New York 1950 (Dt.: Analytische Gruppenpsychotherapie. Fischer, Frankfurt/M. 1977)

Slavson, S.R.: Analytic Group Psychotherapy With Children, Adolescents and Adults. Columbia University Press, New York 1961

Slavson, S.R.: Unterschiedliche psychodynamische Prozesse der Aktivitäts- und Aussprachegruppen. Zur Gruppenpsychotherapie mit Kindern und Jugendlichen. In Preuss, H.G. (Hrsg.): Analytische Gruppenpsychotherapie: Grundlagen und Praxis. Urban & Schwarzenberg, München 1966 (S. 73–84)

Slavson, S.R.: Meine Technik der Gruppenpsychotherapie mit Kindern. In Bierman, G. (Hrsg.): Handbuch der Kinderpsychotherapie, Bd II. Reinhardt, München 1971

Slavson, S.R., M. Schiffer: Group Psychotherapies For Children. International Universities Press, New York 1975

Slawsby, E.A.: Psychosocial factors of pain in chronic atypical facial pain. University of Massachusetts, Boston 1995

Slife, B., J. Lanyon: Accounting for the power of the Here-and-Now: Issues in group psychotherapy. Int. J. Group Psychother. 41 (1991) 145–168

Smith, M., G. Glass, T. Miller: The Benefits of Psychotherapy. Johns Hopkins University Press, Baltimore 1980

Snell, F.I., R.N. Padin-Rivera: Group treatment for older veterans with post-traumatic stress disorder. J. Psychos. Nurs. 35 (1997) 10–16

Soldz, S., S.H. Budman, M. Davis, A. Demby: Beyond the interpersonal circumplex in group Psychotherapy: The structure and relationship to outcome of the Individual Group Member Interpersonal Process Scale. J. Clin. Psychol. 49 (1993) 551–563

Solomon, K., M.R. Zinke: Group psychotherapy with the depressed elderly. J. Gerontol. Soc. Work 17 (1991) 47–57

Spar, J.E.: The relationship between staff treatment team variables and patient improvement within an inpatient community. University of Miami, Unveröff. Diss. 1976

Spaulding, W.D., D. Reed, D.M. Stozbach, N. Sullivan, N. Wyler, C. Richardsen: The effects of the remediational approach to cognitive therapy of schizophrenia. In Wykes, T. (Hrsg.): Outcome and Innovation in the Psychological Treatment of Schizophrenia. J. Wiley & Sons, London 1998 (S. 145–160)

Spaulding, W.D., L. Storms, V. Goodrich, M. Sullivan: Applications of experimental psychopathology in psychiatric rehabilitation. Schizophr. Bull. 12 (1986) 560–577

Spaulding, W.D., M. Weiler, D.L. Penn: Symptomatology, neuropsychological impairment, social cognition, and performance in chronic schizophrenia. Paper presented at the

annual meeting of the American Psychopathological Association, New York 1990
Speierer, G.-W.: Gruppenpsychotherapie. In Baumann, U., H. Berbalk, G. Seidenstücker (Hrsg.): Klinische Psychologie. Trends in Forschung und Praxis, Bd. 1. Huber, Bern 1978 (S. 184–275)
Sperberg, E.D., S.D. Stab: Depression in women as related to anger and mutuality in Relationships. Psychol. Wom. Quart. 22 (1998) 223–238
Spiegel, D.: Health care: Psychosocial support for patients with breast cancer. Cancer 74 (1994) 1453–1457
Spiegel, D., J.R. Bloom: Group therapy and hypnosis reduce metastatic breast carcinoma pain. Psychosom. Med. 45 (1983) 333–339
Spiegel, D., J.R. Bloom, I.D. Yalom: Group support for patients with metastatic cancer – A randomized prospective outcome study. Arch. Gen. Psychiat. 38 (1981) 527–533
Spiegel, D., C. Classen: Group Therapy for Cancer Patients. A Research-Based Handbook of Psychosocial Care. Basic Books, New York 2000
Spiegel, D., M.C. Glafkides: Effects of group confrontation with death and dying. Int. J. Group Psychother. 33 (1983) 433–447
Spiegel, D., P.M. Kato: Psychosoziale Einflüsse auf Inzidenz und Progression von Krebs. In Larbig, W., V. Tschuschke (Hrsg.): Psychoonkologische Interventionen. Therapeutisches Vorgehen und Ergebnisse. Ernst Reinhardt, München 2000 (S. 111–150)
Spiegel, D., H. Kraemer, J.R. Bloom, E. Gottheil: Effect of psychosocial treatment on survival of patients with metastatic breast cancer. Lancet ii (1989) 888–891
Spiegel, D., J.L. Spira: Supportive Expressive Group Therapy: A Treatment Manual of Psychosocial Intervention for Women with Recurrent Breast Cancer. Psychosocial Treatment Laboratory, Stanford 1991
Spiegel, D., I.D. Yalom: A support group for dying patients. Int. J. Group Psychother. 28 (1978) 233–245
Spira, J.L.: Existential group psychotherapy for advanced breast cancer and other life-threatening illnesses. In Spira, J.L. (ed.): Group Therapy for Medically Ill Patients. Guilford Press, New York 1997 (S. 165–222)
Spitz, H.I.: Group psychotherapy and managed mental health care. Brunner-Mazel, New York 1996
Springer, T., K.R. Silk: A review of inpatient group therapy for borderline personality disorder. Harv. Rev. Psychiat. 3 (1996) 268–278
Staats, H.: Psychoanalytisch-interaktionelle Gruppenpsychotherapie mit manisch-depressiv Kranken. Gruppenpsychother. Gruppendyn. 28 (1992) 356–370
Stanley, M.A., J.G. Beck, G.J. DeWitt: Treatment of generalized anxiety in older adults: A preliminary comparison of cognitive-behavioral and supportive approaches. Beh. Ther. 27 (1996) 565–581
Stanton, A.H., A.S. Schwartz: The Mental Hospital: A Study of Institutional Participation in Psychiatric Illness and Treatment. Basic Books, New York 1954
Statistisches Bundesamt (Hrsg.) Gesundheitsbericht für Deutschland. Kurzfassung. Metzler-Poeschel, Reutlingen 1998
Steiner, C.: Script People Live. Grove Press, New York 1974
Steinmetz, J.L., P.M. Lewinsohn, D.O. Antonuccio: Prediction of individual outcome in a group intervention for depression. J. Cons. Clin. Psychol. 51 (1983) 331–337
Stermac, L., R. Blanchard, L.H. Clemmensen, R. Dickey: Group therapy for gender-dysphoric heterosexual men. J. Sex. Marit. Ther. 17 (1991) 252–258
Stern, D.N.: The Interpersonal World of the Infant. Basic Books, New York 1985
Stern, R.: Drama gerontology: Group therapy through counseling and drama techniques. In MacLennan, B., S. Saul, M.B. Weiner (eds.): Group Psychotherapies for the Elderly. International Universities Press, Madison/CT 1988 (S. 257–268)
Stetter, F.: Psychotherapie von Suchterkrankungen. Teil 2: Beiträge verschiedener Psychotherapierichtungen. Psychother. 45 (2000) 141–152
Steuer, J.L., C.L. Hammen: Cognitive-behavioral group therapy for the depressed elderly. Issues and adaptations. Cogn. Ther. Res. 7 (1983) 285–296
Steuer, J.L., J. Mintz, C.L. Hammen et al.: Cognitive-behavioral and psychodynamic group psychotherapy in the treatment of geriatric depression. J. Cons. Clin. Psychol. 52 (1984) 180–189
Stinchfield, R., P.L. Owen, K.C. Winters: Group therapy for substance abuse: A review of the empirical research. In Fuhriman, A., G.M. Burlingame (eds.): Handbook of Group Psychotherapy. John Wiley & Sons, New York 1994 (S. 458–488)
Stiver, I.P.: The meanings of „dependency" in female-male relationships. In Jordan, J.V., A.G. Kaplan, J.B. Miller, I.P. Stiver, J.L. Surrey (eds.): Women's Growth in Connection: Writings From the Stone Center. Guilford Press, New York 1991 (S. 143–161)
Stiwne, D.: Group psychotherapy with borderline patients: contrasting remainders and dropouts. Group, 18 (1994) 37–45
Stock, D., H.A. Thelen: Emotional Dynamics and Group Culture. University Press, New York 1957
Stockton, R., R.I. Rohde, J. Haughey (1992): The effects of structured group exercizes on cohesion, engagement, avoidance, and conflict. Small Group Beh. 23 (1992) 155–168
Stock-Whitaker, D., M.A. Lieberman: Psychotherapy Through the Group Process. Tavistock, London 1965
Stolk, Y., A.Y. Perlesz: Do better trainees make worse family therapists? A follow-up study of client-families. Fam. Proc. 1 (1990) 45–58
Stoller, R.: Perversion. Fischer, Frankfurt/M. 1979
Stolorow, R., B. Brandchaft, G. Atwoul: Psychodynamic Treatment: An Intersubjective Approach. Analytic Press, Hillsdale/NJ 1987
Stone, M.H., C.M. Lewis, A.P. Beck: The structure of Yalom's curative factors scale. Int. J. Group Psychother. 44 (1994) 239–245
Stone, W.N.: Group Psychotherapy for People With Chronic Mental Illness. Guilford Press, New York 1996
Stone, W.N., J.P. Gustafson: Technique in group psychotherapy of narcissistic and borderline patients. Int. J. Group Psychother. 32 (1982) 29–47
Stones, M.J., C. Rattenbury, A. Kozma: Group reminiscence. Evaluating short- and long-term-effects. In Haight, B.K., J.D. Webster (eds.): The Art and Science of Reminiscing. Taylor & Francis, Washington, D.C. 1995 (S. 139–150)
Strassberg, D.S., H.B. Roback, K.N. Anchor, S.I. Abramowitz: Self-disclosure in group therapy with schizophrenics. Arch. Gen. Psychiat. 32 (1975) 1259–1261
Straub, H.: Die Behandlung von Zwangsstörungen mit der psychodramatischen Methode. Unveröffentlichte Dokumentation für die Bundes-Ärztekammer 1999 (S. 143–149)
Strauß, B.: Empirische Untersuchungen zur stationären Gruppenpsychotherapie: ein Überblick. Gruppenpsychother. Gruppendyn. 28 (1992) 125–149
Strauß, B.: Ergebnisforschung in der Gruppenpsychotherapie. In Strauß, B., J. Eckert, V. Tschuschke (Hrsg.): Methoden

der empirischen Gruppentherapieforschung – Ein Handbuch. Westdeutscher Verlag, Oplanden 1996 (S. 30–51)

Strauß, B. (Hrsg.): Psychotherapie der Sexualstörungen. Thieme, Stuttgart 1998a

Strauß, B.: Prozess und Ergebnis stationärer Gruppenpsychotherapie. Lehren aus einer empirischen Studie. In Vandieken, R., E. Häckl, D. Mattke (Hrsg.): Was tut sich in der stationären Psychotherapie? Standorte und Entwicklungen. Psychosozial-Verlag, Gießen 1998b (S. 142–158)

Strauß, B., M. Burgmeier-Lohse: Stationäre Langzeitgruppenpsychotherapie. Asanger, Heidelberg 1994a

Strauß, B., M. Burgmeier-Lohse: Evaluation einer stationären Langzeitgruppenpsychotherapie. Psychother. Psychosom. med. Psychol. 44 (1994b) 184–192

Strauß, B., M. Burgmeier-Lohse: Merkmale der „Passung" zwischen Patienten und Therapeut als Determinante des Behandlungsergebnisses in der stationären Gruppenpsychotherapie. Z. Psychosom. Med. Psychoanal. 41 (1995) 41 127–140

Strauß, B, J. Eckert, J. Ott (Hrsg.): Interpersonale Probleme in der stationären Gruppenpsychotherapie. Gruppenpsychother. Gruppendyn. 29 (1993) S. 223–324

Strauß, B., J. Eckert, V. Tschuschke (Hrsg.): Methoden der empirischen Gruppentherapieforschung – Ein Handbuch. Westdeutscher Verlag, Oplanden 1996a

Strauß, B., J. Eckert, V. Tschuschke: Einführung: Die Gruppe – Ein Stiefkind der Psychotherapieforschung? In Strauß, B., J. Eckert, V. Tschuschke (Hrsg.): Methoden der empirischen Gruppentherapieforschung – Ein Handbuch. Westdeutscher Verlag, Oplanden 1996b (S. 11–14)

Strauß, B., H. Kächele: The writing on the wall. Psychother. Res. 8 (1998) 158–170

Strauß, B., H. Kordy: Das Inventar zur Erfassung interpersonaler Probleme. In Strauß, B., J. Eckert, V. Tschuschke (Hrsg.): Methoden der empirischen Gruppentherapieforschung – Ein Handbuch. Westdeutscher Verlag, Oplanden 1996 (S. 78–86)

Strauß, B., R. Kriebel, D. Mattke: Probleme der Qualitätssicherung in der stationären Gruppenpsychotherapie. Psychotherapeut 43 (1998) 18–25

Strauß, B., A. Lobo-Drost, P.A. Pilkonis: Erfassung von Bindungsstilen bei Erwachsenen – erste Erfahrungen mit einer Prototypenbeurteilung. Z. Klin. Psychol. Psychother. Psychiat. 47 (1999) 347–364

Strauß, B., W.W. Wittmann: Wie hilft Psychotherapie? In Senf, W., M. Broda (Hrsg.): Praxis der Psychotherapie. Ein integratives Lehrbuch: Psychoanalyse, Verhaltenstherapie, Systemische Therapie. Thieme, Stuttgart 2000 (S. 734–745)

Streeck, U.: „Definition der Situation", soziale Normen und interaktionelle Gruppenpsychotherapie. Gruppenpsychother. Gruppendyn. 16 (1980) 209–221

Streeck, U.: Klinische Psychotherapie als Fokalbehandlung. Z. Psychosom. Med. Psychoanal. 37 (1991) 3–13

Streeck, U.: Strukturelle Störungem, Interaktion und Gruppenpsychotherapie. In Ardjomandi, M.E., A. Berghaus, W. Knauss (Hrsg.): Jahrb. Gruppenanal. Bd. 1. Mattes, Heidelberg 1995 (S. 21–34)

Streeck, U.: Fokus und Interaktion in der stationären Psychotherapie. In Tress, W., W. Wöller, E. Horn (Hrsg.): Psychotherapeutische Medizin im Krankenhaus – State of the Art. VAS, Frankfurt/M. 2000 (S. 56–68)

Streeck, U., S. Ahrens: Konzept und Indikation stationärer Psychotherapie. In Ahrens, S. (Hrsg.): Lehrbuch der Psychotherapeutischen Medizin. Schattauer, Stuttgart 1997 (S. 598–607)

Stroebe, W., M. Hewstone, G.M. Stephenson (Hrsg.): Sozialpsychologie. Eine Einführung. Springer, Berlin 1996

Strotzka, H.: Psychotherapie: Grundlagen, Verfahren, Indikationen. Urban & Schwarzenberg, München 1975

Strupp, H.H., J.L. Binder: Psychotherapy in a New Key. A Guide to Time-Limited Dynamic Psychotherapy. Basic Books, New York 1984

Strupp, H.H., J.L. Binder: Kurzpsychotherapie. Klett-Cotta, Stuttgart 1991

Strupp, H.H., L.M. Horowitz, M.J. Lambert (eds.): Measuring Patient Change. American Psychological Association, Washington, D.C. 1997

Stübinger, D.K.: Psychotherapeutische Selbsthilfegruppen in der BRD. Unveröff. Med. Diss., Gießen 1977

Stuhr, U.: Bedeutung soziologischer Einflussgrößen am Beispiel der Arbeitswelt und Familie. In Ahrens, S. (Hrsg.): Lehrbuch der Psychotherapeutischen Medizin. Schattauer, Stuttgart 1997 (S. 87–92)

Sullivan, H.S.: The Interpersonal Theory of Psychiatry. Norton, New York 1953

Sullivan, H.S.: Die interpersonale Theorie der Psychiatrie. S. Fischer, Frankfurt/M. 1980

Sullivan, G., S.R. Marder, R.P. Liberman, C.P. Donahoe, J. Mintz: Social skills and relapse history in outpatient schizophrenics. Psychiat. 53 (1990) 340–345

Süß, H.M.: Zur Wirksamkeit der Therapie bei Alkoholabhängigkeit. Ergebnisse einer Metaanalyse. Psychol. Rundsch. 46 (1995) 248–266

Svedlund, J.: Psychotherapy in irritable bowel syndrome. A controlled outcome study. Acta Psychiat. Scand. (Suppl. 306) 67 (1983) 1–86

Tasca, G.A., V. Russell, K. Busby: Characteristics of patients who choose between two types of group psychotherapy. Int. J. Group Psychother. 44 (1994) 499–508

Taynor, J., K. Deaux: Evaluation of male and female identity: Bias works in two ways. Psychol. Rep. 32 (1973) 261–262

Telch, C.F., W.S. Agras, E.M. Rossiter, D. Wilfley, J. Kenardy: Group cognitive-behavioral treatment for the nonpurging bulimic: an initial evaluation. J. Cons. Clin. Psychol. 58 (1990) 629–635

Telch, C.F., M.J. Telch: Group coping skills instruction and supportive group therapy for cancer patients: a comparison of strategies. J. Cons. Clin. Psychol. 54 (1986) 802–808

Teufel, R., R. Költzow: Methodische Optimierung der Faktorenstruktur des Stuttgarter Bogens. In Enke, H., V. Tschuschke, W. Volk (Hrsg.): Psychotherapeutisches Handeln. Grundlagen, Methoden und Ergebnisse der Forschung. Kohlhammer, Stuttgart 1983 (S. 36–41)

Thilo, H.-J.: Erfahrungen in analytischer Gruppenpsychotherapie mit Patienten nach dem 63. Lebensjahr. Gruppenpsychother. Gruppendyn. 22 (1986) 330–337

Thomä, H.: Ideen und Wirklichkeit der Lehranalyse. Psyche 45 (1991) 358–433, 481–505

Thomä, H., H. Kächele: Lehrbuch der psychoanalytischen Therapie, Bd. 2: Praxis. Springer, Berlin 1996

Thompson, C.: Cultural pressures in the psychology of women. In Miller, J.B. (ed.): Psychoanalysis and Women. Penguin, Baltimore/MD 1973

Thompson, L.W., F. Gantz, M. Florsheim et al.: Cognitive-behavioral therapy for affective disorders in the elderly. In Myers, W.A. (ed.): New Techniques in the Psychotherapy of Older Patients. American Psychiatric Press, Washington, D.C. 1991 (S. 3–20)

Thoresen, C.E., P. Bracke: Reducing coronary recurrences and coronary-prone behavior: A structured group treatment approach. In Spira, J.L. (ed.): Group Therapy for Medically Ill Patients Guilford Press, New York 1997 (S. 92–129)

Tillitski, C.J.: A meta-analysis of estimated effect sizes for group versus individual versus control treatments. Int. J. Group Psychother. 40 (1990) 215–224

Tilney, T.: Dictionary of Transactional Analysis. Whurr Publishers 1998

Toffler, G.: Möglichkeiten und Veränderungschancen psychotischer Patienten in einer heterogenen, analytisch orientierten Therapiegruppe. Gruppenanal. 6 (1996) 23-40

Tonscheidt, S.: Stationäre Verhaltenstherapie bei depressiven älteren Menschen. Z. Gerontol. 25 (1992) 365-368

Toro, P.A., Rappaport, J., E. Seidman: Social climate comparison of mutual help and psychotherapy groups. J. Cons. Clin. Psychol. 55 (1987) 430-431

Toseland, R.W., C.M. Rossiter, T. Peak, P. Hill: Therapeutic processes in peer led and professionally led support groups for caregivers. Int. J. Group Psychother. 40 (1990) 279-303

Toseland, R.W., M. Siporin: When to recommend group treatment. Int. J. Group Psychother. 36 (1986) 172-201

Trappe, M.: Der Traum in der Gruppe. In Brandes H., H. Forst, T. Mies, M. Trappe (Hrsg.): Gruppenanalyse und Tätigkeitstheorie. LIT, Münster 1999 (S. 99-129)

Treadwell, T., E. Collins, S. Stein (1992): The Moreno Social Atom Test- Revised (MSAT-R): A Sociometric Instrument Measuring Interpersonal Network. J. Group Psychother., Psychodr. & Sociom. 45 (1992) 122-124

Tress, W. (Hrsg.): SASB. Die Strukturale Analyse Sozialen Verhaltens. Asanger, Heidelberg 1993

Tress, W., W. Wöller, E. Horn (Hrsg.): Psychotherapeutische Medizin im Krankenhaus - State of the Art. Verlag für Akademische Schriften, Frankfurt/M. 2000

Trierweiler, A.: Modell einer Gruppenpsychotherapiebehandlung sexueller Dysfunktion in der Klinik. Sexualmed. 14 (1986) 610-614

Trijsburg, R.W., F.C. van Knippenberg, S.E. Rijpma: Effects of psychological treatment on cancer patients: a critical review. Psychosom. Med. 54 (1992) 489-517

Troisi, A., G. Spalletta, A. Pasini: Non-verbal behaviour deficits in schizophrenia - an ethological study of drug-free patients. Acta Psychiat. Scand. 97 (1998) 109-115

Tross, S., J.E. Blum: A review of group therapy with the older adult: practice and research. In MacLennan, B., S. Saul, W.B. Weiner (eds.): Group Psychotherapies for the Elderly. Madison/CT, International Universities Press 1988 (S. 3-32)

Tschuschke, V.: Verlaufsanalyse verbaler Affektstrukturen von Patienten einer ambulanten analytischen Gruppenpsychotherapie - eine empirische Gruppenfallstudie mit dem Gottschalk-Gleser-Verfahren. Humanbiologische Dissertation Universität Ulm 1986

Tschuschke, V.: Zum Kohäsions-Konzept in der therapeutischen Gruppe - Theoretische Überlegungen und empirische Ergebnisse. Gruppenpsychother. Gruppendyn. 23 (1987) 46-55

Tschuschke, V.: Interaction behavior of borderline patients in analytic group therapy. In Polley, R.B., A.P. Hare, P.J. Stone (eds.): The SYMLOG Practicioner. Applications of Small Group Research. Praeger, New York 1988 (S. 261-268)

Tschuschke, V.: Wirksamkeit und Erfolg in der Gruppenpsychotherapie. Gruppenpsychother. Gruppendyn. 25 (1989) 60-78

Tschuschke, V.: Spezifische und/oder unspezifische Wirkfaktoren in der Psychotherapie: Ein Problem der Einzelpsychotherapie oder auch der Gruppenpsychotherapie? In Tschuschke, V. und D. Czogalik (Hrsg.): Psychotherapie - Welche Effekt verändern? Zur Frage der Wirkmechanismen therapeutischer Prozesse. Springer, Berlin 1990 (S. 243-271)

Tschuschke, V.:Wirkfaktoren stationärer Gruppenpsychotherapie. Prozess - Ergebnis - Relationen. Vandenhoeck & Ruprecht, Göttingen 1993

Tschuschke, V.: Prozess-Ergebnis-Zusammenhänge und Wirkfaktorenforschung. In Strauß, B., J. Eckert, V. Tschuschke (Hrsg.): Methoden der empirischen Gruppentherapieforschung. Westdeutscher Verlag, Opladen (1996a) S. 52-75

Tschuschke, V.: Das „Psychological Mindedness-Einschätzungsverfahren (PMAP)" (Unveröff. Manuskr.) 1996b

Tschuschke, V.: Gottschalk-Gleser-Sprachinhaltsanalyse. In Strauß, B., J. Eckert, V. Tschuschke (Hrsg.): Methoden der empirischen Gruppentherapieforschung. Westdeutscher Verlag, Opladen (1996c) S. 375-387

Tschuschke, V.: Forschungsergebnisse zu Wirkfaktoren und Effektivität bei Gruppentherapie mit Jugendlichen. Prax. Kinderpsychol. Kinderpsychiat. 45 (1996d) 38-47

Tschuschke, V.: Der Stuttgarter Bogen (SB). In Strauß, B., J. Eckert, V. Tschuschke (Hrsg.): Methoden der empirischen Gruppentherapieforschung. Westdeutscher Verlag, Opladen (1996e) S. 218-228

Tschuschke, V.: Gruppentherapeutische Interventionen bei Krebspatienten. Gruppenpsychother. Gruppendyn. 32 (1996f) 185-204

Tschuschke, V.: Gruppenentwicklung - unverzichtbar für gruppentherapeutische Effekte? In Langthaler, W. und G. Schiepek (Hrsg.): Selbstorganisation und Dynamik in Gruppen. 2. Aufl. LIT, Münster 1997 (S. 183-196)

Tschuschke, V.: Nützt mir Psychotherapie? Hilfen zur Entscheidung. Vandenhoeck & Ruprecht, Göttingen 1998

Tschuschke, V.: Gruppentherapie versus Einzeltherapie. Gleich wirksam? Gruppenther. Gruppendyn. 35 (1999a): 257-274

Tschuschke, V.: Gruppentherapie - die „dritte Säule" der psychotherapeutischen Versorgung? Gruppenpsychother. Gruppendyn. 35 (1999b) 114-144

Tschuschke, V.: Empirische Studien mit verhaltenstherapeutischen und psychoanalytischen Gruppenpsychotherapie-Behandlungen - Ein Literaturüberblick. Gruppenpsychother. Gruppendyn. 35 (1999c) 1-16

Tschuschke, V.: Zum Stand der Psychotherapie - Allgemeine oder schulgebundene Psychotherapie? In Hennig, H., W. Rosendahl (Hrsg.): Katathym-imaginative Psychotherapie als analytischer Prozeß. Pabst, Lengerich 1999d (S. 203-234)

Tschuschke, V.: Therapieeffekte in ambulanter und stationärer Gruppenpsychotherapie mit schweren neurotischen und Persönlichkeitsstörungen. In Saß, H., S.C. Herpertz (Hrsg.): Psychotherapie von Persönlichkeitsstörungen. Beiträge zu einem schulenübergreifenden Vorgehen. Thieme, Stuttgart 1999e (S. 88-97)

Tschuschke, V.: Die Bedeutung der Psychotherapieforschung für die Gruppenpsychotherapie. In Petzold, H., M. Märtens, M. (Hrsg.): Wege zu effektiven Psychotherapien. Psychotherapieforschung und Praxis. Band 1: Modelle, Konzepte, Settings. Leske u. Budrich, Opladen 2000a (S. 303-326)

Tschuschke, V.: SYMLOG in der Gruppenpsychotherapie Prozessforschung. In Wälte, D., F. Kröger (Hrsg.): Interaktionsforschung mit dem SYMLOG-Methodeninventar. Theorie und Praxis. VAS - Verlag für Akademische Schriften, Frankfurt/M. 2000b (105-118)

Tschuschke, V.: Gruppenklima und Behandlungseffekte in geschlossenen Gruppen in unterschiedlichen Settings. 2000c (Unveröff. Manuskr.)

Tschuschke, V.: Group therapy for cancer patients. A research review. Int. J. Group Psychother. 50 (2000d) 269-273

Tschuschke, V.: Lehrbuch der Psychoonkologie. Schattauer, Stuttgart 2001a

Tschuschke, V.: Gruppenpsychotherapie - Entwicklungslinien, Diversifikation, Praxis und Möglichkeiten. Psychotherapie im Dialog 2 (2001c)

Tschuschke, V.: Allgemeine und spezifische Wirkfaktoren. In Lehmkuhl, G., G. Vogel (Hrsg.): Praxis und Theorie individualpsychologischer Gruppenpsychotherapie. Vandenhoeck & Ruprecht, Göttingen 2001b (im Druck)

Tschuschke, V., T. Anbeh: Early treatment effects of long-term outpatient group therapies – First preliminary results. Group Anal. 33 (2000a) 397–411

Tschuschke, V., T. Anbeh: Ergebnisse der PAGE-Studie des DAGG. Vortrag auf dem Kongress des Deutschen Arbeitskreises für Gruppenpsychotherapie und Gruppendynamik (DAGG), Berlin 04.–07.05. (2000b)

Tschuschke, V., Anbeh, T.: Wirkungen ambulanter analytischer Gruppenpsychotherapie in Deutschland – erste Ergebnisse der PAGE-Studie. Psychotherapeuten-Forum 7 (2000c) 5–12

Tschuschke, V., E. Bänninger-Huber, H. Faller, E. Fikentscher, G. Fischer, I. Frohburg, W. Hager, A. Schiffler, F. Lamprecht, F. Leichsenring, M. Leuzinger-Bohleber, G. Rudolf, H. Kächele: Psychotherapieforschung – Wie man es (nicht) machen sollte. Eine Experten/innen-Reanalyse von Vergleichsstudien bei Grawe et al. (1994). Psychother. Psychosom. med. Psychol. 48 (1998) 430–444

Tschuschke, V., D. Czogalik (Hrsg.): Psychotherapie – Welche Effekte verändern? Zur Frage der Wirkmechanismen therapeutischer Prozesse. Springer, Berlin 1990

Tschuschke, V., R.R. Dies: Intensive analysis of therapeutic factors and outcome in long-term inpatient groups. Int. J. Group Psychother. 44 (1994a) 185–208

Tschuschke, V., R.R. Dies: Der Mythos von den zwei Welten: Praxis und Forschung brauchen einander. Gruppenpsychother. Gruppendyn. 30 (1994b) 227–250

Tschuschke, V., R.R. Dies: The contribution of feedback to outcome in long-term group psychotherapy. Group 21 (1997) 3–15

Tschuschke, V., L.R. Greene: Learning in experiential small groups. Int. J. Group Psychother. (2002; im Druck)

Tschuschke, V., C. Heckrath, W. Tress: Zwischen Konfusion und Makulatur. Zum Wert der Berner Psychotherapie-Studie von Grawe, Donati und Bernauer. Vandenhoeck & Ruprecht, Göttingen 1997

Tschuschke, V., B. Hertenstein, R. Arnold, R. Denzinger, D. Bunjes, H. Heimpel, H. Kächele: Effects of coping on survival of adult leukemia patients admitted for allegeneic bone marrow transplantation results of a prospective study. J. Psychosom. Res. (2001) 1–9

Tschuschke, V., B. Hertenstein, R. Arnold, R. Denzinger, D. Bunjes, N. Grulke, H. Heimpel, H. Kächele: Beziehungen zwischen Coping-Strategien und Langzeitüberleben bei allogener Knochenmarktransplantation – Ergebnisse einer prospektiven Studie. In Johann, B., R. Lange (Hrsg.): Psychotherapeutische Interventionen in der Transplantationsmedizin. Pabst, Lengerich 1999 (S. 80–104)

Tschuschke, V., H. Hess, K.R. MacKenzie: Der Gruppenklima-Fragebogen (GCQ-S) – Methodik und Anwendung eines Messinstruments zum Gruppenerleben. Gruppenpsychother. Gruppendyn. 26 (1991) 340–359

Tschuschke, V., H. Kächele, M. Hölzer: Gibt es unterschiedlich effektive Formen von Psychotherapie? Psychother. 39 (1994) 281–297

Tschuschke, V., K.R. MacKenzie: Empirical analysis of group development: A methodological report. Small Group Beh. 20 (1989) 419–427

Tschuschke, V., K.R. MacKenzie, B. Haaser, G. Janke: Self-disclosure, feedback, and outcome in long-term inpatient psychotherapy groups. J. Psychother. Pract. Res. 5 (1996) 35–44

Tschuschke, V., D. Mattke: Kurzgruppentherapie. Entwicklung, Konzepte und aktueller Forschungsstand. Gruppenther. Gruppendyn. 33 (1997) 36–54

Tschuschke, V., K. Pfleiderer, R. Denzinger, B. Hertenstein, H. Kächele, R. Arnold: Coping bei Knochenmarktransplantation. Ein Beitrag zur Frage des „geeigneten" Vs. „ungeeigneten Copings". Psychother. Psychosom. med. Psychol. 44 (1994) 346–354

Tsegos, I.K.: To mix or not to mix. Über die gruppenanalytische Therapie der KandidatInnen im Rahmen ihrer Ausbildung. Arbeitsh. Gruppenanal. 96/1 (1996) 65–78

Tuckman, B.W.: Developmental sequence in small groups. Psychol. Bull, 63 (1965) 384–399

Tuckman, B.W., M. Jensen: Stages of small group development. Gr. Organz. St. 2 (1977) 419–427

Tyrer, P.J., M. Remington: Controlled comparison of day hospital and outpatient treatment for neurotic disorders. Lancet 1 (1979) 1014–1016

Tyrer, P.J., M. Remington, J. Alexander: The outcome of neurotic disorders after outpatient and day hospital care. Br. J. Psychiat. 151 (1987) 57–62

Vachon, M.L.S., W.A.L. Lyall, J. Rogers, J. Cochrane, S.J.J. Freeman: The effectiveness of psychosocial support during post-surgical treatment of breast cancer. Int. J. Psychiat. Med. 11 (1982) 365–372

Van der Kolk, B.A., D. Pelcovitz, S. Roth, F.S. Mandel, A. McFarlane, J.L. Herman: Dissociation, somatization, and affect dysregulation: the complexity of adaptation to trauma. Am. J. Psychiat. 153 (7. Suppl.) (1996) 83–93

Vanderlinden, J., J. Norré, W. Vandereycken, R. Meermann: Die Behandlung der Bulimia nervosa. Schattauer, Stuttgart 1992

Vandieken, R., E. Häckl, D. Mattke (Hrsg.): Was tut sich in der stationären Psychotherapie? Standorte und Entwicklungen. Psychosozial-Verlag, Gießen 1998

Vauth, R.: Kognitive Störungen bei Psychosen. In Strube, G., B. Becher, C. Freska, K. Halm, G. Palm, K. Opwis (Hrsg.): Wörterbuch der Kognitionswissenschaft. Klett-Cotta, Stuttgart 1996 (S. 689–691)

Vauth, R., M. Dietl, R.-D. Stieglitz, H.M. Olbrich: Kognitive Remediation – Eine neue Chance in der Rehabilitation der Schizophrenie? Nervenarzt 71 (2000) 19–29

Vauth, R., M. Dreher-Rudolph, R. Ueber, H.M. Olbrich: Das „Training Emotionaler Intelligenz". Ein neuer Therapieansatz in der Gruppenpsychotherapie schizophrener Patienten. In Mundt, C., M. Linden, M., W. Barnett (Hrsg.): Psychotherapie in der Psychiatrie. Springer, Wien 1997 (S. 87–91)

Vauth, R., M. Dreher-Rudolph, R.-D. Stieglitz: Behandlungsstrategien bei persistierender schizophrener Negativsymptomatik. Fortschr. Neurol. Psychiat. 67 (1999) 274–280

Vauth, R, N. Rüsch, H.M. Olbrich: 'Cold' cognition and social cognition in predicting outcome of cognitive behaviour group psychotherapy for schizophrenic inpatients. Unveröff. Man. 2000

Velligan, D.I., C.C. Bowthomas, R.K. Mahurin, A. Miller, A. Dassori, F. Erdely: Concurrent and predictive validity of the Allen Cognitive Levels Assessment. Psychiat. Res. 80 (1998) 287–298

Velligan, D.I., R.K. Mahurin, P.L. Diamond, B.C. Hazleton, S.L. Eckert: The functional significance of symptomatology and cognitive function in schizophrenia. Schizophr. Res. 25 (1997) 21–31

Venner, M., E. Daniel: Die Anwärmphase in der Gruppenpsychotherapie psychosomatisch Kranker. In Hess, H., K. Höck (Hrsg.): Gruppenpsychotherapie bei unterschiedlichen Zielgruppen. Psychotherapieberichte Berlin 41 (1988) 40–44

Venner, M., A. Ludwig: Probleme beim Aufbau einer onkologischen Gesprächsgruppe. In Hess, H., K. Höck (Hrsg.): Gruppenpsychotherapie bei unterschiedlichen Zielgruppen. Psychotherapieberichte Berlin 41 (1988) 54–57

Verhulst, J.C., F.J. van der Vijver: Resistance during psychotherapy and behavior therapy. Behav. Modific. 14 (1990) 172–187

Volk, W.: Reflektionen zu den Einstellungen und Wünschen des Klinikpersonals in der stationären Psychotherapie. Prax. Psychother. Psychosom. 25 (1980) 251–258

Volkmar, F.R., S. Bacon, S.A. Shakir, A. Pfefferbaum: Group therapy in the management of manic-depressive illness. Am. J. Psychiat. 35 (1981) 226–234

Vollmer, H.C., J. Krauth: Verhaltenstherapie bei Suchterkrankungen. In Thomasius, R. (Hrsg.): Psychotherapie der Suchterkrankungen. Thieme, Stuttgart 2000 (S. 102–121)

Waadt, S., R.G. Laessle, K.M. Pirke: Bulimie: Ursachen und Therapie. Springer, Berlin 1992

Wachtel, P.L.: Psychoanalysis and Behaviour Therapy: Towards an Integration. Basic Books, New York 1977

Wächtler, C.: Analytisch orientierte Gruppenpsychotherapie in einer psychogeriatrischen Tagesklinik. In Radebold, H. (Hrsg.): Gruppenpsychotherapie im Alter. Vandenhoeck & Ruprecht, Göttingen 1983 (S. 64–73)

Wahlstab, A: Zum Versuch intendiert dynamischer Gruppenpsychotherapie mit alkohol-und medikamentenabhängigen Frauen unter ambulanten Bedingungen. In Hess, H., K. Höck (Hrsg.): Gruppenpsychotherapie bei unterschiedlichen Zielgruppen. Psychotherapieberichte Berlin 41 (1988) 76–86

Waller, M., M. Griffin: Group therapy for depressed elderly. Geriatr. Nurs. 5 (1984) 309–311

Wallerstein, R.S.: The Common Ground of Psychoanalysis. Aronson, New York 1992

Walster, E., G.W. Walster, E. Burscheid: Equity: Theory and Research. Allyn & Bacon, Boston 1978

Wälte, D., F. Kröger (Hrsg.): Interaktionsforschung mit dem SYMLOG-Methodeninventar. Theorie und Praxis, VAS, Frankfurt/M. 2000

Waskow, I.E., M.B. Parloff: Psychotherapy Change Measures. National Institute of Mental Health, Washington, D.C. 1975

Watzlawick, P., J.H. Beavin, D.D. Jackson: Menschliche Kommunikation. Formen, Störungen, Paradoxien. Huber, Bern 1969

Weakland, J.H., D.D. Jackson: Observations on schizophrenic episode. Arch. Neur. Psych. 79 (1958) 554–574

Weber, R.: Coping und Abwehr bei schizophrener Psychose und Sucht. Ergebnisse einer empirischen Vergleichsstudie. Ariadne Verlag, Aachen 2000

Weber, R., V. Tschuschke: Gruppenpsychotherapie (und ihr besonderes Potential in der Suchtprävention). In Fengler, J. (Hrsg.): Praxis der Suchtprävention. Ecomed, Landsberg 2001 (im Druck)

Weiner, M.F.: Contracts in psychotherapy. J. Psychiat. Treatm. Eval. 3 (1981) 127–131

Weiner, M.F.: The assessment and resolution of impasse in group psychotherapy. Int. J. Group Psychother. 33 (1983) 313–331

Weiner, M.F.: Outcome of psychoanalytically-oriented group psychotherapy. Group 8 (1984) 3–12

Weiss, E.: Principles of Psychodynamics. Grune-Stratton, New York 1950

Weiss, J.: How Psychotherapy Works: Process and Technique. Guilford Press, New York 1993

Weiss, J., M. Sampson, Mount Zion Psychotherapy Research Group. The Psychoanalytic Process: Theory, Clinical Observations and Empirical Research. Guilford Press, New York 1986

Weiss, J., M. Sampson: Convinzioni patogene: la scuola psicoanalitica di San Francisco. Quattroventi, Urbino 1999

Weiss, J.C.: A comparison of cognitive group therapy to life review group therapy with older adults. Diss. Abstr. Int. 1994, 54: 3996 A

Weiss, K.J., W.R. Dubin: Partial hospitalization: State of the art. Hosp. Commun. Psychiat. 33 (1982) 923–928

Weldon, E., J.E. Clarkin, J.J. Hennessy, A. Frances: Day hospital versus outpatient treatment: A controlled study. Psychiat. Quart. 51 (1979) 144–150

Wellendorf, F.: Supervision als Institutsanalyse. In Pühl, C., W. Schmidtbauer (Hrsg.): Supervision und Psychoanalyse. Kösel, München 1986 (S. 157–175)

Wender, L.: The dynamics of group psychotherapy and its application. J. Nerv. Ment. Dis. 84 (1936) 54

West, C., D.H. Zimmerman: Doing gender. In Lober, J., S.A. Farrell (eds.): The Social Construction of Gender. Sage Publications, Newbury Park/CA 1991

Weyhreter, H., V. Tschuschke, G. Obert, E. Zimmermann, H. Tauschek: Effekte ambulanter gruppenpsychotherapeutischer Rehabilitation Suchtkranker und ihrer Angehörigen – Ergebnisse des Therapieverlaufs und einer Zweijahreskatamnese. Gruppenpsychother. Gruppendyn. 34 (1998) 93–117

White, M., D. Epston: Narrative Means and Therapeutic Ends. Norton, New York 1990

Whiteley, J.S.: Attachment, loss and the space between: personality disorder in the therapeutic community. Group Analysis 27 (1994) 359–383

Whitman, R.N., D. Stock: The group focal conflict. Psychiat. 21 (1959) 269–276

Widiger, T.A., G.M. Miele, S.M. Tilly: Alternative perspectives on the diagnosis of borderline personality disorder. In Clarkin, J.F., E. Marziali, H. Munroe-Blum (eds.): Borderline Personality Disorder – Clinical and Empirical Perspectives. Guilford Press, New York 1992 (S. 89–115)

Wiedl, K.H.: Bewältigungsorientierte Therapie bei Schizophrenen. Z. Klin. Psychol. Psychopath. Psychother. 42 (1994) 89–117

Wile, D.B.: GTQ-C: An Alternate Form of the Group Therapy Questionnaire. Unveröff. Manuskr. California State University, Hayward 1970

Wile, D.B.: Nonresearch uses of the Group Leadership Questionnaire (GTQ-C). In Pfeiffer, J.W., J.E. Jones (eds.): The 1972 Annual Handbook for Group Facilitators. University Associates, Iowa City 1972 (S. 36–37)

Wile, D.B.: What do trainees lern from a group therapy workshop? Int. J. Group Psychother. 23 (1973) 185–203

Wile, D.B., G.D. Bron, H.B. Pollack: The Group Therapy questionnaire: An instrument for study of leadership in small groups. Psychol. Rep. 27 (1970a) 263–273

Wile, D.B., G.D. Bron, H.B. Pollack: Preliminary validational evidence for the Group Therapy Questionnaire. J. Cons. Clin. Psychol. 34 (1970b) 367–374

Wilfley, D.E., W.S. Agras, C.F. Telch, et al.: Group cognitive-behavioral therapy and group interpersonal psychotherapy for the nonpurging bulimic individual: a controlled comparison. J. Cons. Clin. Psychol. 61 (1993) 296–305

Wilfley, D.E., C.M. Grilo, J. Rodin: Group psychotherapy for the treatment of bulimia nervosa and binge eating disorder: research and clinical methods. In Spira, J.L. (ed.): Group Therapy For Medically Ill Patients. Guilford Press, New York 1997 (S. 225–295)

Wilkinson, G.: Day care for patients with psychiatric disorders. Br. Med. J. 288 (1984) 1710–1712

Wille, G., H. Irle: Psychosomatik – trotz „Sparpaket" ein zentraler Bereich der medizinischen Rehabilitation. Angestelltenvers. 43 (1996) 449–456

Willenberg, H.: Ein Konzept zur stationären psychotherapeutischen Behandlung magersüchtiger Patienten. Prax. Psychother. Psychosom. 32 (1987) 147–153

Williams, A.: The Passionate Technique. Strategic Psychodrama With Individuals, Families and Groups. Tavistock/Routledge, New York 1989

Williamson, D.A., S.E. Barker, L.S. Norris: Etiology and management of eating disorders. In Sutker, P.B., H.E. Adams (eds.): Comprehensive Handbook of Psychopathology. Plenum Press, New York 1993

Winnicott, D.W.: Playing and Reality. Basic Books, New York 1971

Winter, S.K.: Developmental stages in the roles and concerns of group co-leaders. Sm. Group Beh. 7 (1976) 349–362

Wise, T.N., L.S. Mann: The relationship between somatosensory amplification, alexithymia, and neuroticism. J. Psychosom. Res. 38 (1994) 515–521

Wöhrle, W.: Gruppenpsychotherapie, Soziometrie und Psychodrama nach J.L Moreno in der Arbeit mit Suchtkranken. In Scheiblich, W. (Hrsg.): Sucht aus der Sicht psychotherapeutischer Schulen. Lambertus, Freiburg 1994 (S. 65–88)

Wolf, A.: Die Grundlagen der psychodynamischen Gruppenpsychotherapie – der Irrtum von der Gruppe als Ganzes. In Schill S. de, S. Lebovici, H. Kächele (Hrsg.): Psychoanalyse und Psychotherapie. Herausforderungen und Lösungen für die Zukunft. Thieme, Stuttgart 1997 (S. 188–205)

Wolf, A., E.K. Schwartz: Psychoanalysis in Groups. Grune & Stratton, New York 1962

Wolf, E.-M., J.-H. Crowther: An evaluation of behavioral and cognitive-behavioral group interventions for treatment of bulimia nervosa in women. Int. J. Eat. Dis. 11 (1992) 3–15

Wolf, R.M.: Gestaltungs-/klinische Kunsttherapie. In Tress, W., W. Wöller, E. Horn, (Hrsg.): Psychotherapeutische Medizin im Krankenhaus – State of the Art. VAS, Frankfurt/M. 2000 (S. 174–177)

Wolman, B.B.: Group psychotherapy with latent schizophrenics. Int. J. Group Psychother. 10 (1960) 301–312

Wood, A., L.M. Seymour: Psychodynamic group therapy for older adults: The life experiences group. J. Psychos. Nurs. Ment. Health Serv. 32 (1994) 19–24

Woods, M., J. Melnick: A review of group therapy selection criteria. Small Group Beh. 10 (1979) 155–175

Wortman, C., C. Dunkel-Schetter: Interpersonal relationships and cancer: A theoretical analysis. J. Soc. Iss. 35 (1979) 120

Wulsin, L., M. Bachop, D. Hoffman: Group therapy in manic-depressive illness. Am. J. Psychiat. 42 (1988) 263–271

Wurmser, L.: Die Flucht vor dem Gewissen. 2. Aufl. Springer, Berlin 1993

Wurmser, L.: Die verborgene Dimension. Psychodynamik des Drogenzwangs. Vandenhoeck & Ruprecht, Göttingen 1997

Wurmser, L.: Psychodynamische Aspekte der Suchterkrankungen. In Thomasius, R. (Hrsg.): Psychotherapie der Suchterkrankungen. Thieme, Stuttgart 2000 (S. 40–54)

Yalom, I.D.: A study of group therapy dropouts. Arch. Gen. Psychiat. 14 (1966) 393–414

Yalom, I.D.: The Theory and Practice of Group Psychotherapy. 1st ed. Basic Books, New York 1970

Yalom, I.D.: Gruppenpsychotherapie. Grundlagen und Methoden. Ein Handbuch. Kindler, München 1974

Yalom, I.D.: The Theory and Practice of Group Psychotherapy. 2nd ed. Basic Books, New York 1975

Yalom, I.D.: Existential Psychotherapy. Basic Books, New York 1980

Yalom, I.D.: The Theory and Practice of Group Psychotherapy. 3rd ed. Basic Books, New York 1985

Yalom, I.D.: The Theory and Practice of Group Psychotherapy. 4th ed. Basic Books, New York 1995

Yalom, I.D.: Theorie und Praxis der Gruppentherapie. Ein Lehrbuch. 4. Aufl. Pfeiffer, München 1996

Yalom, I.D., C. Greaves: Group therapy with the terminally ill. Am. J. Psychiat. 134 (1977) 396–400

Yalom, I.D., P.S. Houts, S.M. Zimerberg, K.H. Rand: Prediction of improvement in group therapy. Arch. Gen. Psychiat. 17 (1967) 159–168

Yates, B.T.: From psychotherapy research to cost-outcome research: What resources are necessary to implement which therapy procedures that change what processes to yield which outcomes? Psychother. Res. 7 (1997) 345–364

Young, C.A., P.G. Reed: Elders' perceptions of the role of group psychotherapy in fostering self-transcendence. Arch. Psychiat. Nurs. 9 (1995) 338–347

Yueksel, S., B. Yueksel, R. Tuekel, N. Motavalli: Assessment of 21 transsexual cases in group psychotherapy. Nord. Sexolog. 10 (1997) 227–235

Zahn, C.: Rituale und Psychotherapie. Unveröff. Diplomarb. Universität Tübingen, Tübingen 1995

Zamel, G., B. Strauß: Kasuistischer Beitrag zur Entwicklung von Behandlungskonzepten für Männer mit sexuellen Funktionsstörungen. In Brähler, E., A.-E. Meyer (Hrsg.): Partnerschaft, Sexualität und Fruchtbarkeit. Springer, Berlin 1988 (S. 250–262)

Zander, B., K. Ratzke, B. Heyden: Die ambulante symptomorientierte Gruppenpsychotherapie der Bulimie. In Reich, G., M. Cierpka (Hrsg.): Psychotherapie der Essstörungen. Thieme, Stuttgart 1997 (S. 170–190)

Zaslav, M.R., R.D. Kalb: Medicine as metaphor and medium in group psychotherapy with psychiatric patients. Int. J. Group Psychother. 39 (1989) 457–468

Zauner, J.: Erziehung und Psychotherapie beim Jugendlichen in psychoanalytischer Sicht. In Spiel, W. (Hrsg.): Psychologie des 20. Jahrhunderts, Bd XII. Konsequenzen der Pädagogik (2). Kindler, Zürich 1980 (S. 801–822)

Zauner, J.: Stufen der Adoleszenz – Modifikationen des therapeutischen Zugangs. In Lempp, R. (Hrsg.): Adoleszenz. Huber, Bern 1981 (S. 84–97)

Zerhusen, J.D., K. Boyle, W. Wilson: Out of the darkness: Group cognitive therapy for depressed elderly. J. Psychosoc. Nurs. 29 (1991) 16–21

Zielke, M.: Förderung und Entwicklung interaktionellen Problemlöseverhaltens in Gruppen. Pr. Klin. Verhaltensmed. Reh. 21 (1993) 15–27

Zielke, M.: Basisdokumentation in der stationären Psychosomatik. In Zielke, M., J. Sturm (Hrsg.): Handbuch Stationäre Verhaltenstherapie. Beltz/Psychologie-Verlags-Union, Weinheim 1994 (S. 995–1007) Verhaltenstherapie. Bd. 1. Grundlagen. Springer, Berlin 1994

Zielke, M.: Kosten-Nutzen-Aspekte in der psychosomatischen Rehabilitation. Psychother. Psychosom. med. Psychol. 49 (1999) 361–367

Zielke, M., C. Kopf-Mehnert: Der Veränderungsfragebogen des Erlebens und Verhaltens (VEV). Beltz, Weinheim 1978

Zilbergeld, B.: The New Male Sexuality. Bantam Books, New York 1992

Zimpfer, D.G.: Group work for bulimia: A review of outcomes. J. Spec. Group Work 15 (1990) 239–251

Zimpfer, D.G.: Pretraining for groupwork: A review. J. Special. Group Work 16 (1991) 264–268

Zschintzsch, A., J.P. Sieb, A. Miretzky, G. Laux: Konzept eines verhaltenstherapeutischen Programms bei primärer Insomnie. Nervenarzt 67 (1996) 244–248

Sachverzeichnis

A

Abbruchquote 59
Abbruchrate in Gruppen 182
Abbruchraten 202
– in Einzel- und Gruppentherapie, Vergleich von 151
Abgrenzungen („boundarying") 386
Abgrenzungsphänomene als Filter 387
Abhängigkeit 136
– Grundeinstellung der 134
Ablösung 26
Abschlussphase 109 f
Abstinenzhaltung in der Psychoanalyse 23
Abwehr in der, Exploration der 388
Abwehrmechanismen, altersspezifische 314
– bei Krebserkrankung 284
Abwehroperationen, primitive 14
„Acting in" (Agieren innerhalb der Sitzung) 156
– out" (Agieren außerhalb von Sitzungen) 156
Activity-Gruppe 320
Adoleszentengruppen 218
Affekt in der therapeutischen Situation 22
Affektaufruhr („storming") 135
Affekte, heftige in Gruppen 30
Affektregulierung, Konzept der 356
Affektwahrnehmung, Beeinträchtigung der bei Schizophrenie 238 f
Aggression in der Gruppe, Handhabung der 149
Aggressionen, primitive 14
aktive Beteiligung am Gruppenprozess 92
Aktivierung sozialer Ressourcen 345
Aktivität in frühen Gruppensitzungen 92 f
– des Therapeuten 109
Aktivitätsgruppen 307
Akzeptanz 13, 33, 109, 135 f, 143 f, 220, 360
Allgemeine Psychotherapie 9, 142
Allianz, therapeutische 150
– – und Gruppenkohäsion 368
Allmachtsansprüche aus dem Unbewussten 34
Altausseestudie 34 f
Alteritätsprinzip 232
Altersgruppenspezifität präventiver Verhaltenstherapiegruppen 344
Altruismus 9, 19, 91, 93, 109, 136, 143 ff, 177, 220, 292 f, 346
Ambiguität in der SCT, Reduzierung von 388 f

Ambivalenzdoppeln im Psychodrama 375
Amerikanische Gruppentherapieweiterbildungs-Studie von MacKenzie et al. 37 f
– – von Tschuschke u. Greene 38 ff
analytische Gruppenpsychotherapie 61, 331 ff
analytisch-orientierte (tiefenpsychologisch-fundierte) Gruppenpsychotherapie 61
Anbindung, Bedeutung der interpersonalen 355
Andere als Objekte im Seelenleben des Einzelnen 3
Angst, Abbau von 23
– vor emotionaler Infektion 59
– Reduzierung interpersonaler 355
Angstbewältigungstraining in Gruppenform 354
Anleitung 9, 143 ff, 177
Annahmen, pathogene und Glaubensaspekte 361
Anonyme Alkoholiker 258
Anonymous-Gruppen 259
Ansprechbarkeit für Gruppenbehandlung 61
– des Patienten für ein bestimmtes therapeutisches Angebot 8
– – – das therapeutische Angebot 61
„Ansteckung, emotional" 59
Antiautoritarismus 223
Antrag auf tiefenpsychologisch-fundierte Gruppenpsychotherapie 82 f
– auf verhaltenstherapeutische Gruppenpsychotherapie 83 f
Anwesenheit anderer, explizite 3
– – in der Gruppe 8
– – implizite 3
Anziehung der Gruppe 62
„Äquivalenzparadox" der Psychotherapieforschung 8 f, 146, 341 f
Arbeit an den Affekten 95 ff
– – den Kognitionen 97 f
– – Verhaltensänderungen 98 ff
– in der Gruppe, selbstbezogene 69
Arbeiten im Hier und Jetzt 358, 362 ff
Arbeitsbeziehung 346
Arbeitsbündnis, fragmentiertes 151
Arbeitseinstellung (work state) nach Bion 134
Arbeitsgruppe 93
– („working group") 26
Arbeitslosen-Selbsthilfegruppen 259
Art der interpersonalen Probleme und Indikation 60
Attributionsstil alter Menschen 315
Aufrechterhalten eines Fokus 106

Aufsässigkeit 156
Ausbildung und Bereitschaft zur Öffnung 27
– in gemischten Gruppen 30
– in Gruppenpsychotherapie, Auftreten professioneller Abwehr in der 29
– – Grenzen eigener Belastbarkeit 30
– – professionelle therapeutische Motive 28
– in homogenen Selbsterfahrungskleingruppen 30
– in „klassischer" analytischer Gruppenpsychotherapie 23
– und Kränkung 27, 32
– Selbsterfahrung in Großgruppen 30
– – in Kleingruppen 29 f
Ausbildungsinstitute, gruppenanalytische 24
Ausbildungskandidaten, Motive der 28
– Orientierung auf dem Markt der Therapieformen 27
Ausbildungssituation, Problemkonstellationen in der 29 f
Ausmaß an interpersonalen Problemen und Indikation 60
Ausprobieren von neuem Verhalten in der Gruppe 98 f
Ausschlusskriterien für Gruppenbehandlung 56 f
Auswahl von Patienten für Gruppentherapie 202
Auswahlkriterien 70
– allgemeine 71
– für Gruppenpsychotherapie-Behandlung 66 f
Autogenes Training 292
– – gruppenmäßig durchgeführtes 219
Autokinetisches Phänomen nach Sherif 6

B

Balintgruppe 50
– psychoanalytisch konzipierte 45
Balintgruppenarbeit 52
Basisdokumentationssysteme 18
„Basis-Konflikt-Hypothese" 49
Beck Depression Inventory (BDI) 315
Beck's Theorie der Gruppenentwicklung 127 ff, 136
Bedeutung des aktivierten Bindungssystems bei somatoformen Schmerzstörungen 278
– und Sinn des Lebens 19

Bedürftigkeit nach stützender Orientierung und glaubwürdiger Autorität 19
Beendigung der Gruppenbehandlung, vorzeitige 16
- der Gruppenpsychotherapie 135, 212f
- der Gruppenteilnahme, normale 17
Beendigungs-/Trennungs-Phase 137
Behandlung im Einzel- oder Gruppensetting 9
- nicht-schizophrener Patienten im Rahmen von DT-Programmen 243ff
- schizophrener Patienten im Rahmen von DT-Programmen 241ff
- sexueller Probleme in der Gruppe 271ff
„Behandlung statt Strafe" 274
Behandlung im teilstationären Bereich 240
Behandlungsbeurteilung nach Froese 185
Behandlungseffekte in therapeutischen Gruppen 180ff
Behandlungsergebnisse, Ökonomie der 180
- Qualität der 180
Behandlungsfokus, beziehungsorientierter bei somatoformen Störungen 279f
Behandlungskontrakt(s), Verletzung des 155
Behandlungskonzepte, analytische 44
- hypnotherapeutische 44
- kurztherapeutische 44
- systemische 44
Behandlungsziele 90
Beliebtheit eines Patienten in der Gruppe 62
Bennis und Shepard's Modell der Gruppenentwicklung 136
Beobachten des eigenen Affekts 104f
- von externen Grenzbereichsaspekten 105
- supportiver Fähigkeiten 106
Beobachtendes Selbstsystem in der SCT 386
Beobachtung, systematische 4
Beobachtungslernen 93
Beobachtungsmethoden in der Gruppenpsychotherapieforschung 171ff
Berufsverband Deutscher Nervenärzte (BVDN) 44
Beschwerden, Übersetzung in interpersonelle Konzepte 90f
Bewältigungsorientierte Therapie bei Schizophrenen 238
Bewältigungsstrukturen, inadäquate berufliche 221
Bewertungsbogen für Lernerfolg in Gruppen 36f
Bewusstseinserweiternde Gruppen 336
Beziehung zum Gruppentherapeuten 228
Beziehungen, internale Landkarten („maps") für 356

Beziehungsaufnahme in der Psychotherapie 212
- unreife 135
Beziehungsgeflecht der Gruppe als Übertragungsobjekt 3
Beziehungsgeflechtintrojekte 3
Beziehungsgestaltung der Klientinnen bei Gruppentherapie mit Essstörungen 264
Beziehungsintrojekte 3
Bindung, Einfluss von 356
Bindungsfähigkeit in der Psychotherapie 212
- schwer gestörter („frühgestörter") Patienten 203
Bindungstheorie 149
Bipolare Störung und affektive Störung 301
Bipolare(r) Störung, Erlernen von Bewältigungsstrategien bei 303
- - Erwerb von Einsicht bei 303
- - Gruppen bei 303ff
- - homogene Gruppenzusammensetzung bei 303
- - Kotherapie bei 303
- - starke Gegenübertragungsgefühle bei 303
- - Verbesserung von Beziehungen bei 303
Borderline-Behandlung, Steigerung der Achtsamkeit 299
- Vermittlung von Fertigkeiten in der 299
Borderlinepathologie, interpersonaler Charakter der Inszenierung der 231
Borderline-Patienten, „dispergierende Übertragung" im Krankenhaus 233
- Externalisierung der malignen Introjekte bei 232
- Herausforderung für Kohäsion im Behandlungsteam 232
- in homogener Gruppe 232
- klientenzentrierte Behandlung von 60
- Übertragung von 231
Borderline-Persönlichkeitsorganisation 230ff
Borderline-Persönlichkeitsstörung 296ff
- analytisch-interaktionelle Gruppentherapie 298f
- aversive Spannungszustände bei der 296
- dialektisch-behaviorale Gruppentherapie der 299
- dissoziative Erlebnisweisen bei der 296
- Instabilität d. zwischenmenschl. Beziehung 296
- Kombination von Behandlungstechniken bei 296
- - v. Einzel- u. Gruppentherapie 299
- negative Stimmungsauslenkung bei der 296
- nonverbale Behandlungsverfahren bei der 300
- Skills-Training bei 299

- stationäre Behandlung der 299ff
- - multimodale Behandlung der 299ff
- Störung der Affektregulation bei der 296
- Symptomatik der 296f
- symptomorientierte Behandlung der 296f
- unberechenbarer affektiver Wechsel bei der 296
- Vermittlung von Verhaltensfertigkeiten bei 297
Borderline-Persönlichkeitsstörungen 148ff
Borderline-Störung, Diagnose der sozialen Situation 230
- Entwertungen bei der 231
- Frage der differenziellen Indikationsstellung bei 230
- nach ICD-10 bzw. DSM IV 230
- multimodale Therapie der 230
- pathologische Objektbeziehungen bei der 230
- Probleme in der Abgrenzung d. inneren von der äußeren Welt 231
- projektive Identifikationen bei der 231
- Überidealisierungen bei der 231
Borderline-Therapie, kognitiv-behaviorale 230
- stationäre 230ff
Bulimie, Effektivität der Gruppenpsychotherapie bei 265
- Stabilität der Behandlungseffekte von ambulanter Gruppentherapie bei 265
- vergleichbare Wirksamkeit von Einzel- und Gruppenpsychotherapie bei 265
Bundesverband „Hilfe für Behinderte" 259
Bürgerinitiativen als Selbsthilfegruppen 259
Burnout-Syndrom 46

C

Charakterpathologie, Ich-Zentriertheit der 356
Charakterübertragung 160
Charkterwiderstand 155
Coaching 42
„Common Sense", ethischer 12f
Compliance, Ausmaß an 151
- übermäßige 156
- verbesserte 288
Consumer-Report-Studie 195f
Containerfunktion des Therapeuten 162
Coping, emotionsfokussiertes 286
- informationsfokussiertes 286
- problemorientiertes 286
Coping(s), Förderung geeigneten 284
Coping-Skills-Programme 294
CORE-Battery der American Group Psychotherapy Association (AGPA) 18, 184

Couchkonstellation als „kommunikationspsychologischer Geniestreich" 2
Critical Incidents-Questionnaire 172
Curative Factors Q-Sort nach Yalom 177

D

„Day Treatment Programs" bei der Schizophrenie-Behandlung 302
„Day-Treatment"-Programme (DT) 240 ff
Delayed Training (DT) 320
Demonstration interpersoneller Verhaltensweisen durch Therapeuten 98
Deutsche Arbeitsgemeinschaft Selbsthilfegruppen 258
– Gesellsch. f. Psychiatrie, Psychotherapie u. Nervenheilkunde (DGPPN) 44
– Gesellschaft für Supervision (DGSv) 40, 48
Deutscher Arbeitskreis für Gruppenpsychotherapie und Gruppendynamik (DAGG) 18, 44
Diagnostikkonzepte, metapsychologische 352
Differenzielle Indikatoren (DI) 60
Differenzierung 135, 137
Differenzierungs-Phase 108, 137
Dilemma, ethisches 16
„Disconnected Communication" 278
Dokumentationssysteme 18
Doppeln im Psychodrama 370 f, 375
Dort und Dann 91
Dosis-Wirkungs-Beziehung in der Psychotherapie 199
Dreiergespräche, gruppenbezogene 252
Dropout 88, 92
Dropout-Rate 65 f, 77 f, 150 f, 202
– in der Gruppenpsychotherapie 66
Druck, sozialer 13
Durcharbeiten 154
Dyade der Einzelpsychotherapie 27
„Dyadisierung" 5
Dynamisch-Intendierte Gruppenpsychotherapie 329

E

Edmonton-Kurzzeit-Gruppenpsychotherapie-Projekt 211
Edukation/Information 282
Effektivität von Gruppenpsychotherapie, differenzielle 181 ff
– des integrativen Gruppentherapie-Ansatzes 304
– vergleichende von Einzel- und Gruppenpsychotherapie 209
Effektivitätsforschung, Mangel an 180 f
Effizienz, vergleichende von Einzel- und Gruppenpsychotherapie 209
Einflößen von Hoffnung 9, 91, 136, 143 ff, 177, 276, 293 f
Einfluss 6
Einschlusskriterien 56 f
Einsicht 9, 11, 93 f, 135, 221, 291, 293
Einsichts- und Erkenntnisorientierung in tiefenpsychologischen Gruppen 350
Einstellung 4
Eins-zu-Eins-Situation der Einzelbehandlung 88 f
Einzel- und Gruppenpsychotherapie, Unterschied zwischen 5
– vs. Gruppenpsychotherapie, Vergleichsuntersuchungen 10 f
– – – Wirksamkeitsvergleich 8 f
Einzelbehandlung, Begrenzung der 362
– in der Gruppe 42
– Kosten-Nutzen-Relationen ambulanter 10 f
Einzelberatung versus Gruppenhilfe bei Krebserkrankung 284
Einzelpsychotherapie, dyadische Situation in der 31, 33
– als „eigentliche" Therapieform 27
– in der Gruppe 328, 336, 346
– konkurrierende 15
– settingspezifische Wirkfaktoren von 2
– Zweierbeziehung in der 8
Einzelpsychotherapieausbildung 28
Einzeltherapie in der Gruppe 349 f
– – Prinzip der 350
Einzeltherapiezuweisung, Compliance von Patienten bei 70
Ejaculatio praecox 272
Eklektische Psychotherapie 9
Elternanteil 378
Eltern-Ich 380
Emanzipationsbewegung 259
Emotionale Bezogenheit 146
– Exploration 97
Empathische Leiterhaltung bei schwierigen Patienten 152
Empirischer Objektivismus 195
Empirisch-validierte Behandlungsmethoden 180 f
Encountergruppen 335
Energie in der SCT 387 f
– – Umlenkung von 389
Engagement-Phase 106 f, 136
Entgleisungslinie der Konflikte 6
Entscheidung für eine bestimmte Gruppenkonstellation 208
Entscheidungen, ethisch-moralische 12
Entspannungsverfahren 292
Entwicklung sozialer Fertigkeiten 100
Entwicklungsmuster, linear-progressive 139
– progressiv-lineare 135 f
– zyklische 134 ff, 139
Entwicklungsphänomene therapeutischer Gruppen 384
Entwicklungsphasen von Gruppen 26
Erfahrungsberichte ehemaliger Patienten 188 ff
Erfolgsmessungen, Systematik von 183
Ergebnisforschung in der Gruppenpsychotherapie 181 ff
Ergebnisqualität 17 f
Erinnerungstherapie 316
Erkenntnisproblematik innerhalb der Gruppenpsychotherapie 140 f
Erstantrag für Gruppenbehandlung 218
Erwachsenenanteil 378
Erwachsenen-Ich 380
Erwärmungstechniken 370
Erwartungshaltung 66
„Esprit de Corps" 360
Essstörungen, ambulante systemorientierte Gruppenpsychotherapie bei 267 ff
– Effektivität der Gruppenpsychotherapie mit 264 f
– Gruppenzusammenstellung bei 266 f
– Indikation zur Gruppenpsychotherapie 266
– Kontraindikation zur Gruppenpsychotherapie 266
– Settingkombinationen bei Gruppentherapie mit 264
– aus systemischer Sicht 265 f
Essstörungsgruppen, homogene Gruppenzusammensetzung 211
Es-Widerstand 155
Ethik 12 ff
– und Moral bei Kant 12
Europäische Arbeitsgruppe für Konsiliar-Liaison-Psychiatrie 18
Evaluationsmethoden in der Gruppenpsychotherapieforschung 182 ff
Evidenzbasierte Medizin (EBM) 209
Exhibitionismus 272
Existenzielle Faktoren 9, 143 ff, 177, 293
Experiencing-Skala 172 f
Explorative Gruppentherapie mit Krebspatienten 283 ff
Explorieren, gegenseitiges 94
Externalisierung 370

F

Fachaufsichtsfunktionen 48
Facilitator 335 f
Fallsupervision 48
Familie als introjiziertes Set von Beziehungen 3
Familientherapie 3, 22
– als eigentliche Grundform der Gruppenpsychotherapie 22
– kontextuelle 22 f
Feedback 9, 69, 91 f, 142 ff, 151, 153, 228, 310, 356 ff, 381
– disvalidierendes 357
– effektives 364
– gesteuertes positives 44
– interpersonales 355, 360
– interpersonelles 94, 97, 100
– wirkungsvolles 364
– – und Hier und Jetzt 364

Feedback(s), Bedeutung des 358
Fehlanpassungen aufgrund falschen Lernens 22
Fehlkonstruktion, interpersonale 365, 369
Feldkräfte 384
Feldstärke, Konzept der 388
Feldtheorie 3
Fertigkeitstrainings, kognitiv-verhaltenstherapeutische bei Schizophrenie 236
- bei schizophren Erkrankten 235
Fetischismus 272
fetischistischer Transvestitismus 272
Fließsystem, ambulant-stationär-ambulantes 217
Focused Visual Imagery (FVI) 319
Fokus auf Kernbereichen 106
Fokusbildung, initiale rehabilitationsbezogene 249
- in der Kurzzeit-Gruppenpsychotherapie 211 ff
Fördern von Interaktion zwischen Gruppenmitgliedern 105
Förderung der Anwendung des Gelernten 106
- von Selbstmanagementkompetenzen 349
Formung der Gruppe („forming") 135
Forschung in der Gruppenpsychotherapie 171 ff
Frauengruppen 125 f, 218
Frauenselbsthilfe nach Krebs 259
Frotteurismus 272
Führungsrollen 127 ff

G

Gegenabhängigkeit 136
Gegenübertragung 24, 154, 359
- in der Gruppe 121, 160 ff
- Konzept der 24
- subjektive versus objektive 368
Gegenübertragungen, kulturelle 123
Gehorsamkeitsbereitschaft gegenüber Autorität 6
„Generic Model of Psychotherapy" 141
„Gepäckschließfach" der Einzelpsychotherapie im stationären Bereich 43
Geschlecht und Machtbeziehungen 124 f
„Geschlechtsanalytiker" 126
Gesprächsgemeinschaften 260
Gesprächspsychotherapie 335
- erlebnisaktivierende und einsichtsorientierte 337
- klassische (Rogerianische) 337
- zielorientierte 337
Gesprächsselbsthilfegruppen 257
Gestalttherapie 22 f, 293
Gestaltungstherapiegruppe, themenzentriert-interaktionelle 250
- tiefenpsychologisch-fundierte in der Rehabilitation 249 f
gesteigertes sexuelles Verlangen 272

Gesundung, psychische und Beziehung zur ethisch-moralischen Reifung 20
Gießen-Test (GT-S) 185 f
Gleichheit des kotherapeutischen Teams 116 f
- der Personen in der Transaktionsanalyse 377
Goal-Attainment-Scaling 184 f
Goal-Dimension-Rating-Manual (GDRM) 173
Göttinger Modell 249, 292, 330 ff
- - und Abstinenz 332
- - und Differenzierungen der Indikation 331
- - und Ebene der Gruppennormenbildung 332
- - - der ich-modifizierten Abkömmlinge ubw Phantasien 333
- - - der psychosozialen Kompromissbildungen 332 f
- - und Grundeinstellungen des Therapeuten 332
- - der Gruppenpsychotherapie 43, 61, 161, 227
- - und Neutralität 332
- - und Regel der freien Interaktion 332
- - und soziodynamische Funktionsverteilung 331
- - und Übernahme von Rollen 331
- - und Umgang mit Übertragung und Gegenübertragung 334
Gottschalk-Gleser-Sprachinhaltsanalyse 172
Grad der Chronifizierung von Störung als Indikations- u. Prognosekriterium 56, 58
Grenzaspekte des Gruppensystems 102 f
Grenzdurchlässigkeit in der SCT, Herstellung von 389
Grenzziehung, Methode der 388 f
Großgruppe 14, 376
Großgruppen und Regression 160 f
- unstrukturierte 161
Group Climate Questionnaire (GCQ) 234
- - Questionnaire (GCQ-S) 40, 176
- Relationship Questionnaire (GRQ) 38, 40
- Therapy Questionnaire (GTQ) 173
Group-Atmosphere-Skala (GAS) 176
Group-Attitude-Skala (GAS) 176
Group-Emotionality-Rating-System (GERS) 175 f
Group-Environment-Skala (GES) 176
Group-Field-Dynamics-Form 175
Group-Immediacy-Skala (GIS) 173
„Grouping"-Phänomen 231
Group-Leader-Behaviour-Instrument 173
Group-Session-Rating-Skala (GSRS) 173
Group-Therapist-Intervention-Skala (GTIS) 172 f
Grundeinstellung („life positions") 379

Grundeinstellungen (basic assumptions) nach Bion 134
- („basic assumptions") in Gruppen 26
Grundeinstellungsgruppen 158
Grundmatrix 329
Grundregel der „freien Interaktion" 31
Grundregeln des Gruppenprozesses 89 f
Grundüberzeugungen, pathogene 369
Grundversorgung, ambulante psychotherapeutische 216 f
Gruppe, Ablösung von der 26
- Ängste in der 8
- - gegenüber einer 88
- Anregungs- und Feedbackfunktion der 345
- Arbeit mit Einzelpatienten in der 23
- Beratungs- und Problemlösungsfunktionen der 346
- Beziehungsgeflecht der 3
- Binnenstrukturen der 5
- Definition von 127 f
- Dynamik der Mehrpersonensituation in der 8
- Einfluss der therapeutischen auf Werte der Gruppenmitglieder 13
- Einschränkungen der Vertraulichkeit in der 15
- Entwicklungsphänomene in der 203
- Erwachsenen-Ich der 383
- Förderung von Werten durch therapeutische 20
- als Ganzes 5 f, 103, 114, 127, 291, 361, 363, 370, 385 f, 388
- „Gleichschaltung" in der 6
- Grenze der 5
- Grenzen der 381
- Grenzverletzungen in der 90
- Grundregeln in der 99 f
„Gruppe als Gruppe" 6
Gruppe, haltende Funktion der 232
- als Hilfsmittel bei Krebserkrankungen 283 ff
- als „Holding Environment" 383
- als neue Lebensform 223
- als sekundäres adaptives Imago 383
- als „sozialer Mikrokosmos" 6, 362 f, 370
- als soziales Aggregat 8
- als Therapeutikum 336
- Holding-Funktion der 219 f
- Kohäsionsinteresse der 14
- kohäsive und schwierige Patienten 152
- Konformitätsdruck in der 15
- Körperebene der 330
- Macht der 19
- - und moralischer Einfluss der 19
- „Mehr an Alltag" in der 4
- menschliche Wirkung der 260
- Modell- und Hoffnungsvermittlungsfunktionen der 346
- mögliche Affekte in der 32
- moralischer Einfluss der 19
- multiple Übertragungen in der 89

- Öffentlichkeits- und Verpflichtungscharakter der 345
- Pluralität der 31
- – in der 5, 8, 44
- Politisierung des Sozialaggregats 223
- positive objektale Beziehung zur 40
- prämordiale Ebene der 330
- private und öffentliche Struktur der 382
- Rangstrukturen in der 203
- Regression in der Entwicklung der 204
- Rivalisieren in der 25
- Solidarisierungs- und Stützfunktionen der 346
- soziale Beliebtheit in der 203
- – Gesetzmäßigkeiten der 203
- – Grundlagen der 203
- sozialer Druck in der 13 f
- „sozialer Mikrokosmos" der 11, 358
- Sozialgefüge der kleinen 203
- sozialpsychologisch relevante Vorgänge in der 3
- spezifischer Anforderungscharakter der 8
- Systemvariablen der 6
- therapeutisches Potenzial der 88 f
- Überlegenheit der 260
- Uniformitätsdruck in der 14 f
- Verstärkerwirkung der 32
- Vorurteile gegenüber einer 88
- wenig strukturierte 22
- zieloffene-interaktionelle 348

Gruppe-als-Ganzes-Deutungen 213
Gruppe-als-Ganzes-Interventionen 211
Gruppe-als-Ganzes-Phänomene 156 f
Gruppe-als-Ganzes-System 386 f
Gruppen, aktionsorientierte 355
- mit alten Menschen, Behandlungsziele in 313
- altershomogene 312
- mit essgestörten Patienten 204

Gruppen- und Familiendynamik in Gruppenprozessen 31
- und Familientherapie, analytisch-systemische 22

Gruppen, geschlossene („closed") 202 ff
- halb offene („slow open") 202 ff
- Individuen in 24
- interpersonal orientierte 355
- Lernerfolg in 38, 40
- Mehrpersonenverband von 13
- nosologisch homogene in der Schizophrenie-Behandlung 239
- offene 202 ff
- mit pathologischer Trauerreaktion 204
- politischer Akzent von 222 ff
- mit posttraumatischen Belastungsstörungen 204
- psychodynamisch orientierte 355
- psychoedukative 292
- mit Schizophrenen 302 ff
- mit schweren körperlichen Erkrankungen 204

- mit somatoformen Störungen 204
- störungsspezifische 60 f
- verhaltenstherapeutische 43
- Widersprüche von Individuen in 24
- Widerstände in 155

Gruppenarbeit, Konzept der 307
- methoden- und zielbezogene 5

Gruppenarbeitsvertrag, therapeutischer 7
Gruppenassoziation, kollektive 25
Gruppenatmosphäre bei Gruppen mit schwierigen Patienten 152
Gruppenbehandlung, ambulante psychiatrische 42
- von Eltern 218
- Kernprinzipien einer effektiven 359
- Kosten-Nutzen-Relationen ambulanter 10 f
- Pluralität in der 42
- bei Suchterkrankungen, kritische Sicht der 293
- Supervision der 15

Gruppenberatung bei chronischen Erkrankungen (private GOÄ-Ziffer 20) 43 f
Gruppenbildung 5
Gruppen-Dropout 16
Gruppendruck(s), Einfluss des 6
Gruppendynamik 5, 22
- „Gefahren" der 5

Gruppeneigenschaften 38
Gruppeneignung von Patienten mit fragilen Ichstrukturen 150 f
Gruppenentwicklung 381 ff
- Phasen der 134 ff

Gruppenentwicklungsphänomene 363
Gruppenfähigkeit, Feststellung der 82
- des Gruppenpsychotherapeuten 113 f

Gruppenfantasien im Team 50
Gruppenfokus 254 f
Gruppenformat unter dem Zeitaspekt 203 f
Gruppenführung 127
Gruppengeist, suggestiver nach C.G. Jung 6
Gruppengrenzen 381
Gruppengröße 6
Gruppenklima 35, 38, 40, 203, 228
- Auswirkungen der halb offenen Gruppe auf das 202 ff

Gruppenkohäsion 35, 107 f, 135 f, 293 f
Gruppenkonzepte, störungsspezifische 350
- – in der Verhaltenstherapie 344 f

Gruppenkräfte, zentrifugale 7
- zentripetale 6 f

Gruppenkultur, Errichtung einer positiven 91
Gruppenleiter 25, 111 ff
- Aufstand gegen den 14
- charismatischer 38
- Erwartungen der Gruppenmitglieder an den 102
- und ethische Verpflichtungen 17
- „ethischer" 14
- und „Gatekeeper-Funktion" 16

- und Gruppenzusammensetzung 207
- Haltung in homogener Gruppe mit narzisstischen Patienten 150
- hemmender 38
- kenntnisreicher 38
- Kontrolle bzw. Manipulation der Gruppe durch den 41
- kontrollierender 38
- Macht der in der Aus- und Weiterbildung 41
- Manipulation durch den 41
- sorgender 38
- als Teil der Gruppe 111 ff

Gruppenleiter(s), aktive Rolle des 92 f
- Aufgaben des 330
- – des in der Transaktionsanalyse 383
- Bedeutung des 4
- Charisma des 41
- – und Aura des 41
- Dokumentationspflicht des 17
- dynamisch-administrative Funktion des 330
- Geschlecht des 37
- „geschlechtsanalytische Haltung" des 122, 126
- Idealisierung und Überhöhung des 14
- 'Modeling' des 211
- Offenheit des 355
- Probleme des 16
- Rolle des 88 ff, 102
- strukturierender Eingriff des 14
- therapeutische Funktion des 330
- Transparenz des 356
- unbewusste Hemmungen des 23
- ungelöste Probleme des 16
- Verantwortlichkeit des 17

Gruppenleiterstil in Gruppen mit schwierigen Patienten 151 f
Gruppenleitung, Basistechnik der 103 ff
- als Koleiter 31
- kotherapeutische 251 f
- unter Supervision 31
- Techniken der 102 ff

Gruppenmatrix 31, 329
Gruppenmitglied, monopolisierendes 92
Gruppenphantasien 50
Gruppenpositionen 203
Gruppenprozess, regressiver 14
- versus Einzelfallorientierung 349

Gruppenprozesse, benigne 14
- maligne 14
- im stationären Feld 225

Gruppenprozess(es), Psychodynamik des 27
Gruppenpsychotherapeut, seine Angst vor der Gruppe 114
Gruppenpsychotherapeut(en), Ausbildung zum 33
- Ehrgeiz des 16
- Persönlichkeitsstruktur des 46
- Regeln für den klientenzentrierten 340 f

gruppenpsychotherapeutische Behandlung Älterer 312 ff
gruppenpsychotherapeutische(n) Behandlung Älterer, Vorteile der 312
gruppenpsychotherapeutische(r) Behandlung Älterer, Ausschluss von 312
Gruppenpsychotherapie mit Alkoholikern 218
– mit alten Menschen 312 ff
– – – Metaanalysen zur 318
– ambulante 216 ff
– – analytische mit Borderline-Patienten 231 f
– – bei Essstörungen 264 ff
– analytische 12, 18
– analytische/tiefenpsychologisch fundierte 42
– Ausbilderperspektive 22 ff
– Ausbildung in 43
– – in der 22 ff, 27 ff
– Ausbildungscurricula 27
– behandlungsökonomische Aspekte der 195 ff
– Benachteiligung gegenüber der Einzelpsychotherapie 27
– berufspolitische Situation der 27 f
– beziehungsorientierte 349 f
– – bei Suchtbehandlung 291 f
– mit bipolaren Störungen 301 ff
– von Borderline-Persönlichkeitsstörungen, Effekte der 300
– bei Borderline-Störungen 296 ff
– Effektivität von 341 f
– Effektstärken von 355
– eigenständige Grundorientierung der 11
– einzelfallorientierte 349 f
– empirische Forschung in der 180 ff
– Entwicklung aus der Einzelpsychotherapie 5
– erhöhter Verwaltungsaufwand gegenüber Einzeltherapie 28
– mit Essstörungen 264 ff
– Ethik in der 12 ff
– ethische und moralische Spezifika in der 13 ff
– ethisch-moralische Aspekte in der 13 ff
– – Probleme in der 12 ff
– und Geschlechtszugehörigkeit 122 ff
– gruppenzentrierter Ansatz 356
– Indikation zur 226
– integrativ-interpersonaler Ansatz 356
– interaktionelle bei Suchtbehandlung 291 f
– interaktionsorientierte 349
– interpersonales Modell der 356 ff
– im Jugendalter 309 f
– mit Jugendlichen, Wirkfaktoren der 310
– Kandidatenperspektive 27 ff
– mit Kindern und Jugendlichen 218, 306 ff
– im Kindesalter 308 f
– – Behandlungstechnik der 308 f
– konfliktorientierte 349 ff

– – bei Suchtbehandlung 291 f
– Konzept der 307
– Lerneffekte in der Weiterbildung 33 ff
– lösungsorientierte systemische 44
– Macht in der 33 f
– – als Faktor 41
– methodenorientierte 349 f
– – bei Suchtbehandlung 291 ff
– mit Migranten 322 ff
– – erforderliche spezifische Kulturkompetenz 325 f
– – hohe Abbruchraten in der 322
– – homogene Gruppenzusammensetzung bei der 323
– – kulturspezifische Merkmale der 324 f
– – niedrige Schamgrenze in der 326
– Moral in der 12 ff
– Motivation für 60 f
– multipersonaler-interaktiver Raum der 33
– Ökonomie der 10 f
– mit onkologischen Patienten 282 ff
– patientenzentrierter Ansatz 356
– Pluralität von Personen in der 8
– psychiatrische 234 ff
– – (EBM-Ziffer 827) 43
– – (GOÄ-Analogziffer A 888) 43
– – psychoanalytisch-interaktionelle 43 f
– – in der Rehabilitation 249 ff
– psychodramatische 18
– in der psychosomatischen Rehabilitation 247 ff
– als „Psychotherapie sui generis" 28
– Qualifikation für 42
– Qualitätssicherung in der 17 f, 180, 187
– Rollenverteilung zwischen Therapeut und Patient 32
– mit Schizophrenen 301 ff
– somatoformer Schmerzstörungen 276 ff
– spezifische Wirkfaktoren für das Setting 8 ff
– stärkere Induktion zur Regression in der 32
– stationäre 204, 225 ff
– – analytische mit Borderline-Patienten 232 f
– – bei Essstörungen 264 f
– – im stationären Rahmen 182, 185 ff
– – störungsorientierte 349 f
– – bei Suchtbehandlung 291 ff
– – bei Suchterkrankungen 291 ff
– – von Suchtkranken, Effektivität der 294 f
– Systemvariablen der 5
– systemzentrierter Ansatz in der 390
– therapeutischer Wert von 27 f
– tiefenpsychologisch-psychoanalytische 227
– transaktionsanalytische 377 ff
– Vergleich mit der Einzelpsychotherapie 8 ff, 32
– verhaltenstherapeutische 42, 349 ff

– versus Einzelpsychotherapie, vergleichbare Wirksamkeit 224
– Weiterbildung in der sh. Ausbildung in der 27 ff
– Wirksamkeit der 195
– Wirtschaftlichkeit der 11
– zielorientierte bei Suchtbehandlung 291 ff
Gruppenpsychotherapie(n), Arten von 57
Gruppenpsychotherapieschulen, humanistische 22
Gruppenregeln und Agieren 81
Gruppenrolle des schwarzen Schafs 389
Gruppenrollen 127 ff
Gruppenselbsterfahrung mit Therapeuten, Schwierigkeiten in der 29
Gruppenselbsthilfe, Hilfe zur 262
– sechs Kernprobleme der 261
Gruppensetting, Überdenken u. Korrektur moralisch-ethischer Konflikte im 13
Gruppensichtung als Auswahlmethode 71 f
gruppenspezifische Indikationsstellung bei Kinder- u. Jugendlichengruppen 308
Gruppenspezifität 143
Gruppenstruktur, Stabilisieren der 387
Gruppensupervision von Gruppenbehandlern 47
Gruppensystemperspektive 103
Gruppenteilnahme, Beendigung der 16 f
Gruppentherapeut als Wirkfaktor 112 f
Gruppentherapeutische Interventionsstudien bei Krebserkrankungen 289
gruppentherapeutische(n) Interventionen in der Psychoonkologie, Effekte von 286 ff
– Konzepte für Kinder u. Jugendliche, Definition von 306 f
– – – – Systematik der 306 f
Gruppentherapie alter Menschen, Besonderheiten der 313
– – – Integration verschiedener Verfahren 317 f
– – – Kombination verschiedener Verfahren 317 f
– mit begleitender Einzeltherapie 150
– als Behandlungsmethode der Wahl 70 f
– m. Migranten, Gruppenkohäsion in der 323
– – – keine Tragfähigkeit d. therapeutischen Beziehung 322 f
– bei onkologischen Erkrankungen 282 ff
– psychiatrische 42 ff
– somatoformer Schmerzstörungen, Manualisierung der Behandlung 276
Gruppentherapiemanuale, evaluierte in der Verhaltenstherapie 343
Gruppentherapiezuweisung, Compliance von Patienten bei 70
Gruppentraining(s), Konzept des 307

Sachverzeichnis

Gruppentraum 165 f
– im engeren Sinne 166
Gruppenverfahren im Kindes- und Jugendalter 306 ff
Gruppenverhaltenstherapie 343
– Rahmenbedingungen und Wirkfaktoren der 345 f
– zieloffene 346 f
Gruppenverlauf, phasenhafter 255
Gruppenvorbereitung 89, 202, 210, 361 f
– („pregroup training") 74 ff
Gruppenweiterbildung, Ängste bei Anfängern 31 f
– objektive Begleitforschung in der 41
Gruppenzusammensetzung 70 ff, 89, 202, 207
– heterogene 206 ff
– Heterogenität in der 89
– homogene 204, 206 ff
– Homogenität in der 89
– und Status 122 f
– strukturhomogene 250 f
– bei Suchtkrankengruppen 293
Gutachterverfahren 43, 46
Gutachterverfahren(s), Auswirkungen des 43

H

Hamilton Depression Rating Scale (HDRS) 315
Handlungsblockaden 353 f
Harvard-Community-Health-Plan-Cohesiveness-Skala (HCHP-GCS) 174
Haus der Gesundheit Berlin 216
Hausaufgaben 100
Heilfaktoren, sh. Wirkfaktoren 8 ff
„heißer Stuhl" 291
Helfersyndrom 46
Heterogene Gruppen mit schwierigen Patienten 150
Heterogenität der Gruppenzusammensetzung 210
Hier und Jetzt 75 f, 91, 382
– – und Feedback 364
Hierarchie in der SCT 385 f, 389
– systemzentrierte 385 f
Hier-und-Jetzt-Beziehungserfahrung 369
Hier-und-jetzt-Geschehen in der Kurzzeit-Gruppenpsychotherapie 212
Hier-und-Jetzt-Interventionen 361
Hier-und-Jetzt-Komponente im Gruppenprozess 367
Hier-und-Jetzt-Situation der Gruppeninteraktion 97
Hill-Interaktions-Matrix 220 f
Hill-Interaktionsmatrix (HIM) 172, 174 f
Hoffnung 93, 376
Homogenität der Gruppenzusammensetzung 210
– des Symptombildes 220
Homosexuellengruppen 259
Hostility-Support-Rating 172 f

Hypersensibilität, interpersonelle 151
hypochondrische Störung (F45.2) 276

I

„Ich"-Äußerungen 90
Ich-Du-Differenzierung 371
„Ich-Du-Mutualität" nach Buber 33
Ich-Du-Verhältnisse in Erziehung und Psychotherapie 33
Ich-Funktionen, defizitäre 44
Ich-Psychologie 350
Ich-System 380
Ich-Widerstand 154
Ich-Zustand 380
Ich-Zustände des Eltern-Ichs 382
– des Erwachsenen-Ichs 382
– des Kindheits-Ichs 382
Identifikation 9, 11, 143 ff, 177, 293
– problemlösungsrelevanter Konfliktmuster bei Schizophrenie 238 f
Identifikationsfeedback 373
Identitätsdiffusion bei schwierigen Patienten 151
Imaginative Relaxation (IR) 320
Immunreaktionen, verbesserte 288
Indikation, adaptive 56
– differenzielle 56
– für Gruppenbehandlung, aufgrund von administrativen Erwägungen 202 f
– in der Gruppenpsychotherapie 56 ff
– gruppenspezifische 83
– zur Gruppentherapie 70
– zur Kurzgruppenpsychotherapie 209 f
– selektive 56
– zu ambulanter versus stationärer Gruppenpsychotherapie 229
Indikationsfrage zur Gruppenbehandlung von Suchtkranken 293
– bei Suchterkrankung, Wichtigkeit der 294
Indikationskriterien für Gruppenpsychotherapie-Behandlung 66 f
Indikationspraxis, differenzielle 352
Indikationsstellung 56
– adaptive 354
– in der Kinder- u. Jugendlichen-Gruppentherapie 307 f
– Praxis der 57
Indikationsverhalten von Psychotherapeuten 64
Indikative Merkmale 65
Indikator 56
Individual-Group-Member-Interpersonal-Process-Skala (IGIPS) 174
Individualisierung, Bewegung zur 223 f
Individuelle Psychotherapie bei onkologischen Erkrankungen 282
Individuum in der Gruppe 14
– und Gruppe 385
– – Konflikte zwischen 16
Informations- und Aufklärungsprogramme 350
Informationsgruppe, vorbereitende in der Rehabilitation 250
Informationsvermittlung 276

Inhaltsanalytische Methoden 172 f
„Initiation" 35
Initiativgruppen, sozial aktive 223
Inkongruenz 338
Inside-Tradition 140, 195 f
Instinkt des Revierverhaltens 24
Institutionsanalyse 51 f
Integration verhaltenstherapeutischer u. tiefenpsychologischer Gruppentherapie 349 ff
integrative(n) Therapiekonzepte, Forderung nach 352
integrativer Gruppentherapie-Ansatz bei Schizophrenien 302 ff
integriertes psychologisches Therapieprogramm für schizophrene Patienten 238
Interaktion, themenzentrierte 45
– zentrale Rolle der interpersonalen 356
Interaktionen, geschlechtsdifferenzielle Wirkungen von 122 f
– komplementäre 4
– symmetrische 4
Interaktionsfähigkeit von Patienten und Erfolg der Gruppenbehandlung 206
Interaktionsgeschehen(s) zwischen Patient und Team, Strukturaspekt des 49
Interaktionsprozessanalyse (IPA) nach Bales 172 ff
Interaktionsprozesse(n), systematische Beobachtung von 4
Interaktionsvariablen 3 ff
– im Setting Gruppe 4
International Transactional Analysis Association (ITAA) 377
Internationale Arbeitsgemeinschaft für Gruppenanalyse Bonn 24
Interpersonale Gruppenpsychotherapie 356 ff
– Probleme 58
interpersonale Theorie der Psychiatrie 337 ff
Interpersonales Lernen – Input 9
– – Output 9, 293 f
interpersonales Menschen- und Persönlichkeitsbild psychologischer Konzepte 11
– Modell als ideal integrierendes Modell für die Psychotherapie 358
Interpersonelle Arbeit 137
interpersonelle Gruppenpsychotherapie 291
Interpersonelle Theorie der Krankheitsentstehung 11
– Variablen als Prädiktoren 68 f
interpersonelle Verhaltensmuster, ungewünschte 99
interpersonelles Lernen 93
Interpersonelles Lernen 177
– Lernen – Input 177
– – Output 177
Intervention, Fokus der 363
– in der interpersonalen Gruppenpsychotherapie, Fokus der 364
– Zeitpunkt der („timing") 213

Interventionen, aktivierende 363
– gegenseitige 363
– günstige therapeutische 365
– psychoonkologische 282 f
Introjekte 3
Inventar Interpersonaler Probleme (IIP) 58, 60, 68 f
– interpersonaler Probleme (IIP) 185 f, 228 f
– Interpersonaler Probleme (IIP) 358
Inzest während der Kindheit 125
Isomorphie in der SCT 385 f

K

kämpferische Einstellung (fighting spirit) 288
Kampf/Flucht, Grundeinstellung der 134
Kanadische Gruppentherapieweiterbildungs-Studie von Piper et al. 35 ff
Kassenantrag in der Gruppenpsychotherapie 82 ff
Katharsis 9, 93, 95, 100, 142 ff, 177, 221, 291, 293
Kieler Gruppenpsychotherapiestudie 228 f
Kind-Ich 381
Kleingruppe 14
Kleinkindforschung, Ergebnisse der 355 f
Klientenzentrierte Gruppenpsychotherapie 291 f, 335 ff
– Psychotherapie 335
– Selbstentwicklungslehre 338 f
Klientenzentrierte(n) Therapietheorie, Taxonomie der 339 f
Kognitionen, dysfunktionale 292
kognitiv-behavioral orientierte stationäre Behandlung von Anorektikerinnen 265
– – – von Bulimikerinnen 265
Kognitiv-behaviorale Behandlungsmodelle 98
kognitiv-behaviorale Gruppentherapie mit alten Menschen 315 f
– – in der Behandlung alter Menschen 312
– Interventionsansätze für schizophrene Patienten 239
– Therapie mit alten Menschen 319 f
kognitive Techniken bei Gruppenpsychotherapie mit Essstörungen 264
kognitiv-interpersonales Schema 356
Kohäsion 6, 9, 92 f, 95, 100, 105, 108, 138, 153, 177, 203, 212, 221, 360, 382
– Index für 6 f
Kohäsive Gruppen 106
Koleitung, Definition der 116
– in der Gruppenpsychotherapie 116 ff
Kolernende 117
Kollusion in der Gruppe 6
Kollusionen 6
– konfliktträchtige 4
Kommunikation, analoge 4
– digitale 4

– gestörte interpersonale 356 ff
– in der Gruppe, aktuelle Ebene der 329
– – projektive Ebene der 330
– – Übertragungsebene der 329 f
– interpersonale 366
– über die Kommunikation 368 f
– vollständige 35
Kommunikationsaustausch in der Transaktionsanalyse 377
Kommunikationspsychologie 3
Kompensation kognitiver Hemmnisse bei Schizophrenie 236 ff
– sozial-emotionaler Hemmnisse bei Schizophrenie 238 f
Kompetenz, interpersonale („role pairing") 372
Kompetenztrainings-Gruppen 292
Komplementarität 359
Komplementaritätsmodell 352
Komposition von Gruppen 207 f
– von Kurzzeit-Therapiegruppen 210 f
Konflikt in Systemen 384
Konfliktmöglichkeiten 8
Konformitätsdruck 15
Konformitätsforschung 6
„Konformitätsvoreingenommenheit" 6
Konfrontation als technisches Hilfsmittel 153
– durch den Therapeuten 99
Konfrontationsgruppen 274
konsensuelle Validierung 89, 91, 97
Konstanzer Wirksamkeitsstudie 197 ff
Kontextualisieren in der SCT 385 f, 388 f
Kontextualisierung, Methode der 386, 388 f
Kontraindikation eines abstinenten Therapeutenverhaltens 278
– für Gruppenbehandlung 206
– – Kurzzeit-Gruppenpsychotherapie 67
Kontraindikationen für Gruppenbehandlung 56
Kontraindikatoren, für Einzel- und Gruppenpsychotherapie 58
Kontrakt, administrativer 379
– und „Holding Environment" 79
– und Rahmenbedingungen 80
– therapeutischer 379
– – in der Transaktionsanalyse 382 f
Kontrakt(s), Inhalt des 80 f
Kontraktschließung 89
Kontrollbedürfnisse, Bedrohung der in der Gruppensituation 74
Kontrolle in der Gruppe 135
Konzept der beeinflussenden Botschaft („impact message") 359
– der sich selbst erfüllenden Prophezeiung 358, 380
„Konzeption der fünf Datenboxen" 183
Körpererfahrung 42
körperorientierte Therapie bei alten Menschen 312
Körpertherapie 22
korrigierende emotionale Erfahrung 153, 358, 362, 365

Kosten-Effektivitäts-Analyse („costeffectiveness-analysis" – CEA) 197
Kosten-Nutzen-Analyse („cost-benefit-analysis" – CBA) 197
Kosten-Nutzen-Analysen 195, 197
Kosten-Nutzen-Relationen 10 f
Kosten-Nutzwert-Analyse („cost-utility-analysis" – CUA) 197
Kotherapeuten, Konflikte zwischen 16
Kotherapeutenteams, Effektivität von 119 f
Kotherapie in der Gruppe 116 ff
Krankheit als Folge gesellschaftl. Verhältnisse, Sichtweise von Migranten 324
– als göttliche Bestrafung oder als Sühne, Sichtweise von Migranten 324
Krankheitszustand als Indikator 58
Kränkung und drohender Machtverlust des Gruppenleiters 32
Kreativität im Psychodrama 372
Kreativtherapien in der Behandlung alter Menschen 317
Krebserkrankung, Coping bei 282 ff
– gestörte Beziehung zur unmittelbaren Umgebung bei 283
– psychosoziale Anpassung bei 282
Krebserkrankungen, Bedarf an psychologischer Hilfe bei 282
– psychosoziale Interventionen bei 282 ff
Kreismodelle, interpersonale 358 f
„Kult des Ego" 224
Kulturanthropologie 31
kulturelle(n) Differenz, Bedeutung der 322 f
Kunsttherapie bei alten Menschen 312
Kurzpsychotherapie, fokale 248 f
Kurztherapie, bifokaler Ansatz der in der psychosomatischen Rehabilitation 248 f
Kurzzeitbehandlung im stationären Umfeld 203
Kurzzeit-Einzelpsychotherapie 10 f
Kurzzeit-Gruppenpsychotherapie 10 f, 79, 182, 204, 209 ff, 249 ff
– Deutungstechnik in der 213
– geschlossene psychoanalytische mit Reha-Fokus 253 ff
– psychoanalytisch-orientierte mit Reha-Fokus 253 ff
– im Rehabilitationsbereich 210
– Technik der Gruppenleitung in der 254 f
– Zeitbegrenzung in der 254
Kurzzeitpsychotherapie 43
Kurzzeitpsychotherapie 352
– psychodynamische 209 f
– in der psychosomatischen Rehabilitation 352
Kurzzeit-Therapiebereich 202
Kurzzeittherapien, Aktivität d. Gruppenleiters in gruppenpsychotherapeutischen 351
– gruppenpsychotherapeutische 351

L

Langzeit- versus Kurzzeitgruppenpsychotherapie 214
Langzeit-Einzelpsychotherapie 10 f
Langzeit-Gruppenpsychotherapie 10 f, 58, 204, 209 ff
– stationäre 185 ff
„Leader Adjective Measure" (LAM) 37, 39 f
Lebensqualität, verbesserte 288
Lebensrückblick (Life Review) 316 f
Lebensskript 380, 382
Leiden, intersonale Wurzel von 13
– psychisches und Verlust an Sinn, Glaubwürdigkeit und Vertrauen 19 f
Leistung („performing") 135
Leiter als Ansporner („energizer") 46
– als direktiv Leitender („manager") 46
– als emotionaler Versorger („provider") 46
– idealisierter 40 f
– kenntnisreicher 40
– kontrollierender 40
– als Laissez-Faire-Typ 46
– als Sozialingenieur 46
– unpersönlicher („impersonal style") 46
Leitereigenschaften in der Gruppenweiterbildung 38
Leitereinfluss auf die therapeutische Veränderung 158 f
Leitermerkmale 40
Leiterqualität 35
Leiterrolle, aufgabenorientierte (task oriented leader) 127 ff
– aufsässige (defiant leader) 127 ff
– emotionale (emotional leader) 127 ff
Leiterrollen, Bedeutung der 131
Leiterstil und Gruppenklima 361
Leitertechnik, Modifikation der Abstinenz in Gruppen mit alten Menschen 314
„Leitlinien des psychotherapeutischen Umgangs mit schizophrenen Patienten" 237 f
Leitung von Therapiegruppen, im Rahmen der Ausbildung 31 f
Leitungsstil 35
Leitungstechnik, Handhabung suizidaler Krisen einzelner Gruppenmitglieder 17
Lernabfolge, interpersonale 365 ff
Lernen, erfahrungsgeleitetes in der verhaltenstherapeutischen Gruppentherapie 349
– interpersonales 355, 360
– interpersonelles 95
– interpersonelles – input 221
– – output 221
– am Modell 260
– von sozialen Fertigkeiten 98
Lernen(s), Prozess des interpersonalen 362
Lernmöglichkeiten, unterschiedliche in der Gruppe 207 f
Lernpsychologie 3
Lerntheorie 22
Life Review 312, 316, 319 f
Linienvergleichsexperiment nach Asch 6
Liste zur Einschätzung der Leitermerkmale 39

M

Macht 4, 14, 23, 33 ff
– in der Gruppe 135 f
Machtkonstellationen, strukturelle 41
– – in Ausbildungssettings 41
– – in psychotherapeutischen Settings 41
Maladaptationen, interpersonale 367
Mammakarzinom, metastasierendes 288
Managed-Care-System 209
„Man"-Äußerungen 90
Mangel oder Verlust an sexuellem Verlangen 272
Männergruppen 125 f
Marathongruppe 378
Marker, interpersonaler 367
Masochismus, sexueller 272
Masse 14
Massenpsychologie 6
Matrix, dynamische 329
– der Gruppe 329 f
– individuelle 329
Maximierung 371, 375
Medizinische(s) Modell, Einflüsse durch das 12
Mehrheiten, nomische 6
Mehrpersonensetting(s), Situation des 13
Mehrpersonensituation 2
Melanom, malignes 288
Member-to-Leader-Scoring-System nach Mann 174 f
Mensch als soziales Wesen („Zoon politikon") 371
– als „Zoon politikon" 11
Menschen in Gruppen 14
Metaanalysen zum Wirksamkeitsvergleich Einzel- vs. Gruppentherapie 8 ff
Metakommunikation 365 ff
– Bedeutung der 358
– über interpersonale Prozesse 360 ff
– therapeutische 368 f
Methode des Richtens von Aufmerksamkeit in der SCT 388
Methoden zur Einschätzung der Art der Interaktion 174 ff
– – der Qualität der Interaktion 176 f
– der Verhaltenseinschätzung 173 f
Migranten, enge Kooperation im stationären Team bei Behandlung von 325
– geringer Informationsstand bez. bio-psycho-sozialer Zusammenhänge 324
– größere erlebte soziale Kontrolle bei 324
– homogene Stationsgruppe mit 325
– Kollektivselbstbild bei 324
– störungsspezifische Gruppen 325
– suggestive Techniken in der Gruppenbehandlung von 325
– Themenzentrierte-Interaktionelle Gruppe bei der Behandlung von 325
Minderheiten, anomische 6
Miniskript 372
Misskonstruktions-Misskonstruktions-Abfolge 356, 358
Mitgliedersystem in der SCT 385
Mitglied-zu-Mitglied-Arbeitskontrakt 156
Mitteilung von Informationen 293
Mob 14 f
Mobbildung 14
Mobbing 13
Mob(s), Auswirkungen des 13 f
Modeling 351
Modell des kognitiven Lernens 292
– der Problemebenen und Störungsformen 352 f
– der therapeutischen Spielgruppe 309
Modellierung von Verhalten durch Therapeuten 98
Modelllernen 276
Moderation 42
Modulieren von Affekten der Gruppenmitglieder 105
Monolog (Soli Loquii) 370, 375
Monopolisierung 156
Moral 12 ff
Moralität und Ethik auf Seiten des Behandlers 12
Morbidität, alkoholbezogene 290
Mortalität, alkoholbezogene 290
Most Important Event-Questionnaire 172
Motivation für Gruppenbehandlung 61, 66, 71 f, 206
– des Patienten für eine bestimmte Behandlungsform 8
– – – Gruppenbehandlung 57, 60
Motive, kindliche 378
Mount Zion Psychotherapy Research Group 356
Multiple-Sklerose-Gesellschaft 259
Musiktherapie bei alten Menschen 312
Musiktherapie (MT) in der Behandlung alter Menschen 320

N

Nachbehandlung von gruppenerfahrenen Patienten 219
Nachgespräch zum Gruppenpsychotherapieverlauf 253
Nähe 135
Narzissmus-Inventar nach Deneke 185 f
narzisstische Persönlichkeitsstörungen 148 ff
Nationale Kontaktstelle zur Förderung u. Unterstützung der Selbsthilfegruppen 258

Nequipos 117
Netzwerk der Gruppe 329
neurotisches Paradox 99
nicht organische Dyspareunie 272
– organischer Vaginismus 272
nicht-direktive supportive Therapie (S) 320
Nicht-Komplementarität 359
„Nidation" 25, 35
Normative-Organizational-Versus-Personal-Exploration-Rating 173
Normen, Entwicklung hilfreicher 90
– soziale 7, 19
Normenbildung („norming") 135
Normensystem 7
Normensysteme, ethisch-moralische 12
Notwendigkeit des Glaubens an Autorität 19

O

Objekt- und Selbstrepräsentanzen, Änderung von 146
– – in ihrer wechselseitigen Beziehung 160
– – Veränderung von 204
– – Veränderungen von 69
Objektbeziehungen, primitive 14
Objektbeziehungskonflikte, archaische 30
Objektbeziehungsstörungen 44
Objektbeziehungstheorie 350
Objektbeziehungstheorie-Ansatz 149
Objektintrojekte 3
„Objektive Hermeneutik" 49
„Ökodemee" 25
„Okodemee" 35
Ökonomieaspekt der Gruppenpsychotherapie 345
Ökonomische Evaluation im Gesundheitsbereich 196 f
Omega-Position 4, 14, 151
Omnipotenzfantasien, Aufgabe von 32
Operationalisierte Psychodynamische Diagnostik (OPD) 253
Optimierung des Gruppenpotenzials 95
Orgasmusstörungen 272 f
Outside-Tradition 140, 195 f

P

Paarbeziehungen, intime und Ablösung von der Gruppe 26
Paarbildung, Grundeinstellung der 134 f
Paargruppenpsychotherapie 218
Pädophilie 272
PAGE-Studie 18, 66, 113, 195 f, 224
Pairing 4
Paradigma der vergleichenden Evaluation 141
Paraphilie 272
Passung des einzelnen Patienten mit der Gruppe 62

– „Patient-Therapeut-Methode" 342
– zwischen therapeutischem Angebot und Patientenerwartungen 228
paternalistisches Prinzip 16
Patienten, Erwartungen an Psychotherapie 206
– als Experten ihrer Erkrankung 291
– Merkmale von als Indikations- u. Prognosekriterien 56, 58
Patient(en), untergründig moralisch-ethische Standards des 12
Patientenansprüche, sich wandelnde 352
Patientenauswahl für Gruppenbehandlung 70 ff
Patientenmerkmale 65 ff
Patientenschulung („patient education") 344 ff
– (psychoedukative Gruppen) 291
Perceived-Depth-of-Interaction-Skala (PDIS) 176
Personal Effectiveness Training (PET) 44
Personensystem in der SCT 386
Persönlichkeitsmerkmale als Indikatoren 58 f
Persönlichkeitsvariablen 3 f
– im Setting Gruppe 3 f
Perspektivenübernahme 276
Pervasivitätshypothese 238
Phase der interpersonellen Arbeit 108 f
Phasen der Entwicklung eines Kotherapeutenteams 118
Phasen- oder Verlaufsmodelle der Gruppenentwicklung 26
Phasenmodell psychotherapeutischer Veränderung 228
physische Attraktivität und Gruppe 122
Planformulierungsmodell 365
PLISSIT 271
Prädiktor 56
– und Therapieerfolg, Zusammenhang zwischen 62
Praktizierung ambulanter Gruppenpsychotherapie, Rückgang der 222
Prävention negativer Effekte 106
– psychischer Störungen 344
Pregroup-Training 254
Pretraining (sh. auch Gruppenvorbereitung) 228
Primärgruppe 31
Primitivierung 14
Prinzip Antwort 232, 291 f, 298, 334
– der Autonomie 13
– Deutung 298
– der Fürsorge 13
– der Gleichheit 13
– der Nichtschädigung 13
probatorische Sitzungen 62
Problemaktualisierung/Problembewältigung 344 f
Problemanalyse, Konzept der 352
Problembereiche, rehabilitationsbezogene 251
Probleme mit Kontakt und Nähe 59
Problemlösegruppen, interaktionelle 350

Problemlösungsfertigkeiten 291
Problem-Solving-Therapy (ProbT) 319
Produktivität in Jugendlichen-Gruppen 310
Prognose in der Gruppenbehandlung 83
– der Gruppenpsychotherapie 56 ff
Prognosekriterien 250
Prognostische Merkmale 65
Progressive Relaxation 292
Projektive Identifizierungen vom kommunikativen Typ 163
– – vom Übertragungstyp 163
Prozessforschung 141
– in der Gruppenpsychotherapie, objektive 146 f
– von Gruppenverläufen 204
Prozessmessmethoden der Gruppenpsychotherapie 171 ff
Prozessqualität 17 f
Prozessrichtlinien 90
Prüfung des Wirkmodells 141
– der Wirksamkeit 141
Psoriasis-Bund 259
Psy-BaDo (psychotherapeutische Basisdokumentation) der AWMF 18
Psychiatrische Störungen 58
psychiatrische Versorgung, ambulante 43
– – stationäre 43
Psychoanalyse 2 f, 22, 31
– der Gruppe 328
– – als Ganzes 328
Psychoanalytiker und Macht 34
Psychoanalytiker(n) zur Macht, Verhältnis von 34
psychoanalytische Gruppenpsychotherapie 328 ff
– – nach Foulkes 329 f
psychoanalytische(n) Gruppenpsychotherapie, soziale Aspekte der 328 f
psychoanalytische(r) Ausbildung, dogmatische Strukturen in 33 f
psychoanalytisch-interaktionelle Gruppenpsychotherapie 331 ff
– Therapie 61
Psychodrama 2, 5, 22, 42, 293, 370 ff
– Aktions- oder Spielphase im 372 f
– Antagonist 375
– basale therapeutische Prinzipien 374
– in der Behandlung alter Menschen 312, 317
– distanzierende Exploration 374
– Doppelgänger-Technik im 375
– Einsichtsfähigkeit im 374
– Erlebnisverdichtung im 374
– Erwärmungs- oder Initialphase im 372
– gruppenzentriertes Spiel 372
– Hilfs-Ich-Funktion im 375
– Hilfswelttechnik im 376
– Lösungskompetenz im 374
– Problemaktualisierung im 372
– Protagonist 375
– protagonistenzentriertes Spiel im 372

- soziodramatische bzw. dramatherapeutische Spielvorlagen im 373
- soziometrische Klärungen sozioemotionaler Gruppentiefenstrukturen 373
- Stegreifspiele im 373
- szenische Interaktion im 375
- – – auf der Bühne 374
- Vignettenspiel mehrerer Gruppenmitglieder 372

Psychodrama(s), Basistechniken des 375
- Definition des 371
- Entwicklungstheorie (Rollentheorie) des 371
- triadisches System des 370

psychodramatische Bühne 374
Psychodramatische Gruppenpsychotherapie 370 ff
Psychodramatischer Gesundheits- u. Störungsbegriff 372
Psychodynamic-Work-and-Object-Rating-System (PWORS) 177
psychodynamisch orientierte Therapie mit alten Menschen 319 f
psychodynamische Gruppentherapie in der Behandlung alter Menschen 312 ff
psychodynamisch-psychoanalytische Gruppentherapie alter Menschen 313 f
psychodynamisch-tiefenpsychologisch orientierte Gruppentherapie alter Menschen 314
Psychoedukative Verfahren 44
Psychological Mindedness 210, 244 f, 250, 295 f
- – Assessment Procedure (PMAP) 69, 72 f, 177, 67
psychologische Sensibilität 67, 72
Psychologische Therapie 142
Psychoonkologie 282 ff
- einzelpsychologische vs. gruppentherapeutische Intervention 289
- Fokus auf Körper-Geist-Interaktionen 282
psychoonkologische(r) Gruppe, emotionale Unterstützung in 289
Psychosen und stimmungsstabilisierende Medikation 301
Psychose-Patienten, Fokus auf Bewältigungsstrategien 301 ff
Psychotherapeut(en), Ethik und Moral des 18 ff
psychotherapeutische Behandlung, Indikation für eine 8
Psychotherapeutische Versorgung in den neuen Bundesländern 218 ff
Psychotherapie, Alltagsferne der 3
- ambulante 216 ff
- Ausbildung in der 33 f
- Definition der 2
- dyadische 2
- Effektivität von 2
- Effizienz von 8
- Ethik in der 12 ff
- und Ethik und Moral 12
- Evaluation von 33

- aus gesundheitsökonomischer Sicht 11
- und Macht 34, 41
- Moral in der 12 ff
- Professionalisierung von 2
- prozess-erlebnisorientierte 337
- psychoanalytische bzw. tiefenpsychologisch orientierte 349 ff
- sexueller Störungen 271 f
- Verschlechterung in der 294
- Wirkung von 2

Psychotherapieausbildung, Kardinalregeln der 12
Psychotherapieforschung, vergleichende 9 f
Psychotherapiemotivation bei Migranten 323
Psychotherapierichtlinien, Auswirkungen der 43
Psychotherapieschulen und Scheuklappenmentalität 24
Psychotherapieweiterbildung, Macht und Abhängigkeit in der 33 f
- (Ohn-)Macht und Abhängigkeit in der 33 f
psychotrope(n) Substanzen, dysfunktionaler Gebrauch von 290
- – gefährdender Gebrauch von 290
- – schädigender Gebrauch von 290

Q

Qualität der Objektbeziehungen 67 f, 72
- Objektbeziehungen (QOR) 244 f, 250
Qualitätsmanagement 18
Qualitätsmonitoring 18
Qualitätssicherung 17 f, 46
- Ergebnisqualität 46
- in der Gruppenpsychotherapie 140 f
- Prozessqualität 46
- in der Psychotherapie 17 f
- Strukturqualität 46
Quality of Object Relations 210
Quality-of-Object-Relations-Skala (QORS) 68 f, 72 f
Quiltätssicherung, gesetzliche Pflicht zur 17

R

Ratschläge 220
Raum, interpersonaler 358
Raum(es), Bindungsachse des interpersonalen 358
- Kontrollachse des interpersonalen 358
Rauschen in der SCT 387
Realisierung therapeutischer Arbeit in der Gruppe 69
Realitätsorientierung (RO) 319
Realitätsprüfung 276
Reality Orientation 312
Reattribuierung störungsspezifischer Grundannahmen 291

Reflexionsbedarf ethischer Standpunkte nach Kierkegaard 12
Regression in der Gruppe 203
Regressionsphantasien alter Menschen 314
Regressionstoleranz für Einzelpsychotherapie 66
Regressive Lösungen 220
Rehabilitation 240
- kognitiver Funktionsstörungen, primäre 238
- psychosomatische 247 ff
- in der Psychotherapie 228
- Wirksamkeit der psychosomatischen 247
Rehabilitationsziele, psychosomatische 248
Reha-Gesamtbehandlungsplan, Nutzung gruppenpsychotherapeutischer Verfahren im 256
Reinszenierungen früher sozialer Erfahrungen, bewusste oder unbewusste 11
- – – qua Übertragung u. Projektion 11
Reintegration, berufliche 256
Rekapitalation der Primärfamilie 142 ff
Rekapitulation der Primärfamilie 9, 177, 228, 293 f
Rekonstruktion sozialer Netzwerkstrukturen, graphische 374
Religionen, Entstehung und Bedeutung der 19
Remediation in der Psychotherapie 228
Reminiscence Therapy (RT) 319 f
Reminiszenz (Reminiscence) 316
Remoralisierung in der Psychotherapie 228
Remotivation in der Behandlung alter Menschen 312
Remotivationstherapie (RemoT) 319
„Repertory-Grid-Technik" 135
Ressourcenaktivierung 345
Rezidivfreiheit, verbesserte 288
Reziprozität, interpersonale 359
Rheuma-Liga 259
„Richten von Energie" in der SCT 389
Richtlinien-Gruppenpsychotherapie 43 f
Richtlinienpsychotherapie 42
Richtlinienverfahren 43
Rolle, abweichende 92
- und Aktivität des Gruppenleiters in der Kurzzeit-Gruppenpsychotherapie 211 f
- des Leitenden 4
- soziale 4
Rollen, formelle 127 ff
- informelle 127
Rollenausübung 372
Rollendiagramm 373 ff
Rollendiagramm(s), Erstellung eines 374
Rollendimension, psychodramatische 371
- psychosomatische 371
- soziodramatische 371

Rollenebene, aktionale 371
- kategoriale 371
Rollenerwartungen 203
Rollenfeedback 373
Rollenfixierung 374
Rollenfunktion 4
- des Schwätzers 4
- des Schweigers 4
Rollenkonzept in der SCT 389
Rollenmodelle, effektive 91 f
Rollenmodus, vorherrschender 371
Rollenposition 4
Rollenspiel 291, 381
- trainierendes 44
Rollenspiel(n), Einsatz von 99
Rollenspieltechniken 42
Rollenstatus 374
Rollentausch 374 f
Rollentheorie des Psychodramas 371 f
Rollenübernahme 4, 374
Rollenverhalten 89
- in der SCT 388
Rollenverteilung 5
Rollenverteilungen 203
Rollenwahl 373
Rollenwahrnehmung 374
Rollenwechsel 370 f
Rückzug 156
- aus sozialen Utopien 224

S

Sadismus, sexueller 272
Sadomasochismus 272
scapegoat 388
Scapegoating 14, 151
Scapegoating-Prozess 104, 106, 108, 153
Scapegoat-Position 14, 129 f
Schema, kognitiv-interpersonales 358, 361 f, 366 f
- maladaptives kognitiv-interpersonales 357
- realitätsbasiertes kognitiv-interpersonales 366
schichtspezifische Aspekte u. Therapievoraussetzungen bei Migranten 323
Schizophrenie, Bewältigungslernen im Umgang mit der 302
- Coping mit 302
- und Denkstörung 301
- gruppenpsychotherapeutische Behandlung der 234 ff
- regressionsverhindernde Therapie der 302
- stationäre Gruppen zur Behandlung von 302
- Tagesklinik-Behandlung bei 302
- Verbesserung der interpersonellen Beziehungen bei 302
Schleife, ununterbrochene kausale 357
Schmerz-Affekt-Differenzierung bei der Behandlung somatoformer Störungen 278 f
schulenübergreifende Faktoren 351 f
schwarzes Schaf-Position 4, 387

Schwarze-Schaf-Leiterrolle (scapegoat leader) 127 ff
Schwarze-Schaf-Position 128 f
Schwarze-Schaf-Rollenbildung, sh. Scapegoating
Schwarzes-Schaf-Rolle 150
schwere Charakterpathologie 148 ff
Schwierige Patienten 148 ff
Selbsteinschätzungsverfahren in der Gruppenpsychotherapieforschung 171 ff
Selbsterfahrung 24
- in der Gruppenpsychotherapieausbildung 28 ff
- als das Herz gruppenanalytischer Ausbildung 24
- in der Psychotherapieausbildung, Probleme mit der 34
Selbsterfahrungsgruppen 336
Selbsterleben im Gruppenverlauf 228
Selbstgrandiosität 368
Selbsthilfebewegung, Geschichte der 257 f
Selbsthilfe-Entwicklungs-Gruppen-Analyse-Seminare (SEEGRAS) 259
Selbsthilfegruppe der Selbsthilfegruppen 261
Selbsthilfegruppen 257 ff, 336
- ausbildungsorientierte 259
- bewusstseinsverändernde 259
Selbsthilfegruppenarbeit, Grenzen und Gefahren der 259
Selbsthilfegruppenbewegung, Abwehr gegen 258
- fünf Phasen der 258
Selbsthilfeorganisationen 259
Selbstidealisierung von Teams und Teamarbeit 53
Selbst-in-Beziehung-Modell 123
Selbstkontrolle 291
Selbstmanagement 345
Selbst-Objekt-Beziehung 153
Selbstöffnung 9, 69, 91, 93 f, 103, 107, 136 ff, 142 ff, 228, 293, 310
- des Gruppenleiters 211
- horizontale 364
- vertikale 364
Selbstpsychologie-Ansatz 149
Selbstsicherheitstraining 43, 291
Selbstsicherheitstrainings-Gruppen 292
Selbstsystem, beobachtendes 385
Selbstverständnis 100
Selbstwert und Identität 13
Selektionskriterien, bei Patientenauswahl 70
Sensibilität, interpersonelle 150
Sexualpräferenz, multiple Störungen der 272
Sexualtherapie sexueller Funktionsstörungen 271
sexuelle Aversion und mangelnde sexuelle Befriedigung 272
- Devianz und Sexualstraftaten 274
Sexuelle Dysfunktionen in ICD-10 und DSM IV 272
sexuelle Straftäter, positive Wirkung von Gruppen auf 274

sexuelle(n) Funktionsstörungen, Einzeltherapien bei 271
- - Klärung individueller Konflikte bei 271
- - - partnerschaftlicher Konflikte bei 271
- - Paartherapien bei 271
- - verhaltenstherapeutische Interventionen bei 271
- Störungen, Effekte gruppenpsychotherapeutischer Behandlungen bei 274
- - gruppenpsychotherapeutische Ansätze bei 273 ff
- - Straftäter(n), Verleugnung bei 274
sexuelle(r) Funktionsstörungen, Ätiologie 271
- - Psycho- bzw. Paardynamik 271
Sharing 373
Sichtungsgruppe („group screen") 72
Sinnkrise nach Tolstoi 19
Situation ambulant tätiger Gruppentherapeuten 43
- stationär tätiger Gruppentherapeuten 43
Skriptanalyse 381
Skriptsystem 383
Skripttheorie 382
slow-open-Gruppen bei Gruppen mit alten Menschen 314
Social Skills-Training 291
- Skills-Trainings-Gruppen 292
Somatisierung, zunehmende in Konfliktsituationen 221
Somatisierungsstörung (F 45.0, F45.1) 276
somatoforme autonome Funktionsstörung (F44.3) 276
- Schmerzstörung 276 ff
somatoforme(n) Schmerzstörung, Arzt-Patient-Interaktion bei der 277 f
- - Beziehungserleben bei der 278
- - Bindungs- und Beziehungsstörung bei der 278
- - Bindungsmuster bei der 278
- - „doctor shopping" bei der 277
- - erschwerte Motivierbarkeit bei der 277
- - - Zugänglichkeit bei der 277
- - als Folge von Traumatisierung 278
- - Gestaltung der Arzt-Patient-Beziehung bei der 277 f
- - kognitive Fehlbewertungen bei der 276 f
- - kommunikativer Inhalt des Symptoms bei der 277
- - Krankheitsverständnis des Patienten bei der 277
- - psychodynamische Gruppenpsychotherapie der 276, 278 ff
- - Relevanz biographischer Vulnerabilität bei der 277
- - Störungen der Affektwahrnehmung bei der 276
- - unsichere Bindung bei der 278

– – unsicheres Bindungsverhalten bei der 277 f
somatoforme(r) Schmerzstörung, Leitsymptom Schmerz bei der Therapie 276
soziale(r) Kompetenztrainings, Wirksamkeit 235 f
„sozialer Mikrokosmos" 98, 292, 348, 360
– Mikroskosmos" 365, 382
„soziales Atom" im Psychodrama 371
soziales Kompetenztraining 309
Soziales Netzwerkinventar (SNI) 373 f
sozialkonstruktivistische Perspektive 122
Sozialpsychologie 328
Sozialpsychologie 2 ff, 6, 31
– mehrerer Personen 203
sozialpsychologische Experimente nach Asch und Sherif 13
Soziogramm 374
Soziogramme, introjizierte dynamische 3
Soziologie 31
Soziometrie 5
soziometrische Rangposition 228
Spezifität in der Psychotherapie 141 f
Spiegeln im Psychodrama 370, 375
Spontaneität, Auftreten von 370 ff
Spontaneitätslage 370
– pathologische 375
Standardgruppen in der verhaltenstherapeutischen Gruppentherapie 350
State-Trait-Angstinventar (STAI) 185 f
stationäre Gruppenpsychotherapie, behaviorales Modell 227
– – edukatives Modell 227
– – interpersonales Modell 227
– – kognitiv-behaviorales Modell 227
– – Objektbeziehungs- und Systemmodell 227
– – Problemlösungsmodell 227
– Psychotherapie 225
– – Beziehungsdynamik zw. Teamgruppe u. Patientengruppe 50
– – Bezugssystem „Klinik" 225
– – – „Patient" 225
– – – „Team" 225
– – Interaktion Teamgruppe – Patientengruppe 50
– – als „Übergangsraum" 50
stationäre(n) Gruppenpsychotherapie, empirische Forschung in der 227 ff
– Psychotherapie, Befunde zur Rangdynamik 229
– – bipolares Modell in der 226
– – Gesamtbehandlungsplan in der 225
– – „Holding-Funktion" der 50
– – integratives Modell in der 226
– – Organisations- und Rahmenmodelle in der 225
– – Prinzipien der 249
– – „Realraum" in der 226
– – Teamdynamik in der 229

– – Teamkonflikte in der 229
– – Teamprozesse in der 229
– – „Therapieraum" in der 226
stationäre(r) Gruppenpsychotherapie, Modelle 227
– – Strukturqualität 226 f
– – Untersuchungen zu Indikation und Prognose 228
Status 6
„Stellvertretergruppen" 22
Störung, interpersonale 356 ff
– (Verzerrung), parataktische 357, 359
– zwischenmenschlicher Beziehungen und Interaktionen 370
Störungen der Geschlechtsidentität 271 f, 274 f
– der Sexualpräferenz 271 f
– – in ICD-10 und DSM IV 272
störungsspezifische Indikationsstellung bei Kinder- u. Jugendlichen-Gruppen 307 f
„Straßenfeger-Technik" in der SCT 385, 388
Stressbewältigung 291
„Strukturale Analyse sozialen Verhaltens" (SASB) 337
strukturelle Merkmale als Indikatoren 58 f
Strukturiertes Klinisches Interview für DSM-III (SKID) 234
Strukturqualität 17 f
Stuttgarter Bogen (SB) 38, 40, 176
– Gruppenpsychotherapiestudie 228
Subgruppenbildung, funktionelle 389
– SCT-Technik der funktionellen 387 ff
Subgruppensystem in der SCT 385
Subjekt-Objekt-Dialektik 112
Subjekt-Subjekt-Dialektik 112
Sucht, Begriffsspektrum der 290 f
Suchtbehandlung, Autogenes Training in der 291
– Behandlung im Einzelsetting 293
– Entspannungsverfahren in der 291
– familientherapeutische Ansätze in der 294
– Gestaltungstherapie in der 291
– Gruppenpsychotherapie vs. behaviorale Ansätze 294
– humanistische Ansätze in der 291
– Kognitive Therapie in der 291
– Motivationstraining in der 291
– Progressive Relaxation in der 291
– Psychodrama in der 291
– Rückfallprophylaxe in der 291
– Selbstmanagementtraining in der 291
– verhaltenstheoretisch orientierte Ansätze 292
Suchterkrankung, multiple Syndrome bei 291
– Rückfallprophylaxe bei 292
Suchterkrankungen, Behandlungen von in Gruppen 290 ff
Suchtforschung, Metaanalysen im Bereich der 294
Suchtkrankenbehandlung, verhaltenstherapeutische Ansätze in der 291
Suchtmittelabhängigkeit 290

Suchtmittelmissbrauch 290
Supervision 15
– externe 48
– gestalttherapeutische 45
– der Gruppenbehandlung 42 ff
– gruppendynamische 45
– in Institutionen 44
– interne 48
– klientenzentrierte 45
– organisationstheoretische 45
– psychodramatische 45
– als psychosoziale Beratung 45
– rechtliche Aspekte 47
– systemtheoretische 45
– in Teams 44
– transaktionsanalytische 45
– verhaltenstherapeutische 45
Supervision der Gruppenbehandlung, ethische Problem durch 15
Supervisionsmodelle, formal u. inhaltlich strukturierte 45
Supervisor, für Einzelpsychotherapie 42
– – Gruppenpsychotherapie 42 ff
– als Katalysator 52
Supervisoren, „Organisationsblindheit" bei 53
Supervisor(s), Fähigkeit des 45
– Persönlichkeitsstruktur des 46
– Schweigepflicht des 47
– wirtschaftliches Interesse des 42
„supportive" kognitiv-behaviorale Gruppenpsychotherapie 312
Supportiv-Expressive Gruppentherapie, Ausdruck von Gefühlen 285
– – Entgiftung von Tod und Sterben 285 f
– – mit Krebspatienten 283 ff
– – Neubewertung von Lebensprioritäten 286
– – Verbesserung der Arzt-Patient-Beziehung 286
– – – von Bewältigungsstrategien 286
– – – von Unterstützung 286
– – (Ver)Bindung herstellen 285
– – Ziele der 285 f
Symbolisierungsfähigkeit, mangelnde 278
SYMLOG 4, 358
Symptom-Check-List-90 R (SCL-90 R) 58, 185 f
System for Multiple Level Observation of Groups (SYMLOG) 173, 175
– der Systemhierarchie 385
Systemansatz der Gruppenpsychotherapie 384 ff
Systementwicklung 388
Systemische Therapie bei Borderlinestörungen 230
Systemtheorie 51
Systemvariablen 5 ff
Systemzentrierte Gruppenpsychotherapie 384 ff
systemzentrierte Hierarchie 385 f
– Techniken der Gruppenleitung 385
Systemzentrierte Therapie (System-Centered Therapy – SCT) 384 ff

T

Tagesklinik 240
Tanztherapie bei alten Menschen 312
Target Complaints 185
Täter-Opfer-Gruppen 274
Tavistock-Modell 328
Team, Definition des Begriffs 48
Teamarbeit 48
Teambesprechung 15
– und Ethik 15
Teamdynamik 51
Teams, therapeutische 49
Teamsupervision 48 ff
– Modelle der 51
– Prozessaspekt von 49
– Strukturaspekt von 49
Technik der Abgrenzung in der SCT 389
tiefenpsychologisch-fundierte Psychotherapie 61
Teilstationäre Behandlung chronischer und schwerer psychiatrischer Störungen 240 ff
teilweise stationäre Behandlung 240 ff
„Telebeziehung" 374
T-Groups 335 f
themenzentrierte oder indikative Gruppen in der Verhaltenstherapie 350
Themenzentrierte Interaktion (TZI) 42
Theorie lebender menschlicher Systeme (TLHS), Konzepte der 384 ff
– der sich selbst erfüllenden Prophezeiung 356, 358
– sozialer Systeme 51
– des Therapeuten als Wirkfaktor 228
Therapeut, aktives Verhalten in Borderline-Gruppen 232
– und diagnostische Wahrnehmung im Göttinger Modell 333
– als Modell 279, 291
– – für Identifikation 152
Therapeut(en), Checkliste für maladaptiven Transaktionskreis 359 f
– Modellfunktion des 292
– Störungen des 24
– „Theorie" des 342
Therapeuteneinfluss 138 f
Therapeutenflexibilität in der Kurzzeit-Gruppenpsychotherapie 212
Therapeutenpersönlichkeit 41
Therapeutentransparenz 361, 368
Therapeutenverhalten in der verhaltenstherapeutischen Gruppentherapie 349
Therapeutic-Group-Interaction-Factors-Skala (TGIF) 177
Therapeutische Arbeit in der Gruppe 65
– Teams sh. Kotherapie 116 ff
Therapeutischer Kontrakt 79 ff
Therapie des Einzelnen in der Gruppe 5
– der Gruppe als Ganzes 5
– durch den Gruppenprozess 328
– rechtliche Aspekte 47
Therapieabbruch 59

– Indikatoren für 59
Therapieabbrüche (Dropouts) 245
Therapieergebnisse, günstige und therapeutische Interventionen 365
Therapiegruppe, affektgehemmte 22
Therapiekontrakt in der transaktionsanalytischen Gruppenpsychotherapie 379 f
Therapieziele, berufsbezogene in der Rehabilitation 248
Tiefenhermeneutik 195
tiefenpsychologisch orientierte(r) Gruppentherapie, regressive Prozesse in 350
– und psychoanalytisch orientierte Psychotherapie 291
tiefenpsychologische Gruppenbehandlung schizophrener Patienten 234, 239
tiefenpsychologisch-fundierte/analytisch orientierte Gruppenpsychotherapie 331 ff
„Tod" der Gruppe 212
Training zur Bewältigung maladaptiver Emotionen bei Schizophrenie 239
„Training-On-the-Job" 44
„Training-on-the-Job", Konzept des 238 f
Trainings- und vorbereitende Maßnahmen 361
Trainingsgruppen 343 f
– verhaltenstherapeutische 349
Trainingsprogramme 5
Transaktionen, fördernde 380
– komplementäre 380
– sich kreuzende 380
Transaktionsanalyse 22 f
– angepasstes Kind in der 382
– Aufgabe des Gruppenleiters in der 383
– – des Therapeuten in der 381
– „doppeltes Okay-Sein" 377
– geleitete Imagination in der 381
– Gruppenimago in der 381
– Idee des Spiels in der 380
– natürliches Kind in der 382
– „Rackets" in der 382
– rebellisches Kind in der 382
– Rollenspiele in der 381
– sekundäres adaptives Imago in der 383
– Spielgewinn in der 380
Transaktionsanalytische Gruppenpsychotherapie 377 ff
Transaktionskreis, maladaptiver (MTC) 359 f
Transaktionszyklen, maladaptive 365, 367
Transaktionszyklus, maladaptiver 357 ff
Transfersicherung 345
Transparenz bezüglich der Therapieziele 346
Transsexuelle(n), psychotherapeutische Betreuung von 272
Traum und Kontext der Gruppensituation 165

Traumarbeit und Förderung der emotionsnahen Gruppenkommunikation 169
– – der Gruppenkommunikation 169
– gruppenbezogene 166 ff
– aus der gruppenorientierten Perspektive 164 ff
Traumatherapie bei Borderlinestörungen 230
Träume in der Gruppenpsychotherapie 164 ff
Trauminhalt, latenter 164
– manifester 164
Trennung 135
– und Abschied in der Psychotherapie 212
– Prozess der 383
Tuckman's Modell der Gruppenentwicklung 135

U

Über-Ich-Widerstand 155
Überlebenszeit, verbesserte 288
Übertragung und Gegenübertragung im Gruppensetting 31
– – bei Suchtbehandlungen 293
– – in der Transaktionsanalyse 379
– in der Gruppe 160 ff
– und Widerstand 30
Übertragungen, multipersonale 3
Übertragungsauslöser 160
Übertragungsbeziehung in tiefenpsychologisch orientierter Gruppentherapie 350
Übertragungsneurose 31
Übertragungswiderstand 155
Überwindung des traditonellen Schulendenkens in der Psychotherapie 9
Überzeugungen, Einsicht in pathogene 365
– pathogene 357, 361, 383
– Widerlegung der pathogenen 366
Umgang mit Träumen in der Gruppe 164 ff
Unbewusste Fantasie eines Gruppenmitglieds 158
Unbewusstes, kollektives 14
Unconditional Positive Regard 338 f
Universalität des Leidens 9, 91, 93, 95, 107, 109, 135 f, 143 ff, 153, 177, 207, 221, 293, 376
Untergruppenbildung 4, 386
– Methode der funktionellen 388 f
Unterstützung als technisches Hilfsmittel 153
Urhorde 14
„Urhorde", Phänomene der 14

V

Validationstherapie (ValT) 319
Veränderung, durch Psychotherapie 3
Verbleib in der Therapiegruppe 65
verfahrensspezifische prognostische Merkmale 56

Verführungshaltung 156
Vergleich Einzel- versus Gruppenpsychotherapie 8 ff, 195
Verhaltensänderung 143 ff
Verhaltensänderungen 9, 69
Verhaltensdefizite 385 f
verhaltensmodifizierende Maßnahmen bei Essstörungen 264
Verhaltensstörungen 353
Verhaltenstherapeutische Gruppenprogramme 61
- Interventionen, Aufbau sozialer Fertigkeiten durch 235
Verhaltenstherapie 2, 349
- als differenzielle psychologische Psychotherapie 343
- in Gruppen 5, 23
- in und mit Gruppen 343 ff
- interaktionelle 347 f
- psychoeduaktive 345
- als psychologische Psychotherapie 343
Verhaltenstherapiegruppen, Grundkonzept störungsspezifischer 344 f
- phänomen- und störungsspezifische 343 ff
- zieloffene 350
Verhaltenstraining bei onkologischen Erkrankungen 282
Verhältnis zwischen einzel- und gruppenpsychotherapeutischer Behandlung 218 f
Verlängerungsantrag für Gruppenbehandlung 84 f
Verlängerungsanträge für Gruppenbehandlungen 218
Verletzung ethischer Behandlungspraxis 16
Vermassung 13 f
Versagen genitaler Reaktionen 272
Verschlechterungsquote 65
Verstärkerwirkung der Gruppe 30, 32
Versuch-Irrtum-Lernen 99
Versuchsanordnung von Milgram 6
Vertagen („adjourning") 135
Vertraulichkeit in der Gruppe 15
Verzerrung, parataktische 359

Vierprinzipienmodell in der Medizin 12 f
Viktimisierung einzelner Gruppenmitglieder 14
Vorteile heterogener Gruppen 207 f
- homogener Gruppen 207
Voyeurismus 272

W

Wahrnehmungsblockaden 353 f
Wahrnehmungseinstellung, „oszillierende" des Gruppenleiters 31
- des Therapierenden 3 ff
Ward-Atmosphere-Skala 176
„Ways-of-Knowing-Kooperationsforschung" 123
Weiterbildung, gruppenpsychotherapeutische und ihre Besonderheiten 34
- für Psychotherapeuten, Situation in der 33
Weiterbildungsordnung zum Facharzt für Psychiatrie/Psychotherapie 43
„Wenn-Dann-Szenario" 96
„Wert von Werten" 20
Werte 19 f
- Bedeutung der 19
- und Handlungssystem 19
Werteverschiebung zwischen den Generationen 221
Wertmaßstäbe, moralisch-ethisch fundierte 13
Wertvorstellungen, ethische 15
- kulturell bedingte 15
- religiös bedingte 15
- spezifisch kulturell-ethische 15
Widerstand, Abwesenheit von 159
- akuter 155
- aufgrund eines sekundären Gewinns 154
- in der Gruppenpsychotherapie 154 ff
- gruppenweiter 157
- Technik des Umgangs mit 157 f

Widerstände von Psychoanalytikern gegenüber Gruppenbehandlung 30
Widerstand(s), Arten des 154 f
- Konzept des 154
Wiederholungszwang 160
Wirkfaktoren 109, 112 f, 177
- allgemeine 2
- der Gruppenpsychotherapie 8 ff, 14, 31, 135 ff, 140 ff, 203 f, 220 f, 289, 293 f
- - somatoformer Schmerzstörungen 276
- Maße für therapeutische 176 f
- methodengebundene 2
- nichtspezifische 95
- in der Psychotherapie, unspezifische 355
- settinggebundene 2
- spezifische 2, 8, 141
- - der Gruppenpsychotherapie 8
- stationärer Gruppen 227 ff
- therapeutische der Gruppenpsychotherapie 360
- unspezifische 141 f
- verhaltenstherapeutischer Gruppenpsychotherapie 346
Wirkmechanismen, sh. Wirkfaktoren 8 ff
Wissen, gewachsenes aufgrund von psychoonkologischen Interventionen 288

Z

Zeitbegrenzung in der Kurzzeit-Gruppenpsychotherapie, Thematisierung der 212 f
Zeitfaktor in der Psychotherapie 199
Zielerreichung der Behandlung 18
Zielverfolgung in der Therapie 109
Zuneigung (affection) 135
zwanghafte(n) Wiederholung, Konzept der 154
Zweierbeziehung 60
Zweipersonensituation der Einzelpsychotherapie 28